本书受中国历史研究院学术出版经费资助

本书为
国家社科基金项目"秦封泥分期与秦职官郡县重构研究"（14BZS017）
国家社科基金重大招标项目"秦统一及其历史意义再研究"（14ZDB028）
国家社科基金重大招标项目"秦汉三辅地区建筑研究与复原"（18ZDA181）
的阶段性成果

中国历史研究院
Chinese Academy of History
学术出版资助

秦封泥集存

（上册）

刘 瑞 编著

中国社会科学出版社

图书在版编目(CIP)数据

秦封泥集存：全2册/刘瑞编著.—北京：中国社会科学出版社，2020.3

ISBN 978-7-5203-5761-6

Ⅰ.①秦… Ⅱ.①刘… Ⅲ.①封泥—中国—秦代 Ⅳ.①K877.6

中国版本图书馆CIP数据核字（2019）第289315号

出 版 人	赵剑英
责任编辑	郭　鹏
责任校对	刘　俊
责任印制	李寡寡

出　　版	中国社会科学出版社
社　　址	北京鼓楼西大街甲158号
邮　　编	100720
网　　址	http://www.csspw.cn
发 行 部	010-84083685
门 市 部	010-84029450
经　　销	新华书店及其他书店

印刷装订	北京君升印刷有限公司
版　　次	2020年3月第1版
印　　次	2020年3月第1次印刷

开　　本	710×1000　1/16
印　　张	101.25
字　　数	1236千字
定　　价	568.00元（全2册）

凡购买中国社会科学出版社图书，如有质量问题请与本社营销中心联系调换
电话：010-84083683
版权所有　侵权必究

中国历史研究院学术出版
编 委 会

主　　任　高　翔
副 主 任　李国强
委　　员　（按姓氏笔画排列）
　　　　　卜宪群　王建朗　王震中　邢广程　余新华
　　　　　汪朝光　张　生　陈春声　陈星灿　武　力
　　　　　夏春涛　晁福林　钱乘旦　黄一兵　黄兴涛

中国历史研究院学术出版资助项目
出版说明

为了贯彻落实习近平总书记致中国社会科学院中国历史研究院成立贺信精神，切实履行好统筹指导全国史学研究的职责，中国历史研究院设立"学术出版资助项目"，面向全国史学界，每年遴选资助出版坚持历史唯物主义立场、观点、方法，系统研究中国历史和文化，深刻把握人类发展历史规律的高质量史学类学术成果。入选成果经过了同行专家严格评审，能够展现当前我国史学相关领域最新研究进展，体现我国史学研究的学术水平。

中国历史研究院愿与全国史学工作者共同努力，把"中国历史研究院学术出版资助项目"打造成为中国史学学术成果出版的高端平台；在传承、弘扬中国优秀史学传统的基础上，加快构建具有中国特色的历史学学科体系、学术体系、话语体系，推动新时代中国史学繁荣发展，为实现"两个一百年"奋斗目标、实现中华民族伟大复兴的中国梦贡献史学智慧。

中国历史研究院
2020 年 3 月

序

　　刘瑞研究员最近嘱我为其新作《秦封泥集存》撰序，他发给我的电子版书稿有上千页，可谓洋洋大观的巨著。看到《秦封泥集存》稿之后，使我首先想到的是刘瑞为什么以此为题从事研究？

　　二十多年前，刘瑞早在学生时代就投入了"秦封泥"的整理与研究，那时他曾经协助周晓陆、路东之先生编著《秦封泥集》，2000年5月三秦出版社出版此书，当时在学术界产生了重要影响。秦封泥也成了刘瑞进入学术研究领域的"起跑线"，时隔20年后，现在刘瑞又整理、出版《秦封泥集存》，这是多么有意义的"时间巧合"与"学术接力与跨越"。

　　刘瑞研究员能够出版《秦封泥集存》这样的皇皇巨著，与他的学术经历密不可分。他在大学与硕士、博士研究生阶段，曾经先后在中国考古学、秦汉历史文献学、中国古代史与历史地理学的"重镇"西北大学、复旦大学，师从著名历史学家、历史文献学家、博物馆学家周天游先生与著名历史地理学家周振鹤先生等各位老师，接受考古学、历史文献学、中国古代史与历史地理学全面、正规的学习与训练。刘瑞从大学进入中国社会科学院考古研究所以后，二十多年来又先后参加了南越国宫城遗址、秦阿房宫与秦汉上林苑遗址、秦咸阳城与汉长安城之间的渭河桥遗址、秦汉栎阳城遗址等多项秦汉考古的重大项目，上述考古项目均属于秦汉历史的"社会大传统文化"，或谓之"国家文化"。他是国内目前在秦汉考古学领域参加、主持重大秦汉田野考古发掘项目最多的学者之一，更是国内十分少见的集考古学、古典文献学、中国古代史与历史地理学于一身的学者。这样的学术背景为他从事秦汉封泥研究奠定了坚实的学术基础。

《秦封泥集存》是刘瑞研究员关于秦封泥研究的大作。根据《辞海》关于"铭刻学"的定义，它属于"考古学分支"学科，而铭刻学包括内容有"商周金文（铜器），战国秦汉以来印章、简牍、封泥、石刻和陶器上的文字等。"（《辞海》1999年缩印本第1490页）把"铭刻学"作为考古学分支学科，是夏鼐、王仲殊先生早在20世纪80年代中期已经在《中国大百科全书·考古学》中提出的。他们认为，"铭刻学""对原史考古学和历史考古学的研究有着很重要的意义。"（《中国大百科全书·考古学》之"考古学"，北京、上海：中国大百科全书出版社，1986年8月，第18页）从以上《辞海》关于"铭刻学"定义，封泥属于"铭刻学"。

我认为铭刻学之于历史考古学的重要性，在甲骨学、简牍学、封泥学方面表现的尤为突出，而在甲骨学、简牍学与封泥学中，封泥又因其印文主要内容多为与国家行政机关与地方政权有关的"官制"与"历史地理"方面的文字内容，致使其所承载的历史权重自然不是其它"遗物"所可比的。

在中国古代封泥集中使用的一千多年间，秦汉时代的封泥又可谓封泥之制的盛期，一方面从现存中国古代封泥来看，主要是秦汉时期的封泥遗物；另一方面，秦汉封泥文字内容主要涉及国家官制与国家空间的行政区域的"政治文化"，而秦汉时代是开创中国历史上多民族统一中央集权国家的时代、是以汉族为主体的中华民族形成时代，其政治文化上承夏商周三代，下启秦汉帝国以后中国古代两千多年的历史。作为反映秦汉帝国这一"政治文化"物化载体的秦汉封泥，其重要学术地位也就不言而喻了。封泥的这一重要社会"功能"，是由于"在春秋战国以后长达千余年时间里，官私印章的使用及其征信、标记功能主要是借助封泥这一物质形态表现出来的，可以说，玺印的使用与封泥不可分离，以印封泥，也即是玺印在当时社会生活中的主要实用意义。"作为权力标识的玺印，无疑是"国家文化"的重要"信物"。封泥的上述功能，使"封泥文字对古代文献记载的官制、地理资料的订正和补充是封泥的主要价值所在。"（孙慰祖：《封泥发现与研究》，上海书店出版社2002年版，第4、16页）

中国古代封泥的著录以道光二十二年（1842年）金石学家吴荣光《筠清馆金石》一书最早，从清代晚期到民国时期的封泥著录作者主要是金石学家、收藏家。19世纪后期至20世纪中叶，中国各地发现的封泥数量约3000枚。20世纪50年代以来各地的封泥发现倍增，特别是20世纪90年代中期至今，封泥的发现之多，与以前一个半世纪相比更不可同日而语。这一时期还出版了一些大部头封泥图书，如1994年上海书店出版的孙慰祖主编《古封泥集成》、2000年周晓陆、路东之主编《秦封泥集》、2002年上海人民出版社出版的孙慰祖主编《中国古代封泥》、2010年西泠印社出版的杨广泰编著《新出封泥汇编》、2018年西泠印社出版的任红雨编著《中国封泥大系》和这部刘瑞即将出版的《秦封泥集存》等等。

上述封泥图书可以分为两类："通史类"与"断代类"封泥著作，前者有《古封泥集成》、《中国古代封泥》和《中国封泥大系》，后者有《秦封泥集》、《新出封泥汇编》和《秦封泥集存》。一般来说，"通史类"封泥"集成"的封泥种类与数量，要比"断代类"封泥"集成"的种类与数量要多。"通史类"的《古封泥集成》、《中国古代封泥》、《中国封泥大系》分别收录不同朝代封泥2642枚、8700枚、15777枚，"断代类"的《秦封泥集》、《新出封泥汇编》、《秦封泥集存》分别收录封泥1165枚、7800枚与9218枚。我们就上述著作的封泥收录数量进行比较可知，《古封泥集成》、《中国古代封泥》、《新出封泥汇编》与《秦封泥集》其各自收录秦封泥的数量均少于《秦封泥集存》。《中国封泥大系》收录历代封泥15777枚，但是其中"秦封泥"只有5486枚，而《秦封泥集存》收录秦封泥多达9218枚。至于《秦封泥集》与《秦封泥集存》收录秦封泥的数量更是相差悬殊，前者仅是后者封泥收录数量的12.64%。而从封泥的种类来看，《新出封泥汇编》收录秦汉封泥7800枚，有1272种，《秦封泥集存》收录秦封泥9218枚，有2350种之多。由此可以看出，《秦封泥集存》整理、收录的封泥资料之丰富、种类之众多，都是十分突出的，自然其对秦封泥、中国古代封泥与秦汉考古学与历史学、历史地理学研究具有着重要的学术意义。

《秦封泥集存》的另一个特点，是作者在本书的框架设计上的学术性与科学性。关于这方面的情况，我们只要对其目录与其它同类著作进行对比，就可以发现作者虽然是进行的秦封泥汇编、集存，但是他把这一工作置于"社会史"之下，突出了封泥的历史文化内涵的重要性，其重要表现是《秦封泥集存》的目录设计。作者参照《汉书》之《百官公卿表》与《中国行政区划通史·秦汉卷》来安排封泥编目，从"百官"（"国家政权"）到"地理"（"国家空间"），从"中央"到"地方"，从而使读者可通过《秦封泥集存》"进入"两千多年前的秦王国与秦帝国的方方面面。

在《秦封泥集存》的付梓之际，我写了上面一些文字，就是希望今后能够看到更多这样的著作面世。

刘庆柱
2020年3月12日于京

前　言

　　玺印，是古人用作信用凭证的器物，"印章的主要作用在与凭信之证据，表示某种集团的、阶层的、官方的、私人的、公用的、商用的、艺术的等等有关时效、地域、权威、身份、价值、意见的凭信"①，因此东汉许慎《说文解字》说："印，执政所执信也。"文献中，印亦称玺。东汉刘熙《释名》曰："玺，徙也。封物使可转徙而不可发也。印，信也，所以封物为信验也，亦言因也，封物相因付也。"② 秦汉时期玺印的地位和变化，在东汉蔡邕所著《独断》中有较详细记载③：

　　　　玺者，印也。印者，信也。（天子玺以玉，螭虎纽）④。古者尊卑共之。《月令》曰："固封玺"；《春秋左氏传》曰："鲁

---

① 周晓陆、路东之：《秦封泥集》上编《秦封泥简论·古玺印与封泥》，三秦出版社2000年版，第3页。
② （东汉）刘熙：《释名》，中华书局2016年版，第88页。
③ （东汉）蔡邕：《独断》，作者待刊校本，下同。
④ 《文选·从游京口北固应诏一首》注引《独断》："玺，印也，信也。古者尊卑共之。"《文选·从游京口北固应诏一首》注引《独断》："玺，印也，信也。古者尊卑共之，秦以来，签字独以印称玺，又独以玉也。"《汉书·高帝纪》注引应劭之言亦无此八字。又：孙诒让《札迻》卷上："抱经堂丛书本"注曰："旧有'天子玺以玉，螭虎纽'八字。案：不当间侧在此，且其文详，当别为一条，今补于后。"孙诒让案曰："'天子玺'八字，《左传·襄二十九年·正义》及释慧琳《华严经音义·三》引并在'信也'下，则唐本已如此，似不应移后。'以玉'，《左疏》作'白玉'，《汉旧仪》同。"孙诒让例为唐本，但《文选》注、《汉书》注均早于唐，故删之。

襄公在楚。季武子使公冶问玺书追而与之"。此诸侯、大夫印称玺者也。卫宏曰："秦以前，民皆以金玉为印，龙虎纽，唯其所好。然则秦以来，天子独以印称玺，又独以玉。群臣莫敢用也"①［皇帝六玺，皆玉，螭虎纽②。文曰：皇帝行玺、皇帝之玺、皇帝信玺、天子行玺、天子之玺、天子信玺，皆以武都紫泥封之］。

《独断》中所言的"固封玺"见《礼记·月令》，该句卢文弨在抱经堂丛书本的《独断》校中说：

臧在东云：《礼记·月令》"固封疆"，郑注："今《月令》疆或为玺。"《吕氏春秋》、《淮南子》并作"固封玺"。《太平御览》682载应劭《汉官仪》引《月令》曰"固封玺"，此亦用今《月令》也。

《独断》所言的《春秋左氏传》见《左传·襄公二十九年》。类似内容还见《汉书·高帝纪》注引应劭曰："玺，印也，古者尊卑共之。《左传》襄公在楚，季武子使公冶问玺书，追而与之。秦汉尊者以为信，群下乃避之"，与《独断》所言基本一致。

---

① 孙诒让《札迻》：案："名"，《左传疏》引作"民"，与《汉旧仪》同，是也。当据改正。又案："《华严经音义》引此书云：天子之玺，以螭虎钮。古者尊卑共之，《月令》云'固封玺'。秦以前诸侯、卿、大夫皆曰玺。自兹以降，天子独称，不敢用也。秦王子婴上高祖传国玺文曰'受命于天，即寿且康'，此印章古名玺，即今谓检文也。"自秦王子婴以下，今本无。或慧琳据他书增益，非蔡语。所引于今本上下文多讹异，附录于此，以备校覆。

② 今从《后汉书·光武帝纪》注引《独断》(33页)。"抱经堂丛书本"作"天子玺以玉，螭虎纽"，校："此句从上移此。案《光武帝纪上》注引作'皇帝六玺，皆玉，螭虎纽'，此下二十六字亦据所印补。"

一　封泥的发现与确认

作为凭信的意义的玺印，要通过某种特定的载体才可体现。封泥就是玺印在泥上钤抑的产物，是玺印蕴含意义的重要表现形式。如周晓陆、路东之所言，"在论及南北朝——隋唐之前玺印用法时，恐怕最为重要的，即是在封泥上多体现的玺印的使用了"[①]。

战国秦汉时期，往往会在某些器物、文书等外置检、囊等，然后在系绳上置泥而在其上钤抑印章。睡虎地秦简《金布律》有"官府受钱者，千钱一畚，以丞、令印印。不盈千者，亦封印之。钱善不善，杂实之。出钱，献封丞、令，乃发用之"的记载，就是秦时期印章使用后的规定。而张家山汉简《二年律令·贼律》中也有"毁封，以它完封印印之，耐为隶臣妾"，是对非法打破封泥后用其它封泥冒充的惩罚。《二年律令·行书律》规定"书以县次传，及以邮行，而封毁，□县为劾印，更封二署其送徼曰：封毁，更以某县令若丞印封"，规定了文书在传送过程中，封在文书外的封泥，如果意外破裂后的补救措施。而在汉简中，也确实有不少"封破""印破"的当时的相关记录保留下来[②]。

虽然有确切的的玺印钤抑于泥上形成封泥的记载，而且从后来发现的情况看，古人使用玺印在泥上钤抑的时间也很长，但在相当长时间里人们并未发现有关封泥的任何实物记录。特别是从宋代金石学开始大兴之后，在日益昌盛的金石收藏中，虽然传世或出土铜器、碑刻等古代遗物越来越多的进入了有宋一代富裕而有闲的士大夫家中，但不知何种原因，直到清代中晚期，封泥才第一次被发现，

[①] 周晓陆、路东之：《秦封泥集》上编《秦封泥简论·古玺印与封泥》，三秦出版社2000年版，第6页。

[②] 赵平安：《汉简中有关印章的资料》，《秦西汉印章研究》，上海古籍出版社2012年版，第130—131页。

之后当然就如井喷般被收藏与研究，成为一个新的文物类别。

从文献记载看，封泥在被发现和进入收藏家手中并加以大规模著录的时间——与甲骨文几乎一样——我们对与之有关的人物、时间和地点都有一个清晰而准确的认识。据《筠清馆金石》等文献记述，见于记录的封泥的第一次出土是道光二年（1822年），"道光二年蜀人掘山药得一窖，凡百余枚"，之后"估人赍至京师，大半碎裂。诸城刘燕庭、仁和龚定庵各就估人得数枚，山西阎贴轩藏数枚，余不知落何处。"①。

封泥"再发现"后就这样进入了收藏家和研究者眼中。最早的封泥著录，目前一般都上溯到道光二十二年（1842年）吴荣光南海吴氏家刻本《筠清馆金石》，之后陆续有咸丰二年（1852年）刘喜海《长安获古编》及光绪三十年（1904年）刘鹗抱残守缺斋《铁云藏陶》②等等。不过随着童衍方对释六舟旧藏道光十七年（1837年）汉封泥拓本的研究，封泥著录出现的时间被提了五年③。

由于封泥是新新发现的一种器物，因此在封泥发现和著录的早期，它的名称并不固定。如释六舟藏汉封泥拓本"黄神越章"封泥下钱泳跋称其为"印范"④，第一次正式出版的封泥著录《筠清馆金石》中，将6枚封泥在"汉印范"下进行罗列，后更称"此汉世印

---

① （清）吴荣光：《筠清馆金石》，道光二十二年（1842年）南海吴氏家刻本。童衍方收藏的释六舟旧藏汉封泥拓本册中有戴熙（字醇士）跋"严道橘园"封泥时云，"西人赍售于都，不常有，有则数十枚，道光十年前未尝有也"，表明封泥从1822年出土，要在近8年之后的道光十年（1830年）左右才传至京师。童衍方：《释六舟旧藏汉封泥拓本册概述》，《西泠印社》2008年8月版（总第18期），第37页。

② 孙慰祖：《古封泥集成》，上海书店出版社1996年版；周晓陆、路东之：《秦封泥集》，三秦出版社2000年版；孙慰祖：《封泥发现与研究》，上海书店出版社2002年版；王伟：《秦玺印封泥职官地理研究》，中国社会科学出版社2014年版。

③ 童衍方：《释六舟旧藏汉封泥拓本册概述》，《西泠印社》2008年8月版（总第18期），第37—46页。严格来说，此为未曾出版的拓片册，和成书印行的《筠清馆金石》还是有较大差距。

④ 童衍方：《释六舟旧藏汉封泥拓本册概述》，《西泠印社》2008年8月版（总第18期），第37页。

范子也"①,显示出当时的学者尚不能判断它们的实际用途。

此后的情况,如王献唐所言,"戴醇士知为搏土封题之用,名曰抑埴(见《习苦斋诗集》),仍非正称②。迨刘燕庭据《续汉书·百官志》始定为封泥(见《泥封印古录》胡序),其《长安获古编》录入西安所收封泥三十枚。而仁和胡琨合刘陈旧藏,编为《泥封印古录》,反疑刘说不信(见原书胡序)。赵益甫《寰宇访碑录补》亦登六枚,仍沿旧名,题曰印笵,皆不可解者也"③。封泥名称在不同学者的认识中来回摇摆。

从目前可见文献看,咸丰二年(1852年)去世的刘喜海在他生前所编的《长安获古编》中,以"封泥"为名著录了"东郡太守章""东莱太守章"等30枚封泥,但其判断"封泥"名称的过程并不清晰。

1903年(光绪癸卯),罗振玉在《郑盦封泥序》中言:

> 古泥封于金石学诸品种最晚出,无专书记录之。玉以为此物有数益焉:可考见古代官制以补史乘之佚,一也。可考证古文字,有裨六书,二也;可考见古艺术,三也。顾传世颇尟。此卷为吴县潘文勤公所藏,计官私印三百有四。亟付之景印,以广其传。他家所藏,续有所得,当次第印行之。光绪癸卯正月④。

---

① (清)吴荣光:《筠清馆金石》,道光二十二年(1842年)南海吴氏家刻本。
② 童衍方收藏的释六舟旧藏汉封泥拓本册中有戴熙(字醇士)跋,云"都之金石友皆曰'印模',熙以为模必四匡高起,此不高也,非模,当是汉人搏土用印,有所附洒以为符验之物,所谓印泥。今人以朱为之,钤信札书画者,名之曰泥,其实非泥,盖袭其名耳"。童衍方:《释六舟旧藏汉封泥拓本册概述》,《西泠印社》2008年8月版(总第18期),第37页。
③ 王献唐:《临淄封泥文字》,山东省图书馆1925年版,扶桑社《封泥大观》平成十九年(2007年)影印版,第152页。
④ 罗振玉:《郑盦封泥序》,《贞松老人外集》卷一,《松翁近稿(外十种)》,上海古籍出版社2013年版,第787—788页。

在指出封泥蕴含三点价值之前，言其为"泥封"。不过在其所著《雪堂藏古器物目录》中则名"封泥"①。当然，需要指出的是，究竟是称之为"封泥"还是"泥封"，至今学者还在讨论之中，如新近周晓陆先生在系统研究后就指出，应以称"泥封"更为恰当②。

1904年刘鹗《铁云藏陶》将封泥单独出来列为一编"附诸陶器之后"，他在该编的自序中对封泥发现和认识的过程进行叙述，并以"泥封"为名加以略释：

> 泥封者，古人封苞苴之泥而加印者也。封背麻丝粘者往往可见。在昔不见于著录，自吴荷屋《筠清馆金石》始录六枚，称为印埴，误以为铸印之笵也。云："道光二年，蜀人掘山药，得一窖，凡百余枚。估人赍至京师，大半坏裂。诸城刘燕亭、仁和龚定庵各得数枚，山西阎贴轩藏数枚，余不知落何处"。予考《长安获古编》所载，凡二十品，然则刘氏复有续得也。其后蜀中、山左各有所出，为数当日颗，予不能得其详矣。姑以敝藏所有拓付石印，附诸陶器之后，虽非三代文字，然其中官名多为史籍所不载，殆亦考古者之一助云③。

刘鹗不仅在这里著录了148枚"泥封"④，还明确指出"泥封者，古人封苞苴之泥而加印者也"，指出了封泥的性质。其所言"苞苴"，文献中有明确记载。如《礼记·曲礼上》：

---

① 罗振玉：《雪堂藏古器物目录》，《雪堂藏古器物目录（外五种）》，上海古籍出版社2013年版。第71—81页。
② 周晓陆："泥封""封泥"称谓辨》，《西泠艺丛》2019第12期，第5—8页。
③ （清）刘鹗：《铁云藏陶》，江苏广陵古籍刻印社1998年影印本，第97—98页。
④ 此数据从广陵古籍刻印社1998年影印本统计。孙慰祖在《古封泥集成》中指出，"《铁云藏封泥》，初辑成当在光绪二十四年（1898年），录入114枚，后于1904年附入《铁云藏陶》印行。"

凡以弓剑苞苴箪笥问人者，操以受命，如使之容。

孔颖达疏：

苞者以草包裹鱼肉之属也，苴者亦以草藉器而贮物也。

《荀子·大略》：

祷曰：……苞苴行与？谗夫兴与？何以不雨至斯极也！

杨倞注：

货贿必以物苞裹，故总谓之苞苴。

在一般情况下"苞苴"多指的是物品。因此从刘鹗的序看，虽他敏锐认识到封泥"其中官名多为史籍所不载，殆亦考古者之一助"，并注意到封泥背面的情况——"封背麻丝粘者往往可见"，但终还是未能将封泥与公私文书的封缄更加直接的联系起来。

光绪九年（1883年）陈介祺所辑《十钟山房印举》收录封泥247枚，无释文[①]。光绪三十年（1904年），吴式芬、陈介祺编辑出版收录封泥达849枚的《封泥考略》。该书分十卷，分以古玺封泥、汉帝信玺封泥、汉朝官印封泥（卷一）、汉诸侯王玺印封泥（卷二）、汉郡国官印封泥（卷三、四）、汉县邑道官印封泥（卷五、六、七）、新莽朝伪官印封泥（卷八、九）、汉臣民印封泥（卷十）进行封泥著录。

该书不仅直接以"封泥"为名，而且对每枚封泥都做了详略不

---

① （清）陈介祺：《十钟山房印举·封泥》，光绪九年（1883年）刊，扶桑社《封泥大观》平成十九年（2007年）影印版。

等的考证，较之前诸多著录有了明显进步①。而特需指出的是，在《封泥考略》中，还在对"皇帝信玺"的考证下，较详细的对封泥使用方式进行了分析：

> 《百官志》"守宫令一人"，本注曰"主御纸币墨及尚书财用诸物及封泥"。今按，《后汉书·李云传》"尺一之板"注：诏，策也。《汉书·昌邑王髆传》"持牍趋谒"。《原涉传》"削牍为疏"。《外戚传》"手书对牍背"，并注"牍，木简也"。又《周勃传》"吏乃书牍背示之"，注"牍，木简以书辞也"。《说文解字》"牍，书版也"，《后汉书·北海靖王兴传》《蔡邕传》注同。《史记·匈奴传》"汉遗单于书牍以尺一寸，单于遗汉书一尺二寸。牍及封印皆令广大"。据此则汉时诏策、书疏皆以木简，亦曰板。版均可名牍，皆有封泥。
>
> 此封泥色紫，背有版痕，当是以版入中，上以绳缄其口，以泥入绳至版，然后加以封印，外加青囊。囊至两端无缝，以护封泥。如藏玉牒于石检，金绳縢之、石泥封之、印之以玺也。中约署，当是束牍之中而署字也为识也。
>
> 《东观汉记·邓训列传》，又知训好以青泥封书，过赵国易阳，……②。

他们从文献出发的相关探讨，与后来考古学传入中国后的一系列发现多有吻合。

与此同时，该书第一卷著录的第一枚"古玺封泥"的考释文字，记录了作者敏锐观察到封泥背面所留封缄方式的差异，"泥下有细文，不似版痕，似非施于简牍者。真封泥中奇古之制矣"，这种对封泥正背情况均加注意的著录形式，与之前其它著录相比，当然要更

---

① （清）吴式芬、陈介琪：《封泥考略》，浙江人民美术出版社2013年影印版。
② 同上书，第140—141页。

进一步。

宣统元年（1909年），在山东纪王城出土三百余枚封泥，而大约同时，在山东邹县也有封泥出土，二地所出封泥后为罗振玉所得①。如胡平生指出，清末动荡之际，受日本京都西本愿寺大谷光瑞派其驻北京的代表寺僧的邀请，罗振玉在带了50万卷图书、3万多片甲骨、数千件碑拓、青铜器及其他文物1千余件后，携王国维等东渡日本。而也就在此时，王国维开始了他之后著名于世的包括封泥在内的国学研究②。

据有关文献，综合孙慰祖③、周晓陆、路东之④、王辉⑤、王伟⑥、杨广泰⑦、郑宇清⑧、吕健⑨等学者既有研究成果，1949年前封泥发现与著录的情况可梳理如下：

道光二年（1822年），蜀地出土封泥，后归刘喜海、龚自珍、阎贴轩等收藏。

道光二十二年（1842年），吴荣光在《筠清馆金石》中著录6枚封泥，称"汉世印范子"。

咸丰二年（1852年）去世的刘喜海生前编辑《长安获古编》，

---

① 孙慰祖：《封泥发现与研究》，上海书店出版社200年版，第26页。
② 胡平生：《简牍检署考导言》，胡平生、马月华校注：《简牍检署考校注》，上海古籍出版社2004年版，第3页。
③ 孙慰祖：《古封泥集成》序《古封泥述略》，上海书店出版社1996年版，第1—7页。孙慰祖：《封泥发现与研究》，上海书店出版社2002年版；
④ 周晓陆、路东之：《秦封泥集》上编，三秦出版社2000年版，第3—13页。
⑤ 王辉：《秦封泥的发现与研究》，《文物世界》2002年第2期，第26—29页。该文后转载于《大匠之门5》，广西美术出版社2015年版，第178—181页。《古封泥的发现、著录与研究概况》，《陕西历史博物馆馆刊》第24辑，三秦出版社第2017年版，第112—121页。
⑥ 王伟：《秦玺印封泥职官地理研究》，中国社会科学出版社2014年版，第14—26页。
⑦ 杨广泰：《秦官印封泥著录史略》，《金石》第一辑，第64—79页。
⑧ 郑宇清：《〈封泥考略〉研究》，花木兰文化出版社2015年3月版。
⑨ 吕健：《汉代封泥的考古学研究》，南京师范大学博士论文2017年。

著录蜀、长安等地封泥29枚。①

光绪九年（1883年）陈介祺在名为《十钟山房印举》实为《十钟山房封泥》中收录封泥247枚。

光绪三十年（1904年）刘鹗抱残守缺斋所藏三代文字之二的《铁云藏陶》后单独附出封泥编，著录封泥165枚②。

光绪三十年（1904年），吴式芬、陈介祺编辑出版《封泥考略》，收录封泥843枚③。

1913年，罗振玉编辑出版《齐鲁封泥集存》，收录封泥449枚。

1924年，陈宝琛编辑出版《澂秋馆藏古封泥》，收录封泥242枚。

1928年，周明泰编辑出版《续封泥考略》，收录封泥454枚；编辑出版《再续封泥考略》，收录封泥320枚④。

1931年，吴幼潜编辑出版《封泥汇编》，收录封泥1115枚。

1934年，马衡编辑出版《封泥存真》收录封泥177枚。

1936年，王献唐编辑出版《临淄封泥文字》，收录封泥465枚⑤。

1940年，于省吾《双剑誃古器物图录》刊登了12枚"汉封泥"

---

① 郑宇清指出，《长安获古编》所辑封泥数量应为29枚（另有1枚泥印）见郑宇清《〈封泥考略〉研究》，花木兰文化出版社2015年3月版，第264页。

② 学者多记该书封泥为114枚，郑宇清核算后指出，其所辑封泥为165枚，见郑宇清《〈封泥考略〉研究》，花木兰文化出版社2015年3月版，第265页。认为114枚是误算，无关版本。但二数字差异过大，推测应有其它原因。

③ 该书著录封泥的数量说法不一。郑宇清核算后指出，《封泥考略》所辑封泥数量为843枚（另有3枚泥印）见郑宇清《〈封泥考略〉研究》，花木兰文化出版社2015年3月版，第268页。

④ 学者对该书著录封泥数说法不一。郑宇清核算后指出，《再续封泥考略》所辑封泥数量当为320枚（删去两枚与《封泥考略》重见者），见郑宇清《〈封泥考略〉研究》，花木兰文化出版社2015年3月版，第268页。

⑤ 目前学者对该书著录封泥数量多为464枚，郑宇清在核算后指出，其所辑封泥数量当为465枚，见郑宇清《〈封泥考略〉研究》，花木兰文化出版社2015年3月版，第267页。

的正面照片和拓本①，从封泥的图像看，其中的"居室丞印"为秦封泥。

日人在侵华期间，曾于牧羊城发现"河阳令印""武库中丞"圆形封泥，后出版的考古报告发表了封泥照片②。二封泥今藏于旅顺博物馆，在2000年出版的《辽海印信图录》中发表了封泥拓片、正面照片并介绍了其规格大小，并有简单考释③。

二 辨识秦封泥

在封泥发现的早期，不仅封泥的发现数量少，而且封泥的性质也还在探讨之中，因此也就不可能对封泥的时代进行如今天这般细致的区分。在开始著录封泥的道光二十二年（1842年）吴荣光南海吴氏家刻本《筠清馆金石》、咸丰二年（1852年）刘喜海《长安获古编》等著录中，在光绪九年（1883年）陈介琪所辑的《十钟山房印举》、之后光绪三十年（1904年）刘鹗抱残守缺斋《铁云藏陶》中，或提封泥时代为"汉"，或不言封泥时代而"默认"为汉。

但也确实有学者在这个阶段中开展了封泥时代细化的探索。如国家图书馆藏有光绪八年（1882年）吴大澂编撰的《愙斋所藏封泥目》抄本，共收录80枚封泥的名称。该稿本为吴大澂寄赠陈介琪之物，陈介琪在收到后的次日，就在如"未央卫丞"等19枚封泥下书"伪"字，在"绥远将军章"等10枚封泥下书"疑"字，对共29

---

① 于省吾：《双剑誃古器物图录》，大业印刷局1940年印，中华书局2009年版，第187—193页。

② 东亚考古学会：《牧羊城——南满洲老铁山麓汉及汉以前遗迹》，东亚考古学会1931年版，插图二六。

③ 王绵厚、郭守信：《辽海印信图录》，辽海出版社2000年版，第14页。该书称两封泥在"解放后出土于旅顺口区铁山镇刁家村南牧羊城址"。从其发布的拓片看，与日人《牧羊城》所发掘的封泥照片完全一致，但与其所发布的封泥照有较明显差异，不排除在解放后另有出土的可能性。

枚所藏封泥的真伪提出意见。不仅该目将新莽封泥提出单列,而且陈介祺更在"西共丞印"下单写一"秦"字,对这枚封泥的时代提出明确意见,是目前所见首例确定的秦封泥。[①]

当然,虽然如此,当时整个学界对封泥断代开展的分析都甚为有限,而这种情况直到光绪三十年(1904年)吴式芬、陈介祺编辑《封泥考略》才有改观。

在《封泥考略》中,吴式芬、陈介祺设计了一个新的编辑体例,其先是按时代,首为"古玺封泥",次为"汉帝信玺封泥",后为"新莽朝伪官印封泥",之后在不同的时代下按职官地理进行进一步的排序。它的如是排序表明,从释六舟旧藏道光十七年(1837年)汉封泥拓本开始,在经过67年封泥数量和认识的积累后,封泥的研究已日渐成熟。而这种按时代分类型编辑的体例,基本被后来出版的《齐鲁封泥集存》《澂秋馆藏古封泥》《续封泥考略》《再续封泥考略》《封泥汇编》等著录所延续。

值得注意的是,在1931年吴幼潜编辑出版的《封泥汇编》中,虽然没有给封泥进行考证,但他将在之前其他著录中列入汉帝封泥的"皇帝信玺",编列入"古鉨封泥",并将其排列在了"古鉨封泥"的最后一枚,接下来为"汉朝官印封泥"。这样,虽其没有文字来指出"皇帝信玺"就是秦物,但如是排列所显示出的目"皇帝信玺"为秦物的含义,却甚为明显。

1936年,王献唐在编辑《临淄封泥文字目录》时,首次在"周玺封泥"后,单独列出"秦官印封泥"的名目,将其与"汉朝官印封泥"并列起来。他在"秦官印封泥"下罗列出其判断为秦封泥的封泥,有临菑丞印、临朐丞印、昌阳丞印、芒丞之印、琅邪侯印、左田之印等6枚。王献唐在这里指出:

> 右封泥印文,皆有阑格,为嬴秦印式。其制处于有周,周

[①] (清)吴大澂藏并撰:《愙斋所藏封泥目》,国家图书馆藏抄本。

> 玺初无阑格,继刻边阑,后于中作直界,又后加刻横划,遂成四格。秦代官印,袭用旧式,无不具阑格。每空一字,字多莫容,则合二字入格。汉初印曹制文,间仍秦制(汉初王国官印,皆无阑格。郡守景帝二年改太守,传世守与太守封泥,俱有阑格、无阑格两种,知中朝亦未一律),后更废除。上印、丞、侯诸秩及郡县名称,汉初与秦略同,殊难为别。惟有阑格封泥,皆出临淄东门外,与汉之无阑格者区域不同。东门外为秦官署旧址,故以所出录为秦制,说详叙文①。

这样,在道光二年(1822年)蜀地发现封泥114年后,在释六舟旧藏道光十七年(1837年)汉封泥拓本显示的封泥著录99年后,秦封泥终于从古钵封泥、汉官印封泥中单独出来。

从上引王献唐在提出"秦封泥"时的判断看,他确定秦封泥的根据,主要还是从秦印而来。他认为,秦封泥的突出特征是封泥有阑格。他明确指出,不同时代封泥的出土地有明显不同。虽王献唐在这里提出的这两点判断依据未见得完全而准确,但从之后在西安相家巷等地大量出土秦封泥的发现情况看,除少数因秦封泥本身在发展过程中出现的一些"特例"外,根据封泥泥面有阑格和出土地进行判断其是否为秦封泥的方法,依然基本准确。

这样,如果我们从王献唐判断秦封泥的特征回溯,就可以在判断《长安获古编》封泥第5页左的田字格"定陶丞印"、《铁云藏陶》126页上"私官丞印"有竖阑,147页下"承丞之印"、151页下"公车司马"、152页下"乐府锺官"均有田字格等4枚封泥,均为秦封泥。

当然,早在王献唐专列秦封泥之前,已有一些收藏家或学者在进行封泥考释时,指出个别封泥的时代为秦。如1996年孙慰祖在《古封

---

① 王献唐:《临淄封泥文字》,山东省图书馆1925年,扶桑社《封泥大观》平成十九年(2007年)影印版,133页。

泥集成》序中曾梳理过秦封泥的认识过程，指出《封泥考略》在"叁川尉印"的考释中，指"《地理志》河南郡注'秦三川郡，高帝更名'，……此曰'叁川'，即三川郡尉之印，印篆'叁'字与《石鼓》同，字又近斯，当是秦印"。认为"具备如此外证条件的封泥为数不多，且完全依附文献也很难免穿凿之失"。特别指出《封泥考略》：

> 卷六"东安平丞"引《史记·田单列传》徐广注"齐改为安平，秦灭齐改东安平"，遂认为此印"大于汉官印，'与秦官印大，私印极小'之论合，是秦印也"，其偏差是明显的。东安平两汉均置，此封泥文字风格与秦相去较远，应是西汉中期遗物。
>
> 周氏《续考》及《再续》基本上侧重于考证史料，但周书对于秦印的认识似与实际已较接近，如卷一"信宫车府"，云"印文错综，似是秦印也"。
>
> 这些释例大致反映了当时封泥断代的方法和认识水平。总体而言，此期玺印断代之学尚属朦胧阶段，研究封泥的学者还未能更多地注意到对其印文形式作时代特征上的归纳排比[①]。

在《古封泥集成》序中，孙慰祖还指出当时已可确认的秦封泥标准品"叁川尉印""蕢阳宫印""安台左塈"。

2001年，周晓陆、路东之在出版的第一部秦封泥著录《秦封泥集》的《秦封泥简论》中，专列一节"秦封泥认识小史"，梳理秦封泥的认识过程。指出，《封泥考略》中：

> "叁川尉印，……当是秦印"，"赵郡左田，……籑斋藏有'泰上寝左田'铜印，盖一时所制"，"田詹，……疑是秦制"，

---

① 孙慰祖：《古封泥集成》之《古封泥述略》，上海书画出版社1996年版，第14页。

"怀令之印，……印字是秦篆文，又有十字阑，殆秦物也"，"重泉丞印，……有十字阑，文横读，似秦制"，"屯留，……似秦印"，"博城，……似秦印"，"公印……印文似秦"，"刍状，……秦以前物也"，"王未，……中有阑，亦似秦物"，应当说，这十品的断代是准确的。而同属又将汉代"□（采）铜"、"庐江豫守"、"东安平丞"、"临菑卒尉"、"南郡发弩"、"公孙强印"、"□将士"等封泥误作秦代遗物。又对于秦代的"安台丞印"、"安台左塈"等，不提出具体断代的意见，似误指认为汉武帝时代的遗物。值得注意的是，《封泥考略》中将后世艳称为秦玺封泥的"皇帝信玺"，置于"汉帝封泥"条下，明确表示了断代意见，根据我们的研究，这一意见是颇有见地的。

以后的一些封泥著录，如周进《续封泥考略》中，正确地指出"信宫车府"封泥"或曰此印文错综，似是秦印也"。然而是书录有其它几枚秦封泥而未识，又误说"司空之印"汉封泥为秦物。总的来说进展并不大。而吴幼潜《封泥汇编》，将"皇帝信玺"置于"古玺封"栏之殿后，"汉朝官印封泥"栏之前，大约表达了视其为秦物的观点，对于后来这枚封泥的评价，影响很大。对于其他十余品曾已确认的秦封泥，他将之统统归于汉代遗物栏中，就秦封泥的认识、研究而言，这不能不说是一个退步[①]。

郑宇清系统梳理了《封泥考略》中提出与秦有关的20枚封泥考释文字后，指出《封泥考略》"将封泥归为'秦'的主要依据为'印文顺序'、'印的大小'、'字体'、'有阑（即界格）和'官名不

[①] 周晓陆、路东之：《秦封泥集》上编《秦封泥简论》，三秦出版社2000年版，第12—13页。

见载'"①，基本一直都是后来学者判断是否为秦封泥的重要理由。

　　与任何事物一样，封泥的发现和封泥的认识，是一个互相推进的螺旋式的上升过程。以目前已经取得巨大成就的封泥断代看，在封泥的著录中，早期蜀地发现的封泥都是汉物，自然不会提出秦封泥的判断（当时也并未认识到它们就是封泥，如前所言，当时尚还断其为"印范子"）。由于尚处发现的早期，对封泥时代特征肯定了解不多，所以刘喜海不能将关中收获中"定陶丞印"等定为秦物也就在情理之中，刘鹗在《铁云藏陶》中不辨秦物也自不能苛求。

　　因此，从1904年吴式芬、陈介祺《封泥考略》开始对个别封泥进行时代为"秦"的探讨，到1936年王献唐《临淄封泥文字》中最终单列"秦封泥"一目，在这32年间出版的封泥著录，虽无论编辑体例还是时代判断都略有反复，但依然可以看出封泥研究和认识是越来越成熟。所以，封泥的发现和确认是一个历史的动态过程，用很长时间从大量的封泥中辨识出秦封泥，就是一个不断探讨与研究的水到渠成的结果。

三　秦封泥的发现与著录

　　1949年10月1日中华人民共和国成立之后，各项文化事业蓬勃发展。之前因日军侵华而全面停顿的考古工作，不仅很快恢复，而且取得的成绩越来越大。封泥在这个过程中陆续被发现和公布出来。从90年代开始，特别是本世纪初以来，随着学术事业的发展，分散收藏在国内外的公、私博物馆、考古机构的大量封泥，以各种形式得以著录出版。无论是新公布封泥的数量和品种，还是各地出版的封泥著录和研究成果，都远非之前可比。秦封泥就在这个过程中得到惊人的发现。

---

① 郑宇清：《〈封泥考略〉研究》，花木兰文化出版社2015年3月版，第160页。

1954年4月，中央文化部社会文化事业管理局和中国科学院考古研究所组成工作队对洛阳王城开展考古调查，之后9月至1955年1月、1955年3至4月考古研究所洛阳发掘队进行了发掘，出土了2枚"雒阳丞印"封泥，并发表了其中1枚封泥的拓片①。后在《洛阳中州路（西工段）》中发表了两枚封泥的拓片和正、背照片，均有十字界格，为秦封泥②。

1979年4月，辽宁省文化厅文物普查培训班在凌源县安杖子古城遗址发掘的西汉遗存中，于H4中出土封泥18枚，H3出土封泥1枚，共出土封泥19枚，发表11枚封泥拓片。从发表封泥拓片看，除"右美宫左""右北太 守"2枚封泥文字粗壮为汉封泥外，其余"夕阳丞印""廷陵丞印""赘丞之印""昌城丞印""广城之丞""白狼之丞""当城丞印""泉州丞印"等封泥均有十字界格，当为秦封泥。③。后封泥中的13品在《辽海印信图录》中有拓片、照片发表，并有封泥规格介绍、泥面文字考释④。

1979年5月，冯永谦、姜念思同宁城县文化馆文物 组王维屏对内蒙古昭乌达盟宁城县甸子公社黑城大队古城址进行考古调查的过程中，发现"渔阳太守章""白狼之丞""卫多"封泥各1枚，发表3枚封泥拓片，其中"白狼之丞"有十字界格，为秦封泥⑤。

---

① 考古研究所洛阳发掘队：《一九五四年秋季洛阳西郊发掘简报》，《考古通讯》1955年第5期，第27—28页。
② 中国科学院考古研究所：《洛阳中州路（西工段）》，科学出版社1959年版，第44页。
③ 辽宁省文物考古研究所：《辽宁凌源安杖子古城址发掘报告》》，《考古学报》1996年第2期，第230页。李恭笃：《凌源安杖子古城出土一批西汉封泥》，《辽海文物学刊》1994年第2期。又见辽宁省文物考古研究所：《辽宁凌源安杖子古城址发掘报告》》，《考古学报》1996年第2期。
④ 王绵厚、郭守信：《辽海印信图录》，辽海出版社2000年版，第7—13页。
⑤ 冯永谦、姜念恩：《宁城县黑城古城址调查》，《考古》1982年第2期，第159—161页。

1995年，西安汉长安城遗址内相家巷村南田地中出土大量秦封泥，但封泥在出土后很快就流散于国内外。留在国内封泥的大部分，被后来成立的北京古陶文明博物馆路东之收藏[1]，并由周晓陆判断其时代为秦[2]，流散到澳门珍秦斋的封泥由孙慰祖指出时代为秦[3]，殊途而同归，为学界幸事。而销售封泥的闫小平，后将向路东之销售时留下的600余枚品相好的秦封泥，售于傅嘉仪主持的西安中国书法艺术博物馆收藏[4]。

1996年4月，孙慰祖修订再版《古封泥集成》，收录封泥2670枚[5]，"增补了部分乐浪出土封泥以及珍秦斋收藏的新出秦封泥等28枚，这是陕西新出秦封泥最初发表的资料"[6]。作为最早关注海外流散相家巷秦封泥并进行研究、著录的学者，孙慰祖《古封泥集成》新版中收录12枚珍秦斋藏相家巷出土秦封泥后，使得该书成为内地最早的该批秦封泥著录。

1996年6月，路东之应中国印刷博物馆的邀请举办《路东之收藏瓦当封泥展》，展出路东之梦斋藏彩陶、瓦当、封泥等藏品，相家巷出土秦封泥在其中展出[7]。

1996年，吴振烽将陕西历史博物馆历年移交、收藏的来自陕西省文管会发掘和中国科学院考古研究所拨交的69枚封泥，进行考释

---

[1] 古陶文明博物馆：《圆梦之旅——一个博物馆人的逐梦旅程》，古陶文明博物馆2015年版，第150页。
[2] 周晓陆：《秦封泥的考古学发现与初步研究》，《史学论衡》，北京师范大学出版社2002年版，第330—331页。
[3] 孙慰祖：《新见秦官印封泥考略》，《大公报·艺林》1996年7月12日。该文后收入《孙慰祖论印文稿》上海书店1999年版。
[4] 王辉：《古封泥的发现、著录与研究概况》，《陕西历史博物馆馆刊》第24辑，三秦出版社第2017年版，第113页。
[5] 孙慰祖：《古封泥集成》，上海书画出版社1996年版，第14页。
[6] 孙慰祖：《封泥发现与研究》，上海书店出版社2002年版，第42—43页。
[7] 古陶文明博物馆：《圆梦之旅——一个博物馆人的逐梦旅程》，古陶文明博物馆2015年版，第226页。

后加以公布，其中部分为秦封泥①。

1996年12月26日，西北大学召开"首届新发现秦封泥学术研讨会"，路东之向西北大学博物馆捐赠20品秦封泥，并以古陶文明博物馆和西北大学历史博物馆的名义向社会公开了秦封泥的重大发现，公布了路东之藏秦封泥的信息和部分品种，引起学界高度重视②。

1997年初，周晓陆、路东之、庞睿将路东之北京古陶文明博物馆收藏秦封泥在整理后公布了154种封泥的拓片和释文③。

1997年1至3月，西安市文物保护考古研究所在得到傅嘉仪获得的相家巷秦封泥准确出土地信息后，在程林泉的带领下在陕西省西安市未央区六村堡街道相家巷村南发掘185平方米，清理40个遗迹单位，共出土封泥11347枚，是迄今为止一个遗址出土封泥数量最多的地点。据介绍，发掘中最重要遗迹有3个：H3出土封泥2266枚、H25出土2833枚、M3出土2266枚。该次发掘的资料尚在整理之中。经初步整理，与职官有关的封泥7600枚，与地理名称有关的1300枚，其它240多枚④。

1997年4月，倪志俊在《书法报》上公布了相家巷秦封泥的准确地点和西安中国书法艺术博物馆收藏秦封泥的相关情况，公布了25枚封泥的拓片，并指出该批收藏品相完好，可以纠正之前少数因残缺而致误的封泥释读⑤。

---

① 吴振烽：《陕西历史博物馆藏封泥》（上、下），《考古与文物》1996年第4期，第49—59页；第6期第53—61页。
② 古陶文明博物馆：《圆梦之旅——一个博物馆人的逐梦旅程》，古陶文明博物馆2015年版，第163页。
③ 周晓陆、路东之、庞睿：《秦代封泥的重大发现——梦斋藏秦封泥的初步研究》，《考古与文物》1997年第1期，第35—49页。
④ 张翔宇：《相家巷秦封泥的发现与整理》，《美术报》2019年3月2日第10版。王辉：《古封泥的发现、著录与研究概况》，《陕西历史博物馆馆刊》第24辑，三秦出版社第2017年版，第113页。
⑤ 倪志俊：《空前的考古发现 丰富的瑰宝收藏——记西安北郊出土封泥出土地点的发现及西安中国书法艺术博物馆新如此的大批封泥精品》，《书法报》1997年4月9日。

1997年6月，罗小红在《说古道今》上介绍了相家巷秦封泥发现的具体情况，并公布了25枚封泥的拓片①。

1997年7月，傅嘉仪、罗小红在《收藏》杂志介绍了汉长安城内新发现秦封泥的相关情况，刊发49枚封泥照片②。

1997年8月，任隆以考释的形式，刊布了收藏在西安中国书法艺术博物馆的秦封泥114种③。

1997年10月在西安终南印社的内部刊物《终南》的第1辑上，崎岖刊发《西安中国书法艺术博物馆藏秦封泥简介》和"永巷""右丞相印"等51枚封泥的拓本④。

1998年2月，周晓陆、路东之、庞睿继续刊布了62品北京古陶文明博物馆藏秦封泥⑤。

1998年6月，任隆再以考释形式公布收藏于西安中国书法艺术博物馆的秦封泥⑥。

1998年9月，路东之出版《路东之梦斋秦封泥留真》原拓秦封泥100品⑦。

1998年10月，路东之在日本篆刻美术博物馆举办的封泥展览

---

① 罗小红：《秦封泥的重大发现》，《说古道今》1997年第2期。

② 傅嘉仪、罗小红：《汉长安城新出土秦封泥——西安中国书法艺术博物馆藏封泥初探》，《收藏》1997年第6期，第7—8页。傅嘉仪《秦封泥欣赏》，《收藏》1997年第6期，彩页。

③ 《西安北郊新出土封泥选拓》，《书法报》1997年4月9日第4版。任隆：《秦封泥官印考》，《秦陵秦俑研究动态》1997年第3期，第17—35页。

④ 崎岖：《西安中国书法艺术博物馆藏秦封泥简介》，《终南》第1辑，1997年10月，第17—23页、封底。

⑤ 周晓陆、路东之、庞睿：《西安出土秦封泥补读》，《考古与文物》1998年第2期，第50—59、77页。

⑥ 任隆：《秦封泥官印续考》，《秦陵秦俑研究动态》1998年第3期，第22—14页。

⑦ 古陶文明博物馆：《道在瓦砾——一个博物馆人的逐梦旅程》，古陶文明博物馆2015年版，第163页。

上，做了《封泥收藏与研究的过去和现在》的学术报告①。

1999年1月，傅嘉仪出版《篆字印汇》，其采择来源广泛，"手钤本、散页、新出土玺印、封泥瓦当，及未发表者占重要比例"，其中"西安中国书法艺术博物馆藏秦代封泥"即在其中，成为相家巷秦封泥藏品的一次集中著录②。不过受体例限制，秦封泥散见于不同字头，使用起来并不方便。

1999年，孙慰祖将新发现的秦汉官印、封泥进行汇释③。

1999年12月，傅嘉仪编辑出版《历代印匋封泥印风》，收录西安中国书法艺术博物馆藏257品秦封泥拓片④。

2000年5月，周晓陆、路东之在全面公布北京古陶文明博物馆藏秦封泥的基础上，结合之前谱录中著录的秦封泥，整理出版了第一部秦封泥的专有谱录——《秦封泥集成》⑤。该书除集中刊布北京古陶文明博物馆藏封泥外，还对封泥本身的相关信息开展认真梳理，对封泥背后痕迹所反映出来的封缄方式的探索细致而深入。这种强调和彰显封泥本身考古学特征的做法，与作者长期从事考古学和古文字学教授与科研的经历直接相关。

2000年4至5月，中国社会科学院考古研究所汉长安城考古队在之前盗掘出土秦封泥的相家巷村南田地进行发掘，发掘面积500余平方米。该次发掘获得封泥325枚，共100多种，从地层学上确定了封泥的时代为秦。发掘资料在快速整理后在2001年及时发布，

---

① 古陶文明博物馆：《圆梦之旅——一个博物馆人的逐梦旅程》，古陶文明博物馆2015年版，第163页。
② 傅嘉仪：《篆字印汇》，上海书店出版社1999年版。
③ 孙慰祖：《新发现的秦汉官印、封泥资料汇释》，《孙慰祖论印文稿》，上海书店出版社1999年版，第71—77页。
④ 傅嘉仪：《历代印匋封泥印风》，重庆出版社1999年版，第125—167页。
⑤ 周晓陆、路东之：《秦封泥集》，三秦出版社2000年版。

同期刊发了刘庆柱、李毓芳的研究文章①。

2000年杨广泰主编《秦官印封泥聚》，公布了其收藏的秦封泥新品。②

2000年，王辉在发表西安中国书法艺术博物馆藏封泥的同时③，并在其出版的《秦出土文献编年》中对之前已知秦封泥进行了集中分析④。

2000年，萧春源在《珍秦斋藏印·秦印篇》中发表了其收藏的秦封泥12枚，同时发表了相关封泥的正背照片⑤。与1996版《古封泥集成》对比，《古封泥集成》刊发拓片的"居室丞印""中羞丞印""安台丞印"3枚不见于是书，是书中刊布的"少府工丞""咸阳丞印"2枚不见于《古封泥集成》。

2001年8月，周晓陆、刘瑞对新见秦封泥的地理内容进行考释的同时将封泥信息进行公布⑥。

2001年9月，许雄志出版《秦印文字汇编》。该书虽名秦印，

---

① 中国社会科学院考古研究所汉长安城工作队：《西安相家巷遗址秦封泥的发掘》，《考古学报》2001年第4期，第509—544页。刘庆柱、李毓芳：《西安相家巷遗址秦封泥考略》，《考古学报》2001年第4期，第427—452页。王伟在整理后指出，《发掘·出土封泥统计表》中列出全部325枚封泥。其中T2③:70、TG1:5、TG1:77三枚是无字封泥；另有T2③:89、T2③:168、T2③:170、T2③:171、T2③:172、T2③:173、T2③:180、T3③:38、TG1③:81九枚"文字漫漶"。除去3枚无字封泥和9枚"文字漫漶"者，《发掘·出土封泥统计表》共公布了185种，313枚封泥的资料（包括残字封泥在内）。

② 杨广泰：《秦官印封泥聚》，文雅堂2000年版。是书未见，转引自周晓陆《秦封泥的考古学发现与初步研究》，《史学论衡》，北京师范大学出版社2002年版，第332页。

③ 王辉：《秦印考释三则》，《中国古玺印国际研讨会论文集》，香港中文大学文物馆2000年版。

④ 王辉：《秦出土文献编年》，新文丰出版公司2000年版。

⑤ 肖春源：《珍秦斋藏印·秦印篇》澳门文化厅2000年版。

⑥ 周晓陆、刘瑞：《新见秦封泥中的地理内容》，《秦陵秦俑研究动态》2001年第4期。

然其采择时即包括封泥①。

2001年10月，傅嘉仪、王辉对西安中国书法艺术博物馆所藏秦封泥在公布的同时并加考释②。

2001年12月，王辉对西安中国书法艺术博物馆藏秦封泥中的若干品种进行考释③。

2002年7月，周晓陆、陈晓捷通过《新见秦封泥中的中央职官印》，公布了新发现的有关中央职官的秦封泥，并加以考释。④

2002年10月，周晓陆等发表《秦封泥再读》，对部分新的秦封泥资料进行公布。⑤

2002年10月，傅嘉仪以西安中国书法艺术博物馆收藏秦封泥为主进行了结集出版，共刊布封泥432品，其中西安中国书法艺术博物馆藏341品公布正背拓本，并有释文，同时收录发表于《秦封泥集》的北京古陶文明博物馆藏34品，并收录早期谱录中秦封泥附录57品，多有简略释文。⑥

2002年，刘庆柱在对相家巷新发掘的封泥进行了进一步研究，同时发表了一些在之前《考古学报》中未加公布的封泥拓片⑦。

2002年，周晓陆、陈晓捷发表了在北京新见的秦封泥品种并做

---

① 许雄志：《秦印文字汇编》，河南美术出版社2001年版。
② 傅嘉仪：《西安新发现秦封泥》，《书法》2001年第10期。王辉：《秦印封泥考释（五十则）》，《四川大学考古专业创建四十周年暨冯汉骥教授百年诞辰纪念文集》，四川大学出版社2001年版；王辉：《西安中国书法艺术博物馆藏秦封泥选释续》，《陕西历史博物馆馆刊》第8辑，三秦出版社2001年版。王辉：《西安中国书法艺术博物馆藏秦封泥选释》，《文物》2001年第12期。
③ 王辉：《西安中国书法艺术博物馆藏秦封泥选释续》，《陕西历史博物馆馆刊》第八辑，三秦出版社2001年版；王辉：《西安中国书法艺术博物馆藏秦封泥选释》，《文物》2001年第12期。
④ 周晓陆、陈晓捷：《新见秦封泥中的中央职官印》，《秦文化论丛》第九辑，西北大学出版社2002年版。
⑤ 周晓陆等：《秦封泥再读》，《考古与文物》2002年第5期。
⑥ 傅嘉仪：《新出土秦代封泥印集》，西泠印社2002年版。
⑦ 刘庆柱：《新获汉长安城遗址出土封泥研究》，（《石璋如先生百年寿诞纪念文集——考古·历史·文化》，台北南天书局2002年版。

考释①。

2002年，周天游、刘瑞整理了之前已发表的419种秦封泥品种，并结合新公布的张家山汉简对秦封泥的释读问题进行了研究②。

2002年12月，孙慰祖出版了作为上海博物馆藏品研究大系之一的《中国古代封泥》。该书在详细介绍了上海博物馆藏封泥的来源后，大量发表了上海博物馆藏封泥的精美拓片及正反面彩色照片，并收录了上海博物馆2001年入藏的部分相家巷遗址出土秦封泥③。

2002年4至11月，湖南省考古研究所在湖南省龙山县里耶镇进行里耶古城发掘的过程中，在出土大量简牍的J1中出土二百多枚封泥匣，匣上少数有文字。出土"有封泥十多枚，多残破。圆形印面，其上的文字系胶泥半干时以玺印戳上，因废弃时偶然被火烧后陶化而得以保留，背面不规则，直径2.6厘米许，厚不足1厘米。内容有□陵□印、□庭□马（洞庭司马）、酉阳丞印、酉□丞□等"。后记述出土封泥"数量较多"，"原置于来往邮件的封泥匣内，多破碎不易收集"，考古报告介绍了其中10件封泥的情况，发表了封泥摹本④。

2003年，王辉考释了新发现的三枚秦封泥⑤。

2003年，路东之出版《古陶文明博物馆藏战国封泥》原拓本⑥。

2003年2月，徐畅在出版的《中国书法全集·先秦玺印》中，在"战国公玺与印迹"下专列"秦印与封泥"，收录了208枚秦封

---

① 周晓陆、陈晓捷：《新见秦封泥中的中央职官印》，《秦文化论丛》第9辑，西北大学出版社2002年版。
② 周天游、刘瑞：《西安相家巷出土秦封泥简读》，《文史》2002年第3期。
③ 孙慰祖：《中国古代封泥》，上海人民出版社2002年版。
④ 湖南省文物考古研究所：《里耶发掘报告》，岳麓书社2007年版，第180、220页。
⑤ 王辉：《释秦封泥中的三个地名》，《秦文化论丛》第10辑，三秦出版社2003年版。
⑥ 路东之：《问陶之旅——古陶文明博物馆藏品掇英》，紫荆城出版社2008年版，第152页。

泥的拓本①。

2004年12月，日本艺文书院出版《新出相家巷秦封泥》，收录了相家巷出土秦封泥250种的正反照片和拓片，其中"泰史""南郡府丞""蜀大府丞"等为之前所不见②。

2005年1月，伏海翔出版《陕西新出土古代玺印》③，在刊有"华阳丞印""左司空印"封泥的彩色照片外，还有187枚封泥的拓本和释文。该书虽未介绍封泥来源，但从封泥拓本看，其基本为西安中国书法艺术博物馆收藏。

2005年，周晓陆、陈晓捷、刘瑞、汤超、李凯等对流散在北京等地的新见秦封泥进行考释④。

2005年12月，马骥在《中国文物报》上发表了在西安新发现的21枚秦封泥品种，并探讨了秦封泥的断代问题⑤。

2006年，陕西省西安市未央区六村堡街道六村堡村内的东西路南侧发现秦封泥，该地与相家巷秦封泥发现地相距约600米⑥。

2006年6月，陈晓捷、周晓陆发表《新见秦封泥五十例考略——为秦封泥发现十周年而作》，公布了50品文雅堂藏秦封泥，多为新品。⑦

2007年，李晓峰、杨冬梅在秦封泥发现的推动下，将济南市博

---

① 徐畅：《中国书法全集·先秦玺印》，荣宝斋出版社2003年版。
② 平出秀俊：《新出相家巷秦封泥》，艺文书院2004年版。
③ 伏海翔：《陕西新出土古代玺印》，上海书店2005年版。
④ 周晓陆、陈晓捷、汤超、李凯：《于京新见秦封泥中的地理内容》，《西北大学学报》2005年第4期。周晓陆、刘瑞、李凯、汤超：《在京新见秦封泥中的中央职官内容》，《考古与文物》2005年第5期。陈晓捷、周晓陆：《新见秦封泥五十例考略——为秦封泥发现十周年》，《碑林集刊》第11辑，陕西人民出版社2005年版。
⑤ 马骥：《西安新见秦封泥及其断代探讨》，《中国文物报》2005年12月7日。
⑥ 马骥：《西安近年封泥出土地调查》，《青泥遗珍·战国秦汉封泥文字学术研讨会论文集》，西泠印社2010年版，第30页。
⑦ 陈晓捷、周晓陆：《新见秦封泥五十例考略——为秦封泥发现十周年而作》，《秦陵秦俑研究动态》2006年第2期。

物馆收藏的带界格封泥进行了专门的公布和考释①。

2007年，傅嘉仪以西安中国书法艺术博物馆收藏秦封泥为基础，将"周晓陆、路东之先生的《秦封泥集》和陕西省考古研究所研究员王辉先生关于秦封泥论述，以及作者本人关于秦封泥的浅述合编而成"的《秦封泥汇考》出版。在该书自序中，傅嘉仪在对秦封泥发现经过简要叙述后，从文字演变、"丽山食官"封泥线索体现出的时代性、"泰厩丞印""中厩丞印""小厩丞印"等多见于秦始皇出土陶文的职官名、"废丘""废丘丞印"等文献记载汉初即已改名的地名等四个方面加以探讨。书中对秦封泥有简略考释，书后彩版为230品封泥的拓片、正、反面的彩色照片②。

2008年3月，路东之出版《问陶之旅》，发表了在《秦封泥集》之后陆续收集的战国、秦和汉代封泥③。

2009年6月，王玉清、傅春喜出版《新出汝阳郡秦汉封泥集》，公布了在河南平舆出土的汝阳郡封泥554枚的拓片（多为汉封泥），部分封泥同时公布了正反照片④。

2010年，周晓陆出版《二十世纪出土玺印集成》，其虽名玺印集成，然对已知封泥资料同样进行了集中收录，蔚为大观⑤。

2010年，郭富春在出版的《大连古代文明图说》中公布了1枚封泥的照片和拓片，有十字界格，为秦封泥⑥。

2010年11月，西泠印社在中国印学博物馆举办"新出战国秦汉封泥特展"和"战国秦汉封泥文字国际学术研讨会"，配合展览出版的图录收录了战国封泥6品、秦封泥111品，西汉（含新莽）

---

① 李晓峰、杨冬梅：《济南市博物馆藏界格封泥考释》，《中国书画》2007年第4期。
② 傅嘉仪：《秦封泥汇考》，上海书店2007年版。
③ 路东之：《问陶之旅——古陶文明博物馆藏品掇英》，紫禁城出版社2008年版。
④ 王玉清、傅春喜：《新出汝阳郡秦汉封泥集》，上海书店2009年版。
⑤ 周晓陆：《二十世纪出土玺印集成》，中华书局2010年版。
⑥ 郭富纯：《大连古代文明图说》，文史出版社2010年6月版。

封泥135品的正反照片和拓本①。

2010年，杨广泰出版《新出封泥汇编》，共收录了其个人收藏的7800方1272种封泥，"约近已知存世封泥之半，所收封泥拓片百分之八十为首次刊布"，包括战国封泥11种、秦封泥434种、西汉封泥361种、平舆出土两汉封泥372种、新莽封泥94种，其中507种为首次发表，占全书全部的40%。该书不仅是《古封泥集成》后最大规模的封泥著录，更是新出封泥资料的一次大汇聚②。

2011年4月，许雄志将自己收藏的战国秦汉封泥结集出版。根据来源不同，分别为河南新蔡战国封泥49枚、西安相家巷秦封泥28枚、临淄西汉封泥19枚、平舆秦汉封泥206枚、未名出土地域封泥9枚，各封泥均有正反面照片和拓片，印制精美③。

2012年4月，周晓陆出版《酒余亭陶泥合刊》，公布了他2001年收藏的204枚"泥封"的拓片，其中不少"是未曾面世的孤品"④。

2012年底，《唐都学刊》发表20枚西安中国书法艺术博物馆藏秦封泥的彩色照片⑤。

2013年，周晓陆、陈晓捷对文雅堂收藏的封泥加以公布和考释⑥。

2014年9月，秦陵博物院入藏1100余枚秦、西汉、新莽、东汉封泥及燕、齐陶文。据介绍，该批封泥原为杨广泰收藏，由赵旭捐

---

① 西泠印社、中国印学博物馆：《新出战国秦汉封泥特展图录》，西泠印社2010年版。
② 杨广泰：《新出封泥汇编》，西泠印社出版社2010年版。
③ 许雄志：《鉴印山房藏古封泥菁华》，河南美术出版社2011年版。
④ 周晓陆：《酒余亭陶泥合刊》，艺文书院2012年版。
⑤ 《西安中国书法艺术博物馆馆藏秦封泥图录》，《唐都学刊》2012年第6期。
⑥ 陈晓捷、周晓陆：《文雅堂藏秦封泥选考》，《咸阳师范学院学报》2013年第1期。

赠于秦陵博物院。王辉发表了其中327枚汉封泥的拓片、释文与考释①。

2014年，王伟对博士论文修订后出版《秦玺印封泥职官地理研究》②，系统收集、梳理了之前已发表秦封泥资料，并对秦官制、宫室、苑囿、陵寝及郡县等开展综合研究。

2014年，王辉、王巧英公布了数枚文雅堂收藏秦封泥③。

2015年，王伟考释公布了文雅堂收藏的秦封泥20枚④。

2015年5月，西泠印社美术馆举办《古代封泥精品展》，展出历代封泥400品，后出版的图录选择了其中200品的正反放大照片和原大拓片并附释文，在封二、封三等刊录了48品残泐封泥照片，为封泥的缀合工作提供了宝贵资料⑤。

2015年7月，杨广泰出版《新出陶文封泥选编》，公布了其收藏的战国封泥3种、秦封泥246种、汉封泥228枚、新莽封泥93种，以拓片为主，个别封泥有正反面彩色照片⑥。

2015年12月，庞任隆编辑出版《秦封泥研究》，将之前已发表的20篇秦封泥研究文章进行了集中收录，并提供了西安中国书法艺术博物馆藏100枚秦封泥的统计表，其中2件封泥时代注明为"战国"⑦。

2016年，蔡庆良、张志光在出版的《秦业流风：秦文化特展》

---

① 王辉：《秦陵博物院藏汉封泥汇释》，《秦始皇陵博物院》2015年总五辑，陕西师范大学出版社2015年版。
② 王伟：《秦玺印封泥职官地理研究》，中国社会科学出版社2014年版。
③ 王辉、王巧英：《释文雅堂藏几枚与府有关的秦封泥》，《陕西历史博物馆馆刊》第21辑，三秦出版社2014年版。
④ 王伟：《文雅堂藏新品秦封泥考释（二十则）》，《中国文字研究》第21辑，上海书店出版社2015年版。
⑤ 西泠印社美术馆：《古代封泥精品展》，文雅堂2015年版。
⑥ 杨广泰：《新出陶文封泥选编》，文雅堂2015年版。
⑦ 庞任隆：《秦封泥研究》，陕西人民美术出版社2015年版。

中公布了之前在西安南郊贾里村大墓发掘中出土的"内史之印"封泥①。

2016年,在古代文明研究协同创新中心中国人民大学中心编著出版的《里耶秦简博物馆藏秦简》中,刊发了里耶出土的"酉阳丞印"封泥的照片,并与出土的封泥匣并排放置②。

2017年,王伟公布了文雅堂收藏的地名封泥15品③。

2017年8月,魏杰在《金石研究》创刊号上公布了其所藏的"高章宦丞""都水丞印""骑马丞印""内官丞印"等10品秦封泥的拓片和彩色正背照片④。

2017年10月,西安中国书法艺术博物馆在《书法》上刊布了馆藏236品封泥精品的彩色照片⑤。

2018年8月,许静洪、许云华将陕北历史文化博物馆收藏封泥资料加以刊布,包括战国封泥1品、秦封泥4品、汉封泥97品,均有正反照片、拓本和释文⑥。

2018年李振洲介绍了中国文字博物馆收藏的20枚秦封泥的彩色照片和释文⑦。

2018年,任红雨出版了由刘庆柱、王辉作序的《中国封泥大系》。该书汇集2017年6月之前作者所见的63种封泥谱录,还有作者自己搜集的珍稀、孤本封泥原拓5336枚,共辑录封泥拓片15177

---

① 蔡庆良、张志光:《秦业流风:秦文化特展》,台北故宫博物院2016年版。
② 古代文明研究协同创新中心中国人民大学中心编著:《里耶秦简博物馆藏秦简》,中西书局2016年版。
③ 王伟:《新见秦地名封泥选释(十五则)》,《出土文献》第10辑,中西书局2017年版。
④ 魏杰:《冰斋魏杰藏秦封泥》,《金石研究》第1辑,世界图书出版西安有限公司2017年版,第136—141页。
⑤ 西安中国书法艺术博物馆:《秦封泥选》,《书法》2017年10期彩版。
⑥ 许静洪、许云华:《陕北历史文化博物馆藏玺印封泥选》,西泠印社出版社2018年版。
⑦ 李振洲:《中国文字博物馆馆藏秦代封泥鉴赏》,《文物鉴定与鉴赏》2018年第12期。

枚，6347 种。该书的编排以时代为经、音序为纬，分战国封泥、秦官印封泥、秦私印封泥、两汉官印封泥、汉私印封泥、新莽官印封泥、新莽私印封泥、汉后官印封泥、唐官印封泥等 9 目，其中战国封泥 242 枚，106 种；秦封泥 5485 枚，2085 种；汉封泥 7942 枚，3235 种；新莽封泥 1487 枚，902 种；汉后官印封泥 7 枚，7 种；唐官印封泥 14 枚，12 种，成为自封泥发现以来收集封泥数量、品种最多的封泥谱录，是封泥著录的新一代的集成之作①。

2019 年，许卫红、张杨力铮、赵震、狄明在《陕西省咸阳城府库遗址考古发掘取得重要收获》中公布了遗址发掘的秦封泥 1 种②。

2019 年 5 月，孙慰祖在《问印》创刊号上发表《新出封泥撷珍》，发表了 12 枚秦至唐封泥，不仅多枚封泥为首次发表，而且封泥的拓片和照片均甚为精美③。

2019 年，许雄志出版《鉴印山房藏古封泥选粹》，辑录战国秦汉官印及汉私印封泥 254 枚的拓片，其中来自新蔡战国封泥 50 枚、来自河南郡封泥 54 枚、弘农郡封泥 50 枚、汝南郡封泥 50 枚、汉私印封泥 50 枚④。

2019 年，李超介绍了收藏于西安博物院的西安市文物保护考古研究所在相家巷发掘秦封泥 30 余枚。在该文表二中，还显示出西安博物院所藏"桓段""公车司马""苏段""泰匠丞印""美阳丞印""中厩丞印""谒者丞印""咸阳亭丞""诏事之印"等 9 枚西安博物馆藏秦封泥的名称，并在注中介绍原西安中国书法艺术博物馆藏的绝大多数秦封泥，已在 2010 年后由西安含光门遗址博物馆所

---

① 任红雨：《中国封泥大系》，西泠印社 2018 年版。
② 许卫红、张杨力铮、赵震、狄明：《陕西省咸阳城府库遗址考古发掘取得重要收获》，《中国文物报》2019 年 5 月 8 日 8 版。
③ 孙慰祖：《新出封泥撷珍》，《问印》第一卷，西泠印社出版社 2019 年版，第 131—135 页。
④ 许雄志：《鉴印山房藏古封泥选粹》，鉴印山房金石文存 2019 年版。

收藏①。

四　秦封泥集存

从 1882 年陈介祺提出"西共丞印"时代为"秦"至今已有 137 年，从 1904 年吴式芬、陈介祺《封泥考略》辨识出个别秦封泥至今已有 115 年，自 1936 年王献唐《临淄封泥文字》单列"秦封泥"目至今也达 83 年。在长达百年左右的时间里，学界秦封泥研究的成果日益丰富，相关认识日益成熟。秦封泥蕴含的学术价值，也在不断的研究中得到阐发。

从封泥发现情况看，在 1997 年相家巷遗址秦封泥大量发表之前，已知秦封泥的数量和品种都非常有限，学者以秦封泥为对象开展的研究自然不多。多数情况下，学者提到秦封泥都仅是封泥史中的一笔带过，极少以秦封泥为专题进行研究，更遑论秦封泥研究专著。

王国维说："古来新学问之起，大都由于新发现。有孔子壁中书出，而后有汉以来古文家之学；有赵宋古器出，而后有宋以来古器物、古文字之学"。因此在 1995 年西安汉长安城相家巷遗址大量出土秦封泥后，在巨大新材料的推进下，秦封泥研究的情况得到极大改观。

1995 年西安相家巷遗址秦封泥的出土，如李学勤先生所言，与甲骨文一样，不仅一开始并非科学发掘，而且在出土之后还很快流散。不过可喜的是，在相家巷秦封泥流散的过程中，很快孙慰祖先生在澳门鉴其时代为秦，路东之先生收藏的封泥也经周晓陆先生确认为秦。虽各自"闭门造车"，但最终"出门合辙"，一南一北可称为学界幸事。

之后，在周晓陆先生的大力推动下，1996 年 12 月 26 日西北大学文博学院召开了"首届新发现秦封泥学术研讨会"。巨量秦封泥的

---

① 李超：《秦封泥与封简制度》，《考古与文物》2019 年第 4 期，第 86 页注 6。

发现，马上得到了与会学者的高度重要和积极评价。而更加可喜的是，西安市文物考古研究所在得到傅嘉仪提供的封泥出土准确地点信息后，迅速对其进行发掘，获得更加巨量的发现。错失了之前收藏秦封泥机会的傅嘉仪先生，也从闫小平手里，将其销售路东之时留下来的精品封泥，尽纳于中国书法艺术博物馆。

这样，虽相家巷秦封泥在出土后即有流散，但由于确认及时，绝大多数秦封泥还是都留在了国内，留在了国内的公私博物馆中，避免了再次流散和失落的可能。于是，秦封泥才能在之后的短短一两年时间里，以巨大的数量和远超人们想象的丰富内容，如秦始皇陵兵马俑一样，一次次的震撼着学界。

伴随着各家收藏的庞大到远超人们想象的秦封泥数量和品种的公布，以及各项研究成果的不断深入，关于秦封泥的研究，无论在研究角度还是研究成果的数量上，在今天看来已非常惊人。甚至可以说，20年多年来学界开展的秦封泥研究的范围之广、数量之多，在很大程度上已超过了经一百六十余年积累和发展的汉封泥研究，成为封泥研究中最重要的方向和内容。

关于秦封泥释读或公布的情况，前文已进行了梳理，而从1995年西安相家巷秦封泥发现、1996年底西北大学召开学术会议公布秦封泥发现的消息至今已经20余年的秦封泥研究情况，已有多位学者进行了综述和评价。如周晓陆、路东之《秦封泥的发现与研究》[1]、周晓陆《秦封泥的考古学发现与初步研究》[2]、王辉《秦封泥的发现及其研究》[3]、《古封泥的发现、著录及其研究概说》[4]、杨广泰、路

---

[1] 周晓陆、路东之：《秦封泥的发现与研究》，《周秦汉唐研究》第一辑，三秦出版社1998年版。

[2] 周晓陆：《秦封泥的考古学发现与初步研究》，《史学论衡》，北京师范大学出版社2002年版。

[3] 王辉：《秦封泥的发现及其研究》，《文物世界》2002年第2期。

[4] 王辉：《古封泥的发现、著录与研究概况》，《陕西历史博物馆馆刊》第24辑，三秦出版社第2017年版。

东之等等。而我也曾以《1997——2001 年秦封泥研究概况》① 和《1997—2002 年间西安相家巷出土秦封泥研究综述》为名②，对 2002 年之前的秦封泥研究情况进行梳理。在周晓陆、路东之《秦封泥集》，在王伟《秦玺印封泥职官地理研究》、王辉《秦文字通论》的相关章节中，也都对秦封泥发现与研究情况进行学术史梳理。在《秦封泥集》出版后学者对其进行积极评价的同时，也对秦封泥研究提出进一步发展的期待③。近年来南京大学崔璨还针对性的对十年来的秦封泥发现和研究情况进行了整理④。

从现有的研究情况看，秦封泥研究在取得一系列重要成就的同时，依然存在着不少问题：

1，目前尚有巨量封泥有待公布。从现有信息看，最大一批秦封泥在出土后收藏于今西安市文物保护考古研究院，数量多达一万余枚。但遗憾的是，该批封泥虽近年已启动整理，但科学的公布尚须时日。

2，在已公布秦封泥中，多数仅发表封泥泥面拓片，少数公布时发表封泥正背面照片，造成很多封泥泥背情况难以了解。封泥资料的完整性严重不足，给流散封泥的辨伪及相关问题的深入探讨带来巨大困难。

3，封泥易碎，相家巷出土秦封泥在发现的早期流散各地，已发表的封泥以完整品为主，残碎品发表有限，使得同地出土秦封泥本该开展的缀合研究迟迟未能顺利开展。

4，在封泥发表时，往往存在将已有谱录发表封泥再行刊发的情

---

① 刘瑞：《1997——2001 年秦封泥研究概况》，《中国史研究动态》2002 年第 9 期。

② 刘瑞：《1997—2002 年间西安相家巷出土秦封泥研究综述》，《秦文化论丛》第 10 辑，三秦出版社 2003 年版。

③ 阿敏：《考古重大发现，印苑别开生面——记〈秦封泥集〉问世》，《中国书法》2001 年第 5 期。

④ 崔璨：《近十年来秦封泥研究的回顾与展望》，《西泠艺丛》2019 年第 12 期，第 15—20 页。

况，致使封泥的发表数量与存世数量难以一致，使得从数量统计角度分析相关问题的设想难以顺利开展。

5，发掘品外的私人藏封泥有着多次转手的情况，其流传信息往往并不公布。因此同一封泥就会出现多次、多家著录的情况，而且由于目前用于传世和发表的封泥拓片，原本就是一个很容易造成差异的手工操作，故在不同藏家不同拓工拓制手法轻重不同的操作下，在对封泥泥面外缘不同的取舍下，很容易的就出现了不少同一封泥的差异性拓片，而很容易让人以为其是多枚封泥。

6，不少私人藏封泥还往往以传统的原拓形式，以百本甚至几十本的极少的数量在非常狭窄的范围内公布所藏封泥品种等信息。这种原拓出来的封泥拓本，数量稀少而其价甚昂，严重影响到封泥的传播与研究[①]。

7，由于封泥藏家众多，封泥发表途径自然多样，致使迄今为止发表秦封泥，大量散在了各种期刊、报告、报纸、图录，学者使用起来当然的非常不便，甚至很多已发表多年的封泥要在很久之后才能渐为人知。

在上述存在的七个问题中，后面几个问题都与封泥发表的状况有关，并随着时间的发展和越来越多封泥的发表，日益严重的影响着秦封泥研究的顺利推进。

因此，为完成 2014 年申报获批的国家社科基金项目"秦封泥分期与秦职官郡县重构研究"（14BZS017）研究，为推进作为子课题负责人而参加的国家社科基金重大招标项目"秦统一及其历史意义

[①] 王伟在多年前已指出，其了解到而未见原书的，至少有北京文雅堂出版的《秦官印封泥聚》（原拓，两册，89 种 89 品）、《原拓新出土秦封泥》（一函十二册，收录秦封泥 261 种 648 品，2003 年）、《双圣轩集拓秦官印封泥》（收录 100 枚）、《相家巷出土秦封泥》（一函十四册，收录秦封泥 403 种，764 品。近年任红雨编辑出版《中国封泥大系》的大成功，即是其对自己收藏的大量原拓的充分使用。直到 2019 年秋，我们依然可以在网络上购买到《西安出土秦封泥》原拓，其中尚有不少封泥在之前未见刊布，但藏家不详。

再研究"（14ZDB028）的相关内容，从 2015 年开始，我陆续将之前收集的秦封泥资料进行查重补缺，并重点收集了十余年来新近出版的考古报告、封泥图录及各种图书杂志，希望获得一份全面的秦封泥目录，以便自己设想的相关研究能顺利推进。到 2018 年秋，我申请的国家社科基金重大招标项目"秦汉三辅地区建筑研究与复原"（18ZDA181）获批，这样含大量秦代建筑职官、宫苑名称的秦封泥，也就自然的成为了该课题研究的一部分内容。

于是我就将之前已整理的资料，根据新的需要做了重新梳理，并据《汉书·百官公卿表》等文献及学者研究成果进行了排序。在这个过程中，还有以下一些具体的考虑：

首先，由于秦封泥在发现之后的快速流散和不断倒手，造成很多封泥藏于多家并多次著录，造成封泥发现数量的统计一直非常困难，因此我就重点开展了对现有封泥图像的查重去重。即，在收集到封泥图像后，将不同时期、不同报告与谱录发表的封泥正面照片、背面照片和拓片编在一起，然后据封泥拓片、照片等所显示出的图形信息进行判读，以确定这些不同的封泥拓片是否来自同一封泥，以便开展进一步分析与研究。

需解释的是，目前我们在本书中所见到的，虽已是经多次斟酌去重的结果，但事实上一直到校对的过程中，我还偶尔的发现了一些之前的遗误。我深深的认识到，查重去重是一个很不容易的事情。要判断封泥是否重复，固然一方面是个人眼力高低和究竟该如何取舍的问题，但更重要的则是与目前所见封泥的拓片原本就是纯手工操作有关。

众所周知，在封泥拓片打制的时候，在对边缘如何取舍，在用浓的还是用淡的墨，手法究竟是轻是重的差异，以及作为拓片载体的纸的差异等等，都会在我们于不同期刊杂志图书等见到的拓片上产生有不同的体现。而且，需说明的是，与碑刻拓制拓片会损失石碑一样，虽封泥易碎，打制拓片的拓工肯定会非常的轻巧。但事实上无论如何的小心，在拓片的制作过程中、在封泥的保管过程中，都会给封泥造成一定的损伤。因此也就使得同一封泥的前后不同时间打制的拓片,存在着或多或少的可视性差异,使得在去重时就很难取舍。

以"代马丞印"下的 2 号、5 号封泥为例,现在两个号下分列的两个拓片的出处不同,也都有一定差异,但通过与封泥照片的比较,当可确定其原应为同枚封泥所拓。而在"北宫宦臣"14 号内的同一封泥的三个拓本,外缘均有明显差异,但实际上的封泥却只是一个。"雒阳丞印"下的 5 号封泥,我们已见到 2 个外缘差异明显的拓片,在通过与照片比较后,可将其断为同枚。当然,在"咸阳丞印"下 109 号中罗列的两个差别很大拓本,是施谢捷先生在研究中敏锐注意到其应来自同一封泥;不过,"中厩丞印"下 33 号中罗列的两个拓本,施谢捷先生认为 33b 是封泥原状,33a 是利用 33b 和其它封泥拓片的拼缀物。不过从该发表的封泥照片看,此封泥原物完整,并没有拼缀的迹象。所以从拓片和照片看,我判断 33a 是最初打制拓片,33b 是封泥"丞"字出现损伤后打制,自然 33c 的照片也就是早期拍摄。类似因封泥模泐而形成不同拓片的情况,从"走翟丞印"下 9a 和 9b 的拓片也可看出[①]。所以,从封泥拓片、照片的对比看,照片在给封泥进行去重过程中的作用甚为关键。然而非常遗憾的是,虽早在 1930 年代北京大学《封泥存真》中已开创将封泥拓片、正、背面照片一起出版的"完美"体例,但在至今为止已发表的秦封泥资料中,封泥照片发表的情况一直相当有限,这就使封泥的去重工作面临着很多困难,不少封泥从拓片看似是一枚或有区别,但如果没有照片的核验,就不甚完美。

因此,在种种实际客观条件的制约下,在一时还不能如数目验各地所藏封泥实物的情况下,要判断所见到缤纷的拓片究竟是不是同一枚封泥所拓,也就存在了很多不确定的因素。加之不同时期不

---

① 施谢捷:《谈〈秦封泥汇考〉〈秦封泥集〉中的同一封泥重复著录问题》,《西泠艺丛》2019 年第 12 期,第 21—30 页。

同厂家在拓片制作印刷品的过程中，还存在了各种想象不到的印制差异，也使看上去简单的去重工作面临着更复杂的困难。

因此，虽在整理和校对的过程中，我已尽力来做查重去重——当然做这个的初衷是我自己切实想知道迄今为止一共出土和发表了多少封泥，而每种封泥又有多少不同个体——特别是对于那些数量多达几十个的品种就更是如此，并将那些差异较大的拓片分别罗列，但想来在本书印出后，眼亮的师友肯定会在目前所罗列的图像中找到不少应去而未去的重复拓片，需今后不断修订。当然，无论是眼力不足还是看多而眼花，都并不能减少其中必然存在的种种不足。但现所看到的，确实是在庚子春节因抗疫而出现的史无前例的长假闭关期间，自己尽力校对后能所达到的结果——最后关头新见到的施谢捷先生论文当然让我新发现了几个之前没有注意到的问题。

其次，由于大量秦封泥发表的信息并不完整，以及藏家藏品的来源也多未公布，而秦封泥时代的判读本身就是一个学术难题，所以在对于哪些是秦封泥、哪些不是秦封泥，也很难有一个统一标准和学者共识。当然，无论是秦的职官地理，还是秦的印章制度，本身都是随着秦的发展壮大而不断发展的制度。因此我们今天所看到的秦封泥，也自然是这一制度不断发展过程中的产物，这里收罗的秦封泥，肯定在时代的判断上会存在不同的意见，在具体的排序和归类上也会有不同看法——这是学术研究中很正常的事情，但如这些对秦封泥认识上的疑问和不同意见，是通过本书的罗列"放在一起"后而凸显出来的话，那多年收集和整理的目就已达到了不少。

同样需要指出的是，本书所收秦封泥的时代，并不限于短暂的统一秦，而是上起战国晚期，少数延续到西汉，大体就是1997年初李学勤先生在西安相家巷秦封泥发现后提出的秦封泥的时间范围。而既然我将这些封泥收集在一起，自然意味着在我看来，它们的时代应该为秦——当然这里所谓的秦也是指上述的时间范围。

我判断其时代为秦的根据，一方面在此之前所收集到的绝大多数封泥的时代已有学者判断为秦的结论，一方面则是自己在前辈学者的基础上还进行了一些重新的判定。而我开展进一步判定的依据，一是1996年西安相家巷秦封泥发现之后孙慰祖先生在澳门、周晓陆、路东之先生在西安分别从文献记载和封泥印章制度方面总结的秦封泥特征，一是中国社会科学院考古研究所汉长安城考古队在汉长安城遗址通过科学考古发掘出土秦封泥后，刘庆柱、李毓芳先生总结出的秦封泥特点，同时还考虑了多年来学者在秦陶文、秦印章制度等方面的研究成果。大体而言，应是一个综合的判断。

整体而言，这里收集的中央、地方类职官封泥的时代，可能争议较小，但具体到某个封泥则应会与之前的意见有所不同，但限于体例在这里无法一一说明，只能另寻机会解释。当然，这里的判断肯定会有不少错误，同样需要今后不断修正。

第三，在秦封泥资料收集的过程中，当然的还见到了数量较多的乡亭部和私印吉语封泥。究竟该如何处理这些封泥，一段时间里让我非常纠结。从资料完整性看，当没有任何不收的理由。但从实际情况看，特别是在目前秦封泥断代研究的进展看，其实我们很难给大部分乡亭部、私印吉语封泥一个如前述中央、地方职官封泥那样较明确时代为秦的判断。

从湖南里耶发出土的秦代简牍中，我们见到规模庞大的人口数量甚至超过当时很多县的"贰春乡"等乡级机构。因此从管理角度看，秦乡有印应无问题。在传世和出土封泥中已有不少例证，所以发现和存在秦乡亭部封泥应合情合理。当然，据文献记载，汉高祖刘邦在起义之前任秦的泗水亭长，在之前公布的秦封泥中还有数量较多的"咸阳亭印"封泥，明确表明秦亭有印、有亭印封泥。

据目前所见资料，在秦统一过程中、统一后，秦王朝都采取了一系列包括印章制度在内的制度性变革——在目前所见封泥和出土秦简牍中都有切实反映。但从制度变化的实际情况看，由于秦祚甚短，秦统一过程中、统一后采取的这些变革，主要集中在中央和县级以上职官，至今还没有见到明确的在乡亭部和私人印章方面进行强力变革的资料。因此，对数量较多的传世乡亭部和私印吉语封泥究竟该如何断代，就成为一个甚为困难的问题。

在这个问题中，比较而言，私印封泥的情况更加复杂。比方说如建秦的嬴政、李斯，建汉的刘邦、张良、萧何等人，他们有的生于战国晚期，长于秦，有的还在经过短暂的统一秦后，灭秦而立汉，成为汉人。因此，如他们自己使用的私印一直未变，那其不同时间里用该私印抑制的封泥，在被我们发现并放在一起后，是不是就一定能截然的分开？是不是能更进一步的指出它们究竟是战国封泥、秦封泥还是汉封泥？我想，这是目前还难以解决的难题。

当然，在经过一系列痛苦的纠结后，我最后还是决定把乡亭部、私印吉语封泥与之前的中央和地方职官封泥收到了一起，希望能通过现在的工作，能在将其与其他封泥放在一起后，为进一步的研究提供些许便利。如读者能从中梳理出更多秦乡亭部、私印吉语封泥的特点，那我们的目的就也已部分达到。

将现有的这些封泥收集到一起的依据，一方面是明确的出土品中的乡亭部和私印封泥，一方面是之前学者已指出其时代为秦，一方面则是拥有与前述两类封泥风格相似的特征。而正由于对乡印和私印该如何安置上的犹豫不决、来回摆动及标准难定，因此同我尽量保证没有大的遗漏的中央和地方职官封泥的收集情况相比，乡印私印封泥的缺漏和不足肯定会更多一些。取舍之间，肯定会存在因误判而造成的误入、误删，今后当在大家的关注中陆续修正。

当然，由于目前在乡亭部和私印吉语封泥时代的判断上确实存在很多不定处，因此本书所收此类封泥的时代，自然就比前述中央和地方职官封泥的时代还要宽泛。所以，我把略有根据且有少数断代依据的乡亭部封泥列放在中编的郡县封泥之后，而把私印吉语封泥则直接列为附编——对专门从事印章封泥研究的学者而言，这里收集的私印吉语封泥肯定有很多需不断改进的不足。

第四，我们虽然了解，目前收集和整理的绝大多数秦封泥，都是在考古发掘之外藏于公私藏家的流散之物，但是在目前大多数秦封泥仅以传统的拓片形式进行发表，封泥照片的发表非常有限的情况下，在无法一一目验封泥实物的情况下，在秦封泥因不断打制拓片而出现较多形态变化的情况下，单从拓片而对这些封泥进行真伪的分别就存在着很大困难。

因此，在这里呈现的九千多枚封泥中，虽据封泥形态和内容，我认为其中的大多数应为真品，但也确实有极个别封泥无论从字体结构还是从其上职官地理的名称上看，都那么"与众不同"，其所记载的职官还不见于文献，有可能为伪品。对这种情况，我虽心中惴惴，但依然还是把它们也收纳了进来，免得因一个自己"智子疑邻"的误判，而使一些可能非常重要的信息得不到学者注意，造成学术研究的损失。而我，也希望能通过对这些封泥的集中收纳，在将其与其他封泥放在一起后，让大家从更全面的整体上，能在今后开展进一步的甄别和研究，并逐步将其中可能存在的伪品排除出去。

第五，虽然从王献唐开始多数学者已多次强调性的提出，十字格（含日字格）的泥面形制应是秦封泥的主要外在特征，而从相家巷出土秦封泥的情况看，这样的认识当然无误。但是从多年来秦陶文的发现情况看，虽有部分的陶文确实存在十字界格，但也有更大量的陶文没有界格存在。从"大匠"职官封泥的发现看，在秦封泥中我们看到了有界格的"泰匠""泰匠丞印"封泥，但也存在着没有界格的"大匠"和"大匠丞印"封泥。按我的理解，"泰匠"的写法应是在统一过程中或统一后的制度变革的过程中出现，之前的写法应为"大匠"。也就是说，"大匠"早而"泰匠"晚。

但从陶文发现看，我们迄今为止在秦始皇陵、秦咸阳、秦阿房宫遗址、秦废丘濩丘所在的东马坊遗址、秦汉甘泉宫遗址、汉长安城遗址等等发现的，却只有"大匠"陶文，从未发现"泰匠"陶文。而且，已发现的"大匠"陶文的文字，又与半通的"大匠"封泥高度相似。

因此，我只能认为，虽在秦统一过程中和统一后，更名的措施确实采取了不少，很更改的范围却还有不少控制或宣传不足。以"大匠"而言，当时只是更改了上层的负责主管官员所使用的印章，而下层具体生产时使用的用在建筑材料上戳印的印章，还依然如故。

这也就意味着，有十字界格的"泰匠"与没有界格的"大匠"印章，虽确有早晚，"泰匠"晚而"大匠"早，但实际在"泰匠"出现后"大匠"还继续存在，二者并没有实际的截然取代关系——虽从我们一般认为的制度上"泰匠"出现后即应销毁"大匠"写法的印章。

所以在这种情况下，考虑到秦祚甚短，制度化变革或设计不周或推行的不如人意，因此在进行封泥图像编排时，我就放弃了曾设想在同一封泥下以形制差异进行前后排列的做法（曾试验着做过一些封泥），于是也就有了现各封泥名目下各种写法形制的封泥交错分布的情况。我想，在秦封泥断代工作不断取得成果，对秦的制度和实施情况取得更多认识后，虽然复杂但更接近于当时实际情况的，据封泥早晚进行的排列，应该可以实现。而现在我所提供的，只是一个用于大家批判和修改的底子而已。

在经过了来来回回的反复"折腾"和一系列的痛苦的取舍、去重之后，共集含残封泥、未释封泥、未发表图像封泥等各种情况在内的中央与地方官印封泥 1843 种 8531 枚、私印封泥 499 种 675 枚、吉语封泥 6 种 6 枚、无字封泥 5 枚、特殊封泥 1 枚，合计 2350 种 9218 枚。

最后需要解释的是，称为《集存》，取自于罗振玉、王国维《齐鲁封泥集存》，并期待更多秦封泥的发表。

秦封泥的发现和公布，是一个长期的过程。

更多秦封泥的发现和发表，会使进一步开展封泥资料集存与研究成为可能。

希望在这一让人感到痛并快乐的过程中，我们能不断获得新的收获。

凡　　例

1. 集存2019年9月前刊布的时代为秦的封泥图像及相关信息。

2. 中央、地方类封泥的时代以秦为主，上起战国晚期，少数延至汉代；受断代材料所限，乡亭部及私印吉语封泥的时代略宽。

3. 封泥上文字以原释为基础，结合研究成果并酌以已见；图像模泐及原未发表图像，从原释。残碎封泥，以残存笔画推定所缺文字，残缺过甚则不释。

4. 未释及残缺字以"□"表示。释读存疑，字外加框如"丞"。

5. 封泥名目下置经去重后的拓片、彩色、黑白照片、摹本等图像，简注出处；未发表图像封泥，标"无图"及出处。

6. 封泥的拓片、照片出处不同、差异明显的拓片等图像，均以a、b、c等区分。

7. 封泥图像出自图书，注书名简称＋页码，"P"代表"页"，如"《秦封》P105"；同书拓片、照片出处不同时分列，如"《汇考》P159、图版P40"；出自杂志，注杂志名＋图号，如"《在京》图一：1"；所出杂志无图号，注杂志名＋页码；所出图书分卷，注书名＋卷数＋页码，如"《山房》2.26"表示出自《山房》第二卷第26页。所出之处若无页码则仅言简称，如"《泥选》"。

8. 《古封泥集成》《山东书法全集·封泥》《中国封泥大系》等所收各谱封泥，不再转注原出处；封泥未被前书所录或在前书出版后再有著录则标注出处。

9. 据封泥内容，上编收中央职官，中编收地方职官，下编收未归类未完全释读及残碎封泥。私名吉语封泥、部分形制类似的西汉早期封泥列为附编。

10. 中央职官封泥以《汉书·百官公卿表》为基础，结合文献所载职官沿革、学者研究及个人意见排序。太医、永巷、都水、司空等文于多个公卿下均有设置的同名官，在置某一公卿后不复见。宫台禁苑封泥设专节单列。

11. 地方职官封泥以《中国行政区划通史·秦汉卷》为基础，结合文献中隶属演变、学者研究及个人意见排序。不同郡属的同名县，置某郡后不复见。

12. 因泥面读法不同而产生的差异，如"阳安"与"安阳"为两地，以某读法归类后其他读法下不录。

13. 职官、地名写法与传世文献不同，目依文献，释读据泥面。瀍丘、废丘等文献中同地的不同名称，在同名下分列。

14. 雍工室、巴左工、河内左工、栎阳左工室等"地名+官名"类封泥，因尚不确定其上属机构，故置地方编内相关地名下。

15. 对既可属中央亦可属地方的封泥，以某意见归类后不复见。

16. 残封泥据形制及残存笔画尽可能定字分编，无法确定置下编以残存字排列。

17. 未发表图像封泥按原释分编，原释难归类时在下编内分列。

18. 同职官封泥以时代早晚如"玺"在"印"前，并据职官高低排序。

19. 封泥图像大小据版面有调整，非原大不设比例尺。

目 录

简称对照表 …………………………………………………（1）

上编　中央职官

第一章　皇帝 ………………………………………………（3）
　　皇帝信玺 ……………………………………………（3）
　　唯王御玺 ……………………………………………（4）
　　　唯□□□ …………………………………………（4）
　　　□□御玺 …………………………………………（4）

第二章　丞相·三公·九卿 ………………………………（5）
　一　丞相 ………………………………………………（5）
　　丞相之印 ……………………………………………（5）
　　左丞相印 ……………………………………………（6）
　　　左丞相□ …………………………………………（7）
　　　□丞相□ …………………………………………（7）
　　右丞相印 ……………………………………………（7）
　　　右丞相□ …………………………………………（9）
　　　右□相印 …………………………………………（9）
　　　右□相□ …………………………………………（10）
　　　□丞相印 …………………………………………（10）

2 目 录

　　　　□□相印 …………………………………………………（10）
　二　大尉 ………………………………………………………（11）
　　大尉 …………………………………………………………（11）
　　　大尉之印 …………………………………………………（11）
　　　大尉府襄 …………………………………………………（11）
　　邦尉 …………………………………………………………（11）
　　　邦尉之玺 …………………………………………………（11）
　　　　邦尉□玺 ………………………………………………（12）
　　　　邦□之玺 ………………………………………………（13）
　　　　□尉之玺 ………………………………………………（13）
　　　邦尉之印 …………………………………………………（13）
　　　邦尉之□ …………………………………………………（14）
　　　邦尉□□ …………………………………………………（14）
　　　邦□之□ …………………………………………………（15）
　　　邦□□□ …………………………………………………（15）
　　骑尉 …………………………………………………………（15）
　　　骑尉 ………………………………………………………（15）
　　　骑邦尉印 …………………………………………………（16）
　　　　骑邦□□ ………………………………………………（16）
　　　　□邦□印 ………………………………………………（16）
　　　　□□邦□ ………………………………………………（17）
　三　御史大夫 …………………………………………………（17）
　　御史之印 ……………………………………………………（17）
　　　御□之□ …………………………………………………（17）
　　　□史之印 …………………………………………………（18）
　　御史府印 ……………………………………………………（18）
　　　御□府□ …………………………………………………（18）
　　　□史□印 …………………………………………………（19）
　四　奉常 ………………………………………………………（19）

奉[常]丞□ …………………………………………………（19）
太祝 ……………………………………………………（19）
　祝印 …………………………………………………（19）
　　祝□ ………………………………………………（21）
　[祠]祝 …………………………………………………（21）
　　□祝 ………………………………………………（22）
　祠祀 …………………………………………………（22）
　　祠□ ………………………………………………（23）
太宰 ……………………………………………………（23）
　大宰 …………………………………………………（23）
　　□宰 ………………………………………………（24）
　泰宰 …………………………………………………（24）
　宰胥 …………………………………………………（25）
太史 ……………………………………………………（25）
　大史 …………………………………………………（25）
　　□史 ………………………………………………（26）
　泰史 …………………………………………………（27）
太卜 ……………………………………………………（28）
　泰卜 …………………………………………………（28）
太医 ……………………………………………………（28）
　大医 …………………………………………………（28）
　大医丞印 ……………………………………………（28）
　　大医丞□ …………………………………………（29）
　泰医丞印 ……………………………………………（29）
　　泰医□印 …………………………………………（31）
　泰医□□ ……………………………………………（31）
　泰医右府 ……………………………………………（32）
　泰医左府 ……………………………………………（32）

□医□府…………………………………………………………（33）
　　□医□印…………………………………………………………（33）
都水………………………………………………………………………（34）
　都水丞印…………………………………………………………（34）
诸庙寝园…………………………………………………………………（35）
　泰上寝印…………………………………………………………（35）
　　泰上□印………………………………………………………（35）
　天子寝监…………………………………………………………（36）
　康泰后寝…………………………………………………………（36）
　　康泰□寝………………………………………………………（36）
　　康泰□□………………………………………………………（37）
　　□□后寝………………………………………………………（37）
　上寝………………………………………………………………（37）
　孝寝………………………………………………………………（38）
　□寝………………………………………………………………（39）
　□寝□□…………………………………………………………（39）
　永陵………………………………………………………………（40）
　永陵丞印…………………………………………………………（40）
　永□丞□…………………………………………………………（41）
　永□丞印…………………………………………………………（41）
　寿陵丞印…………………………………………………………（41）
　　寿□丞印………………………………………………………（42）
　　寿陵□□………………………………………………………（42）
　　寿□丞□………………………………………………………（42）
　司陵丞印…………………………………………………………（43）
厨…………………………………………………………………………（43）
　厨印………………………………………………………………（43）
　□厨………………………………………………………………（43）
食官………………………………………………………………………（44）

食官丞印 ……………………………………… (44)

右中食室 ……………………………………… (44)

右□食丞 ……………………………………… (45)

甘泉食官 ……………………………………… (45)

丽山食官 ……………………………………… (45)

　□山□官 ……………………………………… (46)

阴阳 ……………………………………………… (47)

阴阳 ……………………………………………… (47)

礜桃支 …………………………………………… (47)

礜丞 ……………………………………………… (47)

礜桃支印 ……………………………………… (47)

　礜桃□印 ……………………………………… (48)

　礜□支印 ……………………………………… (48)

　礜□支□ ……………………………………… (49)

　礜桃□□ ……………………………………… (49)

左礜桃支 ……………………………………… (49)

左礜桃丞 ……………………………………… (50)

左礜桃□ ……………………………………… (52)

左礜□□ ……………………………………… (53)

左□桃□ ……………………………………… (53)

右礜桃支 ……………………………………… (53)

右礜桃丞 ……………………………………… (54)

　右礜桃□ ……………………………………… (54)

□礜桃支 ……………………………………… (55)

□□桃支 ……………………………………… (55)

□礜□丞 ……………………………………… (55)

□礜□□ ……………………………………… (56)

桃中 ……………………………………………… (56)

　□中 …………………………………………… (57)

雒祠………………………………………………………(57)
　雒祠丞印……………………………………………(57)
五　郎中令………………………………………………(57)
　大夫…………………………………………………(57)
　　旞大夫……………………………………………(57)
　郎……………………………………………………(59)
　　郎中丞印…………………………………………(59)
　　　郎中□印………………………………………(62)
　　　郎□丞印………………………………………(63)
　　　郎中□□………………………………………(63)
　　　□中□印………………………………………(63)
　　郎中左田…………………………………………(64)
　　郎中西田…………………………………………(66)
　　　郎中□□………………………………………(66)
　谒者…………………………………………………(67)
　　谒者之印…………………………………………(67)
　　　谒□之印………………………………………(68)
　　　谒□之□………………………………………(68)
　　谒者丞印…………………………………………(69)
　西方谒者……………………………………………(69)
　　西方谒者…………………………………………(69)
　　　□方□者………………………………………(70)
　　　□方谒□………………………………………(70)
　　西方中谒…………………………………………(71)
　　　西□中□………………………………………(71)
　　西中谒府…………………………………………(71)
　　　西中谒□………………………………………(72)
　　　西□谒□………………………………………(72)
六　卫尉…………………………………………………(73)

卫尉之印ᆢᆢᆢᆢᆢᆢᆢᆢᆢᆢᆢᆢᆢᆢᆢᆢᆢᆢ(73)
　公车司马ᆢᆢᆢᆢᆢᆢᆢᆢᆢᆢᆢᆢᆢᆢᆢᆢᆢᆢᆢ(73)
　　公车司马ᆢᆢᆢᆢᆢᆢᆢᆢᆢᆢᆢᆢᆢᆢᆢᆢᆢᆢ(73)
　　　□车□马ᆢᆢᆢᆢᆢᆢᆢᆢᆢᆢᆢᆢᆢᆢᆢᆢᆢ(74)
　　公车司马丞ᆢᆢᆢᆢᆢᆢᆢᆢᆢᆢᆢᆢᆢᆢᆢᆢᆢ(74)
　　　□车司马丞ᆢᆢᆢᆢᆢᆢᆢᆢᆢᆢᆢᆢᆢᆢᆢᆢ(77)
　　　□车司□丞ᆢᆢᆢᆢᆢᆢᆢᆢᆢᆢᆢᆢᆢᆢᆢᆢ(77)
　　公车司马印ᆢᆢᆢᆢᆢᆢᆢᆢᆢᆢᆢᆢᆢᆢᆢᆢᆢ(78)
　　公车司马□ᆢᆢᆢᆢᆢᆢᆢᆢᆢᆢᆢᆢᆢᆢᆢᆢᆢ(78)
　　公车司□□ᆢᆢᆢᆢᆢᆢᆢᆢᆢᆢᆢᆢᆢᆢᆢᆢᆢ(78)
　　公车□马□ᆢᆢᆢᆢᆢᆢᆢᆢᆢᆢᆢᆢᆢᆢᆢᆢᆢ(79)
　　公车□□□ᆢᆢᆢᆢᆢᆢᆢᆢᆢᆢᆢᆢᆢᆢᆢᆢᆢ(79)
　　公车右马ᆢᆢᆢᆢᆢᆢᆢᆢᆢᆢᆢᆢᆢᆢᆢᆢᆢᆢ(79)
　卫士ᆢᆢᆢᆢᆢᆢᆢᆢᆢᆢᆢᆢᆢᆢᆢᆢᆢᆢᆢᆢᆢ(80)
　　卫士ᆢᆢᆢᆢᆢᆢᆢᆢᆢᆢᆢᆢᆢᆢᆢᆢᆢᆢᆢᆢ(80)
　　　卫□ᆢᆢᆢᆢᆢᆢᆢᆢᆢᆢᆢᆢᆢᆢᆢᆢᆢᆢ(80)
　　卫士丞印ᆢᆢᆢᆢᆢᆢᆢᆢᆢᆢᆢᆢᆢᆢᆢᆢᆢᆢ(81)
　　　卫士丞□ᆢᆢᆢᆢᆢᆢᆢᆢᆢᆢᆢᆢᆢᆢᆢᆢᆢ(81)
　　　□士丞印ᆢᆢᆢᆢᆢᆢᆢᆢᆢᆢᆢᆢᆢᆢᆢᆢᆢ(82)
　　　卫□丞□ᆢᆢᆢᆢᆢᆢᆢᆢᆢᆢᆢᆢᆢᆢᆢᆢᆢ(82)
七　太仆ᆢᆢᆢᆢᆢᆢᆢᆢᆢᆢᆢᆢᆢᆢᆢᆢᆢᆢᆢᆢᆢᆢ(82)
　厩ᆢᆢᆢᆢᆢᆢᆢᆢᆢᆢᆢᆢᆢᆢᆢᆢᆢᆢᆢᆢᆢᆢᆢ(82)
　　厩玺ᆢᆢᆢᆢᆢᆢᆢᆢᆢᆢᆢᆢᆢᆢᆢᆢᆢᆢᆢᆢ(82)
　　厩丞之印ᆢᆢᆢᆢᆢᆢᆢᆢᆢᆢᆢᆢᆢᆢᆢᆢᆢᆢ(83)
　　　厩丞□印ᆢᆢᆢᆢᆢᆢᆢᆢᆢᆢᆢᆢᆢᆢᆢᆢᆢ(84)
　　　厩□之□ᆢᆢᆢᆢᆢᆢᆢᆢᆢᆢᆢᆢᆢᆢᆢᆢᆢ(85)
　　厩左丞印ᆢᆢᆢᆢᆢᆢᆢᆢᆢᆢᆢᆢᆢᆢᆢᆢᆢᆢ(85)
　　厩左□□ᆢᆢᆢᆢᆢᆢᆢᆢᆢᆢᆢᆢᆢᆢᆢᆢᆢᆢ(85)
　　厩事将马ᆢᆢᆢᆢᆢᆢᆢᆢᆢᆢᆢᆢᆢᆢᆢᆢᆢᆢ(86)

厩事□马 …………………………………………（86）
宫厩 ………………………………………………（87）
　宫厩 ……………………………………………（87）
　宫厩丞印 ………………………………………（87）
　　宫厩丞□ ……………………………………（89）
　　宫厩□印 ……………………………………（90）
　　宫厩□□ ……………………………………（90）
都厩 ………………………………………………（90）
　都厩 ……………………………………………（90）
大厩 ………………………………………………（91）
　左大厩丞 ………………………………………（91）
　　□大厩丞 ……………………………………（92）
　泰厩丞印 ………………………………………（92）
　　泰厩丞□ ……………………………………（93）
小厩 ………………………………………………（93）
　小厩丞印 ………………………………………（93）
　　小厩丞□ ……………………………………（96）
　小厩将马 ………………………………………（96）
　　小厩将□ ……………………………………（97）
　　小□将马 ……………………………………（97）
　　□□将马 ……………………………………（97）
　小厩马府 ………………………………………（98）
　小厩徒府 ………………………………………（98）
　小厩佐驾 ………………………………………（98）
　　小□丞□ ……………………………………（99）
少厩 ………………………………………………（99）
　少厩丞印 ………………………………………（99）
左厩 ………………………………………………（99）

左厩 …………………………………………………… (99)
左厩丞印 ……………………………………………… (99)
　　左厩□印 …………………………………………… (100)
　　左厩□□ …………………………………………… (100)
左厩将马 ……………………………………………… (101)
左□马□ ……………………………………………… (101)
中厩 …………………………………………………… (101)
中厩 …………………………………………………… (101)
中厩之印 ……………………………………………… (103)
中厩丞印 ……………………………………………… (103)
　　中厩丞□ …………………………………………… (108)
中厩将丞 ……………………………………………… (109)
中厩将马 ……………………………………………… (109)
中厩马府 ……………………………………………… (110)
中厩廷府 ……………………………………………… (111)
　　中厩□□ …………………………………………… (112)
右厩 …………………………………………………… (112)
右厩 …………………………………………………… (112)
右厩丞印 ……………………………………………… (113)
右厩将马 ……………………………………………… (115)
下厩 …………………………………………………… (115)
下厩 …………………………………………………… (115)
下厩丞印 ……………………………………………… (115)
章厩 …………………………………………………… (116)
章厩 …………………………………………………… (116)
章厩丞印 ……………………………………………… (116)
　　章厩□印 …………………………………………… (119)
　　章厩□□ …………………………………………… (119)
　　章□丞□ …………………………………………… (119)

章厩将马 …………………………………………………（120）
　家马 ………………………………………………………（120）
　　家马 ………………………………………………………（120）
　　上家马丞 …………………………………………………（120）
　　下家马丞 …………………………………………………（121）
　　　下家马□ ………………………………………………（122）
　　　下家□丞 ………………………………………………（122）
　　　下□马□ ………………………………………………（122）
　中马 ………………………………………………………（123）
　　中马丞印 …………………………………………………（123）
　　中马府印 …………………………………………………（123）
　　中马权府 …………………………………………………（123）
　　右中马丞 …………………………………………………（123）
　　左中□□ …………………………………………………（124）
　车府 ………………………………………………………（124）
　　车府 ………………………………………………………（124）
　　车府丞印 …………………………………………………（125）
　　　车府丞□ ………………………………………………（125）
　　　车□丞印 ………………………………………………（125）
　　　车□丞 …………………………………………………（126）
　　　车府□□ ………………………………………………（126）
　　　车府□内 ………………………………………………（126）
　车官 ………………………………………………………（127）
　　车官 ………………………………………………………（127）
　骑马 ………………………………………………………（127）
　　骑马 ………………………………………………………（127）
　　骑马丞印 …………………………………………………（127）
　　　骑马丞□ ………………………………………………（129）

骑□丞印	(129)
骑□丞□	(129)
骑马□□	(130)
骑□□□	(130)
马府	(130)
马府	(130)
官车	(131)
官车府印	(131)
中车	(131)
中车丞玺	(131)
中车府丞	(131)
中车府□	(134)
中□府丞	(135)
中车□丞	(135)
中车□□	(135)
□车府丞	(136)
寺车	(136)
寺车丞印	(136)
寺车丞□	(139)
寺车□印	(139)
寺车府印	(139)
寺车府□	(140)
寺车行印	(140)
寺□行印	(141)
寺车□□	(141)
行	(141)
行印	(141)
行府	(141)

12 目　录

　　　行车 ……………………………………………………（142）
　　　　　行□ …………………………………………………（142）
　　　行车官印 ………………………………………………（142）
　　　　　行车□□ ……………………………………………（143）
　　　行车府印 ………………………………………………（143）
　　　　　行□府□ ……………………………………………（143）
　　　　　□行□府 ……………………………………………（143）
八　廷尉 ……………………………………………………（144）
　　　廷尉 ……………………………………………………（144）
　　　廷尉之印 ………………………………………………（144）
　　　　　廷□之印 ……………………………………………（145）
　　　　　廷□之□ ……………………………………………（146）
九　典客 ……………………………………………………（146）
　　　典客 ……………………………………………………（146）
　　　　　典客 …………………………………………………（146）
　　　　　典客之印 ……………………………………………（146）
　　　典达 ……………………………………………………（147）
　　　　　典达 …………………………………………………（147）
　　　传舍 ……………………………………………………（148）
　　　　　传舍 …………………………………………………（148）
　　　大行 ……………………………………………………（148）
　　　　　大行 …………………………………………………（148）
　　　　　泰行 …………………………………………………（151）
　　　客事 ……………………………………………………（152）
　　　　　客事 …………………………………………………（152）
　　　　　客事之玺 ……………………………………………（152）
　　　　　　客事之□ …………………………………………（152）
　　　　　　客事□□ …………………………………………（153）
　　　　　　□事之玺 …………………………………………（153）

属邦 …………………………………………………… (153)
　属邦之印 ………………………………………… (153)
　　属邦□印 …………………………………… (154)
　　属□之印 …………………………………… (154)
　　属□之□ …………………………………… (154)
　属□丞印 ………………………………………… (155)
　属邦工室 ………………………………………… (155)
　　属邦□室 …………………………………… (157)
　　□邦工室 …………………………………… (157)
　　属□室□ …………………………………… (157)
　属邦工丞 ………………………………………… (158)
　　属□工丞 …………………………………… (160)
　　□邦□丞 …………………………………… (160)
　属邦工□ ………………………………………… (161)
　属邦□□ ………………………………………… (161)
　属□丞□ ………………………………………… (162)
　属□工□ ………………………………………… (162)
走士 …………………………………………………… (162)
　走士 ……………………………………………… (162)
　　走□ ………………………………………… (163)
　走□之印 ………………………………………… (163)
　走士丞印 ………………………………………… (164)
　走士□□ ………………………………………… (165)
　走□丞印 ………………………………………… (165)

十　宗正 ………………………………………………… (166)
　宗正 ……………………………………………… (166)
　　宗□ ………………………………………… (167)
　内官 ……………………………………………… (167)

内官 …………………………………………………… (167)
内官丞印 ……………………………………………… (168)
    内官丞□ …………………………………………… (173)
    内□丞印 …………………………………………… (174)
    内官□□ …………………………………………… (174)
    内□丞□ …………………………………………… (174)

君·家 …………………………………………………… (175)
高陵君 ………………………………………………… (175)
    高陵君□ …………………………………………… (175)
    高陵君丞 …………………………………………… (175)
徒我君 ………………………………………………… (175)
    徒我君丞 …………………………………………… (175)
    徒我官丞 …………………………………………… (176)
    □我丞印 …………………………………………… (176)
    徒我右丞 …………………………………………… (176)
    徒我□□ …………………………………………… (177)
高泉家 ………………………………………………… (177)
    高泉家丞 …………………………………………… (177)
宁阳家 ………………………………………………… (177)
    宁阳 ………………………………………………… (177)
    宁阳家丞 …………………………………………… (177)
    宁阳□□ …………………………………………… (178)
    宁阳相印 …………………………………………… (178)
    宁阳相室 …………………………………………… (178)
    宁□相□ …………………………………………… (178)
栾氏家 ………………………………………………… (179)
    栾氏家印 …………………………………………… (179)
    □□家丞 …………………………………………… (179)

十一　治粟内史 …………………………………… (179)

　　太仓 …………………………………………… (179)

　　　大仓 ………………………………………… (179)

　　　大仓丞印 …………………………………… (180)

　　　　大仓□印 ………………………………… (181)

　　　　□仓丞印 ………………………………… (181)

　　　泰仓 ………………………………………… (182)

　　　泰仓丞印 …………………………………… (182)

　　　　泰仓丞□ ………………………………… (184)

　　　　泰仓□□ ………………………………… (184)

　　诸田 …………………………………………… (185)

　　　大田 ………………………………………… (185)

　　　大田丞印 …………………………………… (185)

　　　左田之印 …………………………………… (186)

　　　右大田丞 …………………………………… (186)

　　　左大田仓 …………………………………… (186)

　　　都田之印 …………………………………… (187)

　　　北田 ………………………………………… (187)

　　　南田 ………………………………………… (187)

　　　西田□□ …………………………………… (188)

　　　□田丞印 …………………………………… (188)

　　　□□田丞 …………………………………… (188)

　　　□□北田 …………………………………… (189)

　　　□□右田 …………………………………… (189)

　　　□□田府 …………………………………… (189)

　　铁市 …………………………………………… (190)

　　　铁市丞印 …………………………………… (190)

十二　少府 ………………………………………… (190)

　　少府 …………………………………………… (190)

少府 ……………………………………………………（190）
  少□ ……………………………………………………（193）
    □府 …………………………………………………（194）
  少府丞印 ………………………………………………（194）
  少府□□ ………………………………………………（195）
尚书 ……………………………………………………（196）
  尚书 ……………………………………………………（196）
  书府 ……………………………………………………（196）
太官 ……………………………………………………（197）
  大官 ……………………………………………………（197）
  大官丞印 ………………………………………………（198）
    大官丞□ ……………………………………………（201）
    大官廷□ ……………………………………………（201）
  大官府丞 ………………………………………………（201）
  大官库印 ………………………………………………（201）
  大官榦丞 ………………………………………………（201）
  大官厨□ ………………………………………………（202）
  □官右厨 ………………………………………………（202）
  大官茜印 ………………………………………………（202）
  □茜□印 ………………………………………………（203）
  大官食室 ………………………………………………（203）
    □□食室 ……………………………………………（204）
  大官缯府 ………………………………………………（204）
  大官左中 ………………………………………………（204）
  大官右中 ………………………………………………（205）
  大官右般 ………………………………………………（205）
  大官□□ ………………………………………………（205）
    大□官□ ……………………………………………（205）
  泰官 ……………………………………………………（206）

泰官丞印	(206)
泰官丞□	(208)
泰官□印	(209)
泰官□□	(209)
泰官库印	(209)
泰官□印	(210)
乐府	(210)
乐府	(210)
乐□	(211)
乐府丞印	(212)
乐府丞□	(215)
乐府□印	(216)
乐□丞印	(216)
乐□丞	(216)
乐府□□	(217)
乐官	(217)
乐官	(217)
乐官丞印	(217)
乐官钟府	(218)
乐□司□	(218)
乐师	(218)
乐师丞印	(218)
外乐	(218)
外乐	(218)
外乐丞印	(220)
左乐	(220)
左乐	(220)
左乐丞印	(221)
左乐丞□	(223)

左乐□印 …… (224)
□乐丞□ …… (224)
左乐雕钟 …… (224)
左乐寺瑟 …… (225)
□乐丞印 …… (225)
左乐□□ …… (226)
□乐□印 …… (226)

奴卢 …… (226)
　奴卢之印 …… (226)
　奴卢丞印 …… (227)
　奴卢府印 …… (227)

少府工室 …… (227)
　少府工室 …… (227)
　　少府□室 …… (228)
　　少□工室 …… (229)
　　少府工□ …… (229)
　少府工丞 …… (229)
　　少府工□ …… (233)
　　少府□丞 …… (234)
　　□府工丞 …… (234)

少府榦官 …… (234)
　少府榦官 …… (234)
　少府榦丞 …… (235)
　　少□榦丞 …… (235)
　　□府榦丞 …… (236)

榦官 …… (236)
　榦官 …… (236)
　榦官丞印 …… (236)

榦□丞印 ……………………………………	(237)
左榦官丞 ……………………………………	(237)
都材廥印 ……………………………………	(237)
□材廥印 …………………………………	(238)
榦都廥丞 ……………………………………	(238)
榦都廥□ …………………………………	(239)
榦□廥□ …………………………………	(240)
□□廥丞 …………………………………	(240)
寺工 …………………………………………	(240)
寺工 …………………………………………	(240)
寺工之印 ……………………………………	(241)
寺工之□ …………………………………	(242)
寺□之印 …………………………………	(242)
寺工丞玺 ……………………………………	(242)
□工□玺 …………………………………	(244)
寺工丞印 ……………………………………	(245)
□工□印 …………………………………	(247)
寺工中监 ……………………………………	(247)
寺工□□ ……………………………………	(248)
寺从 …………………………………………	(248)
寺从 …………………………………………	(248)
□从 ………………………………………	(249)
寺从丞印 ……………………………………	(249)
寺从丞□ …………………………………	(255)
寺从□印 …………………………………	(255)
寺从□□ …………………………………	(256)
□从□印 …………………………………	(256)
□从丞印 …………………………………	(256)
诸工 …………………………………………	(257)

材官 …………………………………………… (257)
材官□府 ………………………………………… (257)
左材官丞 ………………………………………… (257)
金府 …………………………………………… (258)
金府左工 ………………………………………… (258)
弩工室印 ………………………………………… (258)
邦都工丞 ………………………………………… (258)
左工室 …………………………………………… (259)
铁兵 …………………………………………………… (259)
　铁兵工室 ………………………………………… (259)
　　铁兵工□ ……………………………………… (260)
　　□兵□室 ……………………………………… (260)
　铁兵工丞 ………………………………………… (260)
　　铁兵□丞 ……………………………………… (261)
　　□兵□丞 ……………………………………… (261)
　铁兵□□ ………………………………………… (261)
　铁□工□ ………………………………………… (262)
铁官 …………………………………………………… (262)
　铁官丞印 ………………………………………… (262)
　　铁官□□ ……………………………………… (262)
　　铁□丞印 ……………………………………… (263)
佐弋 …………………………………………………… (263)
　佐□ ……………………………………………… (263)
　佐弋之印 ………………………………………… (263)
　　佐□之印 ……………………………………… (264)
　佐弋丞印 ………………………………………… (264)
　　佐□丞印 ……………………………………… (266)
　　□弋丞印 ……………………………………… (266)

佐弋□印	(266)
佐弋□□	(267)
□弋□印	(267)
□弋□□	(267)
居室	(268)
居室丞印	(268)
居室丞□	(274)
居□丞印	(275)
居□丞□	(275)
居室寺从	(276)
居室寺□	(276)
居□寺□	(277)
居室仓印	(277)
居室庮印	(277)
居室司空	(278)
居室左般	(278)
居室□□	(278)
居□□□	(279)
诸居室	(279)
甘泉居□	(279)
西室居室	(280)
司空	(280)
司空	(280)
司空之印	(280)
司空□印	(281)
司空丞印	(281)
宫司空	(281)
宫司空印	(281)
宫司空丞	(283)

宫司空□ …………………………………………………（289）
宫司□□ …………………………………………………（289）
宫□空□ …………………………………………………（290）
左右司空 ……………………………………………………（290）
左司空印 …………………………………………………（290）
左司□印 …………………………………………………（291）
左司空丞 …………………………………………………（291）
左司□丞 …………………………………………………（296）
左司空□ …………………………………………………（296）
左司□□ …………………………………………………（297）
左□空□ …………………………………………………（297）
右司空丞 …………………………………………………（297）
右□空印 …………………………………………………（298）
右□空□ …………………………………………………（298）
诸司空 ………………………………………………………（298）
采司空印 …………………………………………………（298）
行司空丞 …………………………………………………（299）
寺司空府 …………………………………………………（299）
船司空丞 …………………………………………………（299）
左旗司空 …………………………………………………（300）
左右织 ………………………………………………………（300）
左织缦丞 …………………………………………………（300）
左织□丞 …………………………………………………（301）
右织 ………………………………………………………（301）
涷布之丞 …………………………………………………（301）
东园匠 ………………………………………………………（302）
东园大匠 …………………………………………………（302）
东园□□ …………………………………………………（302）
□园□匠 …………………………………………………（302）

上林 ………………………………………… (303)
 上林丞印 ……………………………… (303)
  上林丞□ …………………………… (304)
 上林禁印 ……………………………… (304)
 池室之印 ……………………………… (304)
  池室之□ …………………………… (306)
  池□之□ …………………………… (306)
 禁苑右监 ……………………………… (306)
永巷 ………………………………………… (307)
 永巷 …………………………………… (307)
 永巷丞印 ……………………………… (308)
内者 ………………………………………… (310)
 内者 …………………………………… (310)
 内者府印 ……………………………… (311)
  内□府□ …………………………… (312)
 大内 …………………………………… (312)
 大内丞印 ……………………………… (313)
 泰内 …………………………………… (314)
 泰内丞印 ……………………………… (315)
 泰内□□ ……………………………… (316)
 少内 …………………………………… (316)
宦者 ………………………………………… (317)
 宦者 …………………………………… (317)
 宦者丞印 ……………………………… (317)
  宦者丞□ …………………………… (325)
  宦者□印 …………………………… (325)
  宦□丞□ …………………………… (326)
  宦者□□ …………………………… (326)
  □者丞印 …………………………… (326)

□者□印 ………………………………………………（327）
　　宦者监印 ………………………………………………（327）
宦走 ………………………………………………………（328）
　　宦走 ……………………………………………………（328）
　　　　□走 …………………………………………………（328）
　　宦走丞印 ………………………………………………（328）
　　　　宦走丞□ ……………………………………………（329）
　　　　宦走□印 ……………………………………………（329）
　　　　宦走□□ ……………………………………………（330）
御府 ………………………………………………………（330）
　　御府 ……………………………………………………（330）
　　御府之印 ………………………………………………（330）
　　　　御府之□ ……………………………………………（333）
　　御府丞印 ………………………………………………（333）
　　御府工室 ………………………………………………（341）
　　御府行府 ………………………………………………（341）
　　　　□府行印 ……………………………………………（342）
　　　　御□行□ ……………………………………………（342）
　　　　□□行府 ……………………………………………（343）
　　御府金府 ………………………………………………（343）
　　　　御府金□ ……………………………………………（344）
　　　　御□金□ ……………………………………………（345）
　　御府器府 ………………………………………………（345）
　　　　御府器□ ……………………………………………（346）
　　　　御□器府 ……………………………………………（347）
　　　　御□器□ ……………………………………………（347）
　　　　□□器府 ……………………………………………（347）
　　御府瑟府 ………………………………………………（348）
　　　　御府瑟□ ……………………………………………（348）

御□瑟□ ………………………………………………（349）
　　　□府瑟府 ………………………………………………（349）
　　御府室印 …………………………………………………（349）
　　御府室府 …………………………………………………（349）
　　御府缦府 …………………………………………………（350）
　　御府帑府 …………………………………………………（350）
　　御府帑□ …………………………………………………（351）
　　御□帑□ …………………………………………………（351）
　　□□帑府 …………………………………………………（351）
　　御府果□ …………………………………………………（352）
　　御府燖府 …………………………………………………（352）
　　御府□府 …………………………………………………（352）
　　御府园印 …………………………………………………（352）
　　御府□印 …………………………………………………（353）
　　御府□□ …………………………………………………（353）
　　御□□府 …………………………………………………（354）
御廷 ……………………………………………………………（354）
　　御廷 ………………………………………………………（354）
　　御廷府印 …………………………………………………（355）
　　御廷□印 …………………………………………………（355）
御羞 ……………………………………………………………（355）
　　御羞 ………………………………………………………（355）
　　　□羞 ……………………………………………………（356）
　　御羞丞印 …………………………………………………（357）
　　　御羞丞□ ………………………………………………（359）
　　御羞行府 …………………………………………………（359）
　　　御羞行□ ………………………………………………（360）
　　　御□行□ ………………………………………………（360）

御羞北田 …… (361)
　　御□北田 …… (361)
御羞南田 …… (361)
御羞市府 …… (362)
御羞□府 …… (362)
御羞阴园 …… (362)
　　御□阴园 …… (363)
御羞□□ …… (363)
御厩 …… (363)
　　御厩丞印 …… (363)
御弄 …… (364)
　　御弄 …… (364)
　　御弄府印 …… (365)
　　御弄尚虎 …… (365)
　　　　御弄尚□ …… (367)
　　　　御□尚□ …… (368)
　　　　□弄尚□ …… (368)
　　　　□弄□虎 …… (368)
　　阴御弄印 …… (369)
　　　　阴□弄印 …… (369)
　　　　阴□弄□ …… (370)
　　阳御弄印 …… (370)
　　□御弄印 …… (372)
　　□□弄印 …… (372)
　　□□弄□ …… (372)
　　阳御弄府 …… (373)
　　阳御弄□ …… (373)
　　阳御□□ …… (373)
　　阳□弄□ …… (374)

□阴御丞 ……………………………………………（374）
弄右般印 …………………………………………（374）
□□般印 …………………………………………（375）
弄□般□ …………………………………………（375）
弄□府印 …………………………………………（376）

诸御 …………………………………………………（376）
御兵 ………………………………………………（376）
御行 ………………………………………………（376）
御漆 ………………………………………………（376）
御药 ………………………………………………（377）
御□子印 …………………………………………（377）

诸尚 …………………………………………………（377）
尚冠 ………………………………………………（377）
　□冠 ……………………………………………（378）
尚冠府印 …………………………………………（378）
尚佩 ………………………………………………（379）
尚佩府印 …………………………………………（379）
尚衣府印 …………………………………………（380）
　尚衣□印 ………………………………………（381）
　□衣□印 ………………………………………（381）
尚剑 ………………………………………………（381）
□剑府印 …………………………………………（382）
　□剑□印 ………………………………………（382）
尚浴 ………………………………………………（382）
尚浴府印 …………………………………………（384）
尚浴上府 …………………………………………（386）
尚浴寺般 …………………………………………（386）
尚浴右般 …………………………………………（386）

□浴右般 …………………………………………………（387）
□浴□般 …………………………………………………（387）
尚浴仓印 …………………………………………………（387）
尚浴高□ …………………………………………………（388）
□浴□□ …………………………………………………（388）
尚帷中御 …………………………………………………（388）
尚卧 ………………………………………………………（389）
□卧 ………………………………………………………（389）
尚卧仓印 …………………………………………………（390）
□卧仓□ …………………………………………………（390）
尚犬 ………………………………………………………（390）
尚□ ………………………………………………………（391）
尚□府印 …………………………………………………（391）
诸采 …………………………………………………………（392）
左采金印 …………………………………………………（392）
采赤金丞 …………………………………………………（392）
采银 ………………………………………………………（392）
采银丞印 …………………………………………………（392）
左采银丞 …………………………………………………（393）
采珠 ………………………………………………………（393）
采青丞印 …………………………………………………（393）
诏事 …………………………………………………………（394）
诏事之印 …………………………………………………（394）
诏事丞印 …………………………………………………（394）
诏事丞□ ………………………………………………（396）
诏□丞□ ………………………………………………（396）
诏事□□ ………………………………………………（396）
诏□□□ ………………………………………………（397）

　　　　□事□印 …………………………………………………（397）
　　狡士 ………………………………………………………（397）
　　　　狡士 ……………………………………………………（397）
　　　　　狡士之印 ………………………………………………（398）
　　　　　　□士之印 ……………………………………………（398）
　　　　狡士将犬 ………………………………………………（398）
　　　　狡士□□ ………………………………………………（399）
　　画室 ………………………………………………………（399）
　　　　画室府印 ………………………………………………（399）
　　郡邸 ………………………………………………………（399）
　　　　郡左邸印 ………………………………………………（399）
　　　　　郡左邸□ ……………………………………………（405）
　　　　　郡左□□ ……………………………………………（405）
　　　　　□左邸印 ……………………………………………（405）
　　　　郡右邸印 ………………………………………………（406）
　　　　　郡右□印 ……………………………………………（413）
　　　　　郡右□□ ……………………………………………（413）
　　　　　□右邸印 ……………………………………………（413）
　　　　郡□邸印 ………………………………………………（414）
　　　　郡□邸□ ………………………………………………（415）
　　　　郡□□□ ………………………………………………（415）
　　将行 ………………………………………………………（415）
　　　　将行 ……………………………………………………（415）
十三　中尉 ……………………………………………………（416）
　　中尉 ………………………………………………………（416）
　　　　中尉 ……………………………………………………（416）
　　　　中尉之印 ………………………………………………（416）
　　　　　中尉□印 ……………………………………………（417）
　　　　　中尉□□ ……………………………………………（418）

30 目　录

　　司马 …………………………………………………………（418）
　　　　司马 ………………………………………………………（418）
　　　　　□马 ……………………………………………………（418）
　　　　军假司马 …………………………………………………（419）
　　武库 …………………………………………………………（419）
　　　　武库 ………………………………………………………（419）
　　　　武库丞印 …………………………………………………（419）
　　　　　武库丞□ ………………………………………………（421）
　　　　　武库□□ ………………………………………………（421）
　　都船 …………………………………………………………（421）
　　　　都船 ………………………………………………………（421）
　　　　都船丞印 …………………………………………………（422）
　　　　　都船丞□ ………………………………………………（424）
　　　　　都船□印 ………………………………………………（424）
　　　　　都□丞印 ………………………………………………（424）
　　　　　都□丞 …………………………………………………（425）
　　　　　□船□印 ………………………………………………（425）
　　　　阴都船丞 …………………………………………………（425）
　　　　　阴都船□ ………………………………………………（426）
　　　　阳都船印 …………………………………………………（426）
　　　　阳都船丞 …………………………………………………（427）
　　　　　阳□船□ ………………………………………………（427）
　　左尉 …………………………………………………………（428）
　　　　左尉 ………………………………………………………（428）
十四　将作少府 …………………………………………………（428）
　　大匠 …………………………………………………………（428）
　　　　大匠 ………………………………………………………（428）
　　　　大匠丞印 …………………………………………………（429）
　　　　泰匠 ………………………………………………………（431）

泰匠丞印 …………………………………………… (431)
 泰匠□印 ………………………………………… (434)
 □匠丞印 ………………………………………… (435)
 □匠□印 ………………………………………… (435)
十五　詹事 ……………………………………………… (435)
 大后 …………………………………………………… (435)
  大后丞印 ………………………………………… (435)
  大后行□ ………………………………………… (436)
  大后□□ ………………………………………… (436)
  大王后□丞 ……………………………………… (436)
 王后 …………………………………………………… (437)
  王后将行 ………………………………………… (437)
  王后库□ ………………………………………… (437)
   王□库□ ……………………………………… (437)
  王后詹事丞 ……………………………………… (437)
 右夫人 ………………………………………………… (438)
  □□夫人 ………………………………………… (438)
   □右□人 ……………………………………… (438)
 中官 …………………………………………………… (438)
  中官 ……………………………………………… (438)
  中官丞印 ………………………………………… (439)
   中官丞□ ……………………………………… (441)
   中官□□ ……………………………………… (442)
  中榦官丞 ………………………………………… (442)
   中榦官□ ……………………………………… (443)
 中府 …………………………………………………… (443)
  中府 ……………………………………………… (443)
  中府丞印 ………………………………………… (444)

中府丞□ …………………………………………（446）
中府□印 …………………………………………（446）
中羞 ……………………………………………………（446）
　中羞 ………………………………………………（446）
　中羞之印 …………………………………………（447）
　中羞丞印 …………………………………………（448）
　　中羞丞□ ………………………………………（451）
　中羞府印 …………………………………………（452）
　□羞府印 …………………………………………（453）
　中羞行府 …………………………………………（453）
　中羞□□ …………………………………………（453）
　中羞阳园 …………………………………………（454）
中谒者 …………………………………………………（454）
　中谒者 ……………………………………………（454）
　　中谒□ …………………………………………（455）
　　中□者 …………………………………………（456）
　　中□□ …………………………………………（456）
　　□谒者 …………………………………………（456）
　中谒者府 …………………………………………（457）
私官 ……………………………………………………（457）
　私官 ………………………………………………（457）
　　私□ …………………………………………（458）
　私官丞印 …………………………………………（458）
　　私官□印 ………………………………………（460）
　　私官丞□ ………………………………………（460）
　　私□丞印 ………………………………………（461）
　私官□□ …………………………………………（461）
　私官左般 …………………………………………（462）
　私官右般 …………………………………………（462）

私官园□ …………………………………………………… (462)
私府 ………………………………………………………… (463)
　私府丞印 ………………………………………………… (463)
　　私府丞□ ……………………………………………… (465)
　私□丞□ ………………………………………………… (465)
　私府信印 ………………………………………………… (466)
北宫 ………………………………………………………… (466)
　北□ ……………………………………………………… (466)
　北宫丞印 ………………………………………………… (466)
　北宫工室 ………………………………………………… (466)
　　北□工室 ……………………………………………… (467)
　北宫工丞 ………………………………………………… (467)
　　□宫工丞 ……………………………………………… (468)
　北宫左工丞 ……………………………………………… (469)
　北宫司空丞 ……………………………………………… (469)
　北宫弋丞 ………………………………………………… (469)
　　北□弋□ ……………………………………………… (470)
　北宫榦官 ………………………………………………… (470)
　　北□榦官 ……………………………………………… (470)
　北宫榦丞 ………………………………………………… (471)
　　北□榦丞 ……………………………………………… (471)
　北宫私丞 ………………………………………………… (471)
　　北□私□ ……………………………………………… (473)
　北宫乐丞 ………………………………………………… (473)
　北宫库丞 ………………………………………………… (473)
　北宫御丞 ………………………………………………… (474)
　　北宫御□ ……………………………………………… (474)
　北宫宦丞 ………………………………………………… (474)

北宫宦□ ……………………………………………………(476)
　　北□宦丞 ……………………………………………………(477)
　　北□宦 ………………………………………………………(477)
　北宫居室 ………………………………………………………(477)
　　北宫□□ ……………………………………………………(478)
南宫 ………………………………………………………………(478)
　南宫内者 ………………………………………………………(478)
　南宫郎中 ………………………………………………………(479)
　南宫郎丞 ………………………………………………………(479)
　　南宫郎□ ……………………………………………………(482)
　　南宫□丞 ……………………………………………………(482)
　　南□郎丞 ……………………………………………………(482)
　　南□郎 ………………………………………………………(483)
　　□宫郎丞 ……………………………………………………(483)
　南宫□□ ………………………………………………………(483)
信宫 ………………………………………………………………(484)
　信宫车府 ………………………………………………………(484)
长信宫 ……………………………………………………………(484)
　长信私丞 ………………………………………………………(484)

十六　内史 ………………………………………………………(485)
　内史 ……………………………………………………………(485)
　　内史之印 ……………………………………………………(485)
　　　内史□□ …………………………………………………(487)
　　　内□之印 …………………………………………………(487)
　　　内□之□ …………………………………………………(487)

十七　宫台禁苑 …………………………………………………(488)
　1. 宫 ……………………………………………………………(488)
　　西陵宫 ………………………………………………………(488)

西陵宫印 …………………………………………（488）

窶宫 ……………………………………………………（488）

　窶宫之印 …………………………………………（488）

鸿鹄池宫 ………………………………………………（489）

　鸿鹄池宫 …………………………………………（489）

蕡阳宫 …………………………………………………（489）

　蕡阳宫印 …………………………………………（489）

车武宫 …………………………………………………（489）

　车武宫印 …………………………………………（489）

高章宫 …………………………………………………（490）

　高章丞印 …………………………………………（490）

　　高章□□ ………………………………………（490）

　高章宦者 …………………………………………（491）

　　高□宦者 ………………………………………（491）

　高章宦丞 …………………………………………（492）

　　高章宦□ ………………………………………（498）

　　高章□丞 ………………………………………（498）

　　高□宦丞 ………………………………………（498）

　　□章宦丞 ………………………………………（499）

　　□章□丞 ………………………………………（499）

　　高□宦□ ………………………………………（500）

　　□章□□ ………………………………………（500）

　　□章丞印 ………………………………………（500）

宣曲宫 …………………………………………………（501）

　宣曲 ………………………………………………（501）

阴宫 ……………………………………………………（501）

　阴宫室印 …………………………………………（501）

2. 台 ……………………………………………………（501）

安台 …………………………………………………（501）
　安台之印 ………………………………………（501）
　安台丞印 ………………………………………（502）
　安台丞□ ………………………………………（508）
　安台□印 ………………………………………（509）
　安□丞印 ………………………………………（509）
　安台居室 ………………………………………（509）
　　安台居□ ……………………………………（510）
　　安居室丞 ……………………………………（510）
　　　安□居丞 …………………………………（510）
　安台左塈 ………………………………………（511）
　安台□□ ………………………………………（511）
杨台 …………………………………………………（511）
　杨台□丞 ………………………………………（511）
　杨□共印 ………………………………………（512）
章台 …………………………………………………（512）
　章台 ……………………………………………（512）
　章□ ……………………………………………（513）

3. 园 …………………………………………（514）

霸园 …………………………………………………（514）
　霸园 ……………………………………………（514）
博望篱园 ……………………………………………（514）
　博望萬园 ………………………………………（514）
　　博望之印 ……………………………………（515）
　　博望左□ ……………………………………（515）
　　博望右丞 ……………………………………（515）
　　博望右□ ……………………………………（516）
　　博望□□ ……………………………………（516）
　　□望□丞 ……………………………………（516）

□望□□ ……………………………………… (517)
　　博望库印 ……………………………………… (517)
　　　□望库印 ……………………………………… (517)
　　博望府印 ……………………………………… (517)
高栎园 …………………………………………… (518)
　　高栎园印 ……………………………………… (518)
具园 ……………………………………………… (518)
　　具园 …………………………………………… (518)
康园 ……………………………………………… (519)
　　康园 …………………………………………… (519)
乐成园 …………………………………………… (520)
　　乐成园印 ……………………………………… (520)
　　乐□园□ ……………………………………… (520)
離园 ……………………………………………… (520)
　　離园之印 ……………………………………… (520)
　　　離□之印 ……………………………………… (521)
　　　離□之□ ……………………………………… (521)
　　　離园□□ ……………………………………… (521)
杏园 ……………………………………………… (522)
　　杏园 …………………………………………… (522)
枳园 ……………………………………………… (522)
　　枳园 …………………………………………… (522)
员里园 …………………………………………… (522)
　　员里园印 ……………………………………… (522)
宜春园 …………………………………………… (523)
　　宜春园□ ……………………………………… (523)
更驾园 …………………………………………… (523)
　　更驾园印 ……………………………………… (523)
　　更驾□□ ……………………………………… (523)

□驾□□ …………………………………………（524）
阳寿园 ……………………………………………（524）
　阳寿园印 ………………………………………（524）
柳园 ………………………………………………（524）
　柳园之印 ………………………………………（524）
平定园 ……………………………………………（525）
　平定园印 ………………………………………（525）
　平□园印 ………………………………………（525）
苇园 ………………………………………………（525）
　苇园之印 ………………………………………（525）
永父园 ……………………………………………（526）
　永父园□ ………………………………………（526）
　永□园□ ………………………………………（526）

4. 禁 ……………………………………………（526）
阿阳禁 ……………………………………………（526）
　阿阳禁印 ………………………………………（526）
车禁 ………………………………………………（527）
　车禁之印 ………………………………………（527）
　车禁丞印 ………………………………………（527）
圻禁 ………………………………………………（527）
　圻□ ……………………………………………（527）
　圻禁丞印 ………………………………………（528）
　圻□丞印 ………………………………………（528）
鼎胡禁 ……………………………………………（528）
　鼎胡禁印 ………………………………………（528）
　鼎胡□印 ………………………………………（529）
　鼎□禁印 ………………………………………（529）
广襄禁 ……………………………………………（529）
　广襄禁印 ………………………………………（529）

虢禁 …………………………………………………… (530)
　　虢禁 ………………………………………………… (530)
　　虢禁丞□ ……………………………………………… (530)
河外禁 ………………………………………………… (530)
　　河外之禁 ……………………………………………… (530)
　　　河□之禁 …………………………………………… (531)
　　　□外□禁 …………………………………………… (531)
虎林禁 ………………………………………………… (531)
　　虎林禁印 ……………………………………………… (531)
　　虎□□□ ……………………………………………… (531)
　　　虎□之印 …………………………………………… (532)
华阳禁 ………………………………………………… (532)
　　华阳禁印 ……………………………………………… (532)
卢山禁 ………………………………………………… (532)
　　卢山禁丞 ……………………………………………… (532)
　　　卢山禁□ …………………………………………… (533)
丽山禁 ………………………………………………… (533)
　　丽山禁印 ……………………………………………… (533)
距虚禁 ………………………………………………… (533)
　　距虚禁印 ……………………………………………… (533)
　　　距虚禁□ …………………………………………… (534)
　　　距虚□印 …………………………………………… (534)
　　　距□禁□ …………………………………………… (534)
　　　□虚□□ …………………………………………… (535)
平阿禁 ………………………………………………… (535)
　　平阿禁印 ……………………………………………… (535)
　　　平阿□印 …………………………………………… (536)
　　　平□禁印 …………………………………………… (536)
　　　□阿禁印 …………………………………………… (536)

□阿□印 …………………………………………(537)
　平□禁丞 …………………………………………(537)
平原禁 ………………………………………………(537)
　平原禁印 …………………………………………(537)
青荻禁 ………………………………………………(538)
　青荻禁印 …………………………………………(538)
　青荻禁丞 …………………………………………(538)
突原禁 ………………………………………………(538)
　突原禁丞 …………………………………………(538)
　突原仓印 …………………………………………(539)
　突原府印 …………………………………………(539)
阳陵禁 ………………………………………………(539)
　阳陵禁丞 …………………………………………(539)
宜春禁 ………………………………………………(540)
　宜春禁丞 …………………………………………(540)
　　宜春禁□ ………………………………………(541)
　宜春□印 …………………………………………(541)
浴禁 …………………………………………………(541)
　浴禁丞印 …………………………………………(541)
支阳禁 ………………………………………………(542)
　支阳禁印 …………………………………………(542)
鹿□禁 ………………………………………………(542)
　鹿□禁□ …………………………………………(542)
5. 苑 …………………………………………………(542)
白水苑 ………………………………………………(542)
　白水之苑 …………………………………………(542)
　　白□之苑 ………………………………………(543)
　　□水之苑 ………………………………………(543)

白水苑丞 ················· (544)
北苑 ····················· (544)
　　北苑 ··················· (544)
蒉阳苑 ··················· (545)
　　蒉阳苑印 ················· (545)
　　蒉阳苑丞 ················· (545)
　　　蒉阳苑□ ················· (545)
　　　蒉□苑□ ················· (546)
鼎胡苑 ··················· (546)
　　鼎胡苑印 ················· (546)
　　鼎胡苑丞 ················· (546)
　　鼎胡□□ ················· (547)
　　　鼎□苑□ ················· (547)
　　　□胡□印 ················· (548)
　　　□胡□丞 ················· (548)
东苑 ····················· (548)
　　东苑 ··················· (548)
　　东苑丞印 ················· (549)
　　　东苑丞□ ················· (550)
　　　东苑□□ ················· (551)
段苑 ····················· (551)
　　段苑之印 ················· (551)
杜南苑 ··················· (551)
　　杜□苑印 ················· (551)
　　杜南苑丞 ················· (552)
　　　杜南□丞 ················· (553)
高泉苑 ··················· (553)
　　高泉苑印 ················· (553)
高栎苑 ··················· (553)

高栎苑丞 …………………………………… （553）
　高□苑丞 …………………………………… （554）
　高栎□□ …………………………………… （554）
共苑 ………………………………………… （554）
　共苑丞印 …………………………………… （554）
旱上苑 ……………………………………… （555）
　旱上苑印 …………………………………… （555）
平阳苑 ……………………………………… （555）
　平阳苑印 …………………………………… （555）
　　平阳苑□ ………………………………… （556）
曲桥苑 ……………………………………… （556）
　曲桥苑印 …………………………………… （556）
　　曲桥□□ ………………………………… （556）
西宫苑 ……………………………………… （557）
　西宫苑印 …………………………………… （557）
　　西宫□□ ………………………………… （557）
郢苑 ………………………………………… （557）
　郢苑 ………………………………………… （557）
旃郎苑 ……………………………………… （558）
　旃郎苑丞 …………………………………… （558）
杨台苑 ……………………………………… （558）
　杨台苑印 …………………………………… （558）
阴苑 ………………………………………… （558）
　阴苑 ………………………………………… （558）
云梦苑 ……………………………………… （558）
　左云梦印 …………………………………… （558）
　左云梦丞 …………………………………… （559）
　　左云梦□ ………………………………… （560）
　　右云梦丞 ………………………………… （560）

□云梦印 …………………………………………… (561)

□云梦丞 …………………………………………… (561)

□□梦丞 …………………………………………… (562)

□云□□ …………………………………………… (562)

6. 池 ………………………………………………… (562)

母池 ………………………………………………… (562)

 母池 ……………………………………………… (562)

大池 ………………………………………………… (563)

 大池 ……………………………………………… (563)

 大池丞印 ………………………………………… (563)

平河池 ……………………………………………… (563)

 平河池丞 ………………………………………… (563)

晦池 ………………………………………………… (564)

 晦池之印 ………………………………………… (564)

  晦池之□ ……………………………………… (564)

  晦□之印 ……………………………………… (565)

  晦池□□ ……………………………………… (565)

  晦□之□ ……………………………………… (565)

白水西池 …………………………………………… (566)

 白水西池 ………………………………………… (566)

沙池 ………………………………………………… (566)

 沙池之印 ………………………………………… (566)

息□池 ……………………………………………… (566)

 息□池印 ………………………………………… (566)

  息□□□ ……………………………………… (567)

7. 圈 ………………………………………………… (567)

麋圈 ………………………………………………… (567)

 麋圈 ……………………………………………… (567)

麋□ …………………………………………………………（569）

麋圈□印 ………………………………………………………（569）

中编　地方职官

第一章　内史 ……………………………………………（573）

咸阳 …………………………………………………………（573）

咸阳 ………………………………………………………（573）

咸□ ……………………………………………………（573）

咸阳丞印 …………………………………………………（574）

咸阳丞□ ………………………………………………（582）

咸□丞印 ………………………………………………（582）

咸□丞□ ………………………………………………（583）

咸阳工室 …………………………………………………（583）

咸阳工室丞 ………………………………………………（584）

□阳□室丞 ……………………………………………（585）

咸阳□丞 …………………………………………………（585）

咸阳阴市 …………………………………………………（585）

□阳□市 ………………………………………………（586）

咸阳□印 …………………………………………………（586）

咸阳□□ …………………………………………………（586）

咸阳亭印 …………………………………………………（587）

咸□亭印 ………………………………………………（588）

咸阳亭丞 …………………………………………………（588）

咸阳亭□ ………………………………………………（590）

咸□亭□ ………………………………………………（590）

咸□亭尉 ………………………………………………（590）

频阳 …………………………………………………………（591）

频阳 ………………………………………………………（591）

频阳丞印 …………………………………………………… (591)
　频□丞印 ………………………………………………… (593)
　频□丞□ ………………………………………………… (593)
　频阳□□ ………………………………………………… (594)
重泉 ………………………………………………………… (594)
　重泉丞印 ………………………………………………… (594)
　　重泉□□ ……………………………………………… (595)
　　重□□□ ……………………………………………… (595)
　　□泉丞印 ……………………………………………… (595)
　　□泉□印 ……………………………………………… (596)
宁秦 ………………………………………………………… (596)
　宁秦丞印 ………………………………………………… (596)
　　宁□丞□ ……………………………………………… (597)
　　□秦□印 ……………………………………………… (597)
下邽 ………………………………………………………… (597)
　下邽 ……………………………………………………… (597)
　下邽丞印 ………………………………………………… (598)
　下邽少内 ………………………………………………… (599)
　下邽右尉 ………………………………………………… (599)
栎阳 ………………………………………………………… (599)
　栎阳 ……………………………………………………… (599)
　　栎□ …………………………………………………… (600)
　栎阳丞印 ………………………………………………… (600)
　　栎阳丞□ ……………………………………………… (602)
　　栎阳□印 ……………………………………………… (602)
　　栎□丞印 ……………………………………………… (602)
　　栎□丞印 ……………………………………………… (603)
　　栎阳□□ ……………………………………………… (603)

栎□丞□ …………………………………………（603）

□阳丞印 …………………………………………（604）

□阳□印 …………………………………………（604）

栎工 ………………………………………………（604）

栎阳左工室 ………………………………………（605）

栎阳左工室丞 ……………………………………（605）

栎阳右工室丞 ……………………………………（605）

栎阳□□室 ………………………………………（606）

高陵 …………………………………………………（606）

高陵 ………………………………………………（606）

□陵 ………………………………………………（607）

高陵丞印 …………………………………………（607）

高陵丞□ ………………………………………（609）

高陵□印 ………………………………………（610）

高□丞印 ………………………………………（610）

高陵少内 …………………………………………（611）

高陵少□ ………………………………………（611）

高陵司空 …………………………………………（611）

高陵右尉 …………………………………………（612）

高□右尉 ………………………………………（612）

高陵左尉 …………………………………………（612）

高陵左□ ………………………………………（613）

高陵□尉 ………………………………………（613）

高陵发弩 …………………………………………（614）

高陵弄弩 …………………………………………（614）

高陵詹印 …………………………………………（614）

高□船□ …………………………………………（615）

高陵□□ …………………………………………（615）

| 杜 …………………………………………………… (616) |
| 杜印 ………………………………………………… (616) |
| 杜丞之印 …………………………………………… (616) |
| 杜丞□印 ………………………………………… (619) |
| 杜□之印 ………………………………………… (619) |
| 杜□之□ ………………………………………… (619) |
| 芷阳 …………………………………………………… (620) |
| 芷阳丞印 …………………………………………… (620) |
| 芷阳丞□ …………………………………………… (621) |
| 芷阳□□ …………………………………………… (622) |
| 云阳 …………………………………………………… (622) |
| 云阳 ………………………………………………… (622) |
| 云□ ………………………………………………… (623) |
| 云阳丞印 …………………………………………… (623) |
| 云□丞□ …………………………………………… (624) |
| 云阳工丞 …………………………………………… (624) |
| 废丘·灊丘 …………………………………………… (624) |
| 废丘 ………………………………………………… (624) |
| 废丘丞印 …………………………………………… (625) |
| 灊丘 ………………………………………………… (627) |
| 灊丘丞印 …………………………………………… (628) |
| 灊□丞□ ………………………………………… (629) |
| 灊□□□ ………………………………………… (629) |
| □丘丞印 ………………………………………… (630) |
| □丘□□ ………………………………………… (630) |
| 藜 ……………………………………………………… (630) |
| 藜印 ………………………………………………… (630) |
| 藜□ ………………………………………………… (631) |
| 藜丞之印 …………………………………………… (631) |

斄丞□印 …………………………………………（633）
　　斄丞□□ …………………………………………（633）
　　斄□之□ …………………………………………（633）
　　斄□□□ …………………………………………（634）
美阳 ……………………………………………………（634）
　　美阳丞印 …………………………………………（634）
临晋 ……………………………………………………（635）
　　临晋 ………………………………………………（635）
　　临晋之印 …………………………………………（636）
　　临晋丞印 …………………………………………（636）
　　临晋□□ …………………………………………（637）
好畤 ……………………………………………………（637）
　　好畤 ………………………………………………（637）
　　好畤丞印 …………………………………………（637）
　　好畤丞印 …………………………………………（638）
　　好畤□□ …………………………………………（638）
　　□畤丞印 …………………………………………（639）
　　好□□□ …………………………………………（639）
　　□畤□印 …………………………………………（639）
漆 ………………………………………………………（640）
　　漆丞 ………………………………………………（640）
　　漆丞之印 …………………………………………（640）
栒邑 ……………………………………………………（640）
　　栒邑 ………………………………………………（640）
　　栒邑丞印 …………………………………………（641）
　　栒邑□□ …………………………………………（641）
　　栒□丞□ …………………………………………（641）
　　栒市丞印 …………………………………………（642）
　　栒□□□ …………………………………………（642）

丽邑 ……………………………………………………	（642）
丽□ …………………………………………………	（642）
丽邑丞印 ……………………………………………	（643）
丽邑□印 …………………………………………	（643）
丽邑丞□ …………………………………………	（644）
丽□丞□ …………………………………………	（644）
杜阳 ……………………………………………………	（644）
杜阳 …………………………………………………	（644）
杜阳丞印 ……………………………………………	（645）
胡 ………………………………………………………	（645）
胡印 …………………………………………………	（645）
胡丞之印 ……………………………………………	（645）
胡□之印 …………………………………………	（645）
胡丞之□ …………………………………………	（646）
胡□之□ …………………………………………	（646）
上雒 ……………………………………………………	（646）
上雒 …………………………………………………	（646）
上雒丞印 ……………………………………………	（647）
□雒□印 …………………………………………	（648）
□雒□□ …………………………………………	（648）
蓝田 ……………………………………………………	（648）
蓝田 …………………………………………………	（648）
□田 ………………………………………………	（649）
蓝田丞印 ……………………………………………	（649）
蓝田丞□ …………………………………………	（650）
商 ………………………………………………………	（651）
商印 …………………………………………………	（651）
商□ ………………………………………………	（652）
商丞之印 ……………………………………………	（652）

商丞□印 …………………………………………（653）
商□之印 …………………………………………（653）
衙 ……………………………………………………（654）
　衙印 ………………………………………………（654）
　衙丞之玺 …………………………………………（654）
　　衙□之玺 ………………………………………（654）
　　衙□丞□ ………………………………………（655）
　　衙□□□ ………………………………………（655）
　衙丞之印 …………………………………………（655）
武城 …………………………………………………（656）
　武城丞印 …………………………………………（656）
　　武城□□ ………………………………………（656）
　　武□城□ ………………………………………（656）
郃阳 …………………………………………………（657）
　郃阳 ………………………………………………（657）
　郃□之□ …………………………………………（657）
　郃阳丞印 …………………………………………（657）
　　郃阳丞□ ………………………………………（658）
戏 ……………………………………………………（658）
　戏丞之印 …………………………………………（658）
　　戏丞之□ ………………………………………（659）
　　戏□之□ ………………………………………（659）
　　戏□□□ ………………………………………（659）
　戏□共印 …………………………………………（660）
酆 ……………………………………………………（660）
　酆丞 ………………………………………………（660）
　　酆□ ……………………………………………（661）
雍 ……………………………………………………（662）
　雝印 ………………………………………………（662）

雒丞之印 …………………………………………… （662）

　雒丞□印 ………………………………………… （664）

　雒丞□□ ………………………………………… （664）

　雒□之□ ………………………………………… （664）

雒工 ………………………………………………… （665）

雒工室印 …………………………………………… （665）

雒工室丞 …………………………………………… （665）

　雒工室□ ………………………………………… （666）

虢 …………………………………………………………… （666）

　虢丞□□ ………………………………………… （666）

褱德 ………………………………………………………… （666）

　褱德丞印 ………………………………………… （666）

　□德□印 ………………………………………… （667）

　壞德□□ ………………………………………… （667）

郑 …………………………………………………………… （667）

　郑玺 ……………………………………………… （667）

　　郑□ …………………………………………… （668）

　郑丞之印 ………………………………………… （668）

　　郑丞□印 ……………………………………… （668）

　　郑丞□□ ……………………………………… （669）

　　郑□马□ ……………………………………… （669）

夏阳 ………………………………………………………… （669）

　夏阳之印 ………………………………………… （669）

　夏阳丞印 ………………………………………… （670）

漆垣 ………………………………………………………… （670）

　漆垣丞印 ………………………………………… （670）

华阳 ………………………………………………………… （671）

　华阳丞印 ………………………………………… （671）

　　华阳丞□ ……………………………………… （674）

华阳□□ …………………………………………………（675）
　　　华□丞□ …………………………………………………（675）
　　　华阳尚果 …………………………………………………（675）
　平陵 ……………………………………………………………（676）
　　平陵丞印 …………………………………………………（676）
　安陵 ……………………………………………………………（676）
　　安陵丞印 …………………………………………………（676）
　郝 ………………………………………………………………（676）
　　郝丞之印 …………………………………………………（676）
　池阳 ……………………………………………………………（677）
　　池阳丞印 …………………………………………………（677）
　　池阳北乡 …………………………………………………（677）
　　　池□北□ …………………………………………………（678）
　　　□阳□乡 …………………………………………………（678）
　　　池阳乡印 …………………………………………………（678）
　武關 ……………………………………………………………（679）
　　武關丞印 …………………………………………………（679）

第二章　郡县 …………………………………………………（680）
第一节　关中地区诸郡 ………………………………………（680）
陇西郡 …………………………………………………………（680）
　陇西右漕丞 ……………………………………………………（680）
　临洮 ……………………………………………………………（680）
　　临洮丞印 …………………………………………………（680）
　西 ………………………………………………………………（681）
　　西丞之印 …………………………………………………（681）
　　西共 ………………………………………………………（681）
　　西共丞印 …………………………………………………（681）

西共□□ …………………………………………（683）
　　西共食室 …………………………………………（683）
　　西盐 ………………………………………………（683）
　　西盐丞□ …………………………………………（684）
　　西采金印 …………………………………………（684）
　　　西□金□ ………………………………………（685）
成纪 …………………………………………………（685）
　　成纪丞印 …………………………………………（685）
　　　□纪□印 ………………………………………（685）
下辩 …………………………………………………（686）
　　下辩丞印 …………………………………………（686）
冀 ……………………………………………………（686）
　　冀印 ………………………………………………（686）
　　冀闟 ………………………………………………（686）
　　　冀□ ……………………………………………（686）
　　冀□之□ …………………………………………（687）
上邽 …………………………………………………（687）
　　上邽丞印 …………………………………………（687）
獂道 …………………………………………………（687）
　　獂道 ………………………………………………（687）
　　獂道丞印 …………………………………………（688）
　　　獂道丞□ ………………………………………（688）
绵诸 …………………………………………………（688）
　　绵诸丞印 …………………………………………（688）
　　　绵□丞印 ………………………………………（689）
　　绵者丞印 …………………………………………（689）
　　绵者略部 …………………………………………（689）
　　绵者□部 …………………………………………（690）
　　　绵者□□ ………………………………………（690）

绵□略□ …………………………………………（690）
　□者□部 ………………………………………（691）
　□□□部 ………………………………………（691）
　绵□魏部 ………………………………………（691）
兰干 ………………………………………………（692）
　兰干丞印 ………………………………………（692）
略阳 ………………………………………………（692）
　略阳丞印 ………………………………………（692）
　略阳丞□ ………………………………………（693）
襄武 ………………………………………………（693）
　襄武 ……………………………………………（693）
溥道 ………………………………………………（693）
　溥道 ……………………………………………（693）
　　溥□ …………………………………………（694）
　溥道丞印 ………………………………………（694）
　　溥道□□ ……………………………………（695）
　　溥□丞□ ……………………………………（695）
氐道 ………………………………………………（695）
　氐道 ……………………………………………（695）
　氐道丞印 ………………………………………（696）
北地郡 …………………………………………（696）
义渠 ………………………………………………（696）
　义渠 ……………………………………………（696）
　　义渠中部 ……………………………………（697）
乌氏 ………………………………………………（697）
　乌氏丞印 ………………………………………（697）
　　乌氏□印 ……………………………………（697）
　　乌氏丞□ ……………………………………（698）
阴密 ………………………………………………（698）

阴密 …………………………………… （698）
　阴密丞印 ……………………………… （698）
　　阴密丞□ ……………………………… （699）
　　阴密□□ ……………………………… （699）
泥阳 …………………………………… （700）
　泥□丞□ ……………………………… （700）
　泥□□□ ……………………………… （700）
昫衍 …………………………………… （700）
　昫衍 …………………………………… （700）
　　昫□ ………………………………… （701）
　　昫□丞印 …………………………… （701）
　　昫□丞□ …………………………… （701）
　　昫□左□ …………………………… （702）
昫衍道 ………………………………… （702）
　昫衍道印 ……………………………… （702）
　　昫衍道□ …………………………… （702）
　　□衍道印 …………………………… （703）
　昫衍道丞 ……………………………… （703）
　　昫衍□□ …………………………… （704）
泾阳 …………………………………… （704）
　泾阳□□ ……………………………… （704）
　泾□君□ ……………………………… （704）
　泾下家马 ……………………………… （705）
　　□下家马 …………………………… （705）
　　泾下□□ …………………………… （706）
方渠除 ………………………………… （706）
　□渠□印 ……………………………… （706）
　方渠除丞 ……………………………… （706）

方渠除□ …………………………………（707）
　　方□除□ …………………………………（707）
　　□渠□丞 …………………………………（708）
　　方□□□ …………………………………（708）
　　□□除□ …………………………………（708）
郁郅 …………………………………………（709）
　　郁郅 ………………………………………（709）
安武 …………………………………………（709）
　　安武丞印 …………………………………（709）
归德 …………………………………………（709）
　　归德丞印 …………………………………（709）
卤 ……………………………………………（710）
　　卤丞之印 …………………………………（710）
　　卤丞□印 …………………………………（710）
彭阳 …………………………………………（710）
　　彭阳 ………………………………………（710）
　　彭阳丞印 …………………………………（711）
　　彭阳丞□ …………………………………（711）
略畔 …………………………………………（712）
　　略畔丞印 …………………………………（712）
　　略畔□□ …………………………………（712）
　　□畔丞印 …………………………………（712）
　　□畔□□ …………………………………（713）
长武 …………………………………………（713）
　　长武丞印 …………………………………（713）
　　长□丞□ …………………………………（714）
上郡 ………………………………………（714）
　　上郡大守 …………………………………（714）
　　上郡侯丞 …………………………………（714）

高奴 …………………………………………………………… (715)
 高奴丞印 ………………………………………………… (715)
徒淫 …………………………………………………………… (715)
 徒淫丞印 ………………………………………………… (715)
  徒淫□印 ……………………………………………… (715)
  □淫□□ ……………………………………………… (716)
阳周 …………………………………………………………… (716)
 阳周丞印 ………………………………………………… (716)
 阳周□□ ………………………………………………… (716)
平都 …………………………………………………………… (717)
 平都 ……………………………………………………… (717)
 平都丞印 ………………………………………………… (717)
饶 ……………………………………………………………… (717)
 饶丞之印 ………………………………………………… (717)
  饶丞□□ ……………………………………………… (718)
定阳 …………………………………………………………… (718)
 定阳丞印 ………………………………………………… (718)
  定阳□印 ……………………………………………… (718)
 定阳市丞 ………………………………………………… (719)
西都 …………………………………………………………… (719)
 西都□□ ………………………………………………… (719)
中阳 …………………………………………………………… (719)
 中阳丞印 ………………………………………………… (719)
高望 …………………………………………………………… (720)
 高望丞印 ………………………………………………… (720)
平周 …………………………………………………………… (720)
 平周丞印 ………………………………………………… (720)
雕阴 …………………………………………………………… (720)
 雕阴丞印 ………………………………………………… (720)

雕阴□印 …………………………………（721）
雕阴道 ………………………………………（721）
　　雕阴道印 …………………………………（721）
　　　□阴道印 ………………………………（721）
　　雕阴道丞 …………………………………（722）
洛都 …………………………………………（722）
　　洛都 ………………………………………（722）
　　洛都丞印 …………………………………（722）
　　　洛都□□ ………………………………（723）
　　　洛□丞□ ………………………………（723）
圜阳 …………………………………………（724）
　　圜□ ………………………………………（724）
　　圜阳丞印 …………………………………（724）
翟道 …………………………………………（724）
　　翟道 ………………………………………（724）
　　翟道丞印 …………………………………（725）
蜀郡 …………………………………………（726）
　　蜀□守印 …………………………………（726）
　　蜀大守丞 …………………………………（726）
　　蜀大府丞 …………………………………（726）
　　　蜀大府□ ………………………………（727）
　　　□大府丞 ………………………………（728）
　　蜀大□□ …………………………………（728）
　　蜀尉之印 …………………………………（728）
　　蜀工师丞 …………………………………（729）
　　蜀西□师 …………………………………（729）
　　蜀西工丞 …………………………………（729）
　　蜀左织官 …………………………………（730）

成都 ……………………………………………………（730）
　成都丞印 ………………………………………………（730）
　　成都□印 ……………………………………………（731）
　　□都丞□ ……………………………………………（731）
　成都□马 ………………………………………………（731）
郫 ………………………………………………………（732）
　郫印 ……………………………………………………（732）
雒 ………………………………………………………（732）
　雒印 ……………………………………………………（732）
葭明 ……………………………………………………（733）
　葭明丞印 ………………………………………………（733）
严道 ……………………………………………………（733）
　严道橘丞 ………………………………………………（733）
　橘官 ……………………………………………………（733）
　橘府 ……………………………………………………（734）
　橘印 ……………………………………………………（737）
　橘监 ……………………………………………………（738）
　橘□ ……………………………………………………（738）
　橘丞之印 ………………………………………………（739）
　橘邑丞印 ………………………………………………（740）
巴郡 …………………………………………………（740）
巴 ………………………………………………………（740）
　巴左工印 ………………………………………………（740）
江州 ……………………………………………………（740）
　江左盐丞 ………………………………………………（740）
　江右盐丞 ………………………………………………（741）
　江右盐□ ………………………………………………（741）
　　江右□丞 ……………………………………………（741）
　江□盐□ ………………………………………………（742）

枳 …………………………………………………………………（742）
    枳丞之印 …………………………………………………（742）
阆中 ………………………………………………………………（742）
    阆中 ………………………………………………………（742）
    阆中丞印 …………………………………………………（743）
汉中郡 …………………………………………………………（743）
    汉大府印 …………………………………………………（743）
    汉大府丞 …………………………………………………（743）
        汉大□丞 ……………………………………………（744）
    汉中底印 …………………………………………………（744）
        汉中底□ ……………………………………………（744）
        汉□底印 ……………………………………………（745）
        汉□底□ ……………………………………………（745）
        □中□印 ……………………………………………（745）
        □□底印 ……………………………………………（746）
    汉□工□ …………………………………………………（746）
南郑 ………………………………………………………………（746）
    南郑之印 …………………………………………………（746）
    南郑丞印 …………………………………………………（747）
        南郑□印 ……………………………………………（749）
        南郑丞□ ……………………………………………（749）
        南郑□□ ……………………………………………（749）
旱 …………………………………………………………………（750）
    旱玺 ………………………………………………………（750）
    旱丞之印 …………………………………………………（750）
        旱丞之□ ……………………………………………（751）
        旱丞□印 ……………………………………………（752）
        旱丞□□ ……………………………………………（752）

旱□之印 …………………………………………（752）

旱右丞印 …………………………………………（753）

旱田之印 …………………………………………（753）

旱上□□ …………………………………………（753）

旱□□□ …………………………………………（753）

房陵 ……………………………………………………（754）

房陵 ………………………………………………（754）

房陵丞□ …………………………………………（754）

房□丞印 ………………………………………（754）

西成 ……………………………………………………（755）

西成 ………………………………………………（755）

西成丞印 …………………………………………（755）

西成□□ …………………………………………（756）

成固 ……………………………………………………（757）

成固 ………………………………………………（757）

成□ ………………………………………………（757）

成固之印 …………………………………………（757）

成固丞印 …………………………………………（758）

成固□印 ………………………………………（758）

□固丞印 ………………………………………（759）

沮 ………………………………………………………（759）

沮丞之印 …………………………………………（759）

武陵 ……………………………………………………（759）

武陵丞印 …………………………………………（759）

武陵丞□ ………………………………………（760）

武陵□□ ………………………………………（760）

武陵□印 ………………………………………（761）

上庸 ……………………………………………………（761）

上庸□□ …………………………………………（761）

旬阳 …………………………………………（761）
 旬阳之丞 ………………………………（761）
  旬□之丞 ……………………………（763）
  旬□□□ ……………………………（763）
安阳 …………………………………………（763）
 安阳丞印 ………………………………（763）
  安阳□印 ……………………………（764）
故道 …………………………………………（764）
 故道 ……………………………………（764）
  故道丞印 ……………………………（765）
荆山道 ………………………………………（765）
 荆山道印 ………………………………（765）
  荆山道丞 ……………………………（765）
  荆山道□ ……………………………（766）

第二节　山东北部诸郡 ………………………（766）

河东郡 ……………………………………（766）
安邑 …………………………………………（766）
 安邑丞印 ………………………………（767）
  安邑□印 ……………………………（768）
临汾 …………………………………………（768）
 临汾□印 ………………………………（768）
蒲反 …………………………………………（768）
 蒲反 ……………………………………（768）
 蒲反丞印 ………………………………（769）
  蒲反丞□ ……………………………（769）
  蒲反□印 ……………………………（770）
平阳 …………………………………………（770）
 平阳丞印 ………………………………（770）
  平阳□□ ……………………………（770）

平阳□印 …………………………………………… (771)
杨 ……………………………………………………… (771)
　　杨丞之印 …………………………………………… (771)
　　杨库 ………………………………………………… (771)
绛 ……………………………………………………… (772)
　　绛丞之印 …………………………………………… (772)
　　　绛丞□□ ………………………………………… (772)
　　　绛丞之□ ………………………………………… (773)
　　绛少内印 …………………………………………… (773)
皮氏 …………………………………………………… (773)
　　皮氏 ………………………………………………… (773)
　　皮氏丞印 …………………………………………… (774)
蒲子 …………………………………………………… (774)
　　蒲子丞印 …………………………………………… (774)
䫉 ……………………………………………………… (774)
　　䫉丞之印 …………………………………………… (774)
　　　䫉丞□□ ………………………………………… (775)
端氏 …………………………………………………… (775)
　　端氏丞印 …………………………………………… (775)
　　　端□丞□ ………………………………………… (775)
濩泽 …………………………………………………… (776)
　　濩泽丞印 …………………………………………… (776)
　　濩泽□印 …………………………………………… (776)
　　□泽丞印 …………………………………………… (776)
风 ……………………………………………………… (777)
　　风丞之印 …………………………………………… (777)
新襄陵 ………………………………………………… (777)
　　新襄陵丞 …………………………………………… (777)
　　新襄丞印 …………………………………………… (777)

襄陵 …………………………………………………………（778）
　　襄陵丞印 ……………………………………………（778）
魏 ……………………………………………………………（778）
　　魏玺 …………………………………………………（778）
　　魏丞之印 ……………………………………………（778）
河内郡 ……………………………………………………（779）
　　河内邸丞 ……………………………………………（779）
　　　河□邸丞 …………………………………………（779）
　　　河□丞□ …………………………………………（780）
　　河内左工 ……………………………………………（780）
　　河内司空 ……………………………………………（780）
　　　河内司□ …………………………………………（781）
　　　□内司空 …………………………………………（781）
　　河内司马 ……………………………………………（781）
怀 ……………………………………………………………（781）
　　怀令之印 ……………………………………………（781）
　　怀丞之印 ……………………………………………（782）
轵 ……………………………………………………………（782）
　　轵印 …………………………………………………（782）
　　轵丞之印 ……………………………………………（783）
平皋 …………………………………………………………（783）
　　平皋丞印 ……………………………………………（783）
野王 …………………………………………………………（784）
　　野王 …………………………………………………（784）
　　野王丞印 ……………………………………………（784）
　　　野王丞□ …………………………………………（786）
　　　野□丞印 …………………………………………（786）
　　　野□丞□ …………………………………………（786）

修武 ………………………………………………………… (787)
　　修武丞印 …………………………………………… (787)
温 …………………………………………………………… (787)
　　温丞之印 …………………………………………… (787)
　　　温丞□印 ………………………………………… (788)
　　　温丞□□ ………………………………………… (788)
山阳 ………………………………………………………… (788)
　　山阳丞印 …………………………………………… (788)
　　　山阳丞□ ………………………………………… (789)
　　　山阳□□ ………………………………………… (789)
　　　山□□□ ………………………………………… (790)
共 …………………………………………………………… (790)
　　共丞之印 …………………………………………… (790)
州 …………………………………………………………… (790)
　　州丞之印 …………………………………………… (790)
　　　州□之□ ………………………………………… (790)
内黄 ………………………………………………………… (791)
　　内黄丞□ …………………………………………… (791)
繁阳 ………………………………………………………… (791)
　　繁阳丞印 …………………………………………… (791)
高平 ………………………………………………………… (791)
　　高平 ………………………………………………… (791)
　　高平丞印 …………………………………………… (792)
　　　高平丞□ ………………………………………… (792)
上党郡 ………………………………………………… (792)
　　上党府丞 …………………………………………… (792)
长子 ………………………………………………………… (793)
　　长子丞印 …………………………………………… (793)
　　　□子丞印 ………………………………………… (794)

余吾	(794)
余吾丞印	(794)
铜鞮	(794)
铜鞮丞印	(794)
铜鞮丞□	(795)
铜□丞□	(795)
铜□□□	(795)
屯留	(796)
屯留	(796)
屯留丞印	(796)
屯□丞□	(797)
泫氏	(797)
玄氏丞印	(797)
隋氏	(797)
隋氏丞印	(797)
太原郡	(798)
大原守印	(798)
太原大府	(798)
□原丞印	(798)
中都	(799)
中都丞印	(799)
中都□印	(800)
兹氏	(800)
兹氏□□	(800)
兹□丞□	(800)
平匋	(801)
平匋□□	(801)
汾阳	(801)
汾阳丞印	(801)

汾□丞印 …………………………………………（801）

汾□府□ …………………………………………（802）

阳邑 ……………………………………………………（802）

阳邑 ……………………………………………（802）

阳邑丞印 …………………………………………（802）

雁门郡 ……………………………………………………（803）

善无 ……………………………………………………（803）

善□丞□ …………………………………………（803）

平城 ……………………………………………………（803）

平城丞印 …………………………………………（803）

邯郸郡 ……………………………………………………（804）

邯郸之丞 ………………………………………………（804）

邯□之丞 …………………………………………（804）

邯□之□ …………………………………………（805）

邯郸造工 ………………………………………………（805）

邯郸造□ …………………………………………（806）

邯□造工 …………………………………………（807）

邯□□工 …………………………………………（807）

□郸造□ …………………………………………（807）

□郸□工 …………………………………………（808）

□□造□ …………………………………………（808）

邯造工丞 ………………………………………………（808）

邯造工□ …………………………………………（810）

邯造□□ …………………………………………（810）

□造□丞 …………………………………………（810）

□造工丞 …………………………………………（811）

邯郸 ……………………………………………………（811）

邯郸□□ …………………………………………（811）

□郸□□ …………………………………………（811）

邯郸亭丞 …………………………………………（812）
鄗 ………………………………………………（812）
　　鄗丞之印 …………………………………………（812）
清河郡 ………………………………………………（812）
　　清河太守 …………………………………………（812）
　　清河水印 …………………………………………（813）
钜鹿郡 ………………………………………………（813）
　　钜鹿之□ …………………………………………（813）
文安 ……………………………………………（813）
　　文安丞印 …………………………………………（813）
河间郡 ………………………………………………（814）
　　河间大守 …………………………………………（814）
　　河间尉印 …………………………………………（814）
乐成 ……………………………………………（815）
　　乐成 ………………………………………………（815）
　　乐成之印 …………………………………………（815）
章武 ……………………………………………（815）
　　章武□印 …………………………………………（815）
武隧 ……………………………………………（816）
　　武隧丞印 …………………………………………（816）
浮阳 ……………………………………………（816）
　　浮阳丞印 …………………………………………（816）
恒山郡 ………………………………………………（817）
　　恒山武库 …………………………………………（817）
　　恒山侯丞 …………………………………………（817）
代郡 …………………………………………………（817）
　　代丞之印 …………………………………………（817）
　　代马 ………………………………………………（818）
　　代马丞印 …………………………………………（818）

代□之□ …………………………………………（819）
当城 ……………………………………………（820）
 当城丞印 ………………………………（820）
延陵 ……………………………………………（820）
 延陵丞印 ………………………………（820）
新平舒 …………………………………………（821）
 新平舒丞 ………………………………（821）

上谷郡 ……………………………………………（821）
 上谷府丞 ………………………………（821）
宁城 ……………………………………………（821）
 宁城 ……………………………………（821）
夷舆 ……………………………………………（821）
 夷舆丞印 ………………………………（821）
 夷□ ……………………………………（822）

广阳郡 ……………………………………………（822）
广阳 ……………………………………………（822）
 广阳 ……………………………………（822）
武阳 ……………………………………………（823）
 武阳丞印 ………………………………（823）

渔阳郡 ……………………………………………（823）
泉州 ……………………………………………（823）
 泉州丞印 ………………………………（823）
白檀 ……………………………………………（824）
 白檀丞印 ………………………………（824）

右北平郡 …………………………………………（824）
无终 ……………………………………………（824）
 无终□□ ………………………………（824）
  无□丞□ ……………………………（825）
昌城 ……………………………………………（825）

昌城丞印 …………………………………………………（825）
夕阳 ……………………………………………………（825）
　夕阳丞印 …………………………………………………（825）
薋 ………………………………………………………（826）
　薋丞之印 …………………………………………………（826）
广成 ……………………………………………………（826）
　广成之丞 …………………………………………………（826）
白狼 ……………………………………………………（826）
　白狼之丞 …………………………………………………（826）
徐无 ……………………………………………………（827）
　徐无丞印 …………………………………………………（827）
字 ………………………………………………………（827）
　字丞之印 …………………………………………………（827）
廷陵 ……………………………………………………（828）
　廷陵丞印 …………………………………………………（828）
辽东郡 ………………………………………………（828）
　辽东守印 …………………………………………………（828）
险犊 ……………………………………………………（828）
　险犊丞印 …………………………………………………（828）
　　险□丞□ ………………………………………………（829）
临秽 ……………………………………………………（829）
　临秽丞印 …………………………………………………（829）
辽西郡 ………………………………………………（829）
柳城 ……………………………………………………（829）
　柳成丞印 …………………………………………………（829）

第三节　山东南部诸郡 …………………………………（830）
叁川郡 ………………………………………………（830）
　叁□大□ …………………………………………………（830）
　叁川尉印 …………………………………………………（830）

叁川□丞 …………………………………… (831)

叁川邸丞 …………………………………… (831)

雒阳 ………………………………………… (831)

雒阳丞印 …………………………………… (831)

荧阳 ………………………………………… (832)

荧阳丞印 …………………………………… (832)

岐 …………………………………………… (833)

岐丞之印 …………………………………… (833)

陉山 ………………………………………… (833)

陉山 ………………………………………… (833)

新城 ………………………………………… (833)

新城 ………………………………………… (833)

□城 ………………………………………… (834)

新城丞印 …………………………………… (834)

新城丞□ …………………………………… (835)

新城侯印 …………………………………… (835)

卢氏 ………………………………………… (835)

卢氏 ………………………………………… (835)

卢氏丞印 …………………………………… (836)

卢□丞□ …………………………………… (836)

缑氏 ………………………………………… (837)

缑氏 ………………………………………… (837)

缑氏丞印 …………………………………… (837)

缑氏□□ …………………………………… (838)

陕 …………………………………………… (838)

陕玺 ………………………………………… (838)

陕丞之印 …………………………………… (838)

底柱 ………………………………………… (838)

底柱丞印 …………………………………… (838)
宜阳 ………………………………………… (839)
　宜阳 ……………………………………… (839)
　宜阳之丞 ………………………………… (839)
　宜阳丞印 ………………………………… (839)
　　宜阳丞□ ……………………………… (840)
新安 ………………………………………… (840)
　新安丞印 ………………………………… (840)
卷 …………………………………………… (841)
　卷丞之印 ………………………………… (841)
阳武 ………………………………………… (842)
　阳武丞印 ………………………………… (842)
成皋 ………………………………………… (842)
　成皋丞印 ………………………………… (842)
　　□皋□印 ……………………………… (842)
桑林 ………………………………………… (843)
　桑林 ……………………………………… (843)
　桑林丞印 ………………………………… (843)
　桑林司寇 ………………………………… (844)
　桑林器府 ………………………………… (844)
　桑林□□ ………………………………… (845)
河南 ………………………………………… (845)
　河南丞印 ………………………………… (845)
　　河南丞□ ……………………………… (845)
　　河南□印 ……………………………… (846)
　　河 南 铁□ …………………………… (846)

颖川郡 ……………………………………… (846)
　颖川大守 ………………………………… (846)

颍□斡□ …………………………………………… (847)

偏陵 ………………………………………………… (847)

 偏陵丞印 ……………………………………… (847)

  偏陵□□ …………………………………… (847)

颖阳 ………………………………………………… (848)

 颖阳丞印 ……………………………………… (848)

长社 ………………………………………………… (849)

 长社丞印 ……………………………………… (849)

襄 …………………………………………………… (849)

 襄印 …………………………………………… (849)

 襄□之□ ……………………………………… (849)

 襄□丞□ ……………………………………… (850)

襄成 ………………………………………………… (850)

 襄□ …………………………………………… (850)

 襄成丞印 ……………………………………… (850)

  襄成丞□ …………………………………… (851)

  襄□丞□ …………………………………… (851)

  襄□□□ …………………………………… (852)

 襄成发弩 ……………………………………… (852)

 襄成右尉 ……………………………………… (852)

 襄城丞印 ……………………………………… (853)

新襄城 ……………………………………………… (853)

 新襄城丞 ……………………………………… (853)

许 …………………………………………………… (853)

 许丞之印 ……………………………………… (853)

女阴 ………………………………………………… (854)

 女阴 …………………………………………… (854)

 女阴丞印 ……………………………………… (854)

慎 ………………………………………………（855）
　慎丞之印 ………………………………………（855）
女阳 ……………………………………………（855）
　女阳丞印 ………………………………………（855）
砀郡 …………………………………………（858）
　砀印 ……………………………………………（858）
　砀丞之印 ………………………………………（858）
下邑 ……………………………………………（859）
　下邑 ……………………………………………（859）
　下邑丞印 ………………………………………（859）
芒 ………………………………………………（860）
　芒丞之印 ………………………………………（860）
睢阳 ……………………………………………（861）
　睢阳 ……………………………………………（861）
谯 ………………………………………………（861）
　谯丞之印 ………………………………………（861）
酂 ………………………………………………（861）
　酂丞之印 ………………………………………（861）
甾 ………………………………………………（862）
　甾□ ……………………………………………（862）
　甾丞之印 ………………………………………（863）
东郡 …………………………………………（863）
　东郡大守 ………………………………………（863）
　东郡尉印 ………………………………………（863）
　东郡司马 ………………………………………（863）
东阿 ……………………………………………（864）
　东阿丞印 ………………………………………（864）
观 ………………………………………………（864）
　观□之印 ………………………………………（864）

东武阳 …………………………………………………（865）
　东武阳丞 ………………………………………（865）
济阴 ……………………………………………………（865）
　济阴丞印 ………………………………………（865）
聊城 ……………………………………………………（866）
　聊城丞□ ………………………………………（866）
定陶 ……………………………………………………（866）
　定陶丞印 ………………………………………（866）
阳平 ……………………………………………………（867）
　阳平丞印 ………………………………………（867）
南阳郡 …………………………………………………（867）
　南阳司马 ………………………………………（867）
　南阳邸丞 ………………………………………（867）
　　□阳邸□ ……………………………………（868）
　南阳邦尉 ………………………………………（869）
宛 ………………………………………………………（869）
　宛印 ……………………………………………（869）
　宛丞之印 ………………………………………（869）
　　宛丞□□ ……………………………………（870）
　　宛□之□ ……………………………………（871）
　宛右尉印 ………………………………………（871）
　　宛右尉□ ……………………………………（871）
　宛□□□ ………………………………………（872）
胡阳 ……………………………………………………（872）
　胡阳丞印 ………………………………………（872）
阳成 ……………………………………………………（872）
　阳成丞印 ………………………………………（872）
鲁阳 ……………………………………………………（873）
　鲁阳丞印 ………………………………………（873）

目录

雉 …………………………………………………………（873）
 雉印 ………………………………………………（873）
 雉丞之印 …………………………………………（873）
叶 …………………………………………………………（874）
 叶丞之印 …………………………………………（874）
比阳 ………………………………………………………（874）
 比阳丞印 …………………………………………（874）
蔡阳 ………………………………………………………（875）
 祭阳丞印 …………………………………………（875）
邓 …………………………………………………………（876）
 邓印 ………………………………………………（876）
 邓丞 ………………………………………………（876）
 邓丞之印 …………………………………………（876）
  邓□□□ ……………………………………（878）
郦 …………………………………………………………（878）
 郦印 ………………………………………………（878）
 郦□丞□ …………………………………………（878）
新野 ………………………………………………………（879）
 新野 ………………………………………………（879）
 新野丞□ …………………………………………（879）
析 …………………………………………………………（879）
 析印 ………………………………………………（879）
 析丞之印 …………………………………………（880）
平氏 ………………………………………………………（880）
 平氏丞印 …………………………………………（880）
 平氏□□ …………………………………………（880）
南陵 ………………………………………………………（880）
 南陵丞印 …………………………………………（880）
新都 ………………………………………………………（881）

新都 …………………………………………………… (881)
新阴 …………………………………………………… (881)
　新阴□□ ………………………………………… (881)
縢 ……………………………………………………… (881)
　縢丞之印 ………………………………………… (881)
淮阳郡 ……………………………………………… (882)
　淮□府印 ………………………………………… (882)
　　淮□府□ …………………………………… (882)
　淮阳发弩 ………………………………………… (882)
　淮阳弩丞 ………………………………………… (883)
陈 ……………………………………………………… (883)
　陈丞之印 ………………………………………… (883)
铜阳 …………………………………………………… (883)
　铜阳丞印 ………………………………………… (883)
　　铜□丞印 …………………………………… (884)
长平 …………………………………………………… (884)
　长平丞印 ………………………………………… (884)
新郪 …………………………………………………… (885)
　新郪丞印 ………………………………………… (885)
　　新郪□印 …………………………………… (885)
新阳成 ………………………………………………… (885)
　新阳成丞 ………………………………………… (885)
南顿 …………………………………………………… (886)
　南顿 ……………………………………………… (886)
　南顿丞印 ………………………………………… (886)
　　南顿丞□ …………………………………… (887)
新蔡 …………………………………………………… (887)
　新蔡丞印 ………………………………………… (887)

阳夏 …………………………………………………………（888）
 阳夏 …………………………………………………………（888）
 阳夏丞印 ……………………………………………………（888）
  □夏□印 …………………………………………………（889）
平舆 …………………………………………………………（889）
 平舆丞印 ……………………………………………………（889）
  平舆□□ …………………………………………………（890）
  □舆丞印 …………………………………………………（891）
 □舆□尉 ……………………………………………………（891）
阳安 …………………………………………………………（891）
 阳安 …………………………………………………………（891）
 阳安丞印 ……………………………………………………（892）
 阳安之守 ……………………………………………………（892）
  阳安□□ …………………………………………………（892）
苦 ……………………………………………………………（893）
 苦丞之印 ……………………………………………………（893）
项 ……………………………………………………………（893）
 项□之□ ……………………………………………………（893）
上蔡 …………………………………………………………（893）
 上蔡丞□ ……………………………………………………（893）
四川郡 ……………………………………………………（894）
 四川大守 ……………………………………………………（894）
 四川尉□ ……………………………………………………（894）
 四川丞印 ……………………………………………………（895）
 四川水丞 ……………………………………………………（895）
  四川水□ …………………………………………………（895）
  四川马丞 …………………………………………………（896）
  四川□□ …………………………………………………（896）

彭城 …………………………………………………… （896）
　　彭城丞印 ………………………………………… （896）
下相 …………………………………………………… （897）
　　下相丞印 ………………………………………… （897）
　　□相□印 ………………………………………… （898）
徐 ……………………………………………………… （898）
　　徐丞之印 ………………………………………… （898）
相 ……………………………………………………… （899）
　　相丞之印 ………………………………………… （899）
僮 ……………………………………………………… （899）
　　僮丞之印 ………………………………………… （899）
傅阳 …………………………………………………… （900）
　　傅阳丞印 ………………………………………… （900）
叴猶 …………………………………………………… （900）
　　叴猶丞印 ………………………………………… （900）
吕 ……………………………………………………… （901）
　　吕丞之印 ………………………………………… （901）
虹 ……………………………………………………… （902）
　　虹丞之印 ………………………………………… （902）
符离 …………………………………………………… （902）
　　符离 ……………………………………………… （902）
　　符离丞印 ………………………………………… （903）
新城父 ………………………………………………… （903）
　　新城父丞 ………………………………………… （903）
丰 ……………………………………………………… （904）
　　丰玺 ……………………………………………… （904）
　　　丰□ …………………………………………… （904）
平阿 …………………………………………………… （904）

平阿丞印 …………………………………………………（904）
临菑郡 …………………………………………………（905）
　临淄 ……………………………………………………（905）
　　临菑丞印 ……………………………………………（905）
　　临菑司马 ……………………………………………（906）
　东安平 …………………………………………………（907）
　　东安平丞 ……………………………………………（907）
　狄城 ……………………………………………………（907）
　　狄城之印 ……………………………………………（907）
　临朐 ……………………………………………………（908）
　　临朐丞印 ……………………………………………（908）
　蓼城 ……………………………………………………（908）
　　蓼城丞印 ……………………………………………（908）
　　　蓼城丞□ …………………………………………（908）
　　　蓼城□□ …………………………………………（909）
　博昌 ……………………………………………………（909）
　　博昌 …………………………………………………（909）
　　博昌丞印 ……………………………………………（910）
　乐安 ……………………………………………………（910）
　　乐安丞印 ……………………………………………（910）
济北郡 …………………………………………………（911）
　济北大守 ………………………………………………（911）
　东平陵 …………………………………………………（911）
　　东平陵丞 ……………………………………………（911）
　般阳 ……………………………………………………（912）
　　般阳丞印 ……………………………………………（912）
　　　般□丞□ …………………………………………（913）
　梁邹 ……………………………………………………（913）
　　梁邹丞印 ……………………………………………（913）

梁邹丞□ …………………………………………………… (913)

於陵 …………………………………………………………… (914)

　　於陵丞印 ……………………………………………………… (914)

　　於□丞□ ……………………………………………………… (914)

博城 …………………………………………………………… (914)

　　博城 …………………………………………………………… (914)

　　博城丞印 ……………………………………………………… (915)

乐陵 …………………………………………………………… (915)

　　乐陵 …………………………………………………………… (915)

　　乐陵丞印 ……………………………………………………… (915)

著 ……………………………………………………………… (915)

　　著丞之印 ……………………………………………………… (915)

琅邪郡 ………………………………………………………… (916)

　　琅邪司马 ……………………………………………………… (916)

　　琅邪司空 ……………………………………………………… (916)

　　琅邪司丞 ……………………………………………………… (917)

　　琅邪左盐 ……………………………………………………… (917)

　　琅□右□ ……………………………………………………… (917)

　　琅邪都水 ……………………………………………………… (918)

　　琅邪水丞 ……………………………………………………… (918)

　　琅邪侯印 ……………………………………………………… (918)

　　琅邪发弩 ……………………………………………………… (919)

琅邪 …………………………………………………………… (919)

　　琅邪县丞 ……………………………………………………… (919)

高阳 …………………………………………………………… (919)

　　高阳丞印 ……………………………………………………… (919)

郏 ……………………………………………………………… (920)

　　郏丞□印 ……………………………………………………… (920)

阳都 …………………………………………………………… (920)

阳都丞印 …………………………………………………（920）
　　阳都□□ ………………………………………………（920）
赣榆 ………………………………………………………（921）
　　赣榆□□ ………………………………………………（921）
丽 …………………………………………………………（921）
　　丽丞之印 ………………………………………………（921）
城阳 ………………………………………………………（921）
　　城阳侯印 ………………………………………………（921）
莒 …………………………………………………………（922）
　　莒丞之印 ………………………………………………（922）
即墨郡 …………………………………………………（922）
　即墨太守 …………………………………………………（922）
　即墨 ………………………………………………………（923）
　　即墨 ……………………………………………………（923）
　　即墨丞印 ………………………………………………（923）
　　　即墨□□ ……………………………………………（924）
　　　即□丞□ ……………………………………………（924）
　黄 …………………………………………………………（924）
　　黄丞之印 ………………………………………………（924）
　腄 …………………………………………………………（925）
　　腄丞之印 ………………………………………………（925）
　高密 ………………………………………………………（925）
　　高密丞印 ………………………………………………（925）
　下密 ………………………………………………………（925）
　　下密丞印 ………………………………………………（925）
　平寿 ………………………………………………………（926）
　　平寿丞印 ………………………………………………（926）
　都昌 ………………………………………………………（926）
　　都昌丞印 ………………………………………………（926）

夜 ……………………………………………………（926）
　夜丞之印 ………………………………………（926）
昌阳 …………………………………………………（927）
　昌阳丞印 ………………………………………（927）
东牟 …………………………………………………（927）
　东牟丞印 ………………………………………（927）
薛郡 ………………………………………………（928）
鲁 ……………………………………………………（928）
　鲁丞之印 ………………………………………（928）
　　鲁丞之□ ……………………………………（929）
薛 ……………………………………………………（929）
　薛丞之印 ………………………………………（929）
汶阳 …………………………………………………（930）
　汶阳丞印 ………………………………………（930）
无盐 …………………………………………………（930）
　无盐丞印 ………………………………………（930）
卞 ……………………………………………………（930）
　卞丞之印 ………………………………………（930）
承 ……………………………………………………（931）
　承印 ……………………………………………（931）
　承丞之印 ………………………………………（931）
蕃 ……………………………………………………（931）
　蕃丞之印 ………………………………………（931）
　　蕃丞之□ ……………………………………（932）
驺 ……………………………………………………（933）
　驺印 ……………………………………………（933）
　驺丞之印 ………………………………………（933）
任城 …………………………………………………（934）
　任城 ……………………………………………（934）

任城丞印 …………………………………………（934）
方舆 ………………………………………………（935）
　方舆丞印 …………………………………………（935）
东海郡 ……………………………………………（935）
　东晦都水 …………………………………………（935）
　东晦司马 …………………………………………（935）
郯 …………………………………………………（936）
　郯丞之印 …………………………………………（936）
下邳 ………………………………………………（936）
　下邳 ………………………………………………（936）
　下邳丞印 …………………………………………（936）
晦陵 ………………………………………………（937）
　晦陵丞印 …………………………………………（937）
兰陵 ………………………………………………（937）
　兰陵丞印 …………………………………………（937）
广陵 ………………………………………………（938）
　广陵丞印 …………………………………………（938）
新东阳 ……………………………………………（938）
　新东阳丞 …………………………………………（938）
游阳 ………………………………………………（938）
　游阳丞印 …………………………………………（938）
堂邑 ………………………………………………（939）
　堂邑丞印 …………………………………………（939）
　　堂邑丞□ …………………………………………（940）
成阳 ………………………………………………（940）
　成阳丞印 …………………………………………（940）
播旌 ………………………………………………（940）
　潘旌 ………………………………………………（940）

泰山郡 …………………………………………………（941）
　泰山司空 ………………………………………………（941）
卢 ………………………………………………………（941）
　卢丞 ……………………………………………………（941）
　卢丞之印 ………………………………………………（941）
　　卢丞□印 ……………………………………………（942）
　　卢□之□ ……………………………………………（942）
河外郡 …………………………………………………（943）
　河外大守 ………………………………………………（943）
　河外府丞 ………………………………………………（943）
　　河外□丞 ……………………………………………（944）
　　河□府丞 ……………………………………………（944）
　河外铁□ ………………………………………………（945）
城阳郡 …………………………………………………（945）
　城□大□ ………………………………………………（945）

第四节　淮汉以南诸郡 ………………………………（945）

南郡 ……………………………………………………（945）
　南郡大守 ………………………………………………（945）
　南郡府丞 ………………………………………………（946）
　　南郡□丞 ……………………………………………（947）
　　南郡□□ ……………………………………………（948）
　南郡司空 ………………………………………………（948）
　南郡池印 ………………………………………………（948）
　南郡池丞 ………………………………………………（948）
江陵 ……………………………………………………（949）
　江陵 ……………………………………………………（949）
　江陵丞印 ………………………………………………（949）
　　江陵□□ ……………………………………………（950）

江□丞□ …………………………………………（950）

　　江陵少內 ………………………………………（950）

竟陵 …………………………………………………（951）

　　竟陵 ……………………………………………（951）

　　竟陵丞印 ………………………………………（951）

鄀 ……………………………………………………（951）

　　鄀印 ……………………………………………（951）

　　　鄀□ …………………………………………（952）

　　鄀丞之印 ………………………………………（952）

　　　鄀丞□印 ……………………………………（953）

　　　鄀丞之□ ……………………………………（954）

　　　鄀丞□□ ……………………………………（954）

　　　鄀□之□ ……………………………………（954）

安陸 …………………………………………………（955）

　　安陸 ……………………………………………（955）

　　安陸丞印 ………………………………………（955）

西陵 …………………………………………………（955）

　　西陵丞印 ………………………………………（955）

枝江 …………………………………………………（956）

　　芝江丞印 ………………………………………（956）

沙羡 …………………………………………………（956）

　　沙羡闟印 ………………………………………（956）

孱陵 …………………………………………………（956）

　　孱陵丞印 ………………………………………（956）

当阳 …………………………………………………（957）

　　当阳丞印 ………………………………………（957）

　　　当阳□印 ……………………………………（957）

　　　当阳□□ ……………………………………（958）

当□丞□ …………………………………………（958）

　　郢□金□ …………………………………………（958）

九江郡 ……………………………………………（958）

　　九江守印 …………………………………………（958）

　　九江侯丞 …………………………………………（959）

　　九江司空 …………………………………………（959）

　寿春 …………………………………………………（959）

　　寿春丞印 …………………………………………（959）

　舒 ……………………………………………………（960）

　　舒丞之印 …………………………………………（960）

　灊 ……………………………………………………（960）

　　灊丞之印 …………………………………………（960）

　　灊□□□ …………………………………………（960）

　历阳 …………………………………………………（961）

　　历阳丞印 …………………………………………（961）

　安丰 …………………………………………………（961）

　　安丰丞印 …………………………………………（961）

　弋阳 …………………………………………………（962）

　　弋阳 ………………………………………………（962）

　蓼 ……………………………………………………（962）

　　蓼丞之印 …………………………………………（962）

　英 ……………………………………………………（962）

　　英丞之印 …………………………………………（962）

庐江郡 ……………………………………………（963）

　新淦 …………………………………………………（963）

　　新淦丞印 …………………………………………（963）

　南昌 …………………………………………………（963）

　　南昌丞印 …………………………………………（963）

衡山郡 …………………………………………（964）
衡山发弩 ……………………………………（964）
衡山马丞 ……………………………………（964）
虏娄 ……………………………………………（964）
虏娄丞印 ……………………………………（964）
鄡 ………………………………………………（965）
鄡丞之印 ……………………………………（965）
会稽郡 …………………………………………（965）
吴 ………………………………………………（965）
吴丞之印 ……………………………………（965）
吴丞□□ …………………………………（966）
吴炊之印 ……………………………………（966）
海盐 ……………………………………………（967）
晦盐 …………………………………………（967）
乌程 ……………………………………………（967）
乌呈之印 ……………………………………（967）
鄣郡 ……………………………………………（967）
菀陵 ……………………………………………（967）
菀陵丞印 ……………………………………（967）
秣陵 ……………………………………………（968）
秣陵之印 ……………………………………（968）
洞庭郡 …………………………………………（968）
□庭□马 ……………………………………（968）
酉阳 ……………………………………………（968）
酉阳丞印 ……………………………………（968）
巫黔中郡 ………………………………………（969）
巫黔中守 ……………………………………（969）
巫黔大府 ……………………………………（969）
巫黔右工 ……………………………………（969）

巫黔□邸 …………………………………………………（970）

第三章 乡·亭·部 …………………………………（971）
第一节 乡 ……………………………………………（971）
安乡 ……………………………………………………（971）
安乡之印 ………………………………………………（972）
安国乡印 ………………………………………………（973）
安平乡印 ………………………………………………（974）
安□乡□ ………………………………………………（976）
拔乡之印 ………………………………………………（976）
白水乡印 ………………………………………………（976）
北乡 ……………………………………………………（977）
长陵乡印 ………………………………………………（978）
朝阳乡印 ………………………………………………（979）
成乡 ……………………………………………………（979）
池乡 ……………………………………………………（980）
池□ ……………………………………………………（981）
定乡 ……………………………………………………（981）
东乡 ……………………………………………………（982）
东间乡印 ………………………………………………（983）
都乡 ……………………………………………………（985）
都乡之印 ………………………………………………（986）
端乡 ……………………………………………………（986）
棼乡 ……………………………………………………（987）
阜乡 ……………………………………………………（987）
高乡 ……………………………………………………（988）
句莫乡印 ………………………………………………（988）
鼓□乡印 ………………………………………………（989）

郜乡 …………………………………………… (989)
广陵乡印 ………………………………………… (990)
广文乡印 ………………………………………… (991)
广乡 ……………………………………………… (992)
郝乡 ……………………………………………… (993)
　　郝□ ………………………………………… (993)
　　郝□□□ …………………………………… (993)
画乡 ……………………………………………… (994)
建乡 ……………………………………………… (994)
建乡之印 ………………………………………… (995)
累丘乡印 ………………………………………… (996)
利居乡印 ………………………………………… (996)
良乡 ……………………………………………… (997)
路乡 ……………………………………………… (997)
勮里乡印 ………………………………………… (998)
眛乡之印 ………………………………………… (998)
南乡 ……………………………………………… (999)
南成乡印 ………………………………………… (1000)
南阳乡印 ………………………………………… (1001)
平乡 ……………………………………………… (1001)
平望乡印 ………………………………………… (1002)
祁乡 ……………………………………………… (1003)
祁乡之印 ………………………………………… (1003)
请乡之印 ………………………………………… (1004)
丘乡 ……………………………………………… (1004)
上东阳乡 ………………………………………… (1004)
尚父乡印 ………………………………………… (1005)
台乡 ……………………………………………… (1005)

武乡	(1006)
西乡	(1007)
西乡之印	(1009)
西昌乡印	(1009)
西平□	(1010)
西平乡印	(1010)
新昌乡印	(1011)
新□乡□	(1011)
新□□□	(1011)
新息乡印	(1012)
信安乡印	(1013)
休乡之印	(1013)
阳夏乡印	(1014)
䣄乡	(1015)
宜春乡印	(1015)
犹乡	(1016)
犹乡之印	(1017)
右乡	(1017)
右乡之印	(1018)
郁狼乡印	(1019)
涢郭乡印	(1019)
涢郭□□	(1020)
臧□乡印	(1020)
昭乡	(1021)
正乡	(1021)
轵乡	(1022)
轵乡之印	(1022)
中乡	(1023)
左乡	(1023)

左乡之印 …………………………………………（1024）
　　　□乡 ………………………………………………（1025）
　　　□乡之印 …………………………………………（1026）
　第二节　亭 ……………………………………………（1026）
　　　亭 …………………………………………………（1026）
　　　邧亭 ………………………………………………（1027）
　第三节　部 ……………………………………………（1027）
　　　都部 ………………………………………………（1027）
　　　獂部 ………………………………………………（1028）
　　　洛部 ………………………………………………（1028）
　　　略部 ………………………………………………（1028）
　　　西部 ………………………………………………（1029）
　　　畦部 ………………………………………………（1029）
　　　邦部 ………………………………………………（1029）
　　　武部 ………………………………………………（1030）
　　　冶部 ………………………………………………（1030）
　　　渠部 ………………………………………………（1030）
　　　沈部 ………………………………………………（1031）
　　　下部畾部 …………………………………………（1031）

下编　未归类未释读及残封泥

第一章　未归类封泥 ……………………………………（1035）
　一　诸玺 ………………………………………………（1035）
　　　玺 …………………………………………………（1035）
　　　请玺 ………………………………………………（1035）
　　　　请□ ……………………………………………（1036）
　　　绶玺 ………………………………………………（1036）
　二　诸印 ………………………………………………（1036）
　　　邦印 ………………………………………………（1036）

府印 …………………………………………………（1037）
　　　　　府□ ………………………………………………（1037）
　　　公印 …………………………………………………（1038）
　　　邰印 …………………………………………………（1038）
　　　茜印 …………………………………………………（1038）
　　　詹印 …………………………………………………（1039）
　　　库印 …………………………………………………（1039）
　　　　　库□ ………………………………………………（1039）
　　　牢印 …………………………………………………（1040）
　　　鄄印 …………………………………………………（1040）
　　　市印 …………………………………………………（1041）
三　诸府 ……………………………………………………（1041）
　　　大府 …………………………………………………（1041）
　　　　大府丞印 …………………………………………（1041）
　　　　大府金印 …………………………………………（1042）
　　　　大府□□ …………………………………………（1042）
　　　　大府□丞 …………………………………………（1043）
　　　　大府□府 …………………………………………（1043）
　　　斡□府印 ……………………………………………（1043）
　　　南室府丞 ……………………………………………（1044）
　　　帑府 …………………………………………………（1044）
　　　器府 …………………………………………………（1044）
　　　泉府 …………………………………………………（1045）
　　　山府 …………………………………………………（1045）
　　　市府 …………………………………………………（1045）
　　　遂官府印 ……………………………………………（1046）
　　　廷府 …………………………………………………（1046）
　　　　廷□ ………………………………………………（1047）

94 目　录

　　　徒府 ·· （1047）
　　　小府 ·· （1047）
　　　　小□ ··· （1048）
　　　　冶府 ··· （1048）
四　特库 ·· （1049）
　　　特库之印 ··· （1049）
　　　　特□之□ ·· （1049）
　　　特库丞印 ··· （1050）
　　　　特库丞□ ·· （1051）
　　　　特库□印 ·· （1051）
　　　　特□丞印 ·· （1051）
　　　　特库□□ ·· （1052）
　　　　特□丞□ ·· （1052）
　　　　特□□□ ·· （1053）
五　官臣 ·· （1053）
　　　官臣之印 ··· （1053）
　　　官臣丞印 ··· （1054）
　　　　官臣□印 ·· （1055）
　　　　官□丞印 ·· （1055）
　　　　□臣丞印 ·· （1055）
　　　　□臣□印 ·· （1056）
六　都共 ·· （1056）
　　　都共 ·· （1056）
　　　都共丞印 ··· （1056）
七　发弩 ·· （1057）
　　　发弩 ·· （1057）
　　　发弩之印 ··· （1058）
　　　　□弩之印 ·· （1058）
　　　　发弩□□ ·· （1058）

八 募人	(1059)
募□	(1059)
□人	(1059)
募人丞印	(1059)
募人□□	(1060)
□人丞印	(1061)
募□丞□	(1061)
□人□□	(1061)
募人府印	(1062)
九 桃枳	(1062)
桃枳丞印	(1062)
桃枳丞□	(1063)
桃□之□	(1063)
十 容趋	(1063)
容趋	(1063)
容□	(1064)
□趋	(1064)
容趋丞印	(1065)
容□丞印	(1065)
十一 走翟	(1066)
走翟	(1066)
□翟	(1066)
走翟丞印	(1066)
走翟丞□	(1068)
走翟□□	(1068)
走□丞□	(1068)
□翟□印	(1069)
十二 少卒	(1069)
少卒	(1069)

少卒丞印 …………………………………………………（1069）
　　　　　□卒□印 ………………………………………………（1070）
　十三　是唯公 ………………………………………………………（1070）
　　　是唯公印 …………………………………………………（1070）
　　　　　是唯□□ ……………………………………………（1070）
　　　　　是□公□ ……………………………………………（1071）
　　　　　□唯□印 ……………………………………………（1071）
　　　　　□□公印 ……………………………………………（1071）
　　　　　□唯□□ ……………………………………………（1072）
　十四　隍 ……………………………………………………………（1072）
　　　隍采金印 …………………………………………………（1072）
　　　隍采金丞 …………………………………………………（1072）
　　　　　隍□采□ ……………………………………………（1073）
　　　　　□□金丞 ……………………………………………（1073）
　十五　长竿 …………………………………………………………（1074）
　　　長竿金丞 …………………………………………………（1074）
　　　長竿左金丞 ………………………………………………（1074）
　十六　阳郑 …………………………………………………………（1075）
　　　阳郑 ………………………………………………………（1075）
　　　阳郑丞印 …………………………………………………（1075）
　十七　魏文 …………………………………………………………（1076）
　　　魏文之印 …………………………………………………（1076）
　　　魏文建邑 …………………………………………………（1076）
　十八　其它 …………………………………………………………（1076）
　　　大王 ………………………………………………………（1076）
　　　蒲曲 ………………………………………………………（1077）
　　　圻王 ………………………………………………………（1077）
　　　熏貝 ………………………………………………………（1077）
　　　高浴 ………………………………………………………（1079）

大陆……………………………………………（1079）
大师……………………………………………（1079）
奄印……………………………………………（1079）
意工……………………………………………（1079）
水□……………………………………………（1079）
□共……………………………………………（1079）
当密丞印………………………………………（1080）
瞿马丞印………………………………………（1080）
隄官丞印………………………………………（1080）
　　隄官□印…………………………………（1081）
都诏□□………………………………………（1081）
都竹丞印………………………………………（1081）
工居帷印………………………………………（1082）
谷寇丞印………………………………………（1082）
卢丘丞印………………………………………（1082）
洛丞之印………………………………………（1083）
女贲丞印………………………………………（1083）
　　□贲丞印…………………………………（1084）
　　□贲□印…………………………………（1085）
棶阴之印………………………………………（1085）
棶□□□………………………………………（1085）
秋城之印………………………………………（1086）
三泉之印………………………………………（1086）
寺将行印………………………………………（1086）
寺御丞印………………………………………（1086）
土旬丞印………………………………………（1087）
徒泾□印………………………………………（1087）
杨下著若………………………………………（1087）
新翚丞印………………………………………（1088）

|新|右尉印 …………………………………………………（1088）

者水丞印 ……………………………………………………（1088）

第二章　未释读封泥 ……………………………………（1089）

□□ ……………………………………………………………（1089）

□部 ……………………………………………………………（1089）

□阳 ……………………………………………………………（1090）

东□ ……………………………………………………………（1090）

阳□ ……………………………………………………………（1090）

□□□府 ………………………………………………………（1091）

□宫□印 ………………………………………………………（1091）

□南□丞 ………………………………………………………（1091）

□水□丞 ………………………………………………………（1092）

□阳□丞 ………………………………………………………（1092）

□阳□印 ………………………………………………………（1092）

□夷□印 ………………………………………………………（1093）

□司空□ ………………………………………………………（1093）

□□丞印 ………………………………………………………（1093）

□□宫印 ………………………………………………………（1094）

□□居室 ………………………………………………………（1094）

□□郡印 ………………………………………………………（1094）

□□之印 ………………………………………………………（1095）

甘□丞印 ………………………………………………………（1095）

|临|□丞印 ……………………………………………………（1095）

女□丞印 ………………………………………………………（1096）

寺□丞印 ………………………………………………………（1096）

西□之印 ………………………………………………………（1096）

新□丞印 ………………………………………………………（1097）

阴□宫印	(1097)
□白水乡	(1097)
□成丞印	(1098)
□丞之印	(1098)
□池弄印	(1098)
□道丞印	(1099)
□父乡印	(1099)
□宫之印	(1099)
□汉丞印	(1100)
□厩丞印	(1100)
□弄之印	(1100)
□泉丞印	(1101)
□武丞印	(1101)
□阳丞印	(1101)
□左尉印	(1102)
□□□□	(1102)

第三章 残封泥 (1103)
一 大泰类 (1103)

大□	(1103)
大□□	(1104)
大□邦□	(1104)
大□丞	(1105)
大□丞印	(1106)
大□府丞	(1106)
□大□印	(1106)
泰□	(1107)
泰□□	(1107)
泰□丞□	(1107)

　　　　泰□丞印 …………………………………………（1108）
　二　阴阳高下类 ……………………………………………（1108）
　　　　□阴□印 …………………………………………（1108）
　　　　阴□丞印 …………………………………………（1109）
　　　　阳□ ………………………………………………（1109）
　　　　阳□□□ …………………………………………（1109）
　　　　□阳 ………………………………………………（1110）
　　　　□阳□□ …………………………………………（1110）
　　　　□□阳□ …………………………………………（1110）
　　　　□阳□印 …………………………………………（1111）
　　　　□阳□丞 …………………………………………（1111）
　　　　□阳□守 …………………………………………（1112）
　　　　□阳□仓 …………………………………………（1112）
　　　　□阳丞印 …………………………………………（1112）
　　　　高□ ………………………………………………（1113）
　　　　高□□□ …………………………………………（1114）
　　　　高□丞□ …………………………………………（1114）
　　　　高□丞印 …………………………………………（1114）
　　　　下□□□ …………………………………………（1115）
　　　　下□丞 ……………………………………………（1115）
　三　左右类 …………………………………………………（1115）
　　　　左□□□ …………………………………………（1115）
　　　　□左□□ …………………………………………（1116）
　　　　□□左印 …………………………………………（1116）
　　　　左□丞□ …………………………………………（1116）
　　　　□左□印 …………………………………………（1117）
　　　　□□左印 …………………………………………（1117）
　　　　右□□□ …………………………………………（1118）
　　　　□□右□ …………………………………………（1118）

	右□丞□	(1118)
	□右□印	(1119)
	□右□丞	(1119)
	右□丞印	(1120)
四	东西南北中类	(1120)
	东□	(1120)
	东□□	(1120)
	东□丞□	(1121)
	西□	(1121)
	西□□	(1121)
	西□丞□	(1122)
	西□丞印	(1122)
	南□	(1122)
	南□□	(1123)
	南□丞□	(1123)
	□南□印	(1124)
	□南丞印	(1124)
	北□□	(1124)
	北□司□	(1125)
	北□丞印	(1125)
	□□北□	(1125)
	中□	(1126)
	中□□	(1126)
	中□之□	(1126)
	中□丞□	(1127)
	中□府□	(1127)
	中□丞印	(1128)
	□中□□	(1129)

　　　　□□中□ …………………………………………………（1129）
五　宫室园苑台禁池类 ……………………………………（1129）
　　　　宫□□□ …………………………………………………（1129）
　　　　宫□丞□ …………………………………………………（1130）
　　　　宫□丞印 …………………………………………………（1130）
　　　　行宫□□ …………………………………………………（1130）
　　　　□宫内□ …………………………………………………（1131）
　　　　□宫□印 …………………………………………………（1131）
　　　　□宫□丞 …………………………………………………（1131）
　　　　千□宫□ …………………………………………………（1132）
　　　　章□宫□ …………………………………………………（1132）
　　　　□□□室 …………………………………………………（1132）
　　　　□室□印 …………………………………………………（1133）
　　　　阴室丞□ …………………………………………………（1133）
　　　　□室之印 …………………………………………………（1133）
　　　　□室丞印 …………………………………………………（1134）
　　　　□□室丞 …………………………………………………（1134）
　　　　□□居室 …………………………………………………（1134）
　　　　□画之室 …………………………………………………（1135）
　　　　□园 ………………………………………………………（1135）
　　　　□园□印 …………………………………………………（1135）
　　　　□园之印 …………………………………………………（1136）
　　　　□阿园印 …………………………………………………（1136）
　　　　□□□园 …………………………………………………（1136）
　　　　上□苑□ …………………………………………………（1137）
　　　　□苑 ………………………………………………………（1137）
　　　　□苑□□ …………………………………………………（1137）
　　　　□苑□帗 …………………………………………………（1137）
　　　　□苑之印 …………………………………………………（1138）

□苑丞印	(1138)
□阳苑印	(1138)
□阳苑丞	(1139)
□□苑□	(1139)
□□苑丞	(1139)
□□苑印	(1140)
□□之苑	(1140)
□□南苑	(1140)
□台	(1141)
□台□□	(1141)
□台□印	(1141)
□台之印	(1142)
□台丞印	(1142)
□□禁□	(1142)
□卢禁□	(1143)
□□禁丞	(1143)
池□□□	(1143)
□池□□	(1143)
□池□印	(1144)
□□池印	(1144)
□园池印	(1144)
□池之印	(1145)
□圈	(1145)

六 寺御般羞谒类 (1145)

寺□□□	(1145)
寺□之□	(1146)
寺□丞□	(1146)
寺□丞印	(1147)
御□	(1147)

御□□□ …………………………………………………（1148）
御□丞□ …………………………………………………（1148）
御□丞印 …………………………………………………（1149）
御□之印 …………………………………………………（1149）
□御□□ …………………………………………………（1150）
□御□印 …………………………………………………（1150）
□□食般 …………………………………………………（1150）
□□右般 …………………………………………………（1151）
□羞□印 …………………………………………………（1151）
□羞丞印 …………………………………………………（1151）
从□谒□ …………………………………………………（1152）
□谒□府 …………………………………………………（1152）
□秋□谒 …………………………………………………（1152）
□□蘩谒 …………………………………………………（1153）
□□□谒 …………………………………………………（1153）

七　厩马车类 ……………………………………………（1153）

厩□□□ …………………………………………………（1153）
厩□司□ …………………………………………………（1154）
厩□丞□ …………………………………………………（1154）
厩□丞印 …………………………………………………（1155）
□厩 ………………………………………………………（1155）
□厩□□ …………………………………………………（1156）
□厩□印 …………………………………………………（1156）
□室□厩 …………………………………………………（1157）
□究□厩 …………………………………………………（1157）
□厩丞印 …………………………………………………（1157）
□□右厩 …………………………………………………（1158）
□□司马 …………………………………………………（1158）
□马丞印 …………………………………………………（1159）

□□马丞	……………………………………	(1159)
□□马□	……………………………………	(1159)
□□马印	……………………………………	(1160)
车□	………………………………………………	(1160)
□车□丞	……………………………………	(1160)
□□车官	……………………………………	(1161)
□车丞印	……………………………………	(1161)

八 府库槀廥仓类 …………………………………… (1161)

□府	…………………………………………………	(1161)
□府□□	……………………………………	(1161)
□府□府	……………………………………	(1162)
□府□印	……………………………………	(1162)
□府□丞	……………………………………	(1163)
□府之印	……………………………………	(1164)
□府丞印	……………………………………	(1164)
□□府□	……………………………………	(1165)
□□府丞	……………………………………	(1165)
左库□□	……………………………………	(1165)
□库□印	……………………………………	(1166)
槀□□	………………………………………………	(1166)
□廥□	………………………………………………	(1166)
□仓□□	……………………………………	(1167)
□仓□印	……………………………………	(1167)
□山仓印	……………………………………	(1167)
□□□仓	……………………………………	(1168)

九 共官宦司空工类 ………………………………… (1168)

□共丞印	……………………………………	(1168)
□□共□	……………………………………	(1168)

□□共印	(1169)
□官	(1169)
□官□	(1169)
□官□印	(1170)
□官丞印	(1170)
□□□官	(1171)
□司□	(1171)
□司□印	(1171)
□司□丞	(1172)
□司空玺	(1172)
□司空丞	(1173)
□右司空	(1173)
□□司空	(1173)
□空□□	(1174)
□空□内	(1174)
□□空□	(1174)
□□空印	(1175)
□□空丞	(1175)
□□宦□	(1175)
□□宦丞	(1176)
都□	(1176)
都□司□	(1176)
□工□□	(1177)
□□工	(1177)
□□工丞	(1177)
十 玺印丞类	(1178)
□玺	(1178)
□□□玺	(1178)
□□之玺	(1179)

□□丞玺	(1179)
□□嬰玺	(1179)
□印	(1180)
□□□印	(1180)
□之□印	(1181)
□□之印	(1182)
□丞□□	(1182)
□丞□印	(1183)
□丞之印	(1184)
□□丞□	(1184)
□□丞印	(1185)
□□之丞	(1187)
□□□丞	(1187)

十一　郡守尉类 ……………………………………… (1188)
　　□郡□□ ……………………………………… (1188)
　　□郡□空 ……………………………………… (1188)
　　□□郡□ ……………………………………… (1188)
　　□□守印 ……………………………………… (1189)
　　□□□守 ……………………………………… (1189)
　　□□大守 ……………………………………… (1189)
　　□□之守 ……………………………………… (1190)
　　□尉□□ ……………………………………… (1190)
　　□尉□印 ……………………………………… (1190)
　　□尉之印 ……………………………………… (1191)
　　□□尉印 ……………………………………… (1191)

十二　邑道都家亭陵部类 ……………………………… (1191)
　　□邑□□ ……………………………………… (1191)
　　□邑丞印 ……………………………………… (1192)
　　□道 …………………………………………… (1192)

108 目　录

　　□道□印 …………………………………………………（1192）
　　□□道印 …………………………………………………（1193）
　　都□丞印 …………………………………………………（1193）
　　右都□□ …………………………………………………（1193）
　　□都□□ …………………………………………………（1194）
　　□都□印 …………………………………………………（1194）
　　□都丞印 …………………………………………………（1194）
　　□□都□ …………………………………………………（1195）
　　□家□□ …………………………………………………（1195）
　　□□家□ …………………………………………………（1195）
　　□亭 ………………………………………………………（1196）
　　□□亭□ …………………………………………………（1196）
　　□□亭印 …………………………………………………（1196）
　　□□亭丞 …………………………………………………（1196）
　　□陵□□ …………………………………………………（1197）
　　□陵□印 …………………………………………………（1197）
　　□陵□尉 …………………………………………………（1198）
　　□陵丞印 …………………………………………………（1198）
　　□部 ………………………………………………………（1198）

十三　其它 ……………………………………………………（1199）
　　故□ ………………………………………………………（1199）
　　临□ ………………………………………………………（1199）
　　灵□ ………………………………………………………（1199）
　　女□ ………………………………………………………（1200）
　　曲□ ………………………………………………………（1200）
　　山□ ………………………………………………………（1200）
　　锡□ ………………………………………………………（1201）
　　新□ ………………………………………………………（1201）
　　少□ ………………………………………………………（1201）

□□	(1202)
□库	(1202)
□弩	(1203)
□王	(1203)
□隐	(1203)
□原	(1204)
□师	(1204)
□氏	(1204)
□乐	(1205)
□者	(1205)
安□□	(1205)
定□□	(1206)
杜□□	(1206)
阝□□	(1206)
观□□	(1206)
合□□	(1207)
晦□□	(1207)
卢□□	(1207)
鹿□□	(1207)
平□□	(1208)
上□□	(1208)
土□□	(1208)
阳□□印	(1208)
垣□□□	(1209)
□安□□	(1209)
□博□□	(1209)
□城□□	(1210)
□后□□	(1210)

110 目　录

□内□□ ……………………………………………………（1210）
□弩□□ ……………………………………………………（1211）
□其□□ ……………………………………………………（1211）
□泉□□ ……………………………………………………（1211）
□少□□ ……………………………………………………（1212）
□尚□□ ……………………………………………………（1212）
□寿□□ ……………………………………………………（1212）
□桃□□ ……………………………………………………（1213）
□田□□ ……………………………………………………（1213）
□武□□ ……………………………………………………（1213）
□宰□□ ……………………………………………………（1213）
□者□□ ……………………………………………………（1213）
□周□□ ……………………………………………………（1214）
□□马□ ……………………………………………………（1214）
□□武□ ……………………………………………………（1214）
□□相□ ……………………………………………………（1214）
□□奋□ ……………………………………………………（1215）
□□之□ ……………………………………………………（1215）
□□□侯 ……………………………………………………（1215）
□□□金 ……………………………………………………（1216）
□□□祀 ……………………………………………………（1216）
□□□田 ……………………………………………………（1216）
□□□衣 ……………………………………………………（1216）
□□□者 ……………………………………………………（1217）
白水□□ ……………………………………………………（1217）
信武□□ ……………………………………………………（1217）
武功□□ ……………………………………………………（1218）
中夫□□ ……………………………………………………（1218）

左褐□□ ………………………………………………（1218）

左褐□印 ………………………………………………（1218）

安□丞□ ………………………………………………（1218）

安□之□ ………………………………………………（1219）

杜□司□ ………………………………………………（1219）

杜□丞□ ………………………………………………（1220）

归□之□ ………………………………………………（1220）

淮□丞□ ………………………………………………（1220）

晦□丞□ ………………………………………………（1221）

临□丞□ ………………………………………………（1221）

平□丞□ ………………………………………………（1221）

平□左□ ………………………………………………（1222）

蒲□丞□ ………………………………………………（1222）

杞□之□ ………………………………………………（1222）

女□丞□ ………………………………………………（1223）

首□信□ ………………………………………………（1223）

文□丞□ ………………………………………………（1223）

陭□丞□ ………………………………………………（1223）

颖□丞□ ………………………………………………（1224）

雗□之□ ………………………………………………（1224）

□安□印 ………………………………………………（1224）

□蔡□印 ………………………………………………（1225）

□成□印 ………………………………………………（1225）

□郱□印 ………………………………………………（1225）

□会□印 ………………………………………………（1226）

□胡□盐 ………………………………………………（1226）

□内□印 ………………………………………………（1226）

112 目 录

□内□丞 …………………………………………（1227）

□奴□印 …………………………………………（1227）

□山□印 …………………………………………（1227）

□山□丞 …………………………………………（1227）

□寿□印 …………………………………………（1228）

□田□印 …………………………………………（1228）

□土□印 …………………………………………（1228）

□武□印 …………………………………………（1228）

□阳□马 …………………………………………（1228）

□鉛□印 …………………………………………（1229）

□□金印 …………………………………………（1229）

□□郎丞 …………………………………………（1229）

□□陵印 …………………………………………（1230）

□□马丞 …………………………………………（1230）

□□桃支 …………………………………………（1230）

□□桃丞 …………………………………………（1230）

□□铁丞 …………………………………………（1230）

□□帷印 …………………………………………（1231）

□□左田 …………………………………………（1231）

□□州印 …………………………………………（1231）

甘泉□印 …………………………………………（1232）

衣常□印 …………………………………………（1232）

河□丞印 …………………………………………（1232）

合□丞印 …………………………………………（1233）

济□丞印 …………………………………………（1233）

领□丞印 …………………………………………（1233）

陆□丞印 …………………………………………（1233）

女□丞印 …………………………………………（1234）

平□丞印 ……………………………………………… (1234)

千□丞印 ……………………………………………… (1234)

武□丞印 ……………………………………………… (1234)

新□平丞 ……………………………………………… (1234)

新邑丞印 ……………………………………………… (1235)

信武丞印 ……………………………………………… (1235)

汪府工室 ……………………………………………… (1235)

□安丞印 ……………………………………………… (1235)

□成丞印 ……………………………………………… (1235)

□氏丞印 ……………………………………………… (1236)

□中材詹 ……………………………………………… (1236)

□□□□ ……………………………………………… (1237)

第四章　特殊封泥 …………………………………… (1238)

无字封泥 ……………………………………………… (1238)

特殊封泥 ……………………………………………… (1238)

附编　私名·吉语

第一章　私名 ………………………………………… (1241)

第一节　单字 ………………………………………… (1241)

昌 …………………………………………………… (1241)

敞 …………………………………………………… (1241)

鼌 …………………………………………………… (1242)

乘 …………………………………………………… (1242)

淳 …………………………………………………… (1242)

楚 …………………………………………………… (1243)

赐 …………………………………………………… (1243)

达 …………………………………………………… (1243)

儋 …………………………………………………… (1244)

但 …………………………………………………… (1244)

得 …………………………………………………… (1244)

奠 …………………………………………………… (1245)

定 …………………………………………………… (1245)

福 …………………………………………………… (1245)

龚 …………………………………………………… (1246)

沽 …………………………………………………… (1246)

玄 …………………………………………………… (1246)

禾 …………………………………………………… (1247)

和 …………………………………………………… (1247)

劾 …………………………………………………… (1247)

贺 …………………………………………………… (1248)

华 …………………………………………………… (1248)

缓 …………………………………………………… (1248)

蟜 …………………………………………………… (1249)

嘉 …………………………………………………… (1249)

举 …………………………………………………… (1249)

具 …………………………………………………… (1250)

牢 …………………………………………………… (1250)

吝 …………………………………………………… (1250)

买 …………………………………………………… (1251)

麦 …………………………………………………… (1251)

貌 …………………………………………………… (1251)

美 …………………………………………………… (1252)

恧 …………………………………………………… (1252)

俛 …………………………………………………… (1252)

起 …………………………………………………… (1253)

强 …………………………………………………… (1253)

庆 …………………………………………………… (1253)

容	(1254)
荣	(1254)
善	(1254)
胜	(1254)
湿	(1255)
施	(1255)
始	(1255)
氏	(1256)
奭	(1256)
水	(1256)
顺	(1257)
籧	(1257)
孙	(1257)
郯	(1258)
同	(1258)
佗	(1258)
娲	(1259)
为	(1259)
午	(1259)
衍	(1260)
掩	(1260)
偃	(1260)
杨	(1261)
义	(1261)
绎	(1261)
婴	(1262)
于	(1262)
元	(1262)
狀	(1263)

祥··(1263)

臧··(1263)

䭈··(1264)

志··(1264)

章··(1264)

䲧··(1265)

駞··(1265)

俥··(1265)

庳··(1266)

未释··(1266)

第二节　二字··(1267)

□昌··(1267)

□福··(1267)

□更··(1267)

□闲··(1268)

□建··(1268)

□金··(1268)

□苦··(1269)

□閒··(1269)

□能··(1269)

□青··(1270)

□戎··(1270)

□宋··(1270)

□索··(1271)

□外··(1271)

□顽··(1271)

□喜··(1272)

□玺··(1272)

□信··(1272)

□言	(1273)
□应	(1273)
□悥	(1273)
□韽	(1274)
□章	(1274)
和众	(1274)
安宏	(1275)
安□	(1275)
鲍贤	(1275)
不疑	(1276)
弁胡	(1276)
弁疾	(1276)
博金	(1277)
蔡即	(1277)
蔡□	(1278)
曹扄	(1278)
曹取	(1278)
曹顺	(1279)
曹钟	(1279)
鼌□	(1279)
党禄	(1280)
陈瘳	(1280)
陈笃	(1280)
陈龙	(1281)
陈舍	(1281)
陈延	(1281)
陈亦	(1282)
陈赢	(1282)

陈□ …………………………………………（1282）

臣陵 …………………………………………（1283）

臣说 …………………………………………（1283）

臣鋋 …………………………………………（1283）

臣达 …………………………………………（1284）

臣周 …………………………………………（1284）

臣□ …………………………………………（1284）

成阑 …………………………………………（1285）

成乐 …………………………………………（1285）

褚愔 …………………………………………（1285）

处路 …………………………………………（1286）

刍状 …………………………………………（1286）

戴□ …………………………………………（1286）

步婴 …………………………………………（1287）

儋玺 …………………………………………（1287）

杜仆 …………………………………………（1287）

杜尚 …………………………………………（1288）

杜常 …………………………………………（1288）

杜□ …………………………………………（1288）

丁鞀 …………………………………………（1289）

段庆 …………………………………………（1289）

董度 …………………………………………（1289）

董应 …………………………………………（1290）

董□ …………………………………………（1290）

当武 …………………………………………（1290）

范福 …………………………………………（1291）

范整 …………………………………………（1291）

房肩 …………………………………………（1291）

逢友 …………………………………………（1292）

凤演	(1292)
夫□	(1292)
弟洛	(1293)
干□	(1293)
高贺	(1293)
高偎	(1294)
高期	(1294)
高骀	(1294)
官□	(1295)
筦羁	(1295)
谷志	(1295)
郭常	(1296)
郭华	(1296)
郭耤	(1296)
郭武	(1297)
郭延	(1297)
龚到	(1298)
罕印	(1298)
韩竞	(1298)
韩商	(1299)
韩喜	(1299)
韩泽	(1299)
郝□	(1300)
恒毫	(1300)
黑印	(1300)
胡得	(1301)
胡定	(1301)
胡良	(1301)

胡壮……………………………………………………（1302）
胡□……………………………………………………（1302）
华布……………………………………………………（1302）
桓段……………………………………………………（1303）
皇唯……………………………………………………（1306）
黄完……………………………………………………（1306）
纪□……………………………………………………（1306）
假□……………………………………………………（1307）
贾得……………………………………………………（1307）
即则……………………………………………………（1307）
兼玺……………………………………………………（1308）
景桓……………………………………………………（1308）
景□……………………………………………………（1308）
靳禄……………………………………………………（1309）
靳廱……………………………………………………（1309）
靳□……………………………………………………（1309）
敬事……………………………………………………（1310）
樛武……………………………………………………（1310）
蓉朝……………………………………………………（1310）
隽应……………………………………………………（1311）
康印……………………………………………………（1311）
孔解……………………………………………………（1311）
孔何……………………………………………………（1312）
孔长……………………………………………………（1312）
困固……………………………………………………（1312）
李淳……………………………………………………（1313）
李欧……………………………………………………（1313）
李强……………………………………………………（1313）
李慎……………………………………………………（1314）

李武	(1314)
李贤	(1314)
李䶂	(1315)
李遬	(1315)
李直	(1315)
李□	(1316)
斄印	(1316)
梁印	(1316)
犛信	(1317)
卢召	(1317)
卢孔	(1317)
女蜀	(1318)
吕乘	(1318)
吕雠	(1318)
吕贺	(1319)
吕陇	(1319)
吕系	(1319)
缕嘉	(1320)
骆忌	(1320)
骆斄	(1320)
马敞	(1321)
马迁	(1321)
麋说	(1321)
孟尹	(1322)
聂华	(1322)
聂解	(1322)
聂婴	(1323)
庞应	(1323)
弃疾	(1323)

觟印	(1324)
顷贺	(1324)
任夫	(1324)
任猗	(1325)
任上	(1325)
任寿	(1325)
任䣫	(1326)
任贤	(1326)
任阳	(1326)
任寅	(1327)
任頵	(1327)
任□	(1327)
戎儋	(1328)
荣免	(1328)
荣系	(1328)
乳玺	(1329)
茹起	(1329)
茹□	(1329)
孺□	(1330)
谭蒚	(1330)
谭□	(1330)
唐建	(1331)
唐卿	(1331)
匋□	(1331)
桃弘	(1332)
田达	(1332)
田固	(1332)
田詹	(1333)
田友	(1333)

田步	(1333)
田缠	(1334)
田□	(1334)
商光	(1334)
私印	(1335)
史德	(1335)
宋长	(1335)
宋贺	(1336)
宋禄	(1336)
宋鼍	(1336)
属王	(1337)
苏则	(1337)
苏段	(1337)
茜盍	(1338)
茜赵	(1339)
孙平	(1339)
荼豸	(1339)
万鼍	(1340)
王邦	(1340)
王齿	(1340)
王畸	(1341)
王解	(1341)
王康	(1341)
王宽	(1342)
王狼	(1342)
王猛	(1342)
王启	(1343)
王绶	(1343)
王滕	(1343)

王童	（1344）
王文	（1344）
王悥	（1344）
王奋	（1345）
王冈	（1345）
王和	（1346）
王贺	（1346）
王桓	（1346）
王意	（1347）
王忠	（1347）
王章	（1347）
王未	（1348）
王忌	（1348）
王般	（1348）
王闻	（1349）
王简	（1349）
王殷	（1349）
王放	（1350）
王□	（1350）
未印	（1350）
卫多	（1351）
魏登	（1351）
魏䍃	（1351）
魏宪	（1352）
吴耳	（1352）
吴忌	（1352）
吴饶	（1353）
吴㝡	（1353）
吴应	（1353）

吴耑	（1354）
吴眉	（1354）
吴齐	（1354）
吴□	（1355）
郚玺	（1355）
无卢	（1355）
夏阿	（1356）
夏泽	（1356）
乡龁	（1357）
新雁	（1357）
邢庆	（1357）
胥赤	（1358）
徐达	（1358）
徐度	（1358）
徐吉	（1359）
徐同	（1359）
徐福	（1359）
徐贺	（1360）
许嘉	（1360）
许□	（1360）
宣眛	（1361）
薛赫	（1361）
薛鼻	（1361）
薛强	（1362）
薛童	（1362）
薛□	（1362）
杨敞	（1363）
杨姞	（1363）
杨闲	（1363）

杨龙……………………………………………（1364）

杨路……………………………………………（1364）

杨庆……………………………………………（1364）

杨第……………………………………………（1365）

杨亭……………………………………………（1365）

杨诉……………………………………………（1365）

杨修……………………………………………（1366）

杨抉……………………………………………（1366）

杨义……………………………………………（1366）

杨爰……………………………………………（1367）

杨□……………………………………………（1367）

姚登……………………………………………（1367）

姚认……………………………………………（1368）

姚厌……………………………………………（1368）

姚者……………………………………………（1368）

姚□……………………………………………（1369）

辕雠……………………………………………（1369）

元亥……………………………………………（1369）

垣同……………………………………………（1370）

原印……………………………………………（1370）

原者……………………………………………（1370）

子涅……………………………………………（1371）

宰穀……………………………………………（1371）

张颂……………………………………………（1371）

张它……………………………………………（1372）

张意……………………………………………（1372）

张□……………………………………………（1372）

中□……………………………………………（1373）

赵缠……………………………………………（1373）

赵鼍	(1374)
赵趂	(1374)
赵得	(1374)
赵固	(1375)
赵康	(1375)
赵良	(1375)
赵声	(1376)
赵土	(1376)
赵为	(1377)
赵言	(1377)
赵洋	(1377)
赵茵	(1378)
赵转	(1378)
赵□	(1378)
赵免	(1379)
赵伤	(1379)
邹诚	(1379)
郑宪	(1380)
中嘉	(1380)
钟水	(1380)
钟意	(1381)
周滕	(1381)
周系	(1381)
朱婴	(1382)
朱□	(1382)
祝□	(1382)
庄瘳	(1383)
庄欣	(1383)
浧耳	(1383)

128 目　录

　　馘□ …………………………………………………（1384）
　　未释 …………………………………………………（1384）
第三节　三字 ……………………………………………（1385）
　　□苦思 ………………………………………………（1385）
　　曹戎客 ………………………………………………（1385）
　　曹子□ ………………………………………………（1386）
　　陈三乡 ………………………………………………（1386）
　　察吴人 ………………………………………………（1386）
　　淳于段 ………………………………………………（1387）
　　淳于贾 ………………………………………………（1387）
　　淳于宽 ………………………………………………（1387）
　　淳于顺 ………………………………………………（1388）
　　淳于得 ………………………………………………（1388）
　　段东士 ………………………………………………（1388）
　　高堂与 ………………………………………………（1389）
　　公上登 ………………………………………………（1389）
　　公上□ ………………………………………………（1389）
　　公孙忌 ………………………………………………（1390）
　　公孙贾 ………………………………………………（1390）
　　公孙聚 ………………………………………………（1390）
　　公孙青 ………………………………………………（1391）
　　公孙取 ………………………………………………（1391）
　　公孙随 ………………………………………………（1391）
　　公孙射 ………………………………………………（1392）
　　公孙拓 ………………………………………………（1392）
　　公孙乡 ………………………………………………（1392）
　　公孙□ ………………………………………………（1393）
　　公孙適 ………………………………………………（1393）
　　公孙调 ………………………………………………（1393）

公孙□…………………………………………（1394）

谷梁买…………………………………………（1394）

宋益友…………………………………………（1394）

苏丞相…………………………………………（1395）

郭臧□…………………………………………（1395）

衡成安…………………………………………（1395）

桓安之…………………………………………（1396）

胡庆忌…………………………………………（1396）

胡多石…………………………………………（1396）

救安成…………………………………………（1397）

间丘逹…………………………………………（1397）

间丘何…………………………………………（1398）

间便平…………………………………………（1398）

茅革戎…………………………………………（1398）

孟□里…………………………………………（1399）

沐生友…………………………………………（1399）

沐生觞…………………………………………（1399）

上官擎…………………………………………（1400）

桑丘别…………………………………………（1401）

蓬丘元…………………………………………（1401）

曲官榖…………………………………………（1401）

任昌秦…………………………………………（1402）

任何人…………………………………………（1402）

司马歇…………………………………………（1402）

司马武…………………………………………（1403）

司马央…………………………………………（1404）

司马宽…………………………………………（1404）

司马□…………………………………………（1405）

万心奇……………………………………………（1405）
　　王文行……………………………………………（1405）
　　王□□……………………………………………（1406）
　　魏君□……………………………………………（1406）
　　魏中□……………………………………………（1406）
　　夏侯疾……………………………………………（1407）
　　宪丘系……………………………………………（1407）
　　姚司马……………………………………………（1407）
　　右司工……………………………………………（1408）
　　展仁印……………………………………………（1408）
　　张□时……………………………………………（1408）
　　中山达……………………………………………（1409）
　　中山忌……………………………………………（1409）
　　□□□……………………………………………（1409）
第四节　四字………………………………………（1410）
　　淳于频□…………………………………………（1410）
　　淳于□印…………………………………………（1410）
　　公孙平安…………………………………………（1410）
　　孔□堂里…………………………………………（1411）
　　司马木臣…………………………………………（1411）
　　王魁私印…………………………………………（1411）
　　绩虚庆忌…………………………………………（1412）
　　士信之印…………………………………………（1412）

第二章　吉语…………………………………………（1413）
　　思言敬事…………………………………………（1413）
　　王之上士…………………………………………（1413）
　　相□得志…………………………………………（1414）

曰敬毋治 …………………………………（1414）
　　忠仁思士 …………………………………（1414）
　　□□之仁 …………………………………（1415）

附录 ……………………………………………（1416）
　　齐中尉印 …………………………………（1416）
　　齐左尉印 …………………………………（1416）
　　齐□尉印 …………………………………（1417）
　　菑川丞相 …………………………………（1417）
　　菑川府丞 …………………………………（1417）
　　临淄亭侯 …………………………………（1418）
　　邻乡侯印 …………………………………（1418）
　　延乡侯□ …………………………………（1418）

后记 ……………………………………………（1419）

简称对照表

1. （清）吴式芬、陈介琪考藏、翁大年考编：《封泥考略》，国家图书馆藏辛巳年（1881年）抄本。——《封泥抄》
2. （清）吴式芬、陈介琪：《封泥考略》，光绪31年（1905年）刊本。——《封泥》
3. （清）刘喜海：《长安获古编》，光绪31年（1905年）刊本。——《获古》
4. 周明泰：《续封泥考略》，京华书局1928年版。——《续封》
5. 周明泰：《再续封泥考略》，京华书局1928年版。——《再续》
6. 于省吾：《双剑誃古器物图录》，大业印刷局1940年印中华书局2009年版。——《双剑》
7. 郭宝钧：《洛阳西郊汉代居住遗迹》，《考古通讯》1956年第1期。——《洛阳》
8. 中国科学院考古所：《洛阳中州路（西工段）》，科学出版社1959年1月。——《西工段》
9. 冯永谦、姜念思：《宁县黑城古城址调查》，《考古》1982年2期。——《黑城》
10. 陈宝琛：《澂秋馆藏古封泥》，上海书店出版社1991年8月。——《澂秋》
11. 李恭笃、高美璇：《辽宁凌源安杖子古城址发掘报告》，《考古学报》1996年第4期。——《安杖子》
12. 孙慰祖：《新见秦官印封泥考略》，《大公报·艺林》1996年7

月 12 日，后收入《孙慰祖论印文稿》上海书店 1999 年 1 月。——《新见》

13. 吴镇烽：《陕西历史博物馆馆藏封泥考》（上）（下），《考古与文物》1996 年第 4、6 期。——《陕封》
14. 孙慰祖：《古封泥集成》，上海书店出版社 1996 年 12 月。——《古封》
15. 周晓陆、路东之、庞睿：《秦代封泥的重大发现——梦斋藏秦封泥的初步研究》，《考古与文物》1997 年第 1 期。——《发现》
16. 路东之：《秦封泥图例》，《西北大学学报（哲学社会科学版）》1997 年 1 期。——《图例》
17. 《西安北郊新出土封泥选拓》，《书法报》，1997 年 4 月 9 日第四版。——《选拓》
18. 任隆：《秦封泥官印考》，《秦陵秦俑研究动态》1997 年第 3 期。——《印考》
19. 傅嘉仪：《秦封泥欣赏》，《收藏》1997 年第 6 期。——《欣赏》
20. 傅嘉仪、罗小红：《汉长安城新出土秦封泥——西安中国书法艺术博物馆藏封泥初探》，《收藏》1997 年第 6 期。——《初探》
21. 周晓陆、路东之、庞睿：《西安出土秦封泥补读》，《考古与文物》1998 年第 2 期。——《补读》
22. 任隆：《秦封泥官印续考》，《秦陵秦俑研究动态》1998 年第 3 期。——《续考》
23. ［日］渡边隆男：《中国の封泥》，二玄社 1998 年 6 月。——《中封》
24. 孙慰祖：《新发现的秦汉官印、封泥资料汇释》，《孙慰祖论印文稿》，上海书店出版社 1999 年 1 月。——《新泥》
25. 山东省地方史志编撰委员会：《山东省志·文物志》，山东省人民出版社 1996 年版。——《鲁志》
26. 黄惇编：《历代印匋封泥印风》，重庆出版社 1999 年 12 月。——《印风》

27. 王绵厚、郭守信：《辽海印信图录》，辽海出版社 2000 年 1 月版。——《辽海》
28. 王辉：《秦印考释三则》，《中国古玺印国际研讨会论文集》，香港中文大学文物馆 2000 年。——《三则》
29. 肖春源：《珍秦斋藏印·秦印篇》，临时澳门市政局/文化暨康体部，2000 年 2 月。——《珍秦》
30. 周晓陆、路东之：《秦封泥集》，三秦出版社 2000 年 5 月。——《秦封》
31. 中国社会科学院考古研究所汉长安城工作队：《西安相家巷遗址秦封泥的发掘》，《考古学报》2001 年第 4 期。——《发掘》
32. 傅嘉仪：《西安新发现秦封泥》，《书法》2001 年第 10 期。——简称《书法》
33. 王辉：《秦印封泥考释（五十则）》，《四川大学考古专业创建四十周年暨冯汉骥教授百年诞辰纪念文集》，四川大学出版社 2001 年。——《考释》
34. 王辉：《西安中国书法艺术博物馆藏秦封泥选释续》，《陕西历史博物馆馆刊》第 8 辑，三秦出版社 2001 年。——《释续》
35. 刘庆柱、李毓芳：《西安相家巷遗址秦封泥考略》，《考古学报》2001 年第 4 期。——《考略》
36. 周晓陆、刘瑞：《新见秦封泥中的地理内容》，《秦陵秦俑研究动态》2001 年第 4 期。——《新地》
37. 王辉：《西安中国书法艺术博物馆藏秦封泥选释》，《文物》2001 年第 12 期。——《选释》
38. 西北大学文博学院：《百年学府聚珍：西北大学历史博物馆藏品选》，文物出版社 2002 年版。——《西大》
39. 孙慰祖：《中国古代封泥》，上海人民出版社 2002 年 8 月。——《上封》
40. 周晓陆、陈晓捷：《新见秦封泥中的中央职官印》，《秦文化论丛》第 9 辑，西北大学出版社 2002 年。——《新官》

41. 刘庆柱：《新获汉长安城遗址出土封泥研究》，《石璋如院士百岁祝寿论文集——考古·历史·文化》，南天书局 2002 年。——《新获》

42. 傅嘉仪：《新出土秦代封泥印集》，西泠印社 2002 年。——《印集》

43. 刘正成：《中国书法全集·篆刻先秦玺印》，荣宝斋出版社 2003 年 2 月——《书集》

44. 王辉：《释秦封泥中的三个地名》，《秦文化论丛》第 10 辑，三秦出版社 2003 年。——《三地》

45. ［日］平出秀后：《新出相家巷秦封泥》，艺文书院 2004 年 12 月。——《相家》

46. 周晓陆、陈晓捷、汤超、李凯：《于京新见秦封泥中的地理内容》，《西北大学学报》2005 年第 4 期。——《于京》

47. 周晓陆、刘瑞、李凯、汤超：《在京新见秦封泥中的中央职官内容》，《考古与文物》2005 年第 5 期。——《在京》

48. 陈晓捷、周晓陆：《新见秦封泥五十例考略——为秦封泥发现十周年》，《碑林集刊》第 11 辑，陕西人民出版社 2005 年 12 月。——《五十例》

49. 马骥：《西安新见秦封泥及其断代探讨》，《碑林季刊》第 11 辑，陕西人民出版社 2005 年 12 月。——《西见》

50. 湖南省考古研究所：《里耶发掘报告》，岳麓书社 2007 年 1 月。——《里耶》

51. 傅嘉仪：《秦封泥汇考》，上海书店 2007 年 8 月。——《汇考》

52. 路东之：《问陶之旅——古陶文明博物馆藏品掇英》，紫禁城出版社 2008 年 3 月。——《问陶》

53. 童衍方：《释六舟旧藏汉封泥拓本册概述》，《西泠印社》2008 年 8 月。——《六舟》

54. 王玉清、傅春喜：《新出汝阳郡秦汉封泥集》，上海书店 2009 年 6 月。——《汝南》

55. 王献唐：《寒金冷石文字》，青岛出版社 2009 年 8 月。——《寒金》
56. ［日］濑川敬也：《观峰馆所藏封泥》，《观峰馆纪要》第 5 号 2009 年 10 月。——《观一》
57. 周晓陆：《二十世纪出土玺印集成》，中华书局 2010 年 1 月。——《玺印》
58. 郭富纯：《大连古代文明图说》，文史出版社 2010 年 6 月。——《大连》
59. 杨广泰：《新出封泥汇编》，西泠印社 2010 年 9 月。——《新出》
60. ［日］濑川敬也：《观峰馆所藏封泥（二）》，《观峰馆纪要》第 6 号 2010 年 10 月。——《观二》
61. 邵旭闵、彭德编：《青泥遗珍·新出战国秦汉封泥特展图录》，西泠印社 2010 年 11 月。——《青泥》
62. 李中华：《东瀛所藏中国封泥述略》，《青泥遗珍·战国战国秦汉封泥文字国际学术研讨会论文集》，西泠印社 2010 年 11 月。——《述略》
63. 马骥：《西安近年封泥出土地调查》，《青泥遗珍·战国秦汉封泥文字学术研讨会论文集》，西泠印社 2010 年 11 月。——《调查》
64. 许志雄：《鉴印山房藏古封泥菁华》，河南美术出版社 2011 年 4 月。——《菁华》
65. 范正红：《西汉"临淄丞印"封泥同文异印现象探讨》，《西泠印社》2011 年 3 期。——《临菑》
66. ［日］濑川敬也：《观峰馆所藏封泥（三）》，《观峰馆纪要》第 7 号 2011 年 10 月。——《观三》
67. 孙慰祖：《官印封泥所见秦郡与郡官体系》，《西泠印社》2011 年 10 月。——《郡官》
68. 周晓陆：《酒余亭陶泥合刊》，艺文书院 2012 年 4 月。——《酒

余》

69. 侯廷生：《甘丹出现时间及嬗变为"邯郸"的新证》，《邯郸职业技术学院学报》2012 年第 4 期。——《邯郸》

70. 《西安中国书法艺术博物馆馆藏秦封泥图录》，《唐都学刊》2012 年 6 期。——《图录》

71. 陈晓捷、周晓陆：《文雅堂藏秦封泥选考》，《咸阳师范学院学报》2013 年第 1 期。——《选考》

72. 杨广泰：《秦官印封泥著录史略》《新出土秦汉封泥选》，《东方艺术·书法》2013 年 2 月下半月总第 272 期。——《秦选》

73. 王伟：《秦玺印封泥职官地理研究》，中国社会科学院出版社 2014 年 12 月。——《职地》

74. 王伟：《文雅堂藏新品秦封泥考释（二十则）》，《中国文字研究》第 21 辑，上海书店出版社 2015 年——《二十则》

75. 西泠印社美术馆：《古代封泥精品展》，西泠印社美术馆 2015 年 5 月。——《精品》

76. 杨广泰：《新出陶文封泥选编》，文雅堂 2015 年 7 月。——《新选》

77. 吕金成：《山东书法全集·封泥》，山东画报出版社 2015 年 8 月。——《山全》

78. 后晓荣：《悠悠集——考古文物中的战国秦汉史地》，中国古籍出版社 2015 年 3 月。——《悠悠》

79. 庞任隆：《中国书法与篆刻·秦封泥研究》，陕西人民美术出版社 2015 年 12 月。——《秦研》

80. 李晓峰：《济南市博物馆馆藏精品·封泥卷》，山东美术出版社 2016 年 4 月。——《济博》

81. 蔡庆良、张志光：《秦业流风：秦文化特展》，台北故宫博物院 2016 年 4 月。——《秦业》

82. 古代文明研究协同创新中心中国人民大学中心编著：《里耶秦简博物馆藏秦简》，中西书局 2016 年 6 月。——《简博》

83. 刘乐贤：《谈秦封泥中的"奴卢"》，《出土文献与中国古代文明——李学勤先生八十寿诞纪念论文集》，中西书局2016年12月。——《奴卢》
84. 王伟：《新见秦地名封泥选释（十五则）》，《出土文献》第10辑，中西书局2017年4月。——《十五则》
85. ［日］谷风信：《利用X光照片研究中国古代封泥》，《第五届"孤山证印"西泠印社国际印学峰会论文集》，西泠印社出版社2017年版。——《X光》
86. 魏杰：《冰斋魏杰藏秦封泥》，《金石研究》第1辑，世界图书出版西安有限公司2017年8月。——《冰斋》
87. 西安中国书法艺术博物馆：《秦封泥选》，《书法》2017年第10期。——《泥选》
88. 许静洪、许云华：《陕北历史博物馆藏玺印封泥选》，西泠印社2018年8月。——《陕北》
89. 任红雨：《中国封泥大系》，西泠印社2018年11月。——《大系》
90. 许卫红、张杨力铮：《陕西秦咸阳城胡家沟建筑遗址》，《中国重要考古发现2017》，文物出版社2018年。——《胡家沟》
91. 李振洲：《中国文字博物馆馆藏秦代封泥鉴赏》，《文物鉴定与鉴赏》2018年第12期。——《字博》
92. 许雄志：《鉴印山房藏古封泥选粹》，鉴印山房2019年版。——《山房》
93. 孙慰祖：《新出封泥撷珍》，《问印》（第一卷），西泠印社2019年5月。——《撷珍》
94. 佚名：《长安新出秦封泥》（原拓本）。——《长安》
95. 李超：《秦封泥与封检制度》，《考古与文物》2019年第4期。——《西博》

上编　中央职官

第 一 章

皇 帝

皇帝信玺

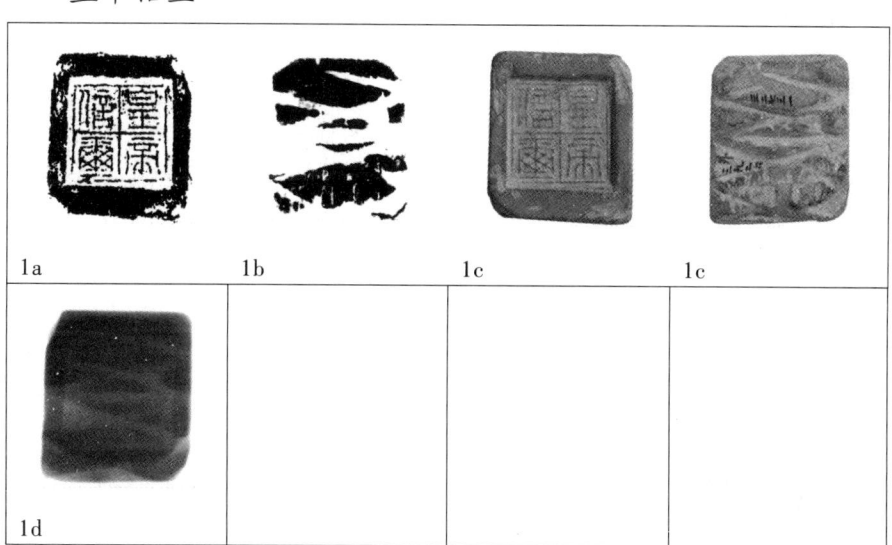

1a	1b	1c	1c
1d			

（1a：《古封》P6；《中封》P18；《秦封》P105；《书集》P113；《山全》图版 P2；《大系》P120；1b：《封泥抄》1.2；1c：《中封》图版 P1；《山全》图版 P2；1d：《X光》P166）

唯王御玺

（1：《大系》P276）

唯□□□

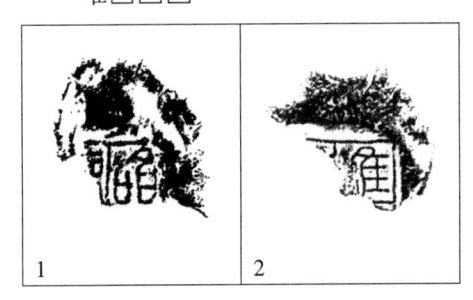

（1：《新选》P111；《大系》P276；2：《酒余》P42 下；《大系》P276）

□□御玺

（1：《新选》P111；《大系》P276）

第 二 章

丞相・三公・九卿

一　丞相

丞相之印

1

（1:《发现》图1；《图例》P52；《秦封》P106）

左丞相印

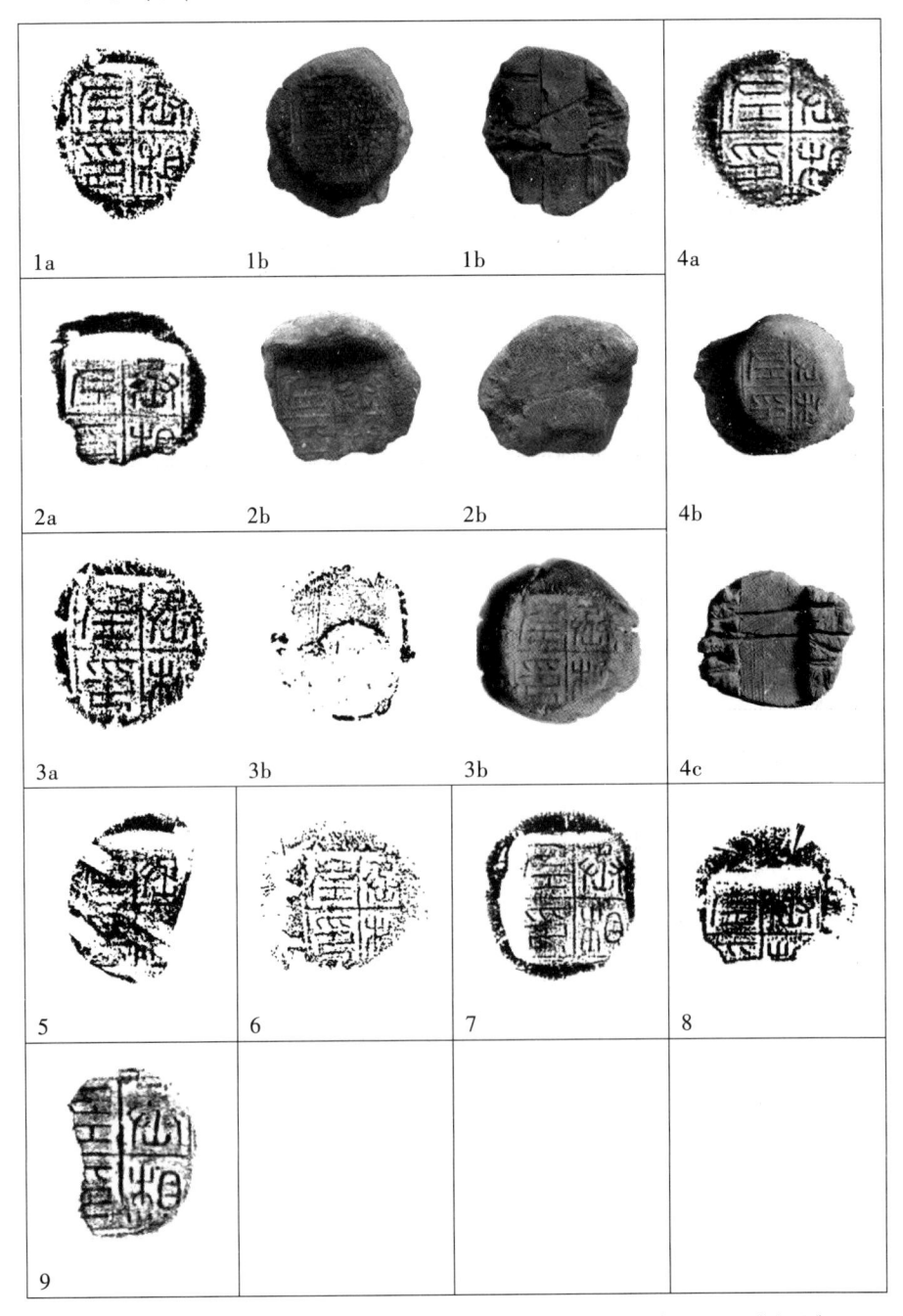

1a	1b	1b	4a
2a	2b	2b	4b
3a	3b	3b	4c
5	6	7	8
9			

(1a:《初探》P8;《选拓》附图;《印考》图155;《秦封》P107;《书法》P34;

《书集》P113;《汇考》P1;《玺印》P450;《大系》P393;1b:《书法》P34;《汇考》图版P1;2a:《相家》P2;3a:《印集》P1;《汇考》P1;《大系》P393;3b:《印集》P1;3c:《泥选》;4a:《精品》P31;《撷珍》图1—2;4b:《精品》P31;《撷珍》图1—1;5:《新出》P52;《大系》P393;6:《书集》P114;7、9:《大系》P393;8:《图例》P52;《秦封》P107;《汇考》P1）

左丞相□

（1:《新选》P121;《大系》P393）

□丞相□

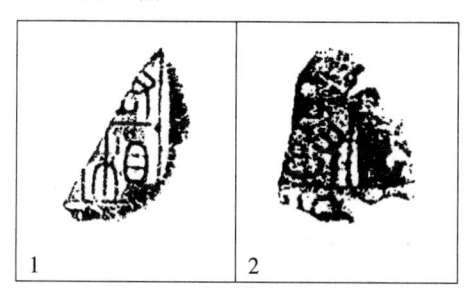

（1:《新出》P52;《大系》P393;2:《秦封》P107、P392;《汇考》P1）

右丞相印

8　上编　中央职官

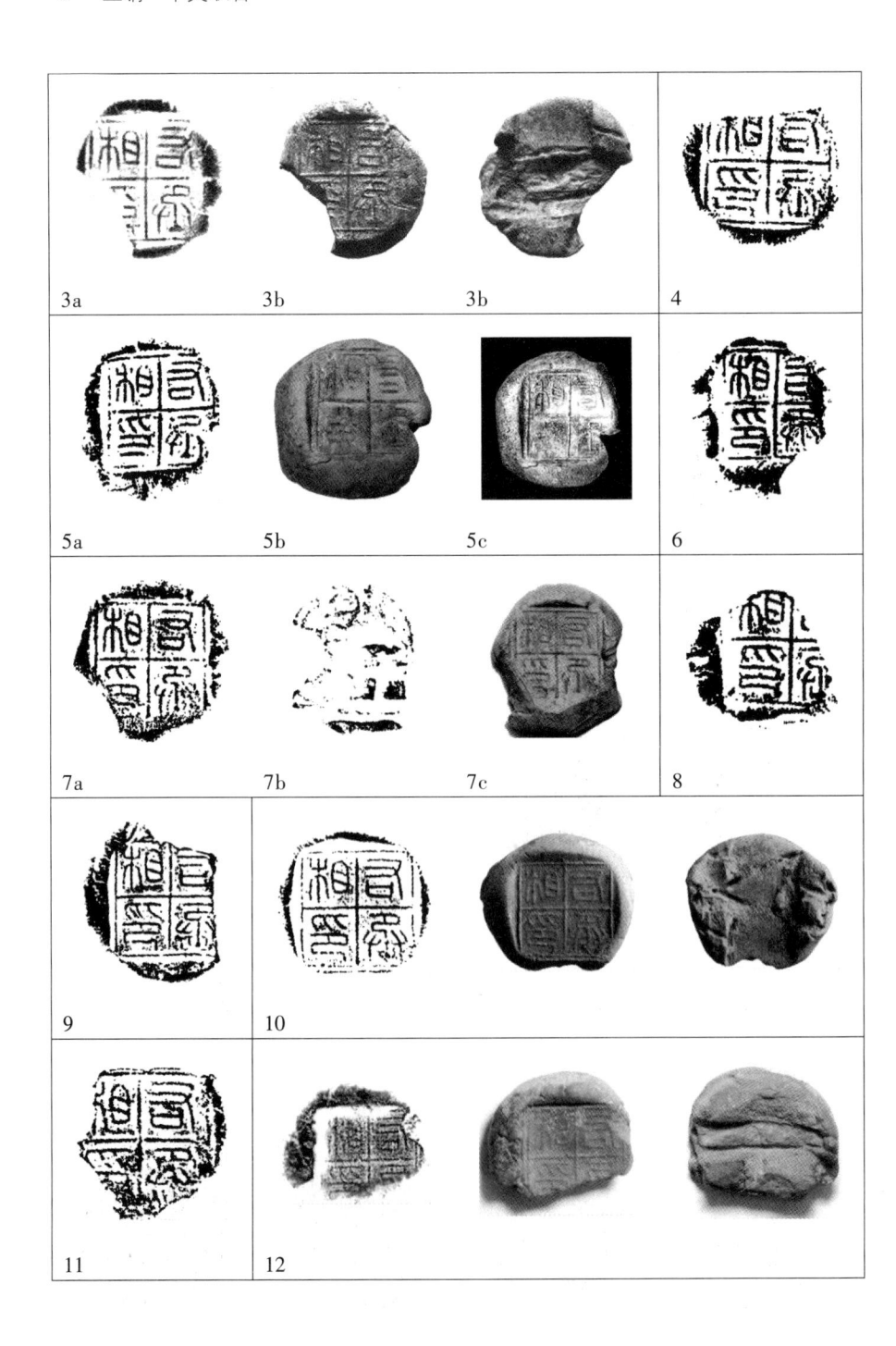

3a	3b	3b	4
5a	5b	5c	6
7a	7b	7c	8
9	10		
11	12		

第二章 丞相·三公·九卿 9

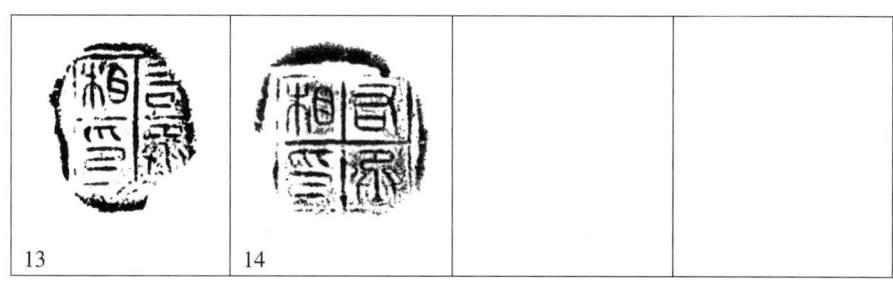

| 13 | 14 | | |

（1a：《选拓》附图；《秦封》P108；《书法》P34；《书集》P114；《汇考》P2；《大系》P336；1b：《书法》P34；《汇考》图版P1；2：《印风》P126；《书集》P114；《汇考》P1；《大系》P336；3a：《相家》P2；《大系》P336；3b：《相家》P2；4：《汇考》P2；《大系》P336；5a：《发现》图3；《图例》P52；《秦封》P108；《书集》P114；《汇考》P2；《玺印》P450；《大系》P336；5b：《秦封》彩版1；《问陶》P154；5c：《秦封》图版1；6、8：《秦封》P108；《汇考》P2；7a：《印集》P1；《汇考》P1；《大系》P336；7b：《印集》P1；7c：《泥选》；9：《新出》P86；10：《青泥》P3；11：《新出》P43；《大系》P337；12：《观三》P24；13：《秦封》P108；《汇考》P2；14：《大系》P336）

右丞相□

| 1 |

（1：《秦封》P108；《汇考》P2）

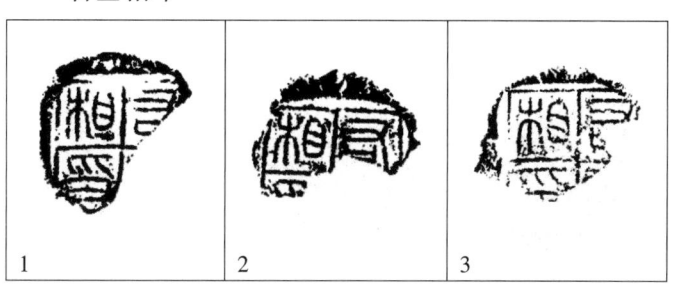

右□相印

| 1 | 2 | 3 |

（1、2：《秦封》P108；《汇考》P2；3：《新出》P43）

10　上编　中央职官

右□相□

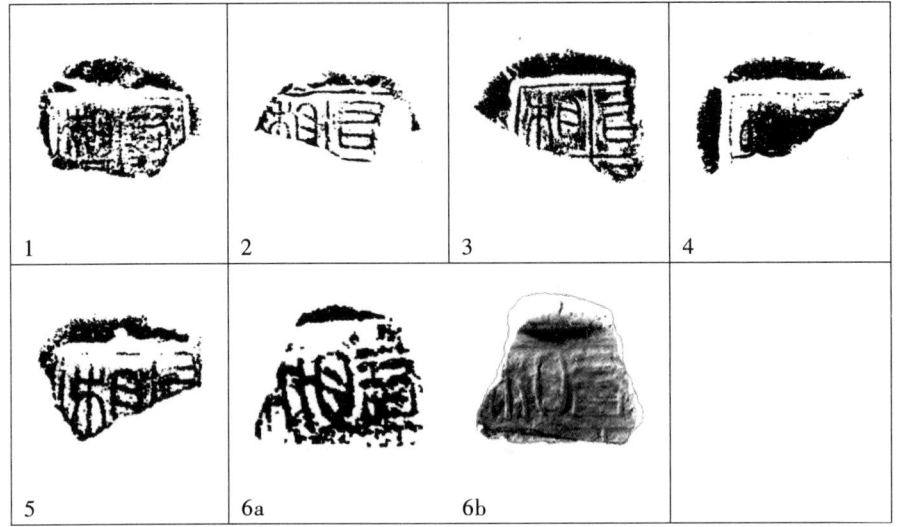

1	2	3	4
5	6a	6b	

（1、2：《新出》P43；3：《新选》P117；4、5：《新出》P43；6a：《发掘》图一八：10；《新获》P289；《大系》P341；6b：《发掘》图版十二：9）

□丞相印

1

（1：《秦封》P108；《汇考》P2）

□□相印

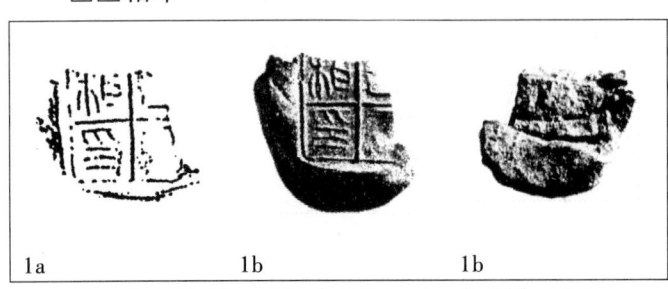

1a　　1b　　1b

（1a：《汇考》P2；《述略》P174；1b：《述略》P174）

二　大尉

大尉
大尉之印

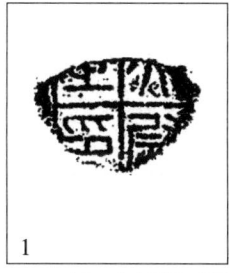

（1：《在京》图四：1；《玺印》P450；《大系》P249）

大尉襄府

（1：《新官》图1；《大系》P249）

邦尉
邦尉之玺

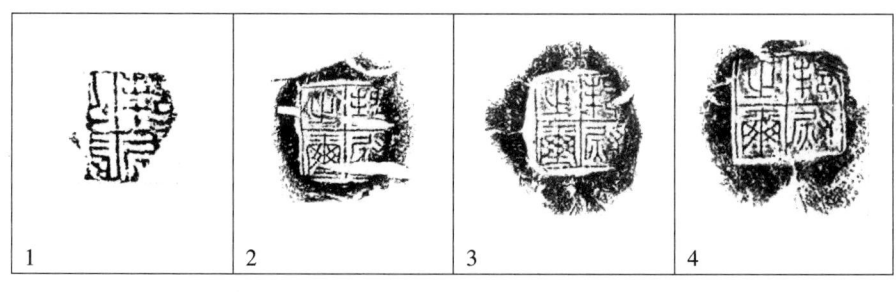

12　上编　中央职官

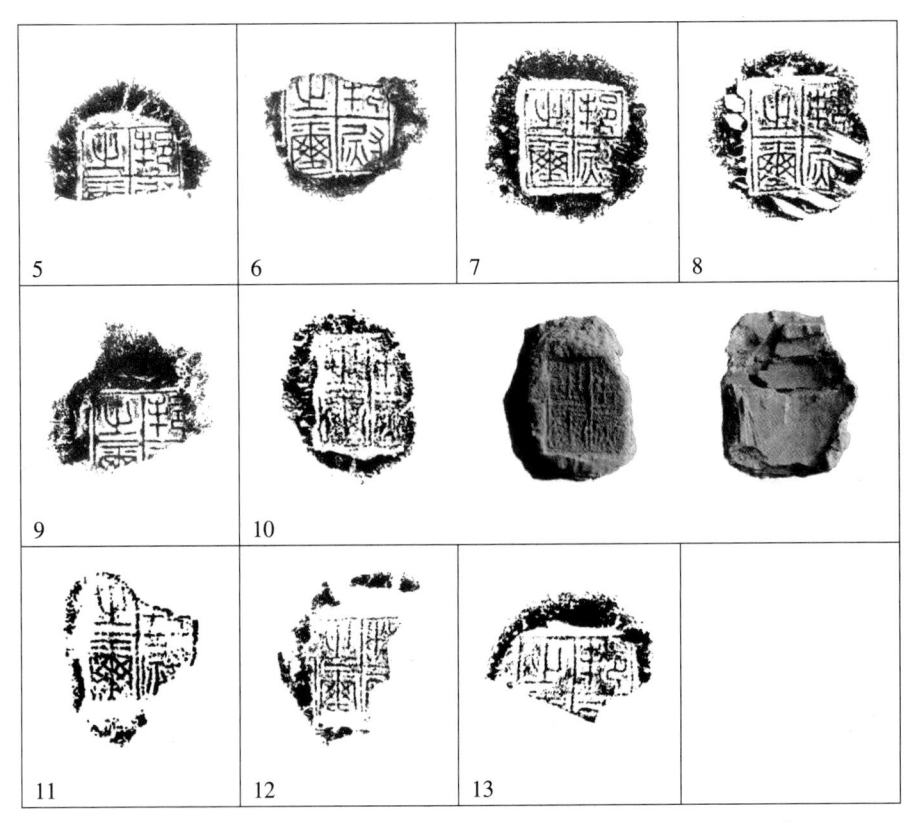

(1:《新出》P99；2:《新出》P99；《大系》P28；3—6、9:《大系》P28—29；7—8:《新选》P86；《大系》P29；10:《精品》P32；11:《在京》图一：1；12:《酒余》P26下；13:《新出》P99；《大系》P28)

邦尉□玺

(1:《大系》P28)

第二章　丞相·三公·九卿　13

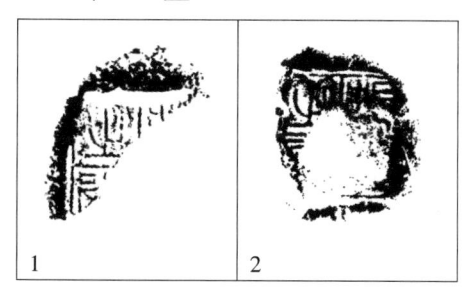

邦□之玺

1　2

（1：《新出》P99；2：《酒余》P26 下）

□尉之玺

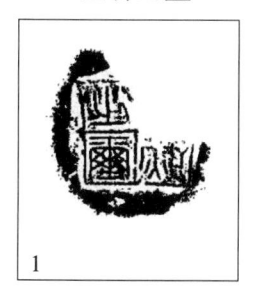

1

（1：《酒余》P26 下）

邦尉之印

1

（1：《大系》P29）

14　上编　中央职官

邦尉之□

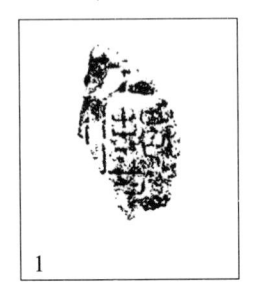

1

（1：《新出》P99）

邦尉□□

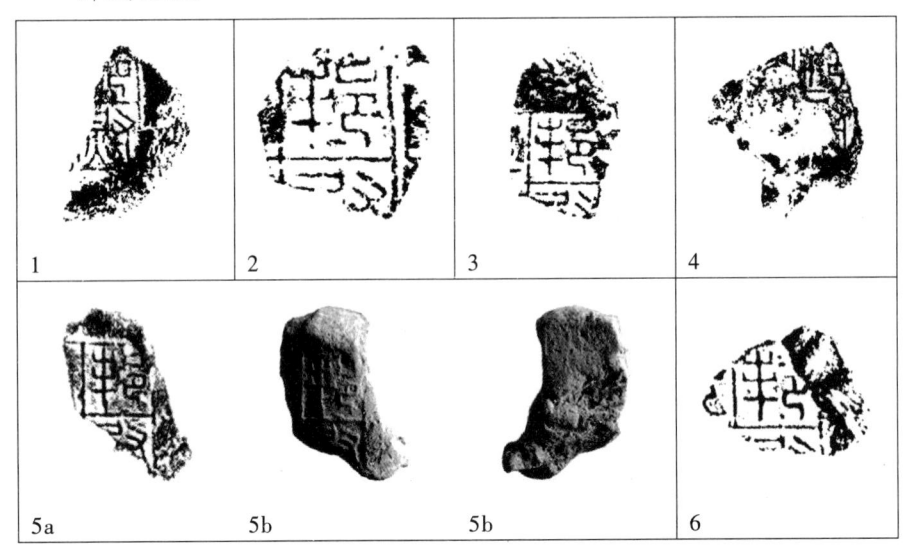

| 1 | 2 | 3 | 4 |
| 5a | 5b | 5b | 6 |

（1—4：《新出》P99；5a：《新出》P6；《青泥》P3；《大系》P29；5b：《青泥》P3；6：《新出》P99）

邦□之□

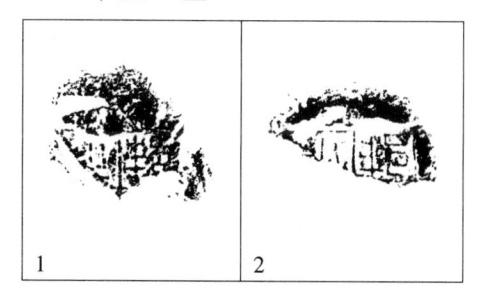

| 1 | 2 |

（1、2：《新出》P99）

邦□□□

| 1 | 2 |

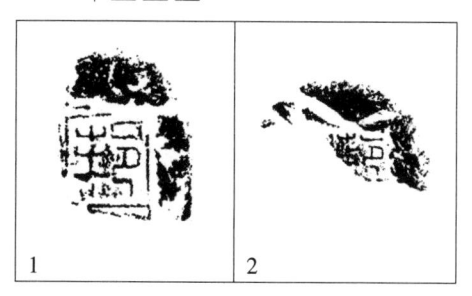

（1、2：《新出》P99）

骑尉

骑尉

| 1a | 1b |

（1a：《发掘》；1b：《发掘》图版十八：8）

骑邦尉印

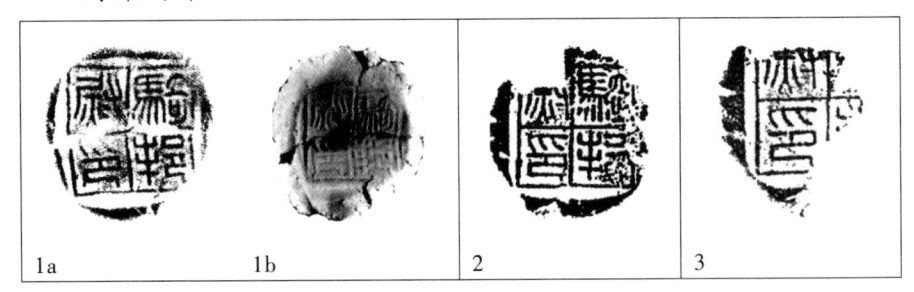

| 1a | 1b | 2 | 3 |

（1a：《发掘》图一六：24；《新获》P288；《大系》P195；1b：《发掘》图版八：9；2：《在京》图一：2；《玺印》P444；《大系》P195；3：《大系》P195）

骑邦□□

1

（1：《大系》P2328）

□邦□印

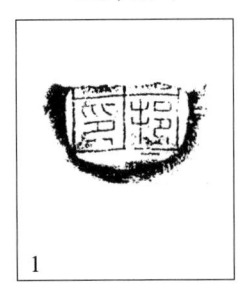

1

（1：《新出》P74；《大系》P195）

第二章 丞相·三公·九卿 17

□□邦□

1

（1：《大系》P229）

三 御史大夫

御史之印

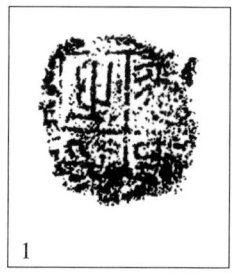

1

（1：《图例》P52；《印考》图156；《秦封》P109；《汇考》P3；《玺印》P449；《大系》P353）

御□之□

1　2　3　4

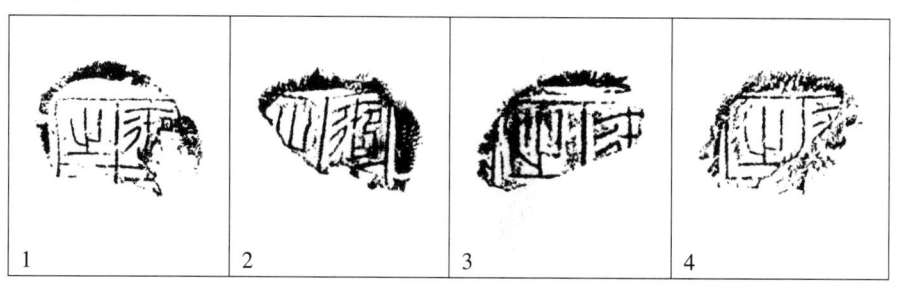

（1—3：《新出》P45；4：《新出》P92）

□史之印

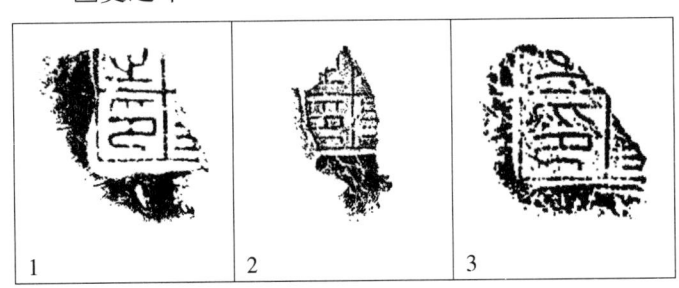

1	2	3

（1：《新出》P102；2：《新选》P105；3：《秦封》P109；《汇考》P3；《大系》P353）

御史府印

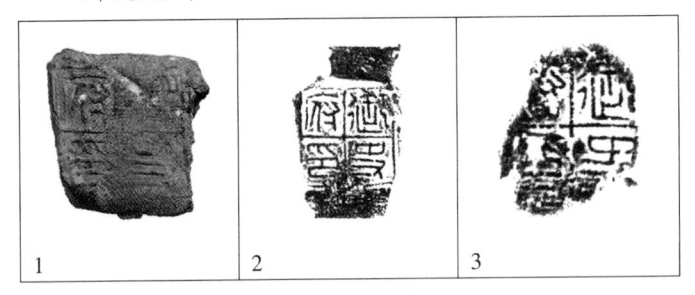

1	2	3

（1：《问陶》P171；2、3：《大系》P353）

御□府□

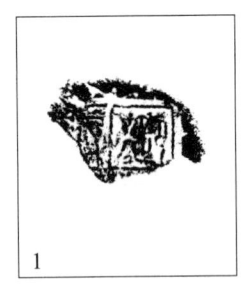

1

（1：《酒余》P48 下）

第二章 丞相·三公·九卿

□史□印

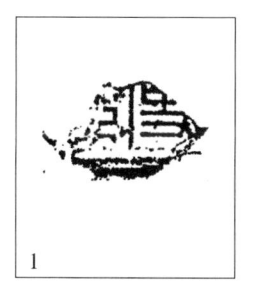

（1：《秦封》P109；《汇考》P3；《大系》P353）

四　奉常

奉常丞□

（1：《发现》图5；《图例》P52；《秦封》P110；《玺印》P439；《汇考》P4；《大系》P83）

太祝

祝印

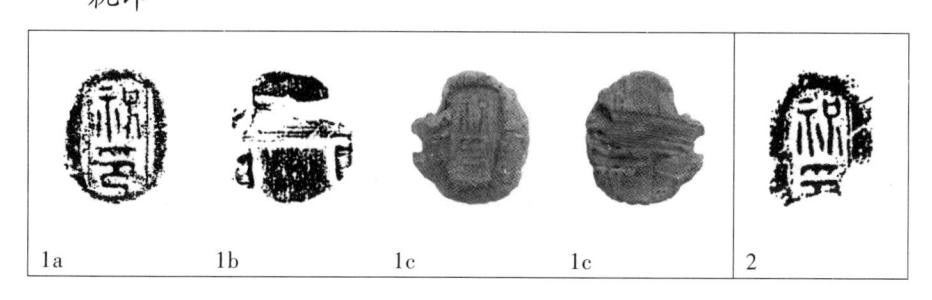

1a　　　1b　　　1c　　　1c　　　2

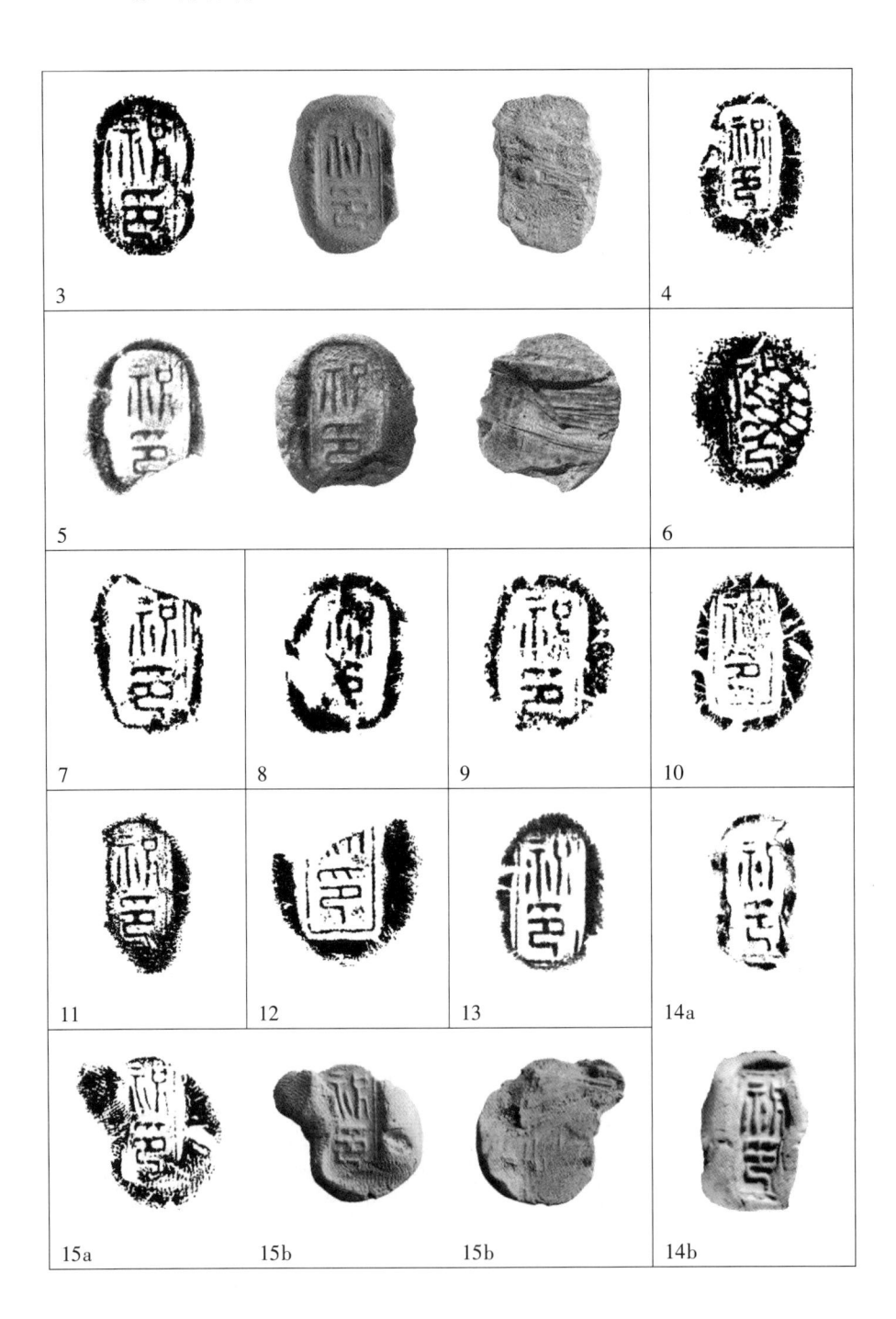

上编　中央职官

3			4
5			6
7	8	9	10
11	12	13	14a
15a	15b	15b	14b

第二章　丞相·三公·九卿　21

| 16a | 16b | 16b | 17 |

（1a：《印集》P2；《汇考》P4；《印风》P164；《大系》P389；1b：《印集》P2；1c：《汇考》图版P1；2：《发现》图10；《图例》P52；《秦封》P110；《书集》P114；《汇考》P5；《玺印》P396；3：《上封》P46；4：《印考》图157；《汇考》P4；《秦封》P110；《大系》P388；5：《相家》P2；6：《秦封》P110；《汇考》P5；7—9：《汇考》P4；10：《新出》P51；11、12：《新选》P121；《大系》P389；13：《大系》P389；14a：《新获》P288；《大系》P388；14b：《发掘》图一七：10；15a：《新出》97；《青泥》P4；《大系》P389；15b：《青泥》P4；16：《冰斋》P140；17：《泥选》）

祝□

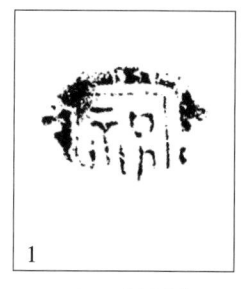

| 1 |

（1：《新出》P51）

祠祝

| 1 |

（1：《新出》P7；《大系》P52）

□祝

无图，释读见《发掘》P541。

祠祀

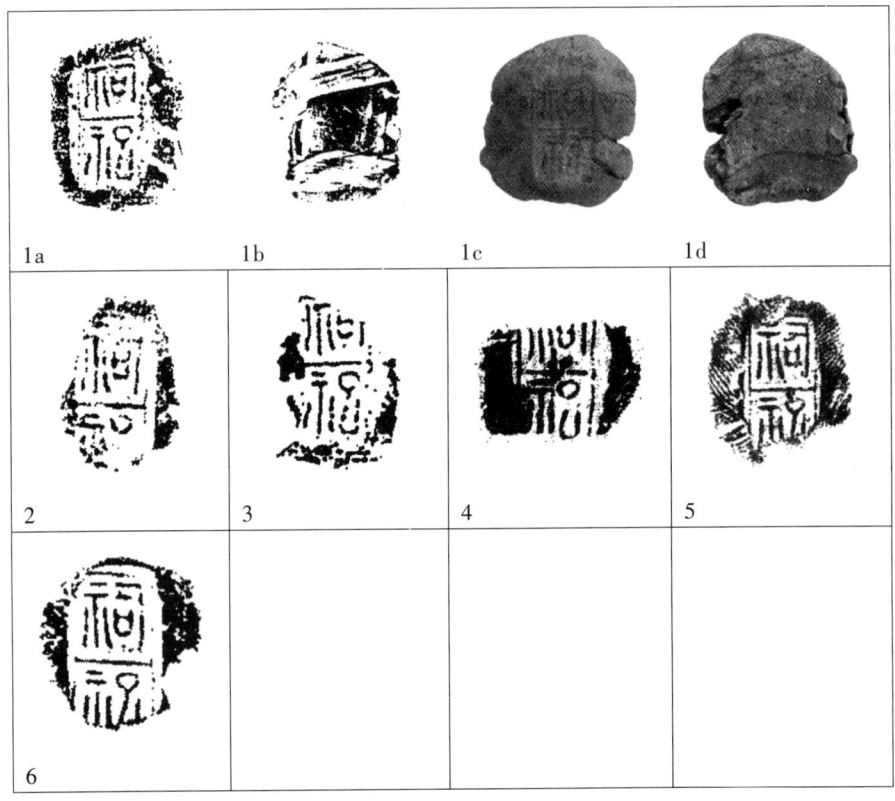

1a	1b	1c	1d
2	3	4	5
6			

（1a:《印集》P4；《汇考》图版 P2；《印风》P164；《大系》P51；1b:《印集》P4；1c:《汇考》图版 P2；《泥选》；1d:《汇考》图版 P2；2:《汇考》P8；《大系》P51；3:《补读》图17；《秦封》P179；《书集》P114；《汇考》P8；《玺印》P391；《大系》P51、P52；4:《酒余》P28 上；《大系》P52；5:《大系》P51；6:《汇考》P7；《大系》P51）

祠□

1

（1：《秦封》P179；《汇考》P8；《大系》P52）

太宰
大宰

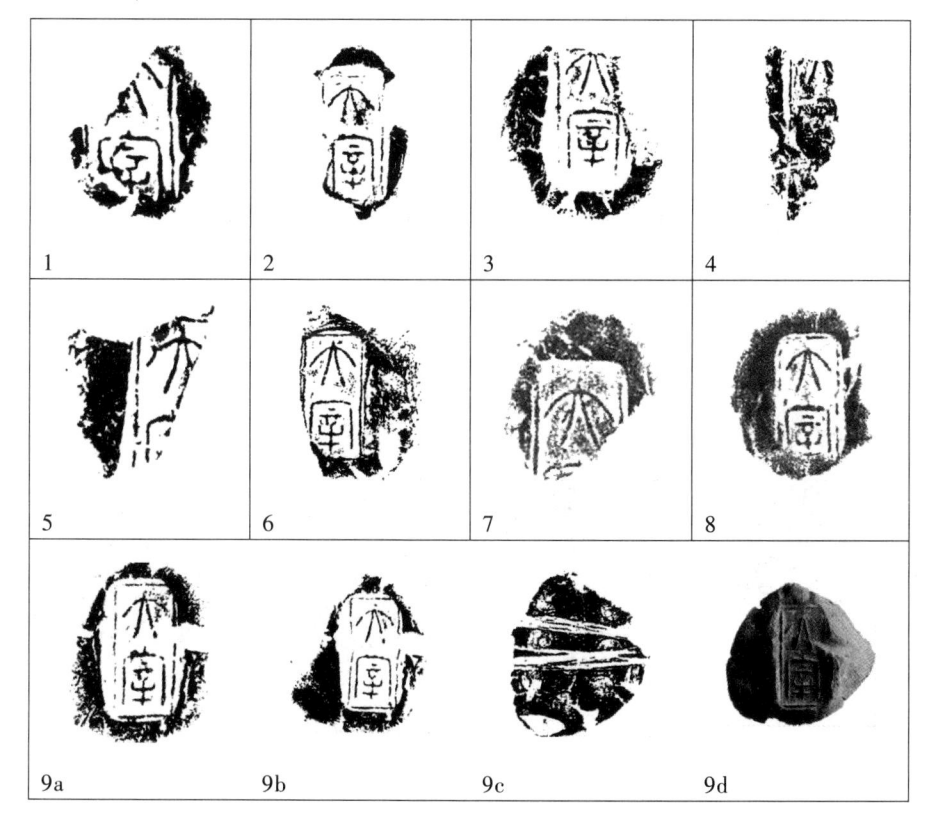

1	2	3	4
5	6	7	8
9a	9b	9c	9d

24　上编　中央职官

9e	10		

（1：《新出》P9；《大系》P250；2、3：《新出》P62；《大系》P250；4、5：《新出》P61；6：《新选》P109；《大系》P251；7：《新出》P62；《大系》P251；8：《大系》P251；9a、9c：《调查》图三；9b：《新出》P62；《青泥》P4；《秦选》P68；《大系》P250；9d：《青泥》P4；《秦选》P68；9e：《青泥》P4；10：《大系》P250）

□宰

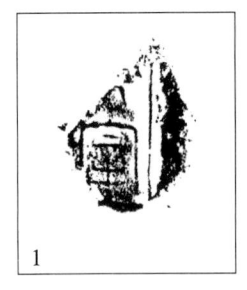

1

（1：《酒余》P41上；《大系》P251）

泰宰

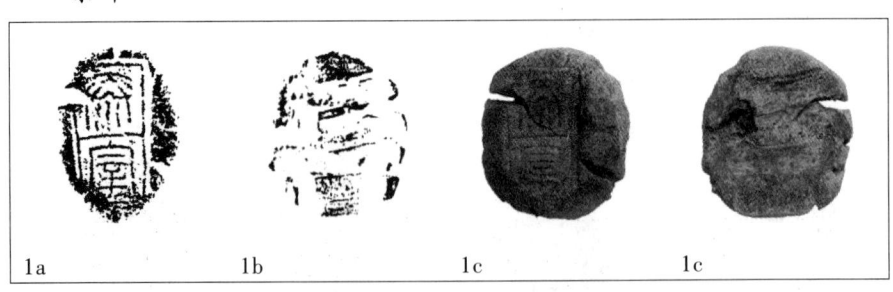

1a	1b	1c	1c

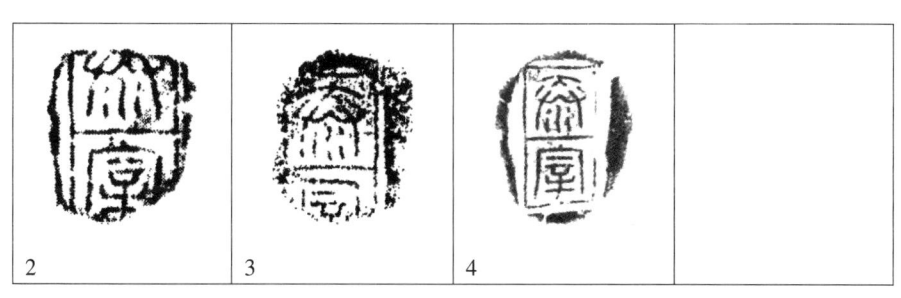

（1a:《印风》P165;《考释》图一:5;《新官》图3;《印集》P5;《汇考》P10;《玺印》P398;《大系》P261;1b:《印集》P5;1c:《汇考》图版3;2:《汇考》P10;《大系》P262;3:《汇考》P11;《大系》P262;4:《大系》P262）

宰胥

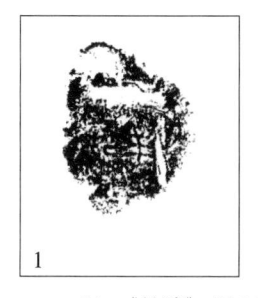

（1:《补读》图33;《秦封》P239;《玺印》P430）

太史
大史

26　上编　中央职官

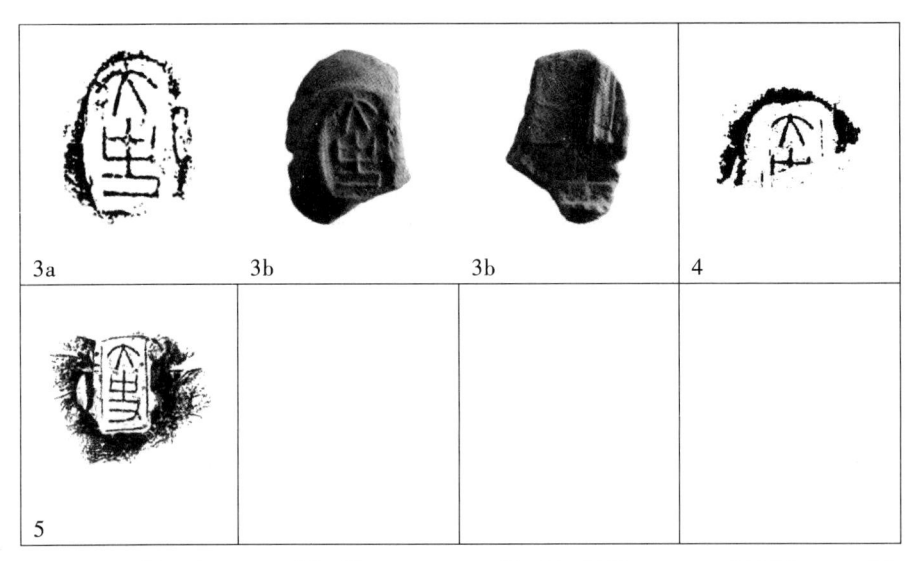

3a	3b	3b	4
5			

（1a：《新选》P109；《大系》P249；1b：《新选》图版 P65；2：《新出》P9；《大系》P248；3a：《新出》P9；《青泥》P4；《大系》P248；3b：《青泥》P4；4：《酒余》P40 下；《大系》P249；5：《大系》P249）

□史

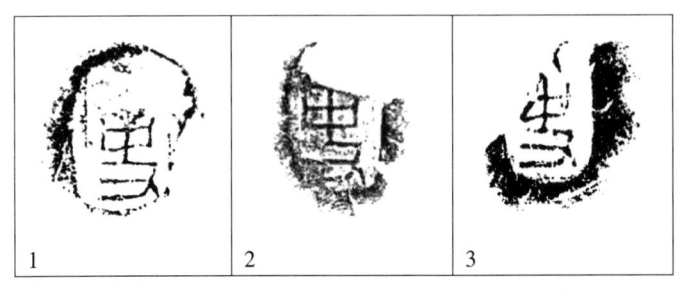

1	2	3

（1：《新出》P9；《大系》P248；2：《新出》P9；《大系》P249；3：《新出》P59；《大系》P249）

又：《发掘》P534《出土封泥登记表》2000CH 相 1T2③：176 为"□史"。

泰史

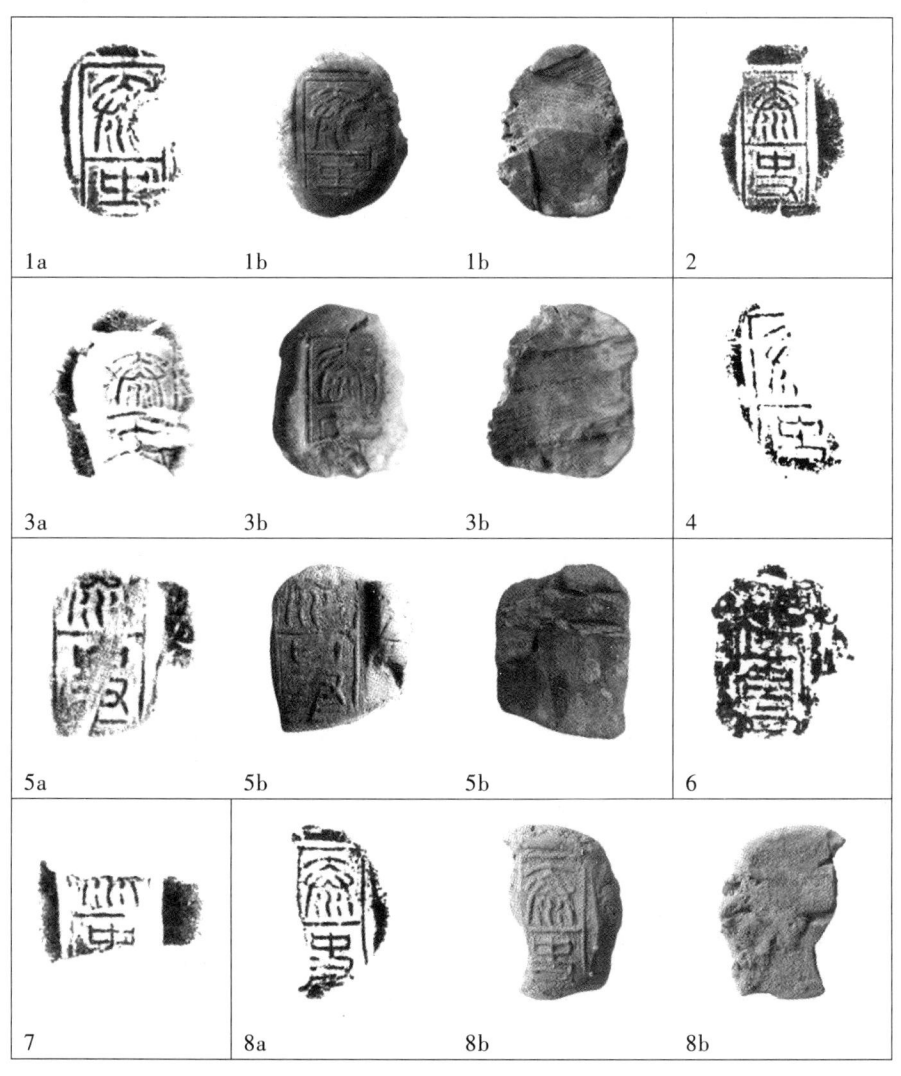

1a	1b	1b	2
3a	3b	3b	4
5a	5b	5b	6
7	8a	8b	8b

（1a：《相家》P2；《大系》P259；1b：《相家》P2；2：《在京》图一；3：《玺印》P391；《大系》P259；3a：《相家》P3；《大系》P258；3b：《相家》P3；4：《新出》P36；《大系》P259；5a：《相家》P3；《大系》P259；5b：《相家》P3；6：《酒余》P41下；《大系》P259；7：《大系》P259；8a：《相家》P31；《大系》P259；8b：《相家》P31）

太卜

泰卜

无图，释文见《五十例》P312。

太医

大医

1

（1：《在京》图一：4；《玺印》P391；《大系》P249）

大医丞印

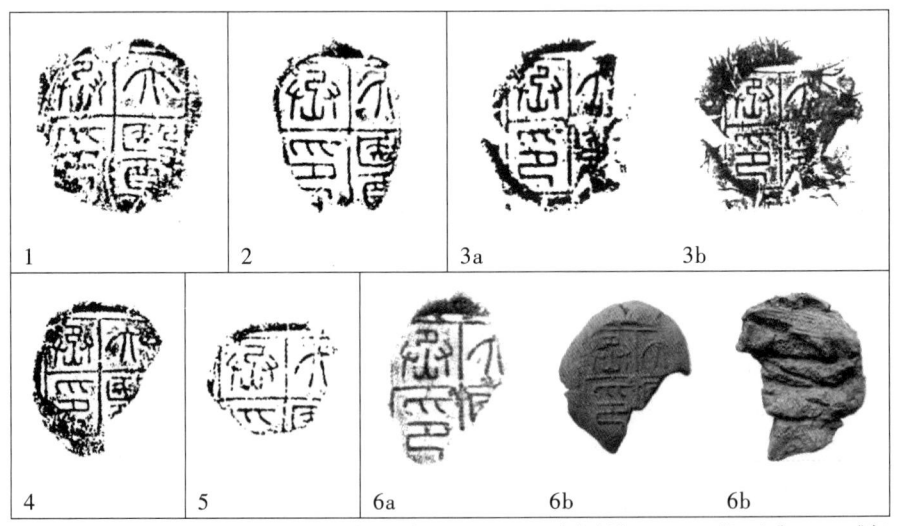

1　2　3a　3b

4　5　6a　6b　6b

（1、2、4、5：《新出》P9；《大系》P250；3a：《秦封》P112；《汇考》P6；《玺印》P448；《大系》P249；3b：《大系》P250；6a：《相家》P3；《大系》P249；6b：《相家》P3）

第二章 丞相·三公·九卿

大医丞□

1

（1：《新出》P9；《大系》P250）

泰医丞印

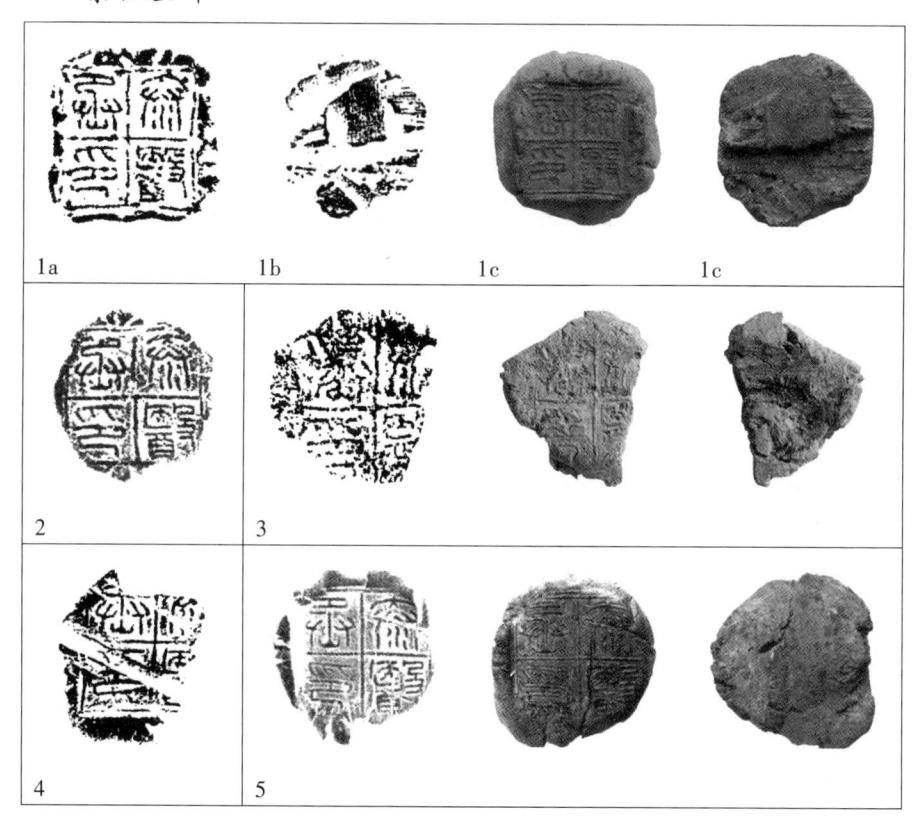

1a	1b	1c	1c
2	3		
4	5		

30　上编　中央职官

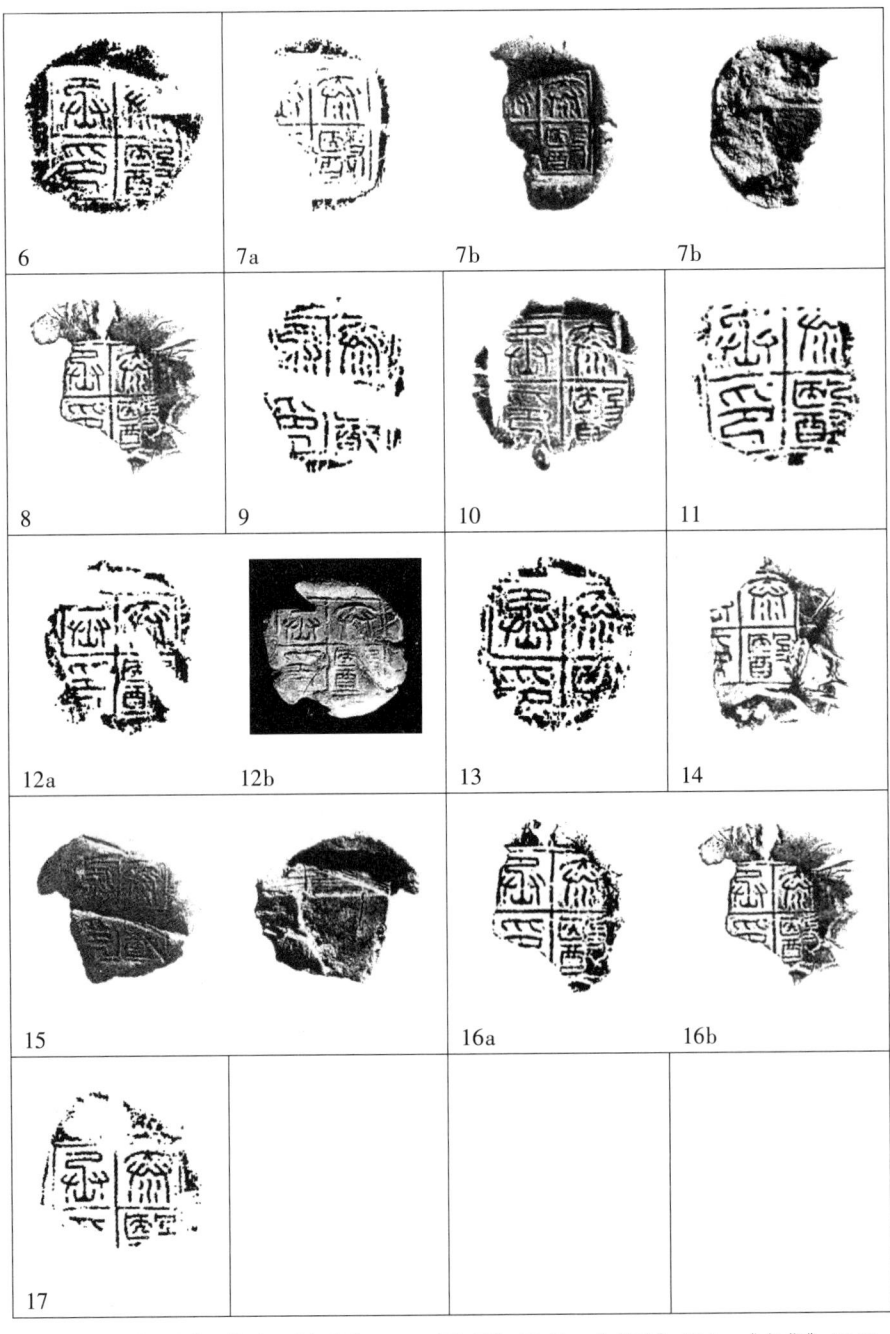

6	7a	7b	7b
8	9	10	11
12a	12b	13	14
15		16a	16b
17			

（1a：《选拓》附图；《初探》P8；《印风》P142；《书法》P34；《书集》P118；《秦封》P111；《印集》P2；《汇考》P5；《大系》P260；1b：《印集》P2；1c：《书法》

P34；《汇考》图版 P2；2：《大系》P260；3：《上封》P50；4：《新出》P36；5：《相家》P3；6：《汇考》P5；《大系》P260；7a：《秦封》P111；《汇考》P6；《述略》P175；7b：《述略》P175；8：《秦封》P111；《汇考》P6；《玺印》P447；《大系》P260；9：《秦封》P111；《汇考》P6；10：《秦封》P111；《汇考》P6；《大系》P260；11：《发现》图9；《图例》P52；《秦封》P111；《书集》P118；《汇考》P6；12a：《秦封》P111；《汇考》P6；12b：《秦封》图版1；13：《秦封》P111；《汇考》P6；14：《秦封》P111；《汇考》P6；《大系》P261；15：《述略》P175；16a：《汇考》P6；16b：《大系》P260；17：《秦封》P111；《汇考》P6）

泰医囗印

1	2

（1：《相家》P3；2：《新出》P36）

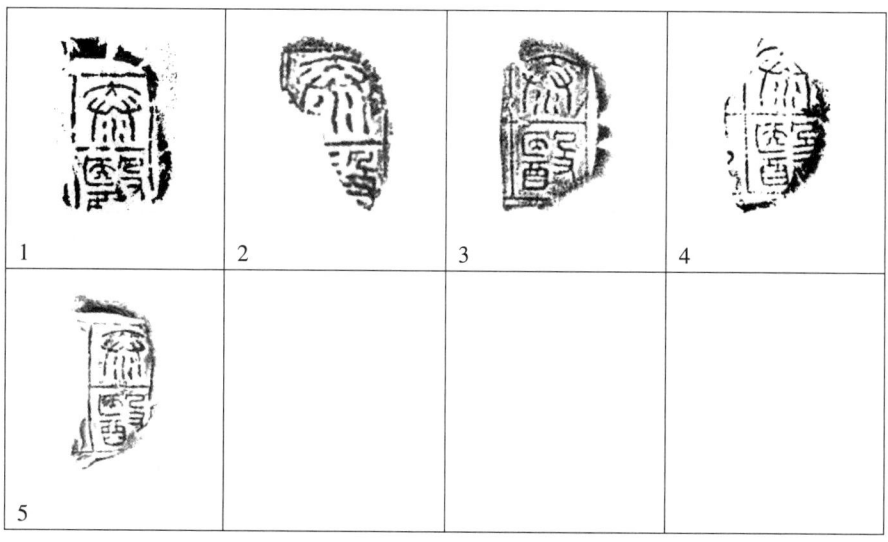

泰医囗囗

1	2	3	4
5			

（1：《酒余》P41下；《大系》P261；2：《大系》P261；3：《新出》P36；《大系》P261；4：《新出》P36；5：《新出》P36；《大系》P260）

泰医左府

1a	1b	1b	2
3a	3b	3c	

（1a:《相家》P3;《大系》P261;1b:《相家》P3;2:《大系》P261;3a:《印风》P142;《新官》图4;《印集》P3;《汇考》P7;《大系》P261;3b:《印集》P3;3c:《泥选》）

泰医右府

1a	1b	1c	1c
2a	2b	3	

（1a:《印风》P142;《印集》P2;《汇考》P7;《大系》P261;1b:《印集》P2;

1c：《西博》P80 图一；2a：《汇考》P7；《大系》P261；2b：《泥选》；3：《大系》P261）

□医□府

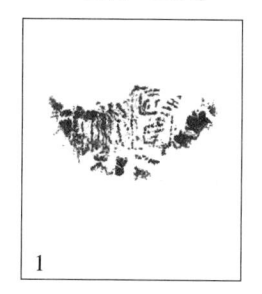

(1：《新出》P37；《大系》P261)

□医□印

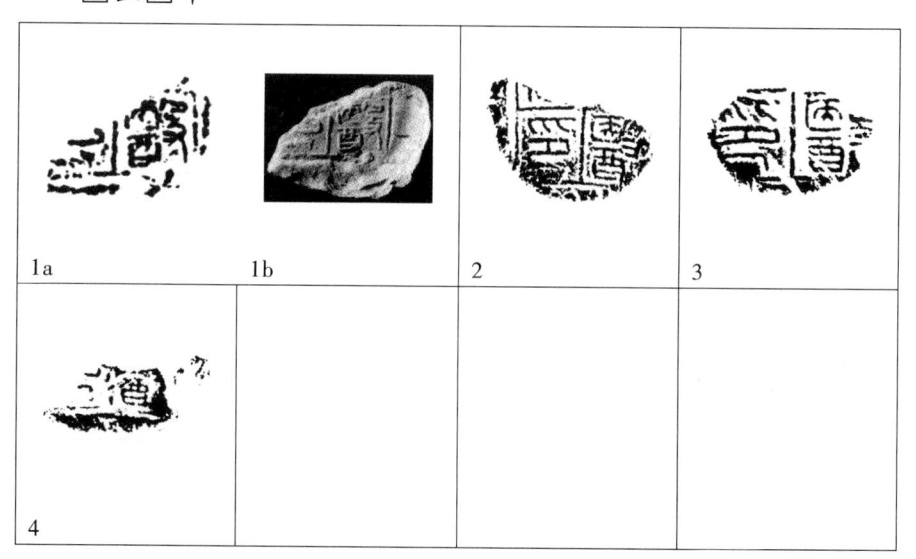

（1a：《新获》P289；《大系》P420；1b：《发掘》图版十八：7；2、3：《新出》P36；4：《新出》P37）

都水

都水丞印

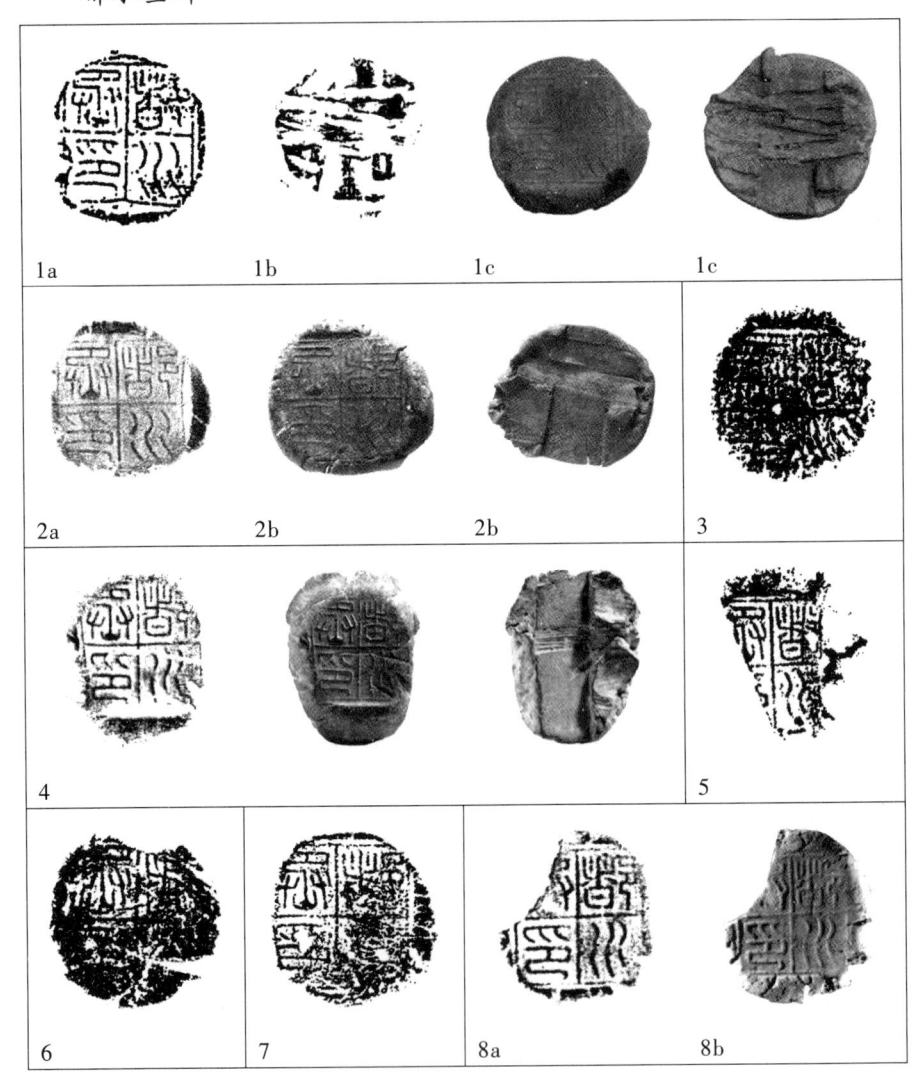

1a　　1b　　1c　　1c

2a　　2b　　2b　　3

4　　　　　　　　5

6　　7　　8a　　8b

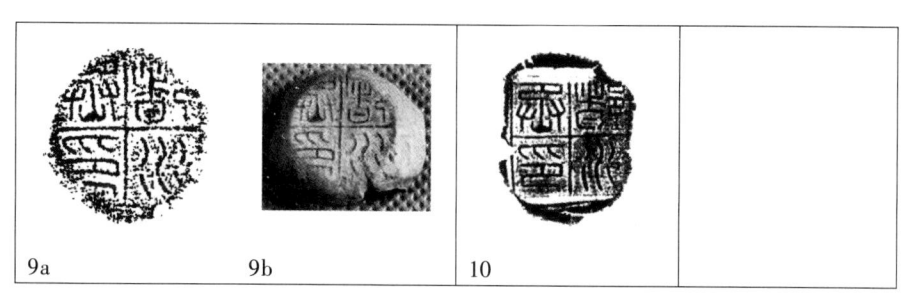

（1a:《选拓》附图;《印考》图 158;《印风》P144;《秦封》P112;《印集》P9;《书集》P122;《汇考》P18;《玺印》P431;《大系》P71; 1b:《印集》P9; 1c:《汇考》图版 P5; 32a:《相家》P3;《大系》P72; 2b:《相家》P3; 3:《秦封》P112;《汇考》P18; 4:《冰斋》P137; 5:《发现》图 11;《图例》P52;《秦封》P112;《汇考》P18; 6:《新出》P10; 7:《大系》P72; 8a:《新获》P287; 8b:《发掘》图九; 9a:《汇考》P18; 9b:《泥选》; 10:《大系》P71）

诸庙寝园

泰上寝印

（1a:《释续》图 60;《印风》P143;《印集》P59;《汇考》P127;《大系》P259; 1b:《印集》P59; 1c:《泥选》; 2:《新出》P36;《大系》P259）

泰上□印

无图，释读见《秦选》P75。

天子寑监

(1:《大系》P267)

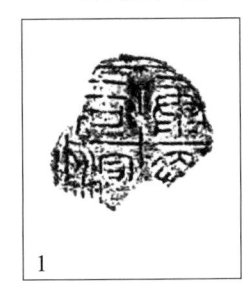

康泰后寑

(1:《新出》P24;《大系》P142)

康泰□寑

1a 1b 1c 1d

(1a:《新官》图26;《印集》P60;《汇考》P127;《玺印》P437;《大系》P143;1b:《印集》P60;1c:《汇考》图版P29;《泥选》;1d:《汇考》图版P29)

康泰□□

1

（1：《新出》P24；《大系》P142）

□□后寖

1

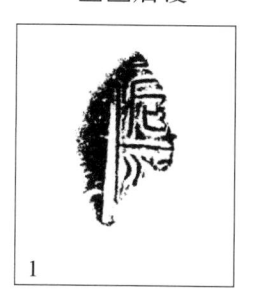

（1：《新出》P24；《大系》P142）

上寖

1a	1b	1c	1d
2	3a	3b	3b

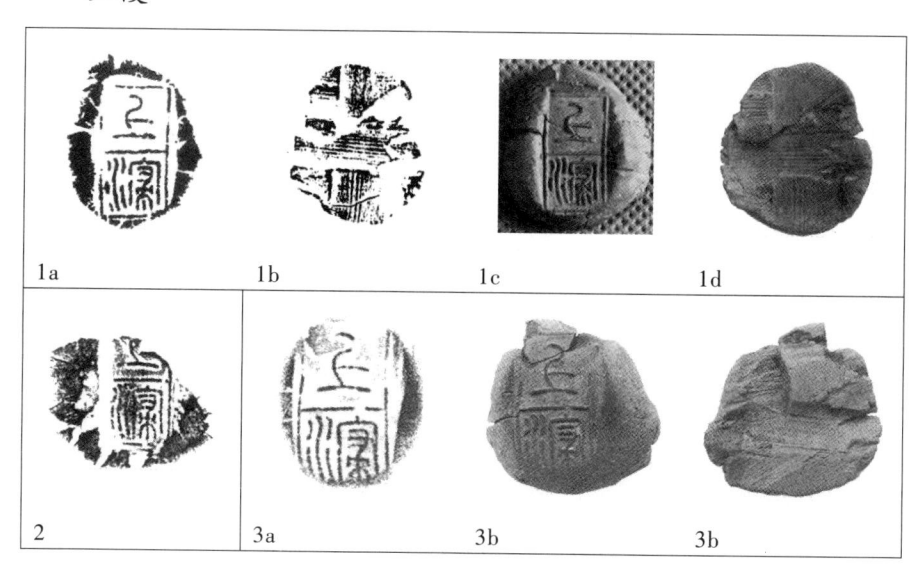

38　上编　中央职官

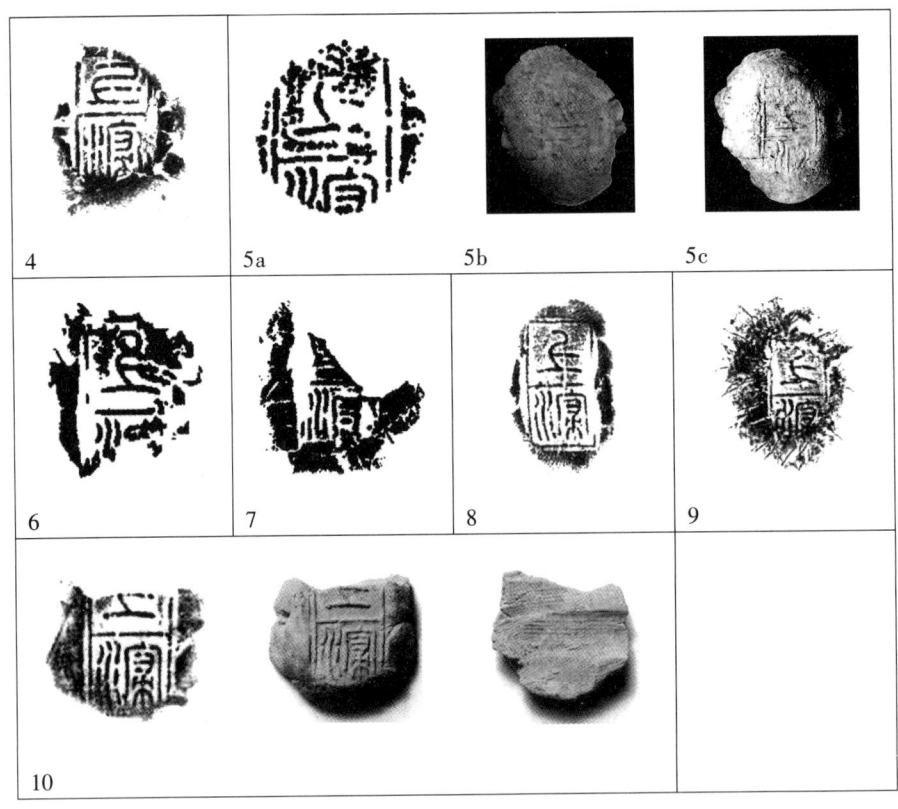

4	5a	5b	5c
6	7	8	9
10			

（1a：《印考》图159；《书法》P38；《秦封》P200；《印集》P59；《书集》P114；《汇考》P126；《玺印》P397；《大系》P209；1b：《印集》P59；1c：《书法》P38；《汇考》图版P29；《泥选》；1d：《书法》P38；《汇考》图版P29；2：《发现》图77；《图例》P55；《秦封》P200；《书集》P114；《汇考》P126；《大系》P208；3a：《相家》P2；《大系》P208；3b：《相家》P2；4：《大系》P209；5a：《秦封》P200；《汇考》P126；5b：《秦封》彩版2；5c：《秦封》图版4；6、7：《秦封》P200；《汇考》P126；8、9：《大系》P208；10：《观二》P23）

孝寝

1a	1b	1b	2

第二章 丞相·三公·九卿 39

| 3a | 3b | 3b | |

（1a：《相家》P2；《大系》P305；1b：《相家》P2；2：《在京》图三：5；《玺印》P397；《大系》P305；3a：《相家》P2；《大系》P305；3b：《相家》P2）

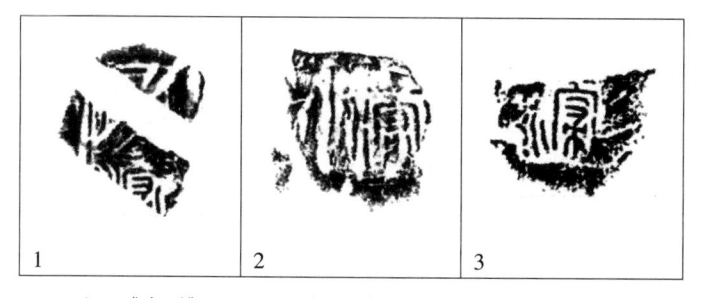

□寔

| 1 | 2 | 3 |

（1：《大系》P55；2：《大系》P209；3：《汇考》P126）
又，无图，释读见《发掘》P529。

□寔□□

| 1 |

（1：《大系》P414）

永陵

1

(1:《大系》P332)

永陵丞印

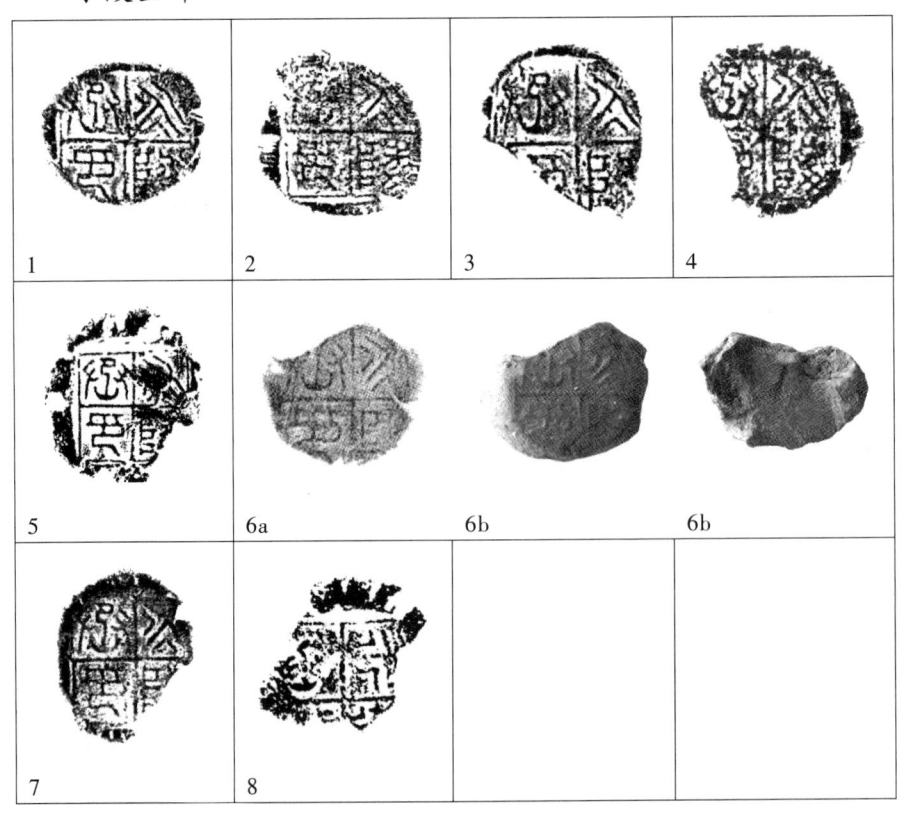

1	2	3	4
5	6a	6b	6b
7	8		

（1:《玺印》P404；《新出》P42；《大系》P333；2、3:《新出》P42；《大系》P333；4:《大系》P333；5:《新选》P117；《大系》P333；6a:《相家》P32；《大系》P333；6b:《相家》P32；7:《于京》图29；《新选》P117；《大系》P333；8:《新出》P86）

永□丞□

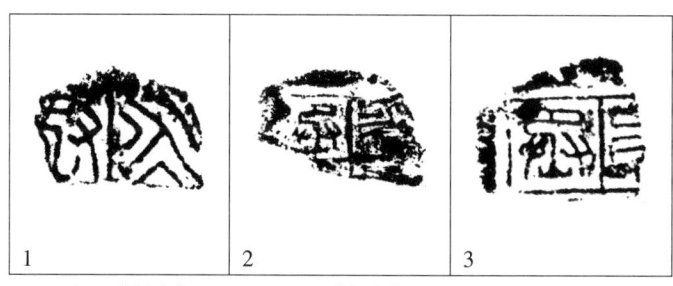

1　2　3

（1：《新出》P42；2、3：《新出》P43）

永□丞印

1

（1：《大系》P333）

寿陵丞印

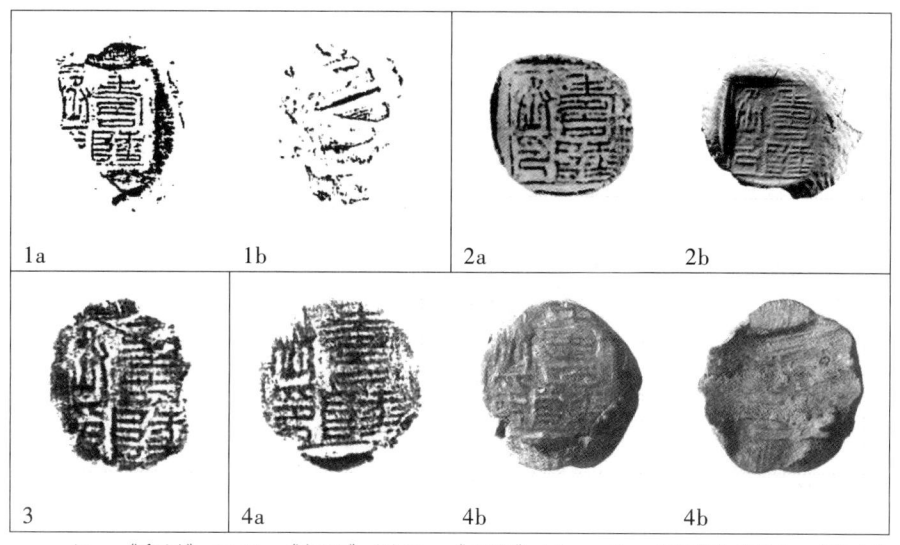

1a　1b　2a　2b

3　4a　4b　4b

（1a：《印风》P149；《新地》图10；《选释》图一：3；《印集》P114；《汇考》

P206；《大系》P224；1b：《印集》P114；2a：《发掘》图一九：5；《新获》P287；《玺印》P407；《大系》P224；2b：《发掘》图版十四：2；3：《于京》图28；《大系》P224；4a：《相家》P32；《大系》P224；4b：《相家》P32）

寿□丞印

（1：《新选》P107；《大系》P224）

寿陵□□

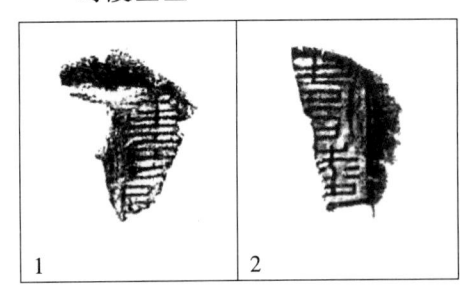

（1：《大系》P224；2：《大系》P225）

寿□丞□

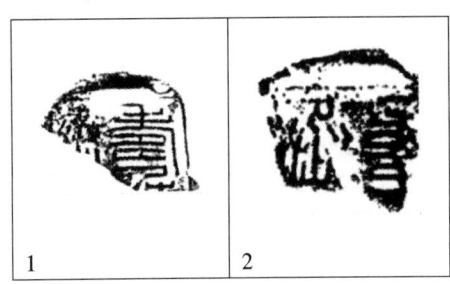

（1：《新出》P31；《大系》P224；2：《新选》P107；《大系》P224）

司陵丞印

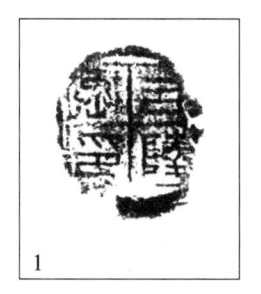

1

（1：《大系》P230）

厨

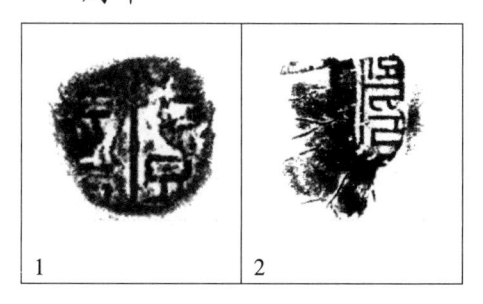

厨印

1　2

（1、2：《大系》P51）

□厨

1

（1：《续封》2.50）

食官

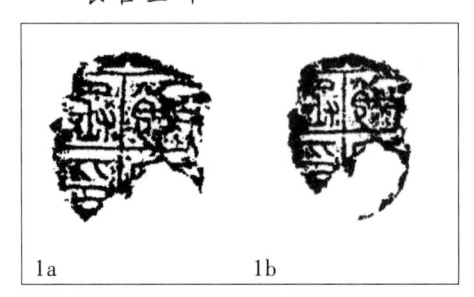

食官丞印

1a　　1b

（1a:《古封》P269;《秦封》P180; 1b:《大系》P241）

右中食室

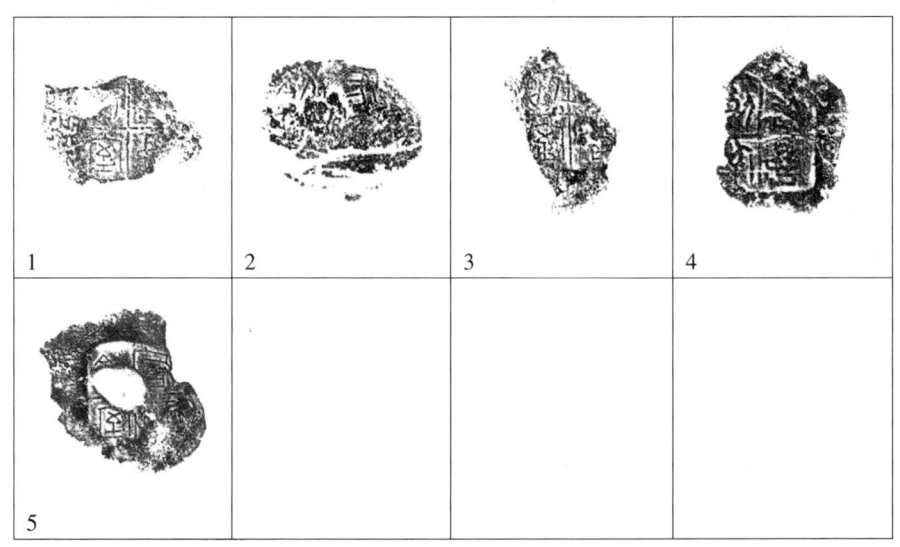

| 1 | 2 | 3 | 4 |
| 5 | | | |

（1—3:《新出》P86;《大系》P341; 4、5:《大系》P341）

右□食丞

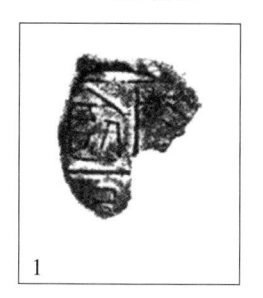

1

（1：《大系》P341）

甘泉食官

1

（1：《大系》P84）

丽山食官

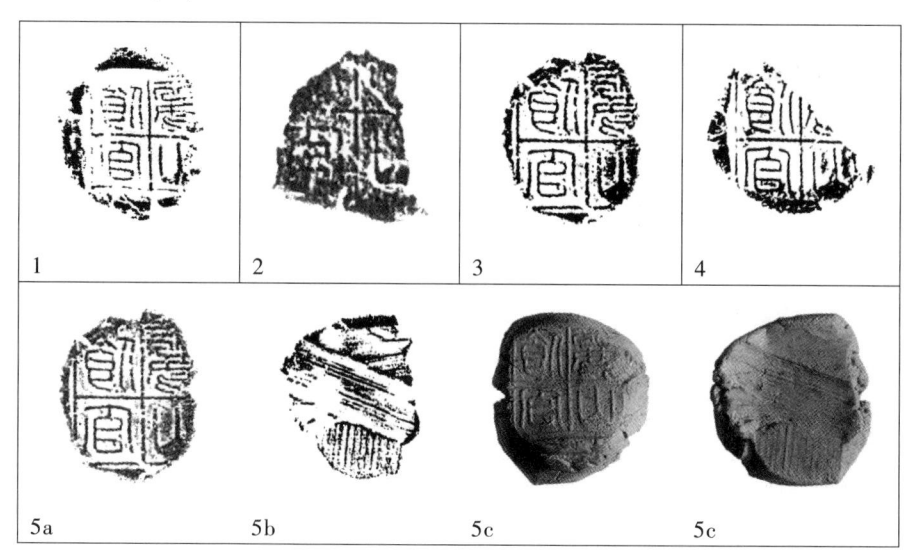

1	2	3	4
5a	5b	5c	5c

46 上编 中央职官

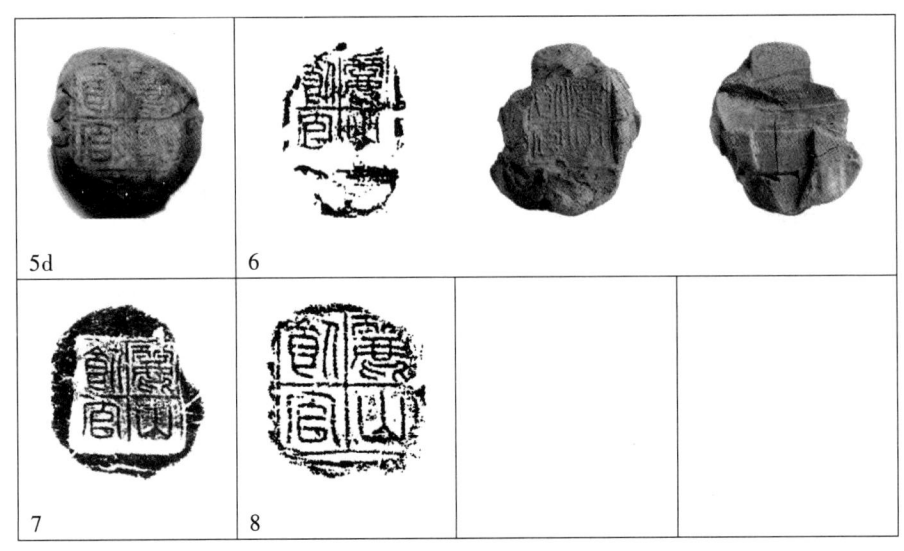

(1:《汇考》P11;《大系》P154;2:《大系》P154;3:《新出》P24;4:《新出》P24;《大系》P154;5a:《书法》P34;《印风》P162;《印集》P6;《汇考》P11;《玺印》P440;《大系》P154;5b:《印集》P6;5c:《书法》P34;《汇考》图版P3;5d:《泥选》;6:《上封》P46;7:《大系》P154;8:《新出》P24;《大系》P154)

□山□官

(1:《新出》P70;《大系》P154)

阴阳

阴阳

1

（1：《大系》P329）

礜桃支

礜丞

1　2

（1：《大系》P358；2：《大系》P431）

礜桃支印

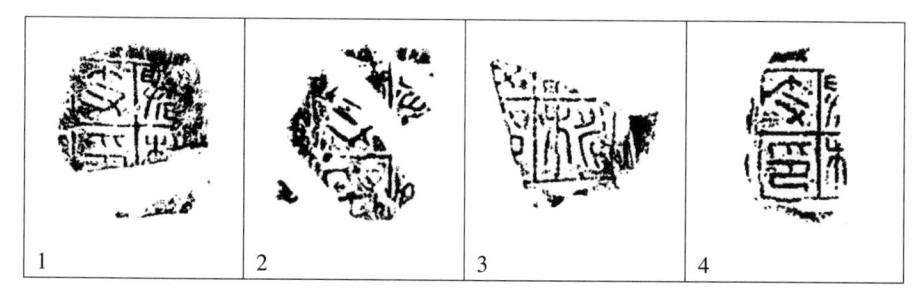

1　2　3　4

48　上编　中央职官

![印]5			

（1：《新出》P45；《大系》P358；2：《新出》P46；《大系》P358；3：《新出》P94；《大系》P359；4：《在京》图四：20；《玺印》P432；《大系》P358；5：《大系》P358）

礜桃□印

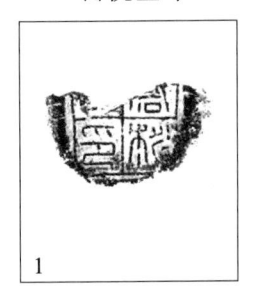

1

（1：《大系》P358）

礜□支印

1

（1：《大系》P358）

第二章　丞相·三公·九卿　49

礜□支□

1

（1：《大系》P358）

礜桃□□

1

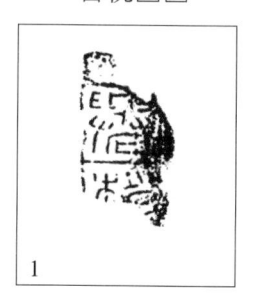

（1：《新出》P46；《大系》P359）

左礜桃支

| 1a | 1b | 1b | 2 |
| 3a | 3b | 3c | 3c |

（1a：《青泥》P25；《大系》P398、P399；1b：《青泥》P25；2：《秦封》P226；《汇考》P246；《大系》P399；3a：《补读》图27；《续考》图226；《印风》P127；《秦封》P226；《印集》P155；《书集》P132；《汇考》P246；《玺印》P432；《大系》P399；3b：《印集》P155；3c：《汇考》图版P72；4：《上封》P58；5：《大系》P399）

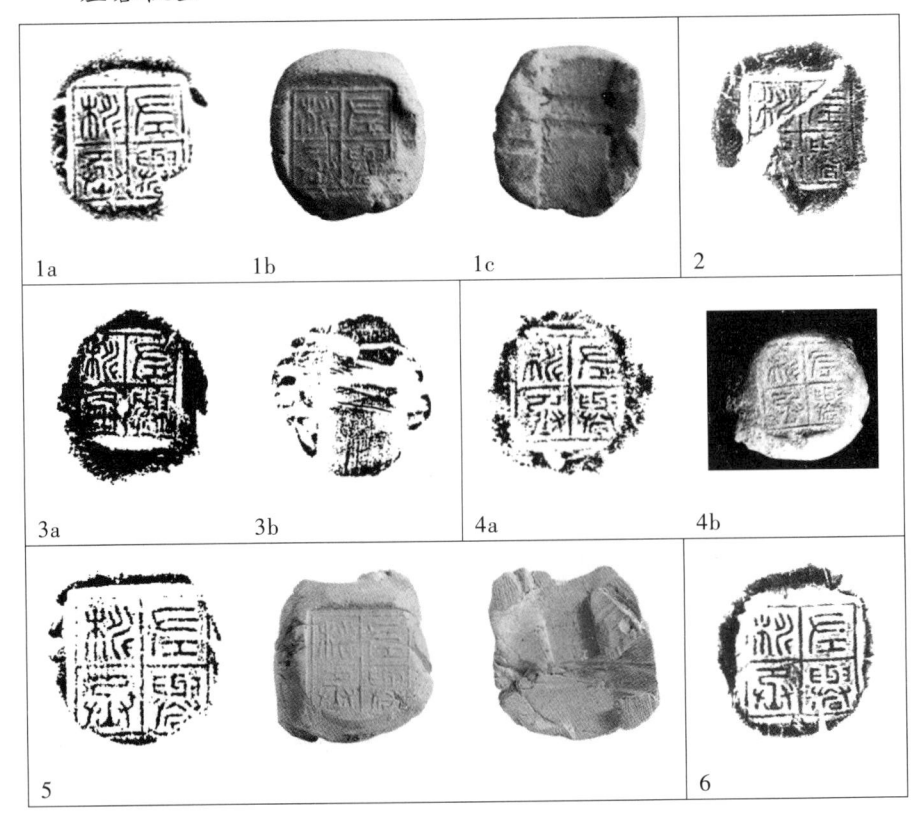

左礜桃丞

第二章　丞相・三公・九卿　51

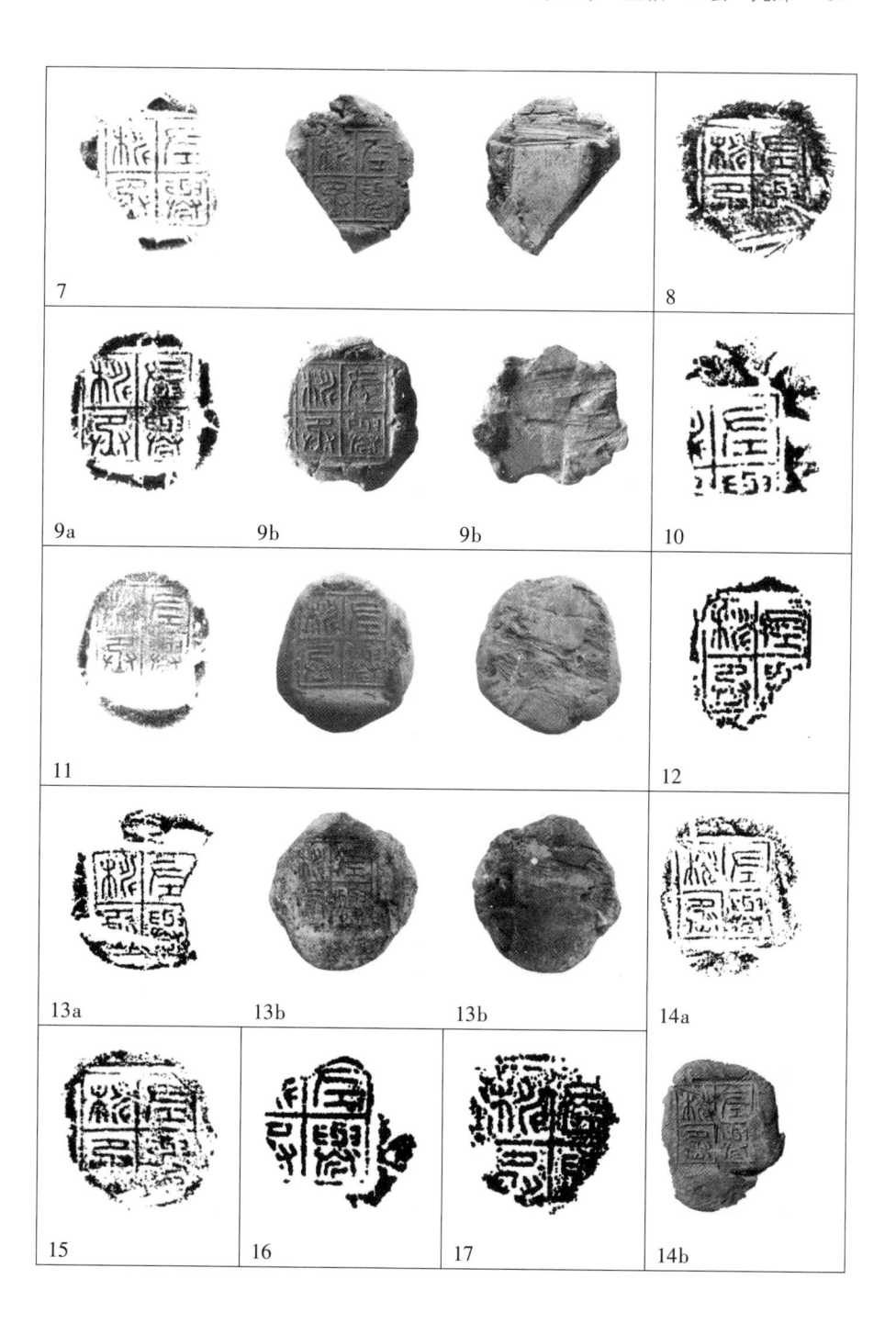

7

8

9a　9b　9b　10

11

12

13a　13b　13b　14a

15　16　17　14b

18	19		
20			

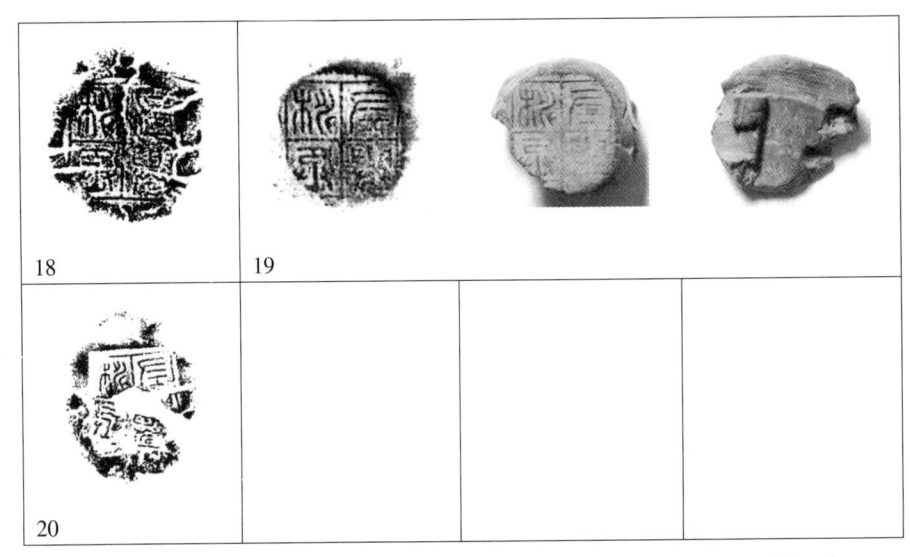

（1a：《青泥》P25；《秦选》P93；《大系》P398；1b：《青泥》P25；《秦选》P93；1c：《青泥》P25；2：《大系》P398；3a：《印集》P156；《汇考》P247；《大系》P398；3b：《印集》P156；4a：《图例》P55；《秦封》P227；《书集》P132；《汇考》P247；《玺印》P432；《大系》P398；4b：《秦封》图版3；5：《上封》P58；6：《大系》P398；7：《相家》P29；8：《大系》P398；9a：《相家》P29；《大系》P398；9b：《相家》P29；10：《秦封》P227；《汇考》P247；11：《相家》P29；12：《秦封》P227；《汇考》P247；13a：《印风》P127；《汇考》P246；《大系》P398；13b：《汇考》图版P73；14a：《秦封》P227；《汇考》P247；14b：《西大》P79；15—18、20：《秦封》P227；《汇考》P247；19：《观三》P27）

左礜桃□

1

（1：《秦封》P227）

左礜□□

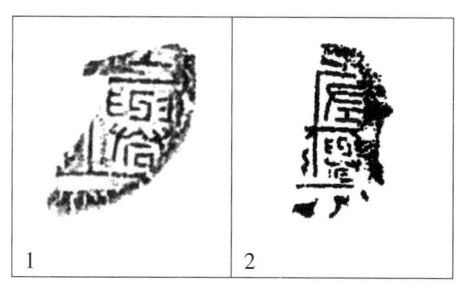

1 2

(1:《大系》P399；2:《秦封》P227；《汇考》P247)

左□桃□

1

(1:《酒余》P51)

右礜桃支

1a 1b 2 3

4

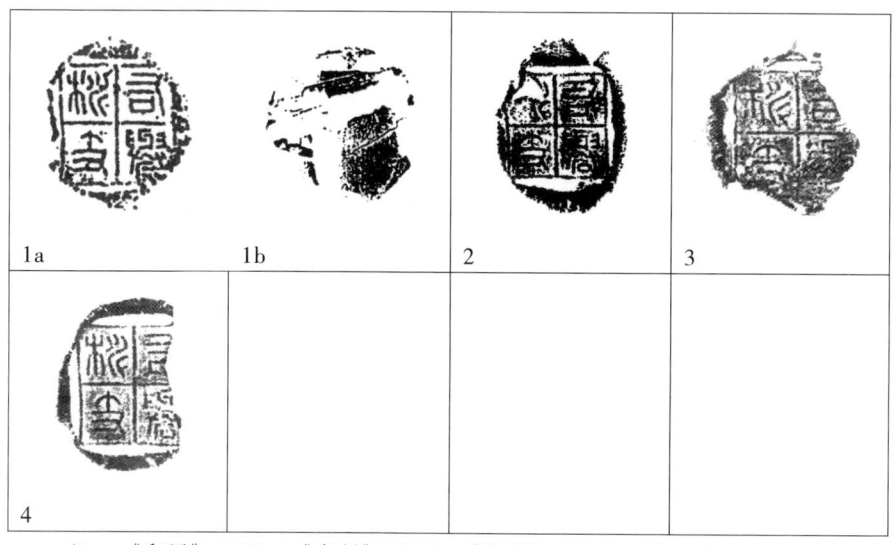

(1a:《印风》P127；《秦封》P226；《印集》P155；《汇考》P246；《玺印》

P432；《大系》P340；1b：《印集》P155；2：《汇考》P246；《大系》P340；3：《酒余》P46 上；《大系》P340；4：《大系》P340）

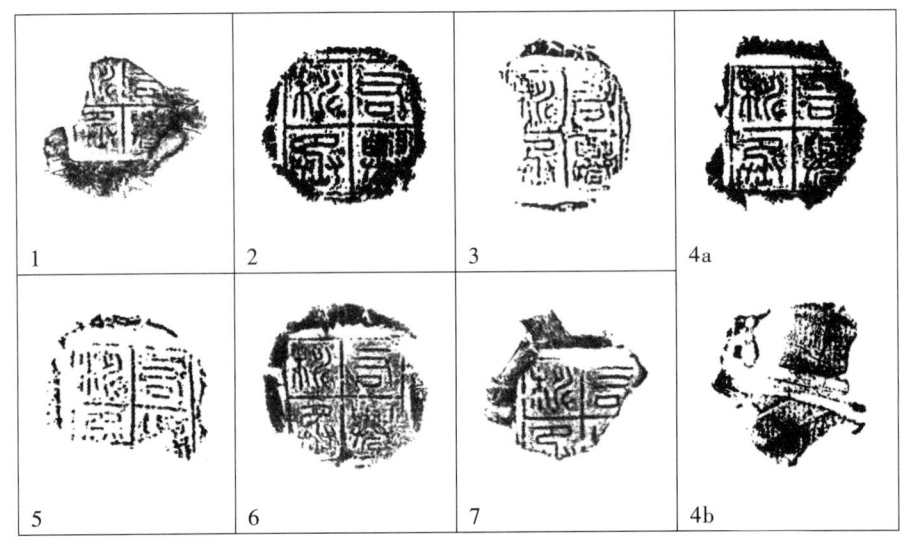

右礜桃丞

（1：《发现》图 101；《图例》图 104；《秦封》P228；《书集》P132；《汇考》P248；《大系》P339；2：《印风》P127；《汇考》P248；《大系》P340；3：《秦封》P228；《玺印》P431；《大系》P340；4a：《印集》P156；《汇考》P248；《大系》P340；4b：《印集》P156；5：《秦封》P228；《大系》P339；6：《大系》P339；7：《秦封》P228；《汇考》P248；《大系》P340）

右礜桃□

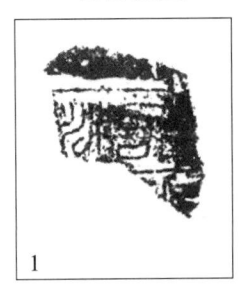

（1：《酒余》P45 下；《大系》P340）

第二章 丞相·三公·九卿 55

□礜桃支

1

(1:《大系》P399)

□□桃支

| 1a | 1b | 1b | 2 |

(1a:《相家》P29;《大系》P422;1b:《相家》P29;2:《酒余》P51;《大系》P399、P422)

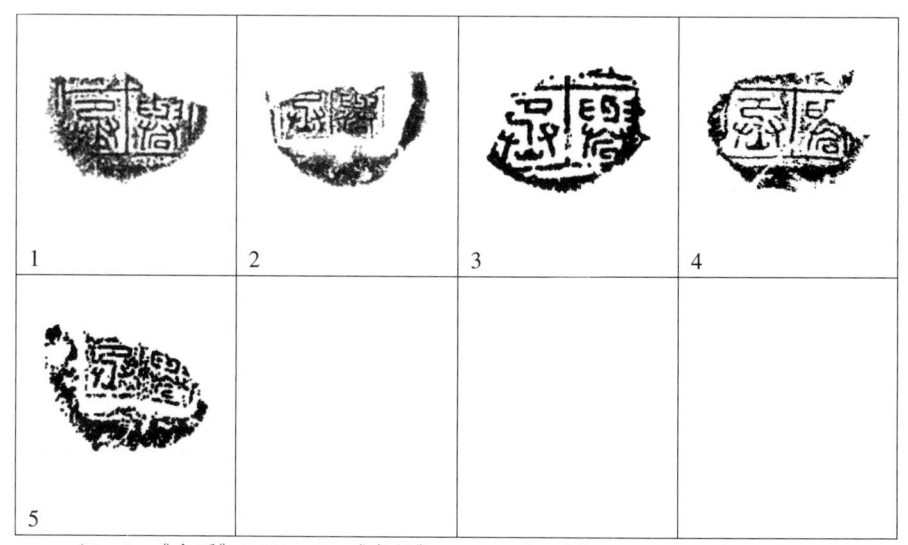

□礜□丞

| 1 | 2 | 3 | 4 |
| 5 | | | |

(1、2:《大系》P422;3:《秦封》P227;《汇考》P247;4:《新选》P122;5:

《秦封》P228；《汇考》P248）

□礜□□

1　2

（1：《新出》P54；《大系》P422；2：《大系》P422）

桃中

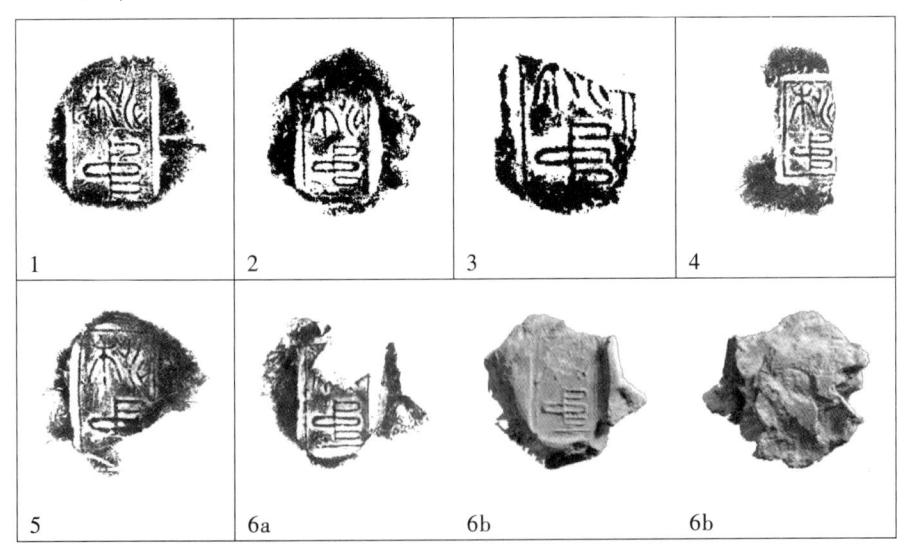

1　2　3　4
5　6a　6b　6b

（1、2：《新选》P109；《大系》P265；3：《酒余》P41下；《大系》P264；4、5：《大系》P264；6a：《精品》P42；《大系》P264；6b：《精品》P42）

□中

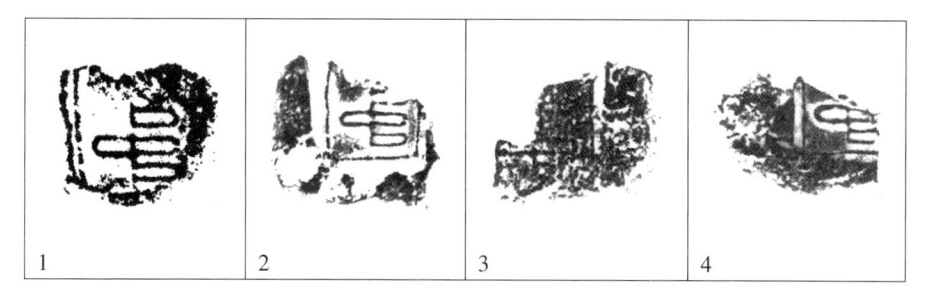

| 1 | 2 | 3 | 4 |

（1：《酒余》P42 上；《大系》P265；2、3：《大系》P265；4：《大系》P264）

雎祠

雎祠丞印

| 1a | 1b | 1c | 1d |

（1a：《印风》P152；《释续》图 42；《印集》P5；《汇考》P10；《玺印》P421；《大系》P332；1b：《印集》P5；1c：《汇考》图版 P3；《泥封》；1d：《汇考》图版 P3）

五　郎中令

大夫

旞大夫

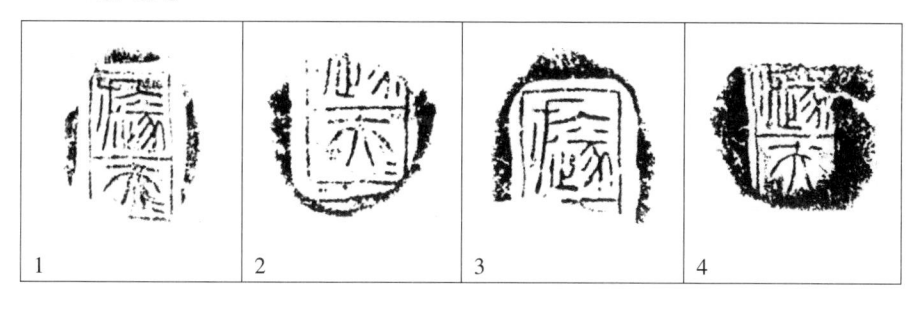

| 1 | 2 | 3 | 4 |

58　上编　中央职官

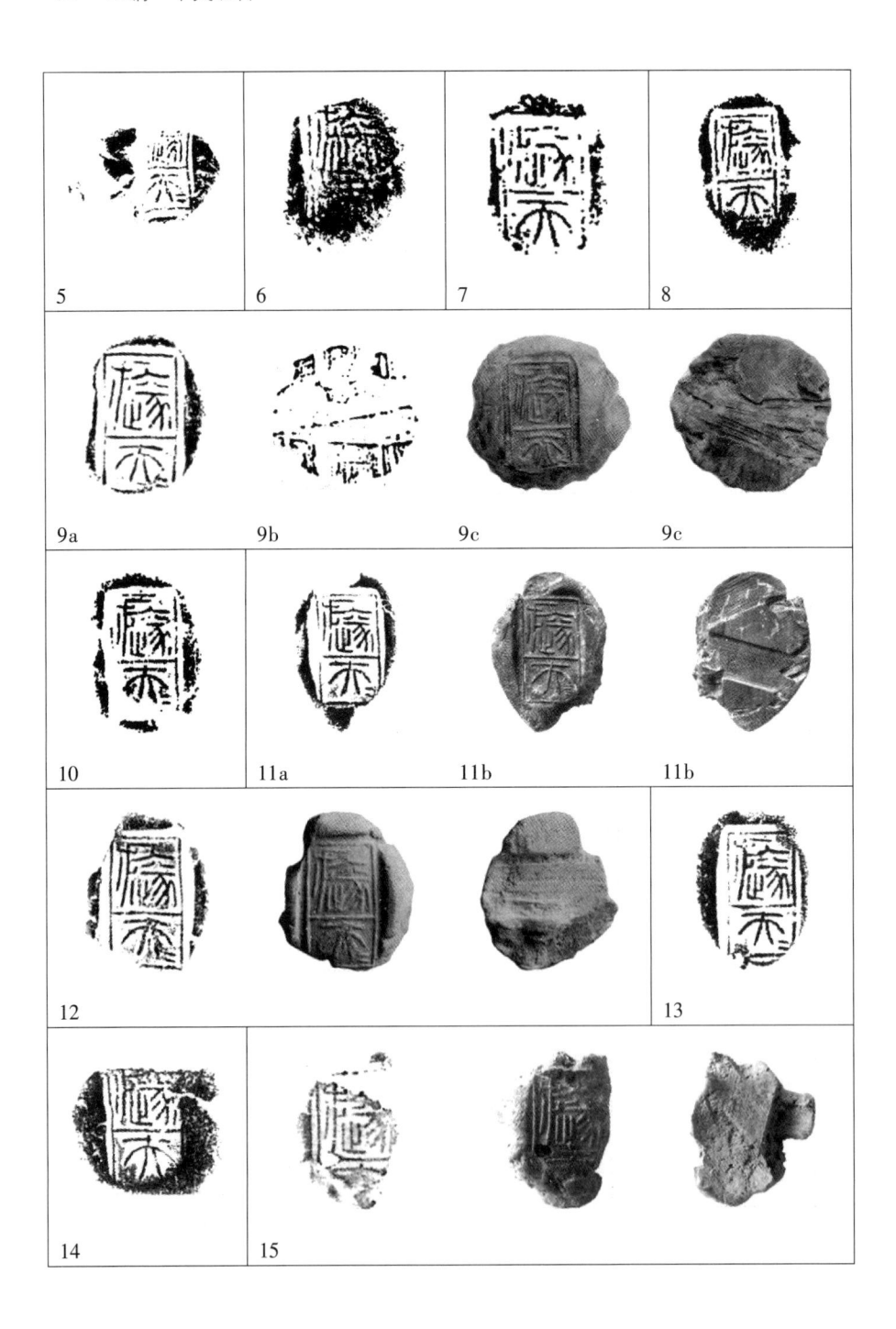

5

6

7

8

9a

9b

9c

9c

10

11a

11b

11b

12

13

14

15

16	17		

（1：《新出》P35；《大系》P242；2：《新出》P35；3：《新出》P35；《大系》P242；4—6：《新出》P77；7：《补读》图32；《秦封》P236；《汇考》P168；《玺印》P391；《大系》P242；8：《释续》图57；《汇考》P168；《大系》P242；9a：《书法》P33；《印集》P87；《汇考》P168；《大系》P242；9b：《印集》P87；9c：《书法》P33；《汇考》图版P42；10：《汇考》P168；《大系》P242；11a：《相家》P29；《大系》P242；11b：《相家》P29；12a：《青泥》P26；《大系》P242；12b：《青泥》P26；13、14：《大系》P242；15：《相家》P29；16：《大系》P242；17：《补读》图32；《秦封》P236；《汇考》P168）

郎

郎中丞印

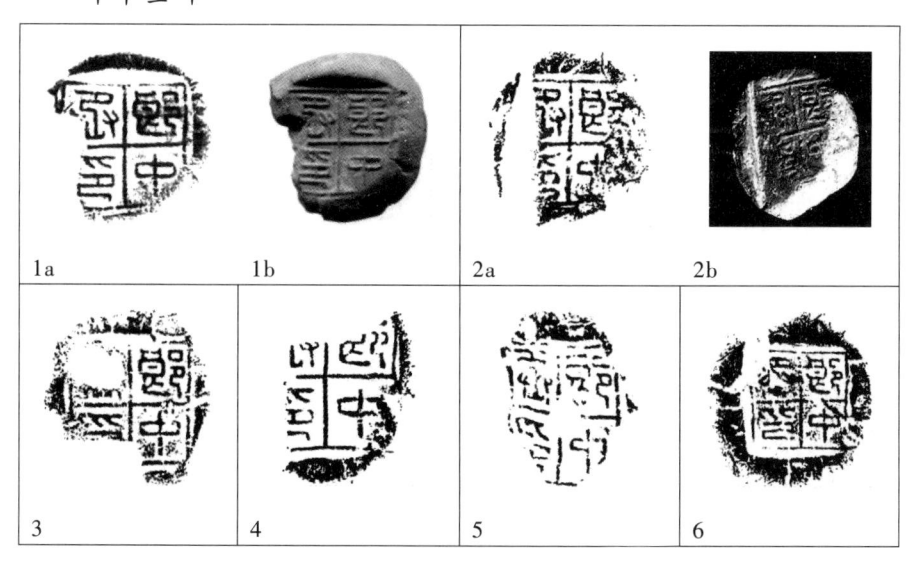

1a	1b	2a	2b
3	4	5	6

60　上编　中央职官

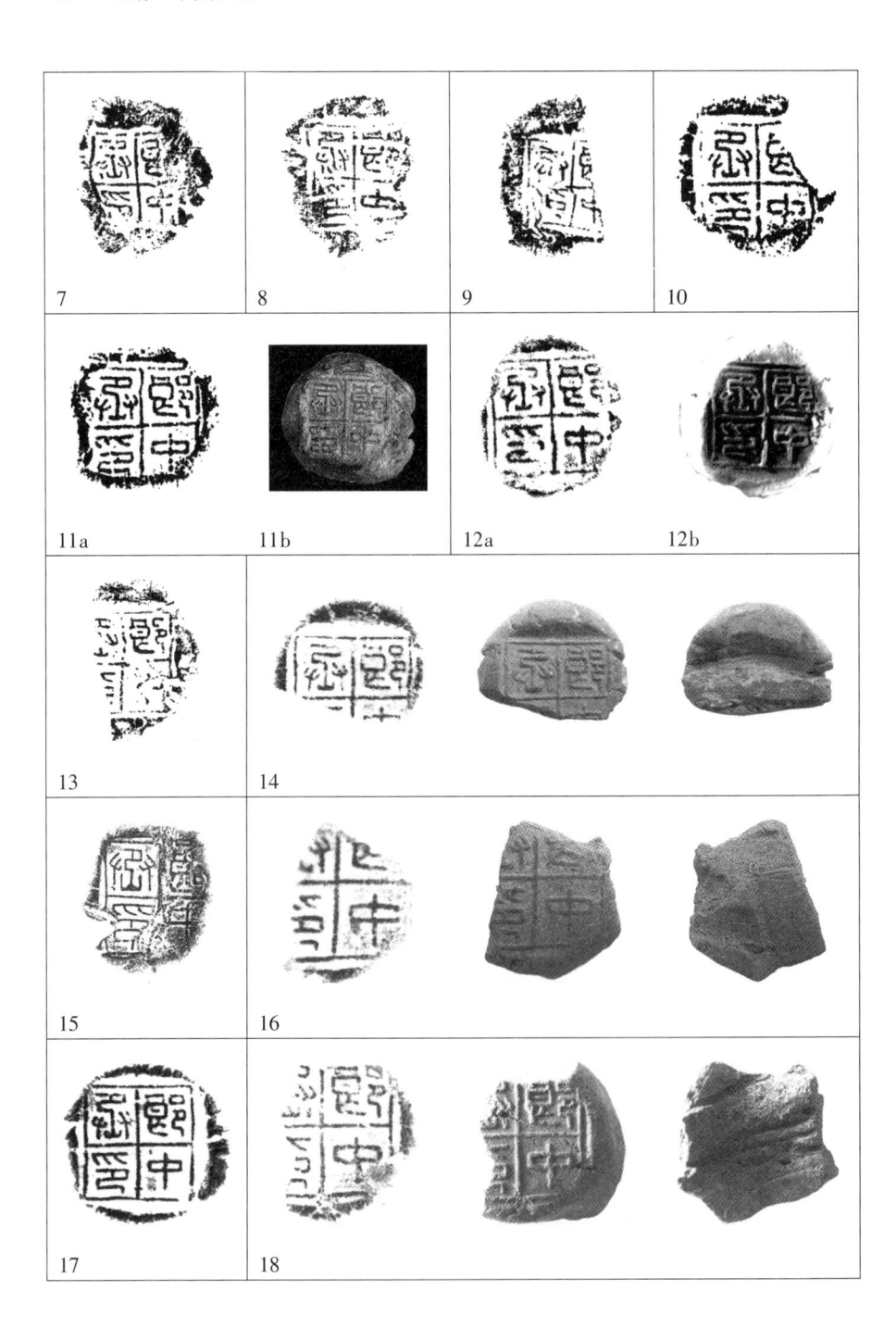

7

8

9

10

11a

11b

12a

12b

13

14

15

16

17

18

第二章　丞相・三公・九卿　61

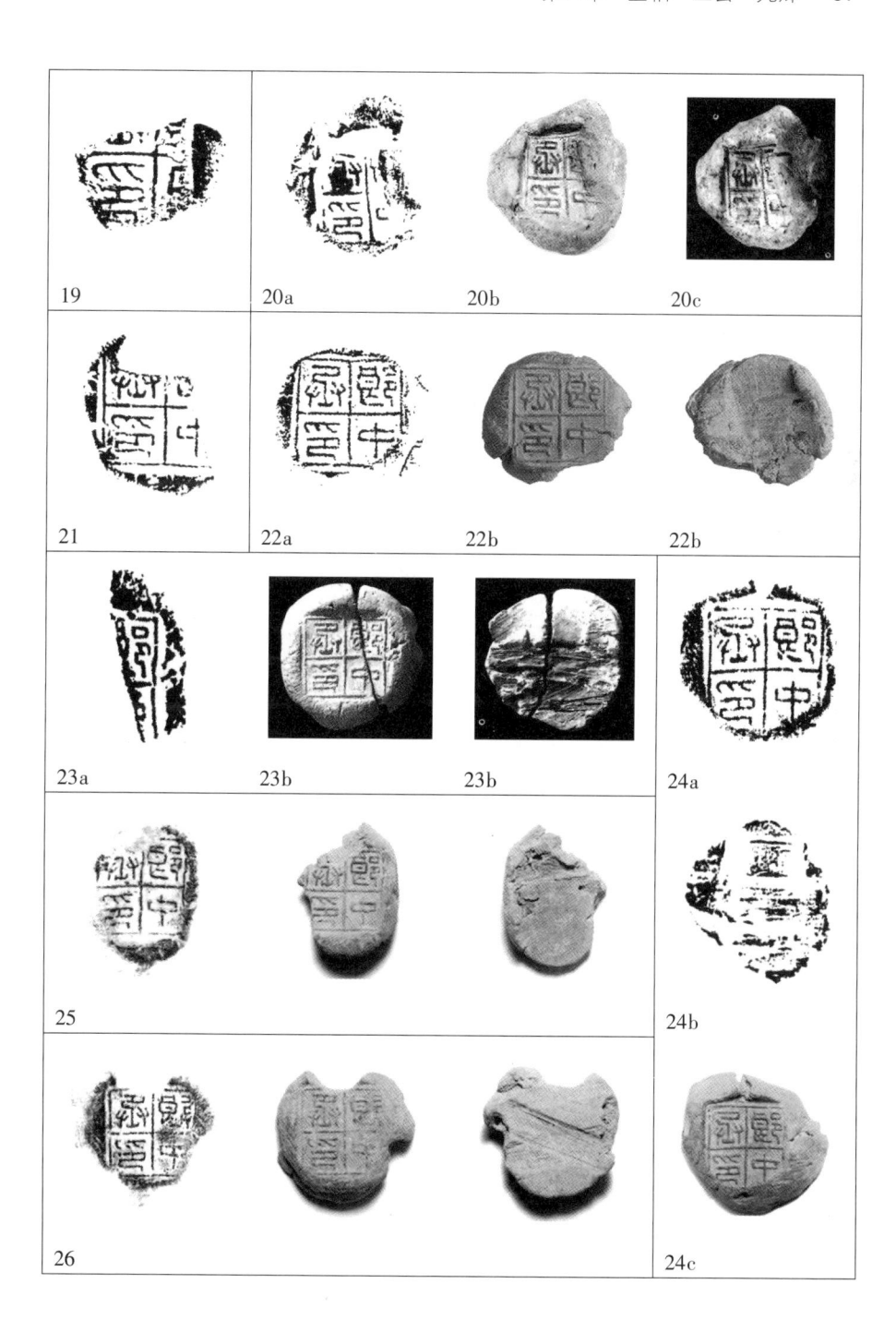

19　20a　20b　20c

21　22a　22b　22b

23a　23b　23b　24a

25　24b

26　24c

（1：《新出》P24；《秦选》P84；《大系》P146；1b：《秦选》P84；2a：《秦封》P113；《汇考》P20；2b：《秦封》图版2；3、4：《秦封》P113；《汇考》P20；5：《新出》P24；6：《秦封》P113；《汇考》P20；《大系》P146；7：《发现》图6；《图例》P52；《书集》P115；《秦封》P113；《汇考》P20；《大系》P146；8、9：《秦封》P113；《汇考》P20；10：《秦封》P113；《汇考》P20；11a：《秦封》P113；《汇考》P20；《大系》P146；11b：《秦封》彩版1；12a：《发掘》图一七：12；《大系》P146；12b：《发掘》图版十一：2；13：《秦封》P113；《汇考》P21；14：《相家》P4；15：《新出》P24；《大系》P147；16：《相家》P4；17：《大系》P146；18：《相家》P3；19：《新出》P70；20a：《秦封》P114；《汇考》P20；20b：《问陶》P154；20c：《秦封》图版5；21：《新出》P24；22a：《选拓》附图；《印风》P131；《书法》P35；《书集》P114；《汇考》图版P6；22b：《书法》P35；《汇考》图版P6；23a：《秦封》P114；《汇考》P21；23b：《秦封》图版6；24a：《印集》P10；《汇考》P19；《大系》P146；24b：《印集》P10；24c：《泥选》；25：《观三》P31；26：《观三》P42；27：《汇考》P20；《大系》P146）

又：《发掘》P534《出土封泥登记表》2000CH相1T2③：62、68共2枚均为"郎中丞印"。

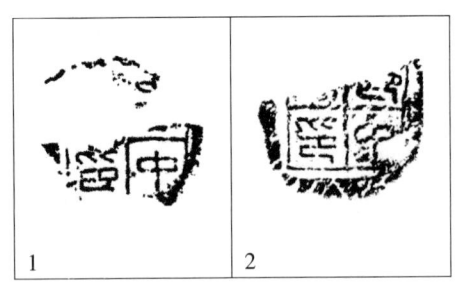

郎中□印

（1：《秦封》P114；《汇考》P21；2：《新出》P24）

郎□丞印

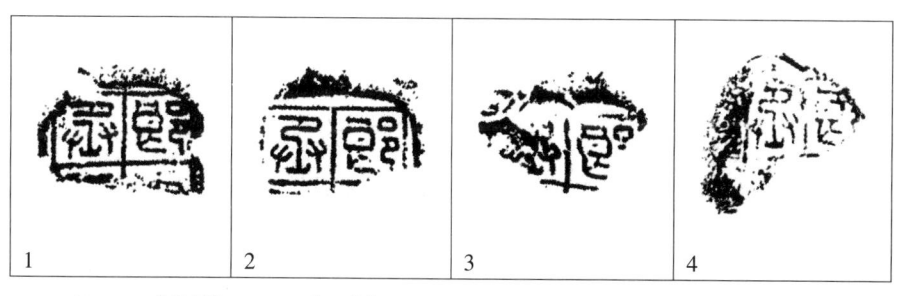

| 1 | 2 | 3 | 4 |

（1—3：《秦封》P114；《汇考》P21；4：《新出》P24）

郎中□□

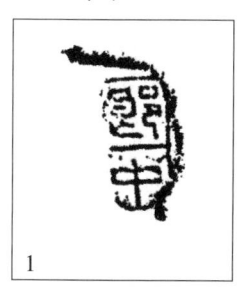

| 1 |

（1：《秦封》P114；《汇考》P21）

□中□印

| 1 | 2 | 3 | 4 |

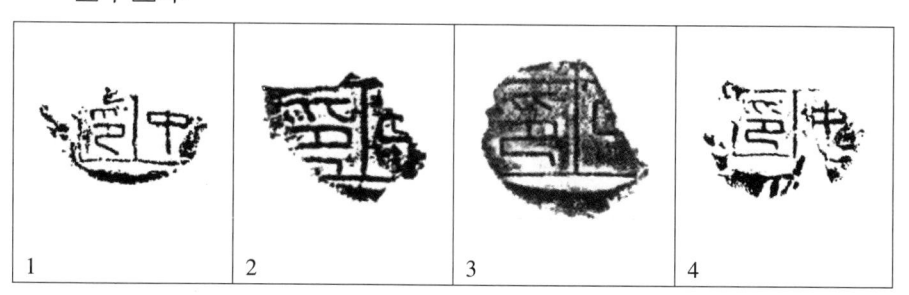

（1：《酒余》P32；2、3：《大系》P424；4：《新出》P24）

64 上编 中央职官

郎中左田

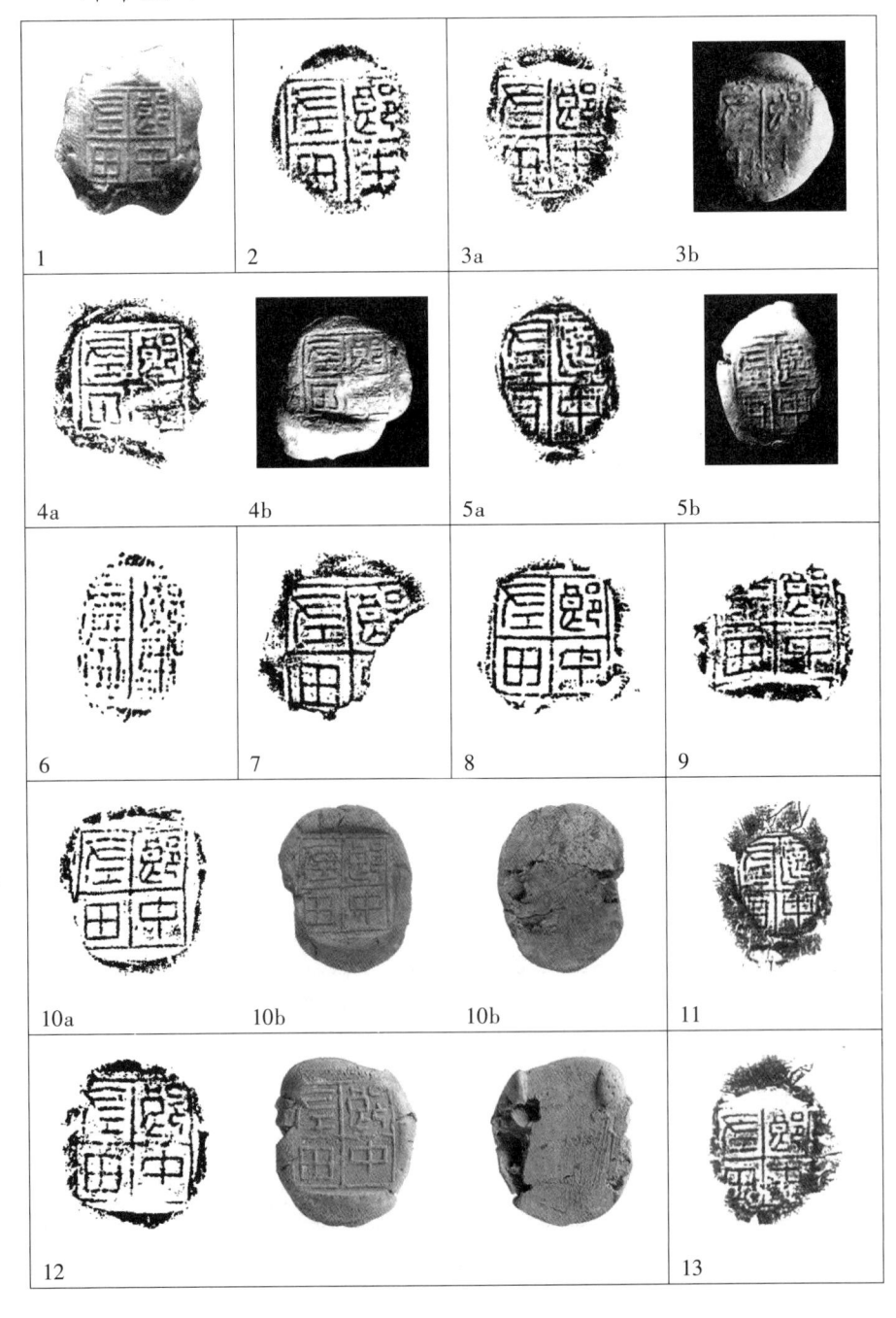

1
2
3a
3b
4a
4b
5a
5b
6
7
8
9
10a
10b
10b
11
12
13

第二章　丞相·三公·九卿　65

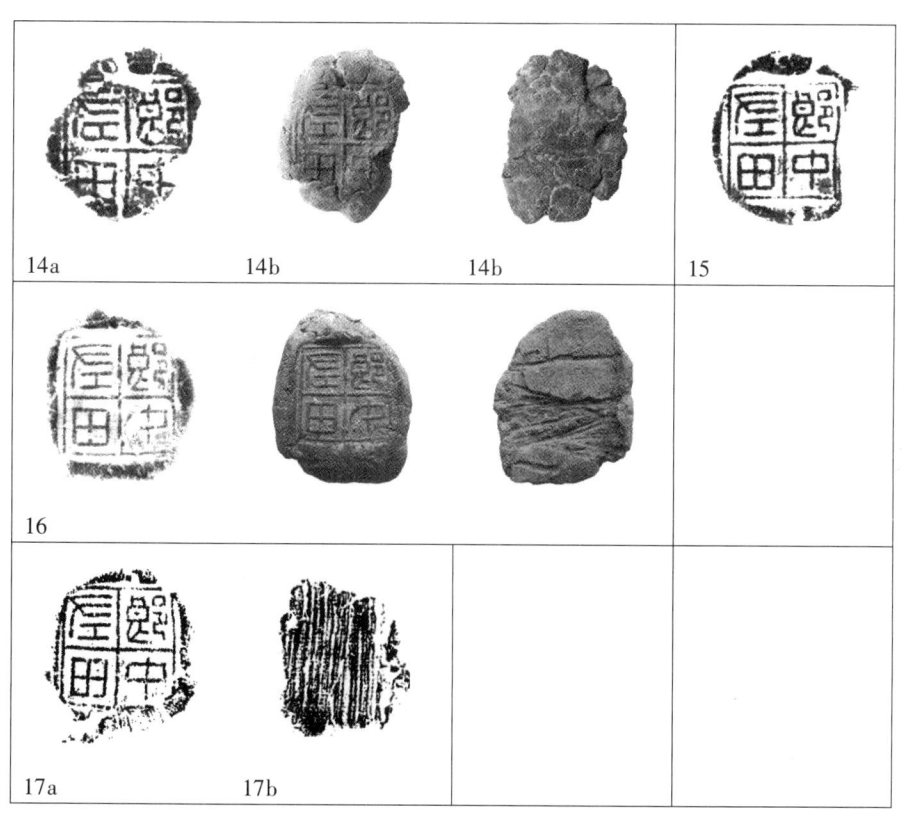

14a	14b	14b	15
16			
17a	17b		

（1：《书集》P118；2：《汇考》P22；《大系》P147；3a：《发现》图12；《图例》P52；《秦封》P115；《书集》P118；《汇考》P22；3b：《秦封》彩版3；4a：《秦封》P115；《汇考》P22；4b：《秦封》图版2；5a：《秦封》P114；《汇考》P22；5b：《秦封》图版2；6：《秦封》P115；《汇考》P22；7：《秦封》P114；《汇考》P22；8：《印风》P131；9：《新出》P24；10a：《秦封》P114；《书法》P35；《书集》P118；《汇考》P22；《大系》P147；10b：《书法》P35；《汇考》图版P6；11：《大系》P148；12：《上封》P47；13：《大系》P148；14a：《相家》P4；《大系》P148；14b：《相家》P4；15：《大系》P147；16：《相家》P4；17a：《印集》P10；《汇考》P22；《大系》P147；17b：《印集》P10）

郎中西田

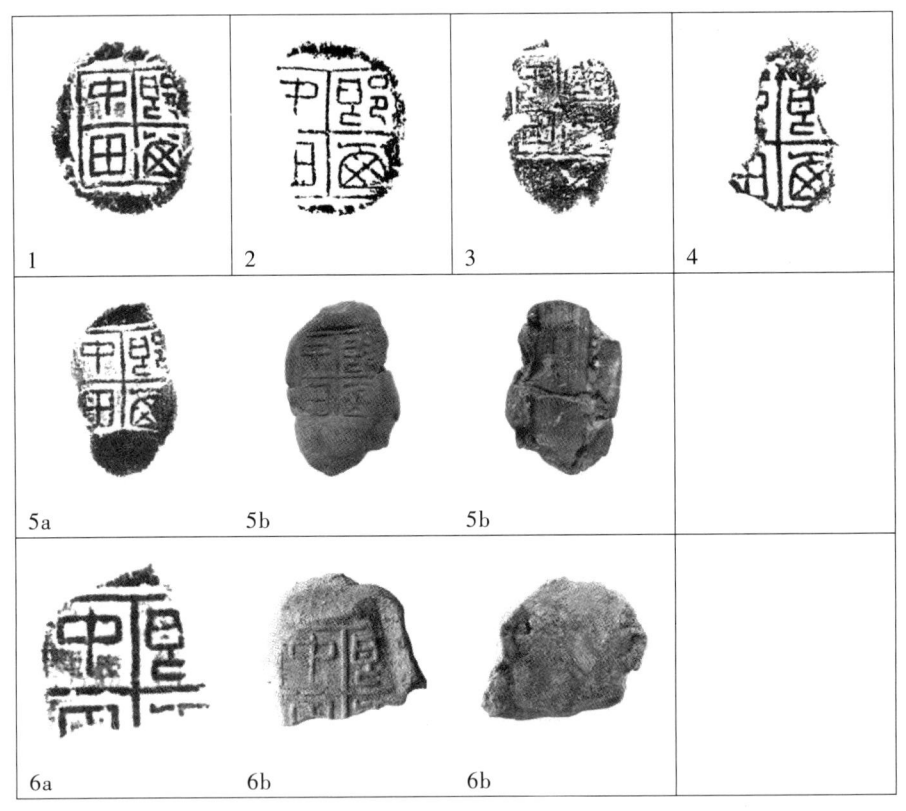

1	2	3	4
5a	5b	5b	
6a	6b	6b	

（1：《在京》图一：5；《玺印》P435；《大系》P147；2：《新出》P24；3：《新出》P24；《大系》P147；4：《大系》P147；5a：《相家》P5；《大系》P147；5b：《相家》P5；6a：《相家》P5；《大系》P147；6b：《相家》P5）

郎中□□

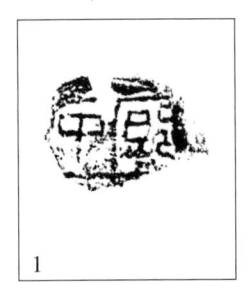

1

（1：《新出》P24；《大系》P147）

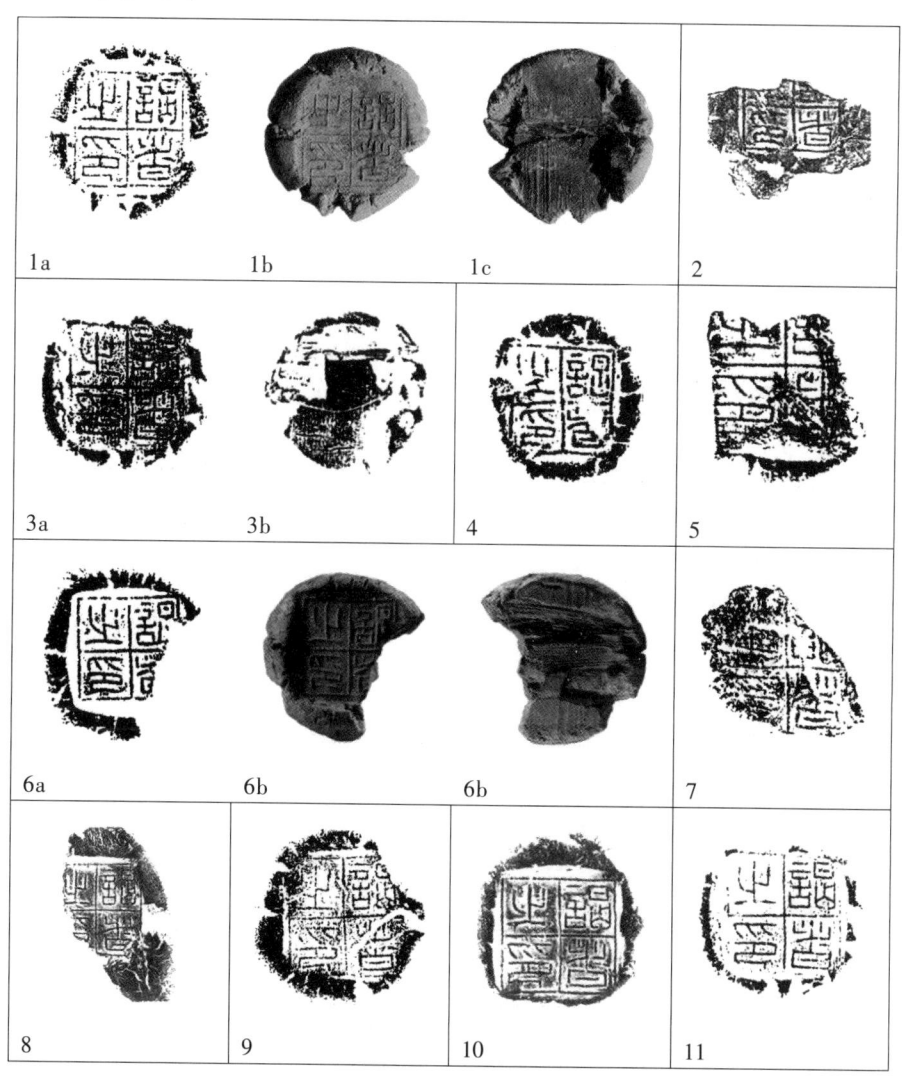

谒者

谒者之印

1a	1b	1c	2
3a	3b	4	5
6a	6b	6b	7
8	9	10	11

68　上编　中央职官

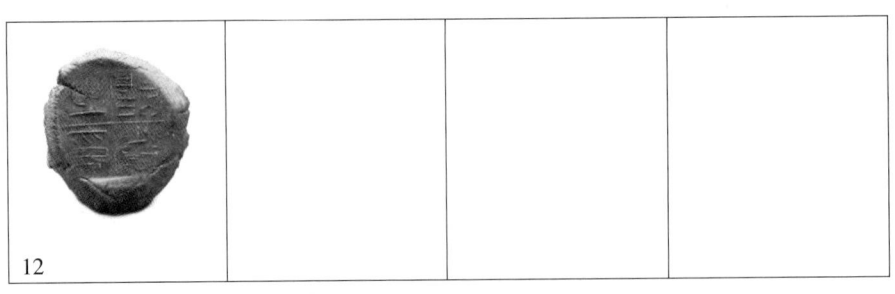

12

（1a：《印考》图160；《印风》P134；《秦封》P115；《书法》P40；《书集》P115；《汇考》P152；《大系》P325；1b：《书法》P40；《汇考》图版P37；《泥选》；1c：《书法》P40；《汇考》图版P37；2：《发现》图54；《图例》P54；《秦封》P115；《汇考》P152；《玺印》P441；《大系》P326；3a：《印集》P76；《汇考》P152；3b：《印集》P76；4：《汇考》P152；《大系》P325；5、7：《新出》P42；6a：《汇考》P152；《大系》P325；6b：《西博》P84图六；8：《大系》P325；9：《新出》P85；《玺印》P441；《大系》P325；10：《大系》P325；11：《大系》P325；12：《秦业》P35）

谒□之印

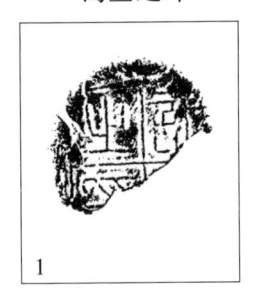

1

（1：《新出》P85；《大系》P325）

谒□之□

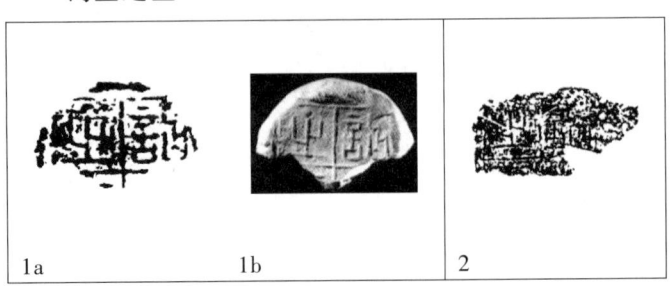

1a　　1b　　2

（1a：《发掘》图十八：14；《新获》P289；《大系》P326；1b：《发掘》图版十三：4；2：《新出》P85）

谒者丞印

1a　　　1b　　　1b

(1a:《相家》P5;《大系》P325;1b:《相家》P5)

西方谒者

西方谒者

1a　　　1b　　　1c　　　1c

2　　　　　　　　　　　3

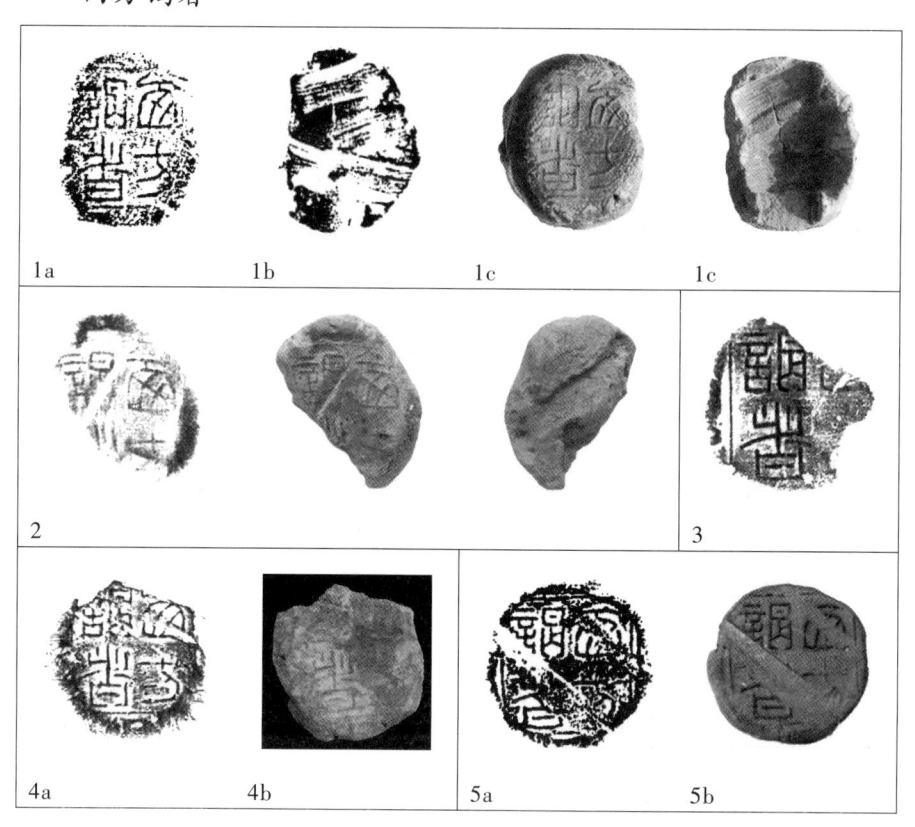

4a　　　4b　　　5a　　　5b

70　上编　中央职官

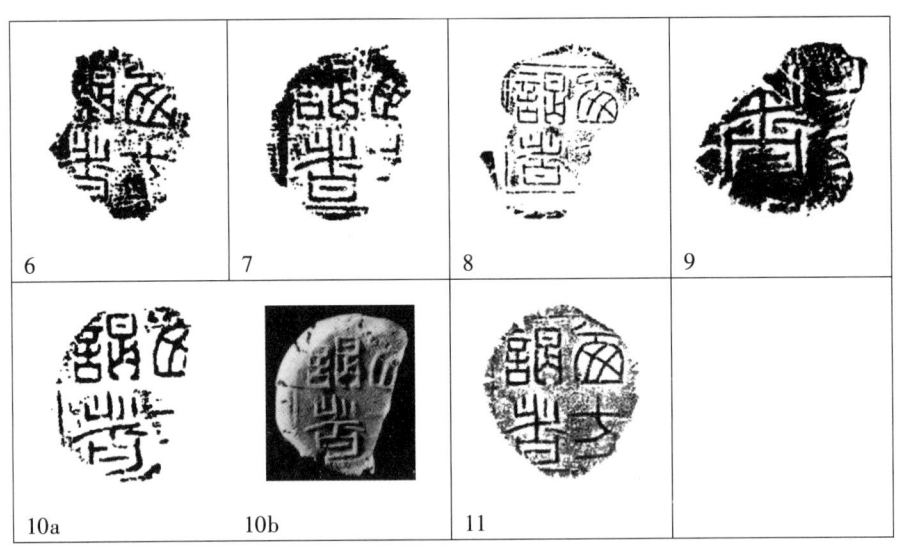

6	7	8	9
10a	10b	11	

（1a：《印风》P134；《上封》P86；《印集》P77；《汇考》P153；《大系》P285；1b：《印集》P77；1c：《汇考》图版P38；2：《相家》P5；3：《新出》P38；《大系》P286；4a：《发现》图55；《秦封》P223；《书集》P115；《汇考》P153；《大系》P286；4b：《秦封》彩版2；5a：《秦封》P223；《汇考》P153；《玺印》P441；《大系》P286；5b：《问陶》P157；6：《汇考》P153；《大系》P285；7：《汇考》P153；《大系》P286；8：《新出》P38；《大系》P286；9：《新出》P38；10a：《发掘》图17：15；《新获》P288；《大系》P285；10b：《发掘》图十一：15；11：《大系》P286）

又：《发掘》P534《出土封泥登记表》2000CH 相1TG1：20 为"西方谒者"。

□方□者

1

（1：《新出》P79）

□方谒□

无图，释读见《发掘》P540。

第二章 丞相·三公·九卿 71

西方中谒

1

（1：《在京》图四：11；《玺印》P441；《大系》P286）

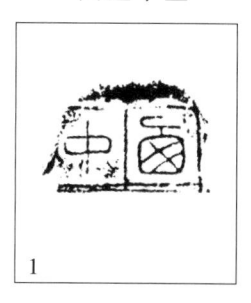

西□中□

1

（1：《新出》P79；《大系》P286）

西中谒府

1a　1b　1b　1c

2　3a　3b　3b

（1a：《印风》P135；《印集》P77；《汇考》P153；图版 P38；《大系》P289；1b：《印集》P77；1c：《汇考》图版 P38；2：《汇考》P153；《大系》P289；3a：《相家》P5；《大系》P289；3b：《大系》P289；4：《大系》P289）

西中谒□

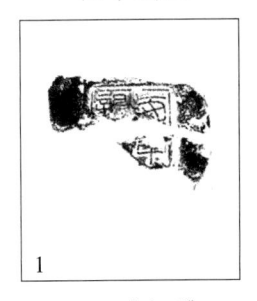

（1：《大系》P290）

西□谒□

（1a：《精品》P33；《大系》P289；1b：《精品》P33）

六 卫尉

卫尉之印

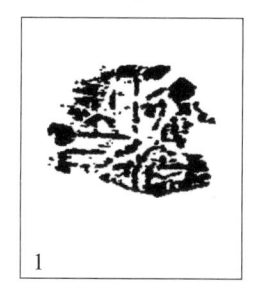

1

（1：《补读》图1；《秦封》P116；《玺印》P449；《大系》P277）

公车司马

公车司马

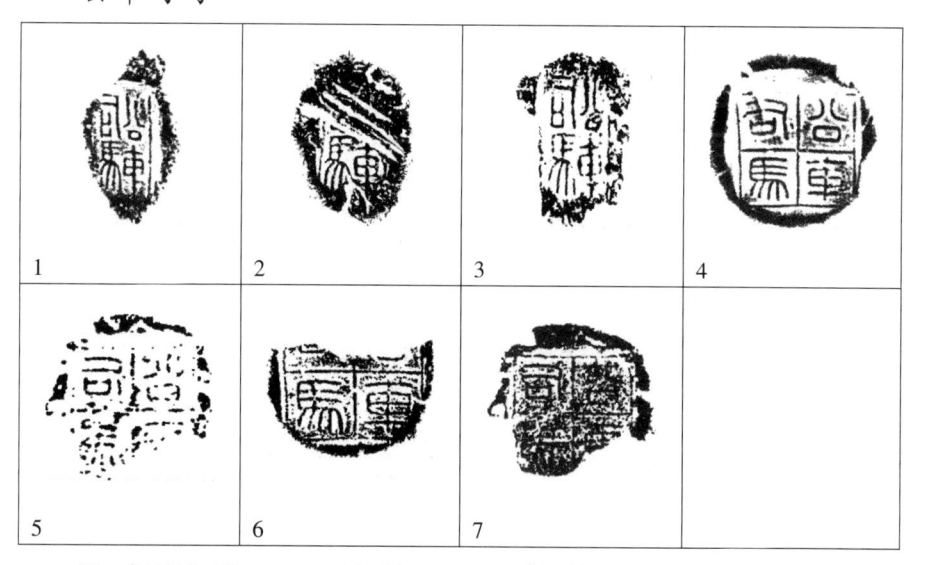

1	2	3	4
5	6	7	

（1：《西见》图二：13；《大系》P95；2：《新出》P64；《大系》P95；3：《在京》图一：6；《新出》P13；《玺印》P162；《大系》P95；4：《大系》P95；5：《秦封》P116；6：《新选》P94；7：《大系》P95）

□车□马

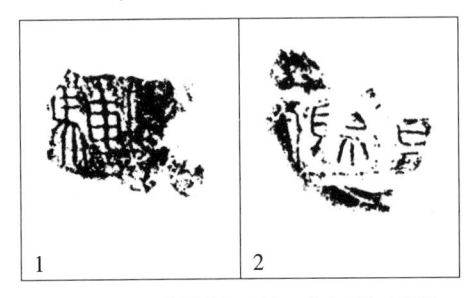

(1、2:《新出》P13;《大系》P95)

公车司马丞

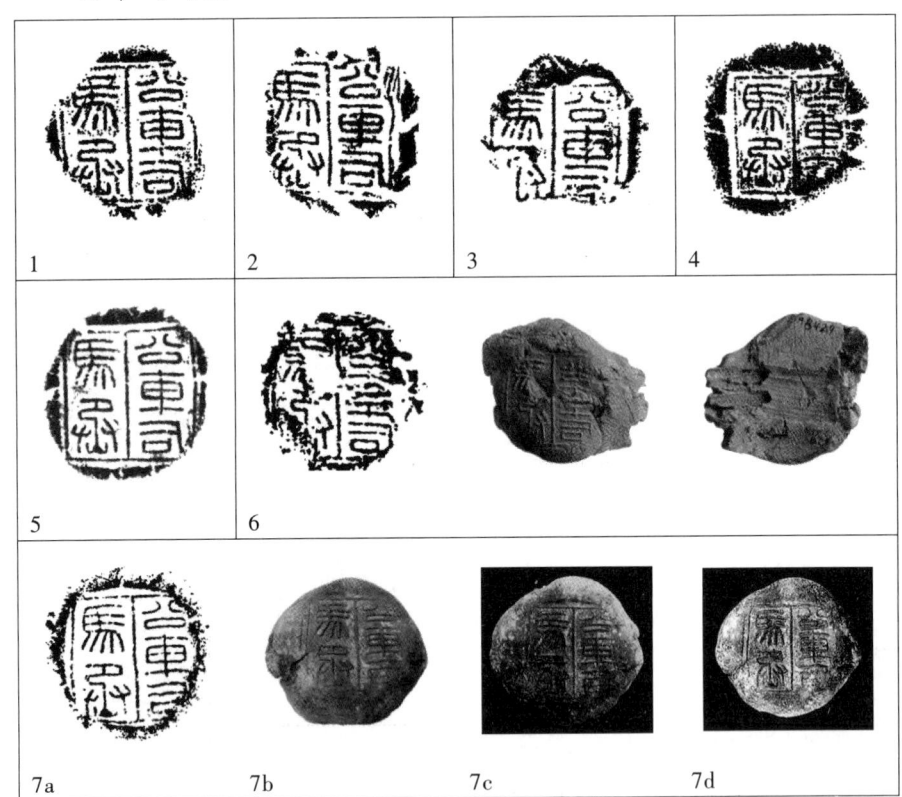

第二章 丞相・三公・九卿

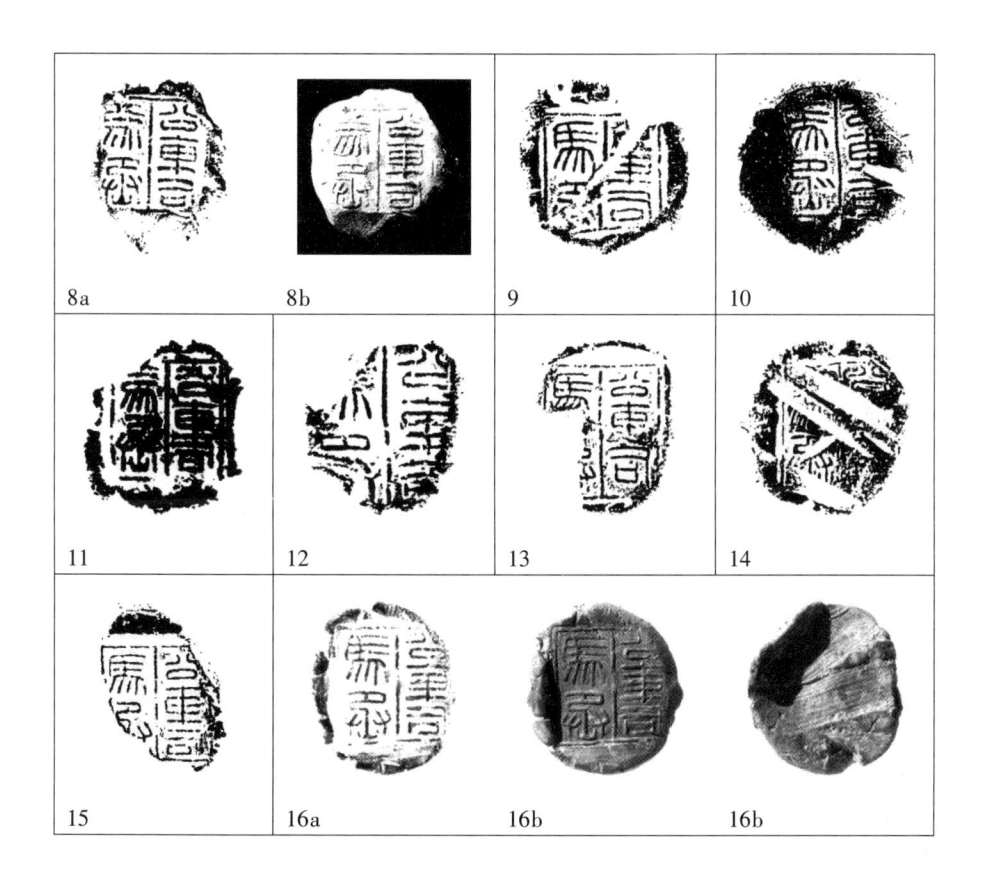

8a	8b	9	10
11	12	13	14
15	16a	16b	16b

17a　　　　17b　　　　　　17b　　　　　18a

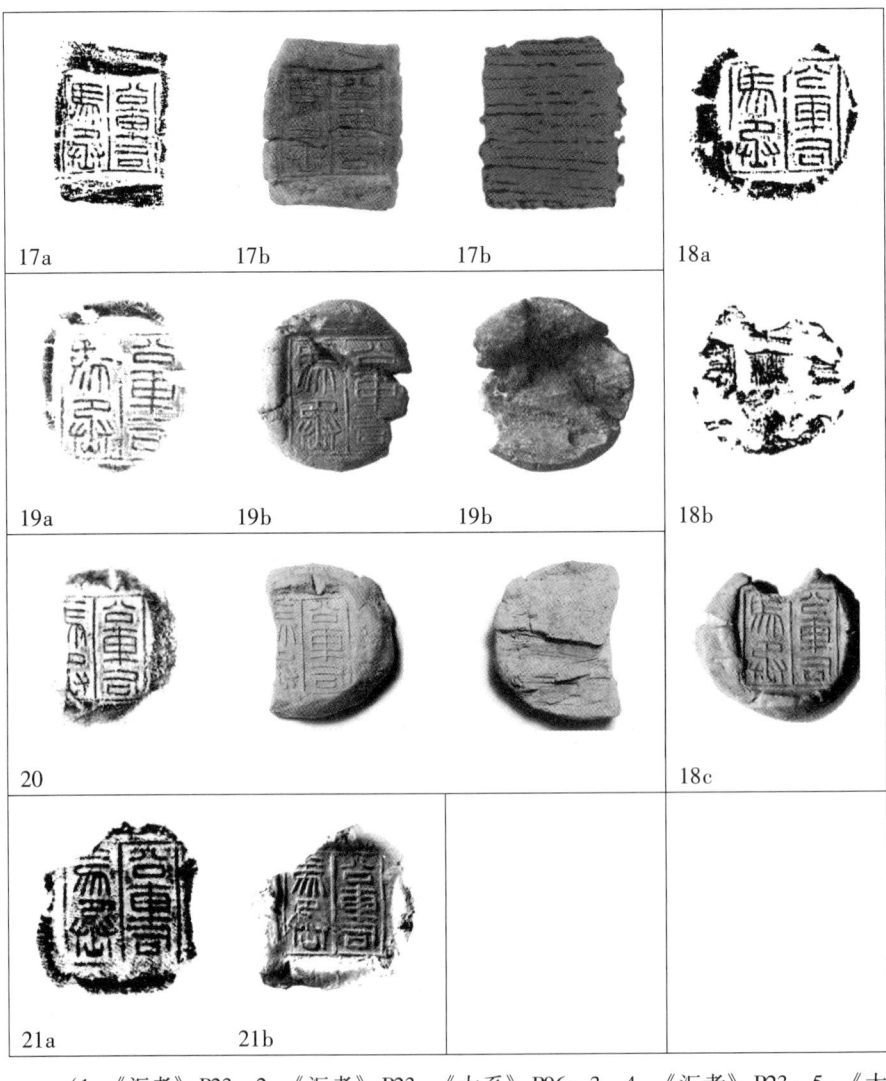

19a　　　　19b　　　　　　19b　　　　　18b

20　　　　　　　　　　　　　　　　　　18c

21a　　　　21b

（1：《汇考》P23；2：《汇考》P23、《大系》P96；3、4：《汇考》P23；5：《大系》P96；6：《上封》P40；7a：《发现》图16、《图例》P52、《秦封》P117、《书集》P115、《汇考》P24；7b：《问陶》P159；7c：《秦封》彩版1；7d：《秦封》图版1；8a：《秦封》P117、《汇考》P24；8b：《秦封》图版9；9、10：《秦封》P117、《汇考》P24；11：《玺印》P429；12、13：《新出》P13；14：《新出》P64；15：《大系》P96；16a：《相家》P5、《大系》P96；16b：《相家》P5；17a：《印考》图163、《印风》P136、《秦封》P117、《书法》P35、《汇考》P23、《大系》P96；17b：《汇考》图版P6；18a：《印集》P11、《汇考》P23、《大系》P96；18b：《印集》P11；18c：《泥选》；19a：《相家》P5、《大系》P96；19b：《相家》P5；20：《观二》P16；21a：《发掘》图一九：1、《新获》P287、《大系》P96；21b：《发掘》图版十三：7）

第二章　丞相·三公·九卿　77

又：《发掘》P534《出土封泥登记表》2000CH 相 1T2③：44 为"公车司马丞"。

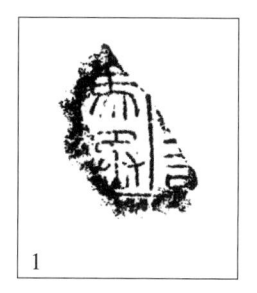

□车司马丞

1

（1：《秦封》P117；《汇考》P24）

□车司□丞

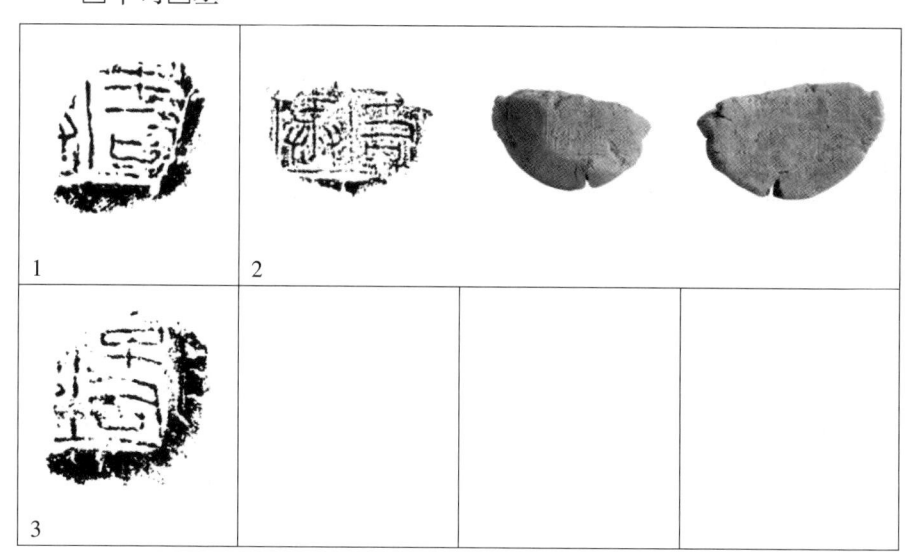

1　2

3

（1：《新出》P13；2：《上封》P73；3：《新出》P64）

公车司马印

1a　　　1b　　　1b

（1：《青泥》P6；《大系》P96；1b：《青泥》P6）

公车司马□

1

（1：《新出》P64）

公车司□□

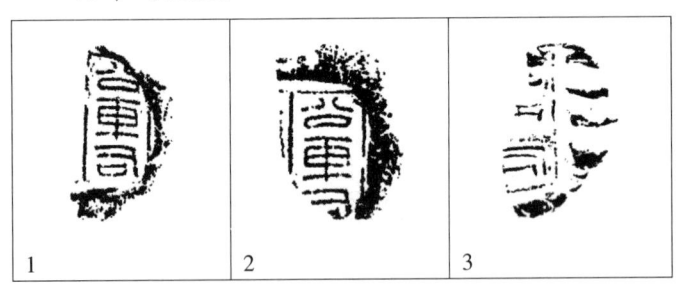

1　　　2　　　3

（1、2：《《汇考》P24；《秦封》P117；3《新出》P13）

公车□马□

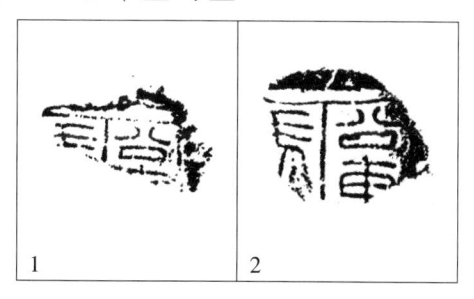

1
2

（1：《秦封》P117；《汇考》P24；2：《新出》P13）

公车□□□

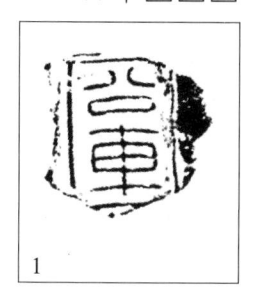

1

（1：《新出》P64）

公车右马

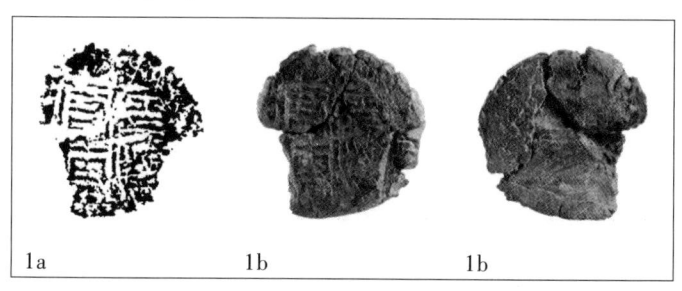

1a　　　1b　　　1b

（1a：《秦封》P118；《上封》P40；《大系》P96；1b：《上封》P40）

卫士

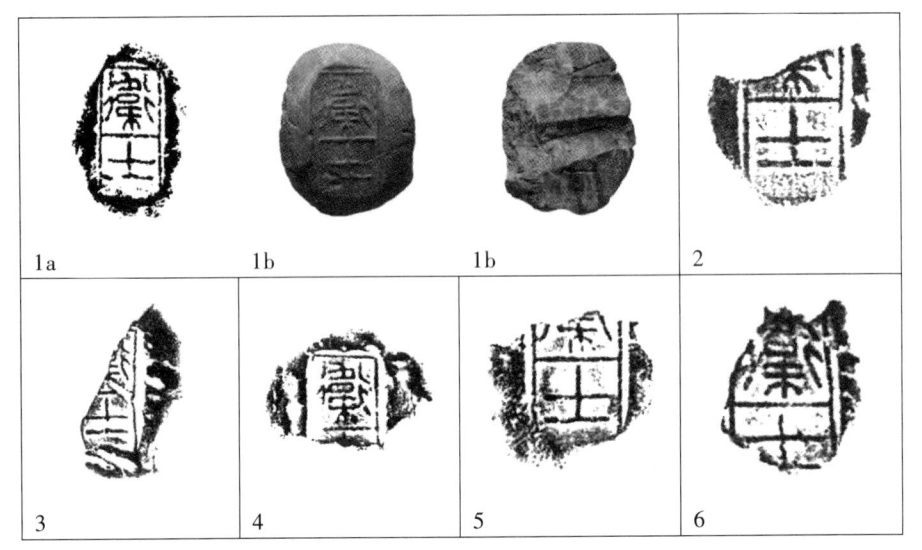

卫士

1a	1b	1b	2
3	4	5	6

（1a：《菁华》P26；《大系》P276；1b：《菁华》P26；2：《大系》P277；3：《新出》P78；《大系》P276；4、5：《大系》P276；6：《大系》P277）

卫□

1

（1：《在京》图一：7；《玺印》P385；《大系》P276）

第二章　丞相·三公·九卿　81

卫士丞印

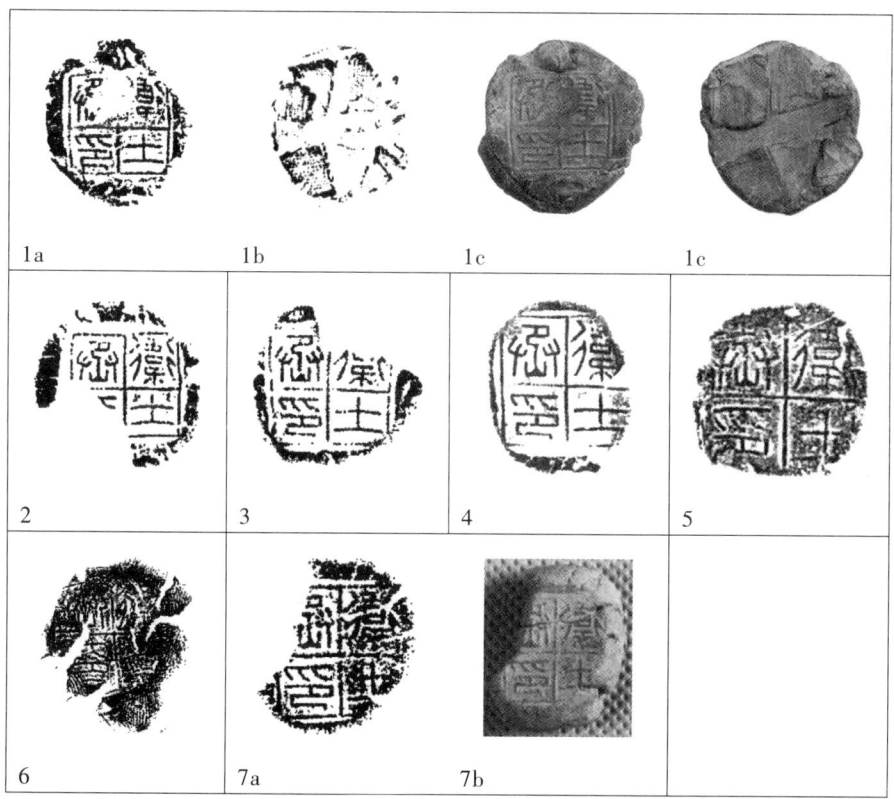

1a	1b	1c	1c
2	3	4	5
6	7a	7b	

（1a:《印风》P136;《印集》P11;《汇考》P25;《大系》P277;1b:《印集》P11;1c:《汇考》图版P7;2:《印考》图162;《选拓》图13;《秦封》P118;《书集》P115;《汇考》P25;《玺印》P434;《大系》P277;3:《汇考》P25;《大系》P277;4:《大系》P277;5:《新出》P37;《大系》P277;6:《新选》P111;《大系》P277;7a:《汇考》P25;《大系》P277;7b:《泥选》）

卫士丞□

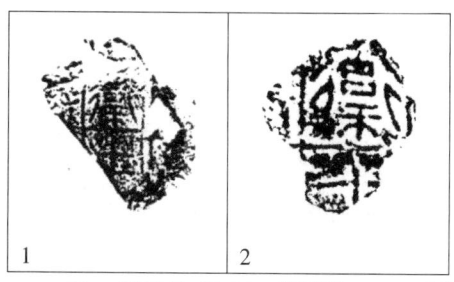

| 1 | 2 |

（1:《发现》图17;《图例》P52;《秦封》P118;《汇考》P25;2:《新出》P37;

《大系》P277）

□士丞印

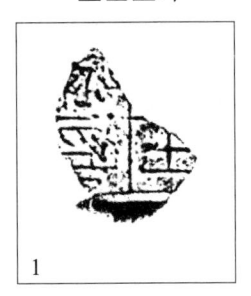

1

（1：《新出》P38）

卫□丞□

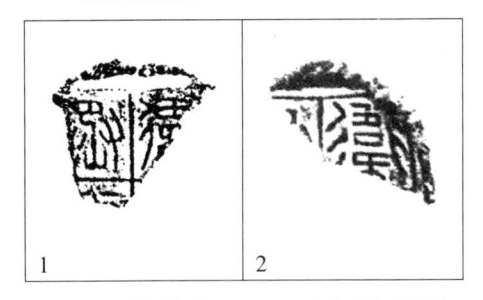

1　2

（1：《新出》P37；2：《大系》P278）

七　太仆

厩

厩玺

1a　1b　1b　2

第二章　丞相·三公·九卿　　83

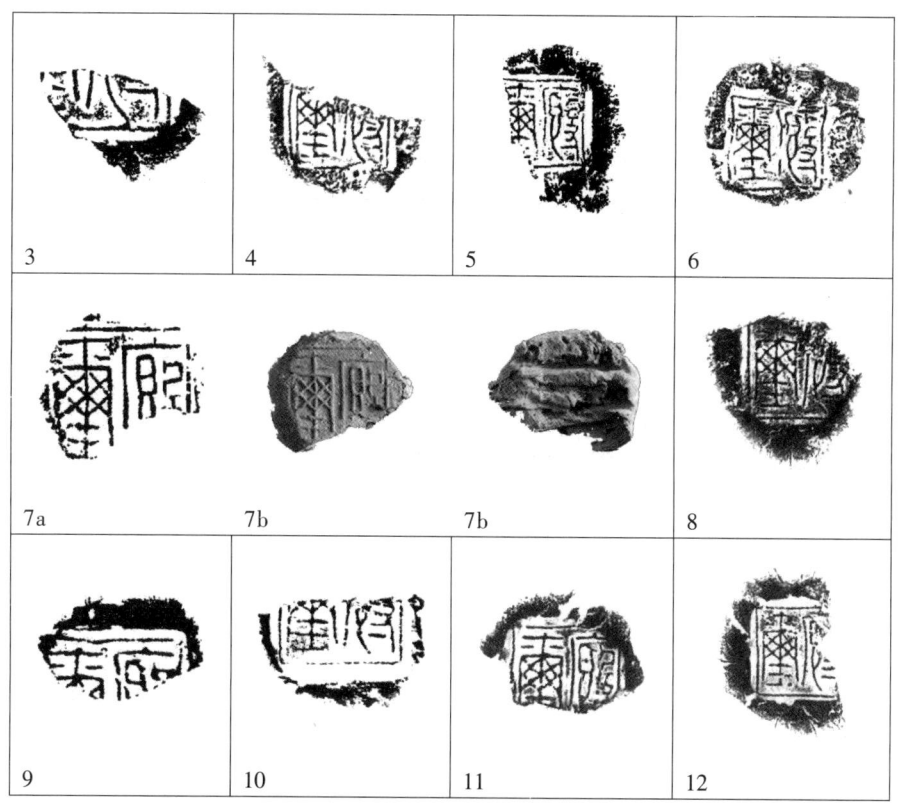

（1a：《新出》P67；《青泥》P7；《大系》P130；1b：《青泥》P7；2：《新出》P67；《大系》P130；3：《新出》P101；4：《大系》P131；5：《新选》P99；《大系》P131；6：《大系》P131；7a：《在京》图二：17；《玺印》P161；《新选》P97；《精品》P35；《大系》P131；7b：《精品》P35；8：《大系》P130；9：《酒余》P33下；10：《酒余》P34上；11、12：《大系》P130；13：《酒余》P34上）

厩丞之印

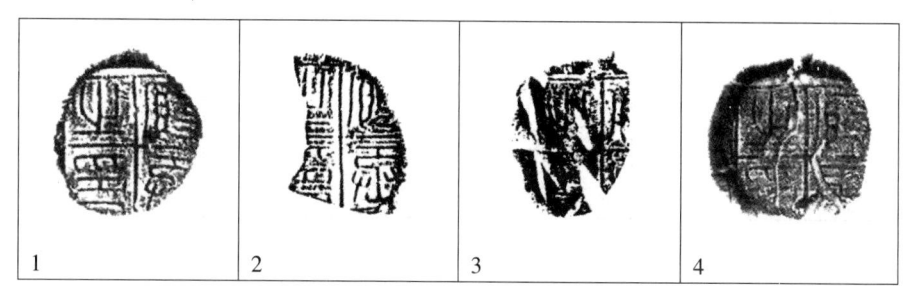

84　上编　中央职官

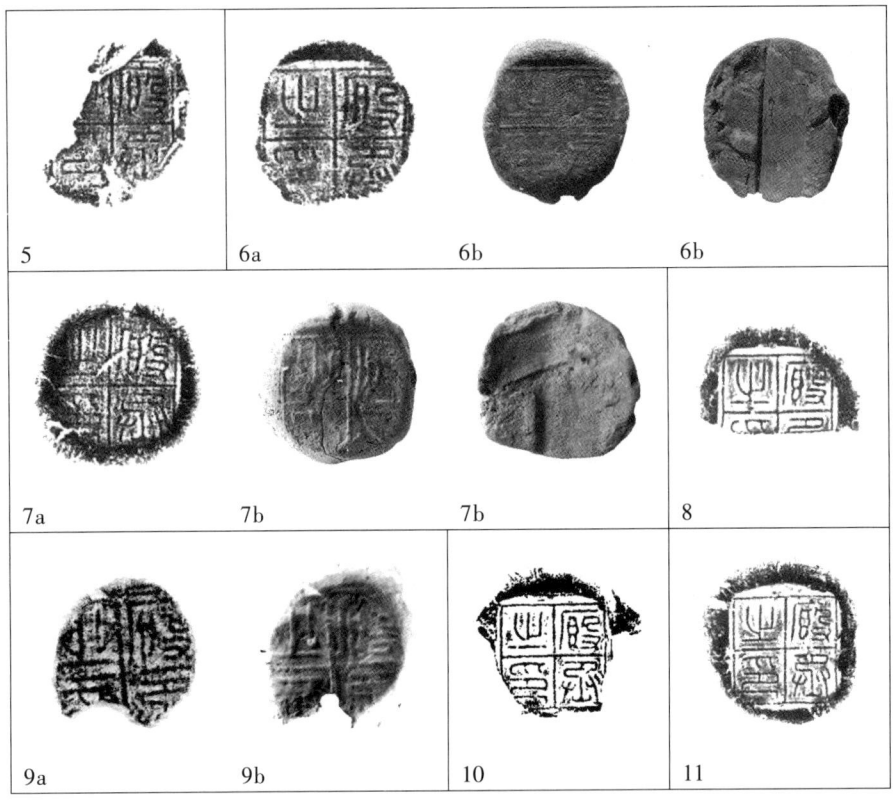

（1：《新出》P19；《大系》P129；2、3：《新出》P19；4：《新出》P19；《大系》P130；5：《新出》P19；《大系》P129；6a：《相家》P6；《大系》P129；6b：《相家》P6；7a：《相家》P6；《大系》P129；7b：《相家》P6；8：《大系》P129；9a：《发掘》图一八：6；《新获》P288；《大系》P129；9b：《发掘》图版十二：5；《大系》P129；10：《新选》P97；《大系》P130；11：《大系》P129）

又：《发掘》P534《出土封泥登记表》2000CH 相 1T2③：69 为"厩丞之印"。

厩丞□印

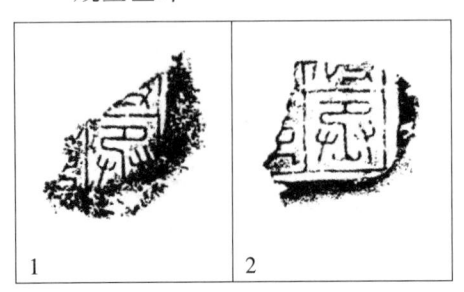

（1：《新出》P101；《大系》P129；2：《酒余》P33 下）

第二章　丞相・三公・九卿

厩□之□

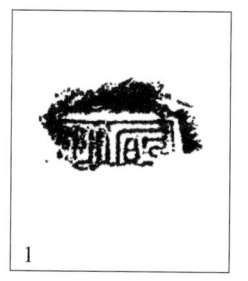

1

（1:《酒余》P33 下）

厩左丞印

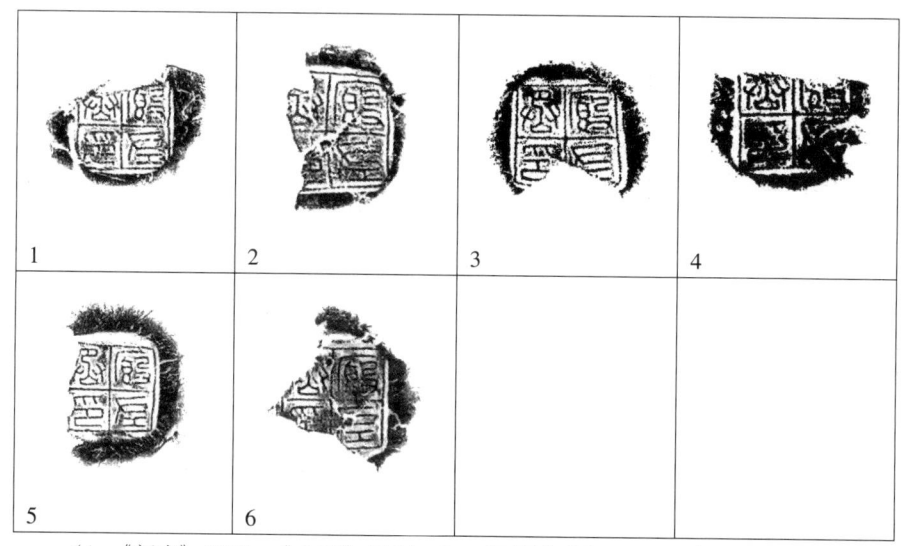

| 1 | 2 | 3 | 4 |
| 5 | 6 | | |

（1:《新出》P101；《大系》P131；2:《西见》图二：24；《新出》P101；《大系》P131；3:《新选》P99；《大系》P131；4:《酒余》P34 上；5、6:《大系》P131）

厩左□□

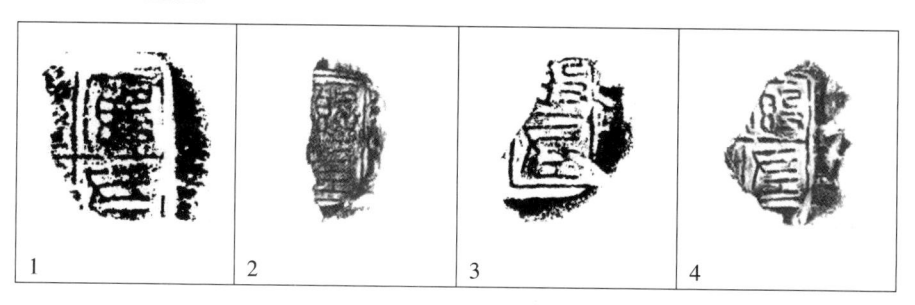

| 1 | 2 | 3 | 4 |

（1:《酒余》P34 上；2:《大系》P132；3:《新出》P101；4:《大系》P132；5:《大系》P131；6:《新出》P101）

厩事将马

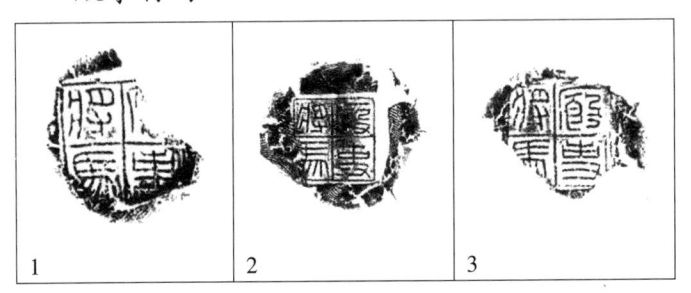

（1:《新出》P67；《大系》P130；2、3:《大系》P130）

厩事□马

（1:《在京》图二：19；《玺印》P427；《大系》P130）

第二章　丞相·三公·九卿　87

宫厩

宫厩

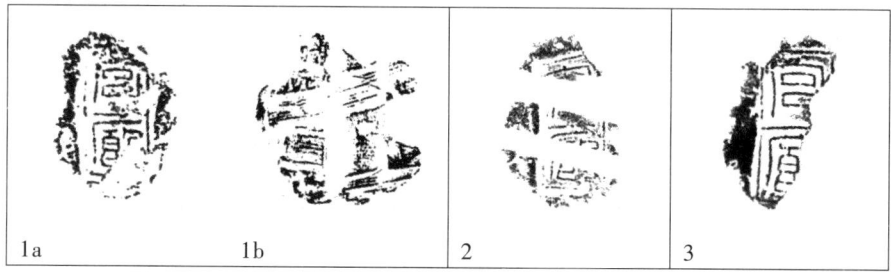

| 1a | 1b | 2 | 3 |

（1a:《印考》图182；《补读》图2：34；《秦封》P186；《印集》P15；《汇考》P32；《玺印》P394；《大系》P97；1b:《印集》P15；2:《新出》P13；《大系》P97；3:《大系》P97）

宫厩丞印

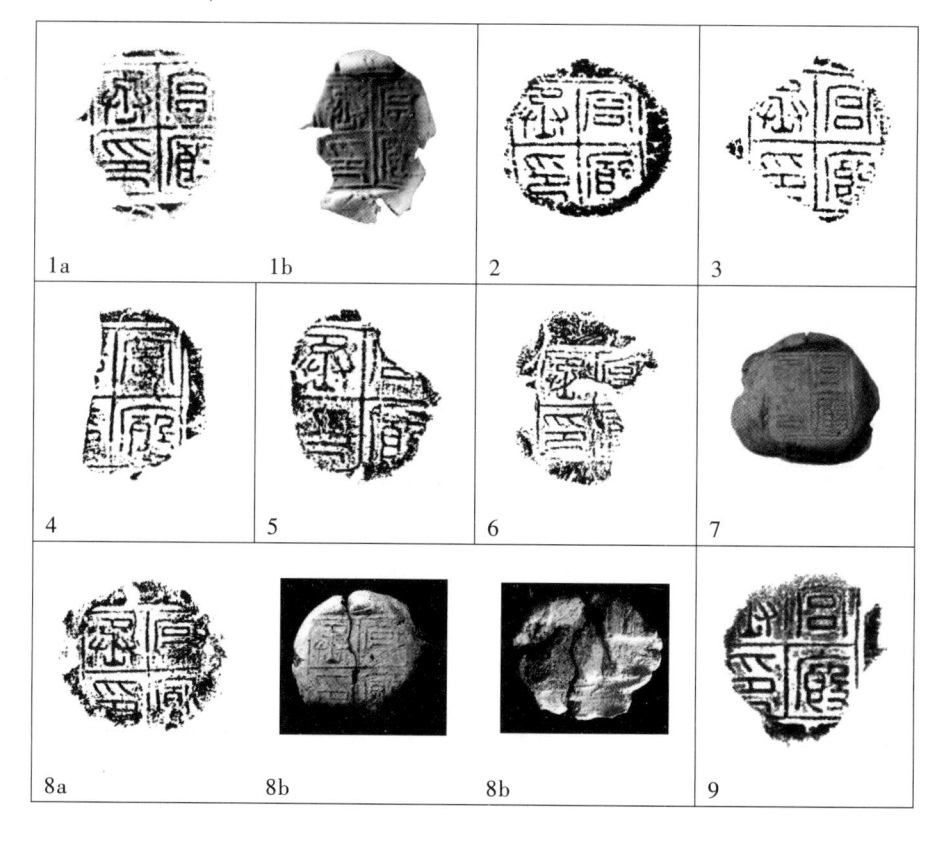

1a	1b	2	3
4	5	6	7
8a	8b	8b	9

88　上编　中央职官

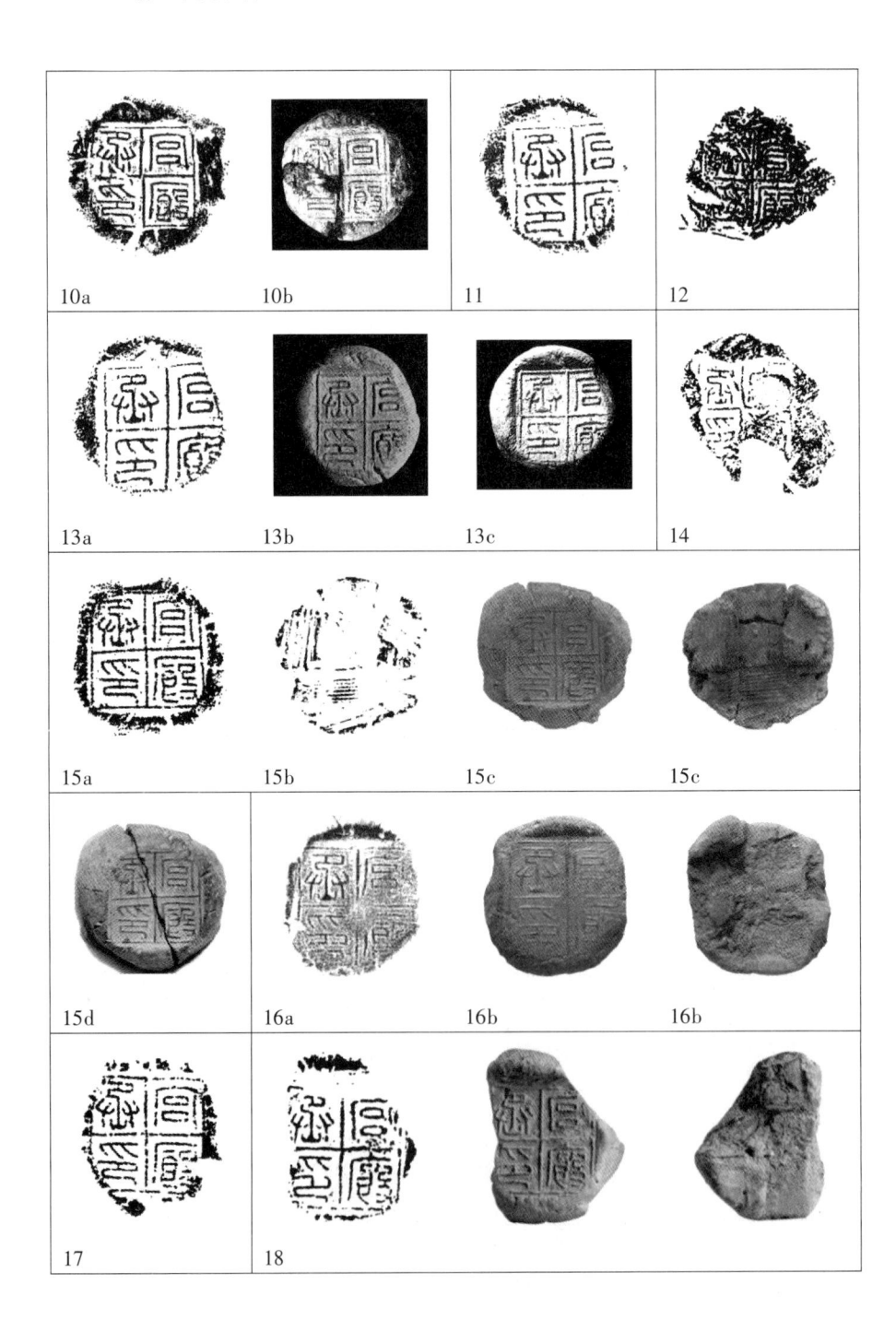

10a　10b　11　12

13a　13b　13c　14

15a　15b　15c　15c

15d　16a　16b　16b

17　18

19

（1a:《发掘》图一七：9；《新获》P290；1b:《发掘》图版九：6；2、3:《汇考》P32；《大系》P97；4、5:《秦封》P186；《汇考》P32；6:《秦封》P186；《汇考》P33；7:《问陶》P162；8a:《秦封》P186；《汇考》P33；8b:《秦封》图版6；9:《大系》P97；10a:《发现》图23；《图例》P53；《秦封》P186；《书集》P116；《汇考》P33；《大系》P97；10b:《秦封》图版2；11:《秦封》P187；《汇考》P33；12:《汇考》P44；13a:《秦封》P187；《汇考》P33；13b:《秦封》彩版4；13c:《秦封》图版2；14、19:《新出》P13；15a:《选拓》图16；《印风》P125；《秦封》P186；《书法》P36；《书集》P116；《印集》P15；《汇考》P32；《玺印》P429；《大系》P97；15b:《印集》P15；15c:《书法》P36；《汇考》图版P9；15d:《泥选》；16a:《相家》P6；《大系》P97；16b:《相家》P6；17:《汇考》P32；《大系》P97；19:《上封》P30）

又：《发掘》P534《出土封泥登记表》2000CH相1T2③：41、73共2枚均为"宫厩丞印"。

宫厩丞□

1

（1:《新出》P13）

宫厩□印

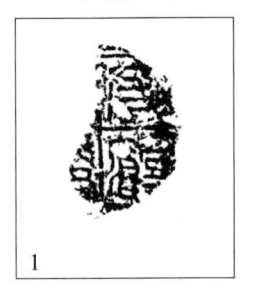

1

（1：《新出》P13）

宫厩□□

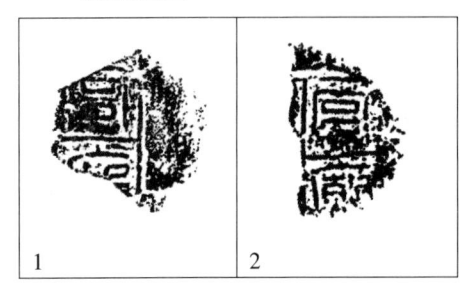

1　2

（1：《秦封》P186、P187；《汇考》P33；2：《图例》P57；《秦封》P186；《汇考》P33）

都厩

都厩

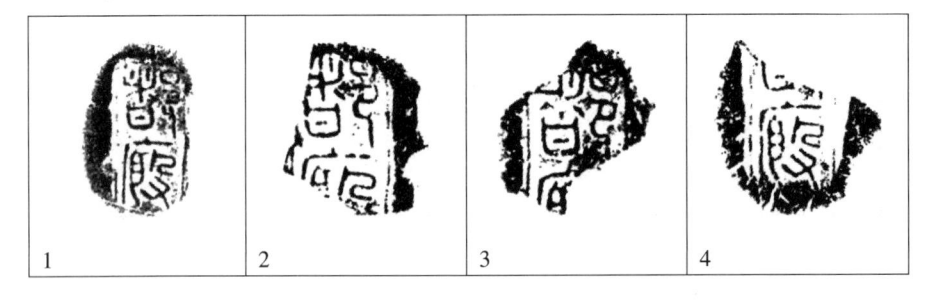

1　2　3　4

第二章　丞相·三公·九卿　91

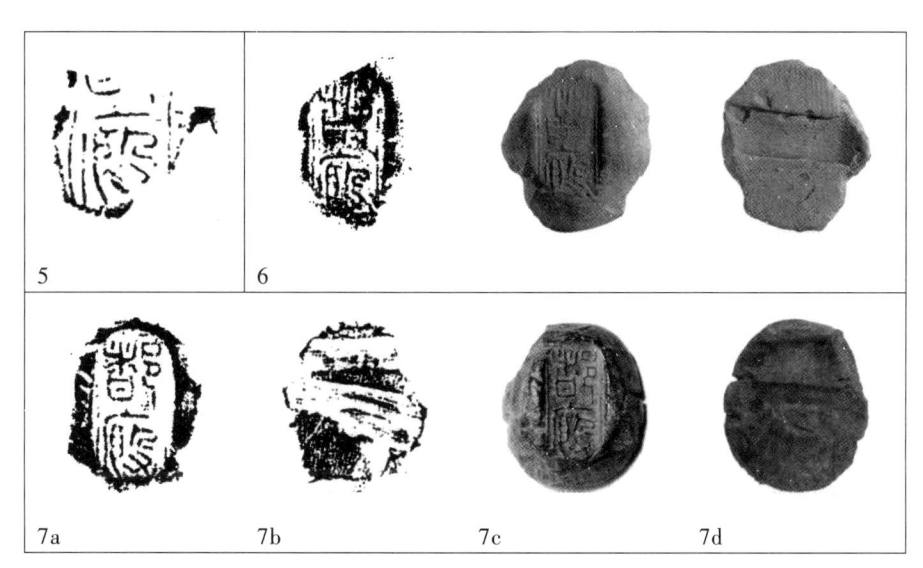

（1:《大系》P70；2—5:《新出》P10、《大系》P71；6:《上封》P48；7a:《释续》图13、《印风》P166、《印集》P16、《汇考》P33、《玺印》P399、《大系》P70；7b:《印集》P16；7c:《汇考》图版P9、《泥选》；7d:《汇考》图版P9）

又：《发掘》P534《出土封泥登记表》编号2000CH相1TG1:58为"都厩"。

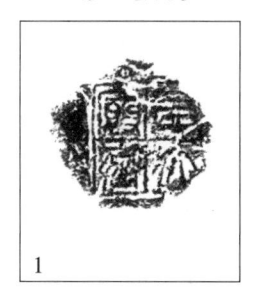

大厩

左大厩丞

（1:《大系》P394）

□大厩丞

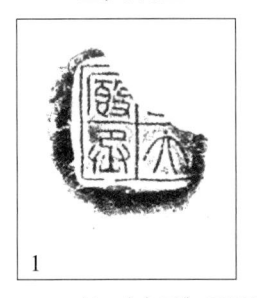

1

（1：《大系》P337）

泰厩丞印

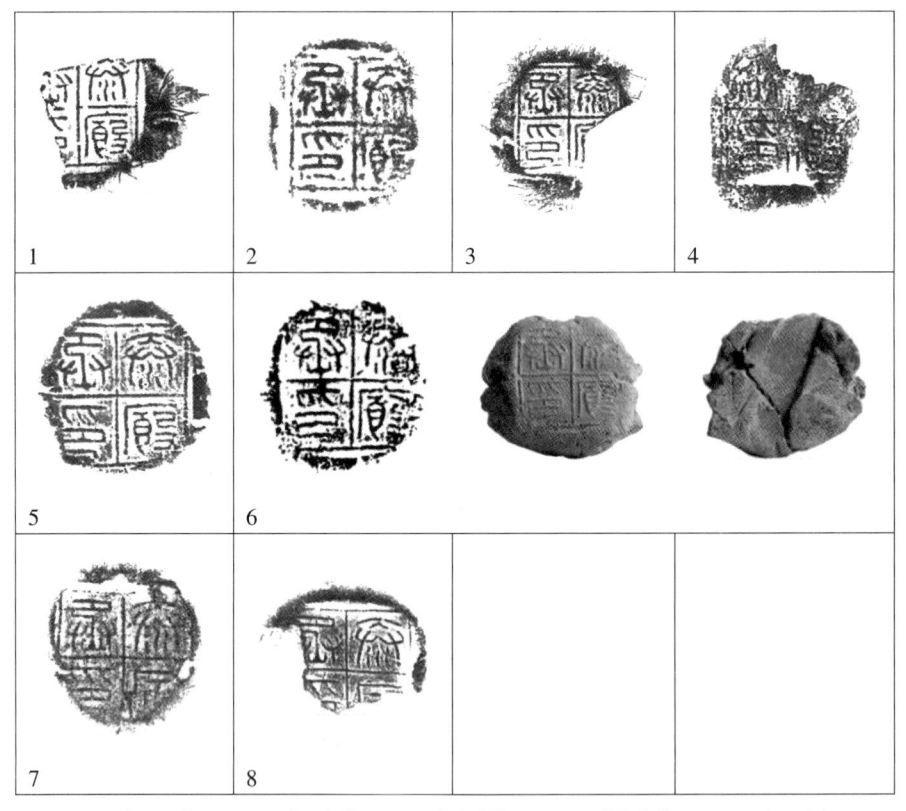

1　2　3　4

5　6

7　8

（1：《发现》图18；《图例》P52；《秦封》P184；《书集》P116；《汇考》P29；《玺印》P429；《大系》P257；2《大系》P257；3：《汇考》P30；《大系》P257；4：《新出》P36；《大系》P257；5、7、8：《大系》P257；6《上封》P47）

泰厩丞□

1

（1:《秦封》P184;《汇考》P30）

小厩

小厩丞印

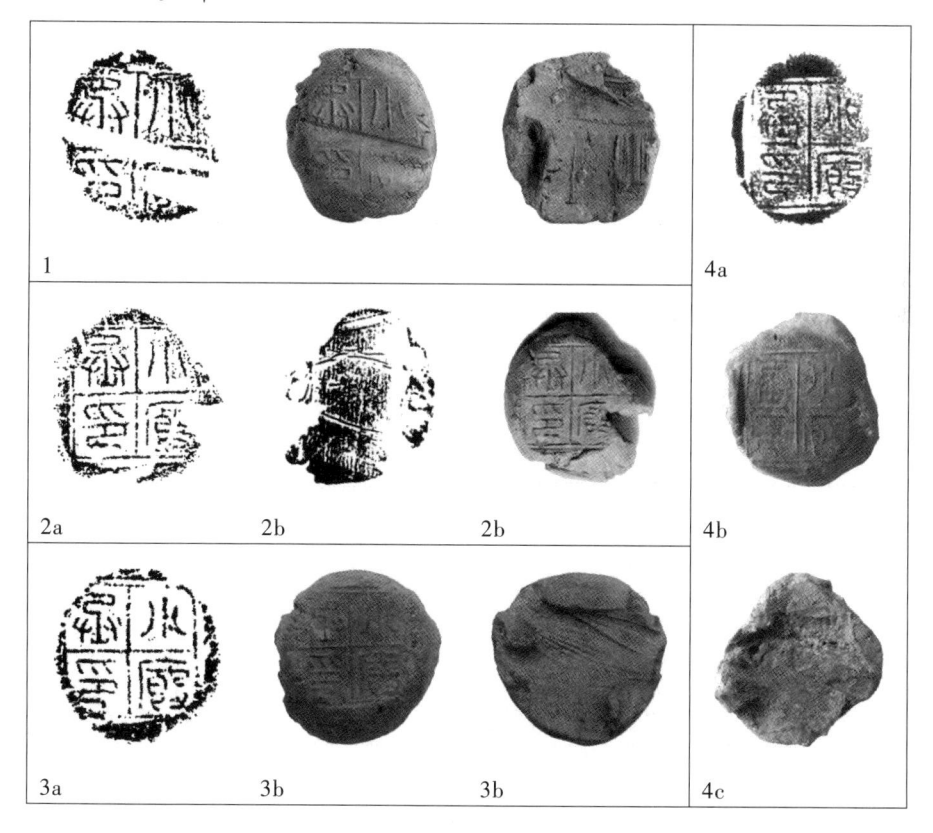

94　上编　中央职官

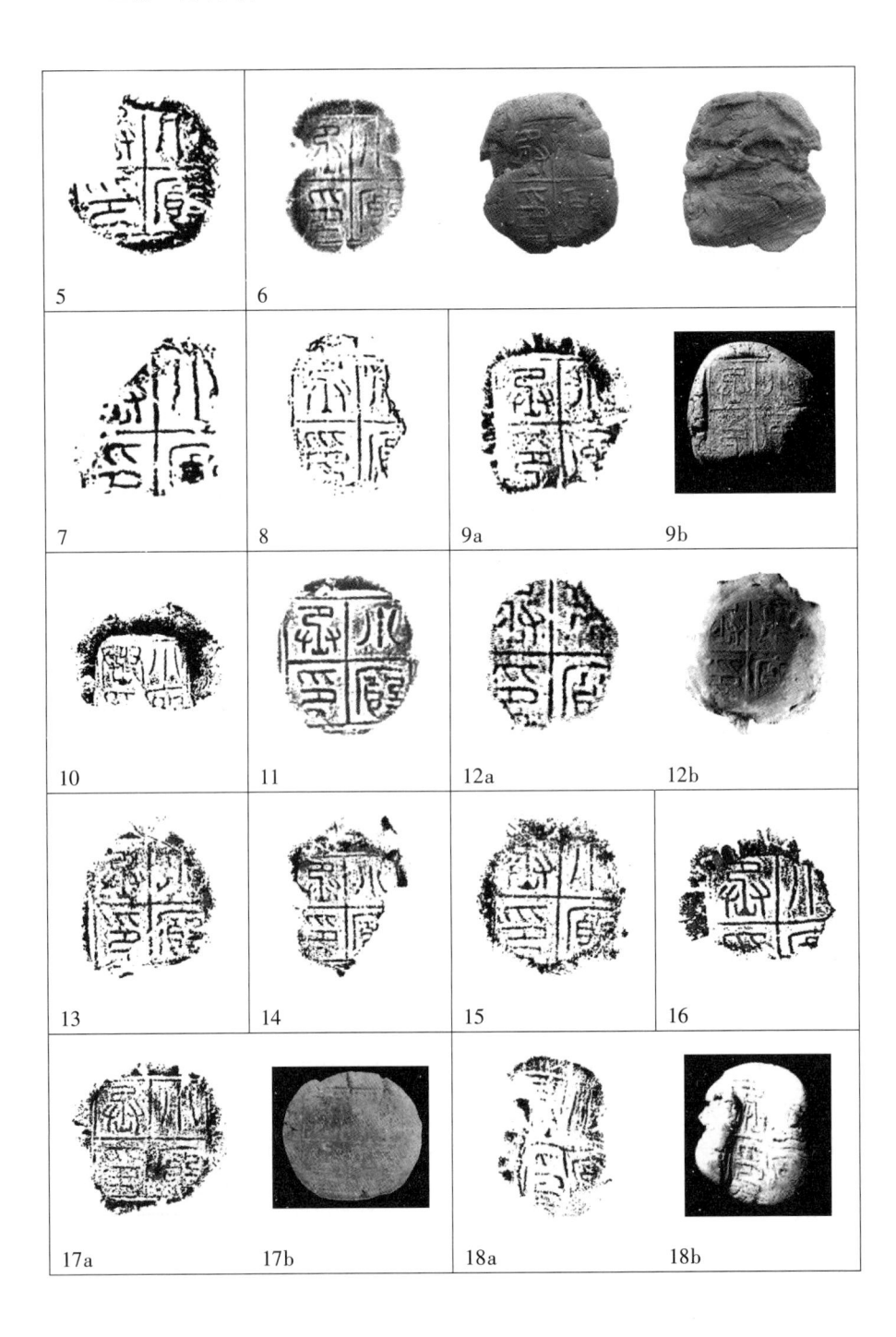

5

6

7

8

9a

9b

10

11

12a

12b

13

14

15

16

17a

17b

18a

18b

第二章 丞相·三公·九卿 95

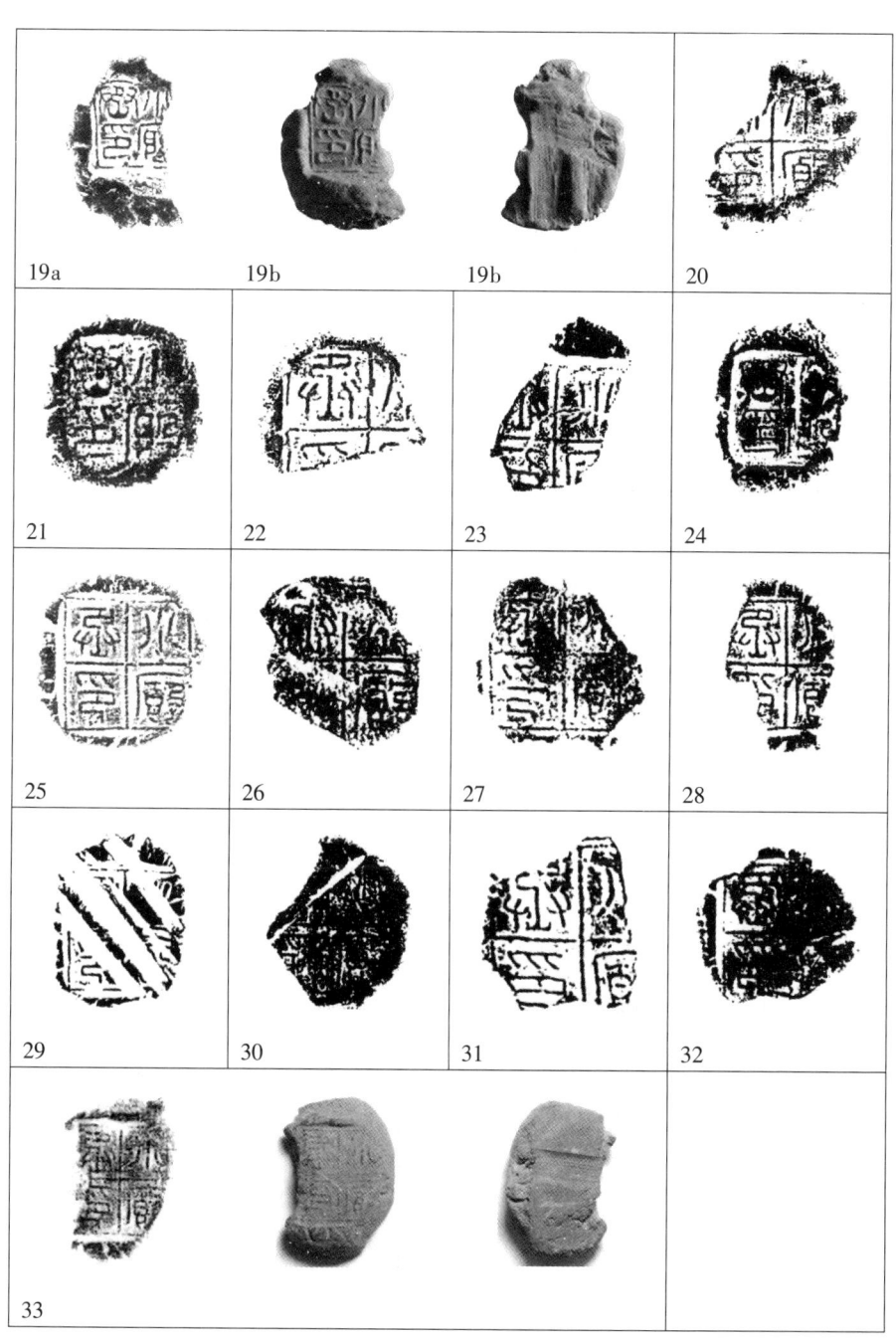

19a	19b	19b	20
21	22	23	24
25	26	27	28
29	30	31	32
33			

（1：《上封》P48；2a：《选拓》附图；《印风》P138；《秦封》P194；《印集》P19；《书集》P117；《汇考》P42；《玺印》P428；《大系》P304；2b：《印集》P19；

2c：《泥选》；3a：《汇考》P41；《大系》P303；3b：《汇考》图版P11；4a：《相家》P6；《大系》P304；4b：《相家》P6；5：《新出》P41；6：《相家》P7；7：《新出》P41；8：《秦封》P194；《汇考》P43；9a：《发现》图31；《图例》P53；《秦封》P194；《书集》P117；《汇考》P42；9b：《秦封》图版2；10：《新出》P82；11：《大系》P304；12a：《新获》P290；《大系》P303；12b：《发掘》图版十七；13—15：《秦封》P194；《汇考》P42；16：《秦封》P194；《汇考》P42；17a：《秦封》P194；《汇考》P42；17b：《秦封》彩版3；18a：《秦封》P194；《汇考》P42；18b：《秦封》图版5；19a：《精品》P36；《大系》P304；19b：《精品》P36；20：《秦封》P194；《汇考》P42；21：《大系》P303；22：《秦封》P194；《汇考》P43；23：《新出》P41；24：《新出》P41；24：《新出》P41；《大系》P304；26—32：《新出》P41；33：《观三》P30）

小厩丞□

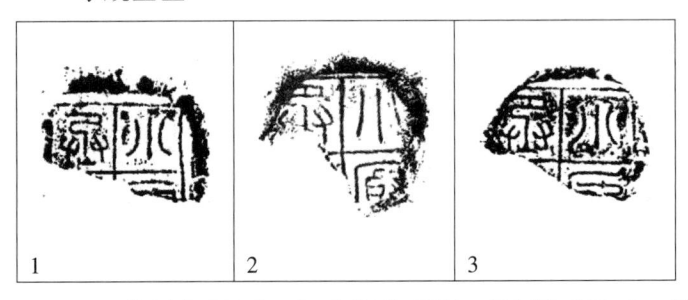

（1：《酒余》P44上；2：《秦封》P194；《汇考》P42；3：《新出》P41）

小厩将马

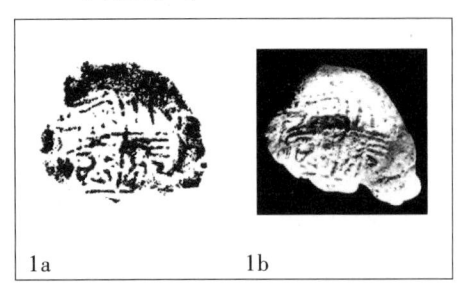

（1a：《发现》图32；《图例》P53；《秦封》P195；《汇考》P43；《玺印》P428；1b：《秦封》图版5）

小厩将□

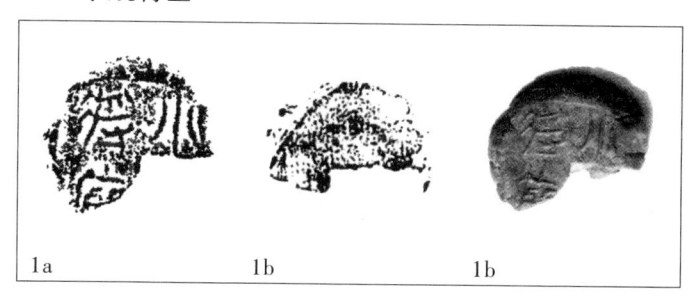

1a　　　　1b　　　　1b

（1a：《印考》图 165；《印风》P138；《秦封》P195；《印集》P19；《汇考》P43；《大系》P304；1b：《印集》P19；1c：《泥选》）

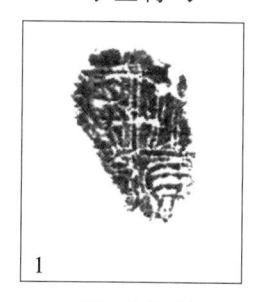

小□将马

1

（1：《大系》P304）

□□将马

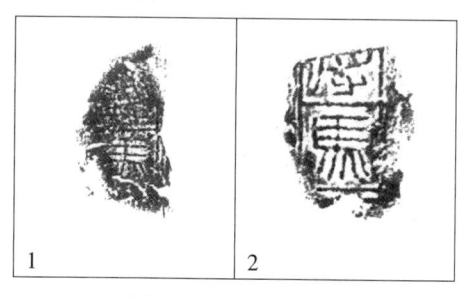

1　　2

（1：《大系》P130、P304；2：《大系》P304）

小厩马府

1

（1：《大系》P304）

小厩徒府

1

（1：《大系》P304）

小厩佐驾

1

（1：《大系》P305）

小□丞□

| 1 | 2 | 3 | 4 |

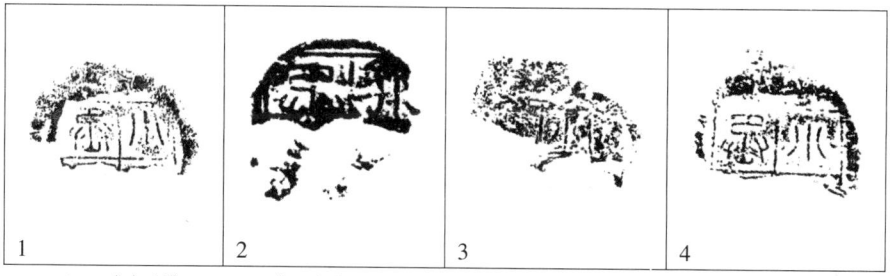

（1：《秦封》P194；《汇考》P42；2：《新出》P41；3：《秦封》P194；4：《新出》P41）

少厩

少厩丞印

无图，释读见《秦选》P75。

左厩

左厩

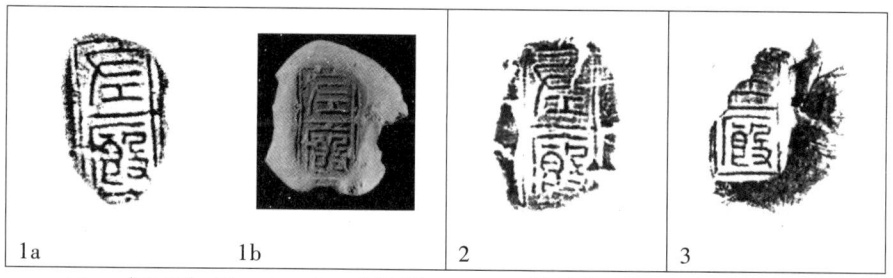

| 1a | 1b | 2 | 3 |

（1a：《发掘》图一六：9；《新获》P290；《玺印》P398；《大系》P394；1b：《发掘》图版七：3；2、3：《大系》P394）

左厩丞印

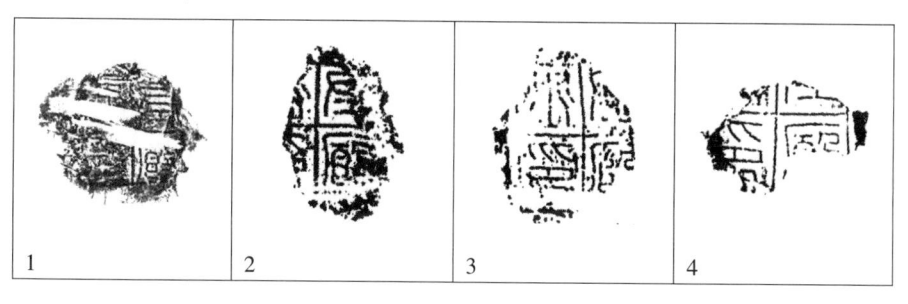

| 1 | 2 | 3 | 4 |

100　上编　中央职官

（1：《秦封》P192；《汇考》P39；《大系》P394；2：《发现》图28；《秦封》P192；《汇考》P39；3：《秦封》P192；《汇考》P40；《大系》P394；4：《新出》P97；《大系》P395；5：《大系》P395；6a：《精品》P35；《大系》P394；6b：《精品》P35）

左厩□印

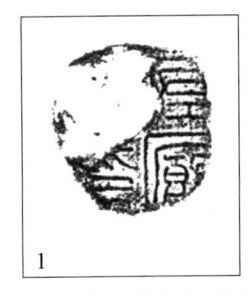

（1：《新出》P52；《大系》P394）

左厩□□

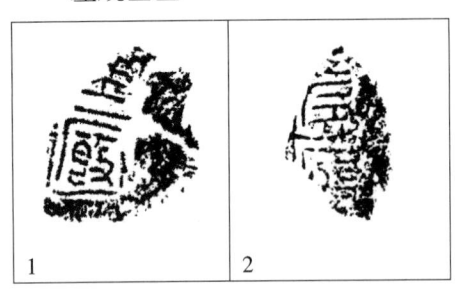

（1：《秦封》P191；《汇考》P40；2：《新出》P52；《大系》P395）

第二章　丞相·三公·九卿　101

左厩将马

1　2

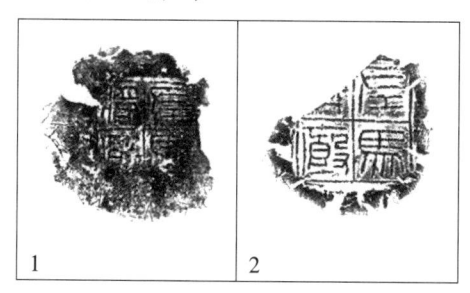

（1、2：《大系》P395）

左□马□

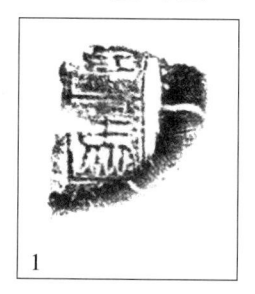

1

（1：《新出》P97；《大系》P395）

中厩

中厩

1a　1b　1c　2

上编　中央职官

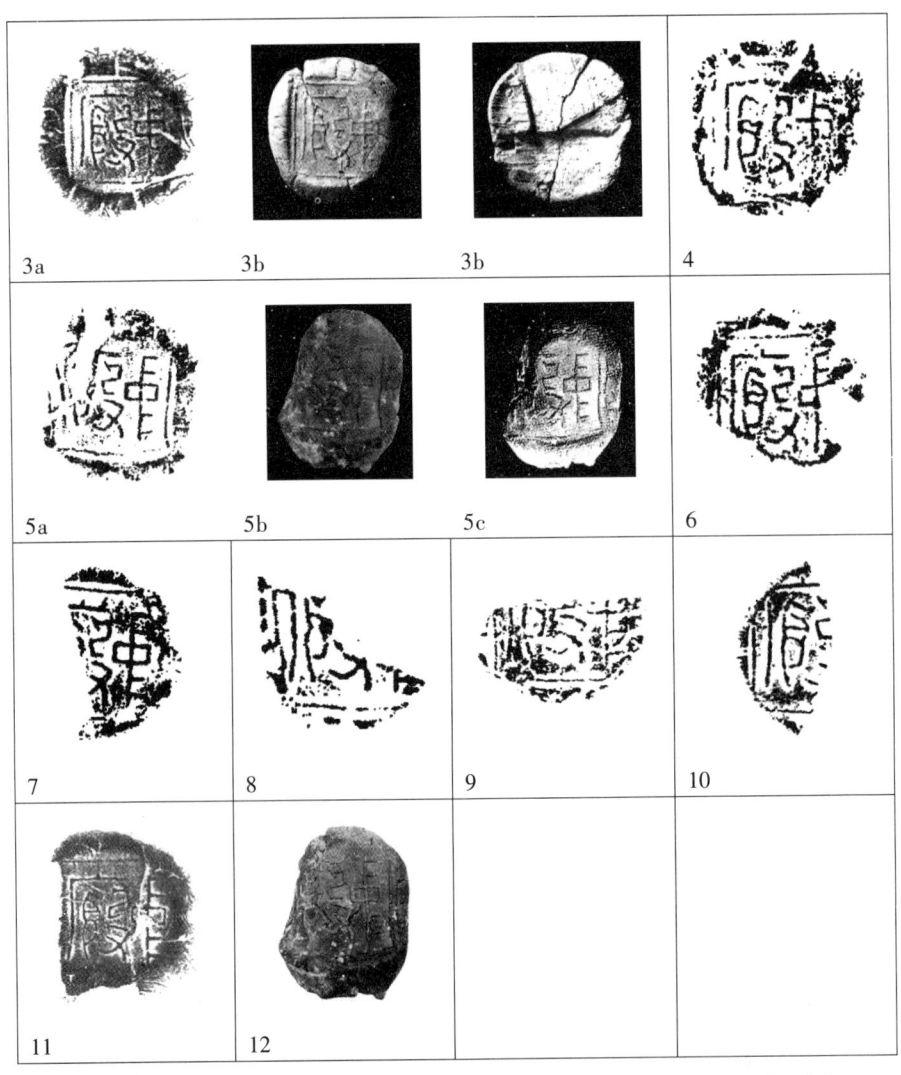

3a	3b	3b	4
5a	5b	5c	6
7	8	9	10
11	12		

（1a：《选拓》附图；《印风》P166；《秦封》P187；《书集》P116；《汇考》P34；《大系》P379；1b：《汇考》图版P9；《泥选》；1c：《汇考》图版P9；2：《汇考》P34；《大系》P379；3a：《发现》图24；《图例》P53；《秦封》P187；《书集》P116；《汇考》P34；《大系》P379；3b：《秦封》图版6；4：《秦封》P187；《汇考》P34；《大系》P379；5a：《秦封》P187；《汇考》P34；5b：《秦封》彩版3；5c：《秦封》图版2；6—8：《秦封》P187；《汇考》P34；9：《新出》P49；10：《新出》P49；《大系》P379；11：《大系》P379；12：《问陶》P162）

中厩之印

无图，释读见《职地》P128。

中厩丞印

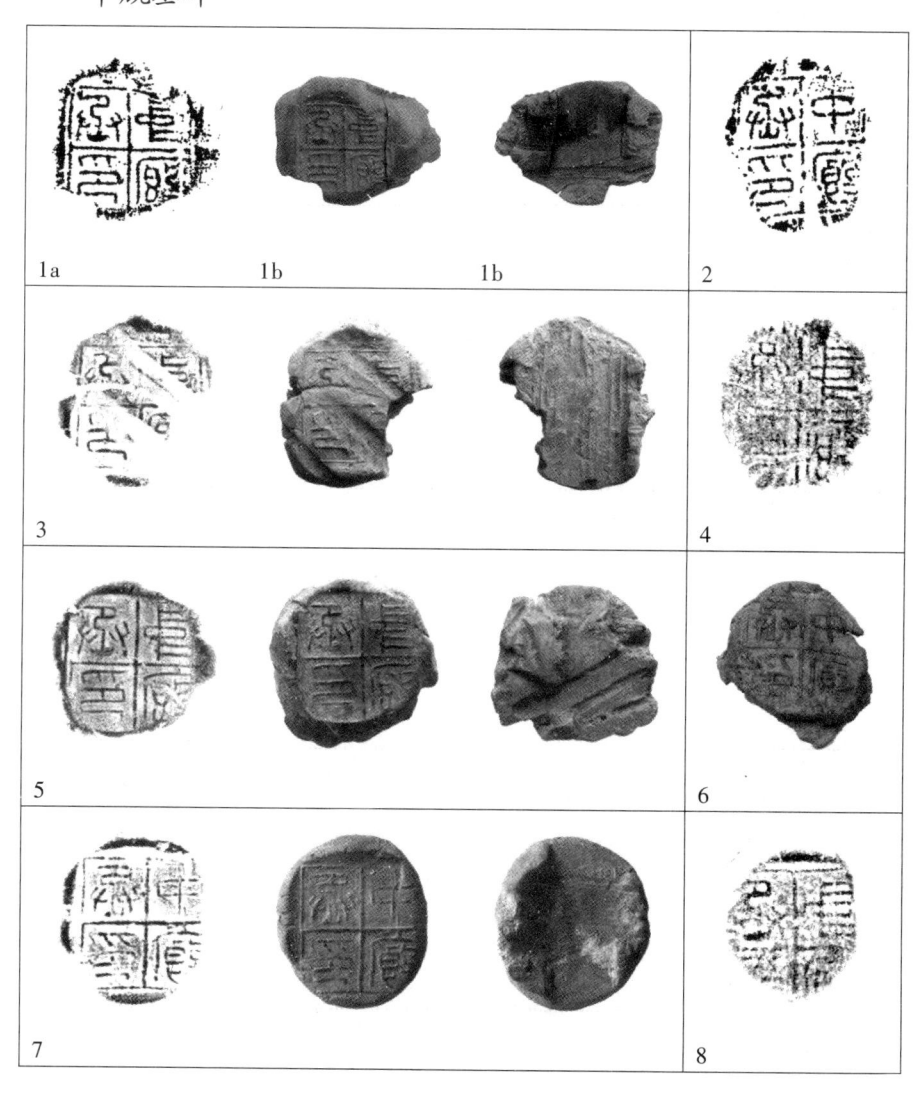

104　上编　中央职官

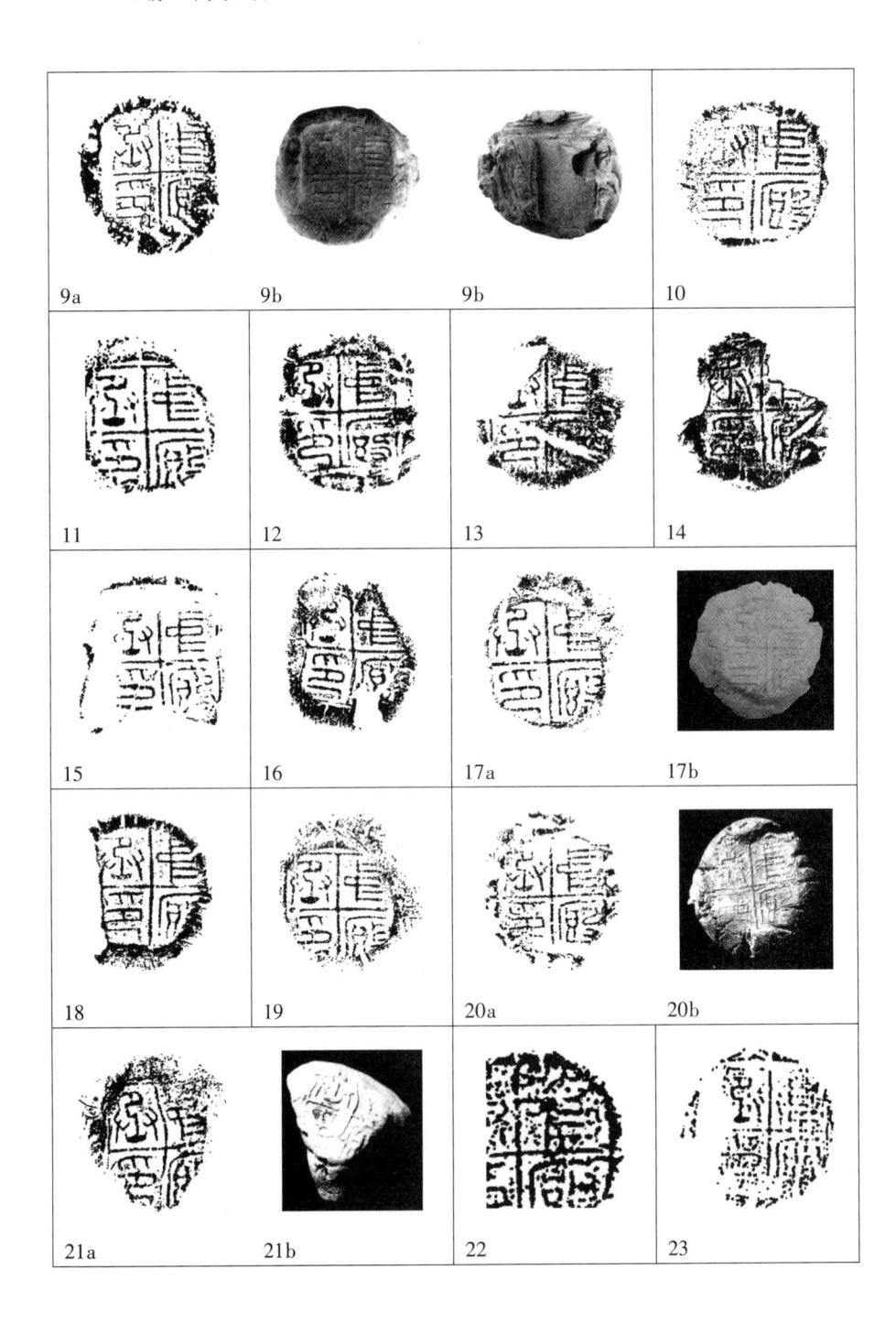

9a	9b	9b	10
11	12	13	14
15	16	17a	17b
18	19	20a	20b
21a	21b	22	23

第二章　丞相・三公・九卿

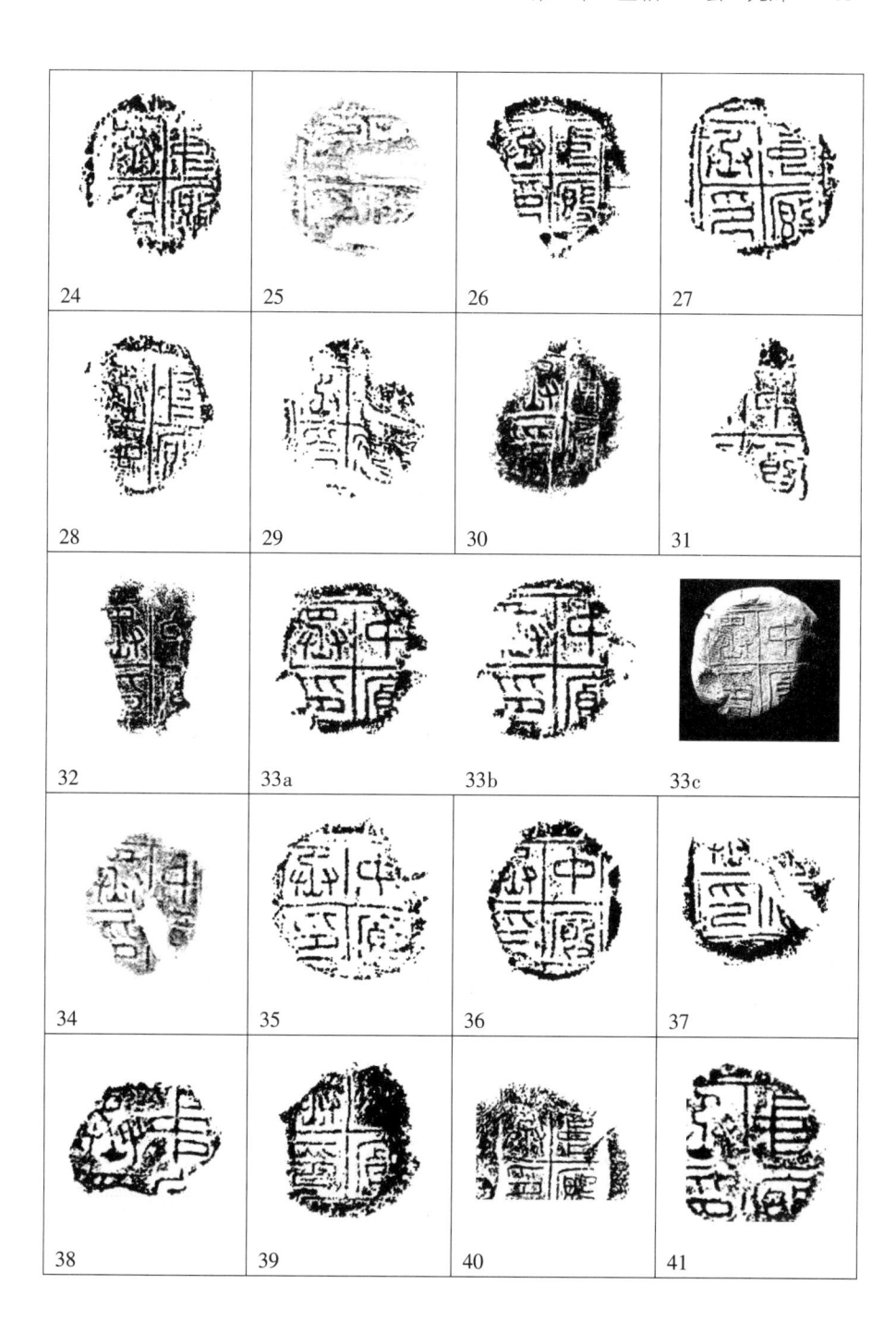

24	25	26	27
28	29	30	31
32	33a	33b	33c
34	35	36	37
38	39	40	41

106　上编　中央职官

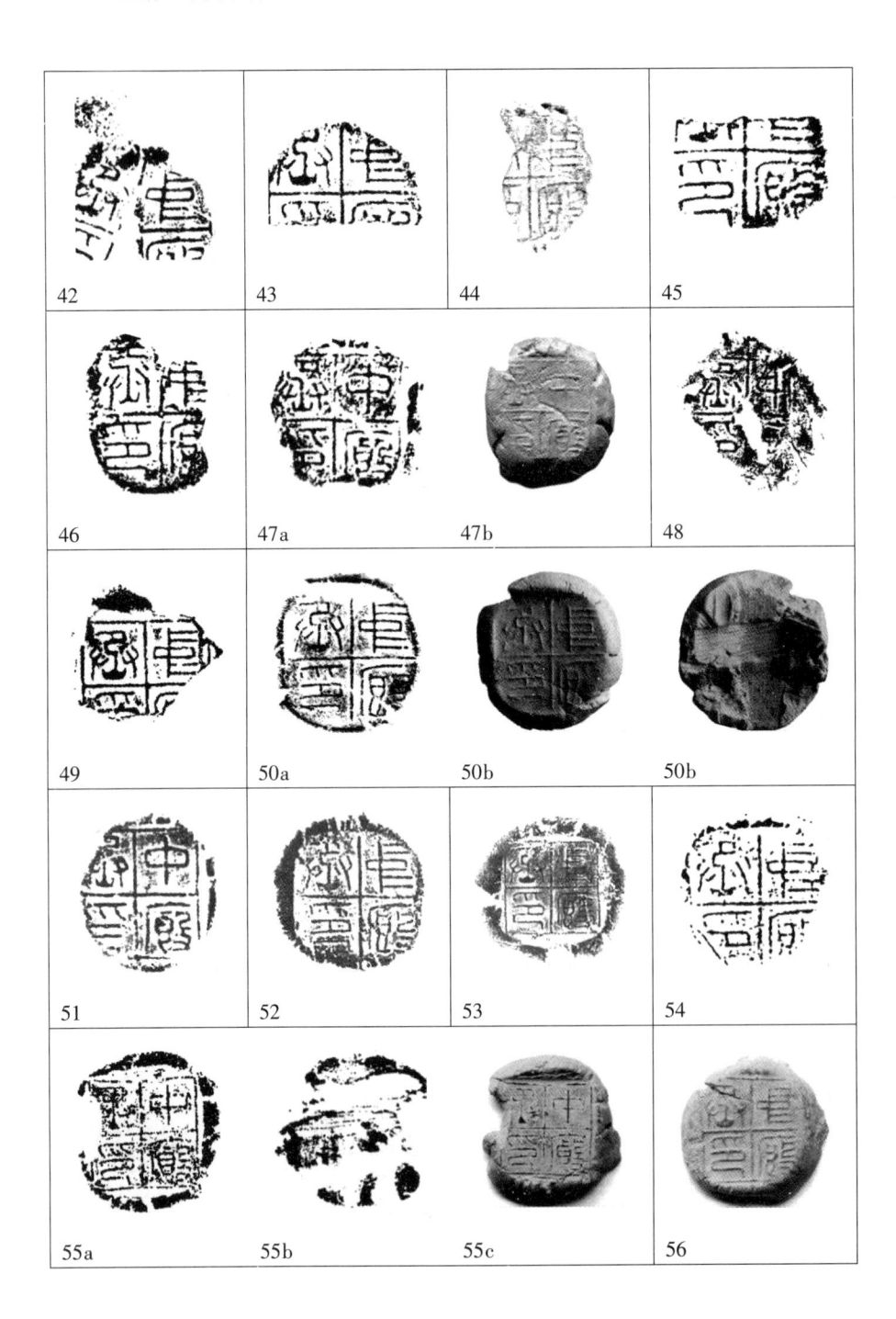

42

43

44

45

46

47a

47b

48

49

50a

50b

50b

51

52

53

54

55a

55b

55c

56

第二章　丞相・三公・九卿　107

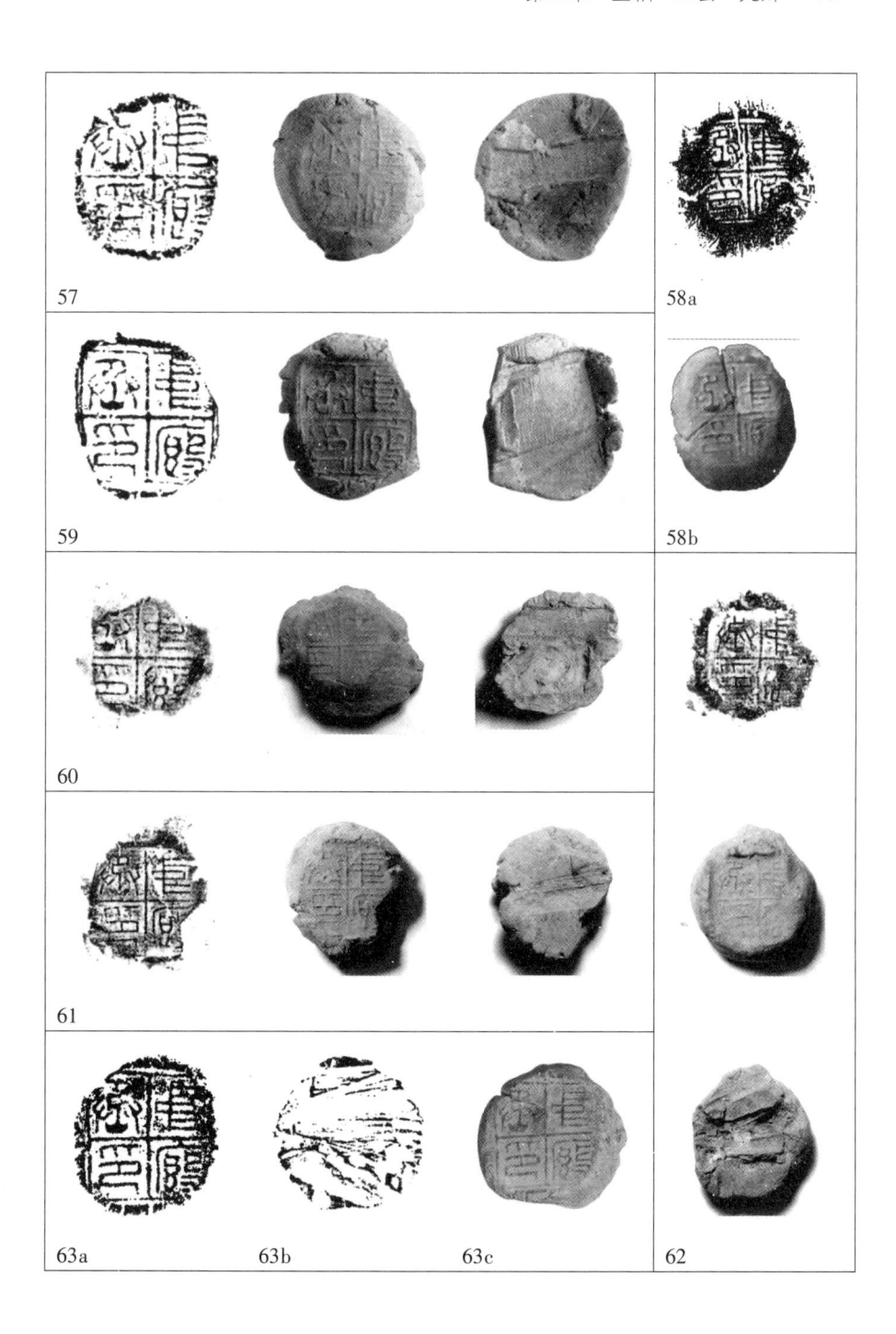

57

58a

59

58b

60

61

63a　63b　63c　62

108 上编　中央职官

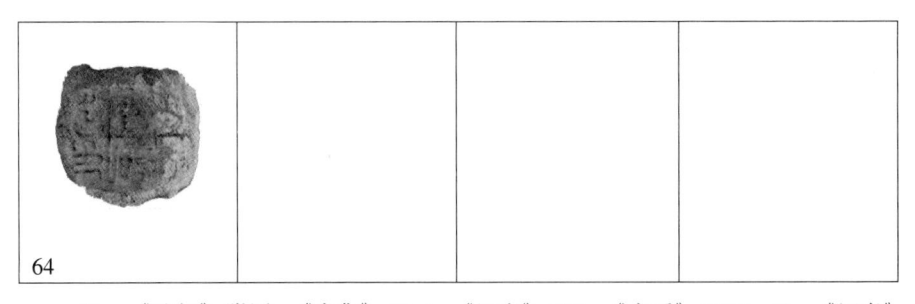

| 64 | | | |

（1a：《选拓》附图；《书集》P116；《汇考》P35；《大系》P379；1b：《汇考》图版 P10；2：《汇考》P35；3：《相家》P7；4：《长安》P2；5：《相家》P7；6：《问陶》P162；7：《相家》P8；8：《长安》P3；9a：《新见》图2；《古封》P454；《珍秦》P64；《秦封》P188；《汇考》P38；《玺印》P428；9b：《珍秦》P65；10、12—14：《秦封》P188；《汇考》P35；11：《发现》图25；《图例》P53；《书集》P116；15—16：《秦封》P188；《汇考》P36；17a：《秦封》P188、P189；《汇考》P36；17b：《秦封》彩版3；18—19：《秦封》P188；《汇考》P36；20a：《秦封》P188；《汇考》P36；20b：《秦封》图版2；21a：《秦封》P188；《汇考》P36；21b：《秦封》图版5；22—24、26：《秦封》P189；《汇考》P36；25：《长安》P6；27—32、37：《秦封》P189；《汇考》P37；33a：《秦封》P189；《汇考》P37；33b：《秦封》P189；《汇考》P37；33c：《秦封》图版2；34：《长安》P5；35：《汇考》P37；《秦封》P190；36：《秦封》P189；《汇考》P37；38：《新出》P49；39：《新选》P121；40—43、45、46：《新出》P49；44：《长安》P4；47a：《新出》P49；《秦选》P94；47b：《秦选》P94；48：《秦封》P189；《汇考》P38；49：《新选》P121；《大系》P380；50a：《新出》P49；《青泥》P7；《大系》P379；50b：《青泥》P7；51、52：《大系》P379；53：《大系》P380；54：《秦封》P189；55a：《秦封》P189；《印集》P17；《汇考》P35、37；《大系》P379；55b：《印集》P17；55c：《泥选》；56：《泥选》；57、59：《上封》P27；58a：《秦封》P188；《汇考》P35；58b：《西大》P79；60：《观二》P25；61：《观三》P20；62：《观三》P44；63a：《印风》P133；《印集》P16；《汇考》P35；《大系》P379；63b：《印集》P16；63c：《秦研》P116；64：《字博》P33）

中厩丞□

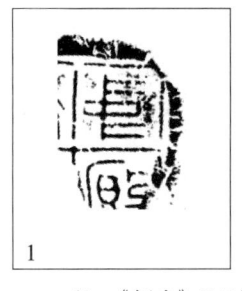

| 1 |

（1：《新出》P49）

中厩将丞

1

（1：《发现》图27；《图例》P53；《秦封》P190；《汇考》P38；《玺印》P428；《大系》P380）

中厩将马

1	2
3a 3b 3c	

（1：《上封》P29；2：《汇考》P38；《秦封》P190；《大系》P380；3a：《印考》图166；《补读》图18；《印风》P133；《秦封》P190；《印集》P17；《书集》P116；《汇考》P38；《大系》P380；3b：《印集》P17；3c：《泥选》）

110　上编　中央职官

中厩马府

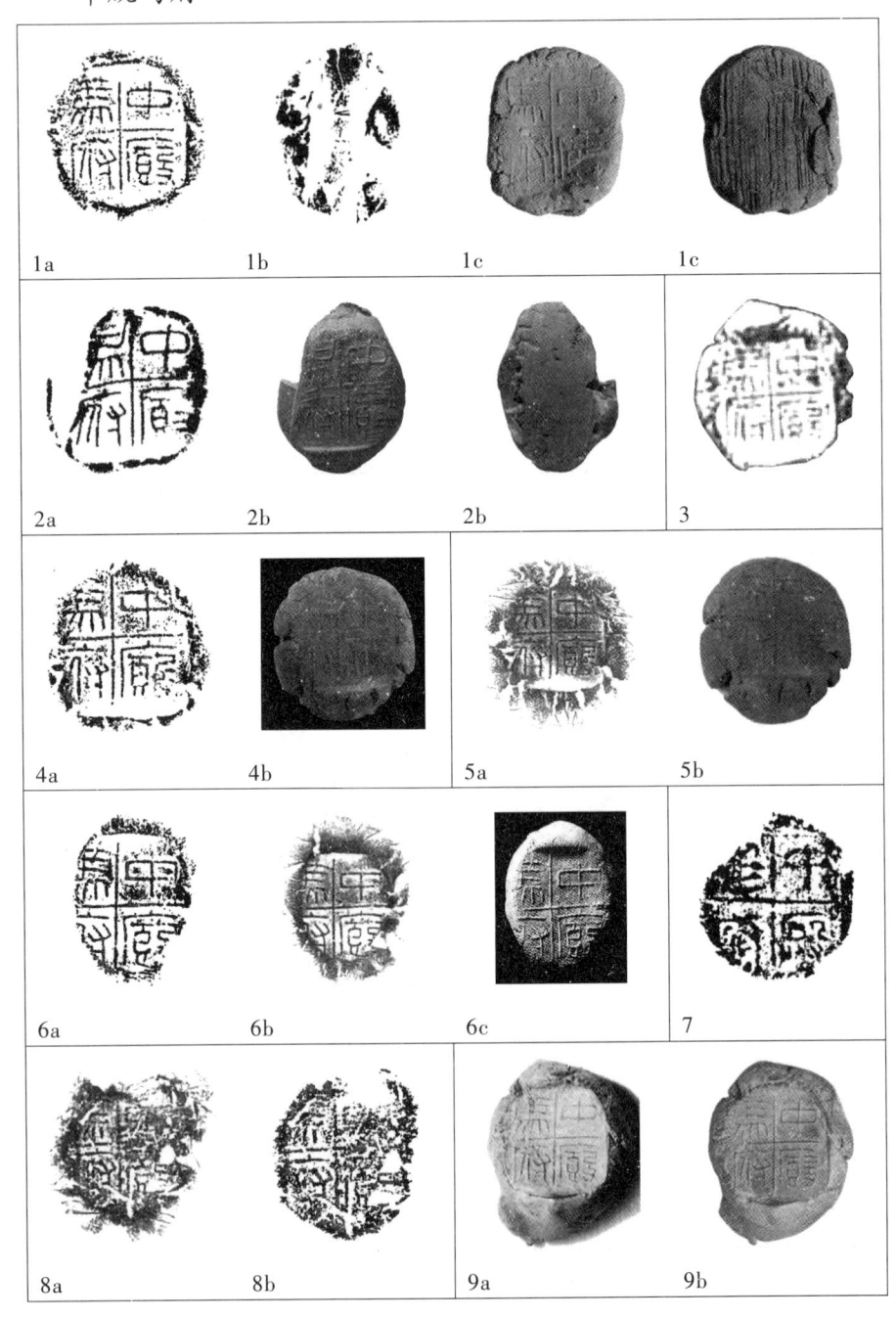

1a　1b　1c　1c
2a　2b　2b　3
4a　4b　5a　5b
6a　6b　6c　7
8a　8b　9a　9b

10

（1a：《选拓》附图；《印风》P133；《秦封》P191；《印集》P18；《书集》P116；《汇考》P39；《玺印》P428；《大系》P380；1b：《印集》P18；1c：《汇考》图版P10；2a：《菁华》P27；《大系》P380；2b：《菁华》P27；3：《续考》图218；4a：《秦封》P191；《汇考》P39；4b：《秦封》彩版3；5a：《大系》P380；5b：《问陶》P162；6a：《发现》图26；《图例》图P53；《秦封》P191；《书集》P116；《汇考》P39；6b：《大系》P380；6c：《秦封》图版2；7：《汇考》P39；《大系》P380；8a：《大系》P380；1；8b：《秦封》P191；《汇考》P39）9a：《泥选》；9b：《秦研》P116；10：《观三》P24）

中厩廷府

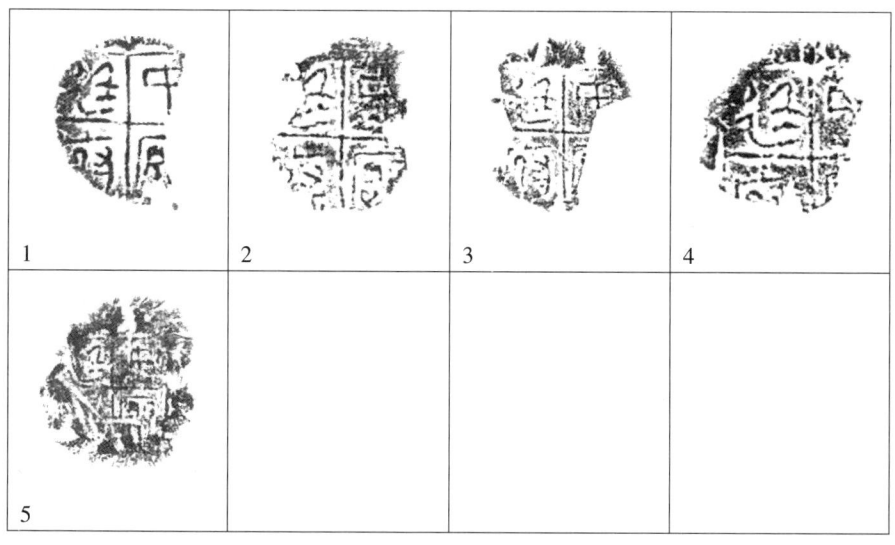

1	2	3	4
5			

（1：《在京》图二：18；《玺印》P428；《大系》P381；2—4：《新出》P50；《大系》P381；5：《大系》P381）

112　上编　中央职官

中厩□□

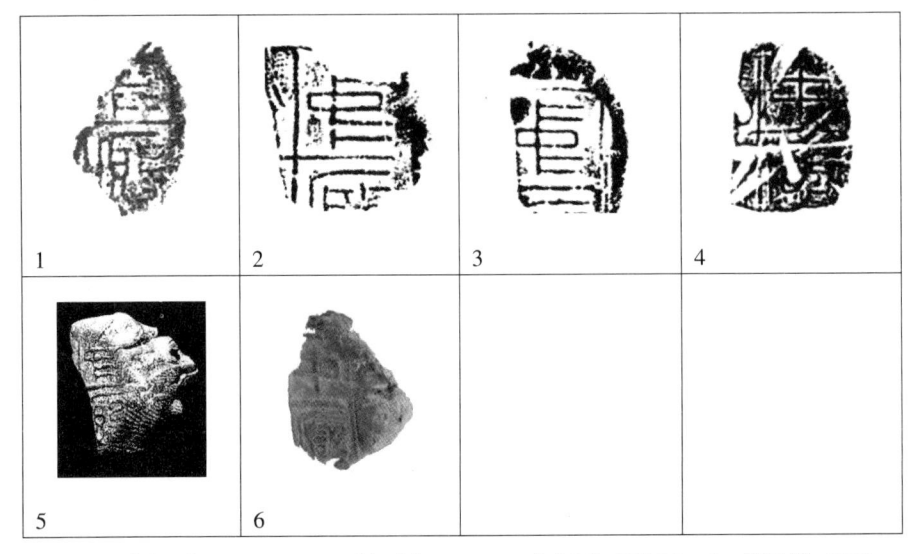

1	2	3	4
5	6		

（1：《大系》P381；2—4：《新出》P49；5：《秦封》图版9；6：《字博》P33）

右厩

右厩

1	2	3	4
5	6		

（1—3：《大系》P337；4：《酒余》P45下；《大系》P337；5：《发现》图29；《图例》P53；《书集》P117；《汇考》P41；《大系》P337；6：《新出》P43）

第二章 丞相・三公・九卿 113

右厩丞印

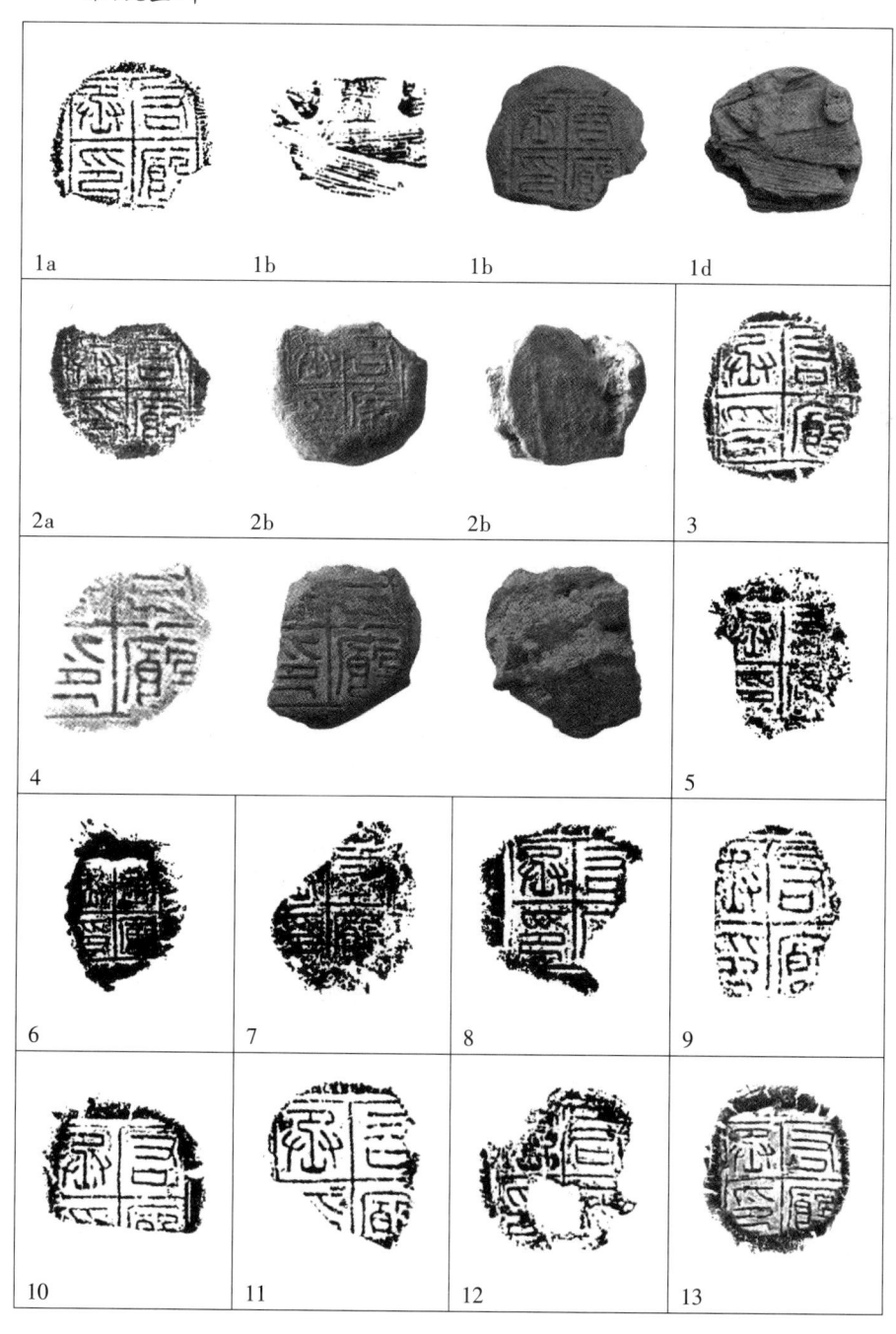

1a	1b	1b	1d
2a	2b	2b	3
4			5
6	7	8	9
10	11	12	13

114　上编　中央职官

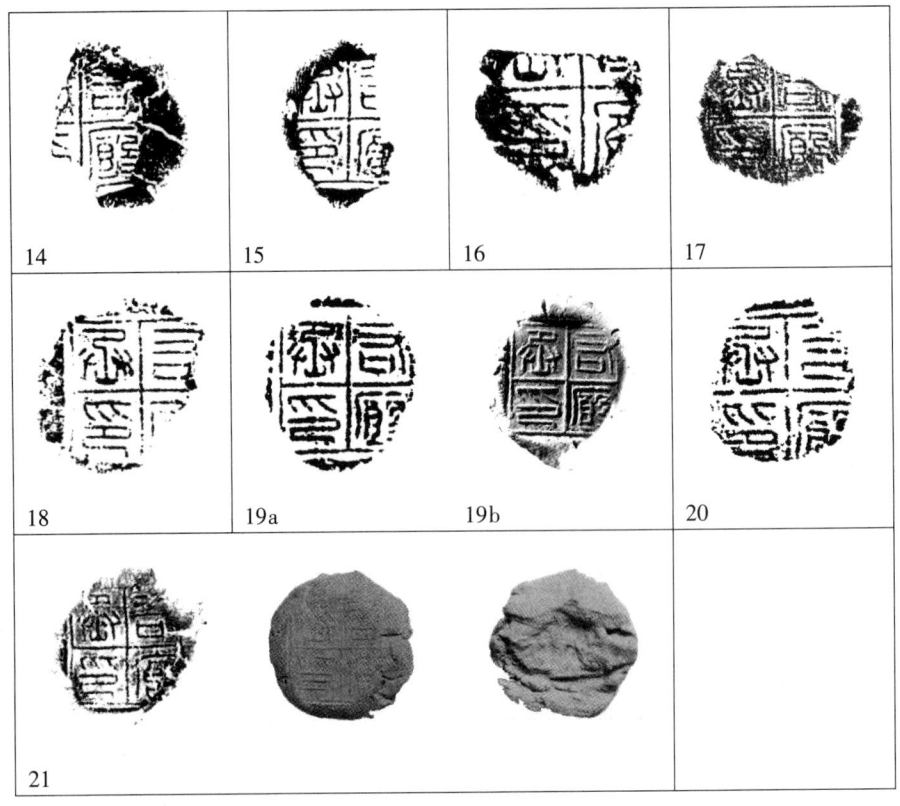

（1a：《选拓》附图；《印风》P125；《秦封》P193；《印集》P18；《书集》P117；《汇考》P41；《玺印》P427；《大系》P338；1b：《印集》P18；1c：《汇考》图版P10；《泥选》；1d：《汇考》图版P10；2a：《相家》P5；《大系》P338；2b：《相家》P5；3：《大系》P338；4：《相家》P6；5—8：《秦封》P193；《汇考》P41；9、10：《新出》P43；《大系》P338；11、12：《新出》P43；13：《大系》P338；14—16：《新出》P86；17：《新选》P117；《大系》P338；18：《发现》图30；《图例》P53；19a：《发掘》图一九：2；《新获》P290；《大系》P337；19b：《发掘》图版十三：8；20：《汇考》P41；《大系》P337；21：《观三》P40）

右厩将马

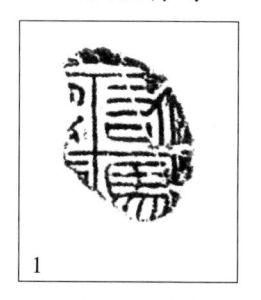

1

（1：《大系》P338）

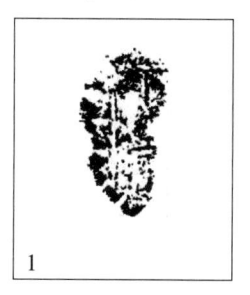

下厩

下厩

1

（1：《补读》图19；《秦封》P196；《汇考》P44；《玺印》P397；《大系》P295）

下厩丞印

1

（1：《秦封》P197；《汇考》P45；《大系》P295）

上编　中央职官

章厩

章厩

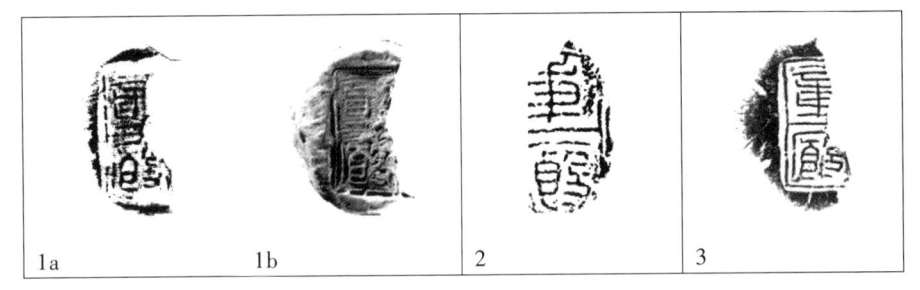

| 1a | 1b | 2 | 3 |

（1a：《新获》P289；《大系》P366；1b：《发掘》图版十七：5；2：《新出》P47；《大系》P366；3：《大系》P366）

章厩丞印

1a	1b	1b	2
3			4
5			6

第二章　丞相・三公・九卿　117

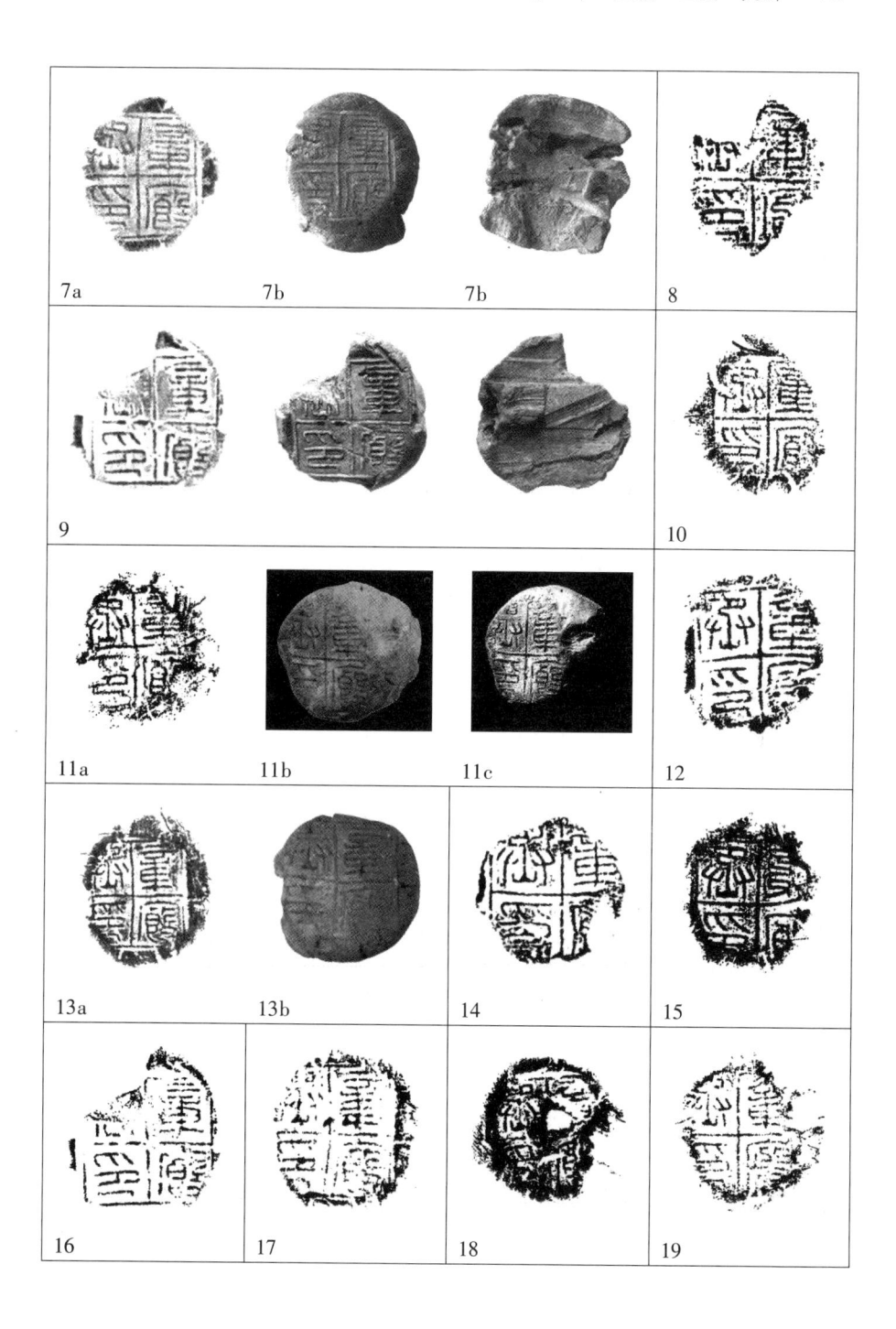

7a　7b　7b　8

9　10

11a　11b　11c　12

13a　13b　14　15

16　17　18　19

118　上编　中央职官

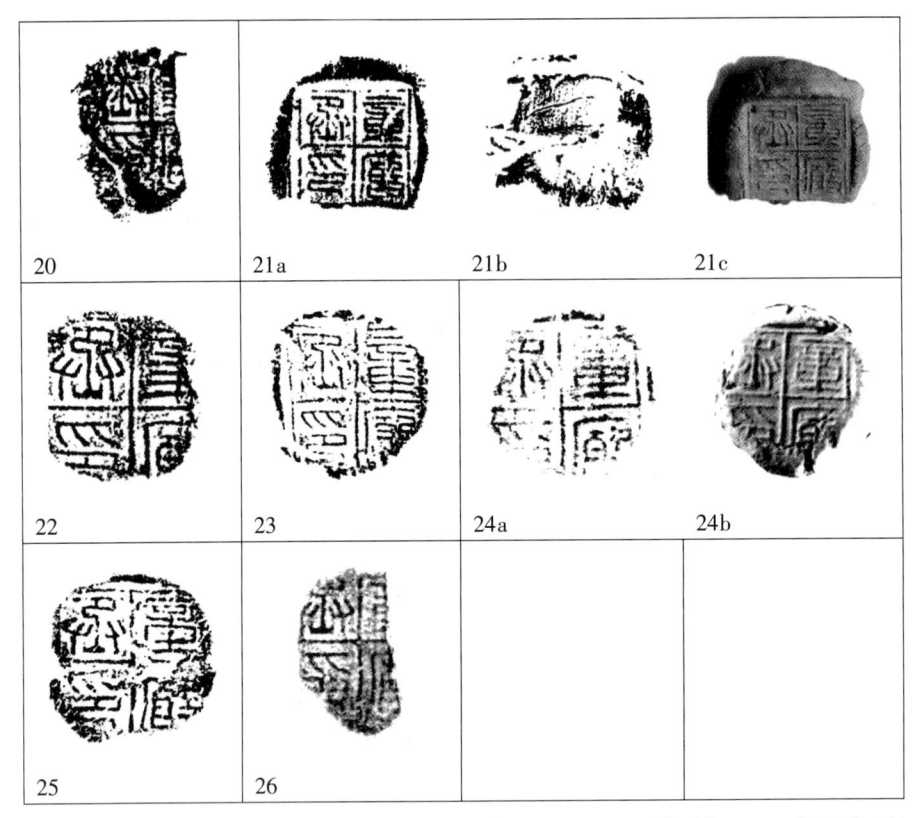

20	21a	21b	21c
22	23	24a	24b
25	26		

（1a：《书法》P35；《汇考》P30；《大系》P367；1b：《书法》P35；《汇考》图版 P8；2：《新出》P47；3：《菁华》P27；4：《发现》图 22；《图例》P53；《书集》P116；《秦封》P185；《汇考》P31；5：《相家》P6；6：《大系》P367；7a：《相家》P6；《大系》P367；7b：《相家》P6；7a：《相家》P6；7b：《相家》P6；8：《汇考》P30；9：《相家》P6；10：《秦封》P185；《汇考》P30；11a：《秦封》P185；《汇考》P30；11b：《秦封》彩版 3；11c：《秦封》图版 2；12：《秦封》P185；《汇考》P31；13a：《大系》P367；13b：《问陶》P162；14：《新出》P47；15：《秦封》P185；《汇考》P31；16：《秦封》P185；《汇考》P31；《大系》P367；17—20：《秦封》P185；《汇考》P31；21a：《选拓》附图；《印风》P125；《秦封》P185；《印集》P14；《书集》P116；《汇考》P30；《大系》P367；21b：《印集》P14；21c：《泥选》；22：《新出》P47；23：《新出》P47；《大系》P367；24a：《发掘》图一七：2；《新获》P290；24b：《发掘》图版九：2；25：《新出》P47；26：《长安》P1）

又：《发掘》P534《出土封泥登记表》2000CH 相 1T2③：97、108、TG1：64 共 3 枚为"章厩丞印"。

第二章 丞相・三公・九卿　119

章厩□印

1

（1：《新出》P47）

章厩□□

1　2　3

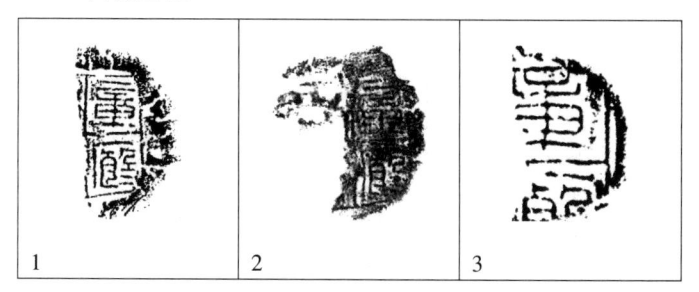

（1：《秦封》P185；《汇考》P30；2：《新出》P47；《大系》P367；3：《新出》P47；《大系》P366）

章□丞□

1

（1：《新出》P47）

章厩将马

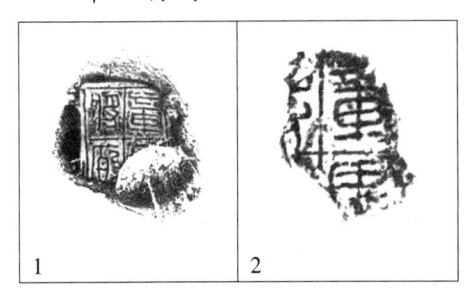

| 1 | 2 |

（1、2：《大系》P367）

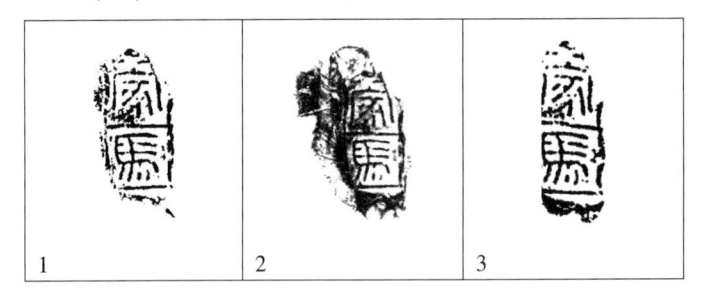

家马

家马

| 1 | 2 | 3 |

（1：《发现》图19；《秦封》P184；《玺印》P395；2：《大系》P128；3：《图例》P53；《书集》P115）

上家马丞

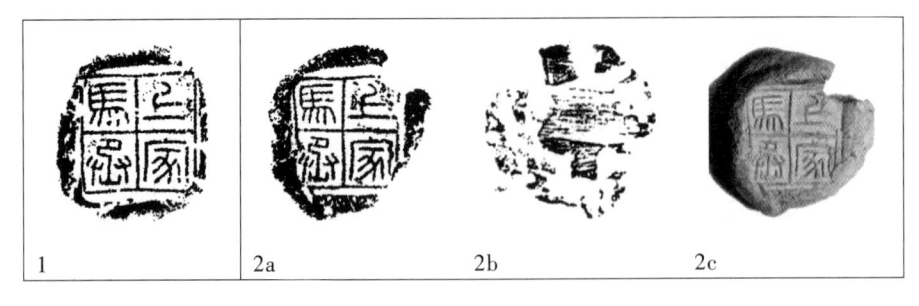

| 1 | 2a | 2b | 2c |

3	4	5	6
7			

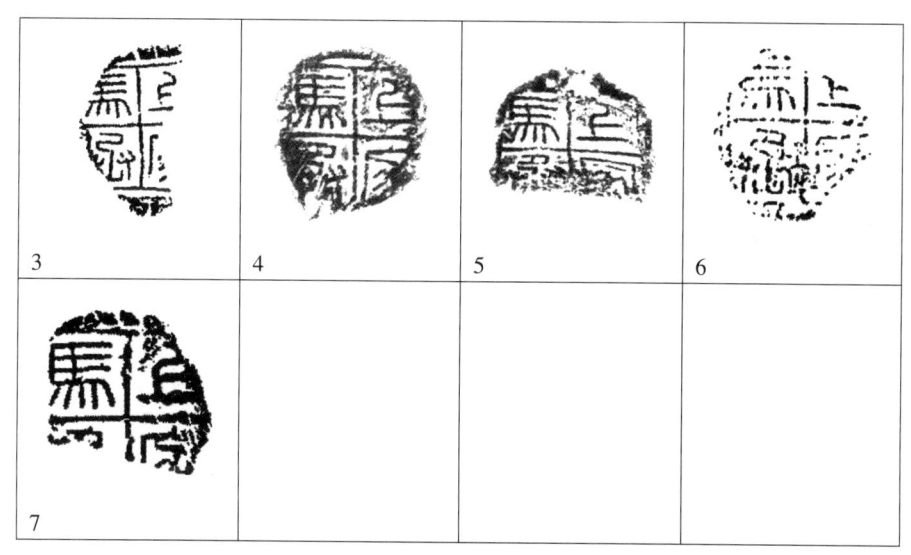

（1：《印考》图167；《印风》P145；《秦封》P250；《书集》P115；《汇考》P45；《玺印》P429；《大系》P208；2a：《印集》P20；《汇考》P45；《大系》P208；2b：《印集》P20；2c：《泥选》；3：《发现》图20；《图例》P56；《秦封》P250；《汇考》P46；4、5：《大系》208；6：《秦封》P250；《汇考》P46；《大系》P208；7：《秦封》P250；《汇考》P46）

下家马丞

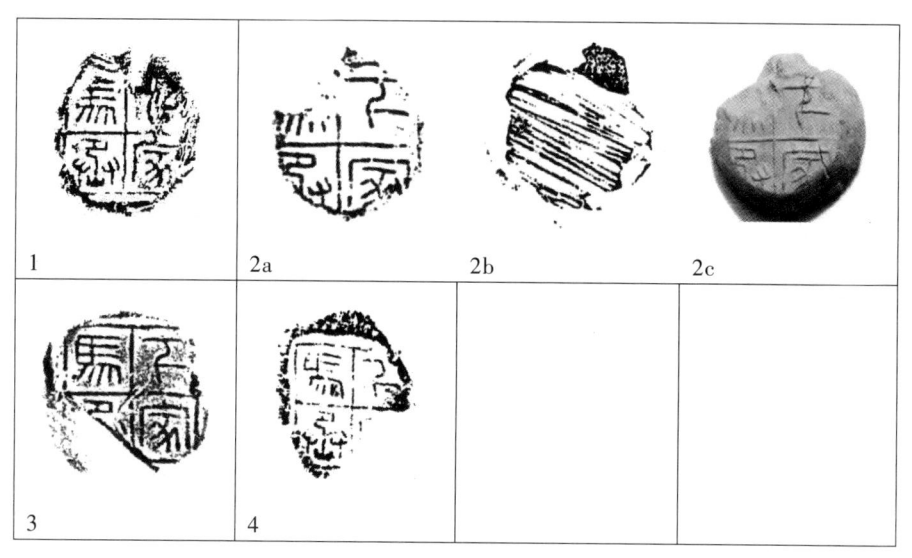

1	2a	2b	2c
3	4		

（1：《秦封》P197；《汇考》P46；《玺印》P429；2a：《印集》P20；《汇考》

P46；《大系》P295；2b：《印集》P20；2c：《泥选》；3：《印风》P145；《汇考》P45、P46；《大系》P208、P294；4：《大系》P294）

下家马□

1

（1：《大系》P294）

下家□丞

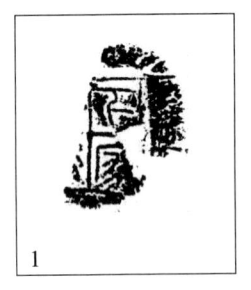

1

（1：《补读》图21；《秦封》P197；《汇考》P46；《大系》P294）

下□马□

1

（1：《大系》P295）

中马

中马丞印

无图，释读见《秦选》P78。

中马府印

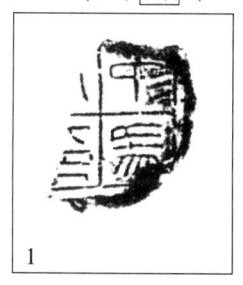

（1:《大系》P381）

中马权府

（1:《大系》P381）

右中马丞

（1:《秦封》P173；《玺印》P429；《大系》P341）

左中□□

（1:《大系》P402）

车府

车府

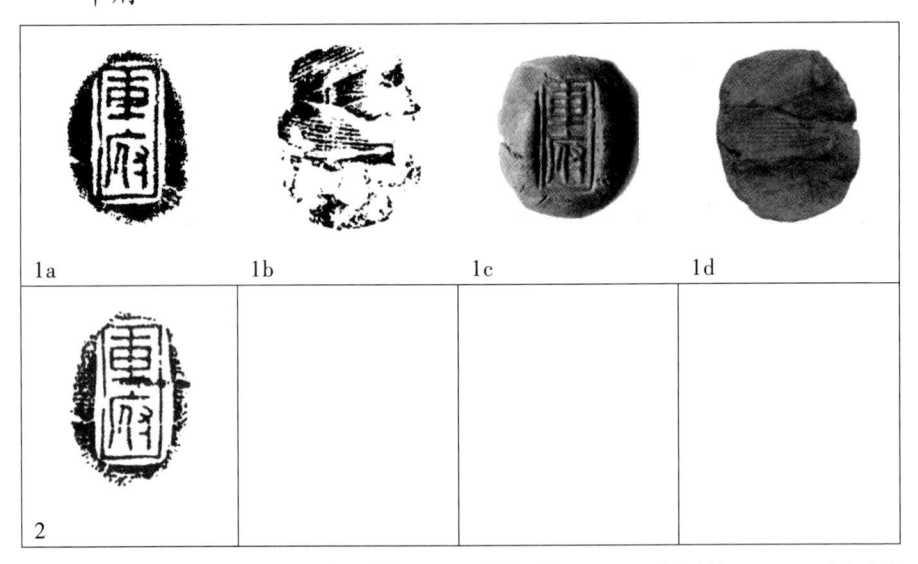

1a	1b	1c	1d
2			

（1a:《续考》图 217;《补读》图 2;《印风》P164;《秦封》P119;《印集》P12;《书集》P115;《汇考》P25;《大系》P43; 1b:《印集》P12; 1c:《汇考》图版 P7;《图录》;《泥选》; 1d:《汇考》图版 P7; 2:《玺印》P395;《大系》P43）

车府丞印

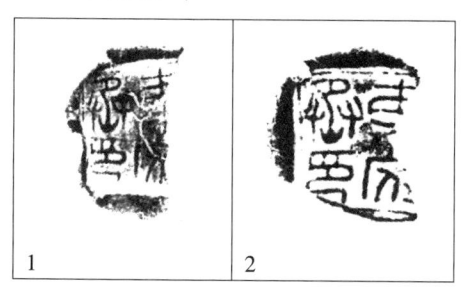

1　2

（1：《在京》图一：16；《玺印》P430；《大系》P43；2：《西见》图二：8；《新出》P57；《大系》P43）

车府丞□

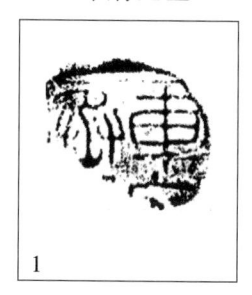

1

（1：《新出》P7、《大系》P43）

车□丞印

1

（1：《新出》P96）

126 上编 中央职官

车□丞□

1
（1:《大系》P43）

车府□□

1
（1:《大系》P43）

车府□内

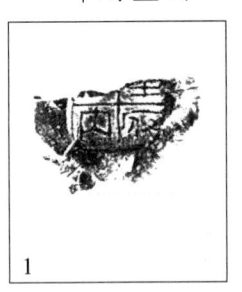

1
（1:《大系》P44）

车官

车官

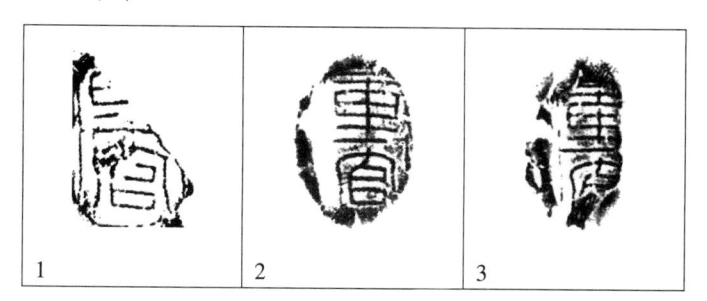

（1：《新出》P7；《大系》P44；2：《在京》图一：18；《大系》P44；3：《大系》P44）

骑马

骑马

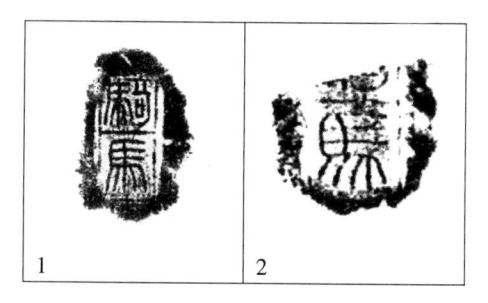

（1：《在京》图一：12；《玺印》P395；《大系》P195；2：《大系》P416）

骑马丞印

128　上编　中央职官

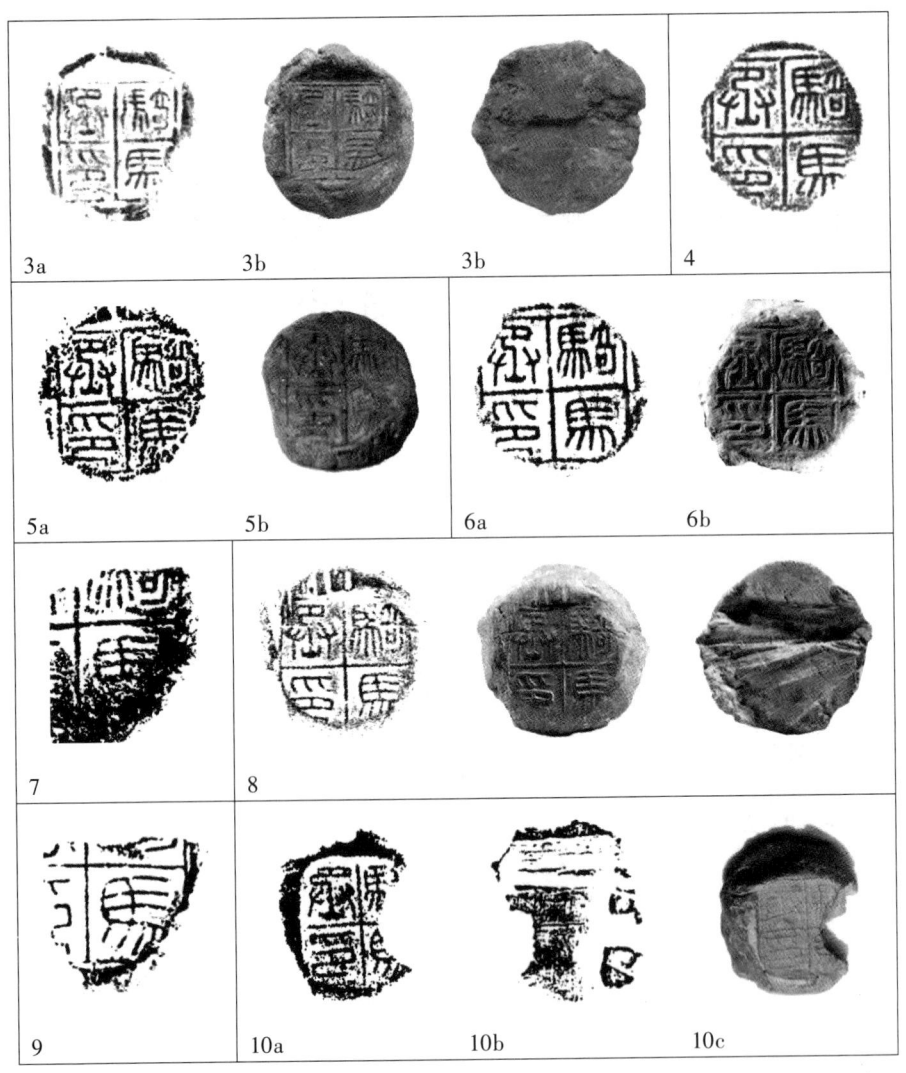

3a	3b	3b	4
5a	5b	6a	6b
7	8		
9	10a	10b	10c

（1：《上封》P47；2：《大系》P196；3a：《相家》P7；《大系》P196；3b：《相家》P7；4：《大系》P196；5a：《补读》图3；《秦封》P121；《书集》P124；《汇考》P28；《玺印》P434；《大系》P196；5b：《秦封》彩版1；《问陶》P165；6a：《新获》P287；《大系》P196；6b：《发掘》图版十四：5；7：《新出》P28；8：《冰斋》P138；9：《新出》P28；10a：《印集》P13；《汇考》P27；10b：《印集》P13；10c：《泥选》）

又：《发掘》P534《出土封泥登记表》2000CH 相 1TG1：44 为"骑马丞印"。

第二章　丞相·三公·九卿　129

骑马丞□

1

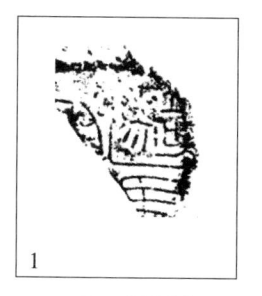

（1：《新出》P28）

骑□丞印

1

（1：《新出》P28）

骑□丞□

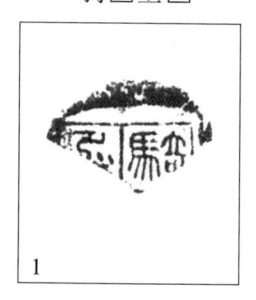

1

（1：《汇考》P28；《大系》P196）

130　上编　中央职官

骑马□□

（1:《大系》P196）

骑□□□

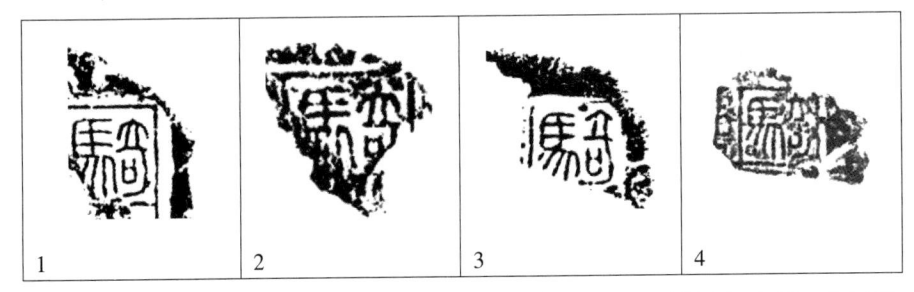

（1:《新出》P28；《大系》P196；2:《新出》P28；3:《新出》P102；《大系》P196；4:《大系》P196）

马府

马府

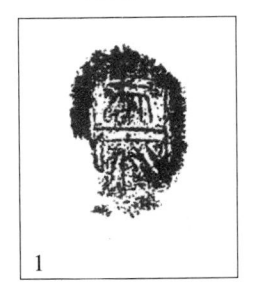

（1:《在京》图三：1；《玺印》P395；《大系》P165）

官车

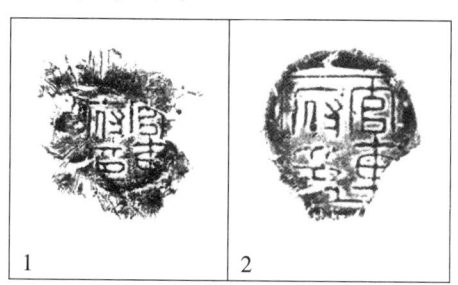

官车府印

| 1 | 2 |

（1、2：《大系》P101）

中车

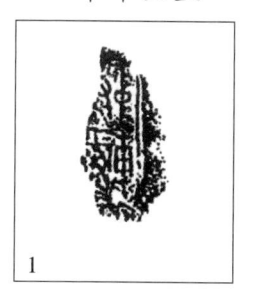

中车丞玺

1

（1：《在京》图一：13；《玺印》P162；《大系》P374）

中车府丞

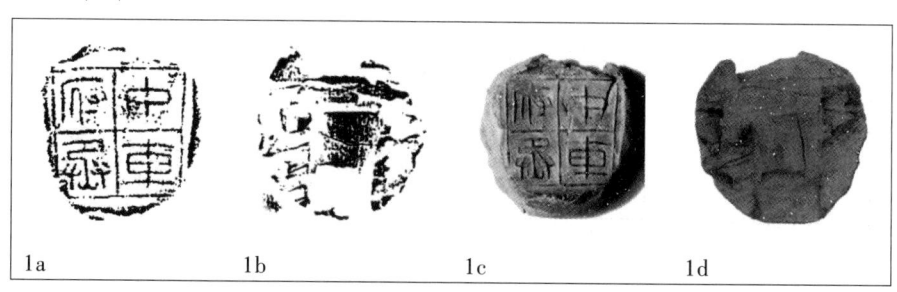

| 1a | 1b | 1c | 1d |

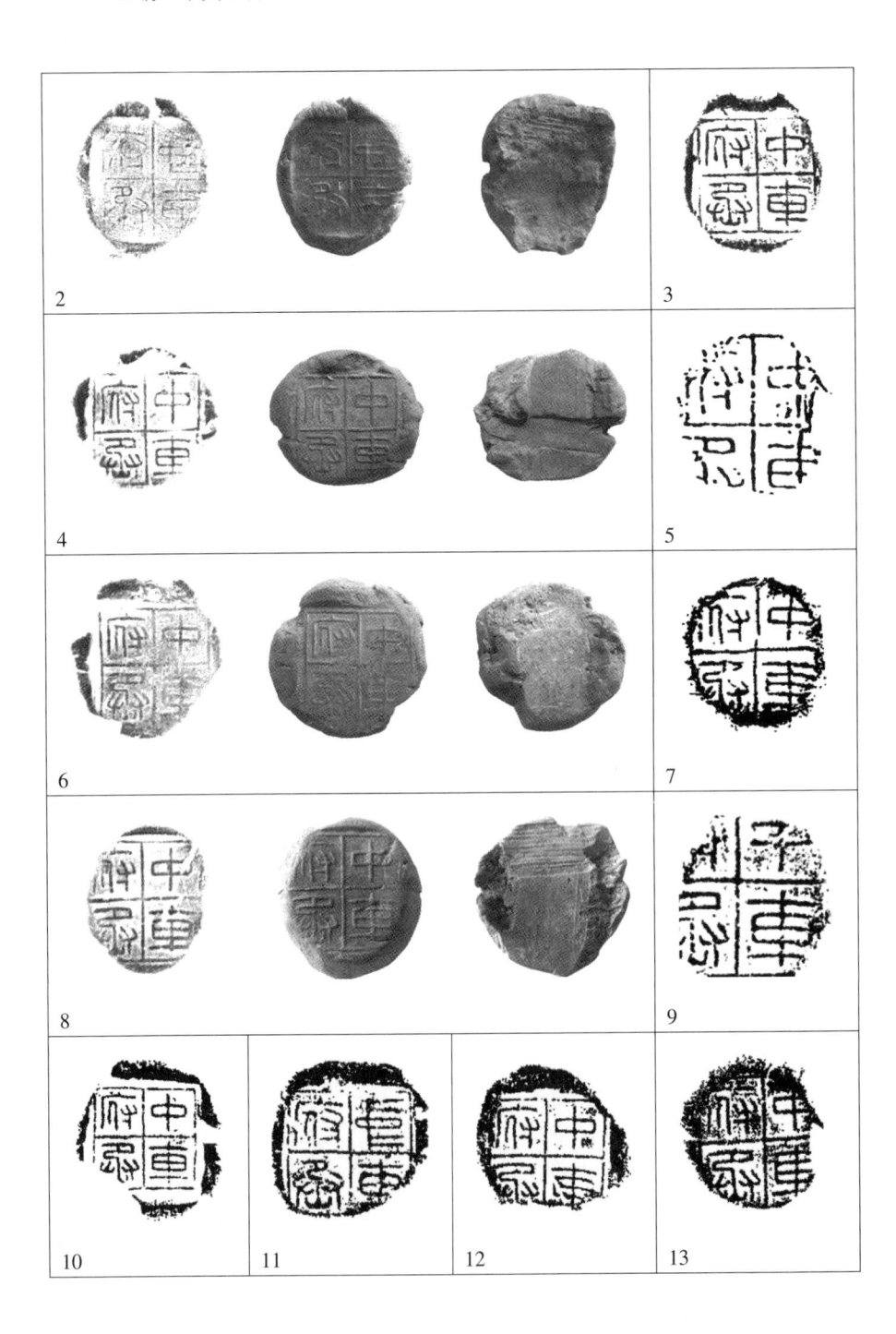

上编　中央职官

第二章　丞相・三公・九卿　133

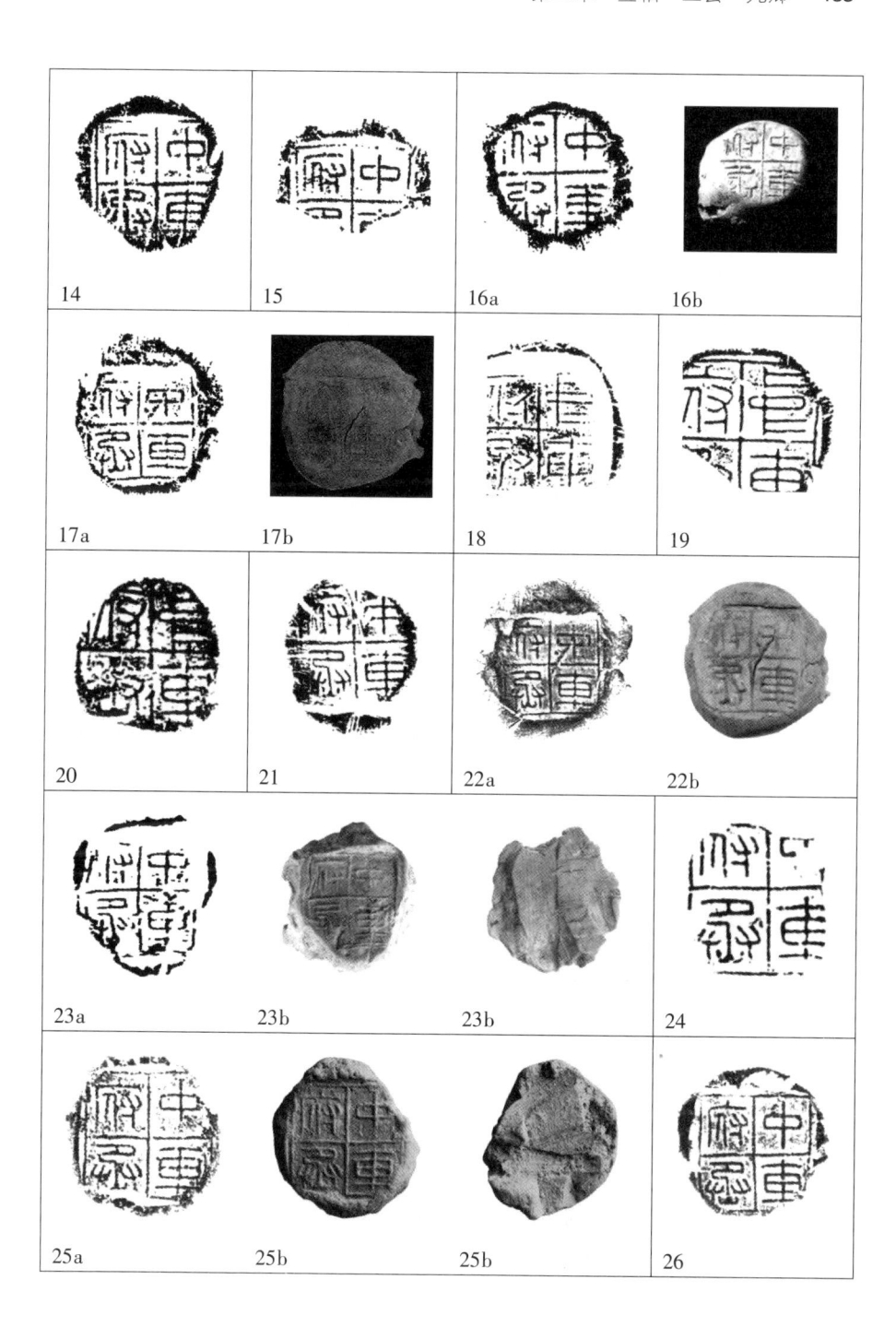

14　15　16a　16b

17a　17b　18　19

20　21　22a　22b

23a　23b　23b　24

25a　25b　25b　26

134　上编　中央职官

27

（1a：《印风》P133；《书法》P35；《印集》P12；《汇考》P26；1b：《印集》P12；1c：《书法》P35；《汇考》图版P7；《泥选》；1d：《书法》P35；《汇考》图版P7；2：《相家》P8；3：《大系》P375；4：《相家》P8；5：《秦封》P120；《汇考》P27；6：《相家》P8；7：《发现》图21；《图例》P53；《书集》P117；8：《相家》P8；9：《新出》P48；10：《选拓》附图；《秦封》P120；《书集》P117；《汇考》P26；《玺印》P430；《大系》P375；11：《汇考》P26；《大系》P374；12：《汇考》P26；13、14：《汇考》P26；15：《秦封》P120；《汇考》P27；16a：《秦封》P120；《汇考》P27；16b：《秦封》图版3；17a：《秦封》P120；《汇考》P27；17b：《秦封》彩版1；18：《新出》P47；19：《大系》P375；20：《大系》P374；21：《新出》P48；22a：《大系》P375；22b：《问陶》P161；23a：《新见》图1；《古封》P454；《珍秦》P63；《秦封》P120；23b：《珍秦》P32；24：《新出》P48；25a：《新出》P47；《青泥》P7；《大系》P375；25b：《青泥》P7；26：《大系》P375；27：《上封》P29）

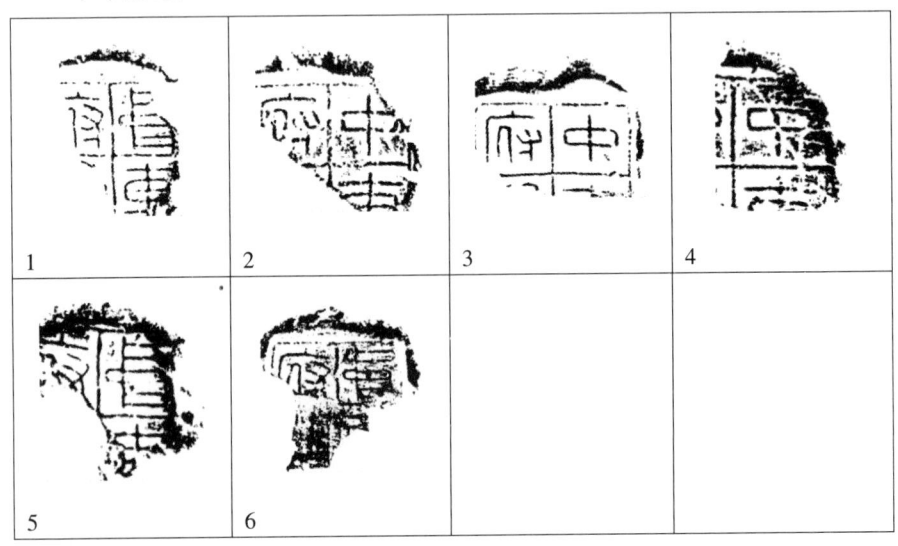

中车府□

1	2	3	4
5	6		

（1—4：《新出》P48；5：《新出》P95；6：《酒余》P50上）

中□府丞

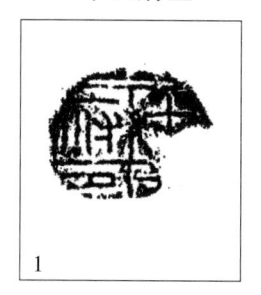

1

（1：《酒余》P50 上）

中车□丞

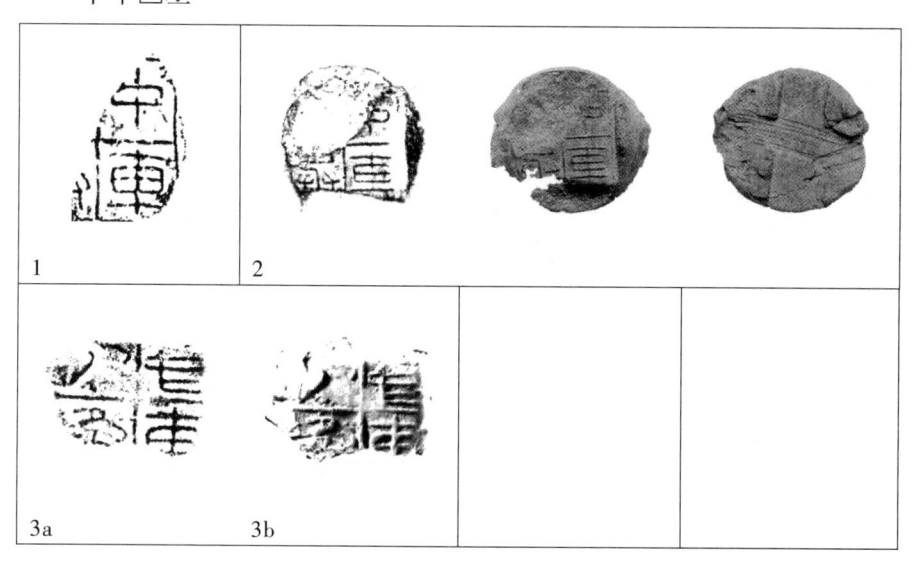

1	2		
3a	3b		

（1：《新出》P48；2：《观一》P38；3a：《新获》P287；3b：《发掘》图版十八：5）

中车□□

无图，释读见《发掘》P538。

□车府丞

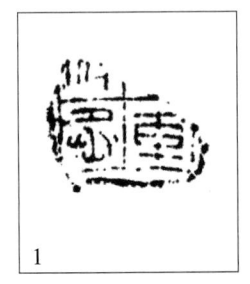

1

（1:《秦封》P120;《汇考》P27）

寺车

寺车丞印

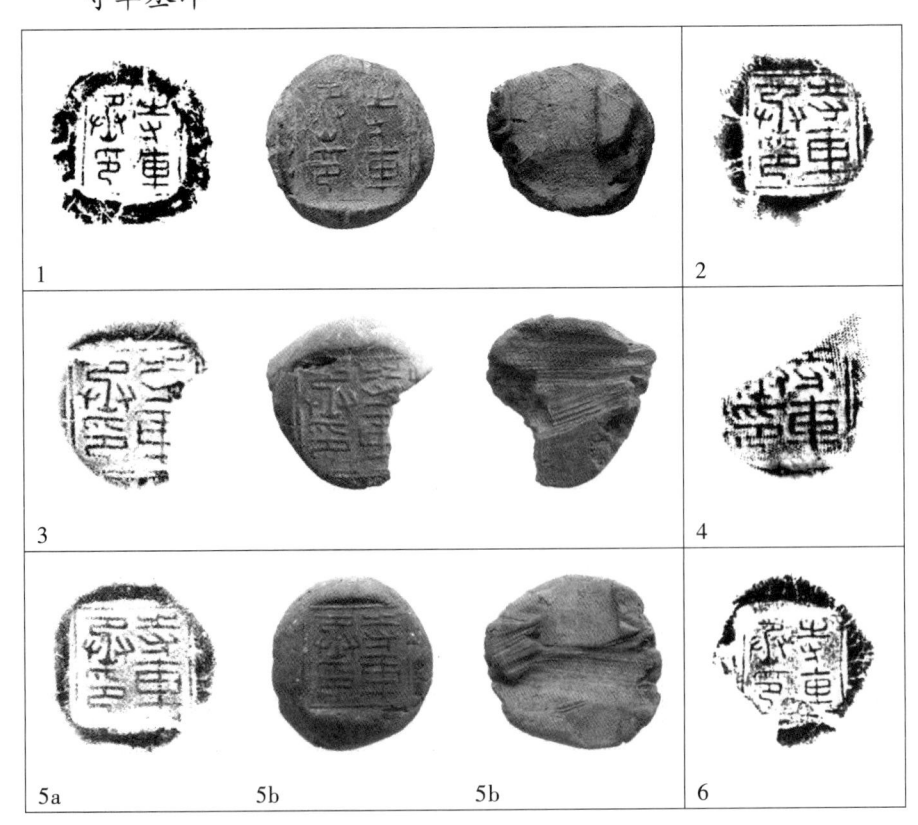

1			2
3			4
5a	5b	5b	6

第二章　丞相・三公・九卿

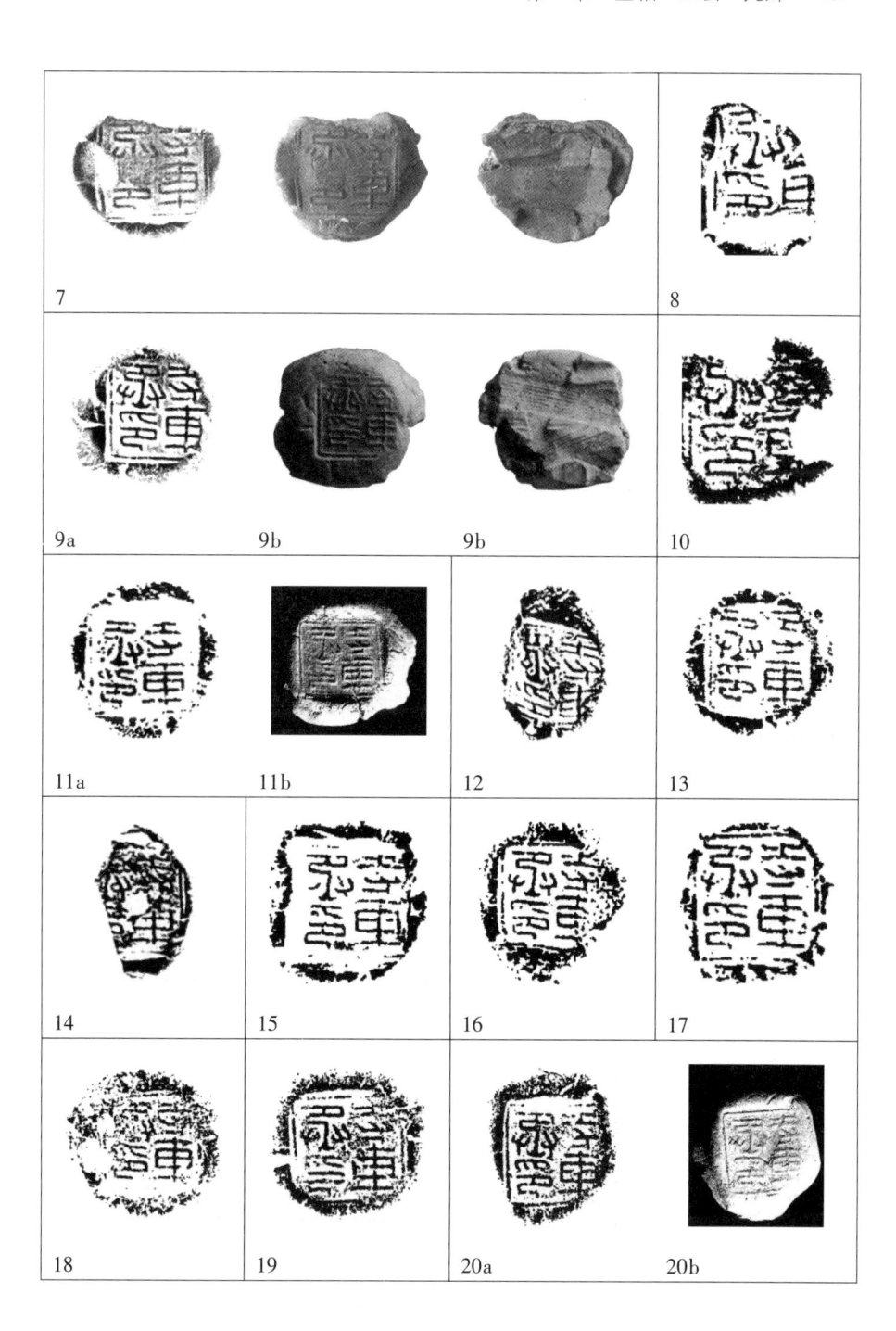

7			8
9a	9b	9b	10
11a	11b	12	13
14	15	16	17
18	19	20a	20b

上编　中央职官

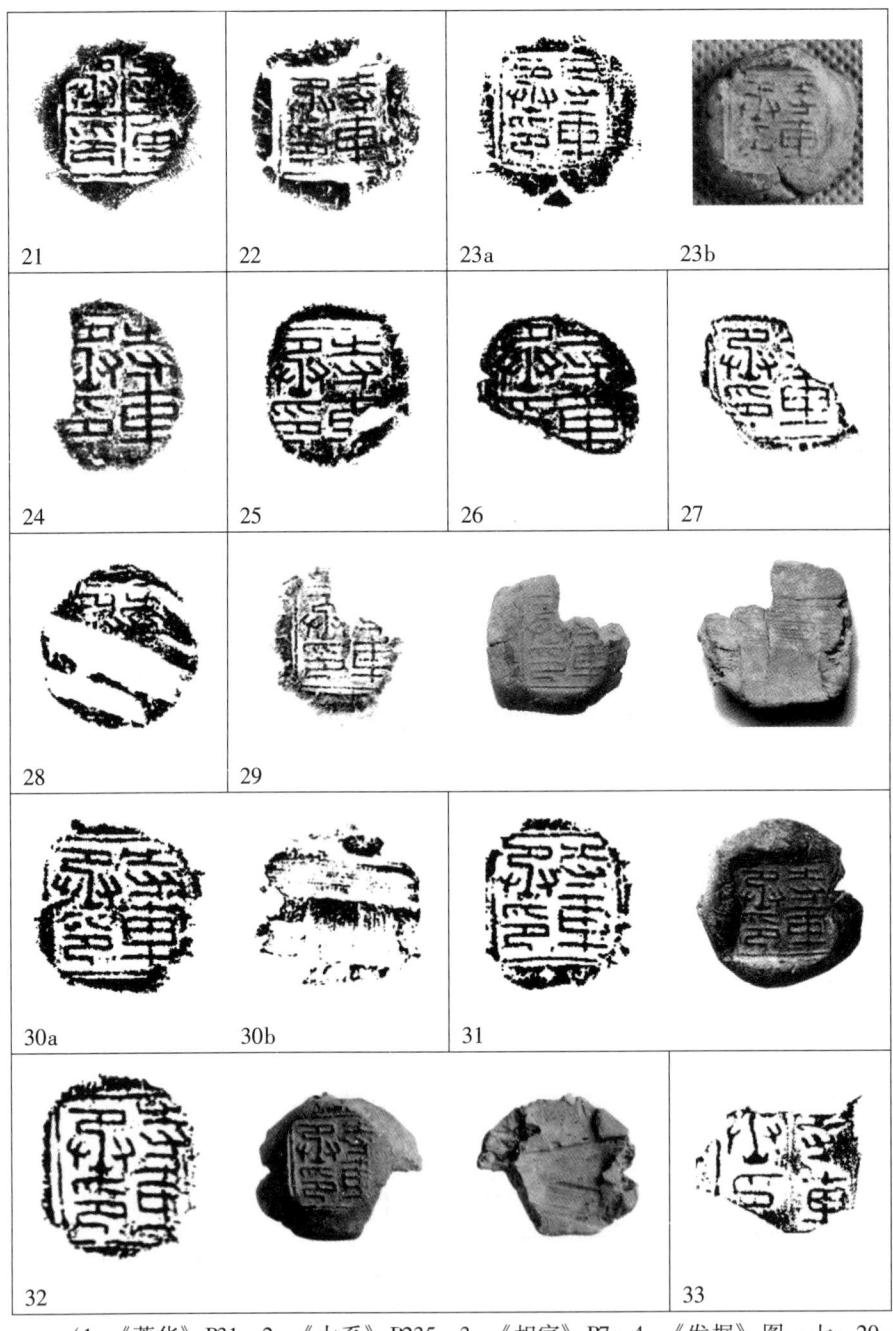

21	22	23a	23b
24	25	26	27
28	29		
30a	30b	31	
32			33

（1：《菁华》P31；2：《大系》P235；3：《相家》P7；4：《发掘》图一七：20；《新获》P290；《大系》P235；5a：《相家》P7；《大系》P235；5b：《相家》P7；6：《大系》P235；7：《相家》P7；8：《新出》P77；9a：《青泥》P8；《新出》P32；《大

系》P236；9b：《青泥》P8；10：《新出》P77；11a：《秦封》P171；《汇考》P114；《玺印》P442；11b：《秦封》图版3；12：《新出》P77；13、15：《汇考》114；14：《新出》P77；16、17：《秦封》P171；《汇考》P114；18、19：《秦封》P172；《汇考》P114；20a：《秦封》P172；《汇考》P114；20b：《秦封》图版8；21：《大系》P235；22：《新出》P32；《大系》P235；23a：《印风》P139；23b：《泥选》；24：《新出》P32；《大系》P235；25：《新出》P32；26—28：《新出》P33；29：《观二》P23；30a：《印集》P53；《大系》P235；30b：《印集》P53；31：《发现》图74；《书集》P120；32：《上封》P35；33：《新出》P77）

寺车丞□

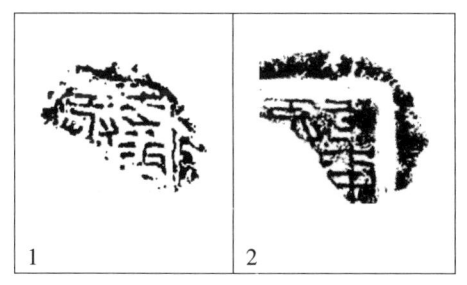

（1：《秦封》P172；《汇考》P114；2：《新出》P33）

寺车□印

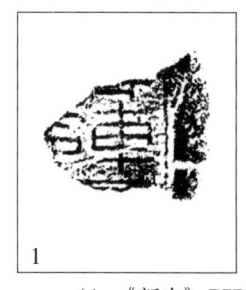

（1：《新出》P77）

寺车府印

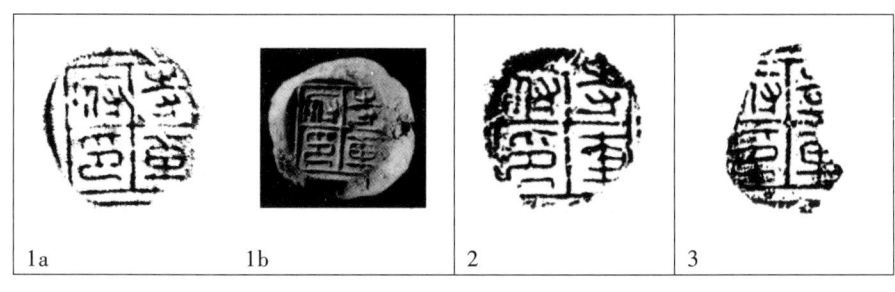

140　上编　中央职官

4a	4b	5	

（1a:《发掘》图一七：16;《新获》P288;《玺印》P435;《大系》P236；1b:《发掘》图版十一：6；2:《在京》图一：17;《新出》P33;《大系》P236；3:《新出》P33;《大系》P236；4a:《新出》P77;《秦选》P90;《大系》P236；4b:《秦选》P90；5:《酒余》P39 下;《大系》P236）

寺车府□

1

（1:《大系》P236）

寺车行印

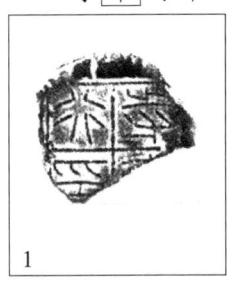

1

（1:《大系》P241）

第二章 丞相・三公・九卿

寺□行印

无图，释读见《秦选》P75。

寺车□□

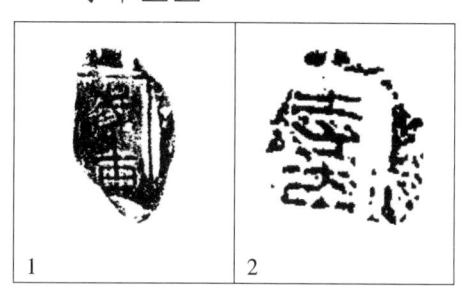

（1：《新出》P77；2：《秦封》P171；《汇考》P115）

行

行印

（1：《在京》图 4：7；《玺印》P394；《大系》P310）

行府

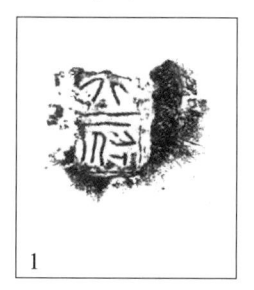

（1：《大系》P309）

行车

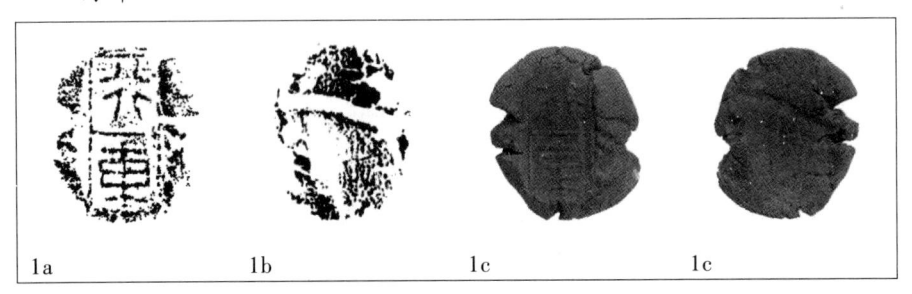

| 1a | 1b | 1c | 1c |

（1a：《印风》P167；《释续》图 58；《印集》P159；《汇考》P251；《大系》P309；1b：《印集》P159；1c：《汇考》图版 P74）

行□

| 1 |

（1：《新出》P82；《大系》P310）

行车官印

| 1 | 2a | 2b | 2b |

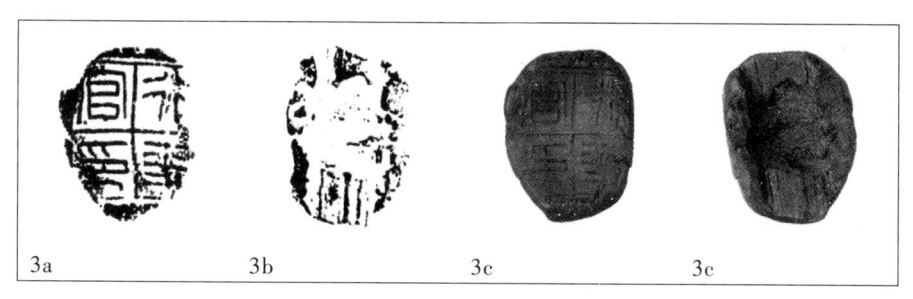

第二章　丞相・三公・九卿　143

（1：《在京》图一：19；《玺印》P430；《大系》P309；2a：《相家》P7；《大系》P309；2b：《相家》P7；3a：《印风》P143；《释续》图59；《新官》图35；《印集》P160；《汇考》P252；《大系》P309；3b：《印集》P160；3c：《汇考》图版P75）

行车□□

（1：《大系》P309）

行车府印

无图，释读见《新官》P264。

行□府□

无图，释读见《秦选》P76。

□行□府

（1：《大系》P309）

八　廷尉

廷尉

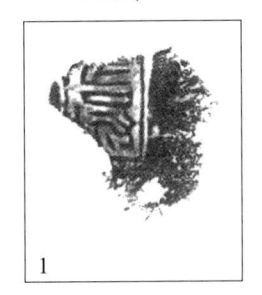

1

（1：《大系》P269）

廷尉之印

| 1a | 1b | 1c | 2 |
| 3a | 3b | 3b | 4 |

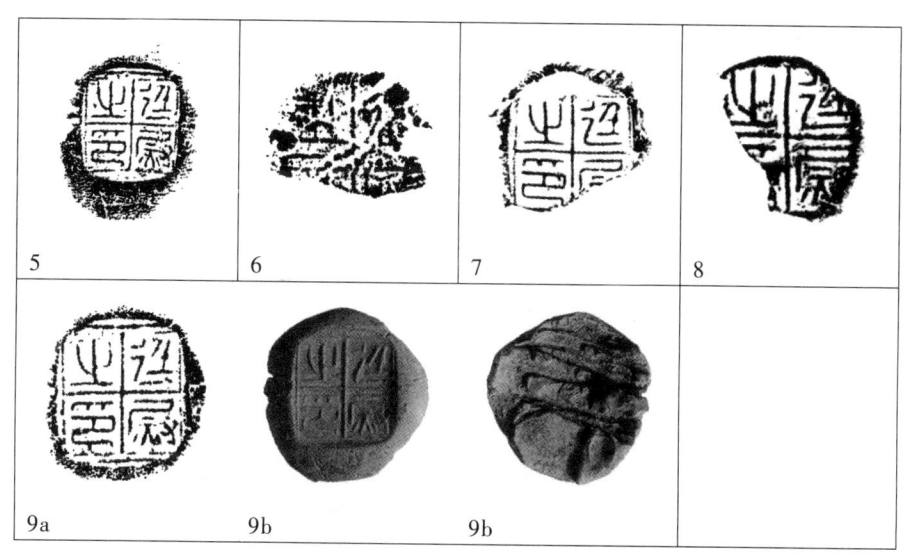

（1a:《考释》图一：4；《书法》P36；《印集》P21；《汇考》P47；《大系》P270；1b:《印集》P21；1c:《泥选》；2:《大系》P270；3a:《相家》P8；《大系》P269；3b:《相家》P8；4:《酒余》P42上；5:《印风》P136；6:《汇考》P47；7、8:《新出》P37；《大系》P270；9a:《汇考》P47；《大系》P270；9b:《汇考》图版P11）

廷□之印

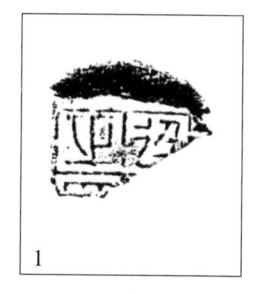

（1:《新出》P103；《大系》P270）

廷□之□

1

（1:《新出》P37）

九　典客

典客

典客

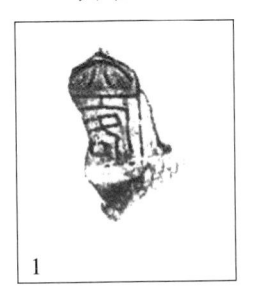

1

（1:《大系》P62）

典客之印

1

（1:《大系》P62）

典达
典达

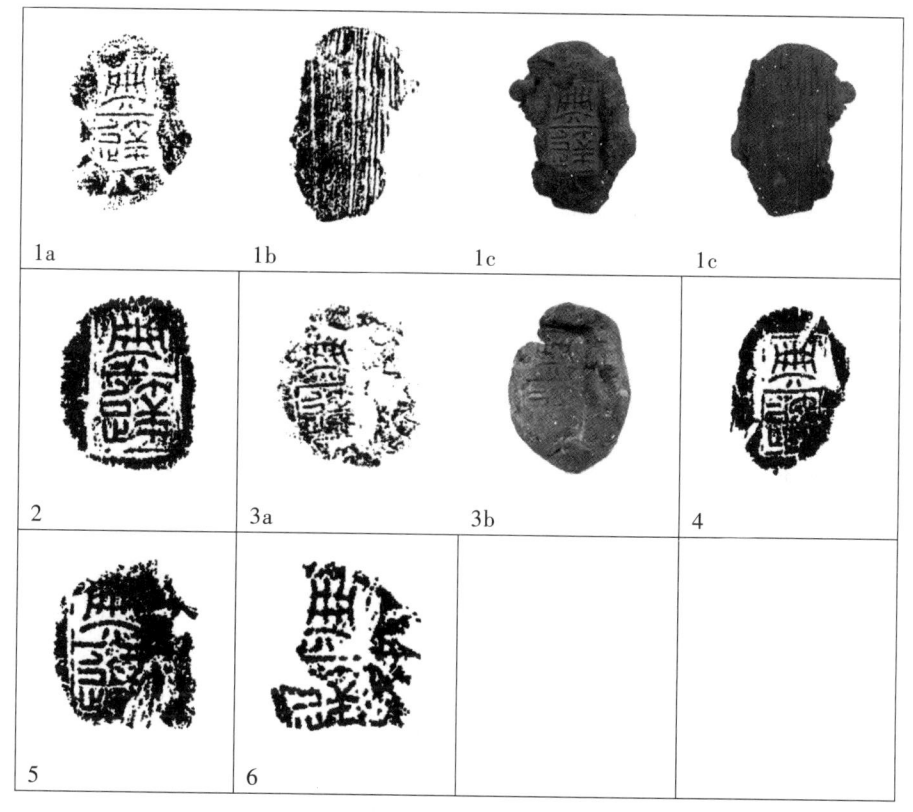

1a	1b	1c	1c
2	3a	3b	4
5	6		

（1a：《印考》图212；《秦封》P220；《书法》P44；《印集》P157；《汇考》P248；《大系》P62；1b：《印集》P157；1c：《书法》P44；《汇考》图版P73；2：《汇考》P248；《大系》P62；3a：《发现》图104；《图例》P55；《秦封》P220；《汇考》P249；《大系》P62；3b：《问陶》P159；4、5：《汇考》P249；《大系》P62；6：《秦封》P220；《汇考》P249；《大系》P62）

传舍

传舍

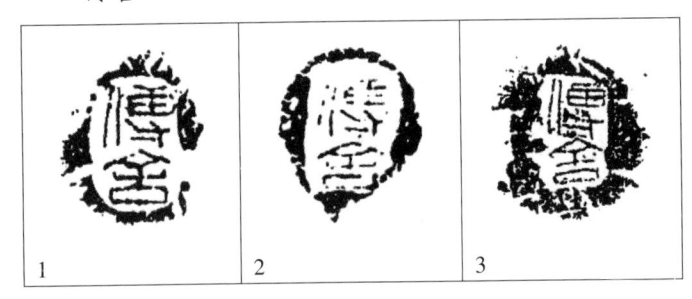

| 1 | 2 | 3 |

（1—3：《秦封》P235）

大行

大行

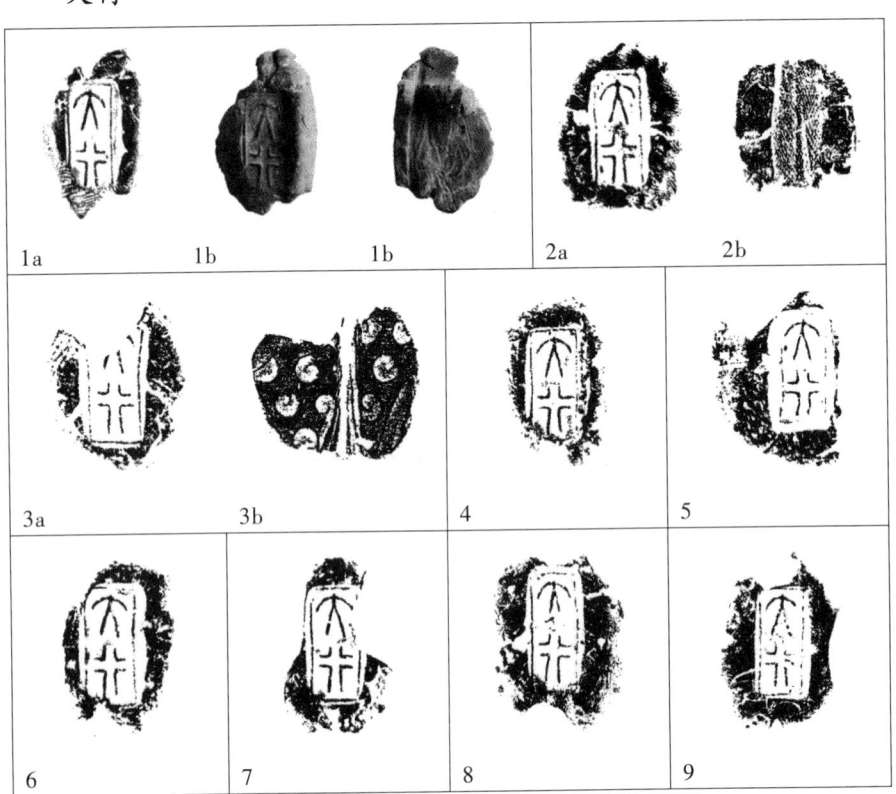

1a	1b	1b	2a	2b
3a	3b	4	5
6	7	8	9

第二章 丞相・三公・九卿

10	11	12	13
14	15	16	17
18	19	20	21
22	23	24	25
26	27	28	29

150　上编　中央职官

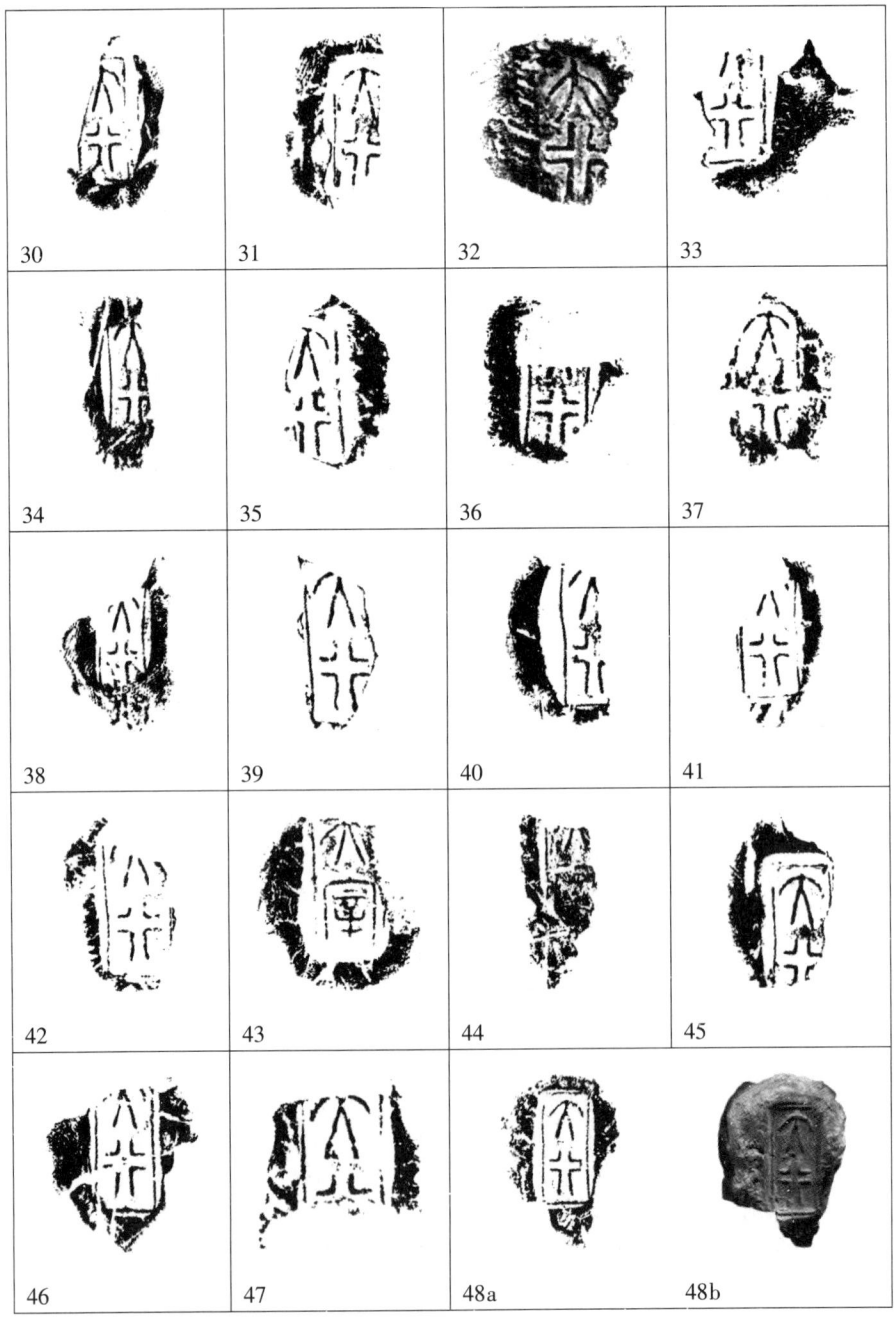

30	31	32	33
34	35	36	37
38	39	40	41
42	43	44	45
46	47	48a	48b

（1a：《新出》P60；《青泥》P8；1b：《青泥》P8；2a：《调查》图三；《大系》P59；2b：《调查》图三；3a：《调查》图三；《新出》P61；3b：《调查》图三；4：《新

第二章　丞相·三公·九卿　　151

选》P109；《大系》P58；5：《新出》P60；《大系》P57；6—9：《新出》P60；10：《新出》P60；《大系》P57；11：《新出》P60；12：《新出》P60；《大系》P57；13：《新出》P60；《大系》P57；14—16：《新出》P60；17：《新出》P61；18：《新出》P60；《大系》P57；19—22、24—26：《新出》P60；23：《新出》P61；27：《新出》P60；《大系》P57；28—30：《新出》P61；31：《大系》P57；32：《大系》P57；33—35：《新出》P61；36：《酒余》P41 上；37—47：《新出》P61；48a：《新出》P60；《秦选》P83；48b：《秦选》P83）

泰行

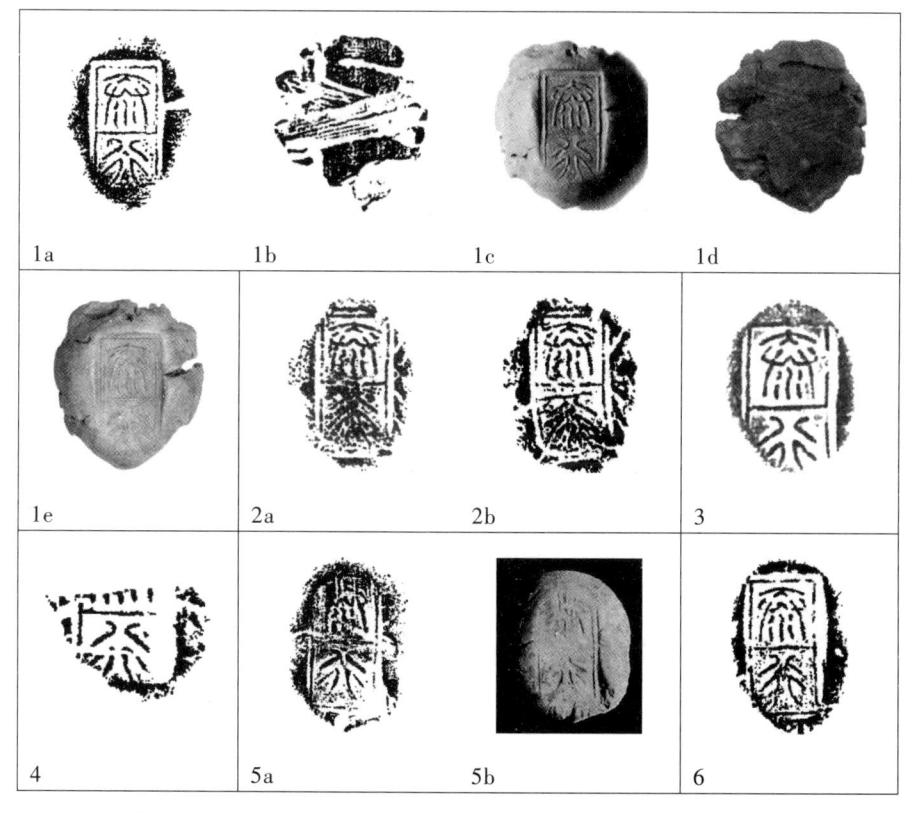

1a	1b	1c	1d
1e	2a	2b	3
4	5a	5b	6

（1a：《印考》图164；《秦封》P122；《印集》P22；《书集》P117；《汇考》P47；《玺印》P391；《大系》P260；1b：《印集》P22；1c：《汇考》图版P12；《泥选》；1d：《汇考》图版P12；1e：《秦研》P117；2a：《发现》图33；《图例》P53；《大系》P260；2b：《秦封》P122；《书集》P117；《汇考》P48；3：《大系》P260；4：《汇考》P47；5a：《秦封》P122；《汇考》P47；《大系》P260；5b：《秦封》彩板3；6：《汇考》P47；《大系》P260）

152　上编　中央职官

客事

客事

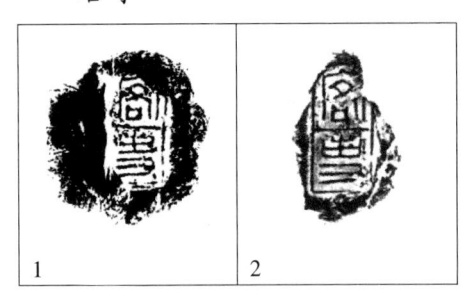

(1:《新出》P70;《大系》P143;2:《大系》P143)

客事之玺

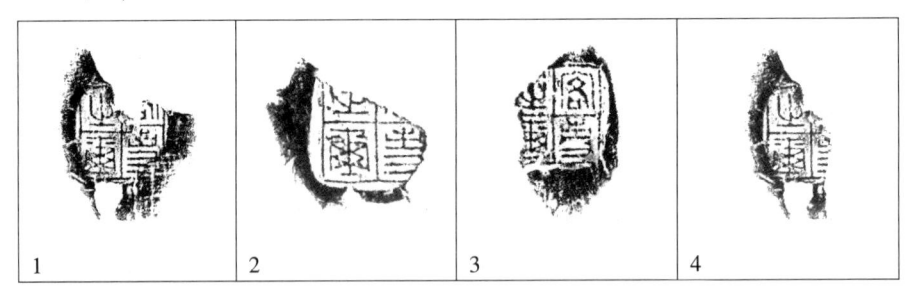

(1:《选考》图2;《新出》P70;《大系》P143;2:《大系》P144;3:《大系》P143;4:《大系》P144)

客事之□

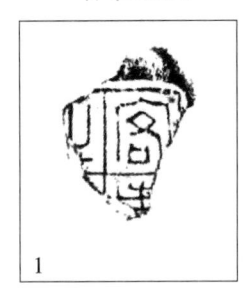

(1:《选考》图3;《新出》P70;《大系》P143)

客事□□

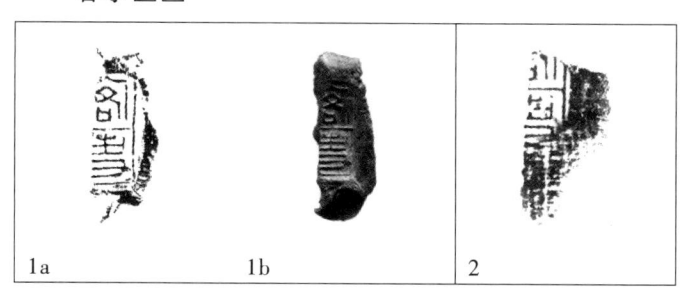

1a　　　　　1b　　　　　2

（1a：《新出》P70；《秦选》P83；《大系》P143；1b：《秦选》P83；2：《大系》P144）

□事之玺

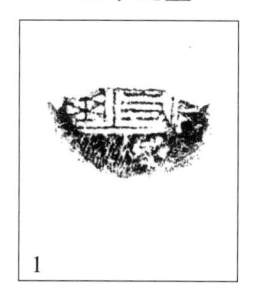

1

（1：《新出》P70；《大系》P143）

属邦

属邦之印

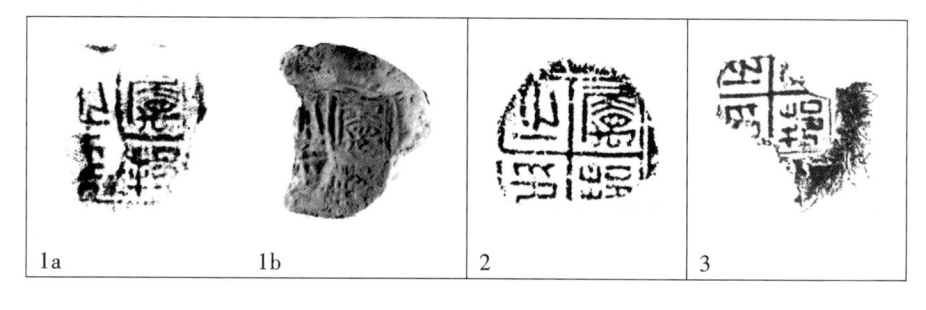

1a　　　　　1b　　　　　2　　　　　3

(1a：《发掘》图一六：23；《新获》P288；《大系》P229；1b：《发掘》图版八：8；2：《新出》P31；《大系》P229；3：《大系》P229；4a：《印集》P23；《汇考》P53；《大系》P229；4b：《印集》P23；4c：《泥选》）

属邦□印

无图，考释见《发掘》P528。

属□之印

（1：《大系》P229）

属□之□

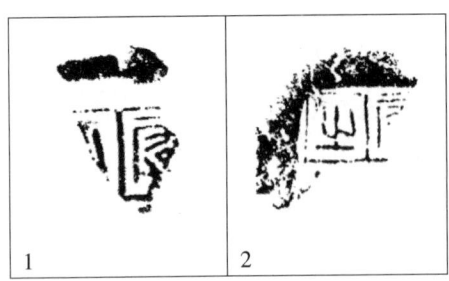

（1：《新出》P31；《大系》P229；2：《新出》P76；《大系》P229）

第二章　丞相・三公・九卿　155

属□丞印

1

（1:《大系》P230）

属邦工室

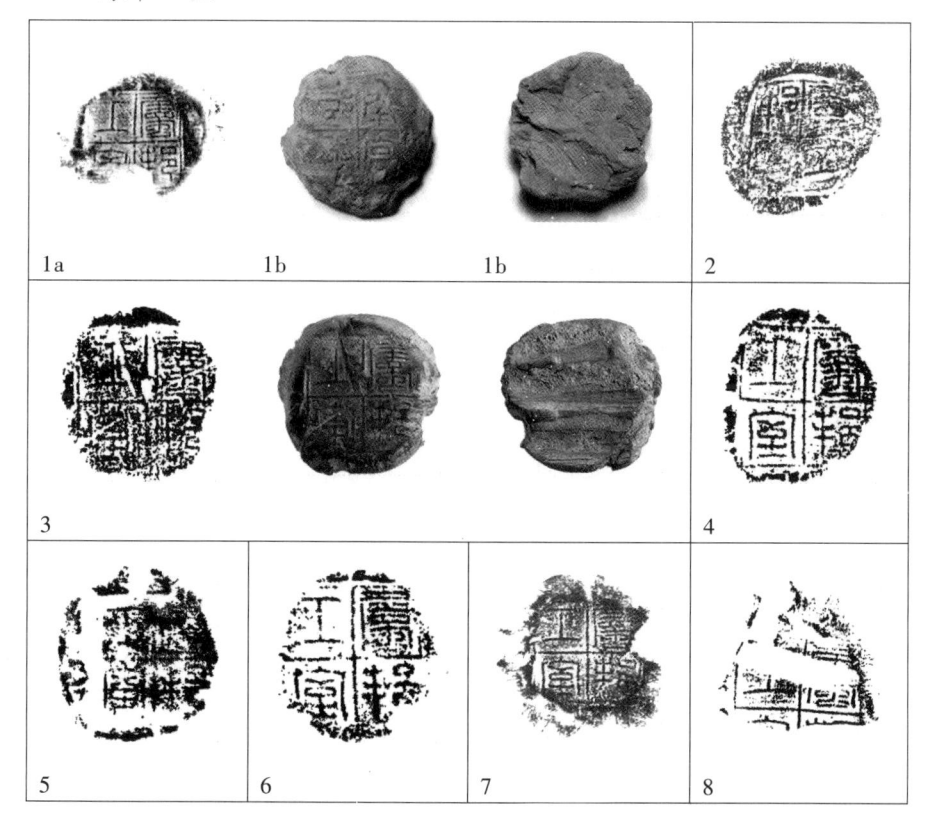

1a	1b	1b	2
3			4
5	6	7	8

156　上编　中央职官

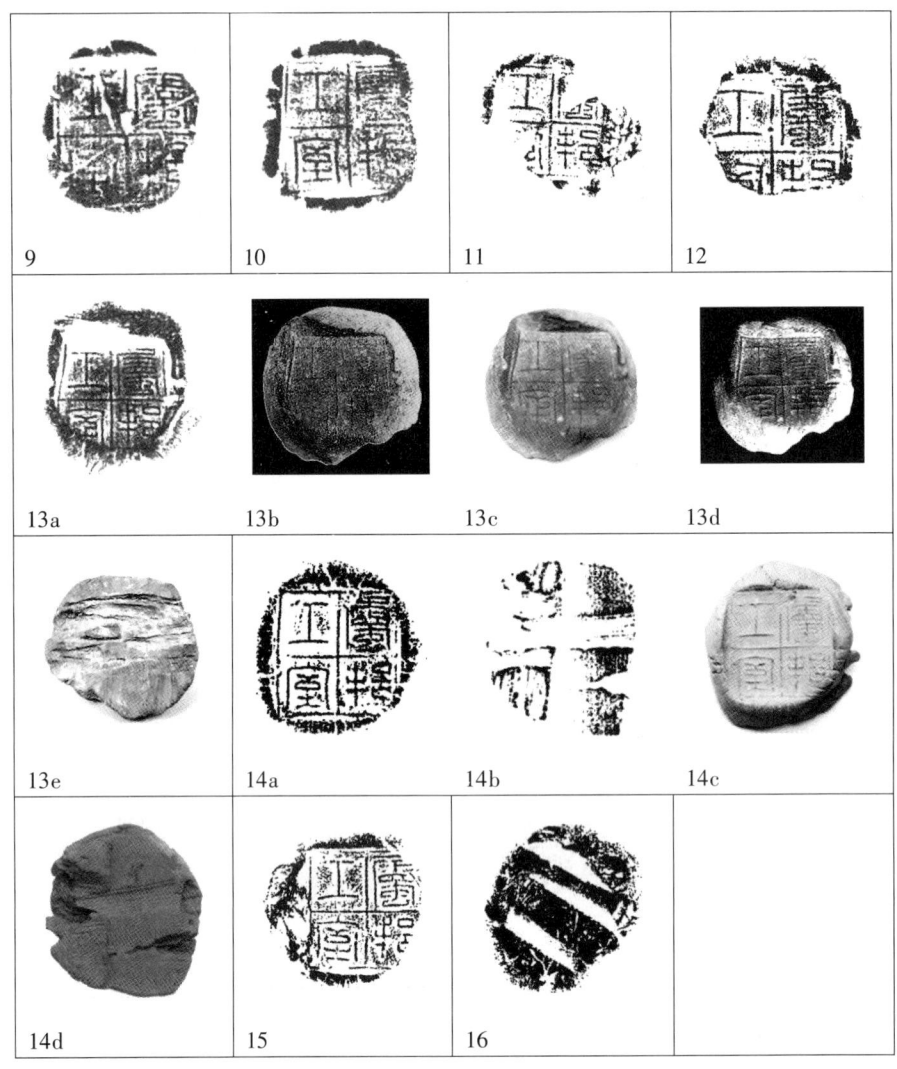

（1：《观二》P21；2：《新出》P31；《大系》P228；3：《上封》P49；4：《汇考》P53；《大系》P228；5：《汇考》P53；《大系》P228；6：《汇考》P53；《大系》P228；7：《秦封》181；《汇考》P54；《大系》P228；8：《秦封》P182；《汇考》P54；9、10：《大系》P228；11：《秦封》P182；《汇考》P54；12：《秦封》P181；《汇考》P54；13a：《发现》图70；《图例》P54；《秦封》P181；《汇考》P54；《大系》P228；13b：《秦封》彩版1；13c、13e：《问陶》P156；13d：《秦封》图版2；14a：《印风》P138；《印集》P24；《汇考》P53；《大系》P228；14b：《印集》P24；14c：《汇考》图版P13；《泥选》；14d：《汇考》图版P13；15：《秦封》P181；《汇考》P54；《玺印》P430；《大系》P228；16：《秦封》P181；16）

属邦□室

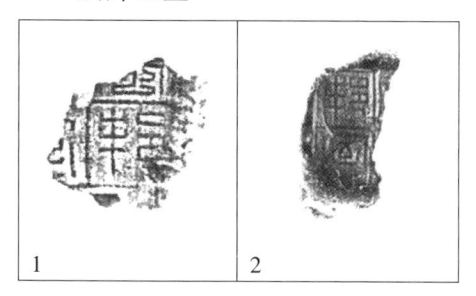

1

2

（1:《大系》P228；2:《大系》P229）

□邦工室

1

（1:《秦封》P181）

属□室□

1

（1:《大系》P229）

属邦工丞

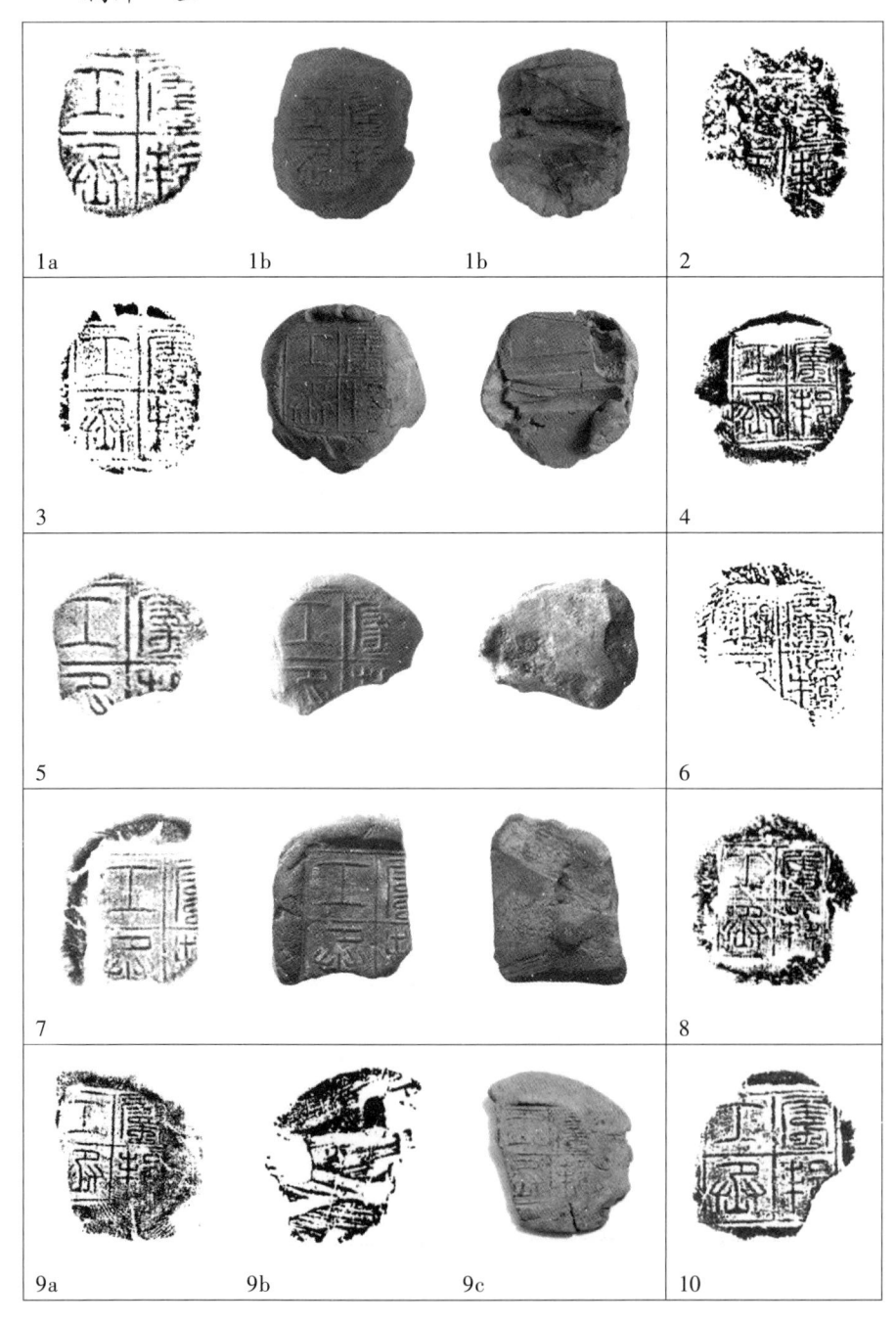

1a	1b	1b	2
3			4
5	6		
7			8
9a	9b	9c	10

第二章　丞相・三公・九卿

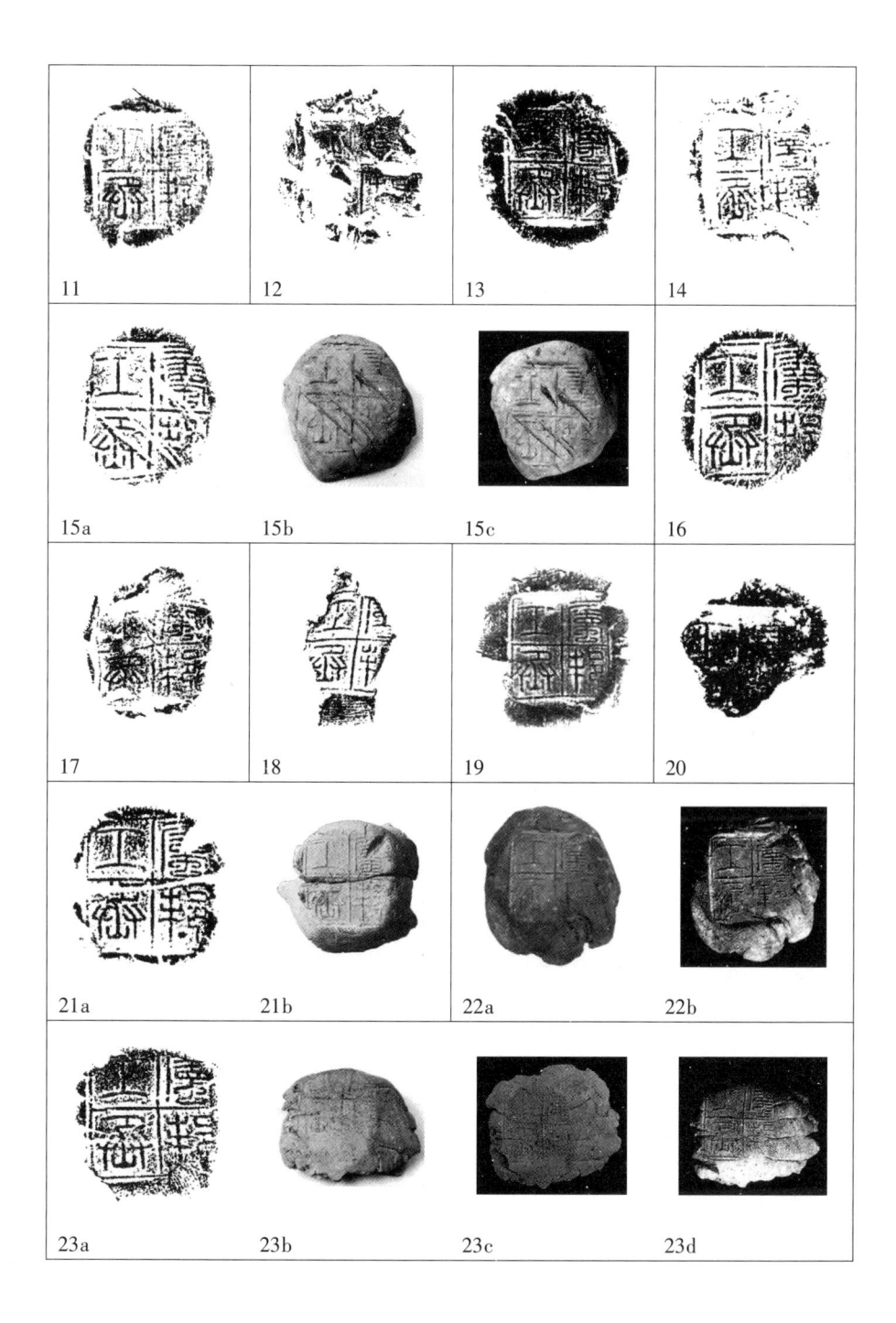

（1a：《汇考》P55；《大系》P227；1b：《汇考》图版 P13；2：《新出》P31；《大系》P228；3：《上封》P48；4：《秦封》P183；《汇考》P56；5：《相家》P21；6：《秦封》P183；《汇考》P56；7：《相家》P22；8：《汇考》P55；《大系》P227；9a：《印集》P24；《汇考》P55；《大系》P227；9b：《印集》P24；9c：《泥选》；10：《大系》P227；11：《汇考》P55；《大系》P227；12：《秦封》P183；《汇考》P56；13：《秦封》P182；《汇考》P55；14：《秦封》P183；《汇考》P56；15a：《秦封》P182；《汇考》P55；15b：《问陶》P166；15c：《秦封》图版 7；16、17：《秦封》P182；《汇考》P55；18：《秦封》P182；《汇考》P56；19：《大系》P227；20：《新出》P31；21a：《发现》图71；《图例》P54；《秦封》P182；《汇考》P55；《玺印》P430；《大系》P227；21b：《西大》P78；22a：《问陶》P156；22b：《秦封》图版 9；23a：《秦封》P183；《汇考》P56；23b、23e：《问陶》P156；23c：《秦封》彩版 1；23d：《秦封》图版 2）

属□工丞

（1：《秦封》P183；《汇考》P26）

□邦□丞

（1：《秦封》183）

属邦工□

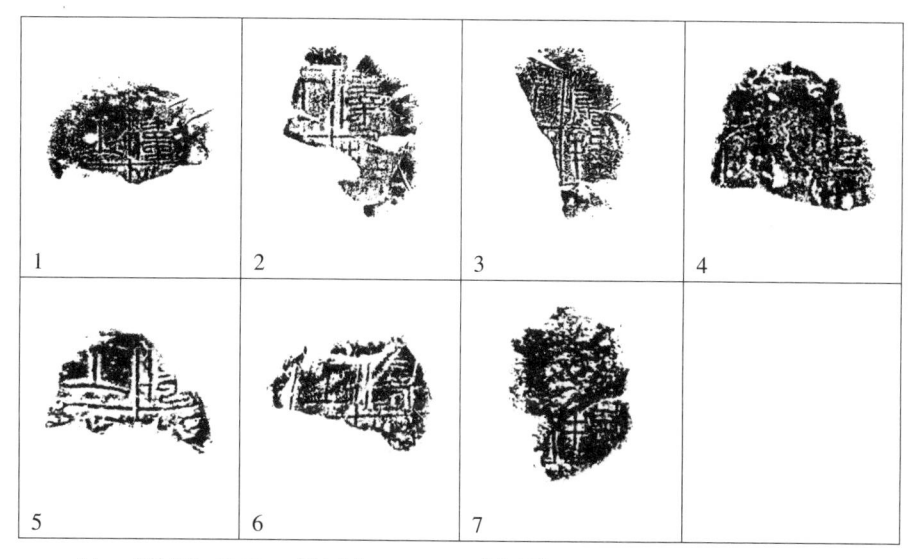

1	2	3	4
5	6	7	

（1：《秦封》P182；《汇考》P56；2：《秦封》P181；《汇考》P54；3：《秦封》P181、P183；《汇考》P54、P56；4—7：《新出》P31）

属邦□□

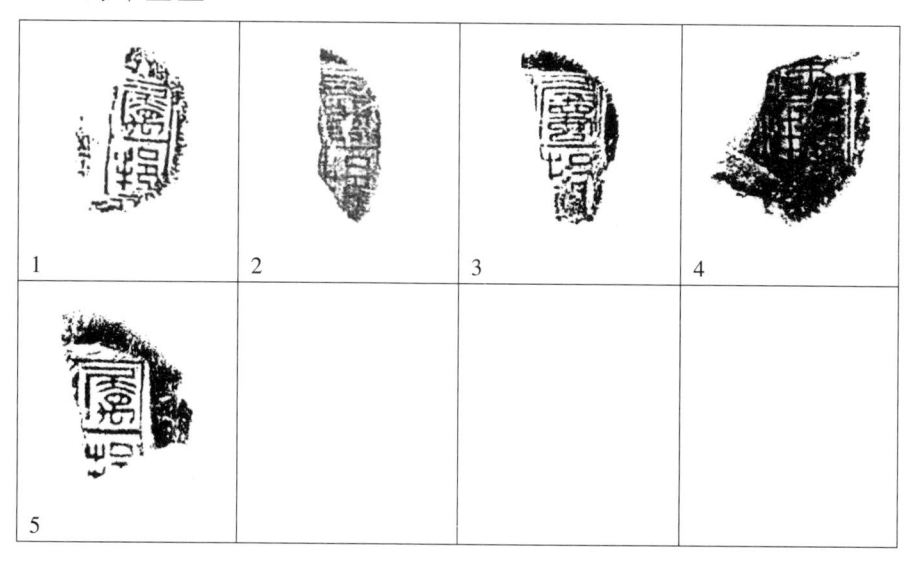

1	2	3	4
5			

（1：《新官》图23；2：《大系》P229；3、4：《新出》P31；5：《新出》P76；《大系》P229）

属□丞□

1

(1:《大系》P230)

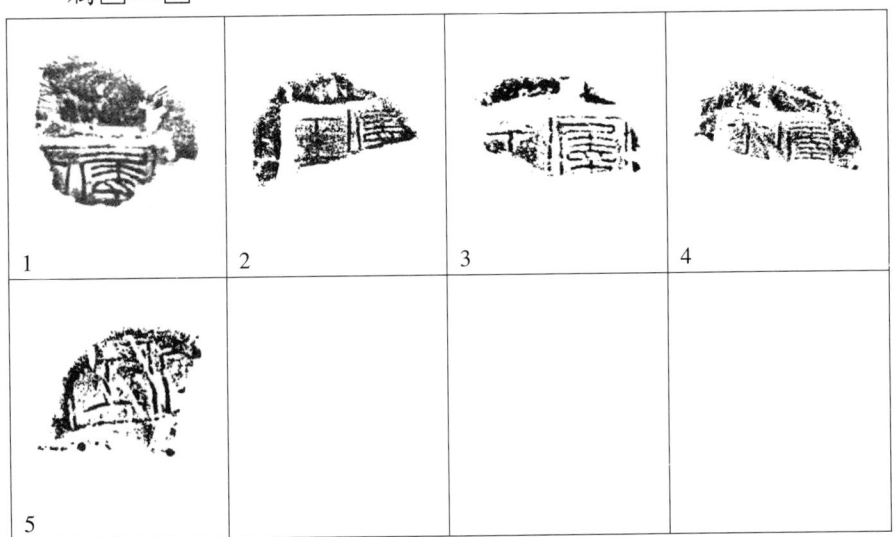

属□工□

1	2	3	4
5			

（1:《大系》P229；2:《秦封》P183；《汇考》P56；3:《新出》P31；4、5:《秦封》P182；《汇考》P54）

走士
走士

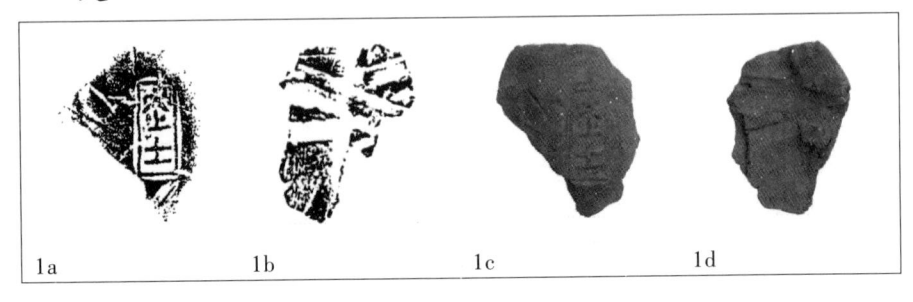

| 1a | 1b | 1c | 1d |

第二章　丞相·三公·九卿　163

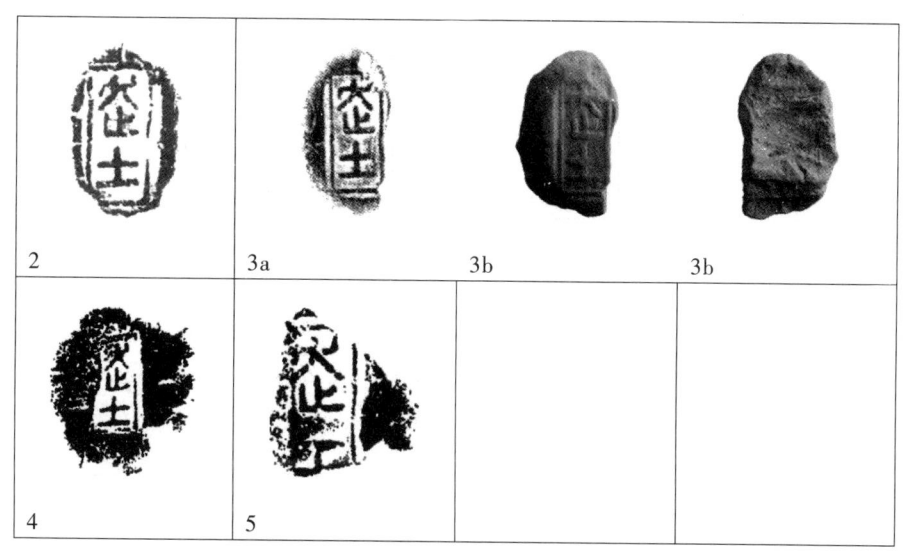

（1a:《印风》P167；《印集》P78；《汇考》P154；《大系》P392；1b:《印集》P78；1c:《汇考》图版P39；《泥选》；1d:《汇考》图版P39；2:《大系》P391；3a:《新出》P97；《青泥》P24；《大系》P392；3b:《青泥》P24；4:《补读》图26；《秦封》P224；《书集》P132；《汇考》P155；《大系》P392；5:《新选》P121；《大系》P392）

走□

（1a:《相家》P30；《大系》P392；1b:《相家》P30）
又，无图，释读见《发掘》P544。

走□之印

无图，释读见《发掘》P528。

走士丞印

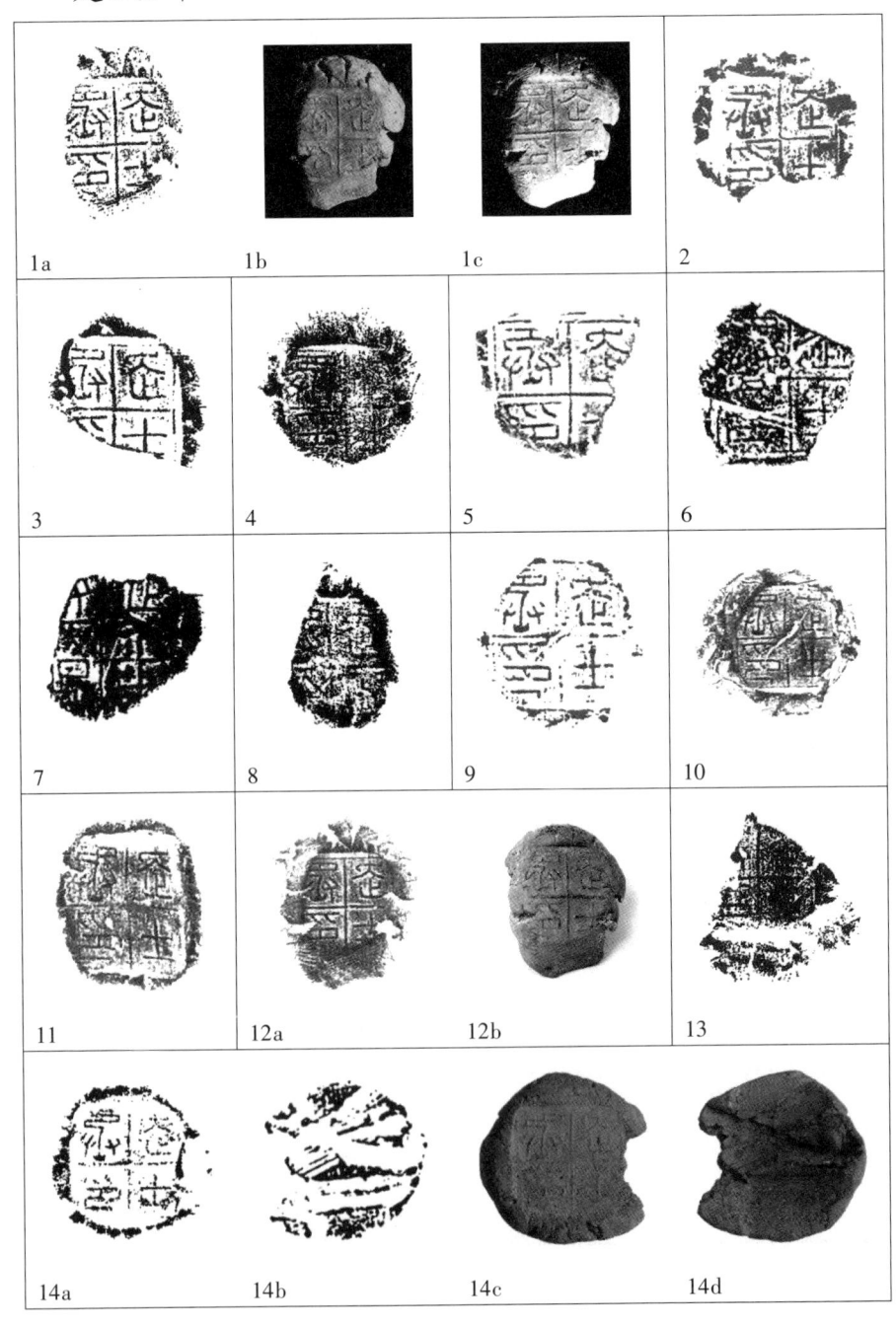

1a	1b	1c	2
3	4	5	6
7	8	9	10
11	12a	12b	13
14a	14b	14c	14d

第二章 丞相·三公·九卿

15

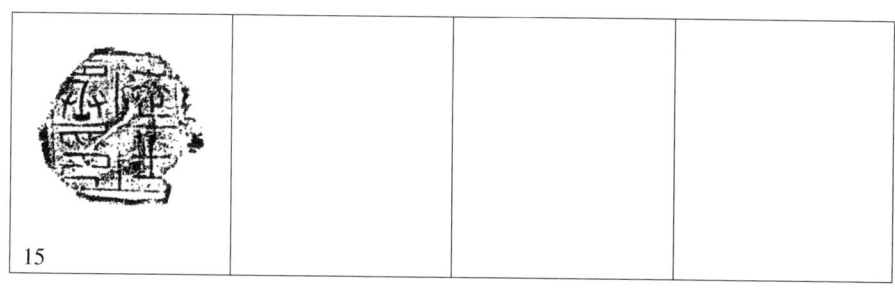

（1a：《秦封》P225；《玺印》P433；《汇考》P155；《大系》P392；1b：《秦封》彩版4；1c：《秦封》图版9；2：《汇考》P155；《大系》P392；3、4：《秦封》P225；《汇考》P155；5：《新出》P51；《大系》P393；6：《新出》P51；7：《新出》P97；8：《新选》P121；《大系》P393；9：《发现》图107；《图例》P55；《大系》P392；10、10、11：《大系》P392；12a：《大系》P392；12b：《问陶》P159；13：《秦封》P225；14a：《印集》P79；《汇考》P155；《大系》P393；14b：《印集》P79；14c：《汇考》图版P39；《泥选》；14d：《汇考》图版P39；15：《秦封》P225；《书集》P129；《汇考》P155）

走士□□

1

（1：《新出》P51）

走□丞印

1

（1：《秦封》P225；《汇考》P155）

十　宗正

宗正

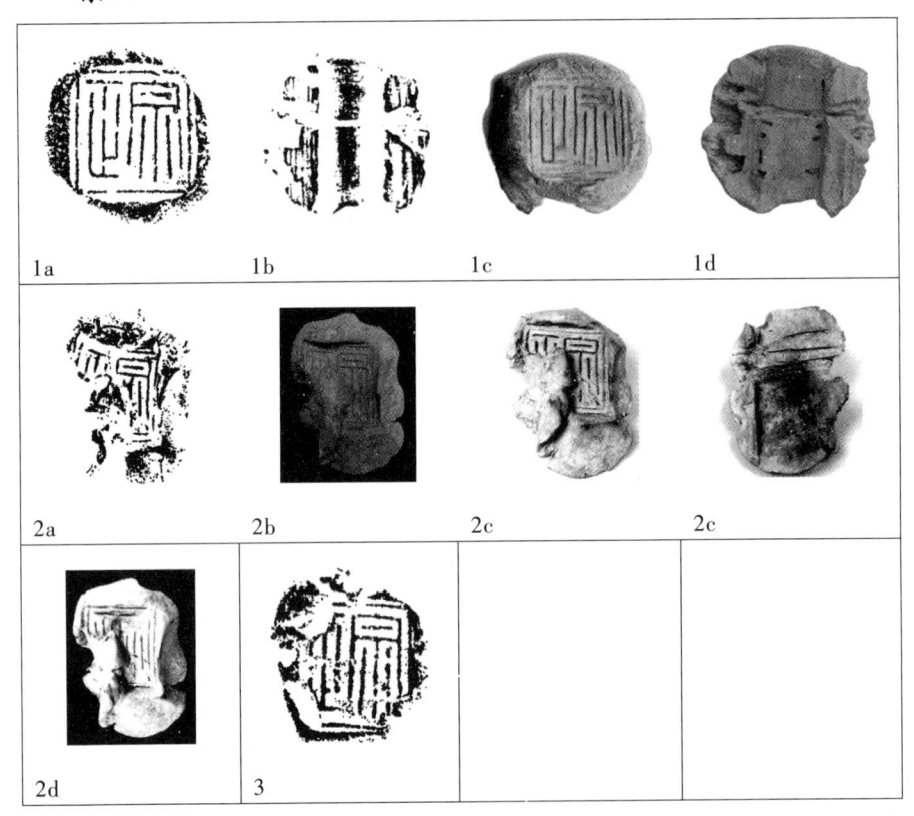

（1a：《选拓》附图；《印考》图 169；《印风》P137；《秦封》P123；《书法》P36；《印集》P25；《书集》P117；《汇考》P57；《玺印》P449；《大系》P390；1b：《印集》P25；1c：《书法》P36；《汇考》图版 P13；《泥选》；1d：《书法》P36；《汇考》图版 P132；2a：《发现》图 7；《印考》图 169；《秦封》P123；《汇考》P57；《大系》P390；2b：《秦封》彩版 1；2c：《问陶》P154；2d：《秦封》图版 5；3：《汇考》P57；《大系》P390）

宗□

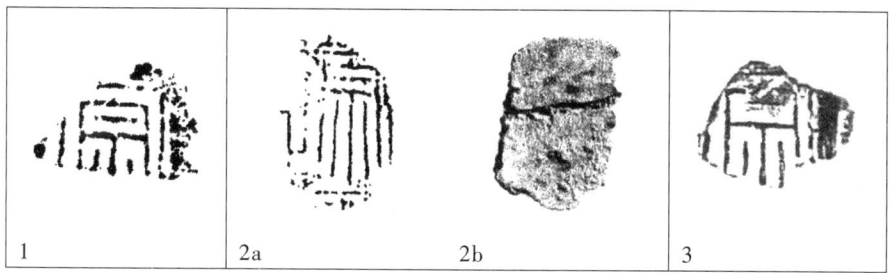

1	2a	2b	3

（1：《秦封》P123；《汇考》P57；2a：《秦封》P123；《汇考》P57；《述略》P175；《大系》P390；2b：《述略》P175；3：《大系》P390）

内官
内官

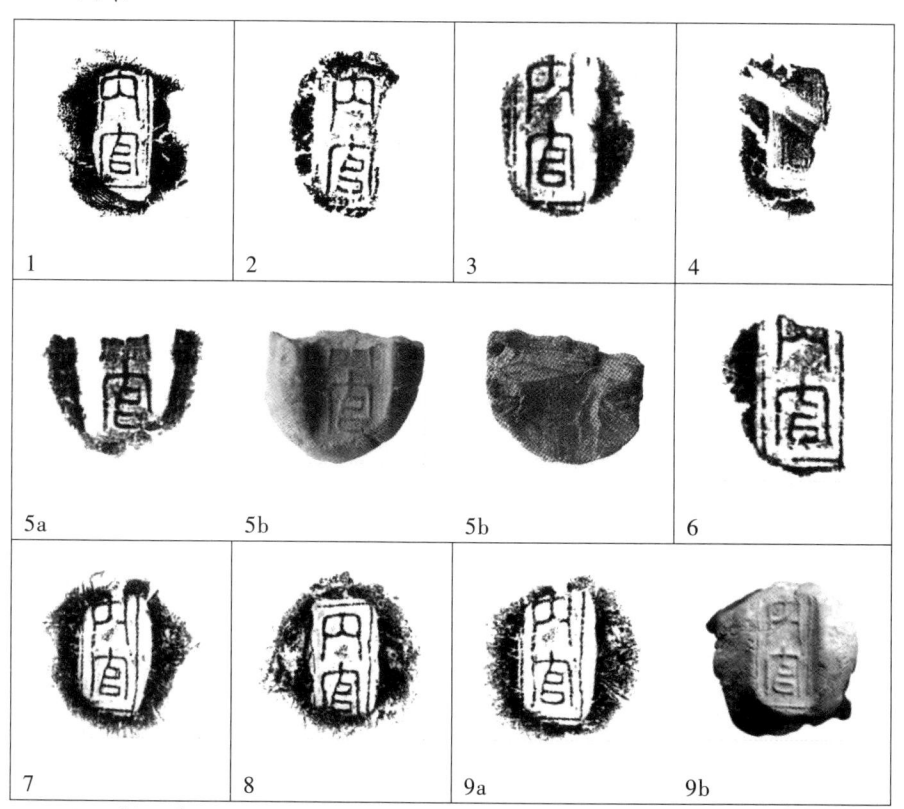

1	2	3	4
5a	5b	5b	6
7	8	9a	9b

（1：《新选》P103；《大系》P171；2：《新出》P26；《大系》P170；3：《大系》P170；4：《大系》P170；5a：《相家》P11；《大系》P170；5b：《相家》P11；6—9：《大系》P171）

内官丞印

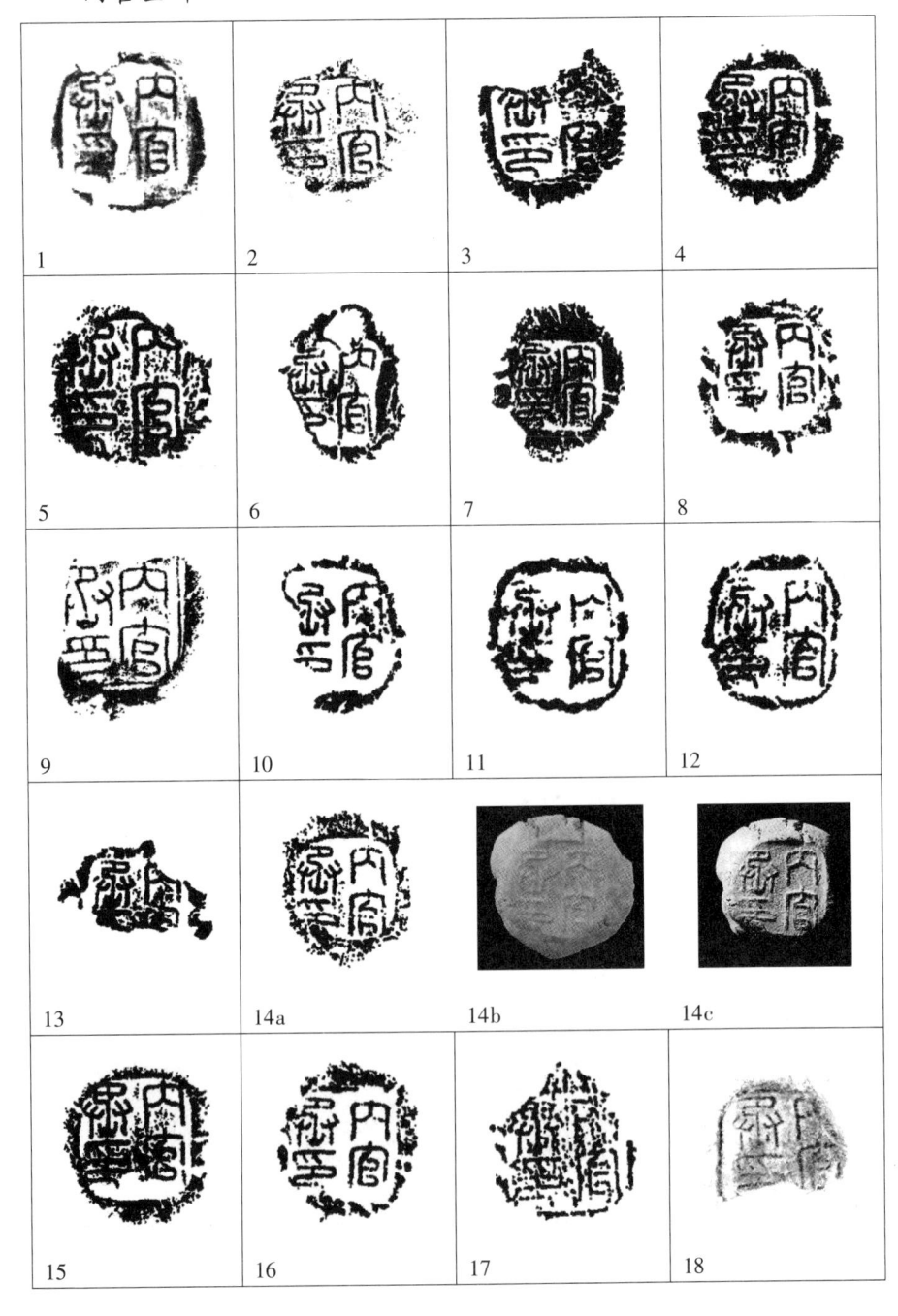

1	2	3	4
5	6	7	8
9	10	11	12
13	14a	14b	14c
15	16	17	18

第二章　丞相・三公・九卿　169

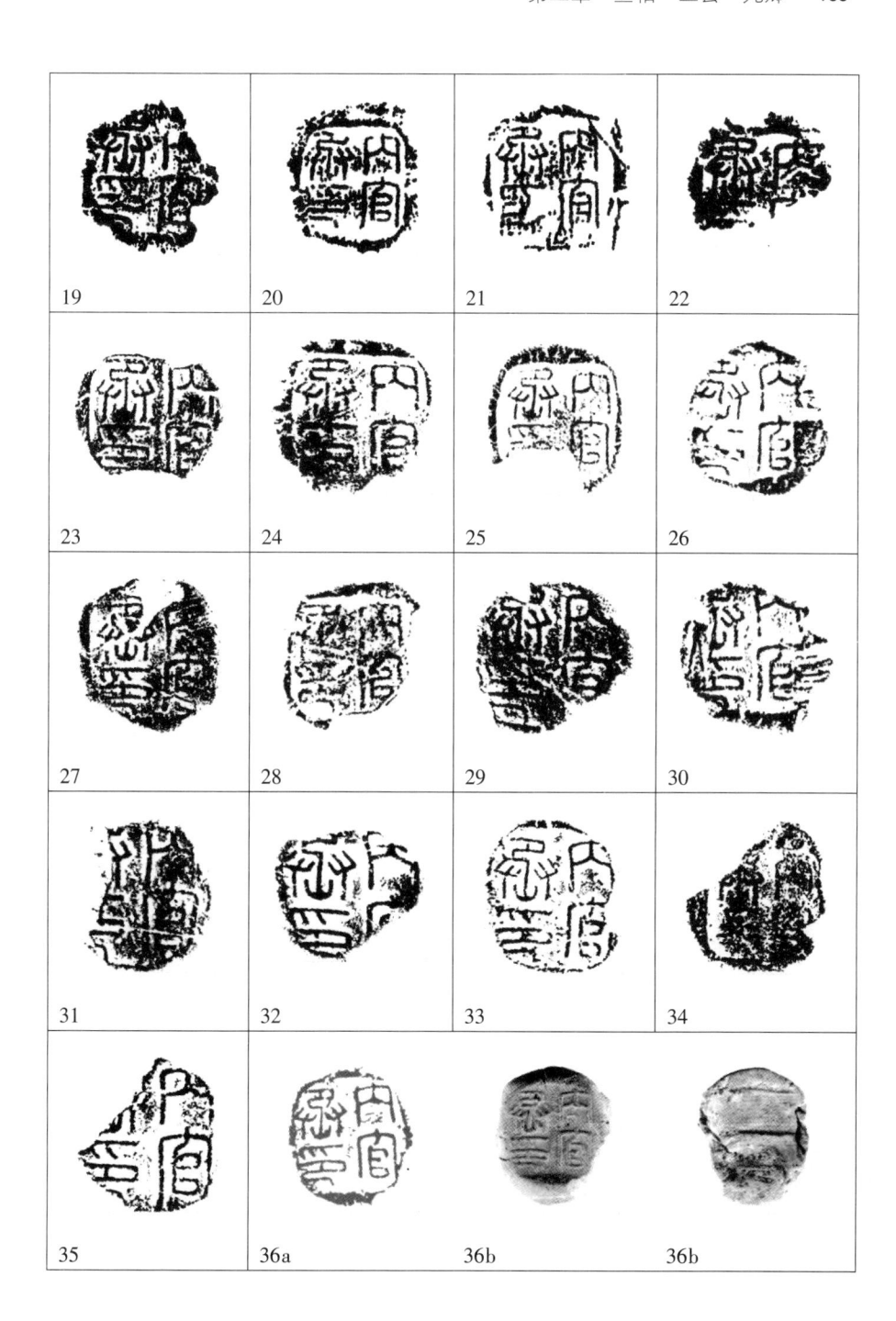

19	20	21	22
23	24	25	26
27	28	29	30
31	32	33	34
35	36a	36b	36b

170　上编　中央职官

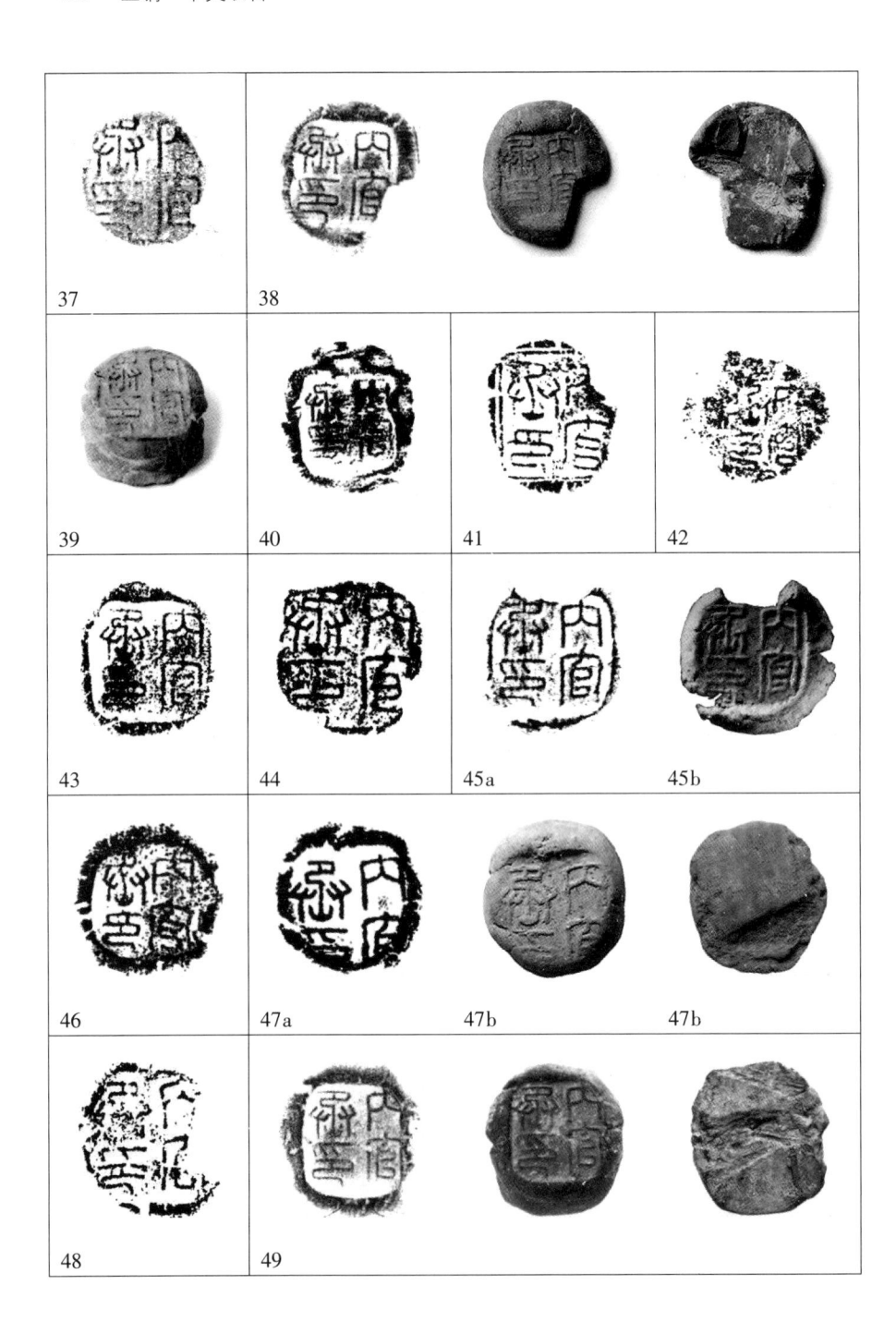

37	38		
39	40	41	42
43	44	45a	45b
46	47a	47b	47b
48	49		

第二章　丞相・三公・九卿　171

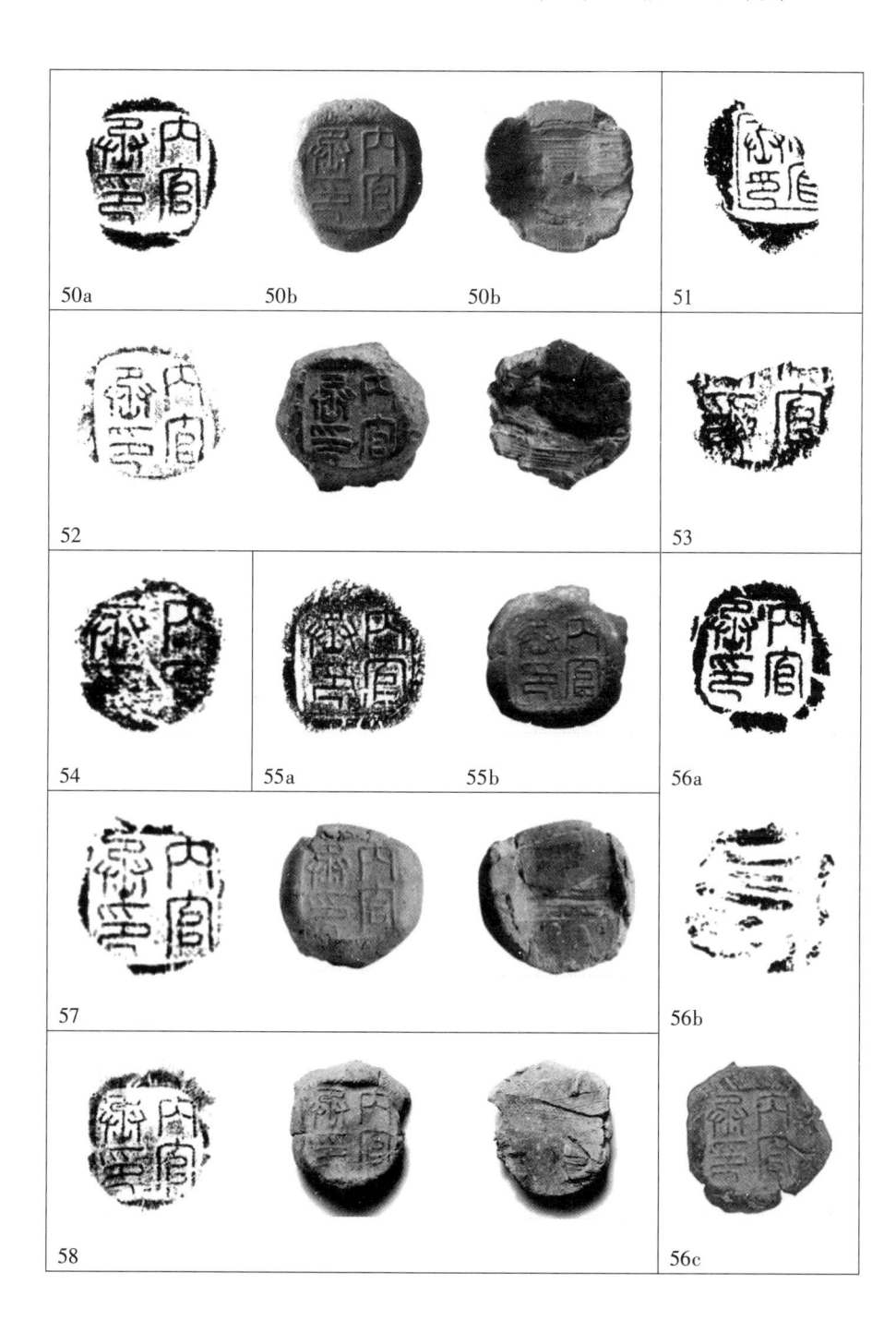

50a　50b　50b　51

52　53

54　55a　55b　56a

57　56b

58　56c

172　上编　中央职官

59

60

62　　　　　　　　　　　　　　　　　　　　61

63

64

（1：《秦封》P158；《汇考》P92；《玺印》P442；《大系》P171；2：《发现》图38；《图例》P53；《秦封》P158；《书集》P117；《汇考》P92；3：《汇考》P91；4—

8：《秦封》P158；《汇考》P92；9：《新选》P103，《大系》P172；10—13：《秦封》P158，《汇考》P92；14a：《秦封》P158，《汇考》P92；14b：《秦封》彩版2；14c：《秦封》图版1；15—17、19—22：《秦封》P159，《汇考》P93；18：《长安》P19；23、24：《新出》P26；25—32：《新出》P27；33：《新出》P27，《大系》P171；34、35：《新出》P27；36a：《古封》P453，《珍秦》P69；36b：《珍秦》P68；37：《长安》P16；38：《观一》P29，《述略》P176；39：《问陶》P161；40：《秦封》P158，《汇考》P93；41—44：《新出》P26；45a：《新获》P289，《大系》P171；45b：《发掘》图版十六：3；46：《西见》图二：4，《大系》P171；47a：《菁华》P30，《精品》P38；47b：《菁华》P30；48：《新选》P103；49：《相家》P9；50a：《相家》P9，《大系》P171；50b：《相家》P9；51：《新选》P103；52：《冰斋》P138；53：《新出》P27；54：《酒余》P37上；55a：《秦选》P88，《大系》P171；55b：《秦选》P88；56a：《印集》P43，《汇考》P91，《印凤》P129，《大系》P171；56b：《印集》P43；56c：《秦研》P82；57：《上封》P34；58：《观二》P22；59：《观二》P46；60：《观三》P25；61：《观三》P31；62：《观三》P36；63：《观一》P32；64：《观二》P46）

又：《发掘》P534《出土封泥登记表》2000CH相1T2③：34、TG1：72共2枚均为"内官丞印"。

内官丞□

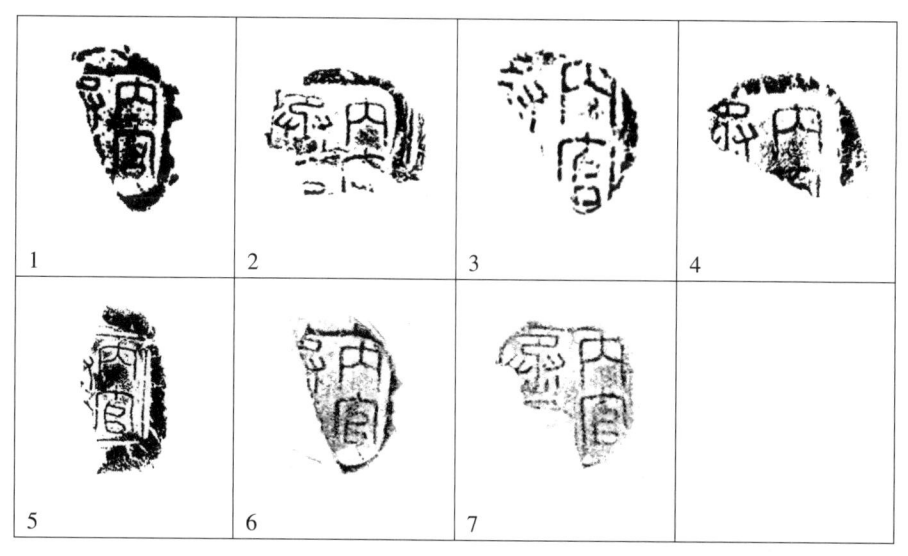

（1：《秦封》P159，《汇考》P93；2—4：《新出》P27；5：《新出》P102；6：《长安》P17；7：《长安》P18）

内□丞印

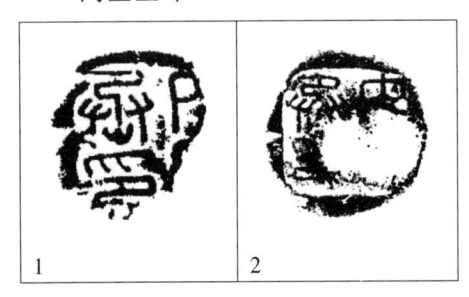

| 1 | 2 |

（1：《酒余》P36下；2：《新出》P27）

内官□□

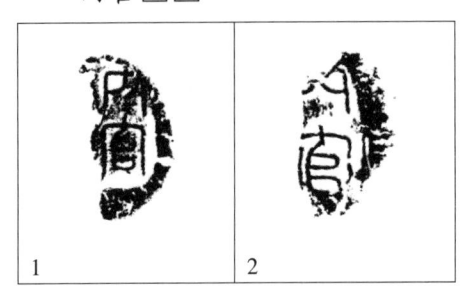

| 1 | 2 |

（1：《新出》P27；2：《新出》P102）

内□丞□

| 1 | 2 | 3 | 4 |

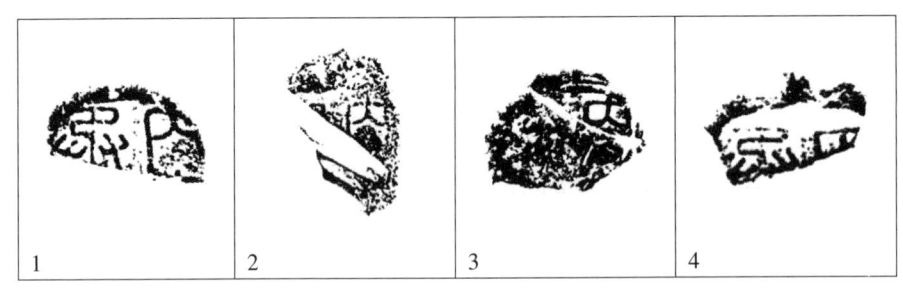

（1：《新出》P27；2、3：《新出》P27；4：《大系》P174）

君·家

高陵君

高陵君□

1

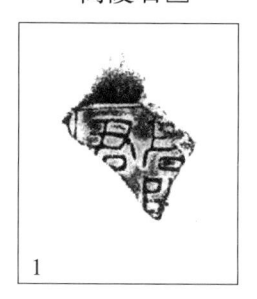

（1：《大系》P89）

高 陵君丞

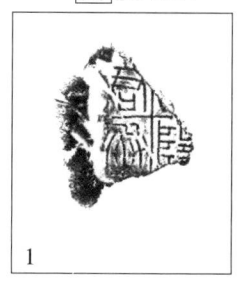

1

（1：《大系》P89）

徒我君

徒我君丞

1

（1：《大系》P272）

徒我官丞

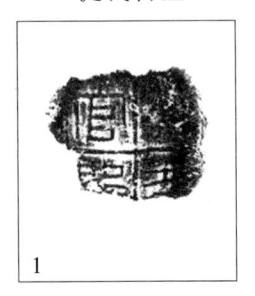

(1:《大系》P253)

□我丞印

(1:《大系》P272)

徒我右丞

(1a:《精品》P55;《大系》P272;1b:《精品》P55)

徒我□□

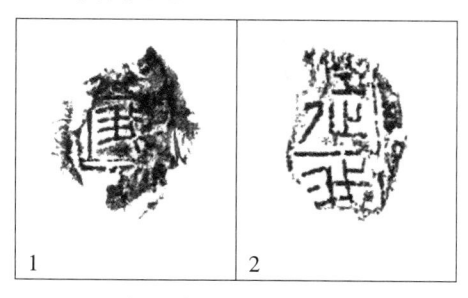

(1:《大系》P272;2:《新出》P103)

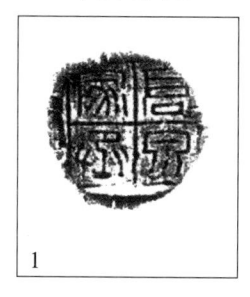

高泉家

高泉家丞

(1:《在京》图四:2;《玺印》P439;《大系》P92)

宁阳家

宁阳

无图,释读见《秦选》P74。

宁阳家丞

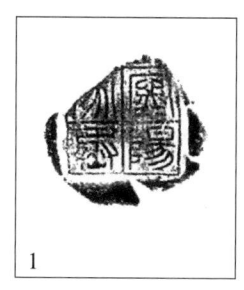

(1:《在京》图三:20;《玺印》P440;《大系》P184)

宁阳□□

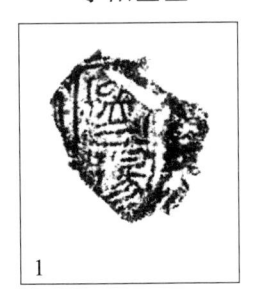

(1:《大系》P183)

宁阳相印

无图,释读见《在京》P13。

宁阳相室

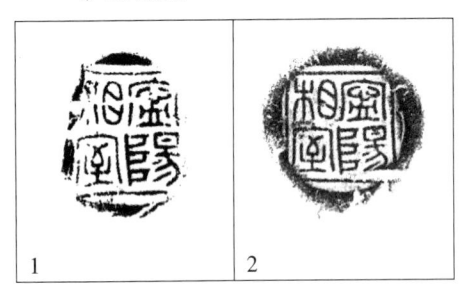

(1:《新出》P28;《大系》P182;2:《西见》图二:25;《大系》P183)

宁□相□

(1:《新出》P73;《大系》P183)

栾氏家
栾氏家印

| 1 | 2 |

（1：《相家》P9；2：《在京》图三：19；《大系》P162）

□□家丞

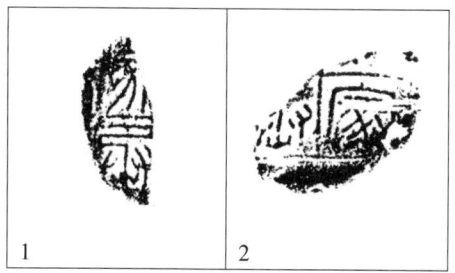

| 1 | 2 |

（1：《新出》P28；《大系》P184、428；2：《新出》P38；《大系》P295）

十一　治粟内史

太仓
大仓

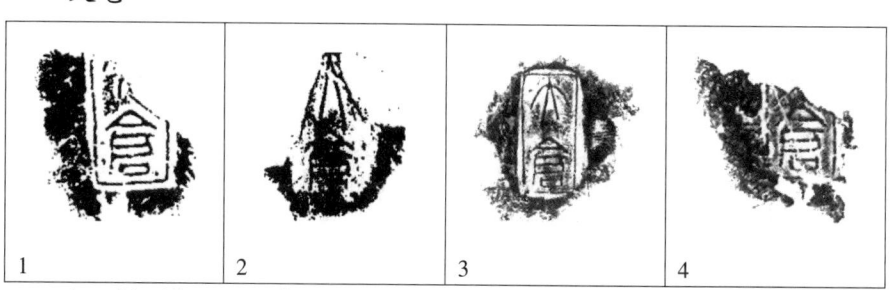

| 1 | 2 | 3 | 4 |

（1：《新选》P108；《大系》P243；2：《酒余》P40 上；《大系》P243；3、4：《大系》P243）

大仓丞印

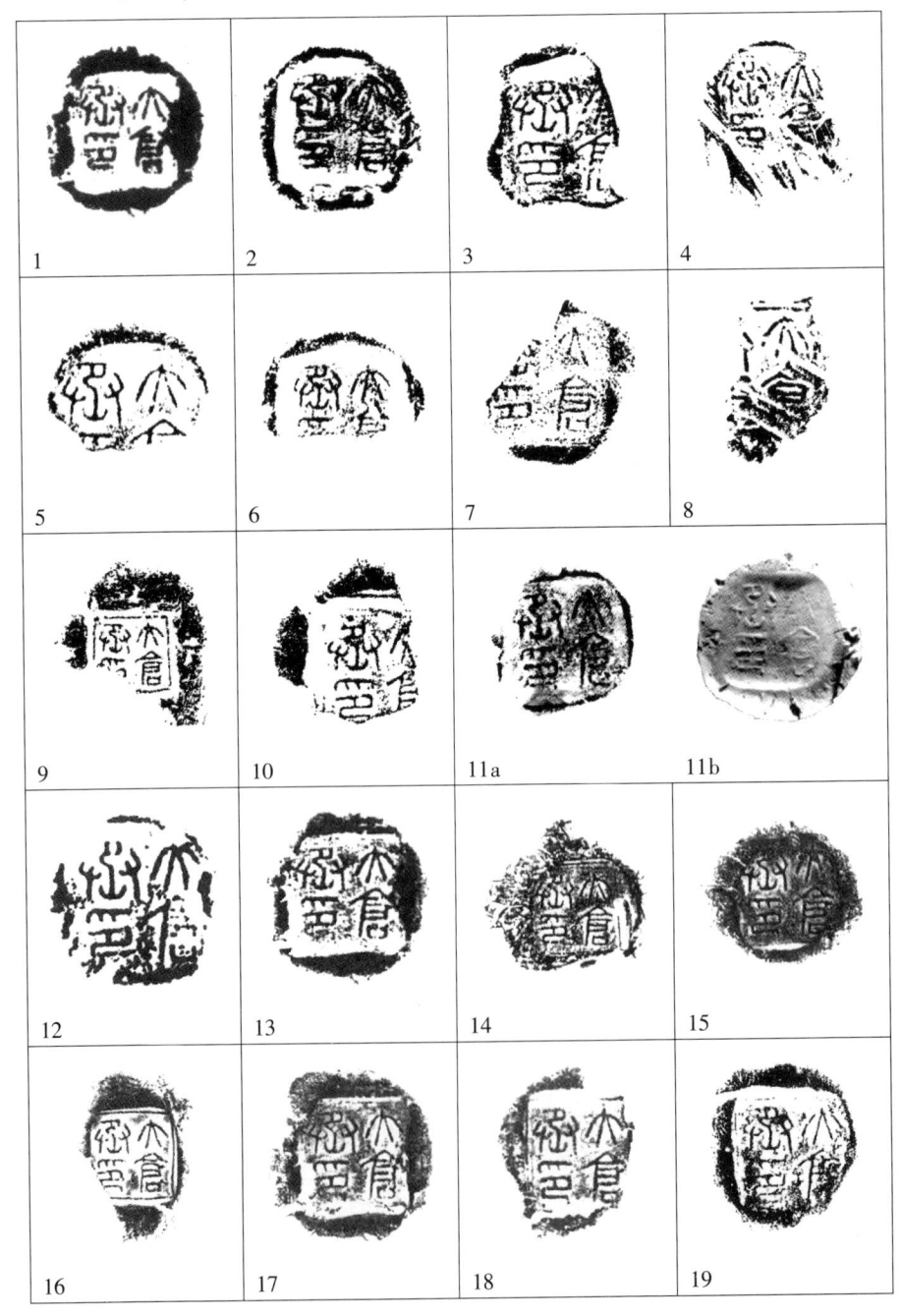

1	2	3	4
5	6	7	8
9	10	11a	11b
12	13	14	15
16	17	18	19

20	21		

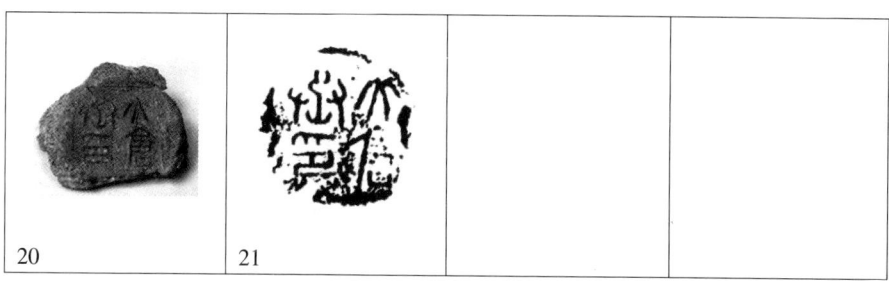

（1：《西见》图二：5；2：《新出》P7；《大系》P243；3—6：《新出》P7；7、8：《新出》P58；9：《新选》P108；《大系》P244；10：《新选》P108；11a：《发掘》图一六：22；《玺印》P447；《大系》P243；11b：《发掘》图版八：7；12：《新获》P288；《大系》P243；13—17：《大系》P243；18：《大系》P244；19：《酒余》P40上；20：《问陶》P171；21：《新获》P288；《大系》P243）

大仓□印

1

（1：《新出》P58）

□仓丞印

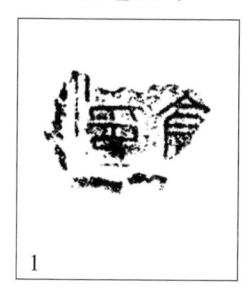

1

（1：《新出》P7）

182　上编　中央职官

泰仓

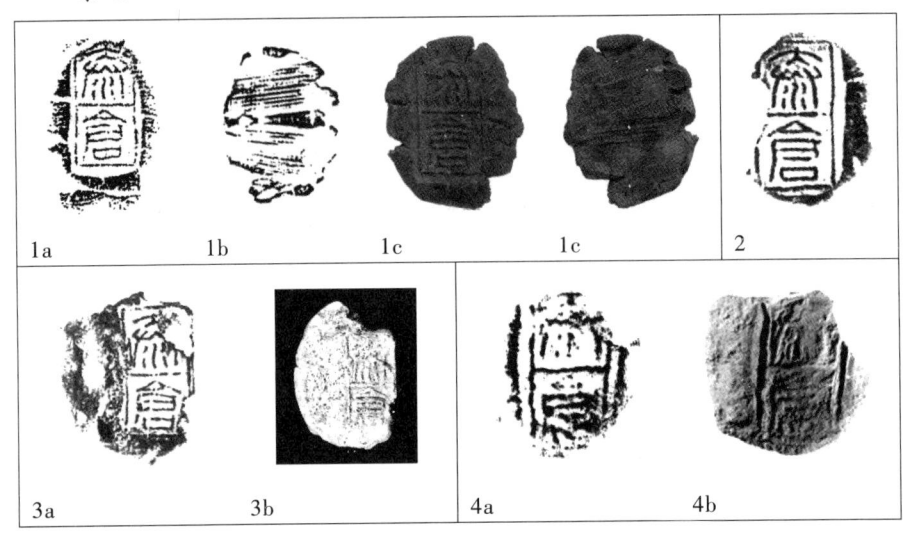

|1a|1b|1c|1c|2|
|3a|3b|4a|4b|

（1a：《印集》P30；《汇考》P63；《大系》P253；1b：《印集》P30；1c：《汇考》图版P16；2：《大系》P253；3a：《书集》P118；《秦封》P126；《汇考》P63；《玺印》P391；《大系》P253；3b：《秦封》图版3；4a：《新获》P289；《大系》P253；4b：《发掘》图版十八：6）

泰仓丞印

|1a|1b|1c|1d|
|2| | |3|

第二章　丞相・三公・九卿　183

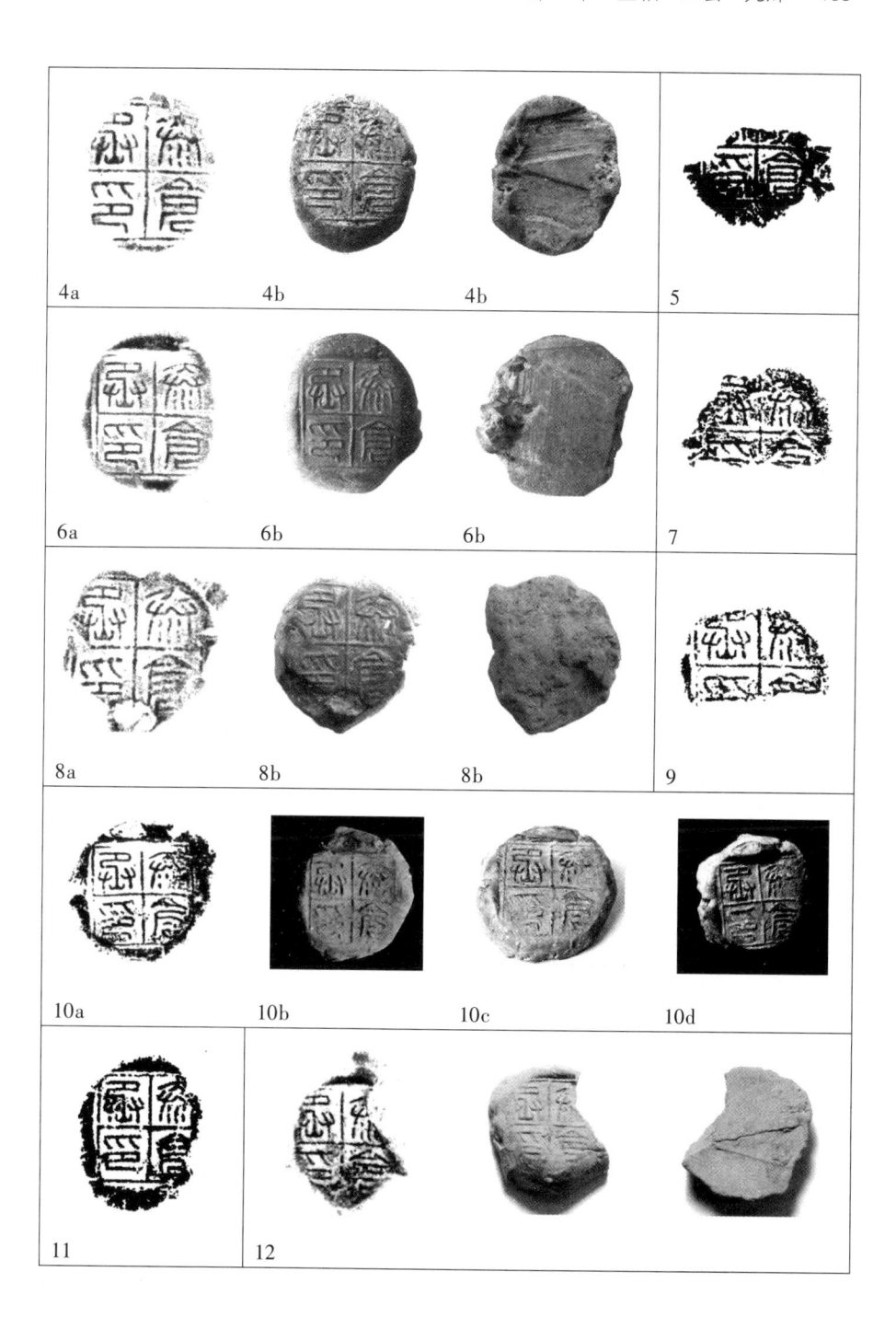

4a　4b　4b　5

6a　6b　6b　7

8a　8b　8b　9

10a　10b　10c　10d

11　12

184　上编　中央职官

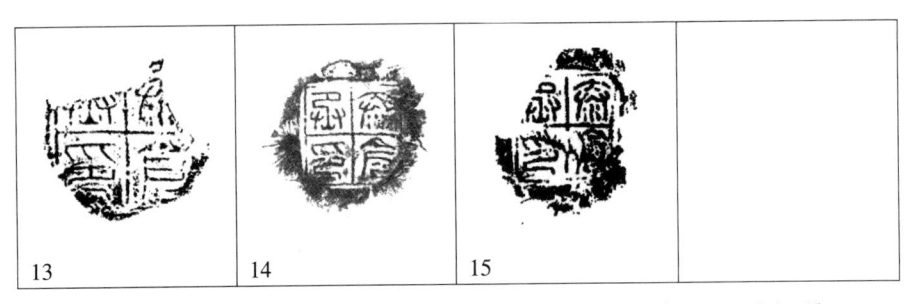

| 13 | 14 | 15 | |

（1a：《印风》P142；《书法》P37；《印集》P31；《汇考》P65；《大系》P254；1b：《印集》P31；1c：《书法》P37；《汇考》图版P16；《泥选》；1d：《书法》P37；《汇考》图版P16；2：《上封》P50；3：《大系》P253；4a：《相家》P10；《大系》P253；4b：《相家》P10；5：《秦封》P127；《汇考》P65；6a：《相家》P10；《大系》P254；6b：《相家》P10；7：《新出》P35；《大系》P254；8a：《相家》P10；《大系》P254；8b：《相家》P10；9：《新出》P35；10a：《发现》图40；《图例》P53；《秦封》P127；《书集》P118；《汇考》P65；《玺印》P447；10b：《秦封》彩版3；10c：《问陶》P157；10d：《秦封》图版3；11：《汇考》P65；《大系》P254；12：《观三》P26；13：《新出》P35；14：《大系》P254；15：《汇考》P65；《秦封》P127）

泰仓丞□

| 1 |

（1：《新出》P35）

泰仓□□

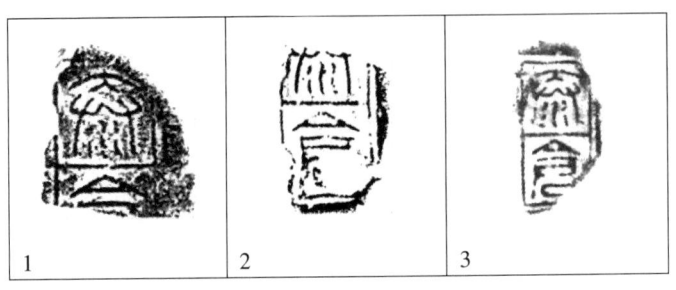

| 1 | 2 | 3 |

（1：《新出》P35；《大系》P253、254；2：《新出》P35；3：《大系》P254）

诸田

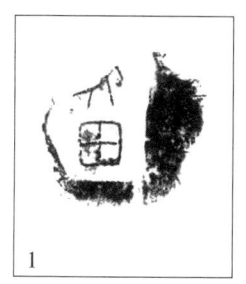

大田

1

（1：《大系》P56）

大田丞印

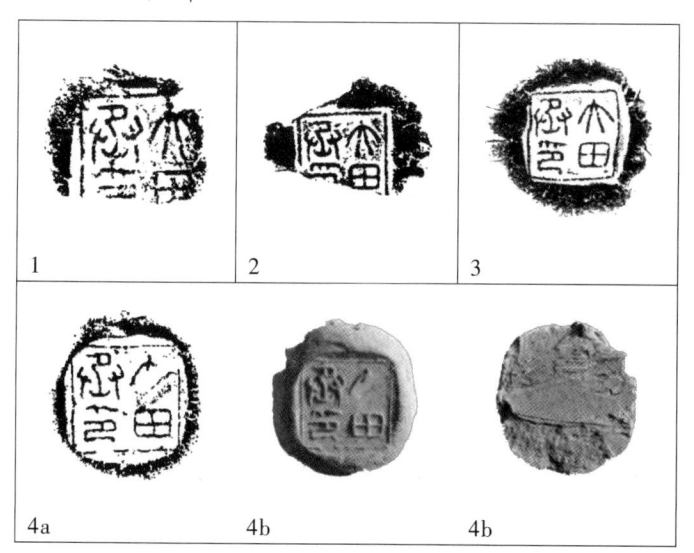

1　2　3

4a　4b　4b

（1：《新出》P60；《大系》P57；2：《新选》P109；《大系》P56；3：《大系》P57；4a：《精品》P37；《新选》P109；《大系》P56；4b：《精品》P37）

左田之印

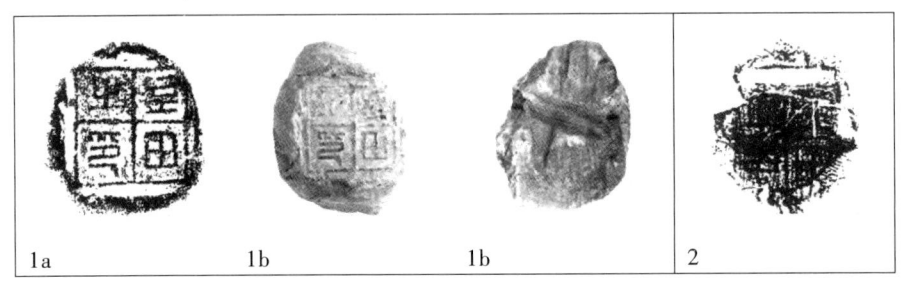

1a　1b　1b　2

（1a：《古封》P346；《秦封》P230；《书集》P125；《汇考》P66；《玺印》P430；《山全》P4；《大系》P397；1b：《山全》图版3；2：《发现》图102；《图例》P55；《汇考》P66；《秦封》P230；《大系》P397）

右大田丞

1

（1：《大系》P337）

左大田仓

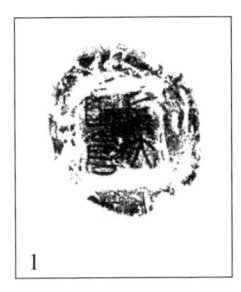

1

（1：《大系》P394）

都田之印

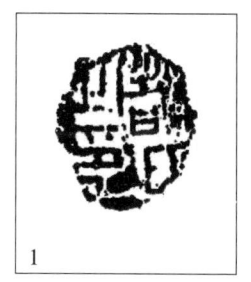

1

（1：《秦封》P230）

北田

1	2	3	4
5	6		

（1、3—5：《大系》P35；2：《新选》P87；《大系》P35）

南田

1	2	3	4

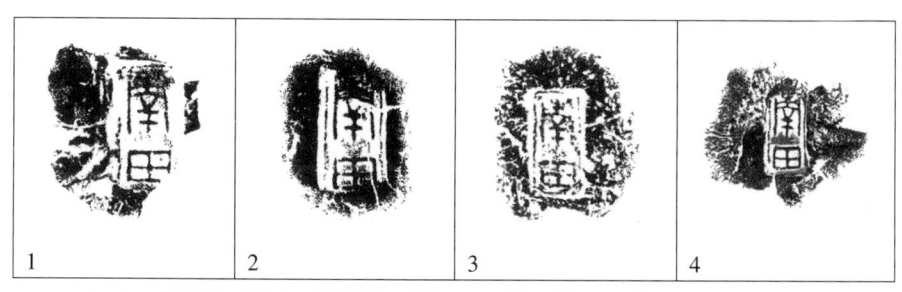

（1—3：《新选》P103；《大系》P179；4：《大系》P179）

西田□□

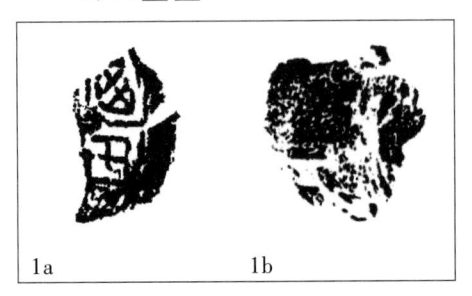

1a　　　1b

(1a:《新地》图1;《印集》P162;《汇考》P253;《大系》P288;1b:《印集》P162)

□田丞印

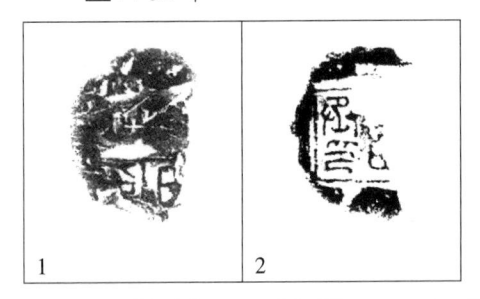

1　　　2

(1:《新出》P98;《大系》P418;2:《酒余》P40下;《大系》P57)

□□田丞

1

(1:《新出》P86;《大系》P430)

□□北田

1

（1：《酒余》P27 上；《大系》P35）

□□右田

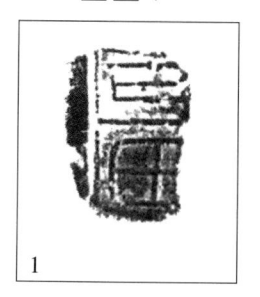

1

（1：《大系》P339）

□□田府

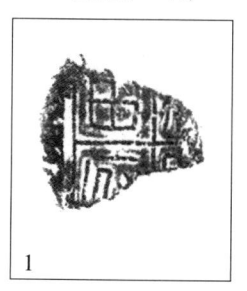

1

（1：《大系》P430）

铁市

铁市丞印

1

（1：《补读》图6；《秦封》128；《汇考》P58；《玺印》P446；《大系》P268）

十二　少府

少府

少府

| 1a | 1b | 1b | 2 |
| 3a | 3b | 3b | 4 |

第二章　丞相・三公・九卿　191

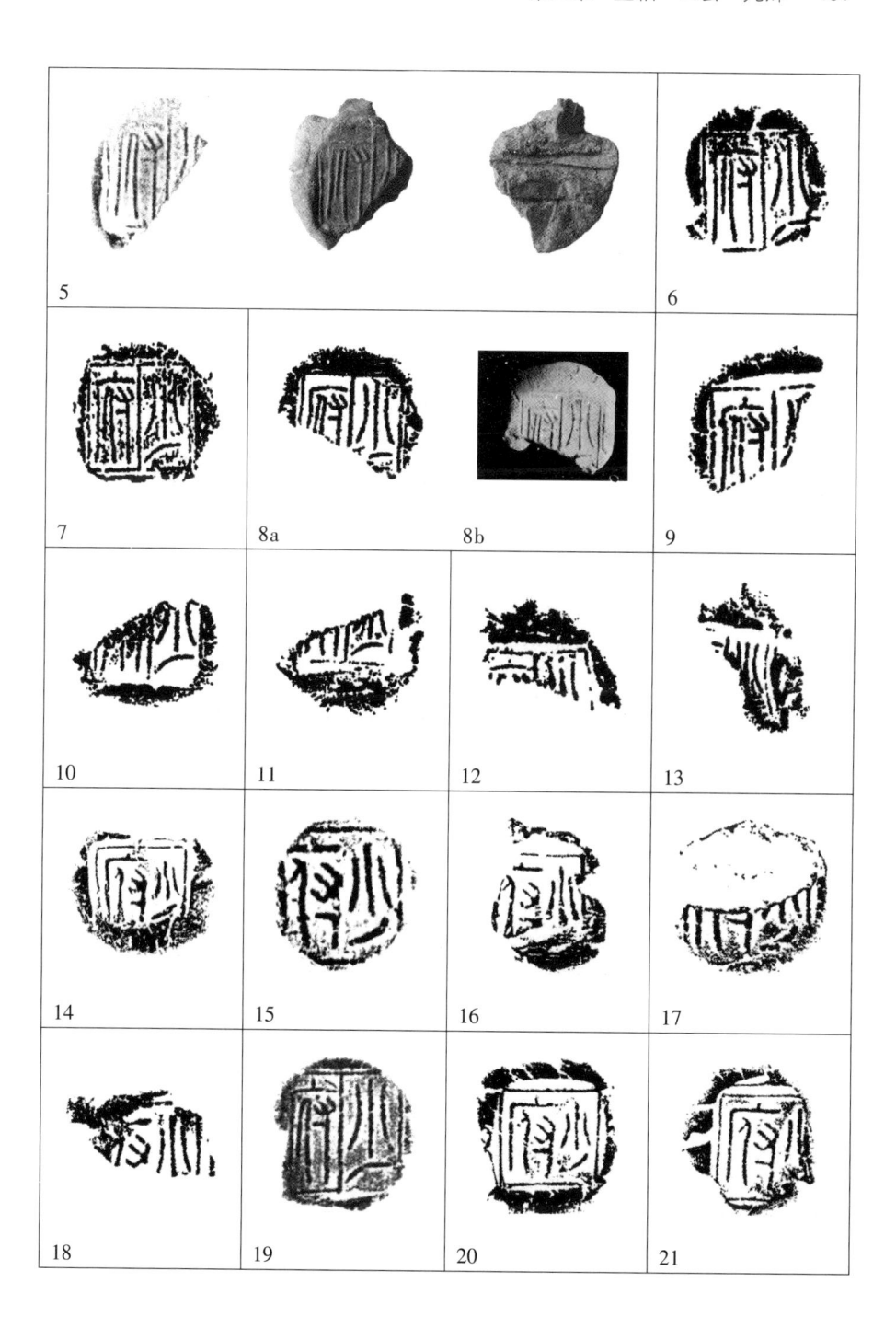

192　上编　中央职官

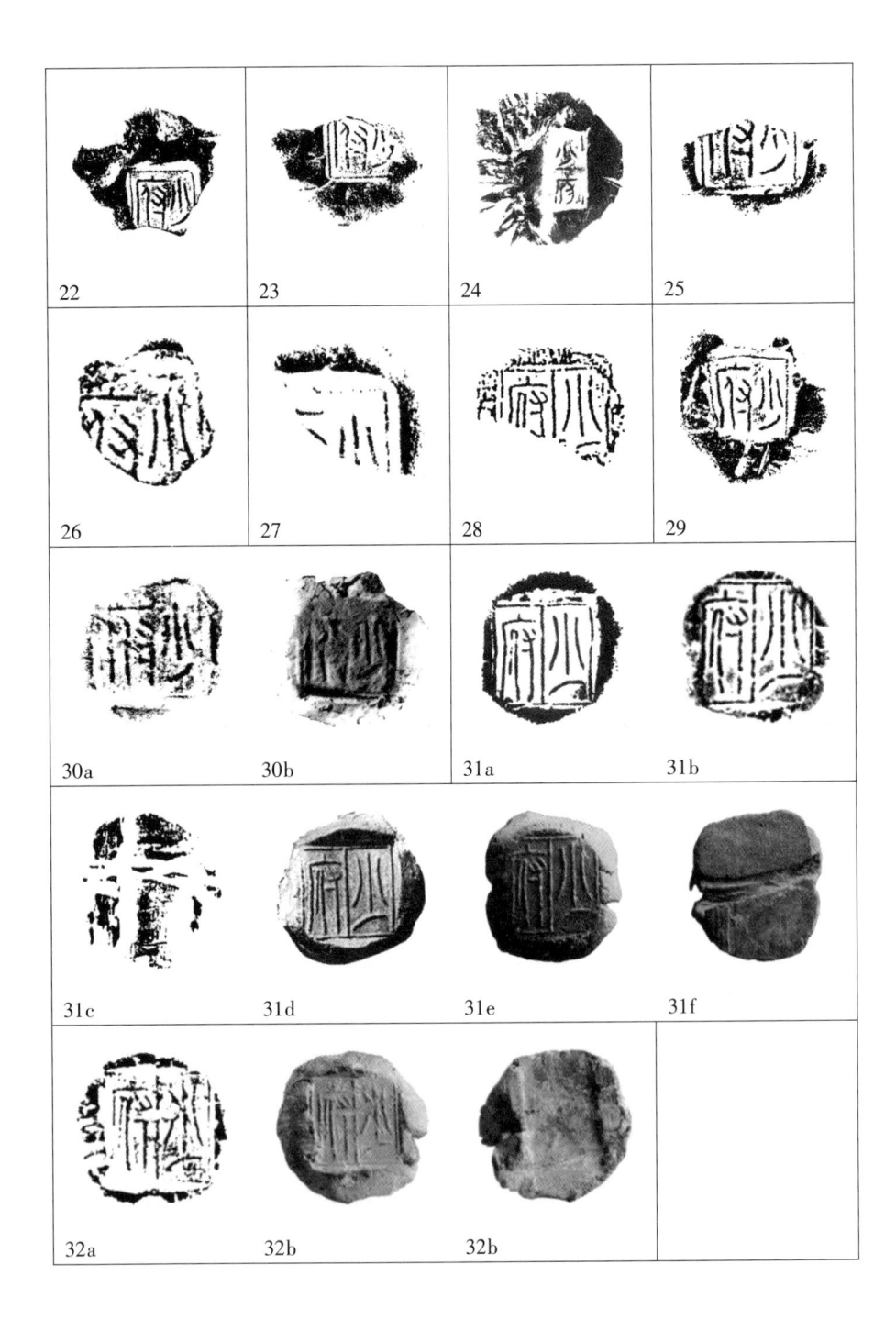

22	23	24	25
26	27	28	29
30a	30b	31a	31b
31c	31d	31e	31f
32a	32b	32b	

| 33a | 33b | | |

（1a:《青泥》P10；《大系》P218；1b:《青泥》P10；2:《大系》P218；3a:《青泥》P10；《大系》P218；3b:《青泥》P10；4:《大系》P218；5:《相家》P10；6:《汇考》P66；《大系》P218；7:《秦封》P128、129；《汇考》P67；8a:《图例》P52；《秦封》P128；《汇考》P66；8b:《秦封》彩版3；9、10:《秦封》P128；《汇考》P66；11—13:《秦封》P128；《汇考》P67；14—16:《新出》P29；17—19:《新出》P30；20、21、23、25—27:《新出》P75；22:《新出》P75；《大系》P218；24:《大系》P218；28:《发现》图8；《图例》P52；《书集》P118；29:《新选》P106；《大系》P218；30a:《发掘》图一七:6;《新获》P289;《玺印》P446；《大系》P218；30b:《发掘》图版九:5；31a:《汇考》P66；《大系》P218；31b:《选拓》附图；《印考》图171；《印风》P137；《秦封》P128；《书法》P37；《印集》P32；《玺印》P446；31c:《印集》P32；31d:《书集》P118；32e:《书法》P37；《汇考》图版P16；《泥选》；32f:《书法》P37；《汇考》图版P16；32a:《上封》P33；《大系》P218；32b:《上封》P33；33a:《新出》P75；《秦选》P89：33b:《秦选》P89）

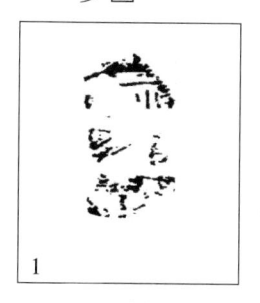

少□

1

（1:《秦封》P129）

□府

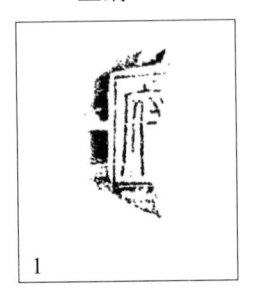

1

（1:《新出》P30）

少府丞印

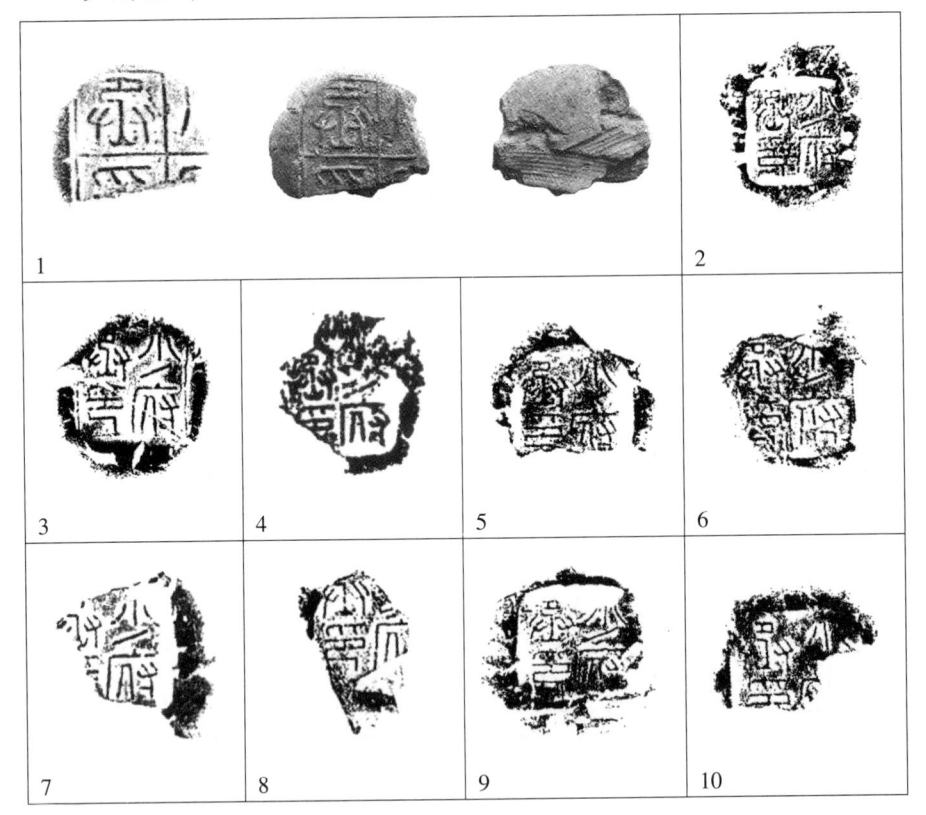

1			2
3	4	5	6
7	8	9	10

第二章　丞相·三公·九卿

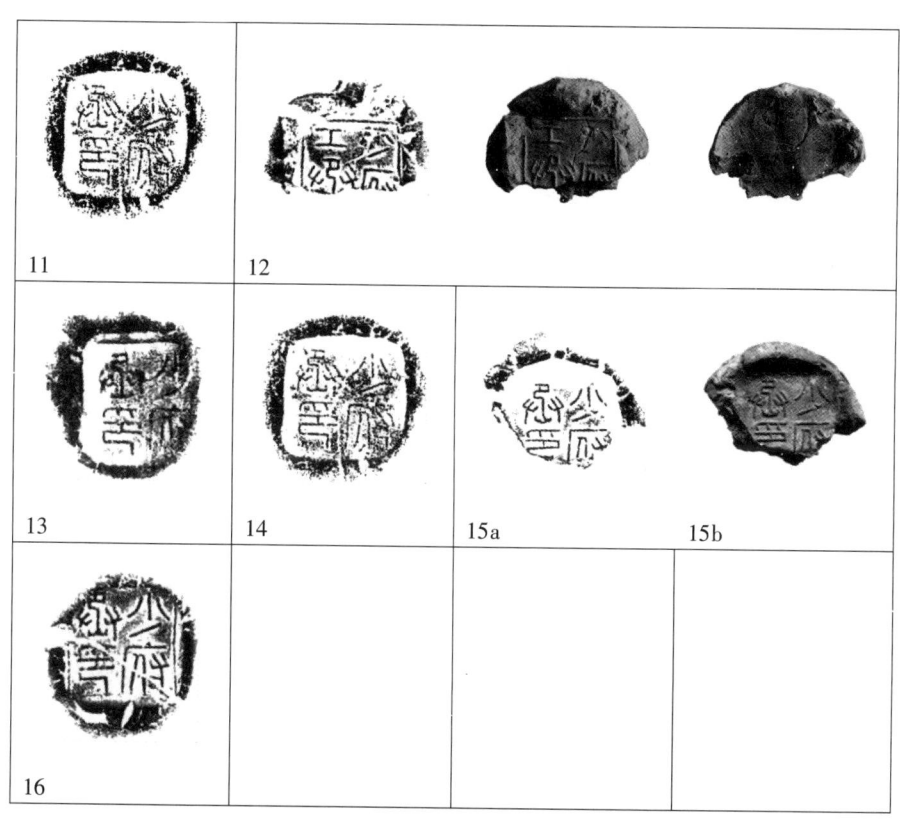

11	12		
13	14	15a	15b
16			

（1：《相家》P10；2：《新出》P75；《大系》P219；3：《新出》P75；《大系》P218；4：《西见》图二：7；5—7：《新出》P75；《大系》P219；8：《新出》P75；9：《新出》P102；《大系》P219；10、11：《新选》P106；12：《青泥》P11；13、14：《大系》P219；15a：《新出》P75；《秦选》P89；《大系》P219；15b：《秦选》P89；16：《大系》P218）

少府□□

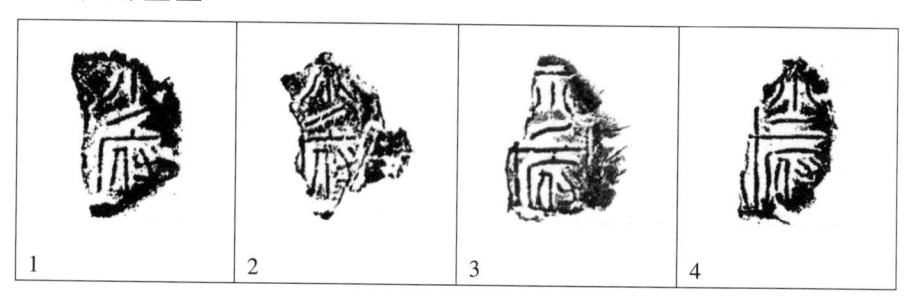

1	2	3	4

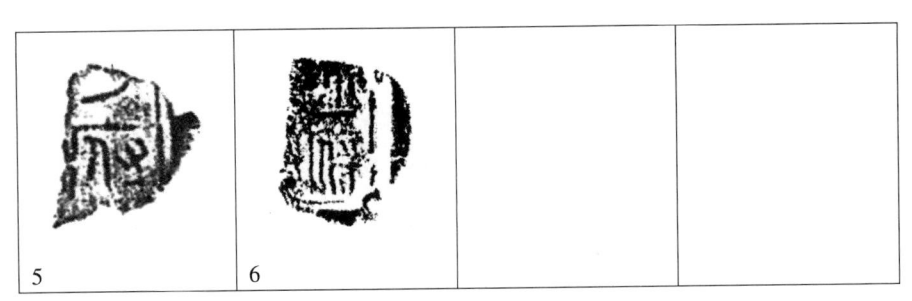

（1：《酒余》P38 下；2：《新出》P75；3：《大系》P220；4：《新选》P106；《大系》P222；5：《大系》P222；6：《新出》P30）

又：《发掘》P534《出土封泥登记表》2000CH 相 1T2③：122 为"少府□□"。

尚书

尚书

（1：《补读》图 7；《秦封》P133；《汇考》P96；《玺印》P393；《大系》P214）

书府

第二章　丞相・三公・九卿　197

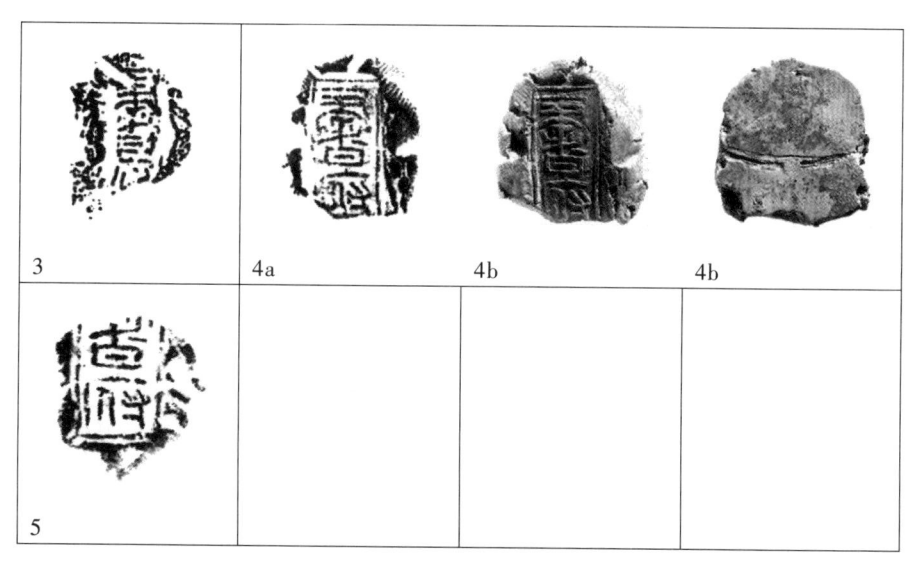

3	4a	4b	4b
5			

（1a：《相家》P25；《大系》P225；1b：《相家》P24；2：《在京》图五：1；《玺印》P393；《大系》P225；3：《新官》图9；《大系》P225；4a：《相家》P25；《大系》P225；4b：《相家》P25；5：《大系》P225）

太官
大官

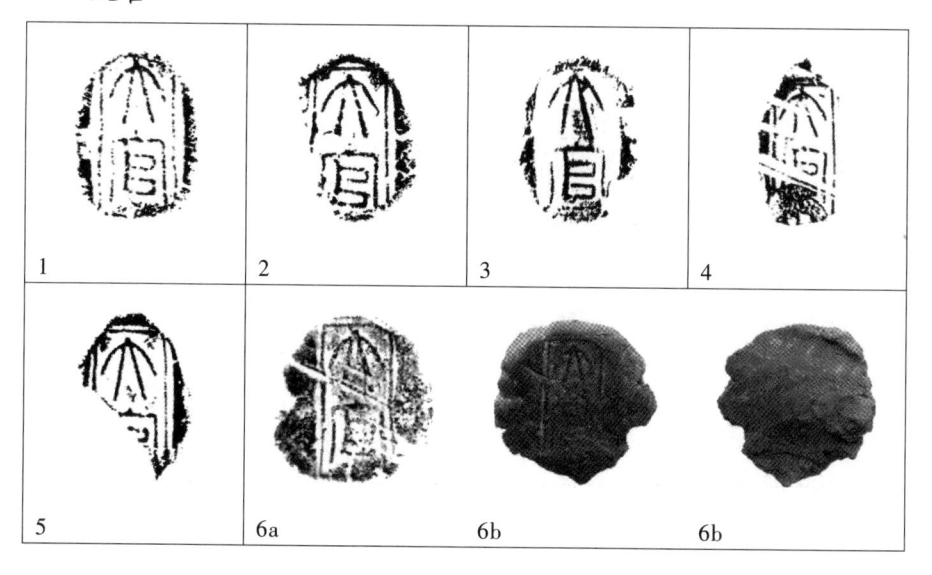

1	2	3	4
5	6a	6b	6b

7	8a	8b	8b
9	10	11	12

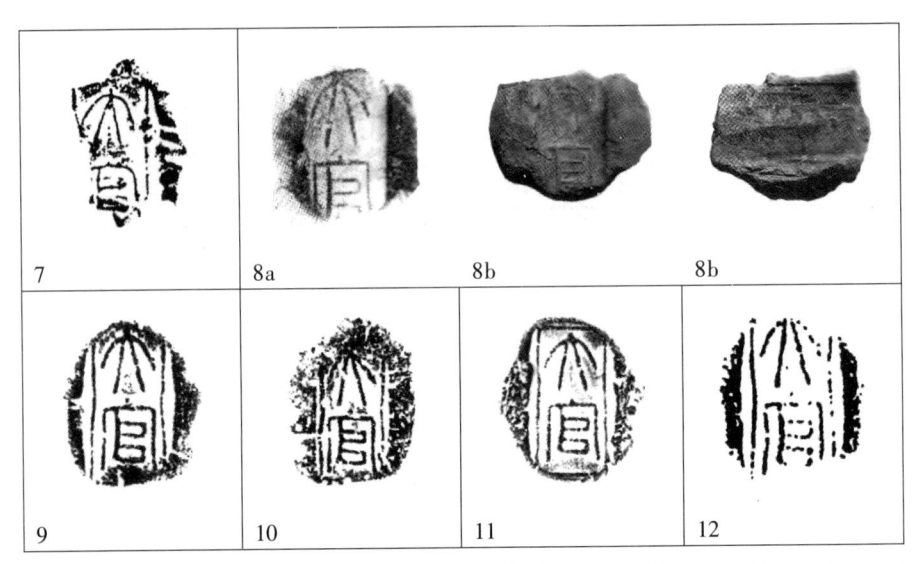

（1、3：《新出》P8；《大系》P245；2：《新出》P8；《大系》P244；4、5：《新出》P8；6a：《相家》P11；《大系》P244；6b：《相家》P11；7：《新出》P59；8a：《相家》P11；《大系》P244；8b：《相家》P11；9、10：《大系》P244；11：《大系》P245；12：《在京》图二：2）

大官丞印

1a	1b	2	3
4	5	6	7

第二章　丞相・三公・九卿

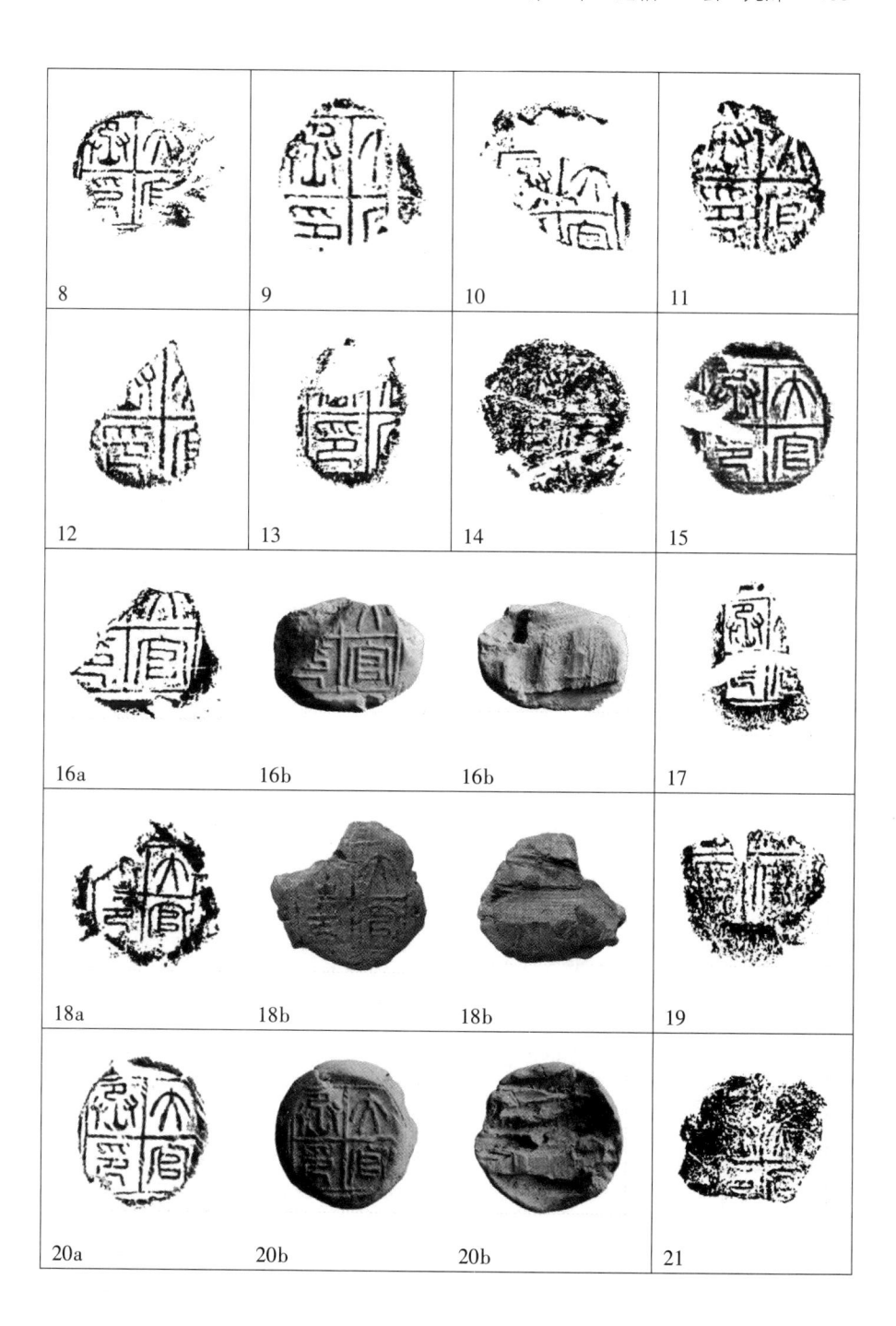

200　上编　中央职官

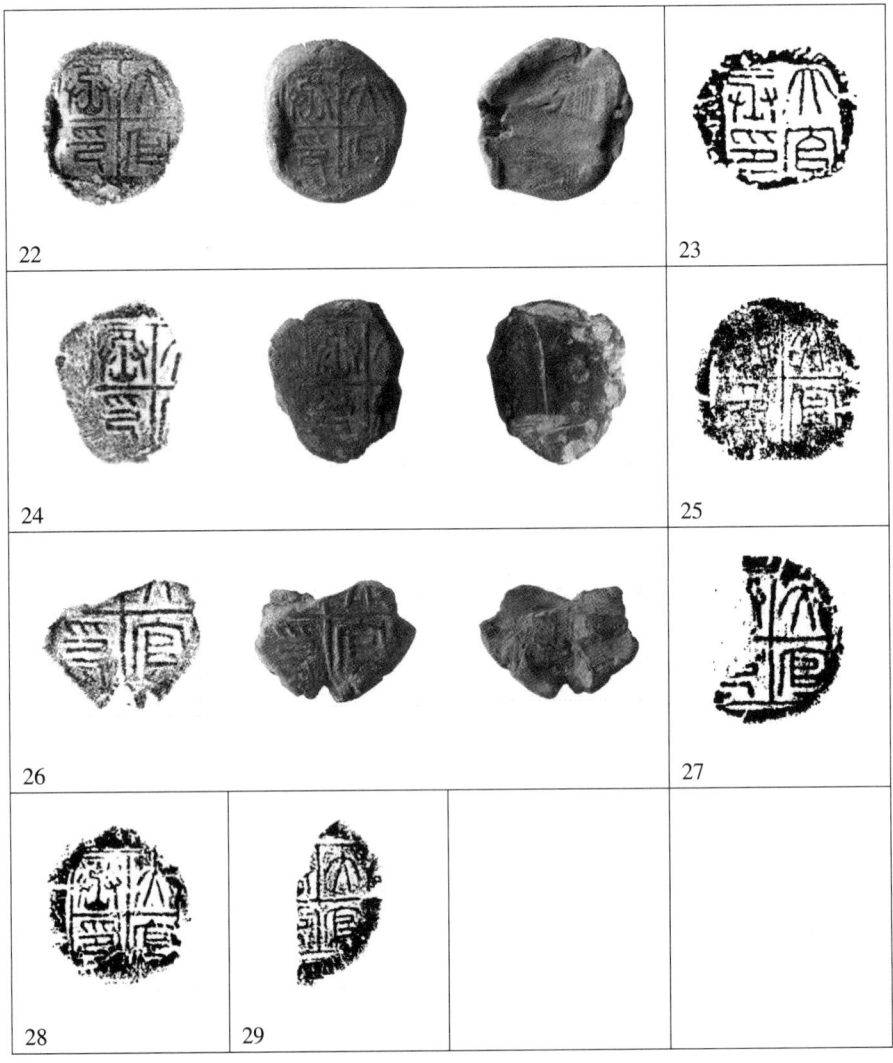

22			23
24			25
26			27
28	29		

（1a：《发掘》图一七：13、《新获》P289；《大系》P245；1b：《发掘》图版十一：5；2：《陕封》（上）图二：20、（下）图一：9；《秦封》P134；《大系》P245；3：《西见》图二：19；4：《大系》P245；5—7：《新出》P8；《大系》P245；8—14：《新出》P8；15：《大系》P245；16a：《精品》P38；《新选》P108；16b：《精品》P38；17：《新出》P59；18a：《菁华》P30；《大系》P245；18b：《菁华》P30；19：《新出》P59；20a：《新出》P8；《青泥》P11；20b：《青泥》P11；21：《新出》P59；22：《相家》P11；23：《汇考》P260；24：《相家》P11；25：《新选》P108；《大系》P246；26：《相家》P11；27：《酒余》P40下；28：《新出》P59；《大系》P245；29：《新出》P59）

又：《发掘》P534《出土封泥登记表》2000CH 相 1T2③：14 为"大官丞印"。

大官丞□

无图，释读见《发掘》P540。

大官廷□

(1:《大系》P247)

大官府丞

无图，释读见《秦选》P70。

大官库印

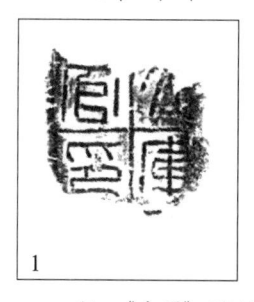

(1:《大系》P246)

大官榦丞

(1:《在京》图二:2;《玺印》P449;《大系》P246)

大官厨□

1

（1:《大系》P246）

□官右厨

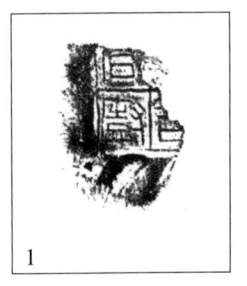

1

（1:《大系》P247）

大官茜印

1

（1:《大系》P247）

第二章　丞相・三公・九卿　203

□茜□印

| 1a | 1b | 1c | 1c |

（1a：《印集》P169；《汇考》P258；《大系》P421；1b：《印集》P167；1c：《汇考》图版P77）

大官食室

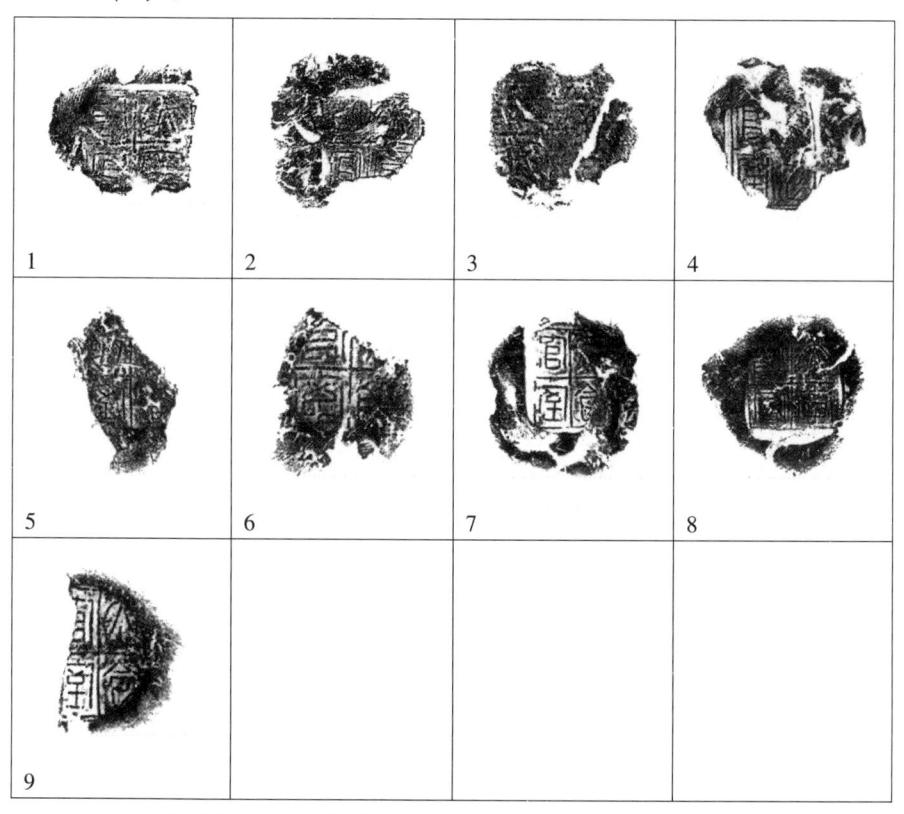

1	2	3	4
5	6	7	8
9			

（1—3：《新出》P59；《大系》P246；4：《新选》P108；《大系》P246；5—9：《大系》P247）

204　上编　中央职官

□□食室

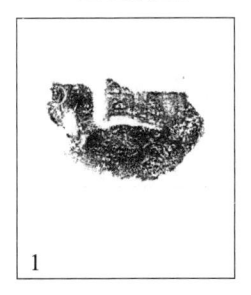

1

（1：《新出》P59；《大系》P246）

大官缯府

1

（1：《胡家沟》P101）

大官左中

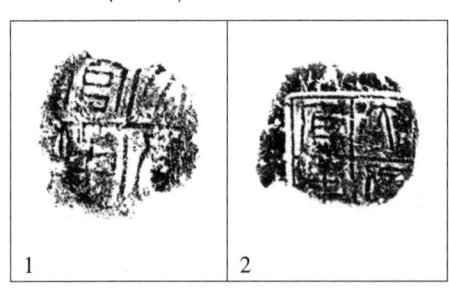

1　2

（1：《新出》P59；《大系》P248；2：《大系》P247）

大官右中

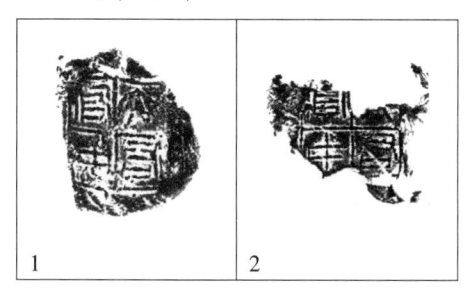

1
2

（1、2：《大系》P247）

大官右般

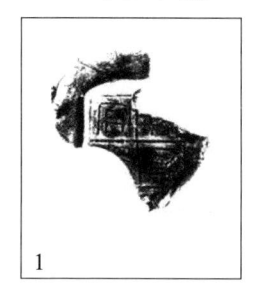

1

（1：《大系》P247）

大官□□

1
2
3
4

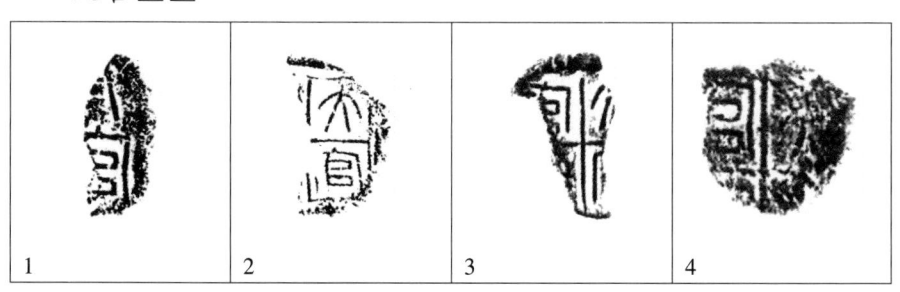

（1：《新出》P8；2：《新出》P8；3：《大系》P246；4：《新出》P59；《大系》P246）

又：《发掘》P534《出土封泥登记表》2000CH 相 1T2③：47 为"大官□□"。

大□官□

无图，释读见《发掘》P543。

206 上编 中央职官

泰官

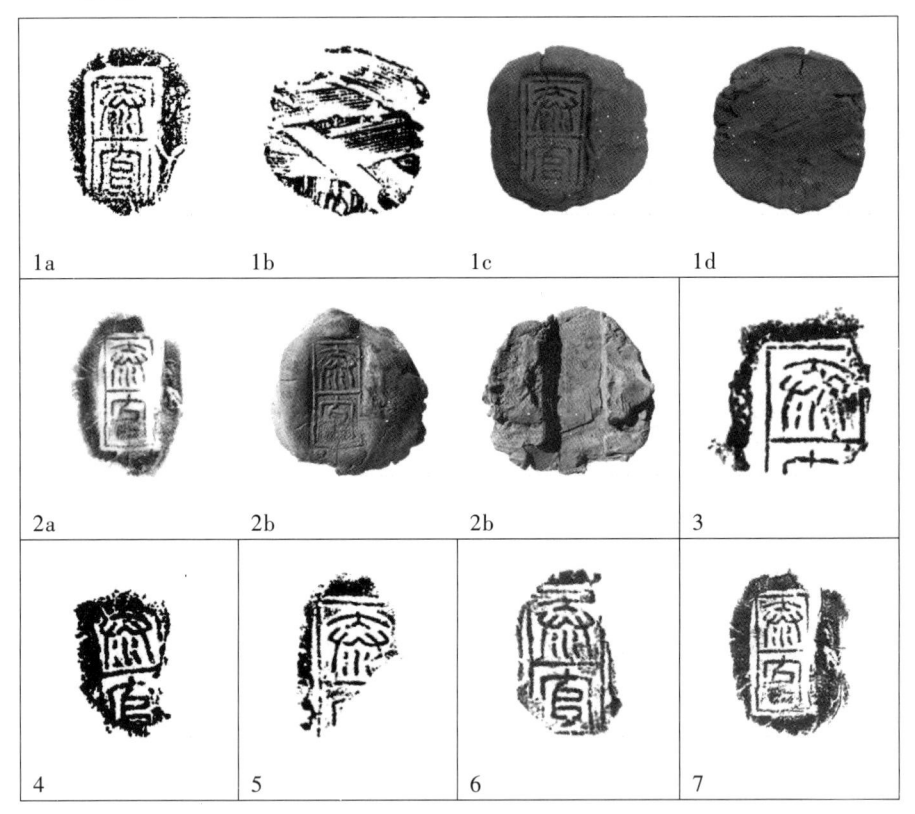

1a	1b	1c	1d
2a	2b	2b	3
4	5	6	7

（1a：《印风》P165；《新官》图10；《印集》P34；《汇考》P72；《大系》P254；1b：《印集》P34；1c：《汇考》图版P18；《泥选》；1d：《汇考》图版P18；2a：《相家》P17；《大系》P254；2b：《相家》P17；3：《大系》P255；4：《汇考》P72；《大系》P255；5：《新出》P35；《大系》P255；6：《大系》P254；7：《大系》P254）

泰官丞印

| 1a | 1b | 1b | 2 |

第二章　丞相・三公・九卿　207

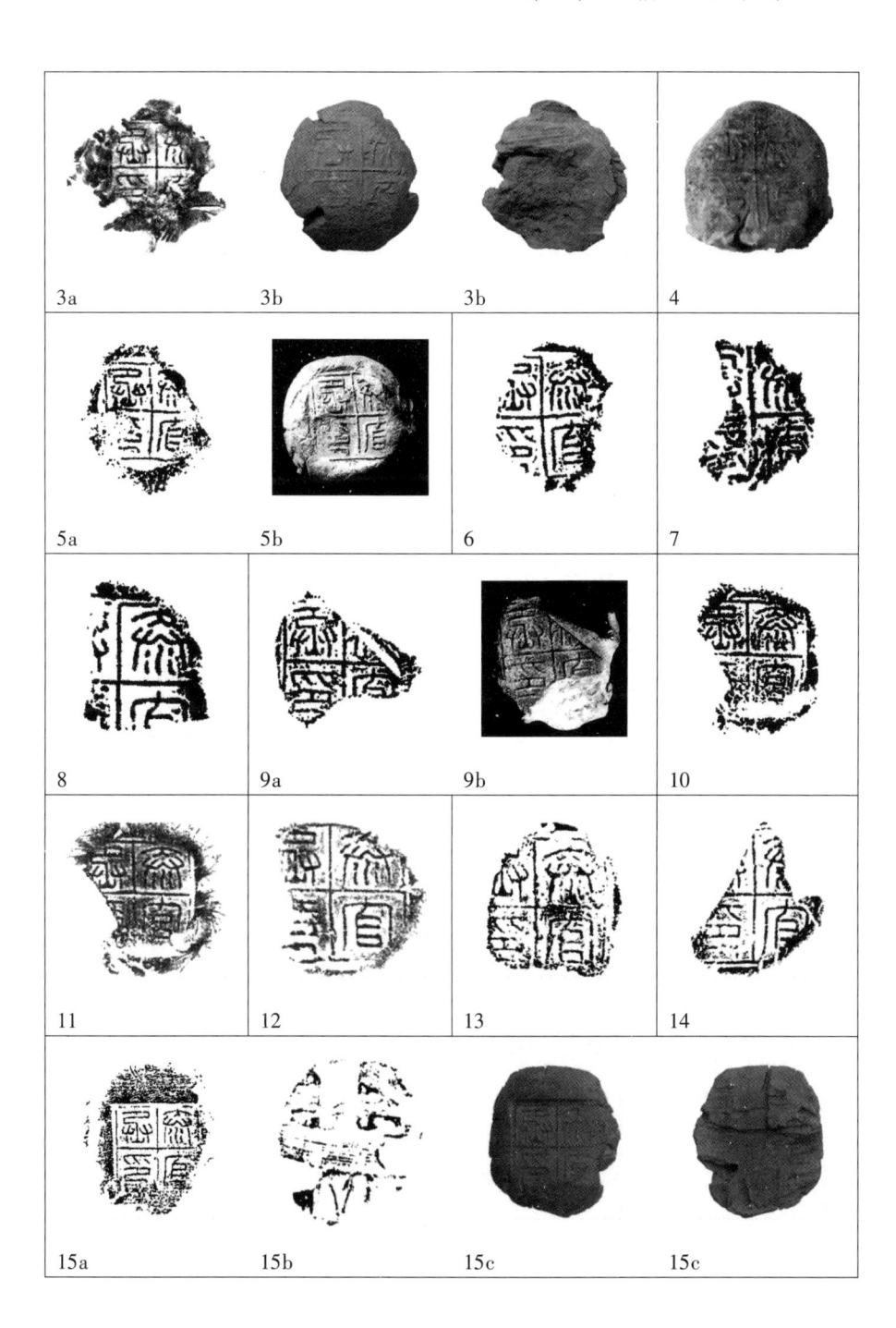

3a	3b	3b	4
5a	5b	6	7
8	9a	9b	10
11	12	13	14
15a	15b	15c	15c

208 上编　中央职官

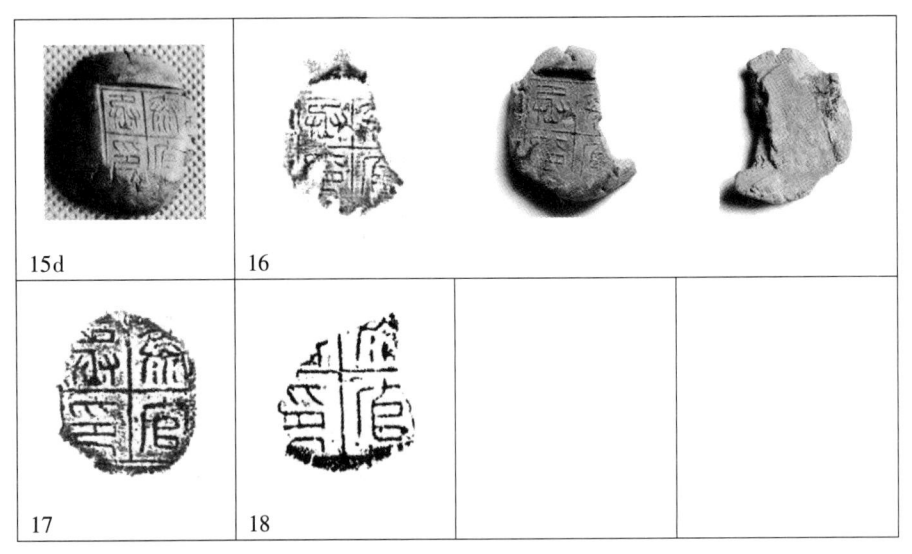

15d	16		
17	18		

（1a：《新出》P35；《青泥》P12；《大系》P255；1b：《青泥》P12；2：《秦封》P134；《汇考》P72；《玺印》P448；3a：《菁华》P29；《大系》P256；3b：《菁华》P29；4：《问陶》P157；5a：《秦封》P134；《汇考》P73；5b：《秦封》图版3；6：《发现》图44；《图例》P53；《书集》P119；《秦封》P134；《汇考》P73；《大系》P255；7、8：《秦封》P135；《汇考》P73；9a：《秦封》P135；《汇考》P73；9b：《秦封》图版8；10：《秦封》P135；《汇考》P73；《大系》P255；11：《大系》P255；12：《新出》P35；《大系》P256；13：《新出》P35；《大系》P256；14：《新出》P35；15a：《汇考》P72；《印风》P142；《秦封》P135；《印集》P35；15b：《印集》P35；15c：《汇考》图版18；15d：《泥选》；16：《观一》P39；17：《大系》P255；18：《新出》P35）

泰官丞□

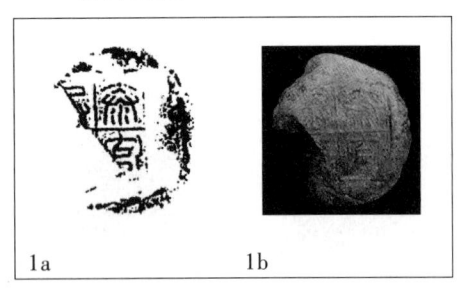

1a	1b

（1a：《秦封》P135；《汇考》P73；1b：《秦封》彩版1）

第二章　丞相·三公·九卿　209

泰官□印

1

（1：《秦封》P135；《汇考》P73；《大系》P255）

泰官□□

1

（1：《新出》P36）

泰官库印

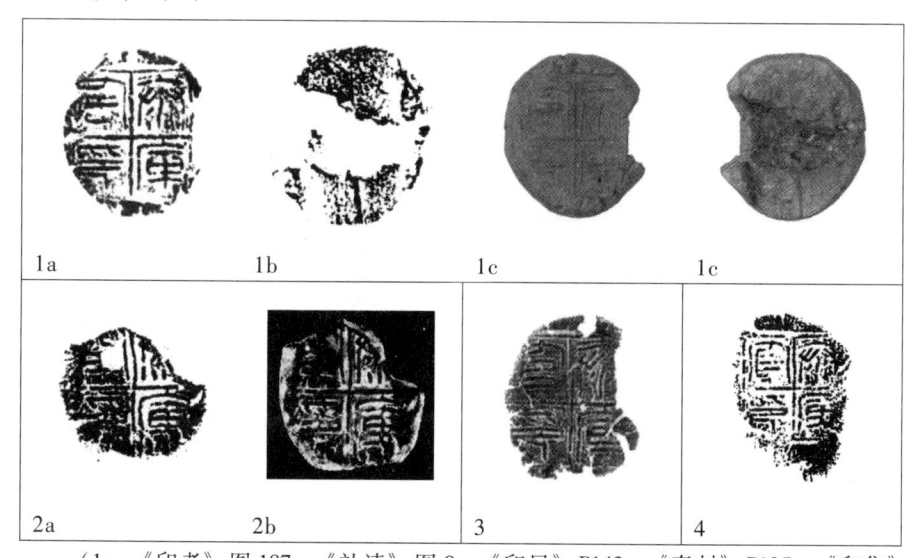

| 1a | 1b | 1c | 1c |
| 2a | 2b | 3 | 4 |

（1a：《印考》图187；《补读》图8；《印风》P143；《秦封》P135；《印集》

P35；《书集》P119；《汇考》P73；《玺印》P449；《大系》P256；1b：《印集》P35；1c：《汇考》图版 P18；2a：《发现》图 103；《图例》P55；《秦封》P135；《汇考》P74；2b：《秦封》彩版 2；3：《大系》P256；4：《汇考》P74；《大系》P256）

泰官□印

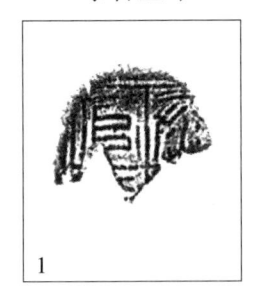

1

（1：《大系》P256）

乐府

乐府

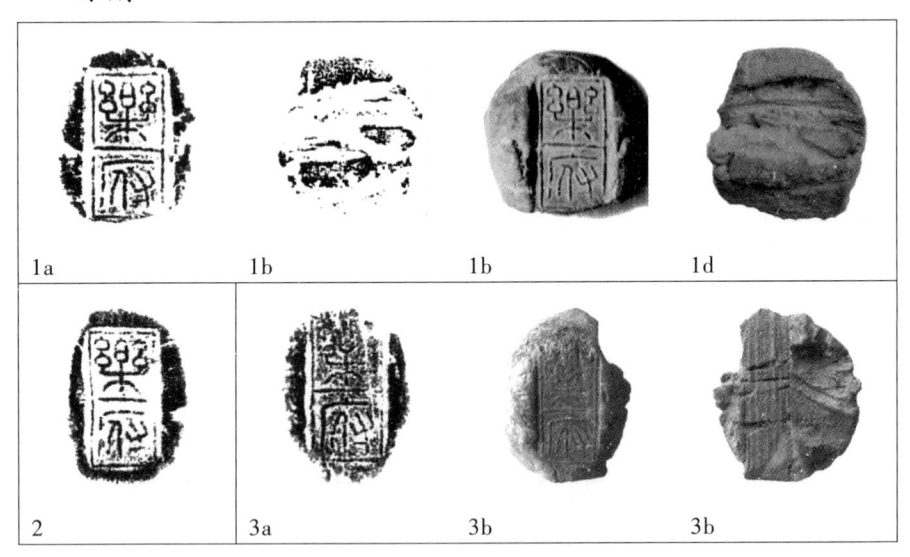

1a　1b　1b　1d

2　3a　3b　3b

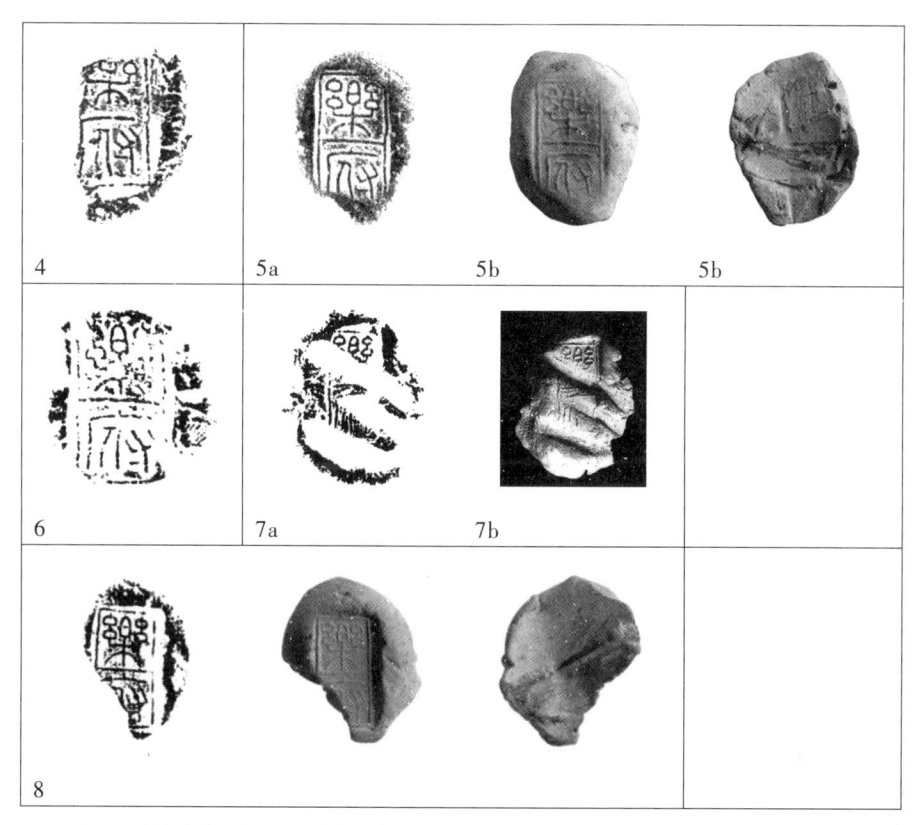

（1a：《续考》图216；《印风》P165；《书法》P34；《印集》P6；《汇考》P12；《大系》P359；1b：《印集》P6；1c：《书法》P34；《汇考》图版P4；《泥选》；1d：《书法》P34；《汇考》图版P4；2：《大系》P359；3a：《相家》P12；《大系》P359；3b：《相家》P12；4：《大系》P359；5a：《新出》P46；《青泥》P5；《大系》P359；5b：《青泥》P5；6：《新出》P46；《大系》P359；7a：《补读》图2：35；《秦封》P136；《汇考》P12；《玺印》P396；7b：《秦封》图版3；8：《上封》P30）

乐□

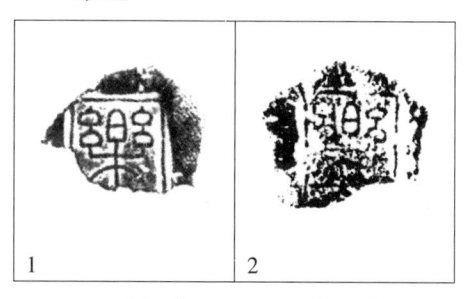

（1：《大系》P360；2：《新出》P46；《大系》P360）

乐府丞印

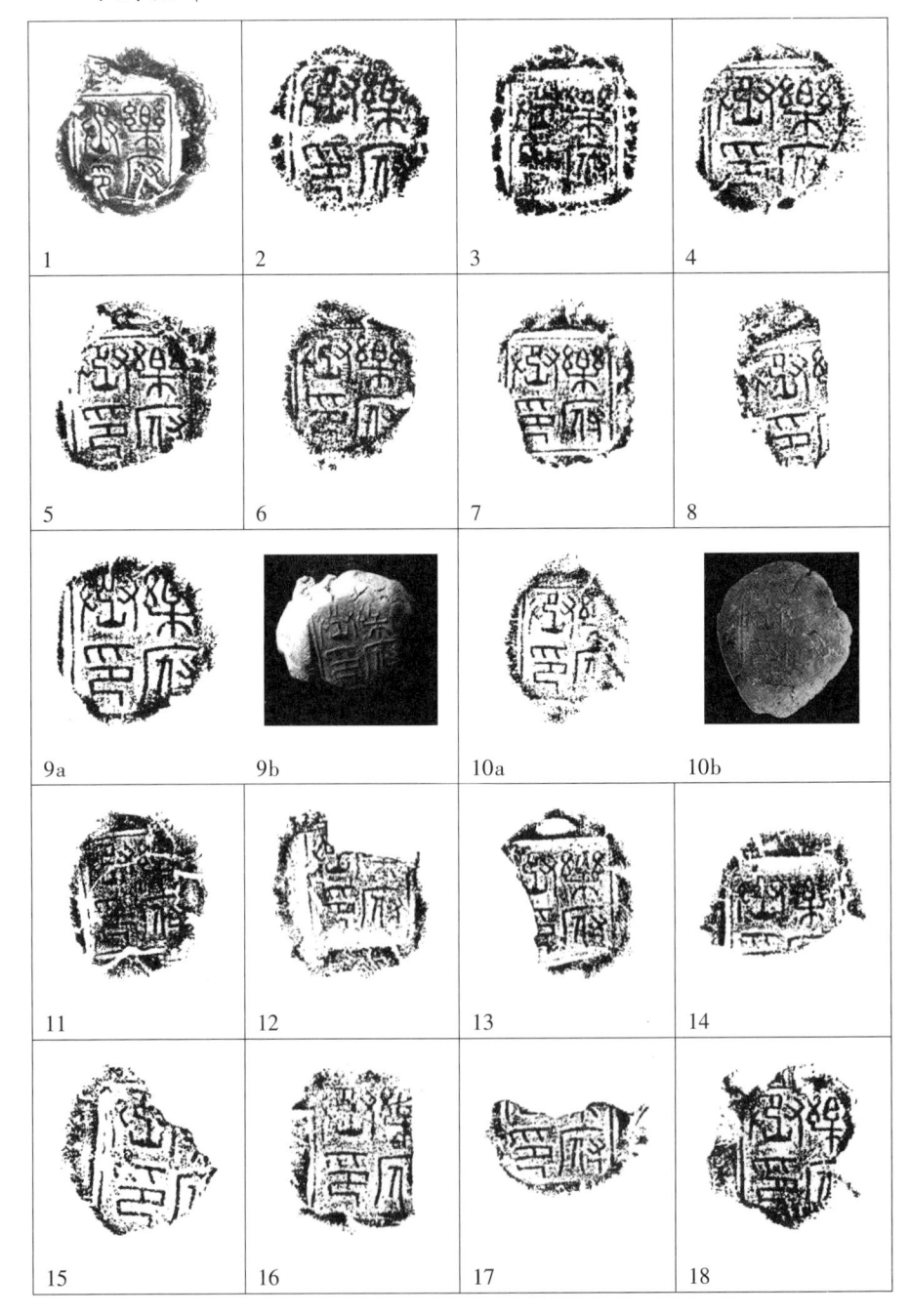

第二章　丞相·三公·九卿　213

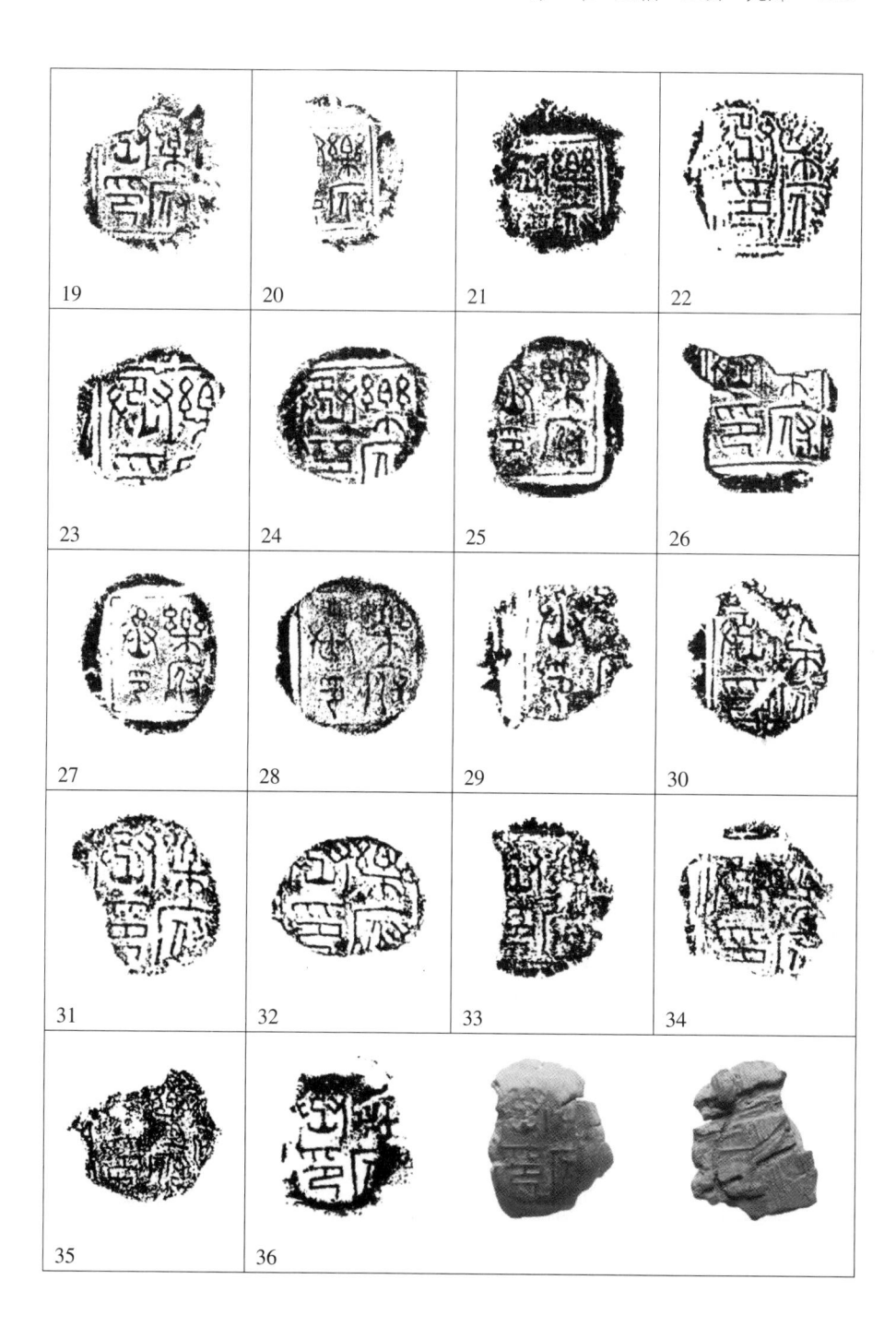

19	20	21	22
23	24	25	26
27	28	29	30
31	32	33	34
35	36		

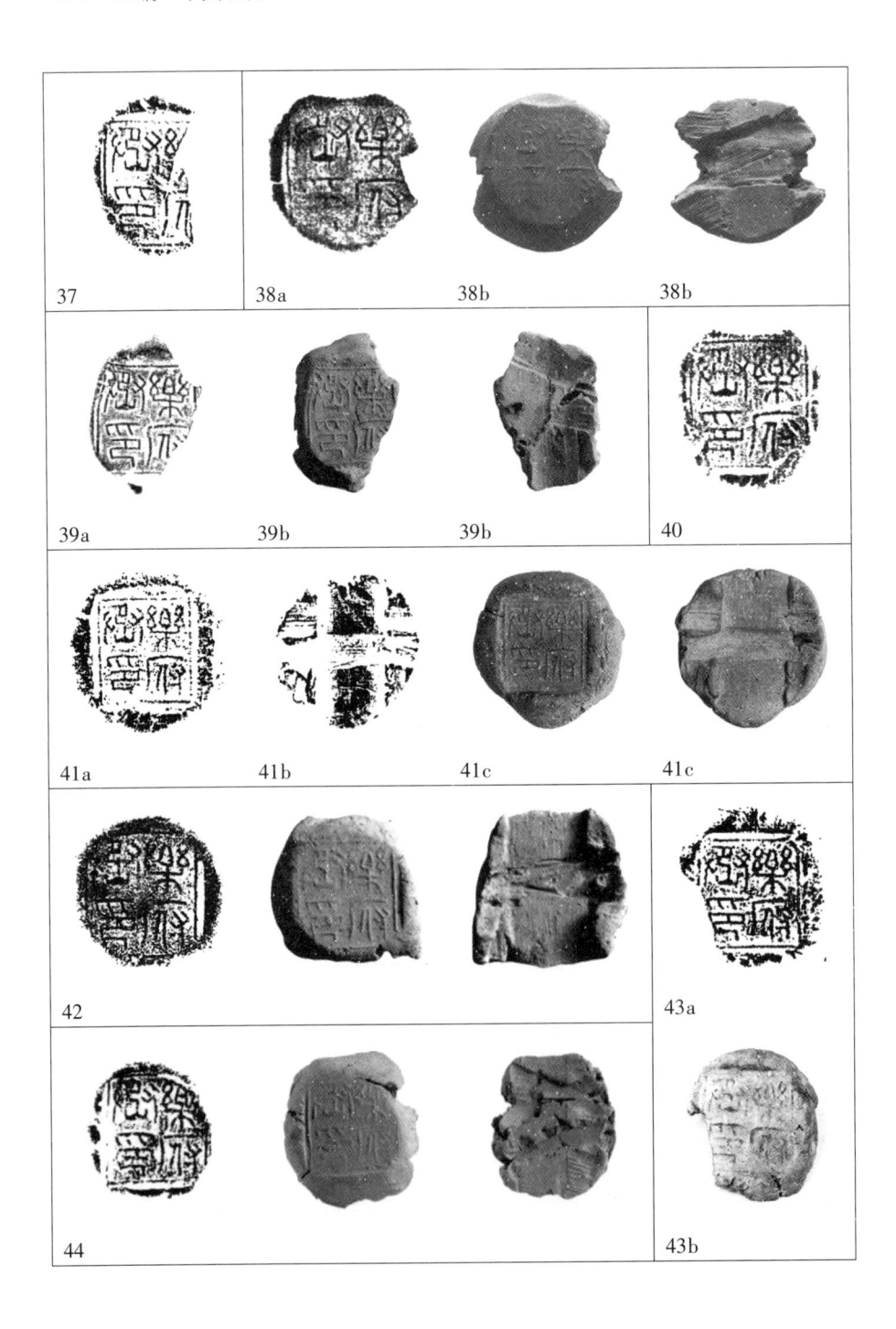

37	38a	38b	38b
39a	39b	39b	40
41a	41b	41c	41c
42			43a
44			43b

（1：《大系》P360；2、3：《汇考》P13；4：《秦封》P137；《汇考》P13；《大系》P360；5、6：《秦封》P137；《汇考》P13；7：《发现》图45；《图例》P53；《秦封》P137；《汇考》P13；《大系》P360；8：《秦封》P137；《汇考》P14；9a：《秦封》P137；《汇考》P13；9b：《秦封》图版3；10a：《秦封》P137；《汇考》P13；10b：《秦封》彩版1；11—14：《秦封》P137；《汇考》P14；15—20：《秦封》P137；《汇考》P14；21—22：《秦封》P138；《汇考》P15；23：《新出》P46；24—26：《新选》P119；27：《西见》图二：1；《新选》P118；《大系》P360；28—35：《新出》P46；36：《菁华》P26；37：《新出》P46；38a：《相家》P12；《大系》P360；38b：《相家》P12；39a：《新出》P46；《青泥》P5；《大系》P360；39b：《青泥》P5；40：《大系》P360；41a：《初探》P8；《印风》P128；《印集》P7；《汇考》P13；《大系》P360；41b：《印集》P7；41c：《汇考》图版P4；42：《精品》P34；43a：《书集》P120；43b：《问陶》P158；44：《上封》P28；45a：《新获》P289；45b：《发掘》图版十六：1）

又：《发掘》P534《出土封泥登记表》2000CH 相 1T3③：2、6、15 共 3 枚均为"乐府丞印"。

乐府丞□

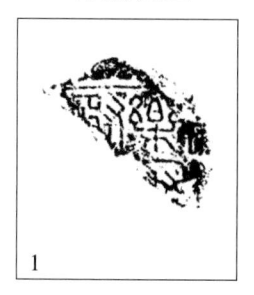

（1：《新出》P94）

乐府□印

(1:《秦封》P137;《汇考》P14)

乐□丞印

(1:《秦封》P138;《汇考》P15)

乐□丞□

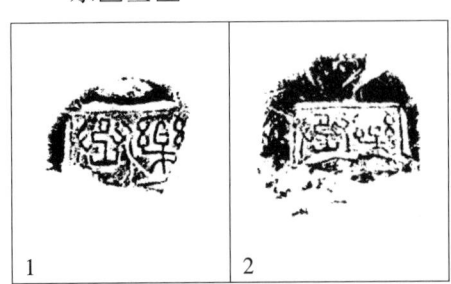

(1:《酒余》P48下;2:《新出》P94)

乐府□□

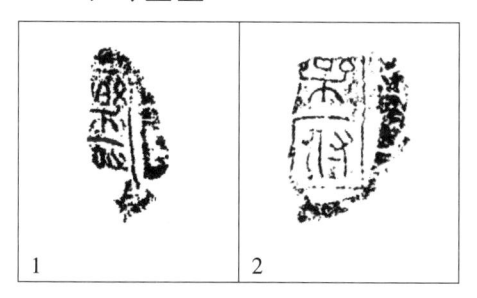

| 1 | 2 |

（1：《秦封》P138；《汇考》P15；2：《新出》P46）

乐官

乐官

| 1a | 1b | 1b | 2 |

（1a：《新出》P46；《青泥》P5；《大系》P361；1b：《青泥》P5；2：《在京》图一：9；《大系》P361）

乐官丞印

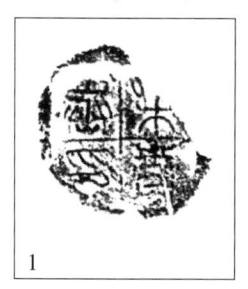

| 1 |

（1：《大系》P361）

乐官钟府

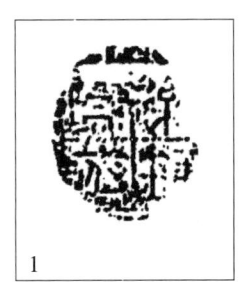

1

（1:《古封》P21；《秦封》P138；《汇考》P13；《玺印》P441；《山全》P180；《大系》P360）

乐□司□

1

（1:《大系》P361）

乐师

乐师丞印

无图，释读见《新官》P264。

外乐

外乐

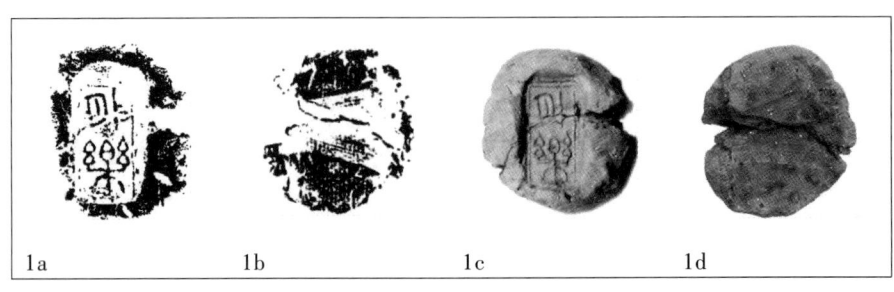

1a 1b 1c 1d

第二章　丞相·三公·九卿　219

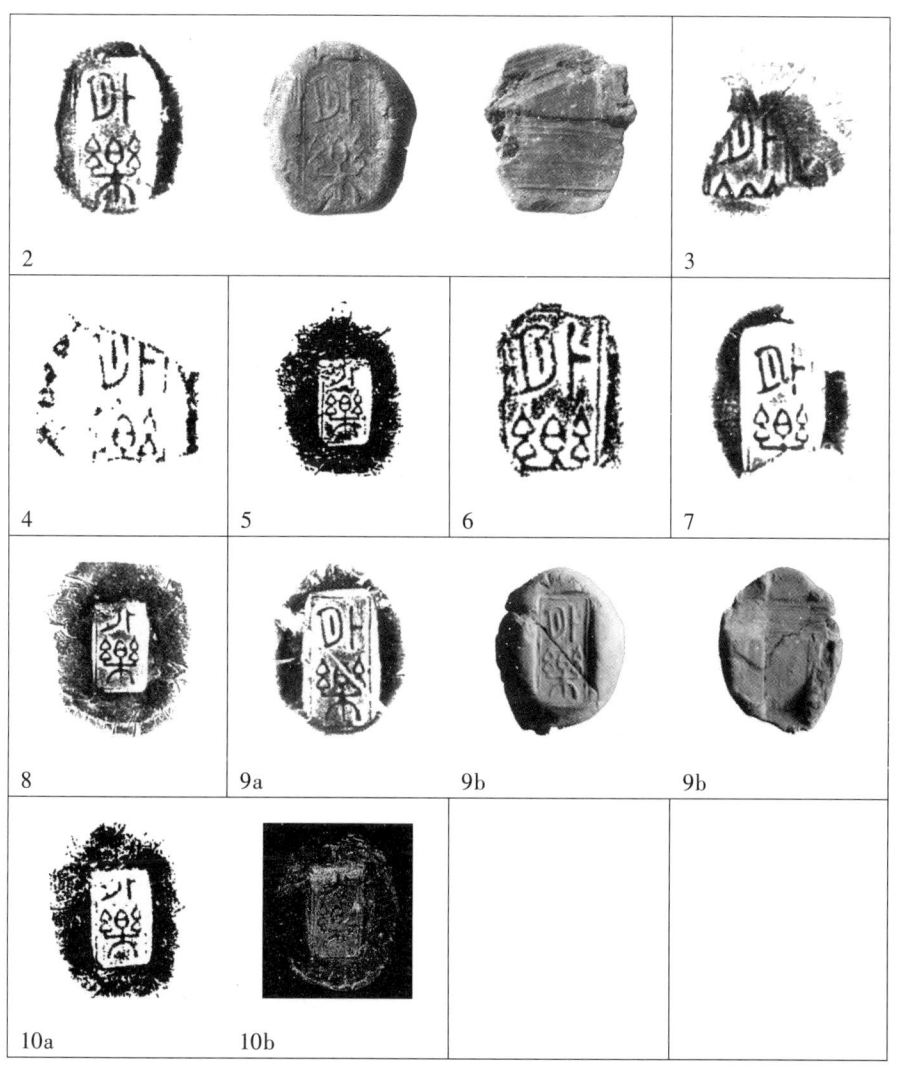

（1a:《印考》图183;《印风》P167;《秦封》P140;《印集》P8;《书集》P120;《汇考》P17;《玺印》P396;1b:《印集》P8;1c:《汇考》图版P5;《泥选》;1d:《汇考》图版P5;2:《相家》P2;3:《大系》P274;4:《汇考》P17;5:《补读》图9;《书集》P120;6:《新选》P111;《大系》P274;7:《大系》P273;8:《大系》P274;9a:《精品》P34;《大系》P274;9b:《精品》P34;10a:《秦封》P140;《汇考》P18;10b:《秦封》彩版1）

外乐丞印

1

(1:《大系》P274)

左乐

左乐

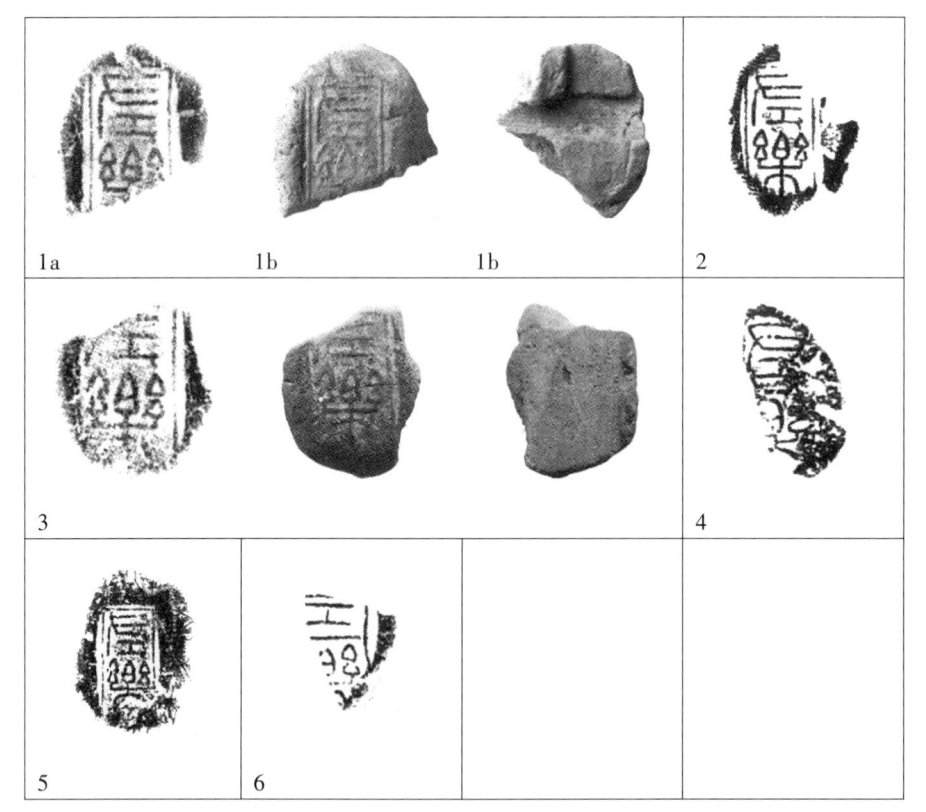

1a	1b	1b	2
3			4
5	6		

(1a:《相家》P12;《大系》P399;1b:《相家》P12;2:《在京》图一:8;《玺印》P394;《大系》P399;3:《相家》P12;4:《大系》P399;5、6:《大系》P400)

第二章　丞相・三公・九卿　221

左乐丞印

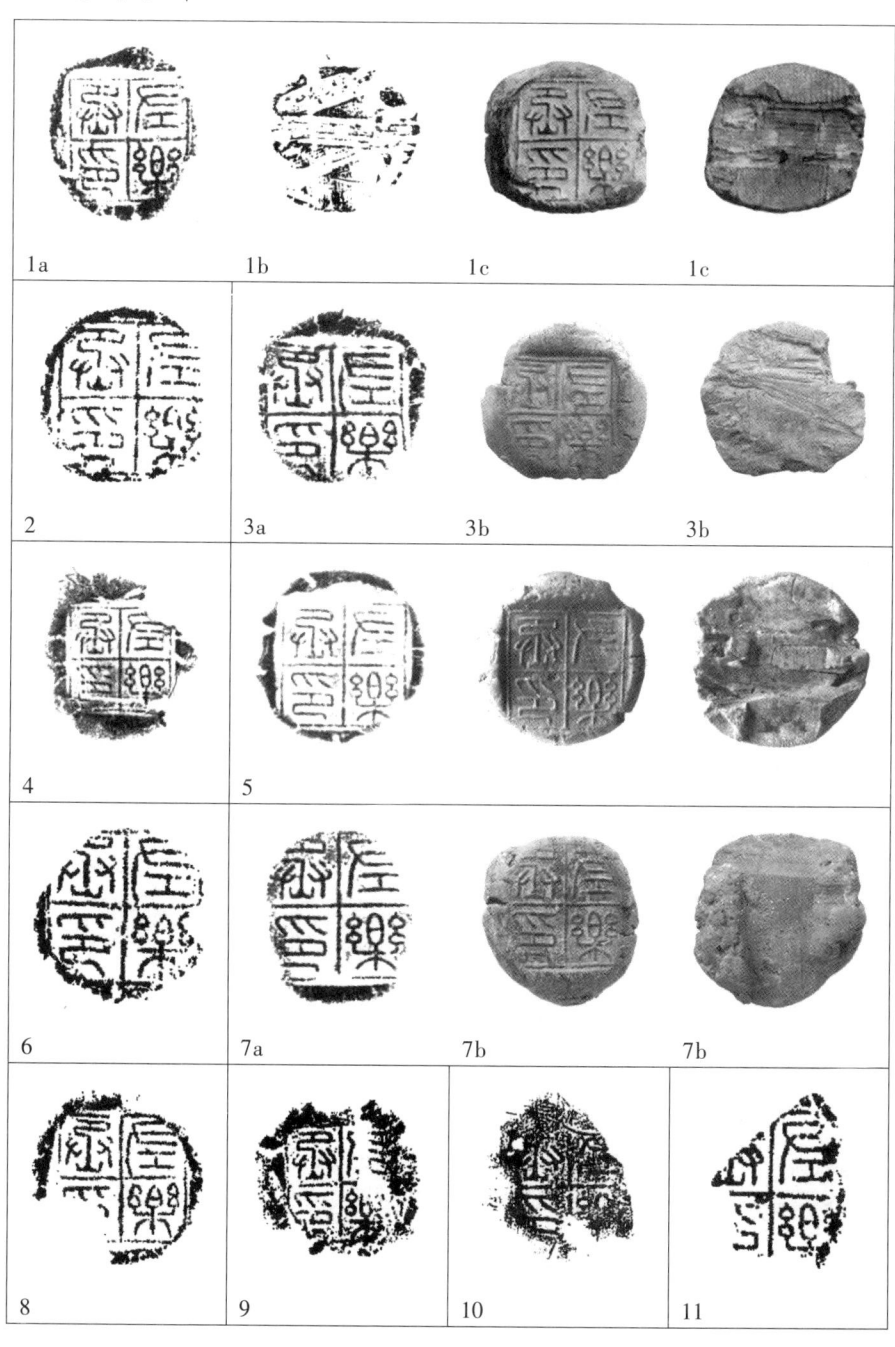

1a	1b	1c	1c
2	3a	3b	3b
4	5		
6	7a	7b	7b
8	9	10	11

222　上编　中央职官

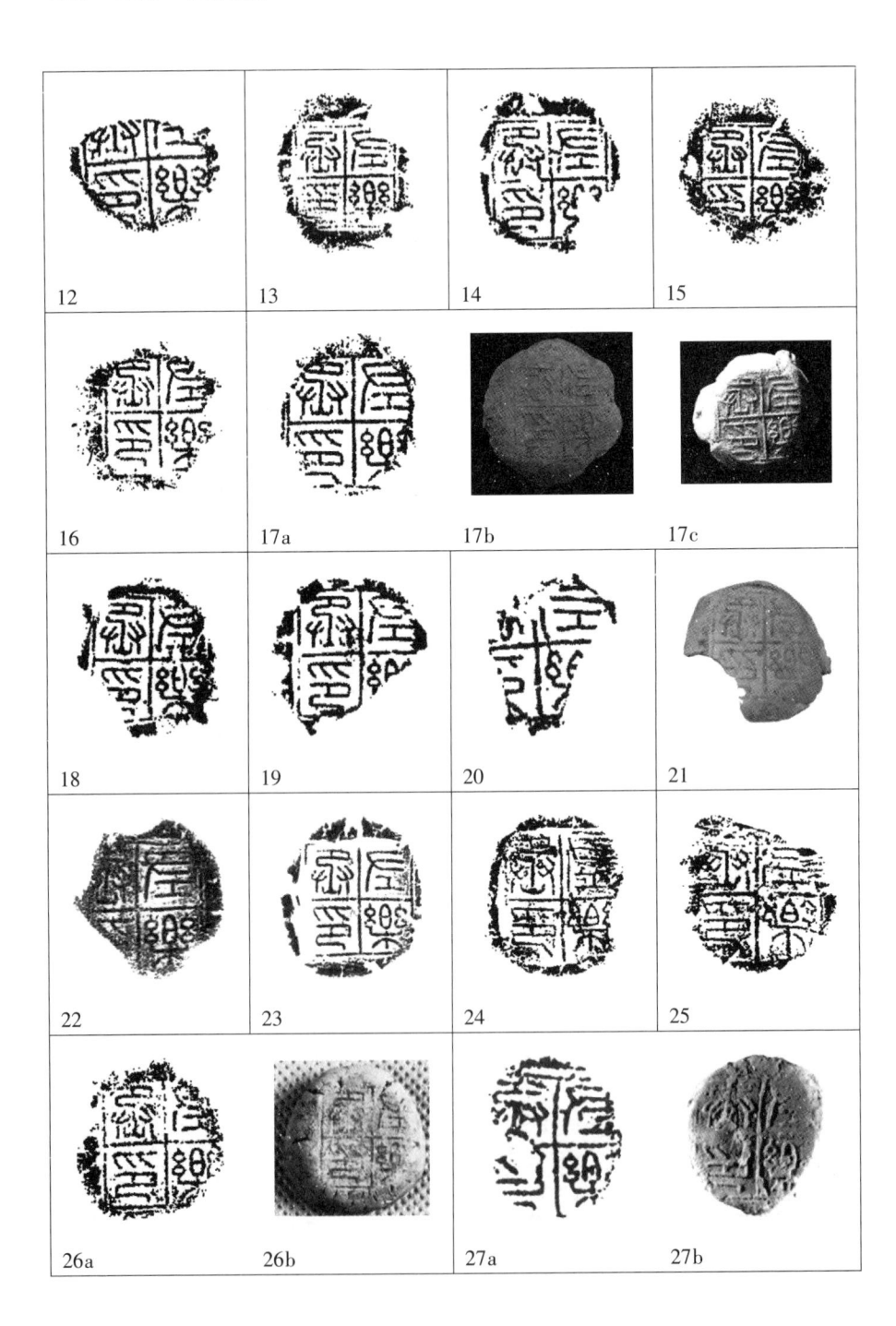

12	13	14	15
16	17a	17b	17c
18	19	20	21
22	23	24	25
26a	26b	27a	27b

第二章　丞相·三公·九卿　223

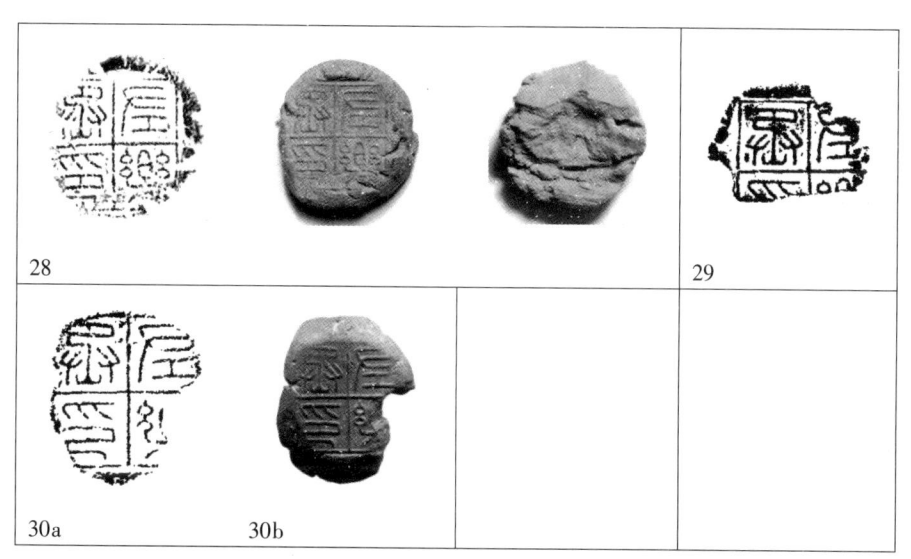

28	29
30a　30b	

（1a：《书法》P34；《印风》P126；《书集》P120；《印集》P7；《汇考》P15；《大系》P400；1b：《印集》P7；1c：《书法》P34；《汇考》图版P4；2、6、8：《汇考》P15；3a：《相家》P12；《大系》P400；3b：《相家》P12；4：《大系》P400；5：《相家》P12；7a：《相家》P12；《大系》P400；7b：《相家》P12；9—16：《秦封》P139；《汇考》P16；17a：《发现》图46；《图例》P53；《秦封》P139；《书集》P120；《汇考》P17；《玺印》P441；《大系》P400；17b：《秦封》彩版1；17c：《秦封》图版3；18—20：《秦封》P139；《汇考》P16；21：《问陶》P158；22：《新出》P53；《大系》P400；23：《大系》P400；24、25：《新出》P54；26a：《汇考》P15；26b：《泥选》；27a：《发掘》图一六：3；《新获》P289；《大系》P400；27b：《发掘》图版六：6；28：《观二》P40；29：《新选》P122；《大系》P400；30a：《新出》P54；《秦选》P94；30B：《秦选》P94）

又：《发掘》P534《出土封泥登记表》2000CH相1T2③：5 为"左乐丞印"。

左乐丞□

1

（1：《新出》P53）

上编　中央职官

左乐□印

（1：《新出》P53）

□乐丞□

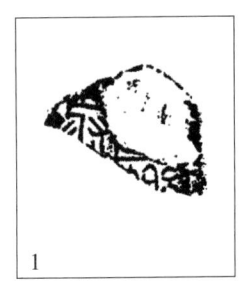

（1：《秦封》P139；《汇考》P17）

左乐雖钟

（1a：《发现》图47；《图例》P53；《印风》P127；《秦封》P248；《书集》P120；《汇考》P18；《玺印》P441；《大系》P401；1b：《问陶》P158；1c：《秦封》图版4）

左乐寺瑟

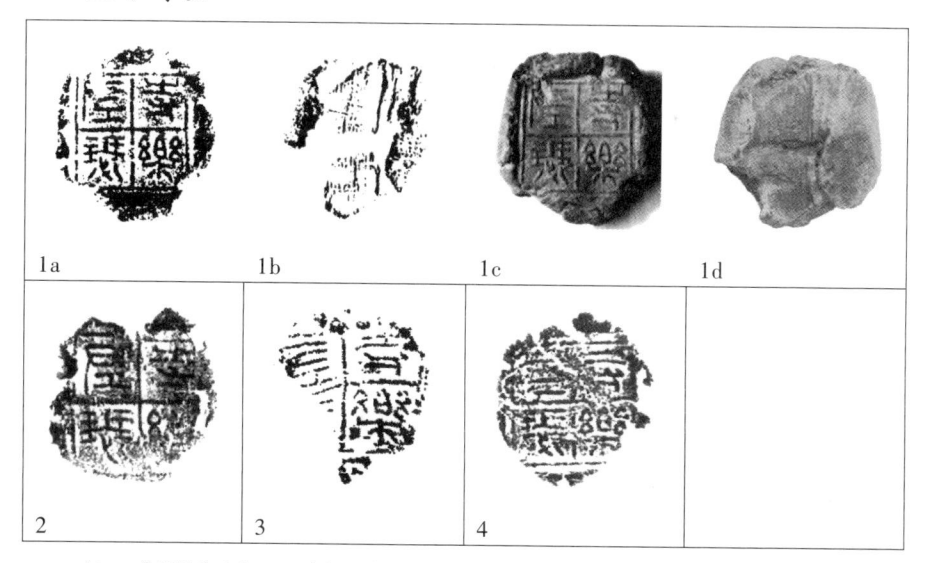

| 1a | 1b | 1c | 1d |
| 2 | 3 | 4 | |

（1a：《释续》图 12；《印风》P139；《印集》P8；《汇考》P17、《汇考》图版 P5；《大系》P240；1b：《印集》P8；1c：《汇考》图版 P5；《泥选》；1d：《汇考》图版 P5；2：《大系》P241；3：《汇考》P17；《大系》P241；4：《大系》P241）

□乐丞印

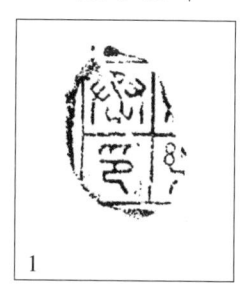

1

（1：《新出》P37；《大系》P274）

左乐□□

1

(1:《秦封》P139)

□乐□印

1

(1:《新选》P111;《大系》P274)

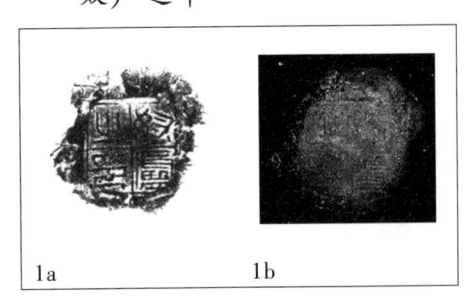

奴卢

奴卢之印

1a　　1b

(1a:《补读》图30;《选考》图4;《秦封》P233;《书集》P130;《汇考》P166;《玺印》P433;《大系》P185;1b:《秦封》彩版1)

奴盧丞印

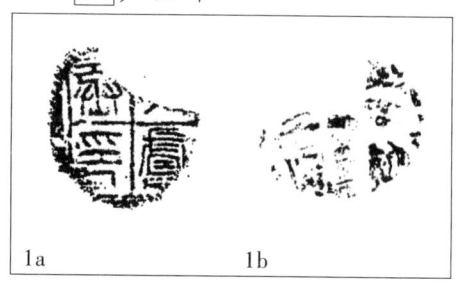

1a　　　　1b

（1a：《印風》P144；《新地》圖29；《印集》P87；《匯考》P167；《大系》P185；1b：《印集》P87）

奴盧府印

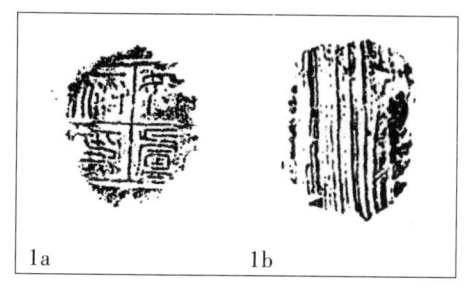

1a　　　　1b

（1a：《新官》圖39；《印集》P86；《印風》P132；《匯考》P167；《大系》P185；1b：《印集》P86）

少府工室
少府工室

1a　　　　1b　　　2　　　3

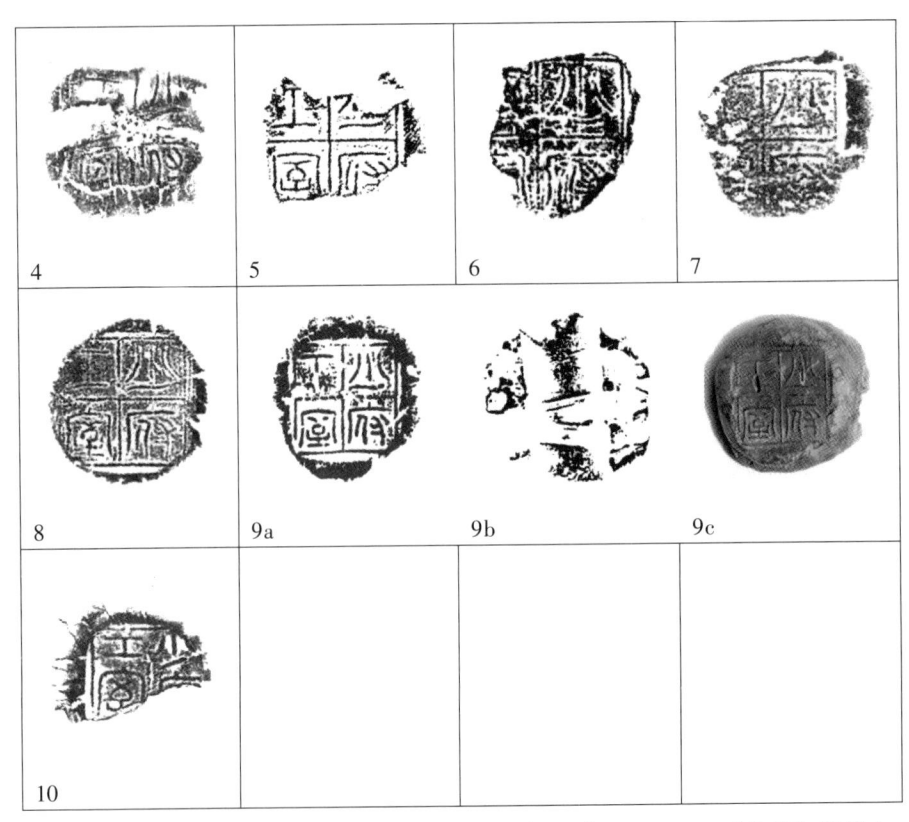

（1a：《发掘》图一六：14；《新获》P287；《大系》P221；1b：《发掘》图版七：8；2：《新出》P31；3、4：《新出》P30；《大系》P221；5、6：《新出》P31；7：《新出》P31；《大系》P222；8、10：《大系》P221；9a：《续考》图215；《印风》P137；《秦封》P131；《印集》P32；《汇考》P67；《玺印》P447；《大系》P221；9b：《印集》P32；9c：《泥选》）

少府□室

（1：《大系》P222）

少□工室

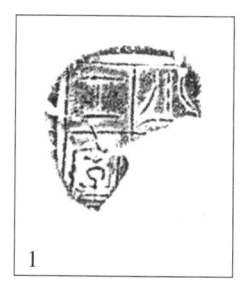

1

（1:《新出》P30;《大系》P221）

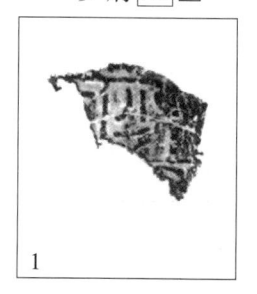

少府工□

1

（1:《大系》P222）

少府工丞

1a	1b	1b	2
3			4

230　上编　中央职官

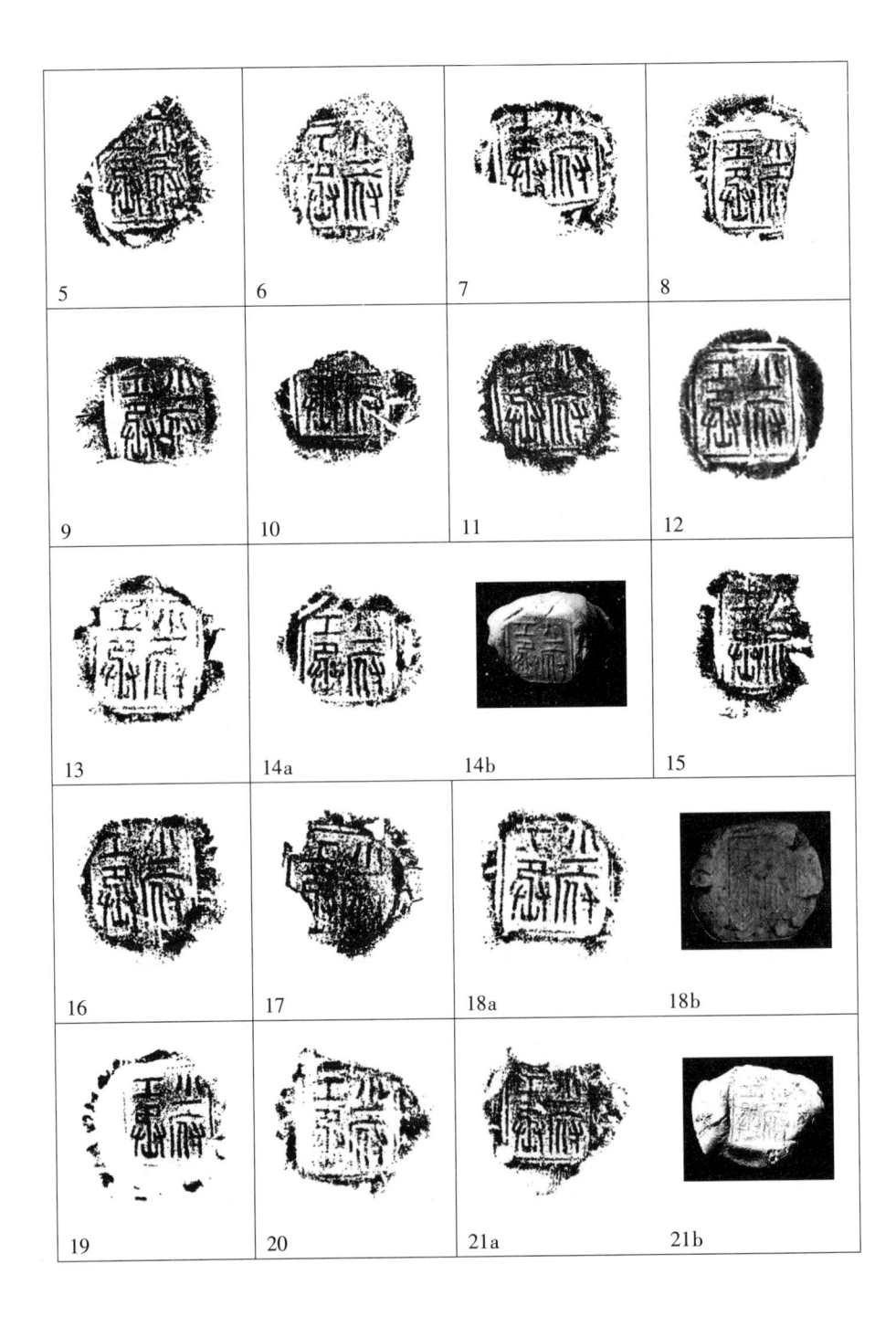

5

6

7

8

9

10

11

12

13

14a

14b

15

16

17

18a

18b

19

20

21a

21b

第二章 丞相・三公・九卿

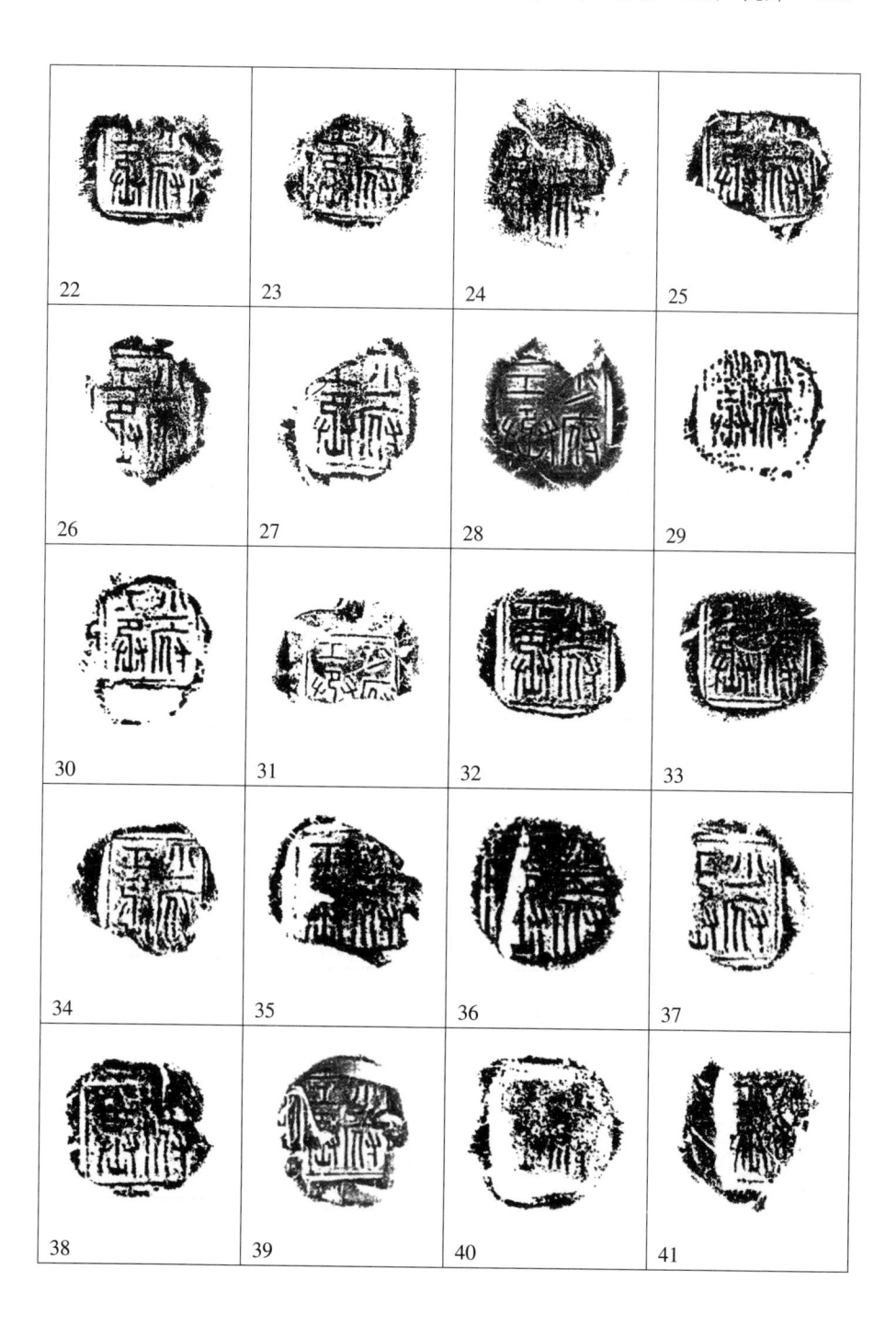

22	23	24	25
26	27	28	29
30	31	32	33
34	35	36	37
38	39	40	41

232　上编　中央职官

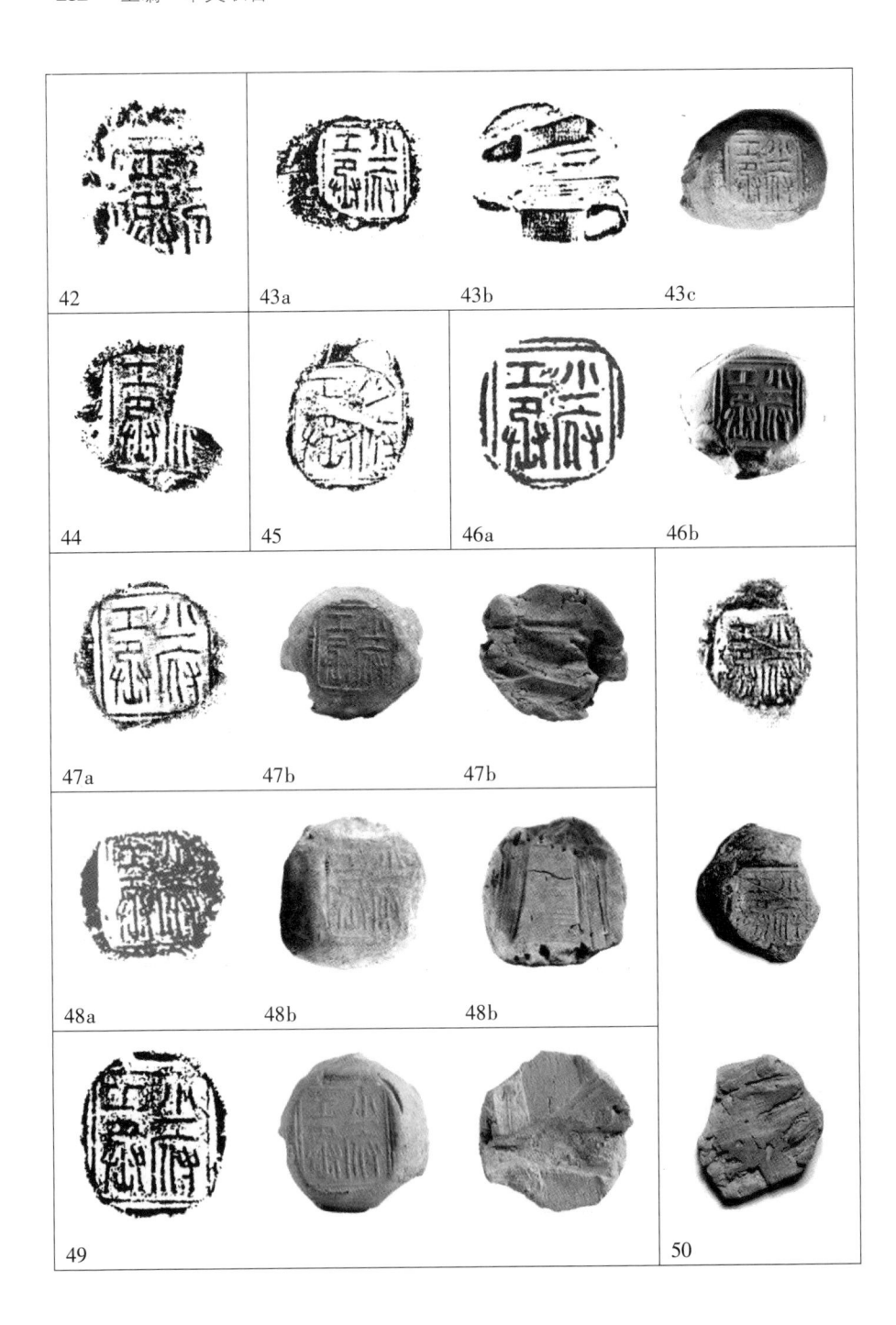

42

43a

43b

43c

44

45

46a

46b

47a

47b

47b

48a

48b

48b

49

50

51	52
53	54

（1a：《汇考》P68；1b：《汇考》图版 P17；2：《大系》P220；3：《相家》P10；4：《大系》P221；5、6：《秦封》P129；《汇考》P68；7：《汇考》P68；8—11：《秦封》P130；《汇考》P68；12：《大系》P220；13：《秦封》P130；《汇考》P69；14a：《秦封》P130；《汇考》P69；14b：《秦封》图版 3；15—17：《秦封》P130；《汇考》P69；18a：《秦封》P130；《汇考》P69；18b：《秦封》彩版 1；19—20：《秦封》P130；《汇考》P69；21a：《秦封》P130；《汇考》P69；21b：《秦封》图版 9；22—24：《秦封》P130；《汇考》P69；25—27：《秦封》P130；《汇考》P70；28：《大系》P221；29：《秦封》P131；《汇考》P70；30：《发现》图 42；《图例》P53；《书集》P118；31：《新出》P30；《大系》P221；32—38：《新出》P30；39：《大系》221；40—42、44：《新出》P30；43a：《印风》P137；《印集》P33；《汇考》P68；《玺印》P446；《大系》P221；43b：《印集》P33；43c：《泥选》；45：《新出》P75；46a：《发掘》图一六：18；《新获》P289；《大系》P220；46b：《发掘》图版八：3；47a：《冰斋》P139；《大系》P220；47b：《冰斋》P139；48a：《珍秦》P67；48b：《珍秦》P66；49：《上封》P34；50：《观二》P13；51：《观三》P13；52：《新出》P76；53：《相家》P11）；54：《大系》P221）

又：《发掘》P534《出土封泥登记表》2000CH 相 1T2③：30、33、59、115、TG1：88 共 5 枚均为"少府工丞。

少府工□

无图，释读见《发掘》P534。

少府□丞

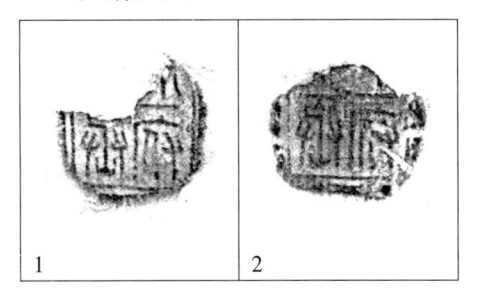

(1:《长安》P21；2:《长安》P22)

□府工丞

(1:《酒余》P39 上)

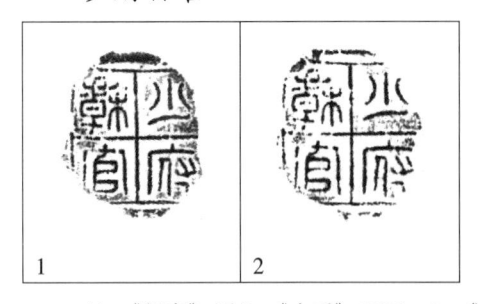

少府斡官

少府斡官

(1:《新官》图 7；《大系》P220；2:《大系》P220)

少府榦丞

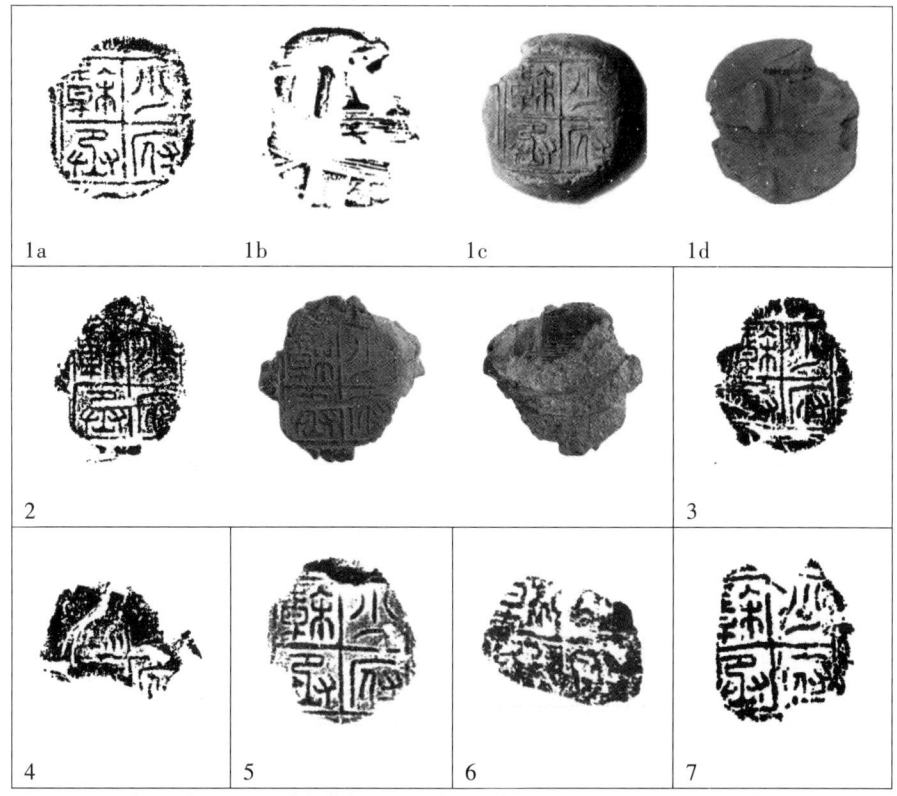

1a	1b	1c	1d
2			3
4	5	6	7

（1a：《印风》P137；《印集》P33；《书集》P121；《汇考》P70；《大系》P219；1b：《印集》P33；1c：《汇考》图版P17；《泥选》；1d：《汇考》图版P17；2：《上封》P51；3：《汇考》P70；《大系》P219；4：《新出》P75；《大系》P220；5：《大系》P219；6：《酒余》P39上；《大系》P220、P427；7：《秦封》P133；《汇考》P70；《玺印》P446；《大系》P220）

少□榦丞

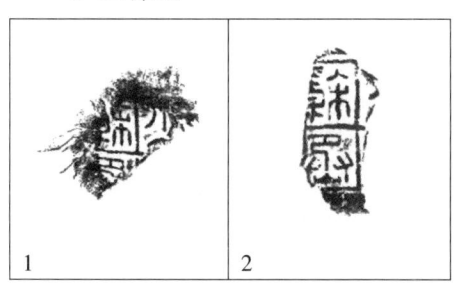

| 1 | 2 |

（1：《发现》图43；《图例》P53；《秦封》P133；《汇考》P70；《大系》P220；

2:《大系》P220)

□府榦丞

1a　　　1b　　　1b

(1a:《相家》P11;《大系》P219;1b:《大系》P219)

榦官

榦官

1a　　　1b　　　1b　　　2

(1a:《新出》P11;《青泥》P9;《大系》P85;1b:《青泥》P9;2:《在京》图二:1;《大系》P85)

榦官丞印

1

(1:《观二》P42)

榦□丞印

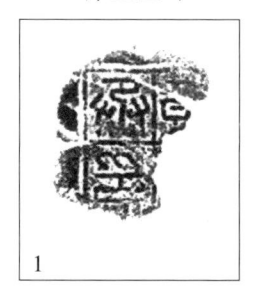

1

（1：《大系》P86）

左榦官丞

1

（1：《大系》P394）

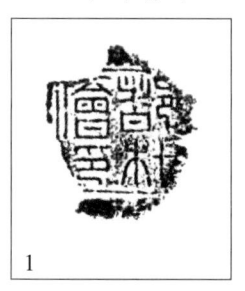

都材膺印

1

（1：《西见》图二：12；《大系》P68）

□材膾印

1

（1:《大系》P68）

斡都膾丞

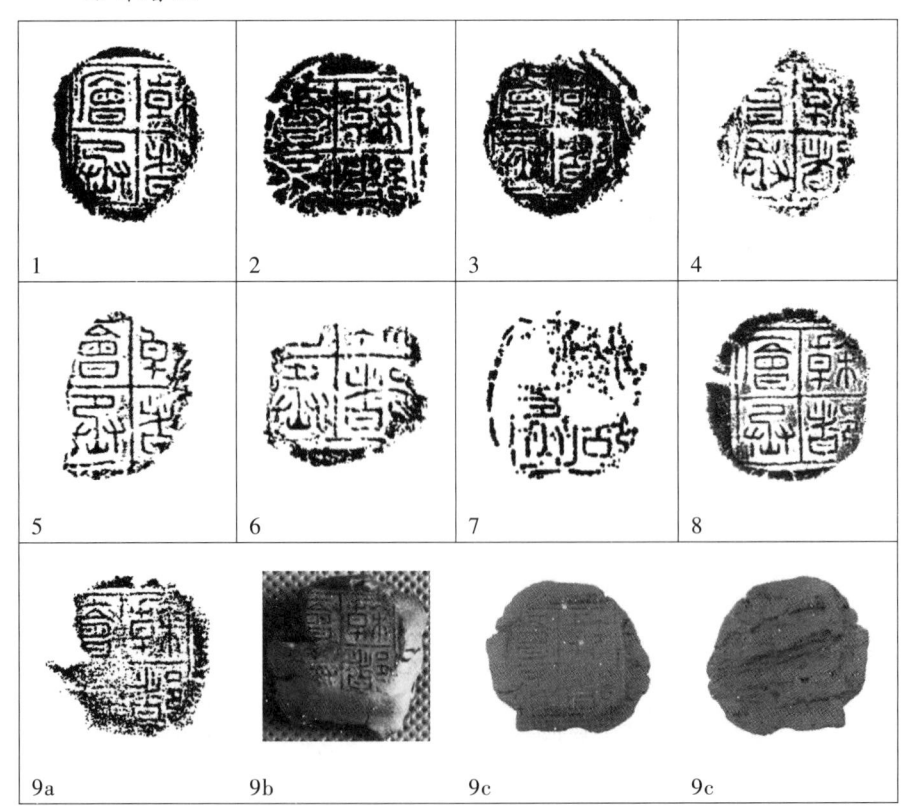

1	2	3	4
5	6	7	8
9a	9b	9c	9c

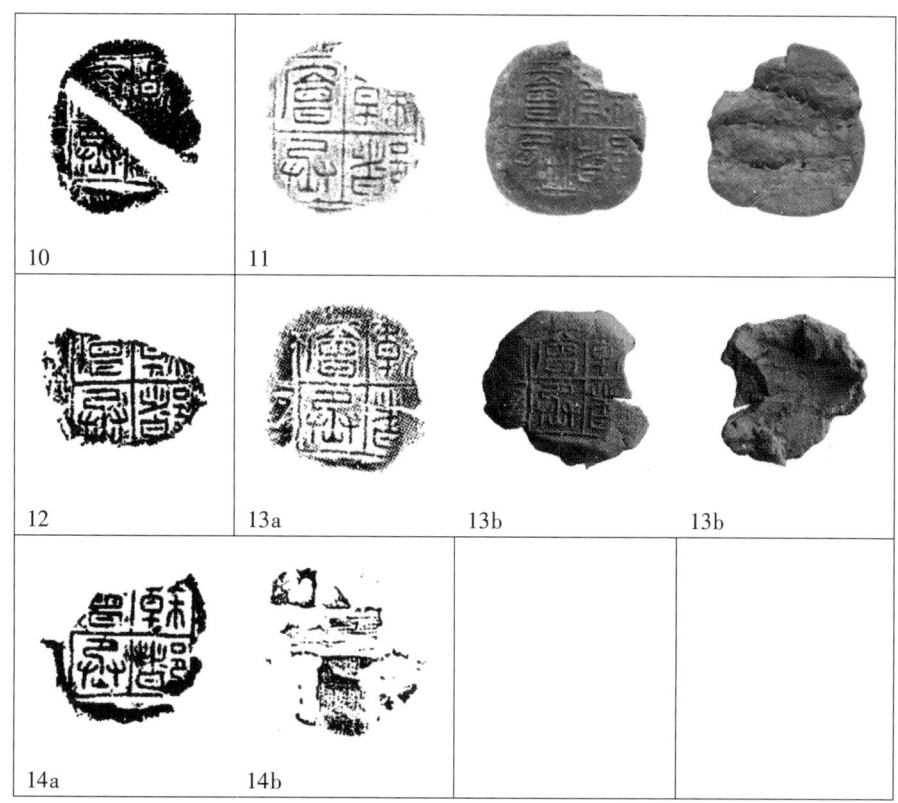

（1：《印风》P137；《汇考》P71；《大系》P85；2、3：《汇考》P71；《大系》P85；4：《新出》P11；《大系》P85；5、6：《新出》P11；7：《秦封》P132；《汇考》P72；8：《大系》P85；9a：《汇考》P71；《大系》P85；9b：《泥选》；9c：《汇考》图版P17；10：《汇考》P71；11：《相家》P10；12：《发现》图41；《图例》P53；《书集》P127；《汇考》P71；13a：《新出》P11；《青泥》P10；《大系》P85；13b：《青泥》P10；14a：《印考》图211；《秦封》P132；《印集》P34；《书集》P127；《汇考》P71；《玺印》P444；《大系》P85；14b：《印集》P34）

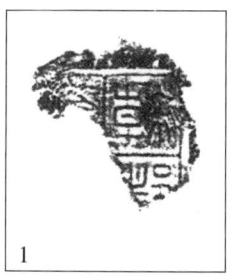

榦都廥□

（1：《酒余》P29下；《大系》P85）

240　上编　中央职官

斡□膾□

1

（1：《秦封》P132；《汇考》P71）

□□膾丞

1

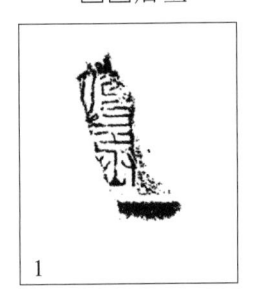

（1：《新出》P63）

寺工

寺工

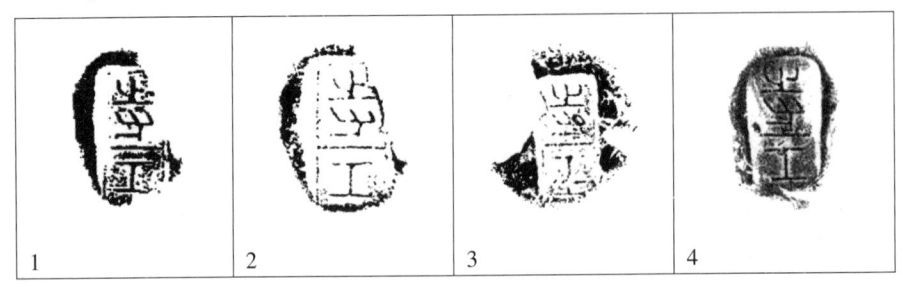

| 1 | 2 | 3 | 4 |

第二章　丞相·三公·九卿　　241

（1：《在京》图一：14；《玺印》P394；2：《新出》P34；《大系》P238；3：《新出》P77；《大系》P238；4：《大系》P238；5a：《新出》P77；《精品》P39；《大系》P238；5b：《精品》P39）

寺工之印

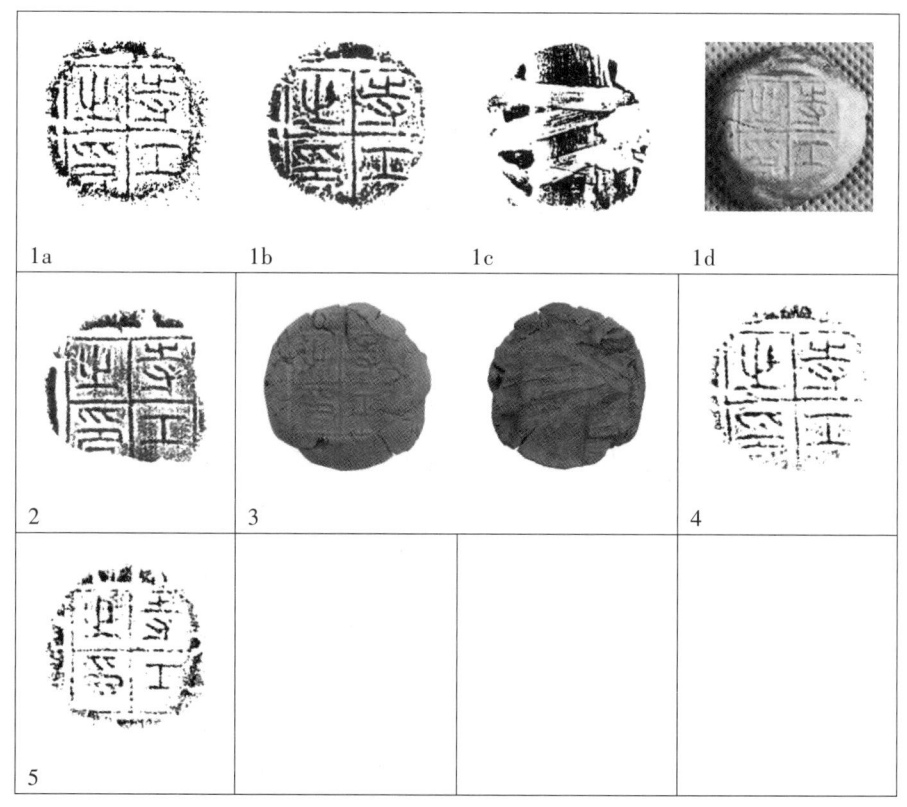

（1a：《印考》图177；《印风》P139；《印集》P50；《汇考》P106；《大系》P240；1b：《大系》P240；1c：《印集》P50；1d：《泥选》；2：《大系》P240；3：《汇考》图版P26；4、5：《汇考》P106）

242 上编　中央职官

寺工之□

1

（1：《发现》图 51；《图例》P54；《秦封》P167；《汇考》P106；《大系》P240）

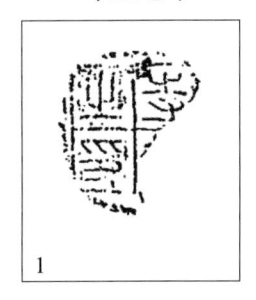

寺□之印

1

（1：《秦封》P167；《玺印》P443；《大系》P240）
无图，释读见《发掘》P528。

寺工丞玺

1a　　1b　　1b　　2

第二章　丞相・三公・九卿　243

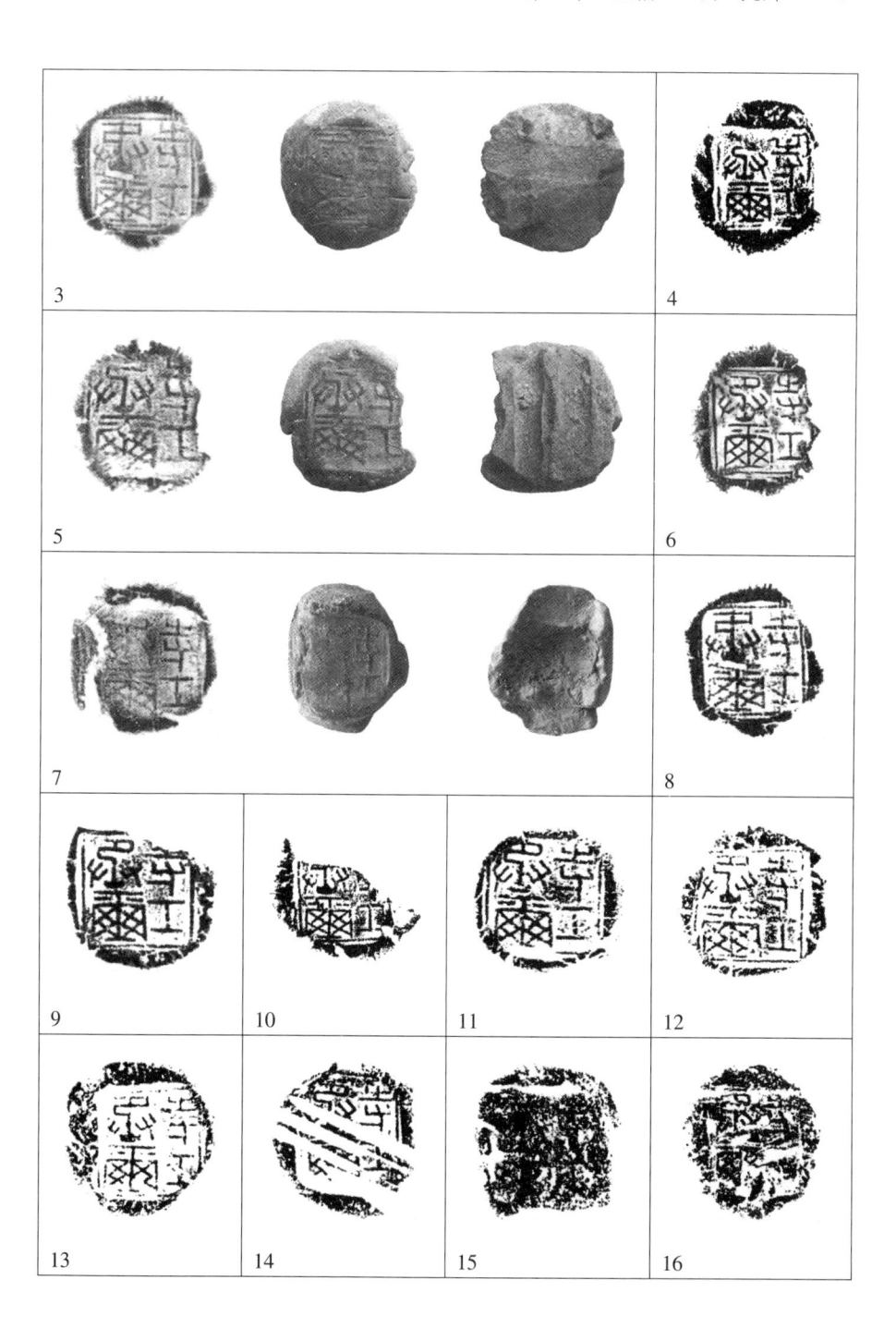

244 上编　中央职官

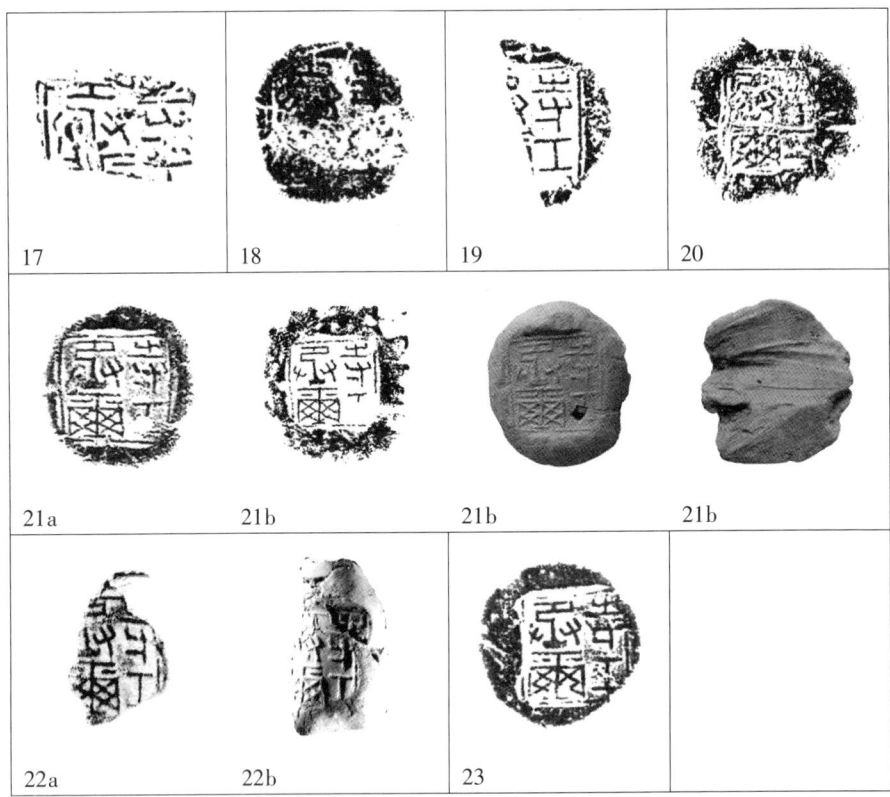

（1a：《新出》P34；《青泥》P16；《大系》P238；1b：《青泥》P16；2：《大系》P238；3：《相家》P18；4：《酒余》P40 上；5：《相家》P18；6：《大系》P239；7：《相家》P18；8：《大系》P238；9：《在京》图 1：15；《玺印》P161；《大系》P238；10：《新选》P107；《大系》P239；11：《新出》P34；《大系》P238；12：《新出》P34；《大系》P239；13—18：《新出》P34；19：《新出》P34；《大系》P238；20：《新出》P77；21a：《精品》P39；21b：《菁华》P31；22a：《发掘》图一八：12；《新获》P287；22b：《发掘》图版十三：2；23：《大系》P238）

□工□玺

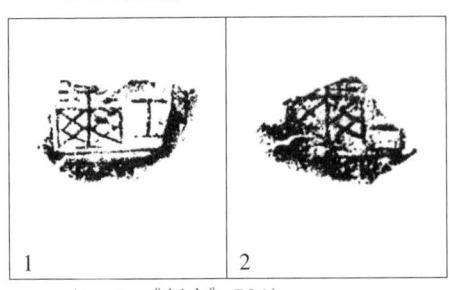

（1、2：《新出》P34）

第二章　丞相・三公・九卿　245

寺工丞印

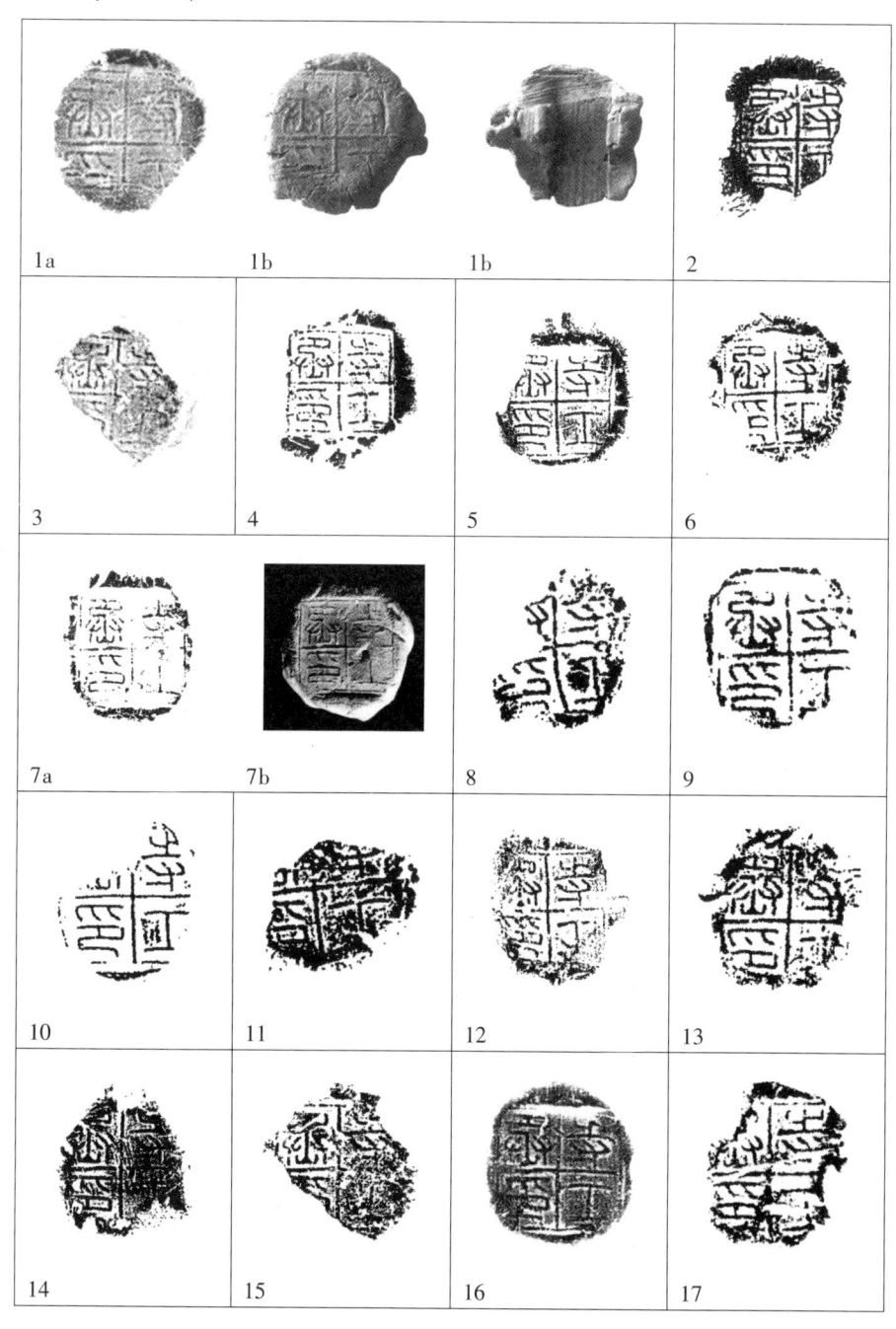

1a	1b	1b	2
3	4	5	6
7a	7b	8	9
10	11	12	13
14	15	16	17

246 上编 中央职官

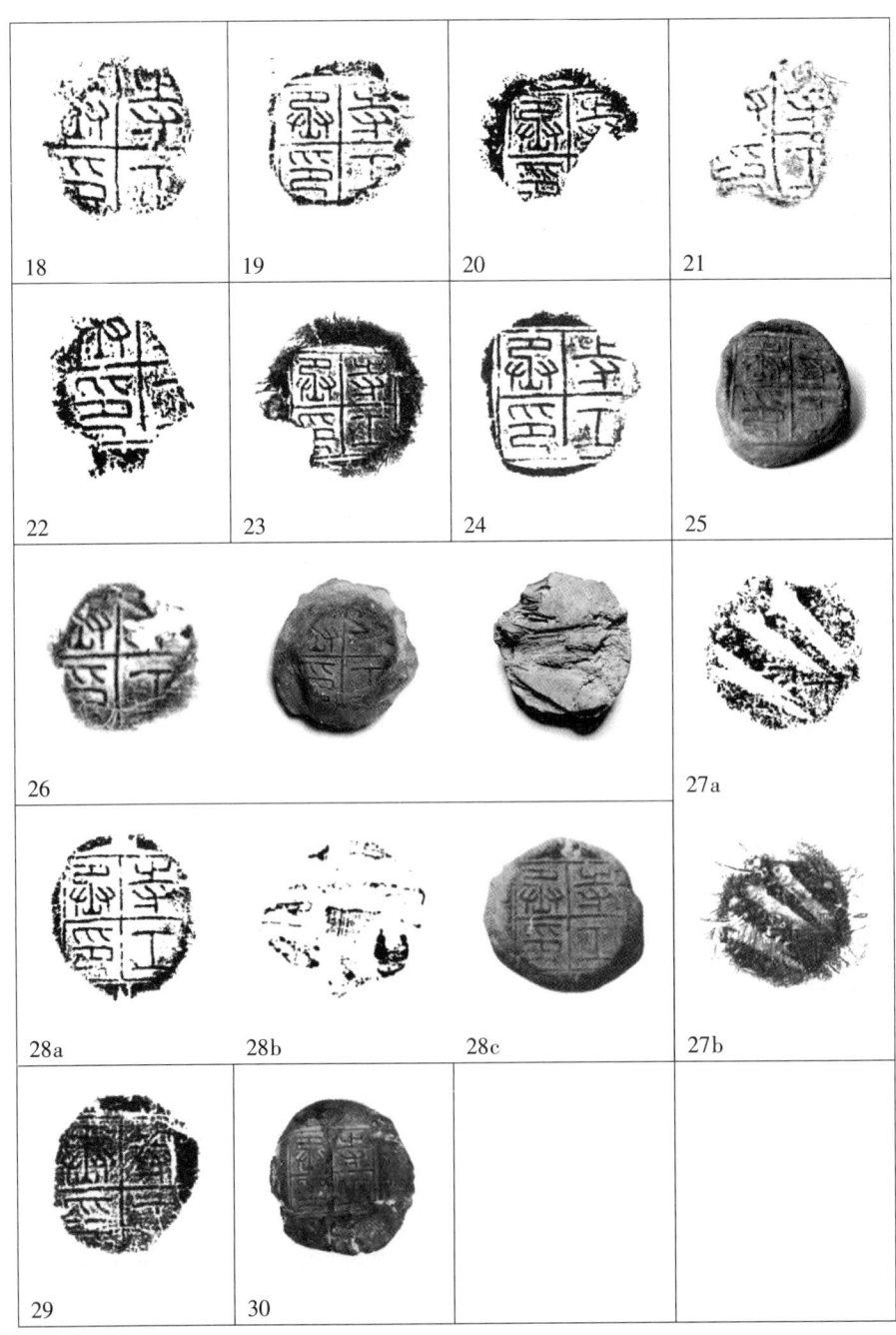

18	19	20	21
22	23	24	25
26			27a
28a	28b	28c	27b
29	30		

（1a：《相家》P18；《大系》P239；1b：《相家》P18；2：《秦封》P168；《汇考》P107；《玺印》P442；《大系》P239；3：《长安》P30；4：《汇考》P106；《大系》

P239；5：《秦封》P168；《汇考》P107；7a：《秦封》P168；《汇考》P107；7b：《秦封》图版3；6、8、9：《秦封》P168；《汇考》P107；10：《秦封》P169；《汇考》P108；11：《秦封》P168；《汇考》P107；12—15：《秦封》P168；《汇考》P108；16：《新出》P35；《大系》P239；17—18：《新出》P35；16：《大系》P239；19：《发现》图52；《图例》P54；《书集》P120；《大系》P239；20、22：《秦封》P168；《汇考》P107；21：《长安》P29；23—24：《大系》P239；25：《问陶》P163；26：《观一》P38；27a：《秦封》P168；27b：《大系》P240；28a：《印风》P139；《秦封》P168；《印集》P51；《汇考》P107；《大系》P239；28b：《印集》P51；28c：《图录》；《秦研》P83；29：《大系》P240；30：《字博》P33）

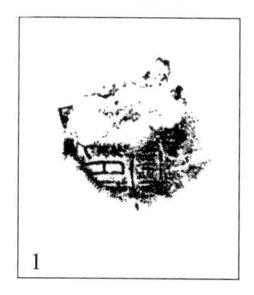

□工□印

（1：《秦封》P168；《汇考》P107）

寺工中监

（1：《大系》P240）

248 上编 中央职官

寺工□□

1

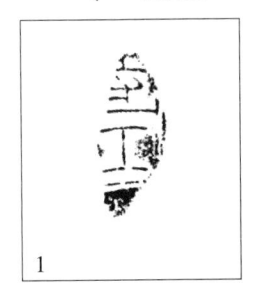

（1：《新出》P35）

寺从

寺从

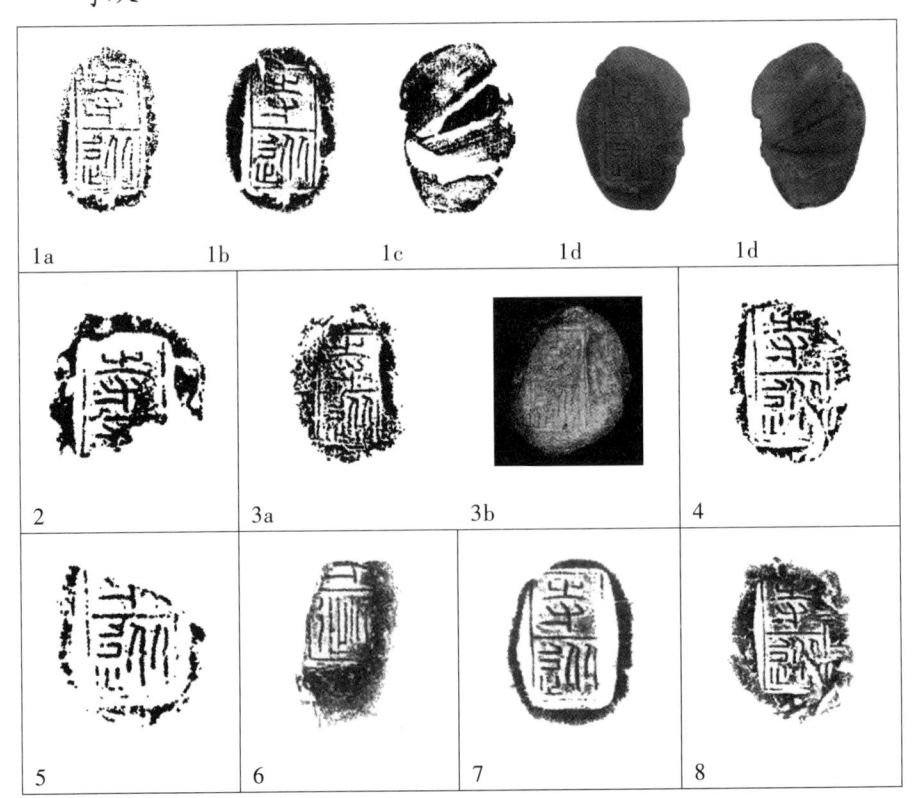

1a	1b	1c	1d	1d
2	3a	3b	4
5	6	7	8

（1a：《书法》P38；《印集》P52；《汇考》P110；《大系》P236；1b：《印集》P52；《大系》P236；1c：《印集》P52；1d：《汇考》图版P26；2：《秦封》P169；《汇考》P111；3a：《秦封》P169；《汇考》P110；《玺印》P397；3b：《秦封》彩版2；4：《发现》图72；《图例》P54；《秦封》P169；《汇考》P111；《书集》P122；《大系》P236；5：《秦封》P169；《汇考》P111；6：《大系》P237；7、8：《大系》P236；9：《大系》P237；10：《观三》P35）

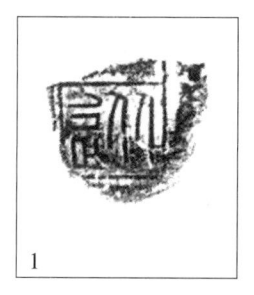

□从

（1：《新出》P33；《大系》P237）

寺从丞印

250　上编　中央职官

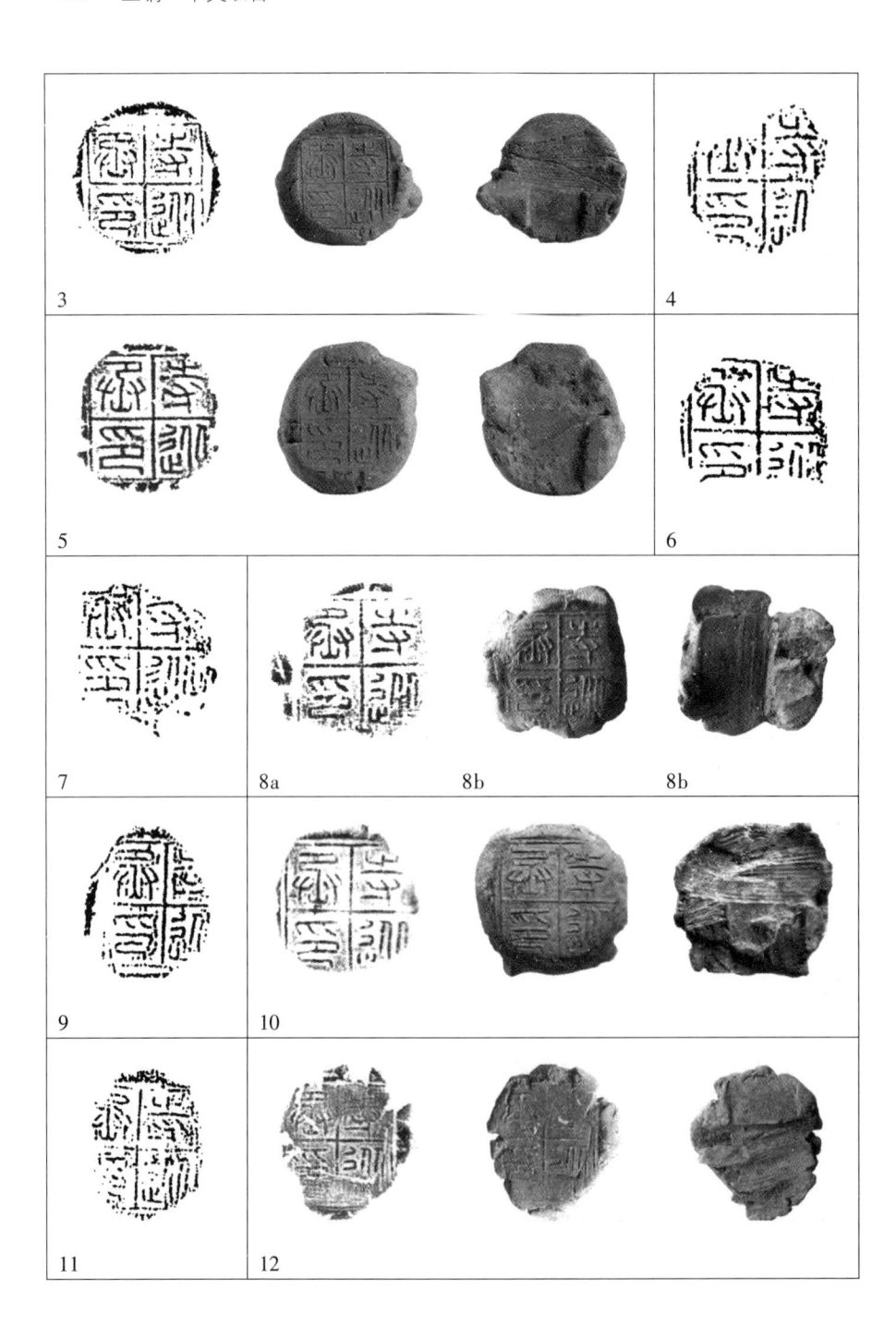

3

4

5

6

7

8a

8b

8b

9

10

11

12

第二章　丞相・三公・九卿　251

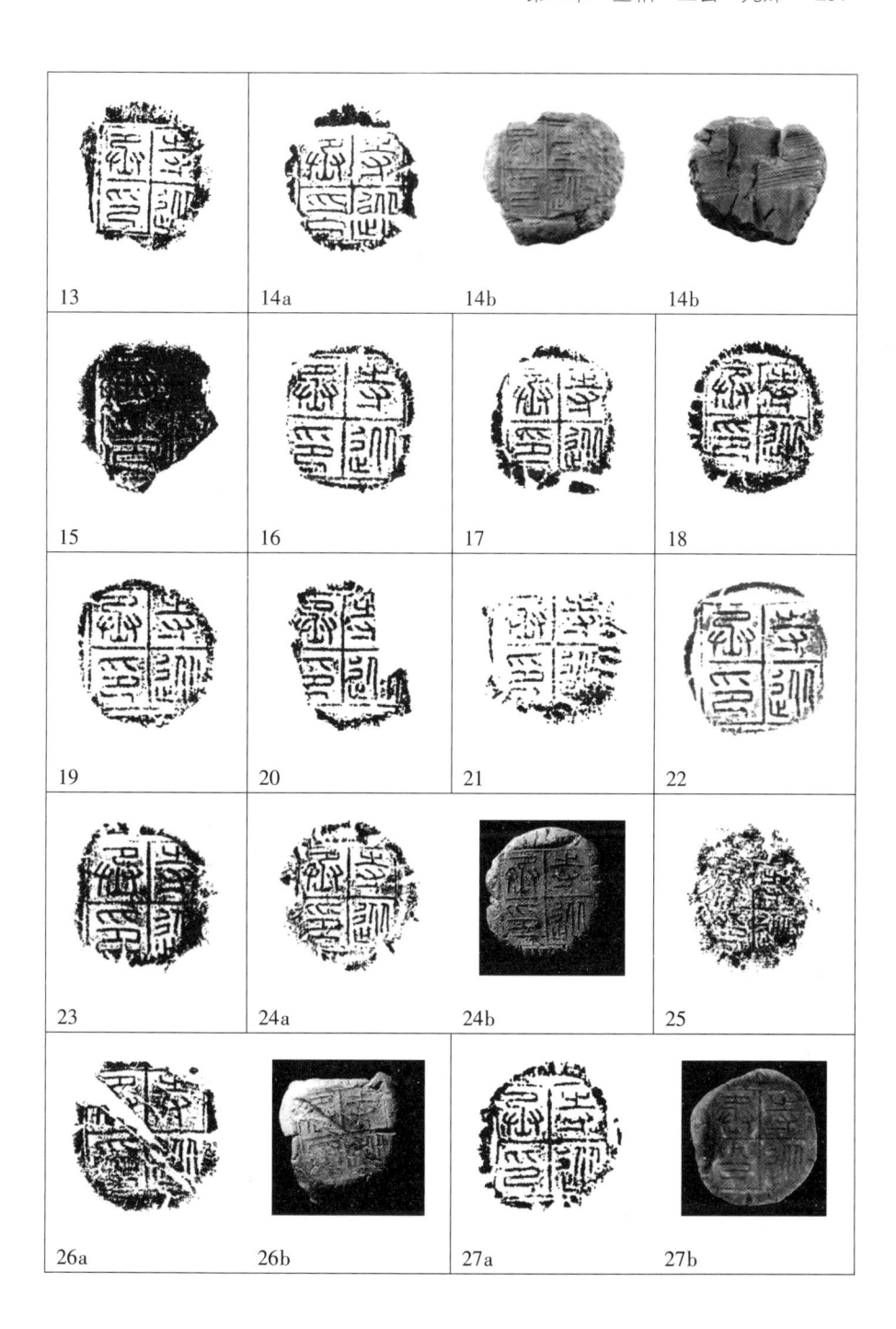

13　14a　14b　14b

15　16　17　18

19　20　21　22

23　24a　24b　25

26a　26b　27a　27b

252　上编　中央职官

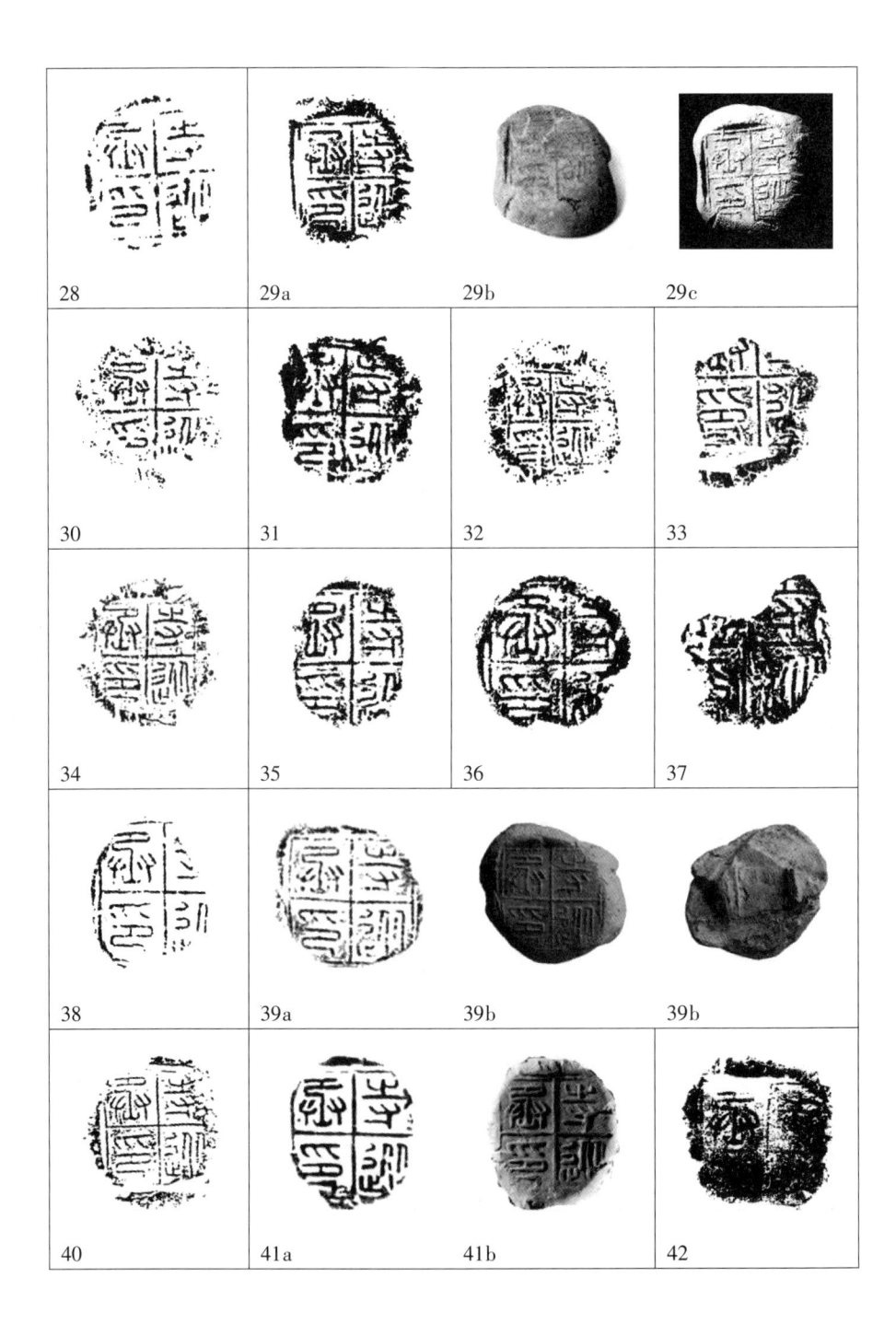

28	29a	29b	29c
30	31	32	33
34	35	36	37
38	39a	39b	39b
40	41a	41b	42

第二章　丞相・三公・九卿　253

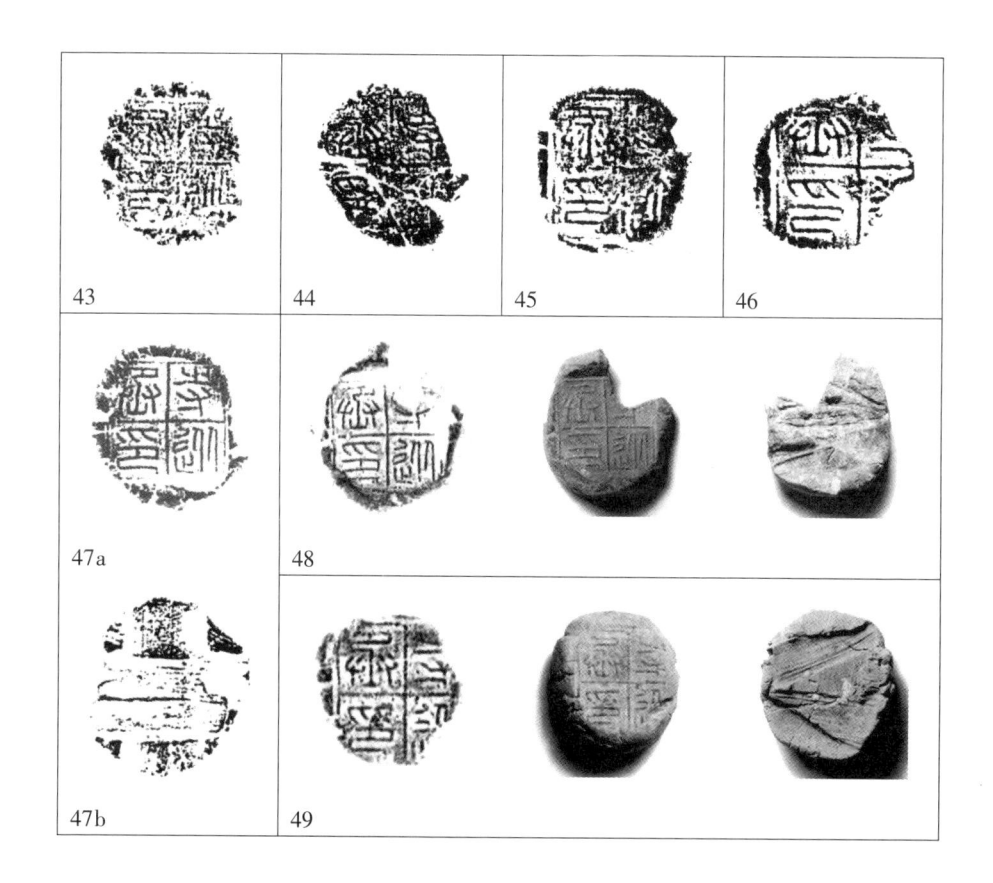

43	44	45	46
47a	48		
47b	49		

254　上编　中央职官

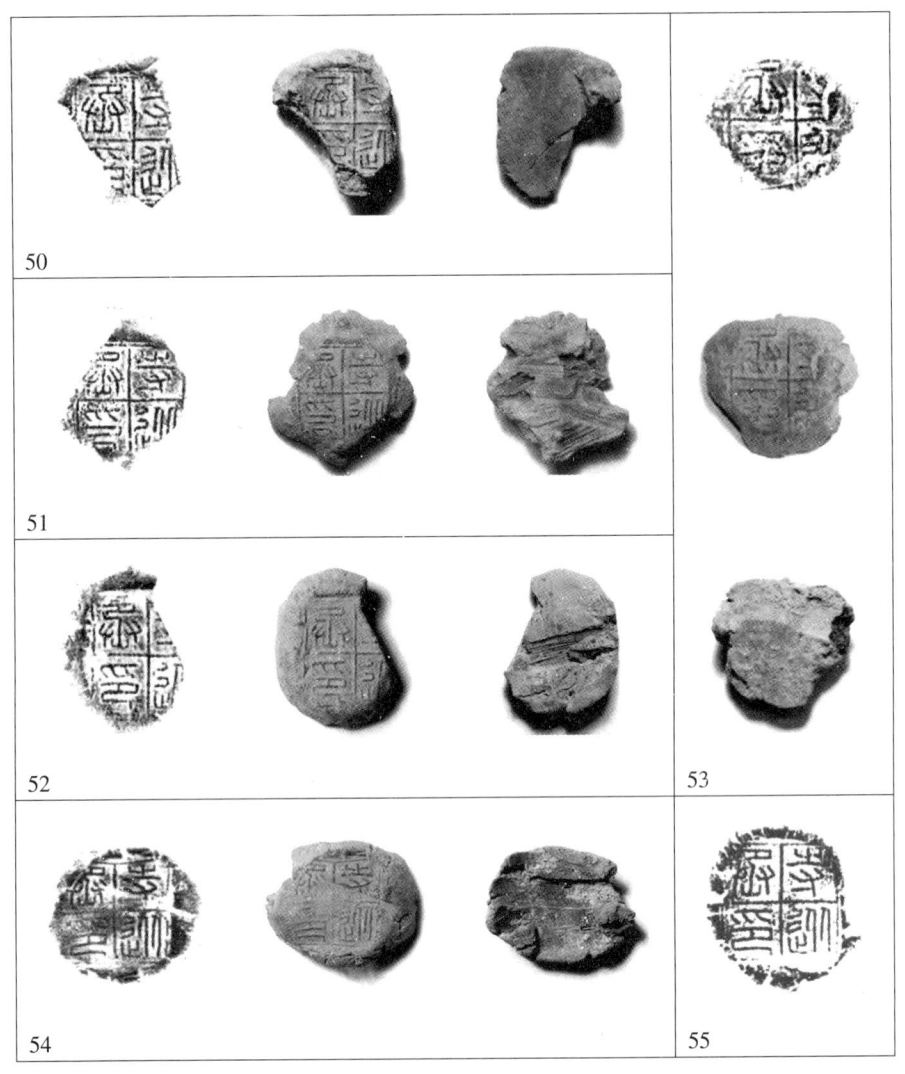

50

51

52

53

54

55

（1a：《印风》P139；《汇考》P111；《大系》P237；1b：《汇考》图版P27；2：《秦封》P171；《汇考》P113；3：《上封》P57；4：《秦封》P171；《汇考》P113；5a：《上封》P57；《大系》P237；5b：《上封》P57；6、7：《秦封》P171；《汇考》P113；8a：《相家》P19；《大系》P237；8b：《相家》P19；9：《秦封》P171；《汇考》P113；10：《相家》P19；11：《秦封》P171；《汇考》P113；12：《相家》P19；13：《汇考》P111；14a：《古封》P455；《珍秦》P65；《秦封》P170；《汇考》P123；《玺印》P435；14b：《珍秦》P64；15：《新出》P33；16—18：《汇考》P111；19：《汇考》P112；20：《秦封》P170、P171；《汇考》P112、P113；21：《秦封》P170；《汇考》P112；22：《大系》P237；23：《秦封》P170；《汇考》P112；24a：《秦封》P170；《汇考》P112；24b：《秦封》图版1；25：《秦封》P170；《汇考》P112；26a：《秦封》

第二章　丞相·三公·九卿　255

P170；《汇考》P112；26b：《秦封》图版 8；27a：《秦封》P170；《汇考》P112；27b：《秦封》彩版 2；28：《秦封》P170；《汇考》P112；29a：《秦封》P170；《汇考》P112；29b：《问陶》P163；29c：《秦封》图版 1；30：《秦封》P170；《汇考》P113；31、32：《秦封》P171；《汇考》P113；33：《新出》P33；34：《发现》图 73；《图例》P54；《书集》P122；35—38：《新出》P33；39a：《新出》P33；《青泥》P8；《大系》P237；39b：《青泥》P8；40：《新见》图 8；41a：《发掘》图一八：2；《新获》P289；《大系》P237；41b：《发掘》图版十二：1；42—46：《新出》P33；47a：《印集》P52；《大系》P237；47b：《印集》P52；48：《观二》P17；49：《观二》P29；50：《观二》P30；51：《观二》P31；52：《观二》P37；53：《观三》P21；54：《观一》P35；55：《汇考》P111；《大系》P237）

又：《发掘》P534《出土封泥登记表》2000CH 相 1TG1：70、73 共 2 枚均为"寺从丞印"。

寺从丞□

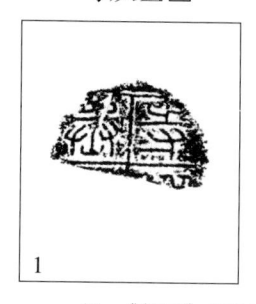

1

（1：《新出》P33）

寺从□印

1

（1：《秦封》P171；《汇考》P113）

寺从□□

| 1 | 2 | 3 | 4 |

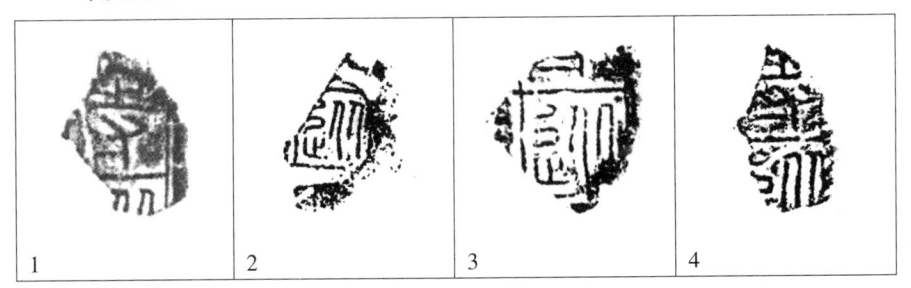

（1：《酒余》P39 下；《大系》P237；2：《秦封》P170；《汇考》P112；3：《新出》P34；4：《新出》P33）

□从□印

| 1 | 2 | 3 | 4 |

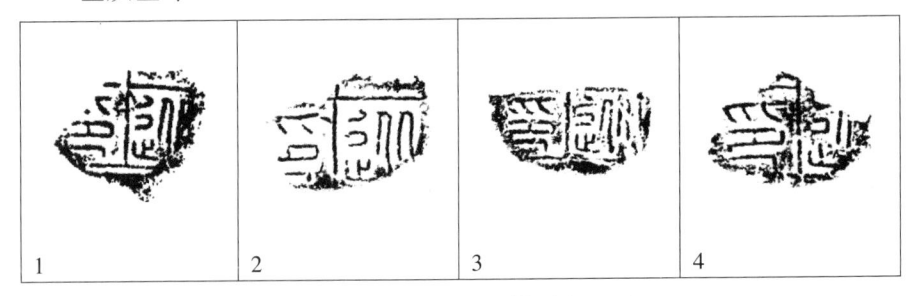

（1：《秦封》P170；《汇考》P112；2—4：《新出》P34）

□从丞印

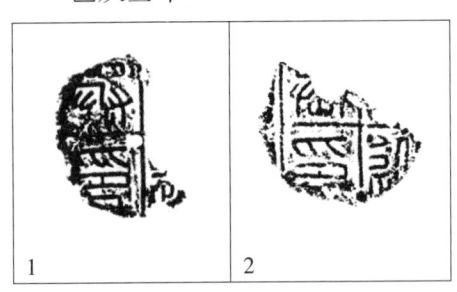

| 1 | 2 |

（1：《新出》P34；2：《新出》P33）

诸工
材官

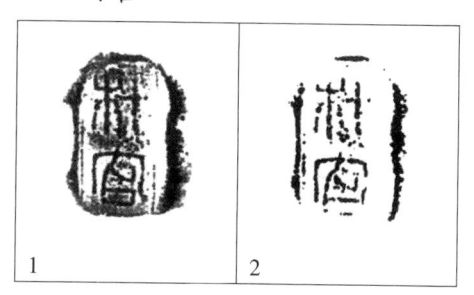

（1：《在京》图二：10；《大系》P41；2：《大系》P41）

材官□府

（1：《大系》P41）

左材官丞

（1：《大系》P393）

金府

1

(1:《大系》P128)

金府左工

无图,释文见《五十例》P312。

弩工室印

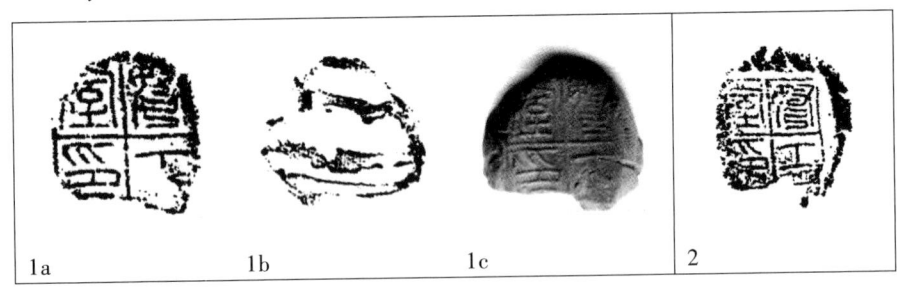

1a　　1b　　1c　　2

(1a:《印集》P27;《汇考》P60;《大系》P185;1b:《印集》P27;1c:《泥选》;2:《印风》P141;《秦封》P234;《汇考》P60;《玺印》P433、P446;《大系》P186)

邦都工丞

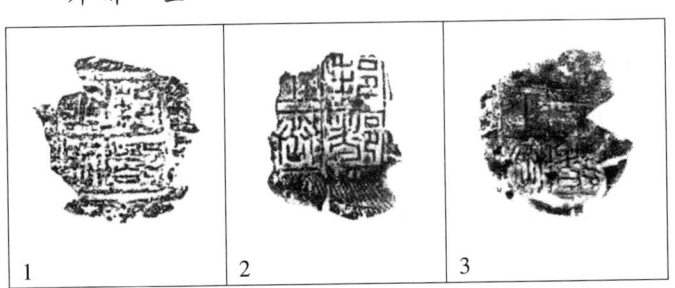

1　　2　　3

(1:《新出》P56;《大系》P28;2:《西见》图二:23;《大系》P28;3:《大

系》P28）

左工室

1

（1：《大系》P402）

铁兵

铁兵工室

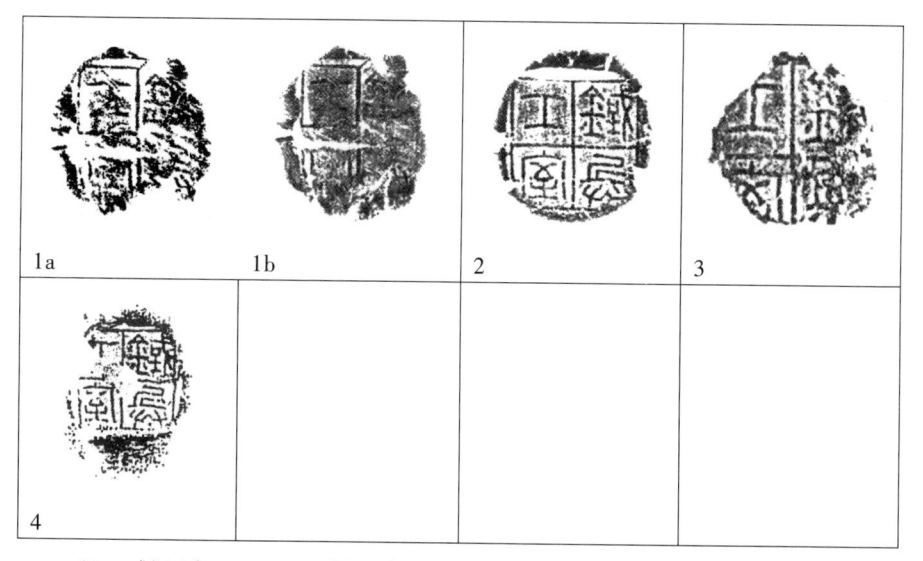

1a	1b	2	3
4			

（1a：《新出》P37；1b：《大系》P268；2、3：《大系》P268；4：《新官》图43；《大系》P268）

铁兵工□

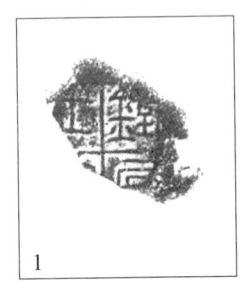

1

（1：《酒余》P42 上；《大系》P268）

□兵□室

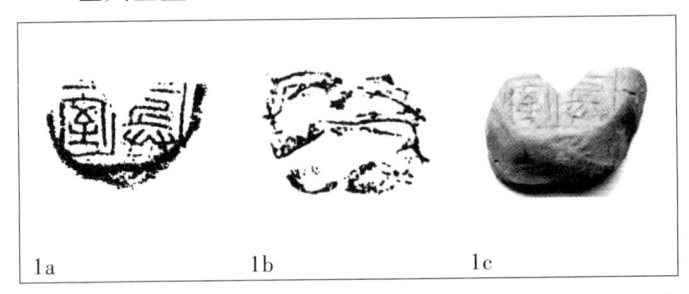

1a　　　1b　　　1c

（1a：《印集》P27；《汇考》P60；《大系》P268；1b：《印集》P27；1c：《泥选》）

铁兵工丞

1a　　　1b　　　1b　　　2

（1a：《相家》P18；《大系》P267；1b：《相家》P18；2：《大系》P267）

第二章　丞相·三公·九卿　261

铁兵□丞

| 1a | 1b | 1c | 1c | 2 |

（1a：《补读》图31；《印考》图181；《秦封》P233；《印集》P26；《书集》P124；《汇考》P59；《玺印》P446；《大系》P267；1b：《印集》P26；1c：《汇考》图版P14；2：《新选》P109；《大系》P268）

□兵□丞

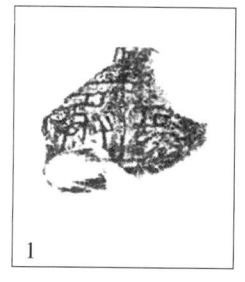

1

（1：《新出》P37；《大系》P267）

铁兵□□

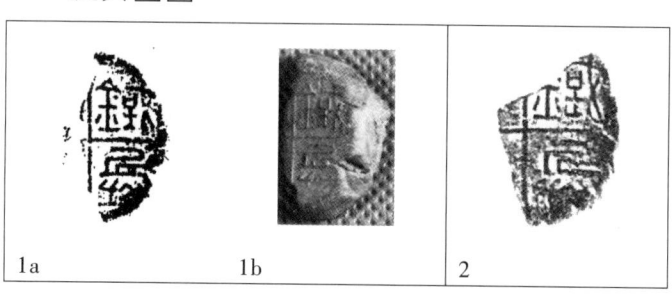

| 1a | 1b | 2 |

（1a：《汇考》P59；《大系》P267；1b：《泥选》；2：《新出》P37；《大系》P267）

铁□工□

| 1 | 2 | 3 | 4 |

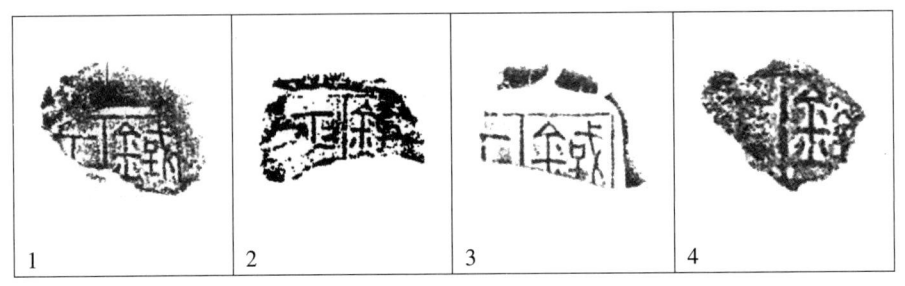

（1：《图例》P56；《汇考》P59；《秦封》P233；《大系》P267；2：《秦封》P233；《汇考》P59；3：《新出》P37；《大系》P268；4：《新出》P37；《大系》P267）

铁官

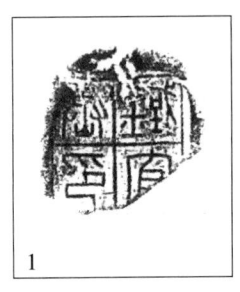

铁官丞印

（1：《在京》图四：6；《玺印》P446；《大系》P268）

铁官□□

（1：《新选》P111；《大系》P268）

铁□丞印

1

（1：《新出》P37；《大系》P268）

佐弋

佐□

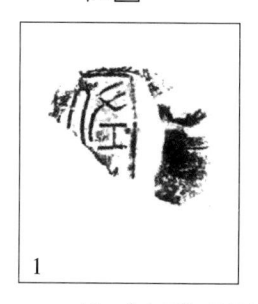

1

（1：《大系》P404）

佐弋之印

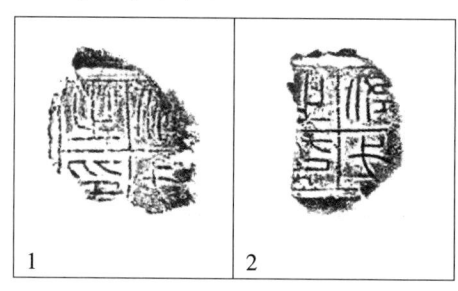

1　2

（1：《大系》P403；2：《大系》P404）

264 上编 中央职官

佐□之印

1

(1:《大系》P404)

佐弋丞印

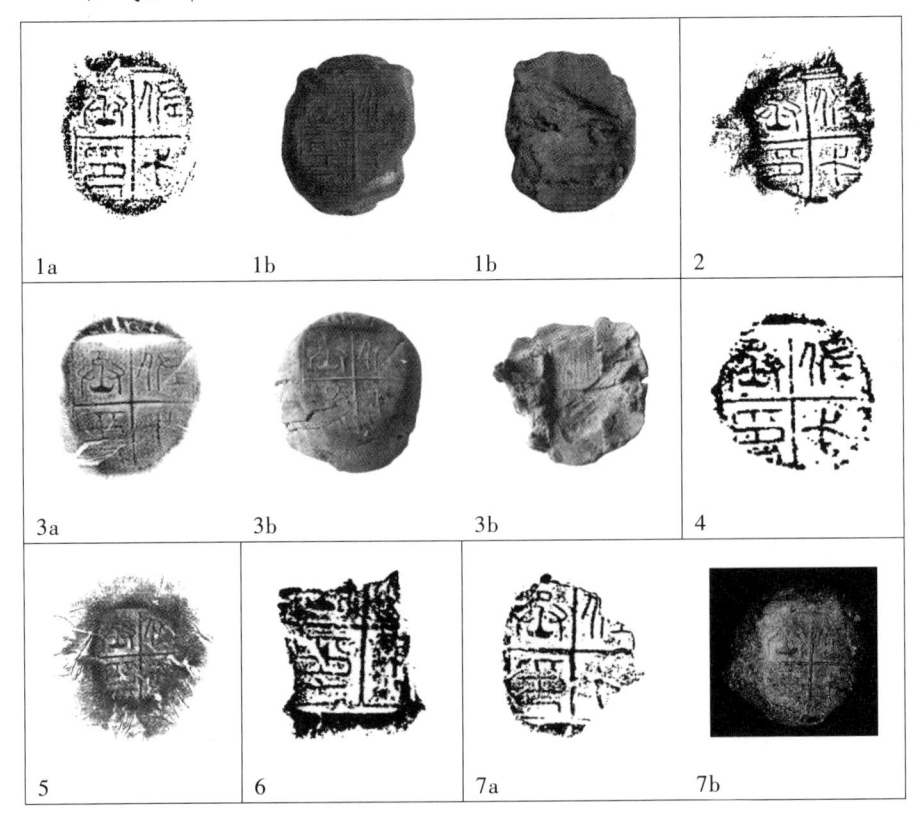

1a	1b	1b	2
3a	3b	3b	4
5	6	7a	7b

第二章　丞相·三公·九卿　　265

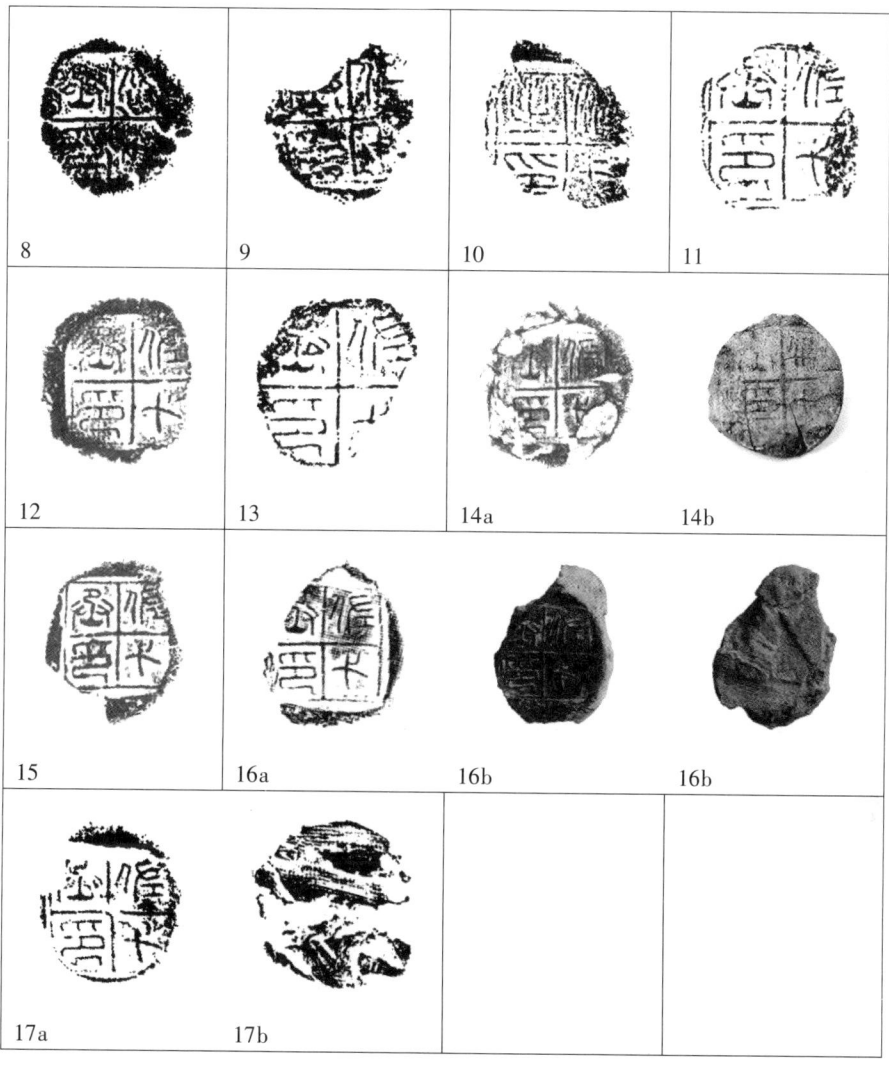

8	9	10	11
12	13	14a	14b
15	16a	16b	16b
17a	17b		

（1a：《印风》P141；《汇考》P74；《大系》P403；1b：《汇考》图版P19；2：《秦封》P140；《汇考》P74；《玺印》P434；《大系》P403；3a：《相家》P16；《大系》P403；3b：《相家》P16；4：《书集》P122；《汇考》P74；《大系》P403；5：《大系》P403；6：《新出》P98；7a：《秦封》P140；《汇考》P74；7b：《秦封》彩版1；8、9：《秦封》P141；《汇考》P75；10：《新出》P98；11—13：《新出》P54；14a：《发现》图48；《图例》P53；《书集》P122；《问陶》P157；《大系》P403；14b：《问陶》P157；15：《大系》P403；16a：《新出》P54；《青泥》P12；《大系》P403；16b：《青泥》P12；17a：《印集》P36；《汇考》P74；17b：《印集》P36）

266 上编 中央职官

佐□丞印

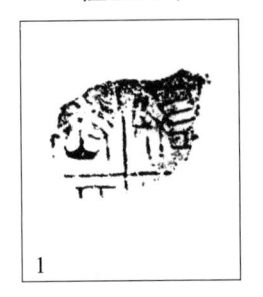

1

（1:《新出》P54）

□弋丞印

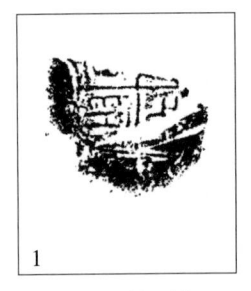

1

（1:《新出》P98）

佐弋□印

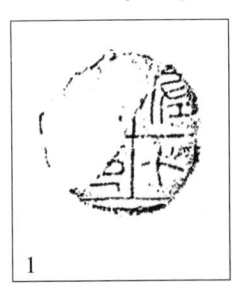

1

（1:《新出》P54）

第二章　丞相・三公・九卿　267

佐弋□□

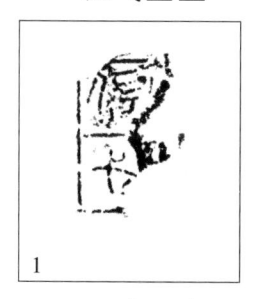

1

（1：《新出》P54）

□弋□印

1

（1：《秦封》P140；《汇考》P74）

□弋□□

1

（1：《大系》P430）

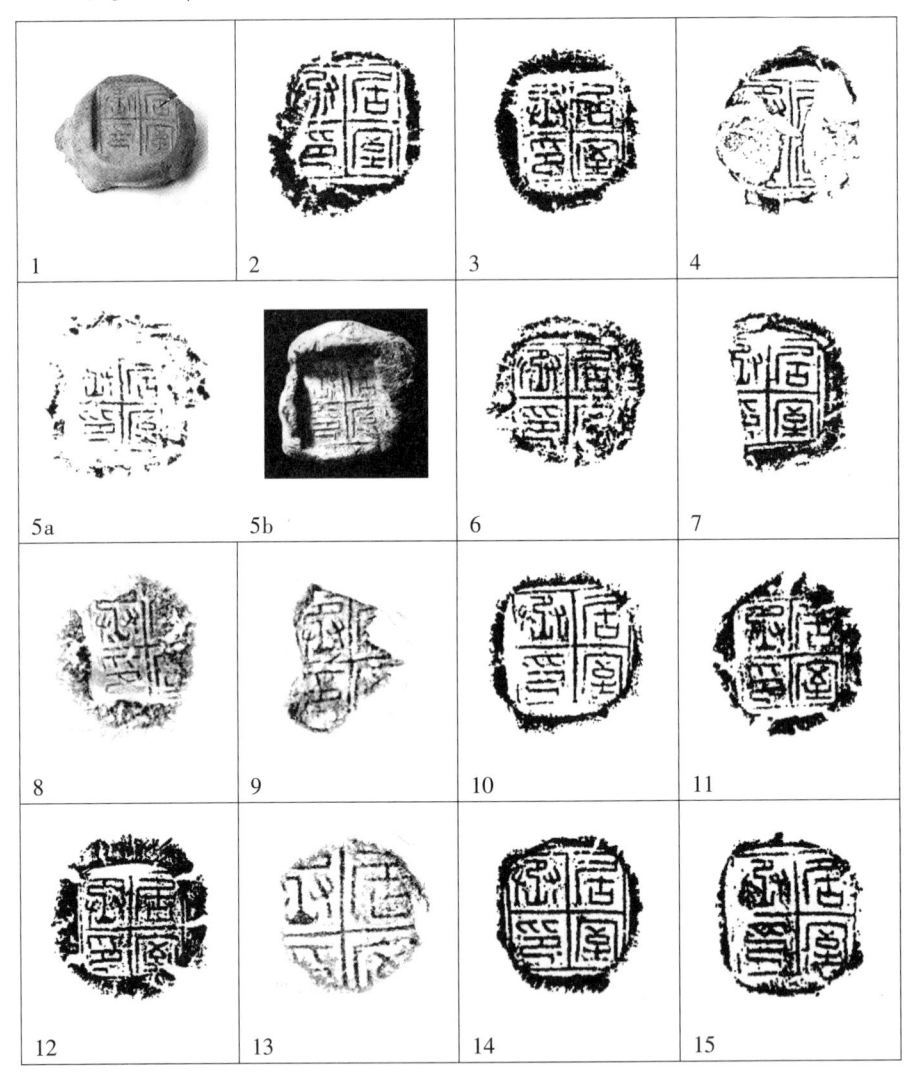

居室

居室丞印

第二章　丞相・三公・九卿　269

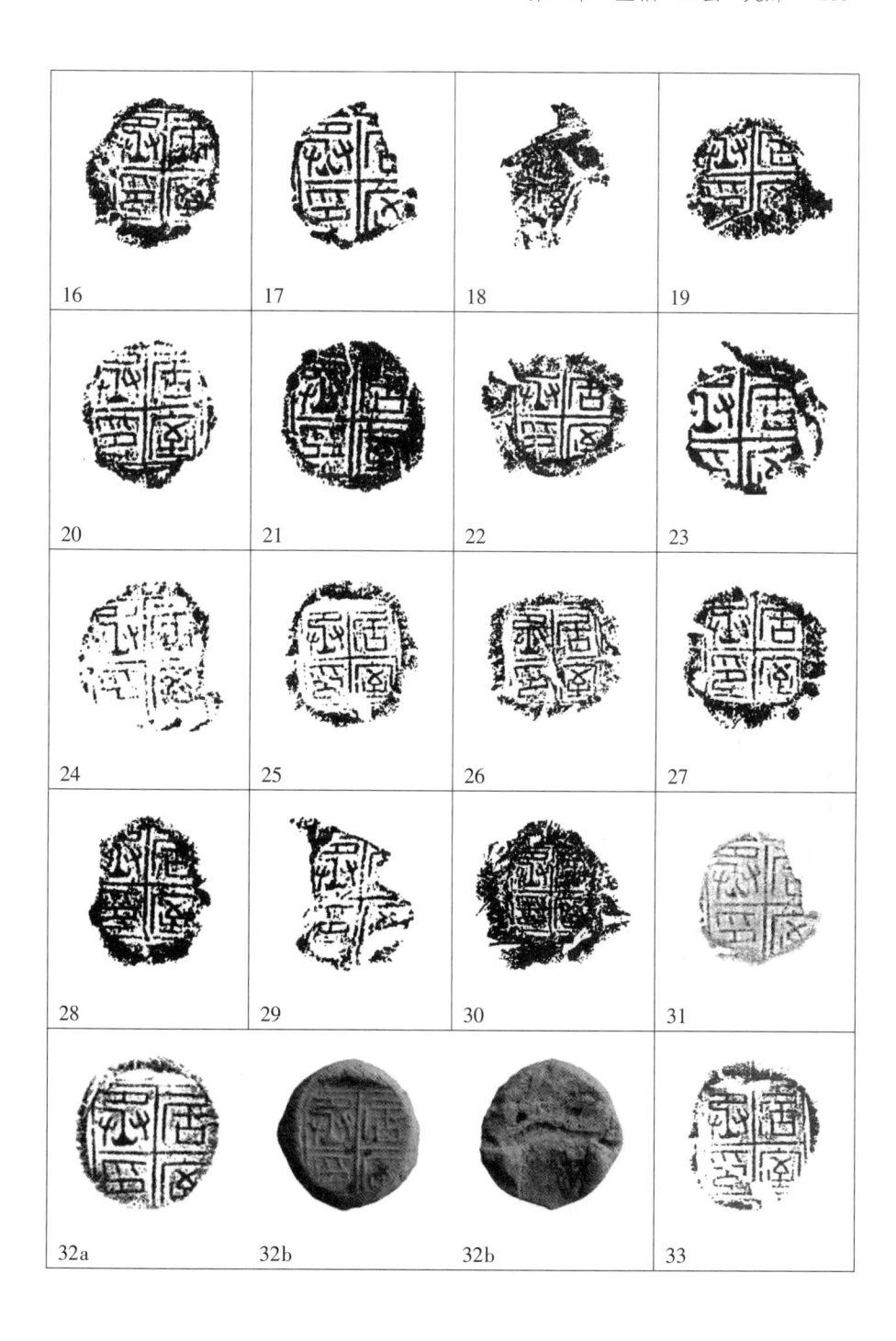

16	17	18	19
20	21	22	23
24	25	26	27
28	29	30	31
32a	32b	32b	33

270　上编　中央职官

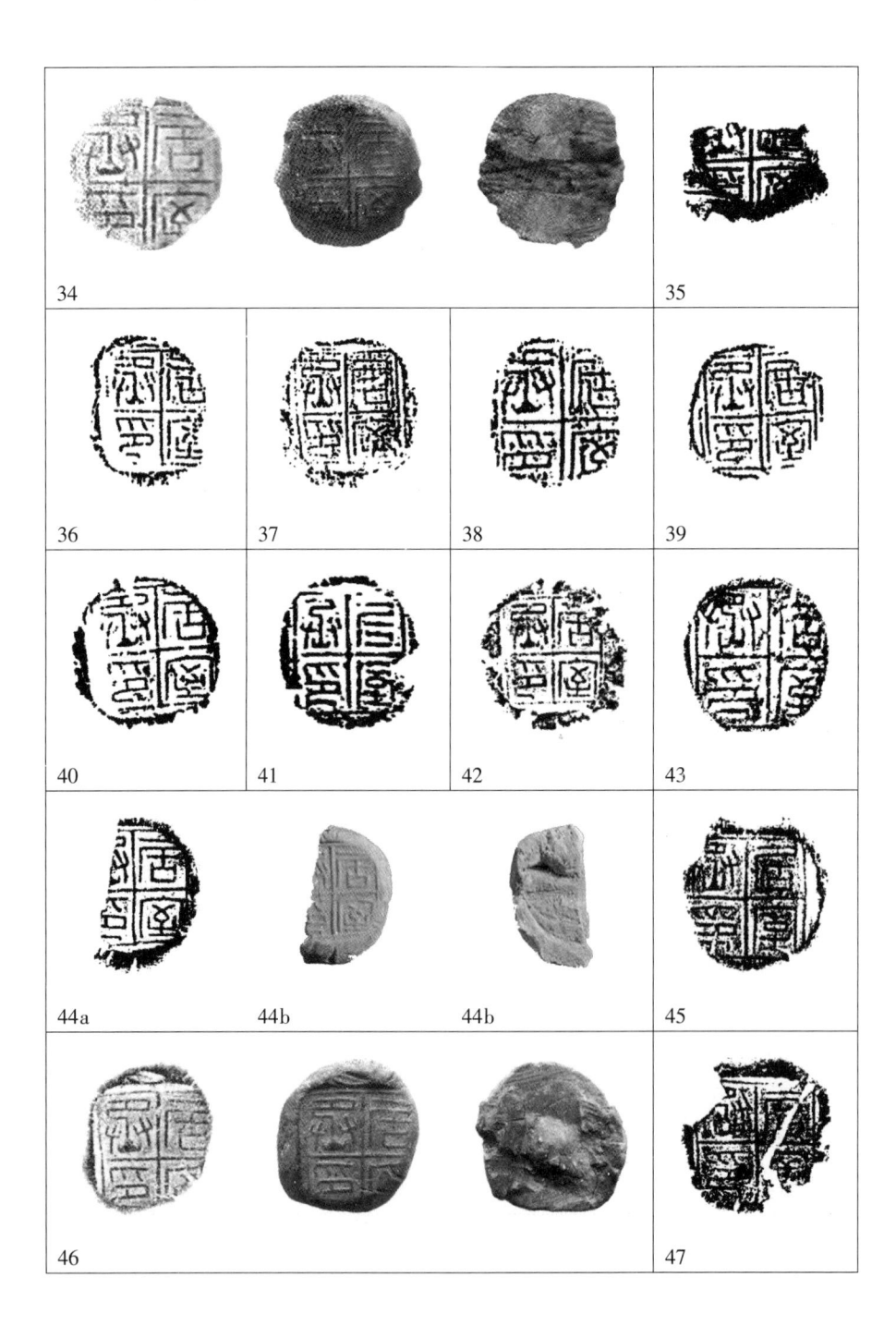

34

35

36

37

38

39

40

41

42

43

44a

44b

44b

45

46

47

第二章　丞相・三公・九卿　271

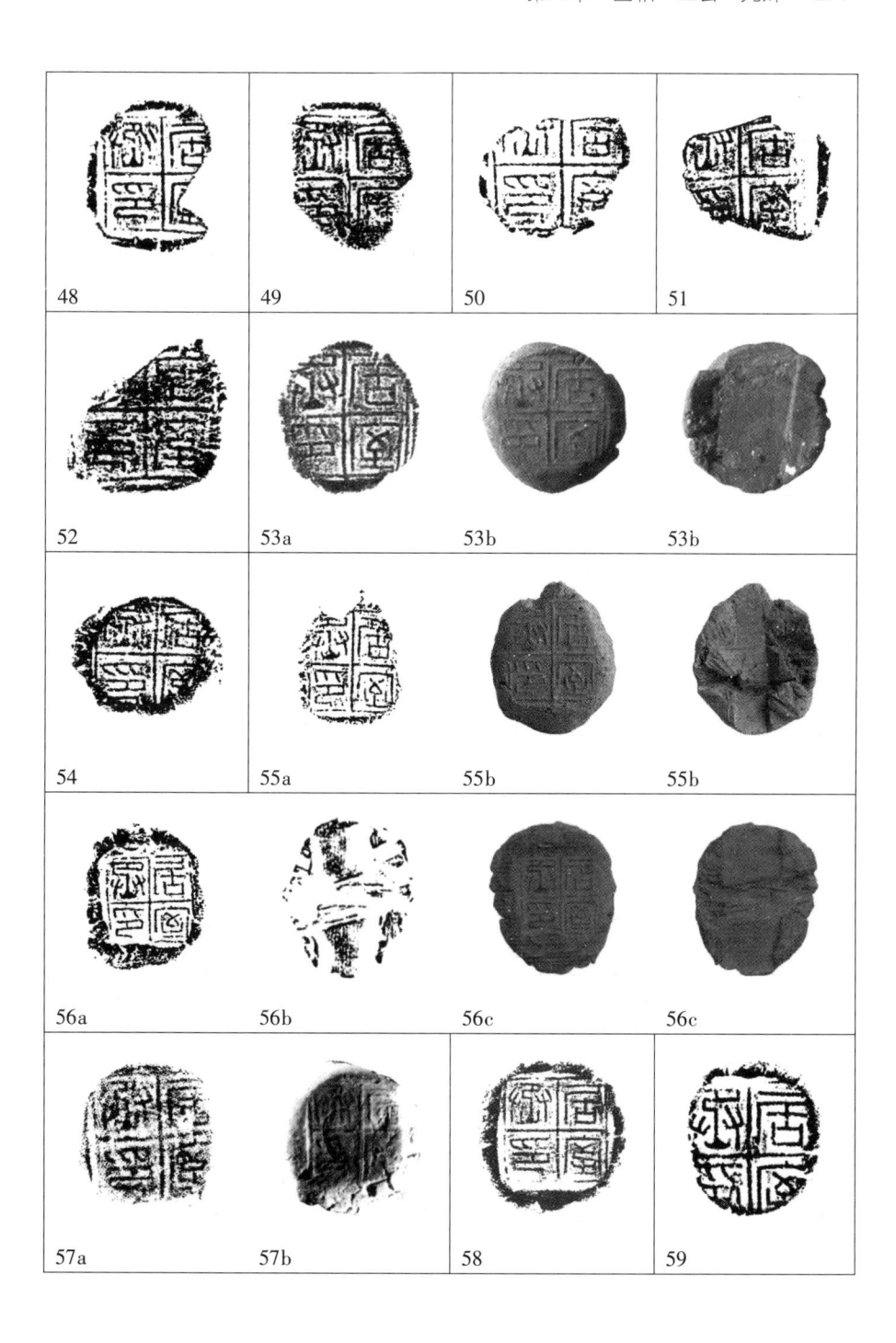

48	49	50	51
52	53a	53b	53b
54	55a	55b	55b
56a	56b	56c	56c
57a	57b	58	59

272 上编 中央职官

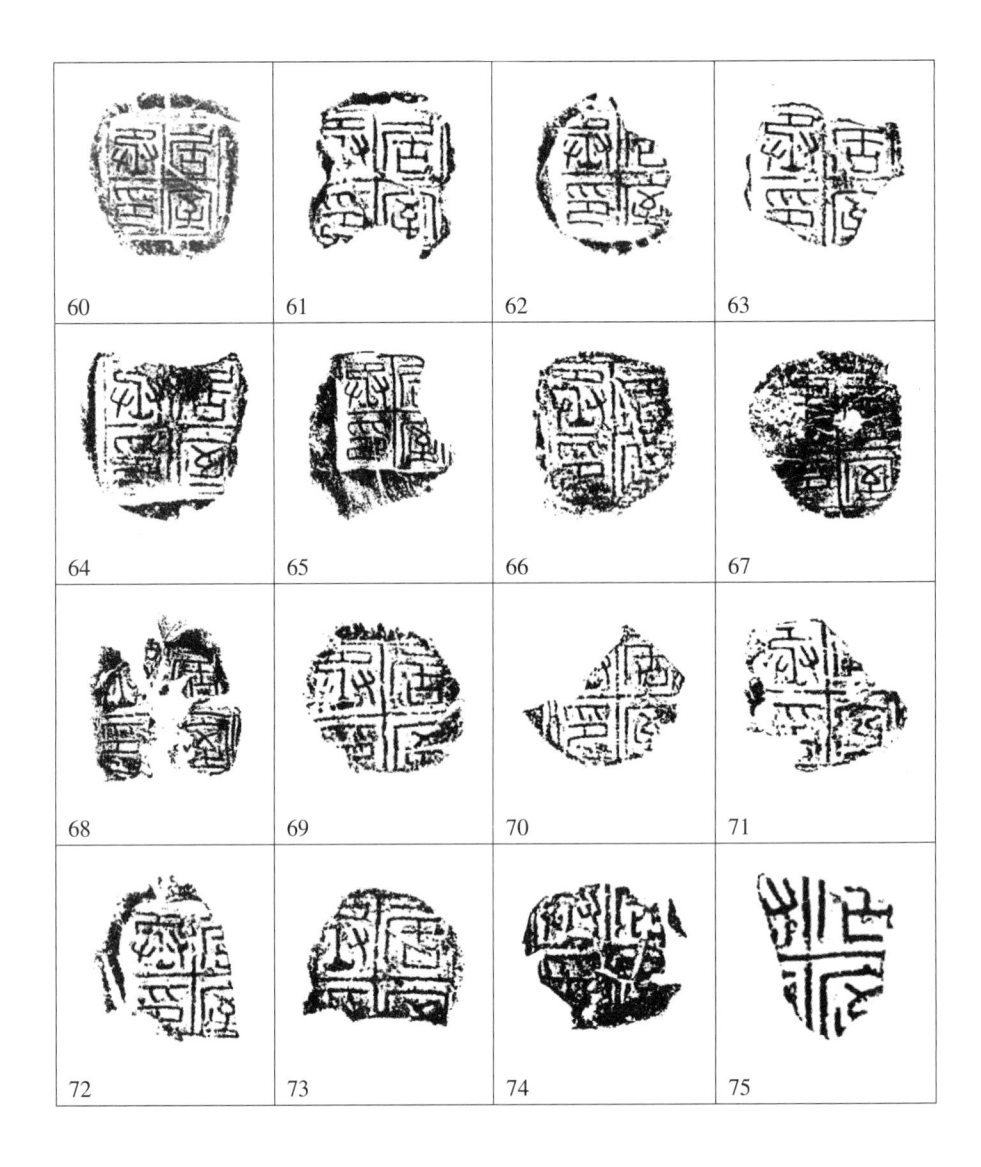

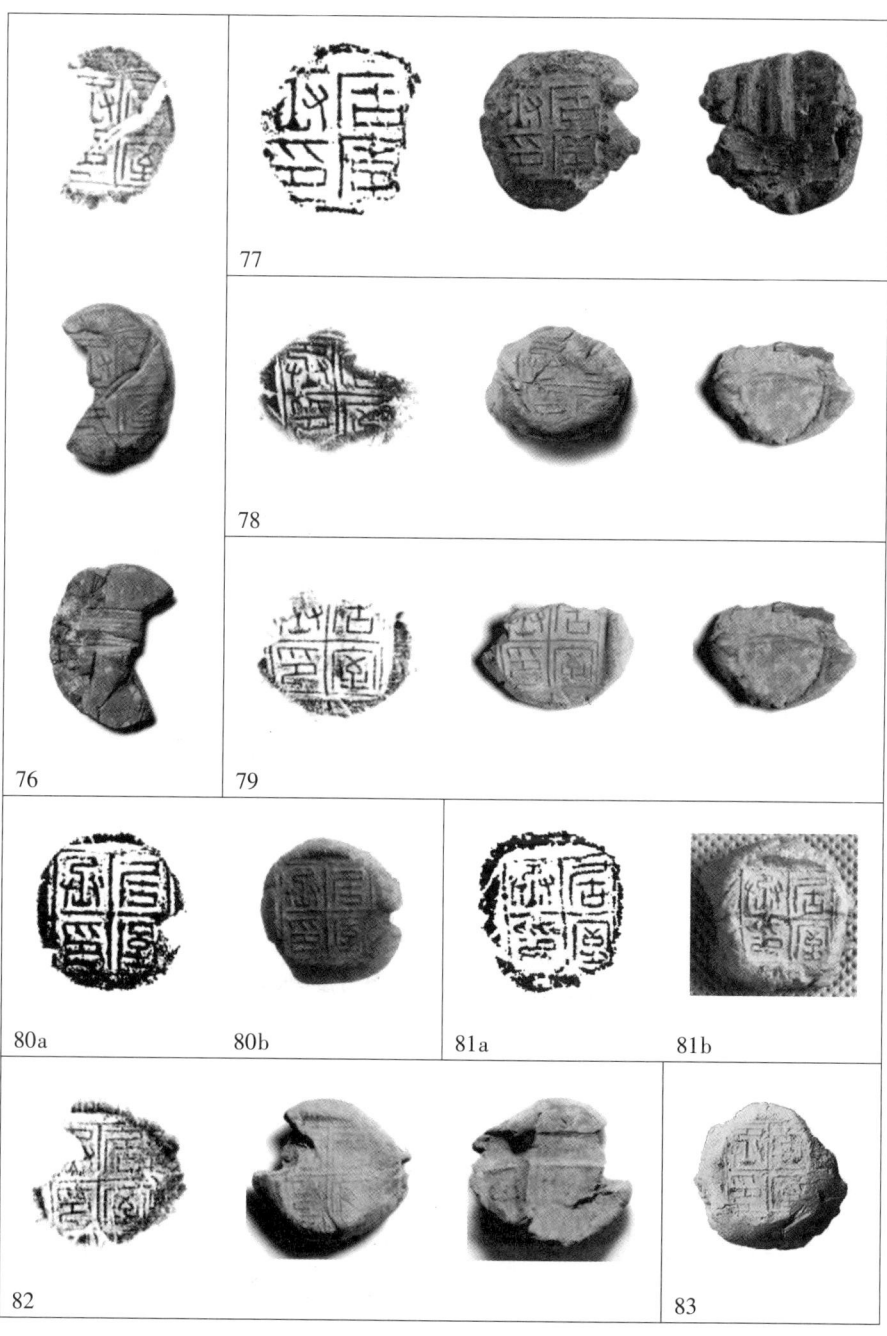

（1：《问陶》P157；2、3：《汇考》P75；4：《新出》P68；5a：《秦封》P141；《汇考》P75；5b：《秦封》图版3；6：《秦封》P141；《汇考》P75；7、10：《秦封》

274　上编　中央职官

P141；《汇考》P76；8：《长安》P26；9：《长安》P28；11：《秦封》P142；《汇考》P76；《大系》P133；12、14—17：《秦封》P142；《汇考》P76；13：《长安》P24；18—29：《秦封》P142；《汇考》P77；30：《秦封》P143；《汇考》P78；31：《长安》P23；32a：《新出》P19；《青泥》P12；32b：《青泥》P12；33：《大系》P133；34：《相家》P13；35—39：《秦封》P143；《汇考》P78；40：《古封》P454；《秦封》P142；《汇考》P78；41：《古封》P21；《秦封》P141；《书集》P122；《汇考》P78；《玺印》P447；42：《发现》图49；《图例》P54；《书集》P122；43：《新出》P19；44a：《新选》P99；《精品》P40；44b：《精品》P40；45：《新出》P19；46：《相家》P13；47—48：《新出》P19；49—52：《新出》P20；53a：《相家》P12；《大系》P133；53b：《相家》P12；54：《新出》P67；55a：《上封》P51；《汝南》P9；55b：《上封》P51；56a：《印风》P138；《书法》P37；《印集》P36；《汇考》P75；《大系》P132；56b：《印集》P36；《汇考》图版 P19；《西博》图四；57a：《发掘》图一七：1；《大系》P132；57b：《发掘》图版九：3；58：《新选》P99；《大系》P133；59：《新出》P20；60：《新出》P20；《大系》P133；61—71：《新出》P20；72—75：《新出》P21；76：《观一》P34；77：《上封》P36；78：《观二》P19；79：《观三》P22；80a：《双剑》P190；80b：《双剑》P189；81a：《汇考》P75；81b：《泥选》；82：《观三》P33；83：《西大》P78）

又：《发掘》P534《出土封泥登记表》2000CH 相 1T3③：8、TG1：1、27、55、95、96 共6枚均为"居室丞印"。

居室丞□

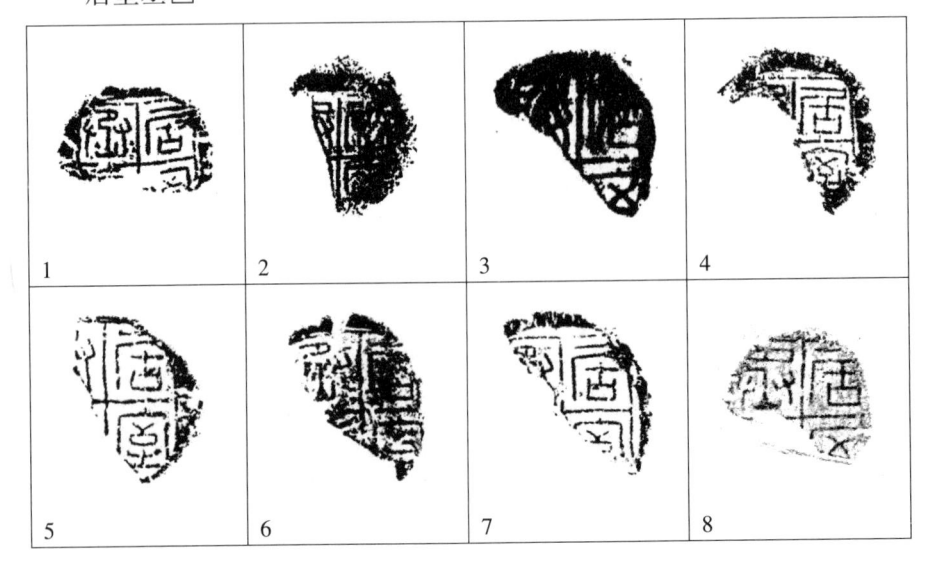

1	2	3	4
5	6	7	8

第二章　丞相·三公·九卿　275

9

（1：《秦封》P141；《汇考》P76；2：《秦封》P143；《汇考》P78；3：《酒余》P34 下；4：《新出》P67；5—7：《新出》P20；8：《长安》P25；9：《酒余》P34 下）

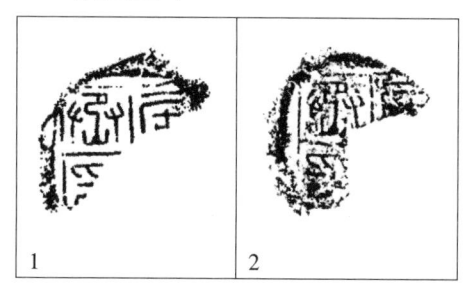

居□丞印

（1：《秦封》P141；《汇考》P76；2：《新出》P20）

居□丞□

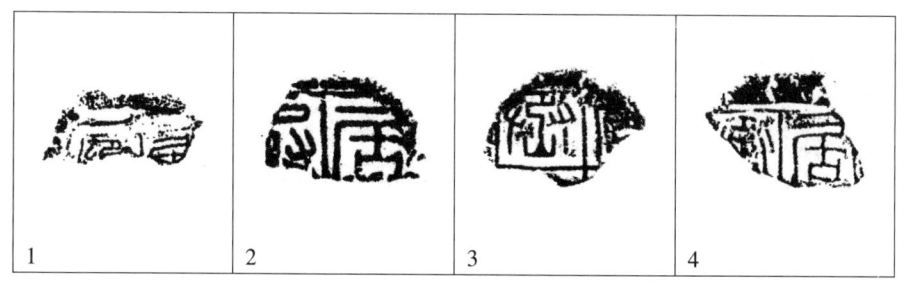

（1：《秦封》P142；《汇考》P76；2：《酒余》P34 上；3：《新出》P20；4：《新出》P67）

276　上编　中央职官

居室寺从

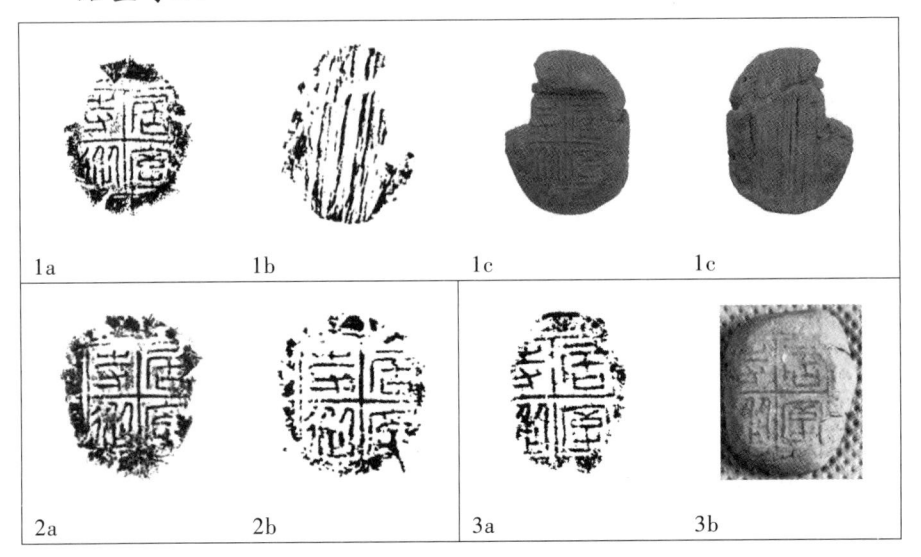

1a	1b	1c	1c
2a	2b	3a	3b

（1a：《印风》P138；《印集》P37；《汇考》P79；《大系》P133；1b:；《印集》P37；1c：《汇考》图版 P19；2a：《秦封》P143；《汇考》P79；2b：《发现》图 50；《图例》P54；《秦封》P143；《书集》P121；《汇考》P79；《玺印》P447；《大系》P133；3a：《汇考》P79；《大系》P133；3b：《泥选》）

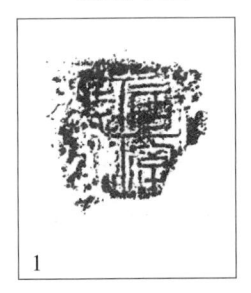

居室寺□

1

（1：《秦封》P143；《汇考》P79；《大系》P133）

居□寺□

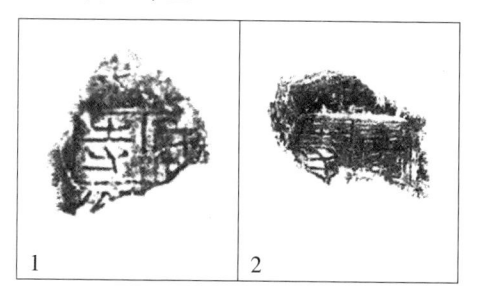

1 2

（1：《秦封》P144；《汇考》P79；《大系》P133；2：《新出》P68；《大系》P133）

居室仓印

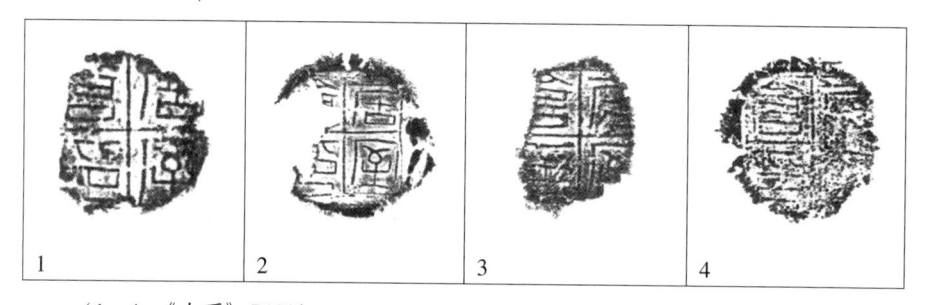

1 2 3 4

（1—4：《大系》P132）

居室厵印

1

（1：《大系》P132）

居室司空

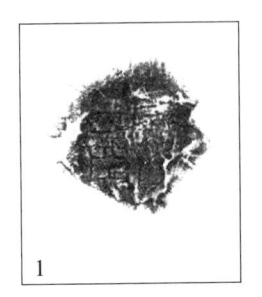

（1:《大系》P133）

居室左般

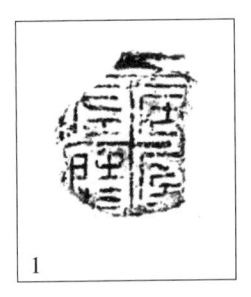

（1:《大系》P134）

居室□□

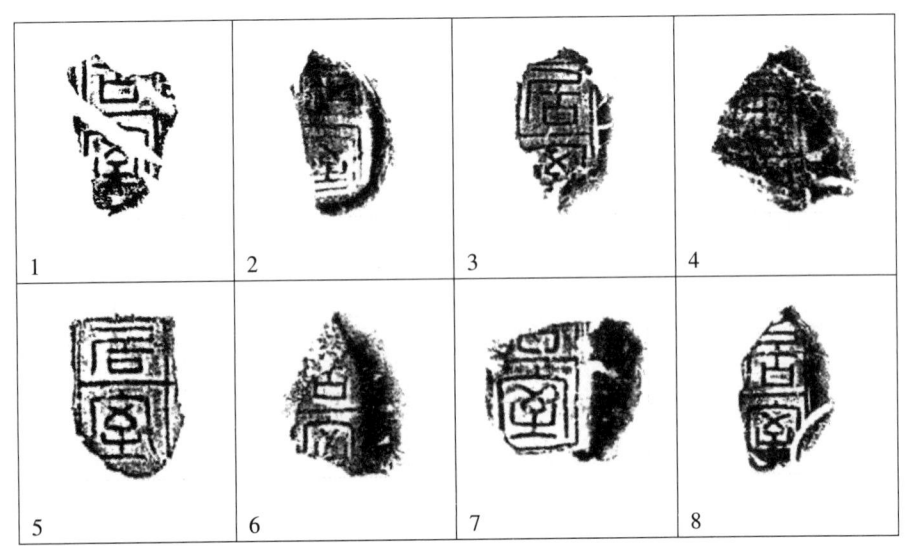

第二章　丞相·三公·九卿　279

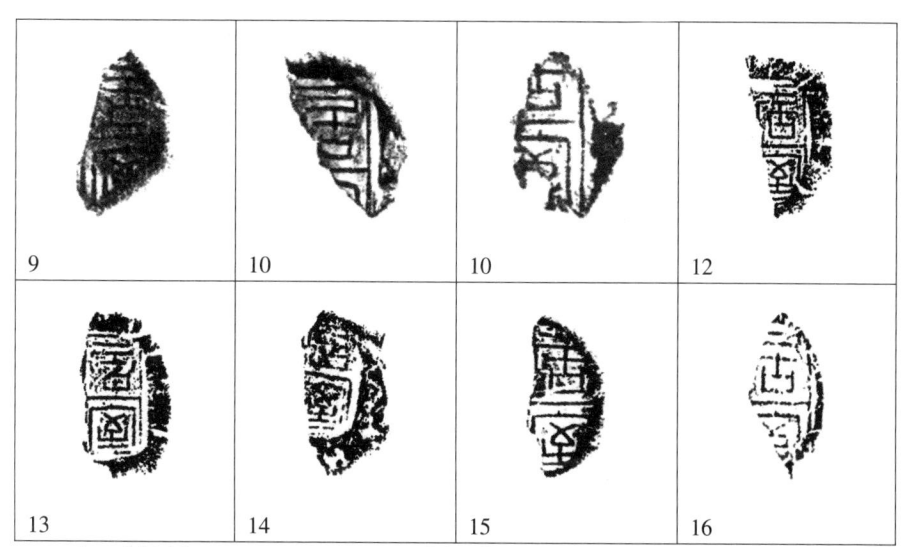

|9|10|10|12|
|13|14|15|16|

（1：《新出》P21；2—4、6—10：《大系》P134；5：《大系》P428；11：《大系》P135；12—14：《秦封》P143；《汇考》P78；15：《新出》P21；16：《新出》P20）

居□□□

1

（1：《大系》P134）

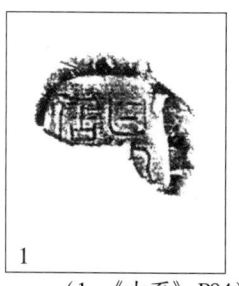

诸居室

甘泉居□

1

（1：《大系》P84）

西室居室

(1:《大系》P288)

司空

司空

(1:《菁华》P62；2:《大系》P230)

司空之印

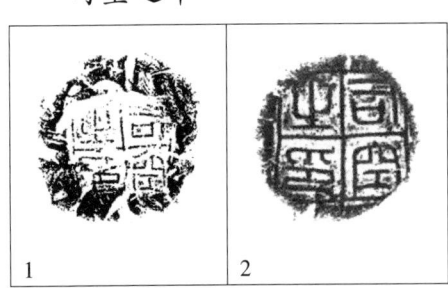

(1:《新出》P77；《大系》P230；2:《大系》P230)

司空□印

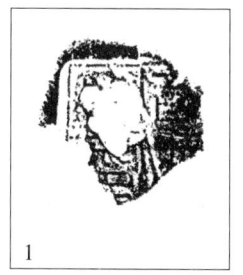

1

(1:《新出》P109;《大系》P230)

司空丞印

无图,释读见《职地》P166。

宫司空

宫司空印

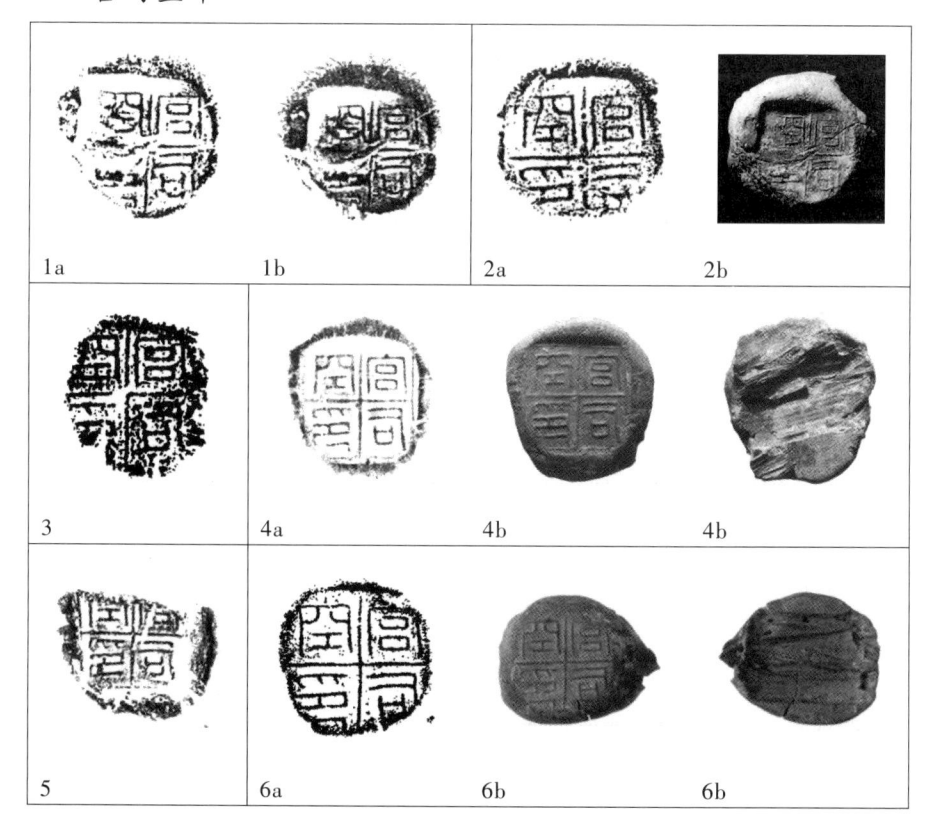

1a	1b	2a	2b
3	4a	4b	4b
5	6a	6b	6b

282 上编　中央职官

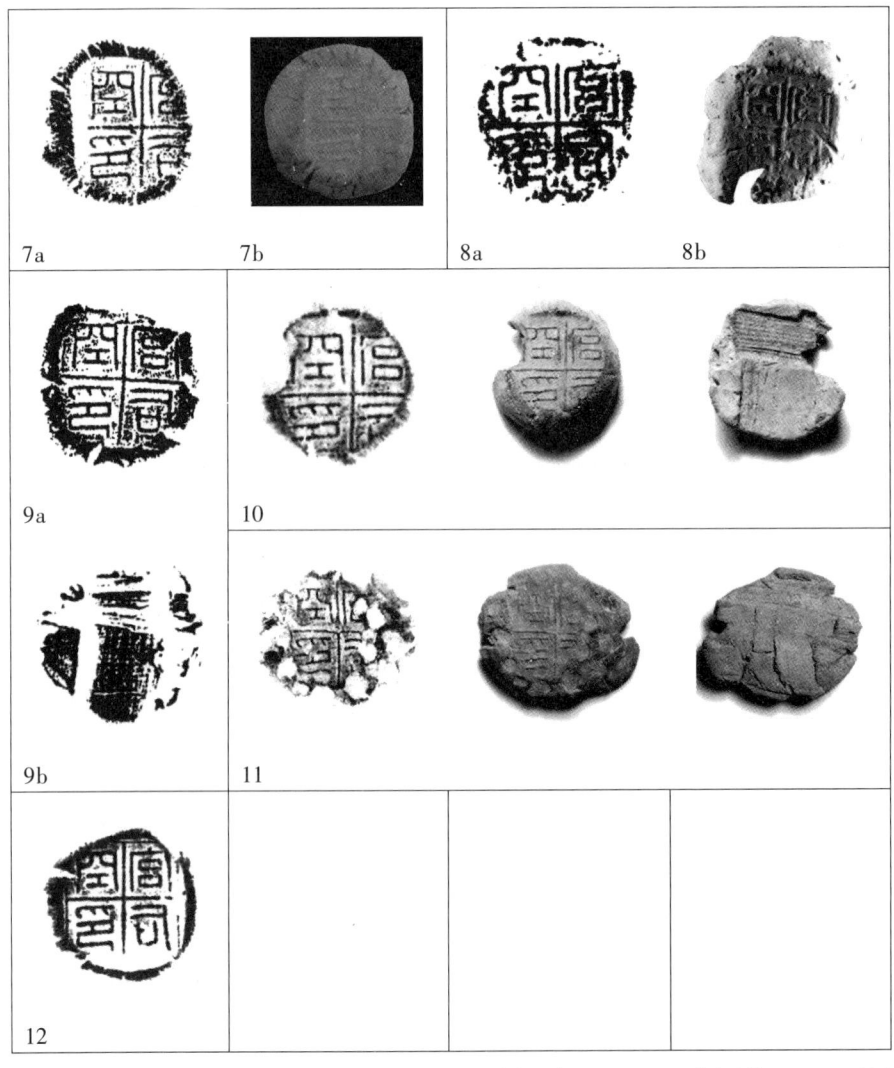

7a	7b	8a	8b
9a	10		
9b	11		
12			

（1a：《秦封》P124；《汇考》P163；1b：《大系》P99；2a：《秦封》P124；《汇考》P163；2b：《秦封》图版1；3：《秦封》P124；《汇考》P163；4a：《相家》P13；《大系》P98；4b：《相家》P13；5：《新出》P15；《大系》P99；6a：《选拓》附图；《书集》P119；《汇考》P162、图版P41；《玺印》P444；《大系》P98；6b：《汇考》图版P41；7a：《发现》图36；《图例》P53；《秦封》P124；《书集》P119；《汇考》P163；7b：《秦封》彩版2；8a：《发掘》图一六：4；《新获》P288；8b：《发掘》图版六：6；9a：《印集》P85；《汇考》P163；9b：《印集》P85；10：《观二》P22；11：《观二》P44；12：《大系》P98）

宮司空丞

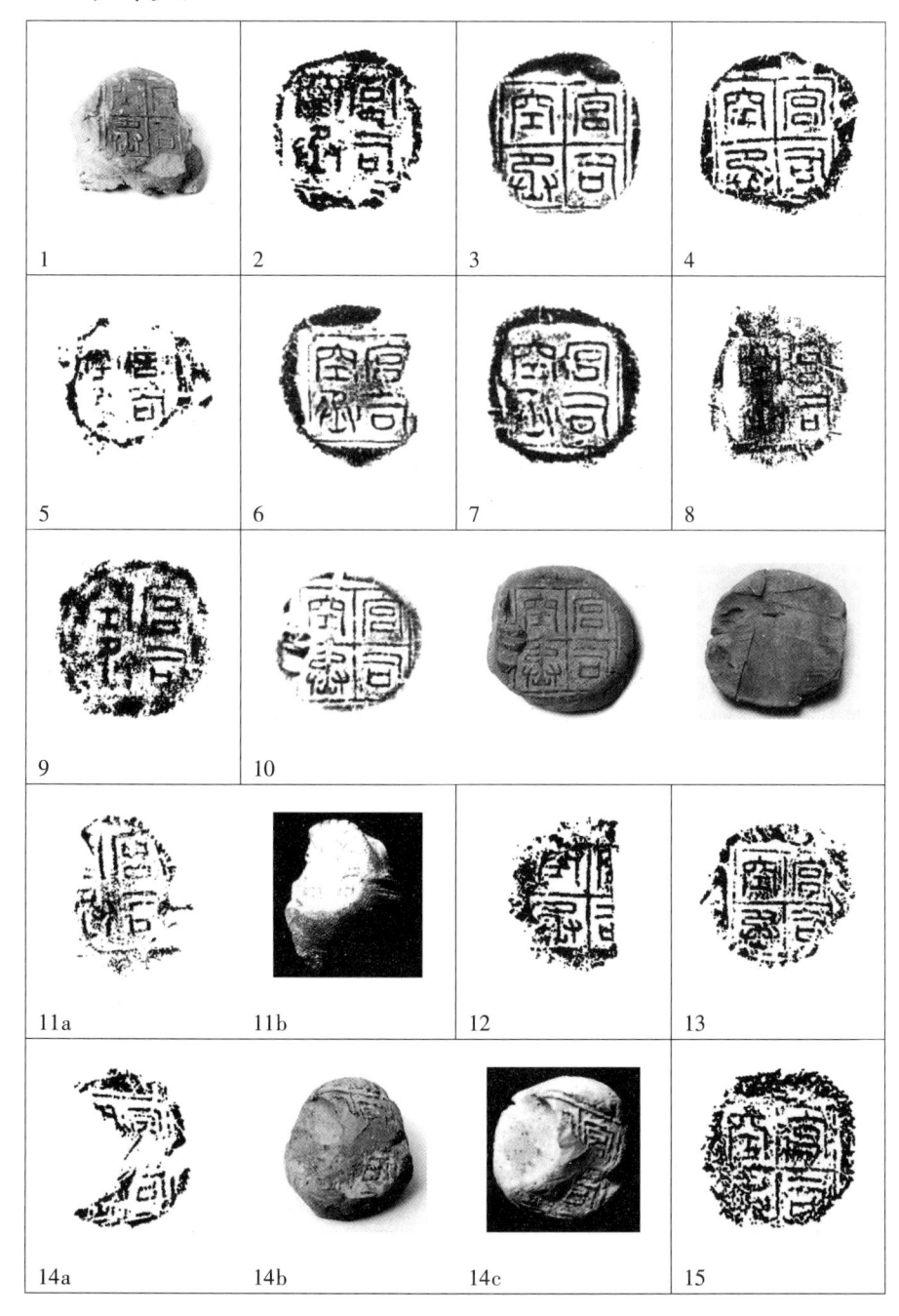

284　上编　中央职官

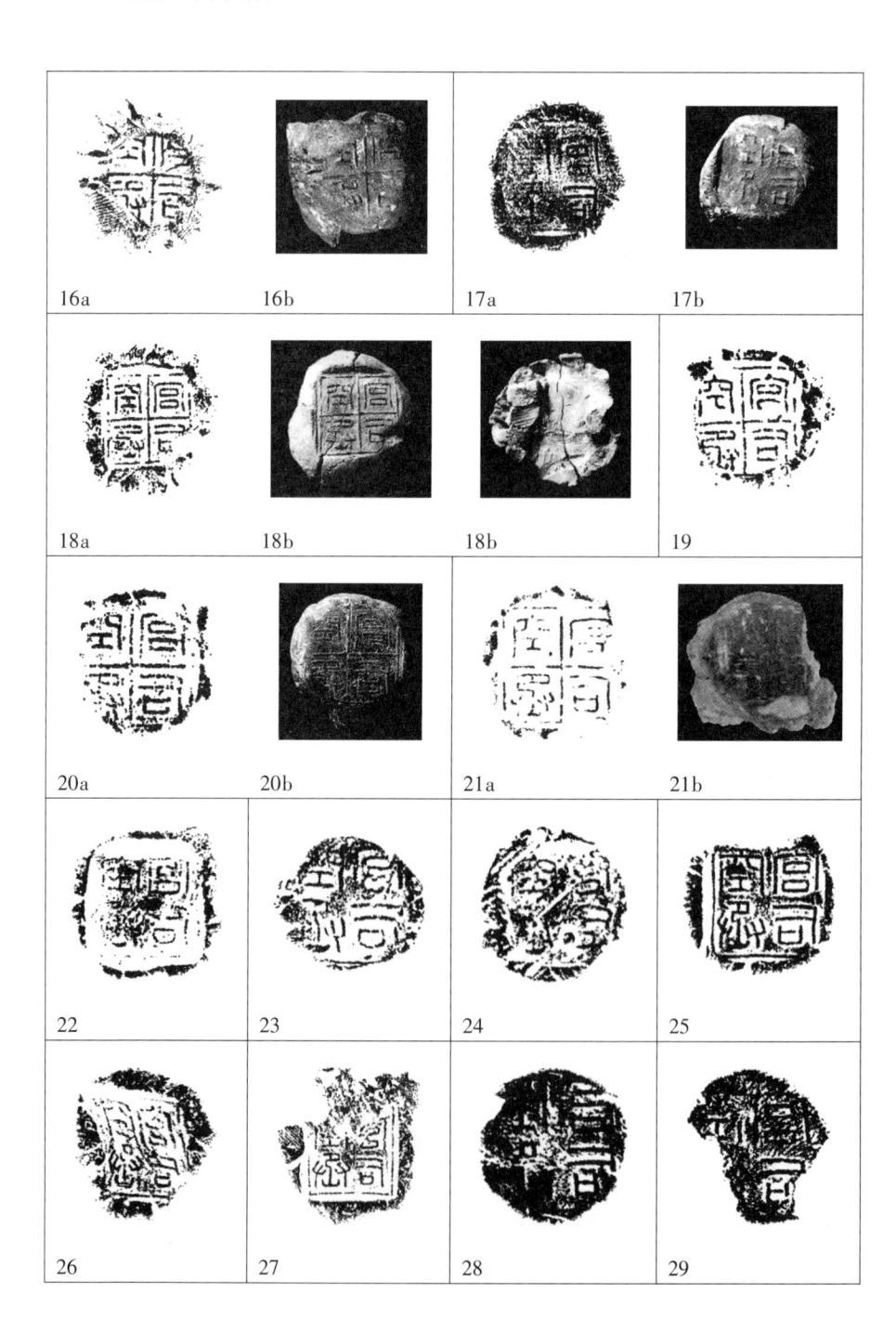

16a　16b　17a　17b

18a　18b　18b　19

20a　20b　21a　21b

22　23　24　25

26　27　28　29

第二章　丞相・三公・九卿　285

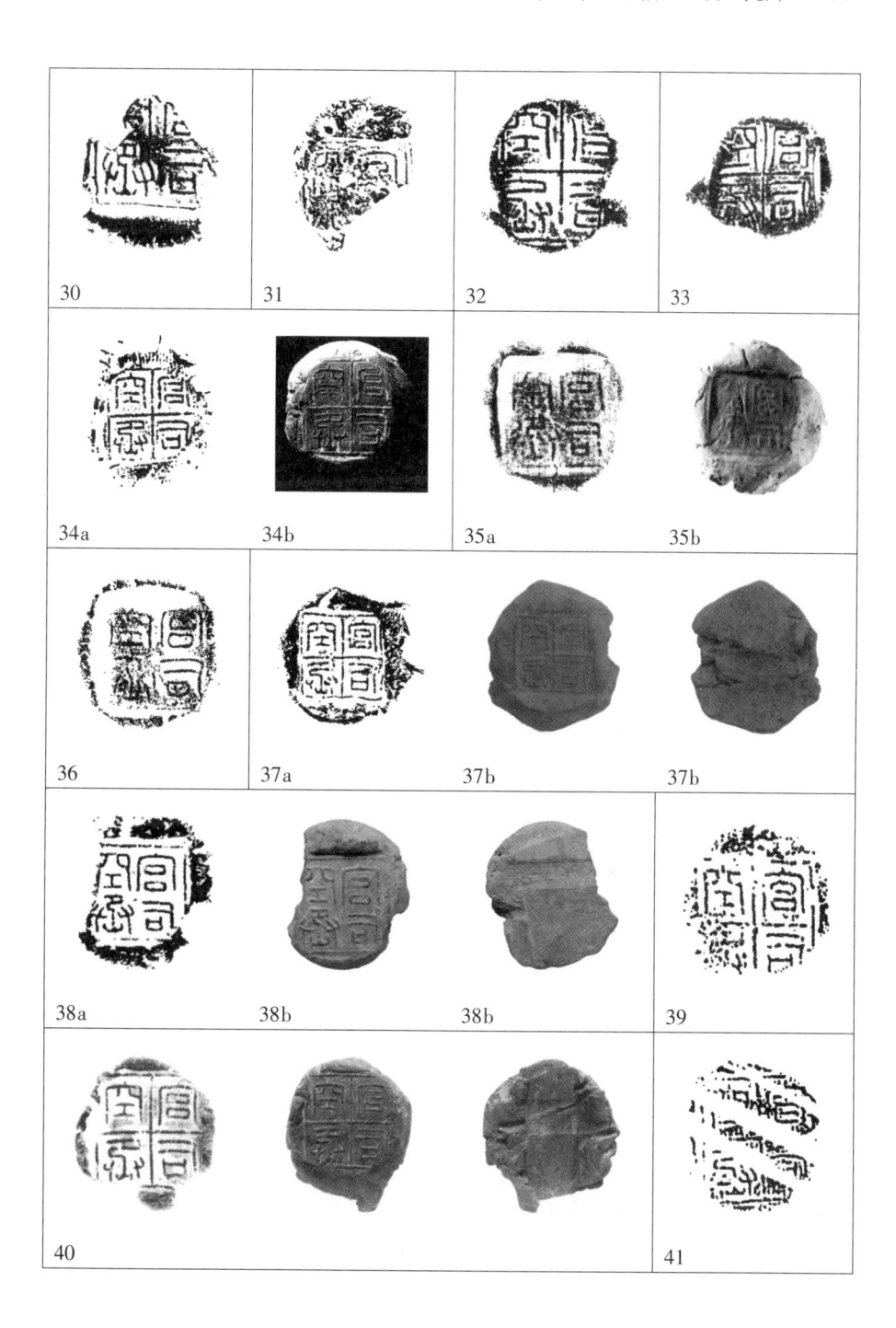

30	31	32	33
34a	34b	35a	35b
36	37a	37b	37b
38a	38b	38b	39
40			41

286 上编 中央职官

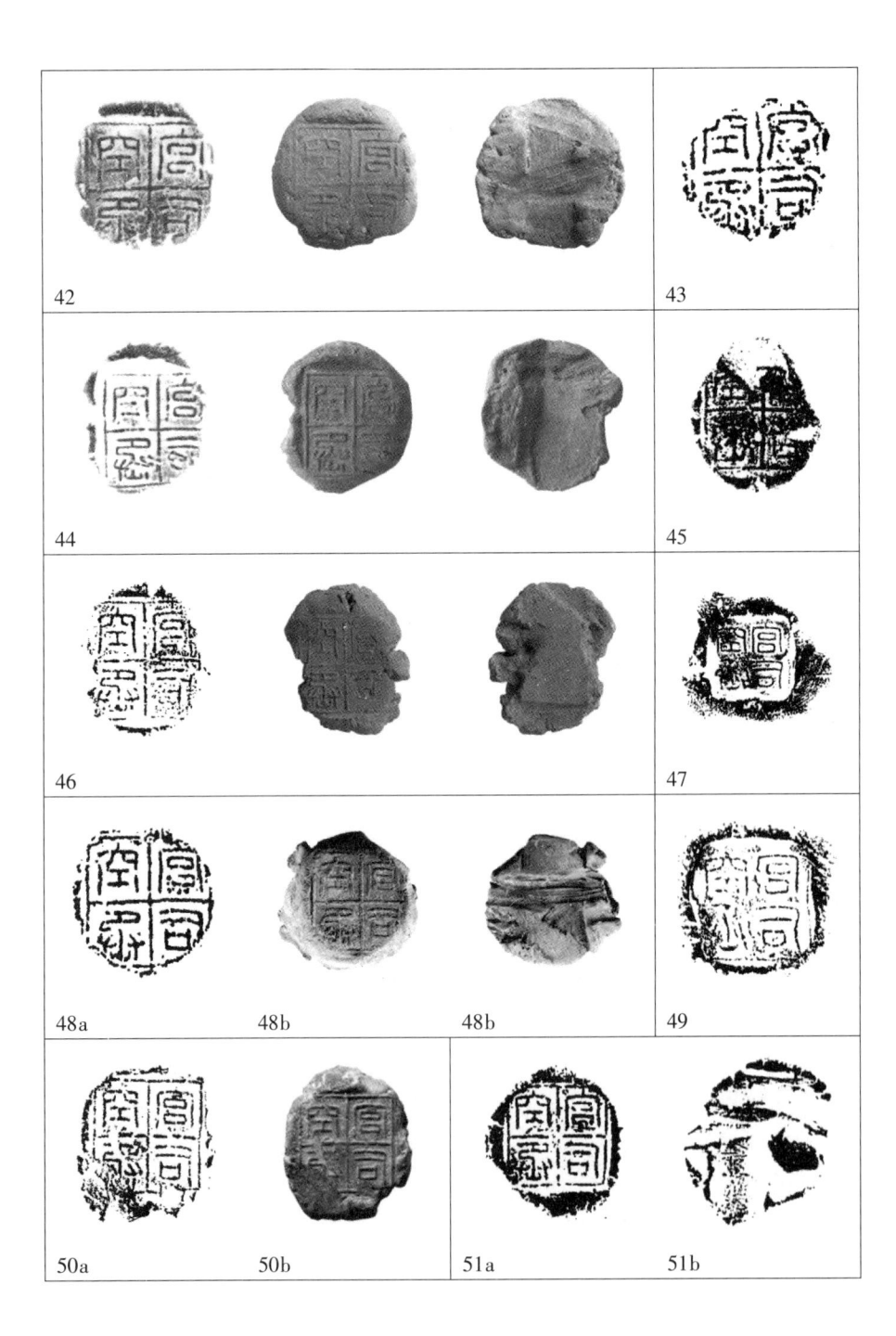

42
43
44
45
46
47
48a 48b 48b 49
50a 50b 51a 51b

第二章　丞相・三公・九卿　287

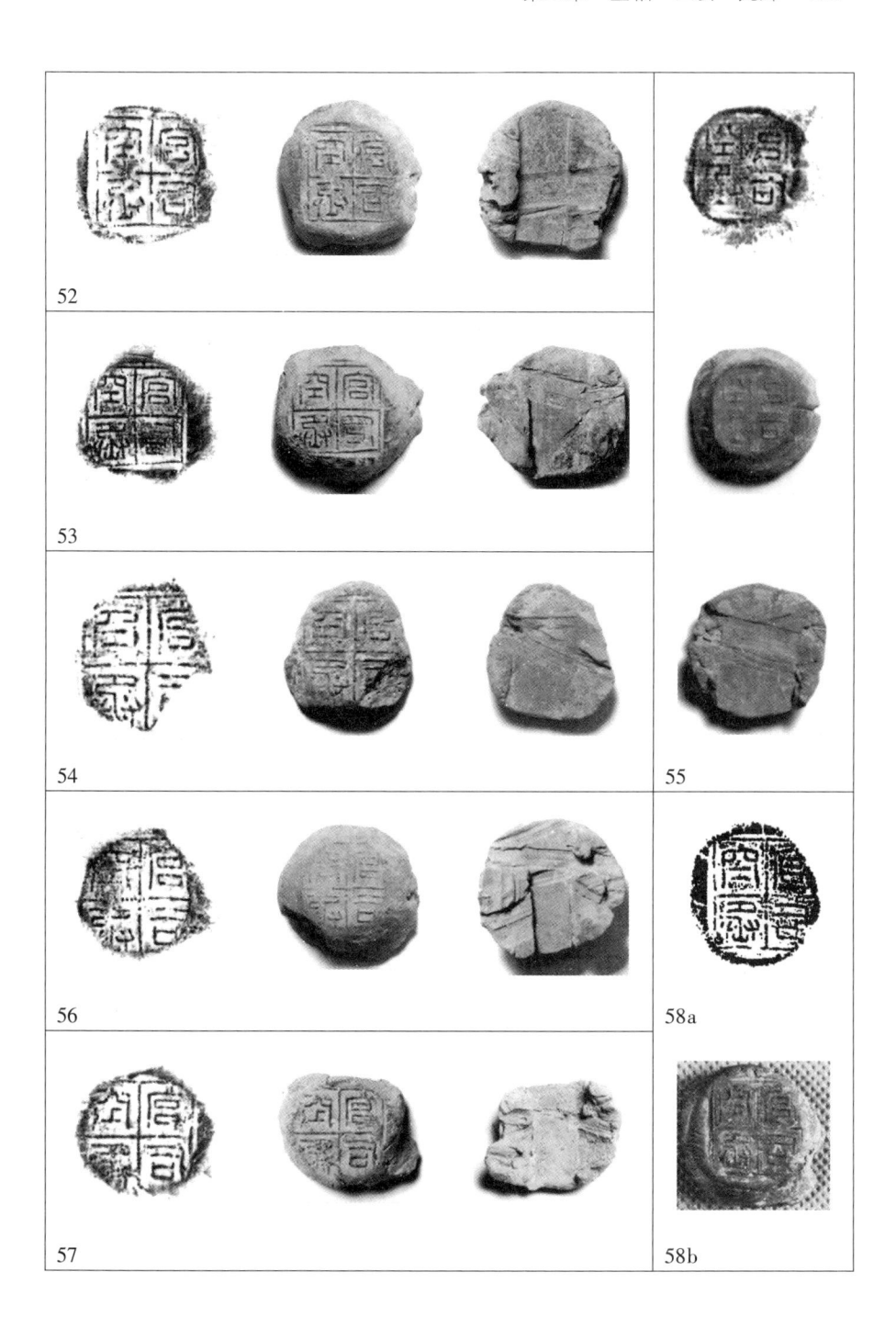

288　上编　中央职官

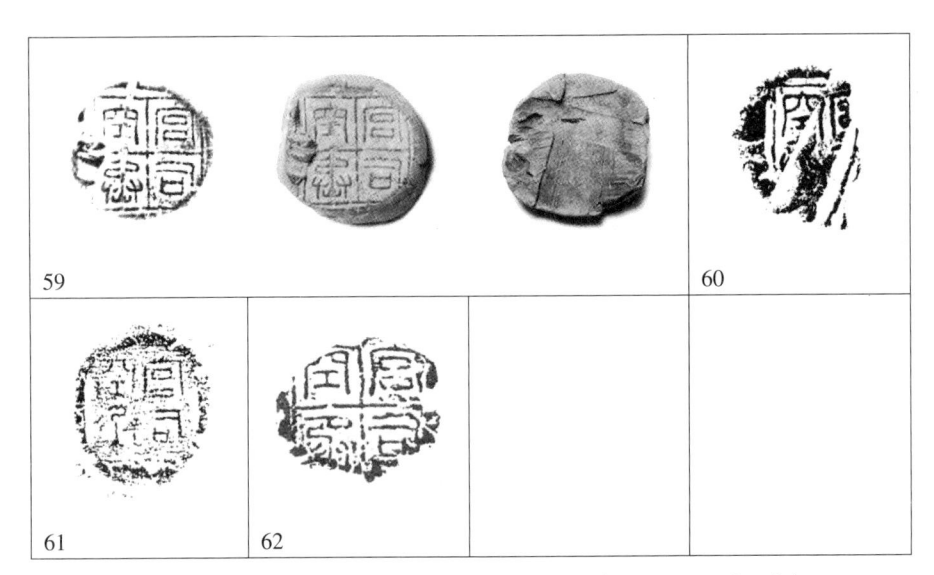

59			60
61	62		

（1：《问陶》P155；2：《汇考》P164；3：《大系》P98；4：《汇考》P164；5：《秦封》P124；《汇考》P164；6：《大系》P98；7：《大系》P98；8—9：《秦封》P125；《汇考》P164；10：《观一》P36；《述略》P176；11a：《秦封》P125；《汇考》P164；11b：《秦封》图版9；12：《秦封》P125；《汇考》P164；13：《秦封》P125；《汇考》P165；14a：《秦封》P125；《汇考》P165；14b：《问陶》P166；14c：《秦封》图版5；15：《秦封》P125；《汇考》P165；16a：《秦封》P125；《汇考》P165；16b：《秦封》图版9；17a：《秦封》P125；《汇考》P164；17b：《秦封》图版1；18a：《秦封》P125；《汇考》P165；18b：《秦封》图版6；19：《秦封》P125；《汇考》P165；20a：《秦封》P125；《汇考》P165；20b：《秦封》图版1；21a：《秦封》P125；《汇考》P165；21b：《秦封》彩版2；22—32：《新出》P14；33：《大系》P98；34a：《秦封》P125；《汇考》P166；34b：《秦封》图版9；35a：《发掘》图一六：6；《新获》P287；《大系》P97；35b：《发掘》图版六：10；36：《新选》P94；37a：《印风》P125；《书法》P41；《印风》P125；《书集》P119；《汇考》图版P41；37b：《书法》P41；《汇考》图版P41；38a：《菁华》P34；《大系》P98；38b：《大系》P98；39：《秦封》P126；《汇考》P166；40：《相家》P13；41：《秦封》P126；《菁华》P34；42：《相家》P13；43：《发现》图37；《图例》P53；《秦封》P125；《汇考》P165；44：《相家》P14；45：《新出》P14；46：《上封》P52；47：《新出》P64；48a：《古封》P454；《珍秦》P65；《汇考》P166；《玺印》P445；48b：《珍秦》P64；49：《西见》图二：6；《新出》P64；50a：《新出》P14；《秦选》P81；50b：《秦选》P81；51a：《印集》P86；《汇考》P164；《大系》P98；51b：《印集》P86；52：《观二》P53；53：《观二》P40；54：《观三》P22；55：《观三》P29；56：《观三》P28；57：《观一》P30；58a：《秦封》P124《汇考》P164；58b：《泥选》；59：《观一》P36；60：《酒余》P30下；61：《印风》P125；《汇考》P119；62：《书集》P119）

又：《发掘》P534《出土封泥登记表》2000CH 相 1T2③：12、117、131 共 3 枚均

第二章　丞相·三公·九卿　289

为"宫司空丞"。

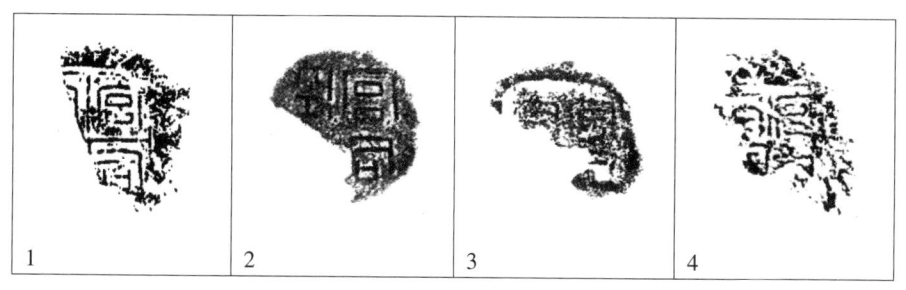

宫司空□

（1：《秦封》P125；《汇考》P165；2：《新出》P14；《大系》P99；3：《新出》P14；《大系》P99；4：《新出》P65）

宫司□□

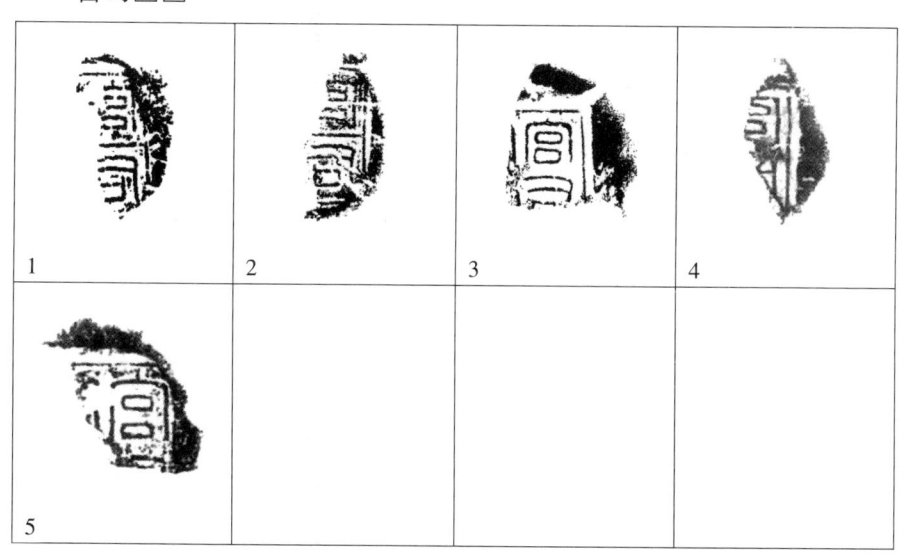

（1：《秦封》P125；《汇考》P165；2：《新出》P15；《大系》P99；3：《新选》P94；4：《酒系》P30下；5：《大系》P99）

290　上编　中央职官

宫□空□

| 1 | 2 | 3 | 4 |

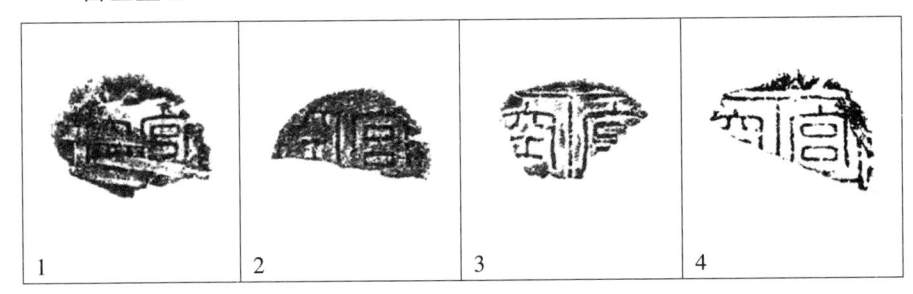

（1：《新出》P14；《大系》P99；2：《新出》P14；《大系》P99；3：《新出》P15；《大系》P99；4：《新出》P15；《大系》P99）

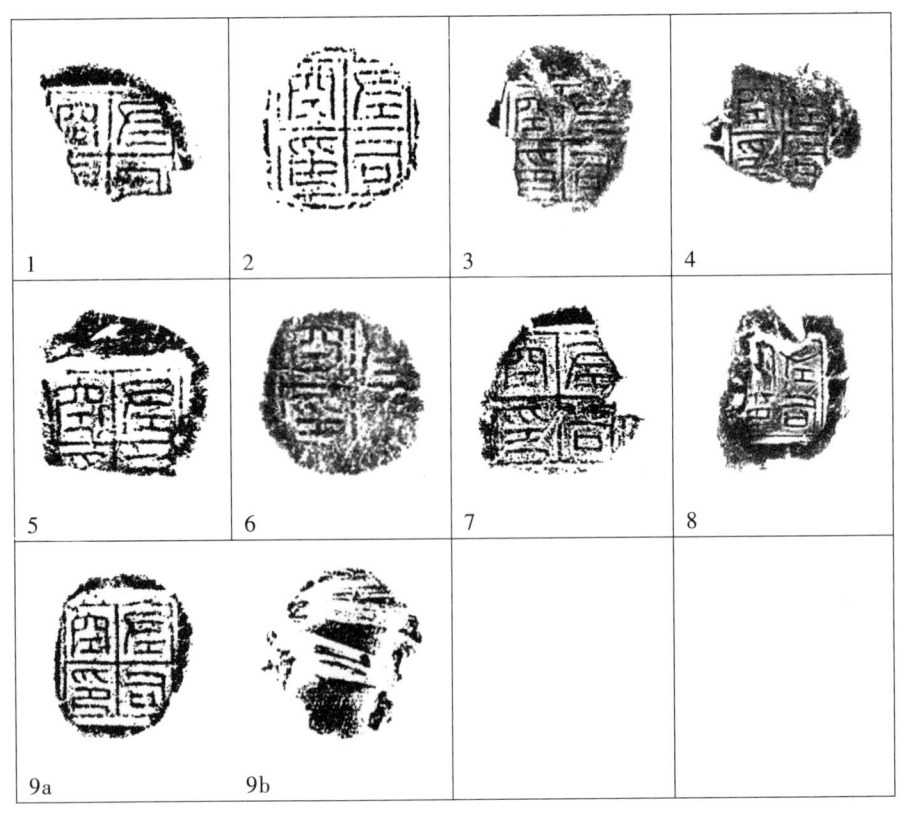

左右司空

左司空印

1	2	3	4
5	6	7	8
9a	9b		

（1：《新出》P97；2：《秦封》P146；《汇考》P80；《玺印》P445；《大系》

第二章　丞相·三公·九卿　291

P396；3—5：《新出》P52；《大系》P396；6、7：《新选》P122；《大系》P397；8：《大系》P396；9a：《印风》P126；《印集》P37；《书集》P119；《汇考》P80；《大系》P396；9b：《印集》P37）

左司□印

14

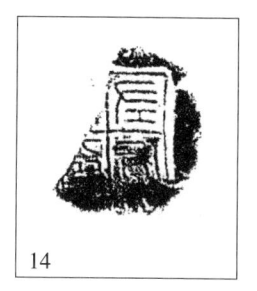

（1：《新选》P122；《大系》P396）

左司空丞

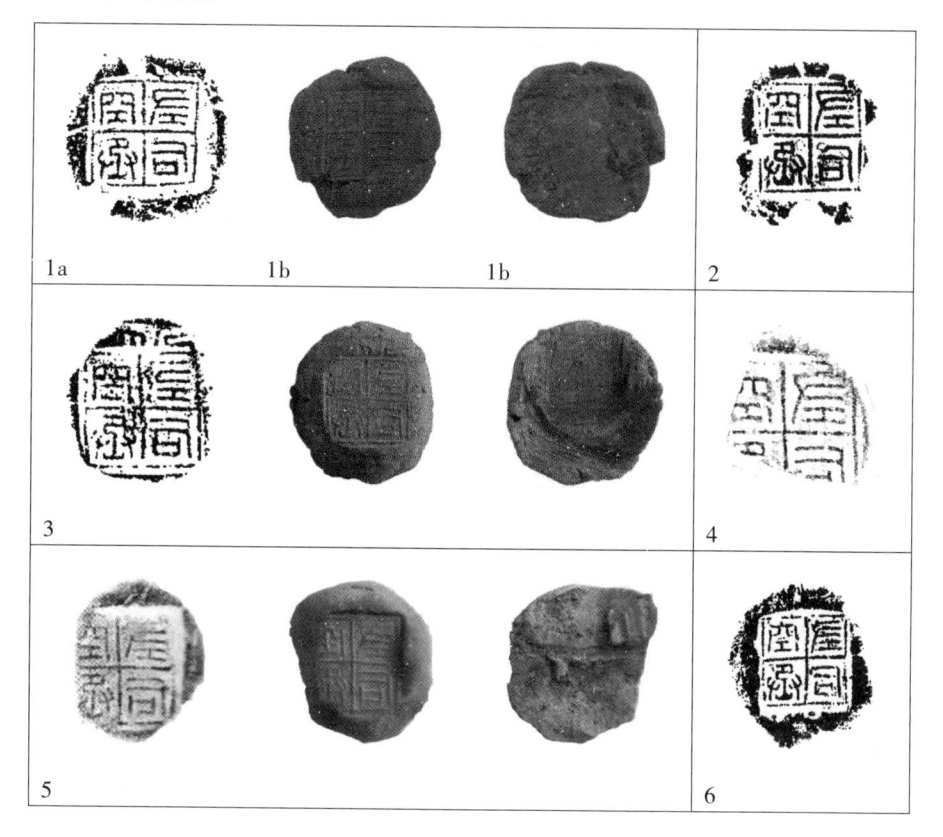

1a	1b	1b	2
3			4
5			6

292　上编　中央职官

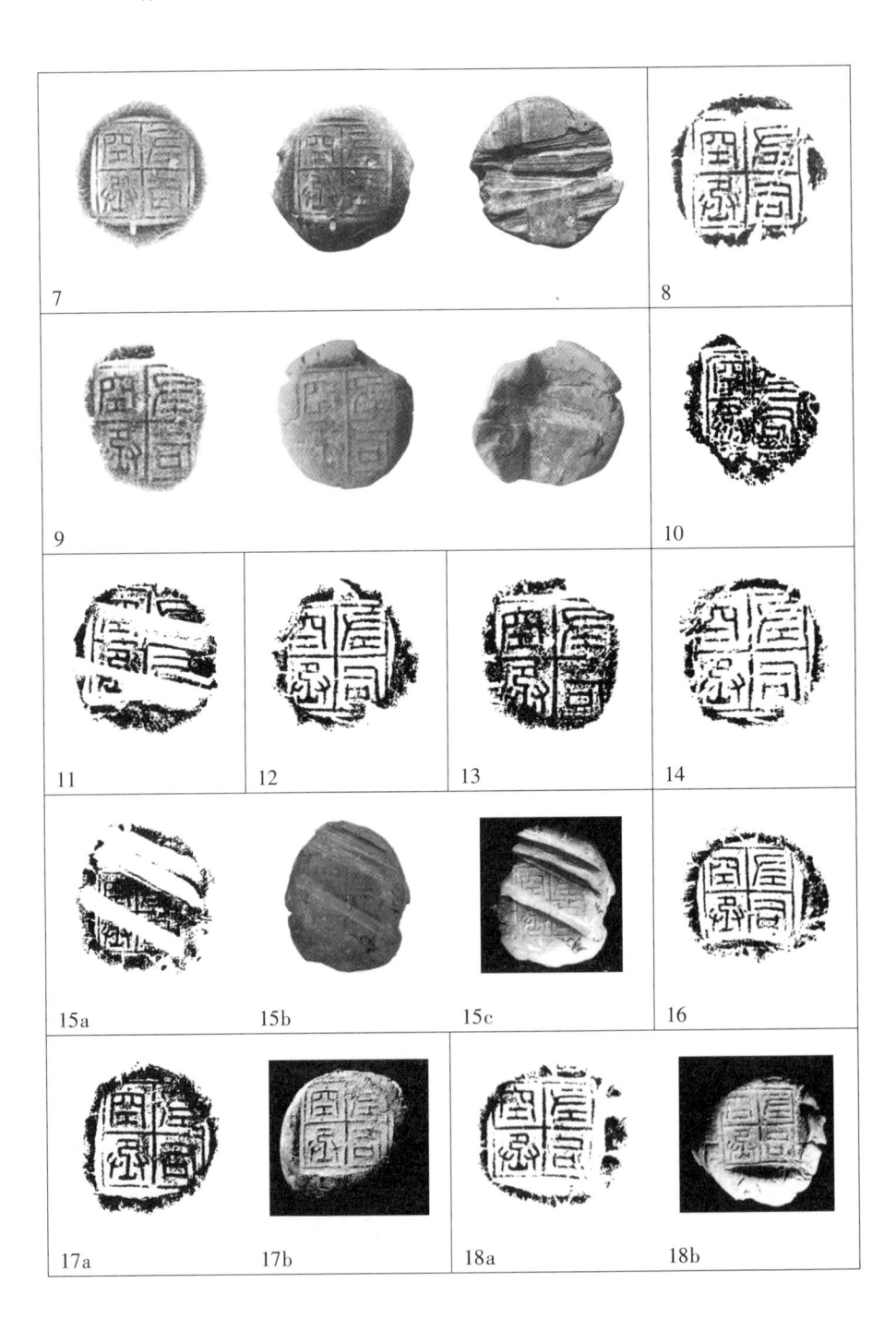

7

8

9

10

11

12

13

14

15a　15b　15c　16

17a　17b　18a　18b

第二章　丞相・三公・九卿　293

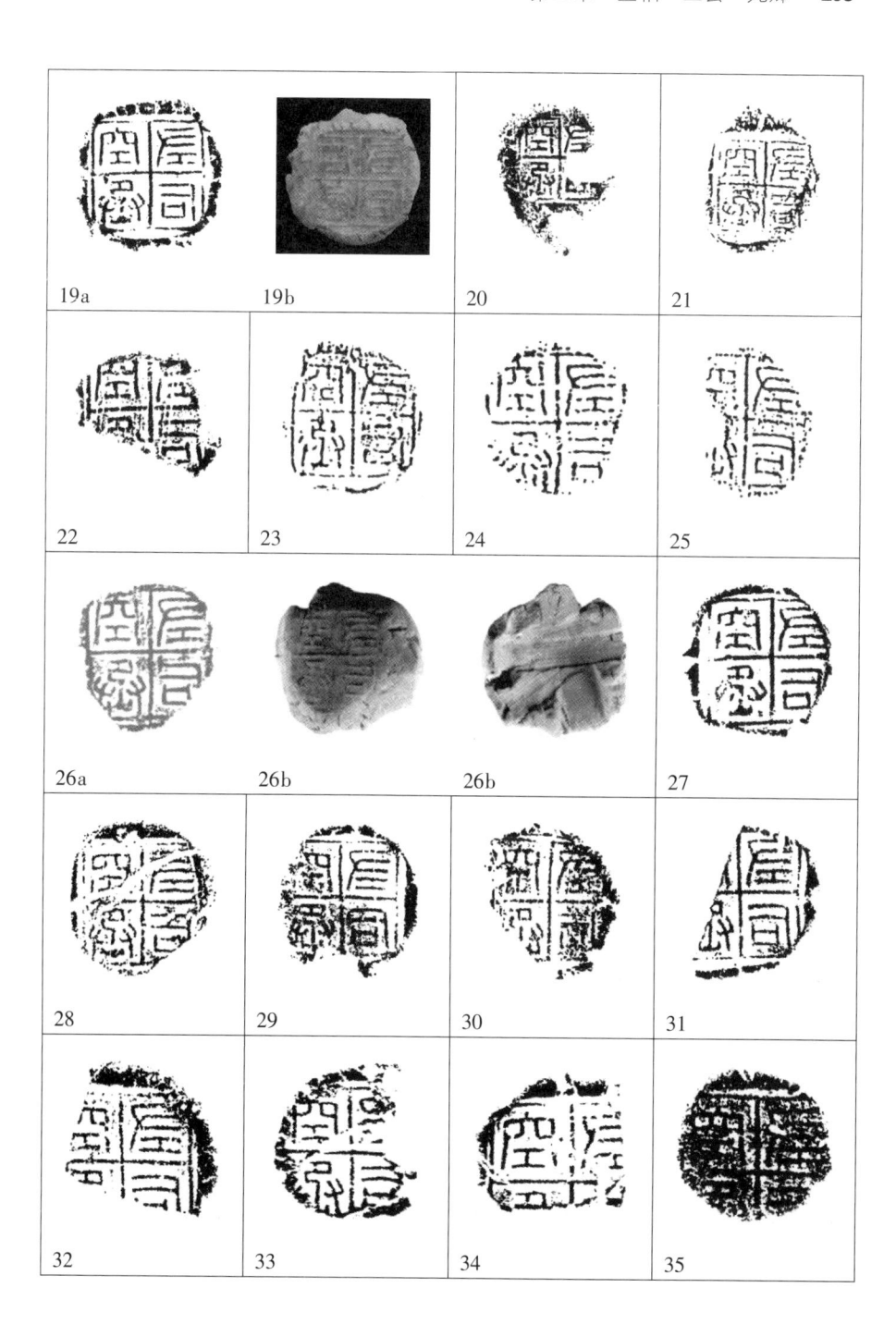

19a	19b	20	21
22	23	24	25
26a	26b	26b	27
28	29	30	31
32	33	34	35

294　上编　中央职官

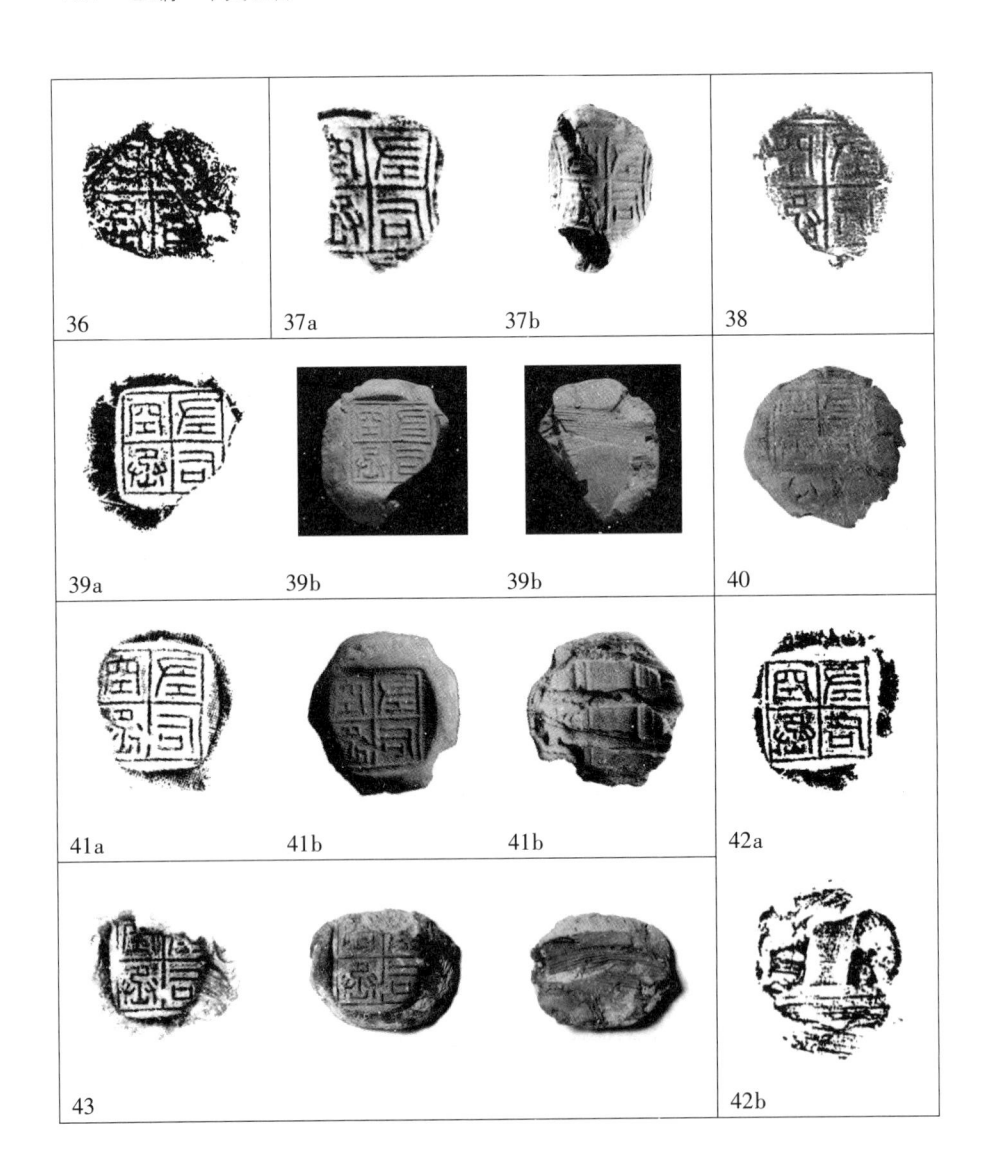

36　37a　37b　38

39a　39b　39b　40

41a　41b　41b　42a

43　　　　　　42b

第二章 丞相·三公·九卿 295

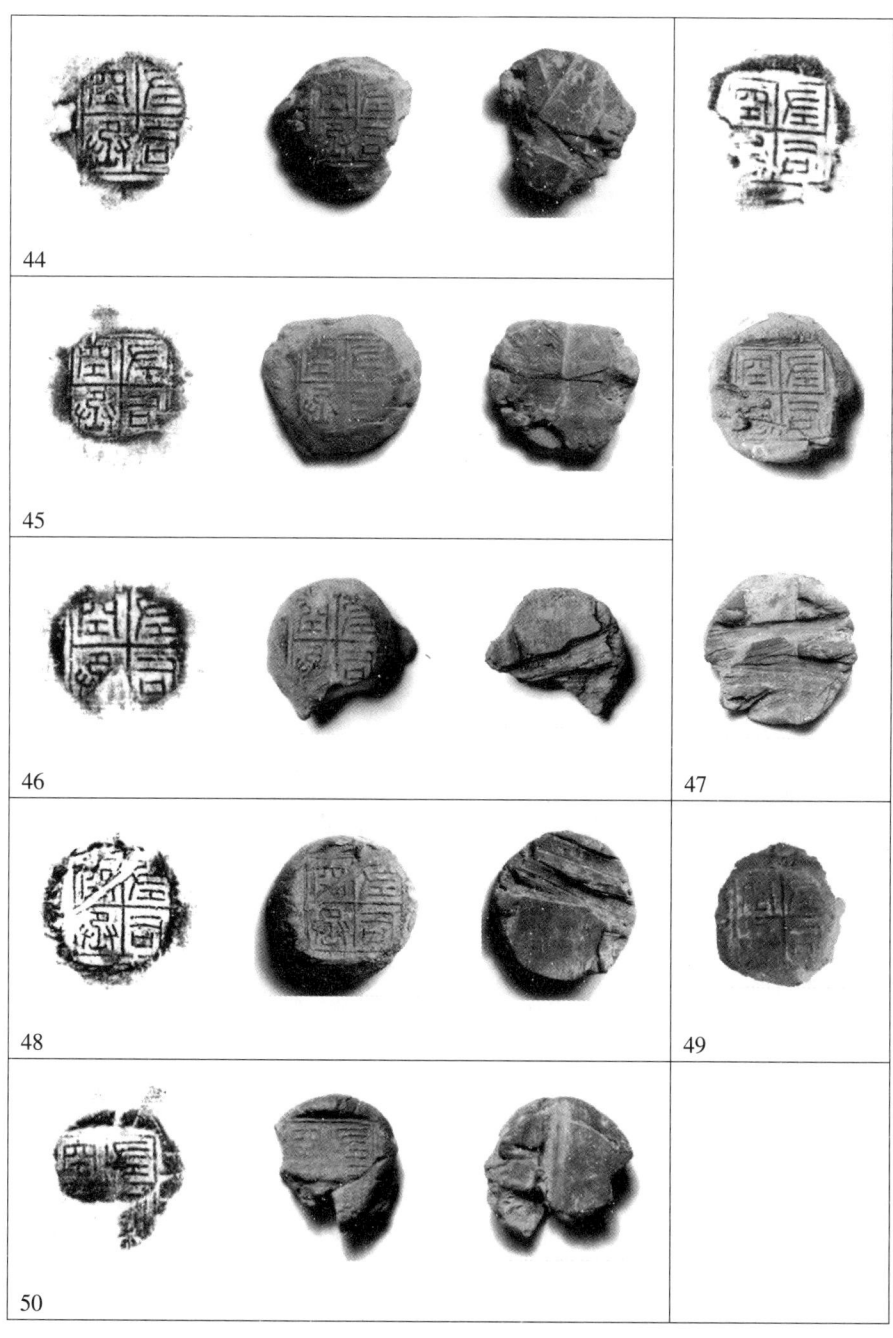

44

45

46

47

48

49

50

（1a：《印风》P126；《书法》P37；《书集》P119；《汇考》P80；《大系》P395；1b：《书法》P37；《汇考》图版 P20；2：《汇考》P80；《大系》P395；3：《上封》

296　上编　中央职官

P51；4：《长安》P31；5：《相家》P13；6：《汇考》P80；《大系》P395；7：《相家》P13；8：《大系》P396；9：《相家》P13；10—13：《秦封》P144；《汇考》P81；14：《秦封》P144；《汇考》P81；15a：《秦封》P144；《汇考》P81；15b：《问陶》P166；15c：《秦封》图版 8；16：《秦封》P145；《汇考》P82；17a：《秦封》P144；《汇考》P81；17b：《秦封》图版 1；18a：《秦封》P145；《汇考》P81；18b：《秦封》图版 8；19a：《发现》图 53；《书集》P119；《秦封》P145；《汇考》P81；19b：《秦封》彩版 2；20—22：《秦封》P145；《汇考》P82；23—25：《秦封》P145；《汇考》P82；26a：《古封》P453；《珍秦》P65；《秦封》P144；《汇考》P82；《玺印》P445；26b：《珍秦》P64；27：《秦封》P145；《汇考》P81；28—31：《新出》P52；32—36：《新出》P52；37a：《发掘》图一八：9；《新获》P289；《大系》P395；37b：《发掘》图版十二：8；38：《大系》P396；39a：《新选》P122；《大系》P396；39b：《新选》图版 P73；40：《问陶》P157；41a：《新出》P52；《青泥》P13；《秦选》P92；41b：《青泥》P13；《秦选》P92；42a：《印集》P38；《汇考》P80；42b：《印集》P38；43：《观二》P13；44：《观二》P28；45：《观二》P33；46：《观一》P29；《述略》P176；47：《观一》P31；48：《观二》P28；49：《字博》P33；50：《观二》P19）

又：《发掘》P534《出土封泥登记表》2000CH 相 1T3③：20、TG1：89 共 2 枚均为"左司空丞"。

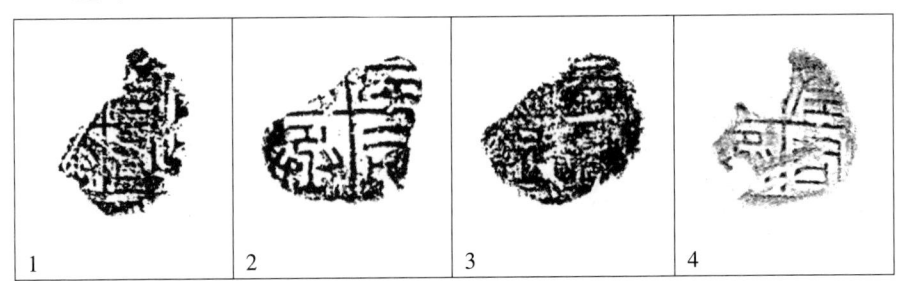

左司□丞

（1：《新出》P97；2、3：《新出》P52；4：《长安》P32）

左司空□

（1：《大系》P397）

第二章 丞相·三公·九卿

左司□□

1

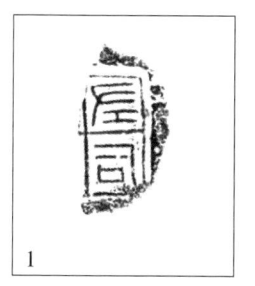

（1：《大系》P397）

左□空□

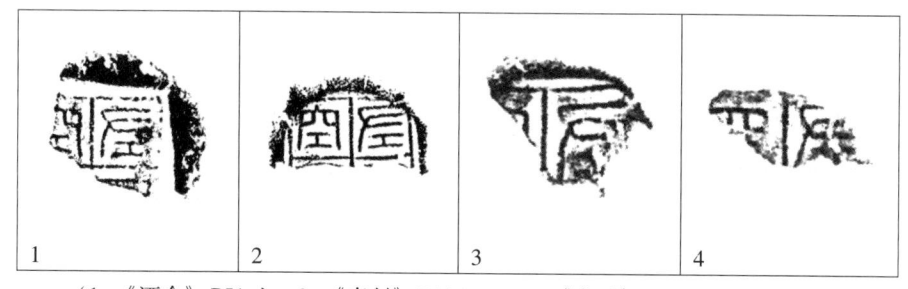

1　2　3　4

（1：《酒余》P51 上；2：《秦封》P145；3、4：《大系》P397）

右司空丞

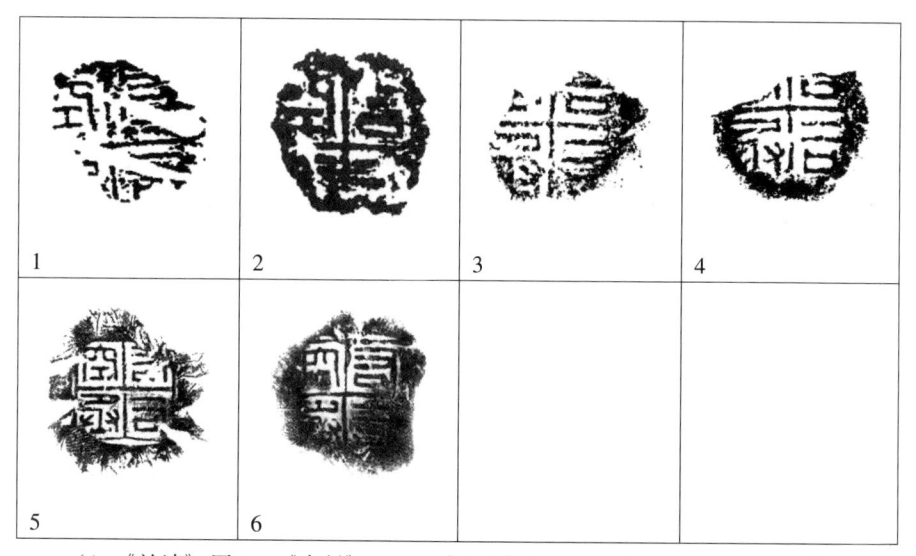

1　2　3　4

5　6

（1：《补读》图10；《秦封》P146；《汇考》P83；《玺印》P445；《大系》P338；

2：《古封》P25；《秦封》P146；《汇考》P83；《大系》P339；3、4：《新出》P86；《大系》P339；5、6：《大系》P339）

右□空印

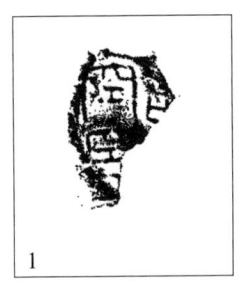

1

（1：《新选》P117；《大系》P339）

右□空□

1

（1：《新选》P117；《大系》P339）

诸司空

采司空印

1

（1：《发现》图60；《图例》P54；《秦封》P162；《玺印》P445；《大系》P41）

行司空丞

1

（1：《大系》P310）

寺司空府

1

（1：《大系》P240）

船司空丞

1

（1：《于京》图23；《玺印》P413；《大系》P51）

左斿司空

1

（1：《大系》P401）

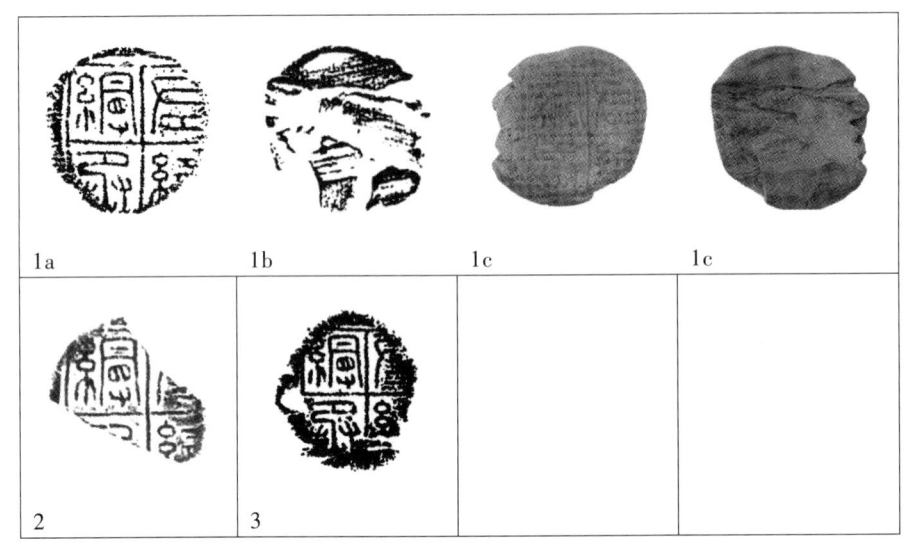

左右织

左织缦丞

1a	1b	1c	1c
2	3		

（1a：《印风》P127；《印集》P41；《汇考》P87；《大系》P402；1b：《印集》P41；1c：《汇考》图版 P21；2：《大系》P402；3：《秦封》P152；《汇考》P87；《玺印》P445；《大系》P402）

左织□丞

1

（1：《大系》P402）

右织

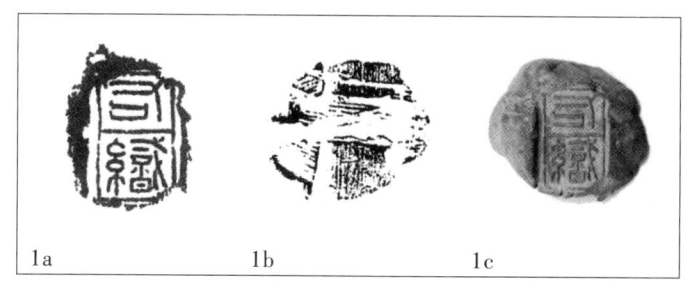

1a　　　1b　　　1c

（1a：《印风》P164；《秦封》P151；《考释》图一：13；《印集》P40；《汇考》P86；《玺印》P399；《大系》P341；1b：《印集》P40；1c：《泥封》）

涷布之丞

1a　　　1b　　　1b

（1a：《秦封》P236；《山全》P170、P202；《济博》P20；《大系》P156；1b：《济博》P20）

东园匠

东园大匠

（1a：《新出》P10；《青泥》P18；《大系》P66；1b：《青泥》P18；2：《在京》图二：9；《玺印》P439；《大系》P66）

东园□□

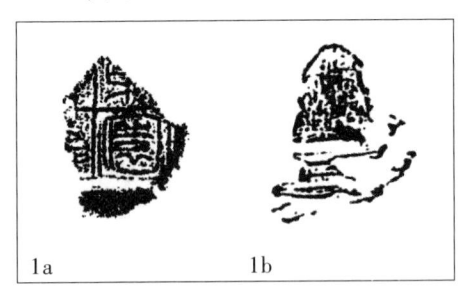

（1a：《释续》图8；《印集》P75；《汇考》P151；《大系》P66；1b：《印集》P75）

□园□匠

（1：《大系》P66）

上林

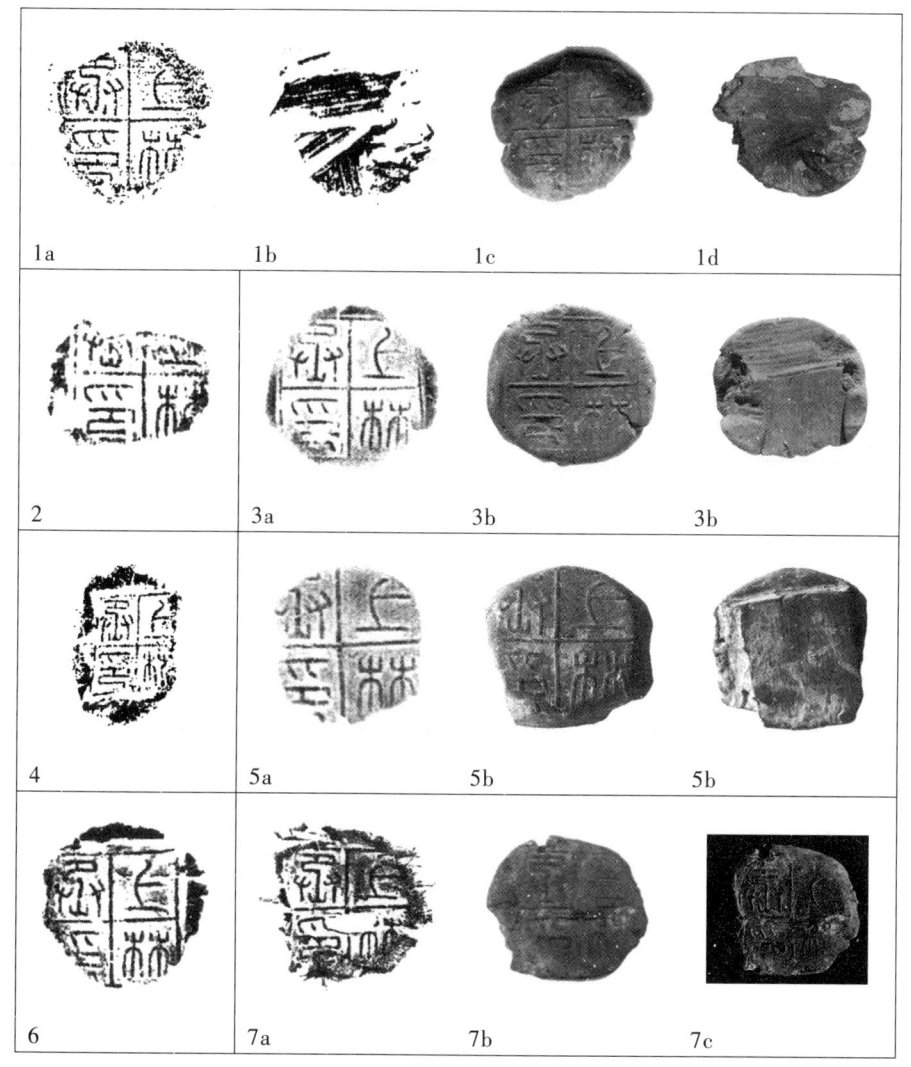

上林丞印

（1a：《印集》P50；《汇考》P105；《大系》P209；1b：《印集》P50；1c：《汇考》图版 P25；《泥选》；1d：《汇考》图版 P25；2：《汇考》P105；《大系》P209；3a：《相家》P16；《大系》P209；3b：《相家》P16；4：《印风》P129；《书集》P131；《汇考》P105；《大系》P209；5a：《相家》P16；《大系》P210；5b：《相家》P16；6：《大系》P209；7a：《发现》图 62；《图例》P54；《秦封》P167；《汇考》P105；《大系》P209；7b：《问陶》P160；7c：《秦封》彩版 4）

304　上编　中央职官

上林丞□

1

（1：《秦封》P167；《汇考》P105）

上林禁印

1a　　1b　　1b

（1a：《在京》图三：10；《玺印》P436；《新出》P29；《青泥》P19；《大系》P210；1b：《青泥》P19）

池室之印

1　　2a　　2b　　2b

第二章　丞相·三公·九卿　305

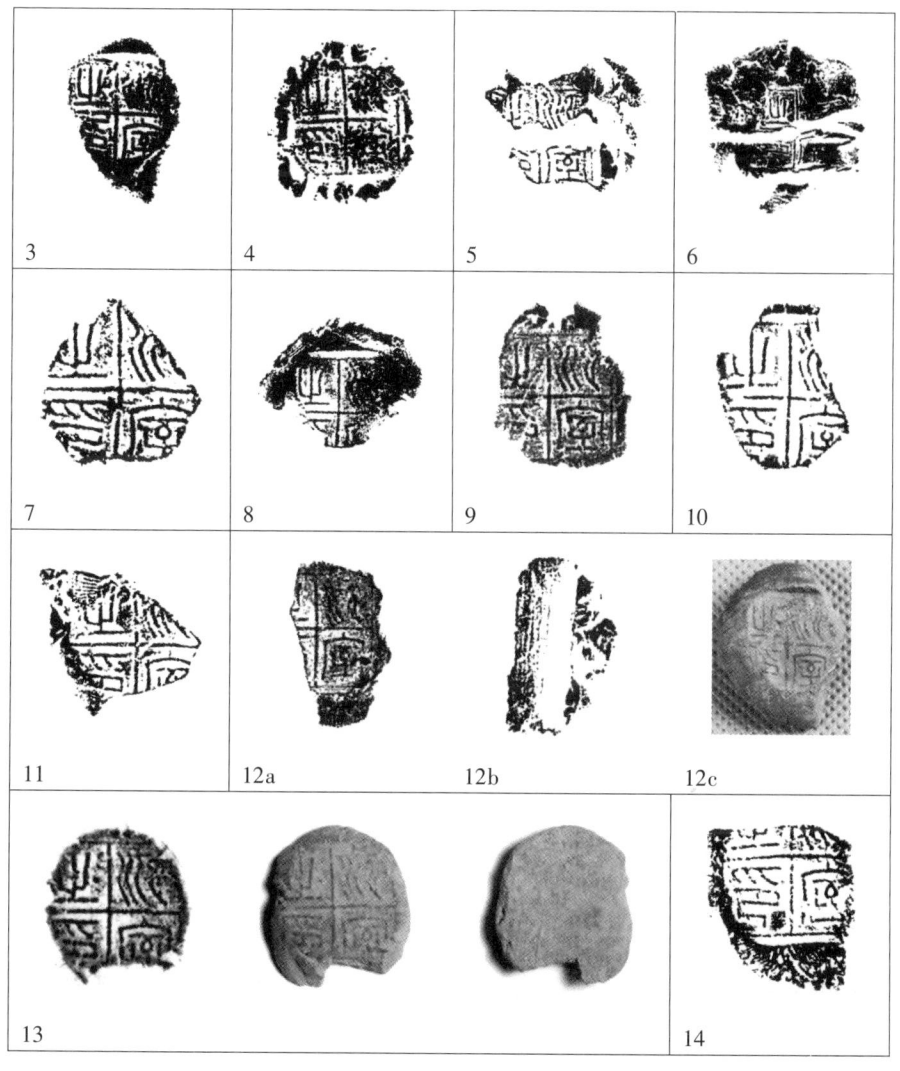

（1：《释续》图11；《印风》P131；2a：《相家》P18；《大系》P49；2b：《相家》P18；3：《大系》P49；4：《汇考》P157；《大系》P49；5：《新出》P58；《大系》P49；6：《新出》P58；7、8：《新出》P58；9：《大系》P49；10：《新出》P58；《大系》P49；11、14：《新出》P58；12a：《印集》P80；《汇考》P157；《大系》P49；12b：《印集》P80；13：《观三》P14）

池室之□

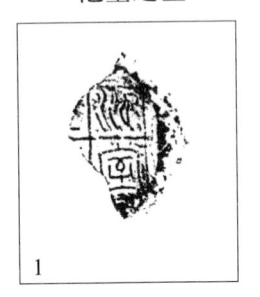

1

（1：《新出》P58；《大系》P49）

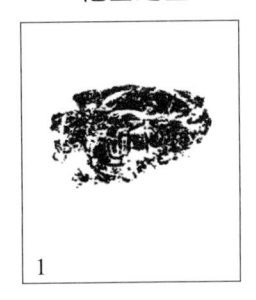

池□之□

1

（1：《新出》P58）

禁苑右监

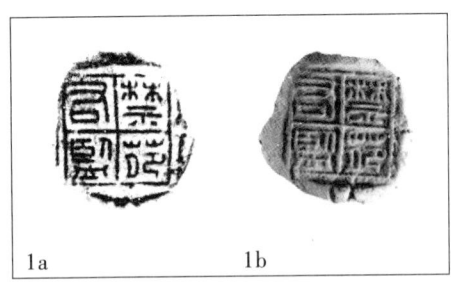

1a　1b

（1a：《玺印》P437；《发掘》图版一六：10；《新获》P287；《大系》P128；《撷珍》图2；1b：《发掘》图版七：4）

永巷

永巷

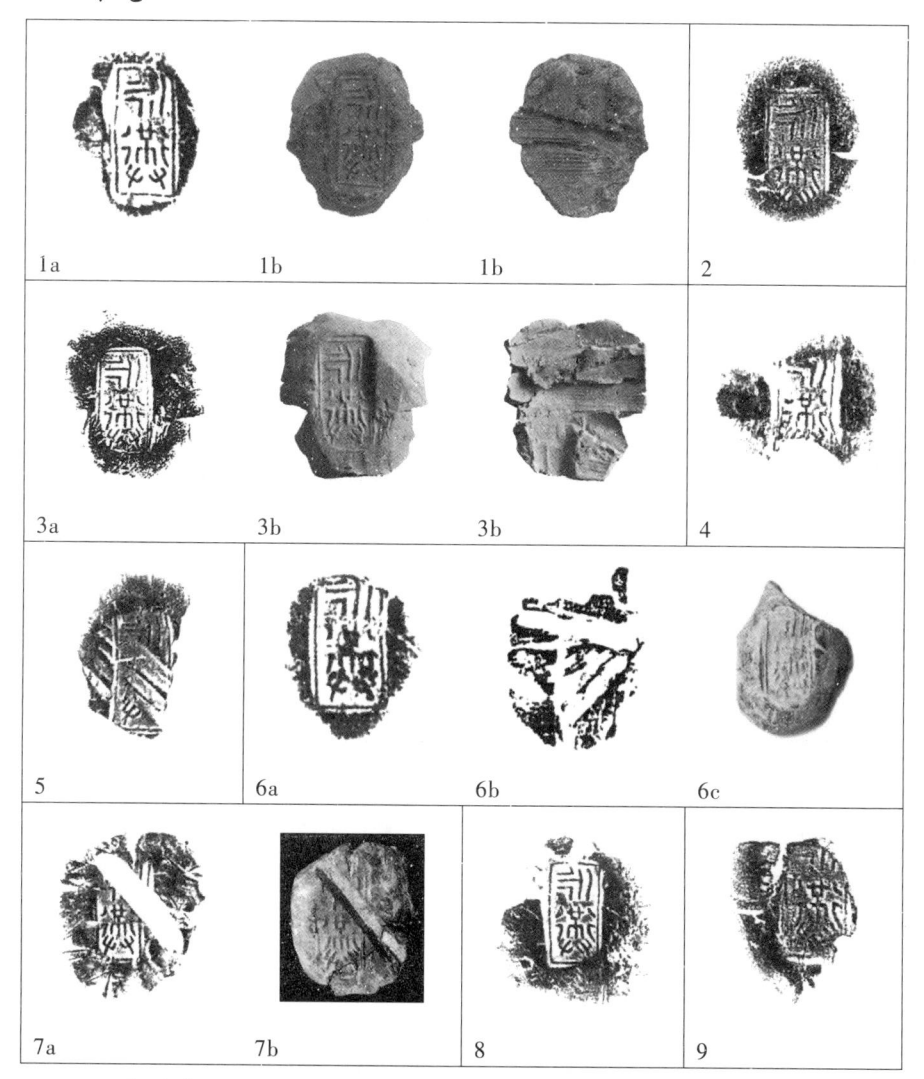

1a	1b	1b	2
3a	3b	3b	4
5	6a	6b	6c
7a	7b	8	9

（1a:《选拓》附图；《秦封》P149；《书法》P37；《书集》P124；《汇考》P83；《玺印》P392；《大系》P333；1b:《书法》P37；《汇考》图版P20；2:《新出》P86；《大系》P334；3a:《精品》P40；《大系》P334；3b:《精品》P40；4:《新出》P86；《大系》P334；5:《新出》P86；《大系》P333；6a:《印集》P38；《汇考》P83；《大系》P334；6b:《印集》P38；6c:《泥选》；7a:《发现》图13；《图例》P52；《秦封》P149；《汇考》P84；《大系》P333；7b:《秦封》图版8；8:《大系》P334；9:《大系》P334）

308 上编 中央职官

永巷丞印

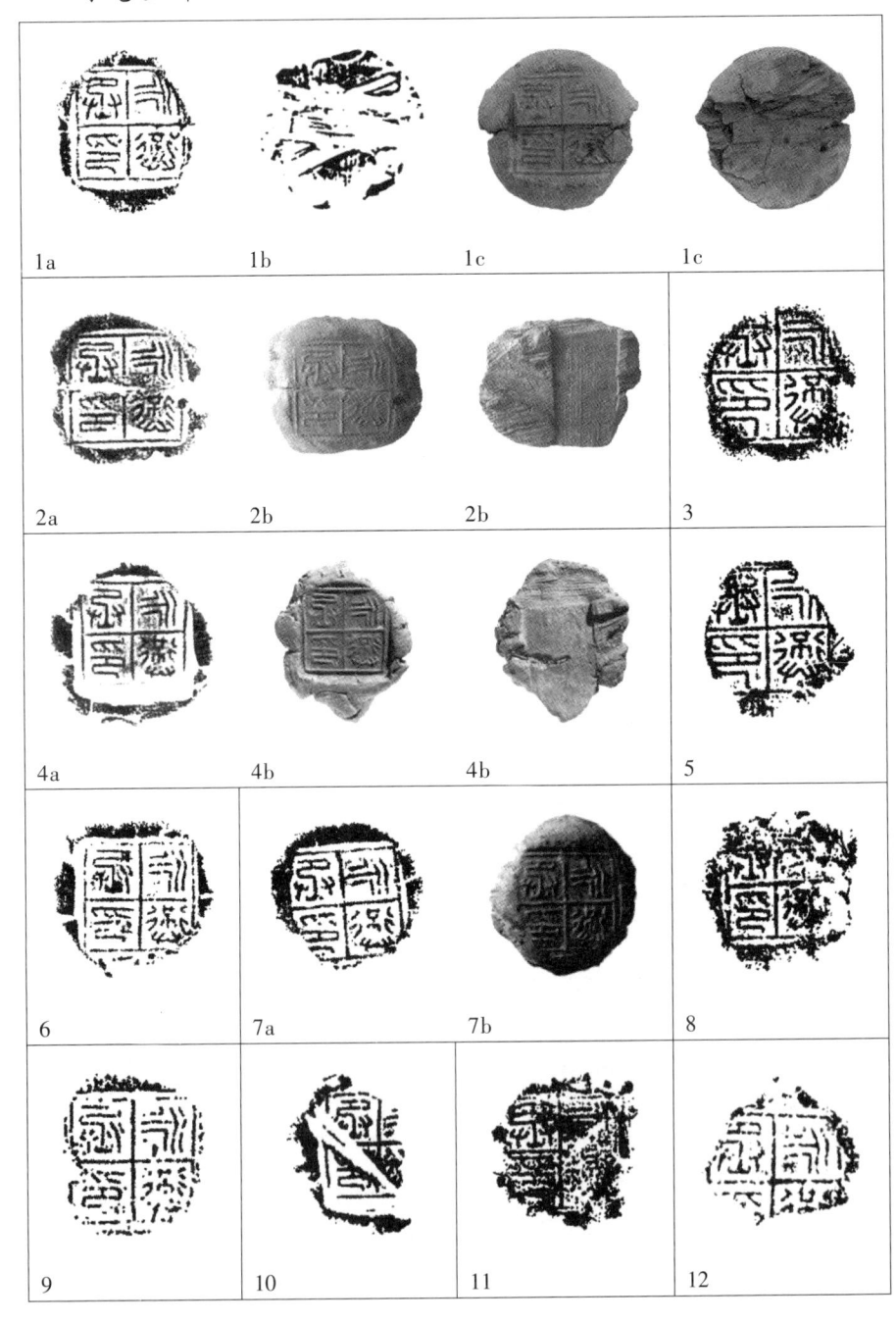

第二章 丞相·三公·九卿

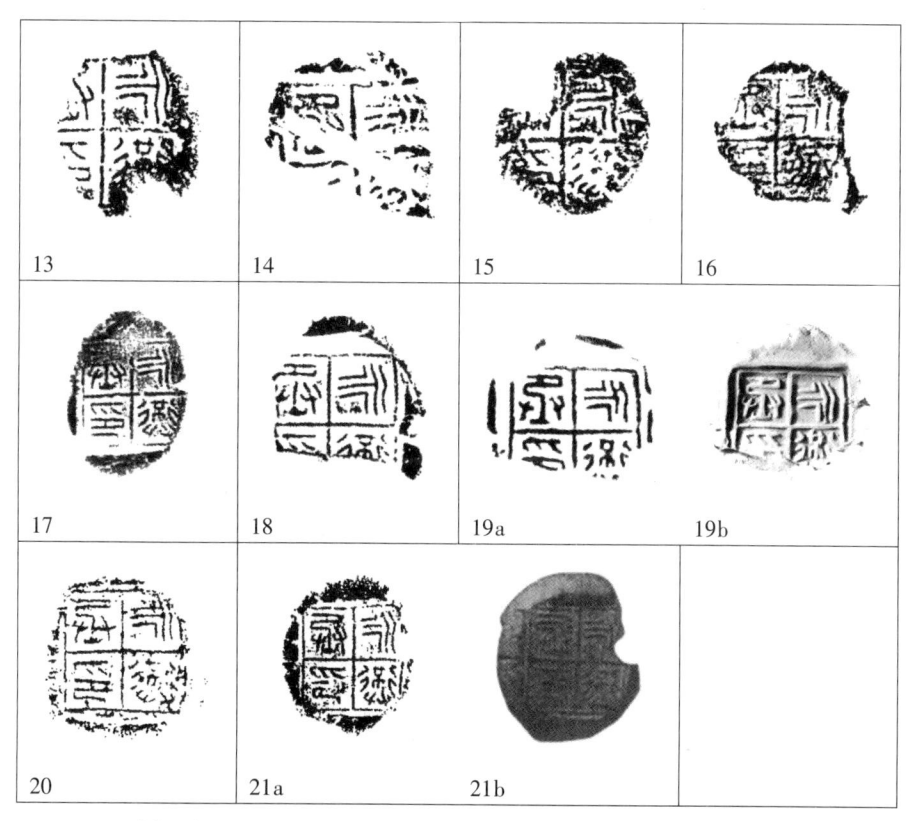

13	14	15	16
17	18	19a	19b
20	21a	21b	

（1a：《秦封》P149；《印集》P39；《书集》P124；《汇考》P84；《玺印》P444；《大系》P334；1b：《印集》P39；1c：《汇考》图版20；2a：《相家》P15；《大系》P334；2b：《相家》P15；3：《汇考》P84；4a：《相家》P15；《大系》P334；4b：《相家》P15；5：《发现》图14；《图例》P52；《秦封》P150；《书集》P124；《汇考》P85；6：《汇考》P84；《大系》P334；7a：《汇考》P84；《大系》P335；7b：《初探》图3；8：《秦封》P149；《汇考》P85；9：《秦封》P150；《汇考》P85；0：《秦封》P149；《汇考》P84；11：《秦封》P150；《汇考》P85；12—15：《新出》P43；16：《酒余》P45下；17：《大系》P334；18：《新出》P42；《大系》P335；19a：《发掘》图一八：3；《新获》P287；《大系》P334；19b：《发掘》图版12；20：《印风》P150；21a：《汇考》P84；《大系》P335；21b：《图录》；《秦研》P83）

310　上编　中央职官

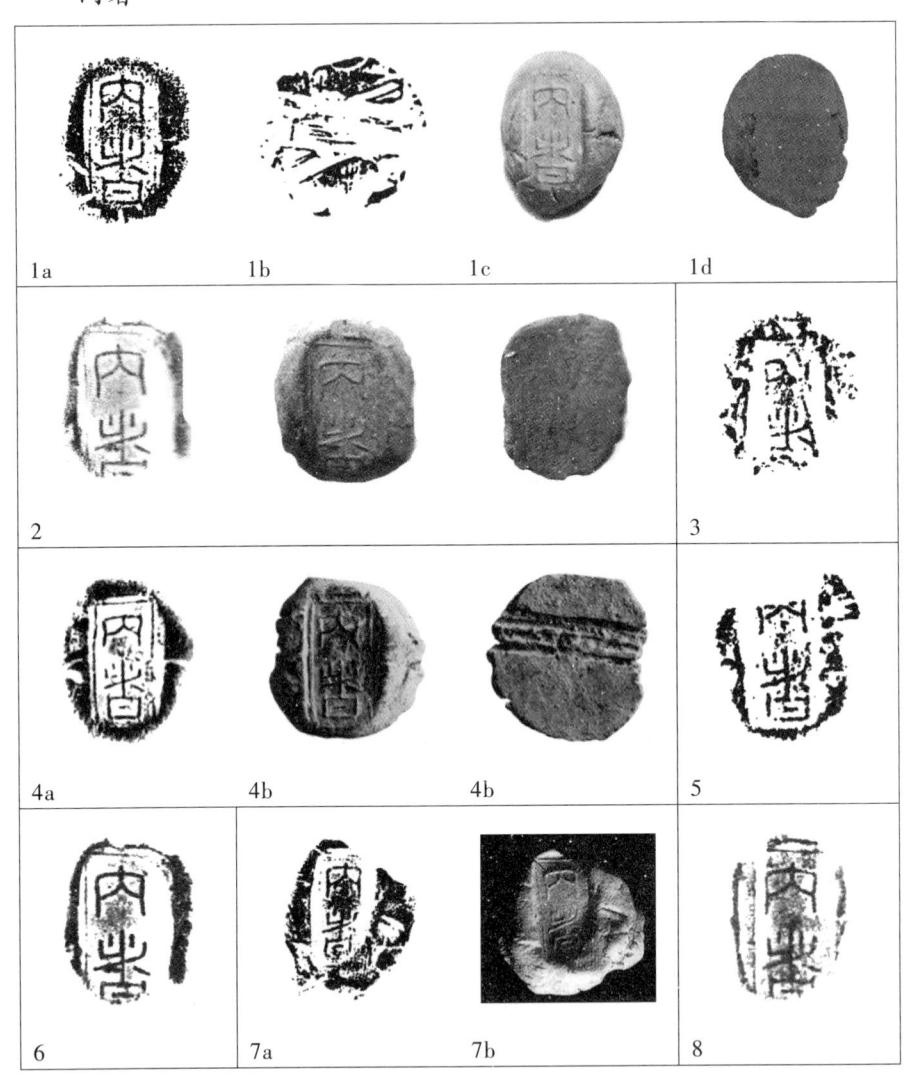

内者

内者

1a	1b	1c	1d
2			3
4a	4b	4b	5
6	7a	7b	8

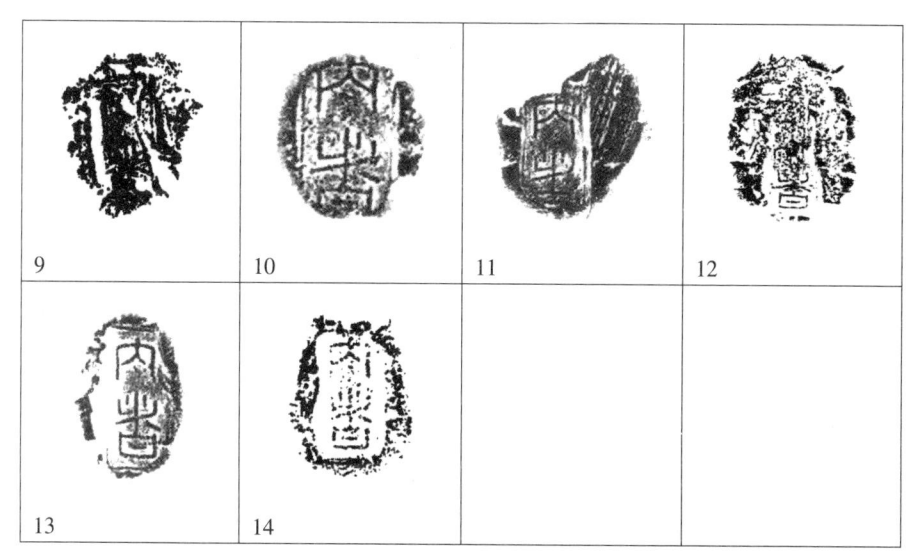

（1：《印考》图178；《秦封》P150；《印集》P39；《汇考》P85；《大系》P173；1b：《印集》P39；1c：《汇考》图版P21；《泥选》；1d：《汇考》图版P21；2：《相家》P17；3：《秦封》P150；《汇考》P85；4a：《青泥》P12；《新出》P72；《大系》P173；4b：《青泥》P12；5：《秦封》P150；《汇考》P85；6、8：《大系》P173；7a：《发现》图58；《秦封》P150；《书集》P121；《汇考》P85；7b：《秦封》图版4；9：《秦封》P150；《汇考》P86；10：《新出》P27；《大系》P173；11：《酒余》P37上；《大系》P173；12：《新出》P73；《大系》P173；13：《大系》P173；14：《秦封》P150；《汇考》P85）

内者府印

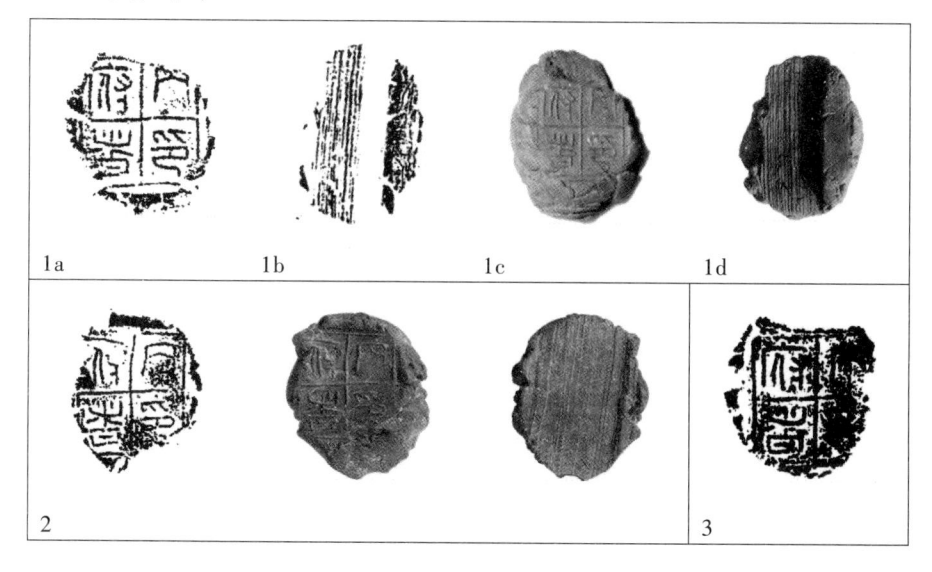

312　上编　中央职官

(1a:《印风》P132;《印集》P40;《汇考》P86;《大系》P173;1b:《印集》P40;1c:《汇考》图版P21;《泥选》;1d:《汇考》图版P21;2:《上封》P52;3、4:《汇考》P86;《大系》P173;5、6:《大系》P174;7:《补读》图2:36;《秦封》P151;《汇考》P86;《玺印》P442;《大系》P174;8:《酒余》P37下)

内□府□

(1:《大系》P174)

大内

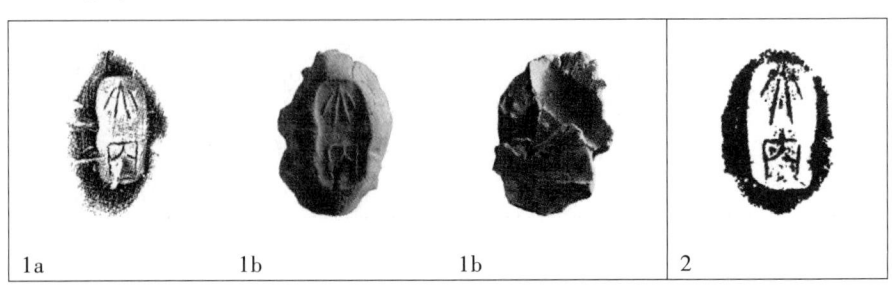

第二章　丞相·三公·九卿　313

3	4		

（1a：《新出》P59；《青泥》P10；《大系》P55；1b：《青泥》P10；2：《在京》图二：6；《大系》P55；3、4：《大系》P55）

大内丞印

1	2	3a	3b
4a	4c	4c	5
4b	4d	4d	6

314　上编　中央职官

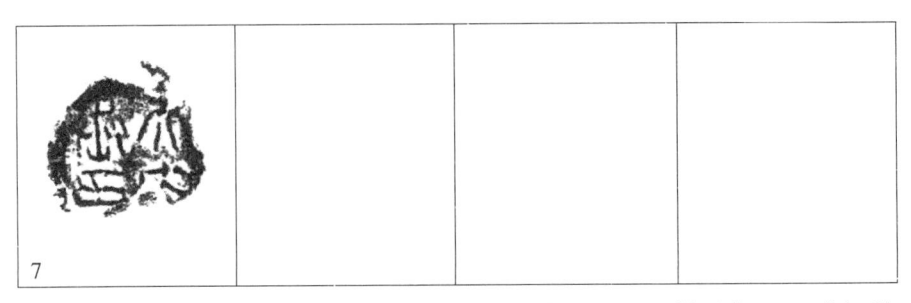

7			

（1：《在京》图二：7；《玺印》P444；《大系》P56；2：《新出》P59；《大系》P56；3a：《发掘》图一六：8；《新获》P287；《大系》P55；3b：《发掘》图版七：3；4a：《菁华》P29；4b：《精品》P37；《大系》P56；4c：《菁华》P29；4d：《精品》P37；5—7：《大系》P56）

泰内

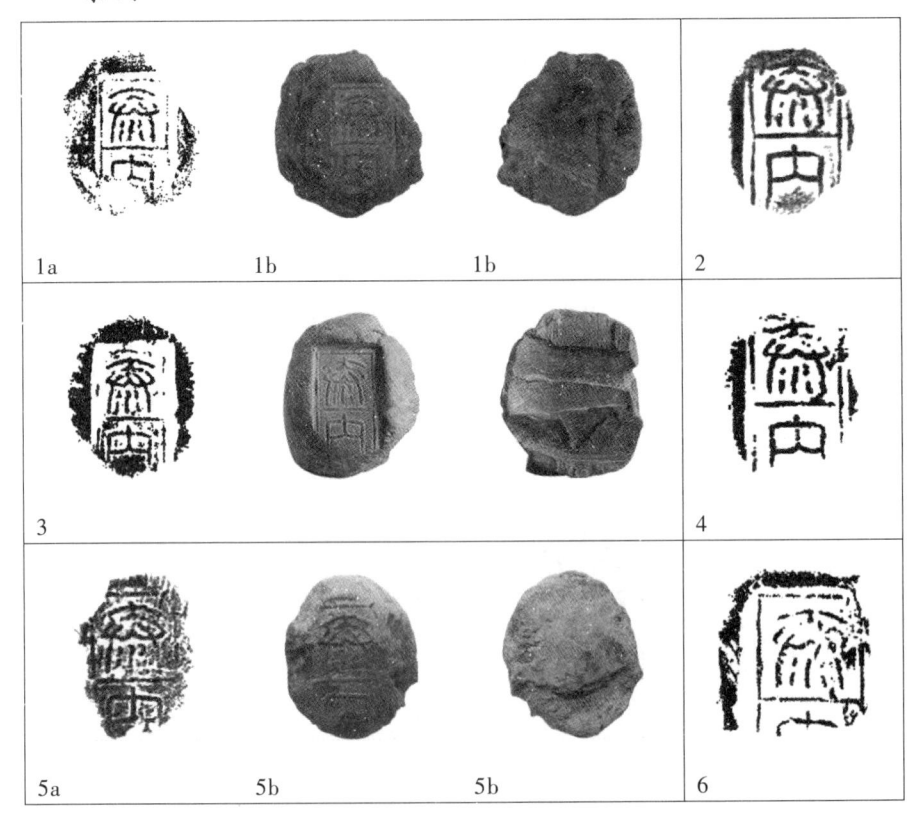

1a	1b	1b	2
3			4
5a	5b	5b	6

7a	7b	8a	8b
9			

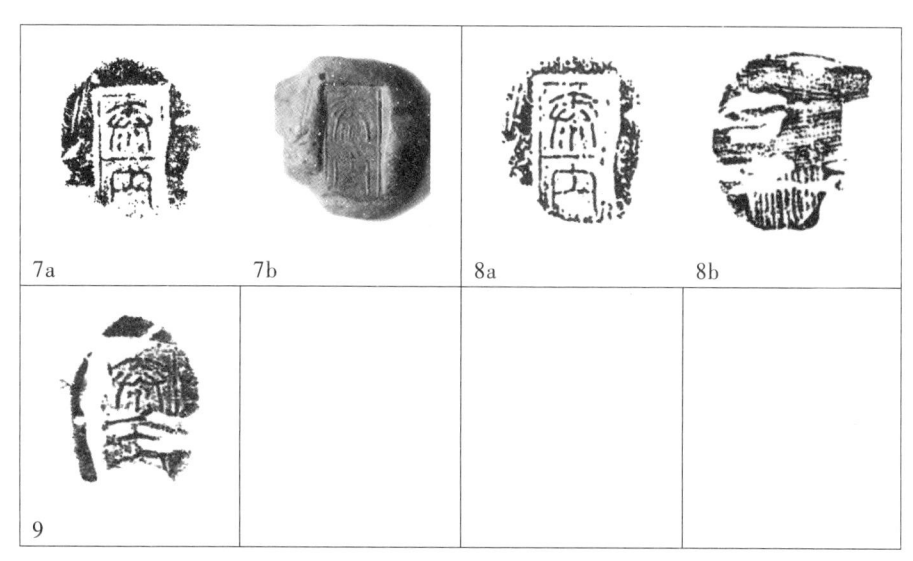

（1a：《汇考》P58；《大系》P258；1b：《汇考》图版P14；2、9：《大系》P258；3：《上封》P53；4：《在京》图二：8；《玺印》P391；5a：《相家》P9；《大系》P258；5b：《相家》P9；6：《新出》P36；《大系》P258；7a：《新官》图6；《大系》P258；7b：《泥选》；8a：《印集》P25；《汇考》P58；《大系》P258；8b：《印集》P25）

泰内丞印

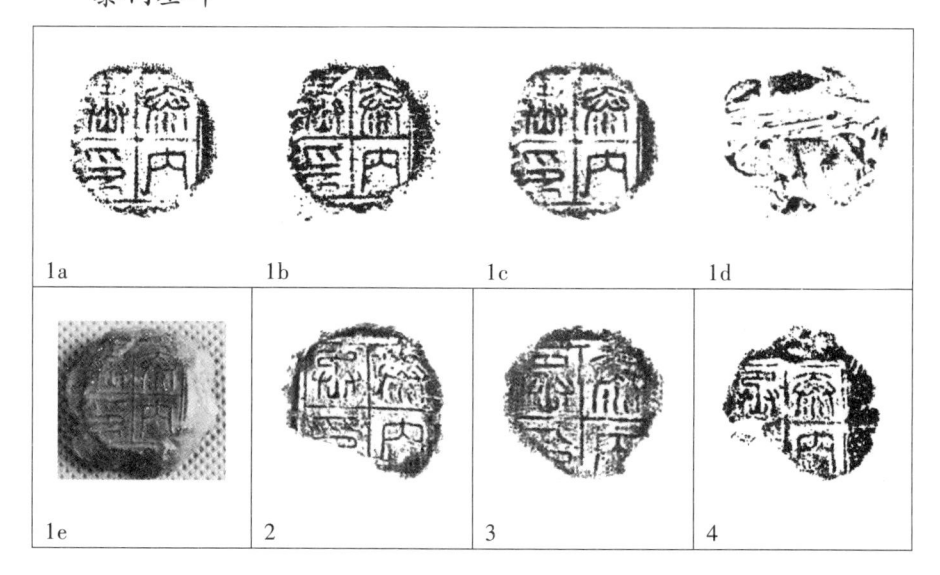

1a	1b	1c	1d
1e	2	3	4

316　上编　中央职官

5

（1a:《印集》P26;《汇考》P58；1b:《印风》P142；1c:《大系》P258；1d:《印集》P26；1e:《泥选》；2:《新出》P36;《大系》P258；3:《大系》P258；4:《汇考》P58;《大系》P258；5:《补读》图5;《玺印》P449;《汇考》P58;《大系》P258）

泰内□□

1

（1:《酒余》P41下；《大系》P259）

少内

1　2

第二章 丞相·三公·九卿 317

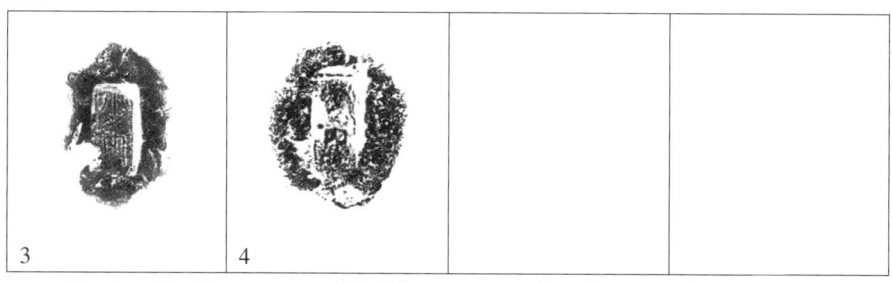

3	4		

(1、3:《大系》P222；2:《陕北》P110；4:《新选》P106;《大系》P222)

宦者
宦者

1a	1b	1c	2

(1a:《印集》P42;《汇考》P87;《大系》P118；1b:《印集》P42；1c:《泥选》；2:《大系》P118)

宦者丞印

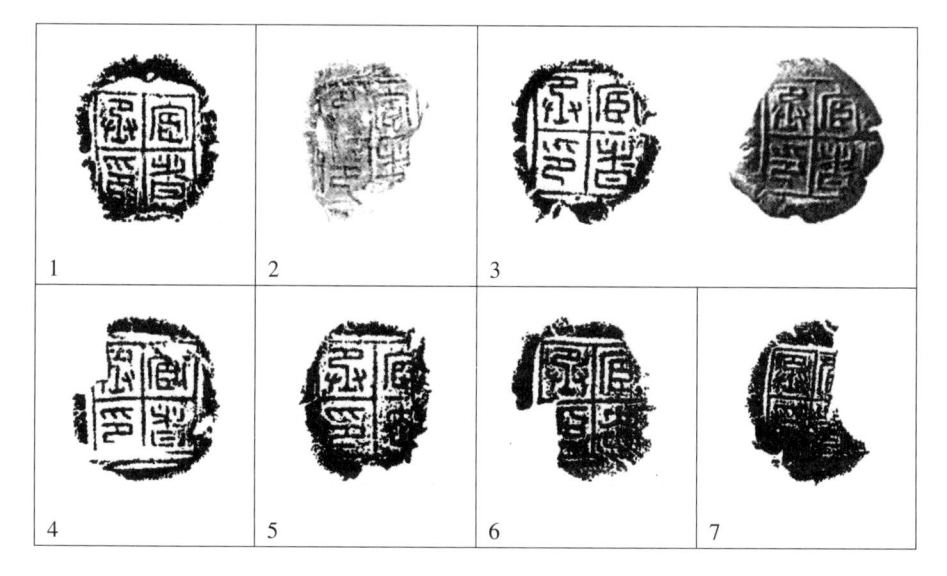

1	2	3	
4	5	6	7

318 上编 中央职官

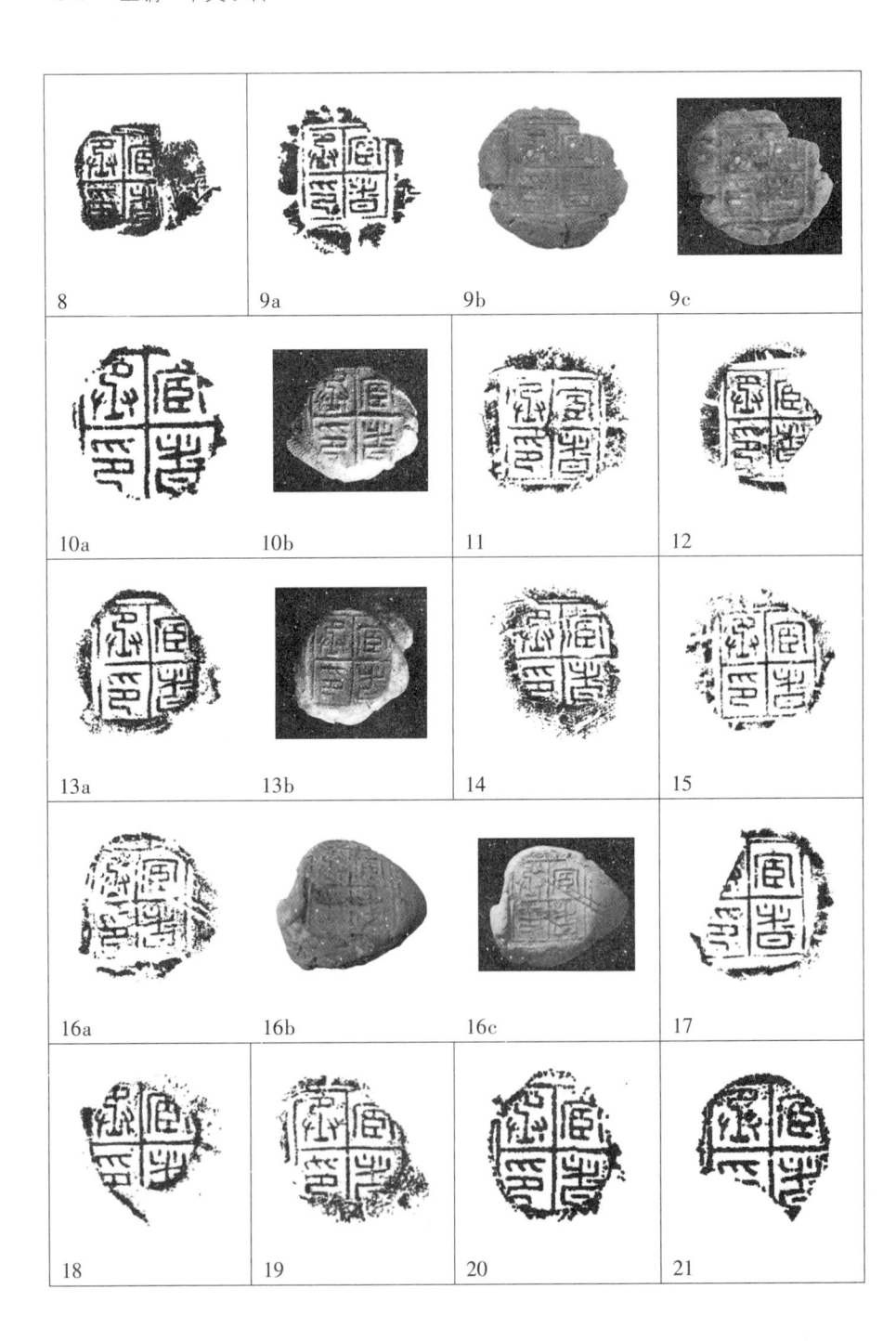

8	9a	9b	9c
10a	10b	11	12
13a	13b	14	15
16a	16b	16c	17
18	19	20	21

第二章　丞相・三公・九卿

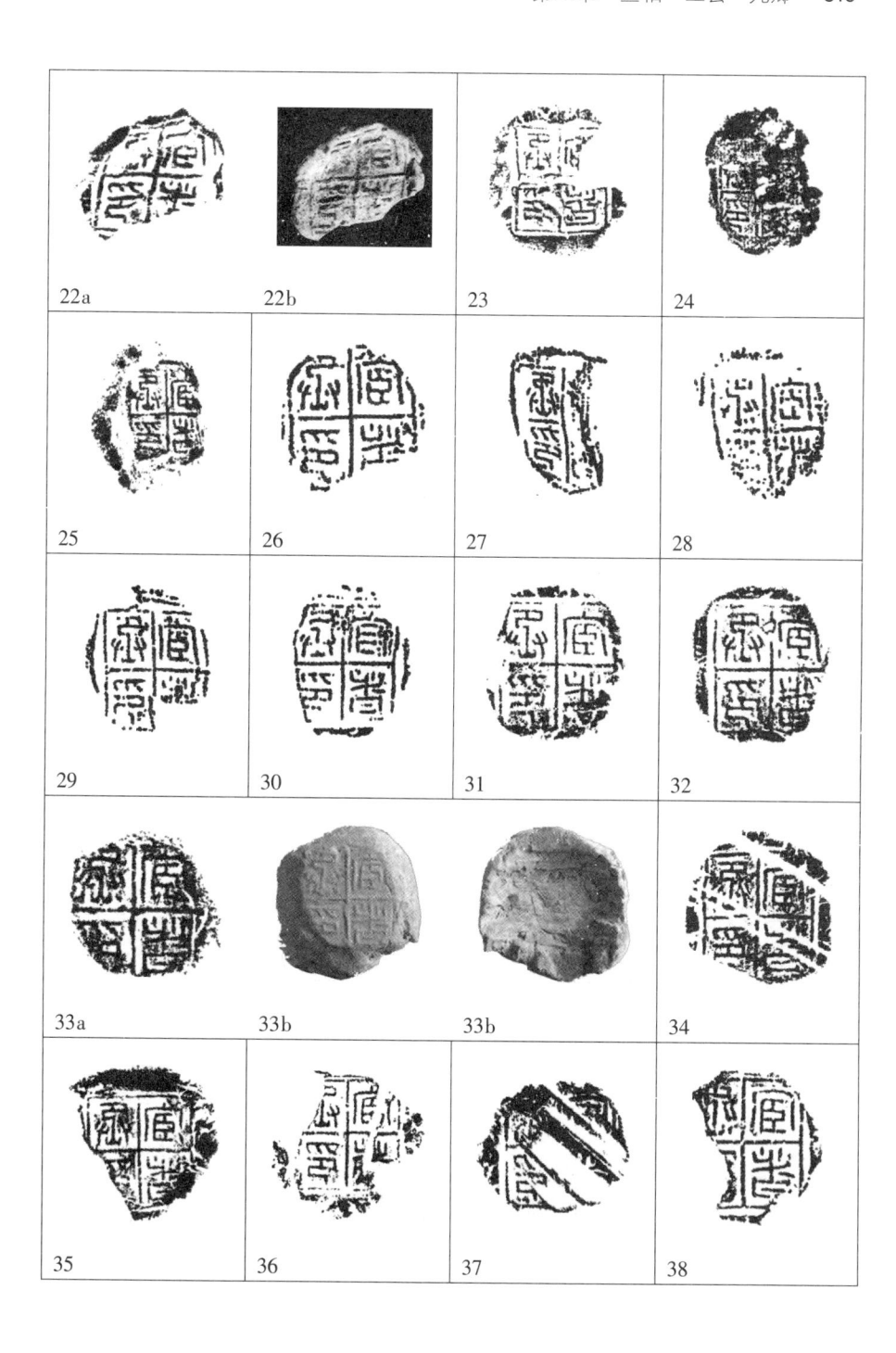

39 40 41 42

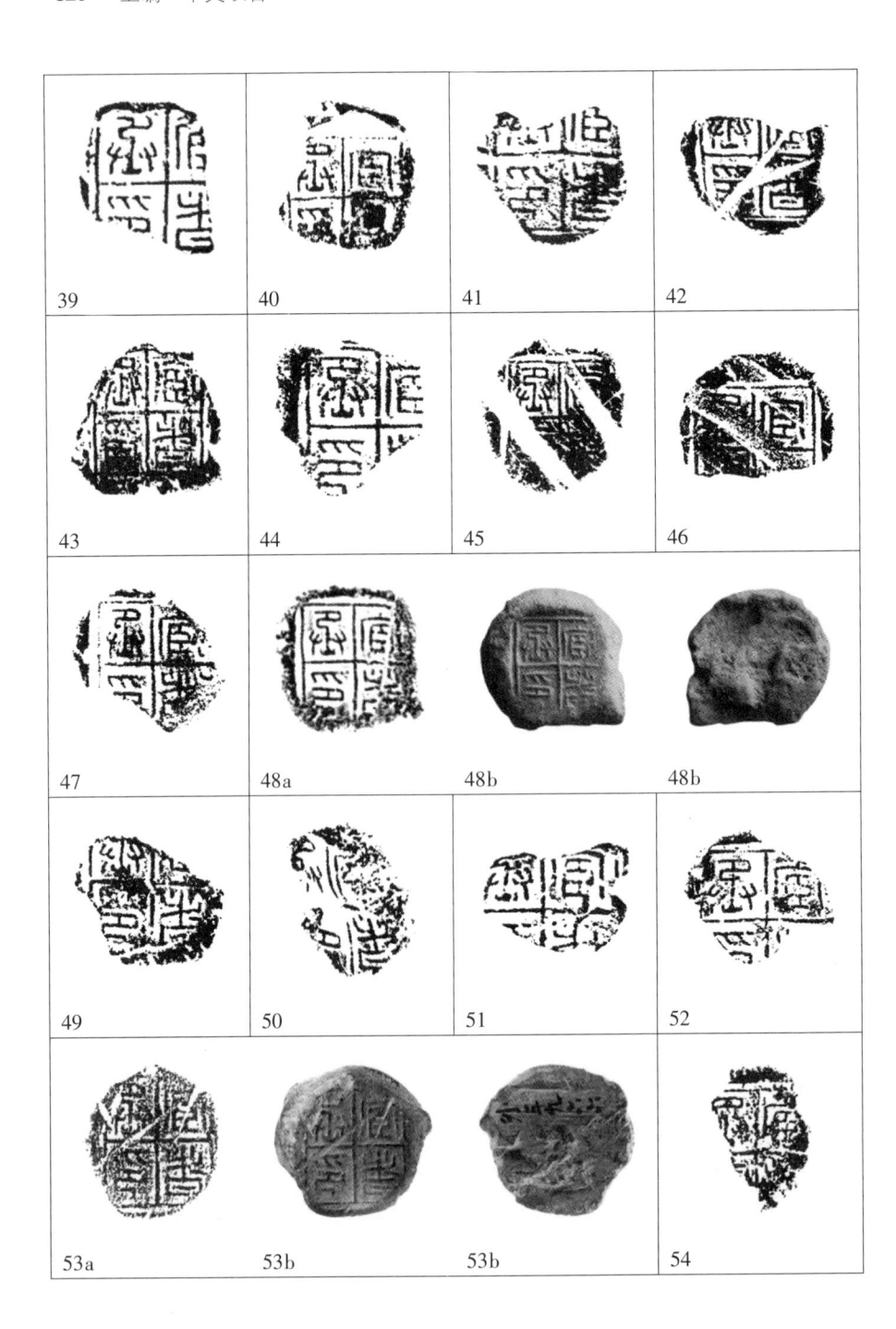

43 44 45 46

47 48a 48b 48b

49 50 51 52

53a 53b 53b 54

第二章 丞相・三公・九卿　321

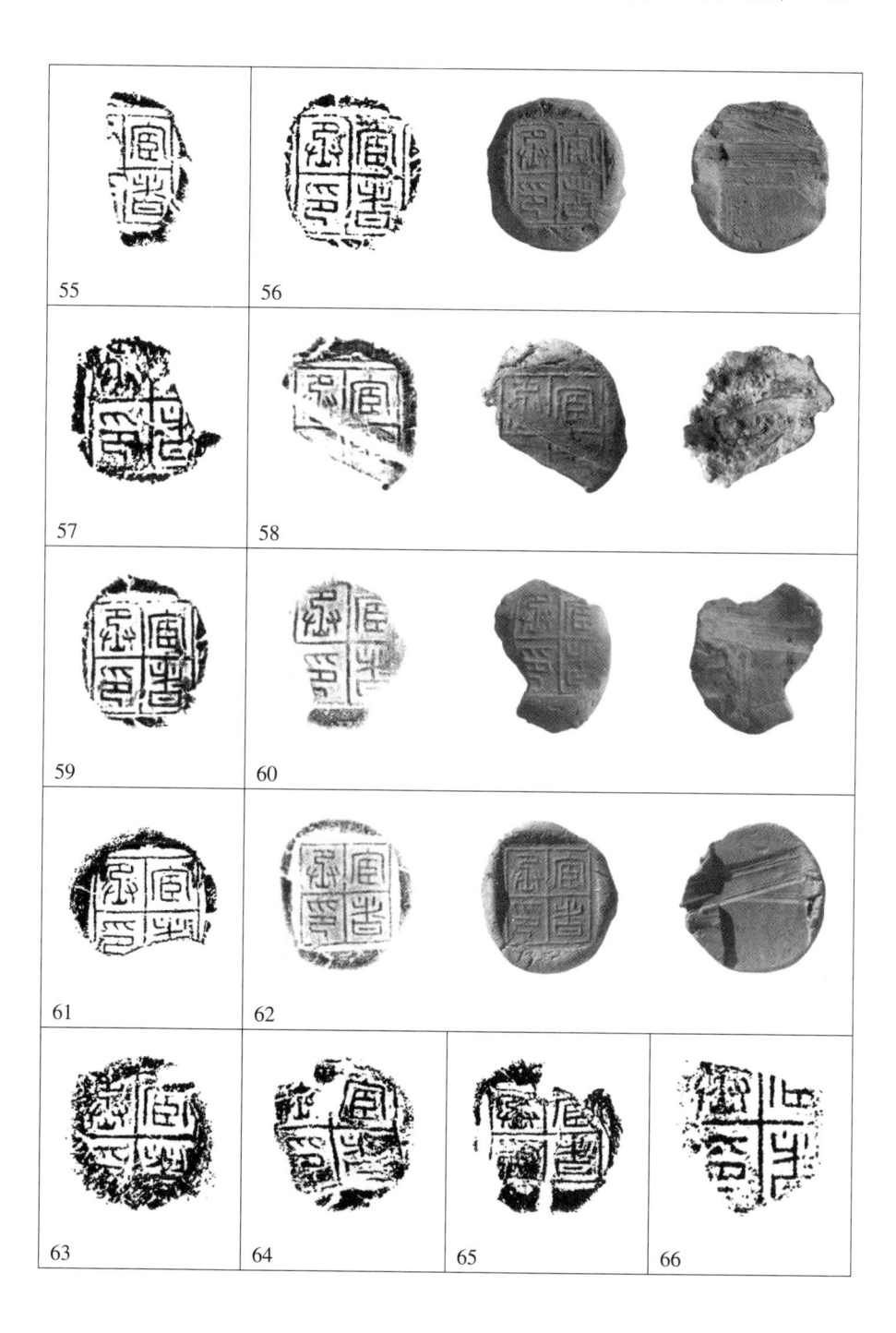

55

56

57

58

59

60

61

62

63

64

65

66

322 上编　中央职官

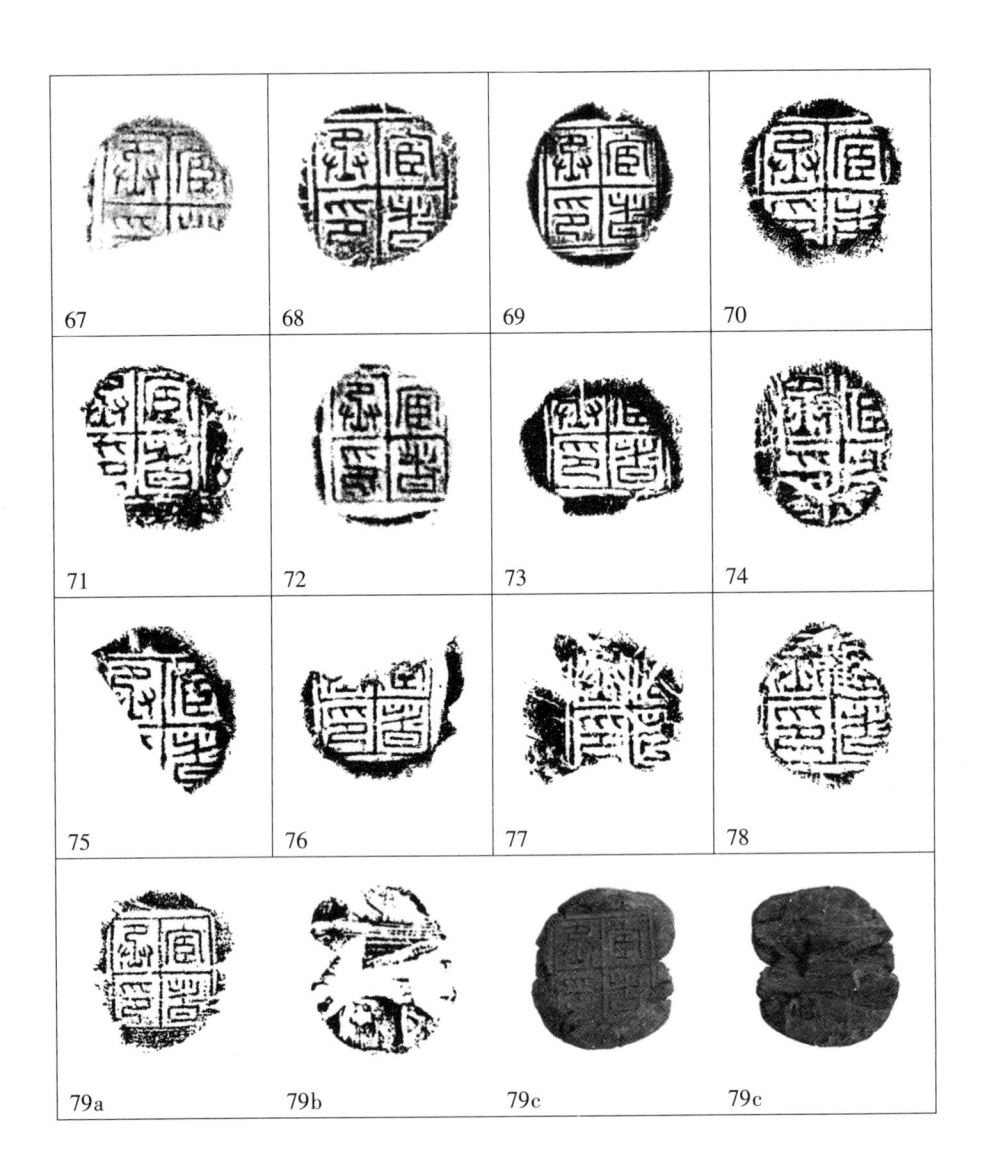

67	68	69	70
71	72	73	74
75	76	77	78
79a	79b	79c	79c

第二章 丞相・三公・九卿

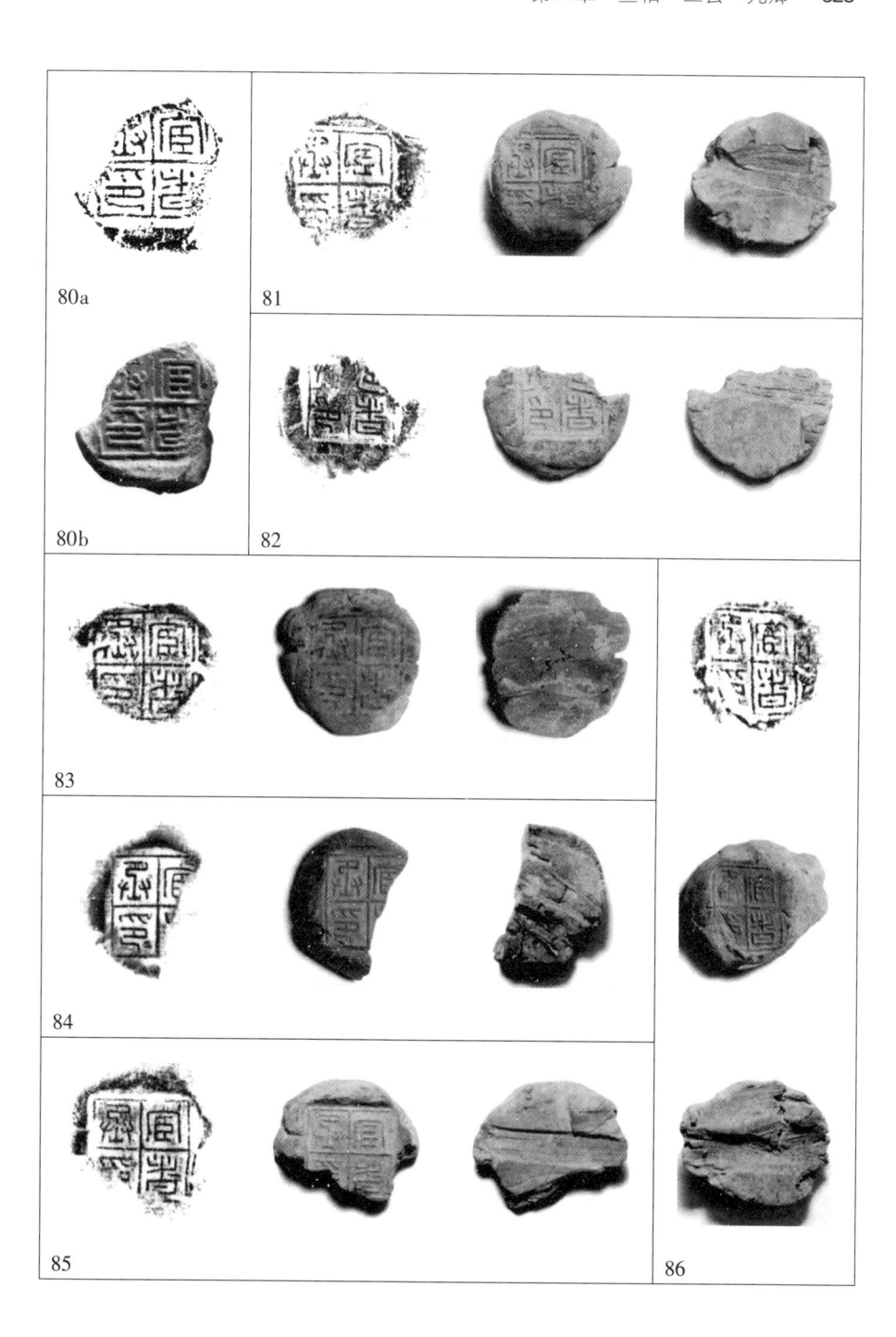

80a
80b
81
82
83
84
85
86

324　上编　中央职官

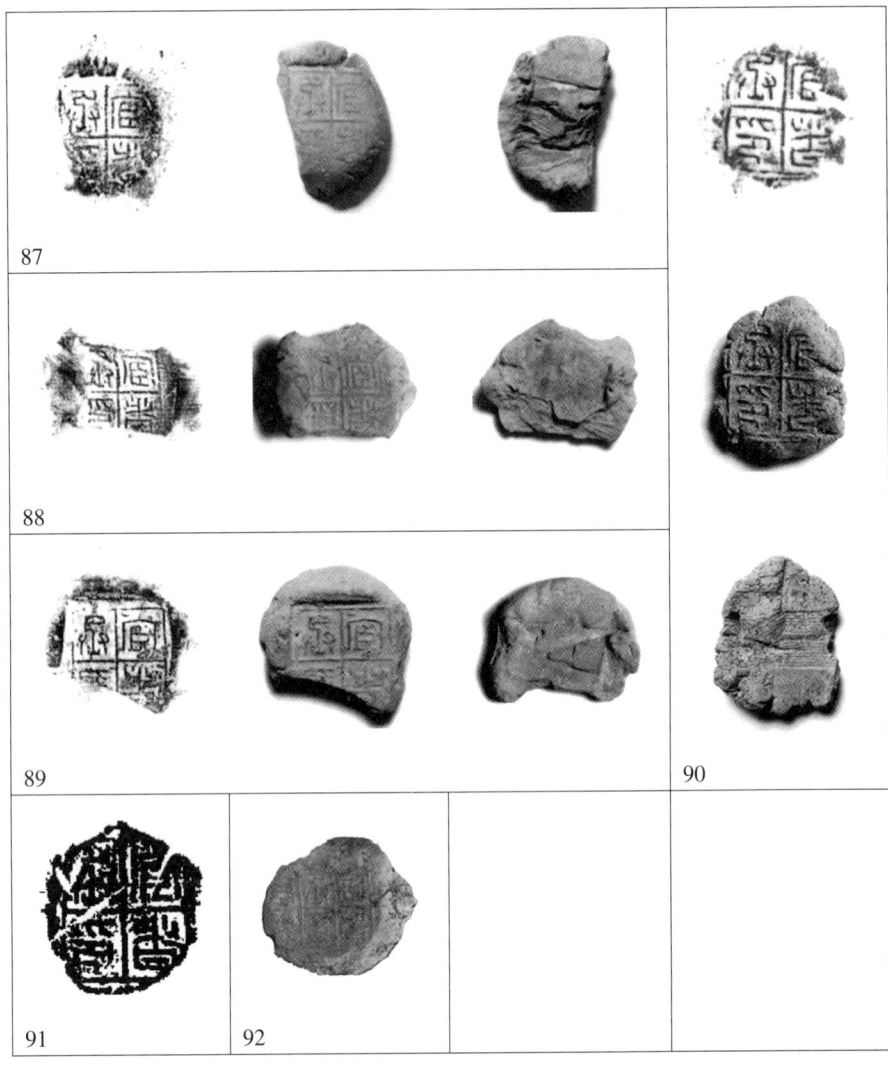

（1：《汇考》P88；2：《长安》P35；3：《初探》P8；《印风》P132；《汇考》P88；4：《汇考》P88；《大系》P119；5—7：《汇考》P88；8：《秦封》P152；《汇考》P88；9a：《发现》图59；《图例》P54；《秦封》P152；《书集》P122；《汇考》P88；9b：《问陶》P161；9c：《秦封》彩版2；10a：《秦封》P153；《汇考》P89；《玺印》P443；10b：《秦封》图版9；11：《秦封》P153；《汇考》P89；12、14：《秦封》P153；《汇考》P89；13a：《秦封》P153；《汇考》P89；13b：《秦封》图版3；15：《秦封》P153；《汇考》P89；16a：《秦封》P153；《汇考》P89；16b：《问陶》P166；16c：《秦封》图版7；17—20：《秦封》P153；《汇考》P89；21、23、24：《秦封》P153；《汇考》P90；22a：《秦封》P153；《汇考》P89；22b：《秦封》图版5；25—29：《秦封》P153；《汇考》P90；30：《秦封》P154；《汇考》P90；31、32：《新出》

第二章　丞相·三公·九卿　　325

P17；33a：《新选》P96；《精品》P41；33b：《精品》P41；34、35：《新出》P17；36—42《新出》P18；43：《新出》P18；《大系》P119；44—47、49—52、54、55：《新出》P18；48a：《新出》P17；《青泥》P14；48b：《青泥》P14；53a：《古封》P22；《中封》P29；《秦封》P152；《书集》P122；《汇考》P90；山全》P59；53b：《中封》P29；56：《上封》P55；57：《新出》P18；58：《相家》P15；59：《大系》P119；60：《相家》P15；61：《新出》P66；62a：《相家》P15；《大系》P119；62b：《相家》P15；63—66：《新出》P66；68、69：《大系》P119；70、71、73—76、78：《新出》P66；72：《发掘》图一七：23；《新获》P289；《大系》P119）；77：《长安》P34；79a：《书法》P37；《印集》P42；《汇考》P88；《大系》P119；79b：《印集》P42；79c：《书法》P37；《汇考》图版P22；80a：《新出》P66；《秦选》P84；80b：《秦选》P84；81：《观二》P14；82：《观二》P45；83：《观三》P13；84：《观三》P16；85：《观三》P18；86：《观三》P26；87：《观三》P33；88：《观三》P35；89：《观三》P38；90：《观三》P39；91：《古封》P22；《秦封》P152；《大系》P119；92：《字博》P33）

又：《发掘》P534《出土封泥登记表》2000CH相1T2③：85、111、T3③：12、TG1：66共4枚均为"宦者丞印"。

宦者丞□

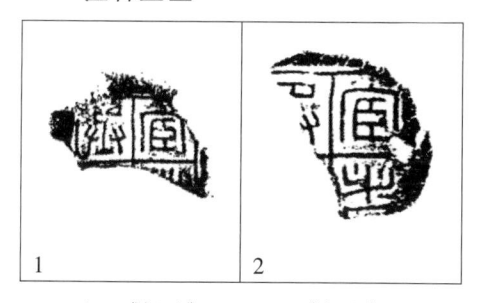

（1：《新选》P96；2：《新出》P18）

宦者□印

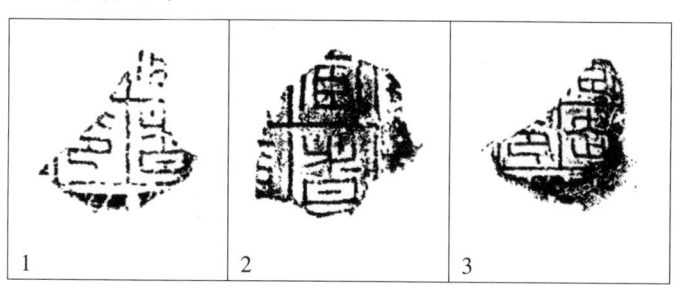

（1：《新出》P18；2：《新出》P66；3：《酒余》P33 上）

宦□丞□

| 1 | 2 |

（1：《酒余》P33 上；2：《新出》P66）

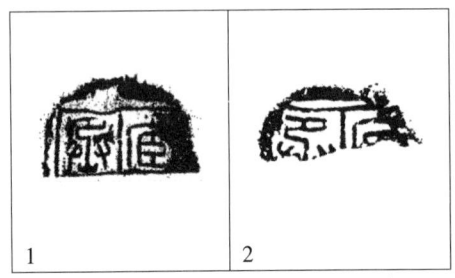

宦者□□

| 1 | 2 | 3 | 4 |

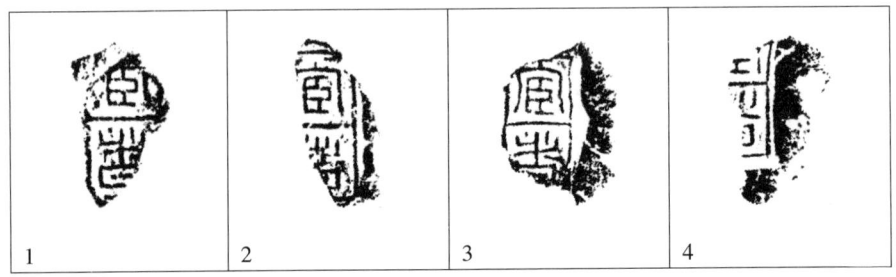

（1—2：《新出》P18；3、4：《新出》P66）

□者丞印

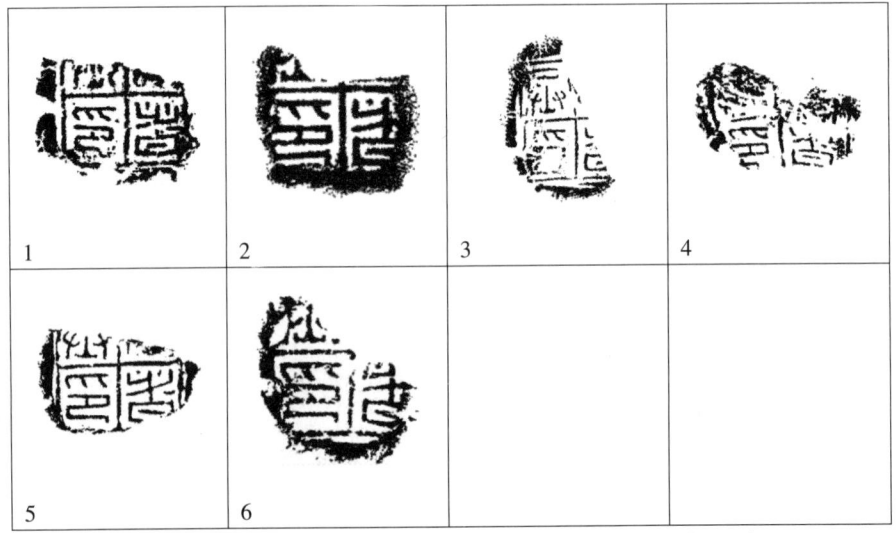

| 1 | 2 | 3 | 4 |
| 5 | 6 | | |

（1：《酒余》P33 上；2：《新出》P66；《新选》P96；3、4：《新出》P19；5、6：《新出》P66）

□者□印

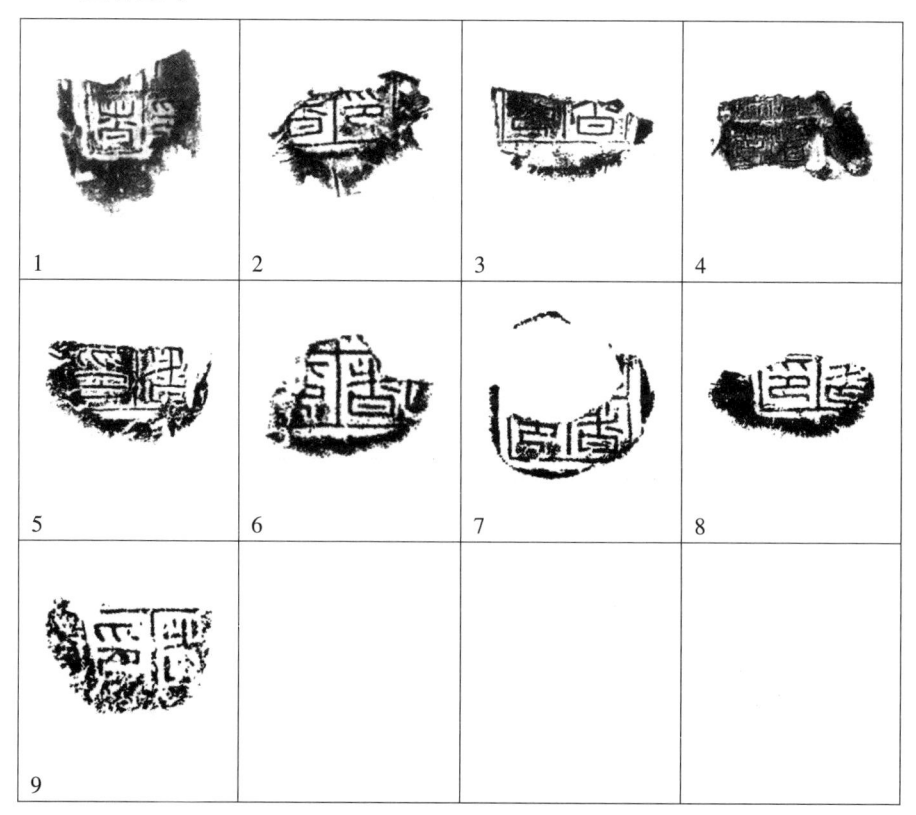

(1:《酒余》P38;《大系》P173; 2:《大系》P174、P423; 3、4:《大系》P424; 5:《新出》P42; 6:《新选》P96; 7:《新出》P18; 8:《新出》P67; 9:《新出》P19)

宦者监印

(1:《大系》P119)

328 上编　中央职官

宦走

宦走

| 1a | 1b | 1b | 2 |

（1a:《相家》P32；《大系》P120；1b:《相家》P32；2:《大系》P120）

□走

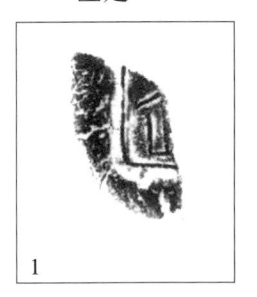

| 1 |

（1:《大系》P120）

宦走丞印

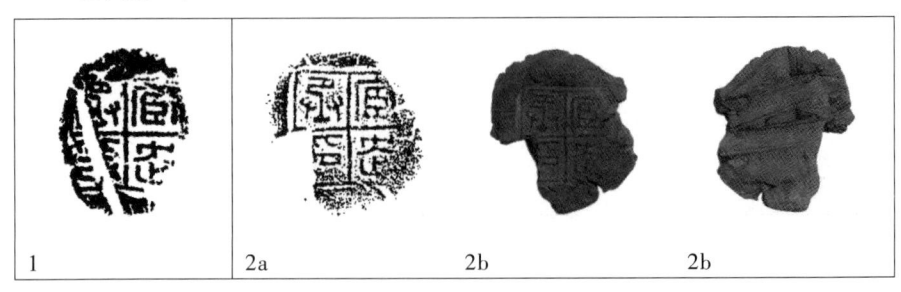

| 1 | 2a | 2b | 2b |

第二章　丞相・三公・九卿

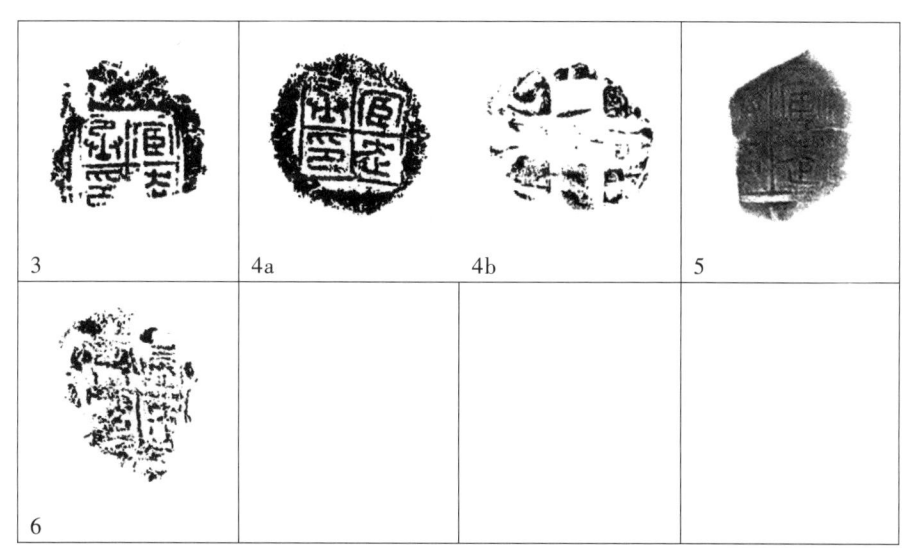

（1:《汇考》P91；2a:《汇考》P91、《汇考》图版 P22；2b:《汇考》图版 P22；3:《补读》图 11；《秦封》P154；《书集》P124；《汇考》P91；《玺印》P443；4a:《印集》P43；《汇考》P91；4b:《印集》P43；5:《大系》P120；6:《新出》P19）

宦走丞□

（1:《新出》P19）

宦走□印

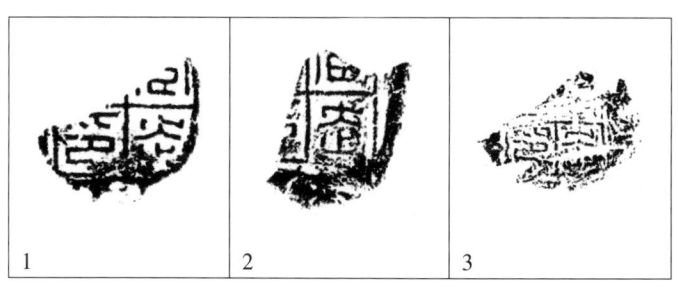

（1、2:《新出》P19；《大系》P120；3《：新出》P67）

宦走□□

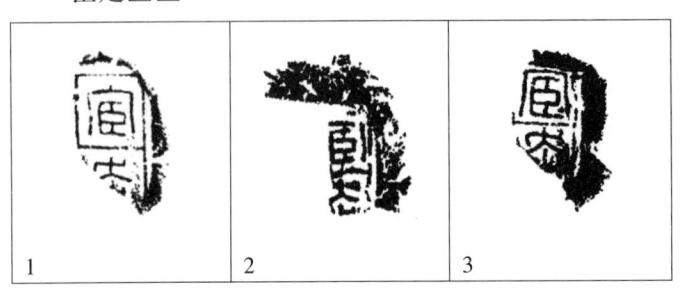

1　2　3

（1：《新出》P19；2：《新官》图13；《大系》P119；3：《秦封》P154；《汇考》P91）

御府

御府

1a　1b

（1a：《发掘》；1b：《发掘》图版14）

御府之印

1　2

第二章　丞相・三公・九卿　331

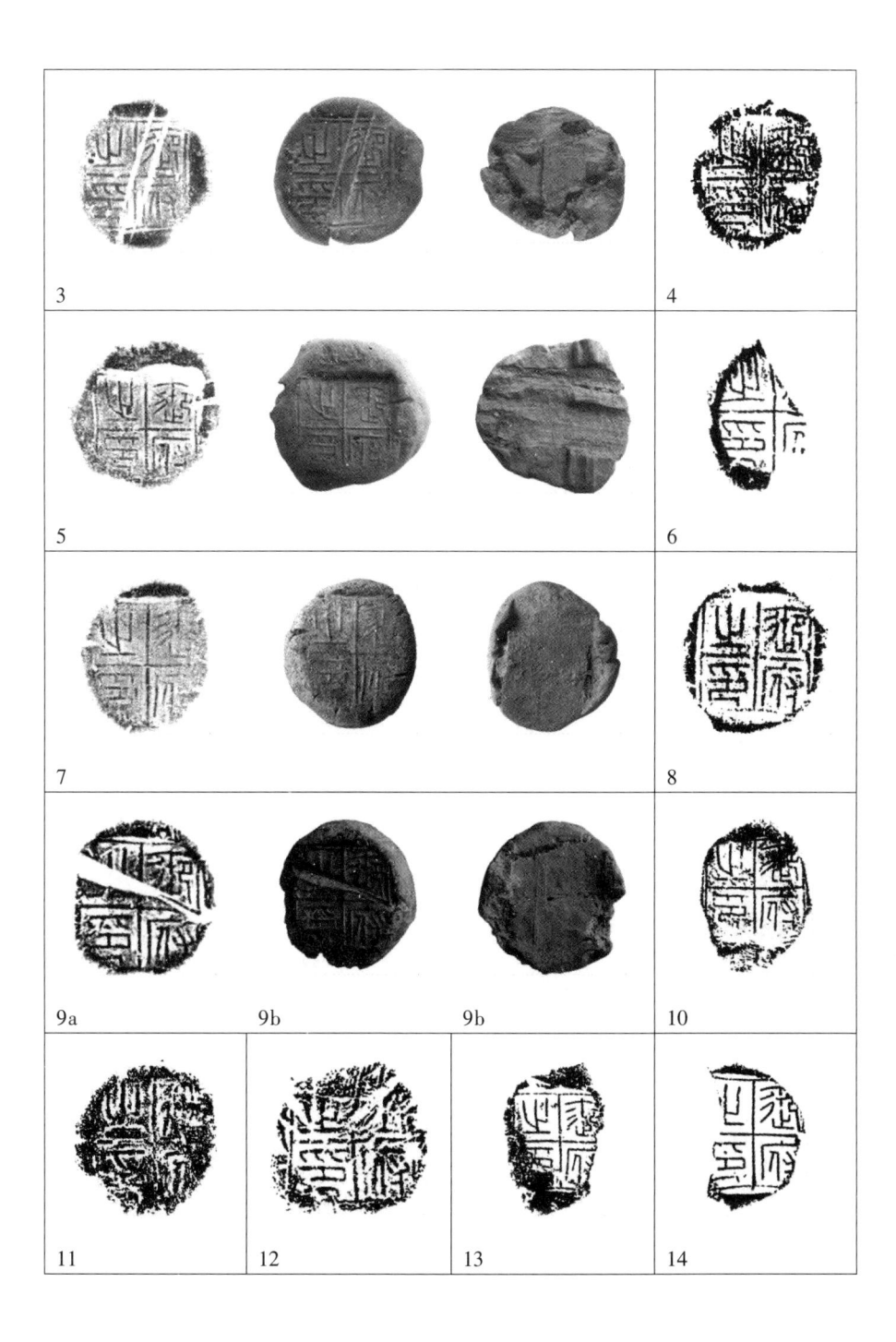

332 上编 中央职官

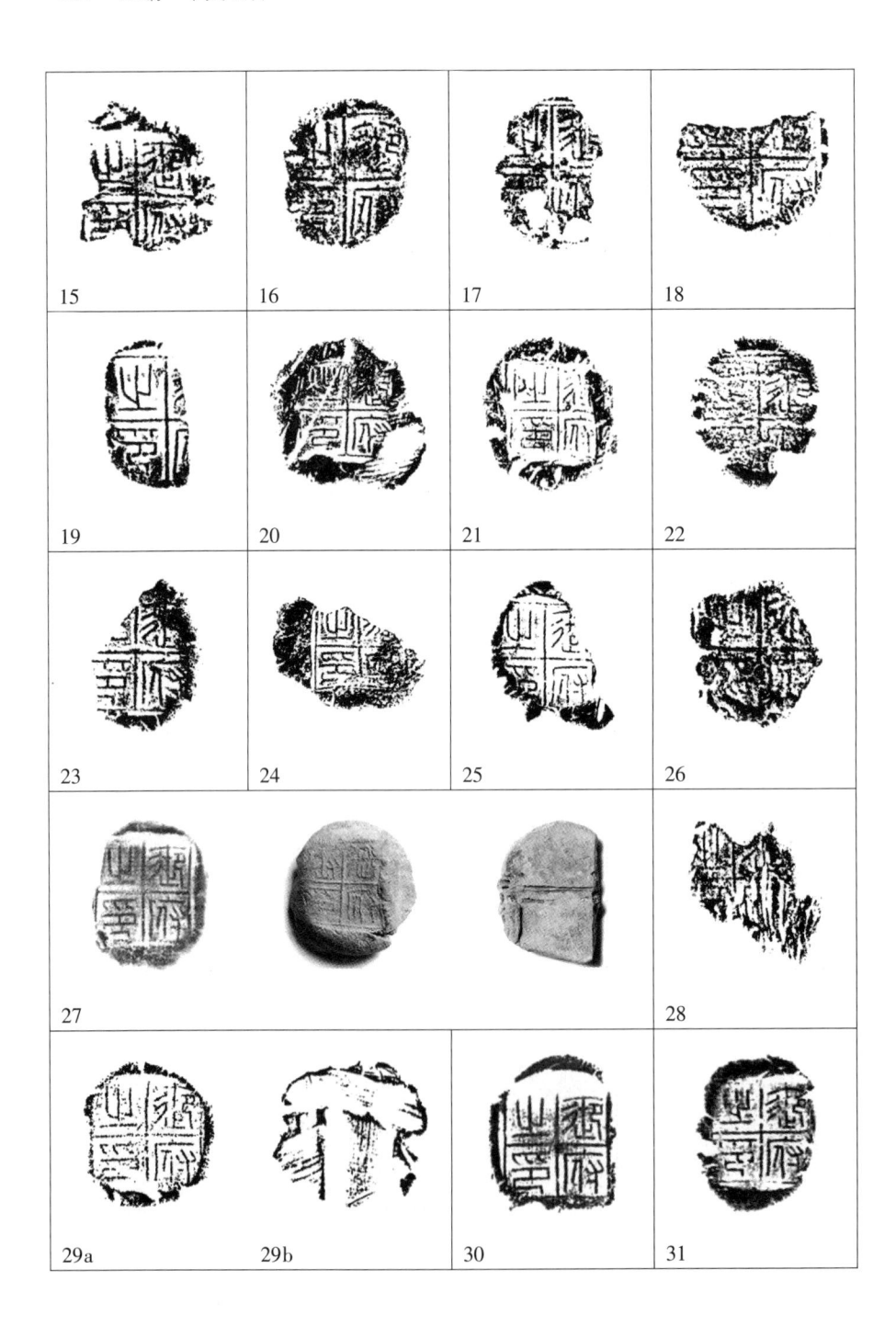

15 16 17 18

19 20 21 22

23 24 25 26

27 28

29a 29b 30 31

32

（1：《上封》P72；2：《印风》P128；《书集》P121；《汇考》P122；3、5、7：《相家》P14；4：《发现》图45；《图例》P54；《秦封》P146；《书集》P121；《汇考》P122；6：《新出》P92；8：《汇考》P122；9a：《新出》P44；《青珍》P11；9b：《青珍》P11；10：《新出》P44；11：《新选》P118；12：《新选》P118；13—23：《新出》P91；24—26：《新出》P92；27：《观一》P35；28：《酒余》P47下；29a：《印集》P57；《汇考》P122；29b：《印集》P57；32—32：《大系》P349）

御府之□

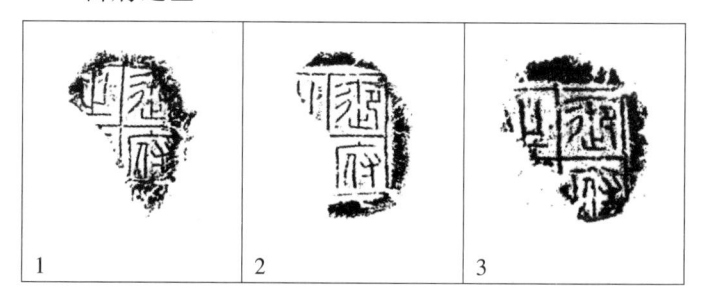

1　2　3

（1、2：《新出》P91；3：《酒余》P47下）

御府丞印

1　2

334　上编　中央职官

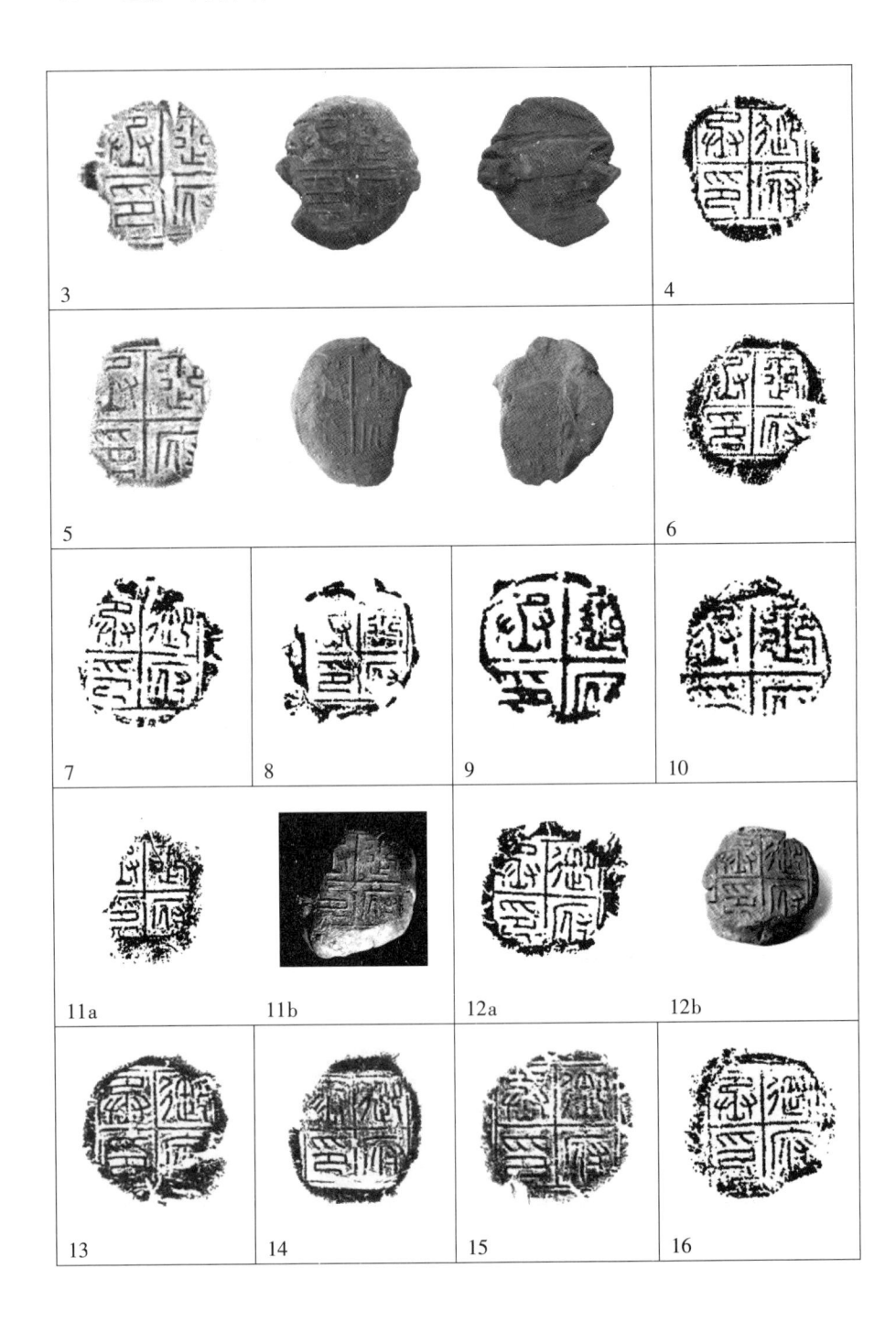

3

4

5

6

7

8

9

10

11a　11b　12a　12b

13　14　15　16

第二章 丞相・三公・九卿

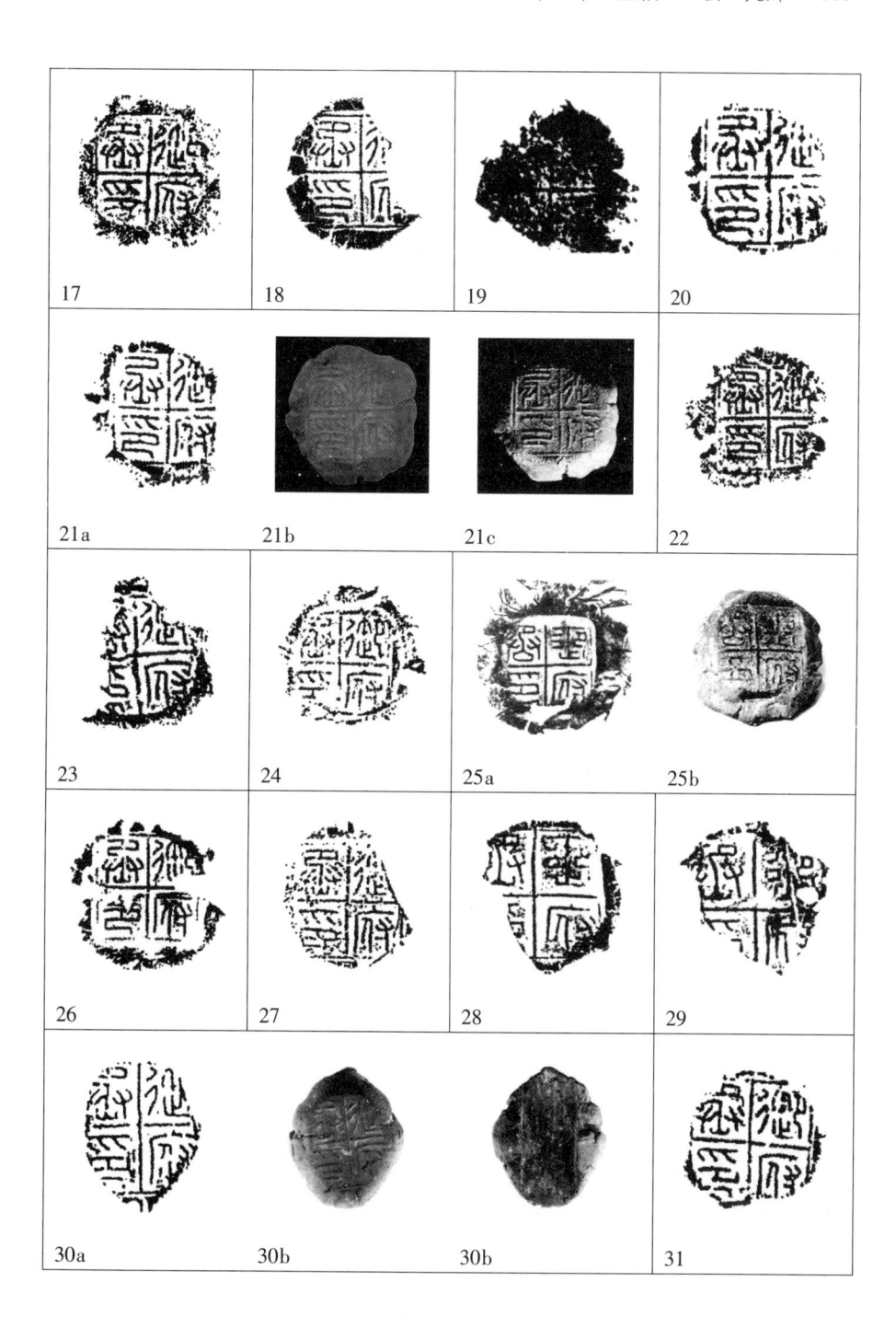

17	18	19	20
21a	21b	21c	22
23	24	25a	25b
26	27	28	29
30a	30b	30b	31

336 上编　中央职官

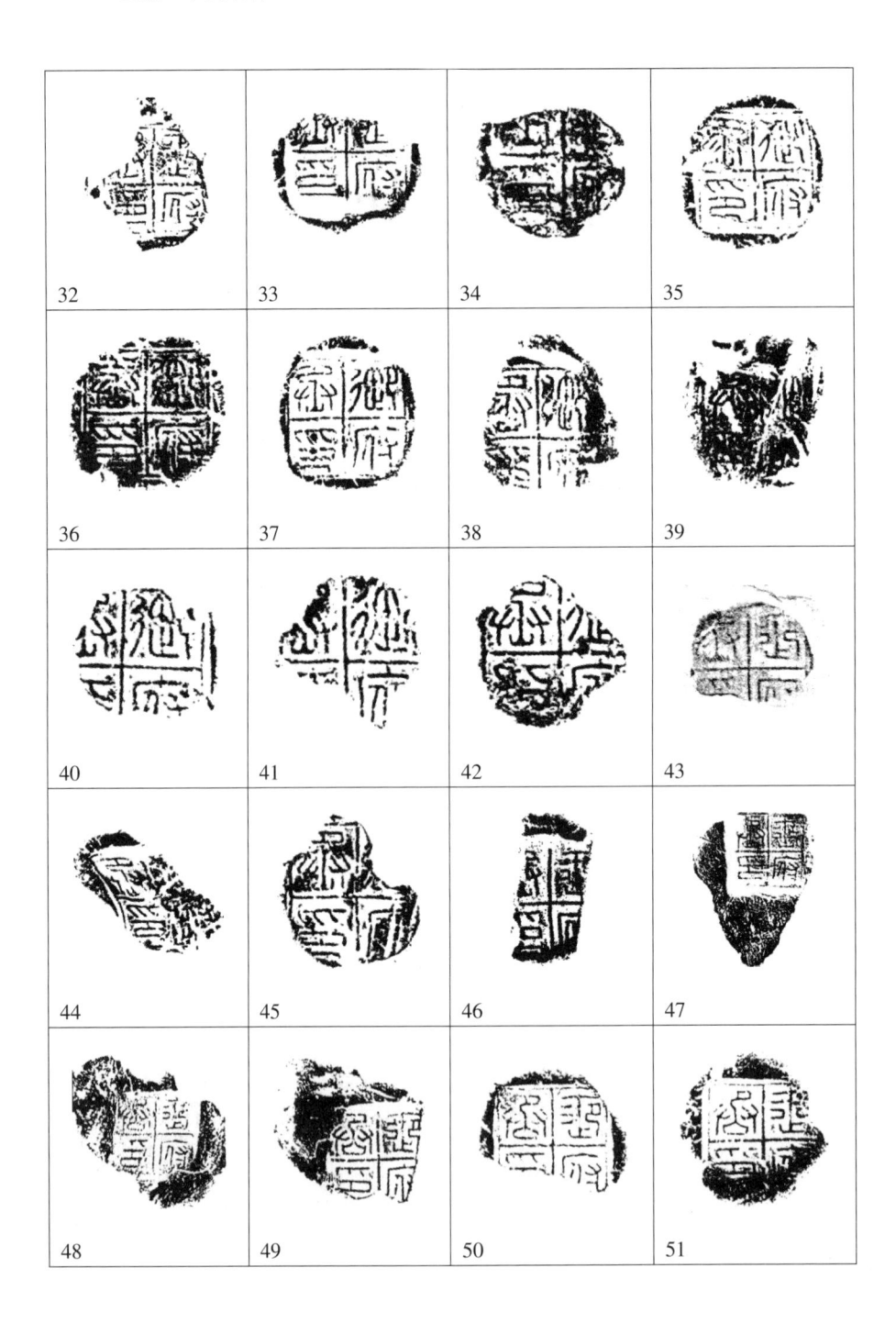

32　33　34　35

36　37　38　39

40　41　42　43

44　45　46　47

48　49　50　51

第二章　丞相・三公・九卿　337

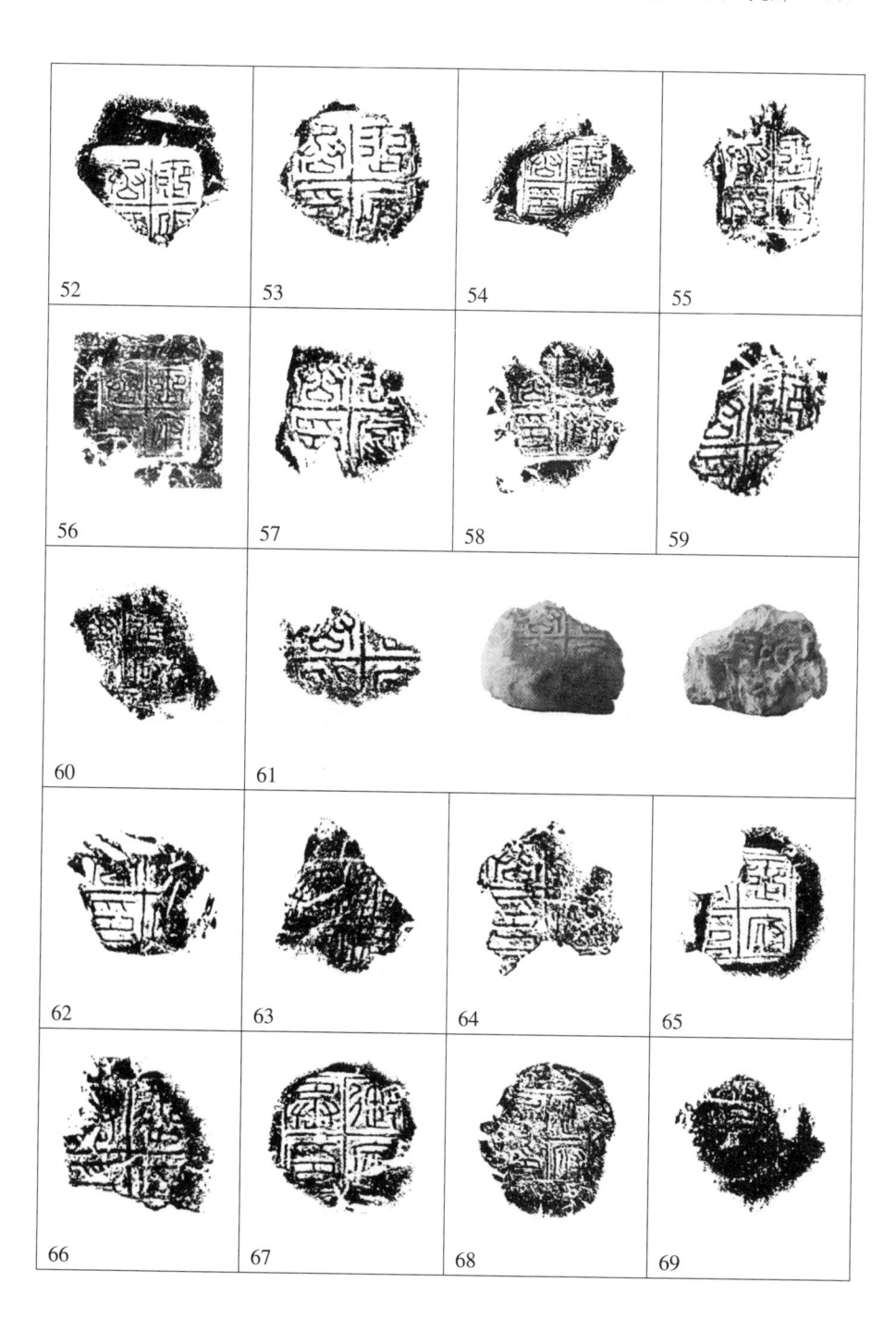

52
53
54
55
56
57
58
59
60
61
62
63
64
65
66
67
68
69

338 上编 中央职官

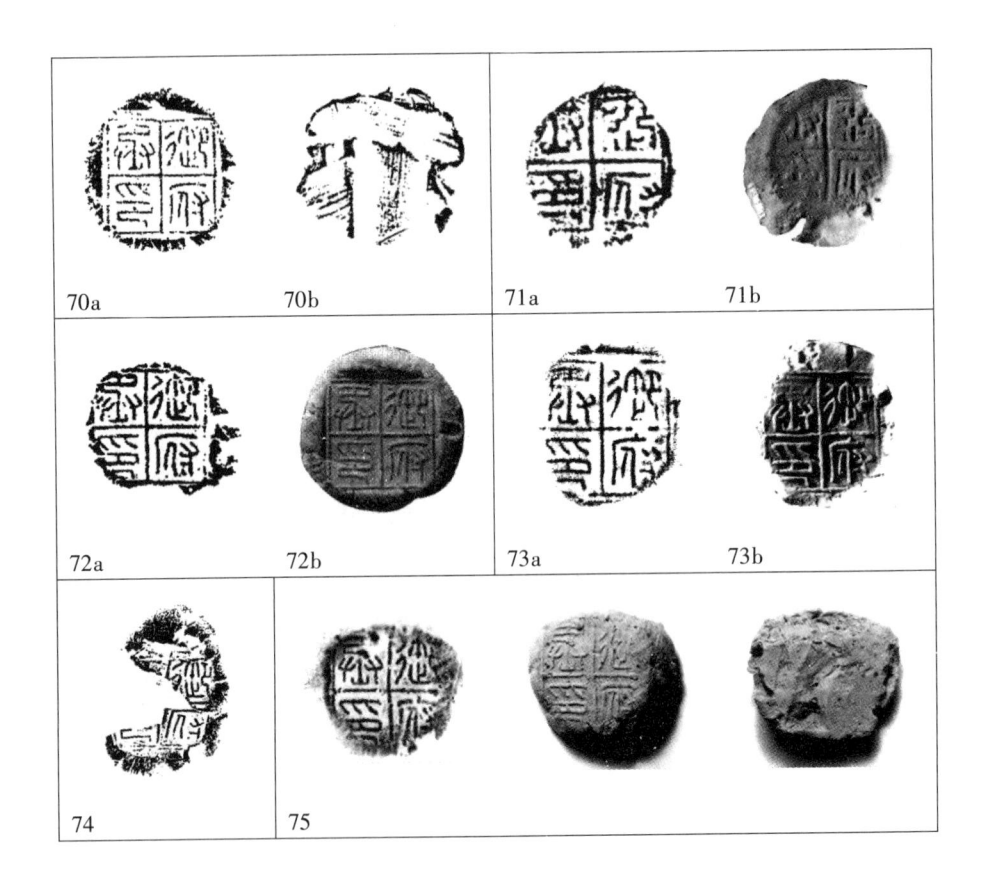

70a 70b 71a 71b

72a 72b 73a 73b

74 75

第二章　丞相・三公・九卿　339

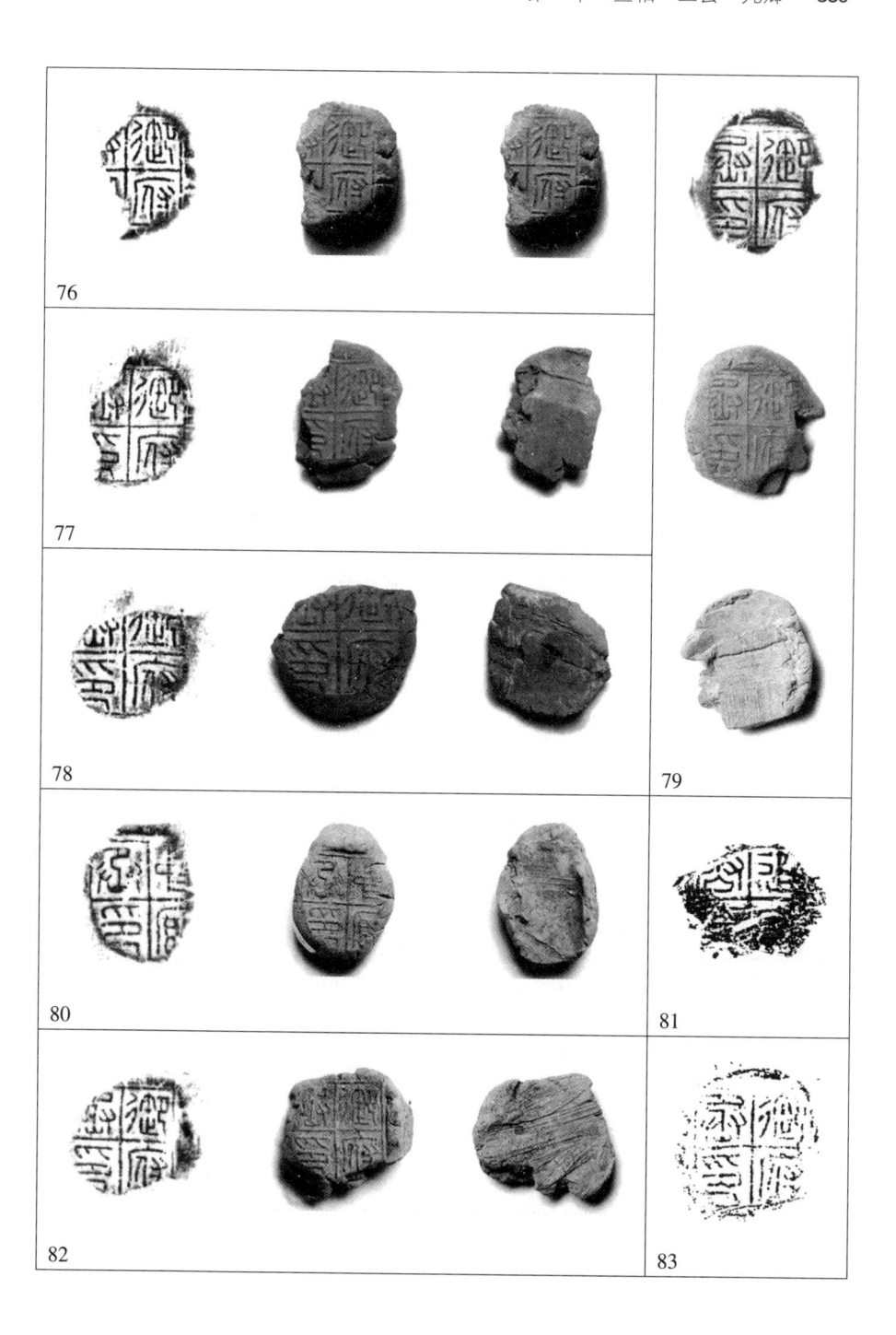

76

77

78

79

80

81

82

83

340　上编　中央职官

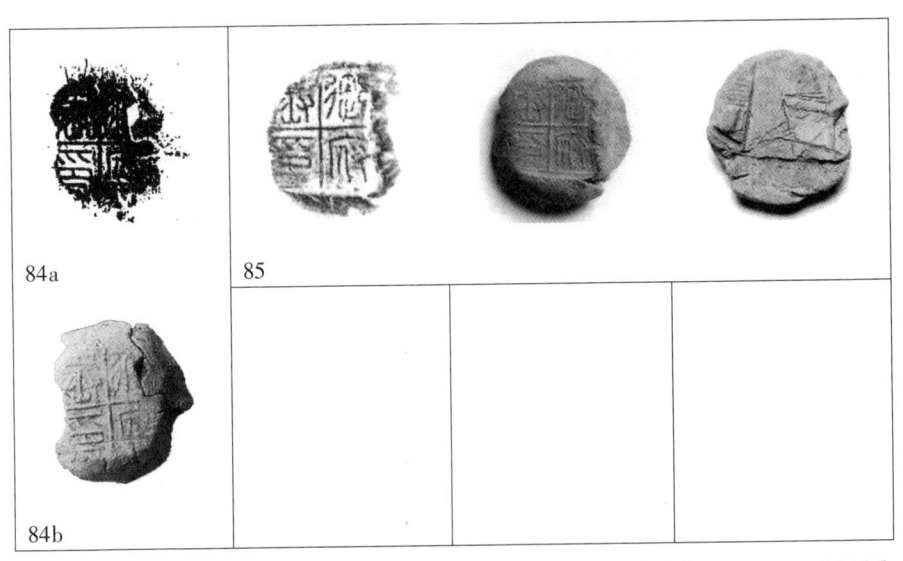

（1：《相家》P14；2：《秦封》P147；《汇考》P123；《玺印》P443；3：《相家》P14；4：《汇考》P123；《大系》P344；5：《相家》P14；6、7：《汇考》P123；8—9：《秦封》P147；《汇考》P123；10：《秦封》P147；《汇考》P123；11a：《秦封》P147；《汇考》P123；11b：《秦封》图版1；12a：《秦封》P148；《汇考》P123；12b：《问陶》P157；13、14：《大系》P344；15：《大系》P344；16、17：《秦封》P148；《汇考》P124；18：《新选》P117；19：《新出》P88；20、22—24：《秦封》P148；《汇考》P124；21a：《秦封》P148；《汇考》P124；21b：《秦封》彩版2；21c：《秦封》图版1；25a：《大系》P344；25b：《问陶》P170；26：《秦封》P148；《汇考》P124；27：《秦封》P148；《汇考》P125；28、29：《新出》P43；30a：《古封》P455；《珍秦》P63；《秦封》P148；《汇考》P124；30b：《珍秦》P62；31：《秦封》P148；《汇考》P125；32：《新出》P43；33—42、44、45：《新出》P44；43：《长安》P33；46：《酒余》P46下；47、48：《新出》P86；49—55：《新出》P87；56：《新出》P87；《大系》P344；57—60：《新出》P87；61：《陕北》P108；62—69：《新出》P88；70a：《印风》P128；《印集》P57；《汇考》P123；《大系》P344；70b：《印集》P57；71a：《发掘》图一六：2；《大系》P344；71b：《发掘》图版六：7；72a：《发现》图57；《图例》P54；《大系》P344；72b：《书集》P121；73a：《发掘》图一七：14；《新获》P289；《大系》P344；73b：《发掘》图版十一：3；74：《秦封》P148；75：《观二》P24；76：《观二》P26；77：《观二》P33；78：《观二》P35；79：《观一》P31；80：《观一》P32；81：《新出》P87；82：《观一》P33；83：《秦封》P148；84a：《秦封》P147；84b：《西大》P79；85：《观一》P33）

又：《发掘》P534《出土封泥登记表》2000CH 相1T2③：19、60、T3③：14、TG1：32共4枚均为"御府丞印"。

御府工室

| 1a | 1b | 1b | 2 |

（1a：《印风》P128；《上封》P27；《大系》P345；1b：《上封》P27；2：《新出》P44；《大系》P345）

御府行府

| 1a | 1b | 1b |

| 2 | 3 | 4 | 5 |
| 6 | 7 | 8 | 9 |

10			

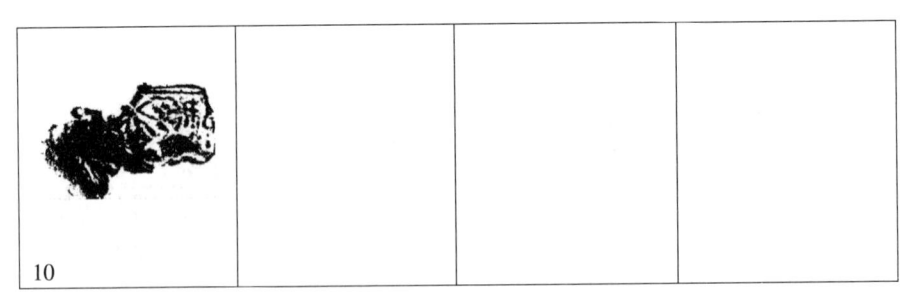

（1a：《新出》P91；《青泥》P15；1b：《青泥》P15；2—7：《新出》P91；《大系》P348；8：《酒余》P47 上；9：《大系》P348；10：《新出》P91）

□府行印

1

（1：《新出》P91；《大系》P348）

御□行□

1

（1：《酒余》P47 下）

□□行府

1

（1：《酒余》P47下）

御府金府

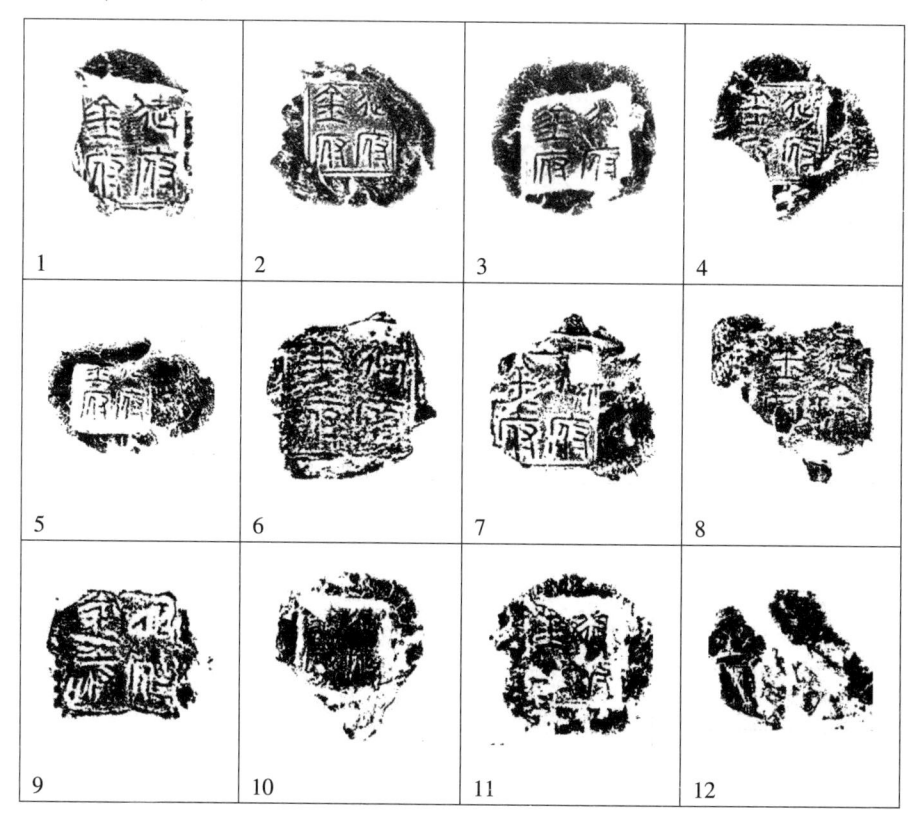

1	2	3	4
5	6	7	8
9	10	11	12

344　上编　中央职官

（1、2：《新出》P88；《大系》P345；3：《大系》P345；4—9：《新出》P88；10—17、19：《新出》P89；18a：《新出》P88；《青泥》P15；《大系》P345；18b：《青泥》P15；20：《问陶》P170）

御府金□

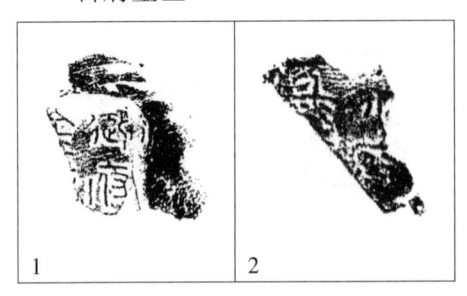

（1：《新出》P89；2：《新选》P118）

第二章　丞相・三公・九卿　　345

御□金□

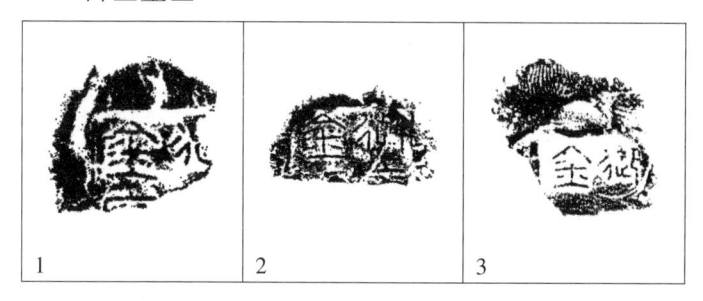

1　2　3

（1:《酒余》P47 上；2、3:《新出》P89）

御府器府

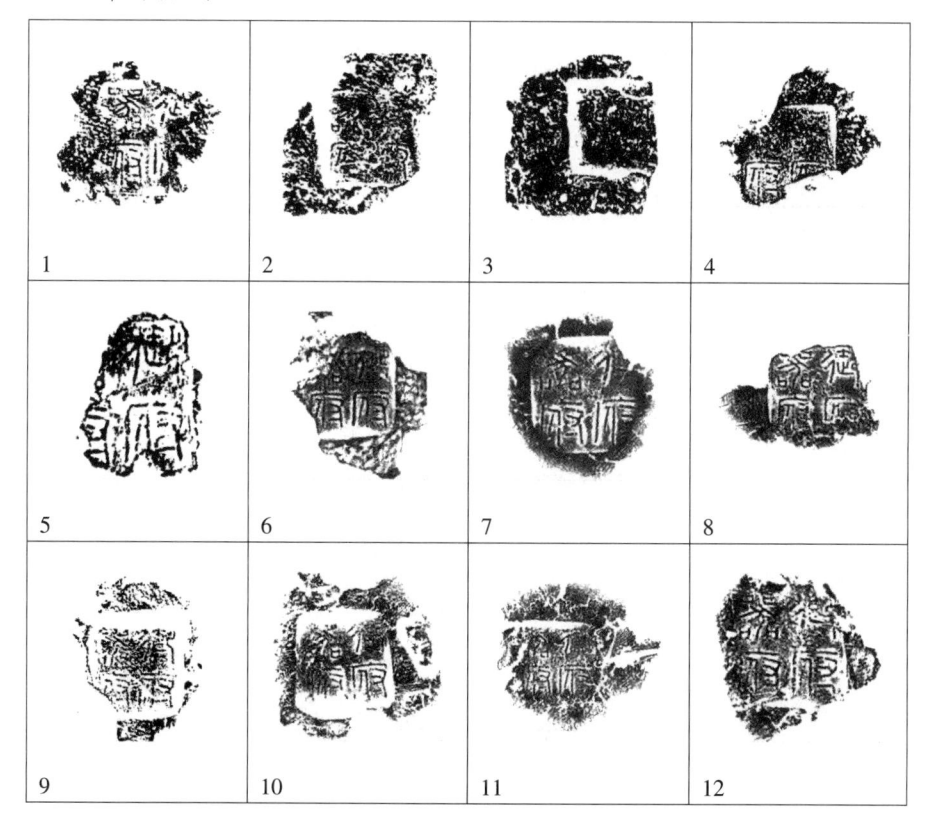

1　2　3　4

5　6　7　8

9　10　11　12

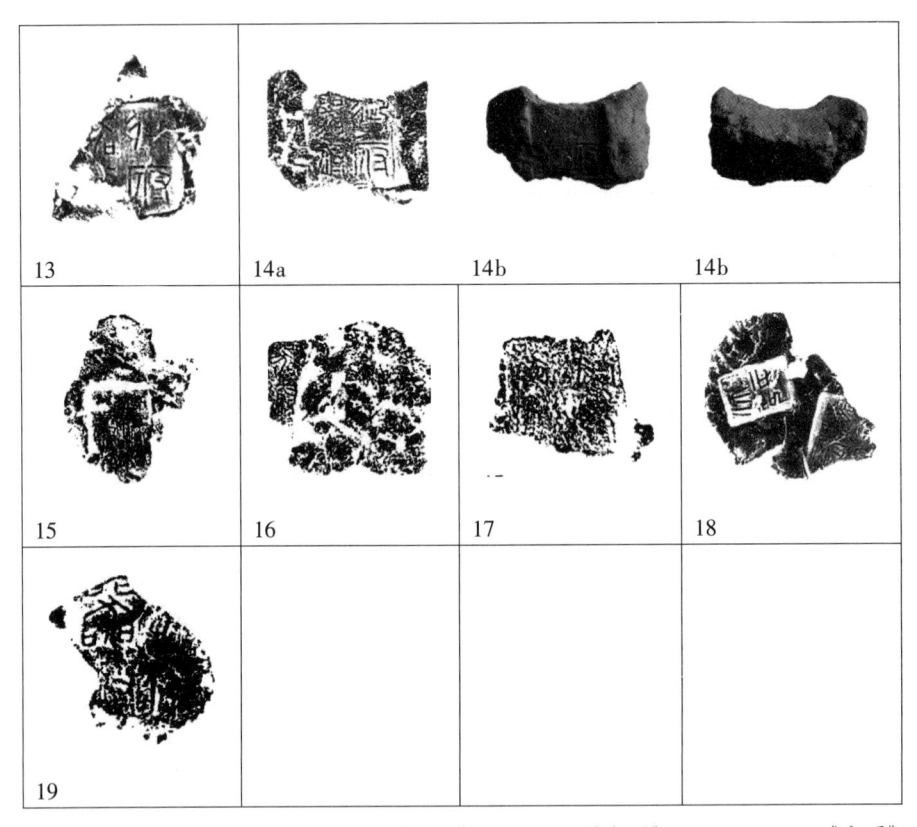

(1、2:《新出》P89;3—5:《新出》P90;6:《大系》P345;7、8:《大系》P346;9:《新选》P118;《大系》P346;10—13:《新出》P89;14a:《新出》P89;《青泥》P15;《大系》P345;14b:《青泥》P15;15、17:《新出》P89;16:《新出》P90;18:《大系》P346;19:《新出》P90)

御府器□

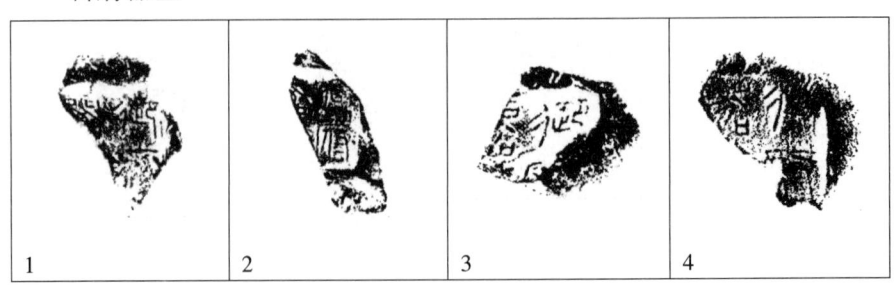

(1:《酒余》P47上;2、3:《新出》P90;4:《新出》P89)

第二章　丞相・三公・九卿　347

御□器府

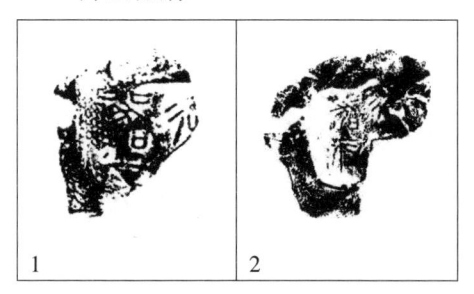

（1:《新出》P90；2:《新出》P89）

御□器□

（1:《新出》P90）

□□器府

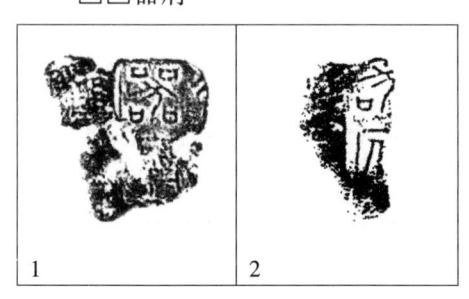

（1:《新出》P90；《大系》P346；2:《新出》P90）

348 上编 中央职官

御府瑟府

| 1 | 2 | 3 | 4 |
| 5 | | | |

（1、2：《新选》P118；《大系》P346；3：《大系》P346；4：《新出》P90；《大系》P346；5：《大系》P347）

御府瑟□

| 1 |

（1：《新出》P90；《大系》P347）

第二章 丞相·三公·九卿

御□瑟□

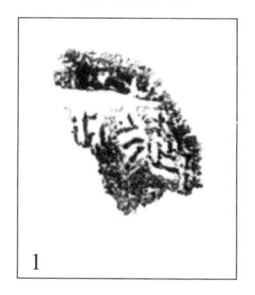

1

（1:《新出》P90；《大系》P347）

□府瑟府

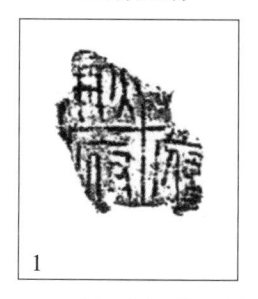

1

（1:《大系》P347）

御府室印

无图，释读见《秦选》P77。

御府室府

1

（1:《大系》P347）

御府缦府

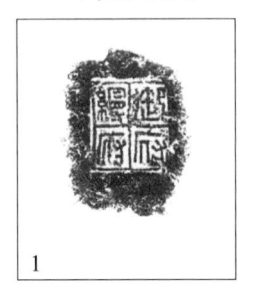

1

(1:《大系》P345)

御府帑府

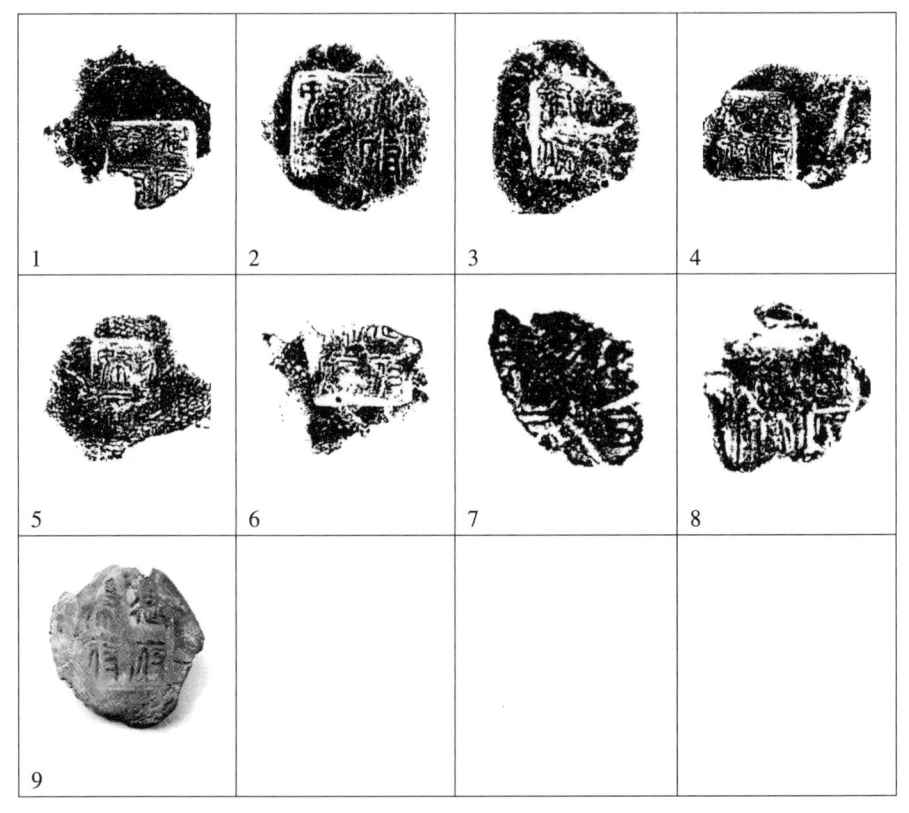

1	2	3	4
5	6	7	8
9			

(1—5:《新出》P90；6—8:《新出》P91；9:《问陶》P170)

第二章　丞相・三公・九卿　351

御府帑□

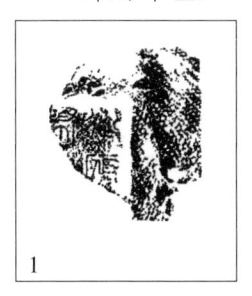

1

（1—5：《新出》P90；6—8：《新出》P91）

御□帑□

1　2　3　4

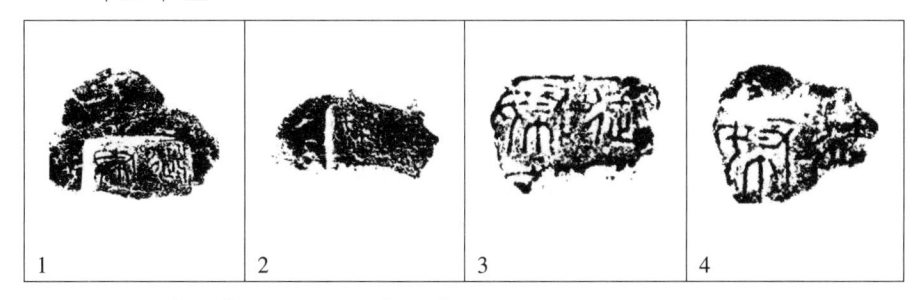

（1—5：《新出》P90；6—8：《新出》P91）

□□帑府

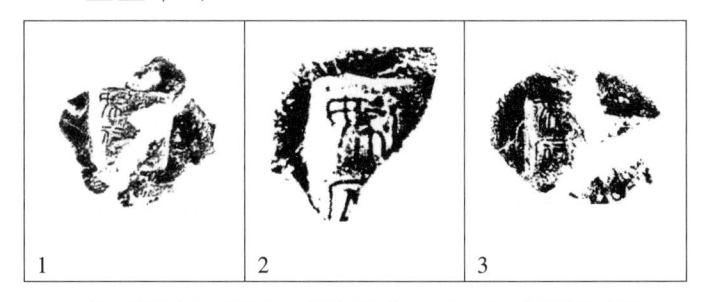

1　2　3

（1：《酒余》P47 上；《新出》P91；2、3：《新出》P92）

御府果□

1

（1:《大系》P345）

御府煝府

无图，释读见《选考》P17。

御府□府

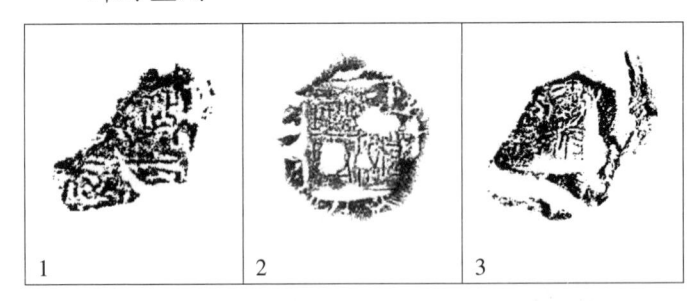

1　2　3

（1:《新选》P118；《大系》P350；2:《大系》P349；3:《新出》P91）

御府园印

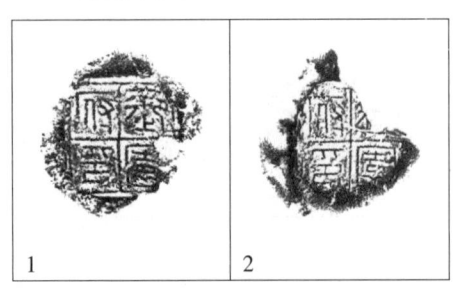

1　2

（1、2:《大系》P357）

第二章 丞相·三公·九卿

御府□印

1	2	3	4
5	6	7	

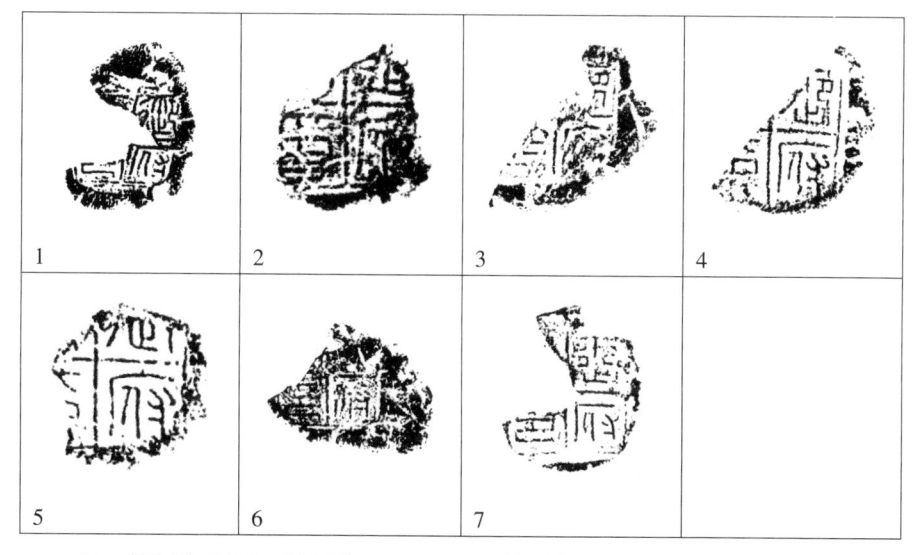

（1：《汇考》P124；《新出》P45；2、3：《新出》P88；4：《新出》P45；5：《新出》P44；6：《新出》P88；7：《新出》P45）

御府□□

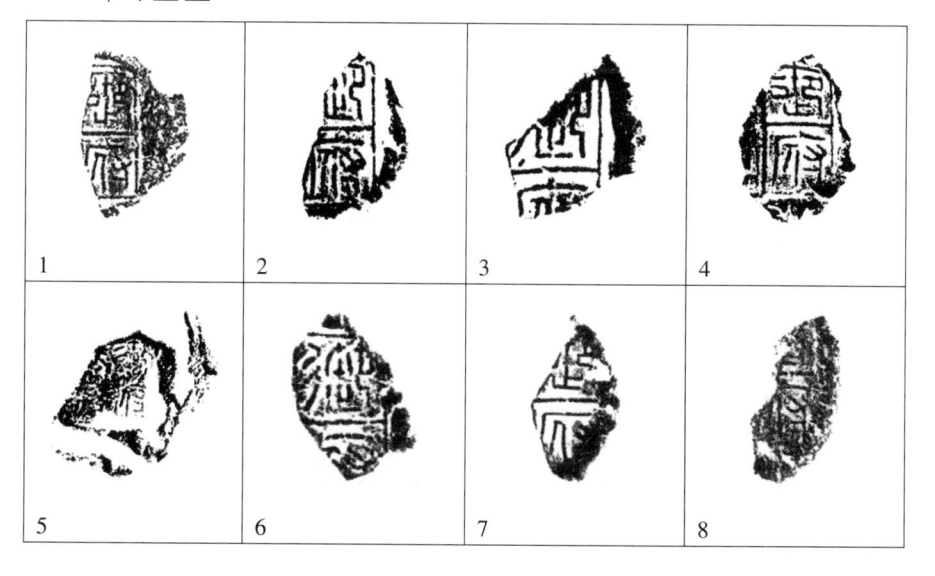

1	2	3	4
5	6	7	8

354　上编　中央职官

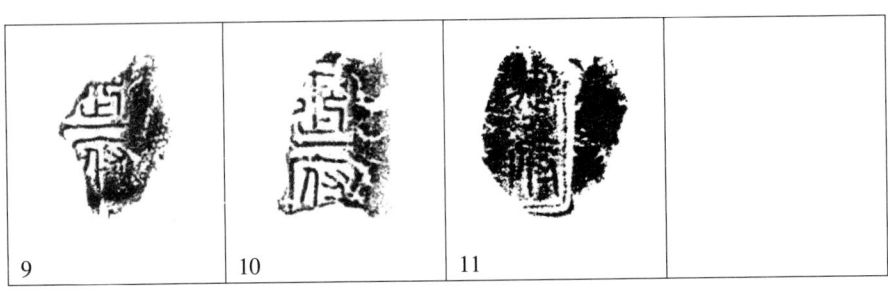

（1：《新出》P45、P91；《大系》P350；2、3：《新出》P44；《大系》P350；4：《新出》P88；《大系》P351；5：《新出》P91；6：《新出》P91；《大系》P350；7：《新出》P45；《大系》P350；8：《大系》P350；9、10：《大系》P351；11：《新出》P89）

御□□府

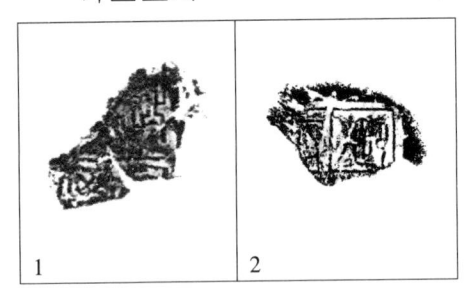

（1：《大系》P358；2：《酒余》P49；《大系》P353、P357、P358）

御廷

御廷

（1：《大系》P353）

御廷府印

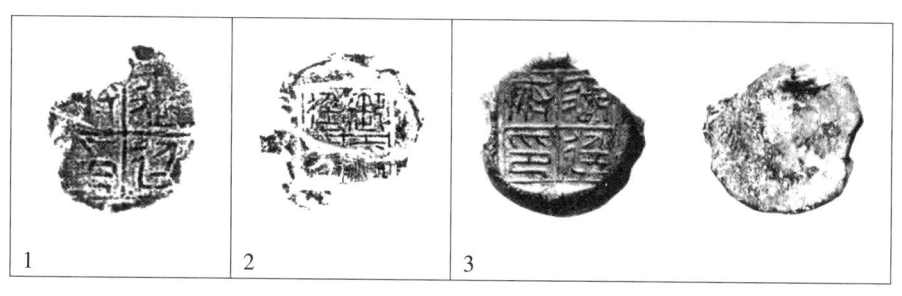

1	2	3	

（1：《在京》图一：20；《玺印》P443；《大系》P353；2：《大系》P353；3：《新泥》P71）

御廷□印

1

（1：《大系》P353、P419）

御羞

御羞

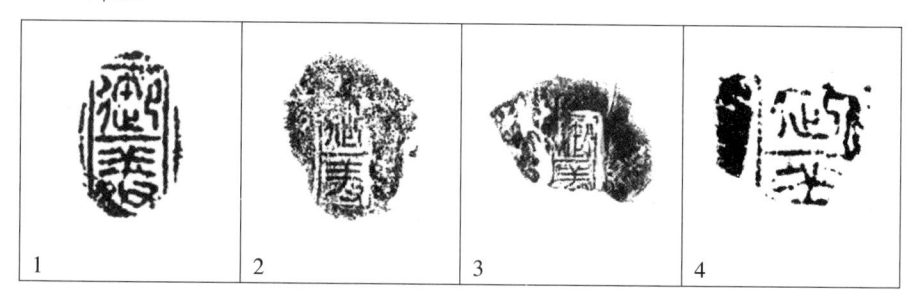

1	2	3	4

356　上编　中央职官

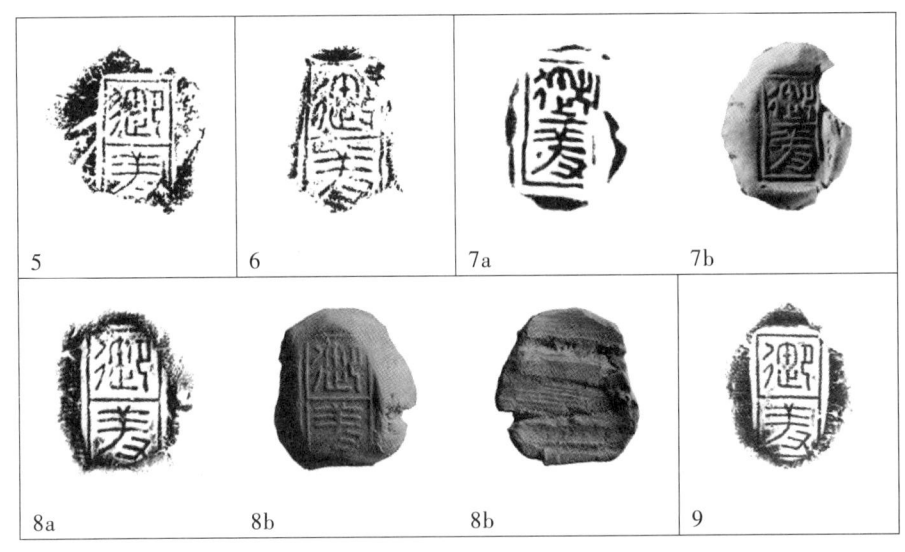

（1：《新获》P289；《大系》P354；2：《在京》图二：11；《玺印》P392；《新出》P45；《大系》P354；3：《大系》P354；4：《新出》P45；5、6：《新出》P93；《大系》P354；7a：《玺印》P396；《发掘》图一八：1；7b：《发掘》图版十：9；8a：《新出》P45；《青泥》P14；8b：《青泥》P14；9：《大系》P354）

又：《发掘》P534《出土封泥登记表》2000CH 相 1TG1：26 为"御羞"。

□羞

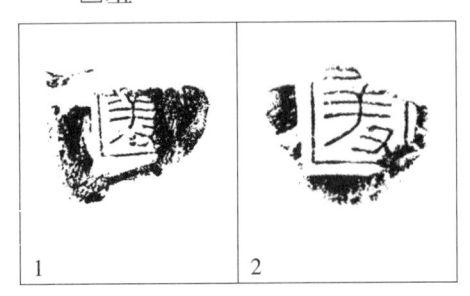

（1：《新出》P94；《大系》P354；2：《新出》P93；《大系》P354）

第二章　丞相・三公・九卿　357

御羞丞印

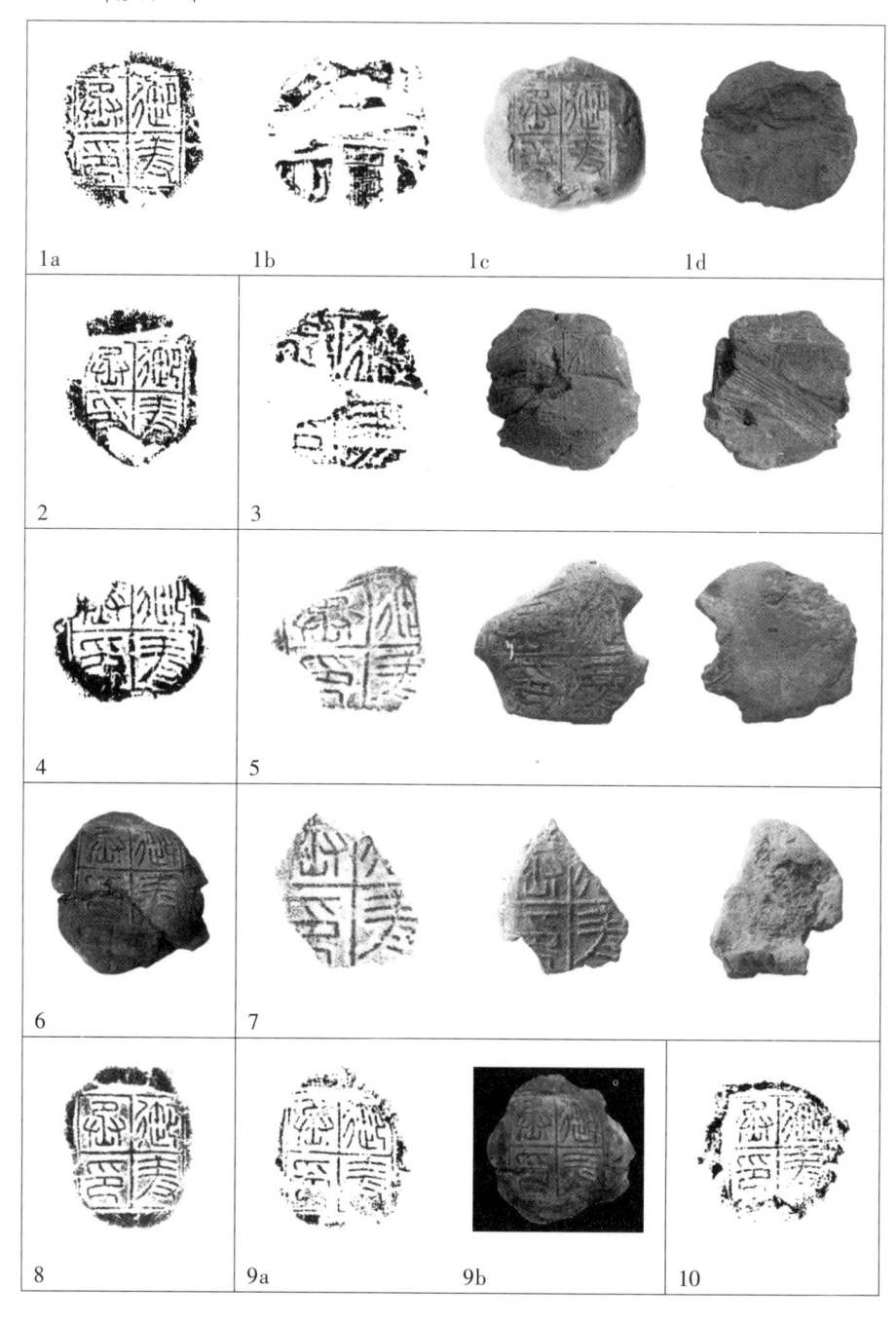

358　上编　中央职官

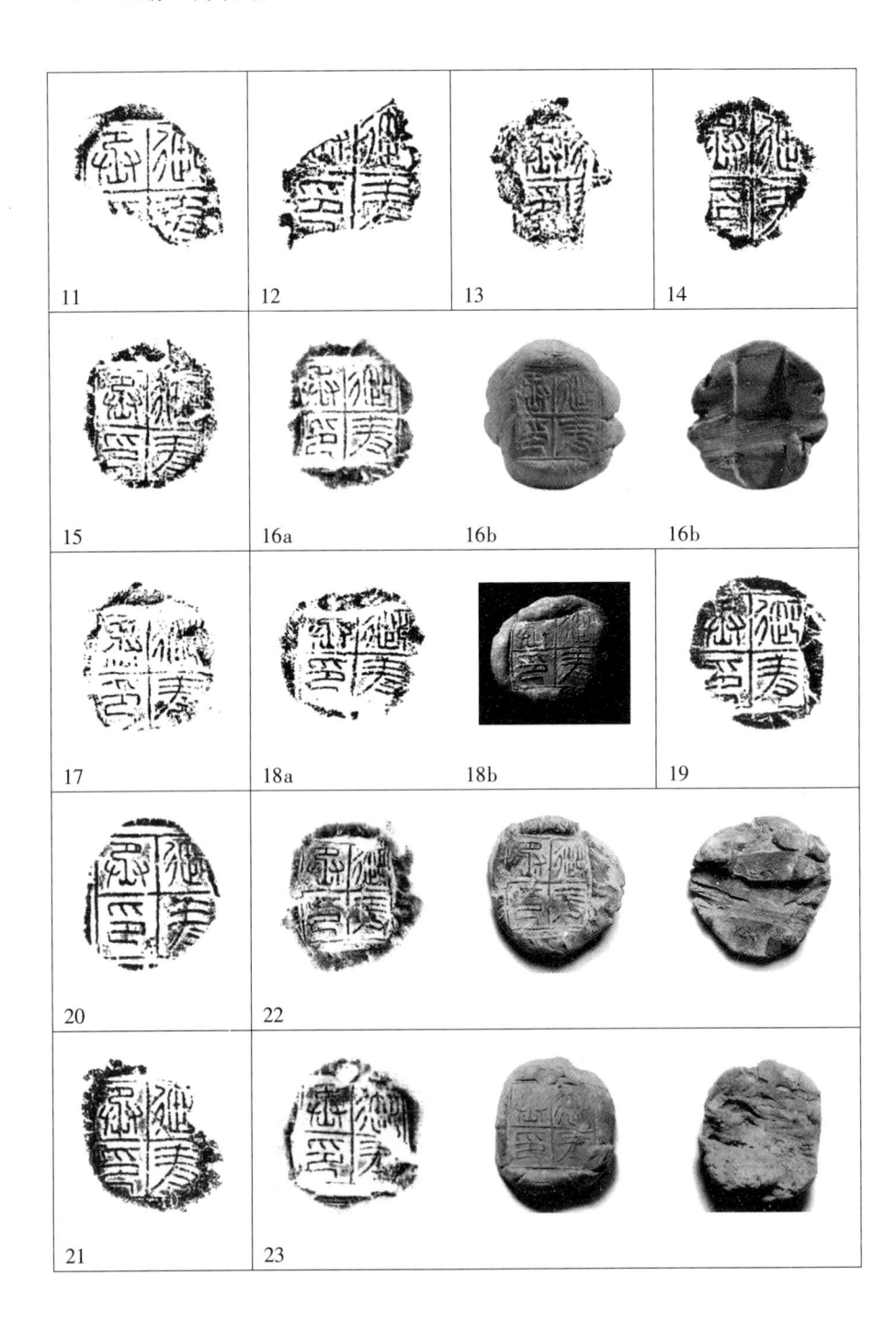

11
12
13
14
15
16a
16b
16b
17
18a
18b
19
20
22
21
23

| 24 | 25 | | |

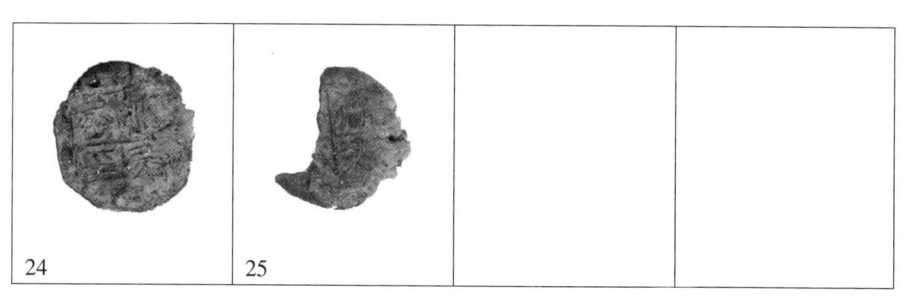

（1a：《初探》图7；《印集》P48；《汇考》P100；《大系》P355；1b：《印集》P48；1c：《汇考》图版P24；《泥选》；1d：《汇考》图版P24；2：《印风》P128；《汇考》P100；《大系》P355；3：《上封》P50；4：《新出》P94；《大系》P355；5：《相家》P16；6：《问陶》P163；7：《相家》P16；8：《大系》P354；9a：《秦封》P163；《汇考》P101；《玺印》P443；9b：《秦封》彩版3；10：《发现》图65；《图例》P54；《秦封》P163；《书集》P121；《汇考》P101；11—14：《秦封》P163；《汇考》P100；15：《秦封》P163；《汇考》P101；16：《冰斋》P140；17：《秦封》P163；《汇考》P101；18a：《秦封》P163；《汇考》P101；18b：《秦封》图版1；19—21：《新出》P45；《大系》P355；22：《观二》P44；23：《观三》P17；24、25：《字博》P33）

御羞丞□

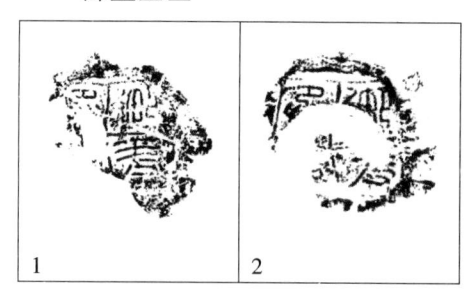

| 1 | 2 |

（1：《秦封》P163；《汇考》P100；2：《秦封》P163；《汇考》P101）

御羞行府

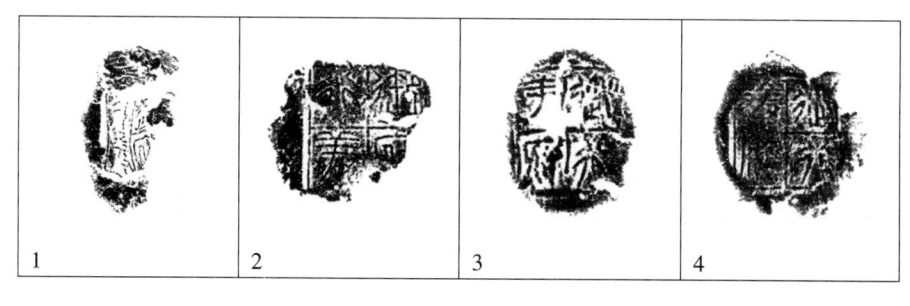

| 1 | 2 | 3 | 4 |

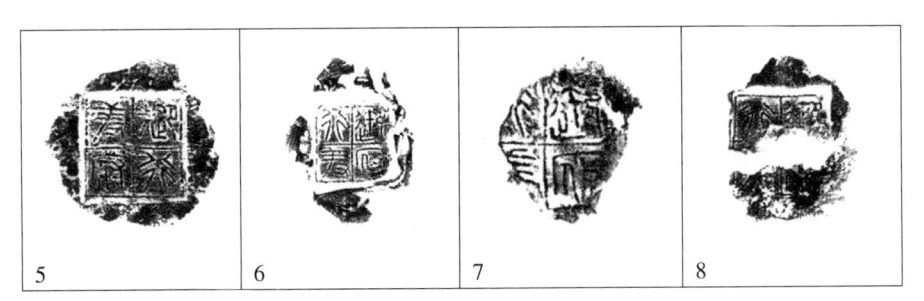

(1、2：《新出》P94；《大系》P356；3—5：《大系》P355；6—8：《大系》P356)

御羞行□

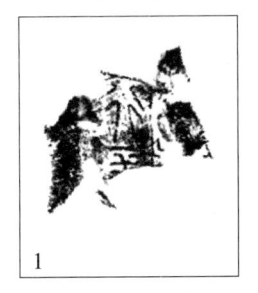

(1：《大系》P356)

御□行□

(1：《大系》P356)

御羞北田

1

（1：《大系》P354）

御□北田

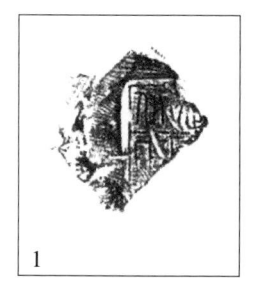

1

（1：《大系》P354）

御羞南田

1

（1：《大系》P355）

362 上编 中央职官

御羞市府

1

（1:《大系》P355）

御羞□府

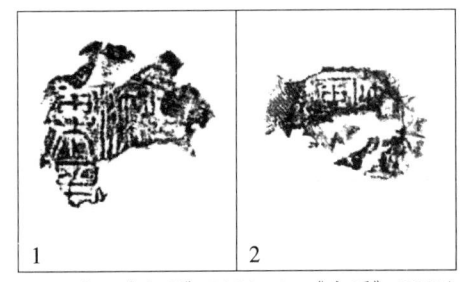

1　　2

（1:《大系》P356；2:《大系》P357）

御羞阴园

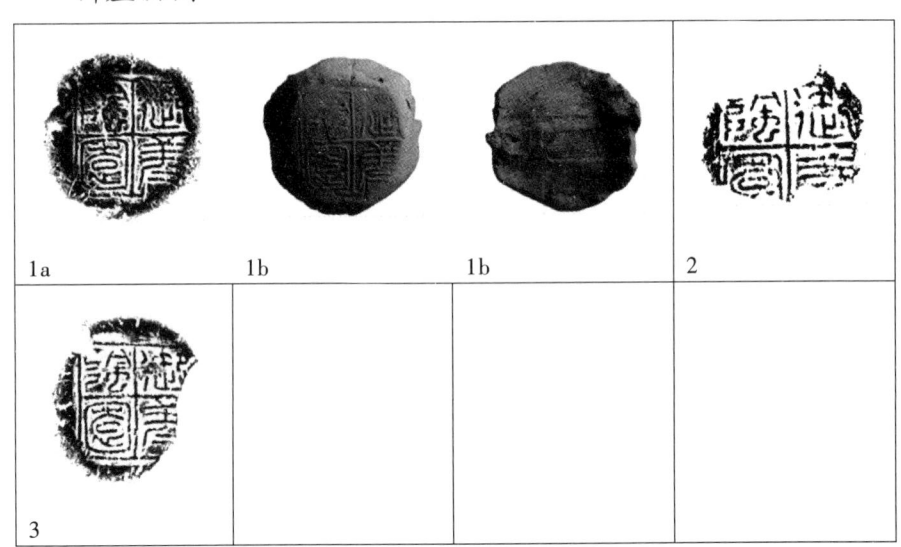

1a　　1b　　1b　　2

3

（1a:《新出》P94；《青泥》P14；《大系》P356；1b:《青泥》P14；2、3:《新

出》P94；《大系》P356）

御□阴园

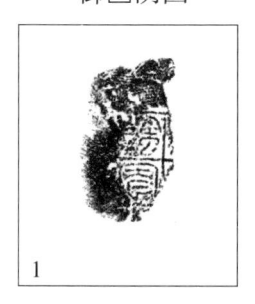

1

（1：《新出》P94；《大系》P356）

御羞□□

1

（1：《汇考》P100）

御厩

御厩丞印

1

（1：《图例》图111；《秦封》P195；《汇考》P44；《玺印》P429；《大系》P351）

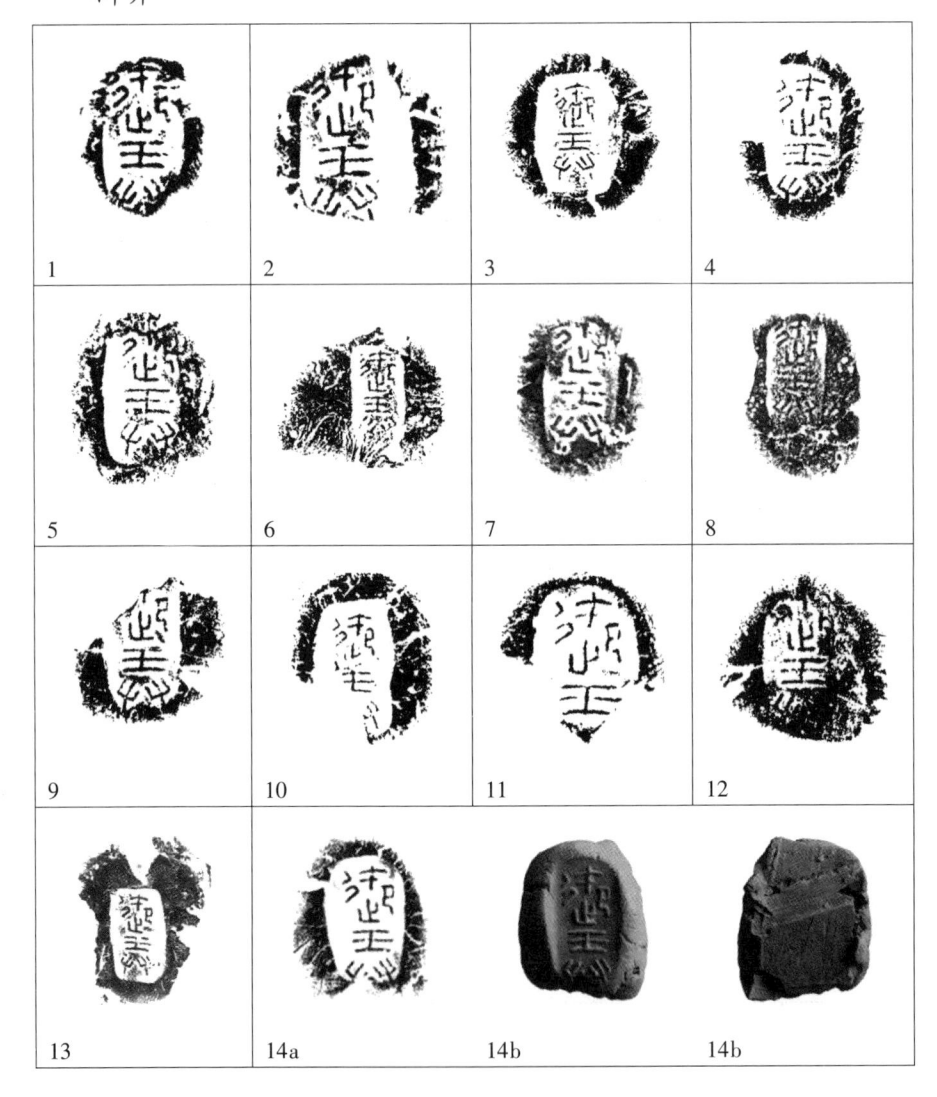

御弄

御弄

1	2	3	4
5	6	7	8
9	10	11	12
13	14a	14b	14b

15

（1、2：《新出》P45；《大系》P351；3、4：《新出》P92；《大系》P351；5：《新出》P92；6—8：《新出》P92；《大系》P351；9：《新出》P92；10：《新出》P92；《大系》P352；11、12：《新出》P92；13：《大系》P352；14a：《青泥》P24；《大系》P351；14b：《青泥》P24；15：《酒余》P48 上）

御弄府印

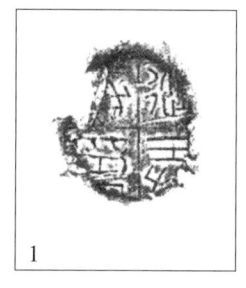

1

（1：《大系》P352）

御弄尚虎

1　　　　　　　　　　　　　　　　　　　　2

366 上编 中央职官

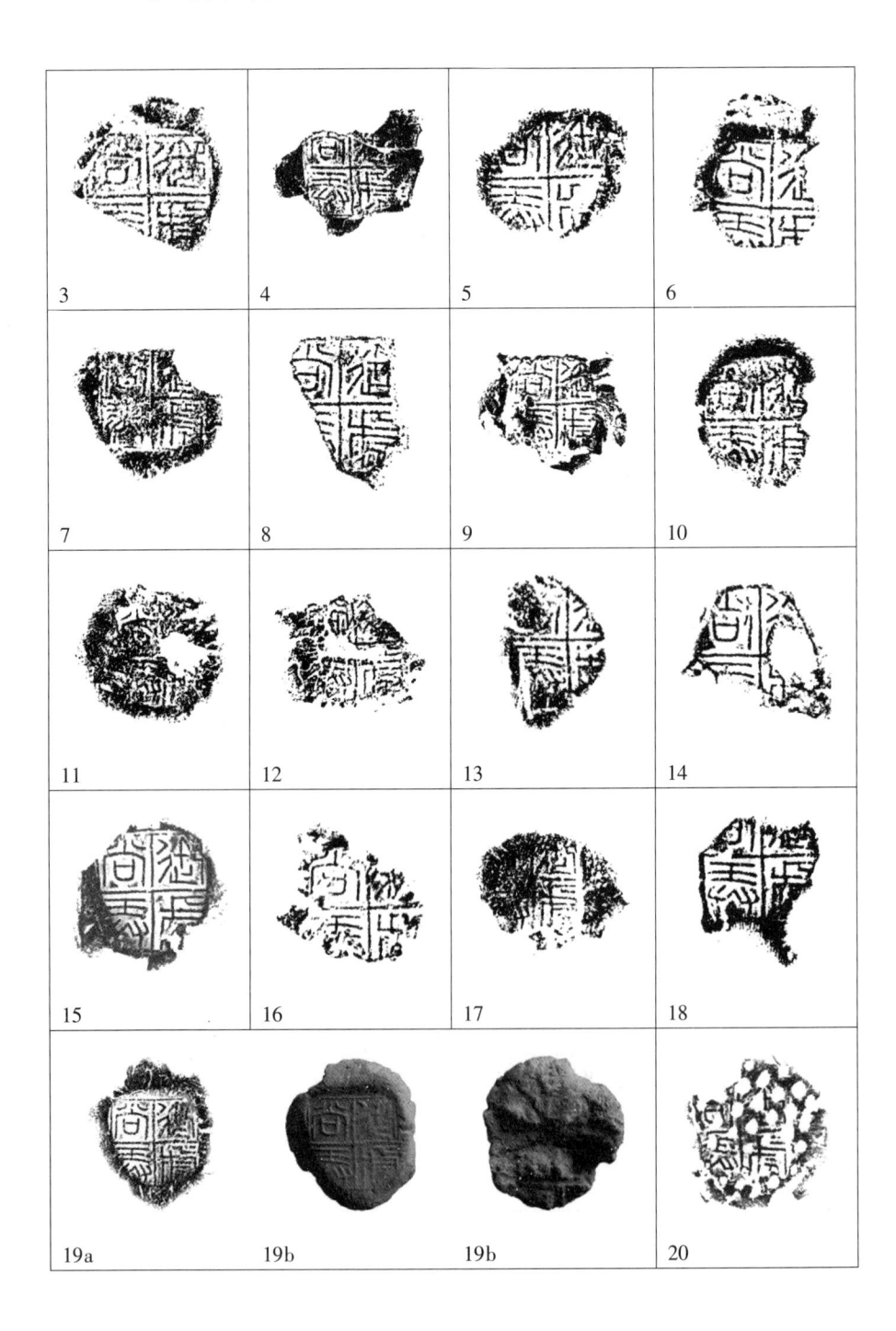

3	4	5	6
7	8	9	10
11	12	13	14
15	16	17	18
19a	19b	19b	20

第二章　丞相·三公·九卿　367

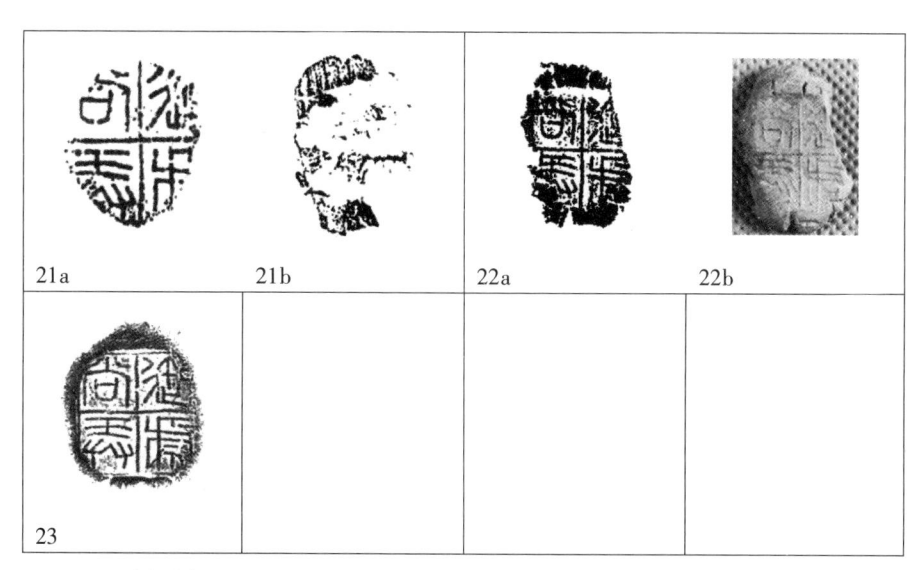

（1：《菁华》P153；2：《大系》P352；3：《新出》P92；4：《新出》P92；《大系》P352；5、6：《新出》P92；7—14、16、17：《新出》P93；15：《大系》P352；18：《酒余》P48上；19a：《新出》P92；《青泥》P16；《大系》P352；19b：《青泥》P16；20、23：《大系》P352；21a：《印集》P45；《汇考》P95；《大系》P217；21b：《印集》P45；22a：《选释》图一：4；《新官》图38；《汇考》P95；《玺印》P433；《大系》P218；22b：《泥选》）

御弄尚□

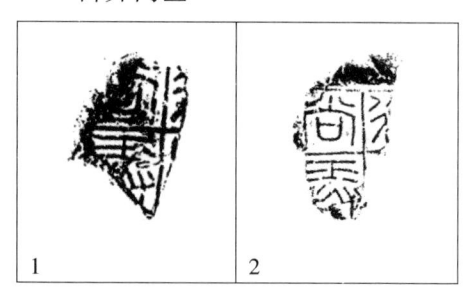

（1、2：《新出》P93）

368　上编　中央职官

御□尚□

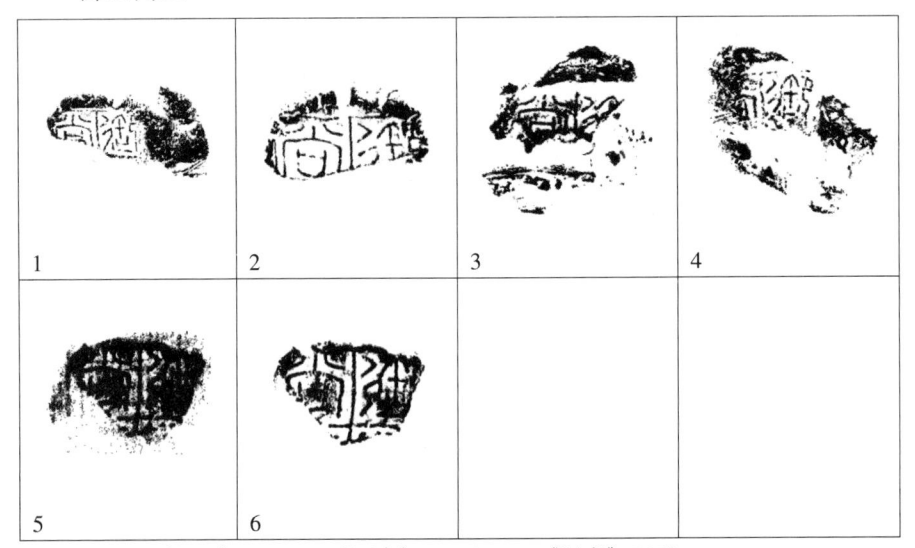

1	2	3	4
5	6		

（1—4：《新出》P93；5：《酒余》P48上；6：《汇考》P95）

□弄尚□

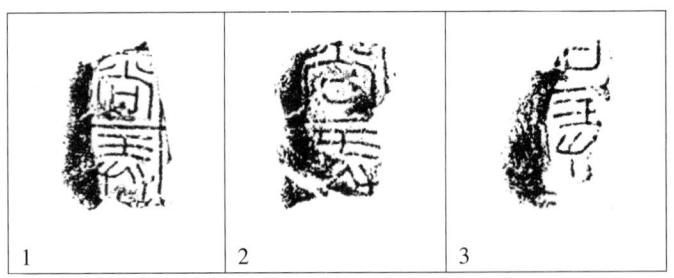

1	2	3

（1—3：《新出》P93）

□弄□虎

1	2	3	4

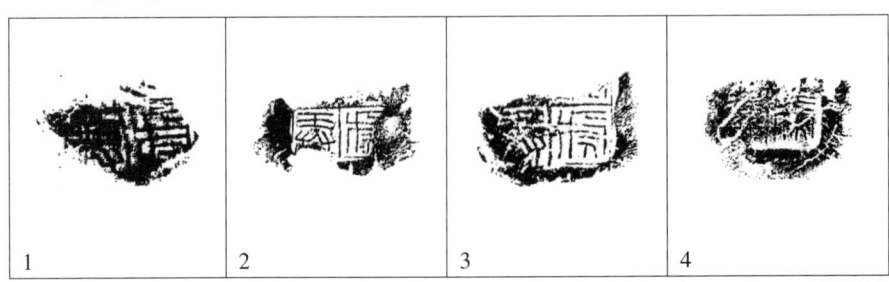

（1：《酒余》P48；2：《新出》P93；3：《新出》P93；《大系》P352；4：《新选》P118）

第二章 丞相·三公·九卿 369

阴御弄印

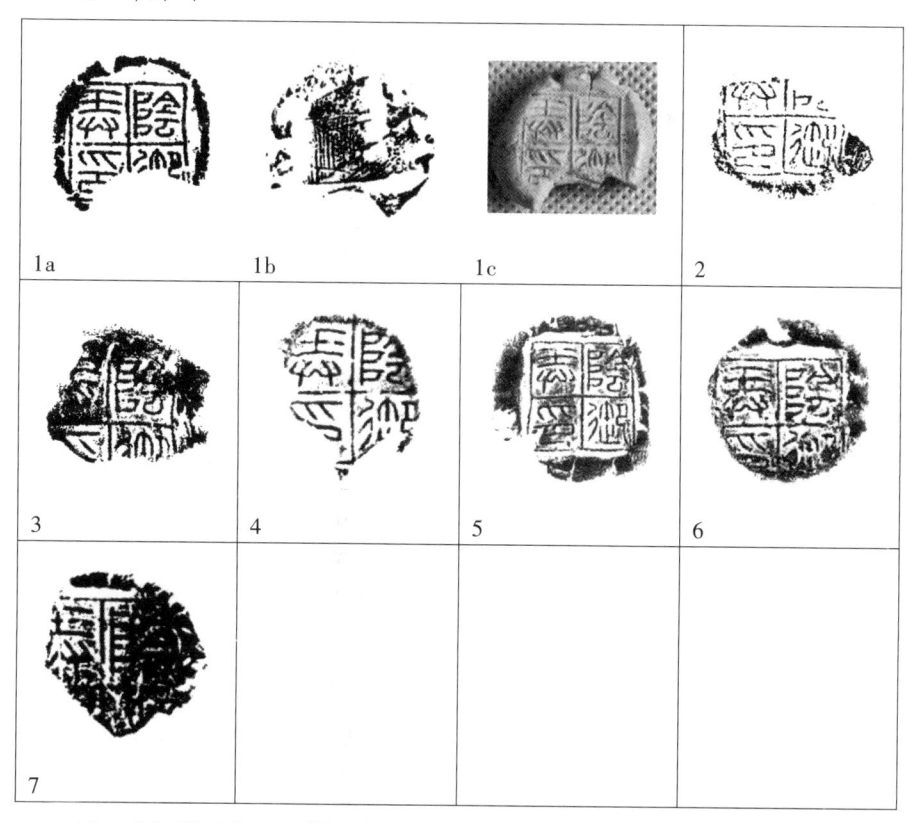

1a	1b	1c	2
3	4	5	6
7			

（1a：《印考》图210；《补读》图28；《印风》P140；《秦封》P229；《三则》图1；《印集》P79；《书集》P126；《汇考》P156；《玺印》P431；《大系》P329；1b：《印集》P79；1c：《泥选》；2：《新出》P85；《大系》P329；3：《新选》P116；《大系》P329；4—6：《大系》P329；7：《新出》P42）

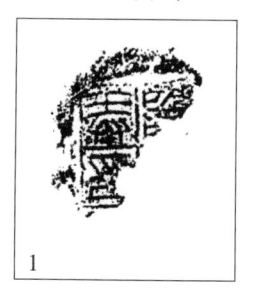

阴□弄印

| 1 |

（1：《发现》图76；《图例》P54；《秦封》P229；《汇考》P156）

阴□弄□

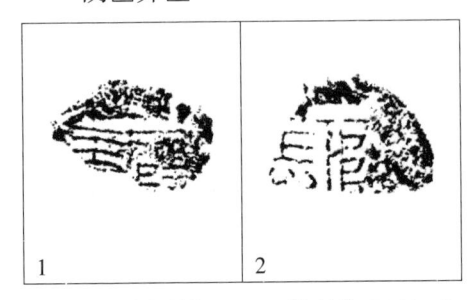

（1：《秦封》P229；《汇考》P156；2：《新出》P42）

阳御弄印

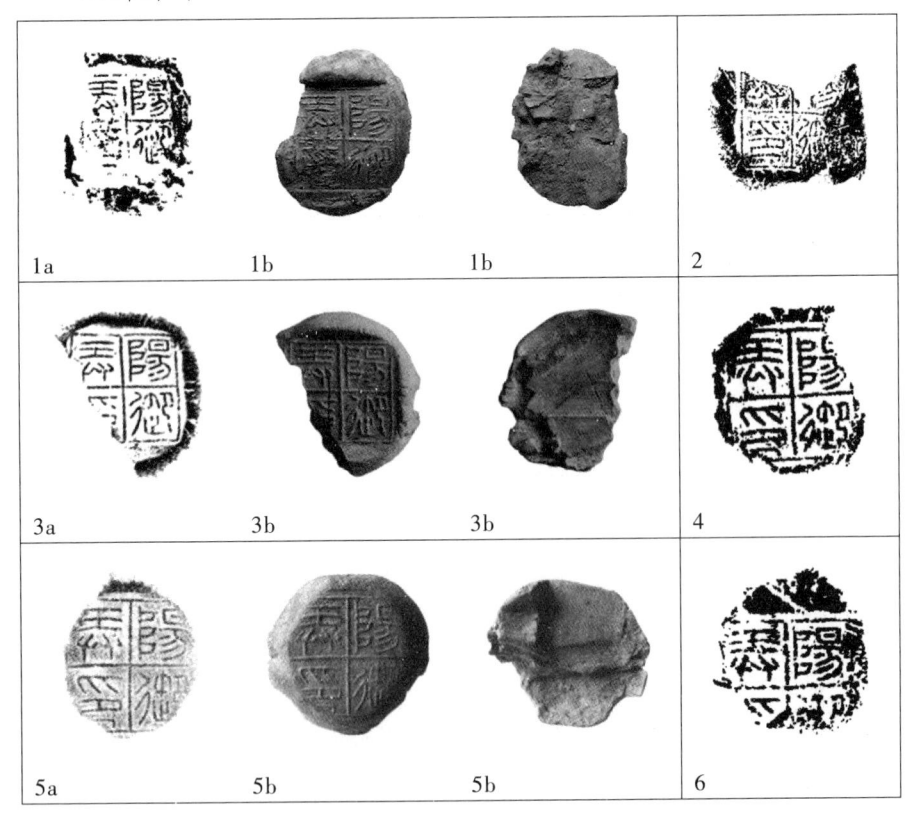

1a	1b	1b	2
3a	3b	3b	4
5a	5b	5b	6

第二章　丞相·三公·九卿　　371

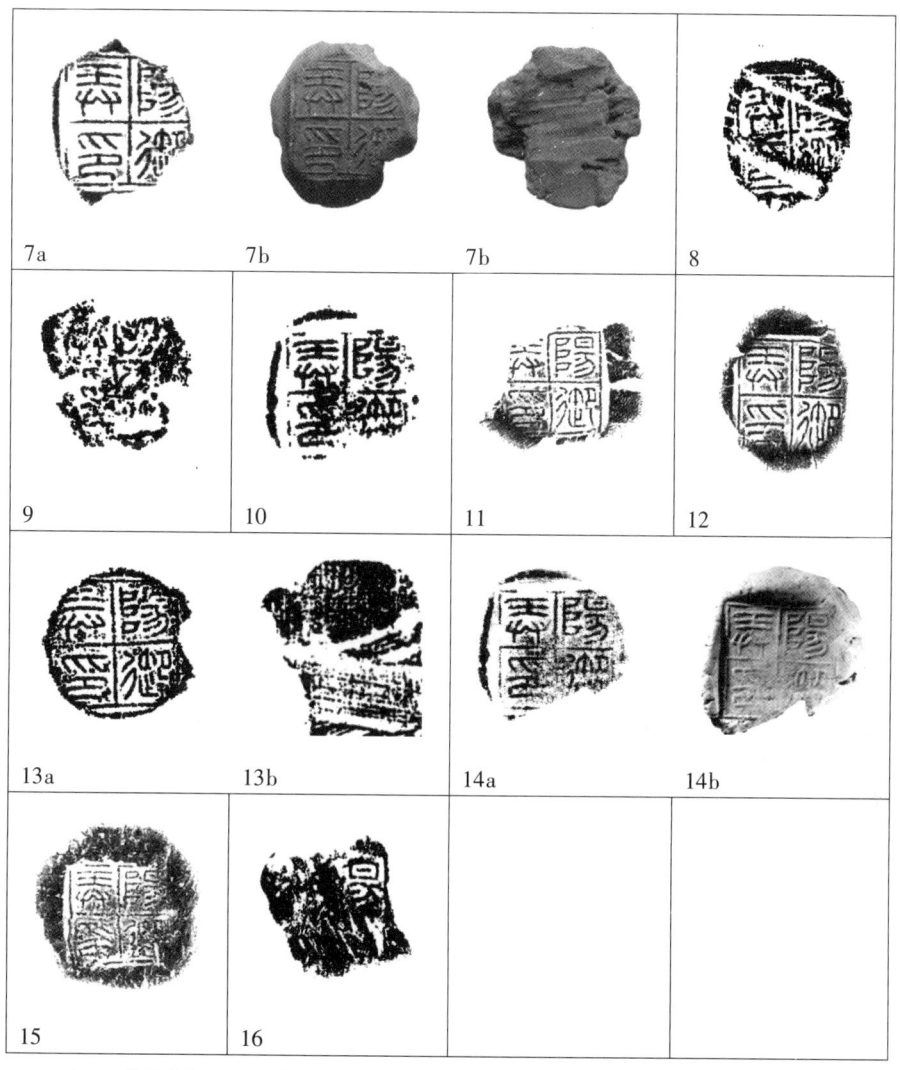

（1a：《菁华》P34；《精品》P45；1b：《菁华》P34；2：《新出》P84；3a：《青泥》P24；《新选》P116；《大系》P322；3b：《青泥》P24；4、6：《汇考》P156；《大系》P321；5a：《相家》P28；《大系》P321；5b：《相家》P28；7a：《相家》P28；《大系》P321；7b：《相家》P28；8：《汇考》P156；9：《补续》图29；《秦封》P229；《三则》图2；《汇考》P157；10：《玺印》P431；《大系》P321；11：《大系》P322；12：《大系》P321；13a：《印风》P140；《印集》P80；《汇考》P156；《大系》P321；13b：《印集》P80；14a：《发掘》图一八：4；《新获》P290；《大系》P321；14b：《发掘》图版十二：3；15：《新出》P84；《大系》P322；16：《酒余》P45 上）

又：《发掘》P534《出土封泥登记表》2000CH 相 1T2③：51 为"阳御弄印"。

□御弄印

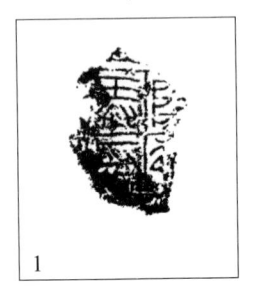

（1：《新出》P85；《大系》P329）

□□弄印

（1：《秦封》P229）

□□弄□

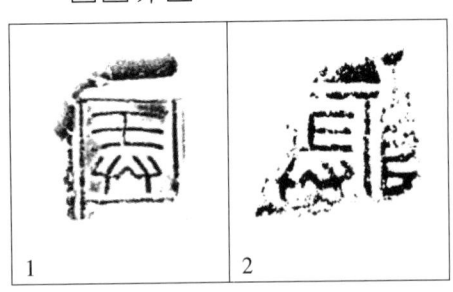

（1：《大系》P329；2：《新出》P84）

阳御弄府

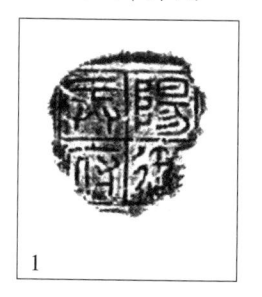

（1：《大系》P321）

阳御弄□

（1：《相家》P29；2：《新出》P42）

阳御□□

（1：《酒余》P45 上）

阳□弄□

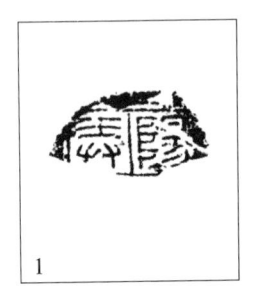

1

（1:《新出》P42）

□阴御丞

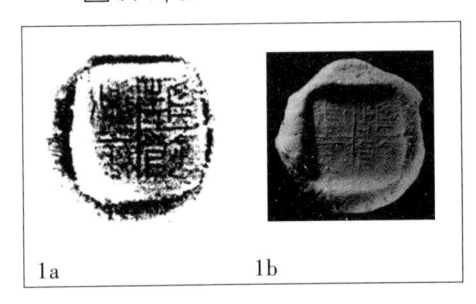

1a   1b

（1a:《大系》P329;《新获》P290；1b:《发掘》图版十五：1）

弄右般印

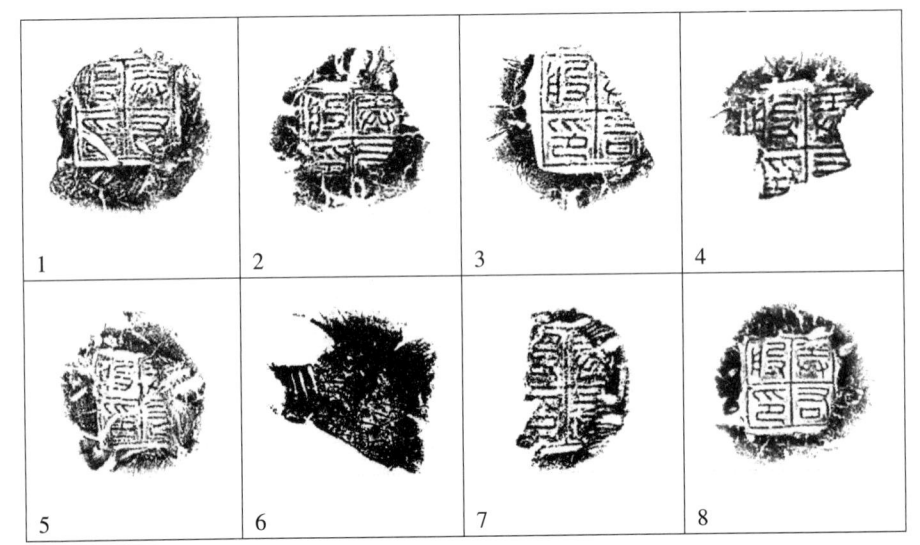

1 2 3 4

5 6 7 8

第二章　丞相・三公・九卿　375

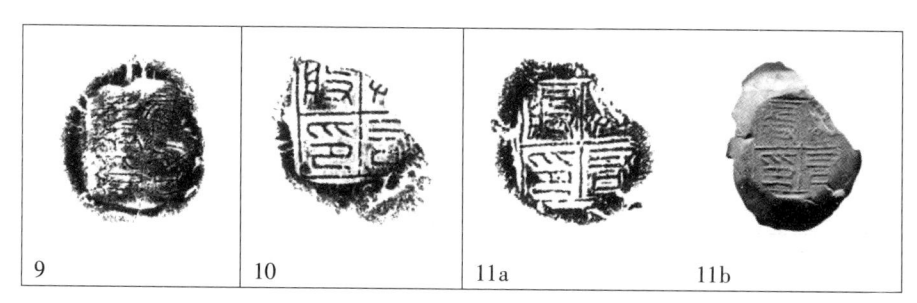

| 9 | 10 | 11a | 11b |

（1—3：《新出》P73；《大系》P184；4：《大系》P185；5：《新出》P73；《大系》P184；6：《新出》P73；7：《新选》P105；《大系》P185；8—10：《大系》P184；11a：《新出》P73；《秦选》P87；《大系》P185；11b：《秦选》P87）

□□般印

（1：《新出》P73；《大系》P185）

弄□般□

1

（1：《酒余》P38 上）

弄□府印

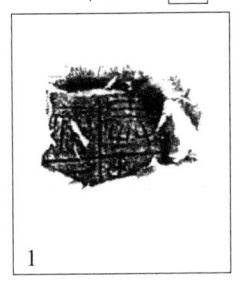

（1：《大系》P185）

诸御

御兵

无图，释文见《在京》P14。

御行

（1：《大系》P353）

御漆

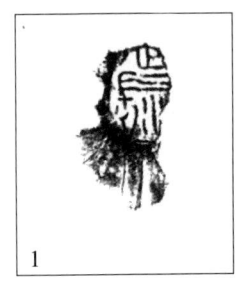

（1：《大系》P357）

第二章　丞相・三公・九卿　377

御药

1

（1:《大系》P357）

御□子印

1

（1:《大系》P358）

诸尚
尚冠

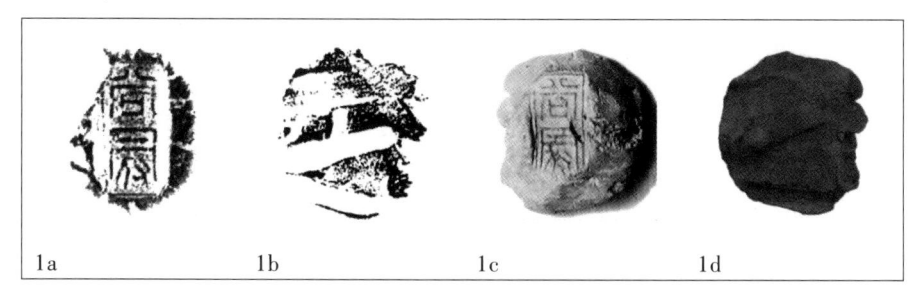

1a　　1b　　1c　　1d

378　上编　中央职官

（1a：《新官》图14；《印集》P46；《汇考》P97；《新出》P29；《大系》P211；1b：《印集》P46；1c：《汇考》图版P23；《泥选》；1d：《汇考》图版P23；2、4：《大系》P212；3：《大系》P211）5：《印集》P399；《汇考》P97；《大系》P212；6：《新出》P69；《大系》P212）

□冠

（1：《新出》P75；《大系》P212）

尚冠府印

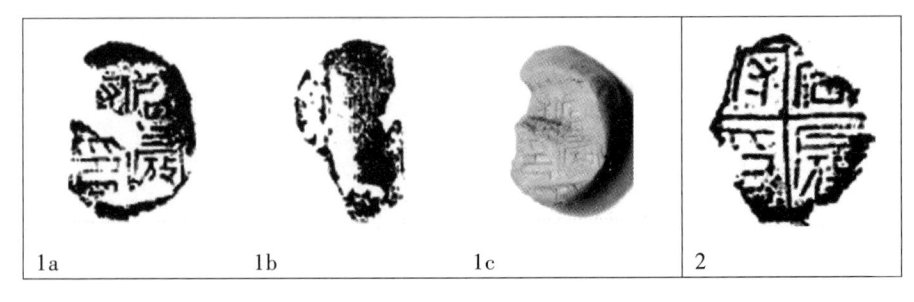

第二章　丞相·三公·九卿　379

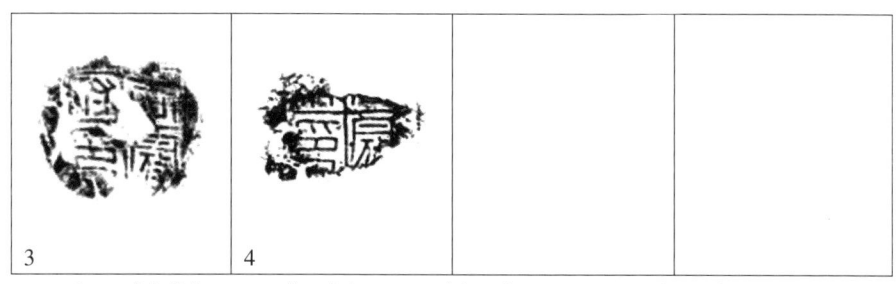

3	4		

（1a：《印集》P46；《汇考》P97；《大系》P212；1b：《印集》P46；1c：《泥选》；2：《酒余》P38下；《大系》P212；3、4：《大系》P212）

尚佩

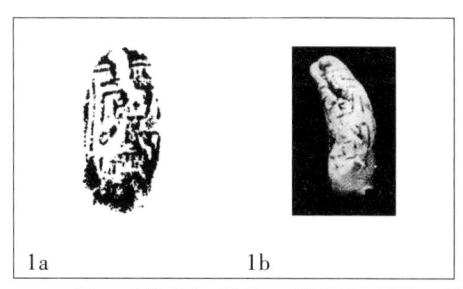

1a	1b

（1a：《发现》图78；《图例》P55；《补读》图13；《秦封》P161；《汇考》P99；《玺印》P392；《大系》P212；1b：《秦封》图版5）

尚佩府印

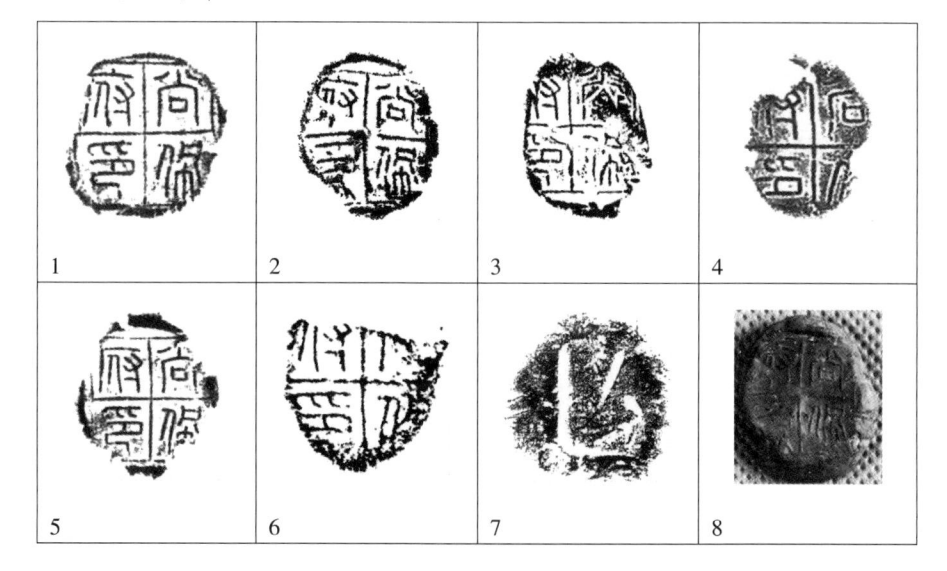

1	2	3	4
5	6	7	8

380　上编　中央职官

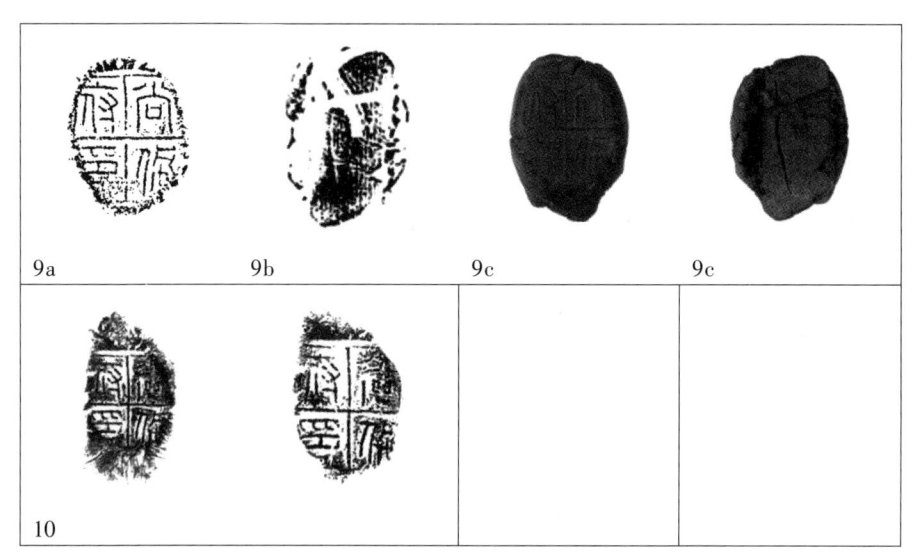

9a　9b　9c　9c

10

（1：《大系》P213；2：《释续》图1；《汇考》P99；《大系》P213；3：《新出》P29；《大系》P213；4：《新出》P29；《大系》P213；5：《大系》P213；6：《新出》P29；《大系》P213；7：《新选》P106；《大系》P213；8：《泥选》；9a：《印风》P161；《印集》P48；《汇考》P99；《玺印》P433；《大系》P213；9b：《印集》P48；9c：《汇考》图版P24；10：《大系》213）

尚衣府印

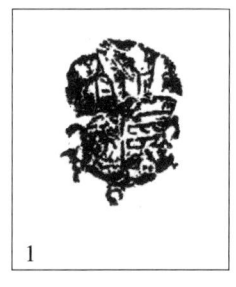

1

（1：《补读》图12；《秦封》P159；《汇考》P96；《玺印》P432；《大系》P215）

尚衣□印

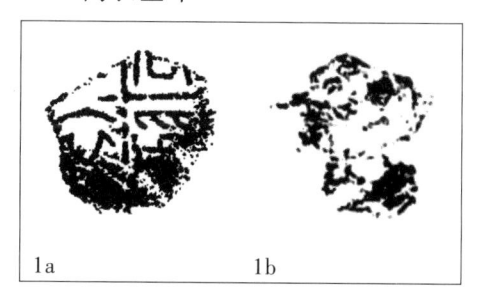

1a　　　　1b

（1a:《印集》P45;《汇考》P96;《大系》P215；1b:《印集》P45）

□衣□印

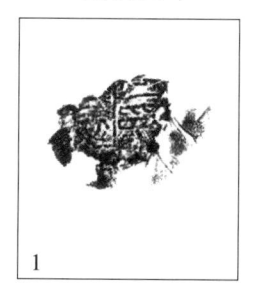

1

（1:《大系》P215）

尚剑

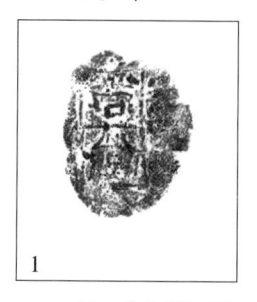

1

（1:《大系》P212）

□剑府印

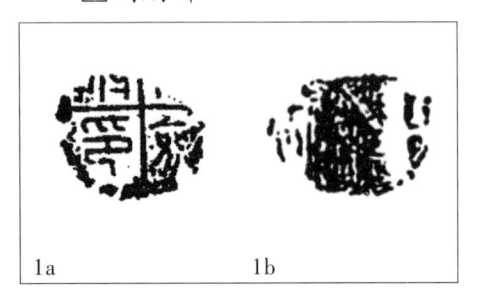

1a　　　1b

（1a：《选释》图1：10；《印集》P85；《汇考》P162；《玺印》P433；《大系》P212；1b：《印集》P85）

□剑□印

1

（1：《大系》P414）

尚浴

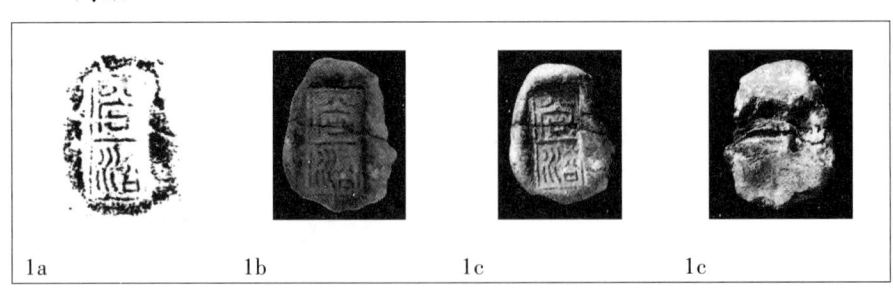

1a　　　1b　　　1c　　　1c

第二章　丞相・三公・九卿　383

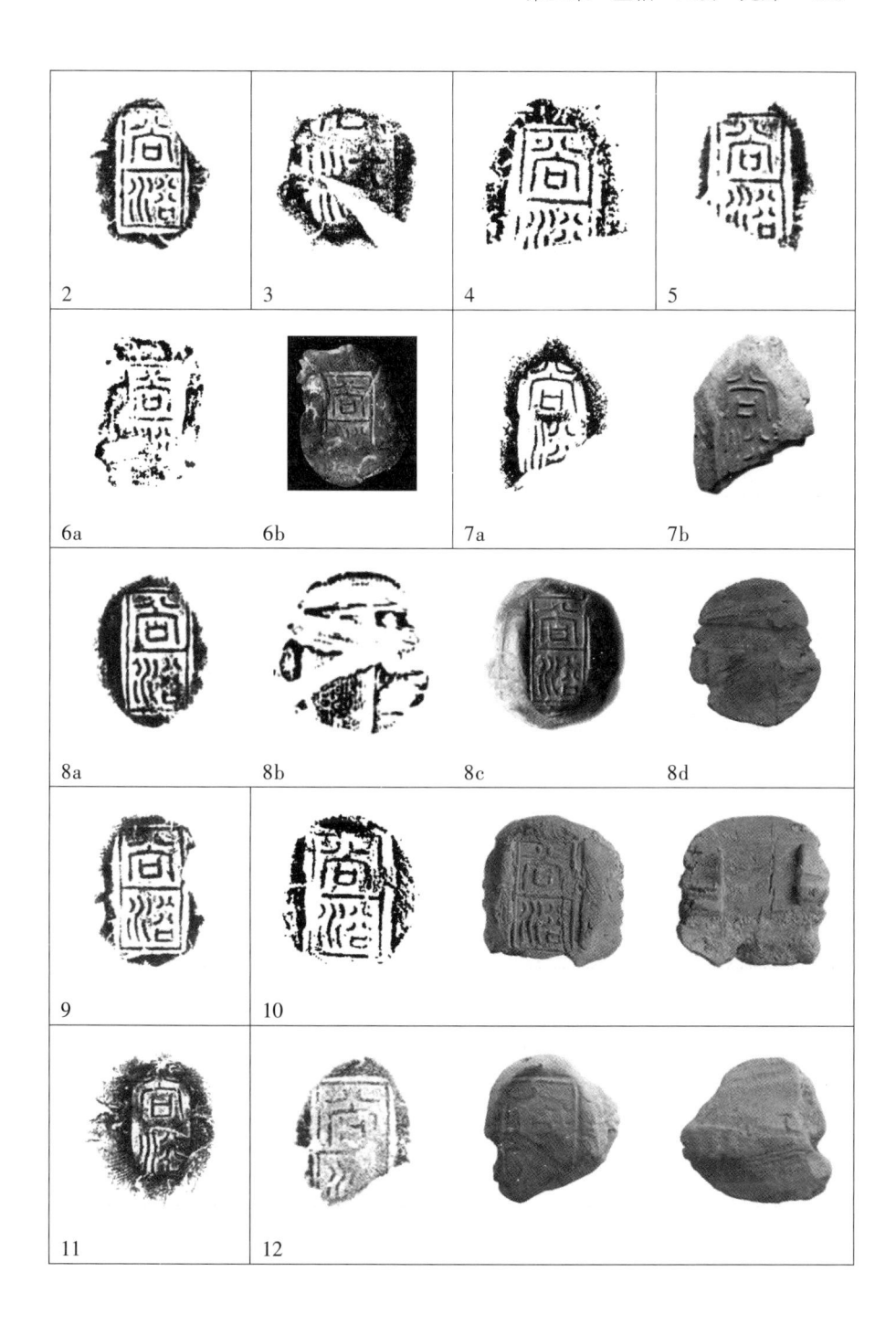

13a	13b	13b	14
15			

（1a：《发现》图79；《图例》P55；《秦封》P160；《书集》P124；《汇考》P98；1b：《秦封》彩版3；1c：《秦封》图版6；2：《印风》P164；《汇考》P98；《玺印》P392；《大系》P215；3：《酒余》P38下；4：《秦封》P160；《汇考》P98；5：《秦封》P160；《汇考》P97；《大系》P215；6a：《秦封》P160；《汇考》P98；6b：《秦封》图版7；7a：《新出》P75；《秦选》P90；《大系》P216；7b：《秦选》P90；8a：《秦封》P160；《书法》P38；《印集》P47；《汇考》P97；《大系》P215；8b：《印集》P47；8c：《书法》P38；《汇考》图版P24；《泥选》；8d：《书法》P38；《汇考》图版P24；9：《大系》P216；10：《上封》P55；11：《大系》P216；12：《相家》P16；13a：《新出》P29；《青泥》P17；《大系》P216；13b：《青泥》P17；14：《新出》P29；《大系》P216；15：《秦封》P160；《汇考》P98）

尚浴府印

1	2

第二章　丞相·三公·九卿　385

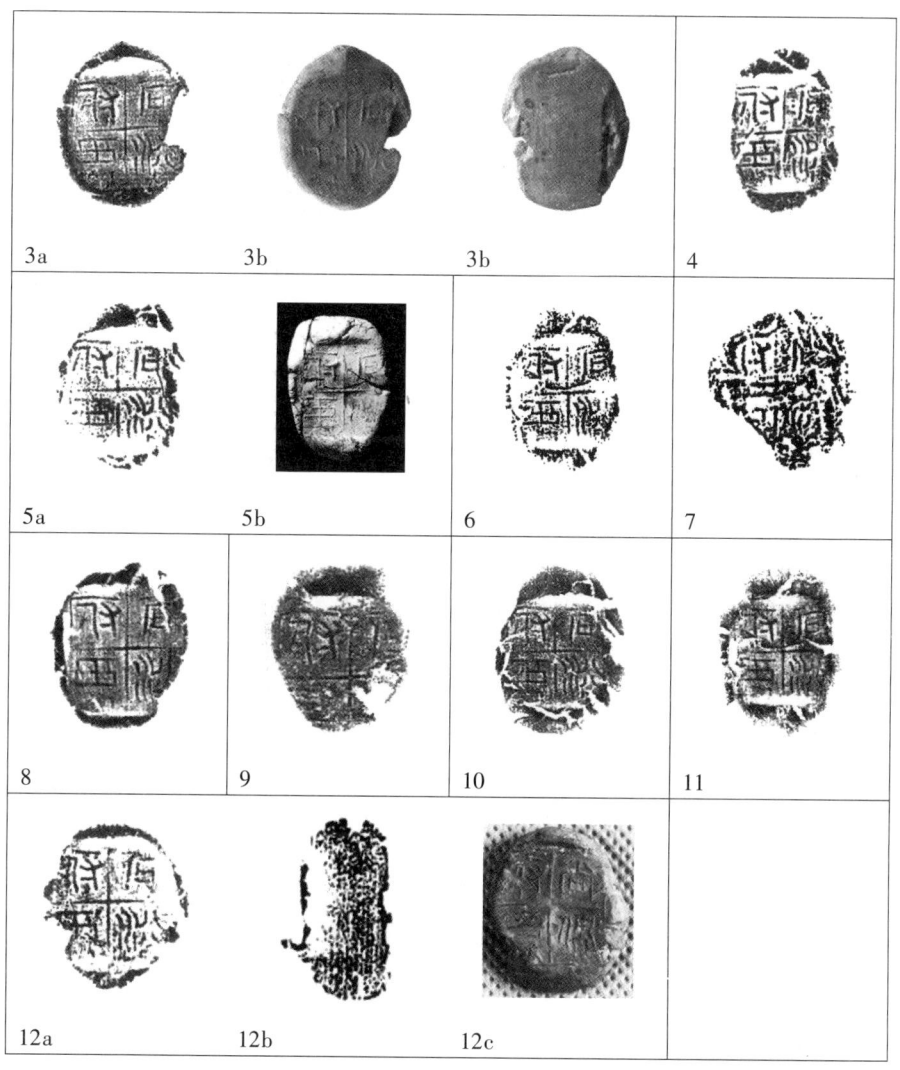

3a	3b	3b	4
5a	5b	6	7
8	9	10	11
12a	12b	12c	

（1：《上封》P55；2：《大系》P217；3a：《相家》P16、《大系》P216；3b：《相家》P16；4：《汇考》P98、《大系》P216；5a：《发现》图80、《图例》P55、《秦封》P161、《汇考》P99、《玺印》P432、《大系》P216；5b：《秦封》图版3；6、7：《秦封》P161、《汇考》P99；8、9：《大系》P216；10、11：《大系》P217；12a：《印风》P161、《印集》P47、《汇考》P98、《大系》P216；12b：《印集》P47；12c：《泥选》）

尚浴上府

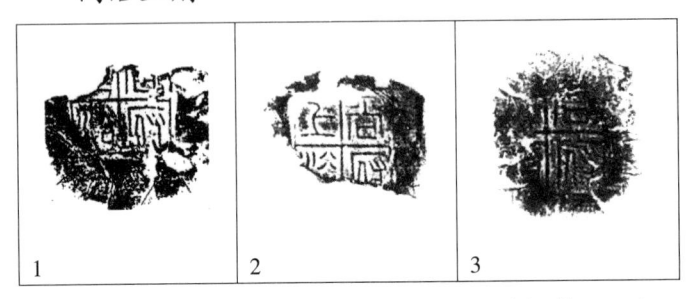

(1:《新选》P106;《大系》P217;2、3:《大系》P217)

尚浴寺般

(1:《在京》图二:14;《玺印》P432;《大系》P217)

尚浴右般

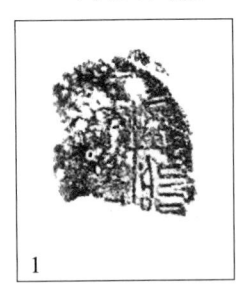

(1:《新出》P29;《大系》P217)

□浴右般

(1：《在京》图二：13；《玺印》P432；《大系》P217)

□浴□般

(1：《大系》P217)

尚浴仓印

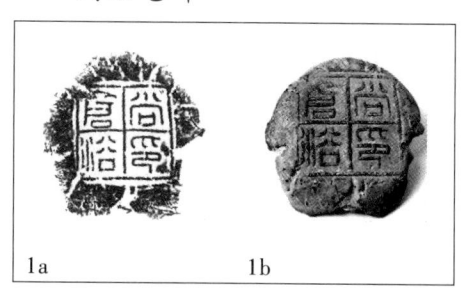

(1a：《大系》P216；1b：《问陶》P171)

尚浴高□

1

（1：《大系》P217）

□浴□□

无图，释读见《发掘》P539。

尚帷中御

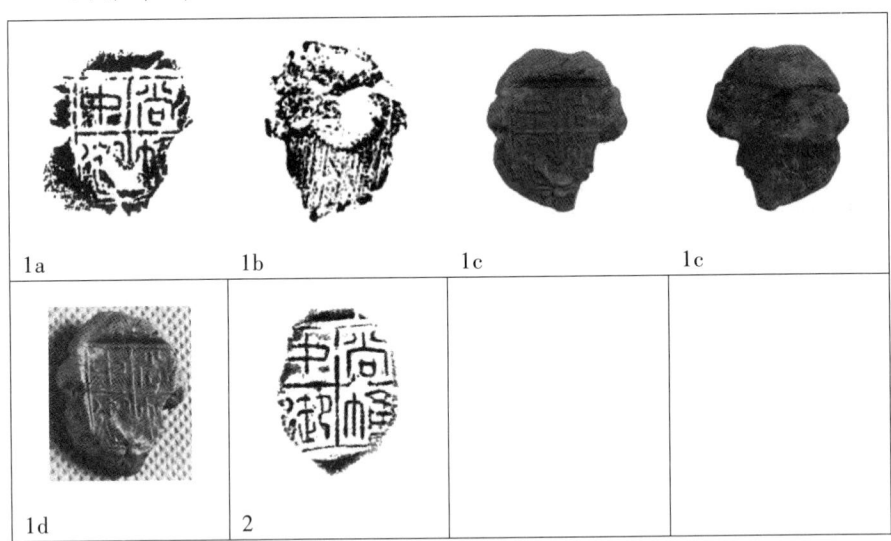

1a	1b	1c	1c
1d	2		

（1a：《释续》图3；《印风》P161；《印集》P44；《汇考》P95；《玺印》P433；《大系》P214；1b：《印集》P44；1c：《汇考》图版P23；1d：《泥选》；2：《大系》P214）

尚卧

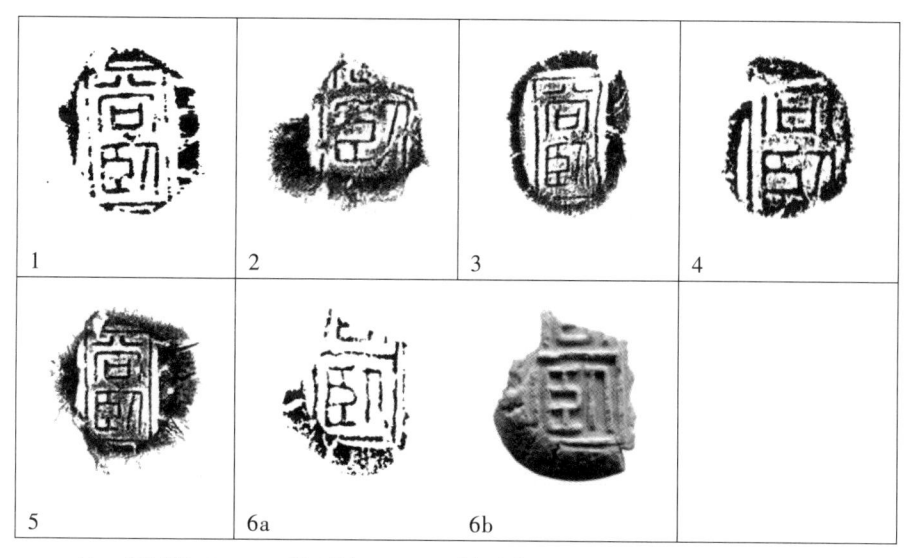

(1:《秦封》P162;《汇考》P100;《玺印》P393;《大系》P214;2:《新出》P75;《大系》P215;3、5:《大系》P214;4:《新出》P29;《大系》P214;6a:《新出》P75;《秦选》P90;《大系》P214;6b:《秦选》P90)

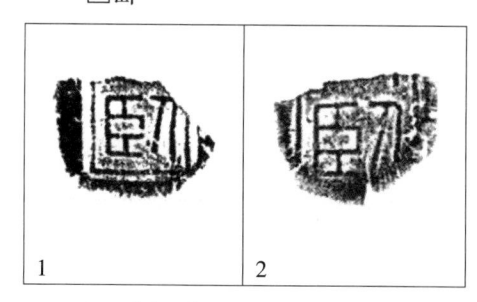

□卧

(1:《大系》P214;2:《新出》P29;《大系》P215)

390 上编　中央职官

尚卧仓印

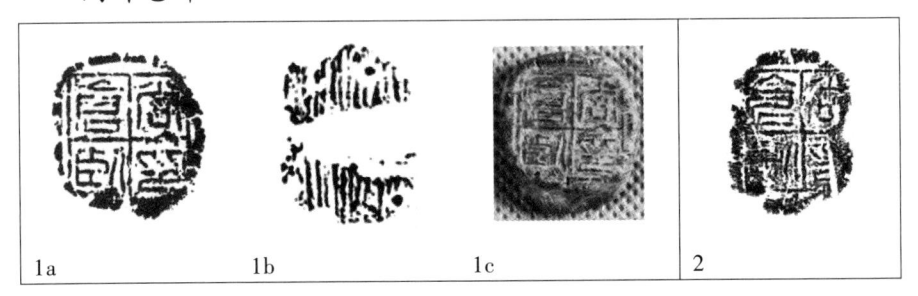

1a　　1b　　1c　　2

（1a：《续释》图2；《印风》P161；《印集》P31；《汇考》P65；《大系》P215；1b：《印集》P31；1c：《泥选》；2：《在京》图二：12；《玺印》P432；《大系》P215）

□卧仓□

1

（1：《大系》P215）

尚犬

1a　　1b　　1b　　2

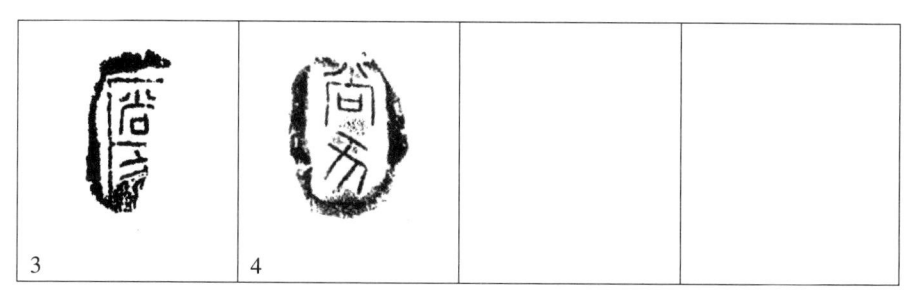

（1a：《新出》P29；《青泥》P16；《大系》P214；1b：《青泥》P16；2：《在京》图二：16；《玺印》P396；《大系》P214；3：《汇考》P96；《大系》P215；4：《大系》P213）

尚□

（1：《新出》P29；《大系》P212、214）

尚□府印

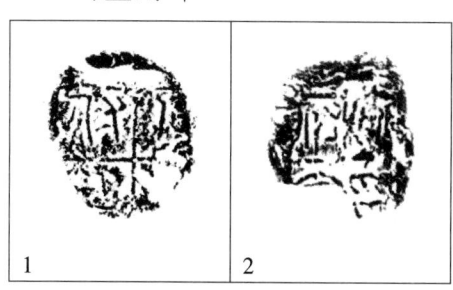

（1：《新出》P29；《大系》P213；2：《大系》P211）

诸采

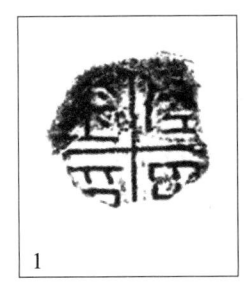

左采金印

（1:《大系》P397）

采赤金丞

无图，释文见《五十例》P312。

采银

（1:《在京》图四：12；《玺印》P394；《大系》P41）

采银丞印

无图，释文见《五十例》P312。

左采银丞

1

（1:《山房》2.4）

采珠

1

（1:《大系》P41）

采青丞印

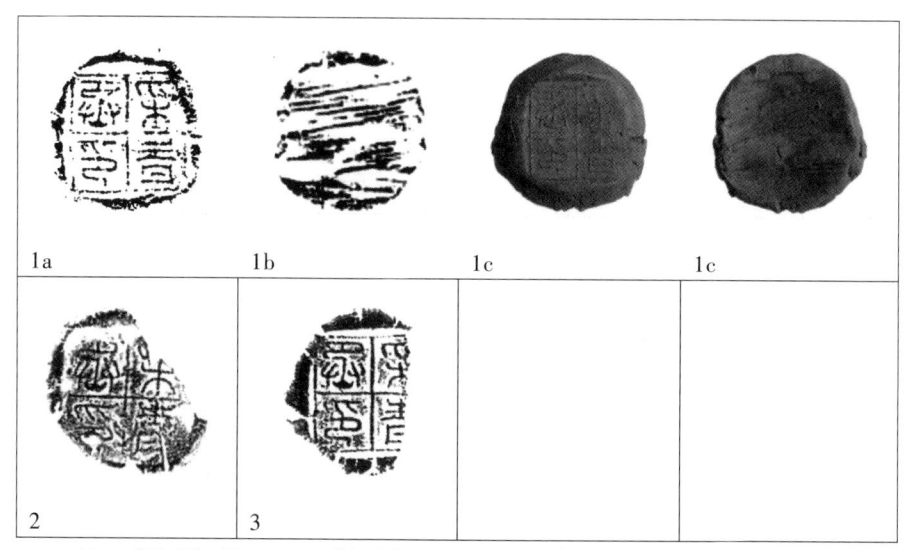

1a	1b	1c	1c
2	3		

（1a:《选释》图一: 1;《新官》P271 图 17;《印集》P29;《汇考》P63;《大

系》P41；1b：《汇考》图版 P15；1b：《印集》P29；2：《新出》P7；《大系》P41；3：《《大系》P41）

诏事

诏事之印

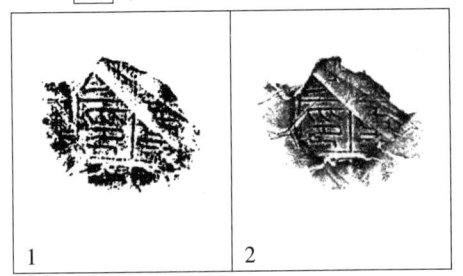

| 1 | 2 |

（1：《大系》P370；2：《发现》图 68；《图例》P54；《秦封》P219；《汇考》P115；《玺印》P434；《大系》P370）

诏事丞印

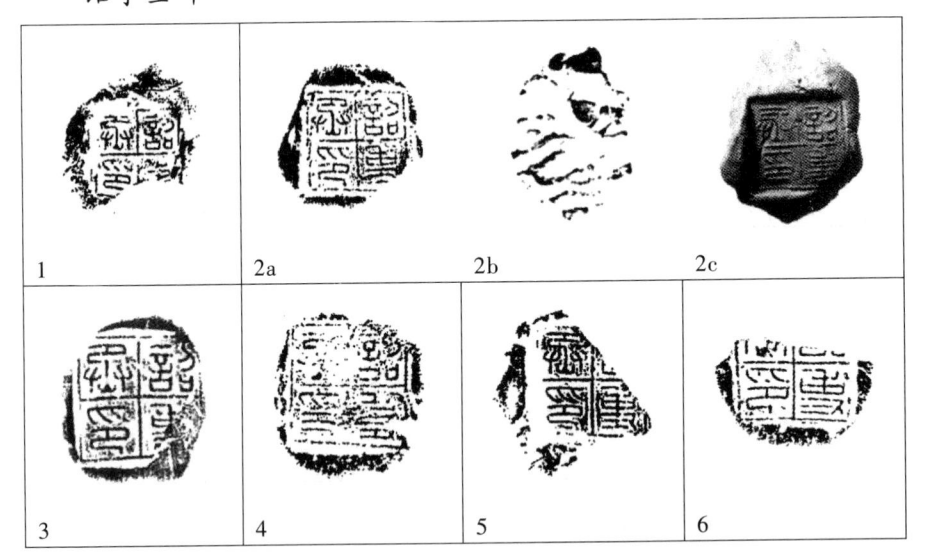

| 1 | 2a | 2b | 2c |
| 3 | 4 | 5 | 6 |

第二章　丞相·三公·九卿　395

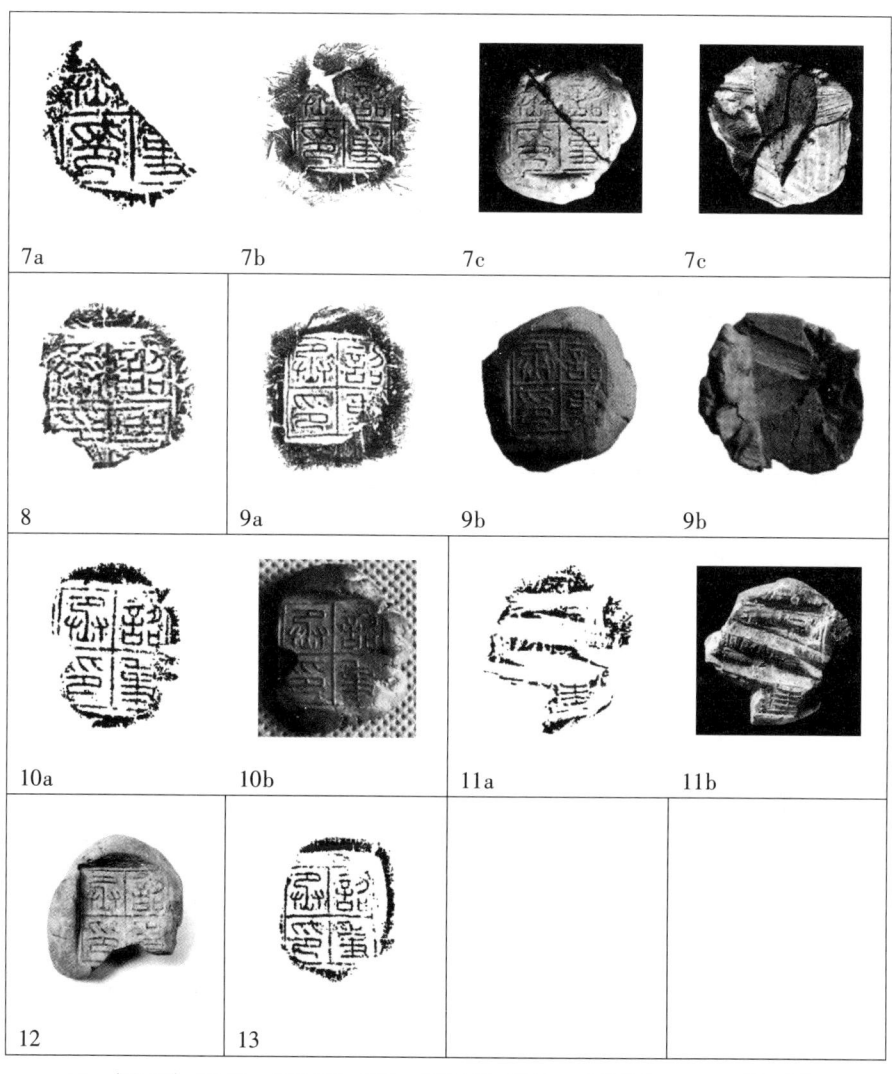

7a	7b	7c	7c
8	9a	9b	9b
10a	10b	11a	11b
12	13		

（1：《发现》图69；《图例》P54；《秦封》P219；《书集》P124；《汇考》P116；《玺印》P434；《大系》P369；2a：《印集》P53；《汇考》P116；《大系》P369；2b：《印集》P53；2c：《初探》图8；3：《新出》P369；4：《汇考》P116；《大系》P370；5：《秦封》P219；《汇考》P116；6：《新出》P47；7a：《秦封》P220；《汇考》P116；7b：《大系》P370；7c：《秦封》图版6；8：《新出》P95；《大系》P370；9a：《新出》P95；《青泥》P3；《大系》P370；9b：《青泥》P3；10a：《汇考》P116；《大系》P369；10b：《泥选》；11a：《秦封》P219；11b：《秦封》图版8；12：《问陶》P159；13：《印考》图180；《印风》P129；《秦封》P220；《书集》P124；《汇考》P116；《大系》P370）

396　上编　中央职官

诏事丞□

1

（1：《秦封》P220；《汇考》P116）

诏□丞□

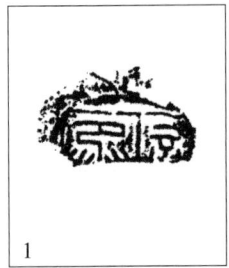

1

（1：《秦封》P220；《汇考》P116）

又，《发掘》P534《出土封泥登记表》2000CH 相 1T2：166 为"诏□丞□"。

诏事□□

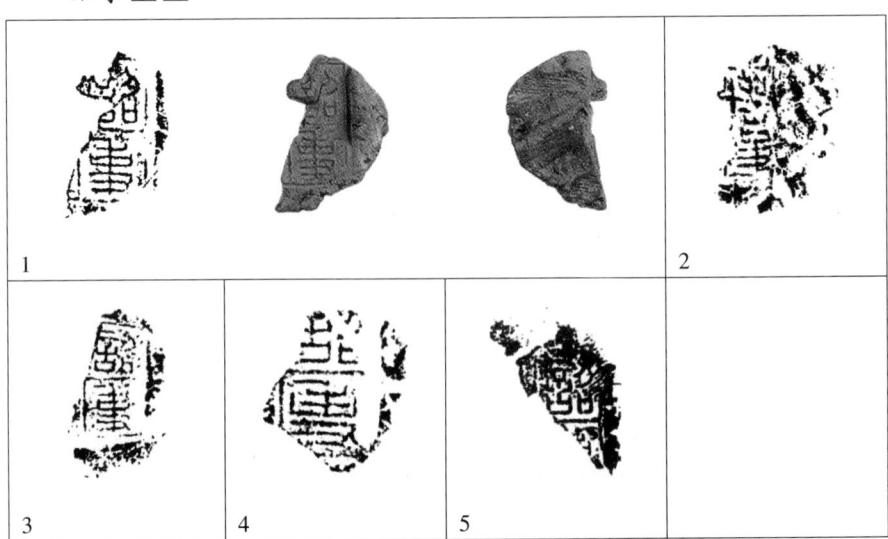

1　　　　　　　　　　　　　　　2

3　　　4　　　5

（1：《上封》P58；2、3：《秦封》P220；4：《新出》P47；5：《大系》P370）

诏□□□

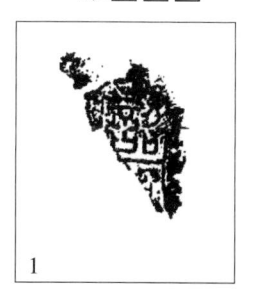

（1：《秦封》P219；《汇考》P115）

□事□印

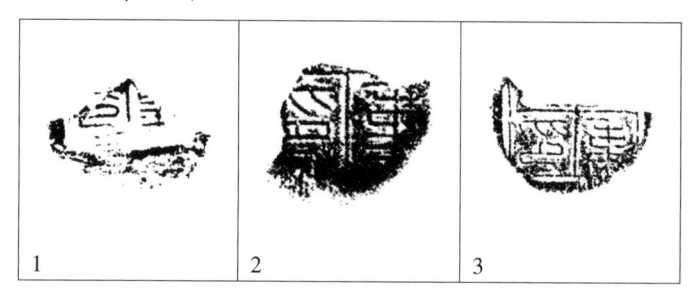

（1：《秦封》P220；2、3：《新出》P47）

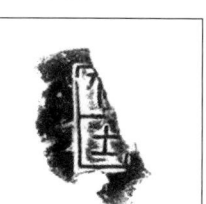

狯士

狯士

（1：《大系》P127）

398　上编　中央职官

狡士之印

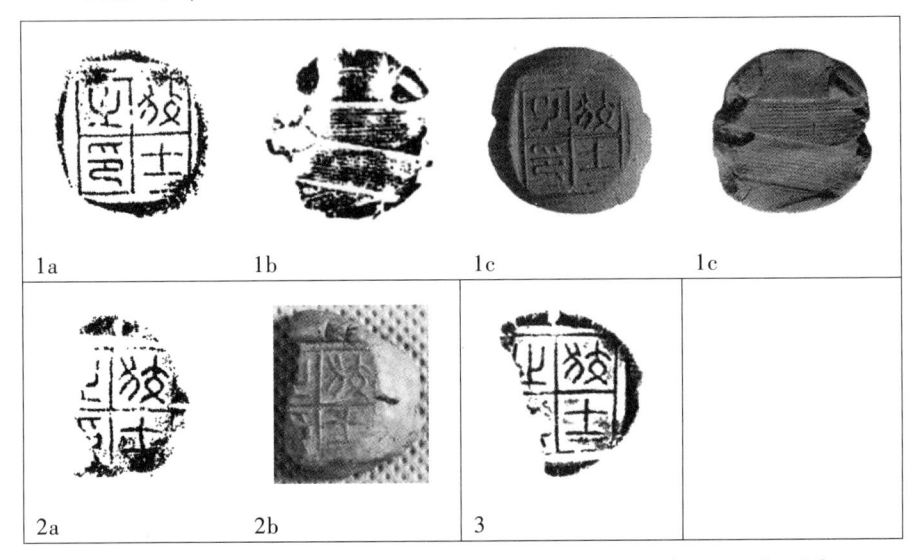

（1a：《释续》图15；《印风》P162；《书法》P38；《印集》P54；《汇考》P117；《大系》P127；1b：《印集》P54；1c：《书法》P38、《汇考》图版P27；2a：《汇考》P117；《大系》P127；2b：《泥选》；3：《大系》P127）

□士之印

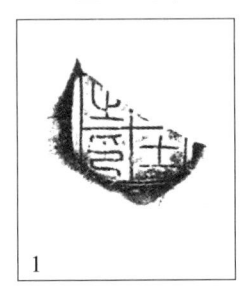

（1：《大系》P128）

狡士将犬

无图，释文见《五十例》P313。

狡士□□

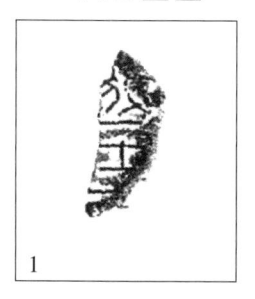

1

（1：《新出》P19；《大系》P128）

画室

画室府印

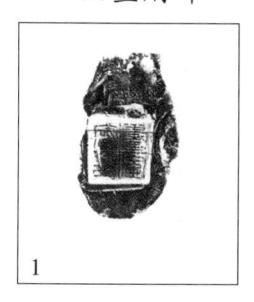

1

（1：《大系》P116）

郡邸

郡左邸印

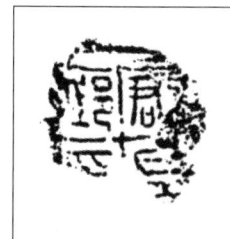

| 1 | 2a | 2b | 2c |

400　上编　中央职官

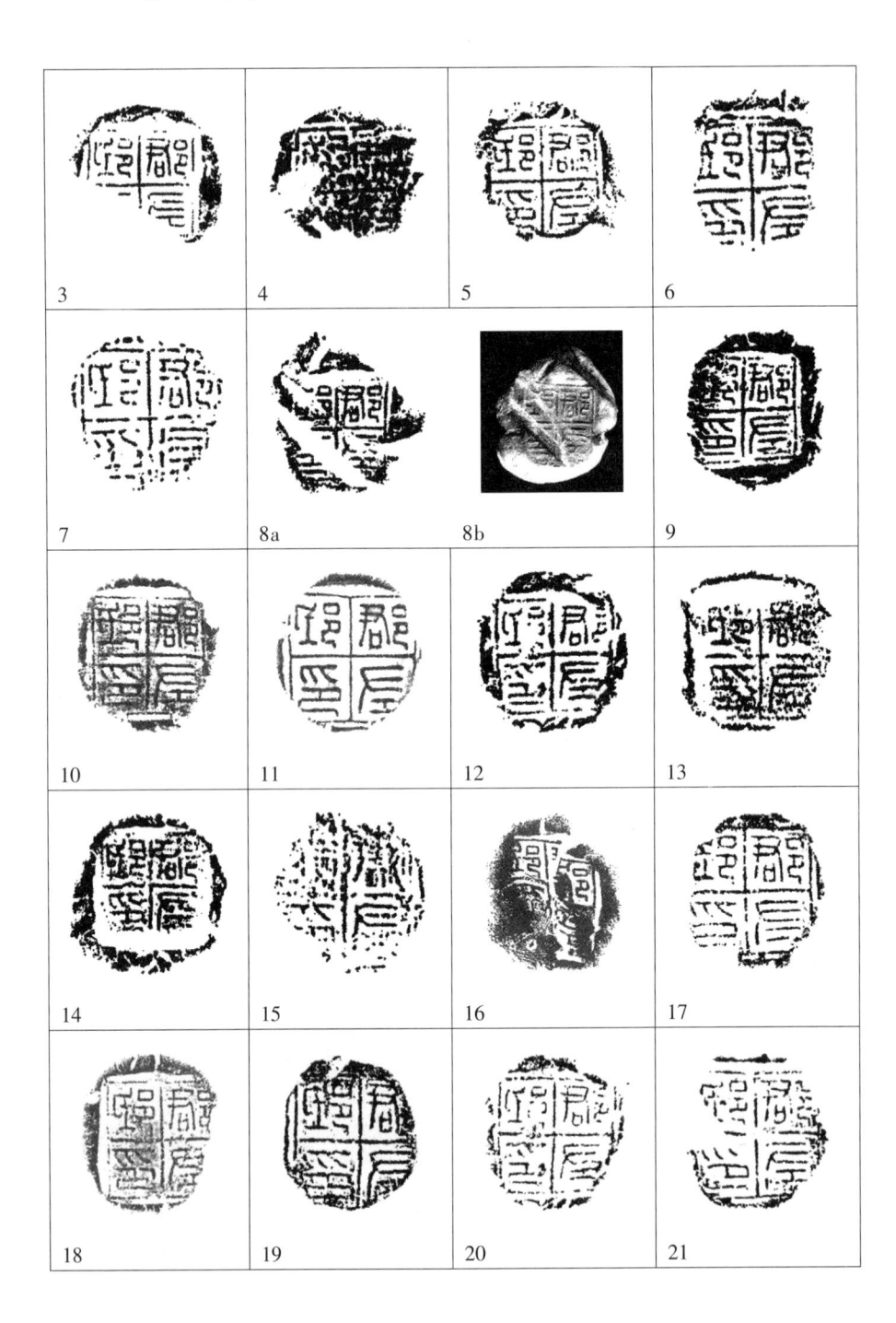

3	4	5	6
7	8a	8b	9
10	11	12	13
14	15	16	17
18	19	20	21

第二章　丞相・三公・九卿　401

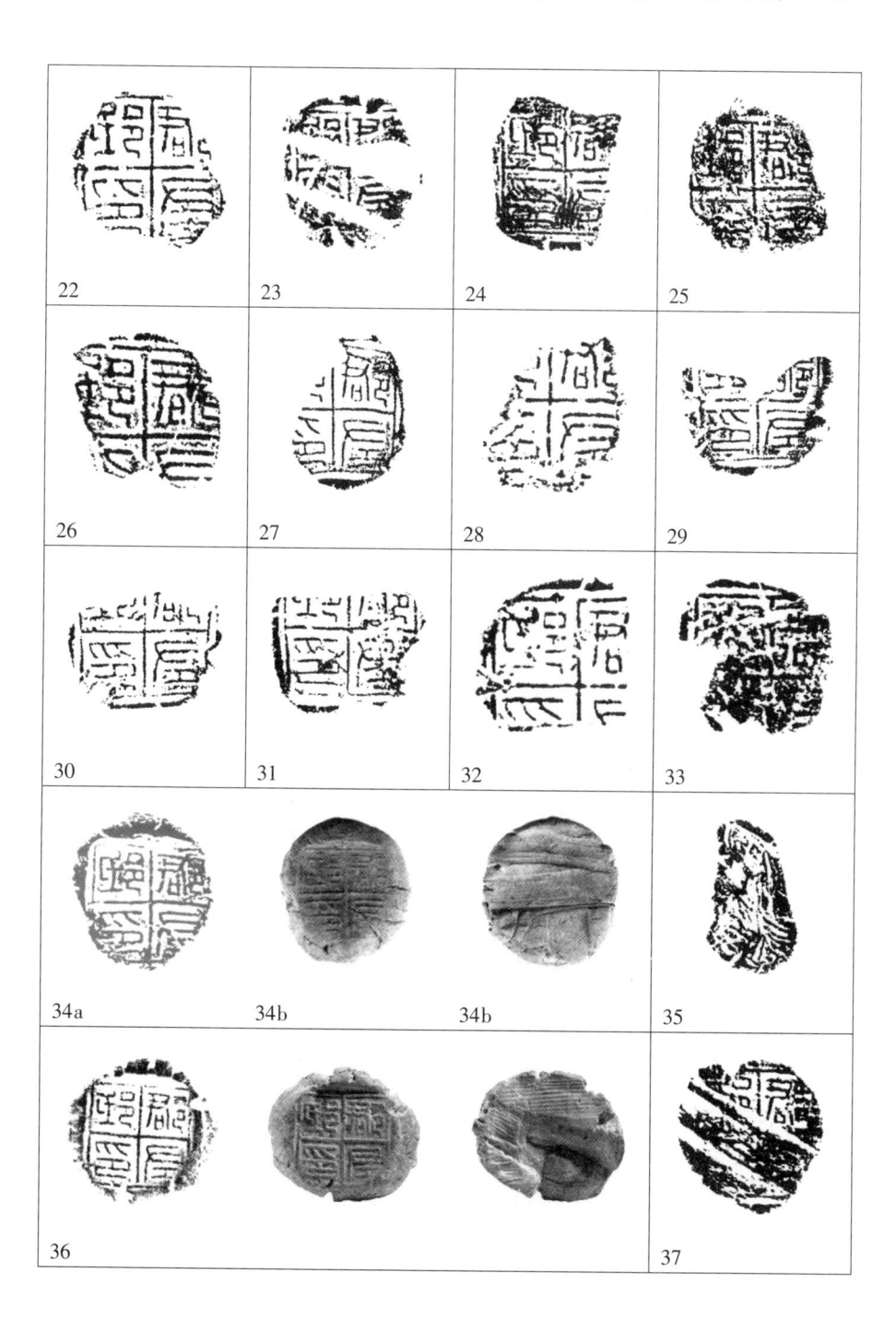

22	23	24	25
26	27	28	29
30	31	32	33
34a	34b	34b	35
36			37

402 上编 中央职官

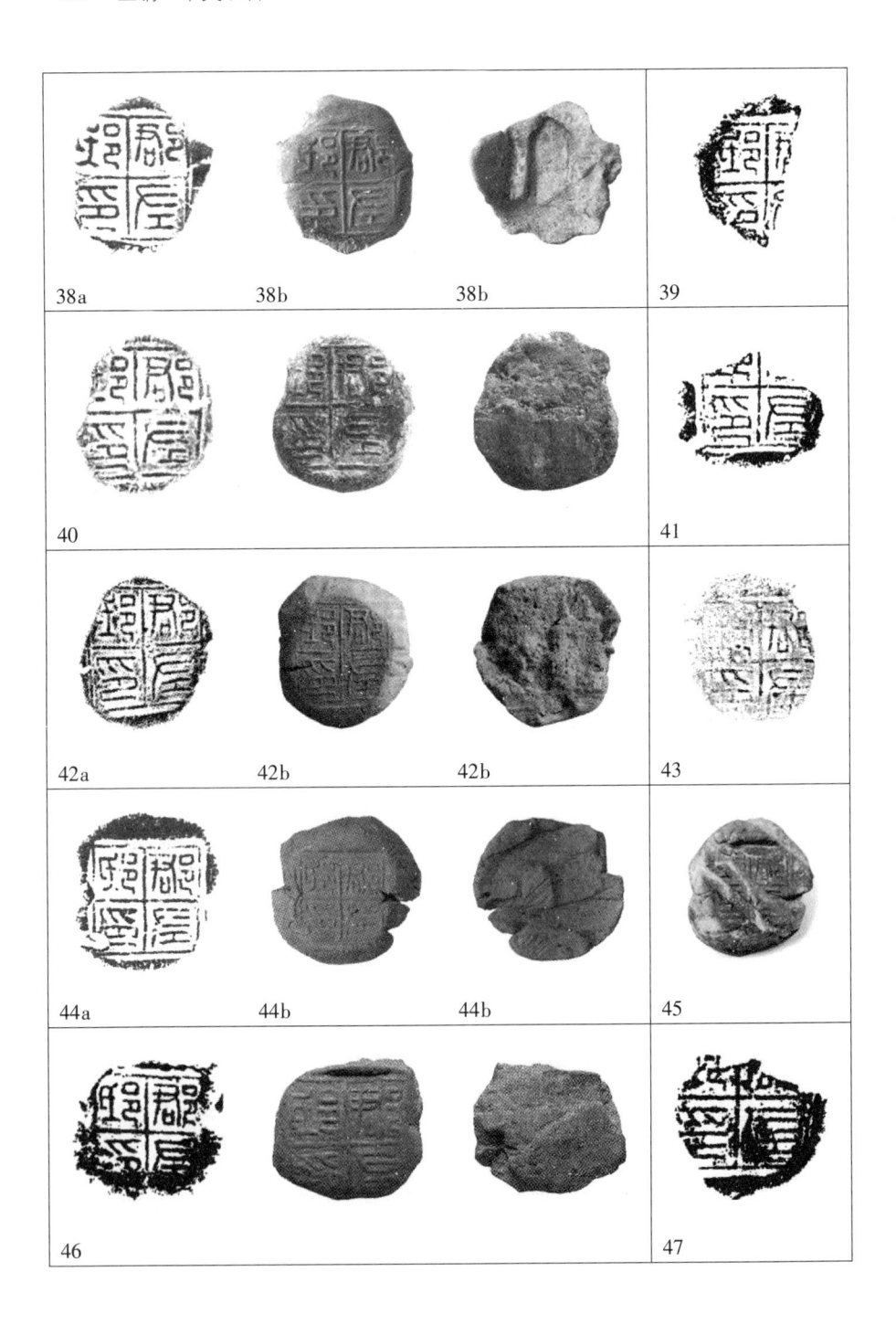

38a　　　　38b　　　　38b　　　　　　39

40　　　　　　　　　　　　　　　　　41

42a　　　　42b　　　　42b　　　　　　43

44a　　　　44b　　　　44b　　　　　　45

46　　　　　　　　　　　　　　　　　47

第二章　丞相・三公・九卿　403

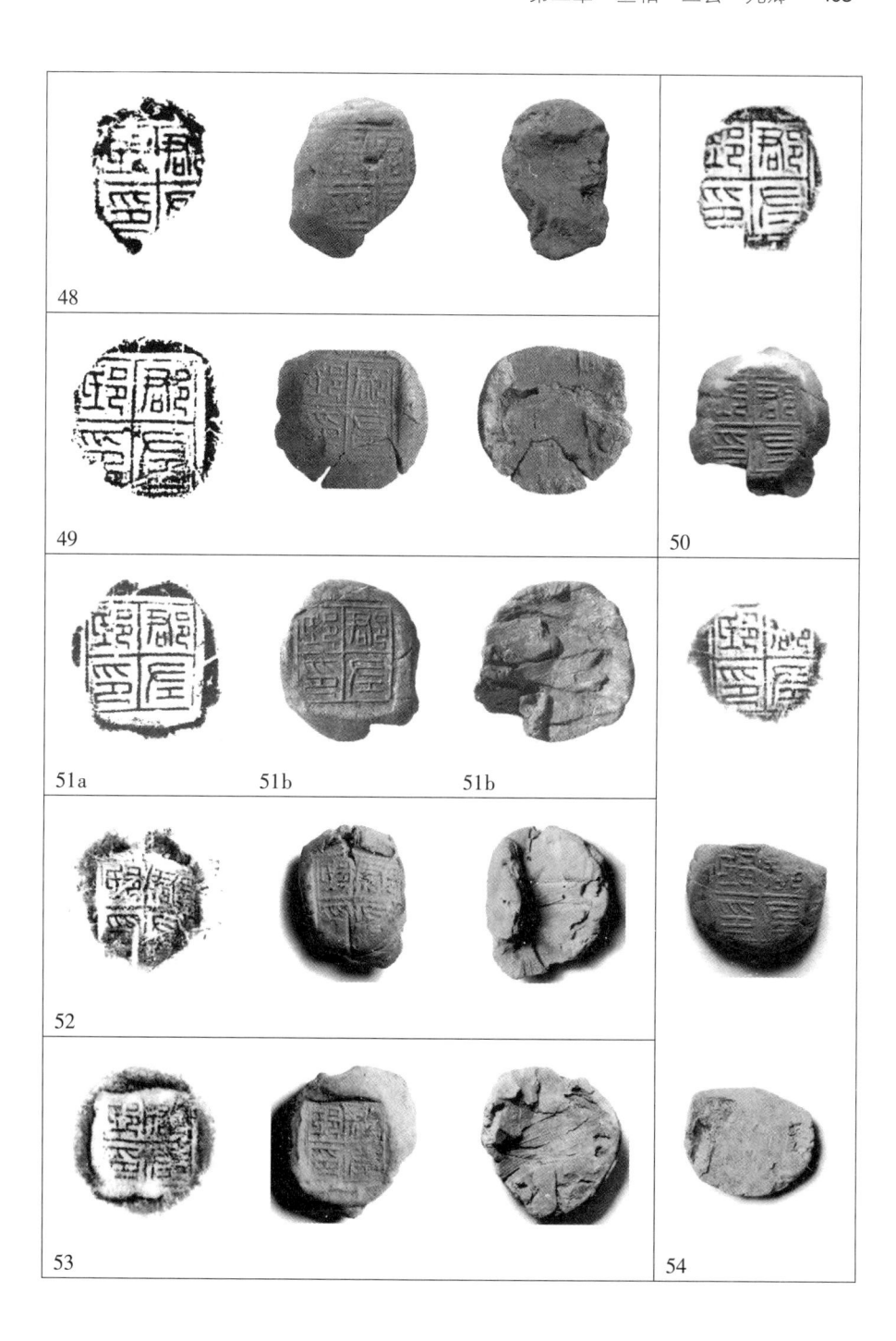

404　上编　中央职官

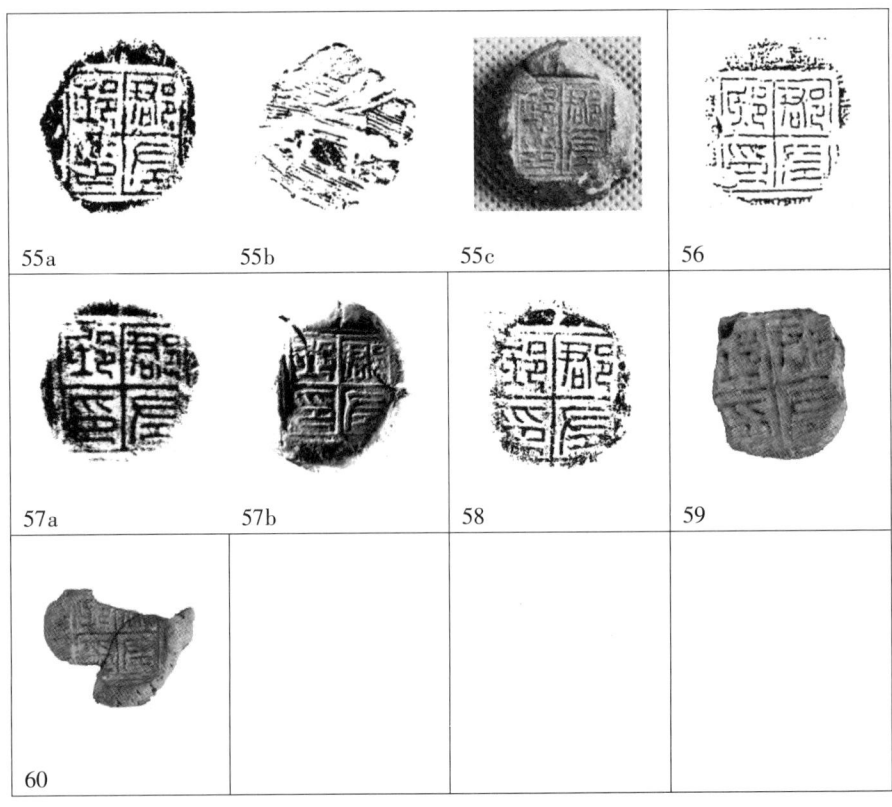

55a	55b	55c	56
57a	57b	58	59
60			

（1：《发现》图 34；《图例》图 36；2a：《秦封》P155；《汇考》P48；《玺印》P427；2b：《秦封》彩版 1；2c：《秦封》图版 2；3：《秦封》P155；《汇考》P48；4—7：《秦封》P155；《汇考》P49；8a：《秦封》P155；《汇考》P49；8b：《秦封》图版 8；9：《秦封》P155；《汇考》P49；10：《秦封》P155；《汇考》P49；《大系》P141；11：《大系》P141；12—15：《秦封》P155；《汇考》P49；16：《新选》P100；《大系》P141；17：《新出》P22；18：《新出》P23；《大系》P141；19：《新出》P22；20—27、29—33、35、37、39、41：《新出》P23；28：《新出》P23；《长安》P10；34a：《珍秦》P67；34b：《珍秦》P66；36：《冰斋》P139；38a：《相家》P9；《大系》P141；38b：《相家》P9；40：《相家》P8；42a：《新出》P22；《青泥》P9；42b：《青泥》P9；43：《长安》P9；44a：《选拓》附图，《印风》P129；《书法》P36；《书集》P124；《汇考》P48；《大系》P141；44b：《书法》P36；《汇考》图版 P12；45：《问陶》P166；46：《菁华》P28；47：《酒余》P35 上；48：《菁华》P28；49：《上封》P49；50：《秦选》P85；51a：《相家》P8；《大系》P141；51b：《相家》P8；52：《观二》P39；53：《观三》P36；54：《观一》P34；55a：《印集》P22；《汇考》P48；《大系》P141；55b：《印集》P22；55c：《泥选》；56、58：《秦封》P155；57a：《新获》P288；57b：《发掘》图版十五：2；59、60：《字博》P33）

又：《发掘》P534《出土封泥登记表》2000CH 相 1T2③：4、58、67、105 共 4 枚

均为"郡左邸印"。

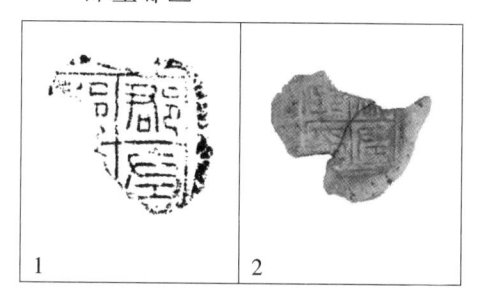

郡左邸□

| 1 | 2 |

（1：《新出》P23；2：《字博》P33）

郡左□□

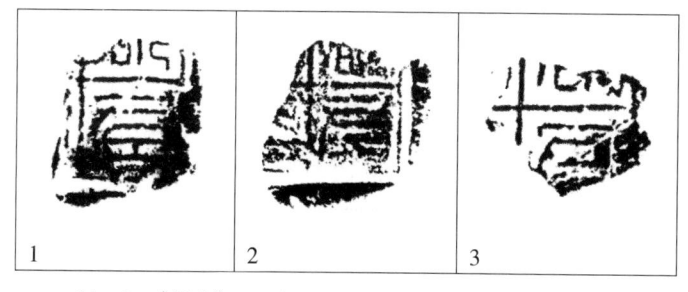

| 1 | 2 | 3 |

（1—3：《新出》P23）

□左邸印

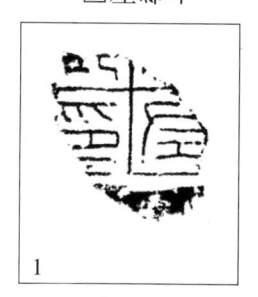

| 1 |

（1：《新出》P23）

郡右邸印

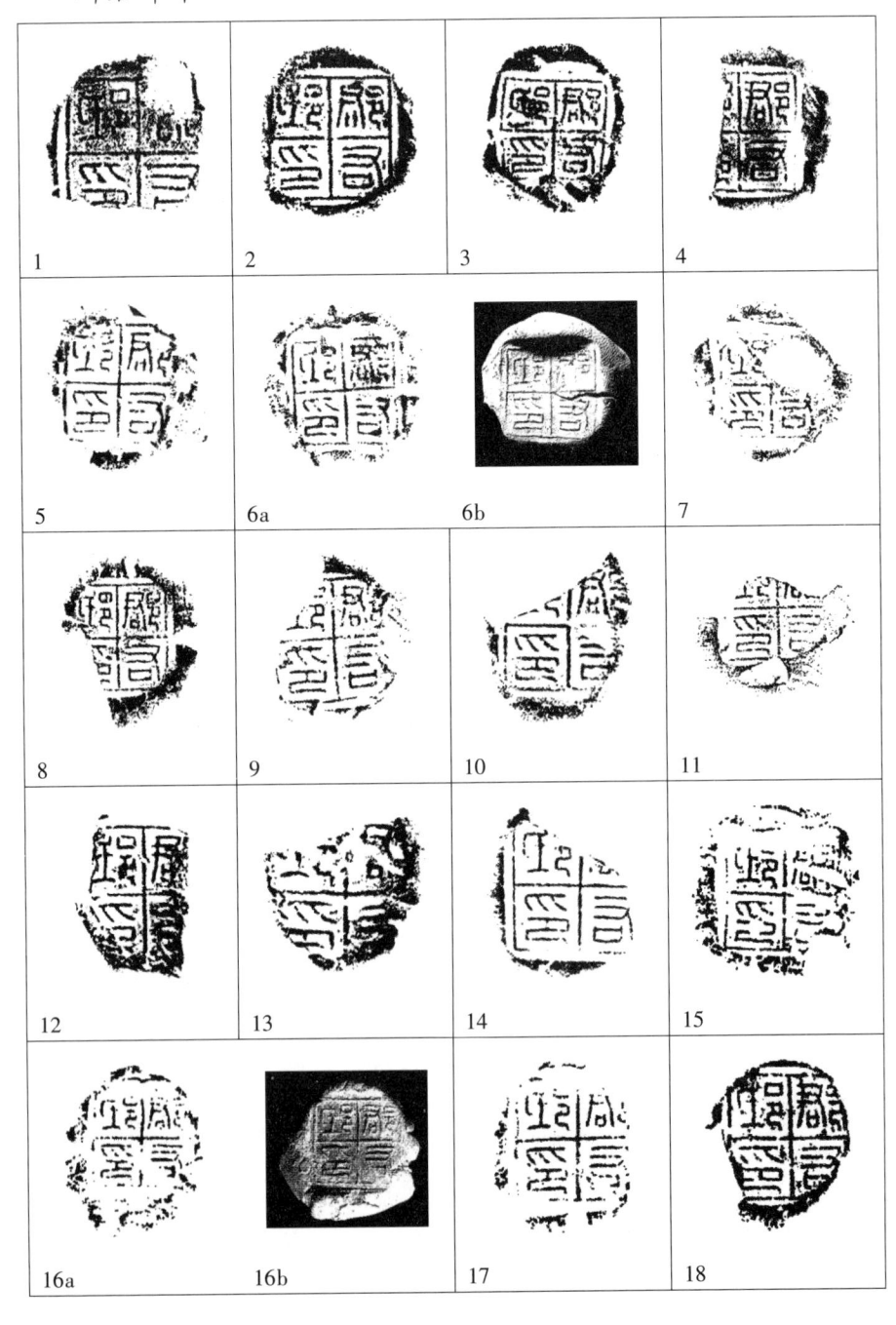

第二章　丞相・三公・九卿　407

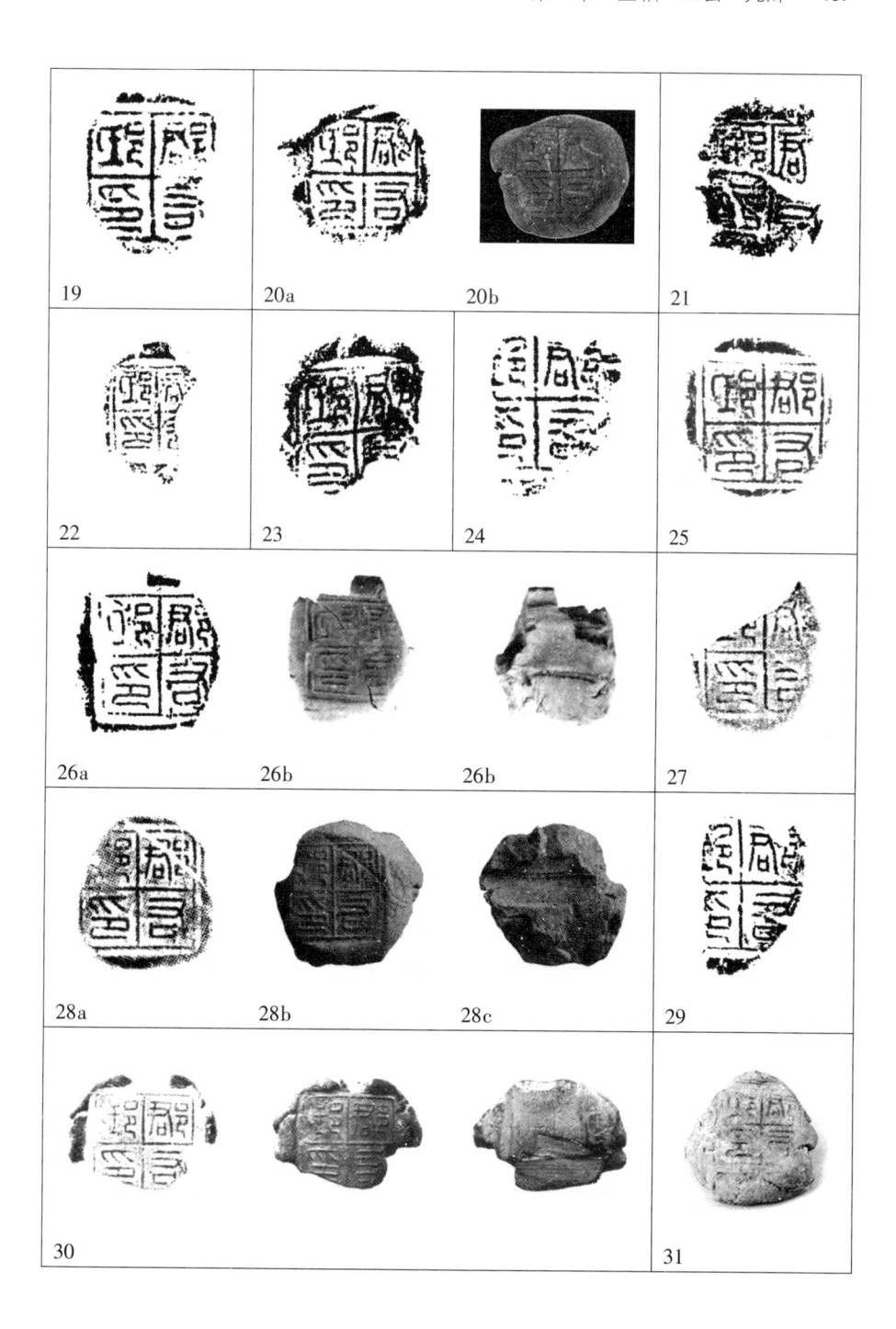

408　上编　中央职官

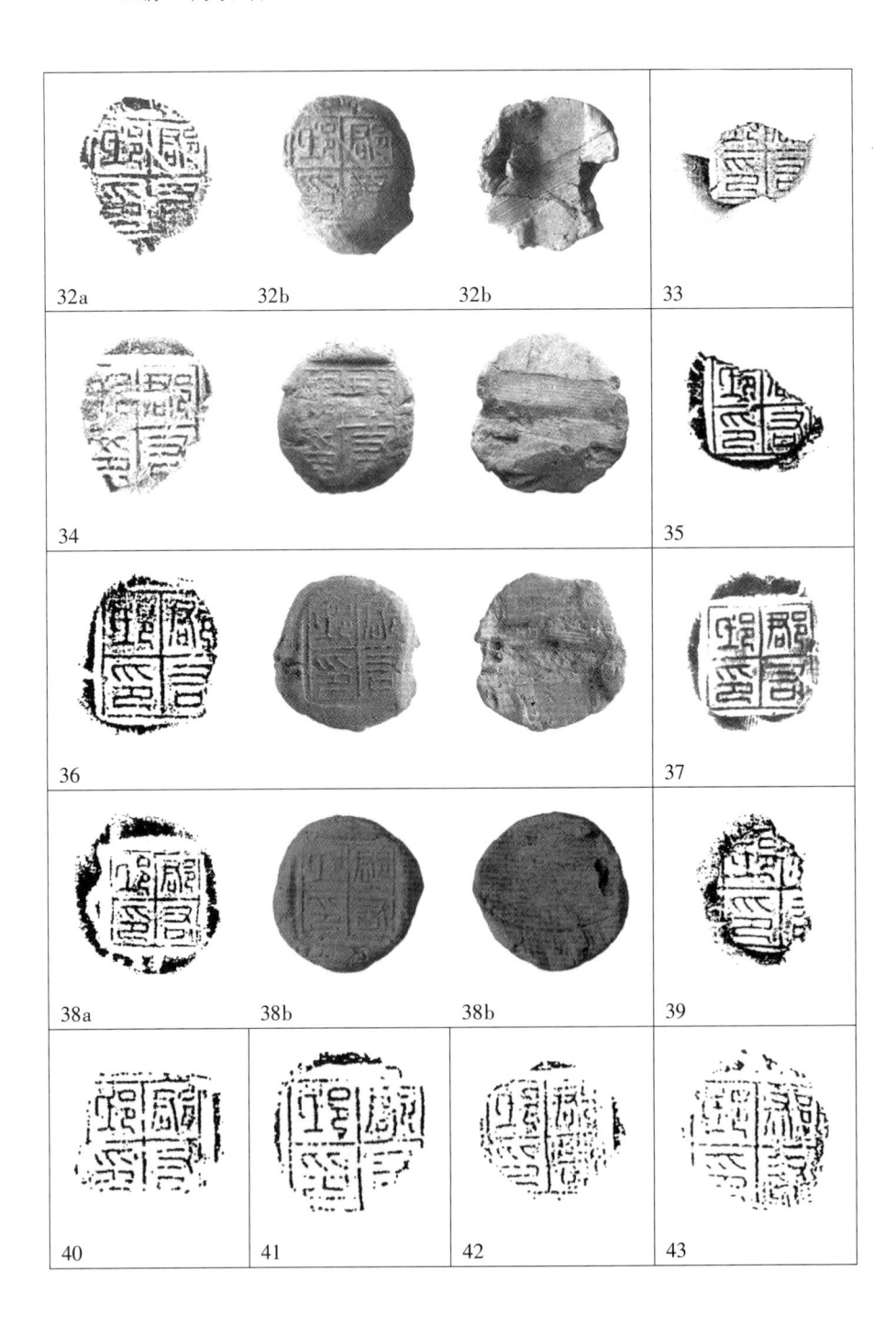

32a	32b	32b	33
34			35
36			37
38a	38b	38b	39
40	41	42	43

第二章 丞相・三公・九卿

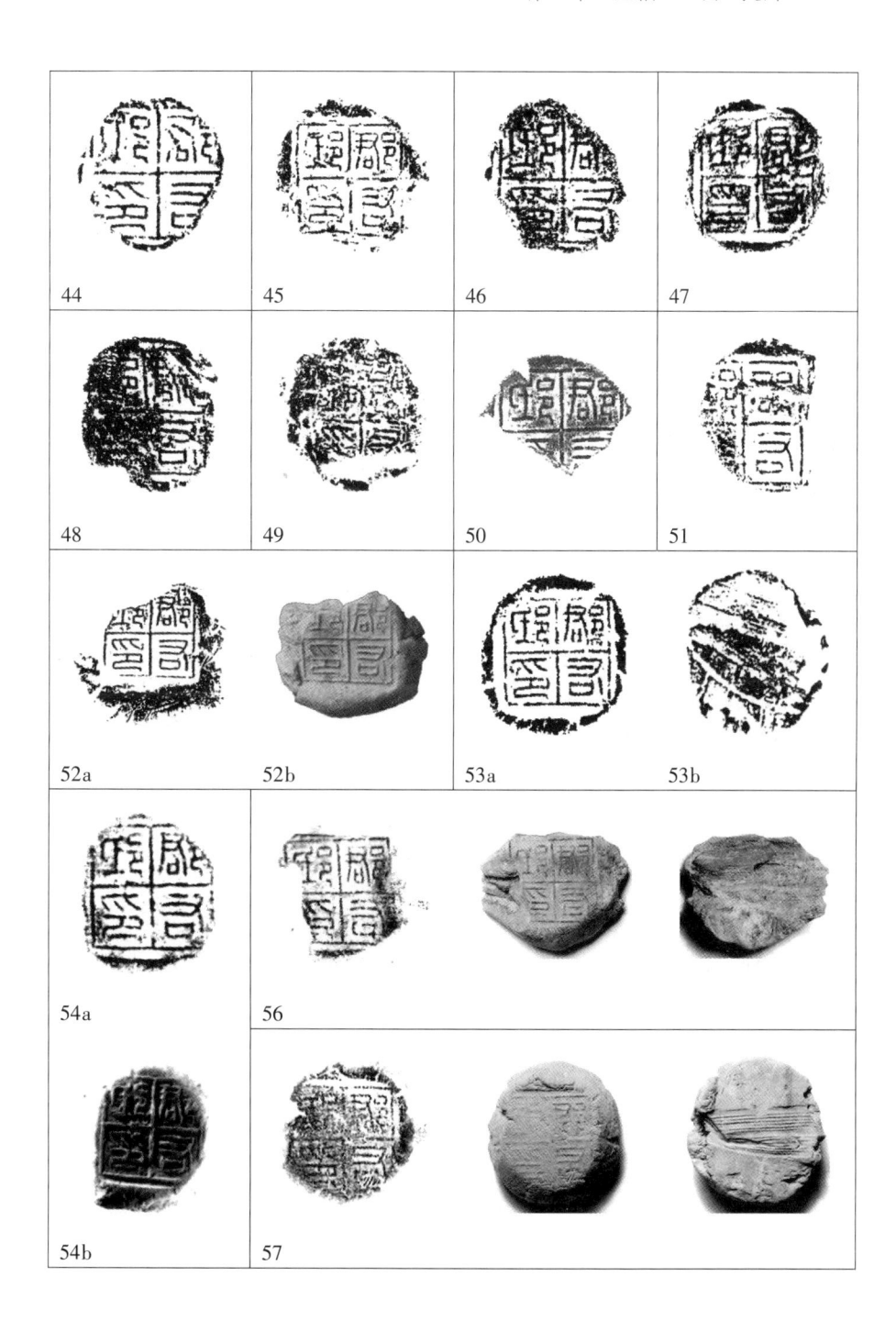

44	45	46	47
48	49	50	51
52a	52b	53a	53b
54a	56		
54b	57		

410　上编　中央职官

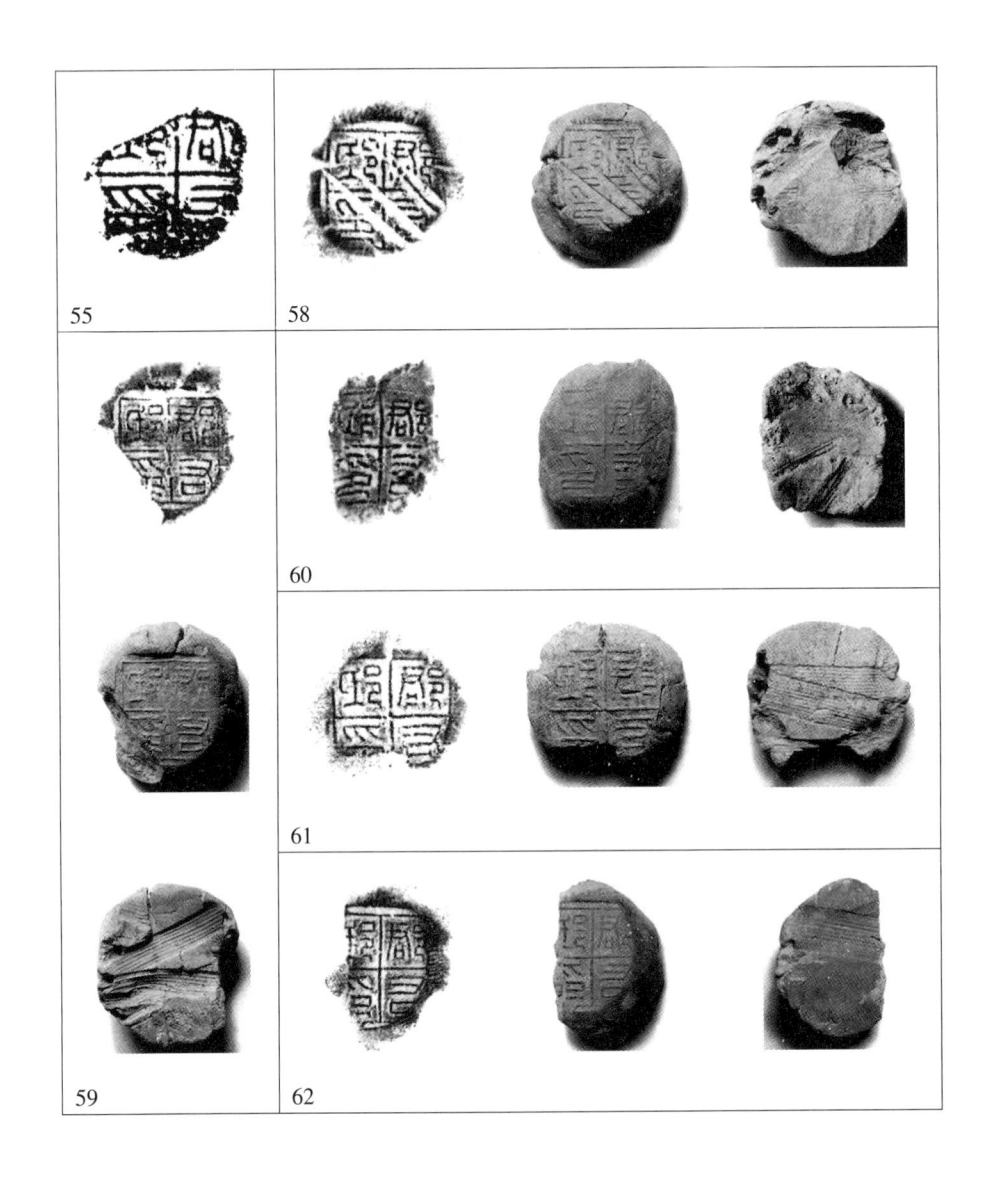

55　58

60

61

59　62

第二章　丞相・三公・九卿　411

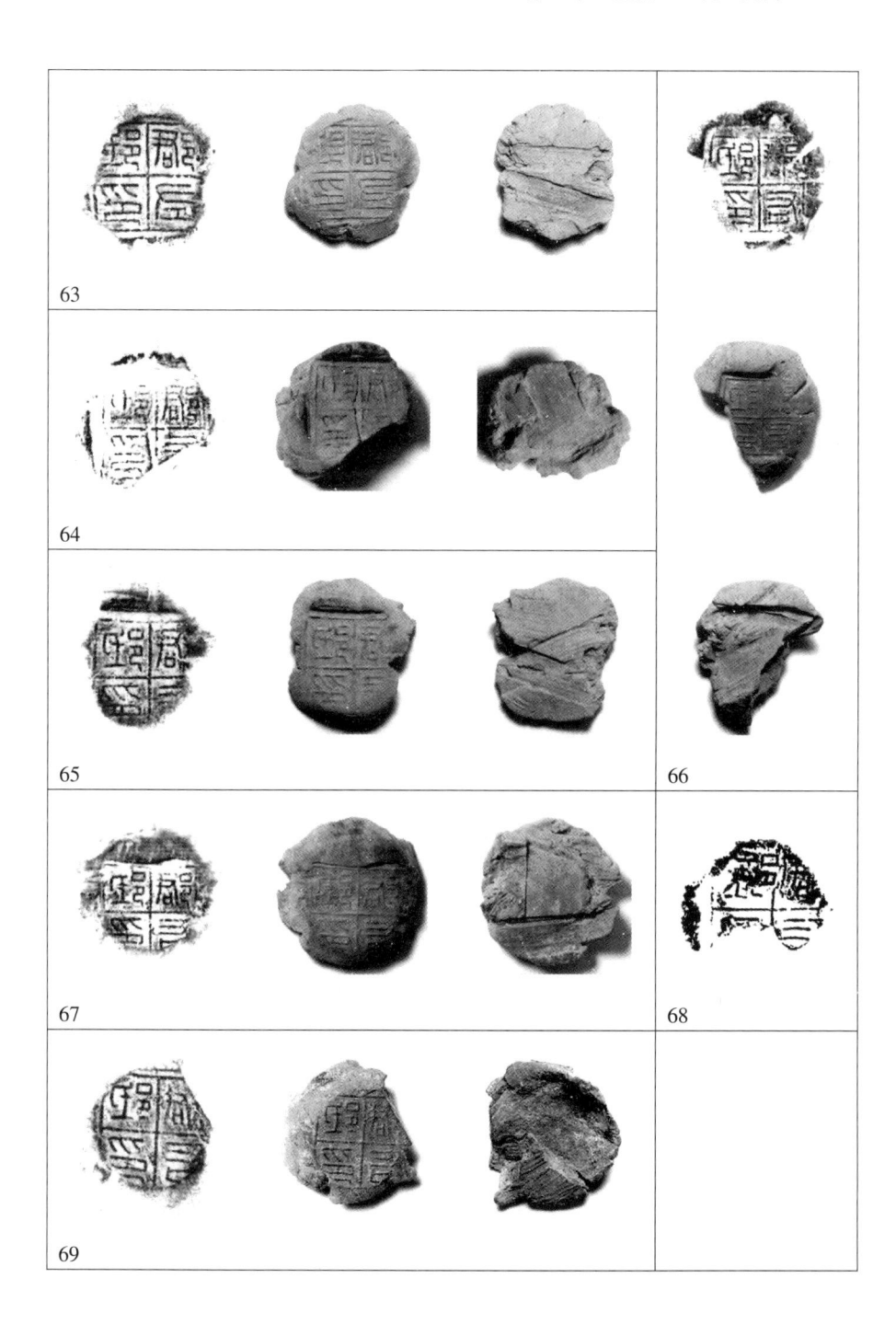

412 上编 中央职官

70

（1：《新出》P21；2：《汇考》P50；《大系》P140；3：《汇考》P50；4：《秦封》P156；《汇考》P51；《新出》P22；5：《秦封》P156；《汇考》P50；6a：《秦封》P156；《汇考》P50；《玺印》P427；6b：《秦封》图版9；7—9：《秦封》P156；《汇考》P50；10：《秦封》P156；《汇考》P51；《长安》P12；11：《秦封》P156；《汇考》P51；《长安》P13；12：《新出》P21；54a：《印集》P20；《汇考》P50；《大系》P140；13：《新出》P22；14：《秦封》P156；《汇考》P51；15、17—19：《秦封》P157；《汇考》P51；16a：《秦封》P157；《汇考》P51；16b：《秦封》图版2；20a：《秦封》P157；《汇考》P51；20b：《秦封》彩版1；21：《秦封》P157；《汇考》P51、52；22—24：《秦封》P157；《汇考》P52；25：《大系》P140；26a：《新见》图3；《古封》P454；《珍秦》P66；《秦封》P157；《汇考》P52；26b：《珍秦》P67；27：《新出》P22；28a：《新出》P21；《青泥》P9；《秦选》P84；28b：《青泥》P9；《秦选》P84；28c：《青泥》P9；29：《新出》P21；30：《相家》P9；31：《问陶》P155；32a：《相家》P9；《大系》P141；32b：《相家》P9；33：《新出》P22；34：《相家》P9；35：《发现》图35；《图例》P53；36：《上封》P49；37：《大系》P140；38a：《选拓》附图；《印风》P129；《汇考》P50；《书集》P124；《秦封》P156；38b：《汇考》图版P12；39：《新出》P70；40—42：《秦封》P157；《汇考》P52；43：《秦封》P156；《汇考》P52；44：《新出》P21；45—49：《新出》P21；50：《新出》P21；《大系》P140；51—53：《新出》P21；52a：《秦封》P156；《汇考》P51；52b：《西大》P79；53a：《印集》P20；《汇考》P50；《大系》P140；53b：《印集》P20；54a：《发掘》图一七：24；《新获》P289；《大系》P140；54b：《发掘》图版十：7；55：《新出》P22；56：《观二》P16；57：《观二》P18；58：《观二》P20；59：《观二》P24；60：《观二》P25；61：《观二》P26；62：《观二》P32；63：《观二》P36；64：《观三》P15；65：《观三》P19；66：《观三》P21；67：《观三》P34；68：《新出》P21；69：《观一》P30；70：《观二》P36）

又：《发掘》P534《出土封泥登记表》2000CH 相 1T2③：10、21、35、65、126、127，TG1：2、9、19、23、34、39、63、71 共 14 枚均为"郡右邸印"。

又：据施谢捷梳理，在《秦封泥集》收录日本古河市篆刻美术馆藏 80 枚秦封泥中的 79 枚外的 1 枚未收封泥为"郡右邸印"。

第二章　丞相・三公・九卿　413

郡右□印

| 1 | 2 | 3 |

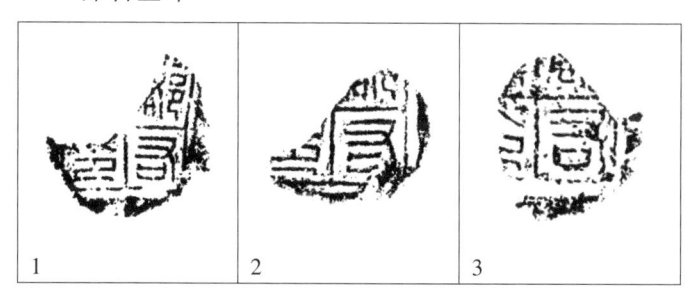

（1：《新出》P21；《秦封》P157；《汇考》P52；2、3：《新出》P22）

郡右□□

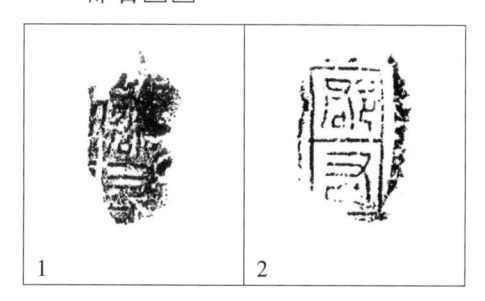

| 1 | 2 |

（1：《酒余》P35 上；2：《新出》P22）

□右邸印

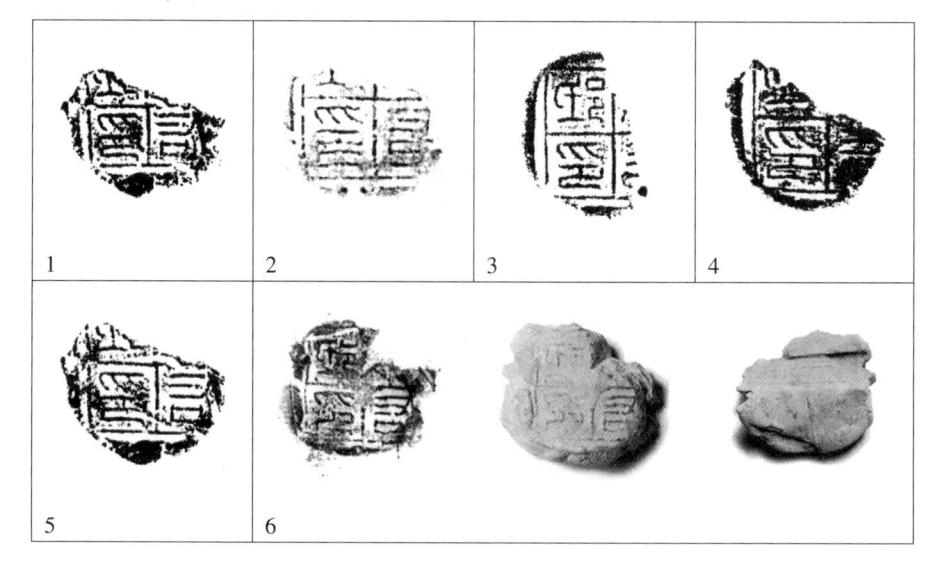

| 1 | 2 | 3 | 4 |
| 5 | 6 | | |

414　上编　中央职官

7			

（1：《秦封》P157；《汇考》P52；2：《长安》P15；3—5、7：《新出》P22；6：《观二》P38）

郡□邸印

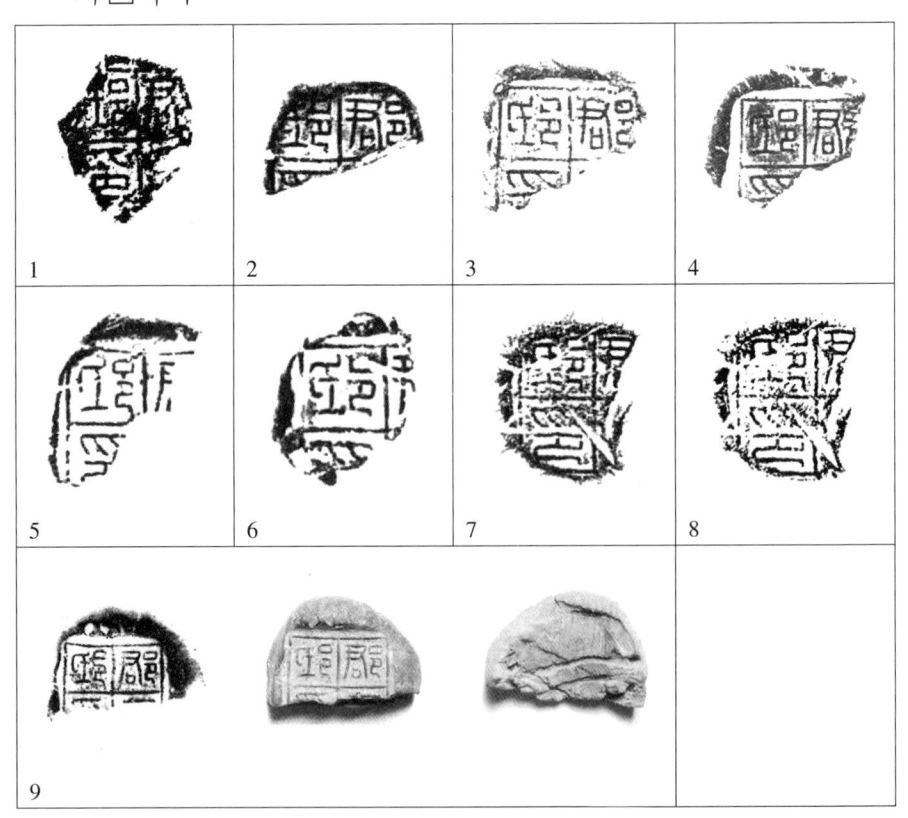

1	2	3	4
5	6	7	8
9			

（1：《酒余》P34下；2：《新选》P99；3：《新出》P21；《大系》P141；4：《大系》P141；5—7：《大系》P142；8：《新出》P70；9：《观二》P42）

第二章 丞相·三公·九卿 415

郡□邸□

| 1 | 2 | 3 | 4 |
| 5 | | | |

（1——5：《大系》P142）

郡□□□

1

（1：《新出》P22）

将行
将行

1

（1：《大系》P127）

416 上编 中央职官

十三 中尉

中尉

中尉

1

（1：《印风》P165；《新官》图20；《汇考》P159；《大系》P382）

中尉之印

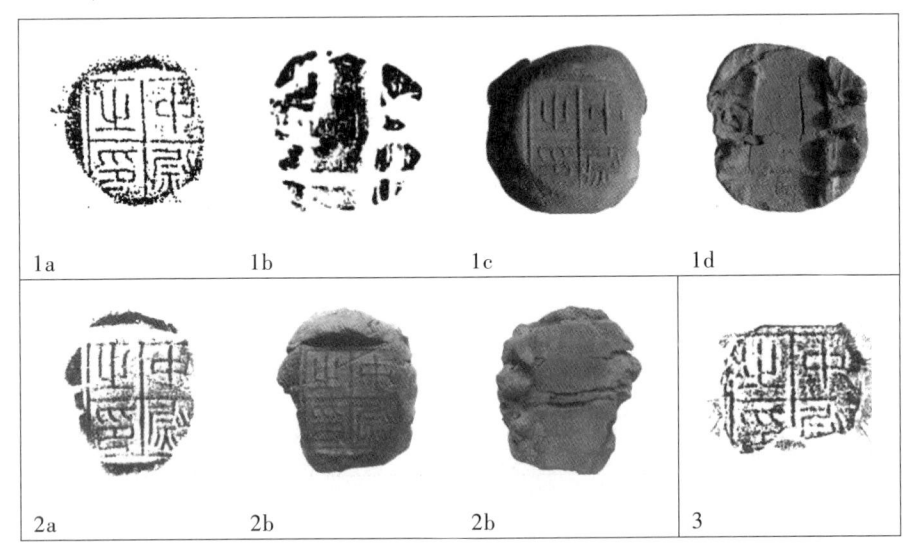

1a　　1b　　1c　　1d

2a　　2b　　2b　　3

第二章 丞相·三公·九卿 417

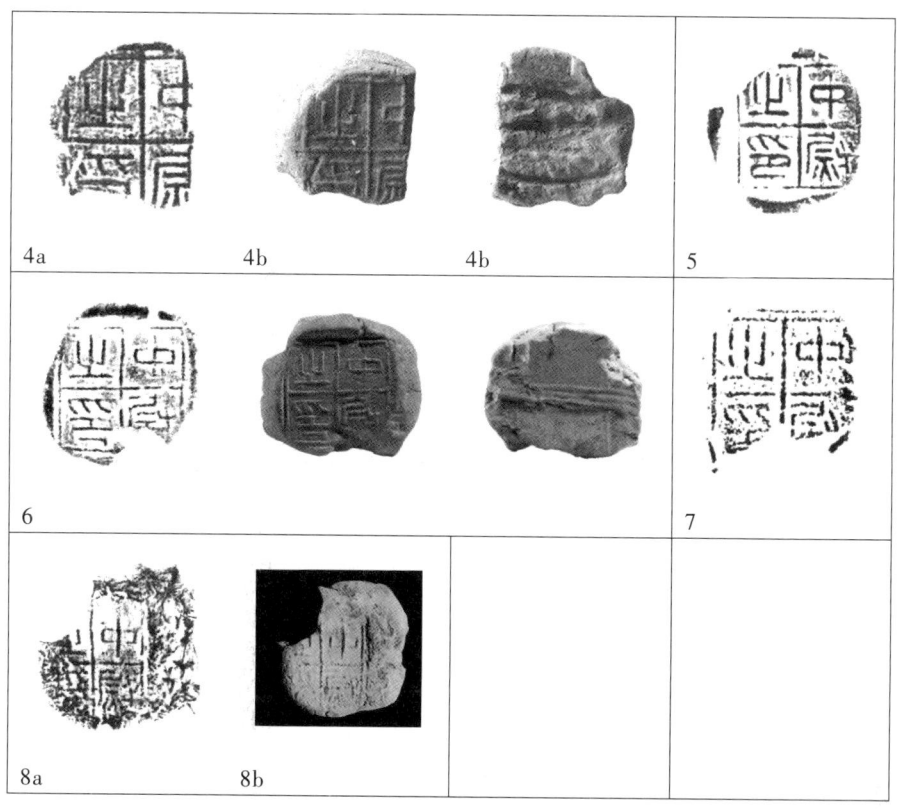

4a	4b	4b	5
6			7
8a	8b		

（1a:《选拓》附图；《印考》图186；《印风》P136；《秦封》P172；《印集》P83；《书集》P125；《汇考》P159；《玺印》P449；《大系》P381；1b:《印集》P83；1c:《汇考》图版P40、《泥选》；1d:《汇考》图版P40；2a:《相家》P18；《大系》P382；2b:《相家》P18；3:《大系》P381；4a:《相家》P18；《大系》P382；4b:《相家》P18；5:《大系》P381；6:《冰斋》P141；7:《秦封》P172；8a:《图例》P52；《秦封》P172；《汇考》P160；《大系》P381；8b:《秦封》彩板3）

中尉□印

| 1 | | |

（1:《上封》P29）

中尉□□

1

（1：《大系》P382）

司马

司马

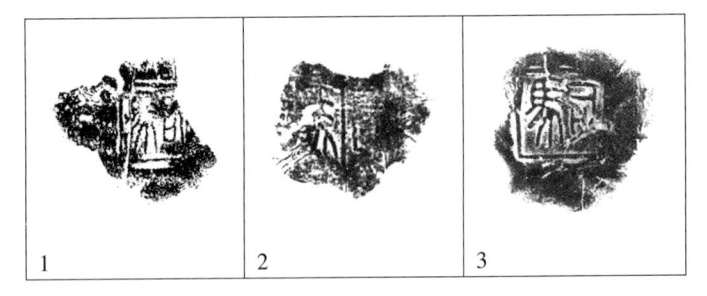

1　2　3

（1：《新选》P107；《大系》P230；2、3：《大系》P230）

□马

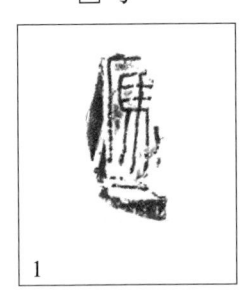

1

（1：《大系》P230）

军假司马

1

(1:《古封》P10;《印风》P130;《秦封》P119;《书集》P125;《大系》P140)

武库

武库

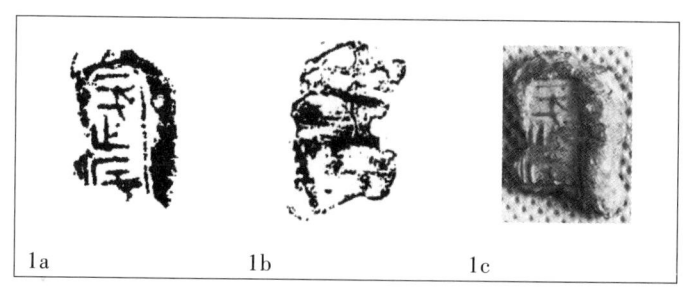

1a　　　1b　　　1c

(1a:《新官》图21;《印集》P83;《汇考》P160;《大系》P281;1b:《印集》P83;1c:《泥选》)

武库丞印

1　　　　　　　　　　　　　　　　　2

420　上编　中央职官

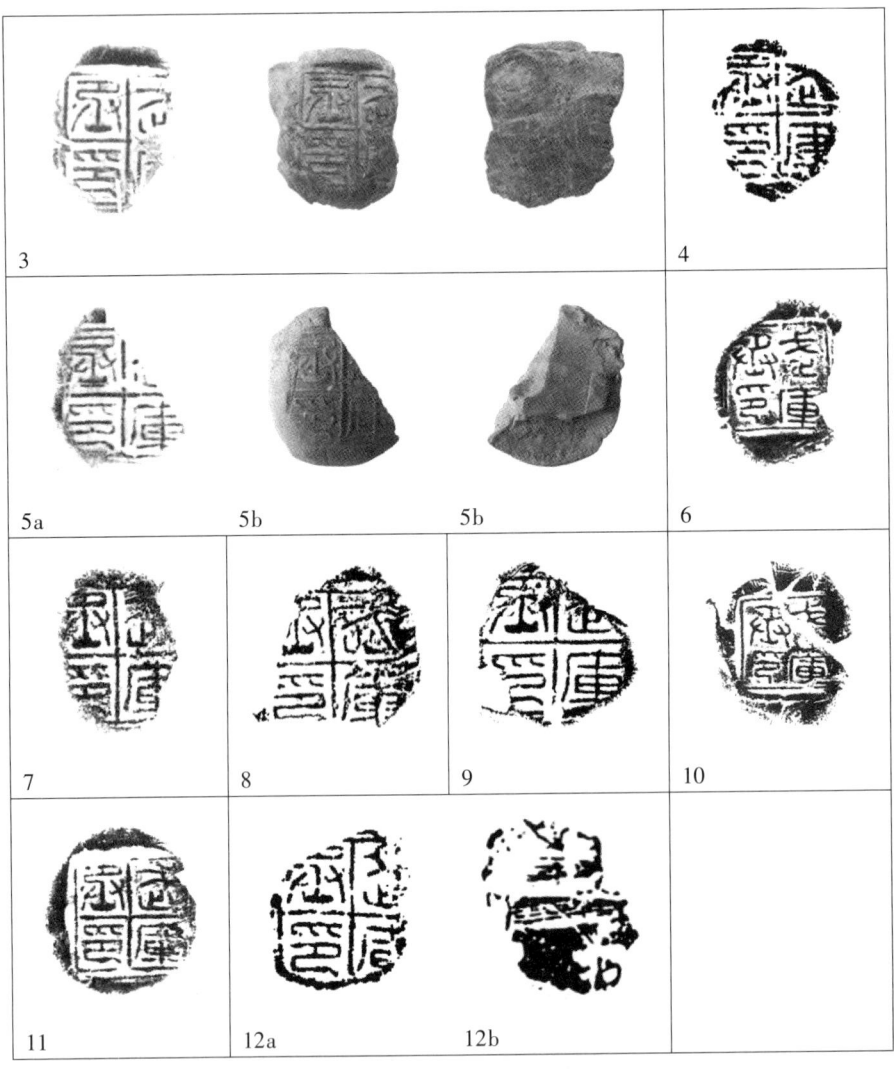

3			4
5a	5b	5b	6
7	8	9	10
11	12a	12b	

（1：《上封》P56；2：《发现》图65；《图例》P54；《秦封》P173；《书集》P125；《汇考》P161；《玺印》P434；《大系》P282；3：《相家》P19；4：《秦封》P173；《汇考》P160；《大系》P282；5a：《相家》P20；《大系》P282；5b：《相家》P20；6：《大系》P282；7：《新出》P38；《大系》P282；8、9：《新出》P38；10：《新选》P112；《大系》P282；11：《大系》P282；12a：《印集》P84；《汇考》P160；《大系》P282；12b：《印集》P84）

武库丞□

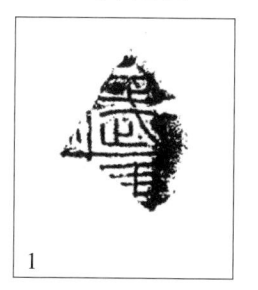

1

（1：《新出》P78）

武库□□

1

（1：《新选》P112；《大系》P282）

都船
都船

| 1a | 1b | 1c | 1c |
| 2 | | | 3 |

422　上编　中央职官

4a	4b	4b	

（1a:《新官》图22；《印集》P13；《汇考》P28；《书法》P35；《书法》P35；《大系》P69；1b:《印集》P13；1c:《书法》P35；《汇考》图版P8；2:《相家》P19；3:《大系》P69；4a:《新出》P10；《青泥》P21；《大系》P69；4b:《青泥》P21）

都船丞印

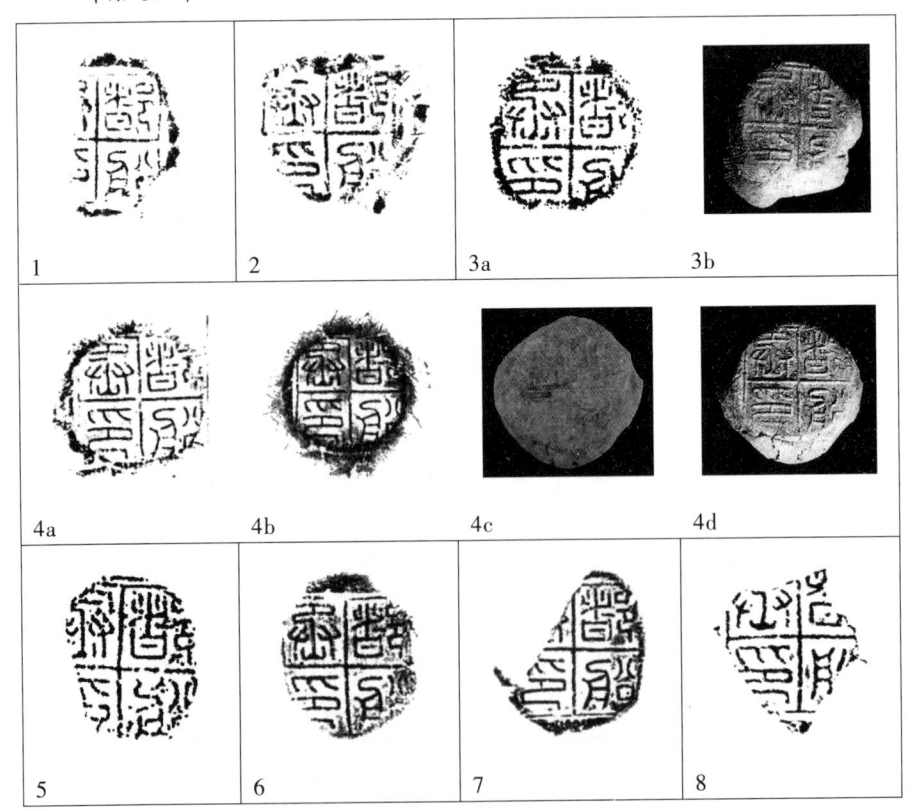

1	2	3a	3b
4a	4b	4c	4d
5	6	7	8

第二章　丞相·三公·九卿　　423

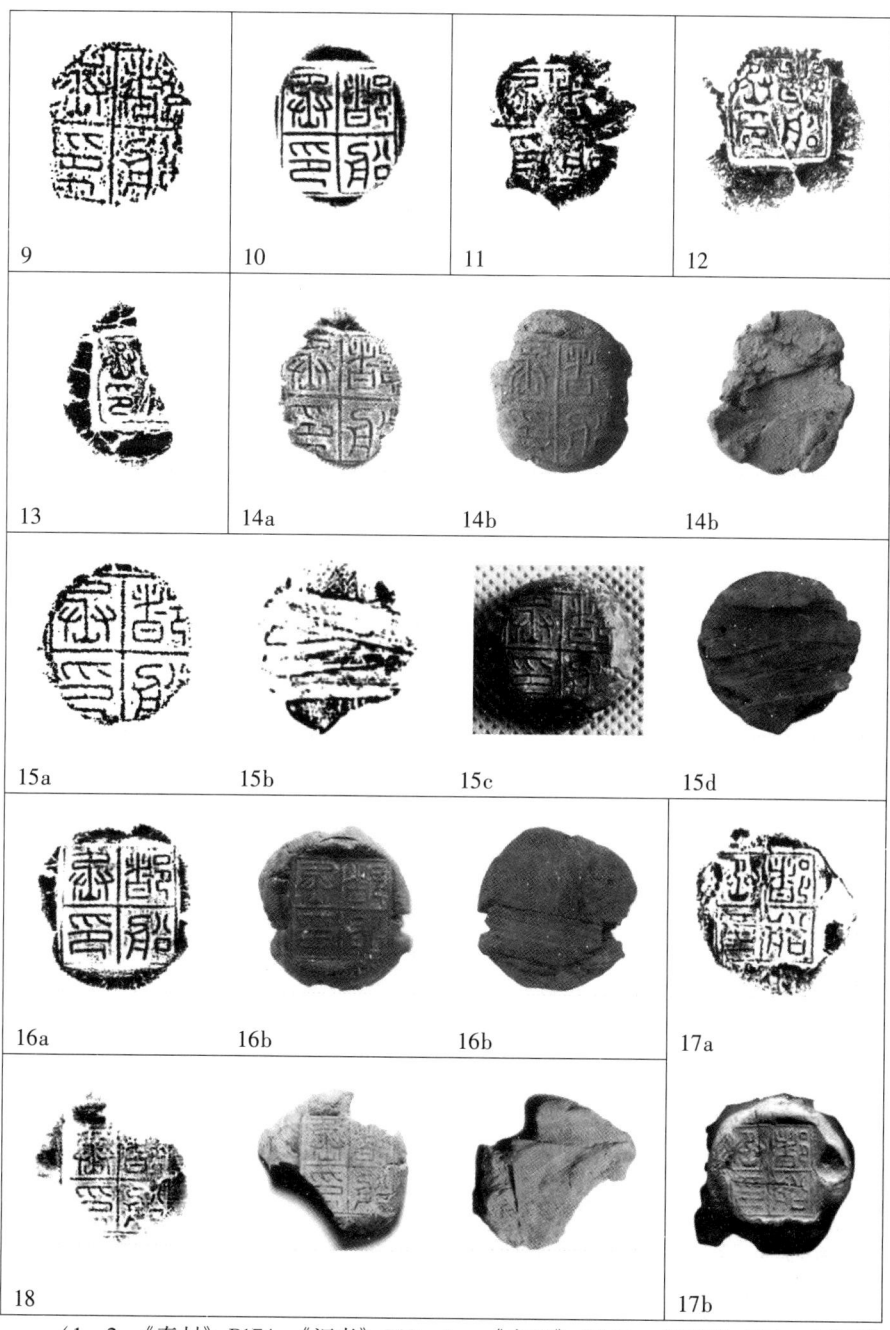

（1、2：《秦封》P174；《汇考》P29；3a：《发现》图 66；《图例》P54；《秦封》P174；《汇考》P29；3b：《秦封》图版 9；4a：《发现》图 66；《秦封》P174；《书集》P125；《汇考》P29；4b：《新出》P10；4c：《秦封》彩版 2；4c：《秦封》图版 1；5：

《秦封》P174;《汇考》P29；6：《大系》P69；7：《新出》P10；《大系》P69；8：《新出》P10；9：《秦封》P174；《汇考》P29；10：《大系》P69；11：《新出》P62；12：《西见》图二：2；《大系》P70；13：《新选》P91；14a：《相家》P19；《大系》P69；14b：《相家》P19；15a：《印集》P14；《汇考》P28；《大系》P69；15b：《印集》P14；15c：《汇考》图版 P8；《泥选》；15d：《汇考》图版 P8；16a：《相家》P19；《大系》P69；16b：《相家》P19；17a：《新出》P62；《新选》P82；《大系》P69；17b：《新选》P82；18：《观三》P37）

都船丞□

（1：《新出》P100）

都船□印

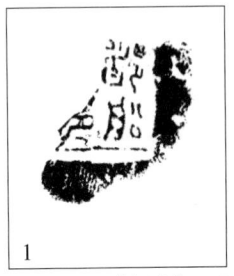

（1：《新出》P62）

都□丞印

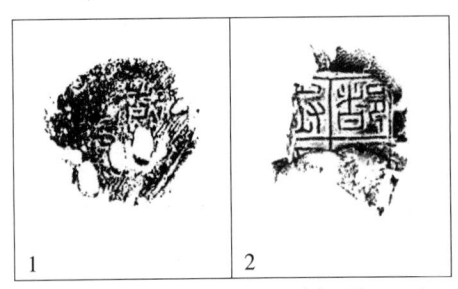

（1：《新出》P62；2：《大系》P73）

第二章　丞相·三公·九卿　425

都□丞□

1

（1：《秦封》P174；《汇考》P29）

□船□印

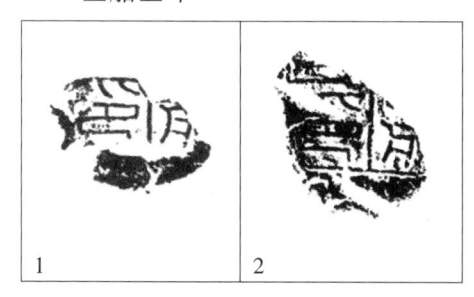

1　2

（1：《大系》P410；2：《新出》P10）

阴都船丞

1a　1b　1b　2

3　4

（1a：《新选》P116；1b：《新选》图版70；2：《发掘》图17；《玺印》P431；3：

《相家》P19；4：《大系》P329）

又：《发掘》P534《出土封泥登记表》2000CH 相 1T2③：20、103 共 2 枚均为"阴都船丞"。

阴都船□

1

（1：《上封》P56）

阳都船印

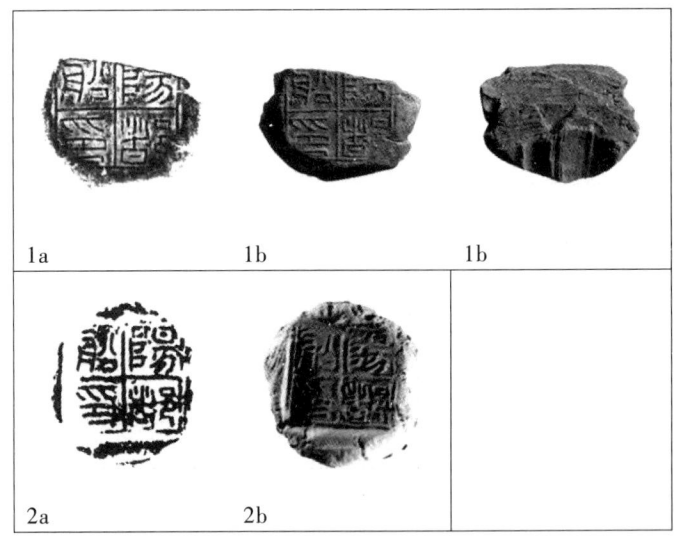

1a　　　　1b　　　　1b

2a　　　　2b

（1a：《精品》P43；《大系》P319；1b：《精品》P43；2a：《发掘》图一六：12；《新获》P287；《大系》P319；2b：《发掘》图版七：6）

阳都船丞

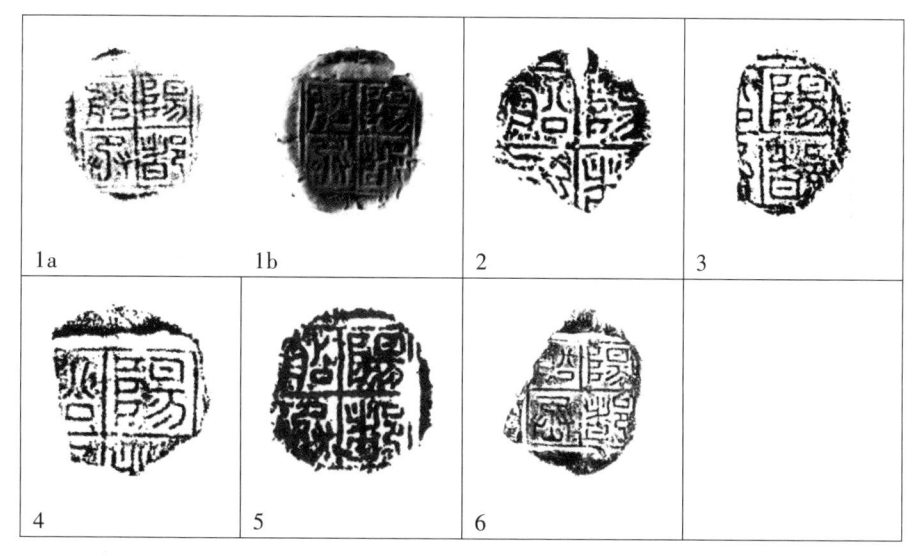

（1a：《发掘》图一七：11；《玺印》P431；《大系》P319；1b：《发掘》图版十一：1；2、3：《新出》P42；《大系》P319；4：《新选》P116；《大系》P319；5：《新获》P287；《大系》P319；6：《大系》P319）

阳□船□

（1：《新出》P42；《大系》P319）

左尉

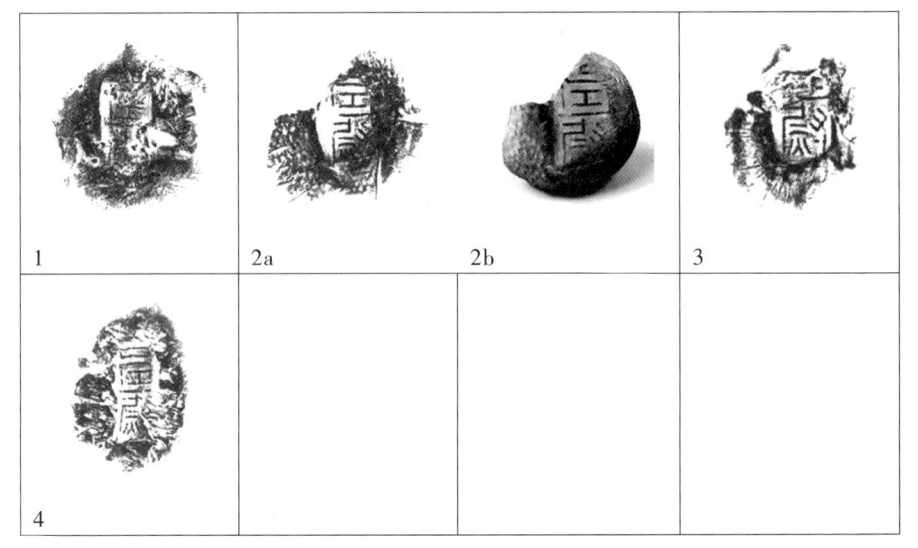

左尉

1	2a	2b	3
4			

（1：《新出》P97；《大系》P397；2a：《大系》P397；2b：《问陶》P171；3、4：《大系》P397）

十四　将作少府

大匠

大匠

1a	1b	1b	2

3	4		

（1a：《西见》图二：9；《新出》P59；《青泥》P22；《大系》P54；1b：《青泥》P22；2：《新出》P59；《大系》P54；3、4：《大系》P54）

大匠丞印

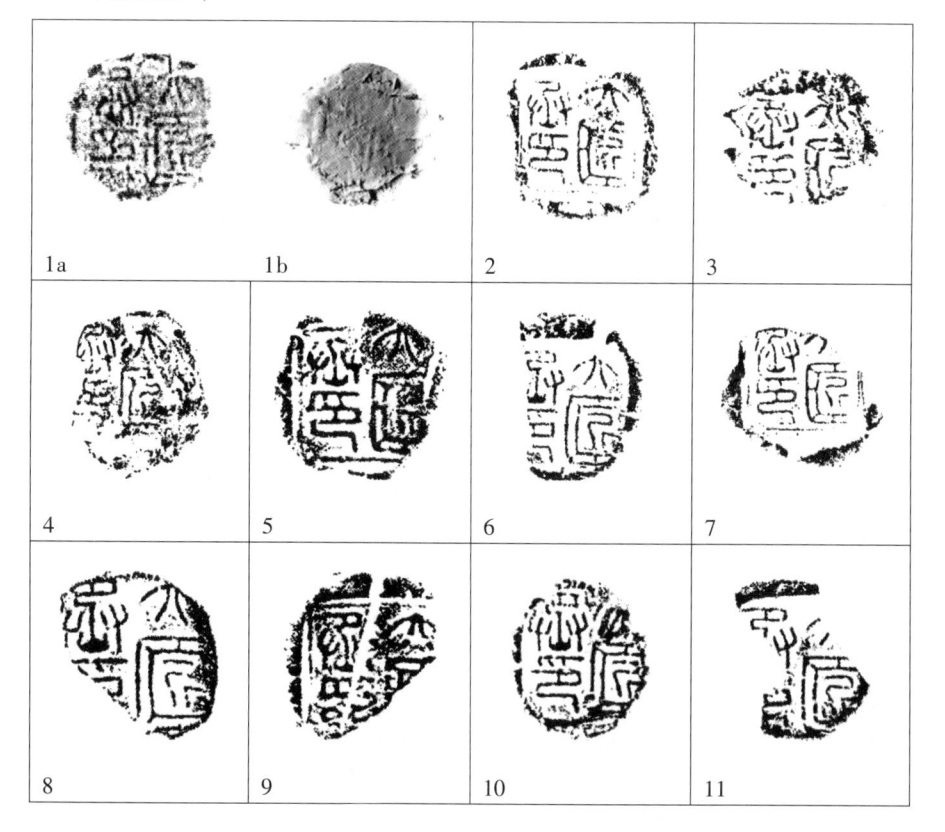

1a	1b	2	3
4	5	6	7
8	9	10	11

430　上编　中央职官

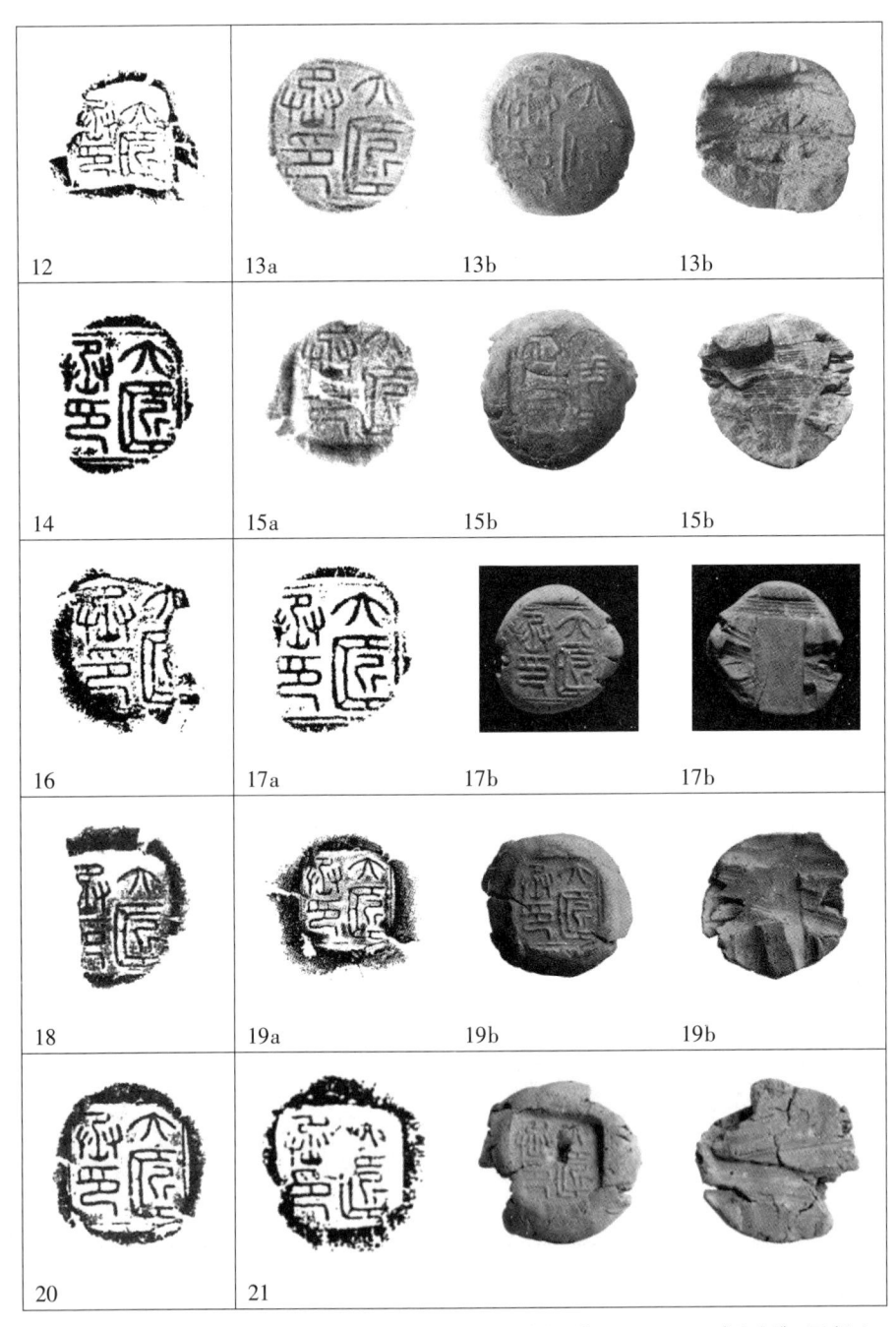

12	13a	13b	13b
14	15a	15b	15b
16	17a	17b	17b
18	19a	19b	19b
20	21		

（1a：《发掘》图一六：20；《新获》P287；《大系》P54；1b：《发掘》图版八：5；2：《新出》P8；《大系》P54；3、4：《新出》P8；5—7：《新出》P9；8：《新出》

第二章　丞相·三公·九卿　431

P9；《大系》P55；9—11：《新出》P9；12：《新出》P59；《大系》P54；13a：《相家》P20；《大系》P54；13b：《相家》P20；14：《在京》图一：10；《玺印》P448；15a：《相家》P20；《大系》P54；15b：《相家》P20；16：《新选》P108；17a：《在京》图1：10；《新选》P108；《大系》P54；17b：《新选》图版P66；18、20：《大系》P54；19a：《西见》图二：10；《青泥》P22；《新选》P108；《大系》P54；19b：《青泥》P22；21：《上封》P28）

泰匠

1

（1：《在京》图一：11；《玺印》P391；《大系》P256）

泰匠丞印

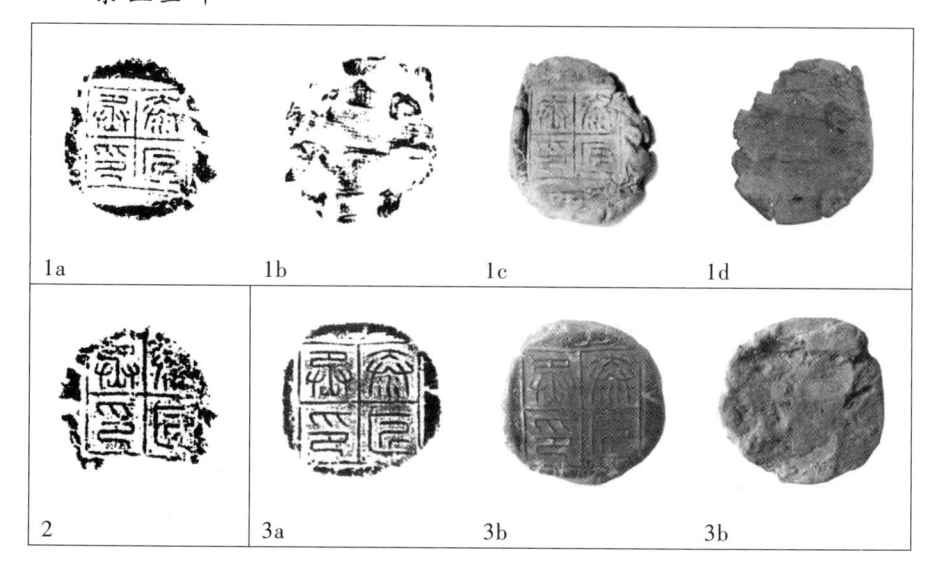

1a　1b　1c　1d

2　3a　3b　3b

432　上编　中央职官

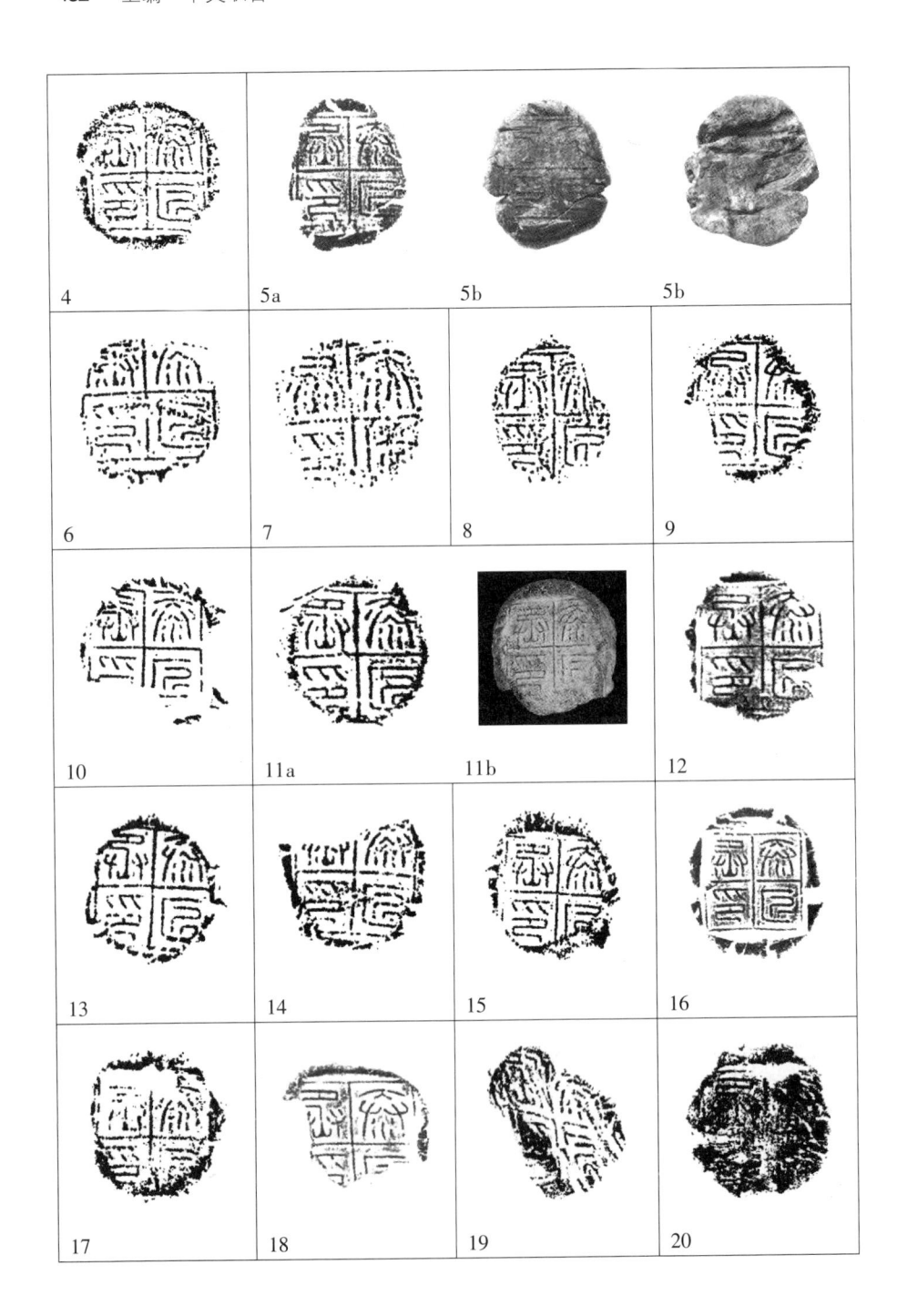

4	5a	5b	5b
6	7	8	9
10	11a	11b	12
13	14	15	16
17	18	19	20

第二章　丞相・三公・九卿　433

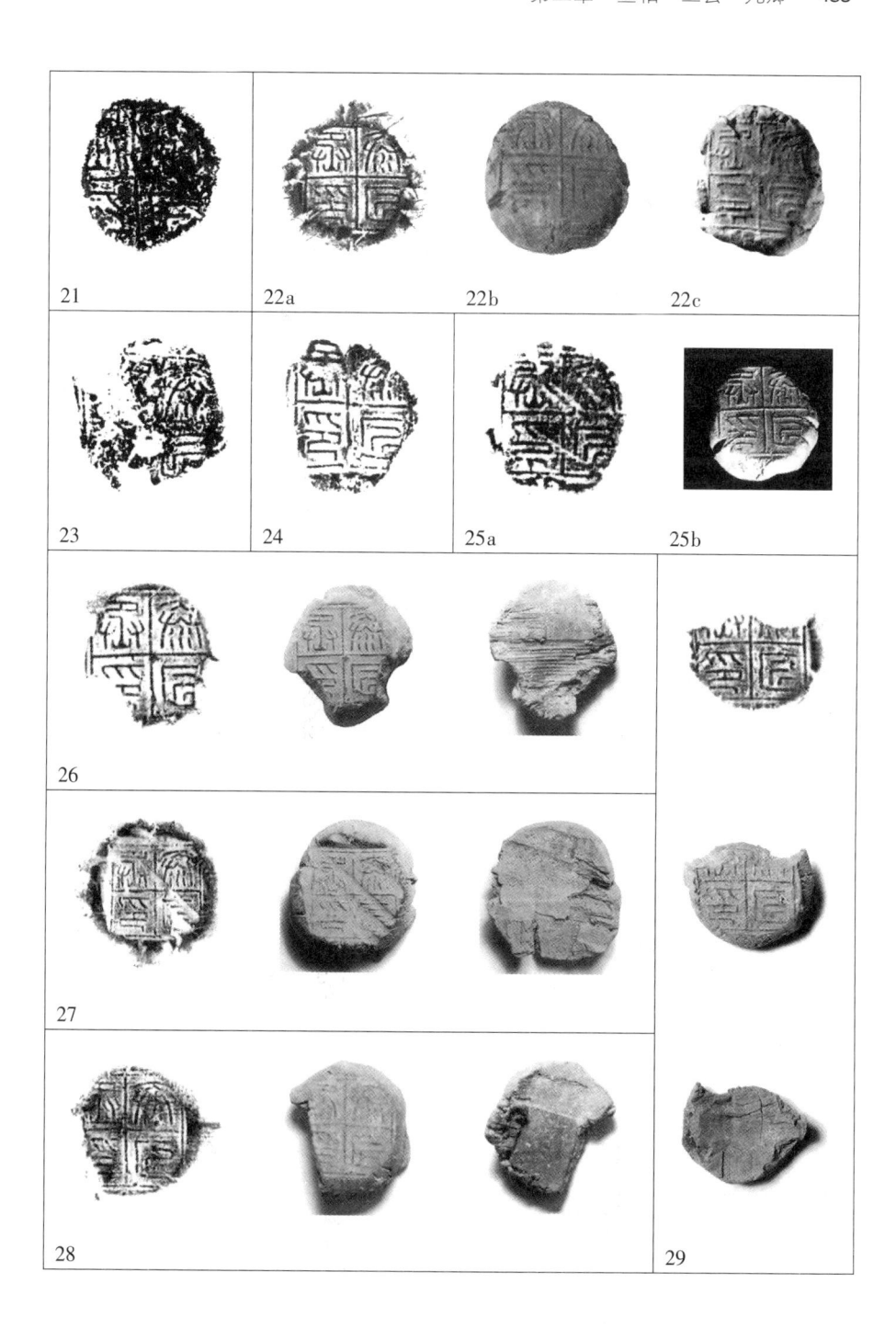

21　22a　22b　22c

23　24　25a　25b

26

27

28　29

434　上编　中央职官

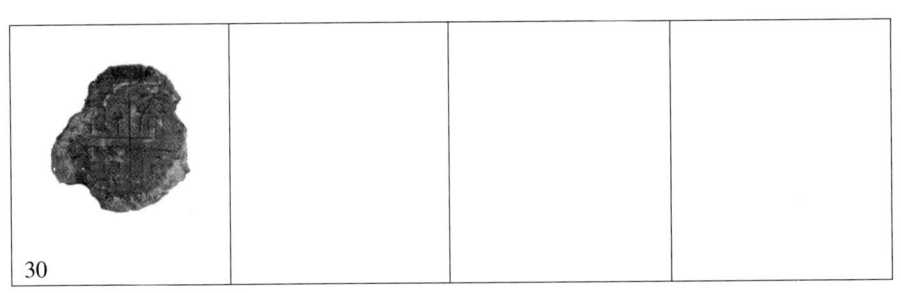

|30| | | |

（1a:《印集》P51；《汇考》P108；《大系》P256；1b《印集》P51；1c:《汇考》图版 P26；《泥选》；1d:《汇考》图版 P26；2:《汇考》P109；3a:《相家》P17；《大系》P257；3b:《相家》P17；4:《印风》P143；《汇考》P108；5a:《相家》P17；《大系》P257；5b:《相家》P17；6—8:《秦封》P175；《汇考》P110；9:《秦封》P175；《汇考》P109；10:《秦封》P175；《汇考》P105；11a:《发现》图61；《图例》P54；《秦封》P175；《书集》P119；《汇考》P109；《大系》P256；11b:《秦封》彩版1；12:《大系》P257；13:《秦封》P175；《汇考》P109；《玺印》P448；14、15、17:《秦封》P175；《汇考》P109；16:《大系》P257；18:《新出》P36；《大系》P257；19—20:《新出》P36；21、23:《新出》P36；22a:《大系》P257；22b:《问陶》P157；22c:《秦封》图版3；24:《大系》P257；25a:《新获》P290；《大系》P256；25b:《发掘》图版十五：5；26:《观二》P17；27:《观二》P32；28:《观三》P37；29:《观一》P36；30:《字博》P33）

又：《发掘》P534《出土封泥登记表》2000CH 相 1TG1:68、78 共 2 枚均为"泰匠丞印"。

泰匠□印

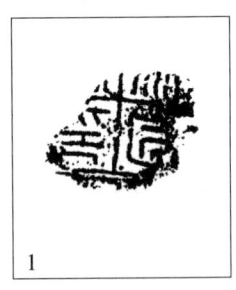

|1| |

（1:《秦封》P175；《汇考》P109）

第二章 丞相·三公·九卿 435

□匠丞印

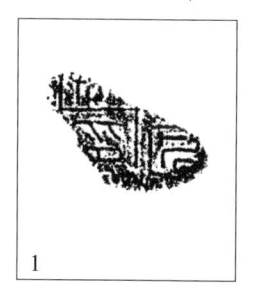

1

（1：《新出》P36）

□匠□印

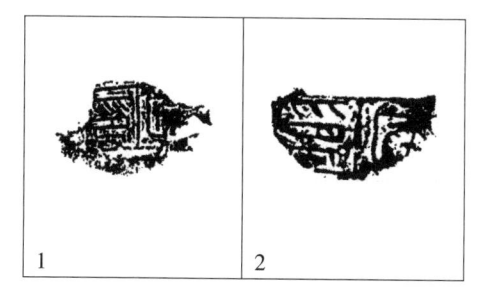

1　2

（1、2：《秦封》P175；《汇考》P109）

十五　詹事

大后

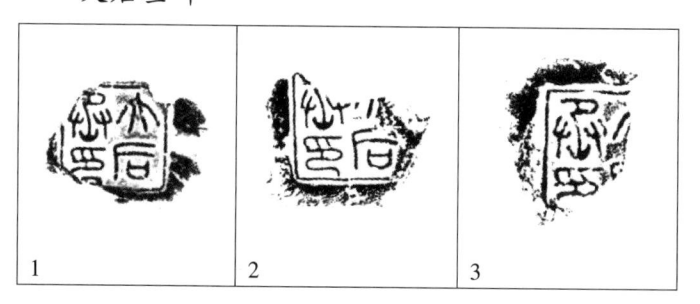

大后丞印

1　2　3

（1：《大系》P248；2：《新选》P108；《大系》P248；3：《新选》P108；《大系》P248）

大后行□

1

（1：《新选》P108；《大系》P248）

大后□□

1

（1：《新选》P108；《大系》P248）

大王后□丞

1

（1：《大系》P249）

王后

王后将行

（1：《大系》P275）

王 后 库 □

（1：《大系》P275）

王□库□

无图，释读见《秦选》P75。

王后詹事丞

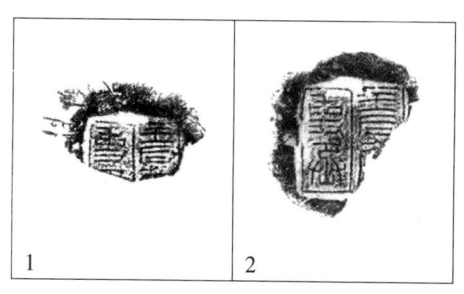

（1：《大系》P275；2：《大系》P276）

右夫人

□□夫人

1

（1：《大系》P421）

□右□人

1

（1：《大系》P421）

中官

中官

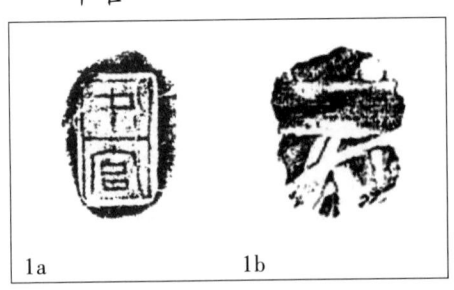

1a　　　1b

（1a：《印考》图185；《补读》图22；《秦封》P200；《印集》P55；《书集》P121；《汇考》P119；《玺印》P398；《大系》P377；1b：《印集》P55）

第二章　丞相・三公・九卿　439

中官丞印

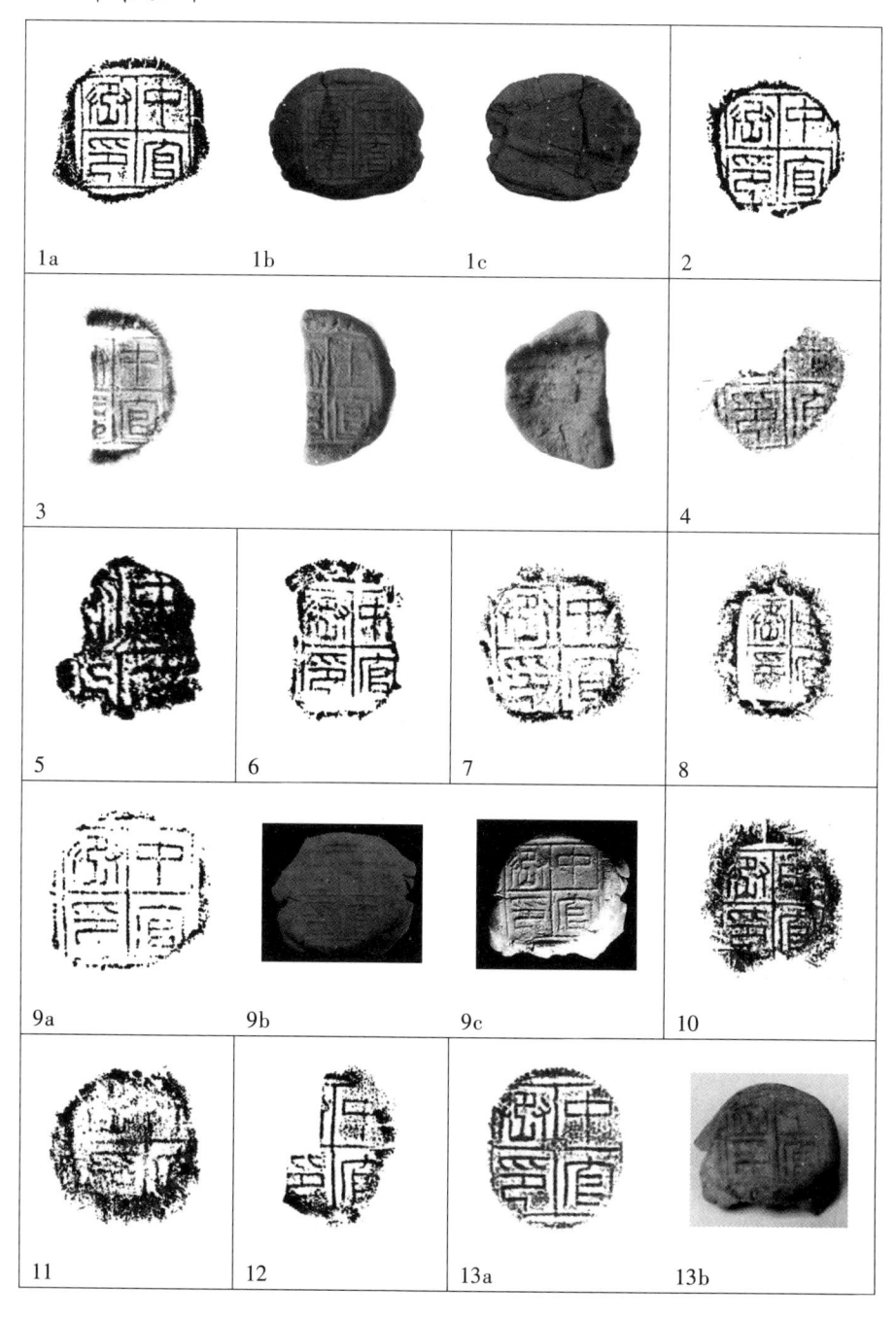

1a	1b	1c	2
3			4
5	6	7	8
9a	9b	9c	10
11	12	13a	13b

440 上编　中央职官

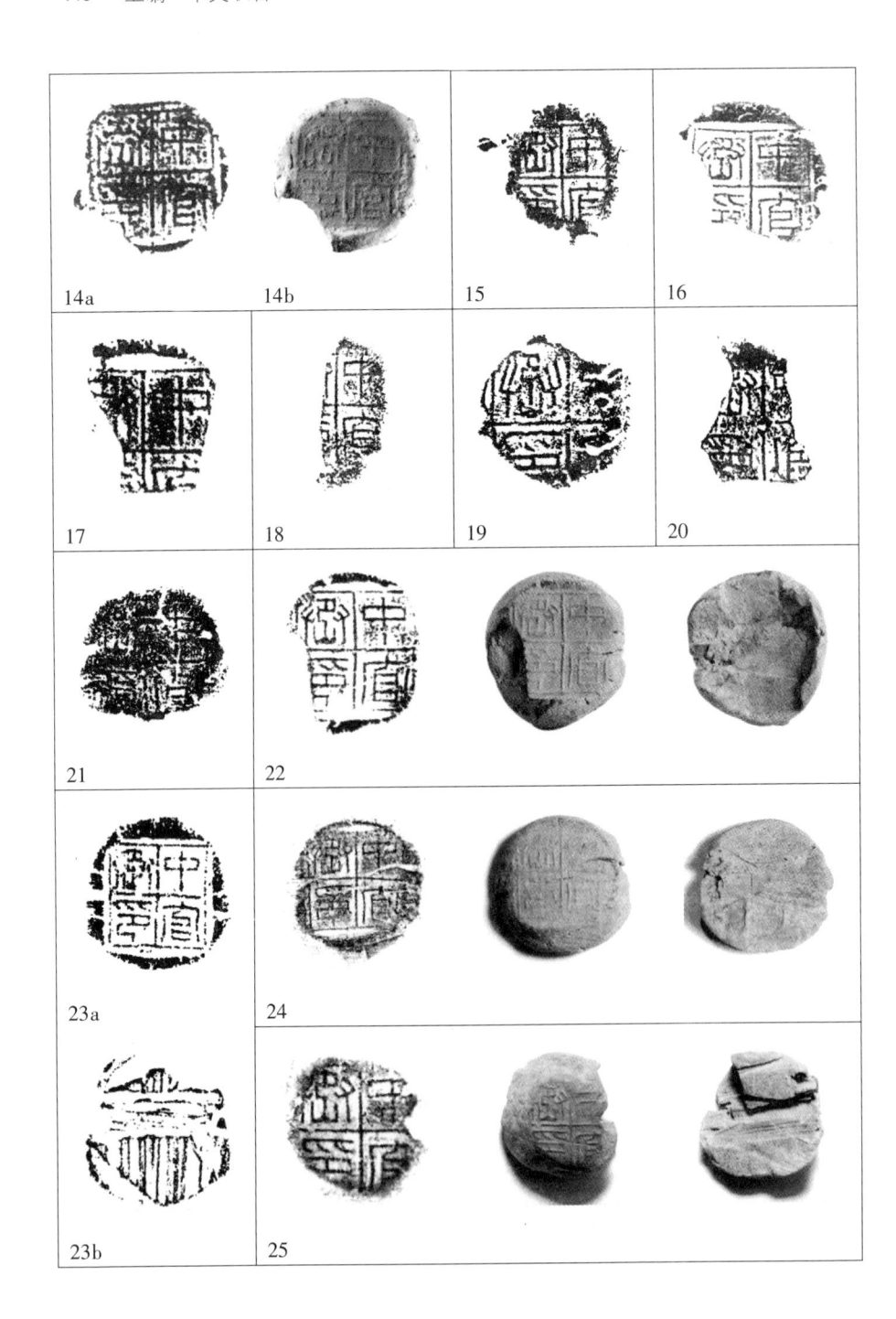

14a　14b　15　16

17　18　19　20

21　22

23a　24

23b　25

26

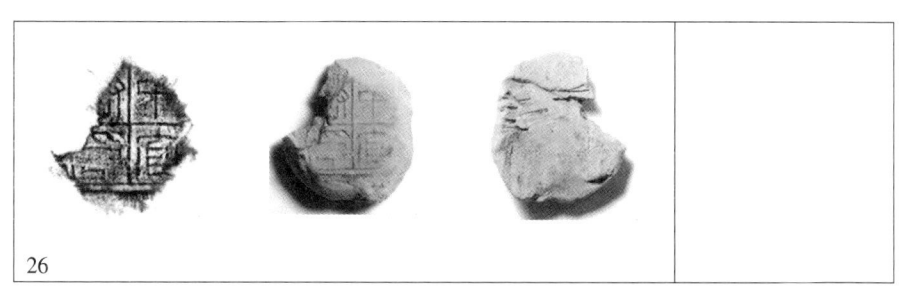

（1a：《印风》P133；《书法》P38；《汇考》P119；《大系》P377；1b：《汇考》图版 P28；《泥选》；1c：《汇考》图版 P28；2：《发现》图 81；《秦封》P177；《书集》P121；《汇考》P120；《玺印》P442；《大系》P378；3：《相家》P21；4：《秦封》P178；《汇考》P120；《长安》P37；5：《新出》P96；6：《秦封》P177；《汇考》P120；7、8、10—12：《秦封》P178；《汇考》P120；9a：《秦封》P177；《汇考》P120；9b：《秦封》彩版 2；9c：《秦封》图版 2；13a：《大系》P378；13b：《问陶》P161；14a：《发掘》图一六：5；《玺印》P444；《大系》P377；14b：《发掘》图版六：9；15：《秦封》P178；《汇考》P121；16：《新出》P48；《大系》P378；17、18、20：《新出》P48；19：《新选》P120；21：《新出》P96；22：《上封》P29；23a：《印集》P56；《汇考》P119；《大系》P377；23b：《印集》P56；24：《观三》P14；25：《观三》P16；26：《观三》P29）

又：《发掘》P534《出土封泥登记表》2000CH 相 1T2③：102 为"中官丞印"。

中官丞□

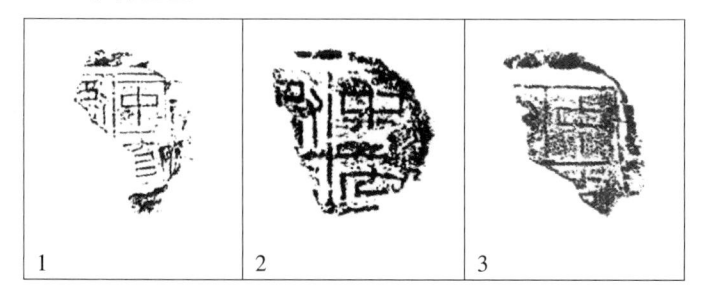

（1：《秦封》P178；《汇考》P120；2：《新出》P48；3：《大系》P378

中官□□

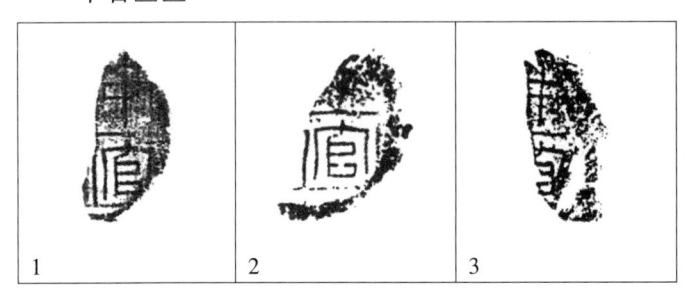

| 1 | 2 | 3 |

（1、2：《大系》P378；3：《汇考》P121）

中榦官丞

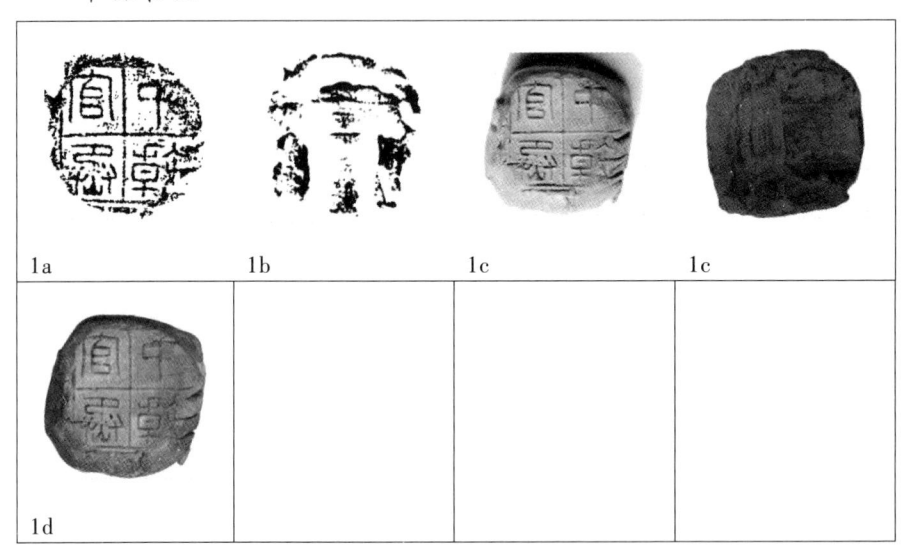

| 1a | 1b | 1c | 1c |
| 1d | | | |

（1a：《释续》图14；《印风》P134；《印集》P55；《汇考》P118；《大系》P378；1b：《印集》P55；1c：《汇考》图版P28；1d：《秦研》P117）

中榦官□

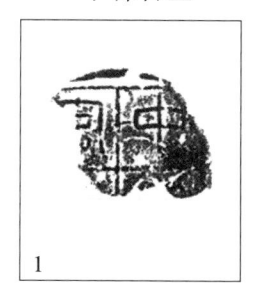

1

（1：《大系》P378）

中府

中府

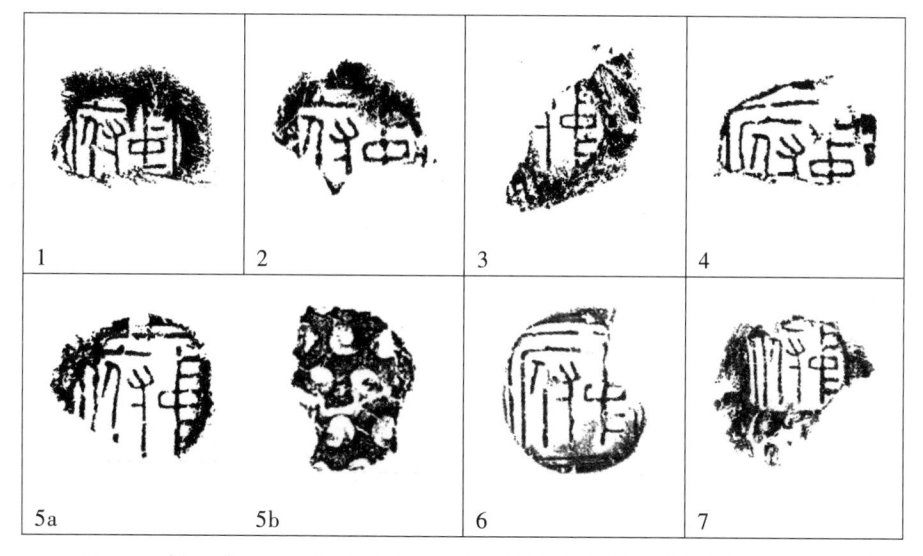

1	2	3	4
5a	5b	6	7

（1—3：《新出》P96；《大系》P376；4：《新选》P120；《大系》P376；5a：《新出》P96；《调查》图三；《大系》P376；5b：《调查》图三；6、7：《大系》P376）

444　上编　中央职官

中府丞印

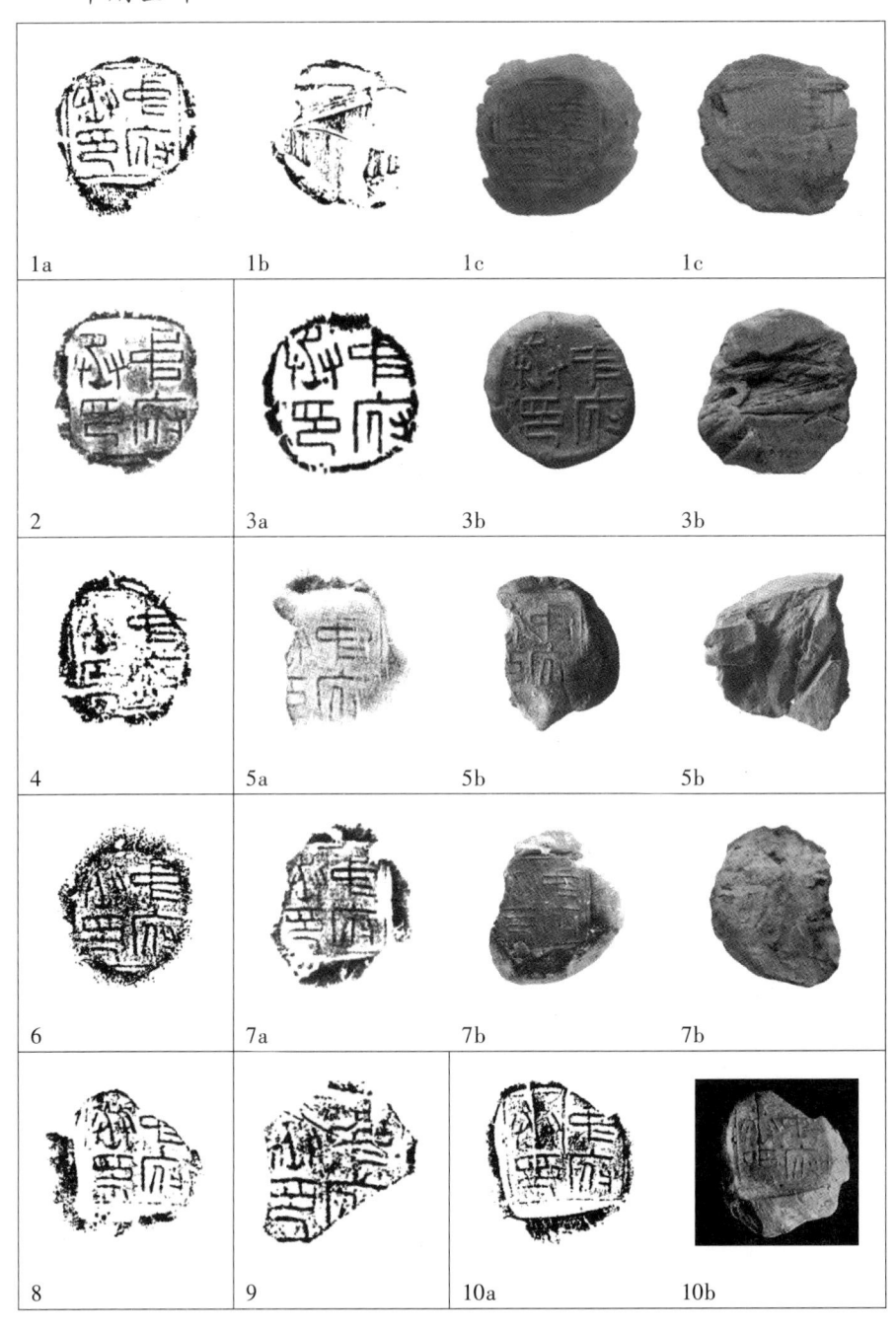

1a	1b	1c	1c
2	3a	3b	3b
4	5a	5b	5b
6	7a	7b	7b
8	9	10a	10b

第二章　丞相·三公·九卿　445

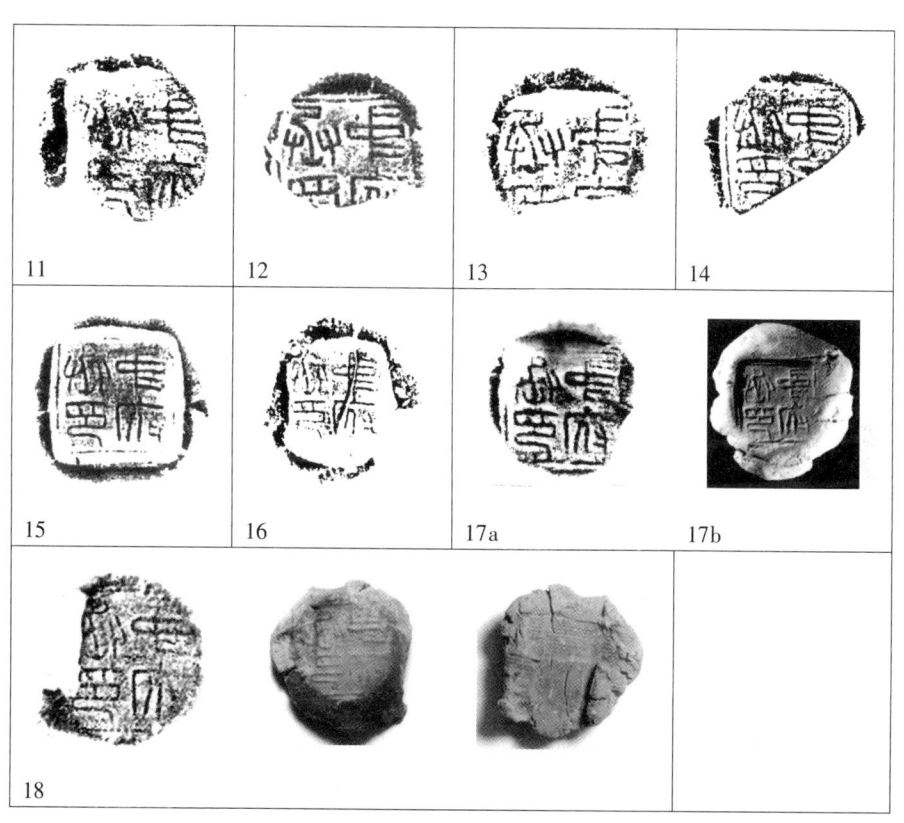

11	12	13	14
15	16	17a	17b
18			

（1a：《印考》图173；《书法》P38；《印集》P54；《书集》P121；《汇考》P117；《大系》P377；1b：《印集》P54；1c：《汇考》图版P27；2：《大系》P377；3a：《菁华》P32；《精品》P42；《大系》P377；3b：《菁华》P32；《精品》P42；4：《汇考》P117；5a：《相家》P21；《大系》P377；5b：《相家》P21；6：《秦封》P176；《汇考》P117；7a：《相家》P21；《大系》P377；7b：《相家》P21；8：《发现》图82；《图例》P55；《秦封》P176；《汇考》P117；9：《秦封》P176；《汇考》P118；10a：《发现》图46；《秦封》P176；《汇考》P117；10b：《秦封》彩版4；11：《新出》P48；12：《新出》P48；《大系》P377；13、14：《新出》P48；15：《大系》P377；16：《新出》P96；《玺印》P442；《大系》P377；17a：《发掘》图一七：4；《新获》P290；《大系》P377；17b：《发掘》图版九：7；18：《观三》P23）

又：《发掘》P534《出土封泥登记表》2000CH相1T2③：98为"中府丞印"。

中府丞□

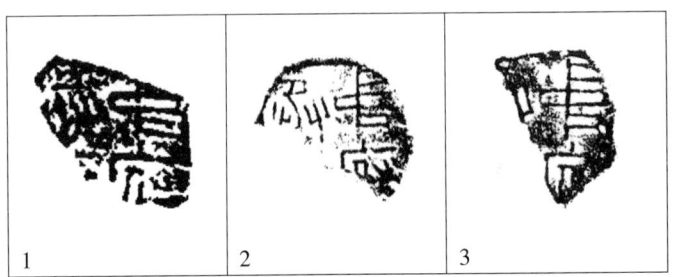

| 1 | 2 | 3 |

（1：《秦封》P176；《汇考》P118；2：《新出》P48；3：《酒余》P50 上）

中府□印

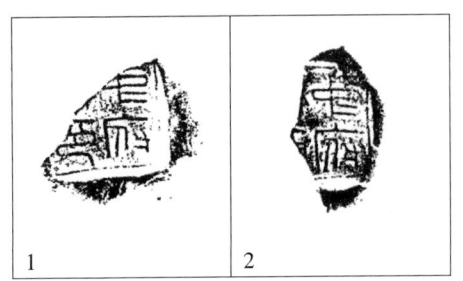

| 1 | 2 |

（1：《秦封》P176；《汇考》P117；2：《酒余》P50 上）

中羞

中羞

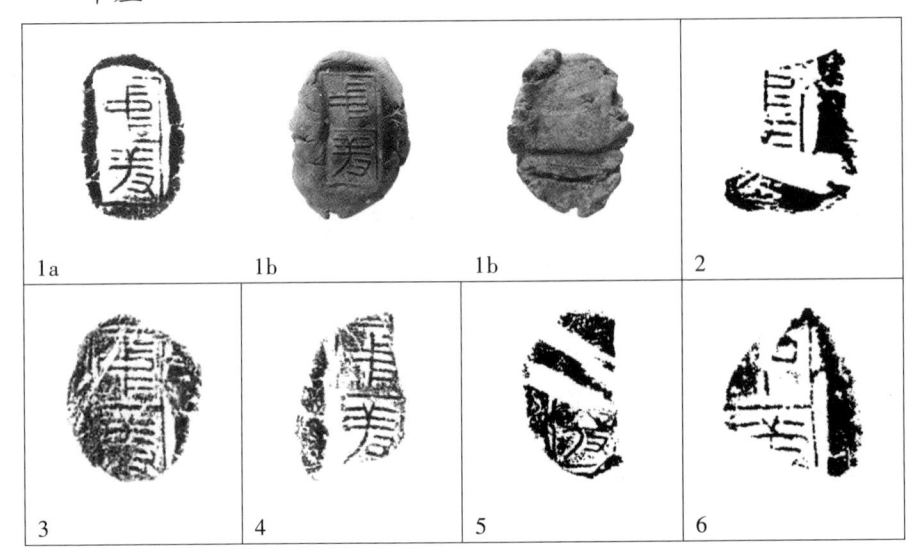

| 1a | 1b | 1b | 2 |
| 3 | 4 | 5 | 6 |

第二章　丞相・三公・九卿　　447

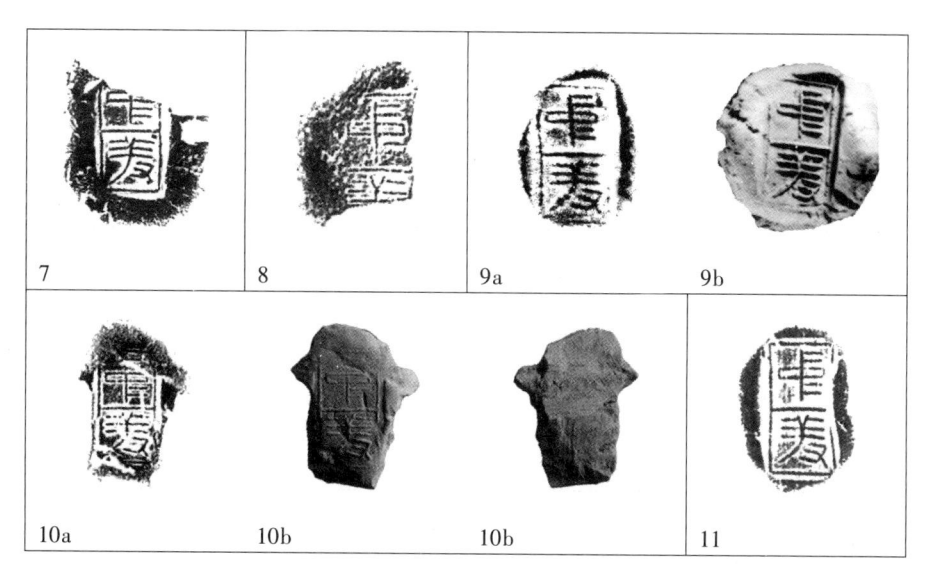

7	8	9a	9b
10a	10b	10b	11

（1a：《相家》P21；《大系》P382；1b：《相家》P21；2：《补读》图14；《秦封》P164；《汇考》P103；3：《新出》P50；《大系》P382；4：《新出》P50；《大系》P382；5、6：《新出》P50；7、8：《新出》P50；《大系》P383；9a：《发掘》图一七：22；《大系》P382；9b：《发掘》图版十：6；10a：《新出》P50；《青泥》P15；《大系》P382；10b：《青泥》P15；11：《大系》P382）

又：《发掘》P534《出土封泥登记表》2000CH 相1T2③：52、94、135 共3枚均为"中羞"。

中羞之印

1

（1：《大系》P385）

448　上编　中央职官

中羞丞印

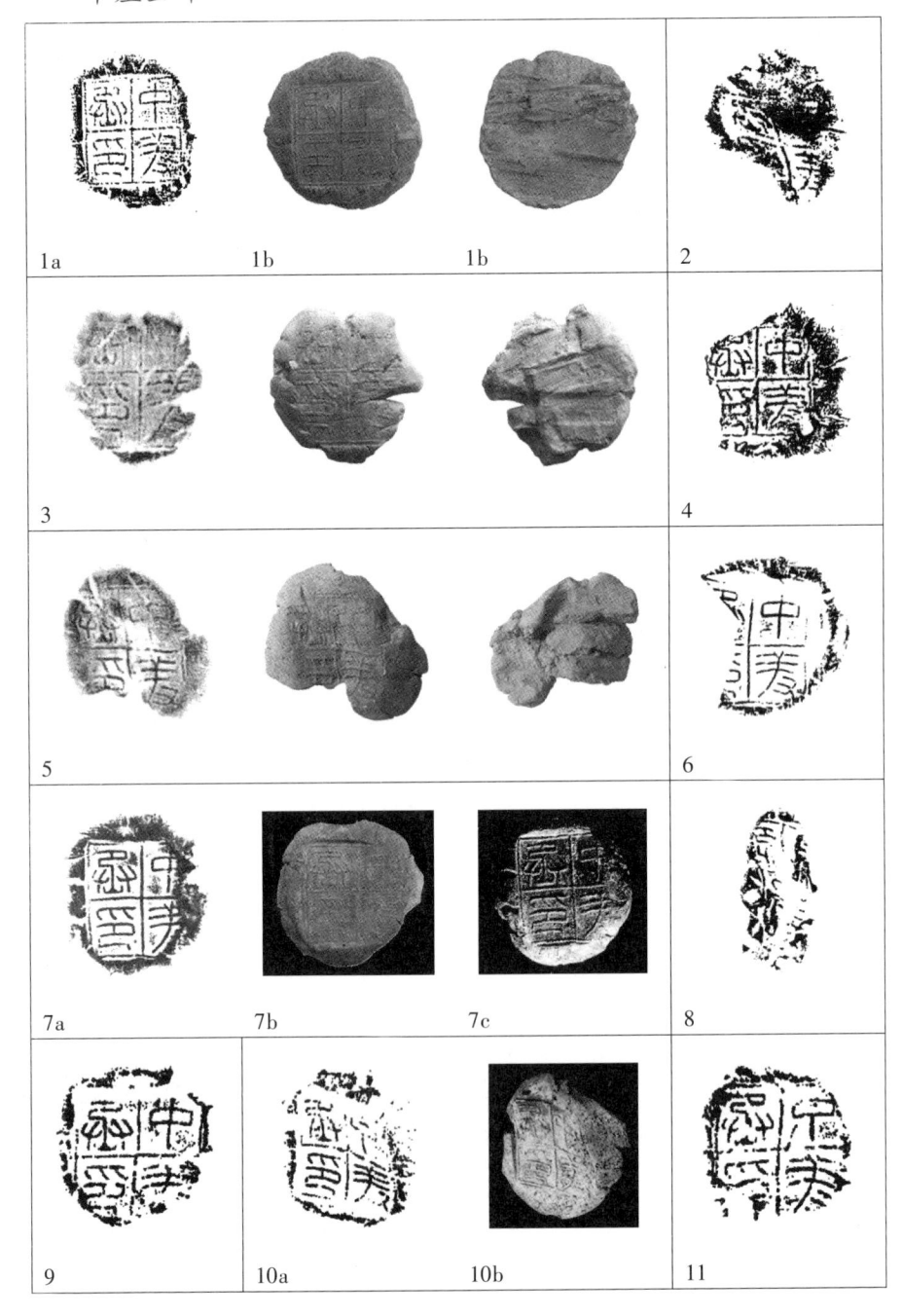

1a　1b　1b　2
3　4
5　6
7a　7b　7c　8
9　10a　10b　11

第二章　丞相・三公・九卿　449

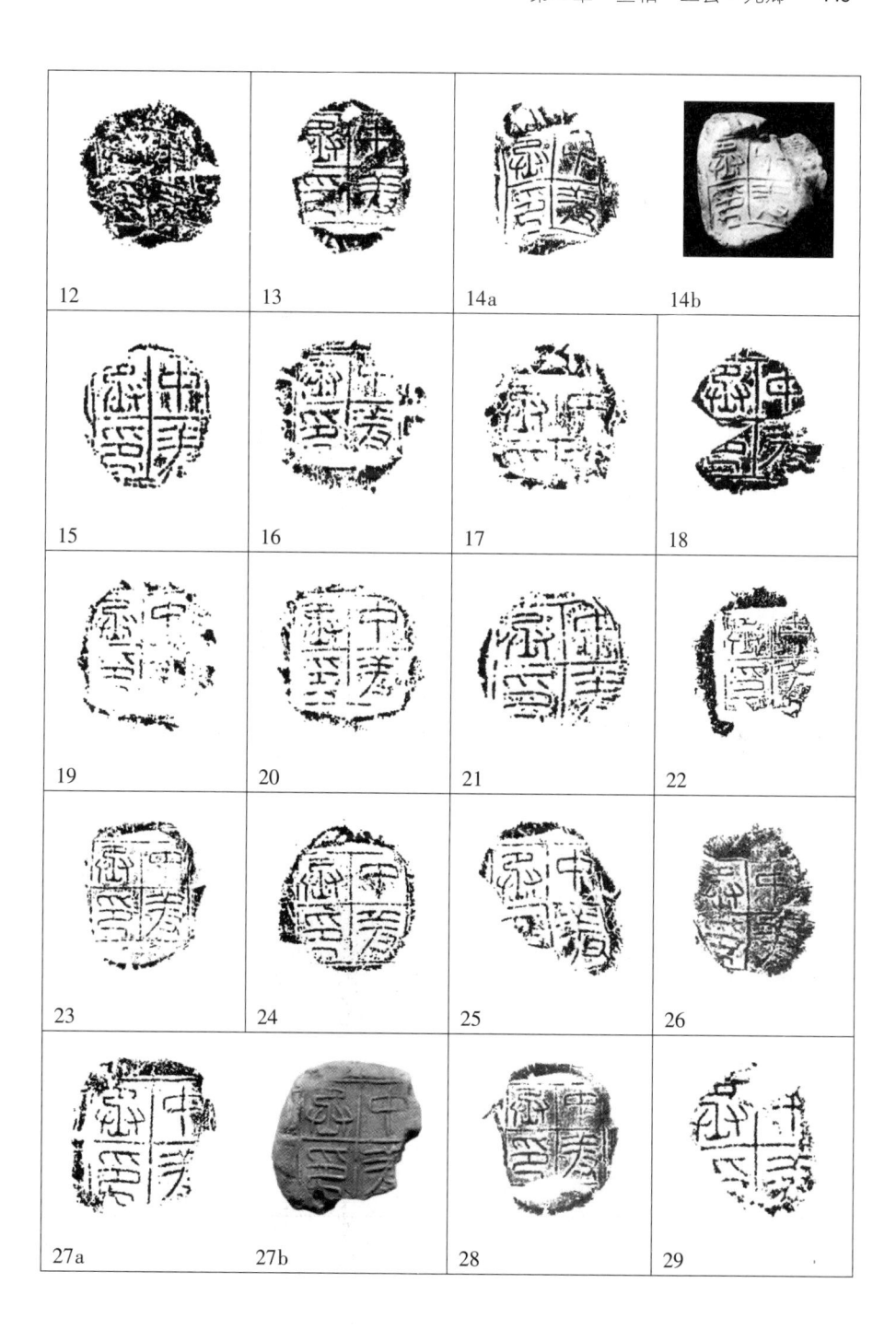

12	13	14a	14b
15	16	17	18
19	20	21	22
23	24	25	26
27a	27b	28	29

450 上编 中央职官

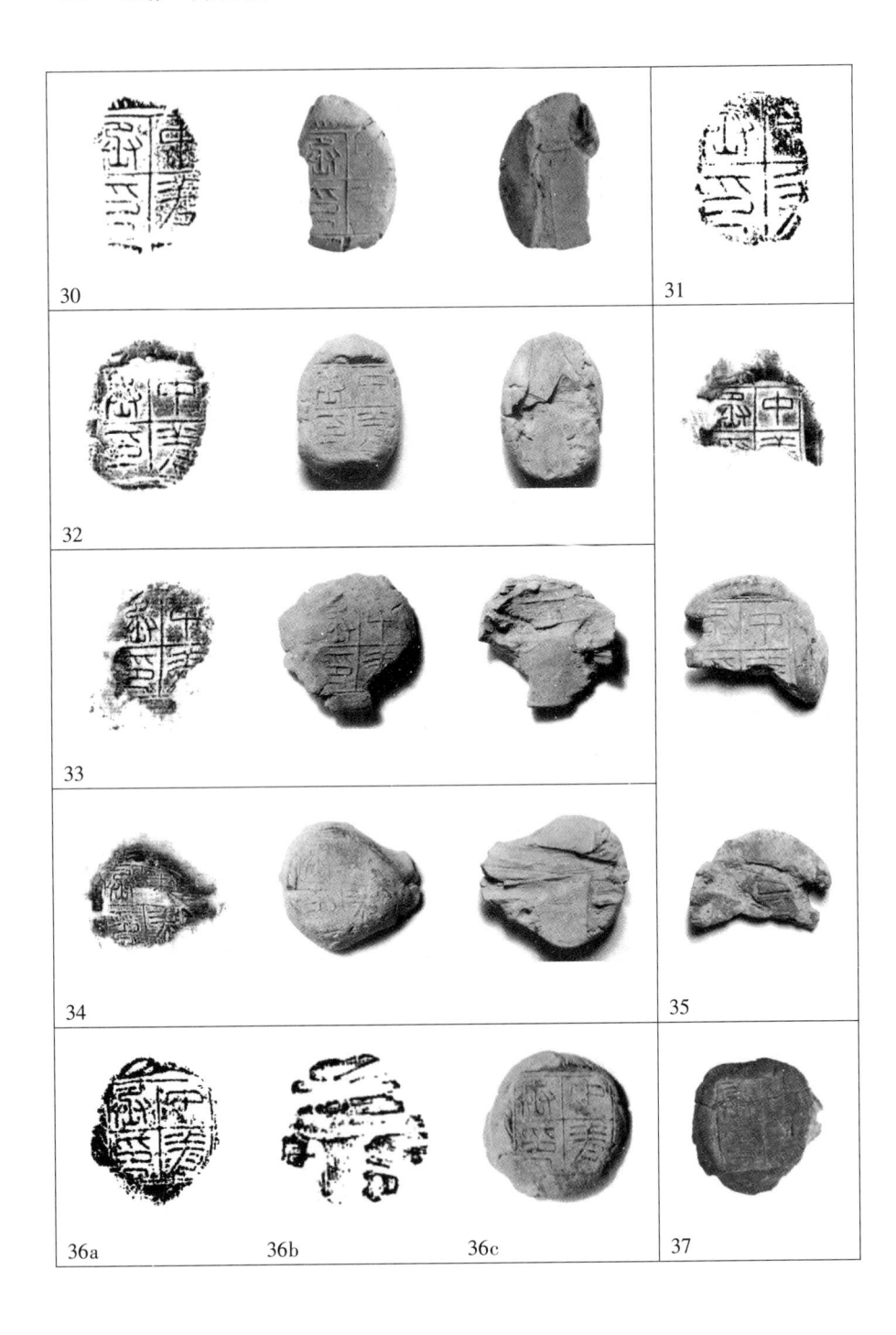

30

31

32

33

34

35

36a 36b 36c 37

第二章 丞相·三公·九卿　451

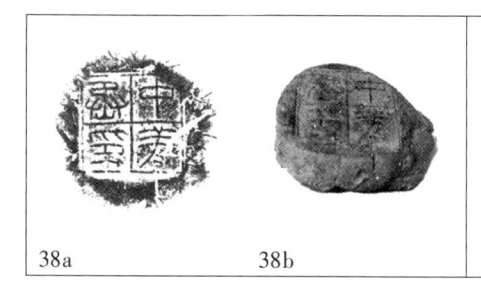

| 38a | 38b | | |

（1a：《印考》图179；《秦封》P165；《汇考》P101；《大系》P383；1b：《汇考》图版P25；2：《汇考》P104；3：《相家》P21；4：《秦封》P164；《汇考》P102；5：《相家》P21；6：《秦封》P164；《汇考》P102；《大系》P383；7a：《发现》图64；《图例》P54；《秦封》P164；《书集》P121；《汇考》P102；《玺印》P442；《大系》P383；7b：《秦封》彩版3；7c：《秦封》图版1；8：《新出》P51；9：《秦封》P165；《汇考》P102；10a：《秦封》P165；《汇考》P102；10b：《秦封》图版5；11、12：《秦封》P165；《汇考》P102；13：《新出》P50；《大系》P383；14a：《秦封》P165；《汇考》P102；14b：《秦封》图版5；15：《秦封》P165；《汇考》P102；16：《秦封》P165；《汇考》P102；17—21：《秦封》P165；《汇考》P103；22：《新见》图4；《古封》P455；《秦封》P164；《汇考》P103；23、25、31：《新出》P50；24：《印风》P133；26：《新出》P50；《大系》P383；27a：《新出》P50；《秦选》P94；27b：《秦选》P94；28：《大系》P383；29：《新出》P51；30：《上封》P29；32：《观二》P18；33：《观二》P21；34：《观二》P39；35：《观二》P45；36a：《印集》P49；《汇考》P101；《大系》P383；36b：《印集》P49；36c：《泥选》；37：《字博》P33；38a：《大系》P383；38b：《问陶》P163）

中羞丞□

1

（1：《秦封》P165；《汇考》P102）

中羞府印

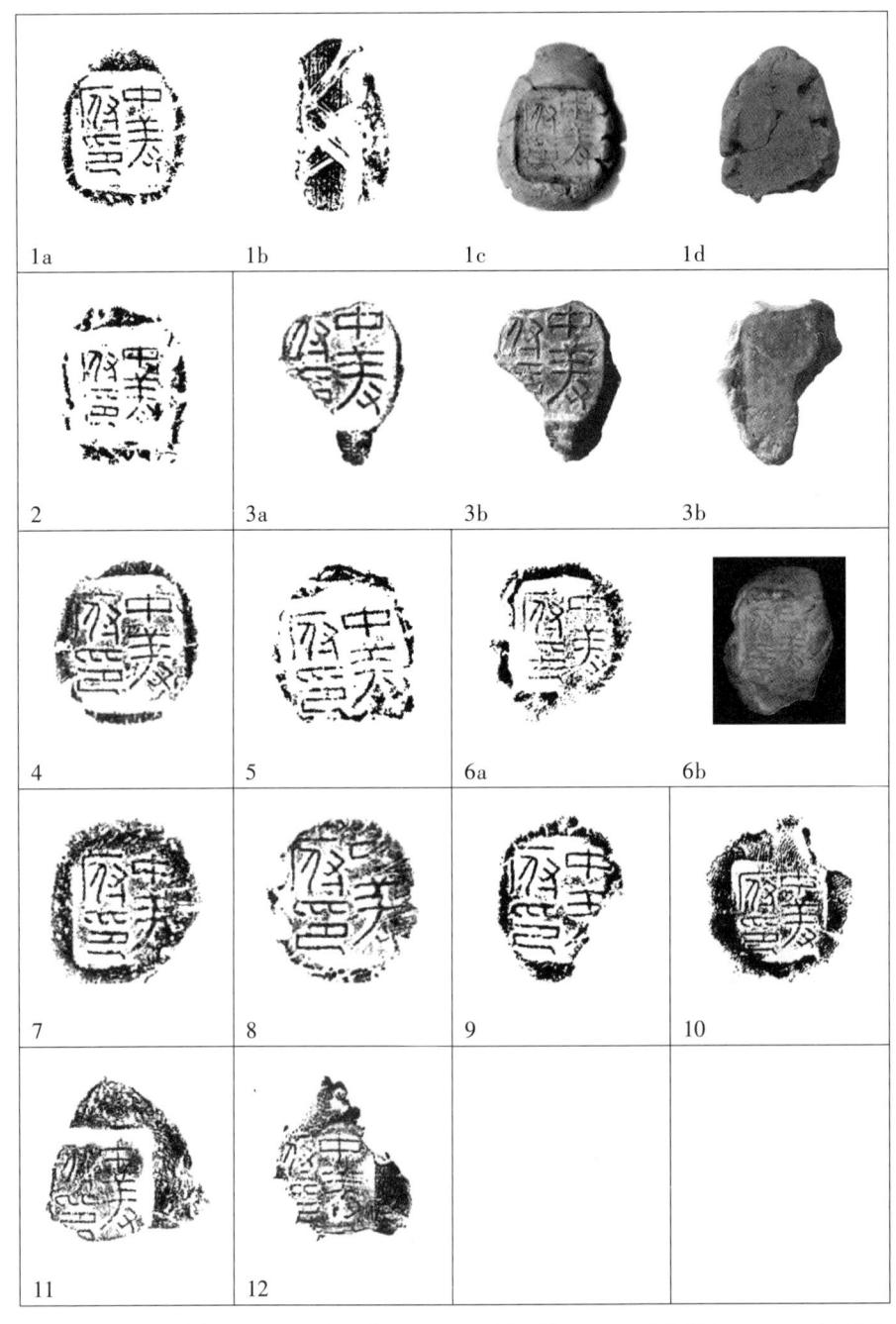

1a	1b	1c	1d
2	3a	3b	3b
4	5	6a	6b
7	8	9	10
11	12		

（1a：《补读》图 15；《印考》图 174；《印集》P49；《书集》P121；《秦封》

P166；《汇考》P104；《玺印》P442；《大系》P383；1b：《印集》P49；1c：《汇考》图版 P25；《泥选》；1d：《汇考》图版 P25；2：《汇考》P104；《大系》P384；3a：《相家》P17；《大系》P384；3b：《相家》P17；4：《大系》P384；5：《汇考》P104；6a：《秦封》P166；《汇考》P104；6b：《秦封》彩版 3；7—9：《新出》P51；《大系》P384；10—12：《新出》P96；《大系》P384）

□羞府印

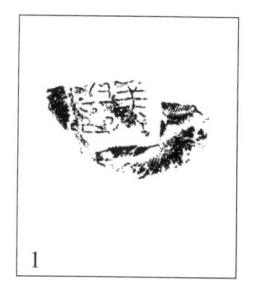

1

（1：《新出》P96）

中羞行府

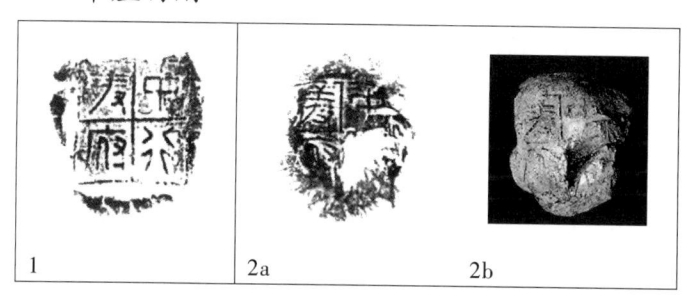

1　　2a　　2b

（1：《大系》P384；2a：《图例》P54；《补读》图 16；《秦封》P166；《汇考》P104；《玺印》P442；《大系》P384；2b：《秦封》图版 1）

中羞□□

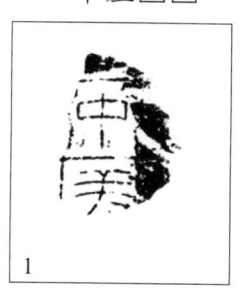

1

（1：《新出》P51）

454　上编　中央职官

中羞阳园

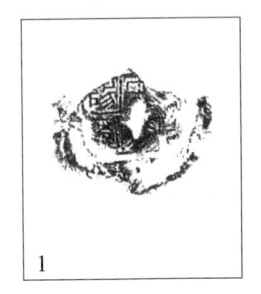

1

（1:《大系》P384）

中谒者

中谒者

1a	1b	1c	1c
2	3a	3b	3b
4	5a	5b	5b

第二章　丞相・三公・九卿　455

（1a:《补读》图25;《印考》图161;《印风》P134;《秦封》P222;《书法》P40;《印集》P75;《书集》P115;《汇考》P151;《玺印》P441《大系》P385;1b:《印集》P75;1c:《汇考》图版P37;2:《新出》P96;《大系》P385;3a:《精品》P33;《大系》P385;3b:《精品》P33;4:《大系》P385;5a:《新出》P96;《青泥》P6;《大系》P385;5b:《青泥》P6;6:《大系》P385;7a:《发掘》图一七:17;《新获》P288;《大系》P385;7b:《发掘》图版十:2;8、9:《新出》P97;10:《新出》P96;11:《泥选》）

中谒□

（1:《新出》P97）

中□者

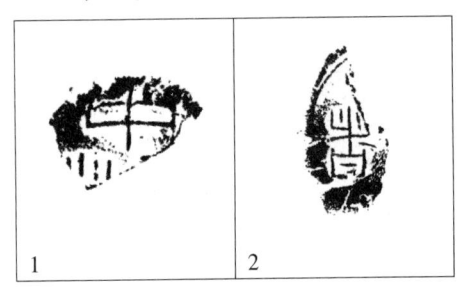

（1：《新出》P97；2：《新选》P121；《大系》P385）

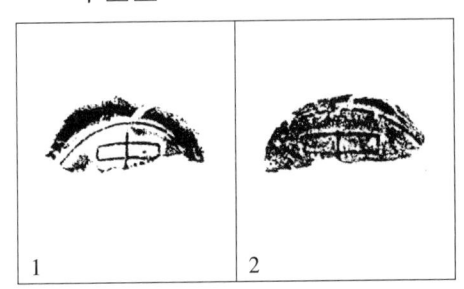

中□□

（1：《新出》P97；2：《新出》P51）

□谒者

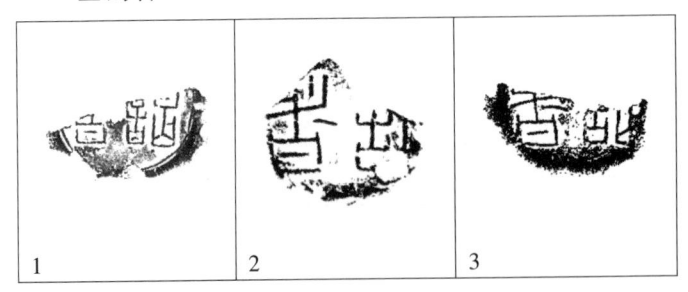

（1：《大系》P385；2：《酒余》P50下；3：《新选》P121）

中谒者府

| 1a | 1b | 1c | 2 |
| 3a | 3b | 3b | |

（1a：《释续》图 16；《印集》P76；《汇考》P152；《大系》P386；1b：《印集》P76；1c：《泥选》；2：《印风》P134；《汇考》P152；《大系》P386；3a：《汇考》P152；《大系》P386；3b：《汇考》图版 P38）

私官

私官

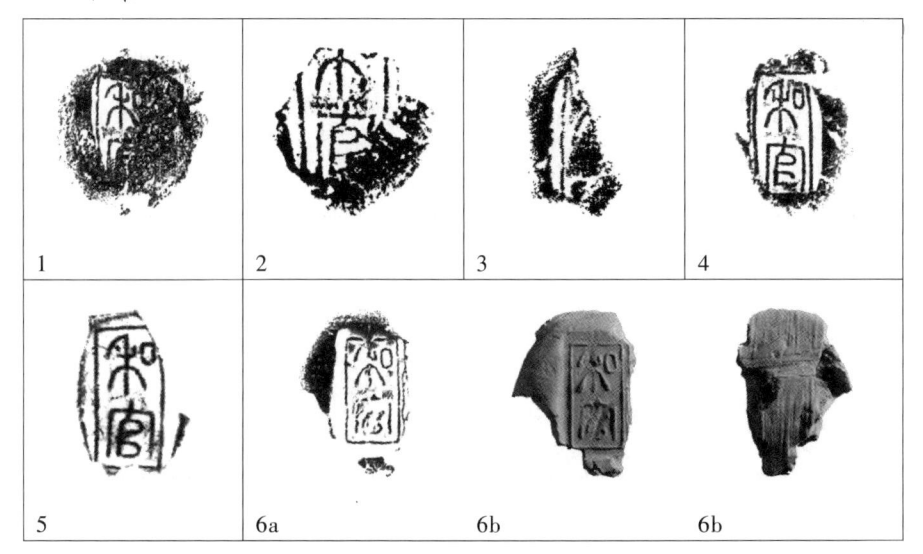

| 1 | 2 | 3 | 4 |
| 5 | 6a | 6b | 6b |

（1：《西见》图二：22；《新出》P76；《大系》P231；2、3：《新出》P76；《大

458　上编　中央职官

系》P232；4、5：《大系》P232；6a：《精品》P43；《大系》P232；6b：《精品》P43）

私□

1

（1：《大系》P232）

私官丞印

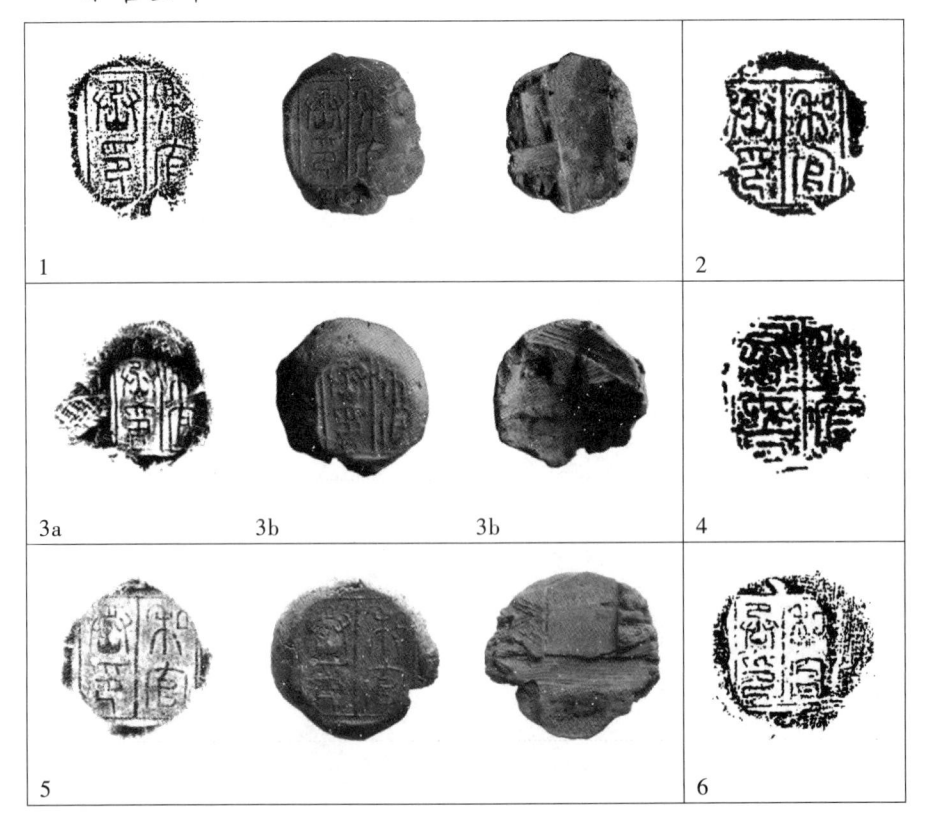

1　　　　　　　　　　　　　　　　2

3a　　　3b　　　3b　　　4

5　　　　　　　　　　　　　　　　6

第二章　丞相・三公・九卿　459

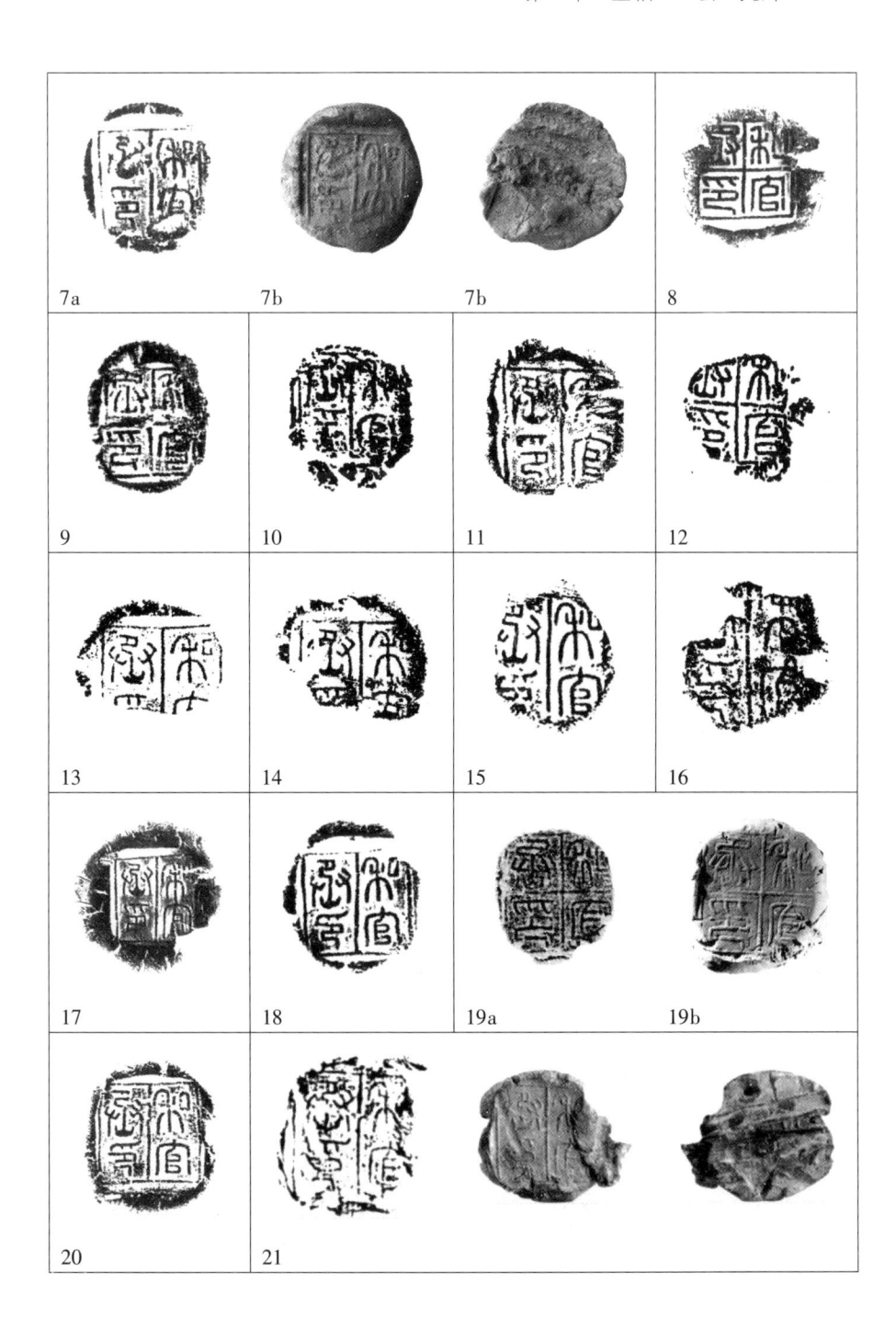

7a	7b	7b	8
9	10	11	12
13	14	15	16
17	18	19a	19b
20	21		

| 22a | 22b | | |

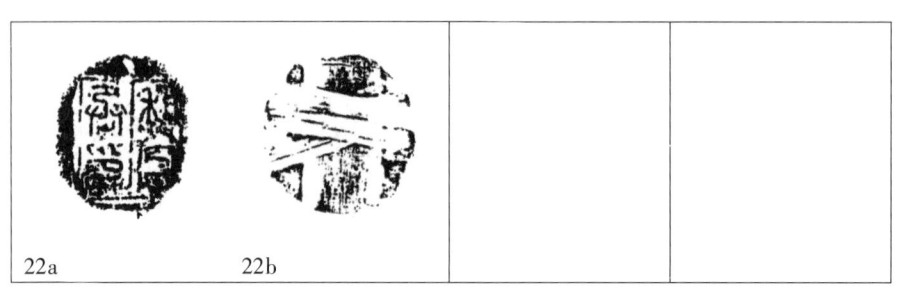

(1:《汇考》图版 P23；2:《古封》P29；《秦封》P179；《书集》P124；《汇考》P94；《玺印》P447；《大系》P232；3a:《新出》P32；《青泥》P22；《大系》P233；3b:《青泥》P22；4:《玺印》P448；《大系》P232；5:《相家》P20；6:《印风》P130；7a:《相家》P20；《大系》P233；7b:《相家》P20；8:《大系》P233；9:《大系》P232；10:《汇考》P94；《大系》P232；11:《新选》P107；12:《秦封》P179；《汇考》P94；13—16:《新出》P32；17:《大系》P233；18:《大系》P232；19a:《发掘》图一八：7；《新获》P290；《大系》P232；19b:《发掘》图版十二：6；20:《新选》P107；《大系》P233；21:《上封》P28；22a:《印集》P44；《汇考》P94；《大系》P232；22b:《印集》P44）

又:《发掘》P534《出土封泥登记表》2000CH相1T2③：31 为"私官丞印"。

私官□印

| 1 |

(1:《汇考》P94)

私官丞□

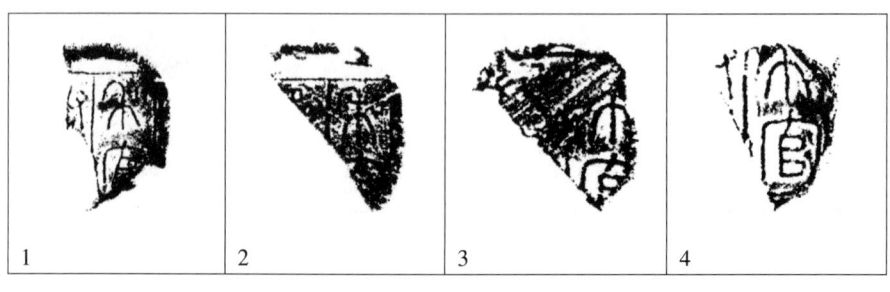

| 1 | 2 | 3 | 4 |

第二章 丞相·三公·九卿 461

5			

（1：《新出》P77；2—4：《新出》P32；5：《新出》P77）

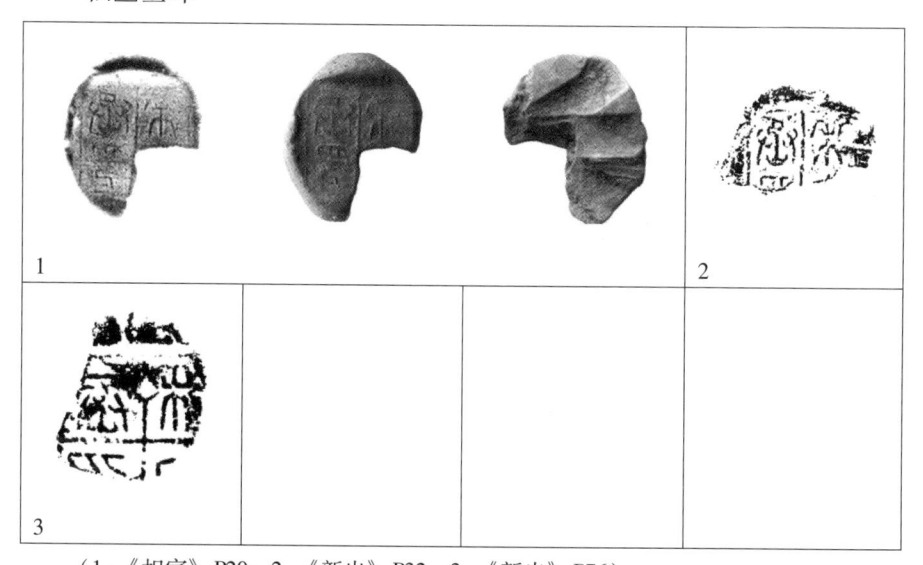

私□丞印

1	2
3	

（1：《相家》P20；2：《新出》P32；3：《新出》P76）
又：《发掘》P534《出土封泥登记表》2000CH 相1T3③：27 为"私□丞印"。

私官□□

1

（1：《新出》P76）

私官左般

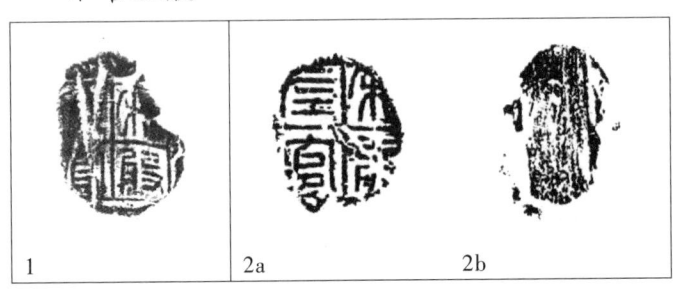

（1：《在京》图二：15；《大系》P233；2a：《新官》图24；《印集》P158；《汇考》P250；《大系》P233；2b：《印集》P158）

私官右般

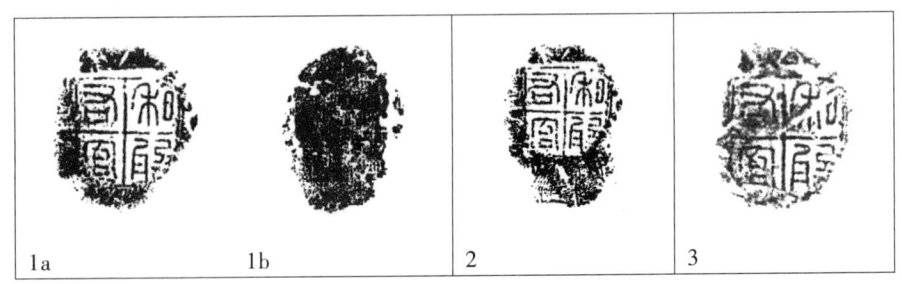

（1a：《印集》P159；《汇考》P251；《大系》P233；1b：《印集》P159；2：《印风》P130；《大系》P233；3：《大系》P233）

私官园□

（1：《大系》P233）

私府

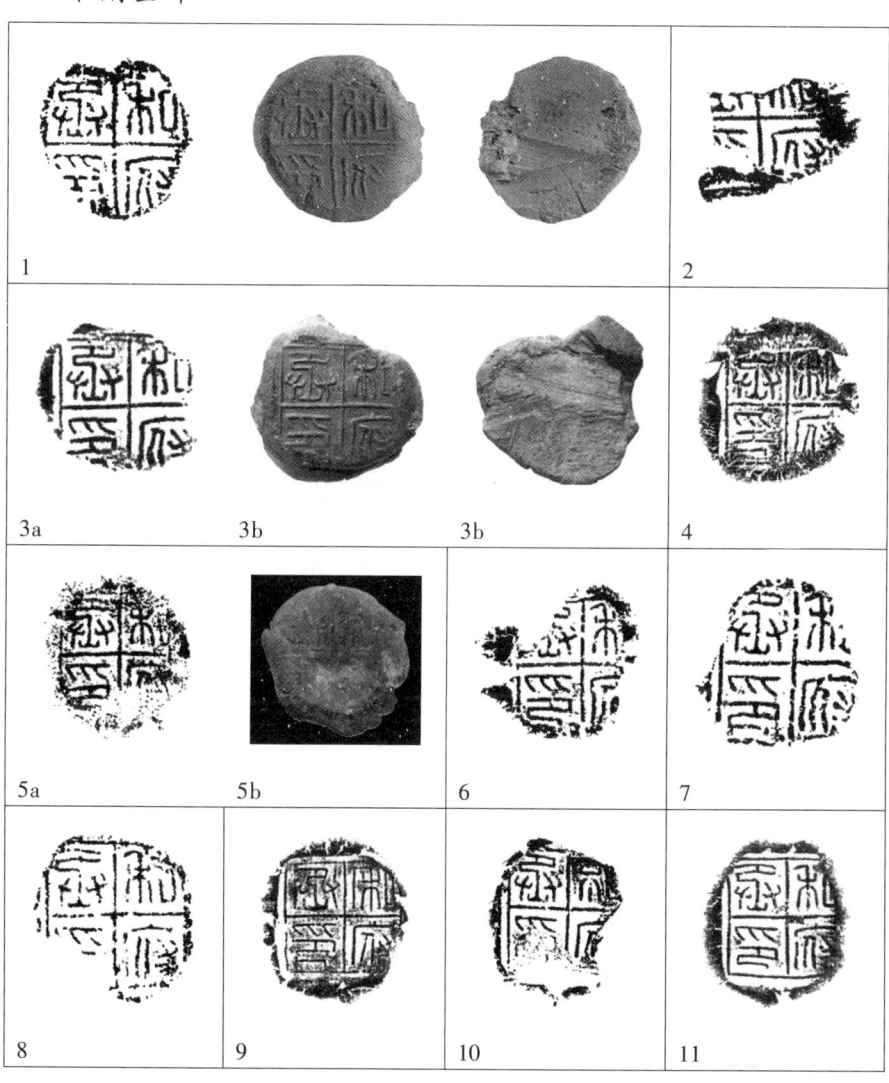

私府丞印

464　上编　中央职官

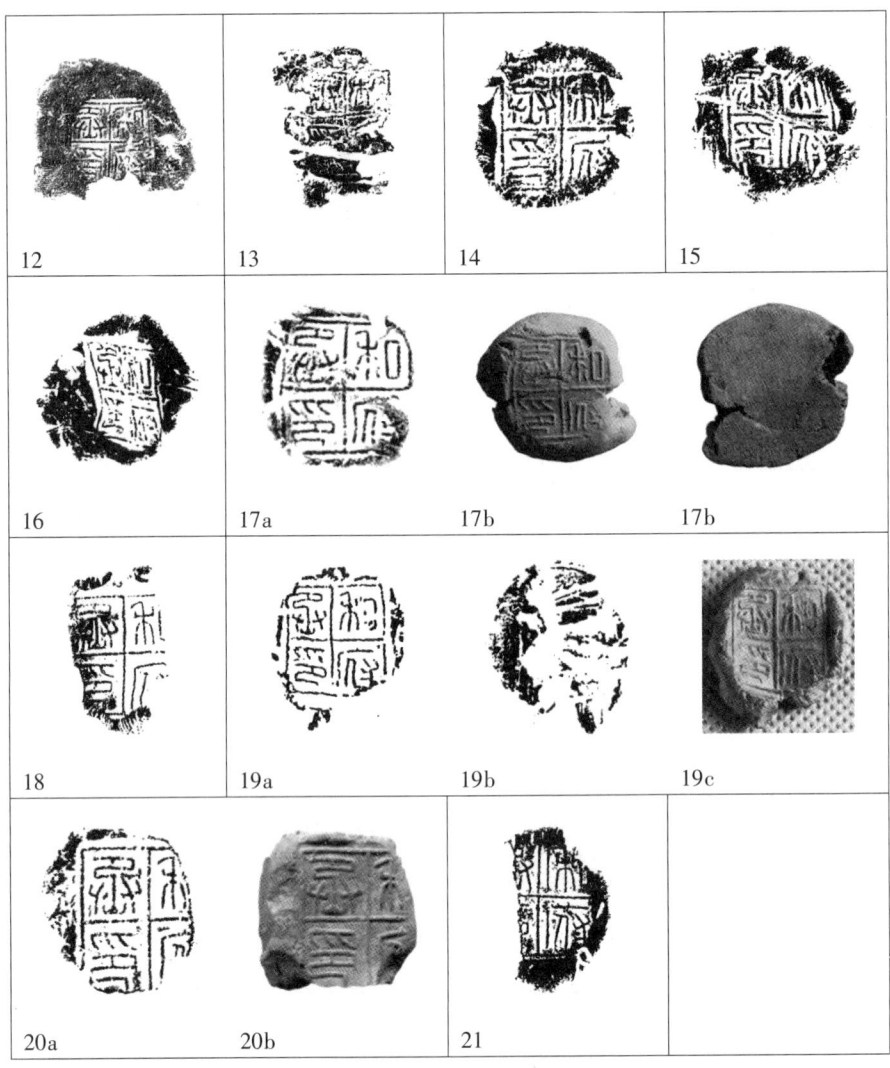

12	13	14	15
16	17a	17b	17b
18	19a	19b	19c
20a	20b	21	

（1：《上封》P57；2：《酒余》P40；3a：《相家》P20；《大系》P231；3b：《相家》P20；4：《大系》P231；5a：《发现》图75；《图例》P54；《秦封》P176；《汇考》P121；5b：《秦封》彩版3；6：《新选》P107；7、8：《新出》P32；9：《大系》P231；10：《新出》P32；11：《大系》P231；12：《新出》P76；《大系》P231；13、15、16、18：《新出》P76；14：《新出》P76；《大系》P231；17a：《新出》P32；《青泥》P23；《大系》P231；17b：《青泥》P23；19a：《印考》图172；《印风》P130；《印集》P56；《秦封》P176；《书集》P121；《汇考》P121；《玺印》P448；《大系》P230；19b：《印集》P56；19c：《泥选》；20a：《新出》P76；《秦选》P91；20b：《秦选》P91；21：《新出》P76；《大系》P231）

第二章　丞相·三公·九卿　465

私府丞□

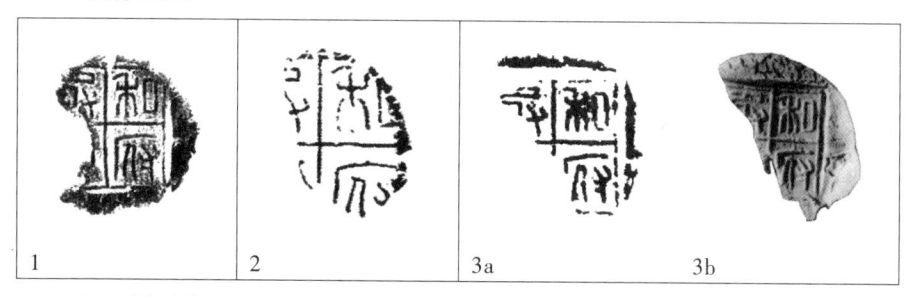

| 1 | 2 | 3a | 3b |

（1：《新出》P32；《大系》P231；2：《新出》P32；3a：《发掘》图一七：18；《新获》P290；《大系》P231；3b：《发掘》图版十：3）

私□丞□

1	2	3	4
5			6
7	8	9	

（1、2：《大系》P234；3：《新出》P32；4：《新出》P32；5：《相家》P20；6—9：《新出》P76）

私府信印

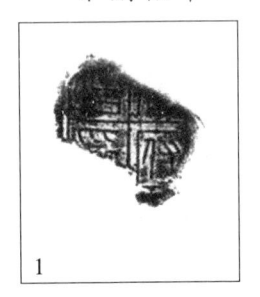

（1：《大系》P231）

北宫

北□

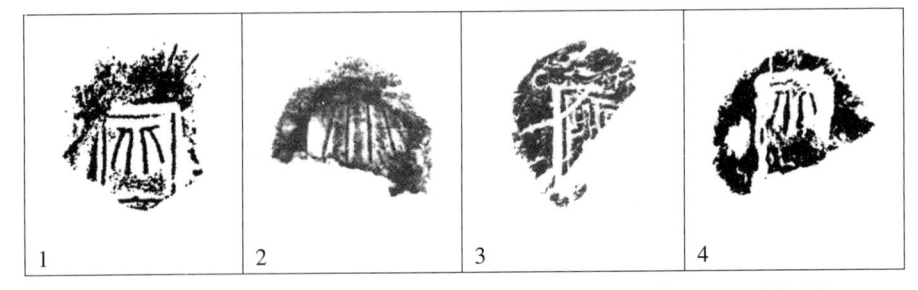

（1：《发现》图85；《图例》P55；《秦封》P204；《汇考》P132；《玺印》P392；《大系》P29；2：《大系》P35；3：《大系》P35；4：《酒余》P27；《大系》P34）

北宫丞印

无图，释读见《职地》P315。

北宫工室

（1：《在京》图二：20；《玺印》P438；《大系》P31）

第二章 丞相・三公・九卿

北□工室

1

(1:《大系》P31)

北宮工丞

1　2　3　4

5a　5b　5c　6

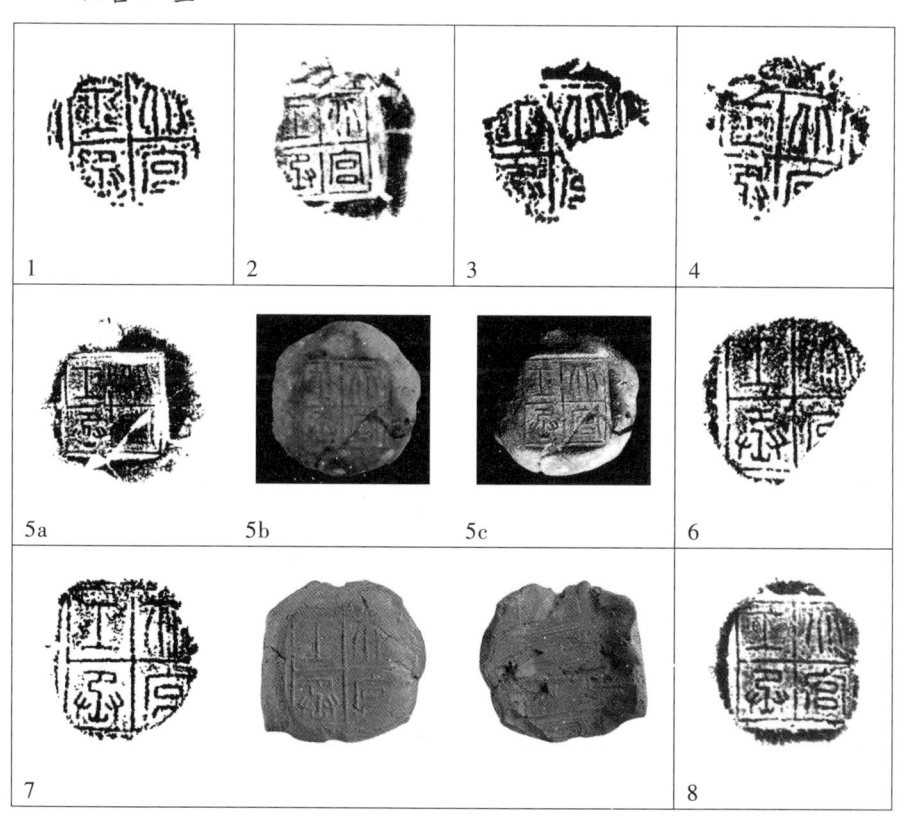

7　8

468　上编　中央职官

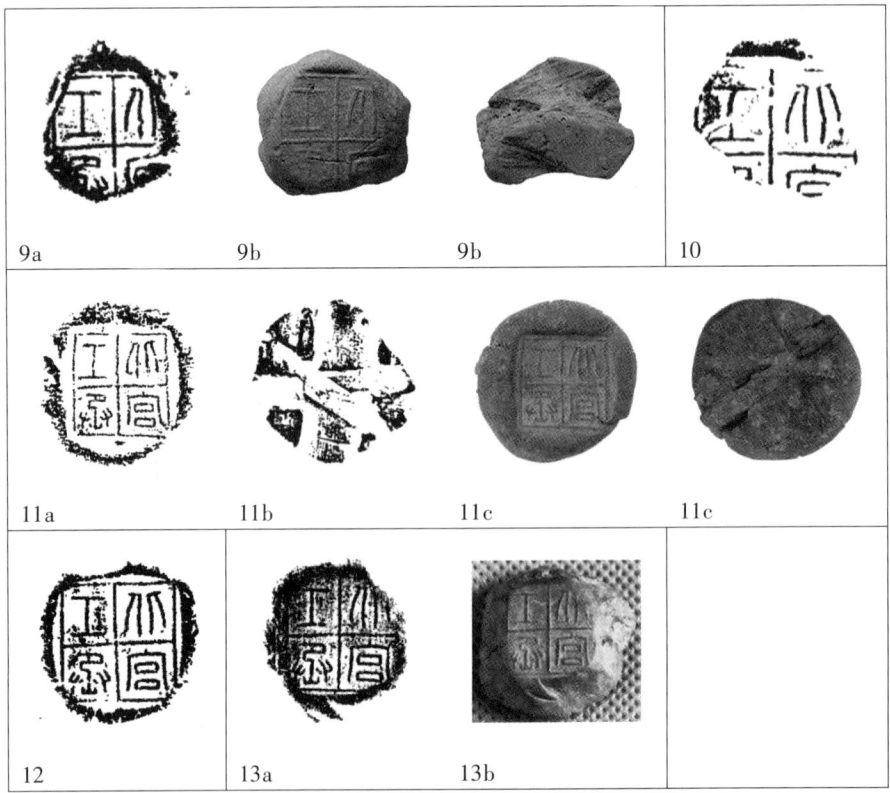

9a	9b	9b	10
11a	11b	11c	11c
12	13a	13b	

（1：《秦封》P205；《汇考》P133；2：《汇考》P133；《大系》P30；3：《秦封》P205；《汇考》P133；4：《发现》图87；《图例》P55；《秦封》P205；《书集》P123；《汇考》P133；5a：《秦封》P205；《汇考》P133；《玺印》P438；5b：《秦封》彩版2；5c：《秦封》图版2；6：《新出》P6；《大系》P30；7：《上封》P53；8：《大系》P30；9a：《菁华》P32；《大系》P31；9b：《菁华》P32；10：《新出》P6；《大系》P30；11a：《印集》P63；《汇考》P133；《大系》P30；11b：《印集》P63；11c：《汇考》图版P32；12：《汇考》P133；《大系》P30；13a：《汇考》P133；《大系》P30；13b：《泥封》）

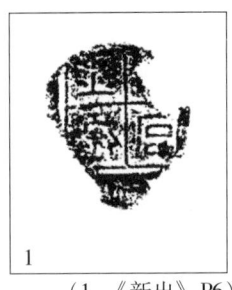

□宫工丞

1

（1：《新出》P6）

北宫左工丞

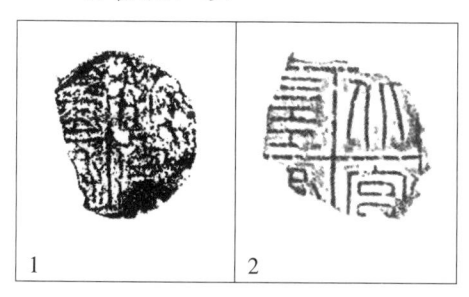

| 1 | 2 |

（1:《新出》P7；《大系》P33；2:《大系》P34）

北宫司空丞

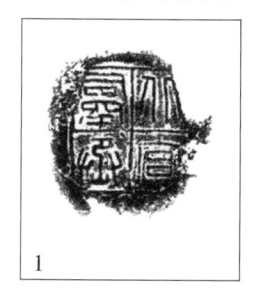

| 1 |

（1:《大系》P32）

北宫弋丞

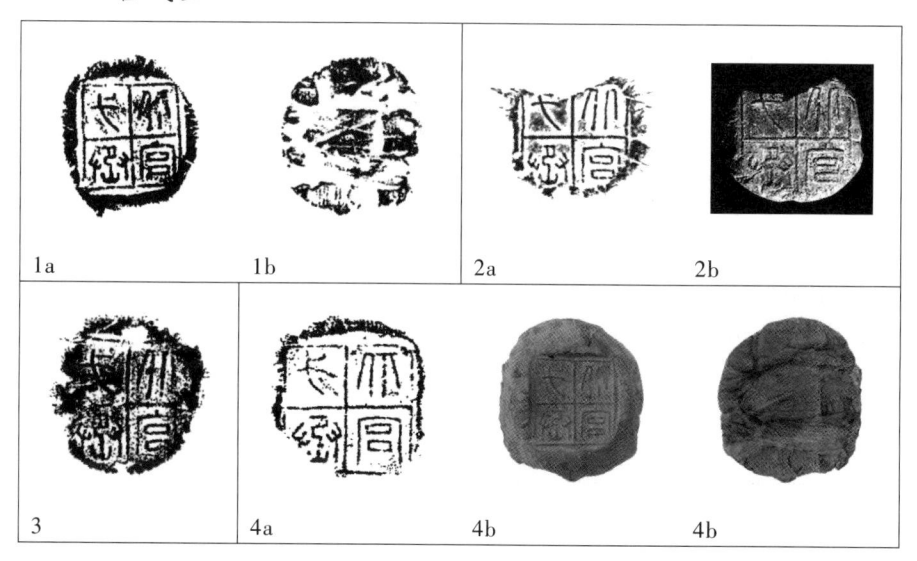

| 1a | 1b | 2a | 2b |
| 3 | 4a | 4b | 4b |

470　上编　中央职官

5

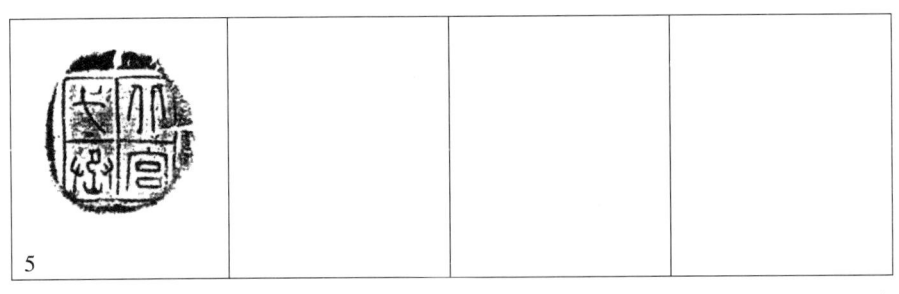

（1a：《印集》P64；《汇考》P134；《大系》P33；1b：《印集》P64；2a：《发现》图88；《图例》P55；《秦封》P205；《书集》P123；《汇考》P134；《玺印》P437；《大系》P33；2b：《秦封》图版2；3：《大系》P33；4a：《印风》P130；《书法》P39；《汇考》P134；4b：《书法》P39；《汇考》图版P32；5：《秦封》P205；《汇考》P134）

北囗弋囗

无图，释读见《发掘》P528。

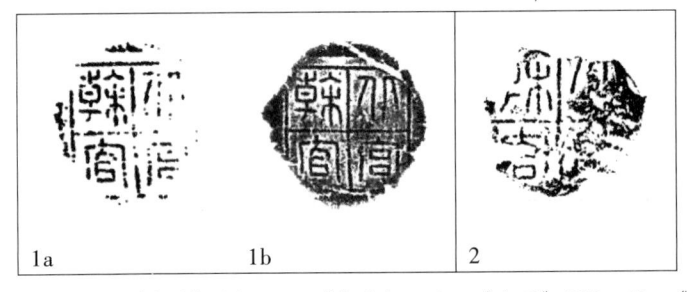

北宫榦官

1a　　1b　　2

（1a：《在京》图三：2；《玺印》P438；《大系》P30；1b：《大系》P30；2：《新出》P6；《大系》P30）

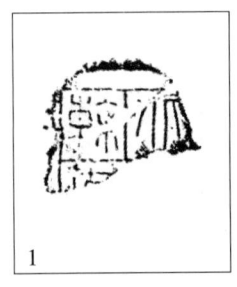

北囗榦官

1

（1：《新出》P6；《大系》P30）

第二章　丞相·三公·九卿　471

北宫榦丞

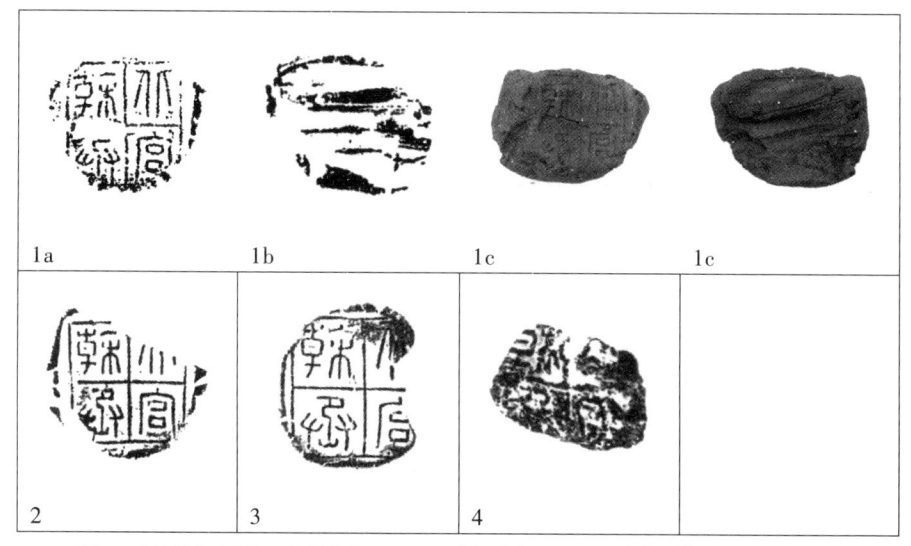

| 1a | 1b | 1c | 1c |
| 2 | 3 | 4 | |

（1a：《印集》P64；《书集》P123；《汇考》P134；《大系》P29；1b：《印集》P64；1c：《汇考》图版P32；2、3：《大系》P29；4：《大系》P427）

北□榦丞

1

（1：《发现》图86；《图例》P55；《秦封》P206；《汇考》P134；《玺印》P437）

北宫私丞

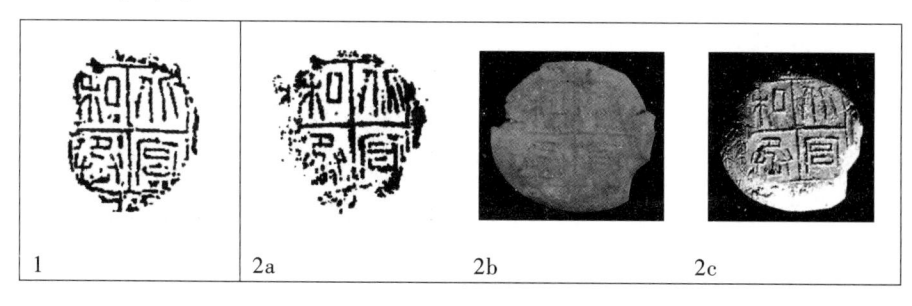

| 1 | 2a | 2b | 2c |

472　上编　中央职官

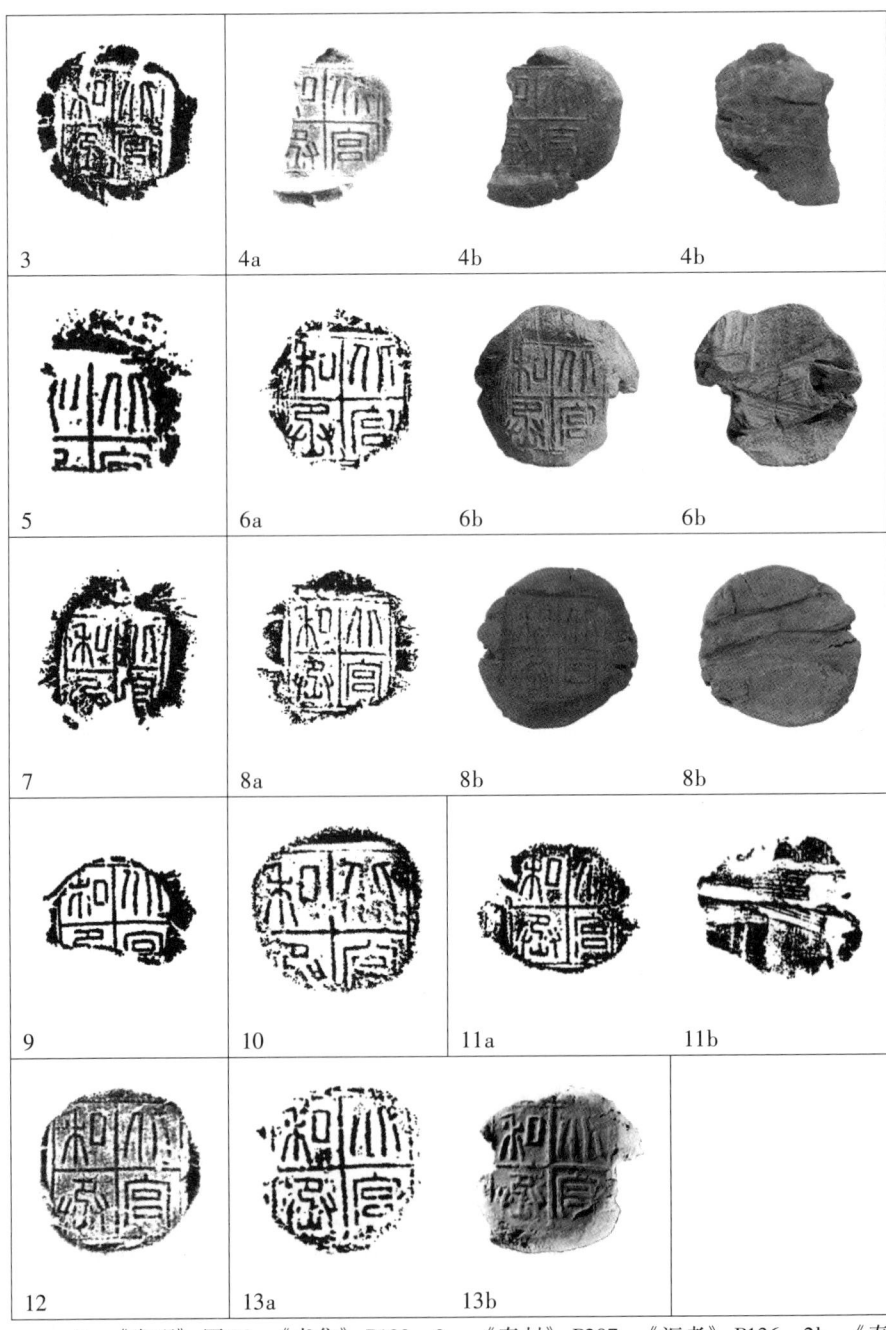

3	4a	4b	4b
5	6a	6b	6b
7	8a	8b	8b
9	10	11a	11b
12	13a	13b	

（1：《发现》图89；《书集》P123；2a：《秦封》P207；《汇考》P136；2b：《秦封》彩版2；2c：《秦封》图版2；3：《汇考》136；《大系》P32；4a：《相家》P14；《大系》P32；4b：《相家》P14；5：《秦封》P207；《汇考》136；6a：《古封》P23；

《秦封》P208；《上封》P53；《书集》P123；《汇考》P136；6b：《上封》P53；7：《秦封》P207；《汇考》P136；8a：《汇考》P136；《大系》P32；8b：《汇考》图版P33；9：《古封》P23；《秦封》P208；《汇考》P136；10：《新出》P7；《大系》P33；11a：《印集》P65；《汇考》P136；《大系》P32；11b：《印集》P65；12：《大系》P373；13a：《发掘》图一九：4；《新获》P291；《玺印》P438；《大系》P32；13b：《发掘》图一四：1）

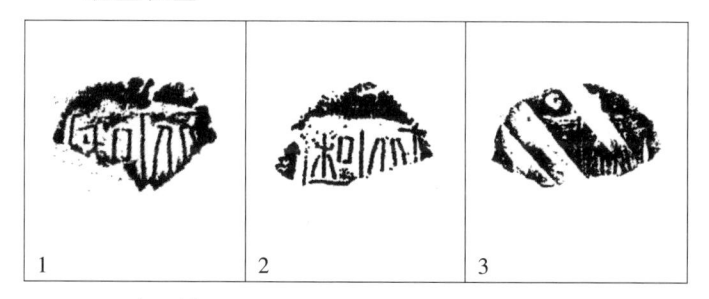

北□私□

（1：《酒余》P26下；2：《秦封》P208；《汇考》P136；3：《新出》P7）

北宫乐丞

（1：《大系》P33）

北宫库丞

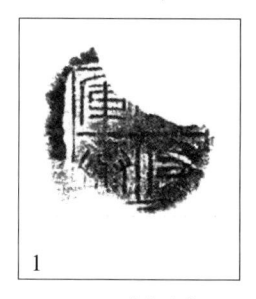

（1：《在京》图三：3；《玺印》P437；《大系》P32）

北宫御丞

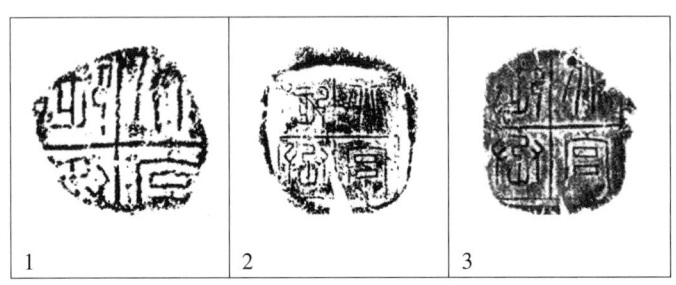

| 1 | 2 | 3 |

（1：《在京》图三：4；《玺印》P438；《新出》P7；《大系》P33；2：《新出》P7；《大系》P33；3：《大系》P33）

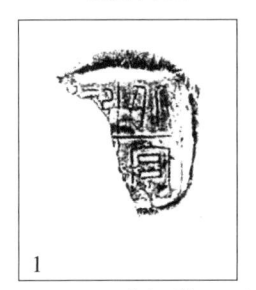

北宫御□

| 1 |

（1：《大系》P33）

北宫宦丞

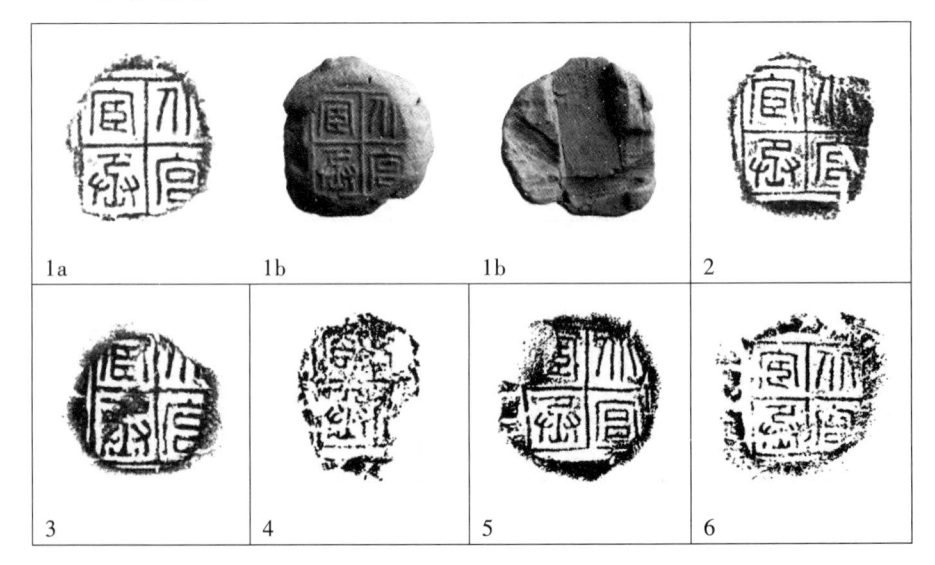

| 1a | 1b | 1b | 2 |
| 3 | 4 | 5 | 6 |

第二章 丞相・三公・九卿 475

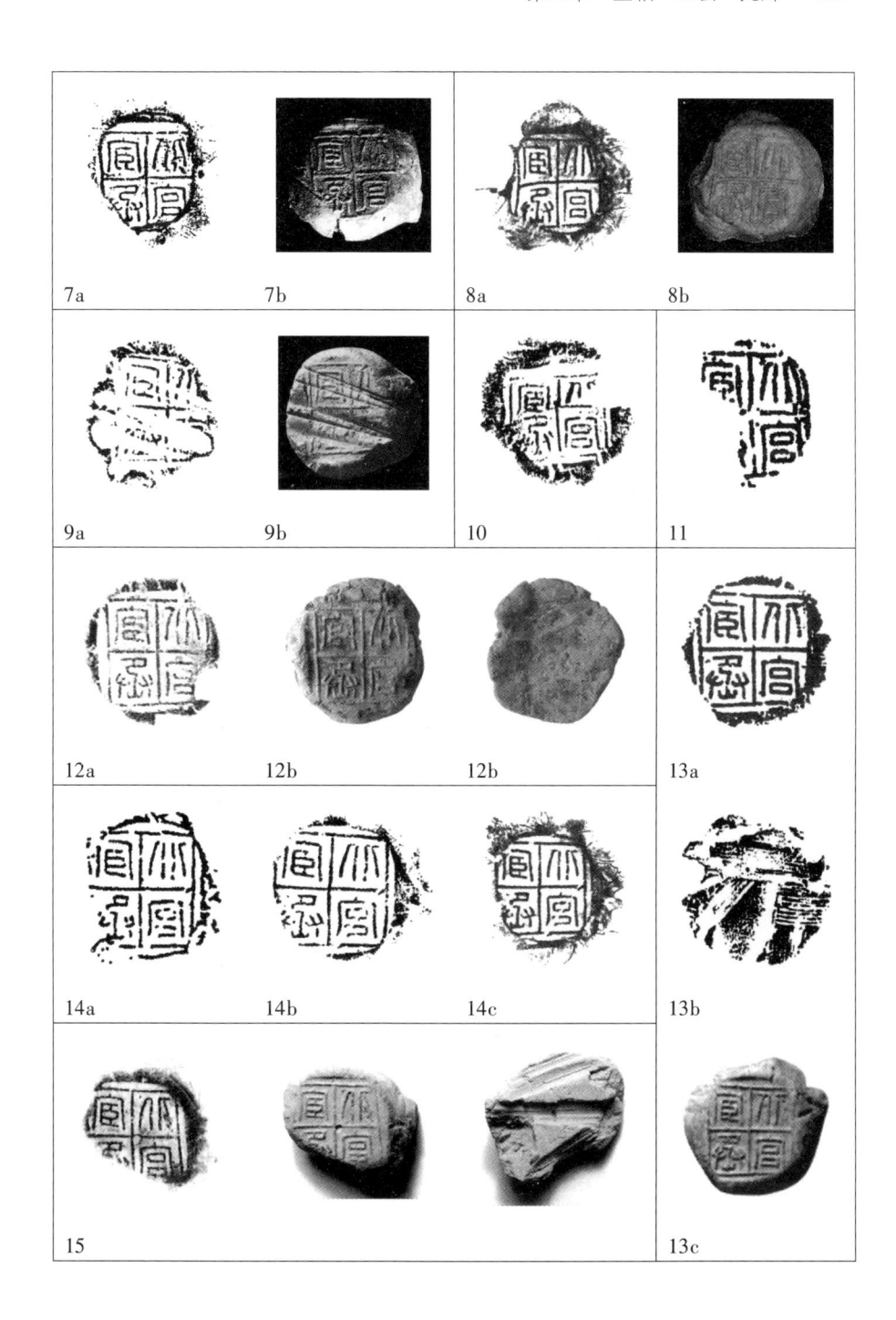

7a 7b 8a 8b

9a 9b 10 11

12a 12b 12b 13a

14a 14b 14c 13b

15 13c

476　上编　中央职官

16　　　　　　　　　　　　　　　　　　　　　　　17

（1a:《新出》P6；《青泥》P20；《大系》P31；1b:《青泥》P20；2:《新出》P6；《大系》P31；3:《大系》P32；4:《新出》P7；5:《新出》P56；《大系》P32；6:《秦封》P206；《汇考》P135；7a:《秦封》P206；《汇考》P135；《玺印》P438；《大系》P31；7b:《秦封》图版2；8a:《秦封》P207；《汇考》P135；《大系》P31；8b:《秦封》彩版2；9a:《秦封》P207；《汇考》P135；9b:《秦封》图版7；10:《秦封》P207；《汇考》P135；11:《秦封》P207；《汇考》P135；12a:《相家》P21；《大系》P31；12b:《相家》P21；13a:《印集》P65；《书集》P123；《汇考》P135；《大系》P31；13b:《印集》P65；13c:《图录》；《秦研》P83；14a:《发现》图90；《图例》P55；《书集》P123；14b:《秦封》P206；《汇考》P135；14c:《大系》P31；15:《观二》P27；16:《观二》P41；17:《大系》P31）

北宫宦□

1a　　　　　　1b　　　　　　1b

（1a:《古封》P22；《秦封》P207；《上封》P54；《汇考》P136；1b:《上封》P54）

第二章　丞相·三公·九卿　477

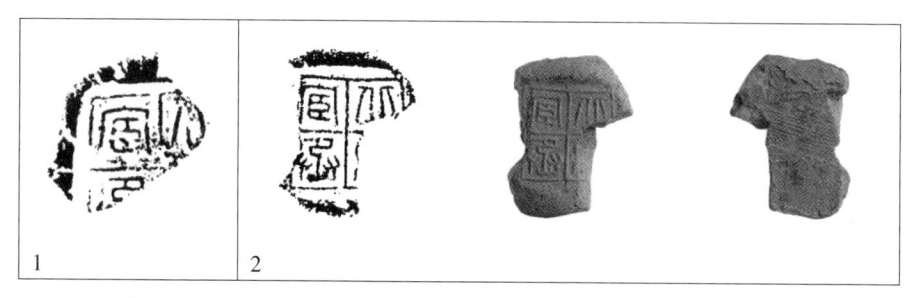

北□宦丞

1　2

（1：《新出》P6；2：《上封》P54）

北□宦□

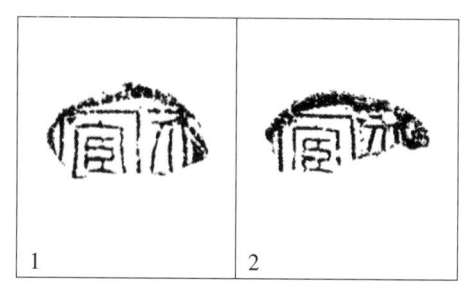

1　2

（1：《新出》P6；2：《新出》P7）

北宫居室

1

（1：《大系》P32）

478 上编 中央职官

北宫□□

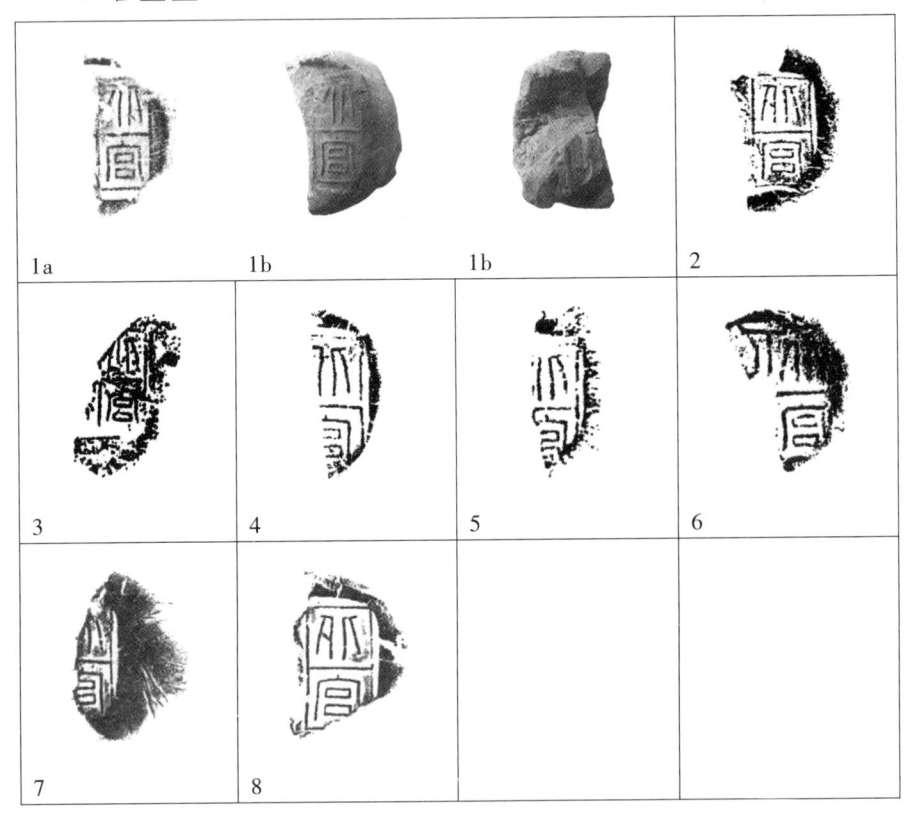

1a	1b	1b	2
3	4	5	6
7	8		

（1a：《相家》P32；《大系》P34；1b：《相家》P32；2：《新出》P56；《大系》P34；3：《秦封》P206；《汇考》P135；4：《新出》P7；《大系》P34；5：《秦封》P205；《汇考》P134；《大系》P33；6：《秦封》P207；《汇考》P135；7、8：《大系》P34）

南宫

南宫内者

1

（1：《大系》P176）

南宫郎中

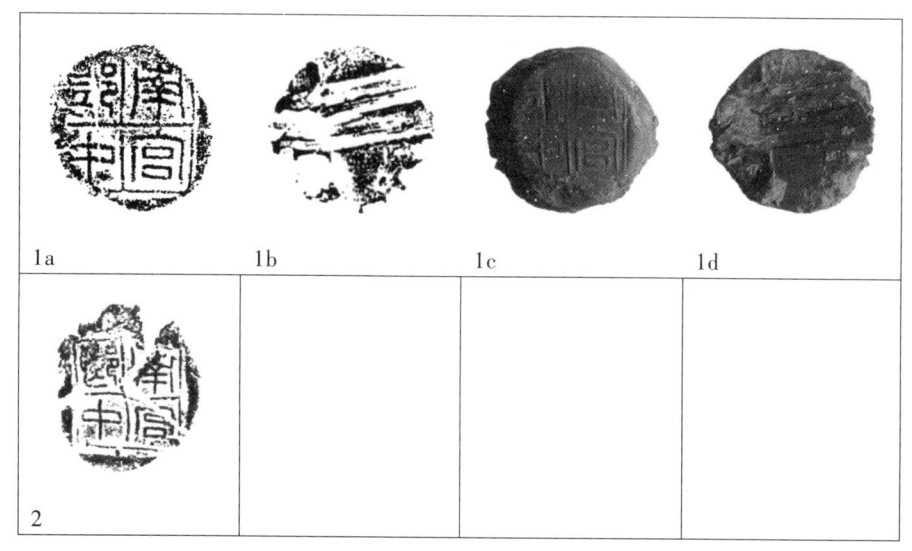

1a	1b	1c	1d
2			

（1a：《印风》P131；《新官》图28；《印集》P62；《汇考》P130；《大系》P176；1b：《印集》P61；1c：《汇考》图版P31；《泥选》；1d：《汇考》图版P31；2：《大系》P176）

又：《发掘》P534《出土封泥登记表》2000CH相1T2③：110为"南宫郎中"。

南宫郎丞

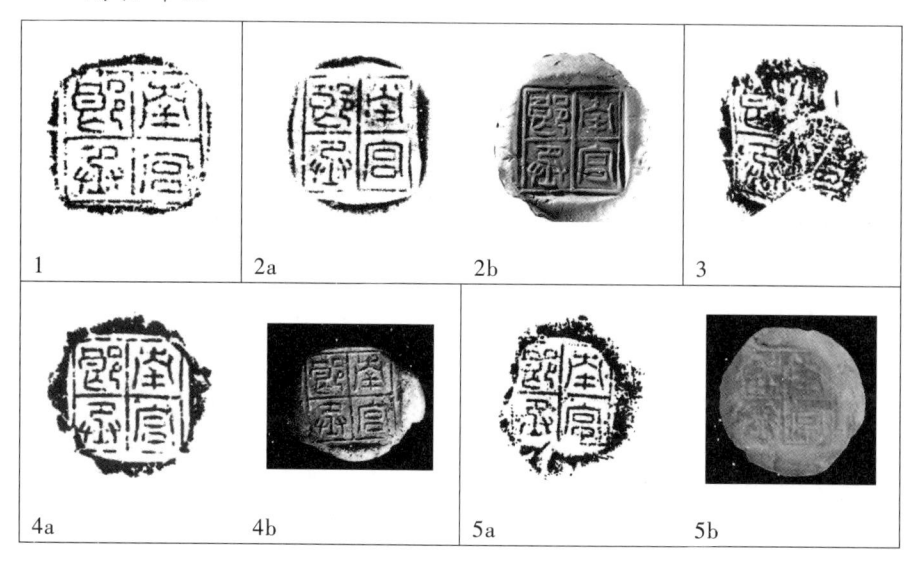

1	2a	2b	3
4a	4b	5a	5b

480 上编　中央职官

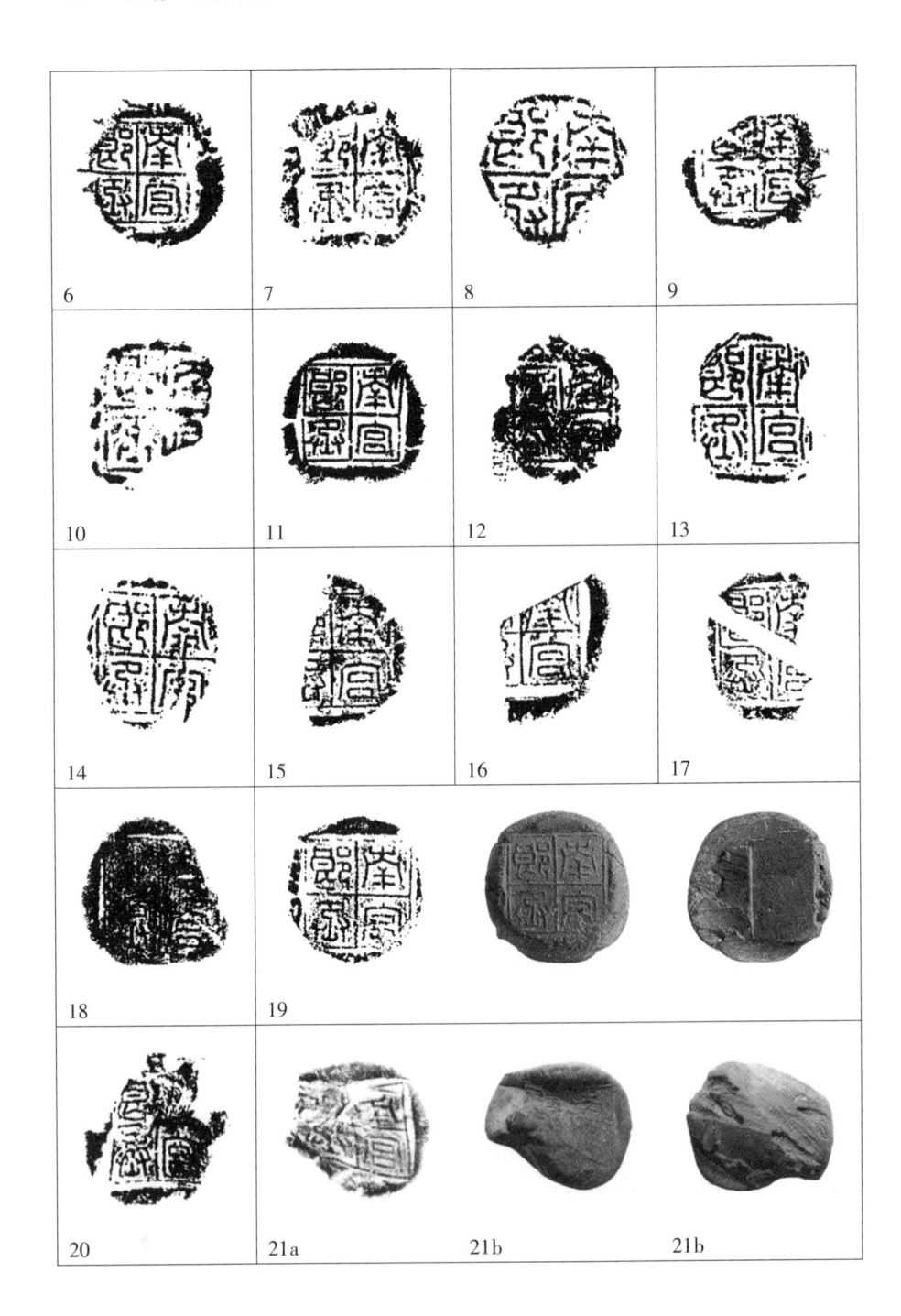

6	7	8	9
10	11	12	13
14	15	16	17
18	19		
20	21a	21b	21b

第二章　丞相·三公·九卿　481

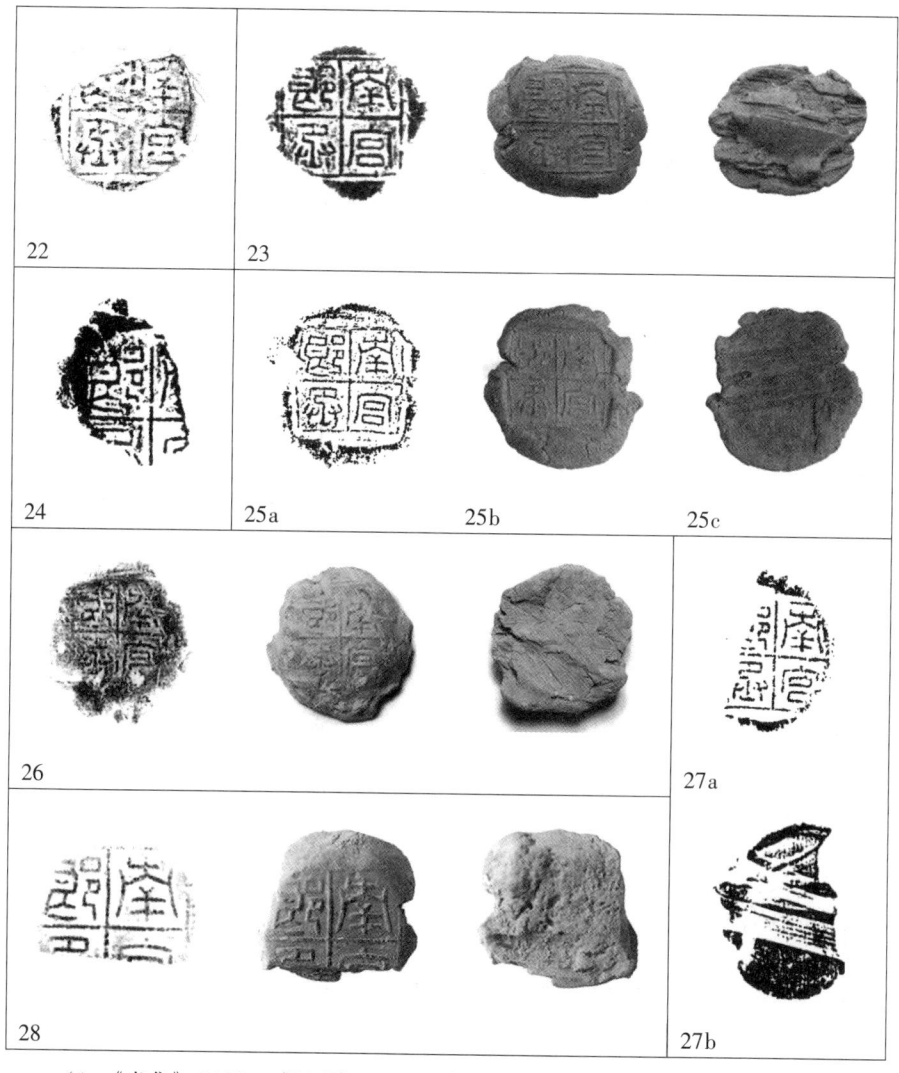

22	23		
24	25a	25b	25c
26			27a
28			27b

（1：《书集》P123；《汇考》P131；《大系》P176；2a：《新获》P91；《大系》P176；2b：《发掘》图版十六：2；3：《新出》P25；4a：《秦封》P203；《汇考》P131；《玺印》P437；《大系》P176；4b：《秦封》图版3；5a：《发现》图84；《图例》P55；《秦封》P203；《书集》P123；《汇考》P131；5b：《秦封》彩版2；6—9：《秦封》P203；《汇考》P131；10：《秦封》P203；《汇考》P132；11：《秦封》P204；《汇考》P132；《大系》P176；12、13：《秦封》P204；《汇考》P132；14：《汇考》P132；15—18：《新出》P25；19：《上封》P54；20：《新出》P25；21：《相家》P4；22：《长安》P38；23：《相家》P4；24：《新出》P25；25a：《汇考》P131；《印风》P131；《大系》P176；25b：《汇考》图版P31；《泥选》；25c：《汇考》图版P31；26：《观二》P41；27a：《印集》P63；《汇考》P131；27b：《印集》P63；28：《相家》P4）

又:《发掘》P534《出土封泥登记表》2000CH 相 1T2③:53、95、164、T3③:37、TG1:40、74 共 6 枚均为"南宫郎丞"。

南宫郎□

1

(1:《新出》P25;《大系》P176)

南宫□丞

1

(1:《新出》P25)

南□郎丞

1

(1:《新出》P25)

第二章 丞相·三公·九卿

南□郎□

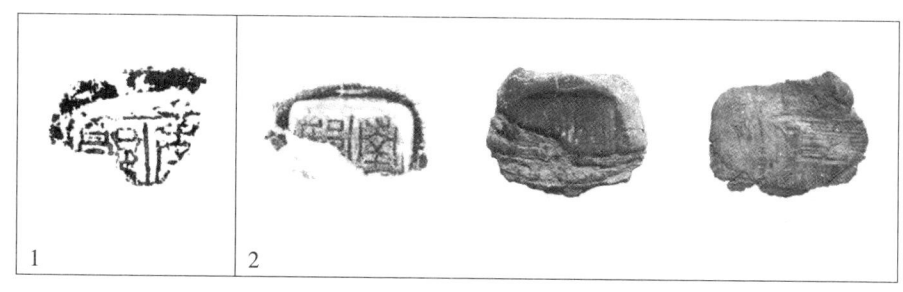

1
2

（1：《新出》P26；2：《相家》P4）

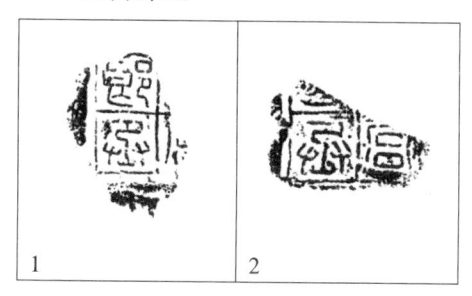

□宫郎丞

1
2

（1：《新出》P26；2：《新出》P26）

南宫□□

1

（1：《秦封》P204；《汇考》P132）

信宫

信宫车府

（1a:《古封》P29；《印风》P125；《秦封》P199；《上封》P40；《书集》P123；《大系》P309；1b:《上封》P40）

长信宫

长信私丞

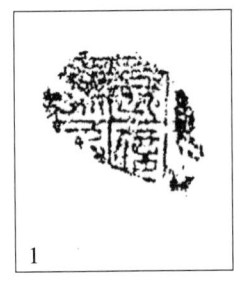

（1:《陕封》（下）图一：5；《秦封》P201；《玺印》P436；《大系》P42）

十六　内史

内史

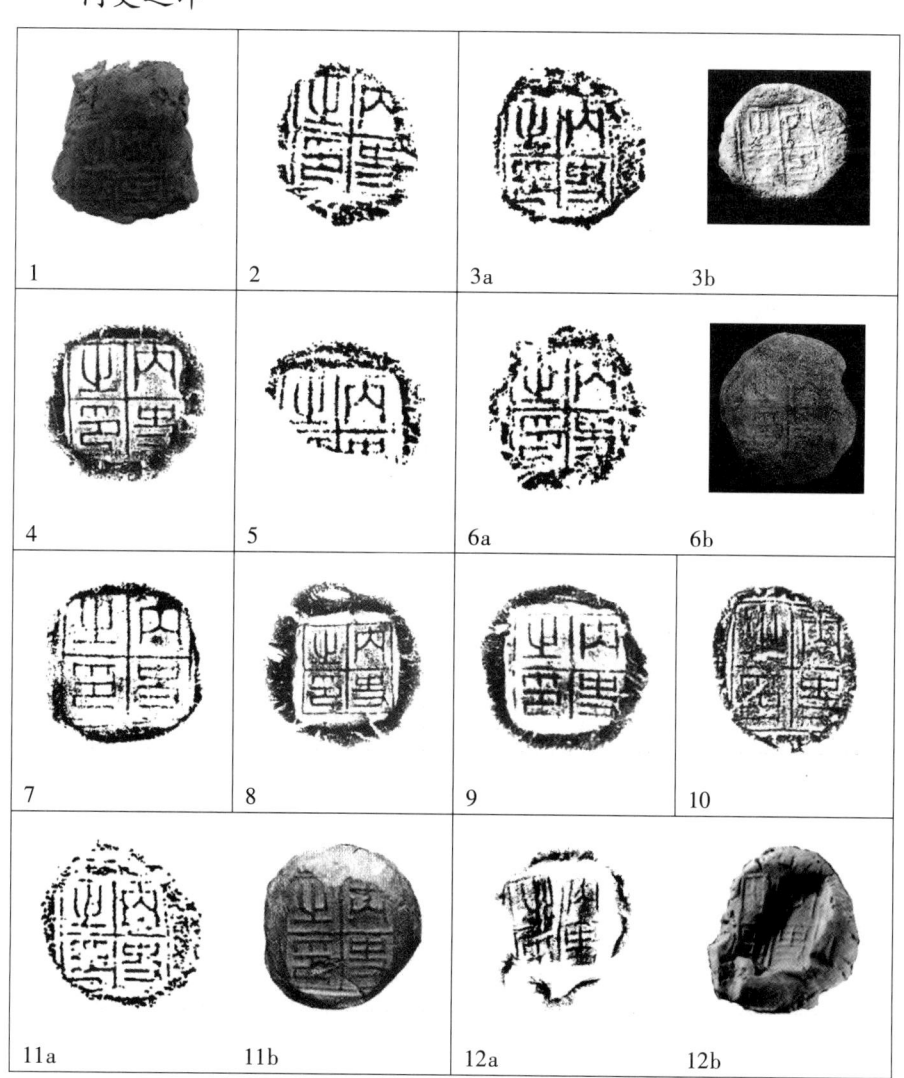

内史之印

486　上编　中央职官

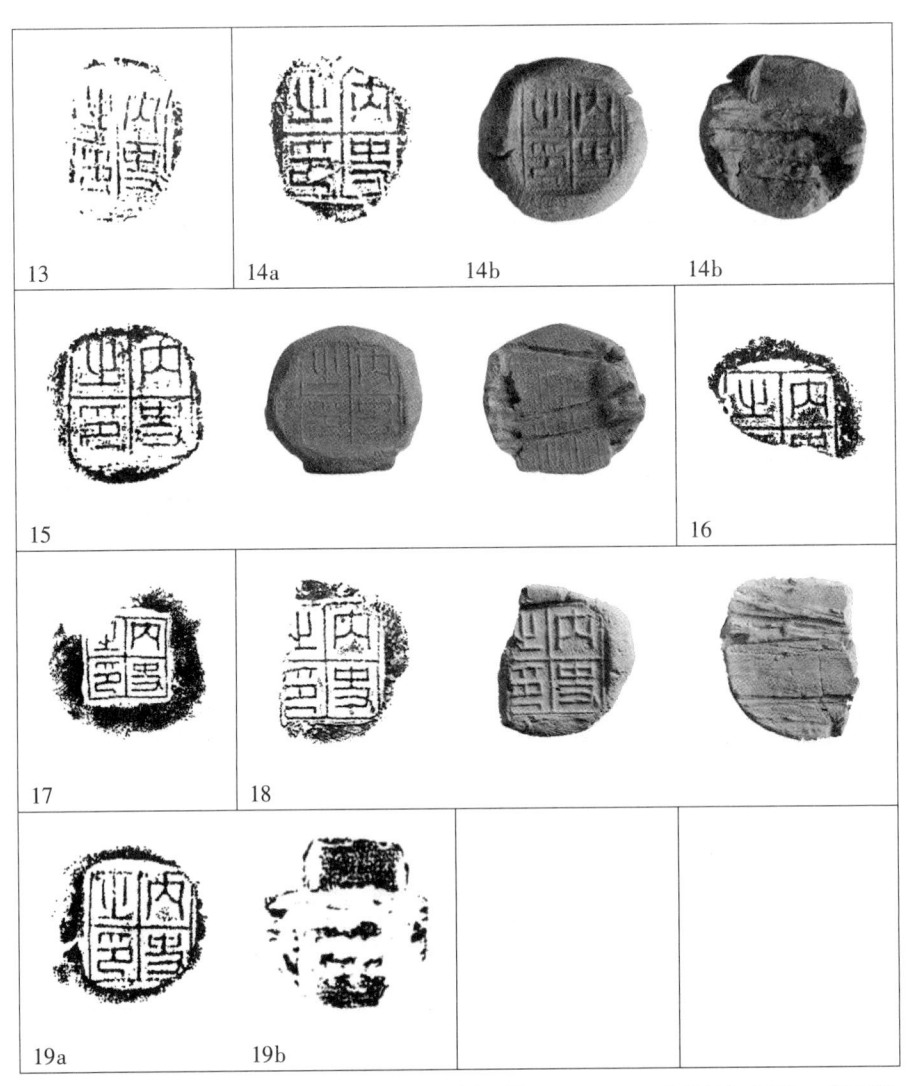

13	14a	14b	14b
15			16
17	18		
19a	19b		

（1：《秦业》P208；2：《汇考》P8；《大系》P172；3a：《秦封》P180；《汇考》P9；《玺印》P427；《大系》P172；3b：《秦封》图版3；4：《大系》P172；《大系》P172；5：《秦封》P180；《汇考》P9；6a：《秦封》P180；《汇考》P9；6b：《秦封》彩板1；7：《新出》P27；8—10：《大系》P172；11a：《发现》图67；《图例》P54；《书集》P118；《大系》P172；11b：《书集》P118；12a：《发掘》图一六：13；《新获》P290；12b：《发掘》图版七：7；13：《汇考》P9；《秦封》P180；14a：《汇考》P8；《印风》P129；《大系》P172；14b：《汇考》图版P2；15：《上封》P59；16：《新选》P103；17：《新选》P103；《大系》P172；18：《精品》P31；19a：《印集》P4；《汇考》P9；《大系》P172；19b：《印集》P4）

又：《发掘》P534《出土封泥登记表》2000CH 相 1T2③：77 为"内史之印"。

第二章　丞相·三公·九卿　487

内史□□

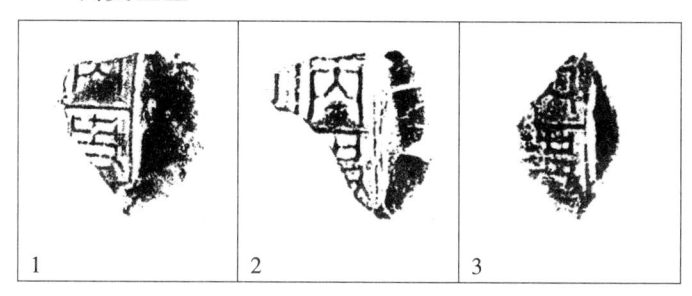

| 1 | 2 | 3 |

（1：《酒余》P37 上；2、3：《新出》P27）

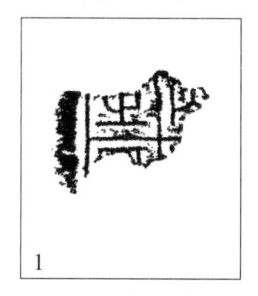

内□之印

| 1 |

（1：《新选》P103）

内□之□

| 1 | 2 | 3 | 4 |

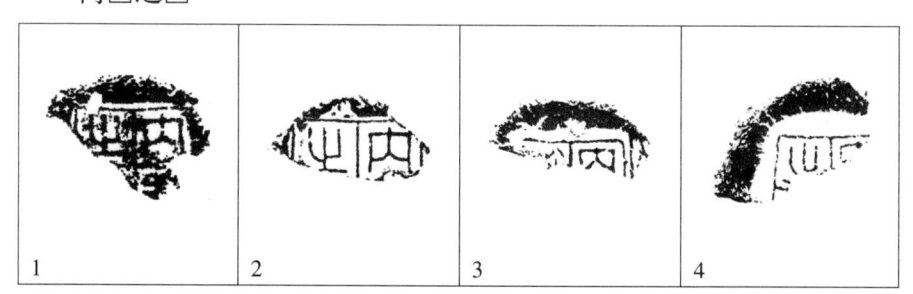

（1：《酒余》P37 上；2—4：《新出》P102）

十七 宫台禁苑

1. 宫

西陵宫

西陵宫印

1

（1：《大系》P288）

竃宫

竃宫之印

1

（1：《大系》P52）

鸿鸦池官

鸿鸦池宫

1

（1：《大系》P114）

莨阳官

莨阳宫印

1a　　1b　　1b

（1a：《古封》P23；《新泥》P72；《秦封》P201；《上封》P24；《大系》P36；1b：《上封》P24）

车武官

车 武宫印

1

（1：《大系》P44）

高章官

高章丞印

1

（1：《大系》P92）

高章□□

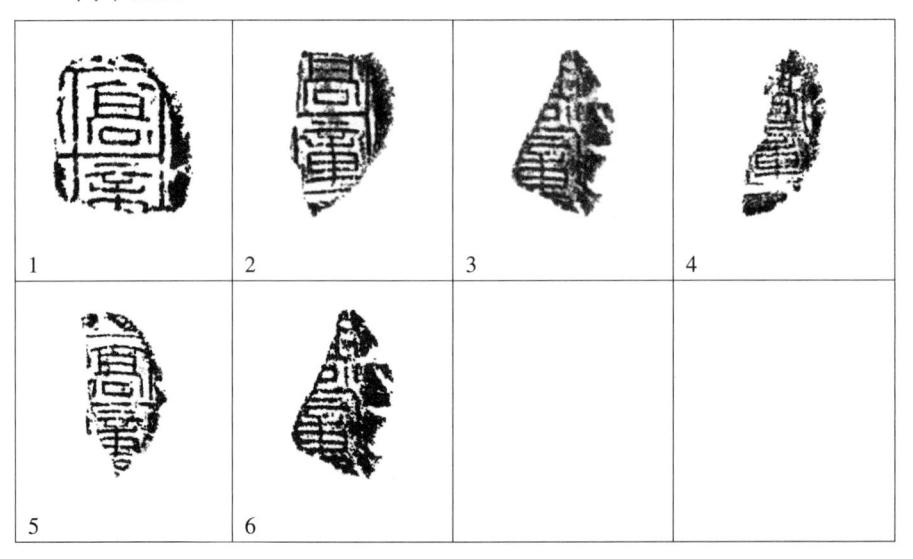

1	2	3	4
5	6		

（1：《酒余》P30下；2：《新出》P13；《大系》P94；3：《大系》P94；4：《大系》P94；5：《新出》P13；6：《新选》P94）

高章宦者

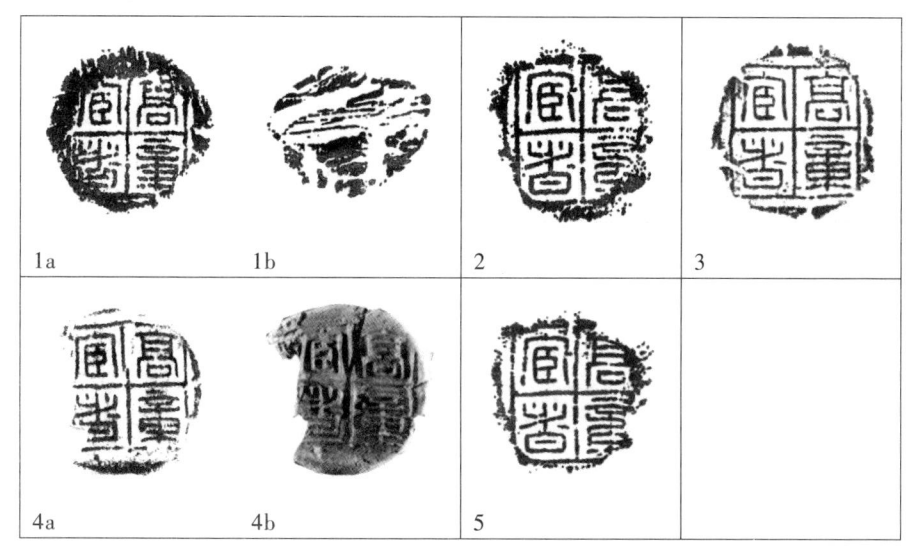

1a	1b	2	3
4a	4b	5	

（1a：《印风》P132；《印集》P66；《汇考》P137；《大系》P93；1b：《印集》P66；2：《发现》图 92；《秦封》P209；《印风》P132；《汇考》P138；《玺印》P443；3：《大系》P93；4a：《发掘》P522 圖一六：17；4b《发掘》图版八：2；5：《书集》P122；《大系》P93）

高□宦者

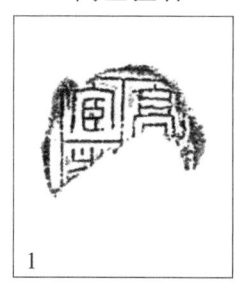

1

（1：《新出》P13；《大系》P94）

492　上编　中央职官

高章宦丞

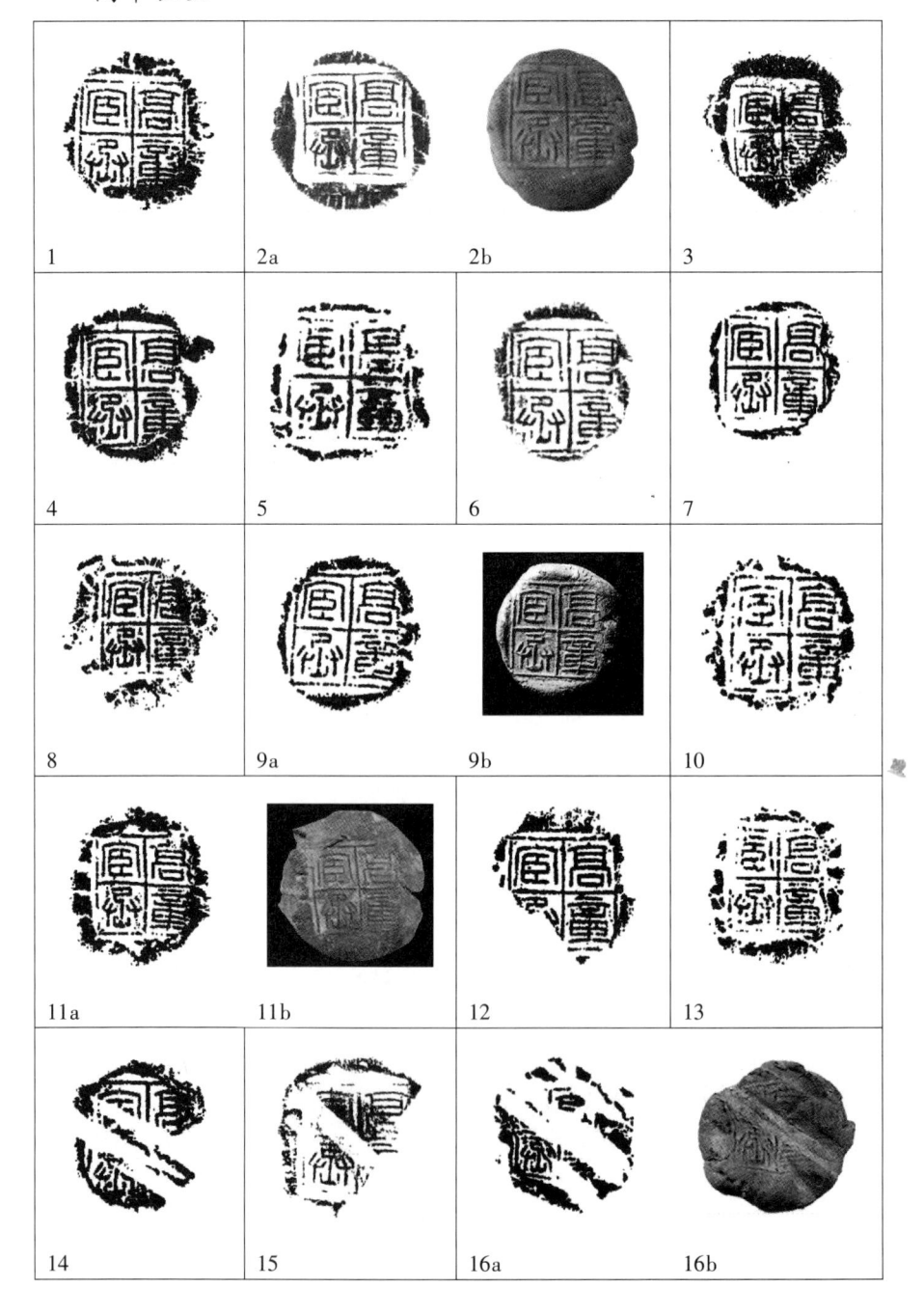

1	2a	2b	3
4	5	6	7
8	9a	9b	10
11a	11b	12	13
14	15	16a	16b

第二章 丞相・三公・九卿 493

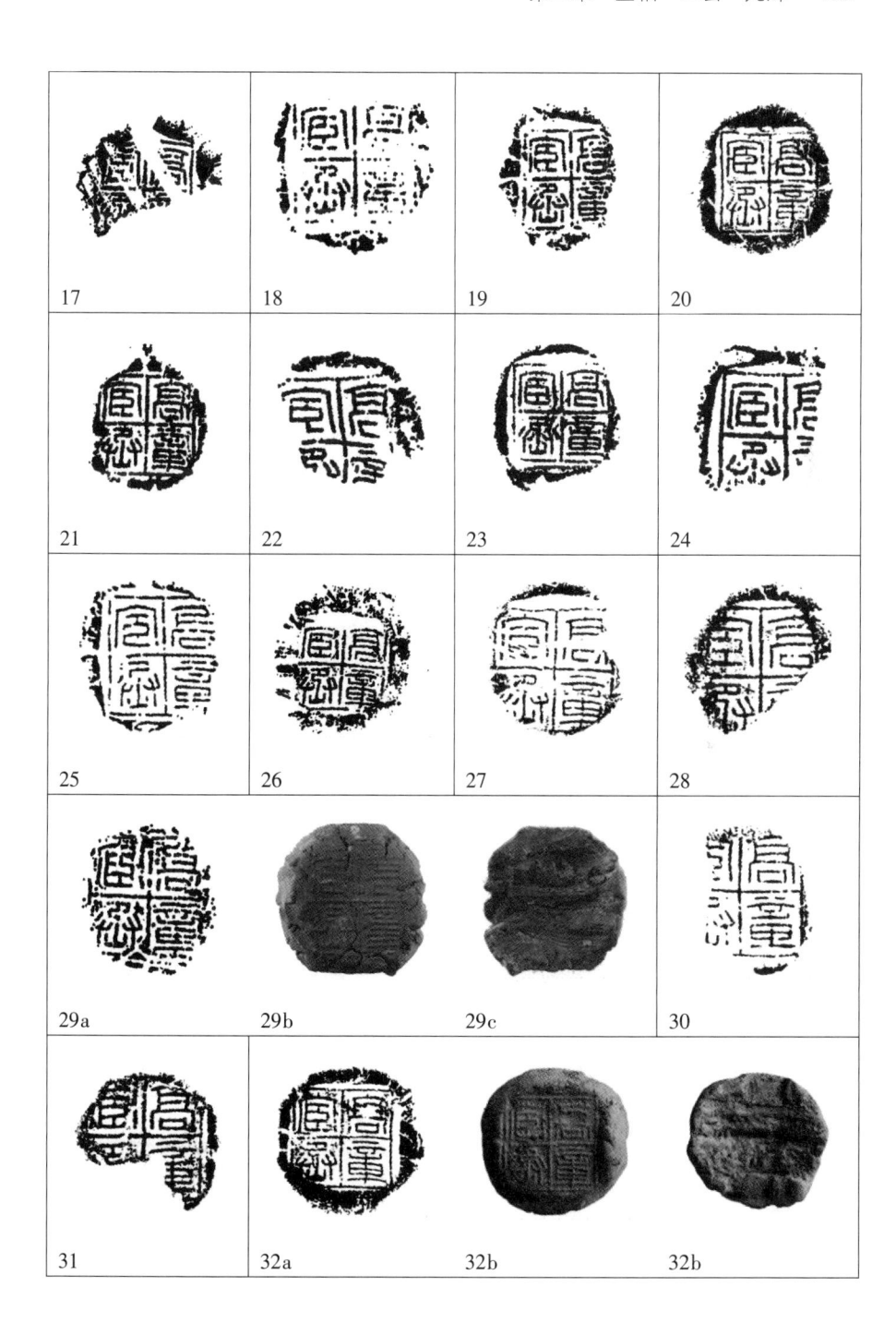

17　18　19　20
21　22　23　24
25　26　27　28
29a　29b　29c　30
31　32a　32b　32b

494 上编　中央职官

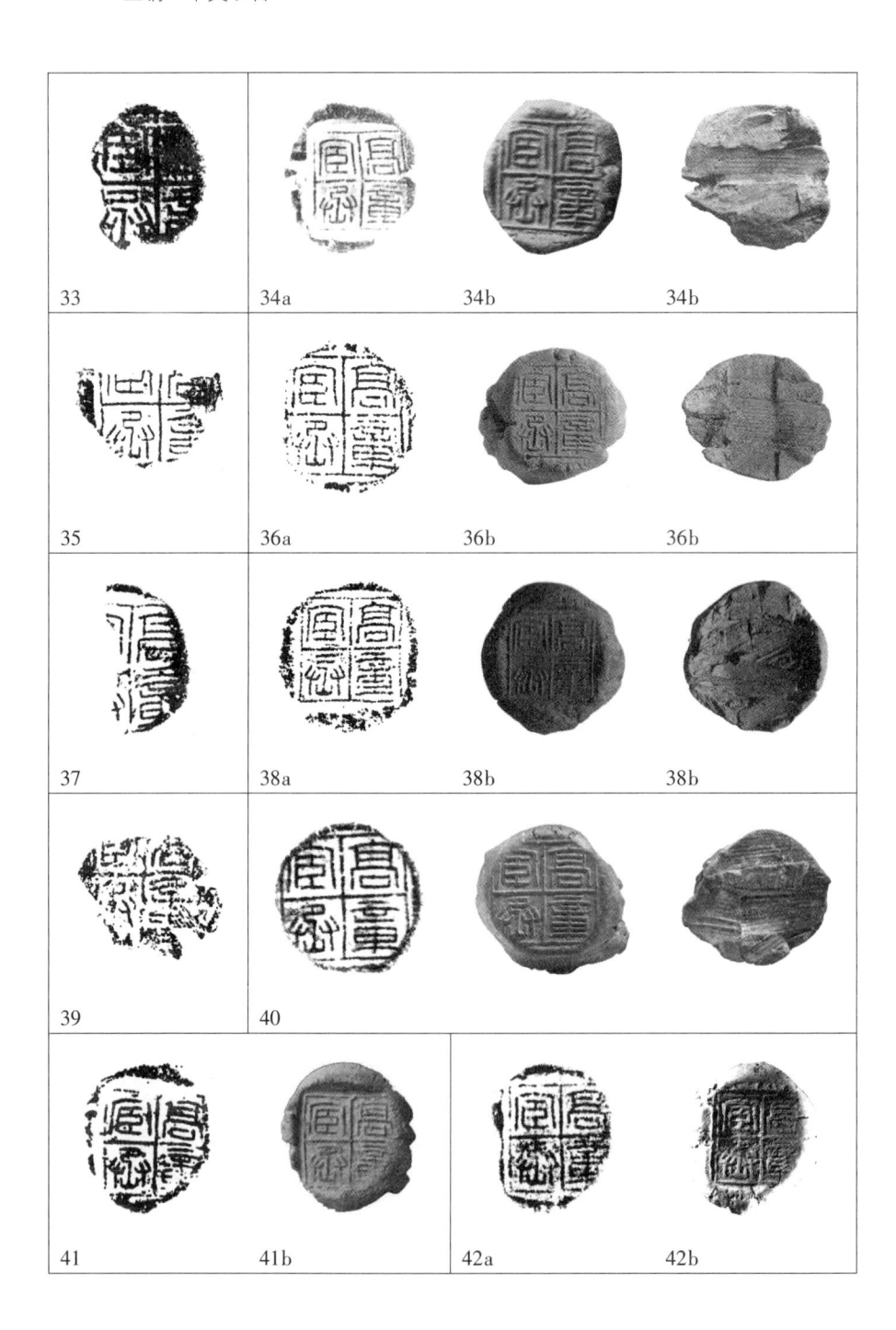

33	34a	34b	34b
35	36a	36b	36b
37	38a	38b	38b
39	40		
41	41b	42a	42b

第二章　丞相・三公・九卿　495

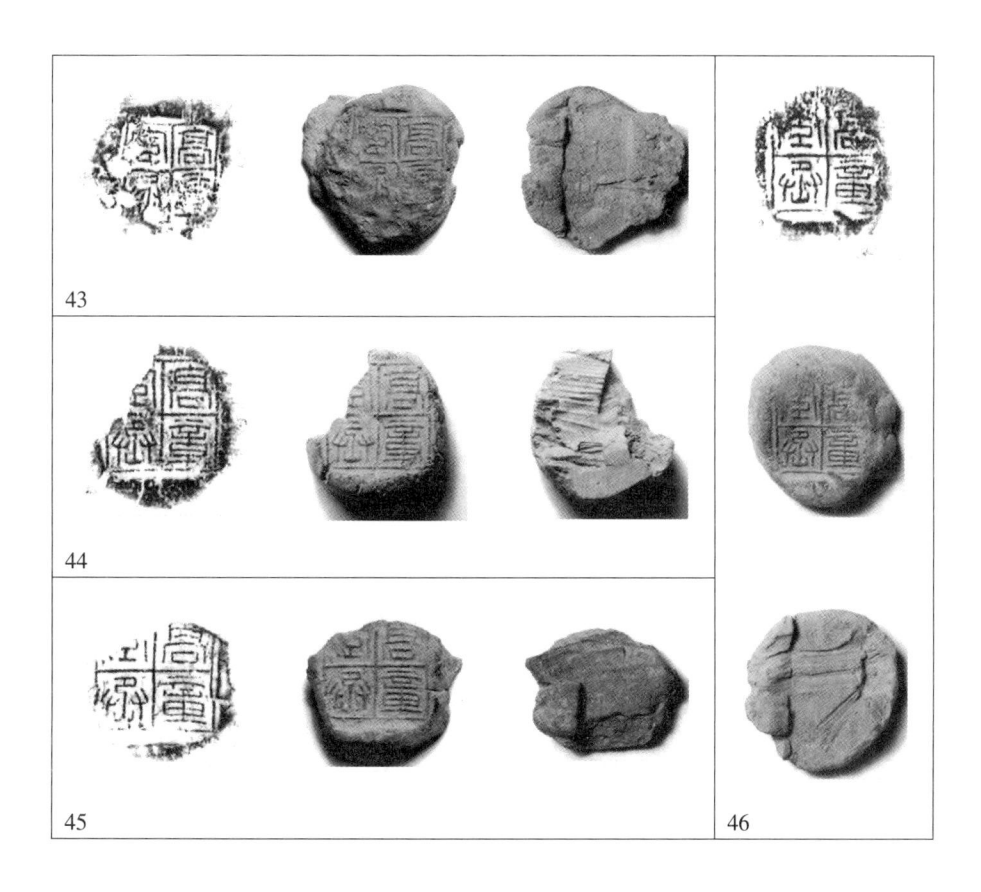

496 上编　中央职官

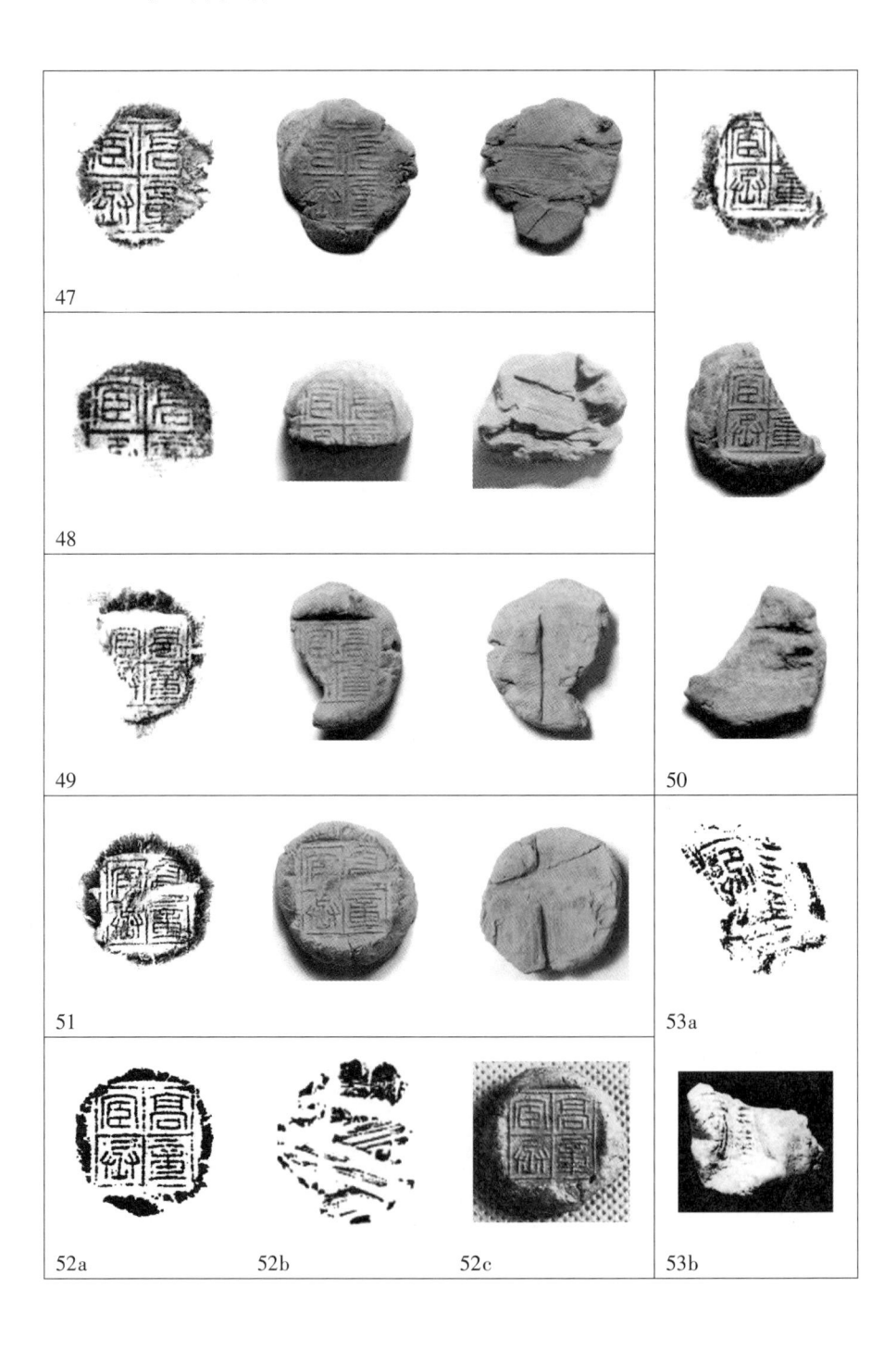

54			55
56			

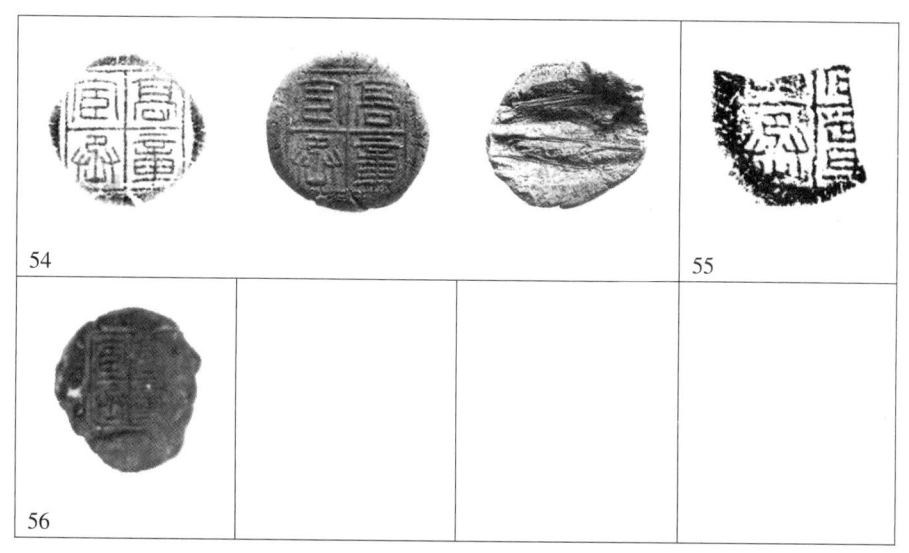

（1：《汇考》P138；2a：《大系》P93；2b：《问陶》P161；3：《秦封》P210；《汇考》P138；4、5、7：《秦封》P210；《汇考》P138；6：《大系》P93；8：《秦封》P210；《汇考》P139；9a：《秦封》P210；《汇考》P138；9b：《秦封》图版5；10：《秦封》P210；《汇考》P139；11、12—15：《秦封》P211；《汇考》P139；11a：《秦封》P210；《汇考》P139；11b：《秦封》彩版2；16a：《秦封》P211；《汇考》P139；16b：《问陶》P166；17—20：《秦封》P211；《汇考》P139；21—24：《秦封》P211；《汇考》P140；25：《发现》图93；《书集》P122；26：《秦封》P210；《汇考》P140；27、28、30、31：《新出》P12；29a：《新见》图7；《古封》P453；《珍秦》P69；《秦封》P210；《汇考》P140；《玺印》P443；29b：《珍秦》P68；32a：《新出》P12；《青泥》P20；32b：《青泥》P20；33、35、37、39：《新出》P12；34a：《相家》P15；《大系》P93；34b：《相家》P15；36a：《上封》P55；《大系》P93；36b：《上封》P55；38a：《汇考》P140；38b：《汇考》图版P33；40：《冰斋》P137；41a：《秦封》P210；《汇考》P138；41b：《西大》P79；42a：《新获》P290；《大系》P93；42b：《发掘》图版十五：4；43：《观二》P14；44：《观二》P27；45：《观二》P35；46：《观二》P43；47：《观三》P18；48：《观三》P28；49：《观三》P39；50：《观三》P40；51：《观二》P34；52a：《印集》P67；《汇考》P138；《大系》P93；52b：集》P67；52c：《图录》；《泥封》；53a：《秦封》P211；53b：《秦封》图版5；54：《相家》P15；55：《新出》P64；56：《字博》P33）

又：《发掘》P534《出土封泥登记表》2000CH 相1T2③：54、84、2000CH 相1T3③：10 共3枚均为"高章宦丞"。

高章宦□

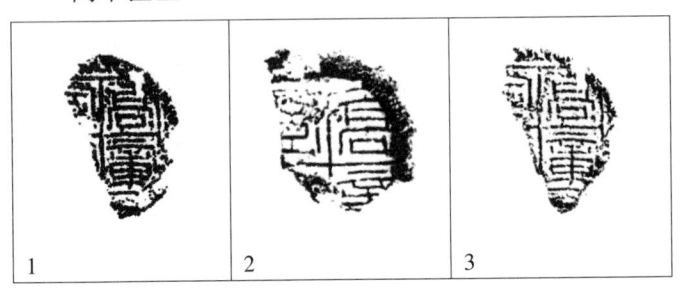

| 1 | 2 | 3 |

（1:《秦封》P211;《汇考》P140; 2:《新出》P64; 3:《新出》P12）
又:《发掘》P534《出土封泥登记表》2000CH 相 1T2③:141 为"高章宦□"。

高章□丞

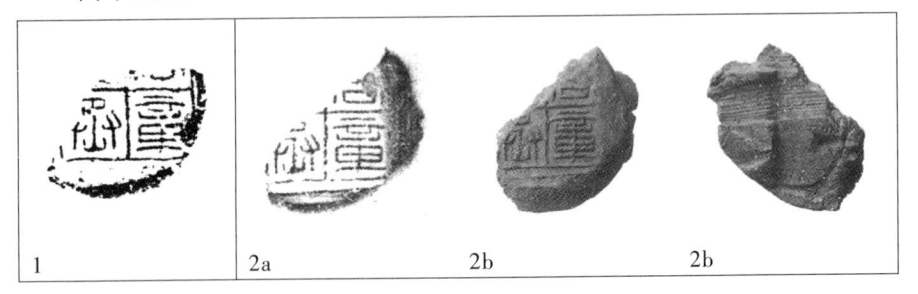

| 1 | 2a | 2b | 2b |

（1:《新出》P13; 2:《相家》P15）

高□宦丞

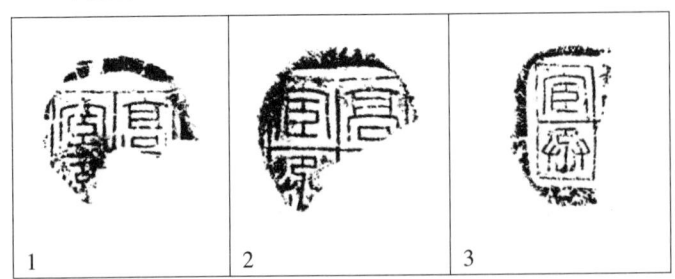

| 1 | 2 | 3 |

（1、2:《新出》P12; 3:《新出》P13）

□章宦丞

1	2	3	4
5			

（1—3：《新出》P12；4、5：《新出》P13）

□章□丞

1	2		
3	4		

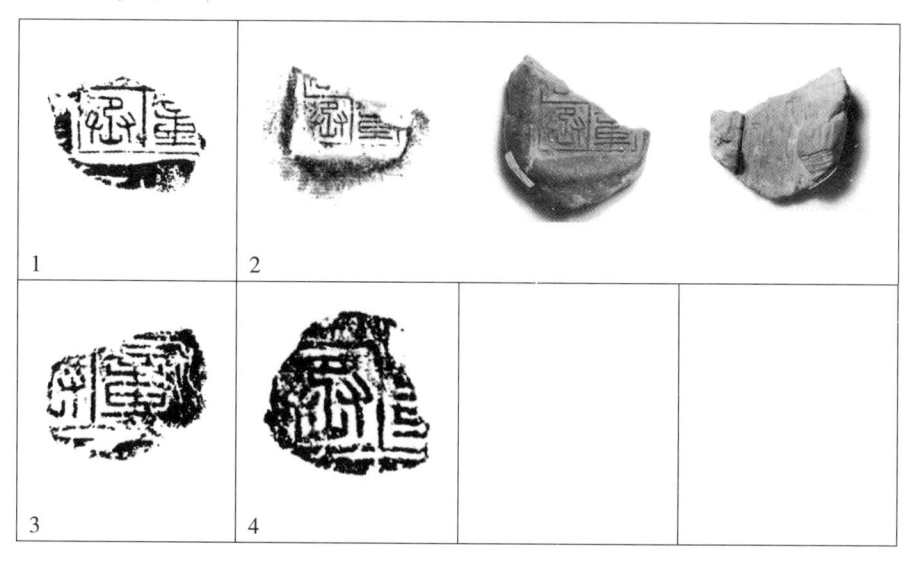

（1、3：《新出》P13；2：《观二》P15；4：《新出》P64）

500 上编　中央职官

高□宦□

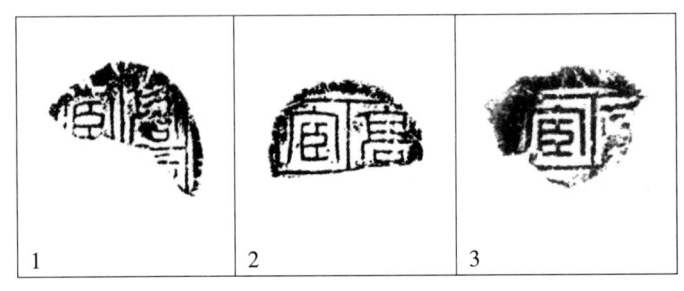

1　2　3

（1、2：《新出》P12；3：《新出》P64；《大系》P94）

□章□□

1

（1：《新选》P94；《大系》P423）

□章丞印

1

（1：《大系》P423）

宣曲宫

宣曲

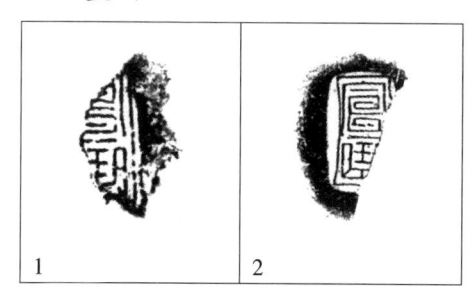

(1、2:《大系》P313)

阴宫

阴宫室印

无图，释读见《秦选》P77。

2. 台

安台

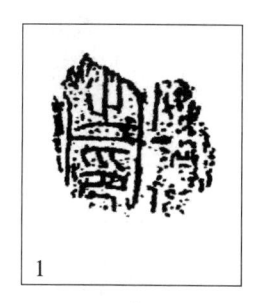

安台之印

(1:《在京》图三:6;《玺印》P435)

502　上编　中央职官

安台丞印

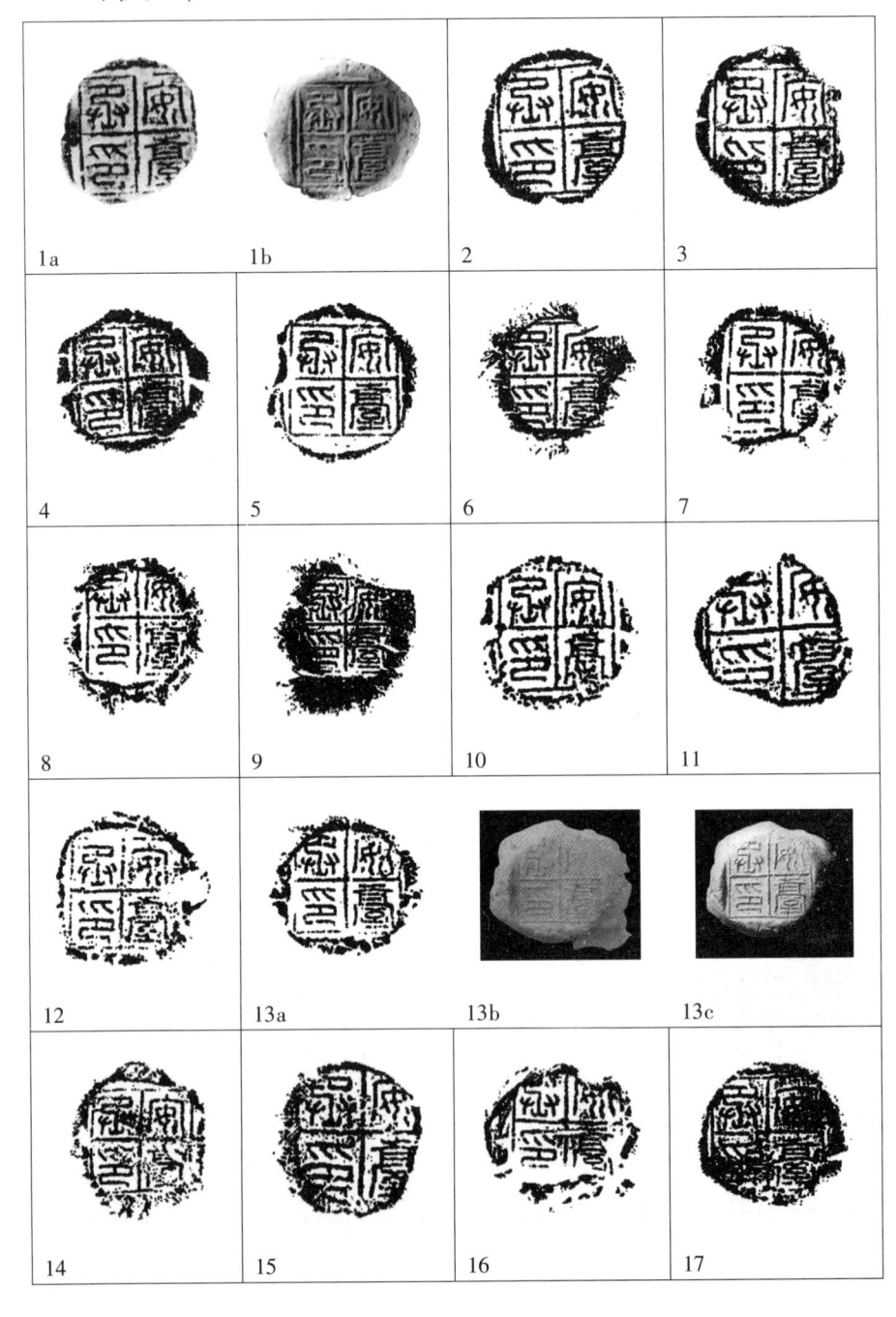

1a　1b　2　3

4　5　6　7

8　9　10　11

12　13a　13b　13c

14　15　16　17

第二章　丞相・三公・九卿　503

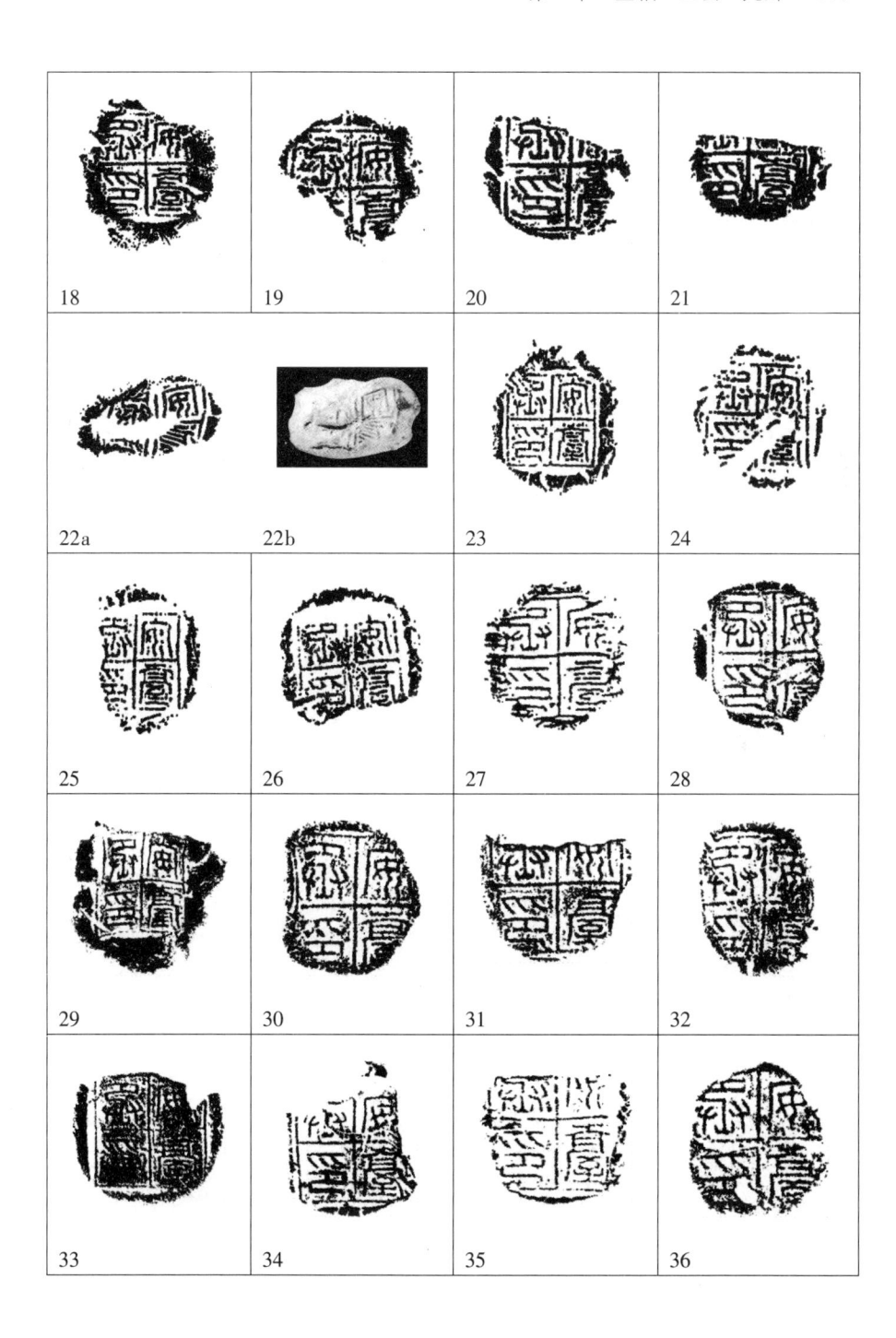

18　19　20　21

22a　22b　23　24

25　26　27　28

29　30　31　32

33　34　35　36

504 上编　中央职官

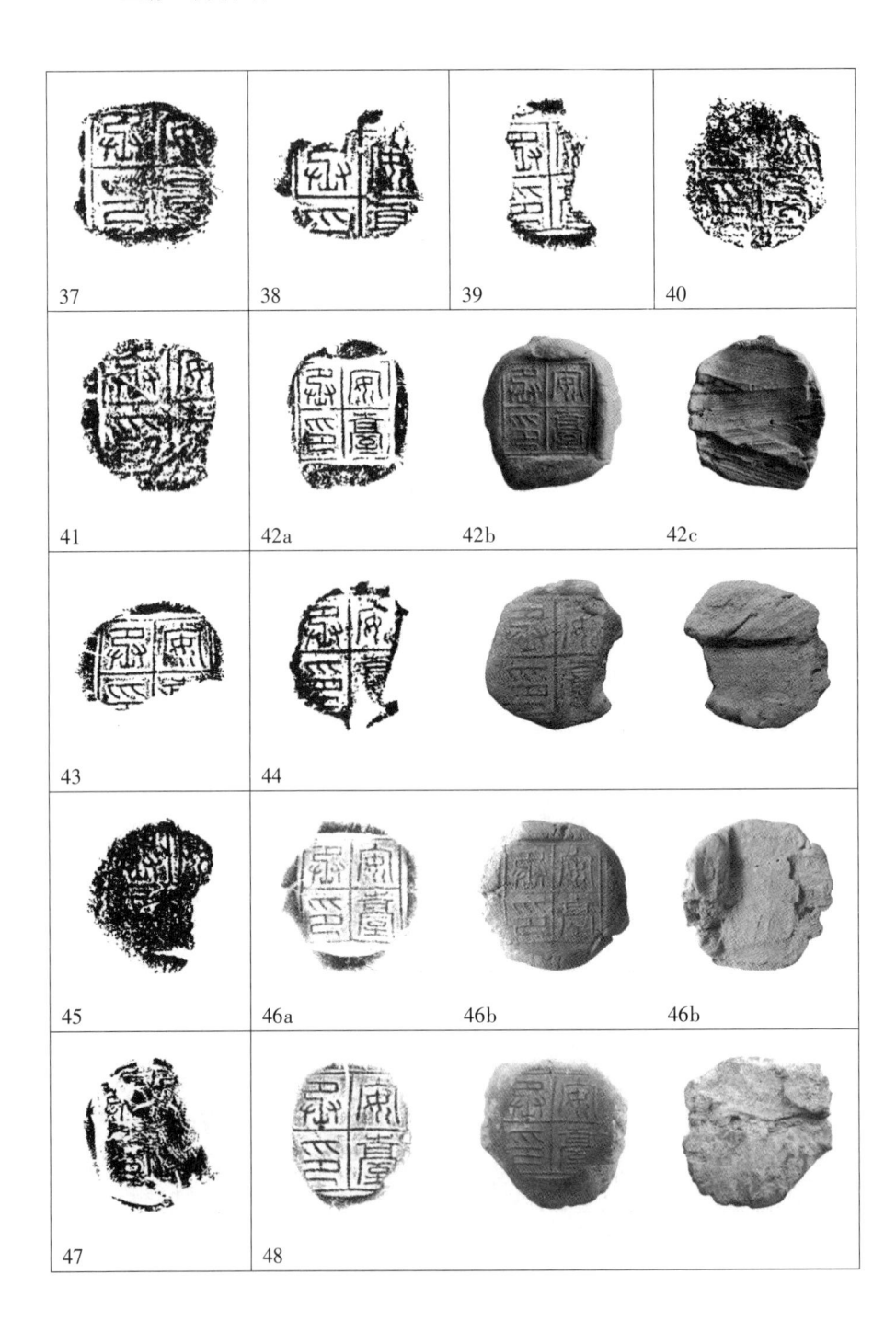

37	38	39	40
41	42a	42b	42c
43	44		
45	46a	46b	46b
47	48		

第二章 丞相・三公・九卿　505

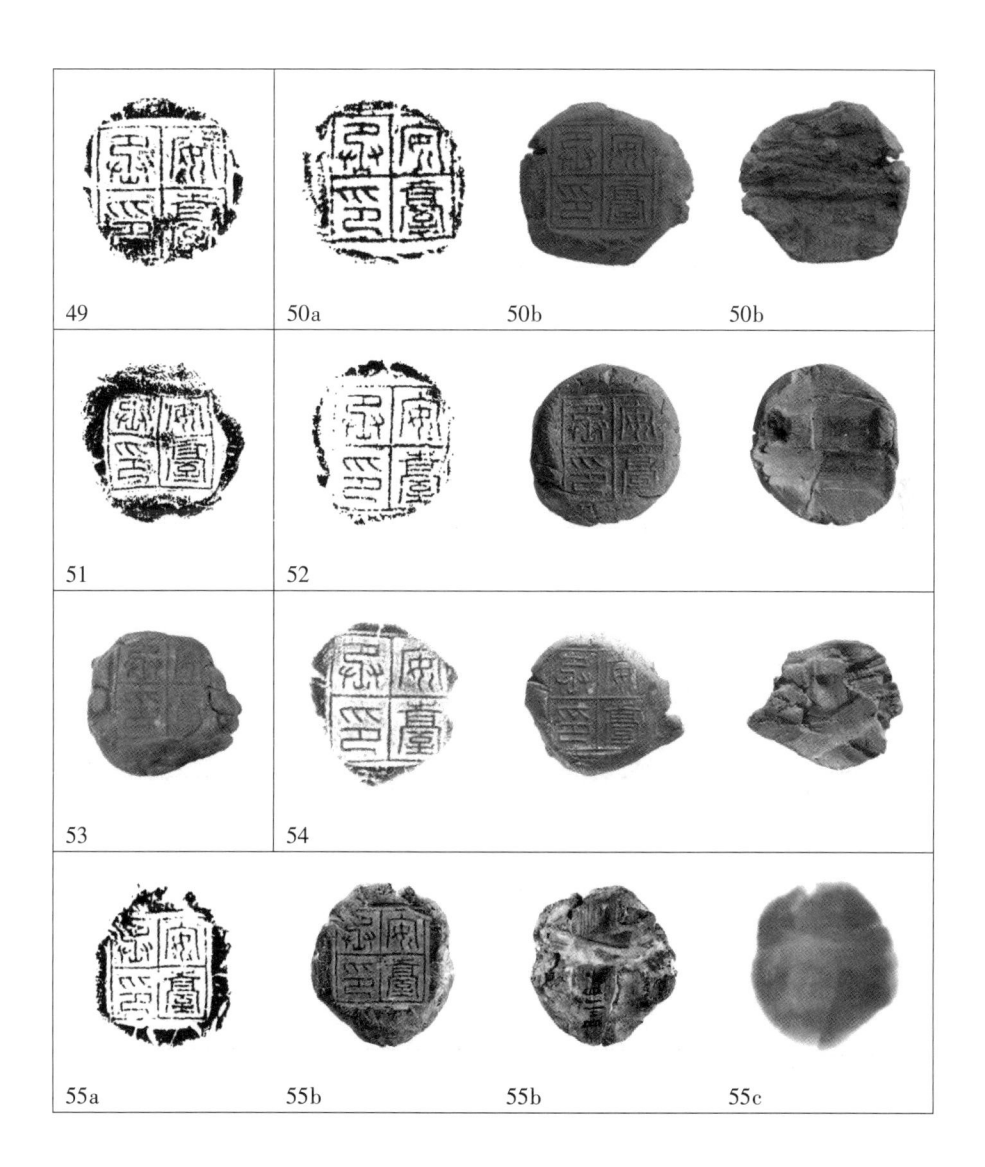

49　50a　50b　50b

51　52

53　54

55a　55b　55b　55c

506　上编　中央职官

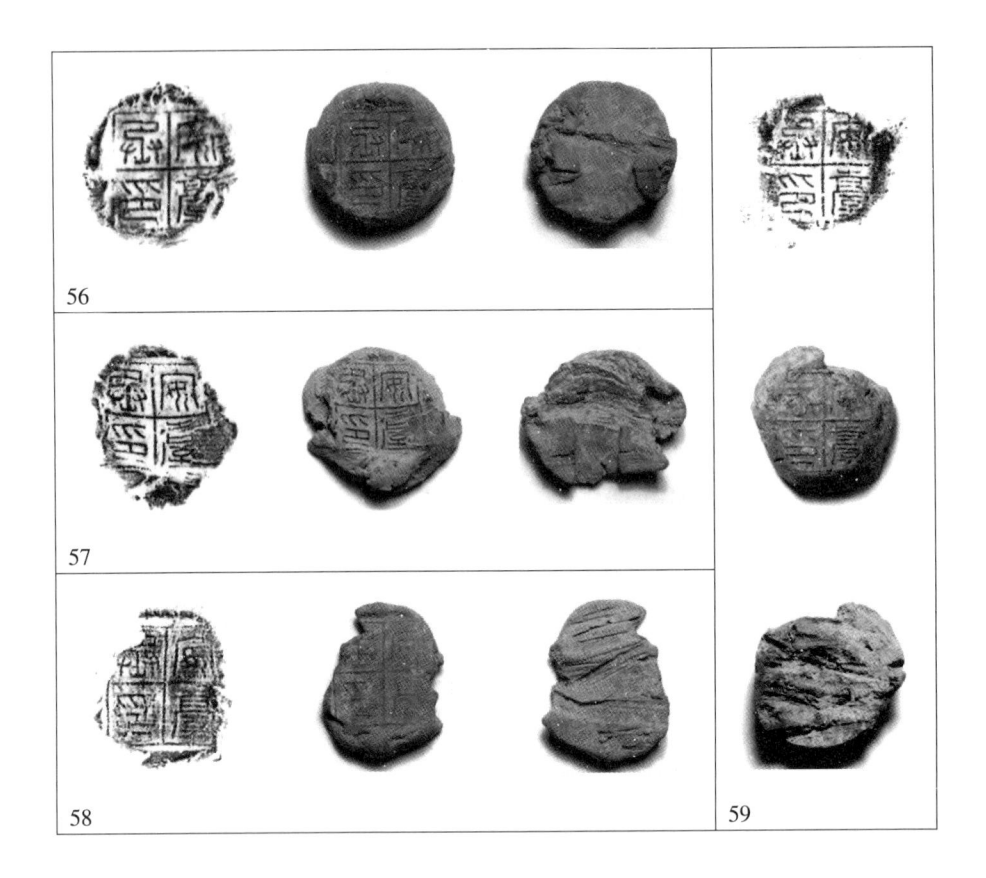

56

57

58

59

第二章 丞相·三公·九卿 507

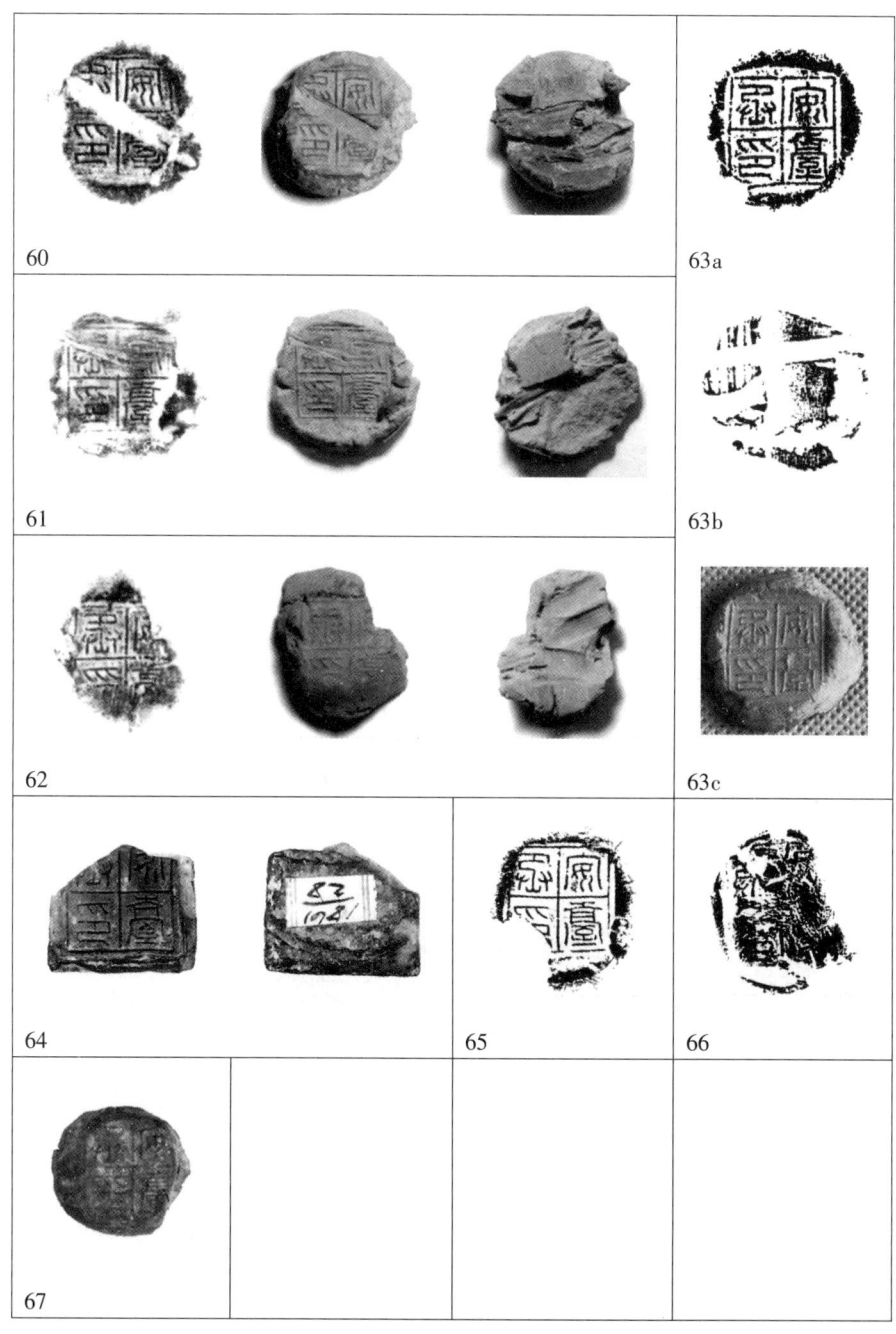

60

63a

61

63b

62

63c

64　　　　　　　　　65　　　　　　　66

67

（1a：《发掘》图一九：7；《新获》P291；1b：《发掘》图版十四：4；2：《汇考》P140；3：《酒余》P26 上；4：《汇考》P141；5：《汇考》P141；《大系》P23；6—10：

《秦封》P212；《汇考》P141；11：《秦封》P212；《汇考》P141；12、14—19：《秦封》P212；《汇考》P142；13a：《秦封》P212；《汇考》P141；13b：《秦封》彩版3；13c：《秦封》图版3；20：《汇考》P142；《秦封》P213；21：《秦封》P213；《汇考》P142；22a：《秦封》P213；《汇考》P142；22b：《秦封》图版5；23：《秦封》P212；《书集》：P127；《汇考》P143；24、25：《秦封》P213；《汇考》P143；26：《古封》P455；《秦封》P212；《汇考》P143；27：《书集》P127；28：《新出》P5；29：《新出》P5；《大系》P24；40、41、43、45、47：《新出》P5；42a：《新出》P56；《青泥》P28；《秦选》P66；《大系》P23；42b：《青泥》P28；《秦选》P66；42c：《青泥》P28；44：《菁华》P33；46a：《相家》P23；《大系》P24；46b：《相家》P23；48：《相家》P24；49、51：《新出》P56；50a：《印风》P150；《书法》P39；《书集》P127；《汇考》P141；《大系》P23；50b：《书法》P39；《汇考》图版P34；《图录》；50c：《书法》P39；《汇考》图版P34；52：《上封》P60；53：《问陶》P160；54：《相家》P24；55a：《古封》P269；《中封》P117；《书集》P127；《山全》P58、P98；《大系》P23；55b：《中封》P117；《X光》）P157；55c：《X光》）P157；56：《观二》P34；57：《观二》P37；58：《观二》P38；59：《观三》P20；60：《观三》P23；61：《观三》P34；62：《观三》P42；63a：《印集》P67；《汇考》P140；《大系》P23；63b：《印集》P67；63c：《泥选》；64：《中封》P180；65：《新选》P86；66：《新出》P5；67：《字博》P33）

又：《发掘》P534《出土封泥登记表》2000CH 相1T2③：29、45、46、74、99、106、TG1：6、13、29、43 共10枚均为"安台丞印"。

安台丞□

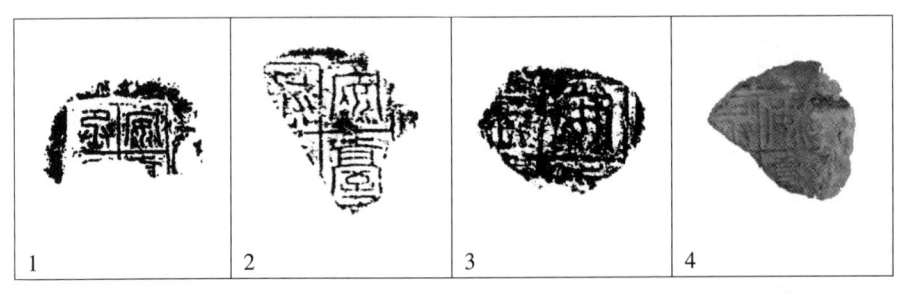

| 1 | 2 | 3 | 4 |

（1：《秦封》P212；《汇考》P141；2、3：《新出》P5；4：《字博》P33）

安台□印

(1:《大系》P24；2:《观三》P38)

安□丞印

(1:《秦封》P213；《汇考》P142)

安台居室

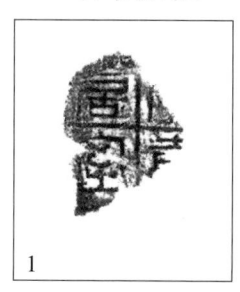

(1:《大系》P24)

安台居□

1

（1：《大系》P24）

安居室丞

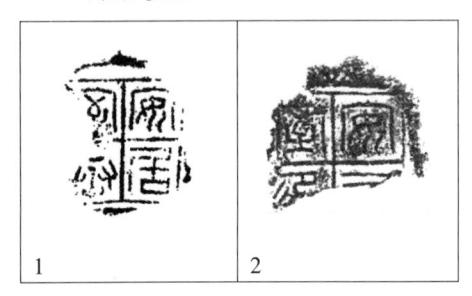

1　2

（1：《在京》图三：7；《玺印》P440；《大系》P22；2：《新出》P5；《大系》P22）

安□居丞

1

（1：《酒余》P26 上；《大系》P22）

第二章　丞相·三公·九卿　511

安台左墜

|1a|1b|1b|

（1a：《古封》P356；《中封》P117；《秦封》P213；《书集》P127；《汇考》P262；《玺印》P435；《大系》P24；1b：《中封》P117）

安台□□

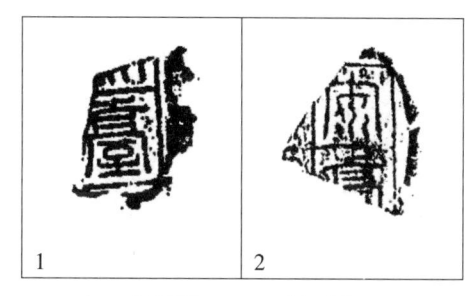

|1|2|

（1：《秦封》P213；《汇考》P142；2：《新出》P5）

杨台

杨台□丞

1

（1：《大系》P323）

512　上编　中央职官

杨□共印

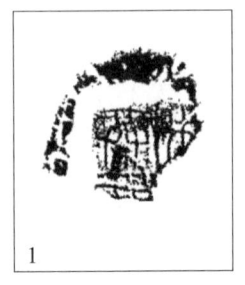

1

（1：《新选》P116；《大系》P323）

章台
章台

1a	1b	1b	2
3a	3b	3b	4
5a	5b	5c	5d

第二章　丞相·三公·九卿　513

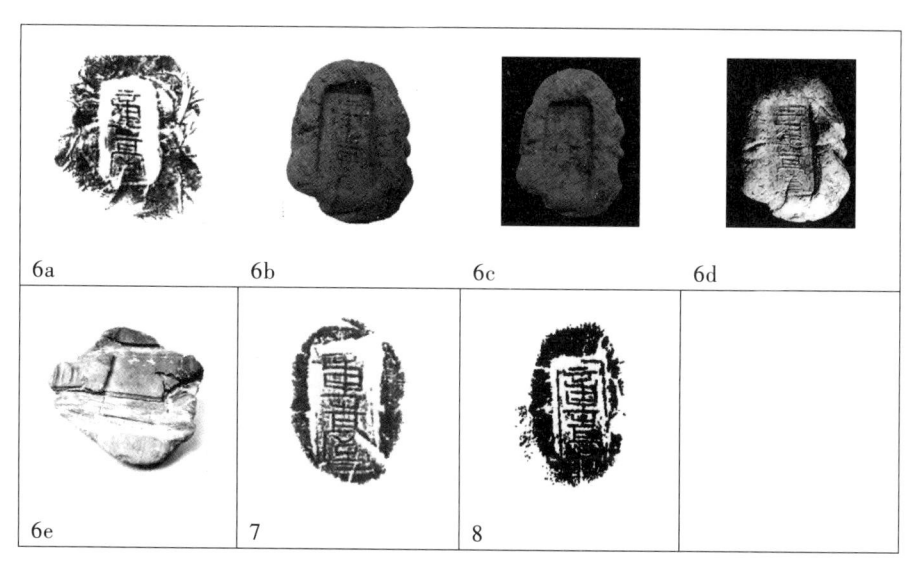

6a	6b	6c	6d
6e	7	8	

（1a：《相家》P23；《大系》P367；1b：《相家》P33；2：《新出》94；《大系》P368；3a：《相家》P23；《大系》P368；3b：《相家》P23；4：《新出》P47；《大系》P368；5a：《印考》图189；《秦封》P209；《印集》P66；《汇考》P137；《大系》P368；5b：《印集》P66；5c：《汇考》图版P33；《泥选》；5d：《汇考》图版P33；6a：《发现》图91；《秦封》P209；《书集》P131；《汇考》P137；《玺印》P392；《大系》P368；6b：《问陶》P160；6c：《秦封》彩版3；6d：《秦封》图版4；6e：《问陶》P160；7：《大系》P367；8：《汇考》P137；《大系》P368）

章□

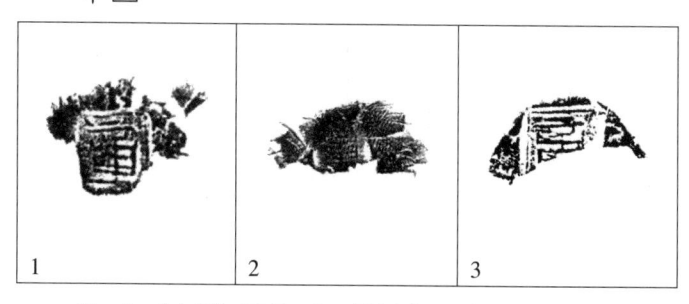

1	2	3

（1、2：《大系》P368；3：《新出》P47）

3. 园

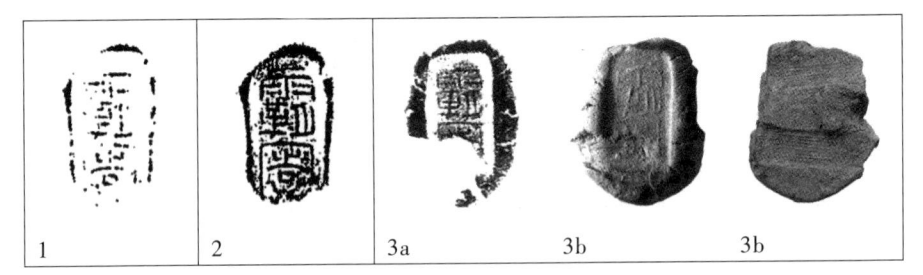

霸园
霸园

| 1 | 2 | 3a | 3b | 3b |

　　(1:《在京》图三:8;《玺印》P396;2:《玺印》P450;《大系》P26;3a:《相家》P33;《大系》P26;3b:《相家》P33)

博望篱园
博望蓠园

| 1a | 1b | 1b | 2 |
| 3 | | | |

　　(1a:《新出》P57;《青泥》P23;《选考》图1;《大系》P39;1b:《青泥》P23;2:《新出》P57;《大系》P39;3:《大系》P39)

第二章　丞相·三公·九卿　515

博望之印

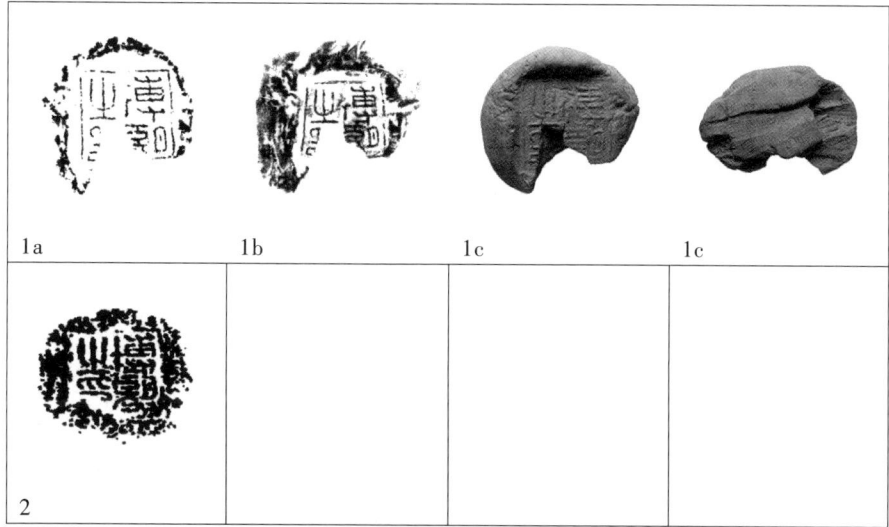

1a	1b	1c	1c
2			

（1a：《菁华》P38；1b：《大系》P40；1c：《菁华》P38；2：《于京》图48；《玺印》P411；《大系》P40）

博望左□

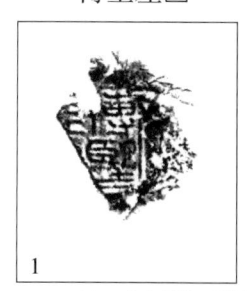

1

（1：《大系》P40）

博望右丞

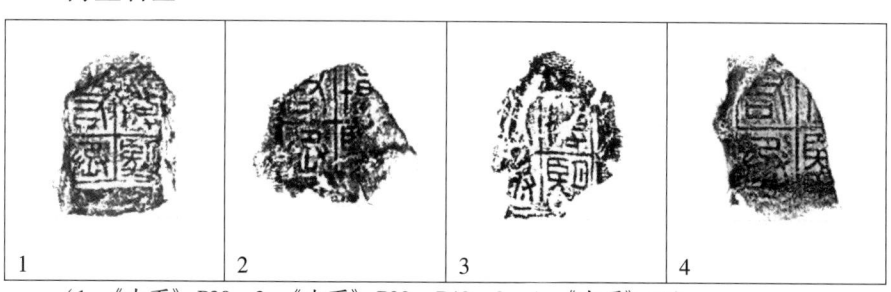

1	2	3	4

（1：《大系》P39；2：《大系》P39、P40；3、4：《大系》40）

博望右□

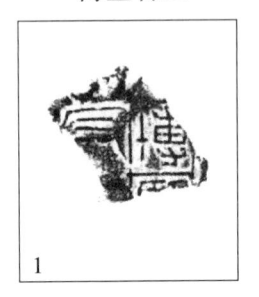

1

（1：《大系》P40）

博望□□

1　2

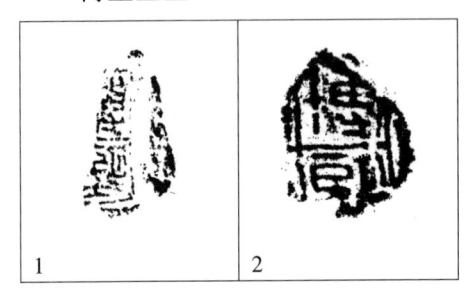

（1：《古封》P282；《新出》P57；《大系》P40；2：《酒余》P27下；《大系》P40）

□望□丞

1

（1：《大系》P40）

□望□□

（1：《大系》P40）

博望库印

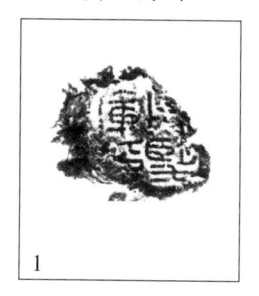

（1：《大系》P39）

□望库印

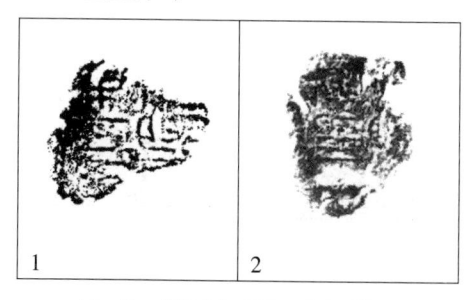

（1、2：《新出》P57；《大系》P39）

博望府印

无图，释读见《秦选》P70。

518　上编　中央职官

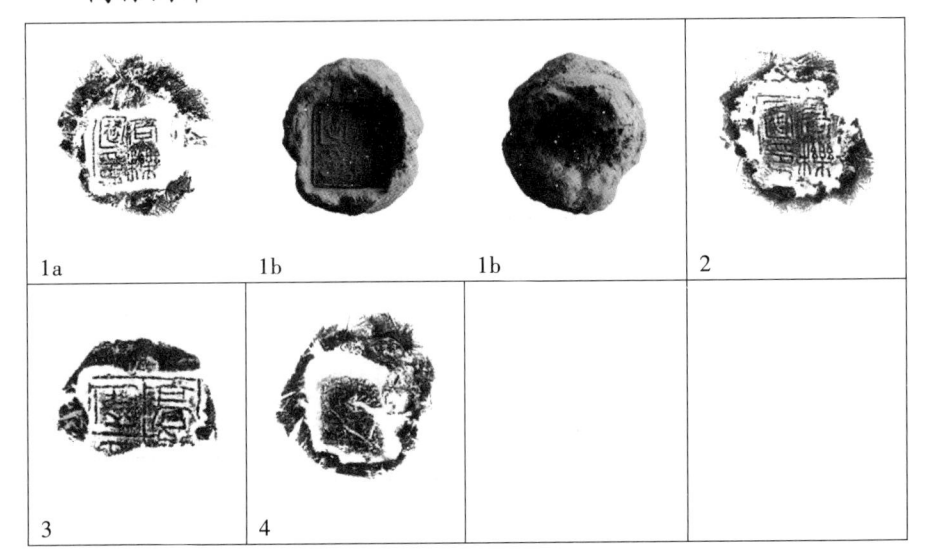

高栎园
高栎园印

1a	1b	1b	2
3	4		

（1a：《新出》P63；《青泥》P19；《大系》P86；1b：《青泥》P19；2—4：《大系》P86）

具园
具园

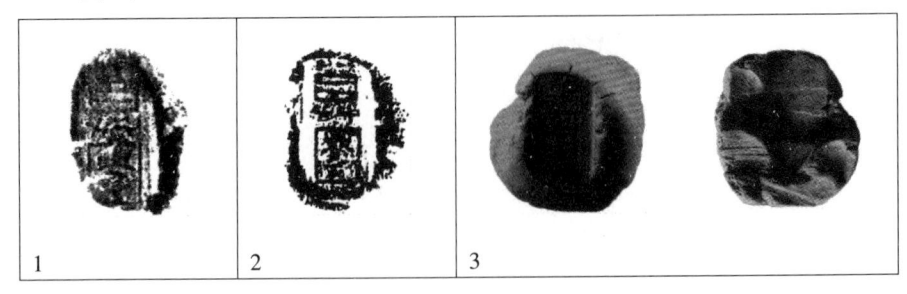

1	2	3

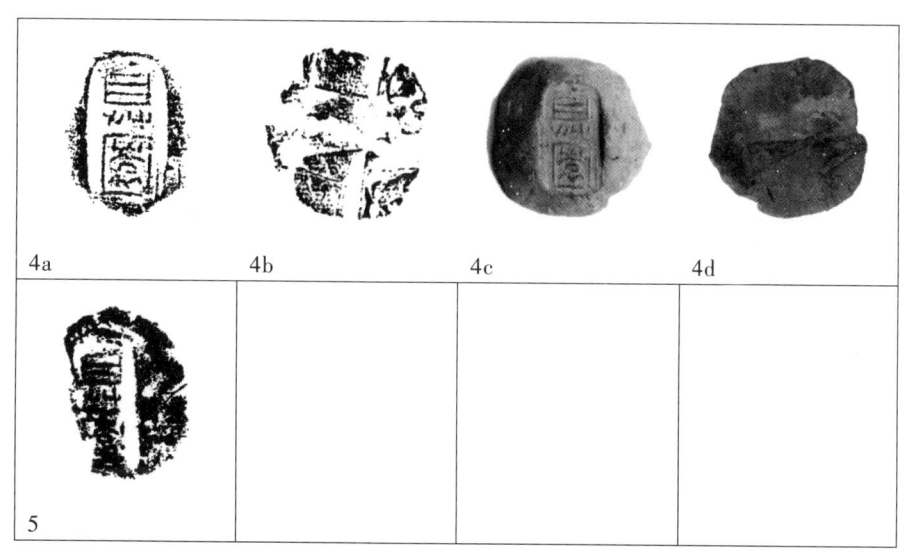

（1：《秦封》P215；《汇考》P145；《大系》P139；2：《汇考》P145；《大系》P139；3：《西博》图八；4a：《印考》图213；《补读》图24；《印风》P167；《印集》P69；《书集》P131；《汇考》P145；《玺印》P397；《大系》P139；4b：《印集》P69；4c：《汇考》图版P35；《泥选》；4d：《汇考》图版P35；5：《秦封》P215；《汇考》P145）

康园

康园

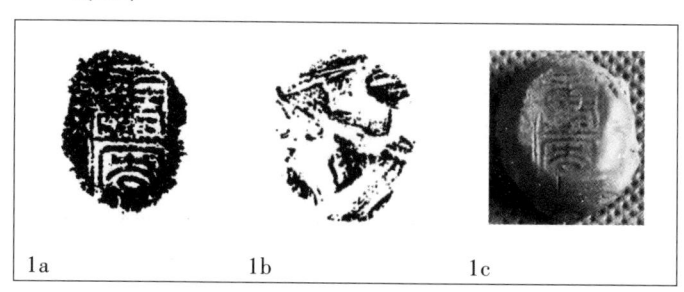

（1：《印集》P70；《汇考》P146；《大系》P143；1b：《印集》P70；1c：《泥选》）

乐成园

乐成园印

（1：《大系》P150）

乐□园□

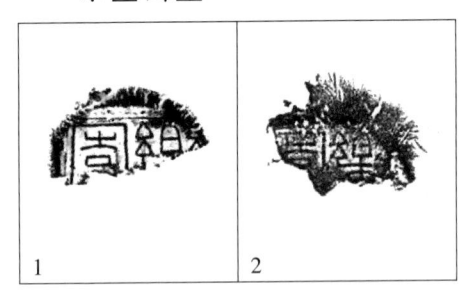

（1：《新出》P70；《大系》P150、P361；2：《大系》P150）

離园

離园之印

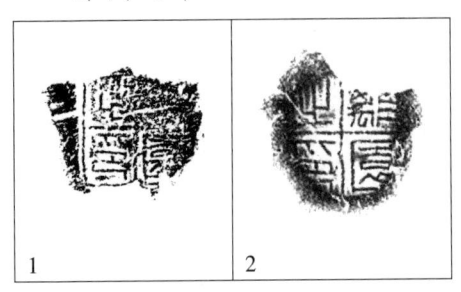

（1：《新出》P70；《大系》P153；2：《大系》P153）

第二章 丞相・三公・九卿 521

離□之印

1

（1：《新出》P70；《大系》P153）

離□之□

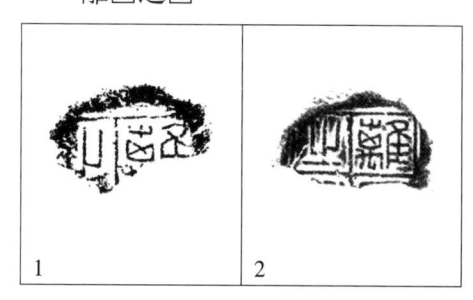

1　　2

（1：《新出》P70；《大系》P153；2：《大系》P153）

離园□□

1

（1：《大系》P153）

杏园
杏园

1

(1：《西见》图二：14；《大系》P311)

枳园
枳园

1

(1：《大系》P372)

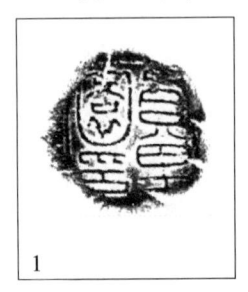

员里园
员里园印

1

(1：《大系》P365)

宜春园

宜春园□

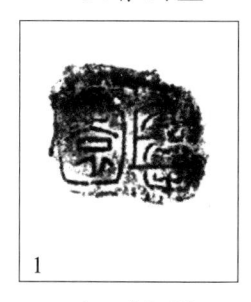

1

（1：《大系》P326）

更驾园

更驾园印

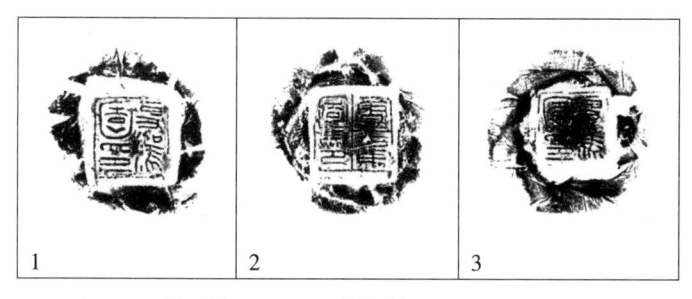

1　　2　　3

（1、2：《大系》P94；3：《大系》P314）

更驾□□

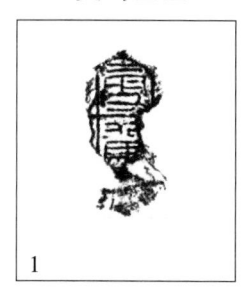

1

（1：《大系》P314）

□驾□□

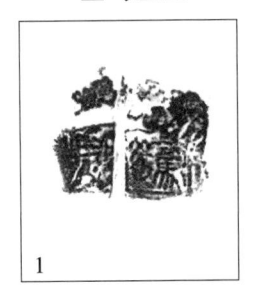

1

（1：《大系》P414）

阳寿园

阳寿园印

1　2　3　4

（1—4：《大系》P320）

柳园

柳园之印

1

（1：《大系》P159）

平定园

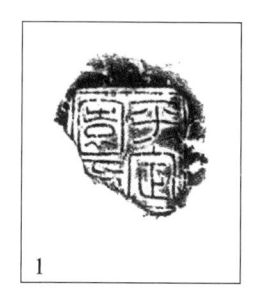

平定园印

1

（1:《大系》P188）

平□园印

1

（1:《大系》P191）

苇园

苇园之印

1

（1:《大系》P276）

永父园

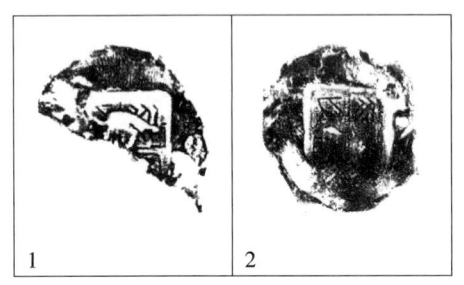

永父园□

1
2

（1、2：《大系》P335）

永□园□

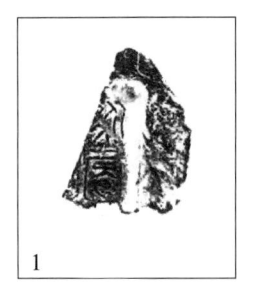

1

（1：《大系》P335）

4. 禁

阿阳禁

阿阳禁印

1

（1：《在京》图三：13；《玺印》P439、P450；《大系》P22）

车禁

车禁之印

1a　　　　1b　　　　1b

（1a:《新出》P57;《青泥》P6;《大系》P44; 1b:《青泥》P6）

车禁丞印

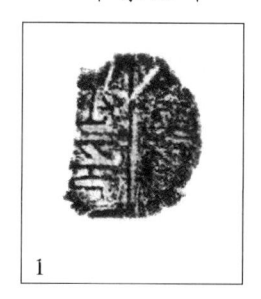

1

（1:《大系》P44）

圻禁

圻□

1

（1:《大系》P405）

528 上编　中央职官

坼禁丞印

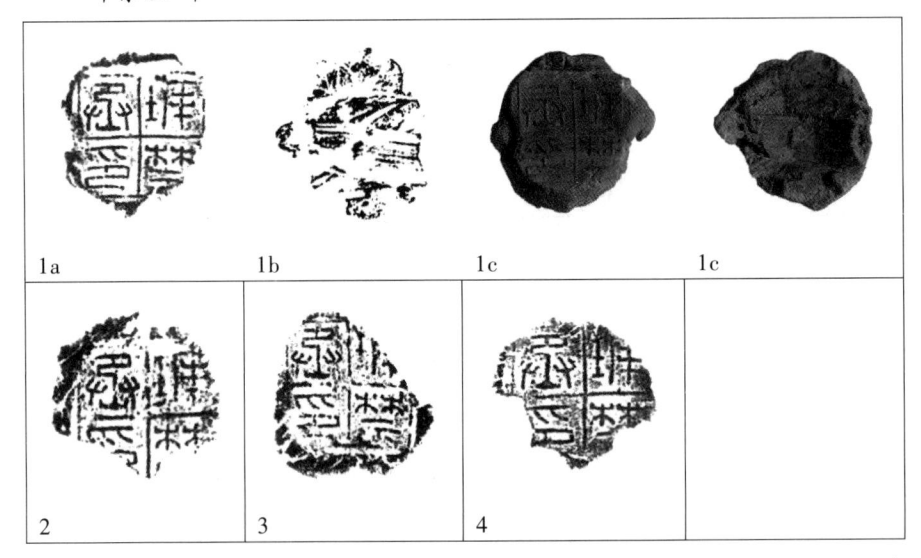

1a　　1b　　1c　　1c

2　　3　　4

（1a：《印风》P158；《书法》P39；《选释》图一：7；《新官》图33；《印集》P61；《汇考》P130；《玺印》P436；《大系》P405；1b：《印集》P61；1c：《书法》P39；《汇考》图版P30；2—4：《汇考》P130；《大系》P405）

坼□丞印

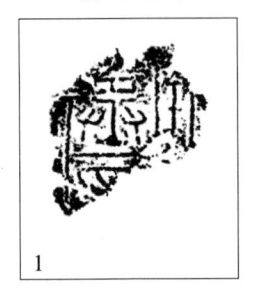

1

（1：《新出》P6）

鼎胡禁

鼎胡禁印

无图，释读见《五十例》P314。

鼎胡□印

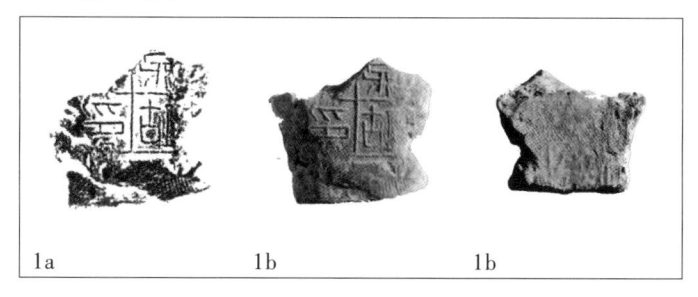

1a　　　　1b　　　　1b

（1a:《精品》P44;《大系》P63; 1b:《精品》P44）

鼎□禁印

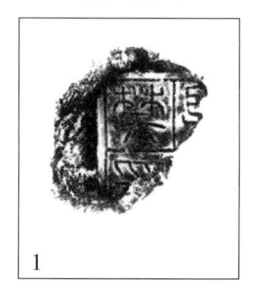

1

（1:《大系》P63）

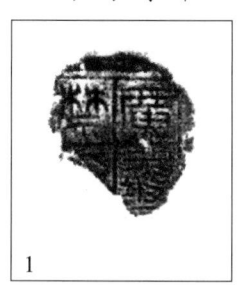

广襄禁

广襄禁印

1

（1:《大系》P103）

虢禁

虢禁

1

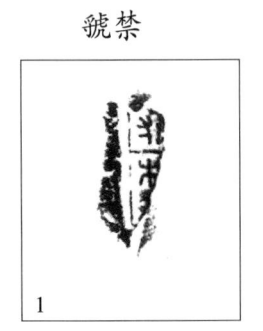

（1:《大系》P104）

虢禁丞□

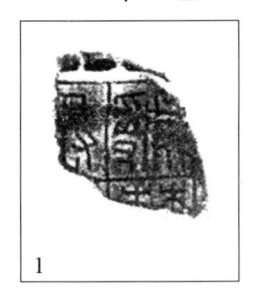

1

（1:《大系》P104）

河外禁

河外之禁

1

（1:《职地》P272）

河□之禁

1

(1:《大系》P114)

□外□禁

1

(1:《大系》P114)

虎林禁

虎林禁印

无图,释文见《五十例》P314。

虎□□□

1a　　1b　　1b　　2

(1a:《新出》P16;《青泥》P19;《大系》P115;1b:《青泥》P19;2:《大系》P115)

虎□之印

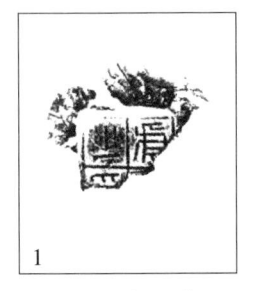

1

（1：《大系》P115）

华阳禁

华阳禁印

1a　　1b　　1c　　1d

（1a：《释续》图10；《印集》P60；《汇考》P129；《大系》P116；1b：《印集》P60；1c：《汇考》图版P30；《泥选》；1d：《汇考》图版P30）

卢山禁

卢山禁丞

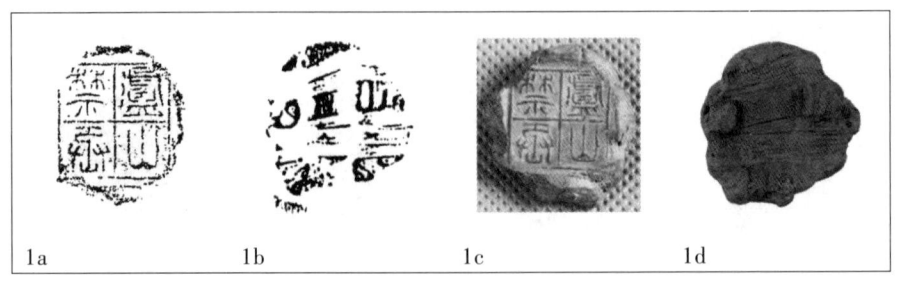

1a　　1b　　1c　　1d

（1a：《选释》图一：6；《印风》P161；《书法》P39；《新官》图36；《印集》P62；《汇考》P130；1b：《印集》P62；1c：《书法》P39；《汇考》图版P31；《泥选》；1d：《书法》P39；《汇考》图版P31）

卢山禁□

（1：《在京》图三：16；《玺印》P438；《大系》P160）

丽山禁

丽山禁印

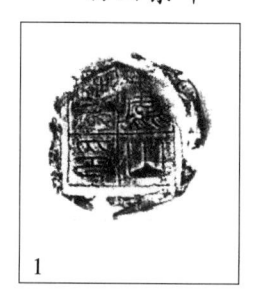

（1：《大系》P154）

距虚禁

距虚禁印

（1：《大系》P139）

534　上编　中央职官

距虚禁□

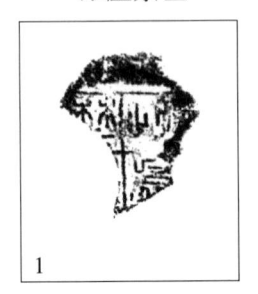

1

（1：《大系》P139）

距虚□印

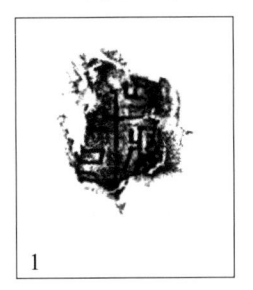

1

（1：《大系》P139）

距□禁□

1

（1：《大系》P139）

第二章　丞相·三公·九卿　535

□虚□□

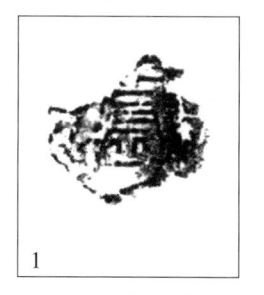

1

（1：《大系》P139）

平阿禁

平阿禁印

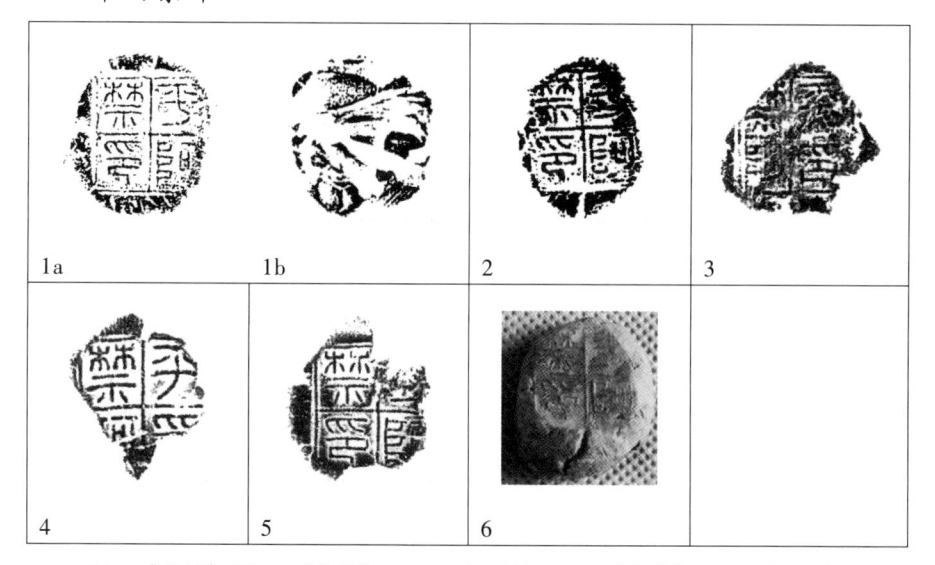

| 1a | 1b | 2 | 3 |
| 4 | 5 | 6 | |

（1a：《释续》图 4；《印风》P158；《上封》P86；《印集》P73；《汇考》P150；《大系》P187；1b：《印集》P73；2：《汇考》P150；《大系》P187；3—5：《大系》P187；6：《泥选》）

平阿□印

1

(1:《大系》P187)

平□禁印

1

(1:《大系》P187)

□阿禁印

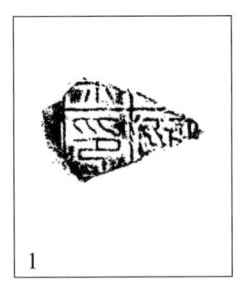

1

(1:《新选》P105;《大系》P188)

□阿□印

1

（1：《新出》P73）

平□禁丞

1

（1：《大系》P187）

平原禁

平原禁印

1

（1：《在京》图三：11；《玺印》P439；《大系》P191）

538 上编　中央职官

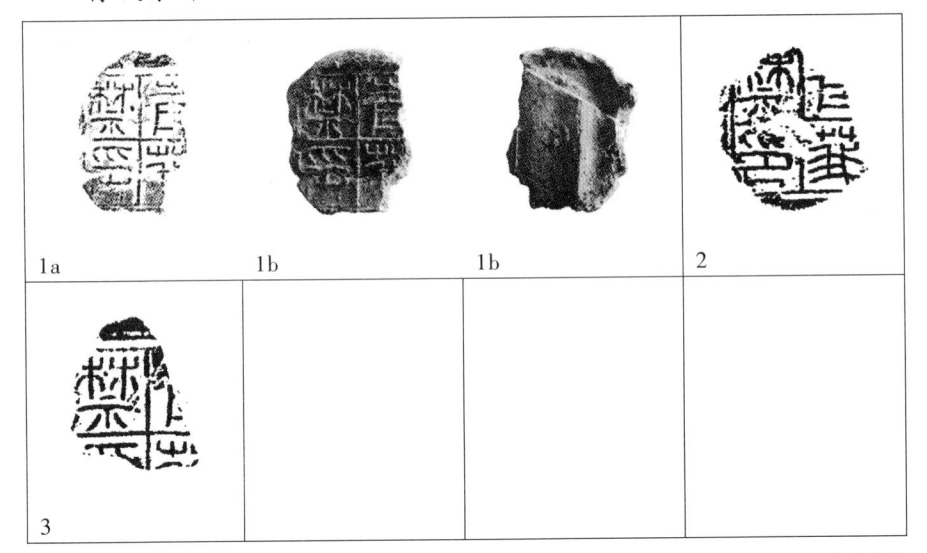

青茝禁
青茝禁印

| 1a | 1b | 1b | 2 |
| 3 | | | |

（1a：《新出》P28；《青泥》P20；《大系》P197；1b：《青泥》P20；2：《在京》图三：14；《玺印》P438；《大系》P197；3：《酒余》P38 上；《大系》P197）

青茝禁丞

无图，释读见《五十例》P314。

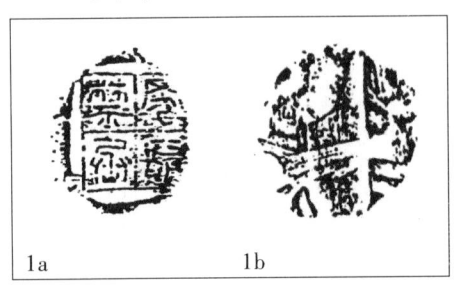

突原禁
突原禁丞

| 1a | 1b |

（1a：《新官》图 32；《印集》P164；《汇考》P254；《玺印》P437；《大系》P406；1b：《印集》P163）

突原仓印

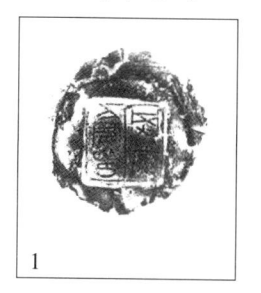

1

（1：《大系》P406）

突原府印

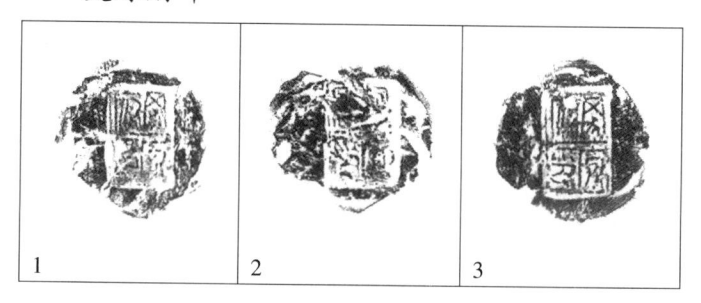

1　2　3

（1、2：《新出》P98；《大系》P406；3：《大系》P406）

阳陵禁

阳陵禁丞

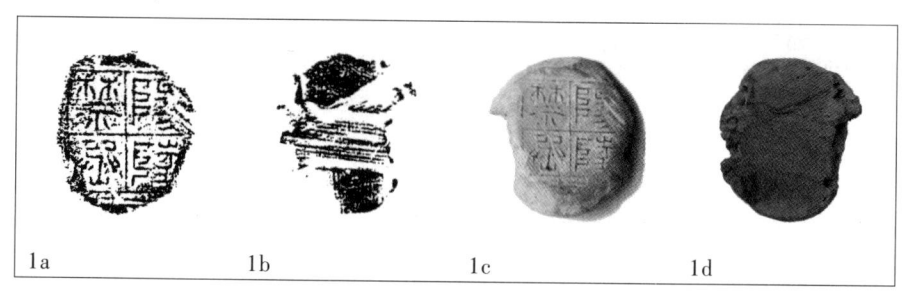

1a　1b　1c　1d

540 上编　中央职官

2

（1a：《印考》图201；《补读》图23；《印风》P140；《秦封》P214；《印集》P69；《书集》P131；《汇考》P144；《玺印》P440；《大系》P320；1b：《印集》P69；1c：《汇考》图版P34、《泥选》；1d：《汇考》图版P34；2：《发现》图130；《图例》P57；《秦封》P214；《汇考》P144；《大系》P320）

宜春禁

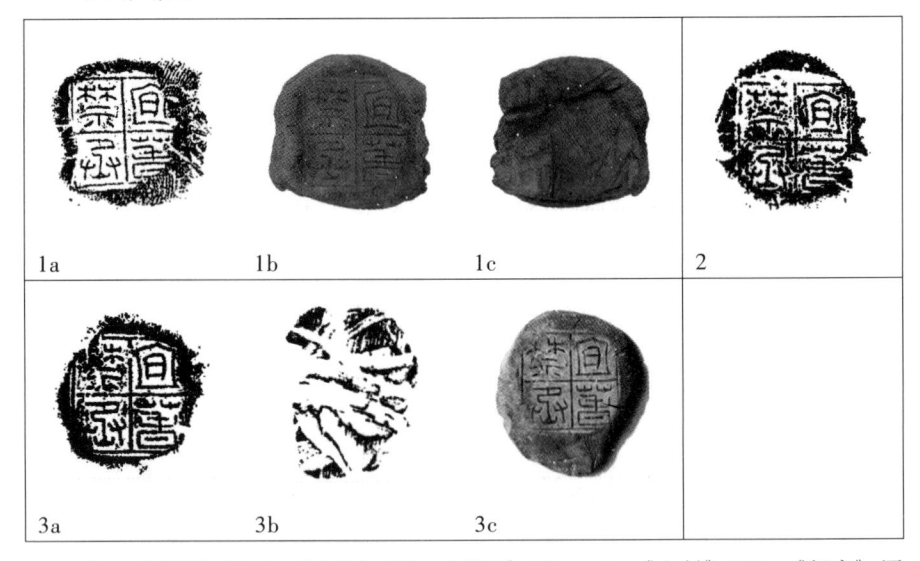

宜春禁丞

1a　1b　1c　2

3a　3b　3c

（1a：《印风》P161；《书法》P40；《考释》图一：1；《上封》P67；《新官》图34；《玺印》P436；《大系》P326；1b：《书法》P40；《汇考》P143、图版P34；2：《汇考》P143；《大系》P326；3a：《印集》P68；《汇考》P143；《大系》P326；3b：《印集》P68；3c：《泥选》）

宜春禁□

1

（1：《大系》P326）

宜春□印

1

（1：《大系》P326）

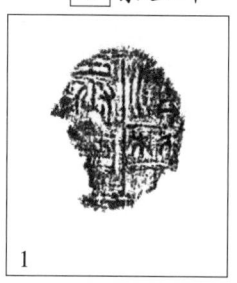

浴禁
浴禁丞印

1

（1：《在京》图三：18；《玺印》P436；《大系》P342、P413）

上编　中央职官

支阳禁

支阳禁印

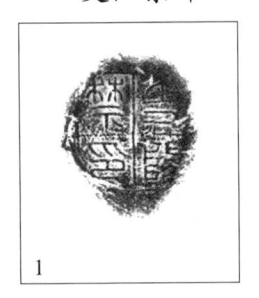

1

（1:《大系》P372）

鹿□禁

鹿□禁□

无图，释读见《发掘》P528。

5. 苑

白水苑

白水之苑

| 1a | 1b | 1c | 1d |
| 2 | 3a | 3b | 3b |

第二章　丞相·三公·九卿　543

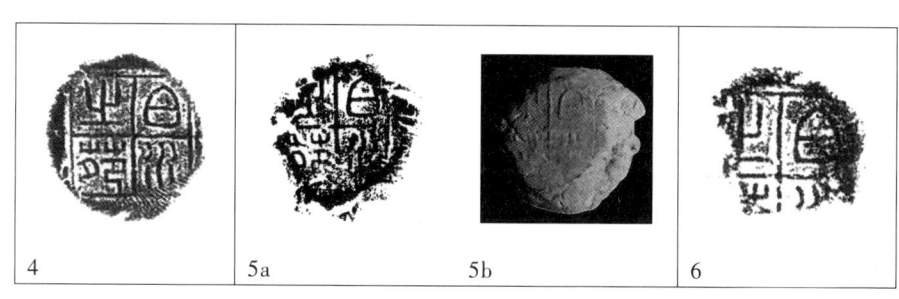

（1a：《印风》P143；《印集》P71；《书集》P131；《汇考》P147；《大系》P27；1b：《印集》P71；1c：《汇考》图版P36；《泥选》；1d：《汇考》图版P36；2：《汇考》P147；《大系》P27；3a：《相家》P22；《大系》P27；3b：《相家》P22；5a：《发现》图97；《图例》P55；《秦封》P217；《汇考》P147；5b：《秦封》彩版4；4、6：《大系》P27）

白□之苑

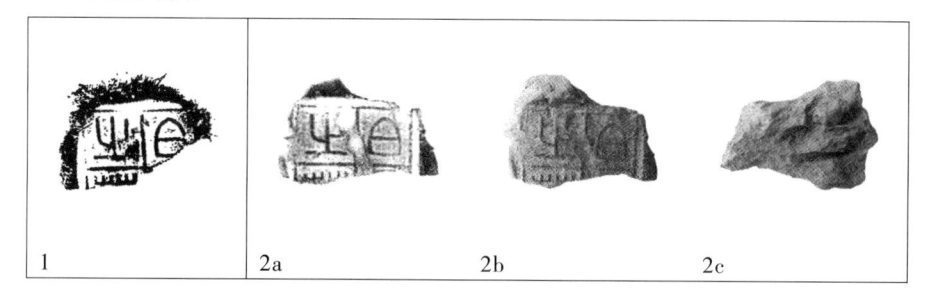

（1：《秦封》P217；《汇考》147；2：《相家》P22）

□水之苑

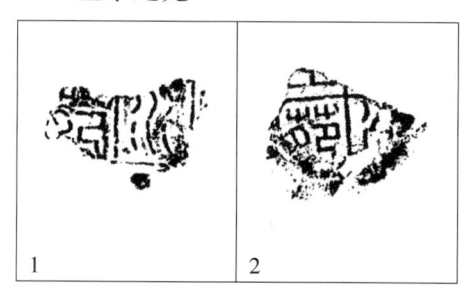

（1：《新出》P6；《大系》P27；2：《秦封》P217；《汇考》P147）

白水苑丞

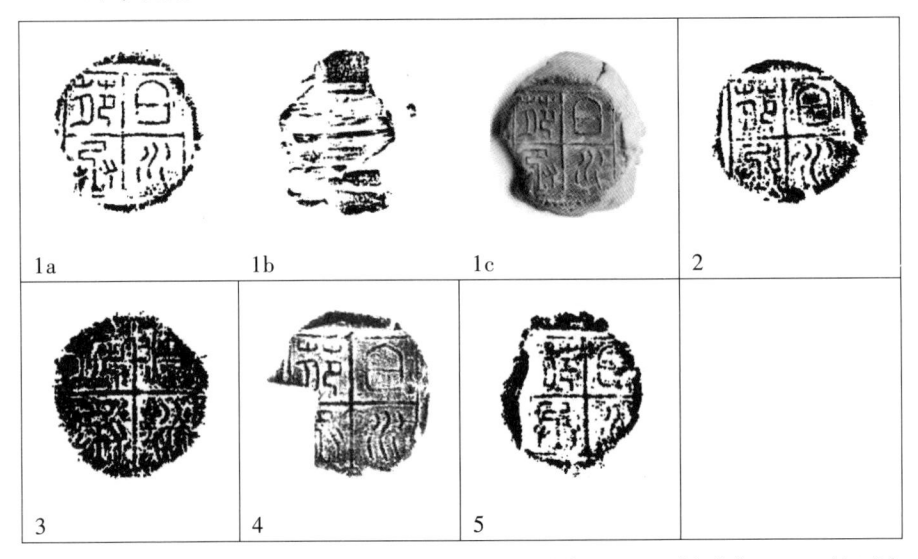

1a	1b	1c	2
3	4	5	

（1a：《印风》P143；《考释》图一：16；《新官》图31；《印集》P72；《汇考》P148；《大系》P26；1b：《印集》P72；1c：《泥选》；2、3、5：《汇考》P148；《大系》P26—27；4：《大系》：P27）

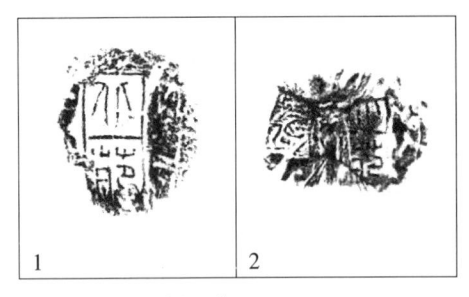

北苑

北苑

1	2

（1、2：《大系》P36）

萯阳苑

萯阳苑印

1

（1：《大系》P36）

萯阳苑丞

1a　1b　1c　1c

（1a、1c：《菁华》P33；1b：《大系》P36）

萯阳苑□

1

（1：《新出》P56）

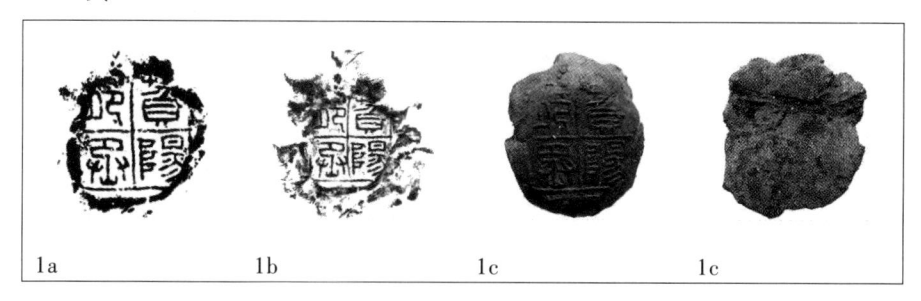

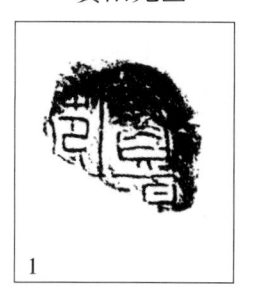

546　上编　中央职官

蕡□苑□

1

（1：《大系》P36）

鼎胡苑

鼎胡苑印

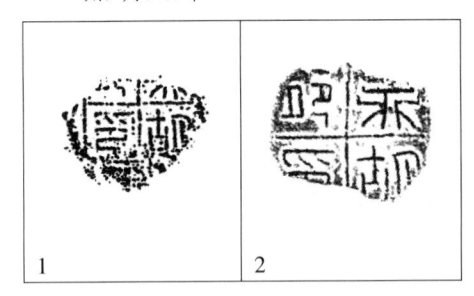

（1：《新官》图30；《大系》P64；2：《大系》P64）

鼎胡苑丞

(1a:《考释》图一；2:《印风》P148；《秦封》P216；《书法》P40；《印集》P71；《汇考》P146；《玺印》P437；《大系》P63；1b:《印集》P71；1c:《书法》P40；《汇考》图版P35；《泥选》；1d:《书法》P40；《汇考》图版P35；2:《汇考》P147；《大系》P63；3:《大系》P63）

鼎胡□□

(1:《新出》P62；《大系》P64）

鼎□苑□

(1:《大系》P64）

□胡□印

1

（1:《大系》P64）

□胡□丞

1

（1:《汇考》P147;《大系》P64;3）

东苑

东苑

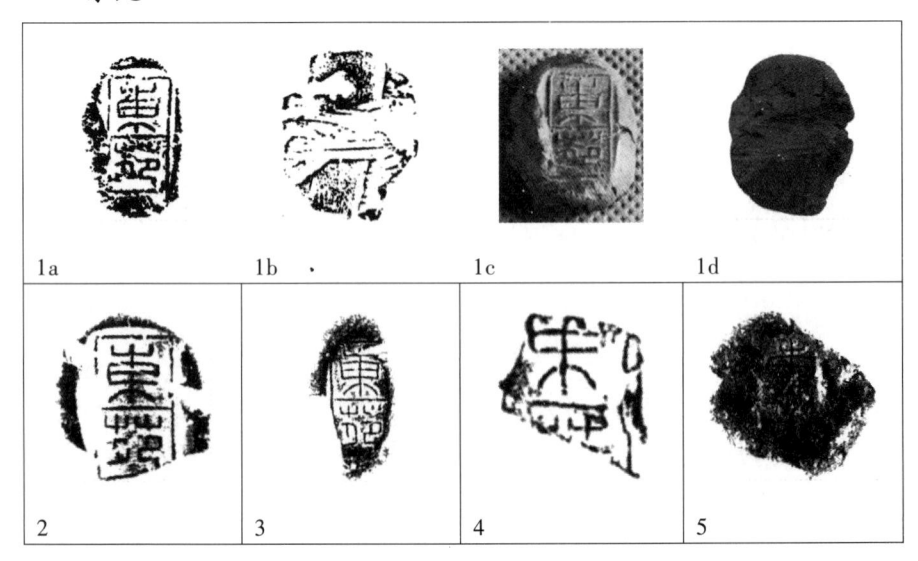

1a　　1b　　1c　　1d

2　　3　　4　　5

6	7		

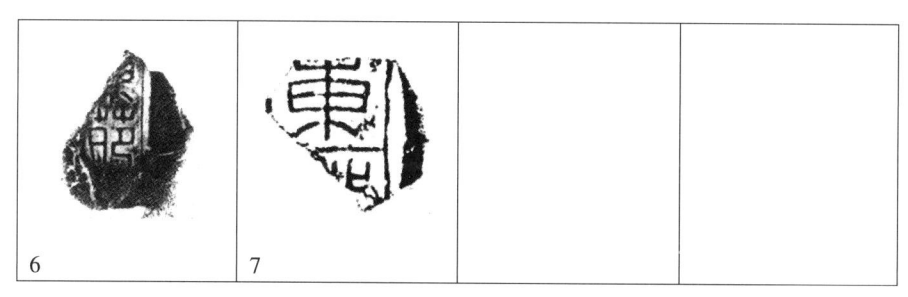

（1a：《续释》图9；《印风》P167；《印集》P58；《汇考》P125；《大系》P66；1b：《印集》P58；1c：《汇考》图版P28；《泥选》；1d：《汇考》图版P28；2—4：《大系》P66；5、6：《大系》P67；7：《新出》P10）

东苑丞印

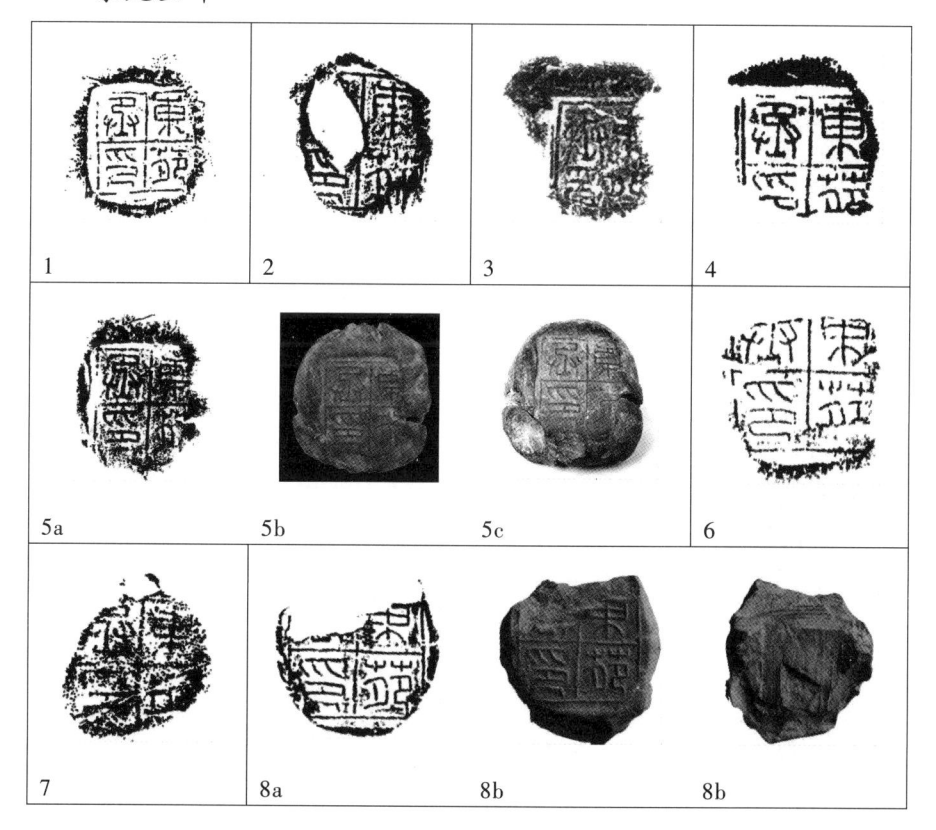

1	2	3	4
5a	5b	5c	6
7	8a	8b	8b

550　上编　中央职官

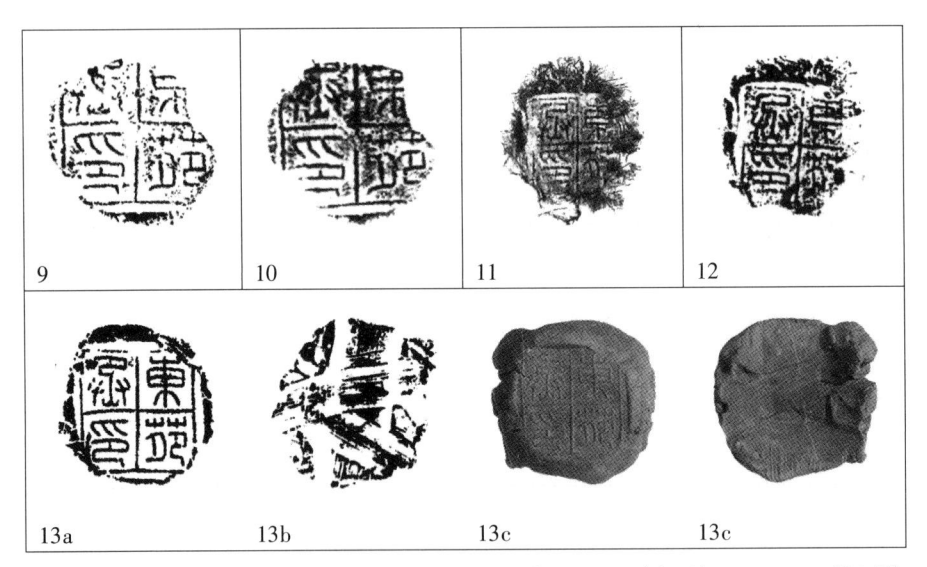

9	10	11	12
13a	13b	13c	13c

（1：《释续》图9；《印风》P147；《汇考》P125；《大系》P67；2：《汇考》P126；3：《大系》P67；4：《汇考》P126；3、4：《大系》P67；5a：《秦封》P214；《汇考》P126；《大系》P67；5b：《秦封》彩版3；5c：《问陶》P1606：《新出》P10；《大系》P67；7：《新选》P91；《大系》P67；8a：《新出》P10；《青泥》P18；《大系》P67；8b：《青泥》P18；9：《新出》P10；10、11：《大系》P67；12：《发现》图95；《图例》P55；13a：《书集》P131；《印集》P58；《汇考》P125；《大系》P67；13b：《印集》P58；13c：《汇考》图版P29）

东苑丞□

1

（1：《新出》P10）

东苑□□

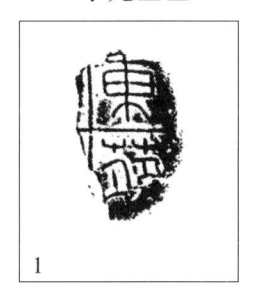

1

(1：《新出》P10)

段苑

段苑之印

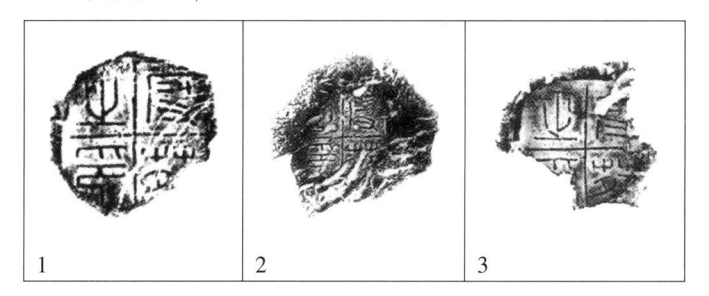

1　　2　　3

(1：《大系》P76；2、3：《大系》P79)

杜南苑

杜□苑印

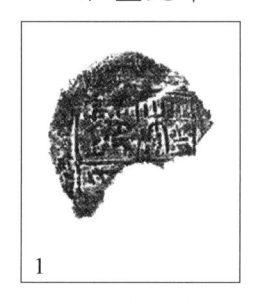

1

(1：《大系》P74)

552　上编　中央职官

杜南苑丞

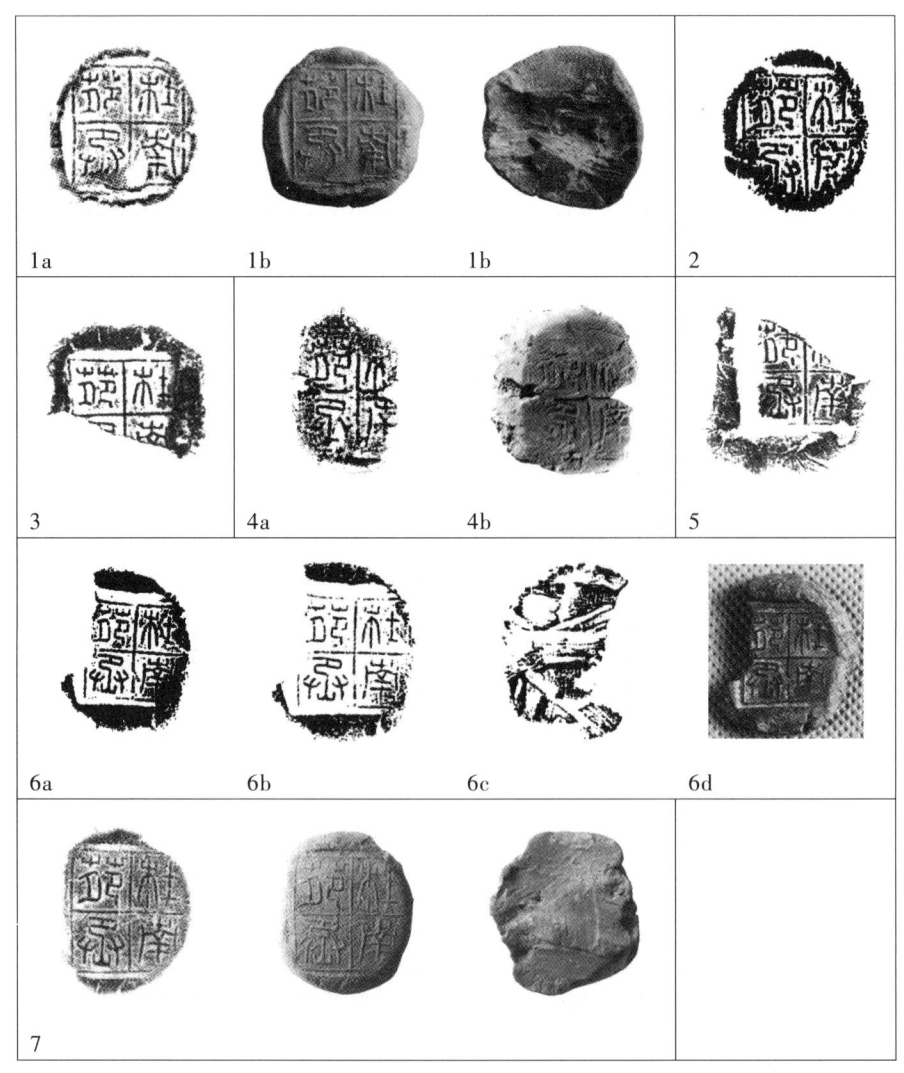

1a	1b	1b	2
3	4a	4b	5
6a	6b	6c	6d
7			

（1a：《青泥》P18，《新出》P11；《大系》P74；1b：《青泥》P18；2：《汇考》P144；3：《发现》图96；《图例》P55；《汇考》P144；《秦封》P215；《大系》P74；4a：《新获》P290；4b：《发掘》图版十六：5；5：《汇考》P144；《秦封》P215；《大系》P74；6a：《汇考》P144；6b：《印考》图208；《印集》P68；《秦封》P215；《玺印》P440；《大系》P74；6c：《印集》P68；6d：《泥选》；7：《相家》P22）

杜南□丞

1

（1：《酒余》P29 上）

高泉苑

高泉苑印

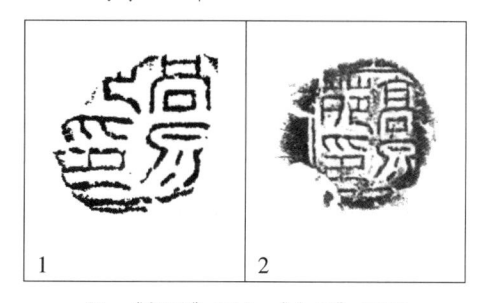

1　2

（1：《新选》P94；《大系》P92）

高栎苑

高栎苑丞

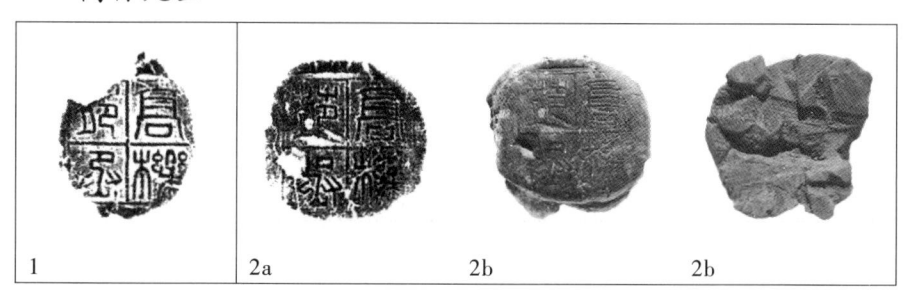

1　2a　2b　2b

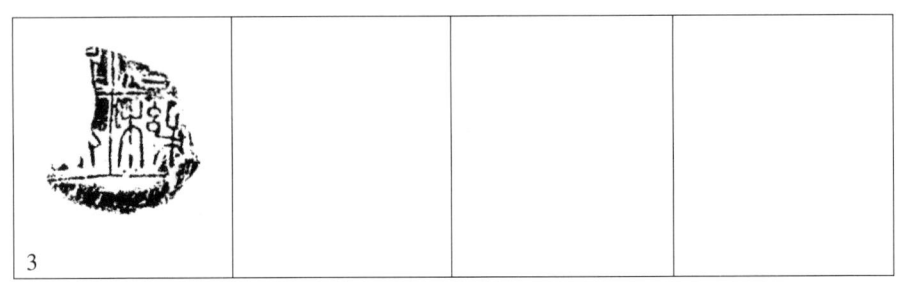

（1:《在京》图三：11;《玺印》P439;《大系》P86; 2a:《相家》P23;《大系》P87; 2b:《相家》P23; 3:《新出》P12;《大系》P87）

高□苑丞

（1:《新出》P12;《大系》P87）

高栎□□

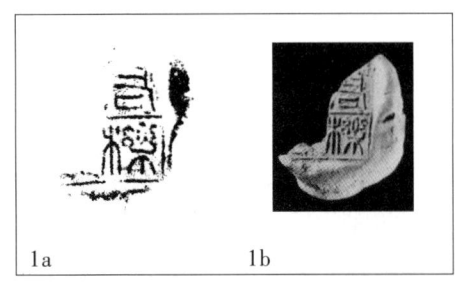

（1a:《新获》P289;《大系》P87; 1b:《发掘》图版十八：2）

共苑

共苑丞印

无图，释读见《在京》P12。

旱上苑

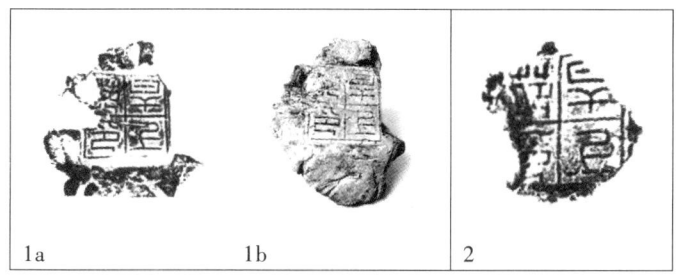

旱上苑印

| 1a | 1b | 2 |

（1a：《大系》P106；1b：《问陶》P171；2：《大系》P107）

平阳苑

平阳苑印

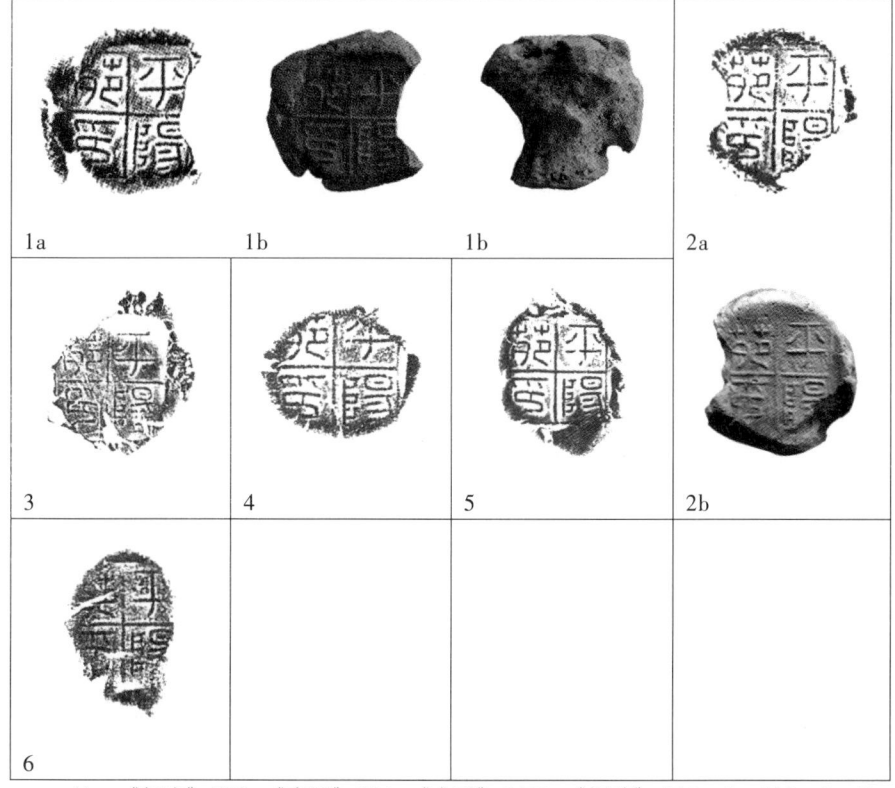

1a	1b	1b	2a
3	4	5	2b
6			

（1a：《新出》P73；《青泥》P21；《大系》P189；《撷珍》图3—1、图3—2；1b：

《青泥》P21；2a：《新出》P73；《秦选》P87；《大系》P189；2b：《秦选》P87；3、4：《新出》P73；《大系》P189；5：《大系》P189；6：《大系》P190）

平阳苑□

（1：《大系》P190）

曲桥苑

曲桥苑印

（1a：《问陶》P171；《大系》P198；1b：《问陶》P171）

曲桥□□

（1：《大系》P198）

第二章 丞相·三公·九卿

西宫苑

西宫苑印

1

（1:《问陶》P171）

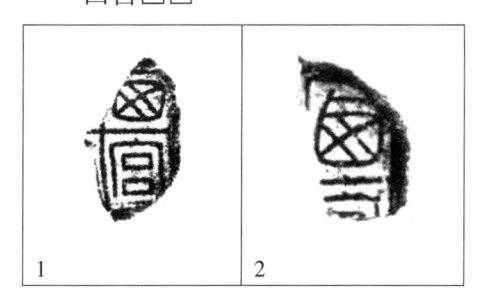

西宫□□

1　2

（1、2:《大系》P286）

鄄苑

鄄苑

1

（1:《大系》P310）

旃郎苑

旃郎苑丞

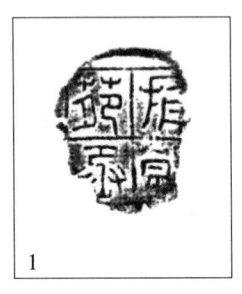

1

(1:《西见》图二：15；《大系》P366)

杨台苑

杨台苑印

无图，释读见《五十例》P314。

阴苑

阴苑

1

(1:《大系》P330)

云梦苑

左云梦印

无图，释读见《秦选》P78。

左云梦丞

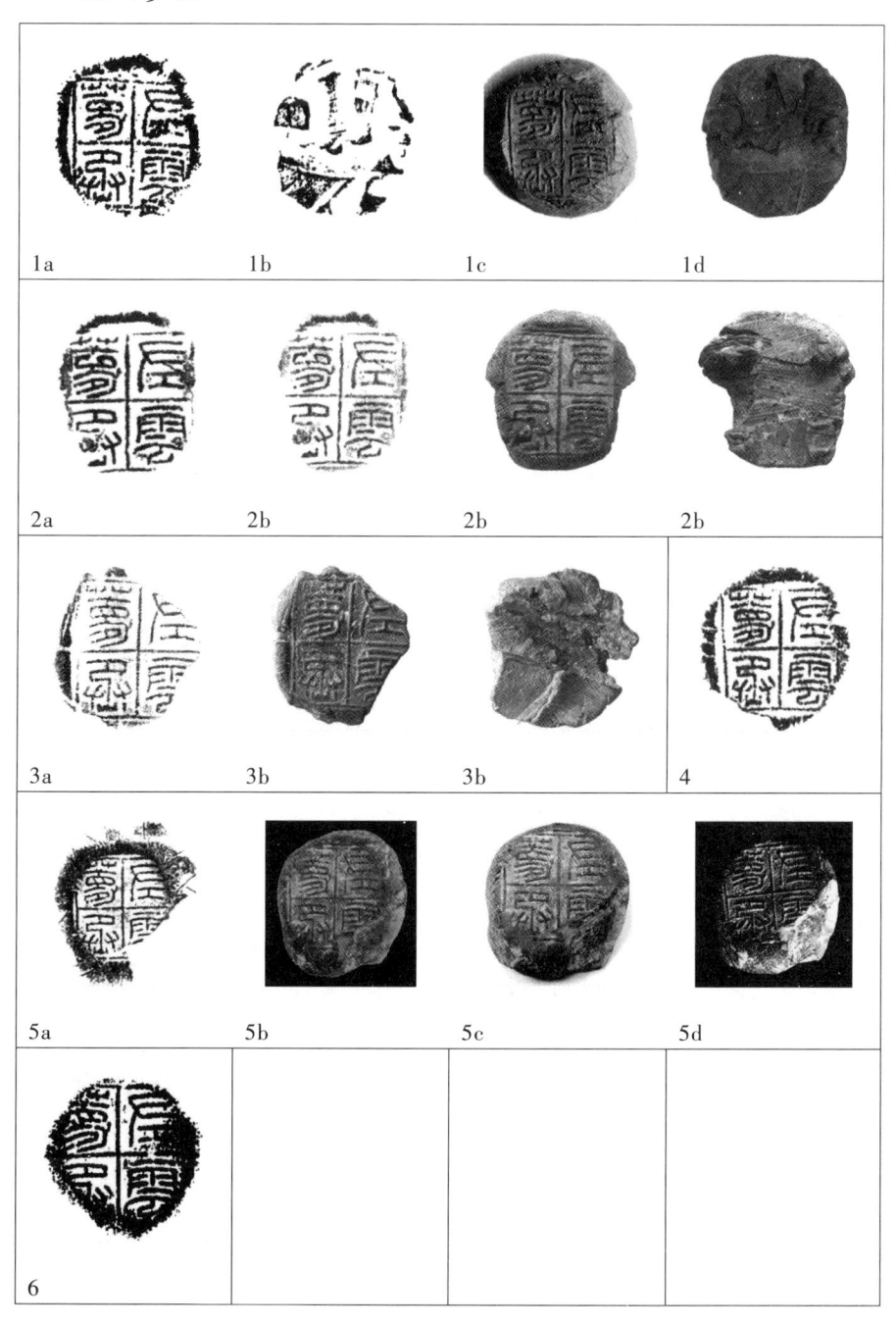

1a	1b	1c	1d
2a	2b	2b	2b
3a	3b	3b	4
5a	5b	5c	5d
6			

(1a:《印集》P72;《汇考》P148;《大系》P401;1b:《印集》P72;1c:《汇

考》图版 P36；《泥选》；1d：《汇考》图版 P148；2a：《相家》P22；《大系》P401；2b：《相家》P22；3a：《相家》P22；《大系》P401；3b：《相家》P22；4：《大系》P401；5a：《发现》图 99；《图例》图 102；《秦封》P217；《书集》P131；《汇考》P149；《玺印》P439；《大系》P401；5b：《秦封》彩版 3；5c：《问陶》P160；5d：《秦封》图版 3；6：《印风》P126；《书集》P131；《汇考》P149；《大系》P401）

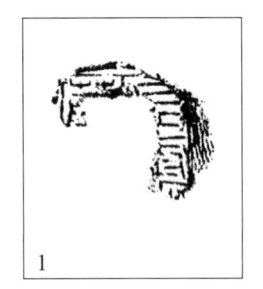

左云梦□

1

（1：《新出》P54）

右云梦丞

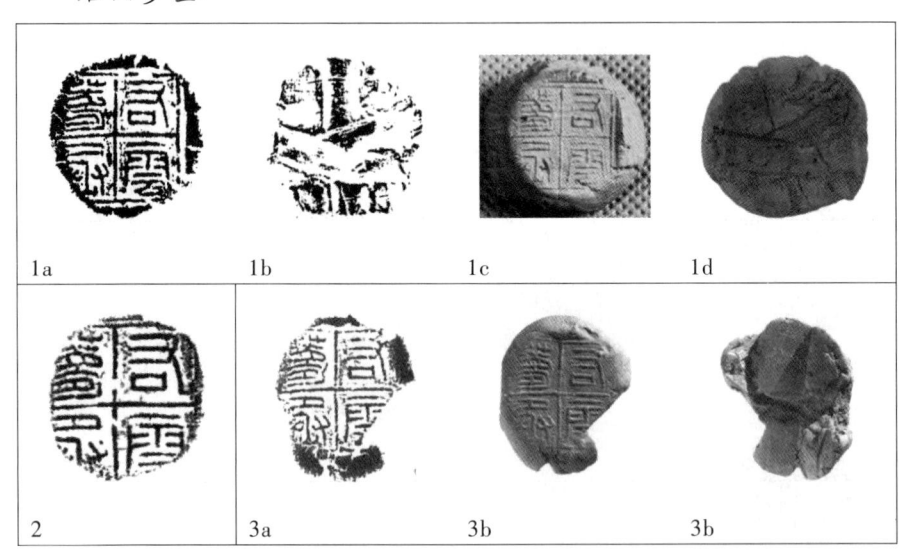

| 1a | 1b | 1c | 1d |
| 2 | 3a | 3b | 3b |

第二章　丞相·三公·九卿　561

（1a：《印集》P73；《汇考》P149；《大系》P340；1b：《印集》P73；1c：《汇考》图版 P36；《泥选》；1d：《汇考》图版 P36；2：《在京》图三：17；《玺印》P439；《大系》P340；3a：《相家》P22；《大系》P341；3b：《相家》P22；4：《汇考》P149；《大系》P340）

□云梦印

（1：《大系》P401）

□云梦丞

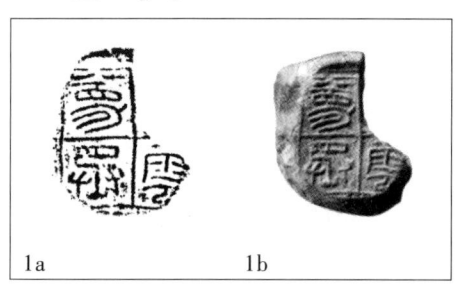

（1a：《新出》P54；《秦选》P95；《大系》P401；1b：《秦选》P95）

□□梦丞

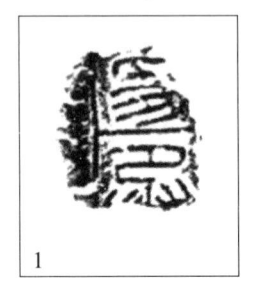

1

（1：《新出》P54；《大系》P429）

□云□□

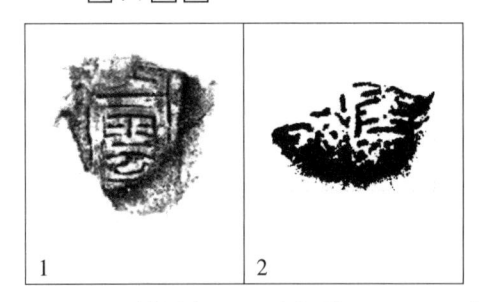

1　2

（1：《新出》P54；《大系》P401；2：《秦封》P217）

6. 池

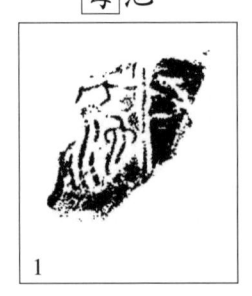

母池
母池

1

（1：《新选》P102；《大系》P169）

大池

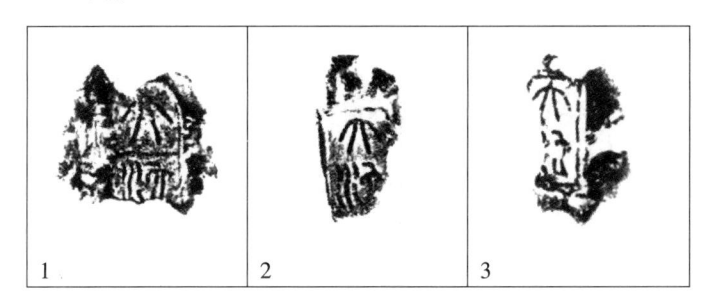

大池

| 1 | 2 | 3 |

（1—3：《大系》P244）

大池丞印

| 1 |

（1：《大系》P244）

平河池

平河池丞

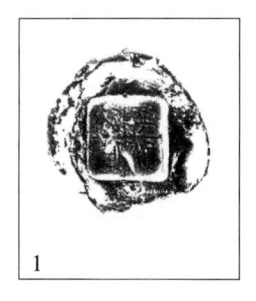

| 1 |

（1：《大系》P188）

564　上编　中央职官

晦池

晦池之印

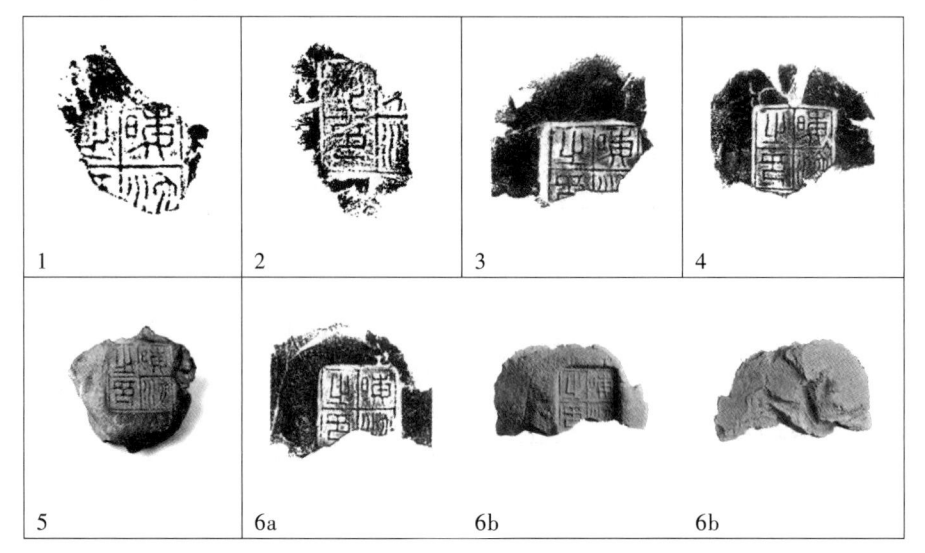

（1：《新出》P67；《大系》121；2：《新选》P96；3、4：《大系》P122；5：《问陶》P171；6a：《大系》P122；《精品》P44；6b：《精品》P44）

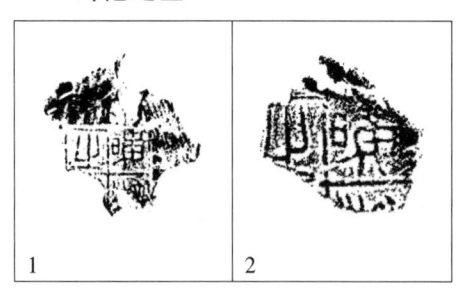

晦池之□

（1：《新出》P67；《大系》P121；12：《新选》P96）

第二章　丞相・三公・九卿　565

晦□之印

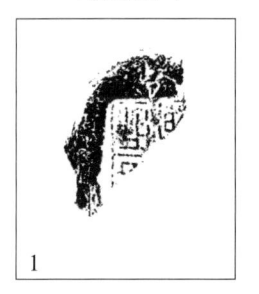

1

（1：《新出》P67）

晦池□□

1　2　3　4

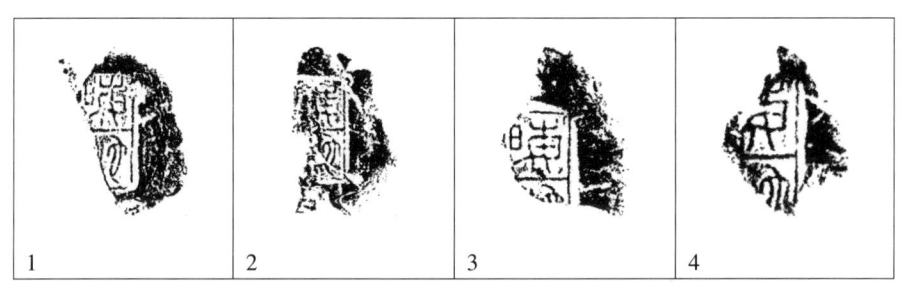

（1：《新出》P67；《大系》122；2：《新出》P67；3：《新出》P101；《大系》P122；4：《新选》P96）

晦□之□

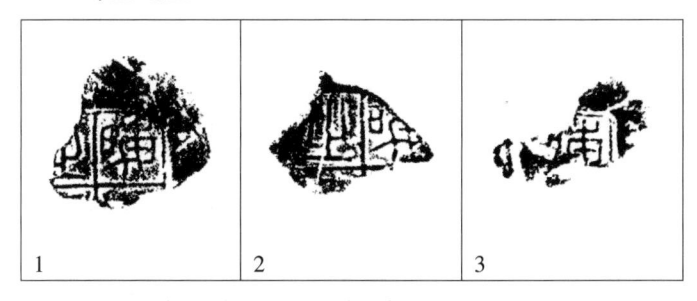

1　2　3

（1、2：《新出》P67；3：《酒余》P33 上）

白水西池

白水西池

1

（1：《大系》P26）

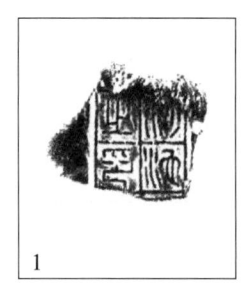

沙池

沙池之印

1

（1：《大系》P204）

息□池

息□池印

1　　2a　　2b　　2b

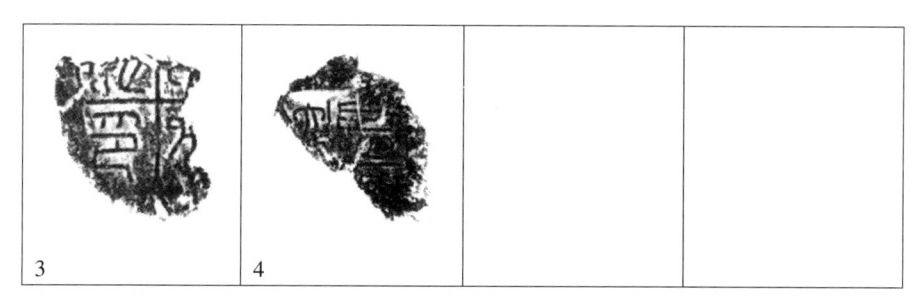

（1：《大系》P290；2a：《新出》P80；《青泥》P21；《大系》P291；2b：《青泥》P21；3：《大系》P426；4：《大系》P291）

息□□□

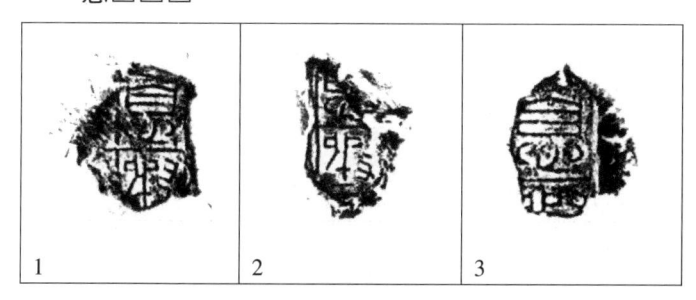

（1—3：《大系》P410）

7. 圈

糜圈

糜圈

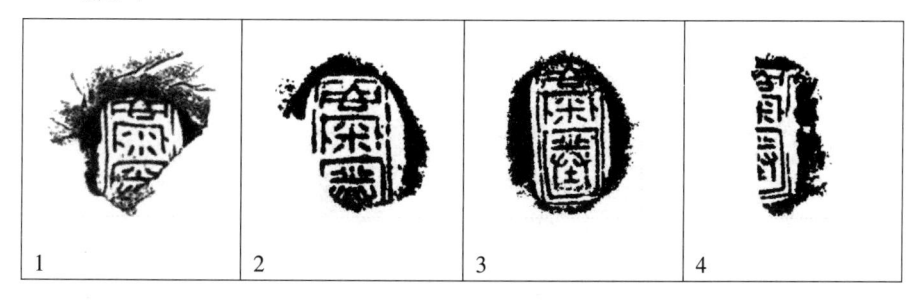

568 上编　中央职官

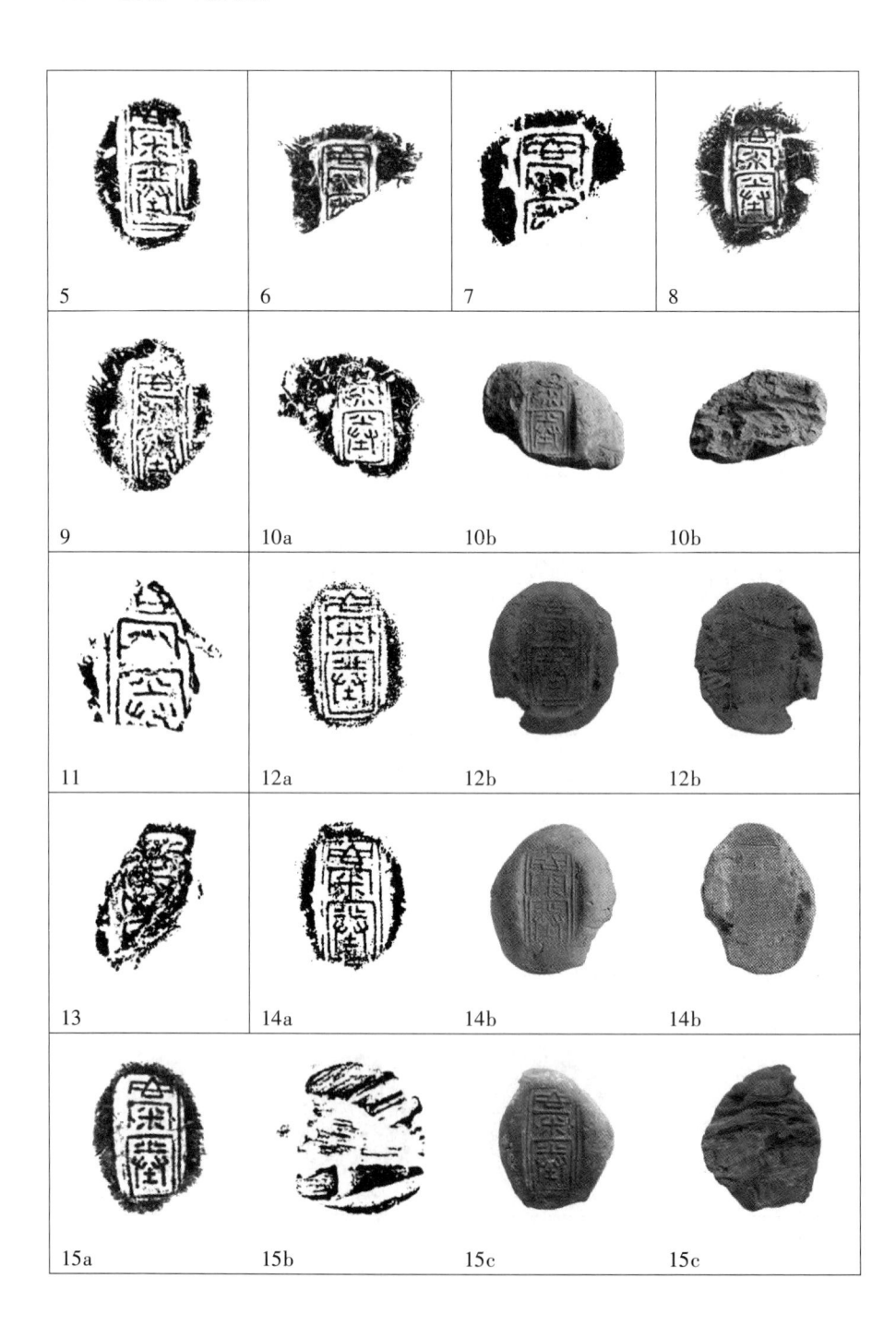

16a	16b		

（1：《大系》P166；2：《汇考》P146；《大系》P167；3：《秦封》P216；《汇考》P146；《大系》P167；4：《发现》图98；《图例》P55；《秦封》P216；《汇考》P146；《大系》P166；5：《新出》P25；《大系》P167；6、8：《大系》P167；7：《酒余》下：《新出》P71；《大系》P167；10a：《新出》P71；《精品》P45；《大系》P167；10b：《精品》P45；11：《印风》P166；《印考》图214；《书法》P40；《汇考》P146；《新出》P71；12a：《书集》P131；《玺印》P397；《大系》P167；12b：《汇考》图版P35；13：《新出》P102；14：《上封》P56；15a：《相家》P24；《印集》P70；《大系》P167；15b：《印集》P70；15c：《相家》P24；16a：《大系》P167；16b：《泥选》）

麇□

1	2	3	4

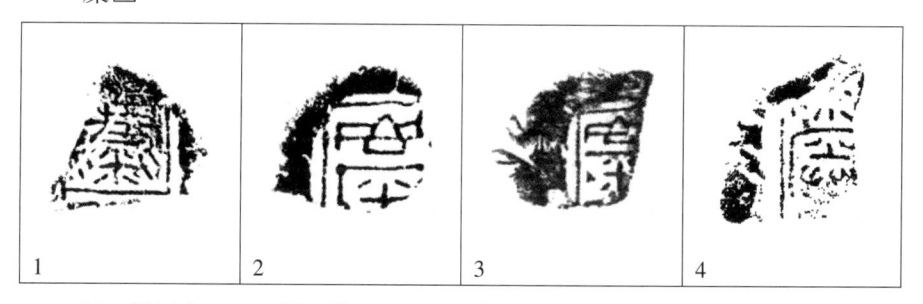

（1：《新出》P25；《大系》P167；2：《新出》P25；3：《大系》P166；4：《新选》P102）

麇圈□印

2

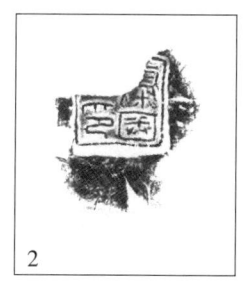

（1：《大系》P168）

本书受中国历史研究院学术出版经费资助

本书为
国家社科基金项目"秦封泥分期与秦职官郡县重构研究"（14BZS017）
国家社科基金重大招标项目"秦统一及其历史意义再研究"（14ZDB028）
国家社科基金重大招标项目"秦汉三辅地区建筑研究与复原"（18ZDA181）
的阶段性成果

中国历史研究院
Chinese Academy of History
学术出版资助

秦封泥集存

（下册）

刘 瑞 编著

中国社会科学出版社

中编 地方职官

第一章
内　史

咸阳

咸阳

| 1 | 2 | 3 | 4 |

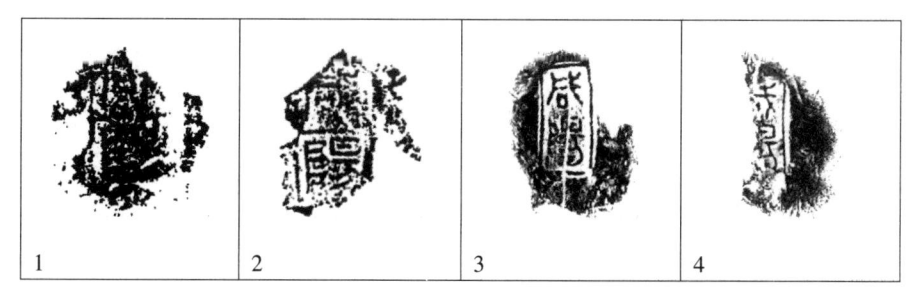

（1：《秦封》P241；2：《大系》P296；3、4：《大系》P297）

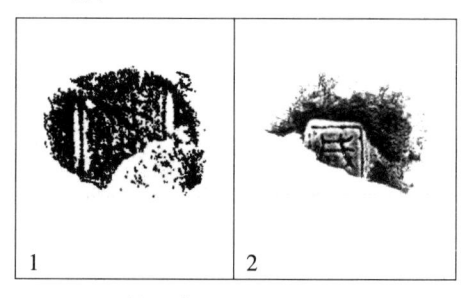

咸□

| 1 | 2 |

（1：《新选》P113；《大系》P297；2：《酒余》P43 上；《大系》P297）

咸阳丞印

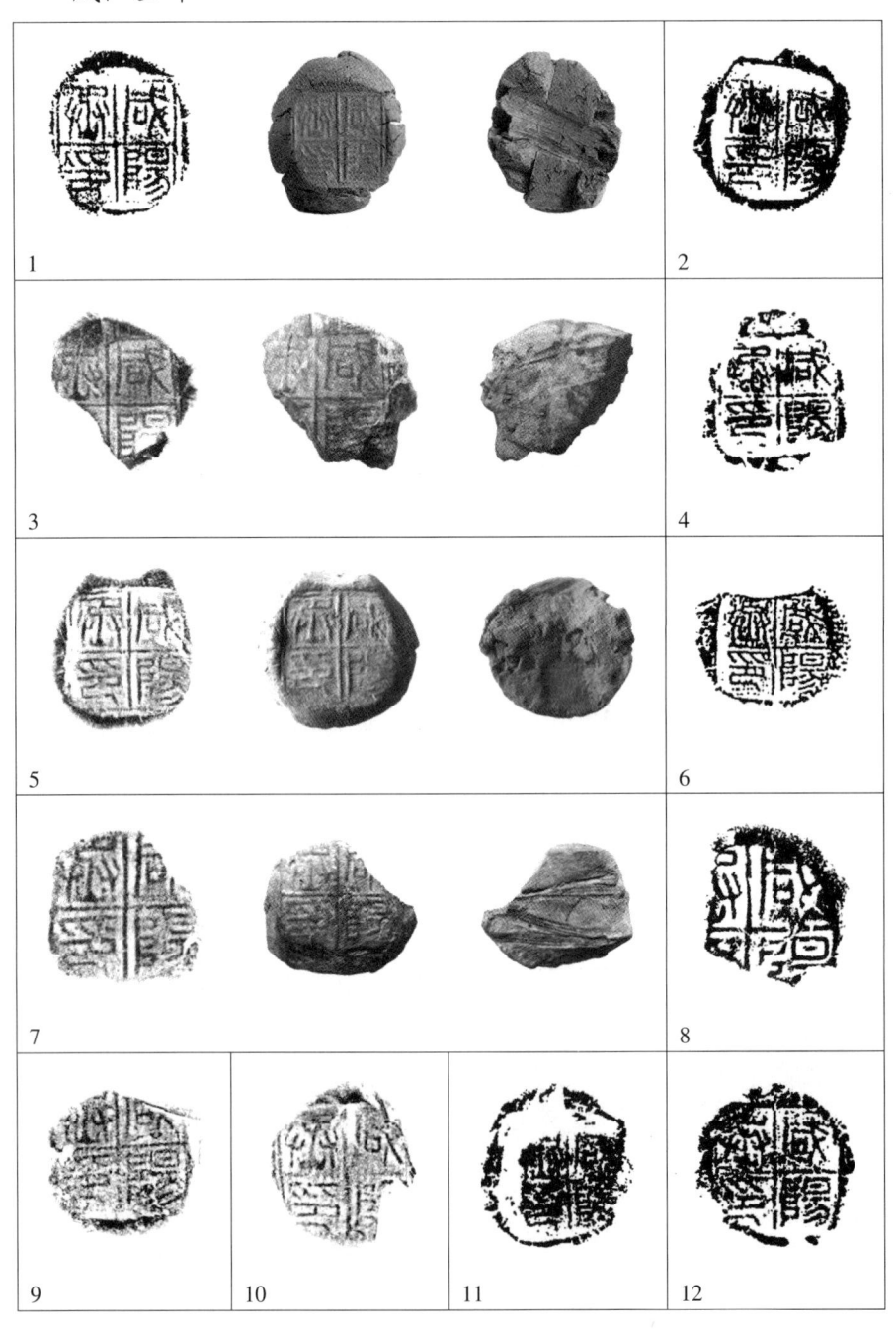

1	2
3	4
5	6
7	8
9　10　11	12

第一章　内史　575

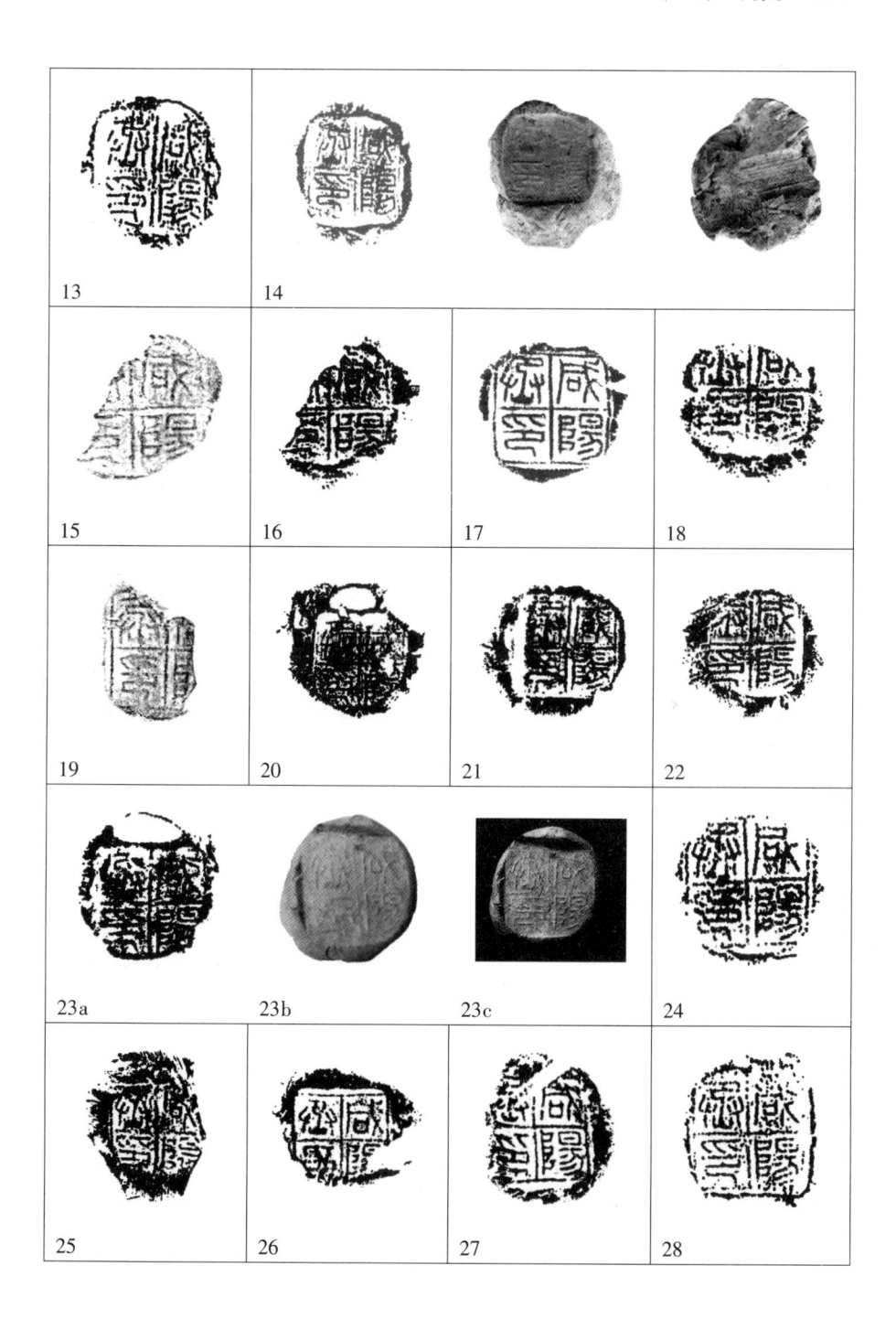

576 中编 地方职官

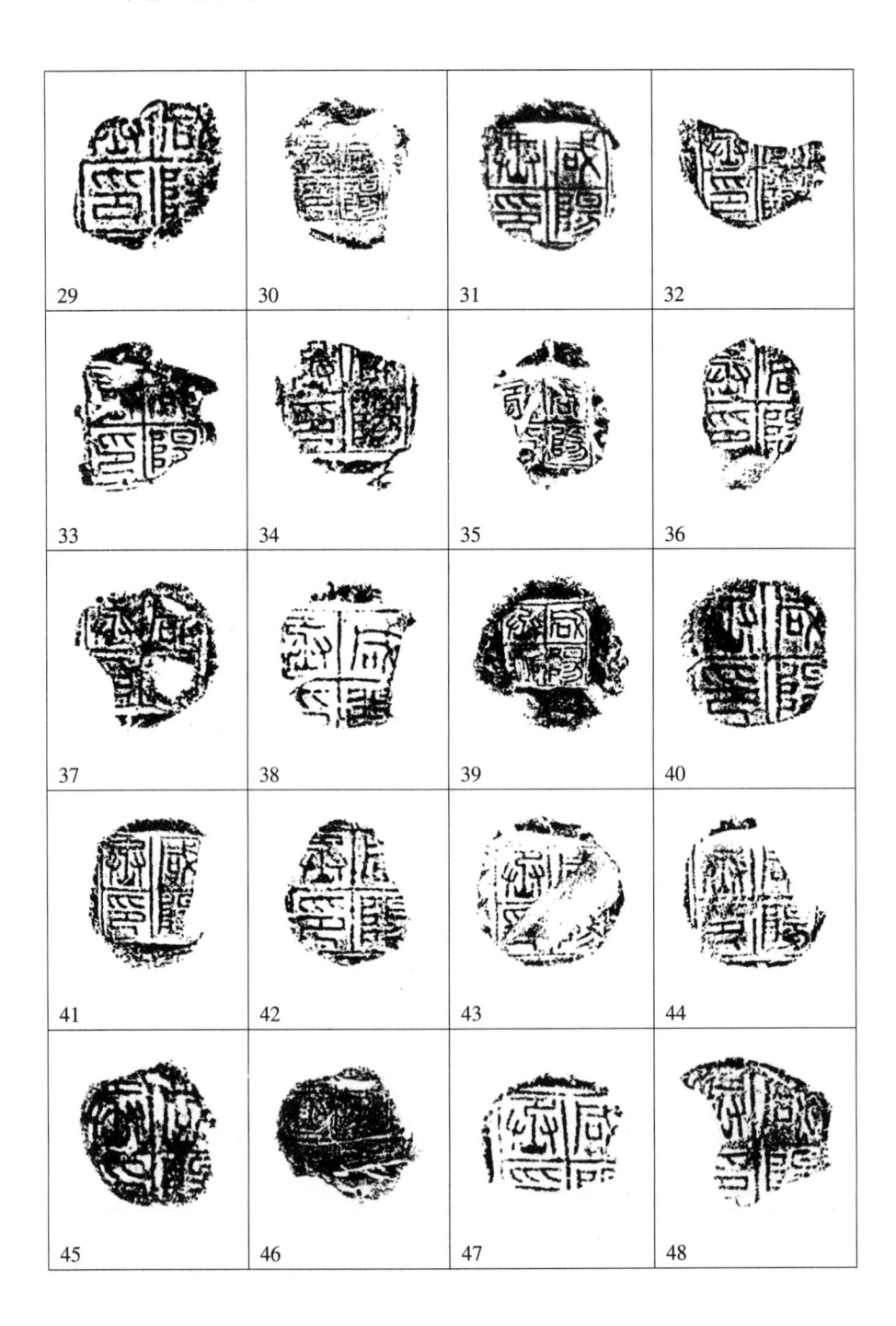

29	30	31	32
33	34	35	36
37	38	39	40
41	42	43	44
45	46	47	48

第一章 内史 577

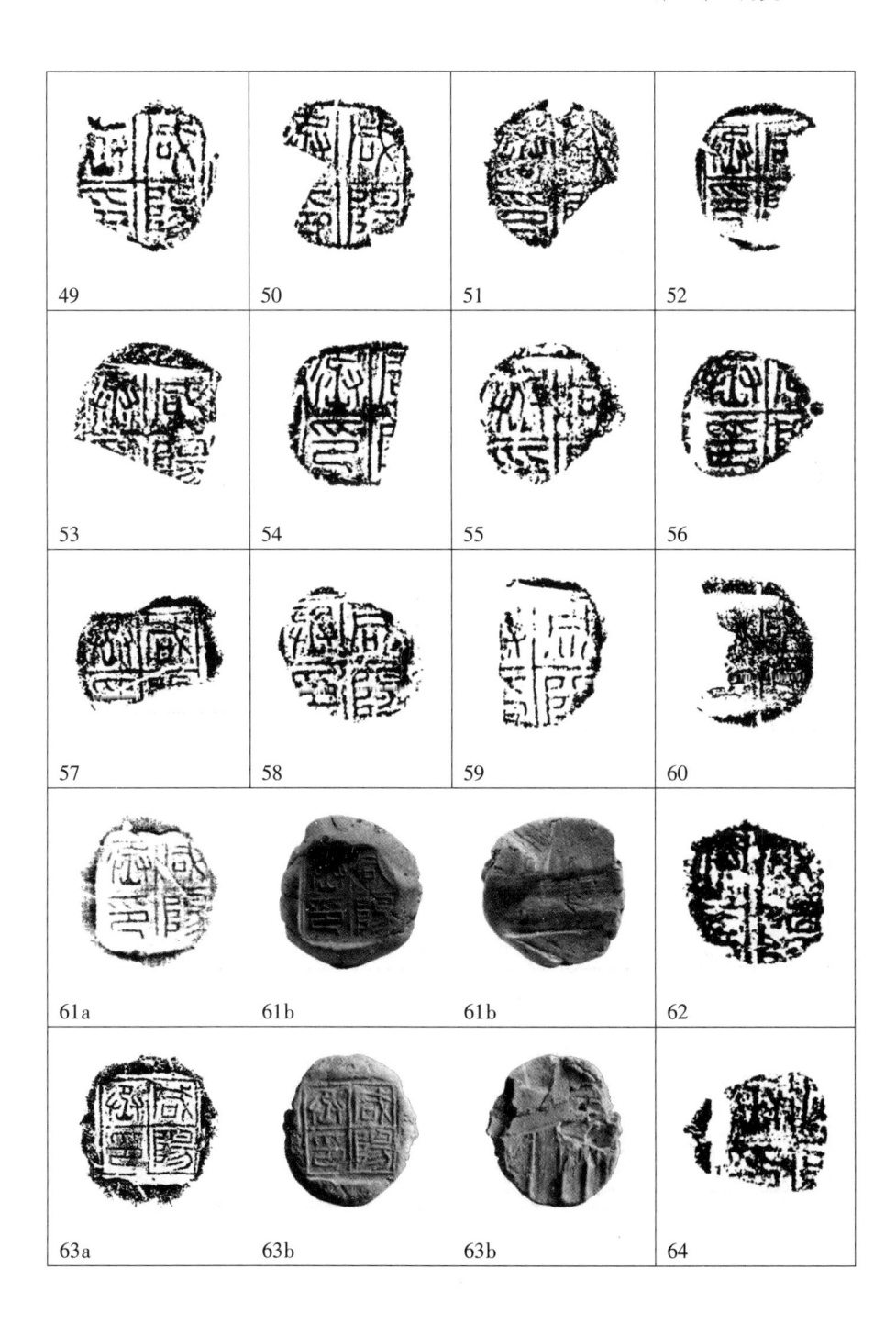

49	50	51	52
53	54	55	56
57	58	59	60
61a	61b	61b	62
63a	63b	63b	64

中编　地方职官

65	66	67	68
69	70	71	72
73	74	75	76
77	78	79	80
81	82	83	84

第一章 内史 579

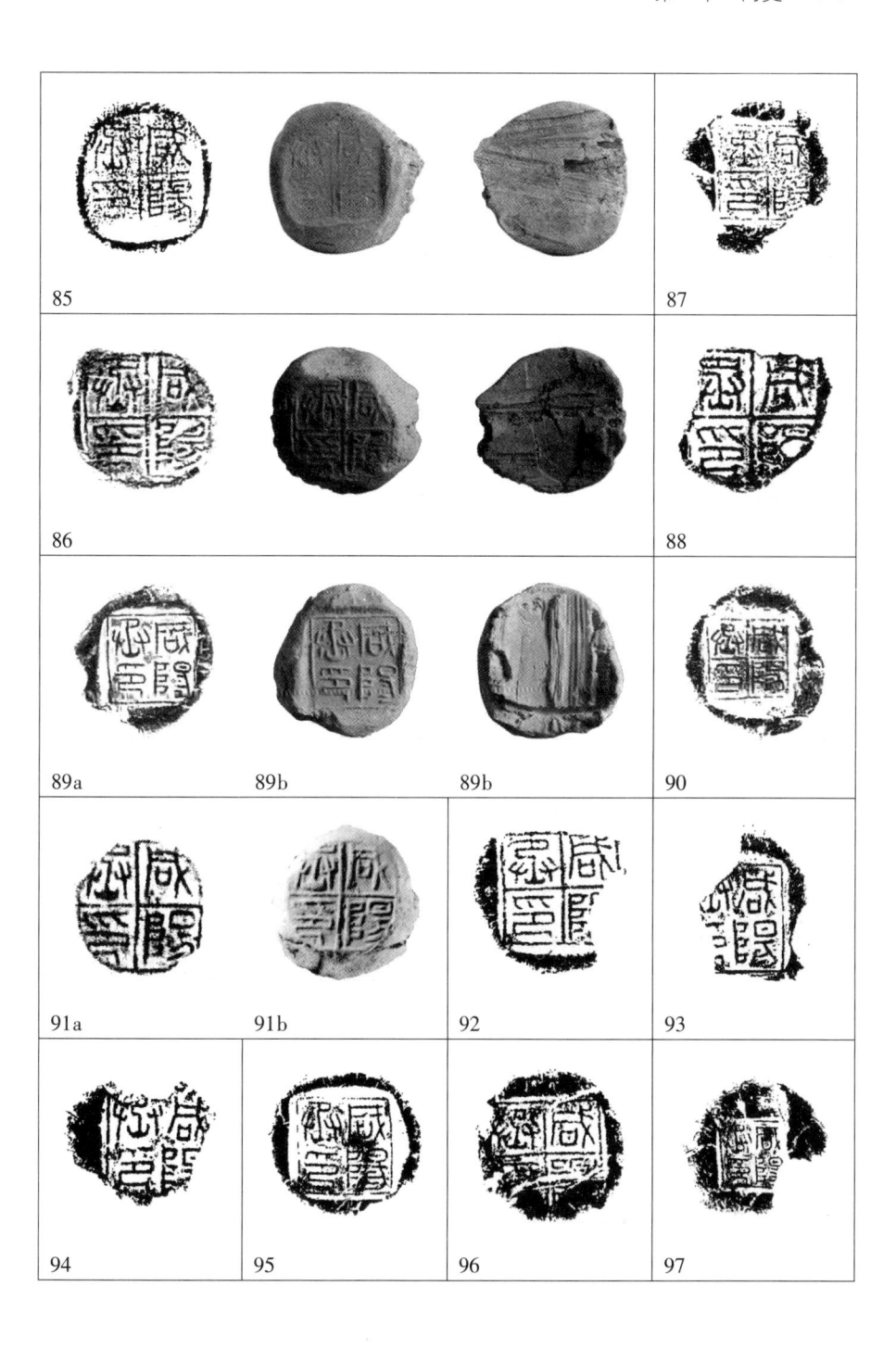

85			87
86			88
89a	89b	89b	90
91a	91b	92	93
94	95	96	97

580　中编　地方职官

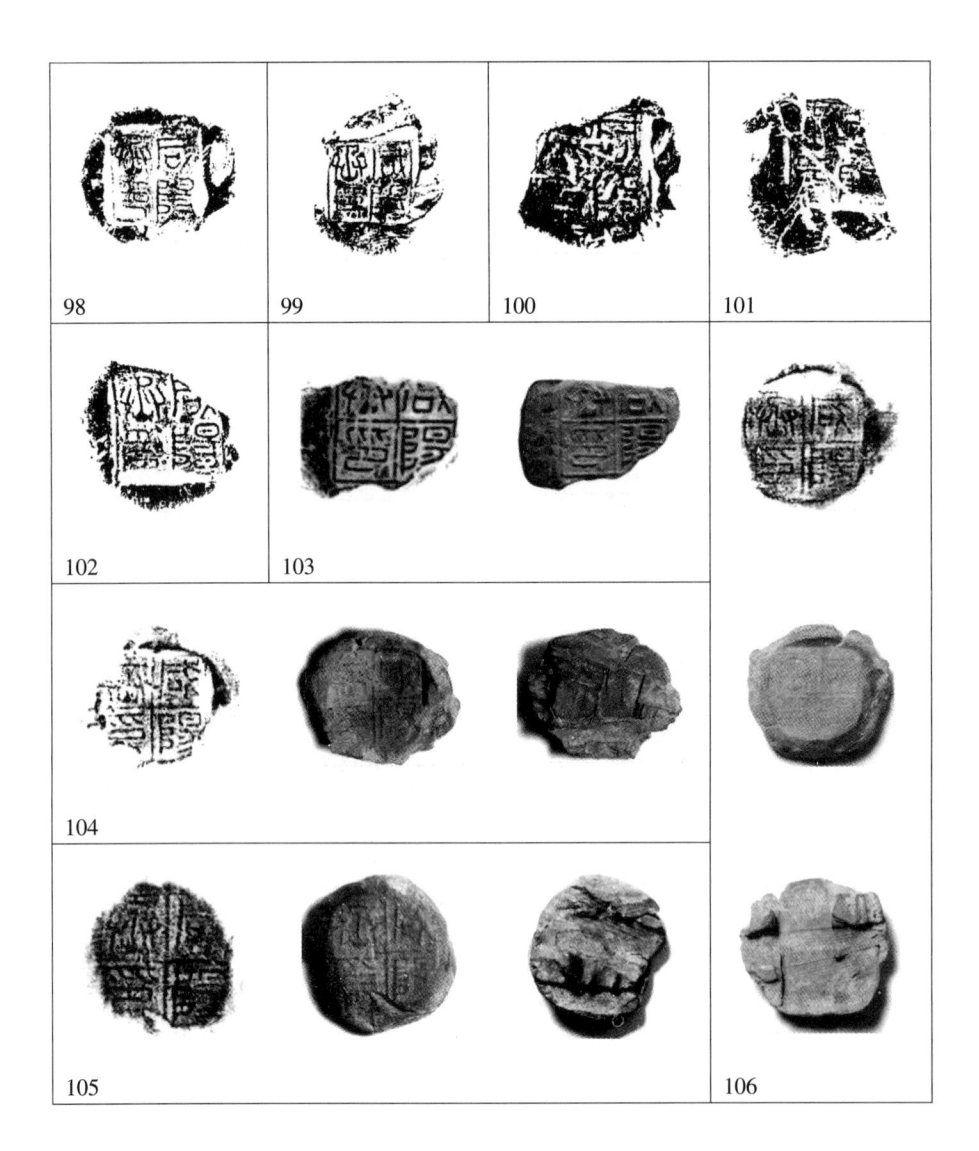

第一章 内史 581

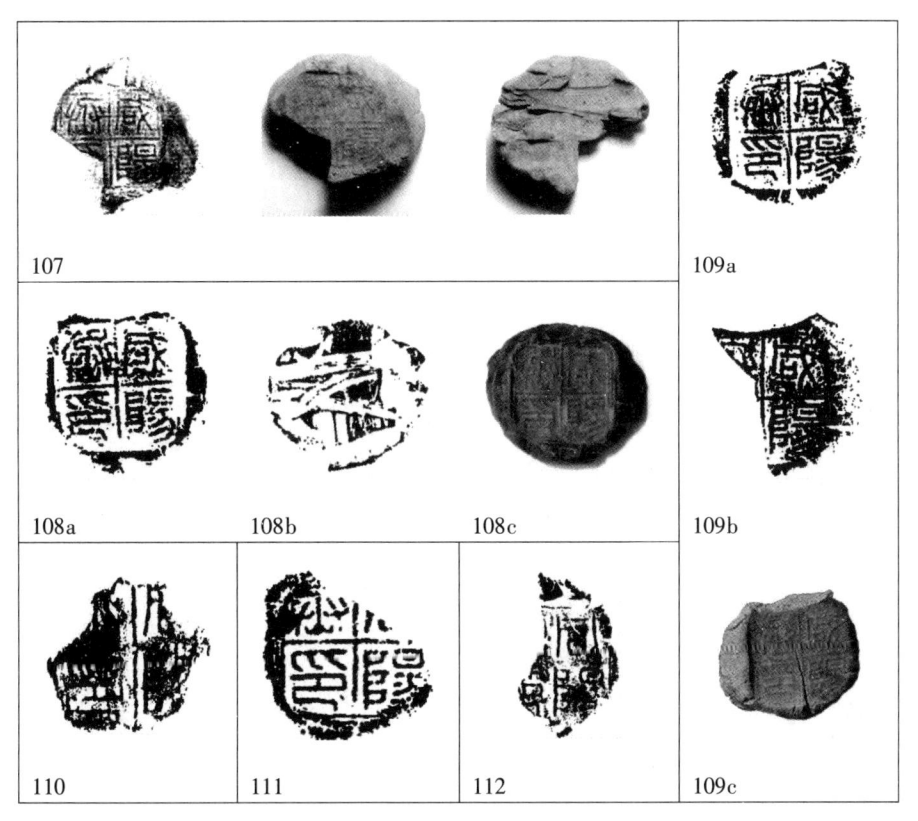

（1：《上封》P59；2：《秦封》P242；《汇考》P170；《玺印》P421；《大系》P297；3：《相家》P26；4：《印风》P159；《汇考》P170；5：《相家》P26；6：《发现》图112；《图例》P56；《书集》P125；7：《相家》P26；8：《酒余》P43下；9：《长安》P39；10：《长安》P40；11—13：《秦封》P242；《汇考》P170；14a：《珍秦》P67；14b：《珍秦》P66；15：《长安》P41；16：《秦封》P242；《汇考》P171；17：《大系》P297；18：《秦封》P242；《汇考》P171；19：《长安》P43；20—22：《秦封》P243；《汇考》P171；23a：《秦封》P243；《汇考》171；23b：《问陶》P164；23c：《秦封》图版4；24：《秦封》P243；《汇考》P172；25：《秦封》P243；《汇考》P171；26：《酒余》P43下；27：《新出》P105；28：《秦封》P243；《汇考》P172；29、30：《新出》P38；31：《大系》P297；32、34：《新出》P38；35—38：《新出》P39；39：《新选》P113；40—57：《新出》P39；58—60、62、64—66：《新出》P40；61：《冰斋》P141；63：《精品》P52；67：《秦封》P243；68：《新出》P104；69：《新选》P113；《大系》P297；70：《秦封》P243；71：《新选》P113；《大系》P297；72—74、76、77：《新出》P80；75：《新选》P113；78—84：《新出》P81；85：《上封》P59；86：《青泥》P35；87、88：《新出》P81；89a：《精品》P51；《大系》P298；89b：《精品》P51；90：《大系》P298；91a：《新获》P291；《玺印》P421；《大系》P297；《发掘》P525图一七：25；91b：《发掘》图版十：8；92—94：《新选》P113；115：《新选》P113；《大系》P297；96：《新出》P105；97：《新出》P104；98：《新出》P104；《大系》P297；99—101：《新出》P104；102：《酒余》P43

上；103：《秦选》P88；104：《观三》P15；105：《观三》P19；106：《观三》P39；107：《观三》P41；108a：《秦封》P242；《印集》P89；《汇考》P170；108b：《印集》P89；108c：《泥封》；109a：《秦封》P243；《书集》P125；《汇考》P172；109b：《秦封》P242；《汇考》P171；109c：《西大》P79；110：《酒余》P43 下；《新出》P105；111：《秦封》P243；《汇考》P171；112：《酒余》P43 上）

又：《发掘》P534《出土封泥登记表》2000CH 相 1T2③：48、63、64、112、121、T3③：16 共 6 枚均为"咸阳丞印"。

咸阳丞□

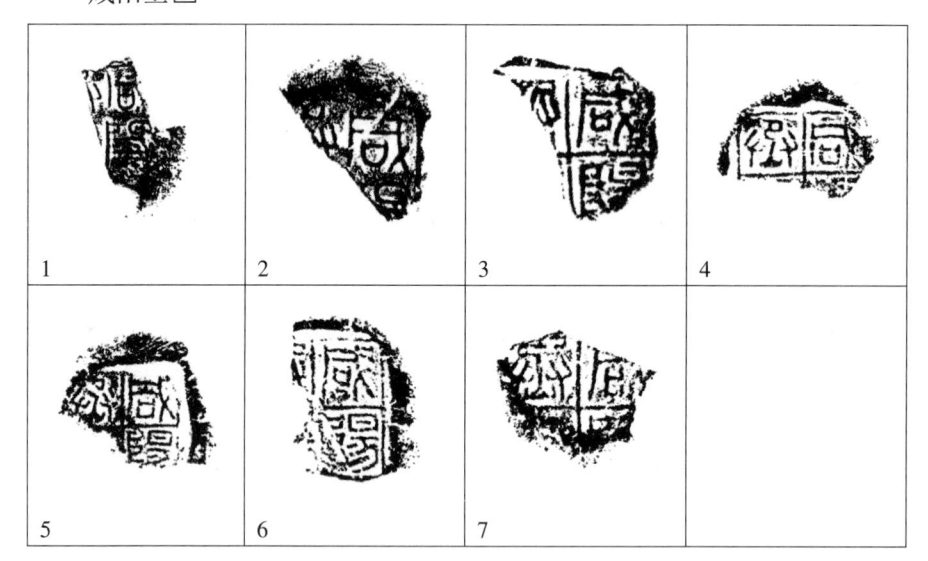

（1：《新出》P104；2：《酒余》P43 上；3：《新出》P40；4：《新出》P80；5—7：《新出》P81）

咸□丞印

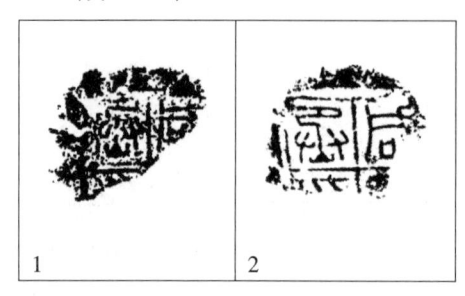

（1：《秦封》P242；《汇考》P170；2：《新出》P40）

第一章　内史　583

咸□丞□

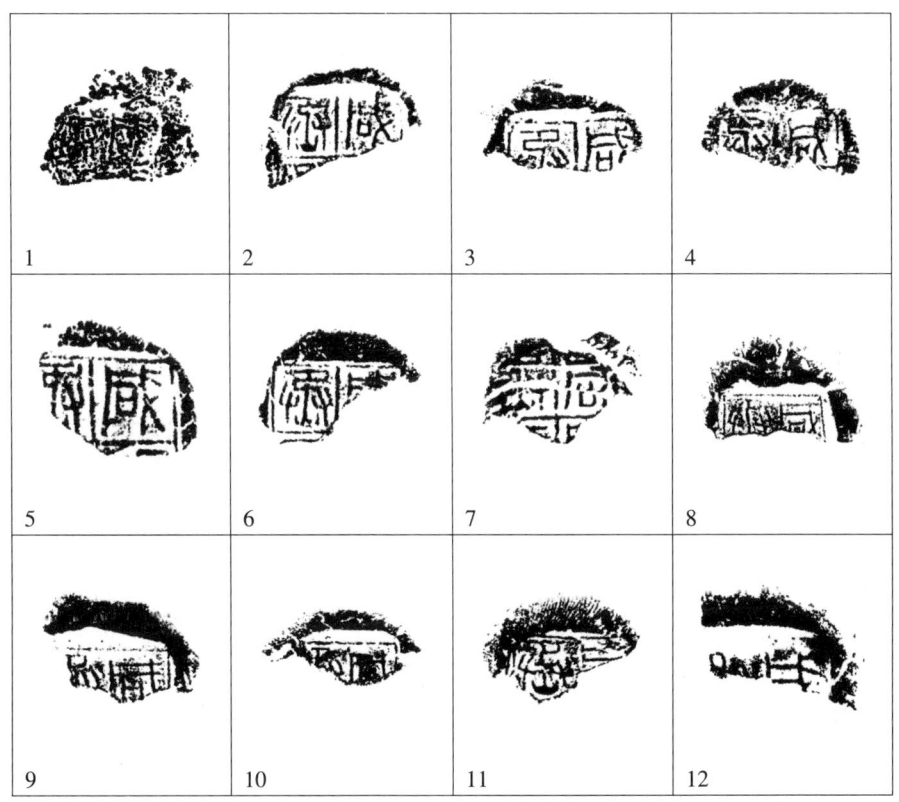

1	2	3	4
5	6	7	8
9	10	11	12

（1：《秦封》P242；《汇考》P170；2—6：《新出》P40；7—9：《新出》P81；10、11：《新出》P104；12：《新选》P113）

咸阳工室

1a	1b	1b	2

584　中编　地方职官

3	4a	4b	

（1a：《相家》P24；《大系》P298；1b：《相家》P24；2：《新出》P40；《大系》P298；3：《大系》P298；4a：《发掘》图一七：3；《新获》P288；《玺印》P423；《大系》P298；4b：《发掘》图版九：4）

咸阳工室丞

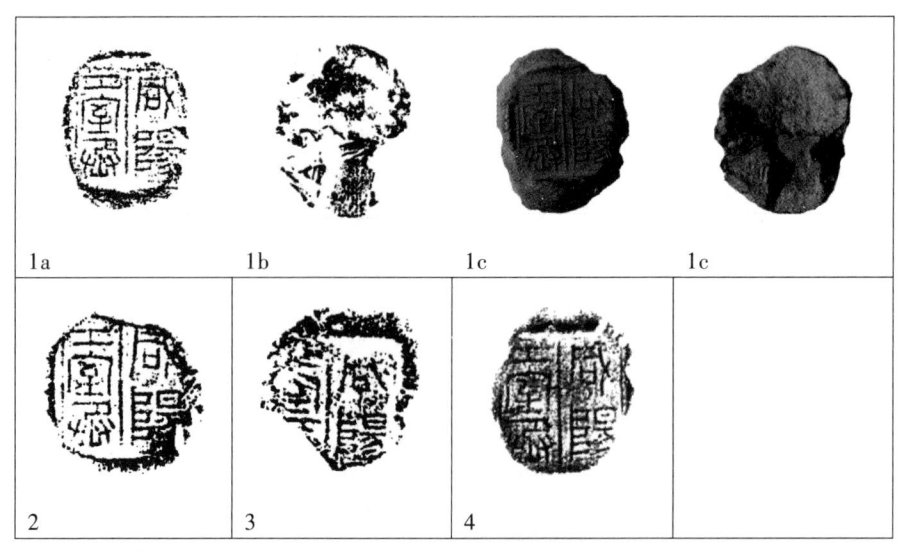

1a	1b	1c	1c
2	3	4	

（1a：《印考》图199；《补读》图38；《秦封》P244；《书法》P33；《印集》P89；《书集》P125；《汇考》P172；《玺印》P423；《大系》P298；1b：《印集》P89；1c：《汇考》图版P42；2、3：《汇考》P172；《大系》P298；4：《大系》P298）

第一章 内史 585

□阳□室丞

1

（1:《新出》P40；《大系》P299）

咸阳□丞

1

（1:《大系》P298）

咸阳阴市

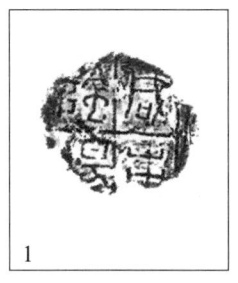

1

（1:《大系》P300）

□阳□市

1

（1：《大系》P300）

咸阳□印

1　2　3

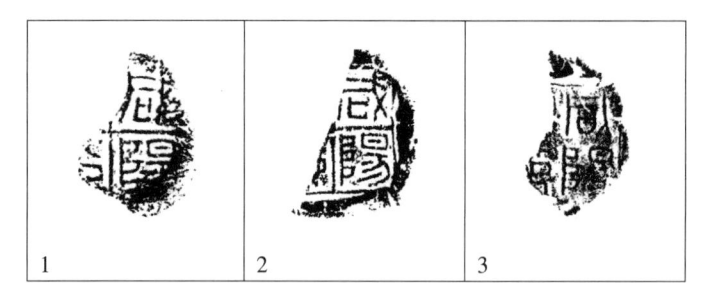

（1：《新出》P81；2：《新选》P113；3：《酒余》P43）

咸阳□□

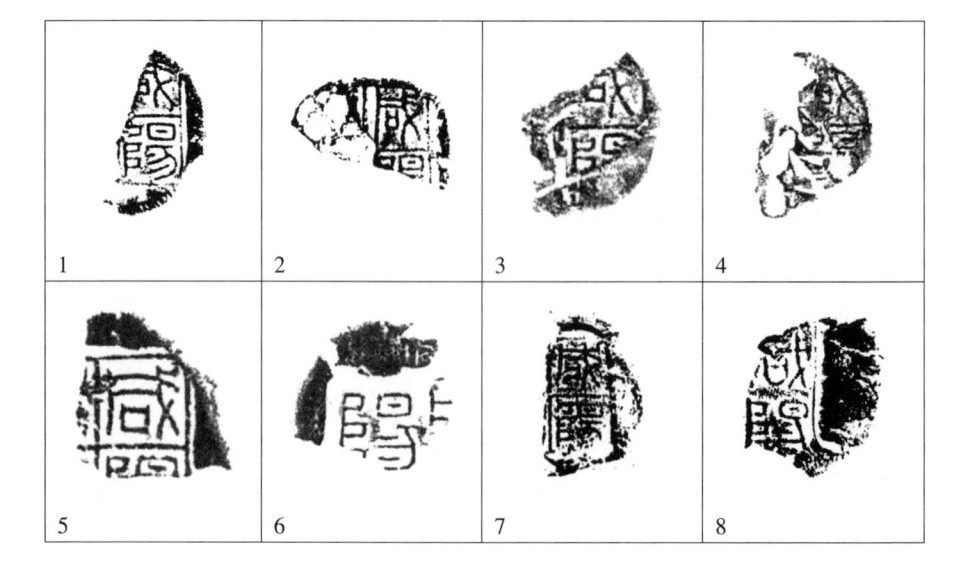

1　2　3　4

5　6　7　8

第一章 内史 587

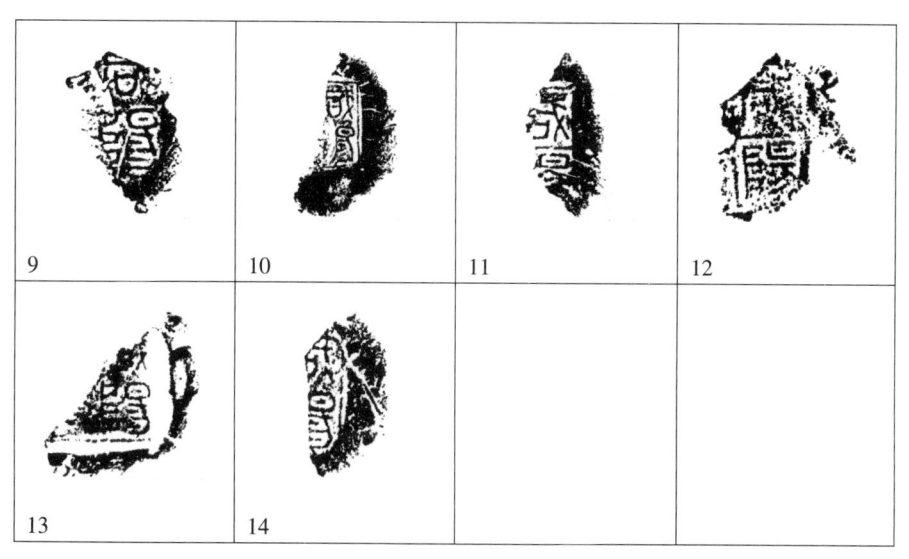

9	10	11	12
13	14		

（1、2：《新出》P40；《大系》P300；3、4：《新出》P41；《大系》P300；5：《大系》P300；6：《新出》P104；《大系》P301；7：《图例》P56；《发现》图111；8、9：《新出》P104；10、11：《新出》P105；12：《秦封》P241；《玺印》P390；13、14：《新出》P104）

咸阳亭印

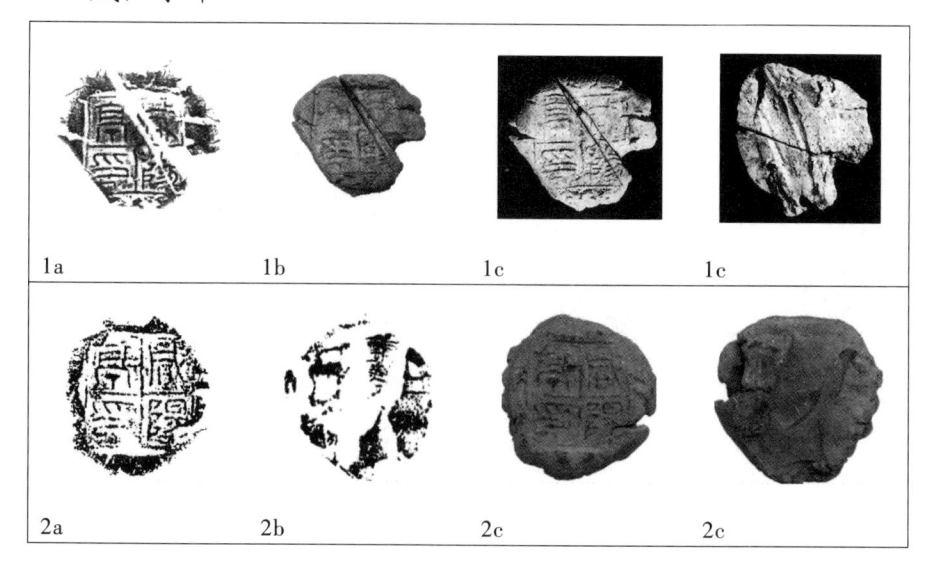

1a	1b	1c	1c
2a	2b	2c	2c

3a	3b	3c	

（1a：《秦封》P364；《汇考》P169；1b：《问陶》P166；1c：《秦封》图版6；2a：《印风》P159；《印集》P88；《汇考》P168；《玺印》P400；《大系》P299；2b：《印集》P88；2c：《汇考》图版P42；3a：《发现》图113；《图例》P56；《秦封》P364；《书集》P125；《汇考》P168；《大系》P300；3b：《秦封》彩版4；3c：《问陶》P164）

咸□亭印

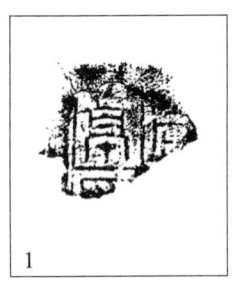

1

（1：《秦封》P364；《汇考》P169；《大系》P299）

咸阳亭丞

1			2

第一章　内史　589

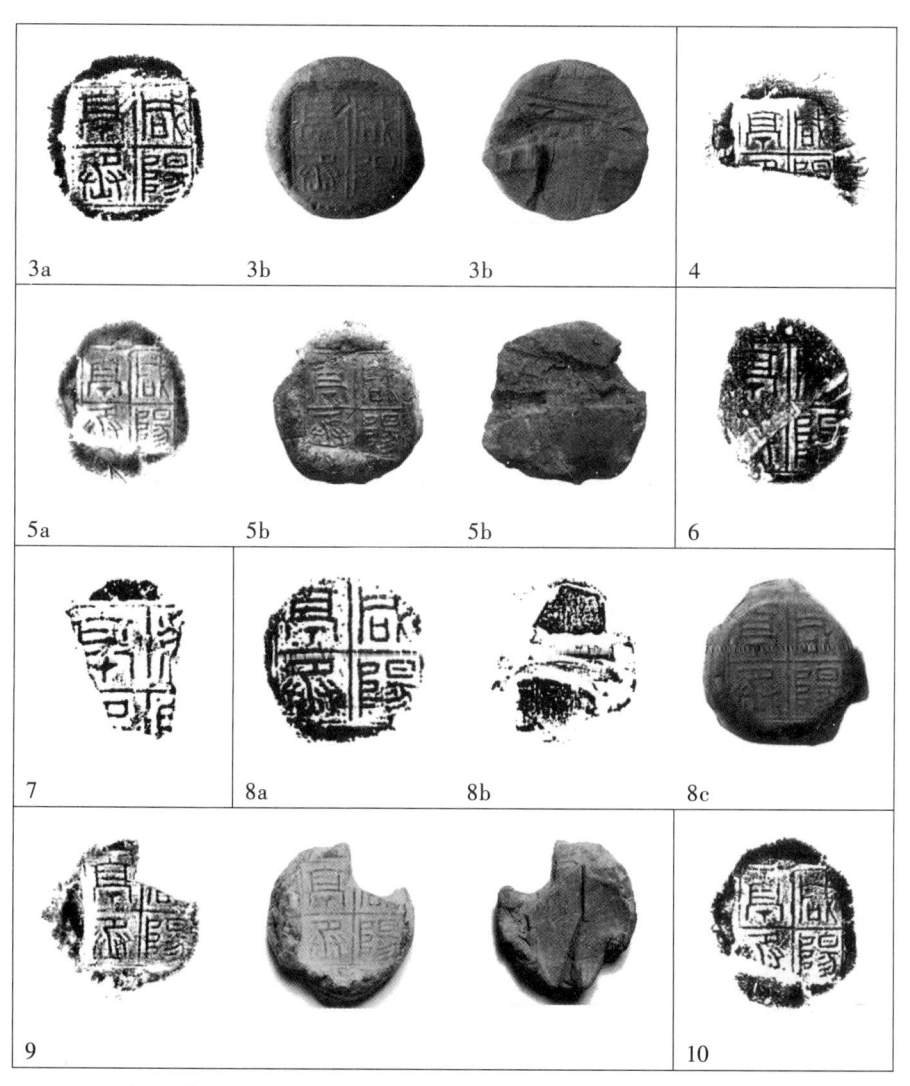

（1：《上封》P60；2：《印风》159；《秦封》P365；《汇考》P169；《玺印》P400；《大系》P299；2：《大系》P299；3a：《相家》P26；《大系》P299；3b：《相家》P26；4：《补读》图62；《秦封》P365；《书集》P125；《汇考》P169；5a：《相家》P26；《大系》P299；5b：《相家》P26；6：《新出》P40；《大系》P299；7：《新出》P40；8a：《印风》159；《秦封》P365；《印集》P88；《汇考》P169；《玺印》P400；《大系》P299；8b：《印集》P88；8c：《书集》P125；9：《观二》P43；10：《大系》P299）

590　中编　地方职官

咸阳亭□

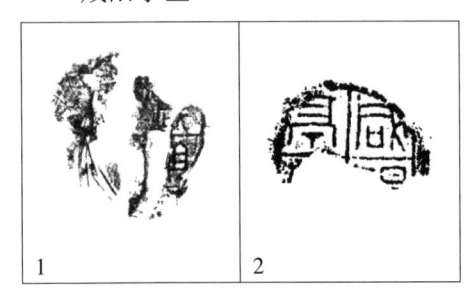

| 1 | 2 |

（1:《大系》P300；2:《秦封》P365；《汇考》P169）

咸□亭□

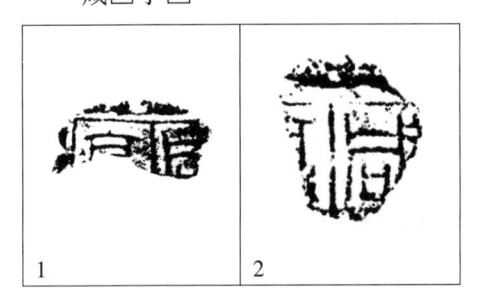

| 1 | 2 |

（1:《新出》P40；2:《新出》P40；《大系》P299）

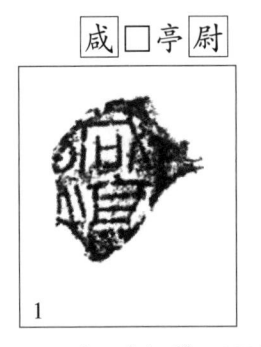

咸□亭尉

| 1 |

（1:《大系》P299）

第一章　内史　591

频阳

频阳

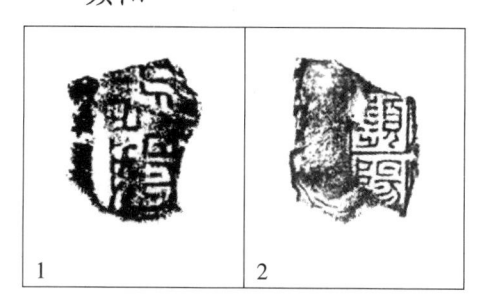

1	2

（1:《新选》P87；2:《大系》P37）

频阳丞印

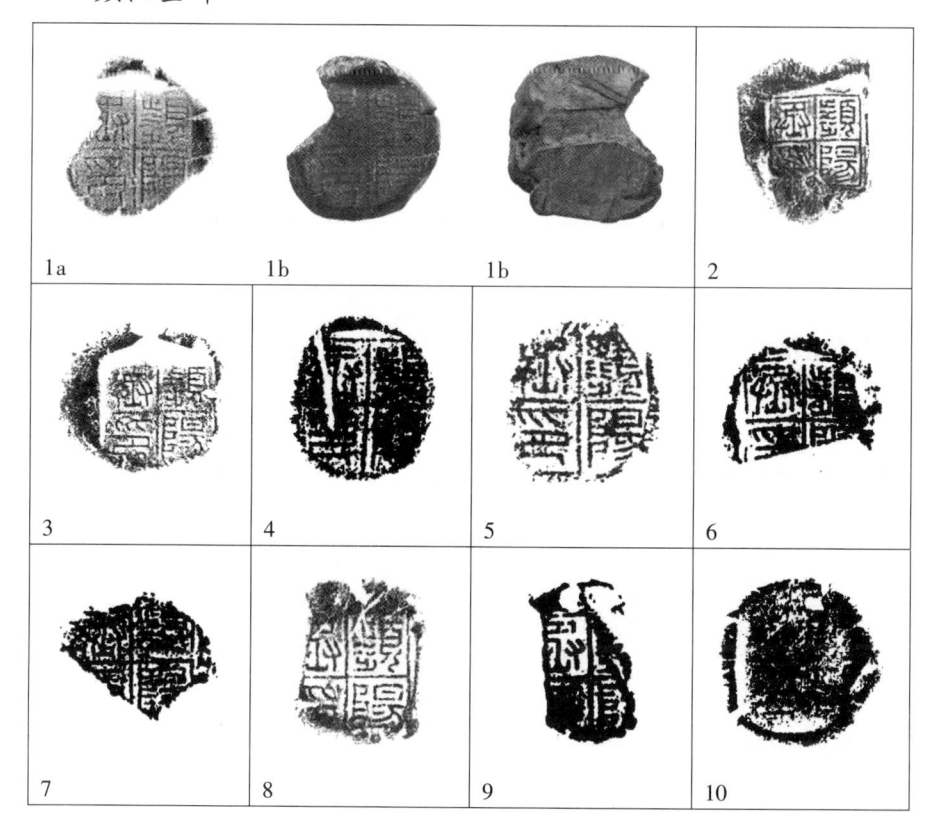

1a	1b	1b	2
3	4	5	6
7	8	9	10

592　中编　地方职官

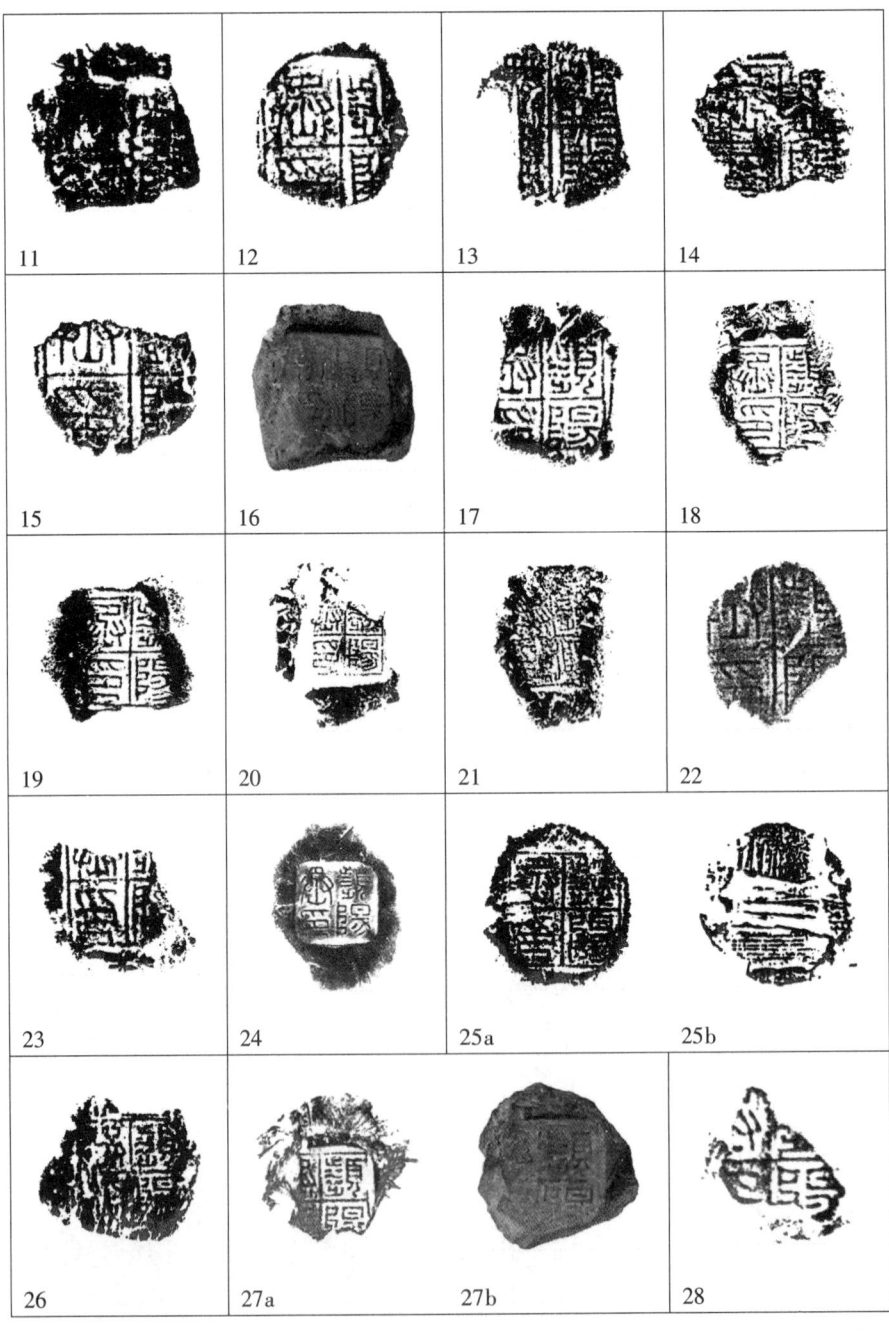

11	12	13	14
15	16	17	18
19	20	21	22
23	24	25a	25b
26	27a	27b	28

（1a：《相家》P26；《大系》P38；1b：《相家》P26；2：《大系》P38；3：《大系》P38；4：《汇考》P181；《大系》P38；5：《发现》图126；《图例》P56；《秦封》

P272;《汇考》P181;《玺印》P415;《大系》P38；6、7、9：《秦封》P272；《汇考》P181；8：《大系》P38；10、11：《秦封》P272；12—15：《新出》P28；16：《问陶》P173；17—21：《新出》P73；22：《新出》P73；《大系》P38；23：《新出》P73；24：《大系》P38；25a：《印风》P160；《印集》P94；《汇考》P181；《大系》P38；25b：《印集》P94；26：《酒余》P27下；27a：《大系》P38；27b：《问陶》P174；28：《酒余》P27下）

频□丞印

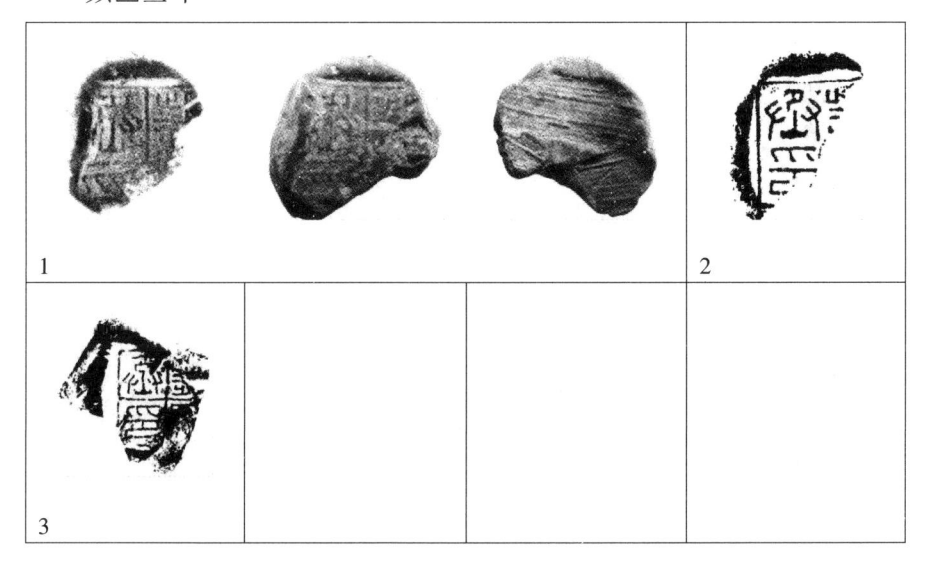

（1：《相家》P26；2、3：《酒余》P27下）

频□丞□

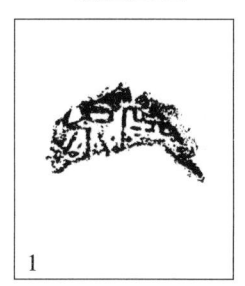

（1：《新出》P102）

频阳□□

| 1 | 2 | 3 | 4 |

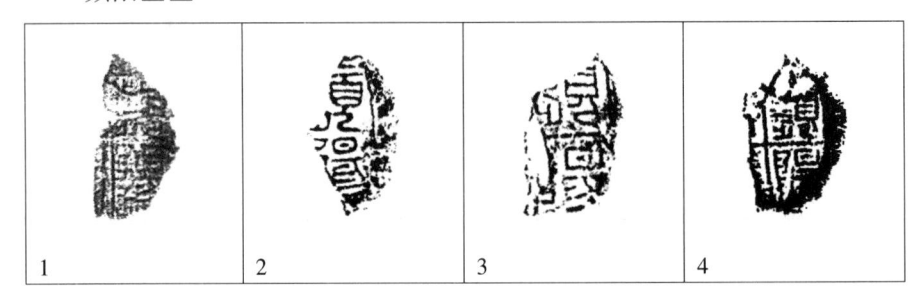

（1：《大系》P35；2：《新出》P102；3：《新出》P28；4：《秦封》P272；《汇考》P181）

重泉

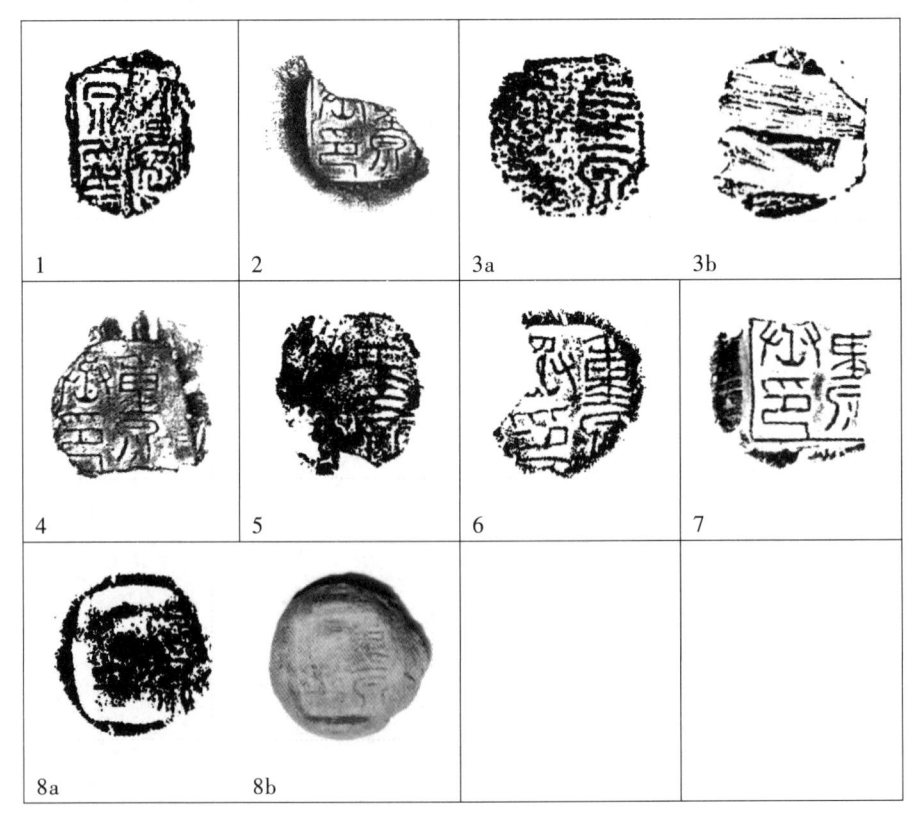

重泉丞印

1	2	3a	3b
4	5	6	7
8a	8b		

（1：《古封》P145；《秦封》P273；《汇考》P182；《玺印》P416；《大系》P50；

第一章 内史 595

2：《大系》P51；3a：《印集》P95；《汇考》P182；《大系》P503b：《印集》P95；4、7：《大系》P51；5：《新出》P51；6：《新选》P91；《大系》P50；8a：《汇考》P182；《大系》P50；8b：《泥选》）

重泉□□

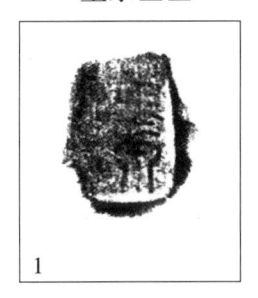

1

（1：《大系》P51）

重□□□

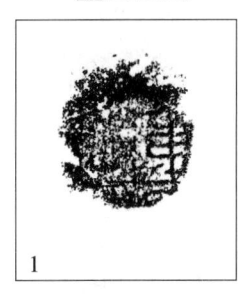

1

（1：《酒余》P28 上）

□泉丞印

1

（1：《酒余》P28 上）

□泉□印

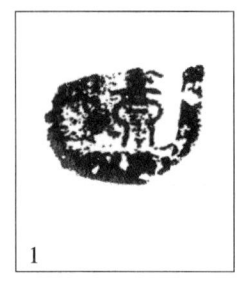

1

(1:《发现》图128;《图例》P56;《秦封》P273;《汇考》P182;《大系》P50)

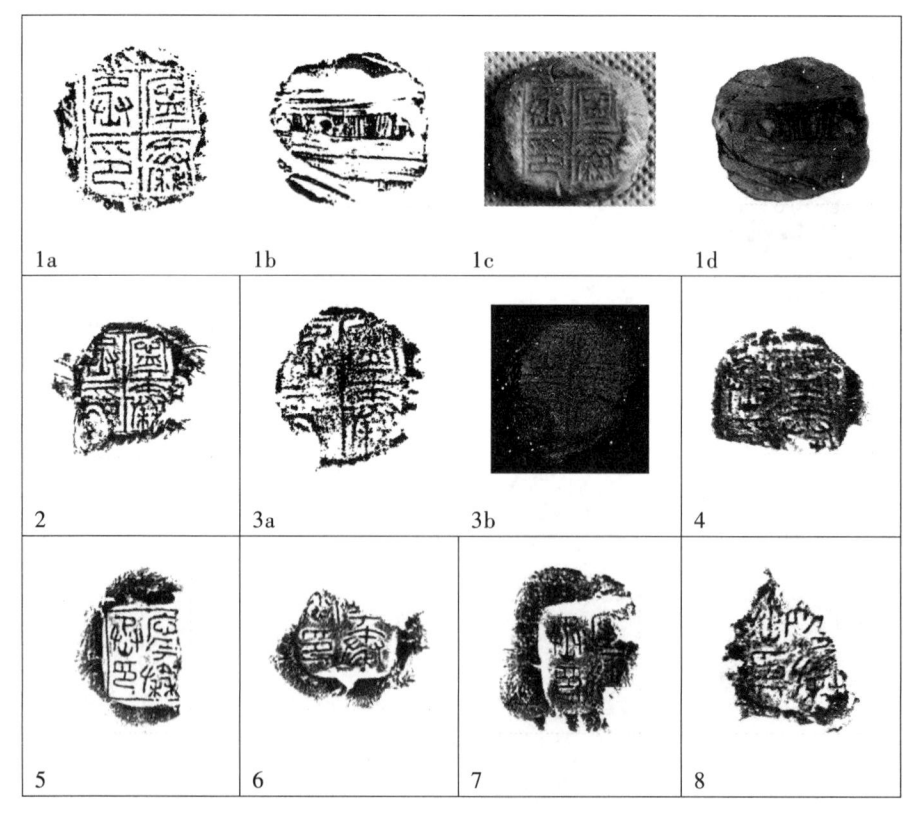

宁秦

宁秦丞印

1a	1b	1c	1d
2	3a	3b	4
5	6	7	8

(1a:《印风》P150;《印集》P95;《汇考》P183;《玺印》P419;1b:《印集》P95;1c:《汇考》图版P45;《泥选》;1d:《汇考》图版P45;2、4—7:《大系》

第一章　内史　597

P183；3a：《补读》图 45；《秦封》P273；《汇考》P183；《玺印》P417；《大系》P183；3b：《秦封》彩版 4；8：《酒余》P37 下；《大系》P184）

宁□丞□

1

（1：《新出》P102；《大系》P184）

□秦□印

1

（1：《酒余》P37 下）

下邽

下邽

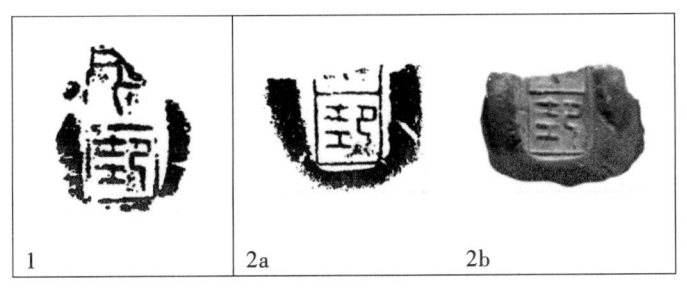

1　　2a　　2b

（1：《于京》图 46；《玺印》P389；《大系》P293；2a：《新出》P80；《秦选》P92；《大系》P293；2b：《秦选》P92）

598　中编　地方职官

下邽丞印

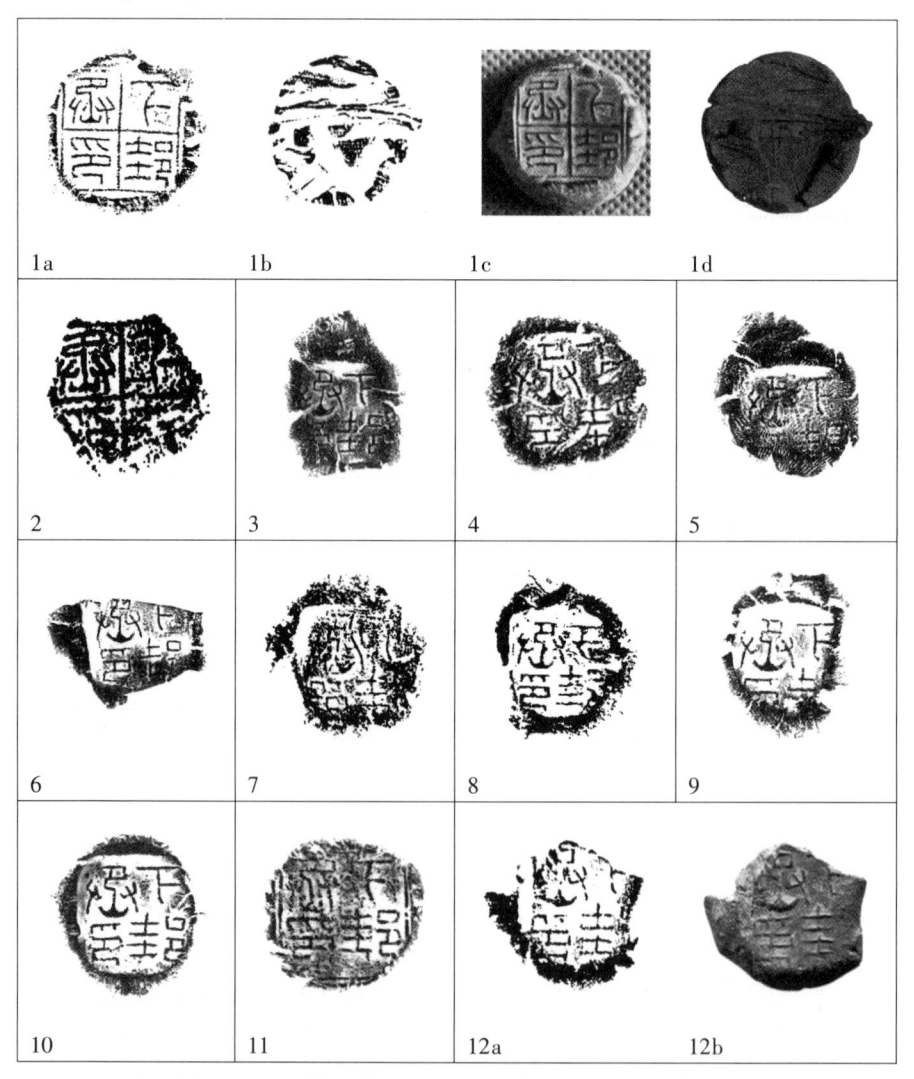

（1a：《印考》图 195；《印风》P145；《秦封》P274；《书法》P41；《印集》P96；《书集》P129；《汇考》P183；《玺印》P408；《大系》P293；1b：《印集》P96；1c：《汇考》图版 P45；《泥选》；1d：《汇考》图版 P45；2：《发现》图 121；《图例》P56；《秦封》P274；《汇考》P183；《大系》P293；3：《大系》P293；4—6：《新出》P80；《大系》P293；7：《新出》P80；8：《新选》P112；《大系》P293；9：《新出》P80；《大系》P293；10、11：《大系》P293；12a：《新出》P80；《秦选》P90；12b：《秦选》P90）

第一章 内史 599

下邽少内

1

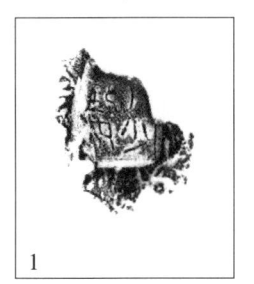

（1：《大系》P294）

下邽右尉

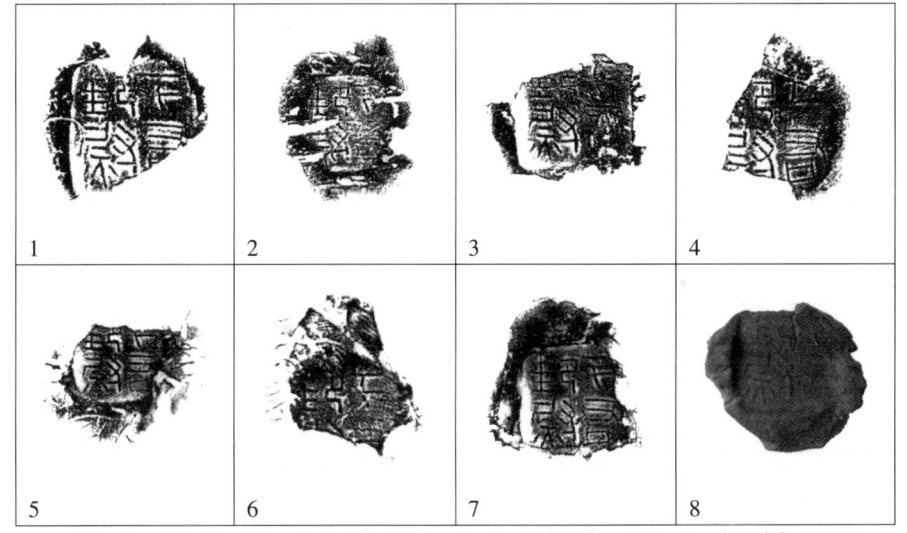

| 1 | 2 | 3 | 4 |
| 5 | 6 | 7 | 8 |

（1—4：《新出》P80；《大系》P294；5—7：《大系》P294；8：《问陶》P174）

栎阳

栎阳

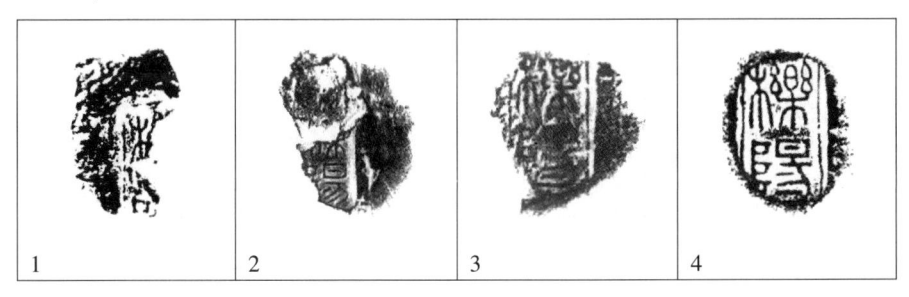

| 1 | 2 | 3 | 4 |

600　中编　地方职官

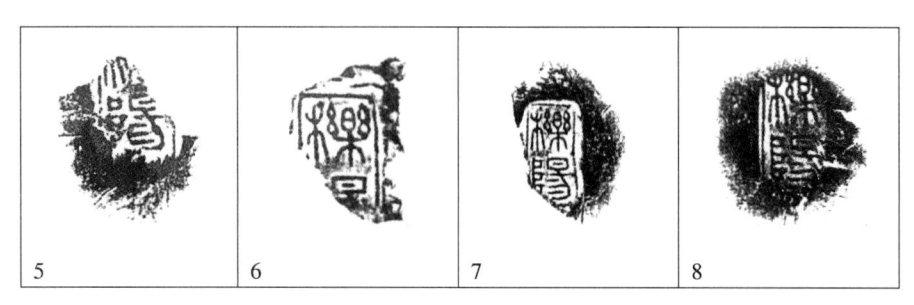

|5|6|7|8|

（1：《新出》P105；《大系》P362；2：《大系》P361；3：《大系》P362；4：《新选》P119；《大系》P361；5：《新选》P119；《大系》P362；6：《酒余》P48下；《大系》P361；7、8：《大系》P361）

栎□

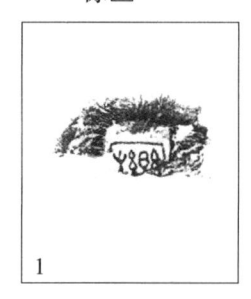

|1|

（1：《大系》P362）

栎阳丞印

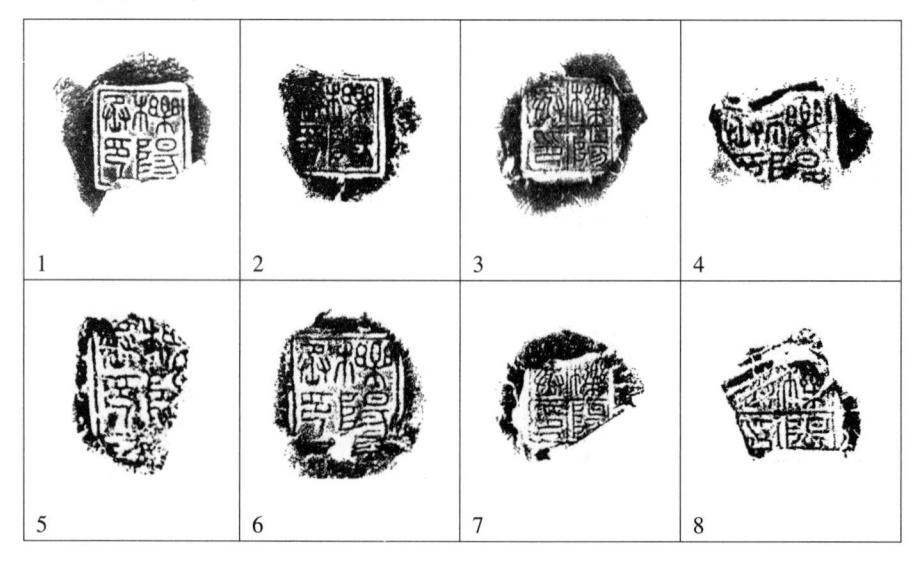

|1|2|3|4|
|5|6|7|8|

第一章 内史 601

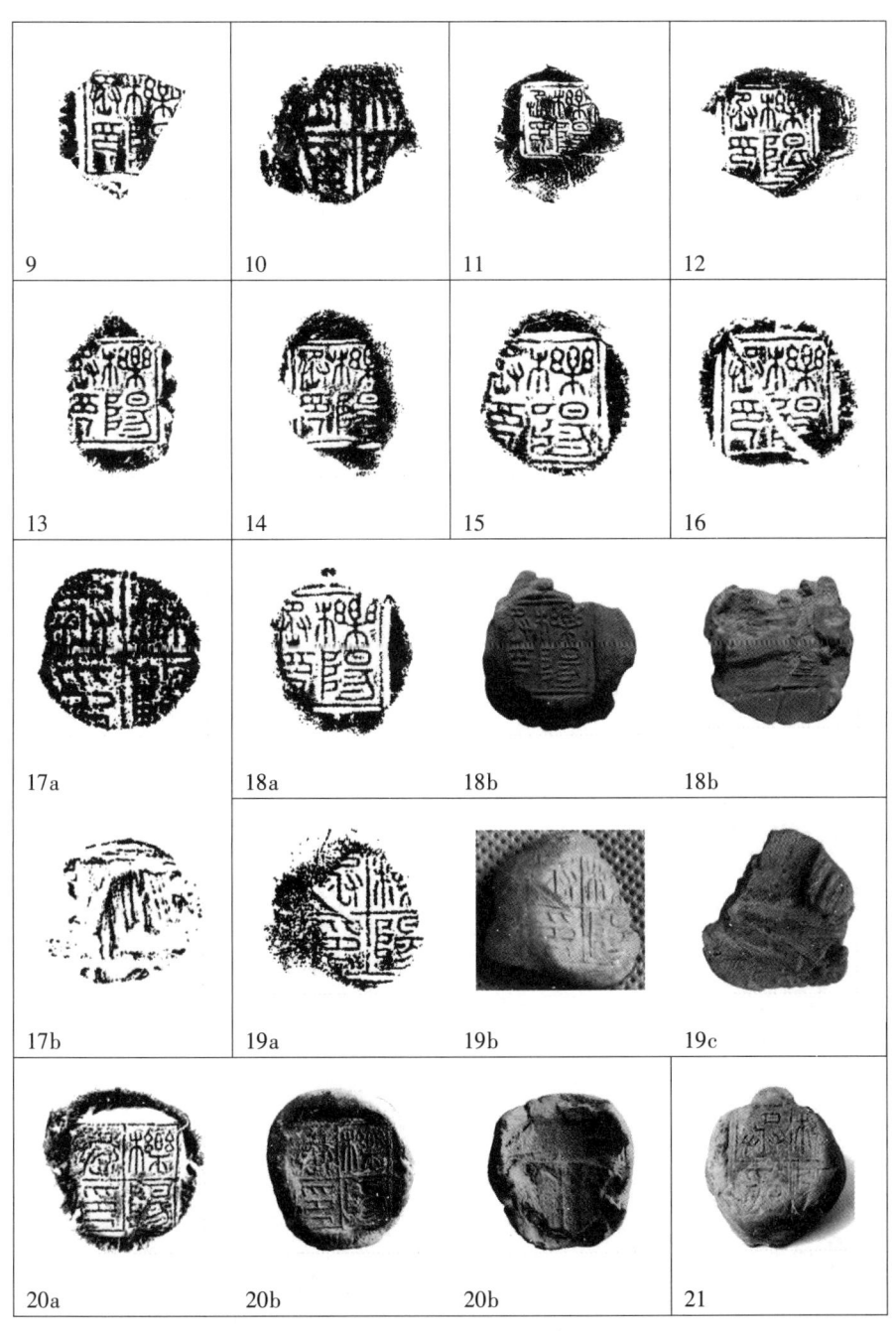

9	10	11	12
13	14	15	16
17a	18a	18b	18b
17b	19a	19b	19c
20a	20b	20b	21

（1：《大系》P362；2：《新出》P105；《大系》P362；3：《大系》P363；4：《酒余》P49 上；5：《新出》P105；6：《新选》P119；《大系》P363；7、8、10：《新出》P94；9：

《新出》P105；11、12：《新选》P105；13：《新出》P105；《大系》P362；14：《新出》P105；15：《新出》P105；《大系》P362；16：《新出》P105；17a：《印集》P97；《汇考》P185；《大系》P362；17b：《印集》P97；18a：《新选》P119；《大系》P363；18b：《新选》图版P71；19a：《印风》P146；《新地》图2；《汇考》P185；《大系》P362；19b：《汇考》图版P46；《泥选》；19c：《汇考》图版P46；20a：《于京》图1；《玺印》P413；《新出》P94；《青泥》P28；《大系》P362；20b：《青泥》P28；21：《问陶》P173）

栎阳丞□

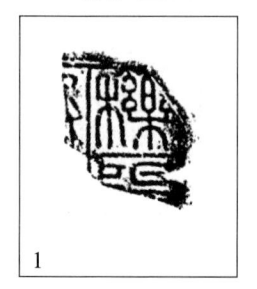

（1：《新出》P46）

栎阳□印

（1：《新出》P94）

栎□丞印

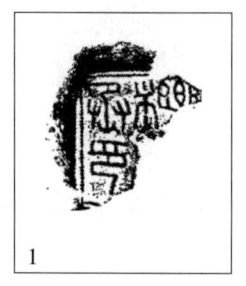

（1：《新选》P119）

第一章 内史 603

栎□丞印

1 2

(1、2:《新出》P106)

栎阳□□

1 2 3 4

5

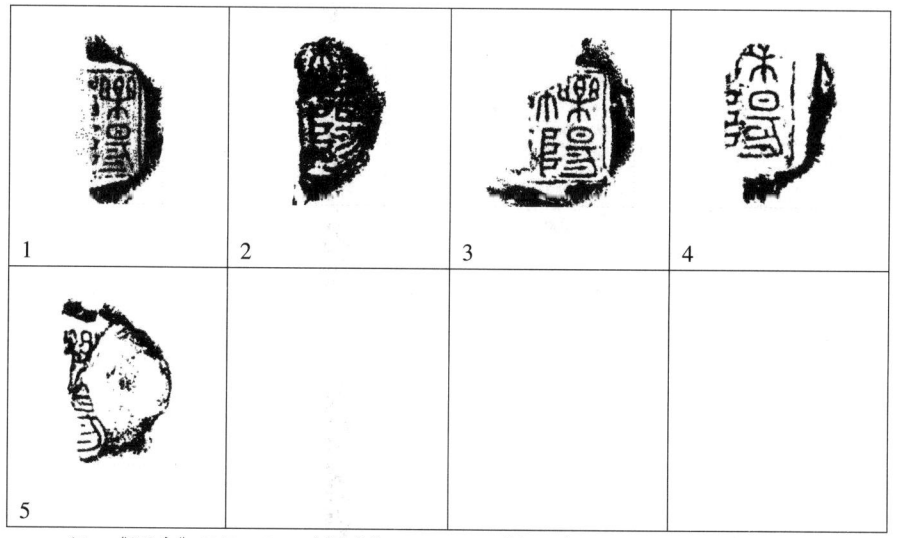

(1:《酒余》P49；2:《新出》P46；3:《新选》P119；4:《新出》P105；5:《新出》P106)

栎□丞□

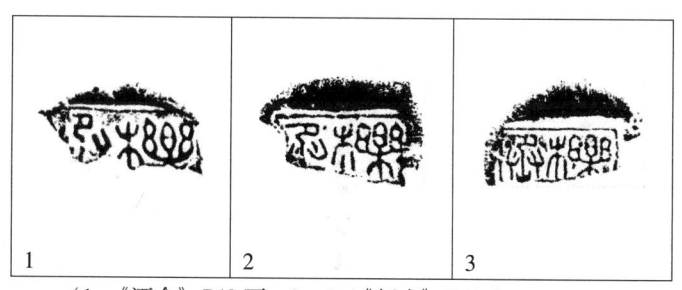

1 2 3

(1:《酒余》P48下；2、3:《新出》P105)

604 中编 地方职官

□阳丞印

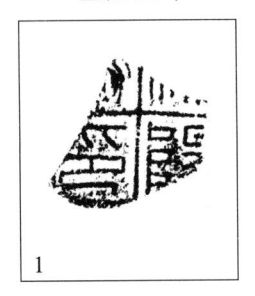

1

（1：《新出》P46）

□阳□印

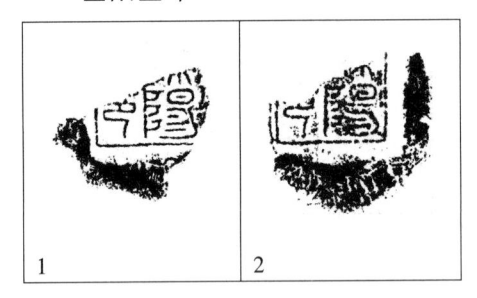

1　2

（1、2：《新出》P105）

栎工

1

（1：《大系》P361）

栎阳左工室

| 1a | 1b | 1b | 2 |

(1a:《相家》P25;《大系》P363;1b:《相家》P25;2:《于京》图2;《玺印》P424;《大系》P363)

栎阳左工室丞

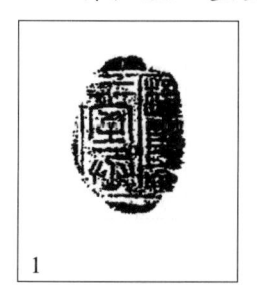

1

(1:《新地》图3;《于京》图3;《玺印》P424;《大系》P363)

栎阳右工室丞

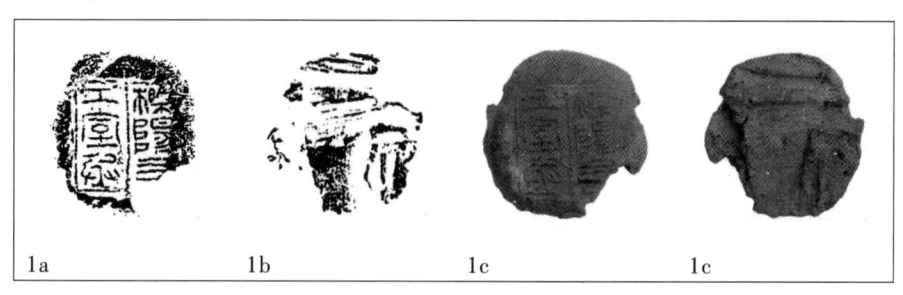

| 1a | 1b | 1c | 1c |

606　中编　地方职官

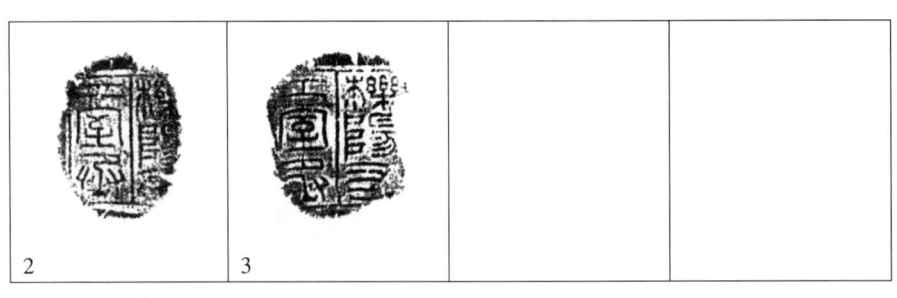

（1a：《印考》图198；《补读》图40；《印风》P136；《秦封》P248；《印集》P97；《书集》P125；《汇考》P185；《玺印》P424；《大系》P363；1b：《印集》P97；1c：《汇考》图版P46；2、3：《大系》P363）

栎阳□□室

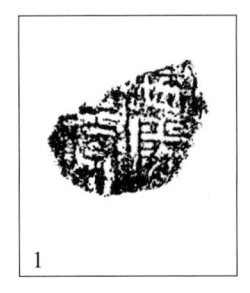

（1：《新出》P46；《大系》P363）

高陵

高陵

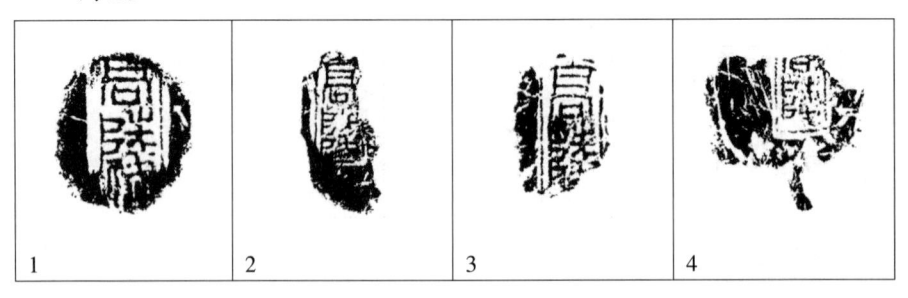

第一章　内史　607

5	6	7	8
9a	9b	9b	10

（1：《新出》P63；《大系》P87；2—5：《新出》P63；6：《大系》P88；7：《新选》P92；《大系》P87；8：《大系》P87；9a：《大系》P87；《精品》P66；9b：《精品》P66；10：《新选》P92）

□陵

1

（1：《新选》P92；《大系》P87）

高陵丞印

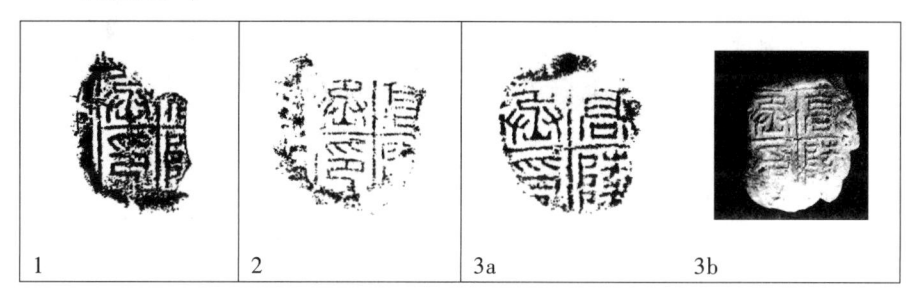

1	2	3a	3b

608 中编 地方职官

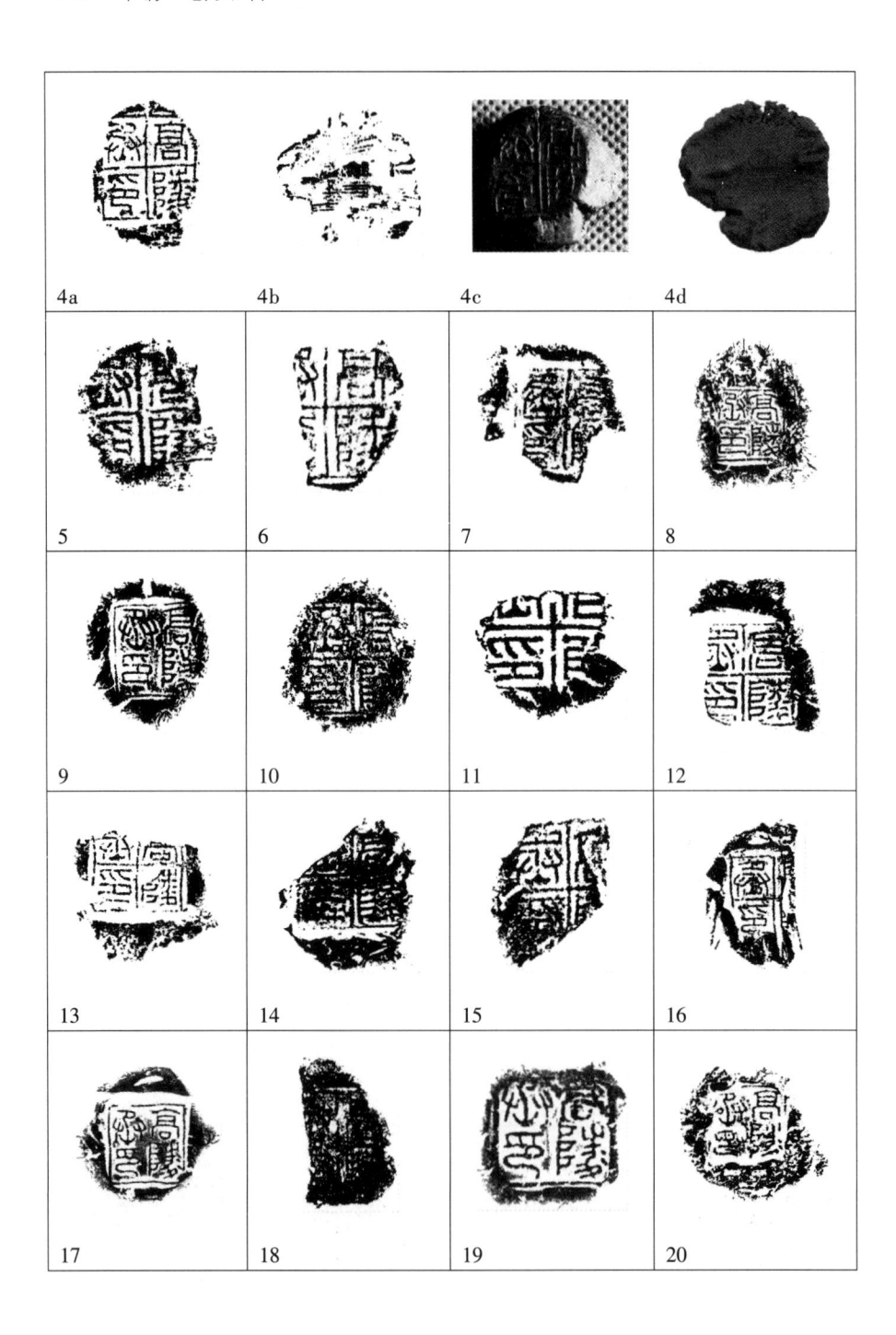

第一章　内史　609

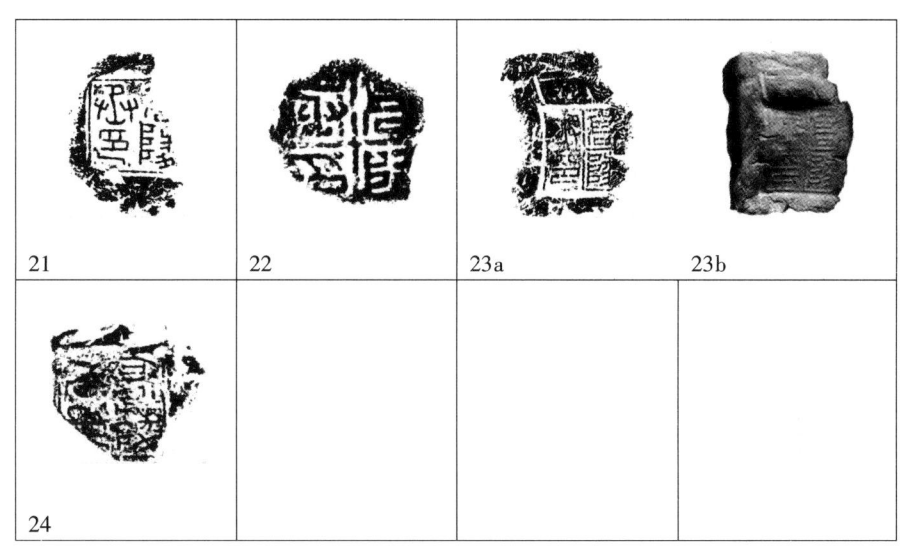

21	22	23a	23b
24			

（1、2、5：《秦封》P274；《汇考》P184；3a：《发现》图124；《图例》P56；《秦封》P274；《书集》P129；《汇考》P184；《玺印》P405；《大系》P88；3b：《秦封》图版4；4a：《印风》P159；《印集》P96；《汇考》P125；《大系》P88；4b：《印集》P96；4c：《汇考》图版P45；《泥选》；4d：《汇考》图版P45；6：《酒余》P30上；7：《新出》P12；8：《新选》P93；《大系》P88；9：《新出》P64；《大系》P88；10：《新选》P93；11：《新选》P93；12：《新出》P64；《大系》P88；13—16：《新出》P64；17：《大系》P88；18：《新出》P64；19：《大系》P88；20—21：《新出》P100；22：《酒余》P30上；《大系》P88；23a：《新出》P64；《秦选》P81；《大系》P88；23b：《秦选》P81；24：《酒余》P30上）

高陵丞□

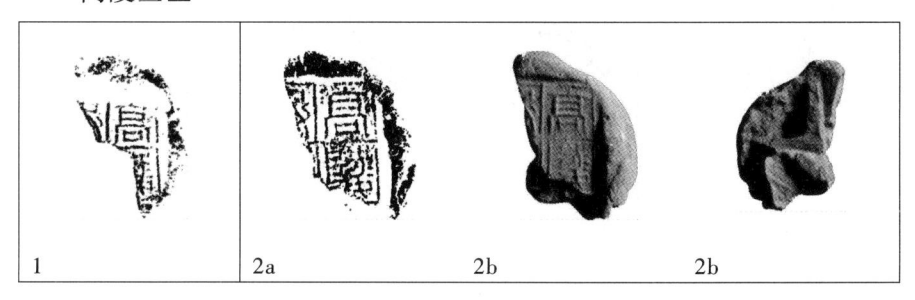

1	2a	2b	2b

610　中编　地方职官

3			

（1：《秦封》P274；《汇考》P184；2a：《精品》P54；《新选》P93；2b：《精品》P54；3：《新选》P93）

高陵□印

1

（1：《秦封》P274；《汇考》P184）

高□丞印

1

（1：《陕北》P111）

第一章 内史 611

高陵少内

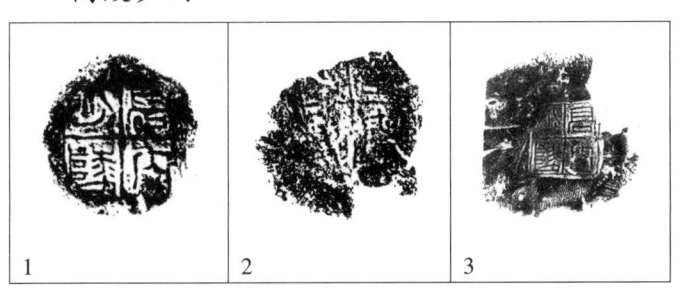

1 2 3

（1:《新出》P64;《大系》P89; 2:《新选》P93;《大系》P89; 3:《大系》P89）

高陵少□

1

（1:《新选》P93;《大系》P89）

高陵司空

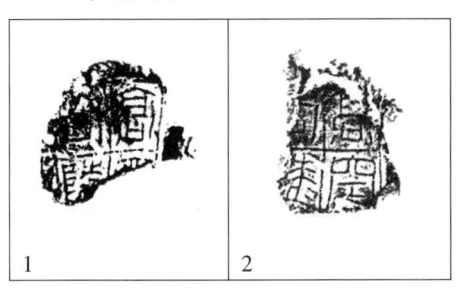

1 2

（1:《新选》P93;《大系》P89; 2:《大系》P89）

高陵右尉

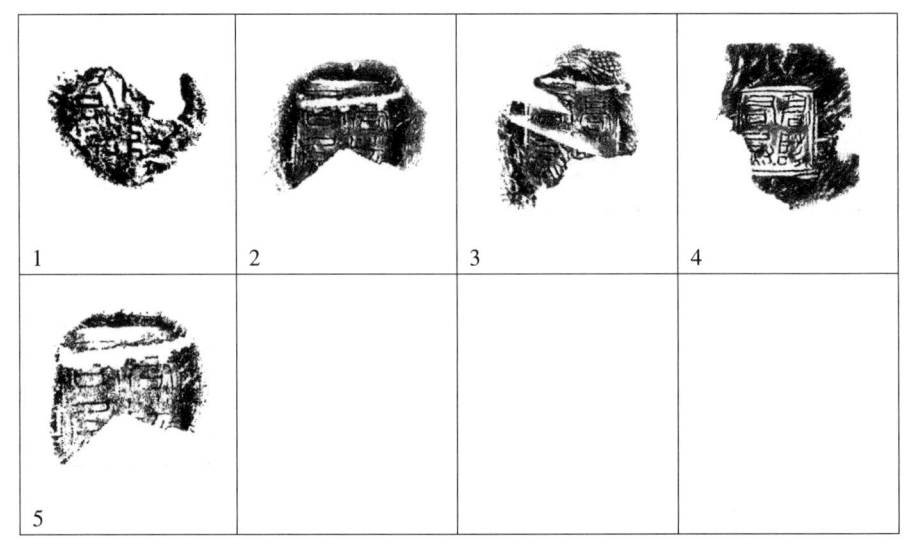

1	2	3	4
5			

（1：《新选》P93；《大系》P90；2—4：《大系》P90；5：《酒余》P30 上）

高□右尉

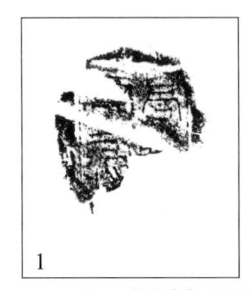

1

（1：《酒余》P30 下）

高陵左尉

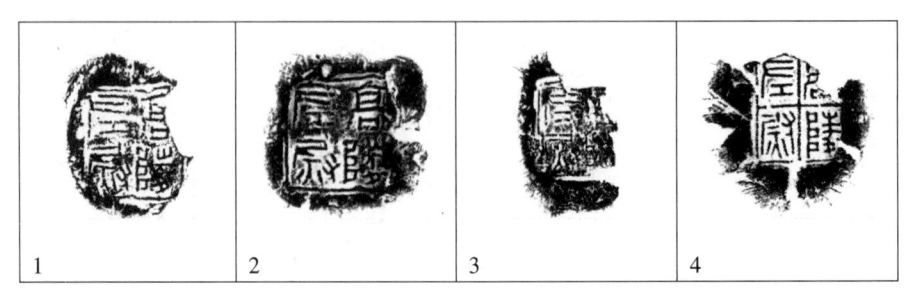

1	2	3	4

第一章　内史　613

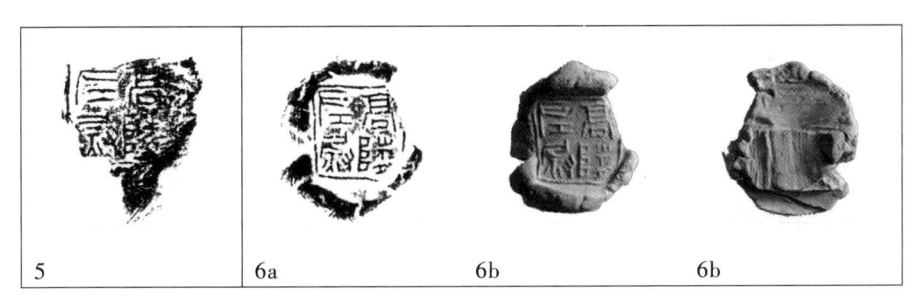

（1：《新选》P93；《大系》P91；2、3：《大系》P90；4：《大系》P90；5：《大系》P91；6a：《精品》P63；《大系》P90；6b：《精品》P63）

高陵左□

（1：《新出》P100；《大系》P90）

高陵□尉

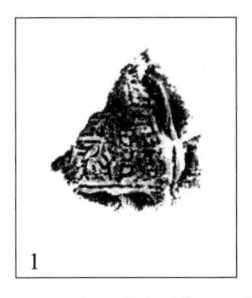

（1：《大系》P90）

614　中编　地方职官

高陵发弩

1

（1:《新选》P93；《大系》P89）

高陵弄弩

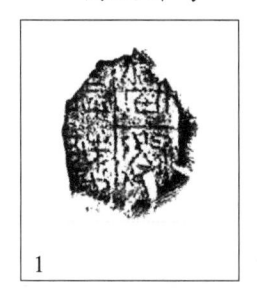

1

（1:《大系》P89）

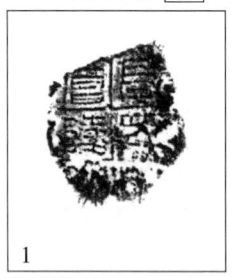

高陵詹印

1

（1:《大系》P88）

高□船□

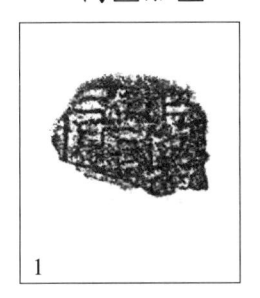

1

(1:《大系》P89)

高陵□□

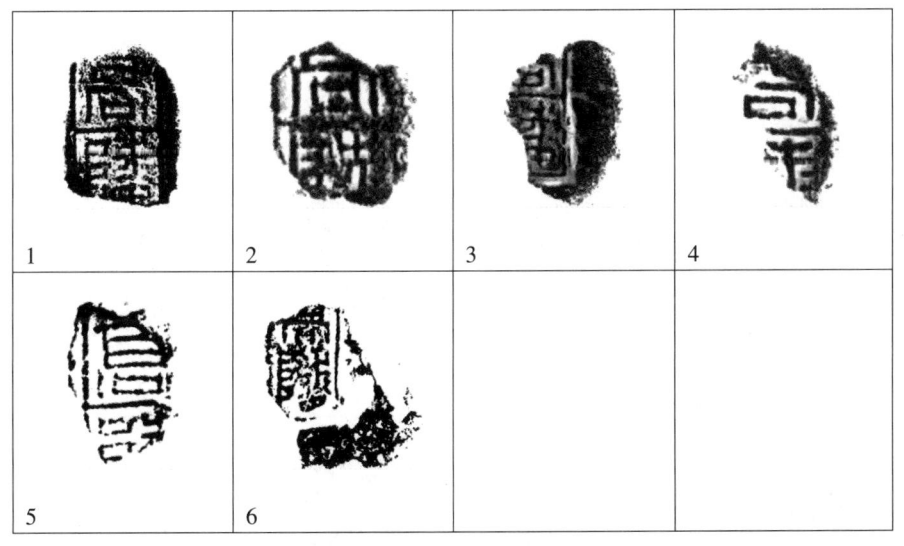

| 1 | 2 | 3 | 4 |
| 5 | 6 | | |

(1:《新出》P12;《大系》P91；2:《大系》P91；3:《新出》P64;《大系》P91；4:《大系》P91；5:《新出》P64；6:《新出》P100;《大系》P91)

616　中编　地方职官

杜

杜印

| 1 | 2 | 3 | 4 |

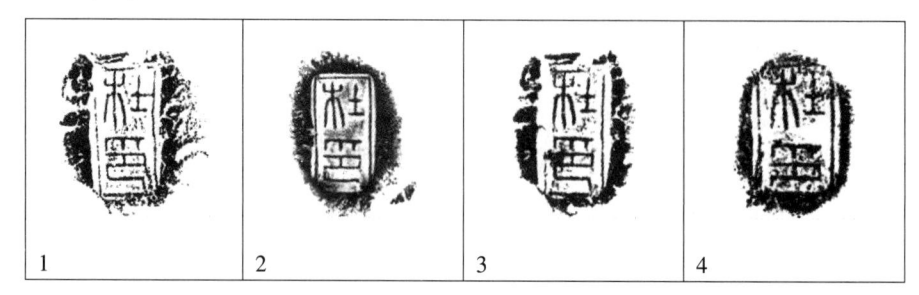

（1：《新选》P92；《大系》P75；2：《大系》P75；3：《西见》图二：11；《大系》P75；4：《大系》P76）

杜丞之印

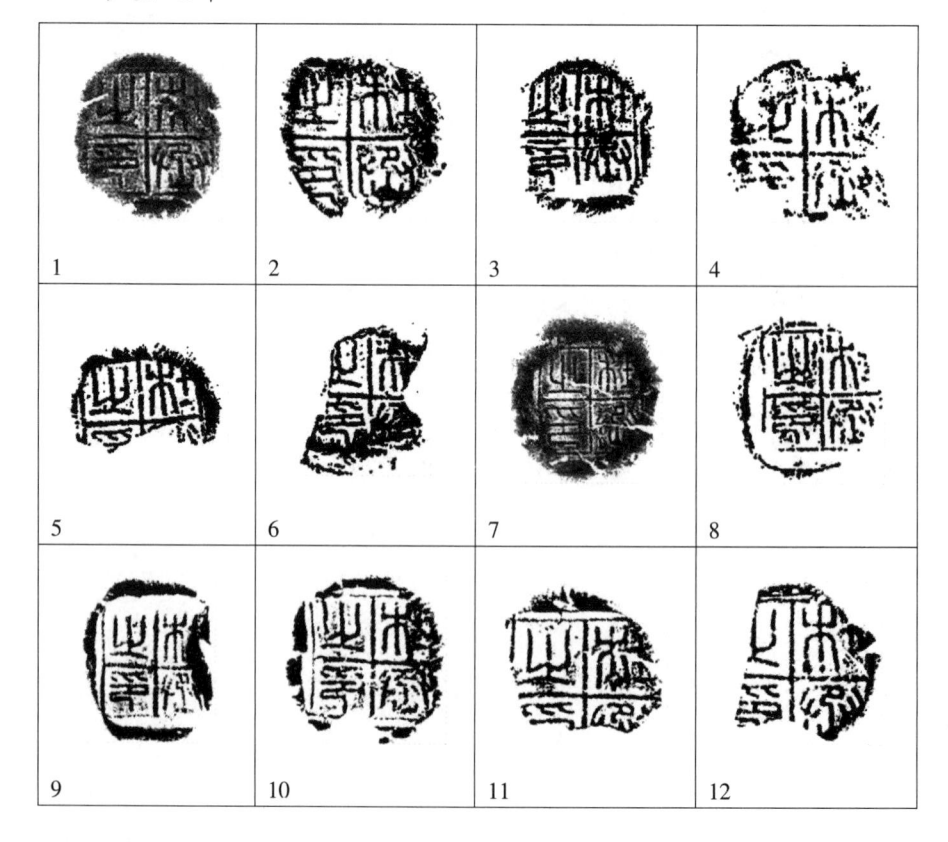

1	2	3	4
5	6	7	8
9	10	11	12

第一章 内史 617

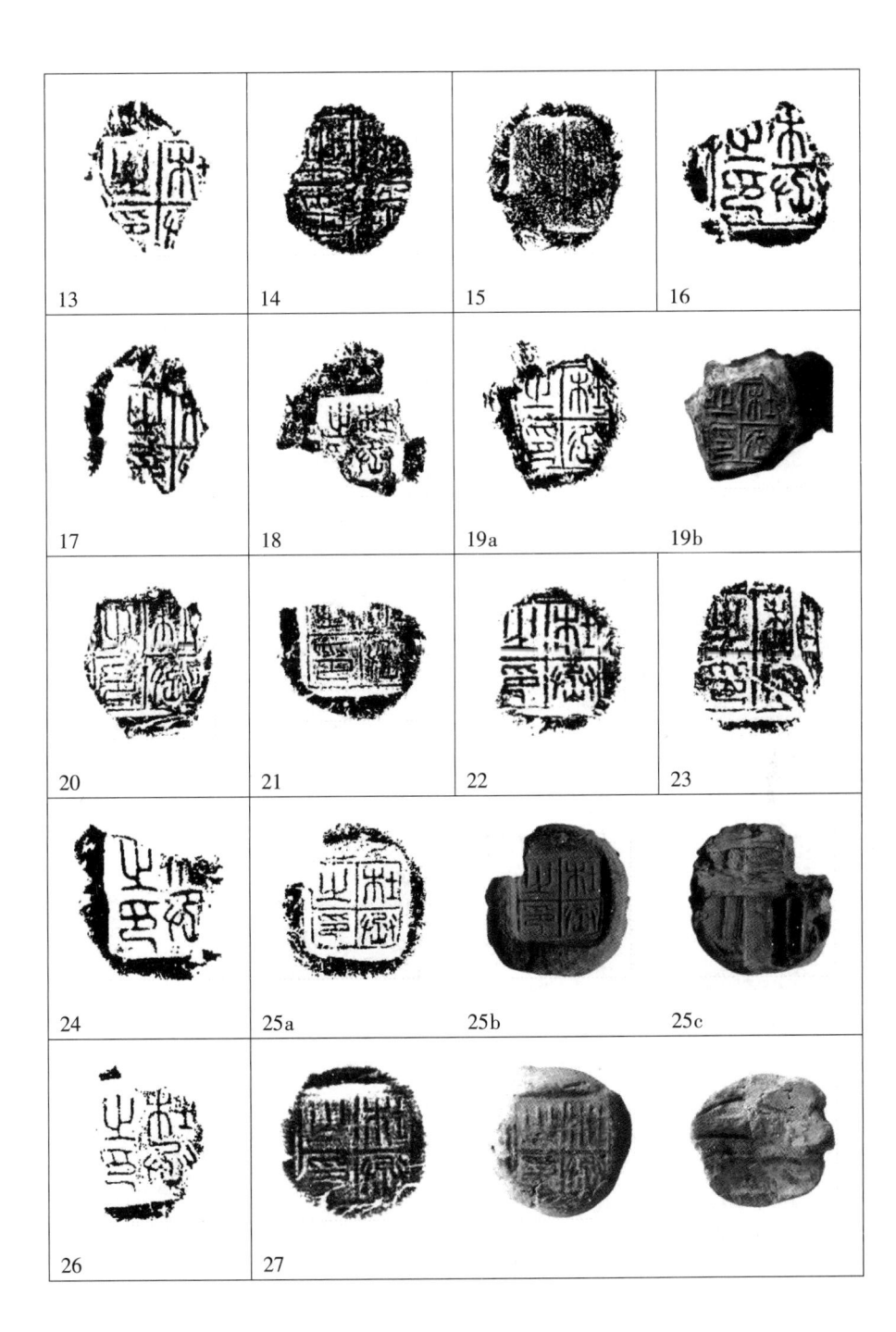

13	14	15	16
17	18	19a	19b
20	21	22	23
24	25a	25b	25c
26	27		

618 中编 地方职官

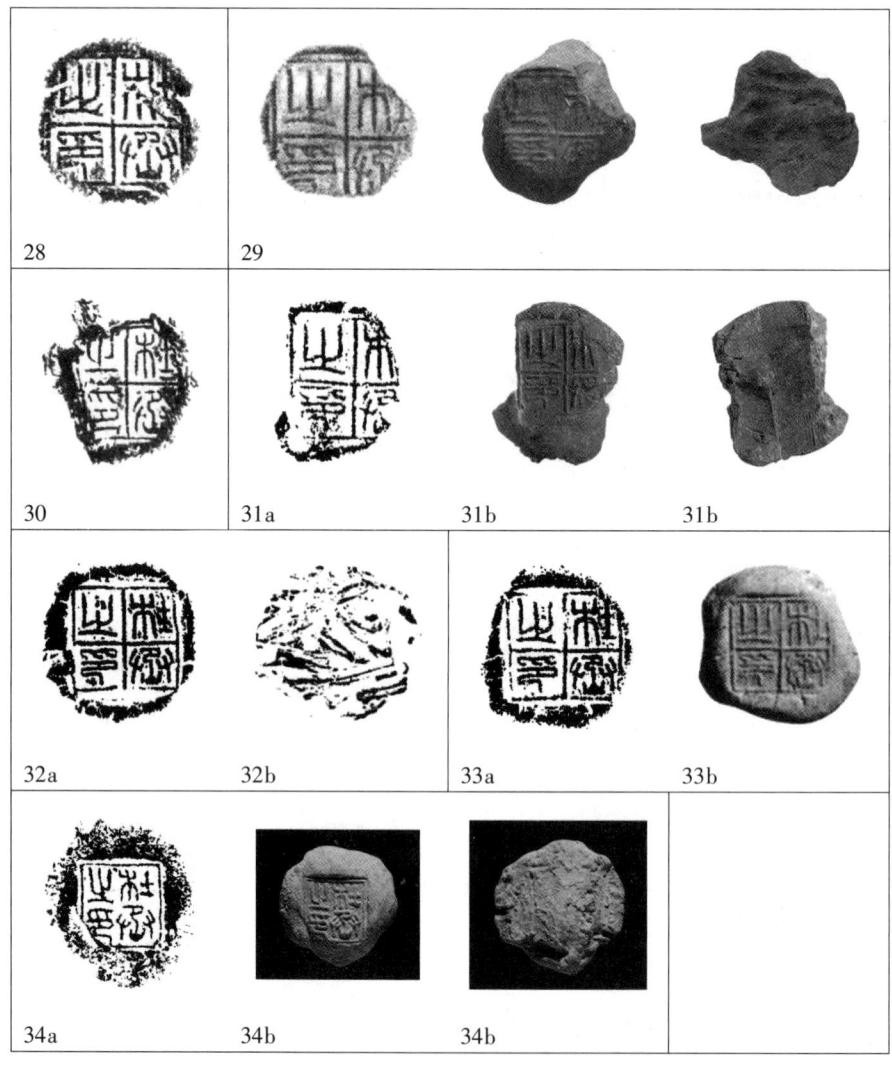

28	29		
30	31a	31b	31b
32a	32b	33a	33b
34a	34b	34b	

（1：《大系》P73；2：《新出》P63；3：《秦封》P276；《书集》P127；《汇考》P188；4—6、8：《秦封》P276；《汇考》P188；7：《大系》P74；9、10：《新出》P10；11—15、17：《新出》P11；16：《酒余》P28下；18：《新出》P62；19a：《新出》P63；《秦选》P81；19b：《秦选》P81；20：《新出》P63；21：《新出》P63；22：《发现》图123；《图例》P56；《书集》P127；23：《新出》P11；24、26：《新选》P91；25a：《印考》图205；《印风》P155；《书法》P41；《书集》P127；《汇考》P188；《玺印》P407；《大系》P73；25b：《汇考》图版P47；《书法》P41；《泥选》；25c：《汇考》图版P47；《书法》P41；27：《相家》P27；28、30：《大系》P73；29：《相家》P27；31：《上封》P61；32a：《印集》P99；《汇考》P188；《大系》P73；32b：《印集》P99）33a：《汇考》P188；《大系》P73；33b：《图录》；《秦研》P83；34a：《新选》P91；《大系》P74；34b：《新选》图版P63）

第一章　内史　619

杜丞□印

1

（1:《新选》P91）

杜□之印

1

（1:《秦封》P276;《汇考》P188）

杜□之□

1	2		
3	4		

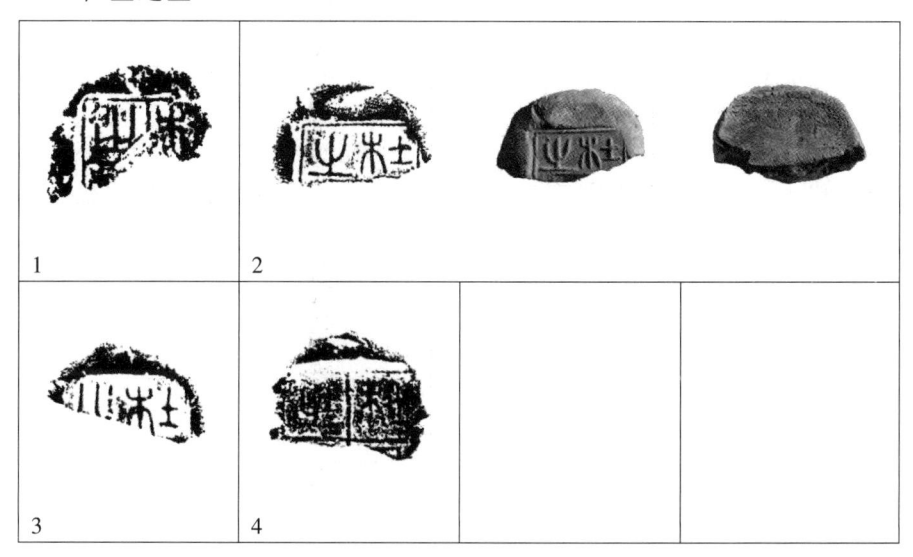

（1:《酒余》P28下; 2:《精品》P49; 3:《新出》P100; 4:《新出》P11）

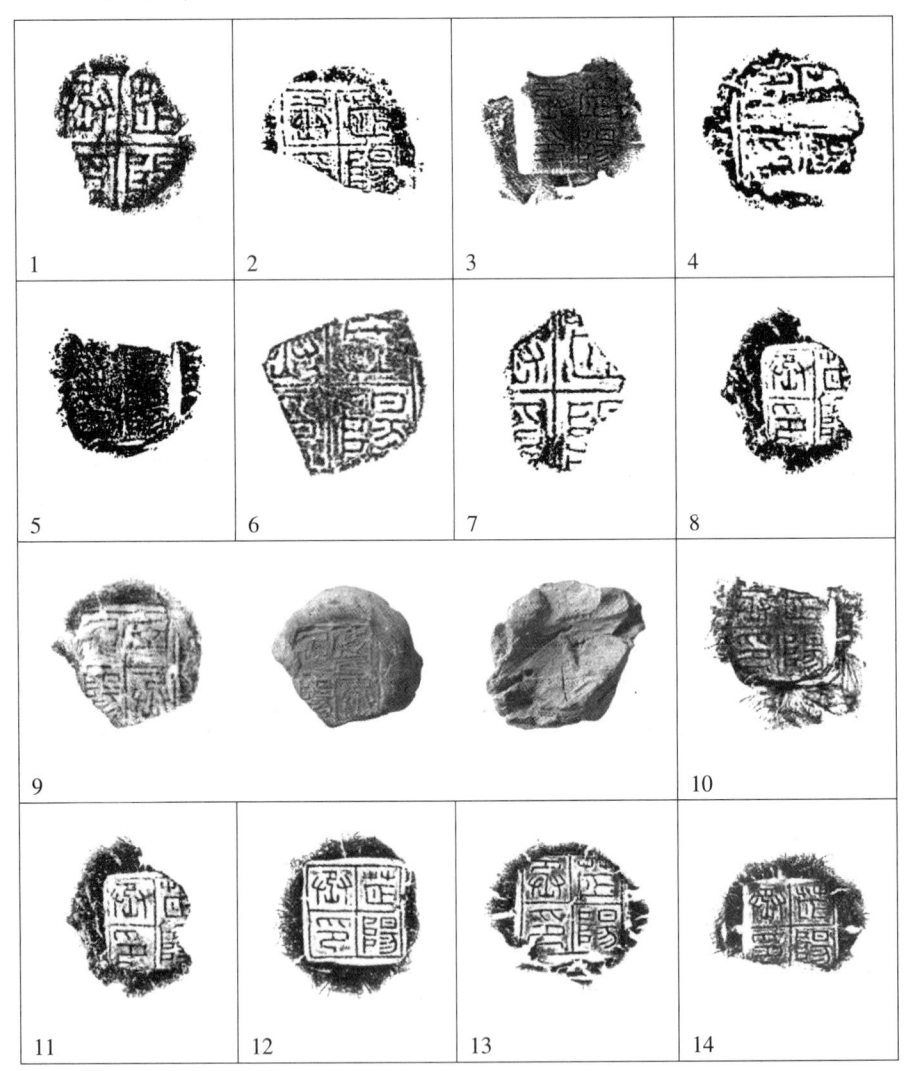

芷阳

芷阳丞印

15	16a	16b	16c
17			

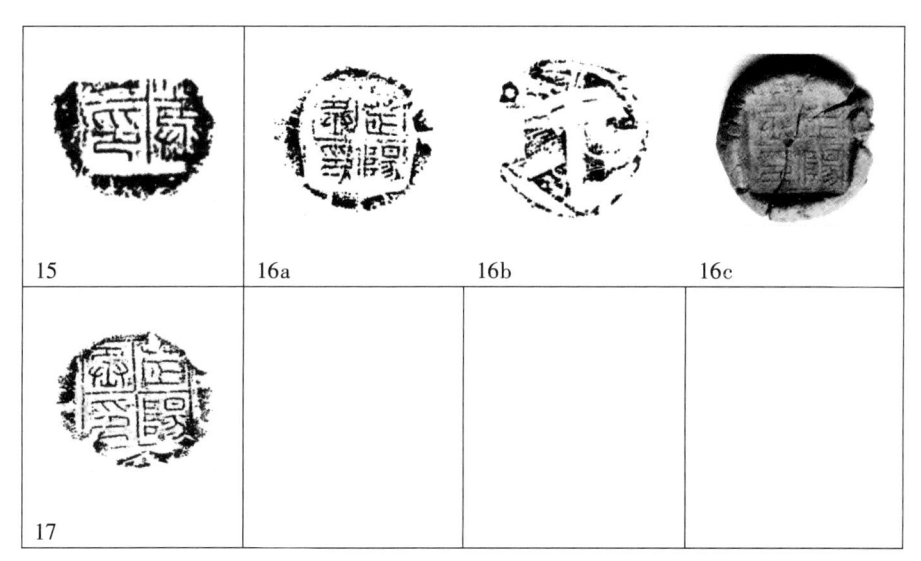

（1：《酒余》P50 上；2：《汇考》P189；《大系》P372；3：《发现》图 122；《图例》P56；《秦封》P277；《汇考》P189；《大系》P372；4、5：《秦封》P277；《汇考》P189；6、7：《新出》P47；8：《新出》P95；《大系》P372；9a、9b：《相家》P32；10—12：《大系》P372；13：《酒余》P49 下；《大系》P372；14：《大系》P373；15：《大系》P372；16a：《印考》图 202；《印风》P159；《秦封》P277；《印集》P99；《汇考》P189；《玺印》P415；《大系》P372；16b：《印集》P99；16c：《泥选》；17：《酒余》P50）

芷阳丞□

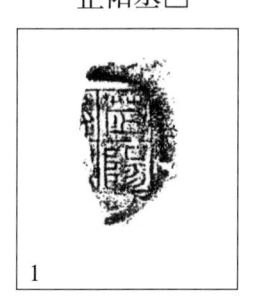

1

（1：《大系》P373）

芷阳□□

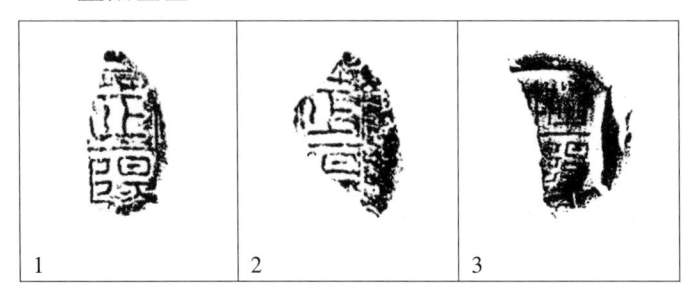

| 1 | 2 | 3 |

（1、2：《新出》P47；3：《新出》P106）

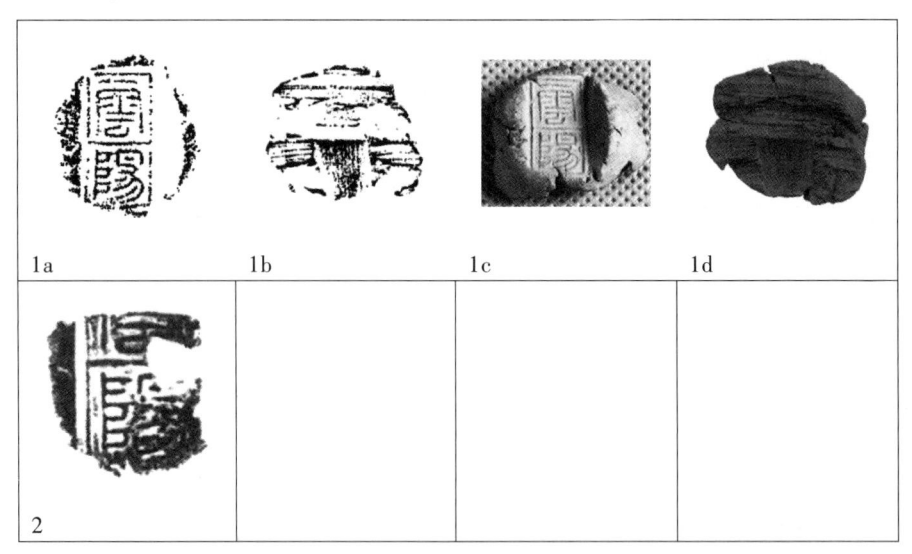

云阳

云阳

| 1a | 1b | 1c | 1d |
| 2 | | | |

（1a：《印风》P165；《印集》P102；《新地》图6；《汇考》P192；《玺印》P399；《大系》P363；1b：《印集》P102；1c：《汇考》图版P48；《泥选》；1d：《汇考》图版P48；2：《大系》P364）

云□

1

（1：《大系》P363）

云阳丞印

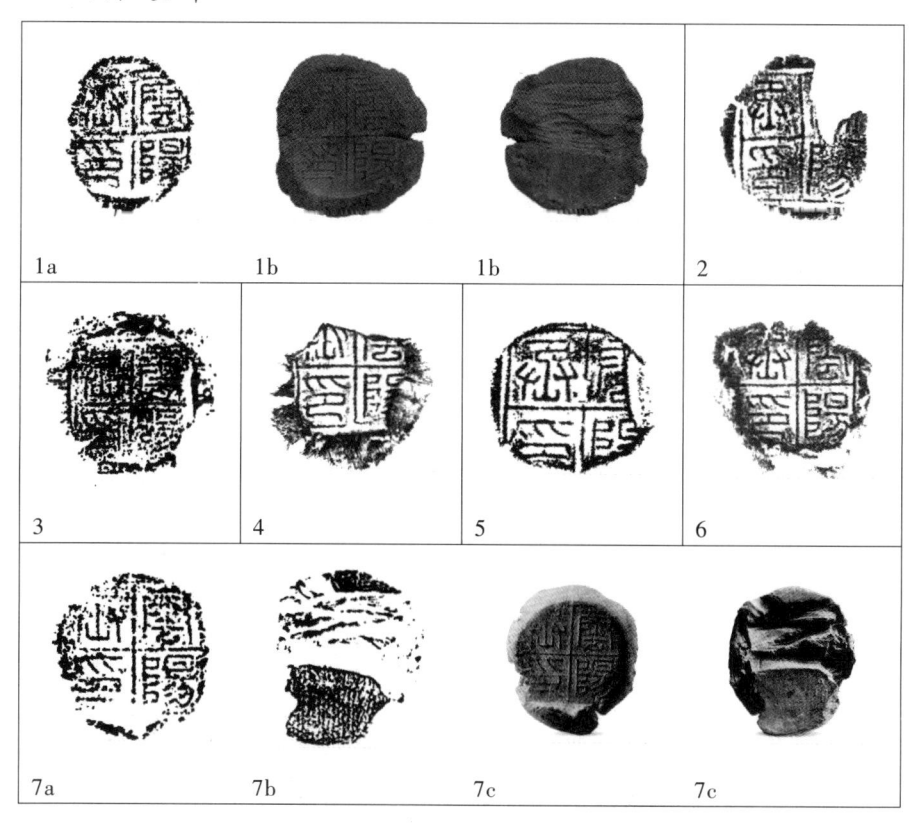

1a	1b	1b	2
3	4	5	6
7a	7b	7c	7c

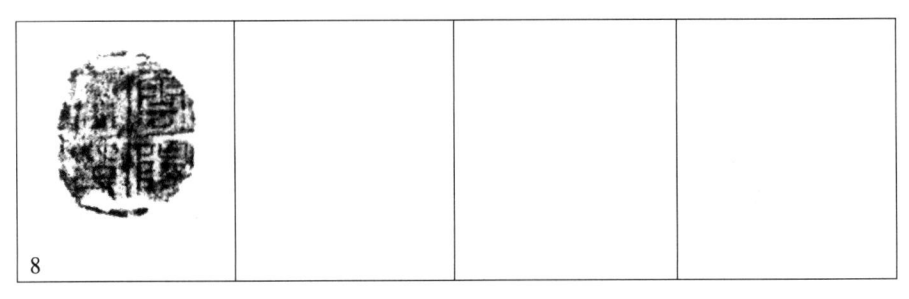

624 中编 地方职官

8			

（1a：《印风》P148；《秦封》P278；《汇考》P192；《玺印》P421；《大系》P364；1b：《汇考》图版 P49；2：《大系》P364；3、4：《秦封》P278；《汇考》P192；5：《新选》P119；《大系》P364；6、8：《大系》P364；7a：《印集》P102；《汇考》P192；《大系》P364；7b：《印集》P102；7c：《西博》图五）

云□丞□

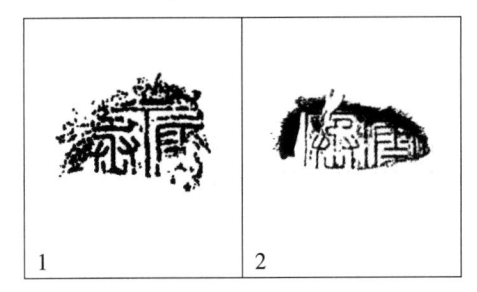

1	2

（1：《秦封》P278；《汇考》P192；2：《新选》P119；《大系》P364）

云阳工丞

无图，释读见《五十例》P317。

废丘·灋丘

废丘

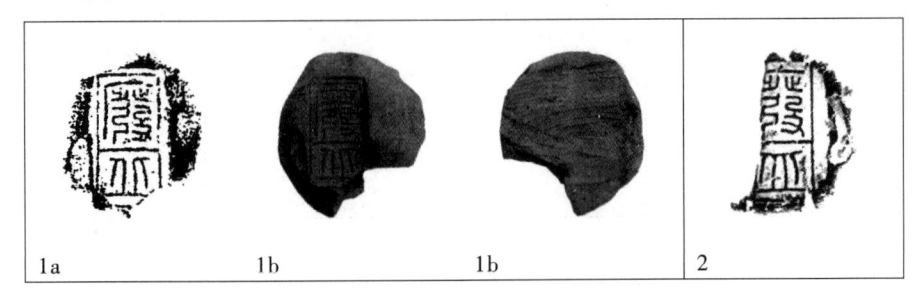

1a	1b	1b	2

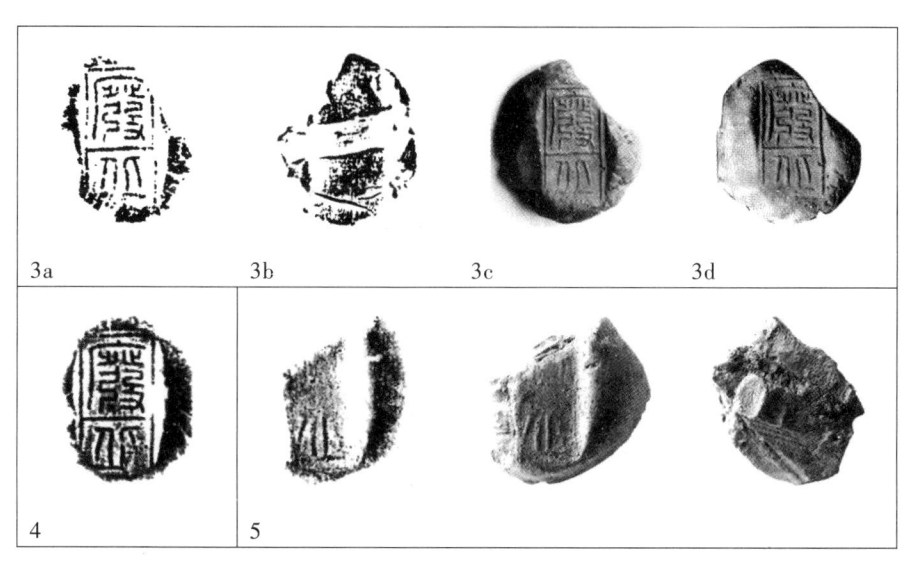

(1a：《补读》图61；《印风》P166；《秦封》P278；《书法》P41；《书集》P128；《汇考》P193；《大系》P80；1b：《汇考》图版P49；《书法》P41；2、4：《大系》P80；3a：《印集》P103；《书集》P128；《汇考》P193；《大系》P80；3b：《印集》P103；3c：《泥选》；3d：《续考》图223；5：《相家》P27）

废丘丞印

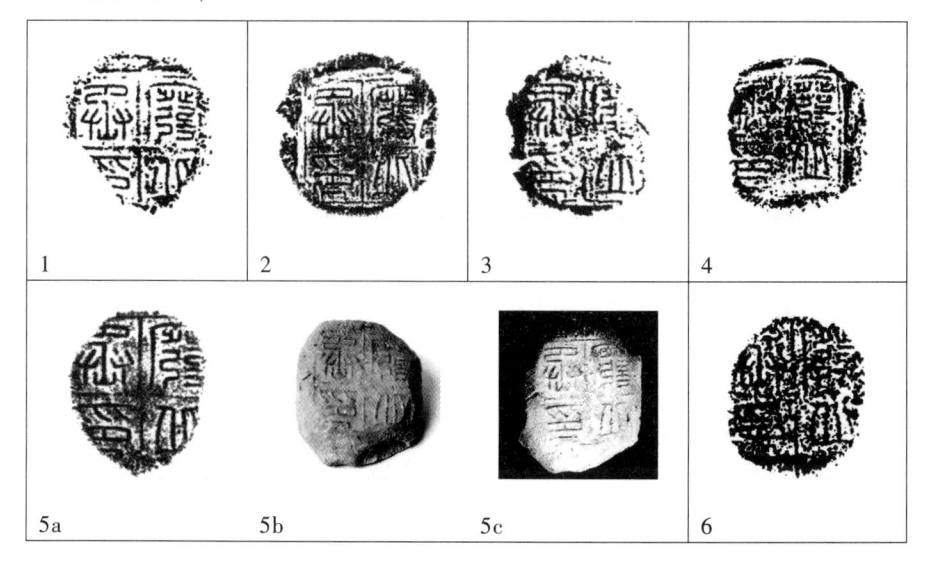

626 中编　地方职官

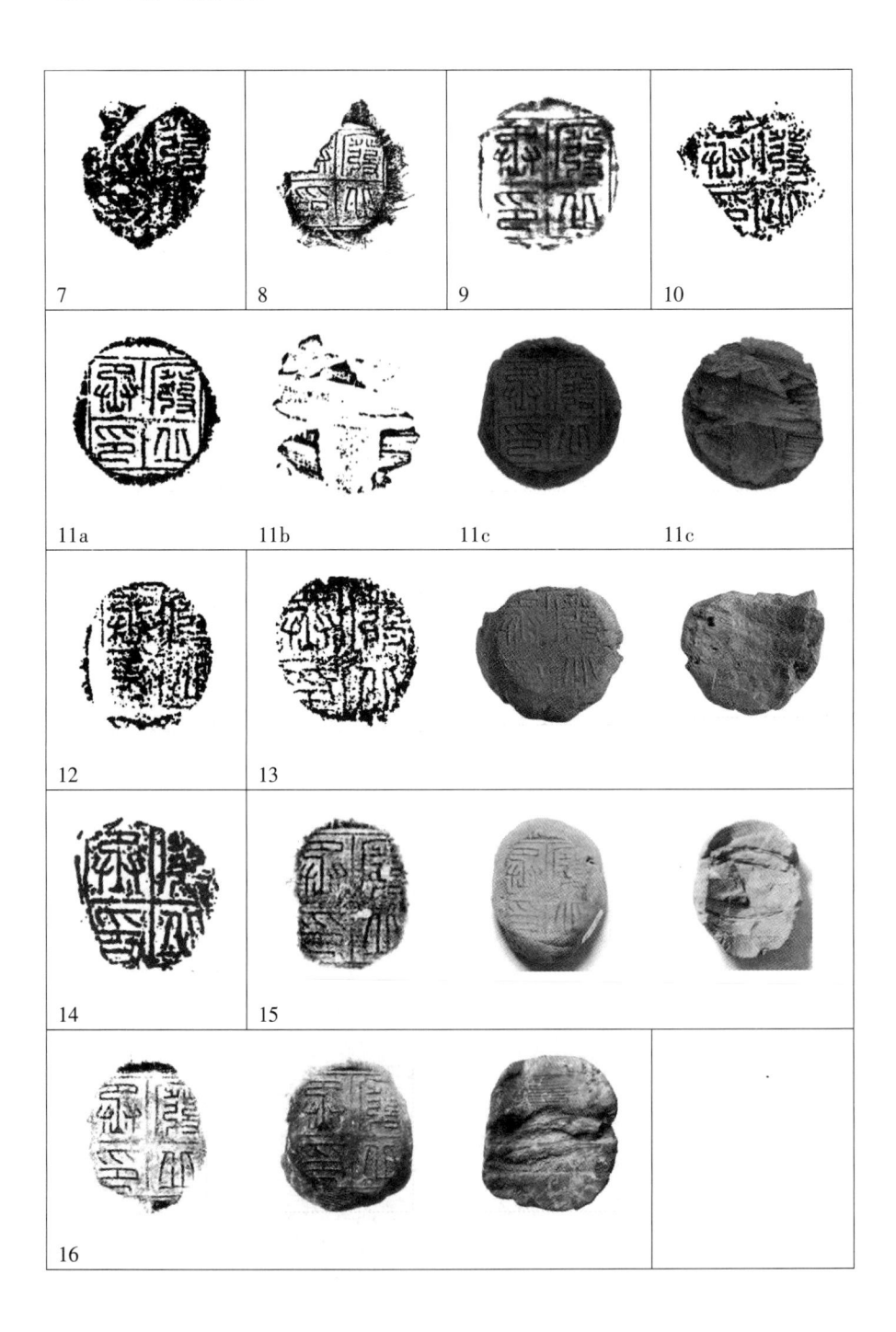

17a	17b		

（1：《发现》图 135；《图例》P57；《书集》P128；《大系》P81；2：《新出》P11；3：《汇考》P193；《大系》P81；4：《秦封》P279；《汇考》P193；5：《秦封》P279；《汇考》P194；《大系》P81；5b：《问陶》P165；5c：《秦封》图版 4；6、7：《秦封》P279；《汇考》P194；8：《秦封》P279；《汇考》P194；《大系》P81；9：《大系》P81；10：《秦封》P279；《汇考》P194；11a：《印风》P139；《书法》P41；《印集》P104；《书集》P128；《汇考》P193；《大系》P81；11b：《印集》P104；11c：《书法》P41；《汇考》图版 P50；13：《上封》P61；14：《新获》P291；《大系》P81；15：《观三》P27；16：《相家》P27；17a：《汇考》P193；《大系》P81；17b：《泥选》）

又：《发掘》P534《出土封泥登记表》2000CH 相 1T3③：44、TG1：65 共 2 枚均为"废丘丞印"。

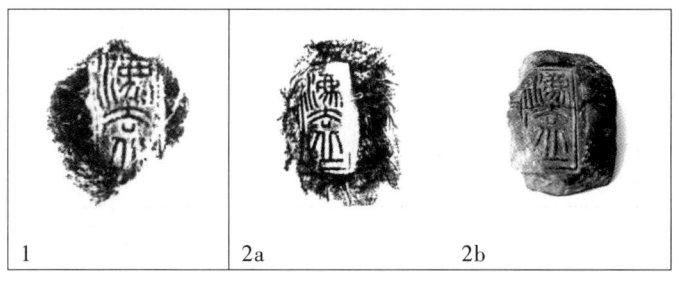

瀍丘

1	2a	2b

（1：《大系》P77；2a：《大系》P77；2b：《问陶》P174）

628　中编　地方职官

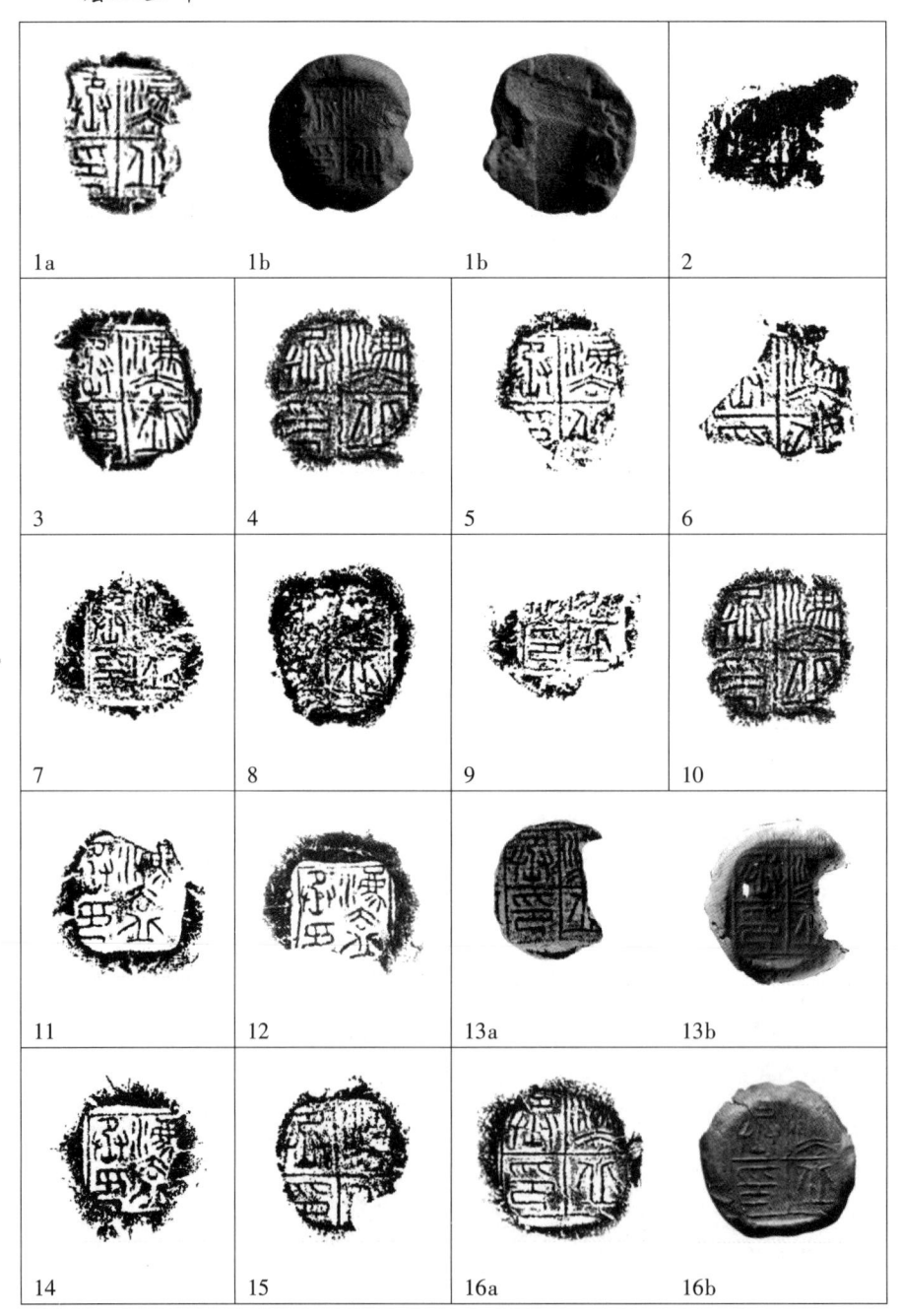

瀍丘丞印

1a	1b	1b	2
3	4	5	6
7	8	9	10
11	12	13a	13b
14	15	16a	16b

第一章　内史　629

| 17 | | | |

（1a：《新出》P11；《青泥》P37；《大系》P77；1b：《青泥》P37；2：《酒余》P29 上；3、4：《新出》P63；《大系》P77；5：《新出》P63；《大系》P78；6—9：《新出》P63；10：《新出》P63；《大系》P77；11：《新出》P100；12：《大系》P78；13a：《发掘》图一九：6；《大系》P77；13b：《发掘》图版十四：3；14、15：《新选》P92；《大系》P78；16a：《新出》P63；《秦选》P80；《大系》P77；16b：《秦选》P80；17：《酒余》P29 上）

瀍□丞□

1

（1：《新出》P100）

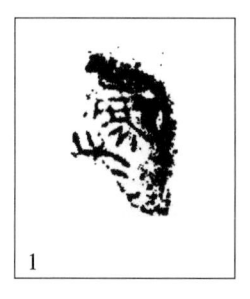

瀍□□□

1

（1：《酒余》P29 上）

□丘丞印

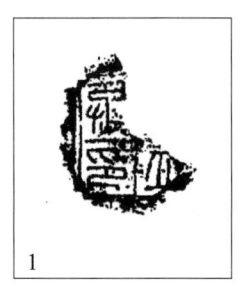

1

（1：《秦封》P279；《汇考》P194）

□丘□□

1

（1：《秦封》P279；《汇考》P194；《大系》P416）

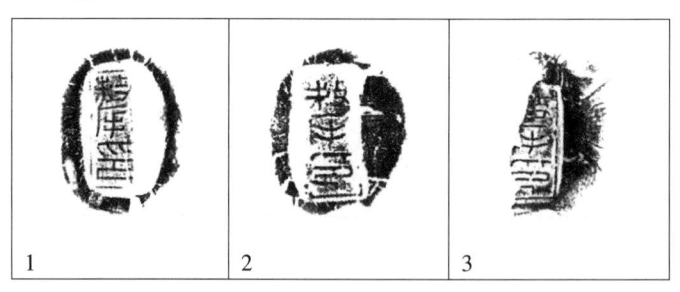

藜

藜印

1　2　3

（1：《于京》图25；《玺印》P389；《大系》P152；2：《大系》P152；3：《大系》P153）

第一章 内史

漦□

1

(1:《大系》P153)

漦丞之印

632　中编　地方职官

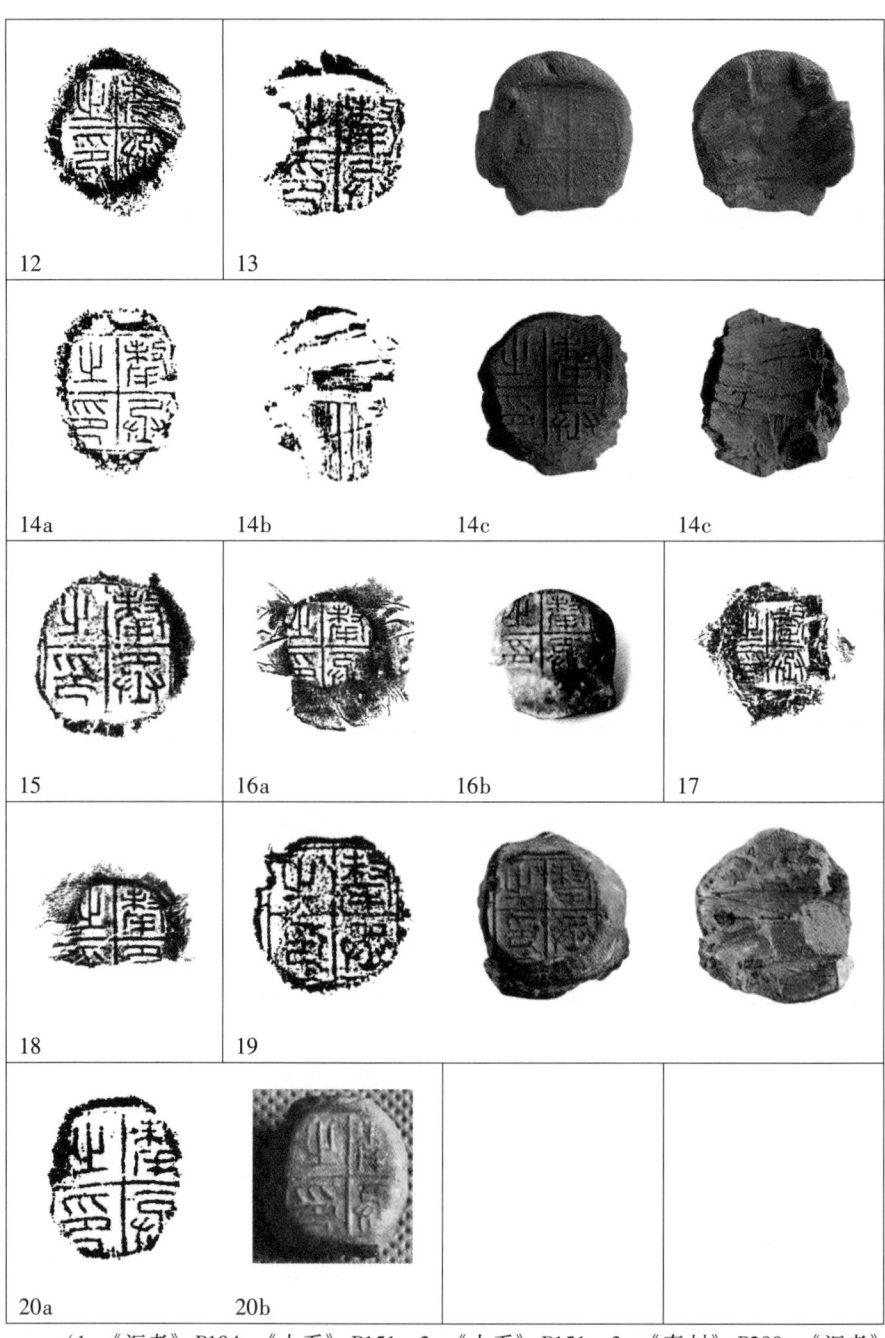

12	13		
14a	14b	14c	14c
15	16a	16b	17
18	19		
20a	20b		

（1：《汇考》P194；《大系》P151；2：《大系》P151；3：《秦封》P280；《汇考》P195；《大系》P152；4：《秦封》P280；《汇考》P195；5：《秦封》P280；《汇考》P195；《大系》P151；6：《秦封》P280；《汇考》P195；《大系》P151；7a：《发现》

图 132；《图例》P57；《书集》P127；《汇考》P195；《玺印》P409；《大系》P152；7b：《秦封》图版 4；8：《大系》P151；9：《新选》P102；《大系》P152；10：《大系》P152；11：《大系》P151；12：《新选》P102；13：《上封》P61；14a：《印风》P152；《书法》P42；《印集》P104；《汇考》P194；《大系》P131；14b：《印集》P104；14c：《汇考》图版 P50；《书法》P42；15：《大系》P151；16a：《大系》P151；16b：《问陶》P165；17、18：《大系》P151；19：《上封》P35；20a：《汇考》P195；《大系》P151；20b：《泥选》）

釐丞□印

1

（1：《大系》P152）

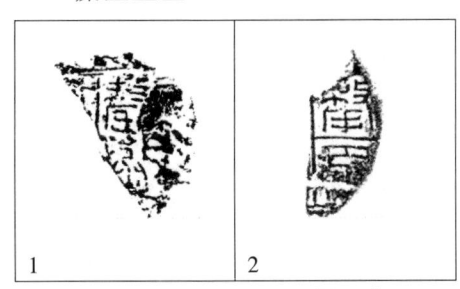

釐丞□□

1　2

（1：《新出》P103；2：《新出》P35；《大系》P152）

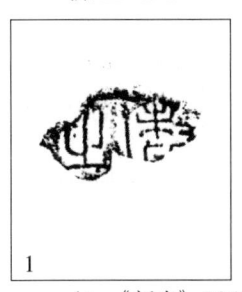

釐□之□

1

（1：《新出》P35）

634　中编　地方职官

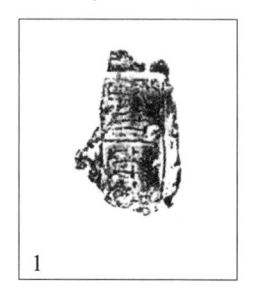

藜□□□

1

（1:《大系》P153）

美阳

美阳丞印

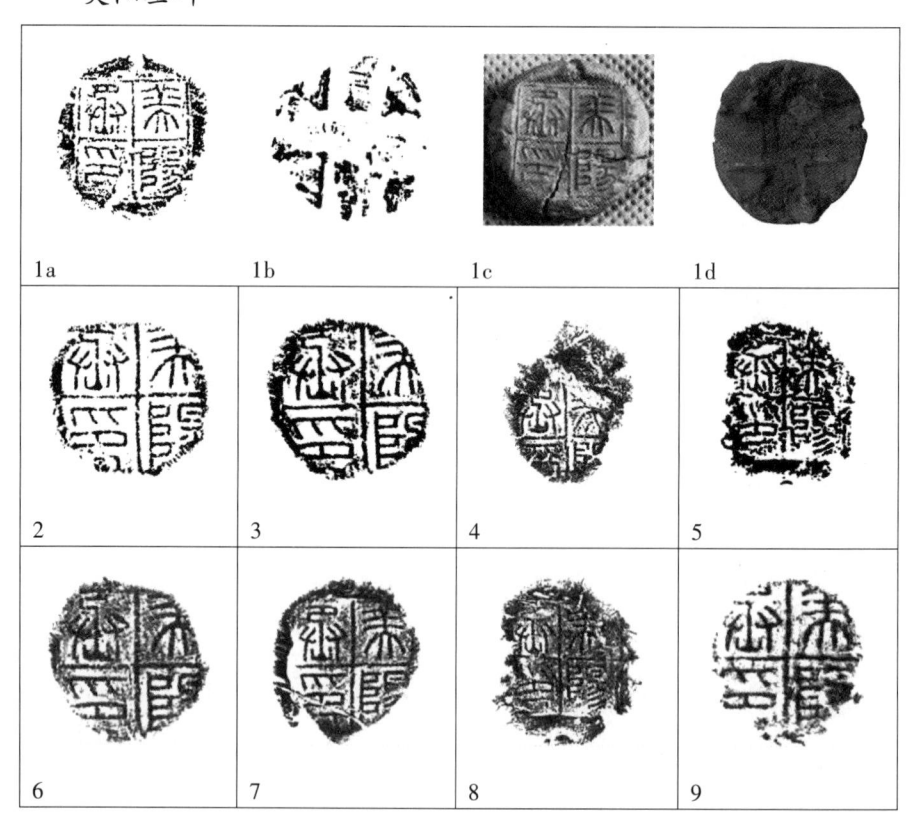

1a	1b	1c	1d
2	3	4	5
6	7	8	9

第一章　内史　635

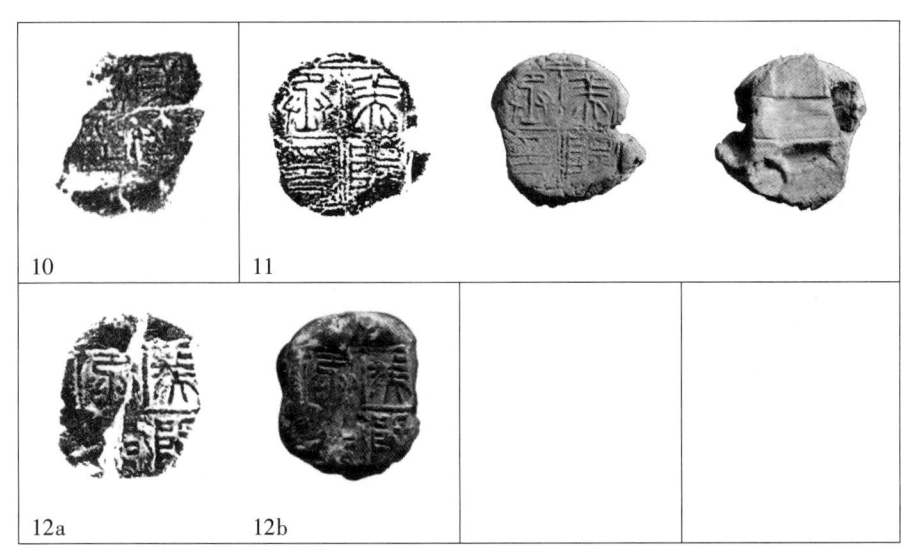

10	11		
12a	12b		

（1a：《初探》图5；《印风》P160；《书法》P42；《印集》P105；《汇考》P195；《大系》P166；1b：《印集》P105；1c：《汇考》图版P50；《书法》P42；《泥选》；1d：《汇考》图版P50；《书法》P42；2：《新出》P25；《大系》P166；3：《新出》P25；4：《新出》P70；《大系》P166；5：《发现》图133，《图例》P57；《秦封》P281；《书集》P129；《大系》P166；6、7：《大系》P165；8—10：《大系》P166；11：《精品》P53；12；）12a：《新出》P70；《秦选》P85；《大系》P166；12b：《秦选》P85）

临晋

临晋

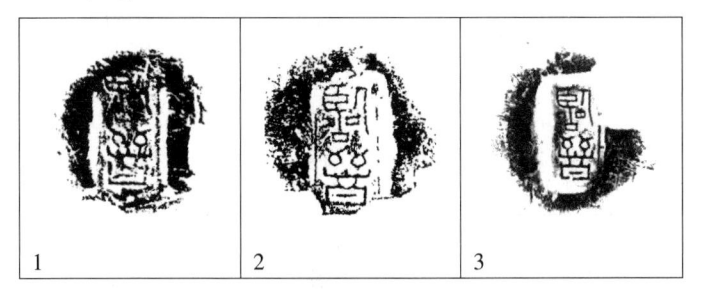

1	2	3

（1：《新出》P102；《大系》P157；2：《新选》P101；《大系》P157；3：《大系》P157）

636　中编　地方职官

临晋之印

无图，释读见《秦选》P73。

临晋丞印

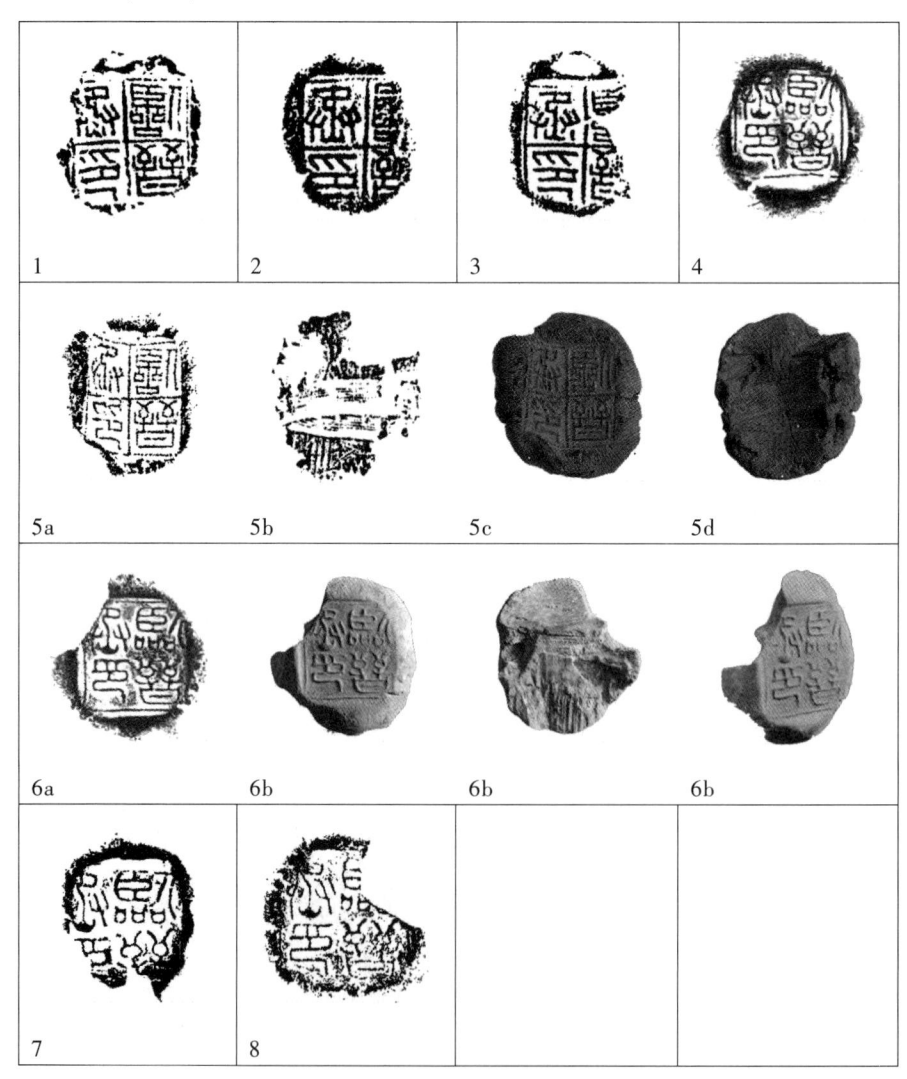

1	2	3	4
5a	5b	5c	5d
6a	6b	6b	6b
7	8		

（1、2：《汇考》P190；《大系》P157；3：《发现》图127；《图例》P56；《秦封》P281；《汇考》P190；4：《大系》P157；5a：《印考》图200；《印风》P147；《秦封》P281；《书法》P39；《印集》P100；《汇考》P190；《玺印》P413；《大系》P157；5b：《印集》P100；5c：《汇考》图版P47；《书法》P39；《泥选》；5d《汇考》图版P47；

第一章　内史　637

《书法》P39；6a：《精品》P61；《大系》P157；6b：《精品》P61；7：《新选》P101；《大系》P158；8：《新选》P101；《大系》P157）

临晋□□

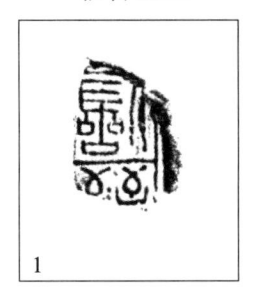

1

（1：《山房》2.6）

好畤

好畤

1

（1：《新地》图7）

好畤丞印

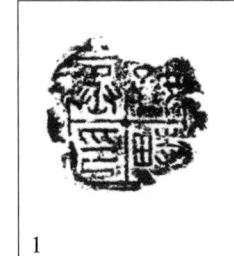

1　　2　　3a　　3b

638　中编　地方职官

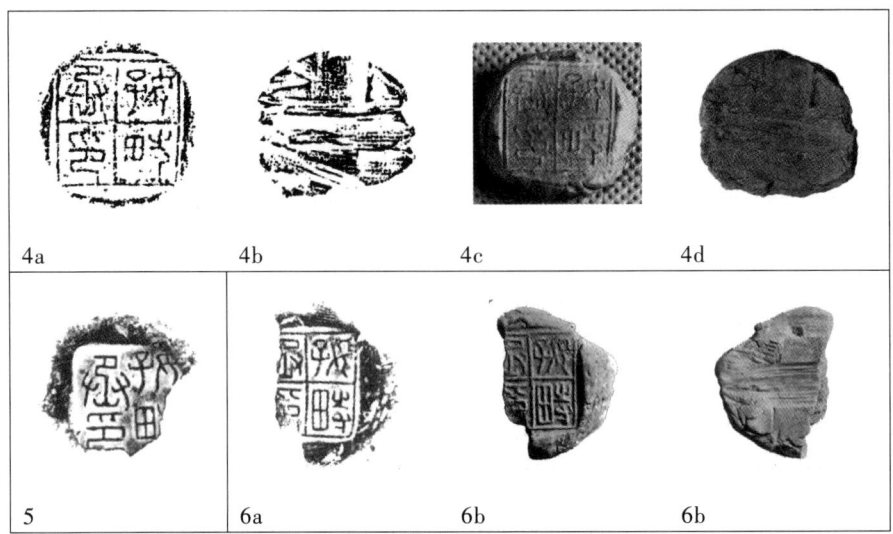

（1：《新选》P95；《大系》p109；2：《大系》P108；3a：《大系》P108；3b：《问陶》P173；4a：《印风》P156；《释续》图21；《印集》P108；《汇考》P199；《大系》P108；4b：《印集》P108；4c：《汇考》图版P52；《泥选》；4d：《汇考》图版P52；5：《大系》P108；6a：《精品》P47；《大系》P109；6b：《精品》P47）

好畤丞印

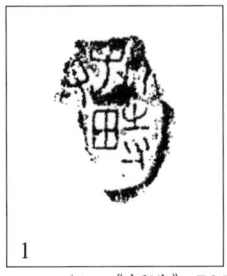

（1：《新选》P95；《大系》P109）

好畤□□

（1：《新出》P101）

第一章 內史 639

□畤丞印

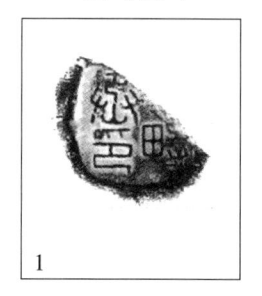

1

（1:《大系》P108）

好□□□

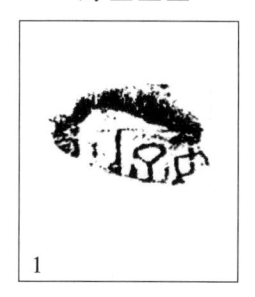

1

（1:《新出》P16）

□畤□印

1

（1:《新出》P16;《大系》P109）

漆

漆丞

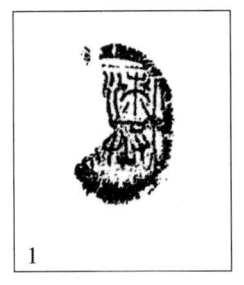

(1:《释续》图20;《汇考》P197;《大系》P194)

漆丞之印

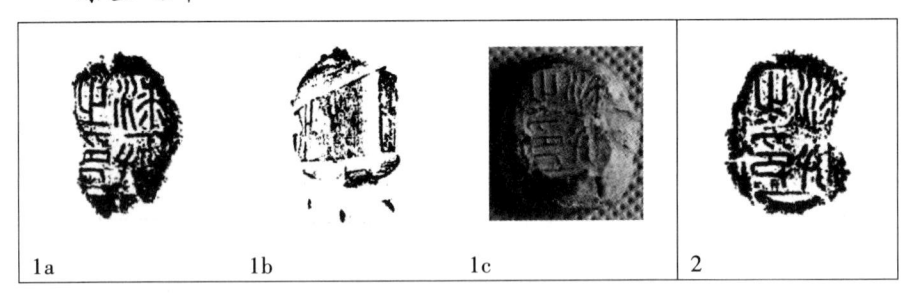

(1a:《印风》P151;《印集》P105;《大系》P194;1b:《印集》P105;1c:《泥选》;2:《大系》P194)

枸邑

枸邑

(1:《大系》P315)

第一章 内史 641

枸邑丞印

1

（1：《大系》P315）

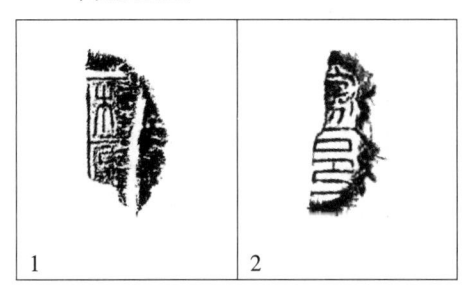

枸邑□□

1　2

（1：《新选》P115；2：《大系》P315）

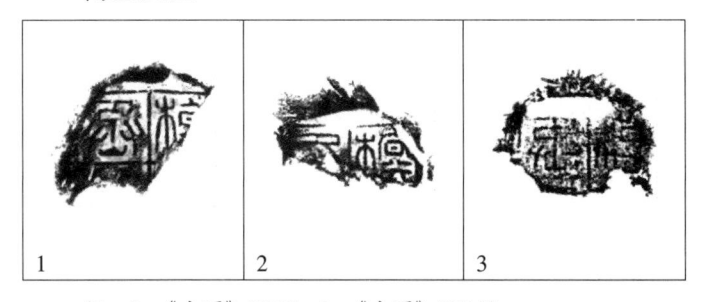

枸□丞□

1　2　3

（1、2：《大系》P315；3：《大系》P316）

642　中编　地方职官

枸币丞印

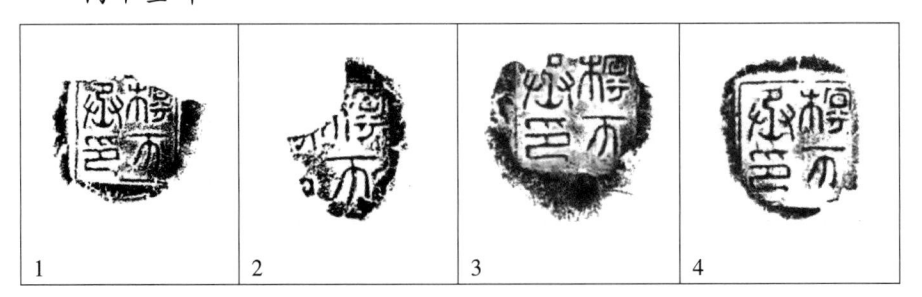

1　2　3　4

（1、2：《新选》P115；《大系》P316；3、4：《大系》P315）

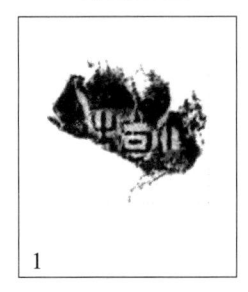

枸□□□

1

（1：《酒余》P35下；《大系》P315）

丽邑

丽□

1

（1：《大系》P155）

丽邑丞印

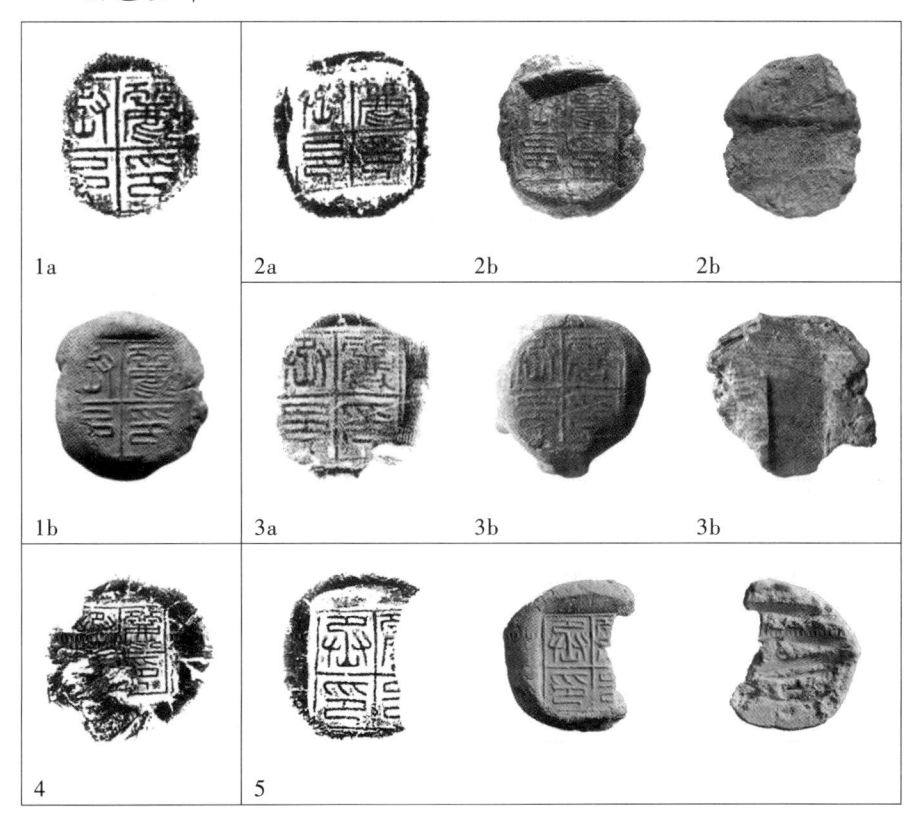

(1a:《新地》图5;《于京》图22;《玺印》P418;《新出》P70;《秦选》P83;《大系》P154;1b:《秦选》P83;2a:《相家》P28;《大系》P154;2b:《相家》P28;3a:《相家》P28;《大系》P154;3b:《相家》P28;4:《大系》P155;5:《精品》P55)

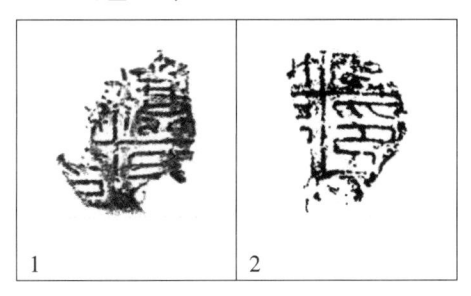

丽邑□印

(1:《大系》P155;2:《新出》P70)

644　中编　地方职官

丽邑丞□

（1：《新选》P101；《大系》P155）

丽□丞□

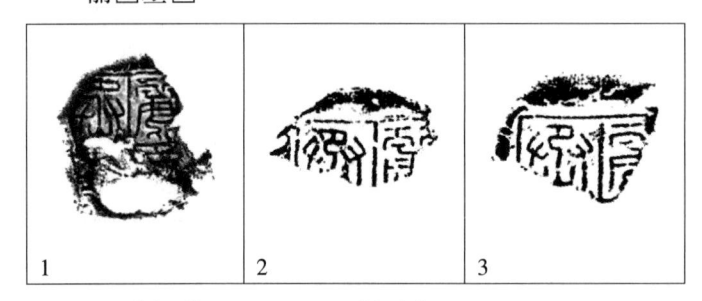

（1：《大系》P155；2、3：《新出》P24）

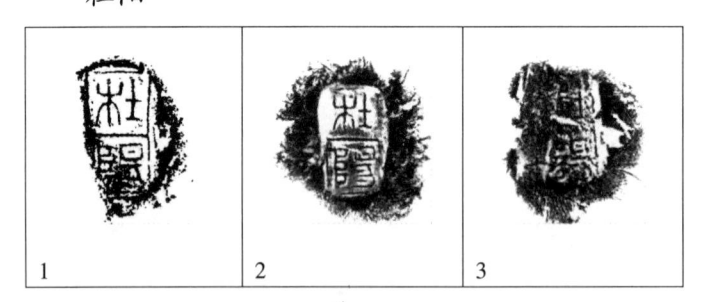

杜阳

杜阳

（1：《新选》P92；《大系》P75；2、3：《大系》P75）

第一章 内史 645

杜阳丞印

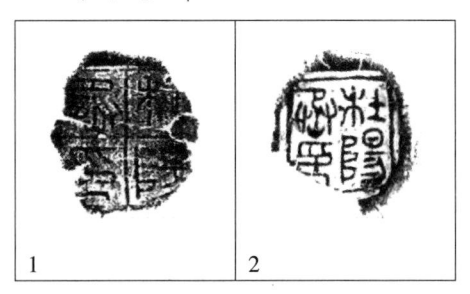

| 1 | 2 |

（1：《于京》图 27；《玺印》P416；《大系》P75；2：《大系》P75）

胡

胡印

无图，释读见《五十例》P318。

胡丞之印

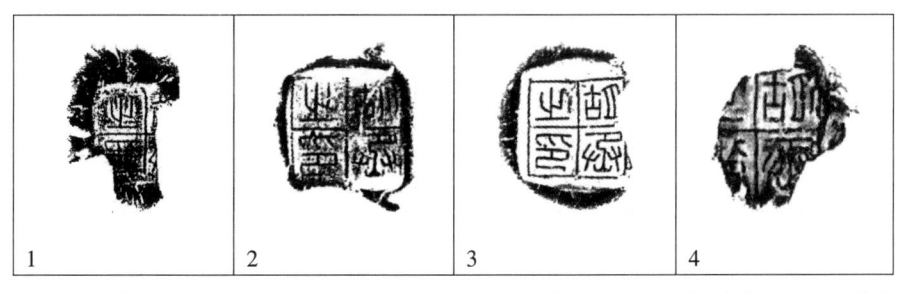

| 1 | 2 | 3 | 4 |

（1：《新选》P96；《大系》P115；2、3：《大系》P115；4：《酒余》P32 下；《大系》P115）

胡□之印

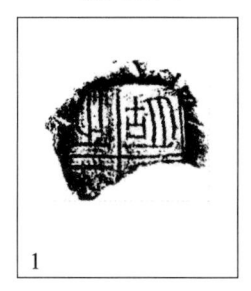

| 1 |

（1：《新出》P65；《大系》P115）

胡丞之□

1

（1：《新出》P65；《大系》P115）

胡□之□

1

（1：《酒余》P32下；《大系》P115）
又，无图，释读见《发掘》P543。

上雒
上雒

1a　　　1b　　　1b　　　2

（1a：《精品》P65；《大系》P210；1b：《精品》P65；2：《大系》P210）

第一章 内史 647

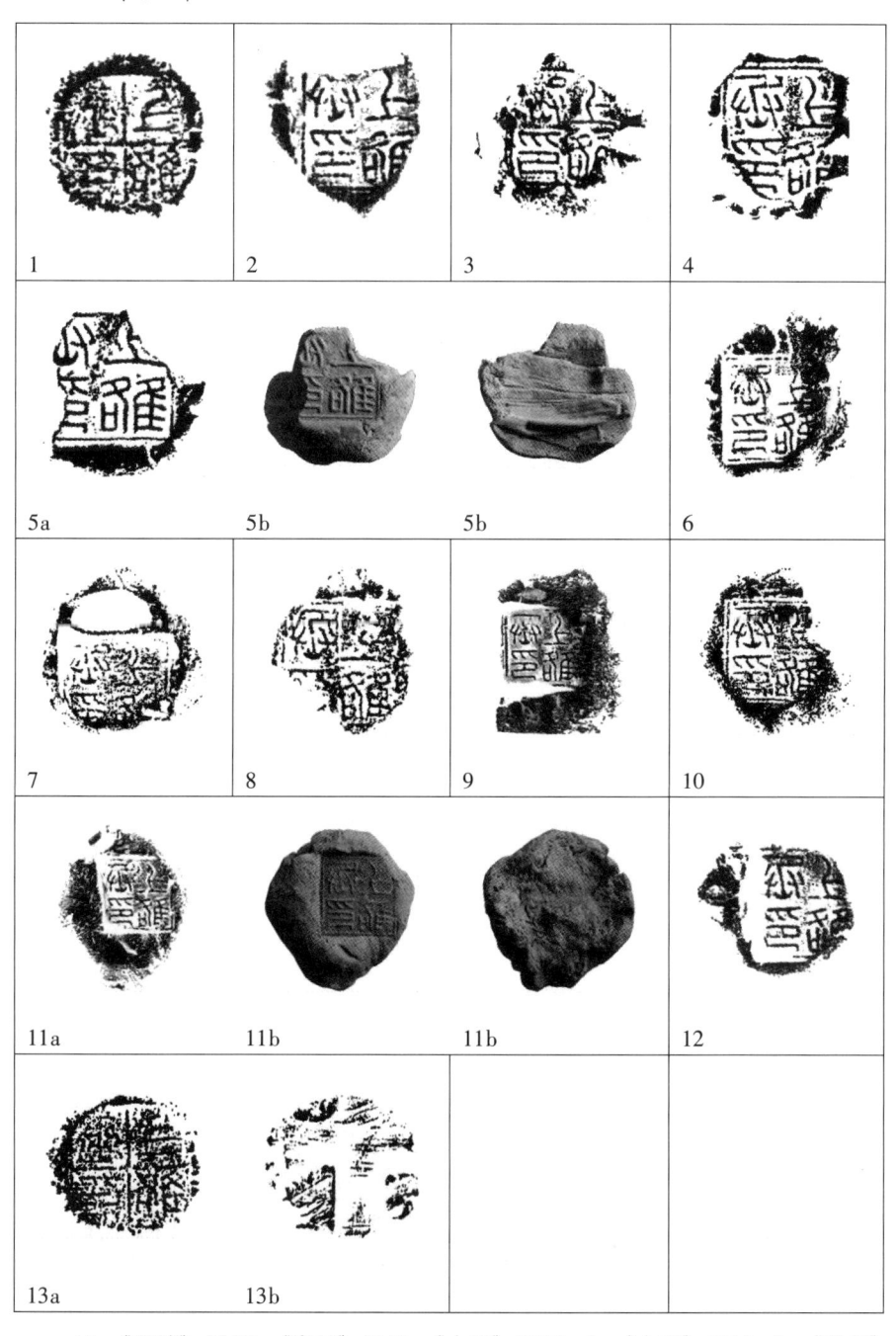

上雒丞印

1	2	3	4
5a	5b	5b	6
7	8	9	10
11a	11b	11b	12
13a	13b		

（1：《释续》图22；《印风》P144；《大系》P210；2：《大系》P210；3：《新出》

P74；4：《新出》P74；5a：《新选》P106；《精品》P46；《大系》P211；5b：《精品》P46；6：《新出》P74；《大系》P210；7：《新出》P74；8：《新出》P74；《大系》P210；9：《大系》P210；10：《新选》P106；《大系》P211；11a：《新出》P74；《青泥》P29；《大系》P210；11b：《青泥》P29；12：《大系》P210；13a：《印集》P109；《汇考》P200；《大系》P210；13b：《印集》P109）

□锥□印

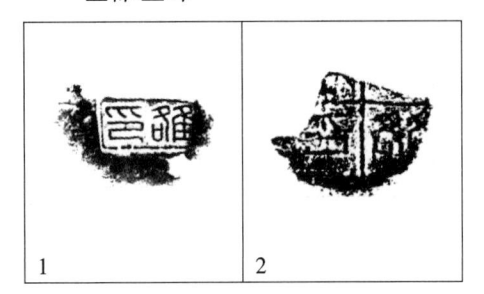

（1：《大系》P211；2：《新出》P74）

□锥□□

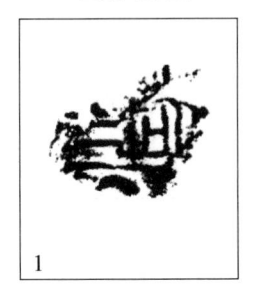

（1：《新出》P75）

蓝田

蓝田

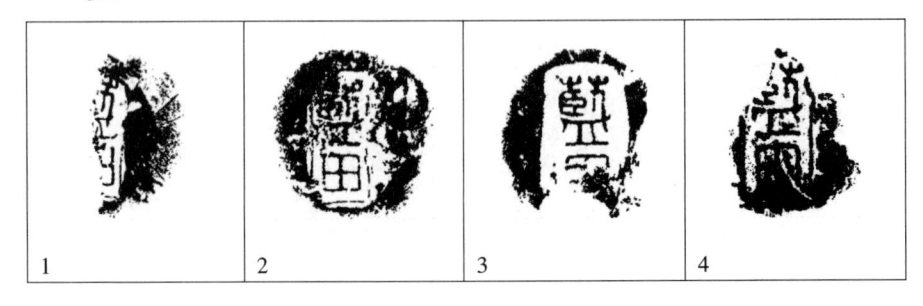

第一章　内史　649

5	6		

（1：《新出》P102；《大系》P144；2、3：《新选》P100；《大系》P144；4：《酒余》P35 上；《大系》P145；5、6：《大系》P145）

□田

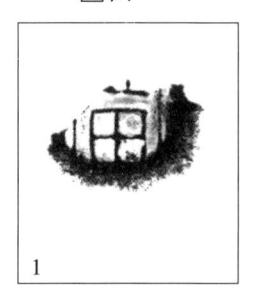

1

（1：《大系》P145）

蓝田丞印

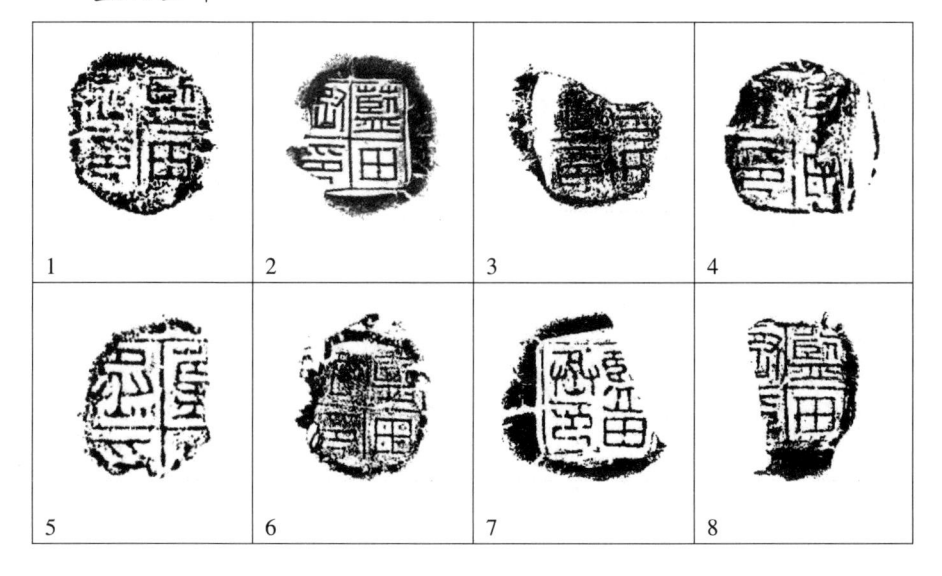

1	2	3	4
5	6	7	8

650　中编　地方职官

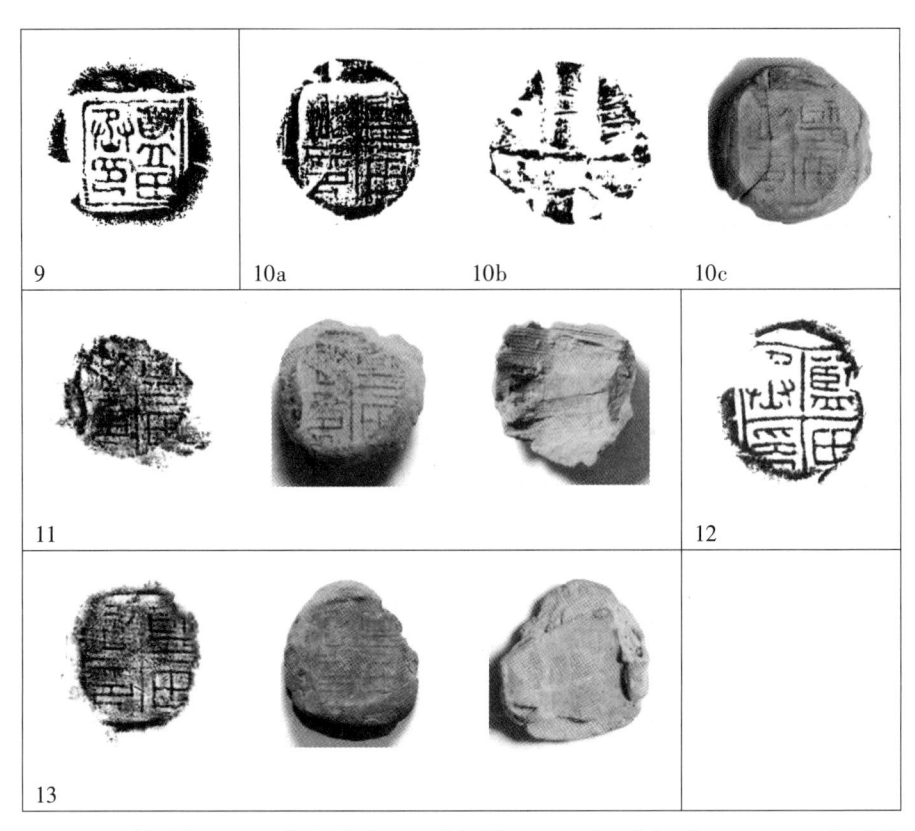

（1：《印风》P147；《汇考》P186；《大系》P145；2：《大系》P145；3：《秦封》P275；《汇考》P186；4、5：《新出》P24；6：《新出》P70；《大系》P145；7：《新选》P100；《大系》P145；8：《新选》P100；《大系》P145；9：《新选》P100；《大系》P146；10a：《印集》P98；《汇考》P186；《大系》P145；10b：《印集》P98；10c：《泥选》；11：《观三》P25；12：《大系》P145；13：《观三》P43）

蓝田丞□

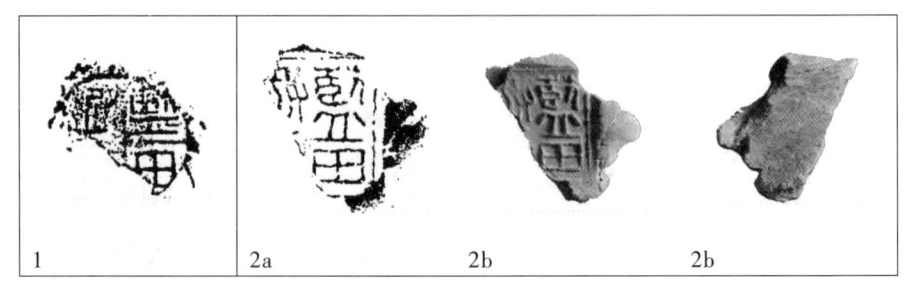

第一章　内史　651

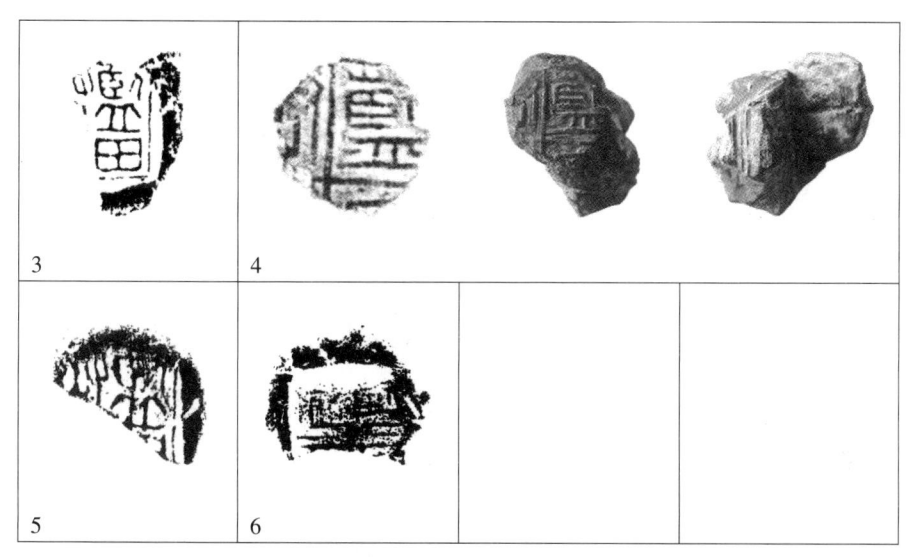

(1:《发现》图120;《图例》P56;《秦封》P275;《汇考》P186;《玺印》P407; 2a:《精品》P59;《新选》P100;《大系》P145; 2b:《精品》P59; 3:《新出》P102; 4:《相家》P26; 5:《酒余》P35 上; 6:《秦封》P275)

商

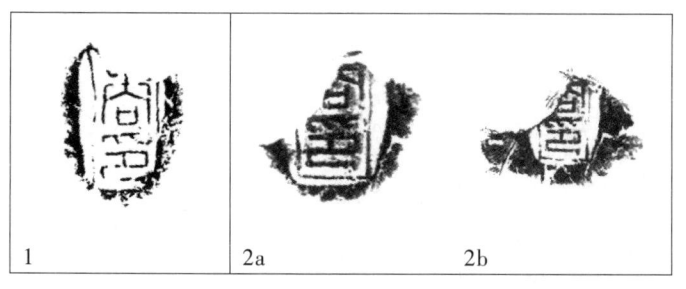

商印

(1:《新出》P29;《大系》P207; 2a:《于京》图30;《大系》P206; 2b:《玺印》P389;《大系》P206)

652 中编 地方职官

商□

1

（1：《新出》P29；《大系》P207）

商丞之印

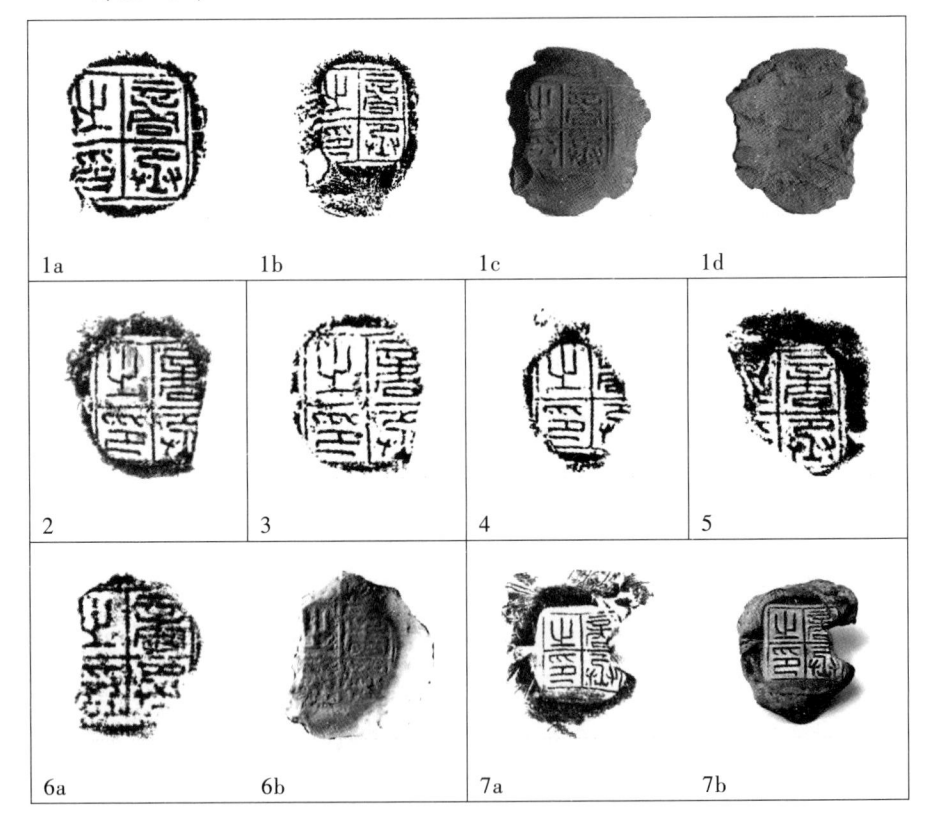

1a　1b　1c　1d

2　3　4　5

6a　6b　7a　7b

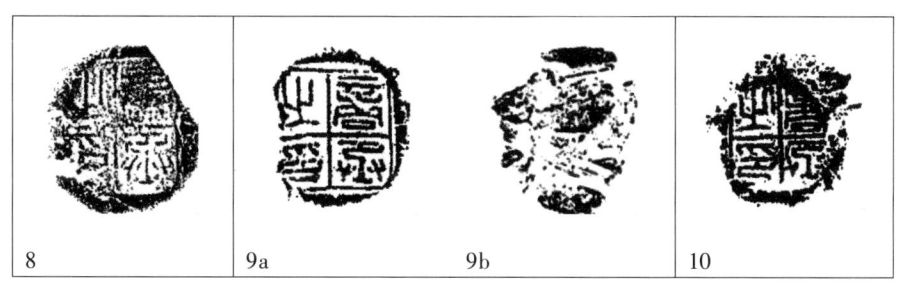

（1a：《汇考》P200；《大系》P206；1b：《印考》图193；《印风》P154；《秦封》P285；《玺印》P409；《大系》P206；1c：《汇考》图版P52；《泥选》；1d：《汇考》图版P52；2：《大系》P206；3、4：《新出》P28；5、8：《新选》P106；《大系》P206；6a：《新获》P291；《大系》P206；6b：《发掘》图版十八：4；7a：《大系》P206；7b：《问陶》P173；9a：《印集》P108；《汇考》P200；《大系》P206；9b：《印集》P108；10：《秦封》P285；《汇考》P200）

商丞□印

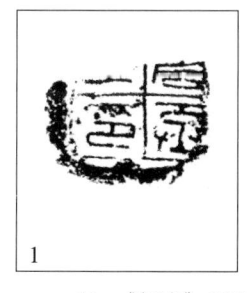

（1：《新出》P29）

商□之印

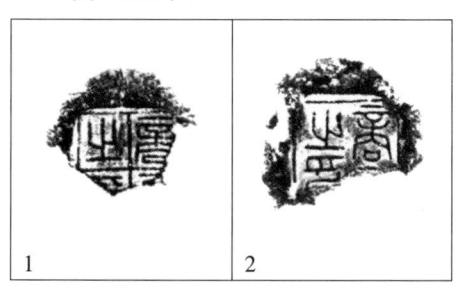

（1：《发现》图148；《图例》P57；《秦封》P285；《汇考》P200；《大系》P206；2：《大系》P206）

衙

衙印

1

（1：《大系》P344）

衙丞之玺

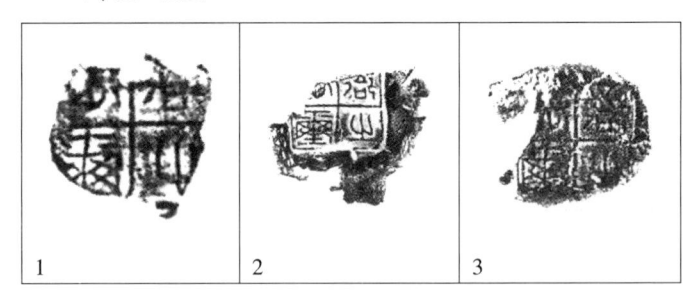

1　2　3

（1—3：《大系》P343）

衙□之玺

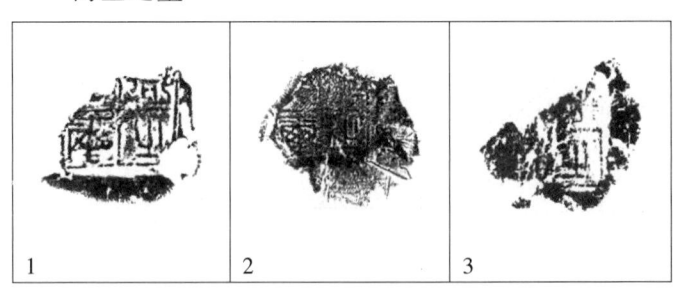

1　2　3

（1：《新出》P86；《大系》P343；2：《大系》P343；3：《酒余》P46上；《大系》P43）

第一章 内史 655

衙□丞□

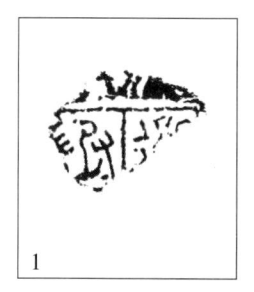

1

（1：《新出》P105；《大系》P343）

衙□□□

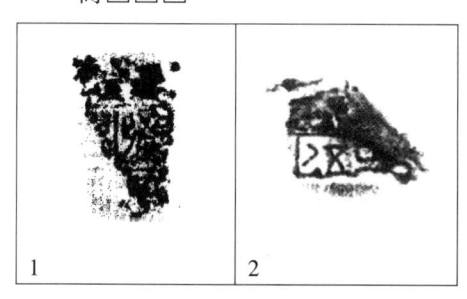

1　2

（1：《酒余》P46 上；《大系》P343；2：《大系》P343）

衙丞之印

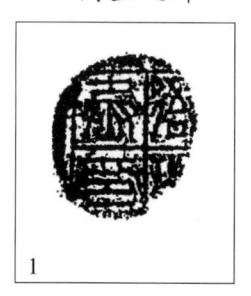

1

（1：《古封》P145；《秦封》P283；《汇考》P262；《玺印》P403；《大系》P343）

武城

武城丞印

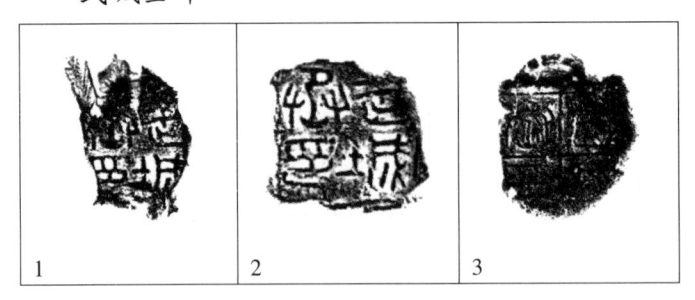

1　　2　　3

（1—3：《大系》P281）

武城□□

1

（1：《大系》P281）

武□城□

1

（1：《新出》P78；《大系》P281）

第一章　内史　657

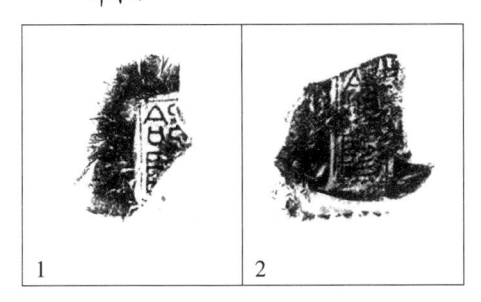

郃阳

郃阳

|1|2|

（1、2：《大系》P111）

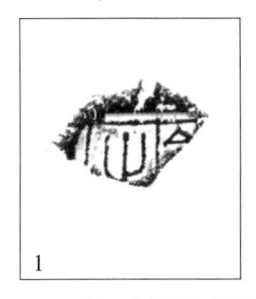

郃□之□

|1|

（1：《大系》P110）

郃阳丞印

|1|

（1：《大系》P111）

颌阳丞□

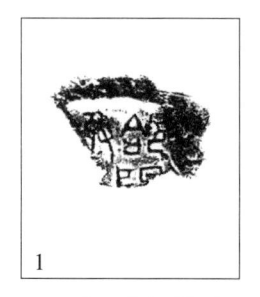

1

（1：《大系》P111）

戏

戏丞之印

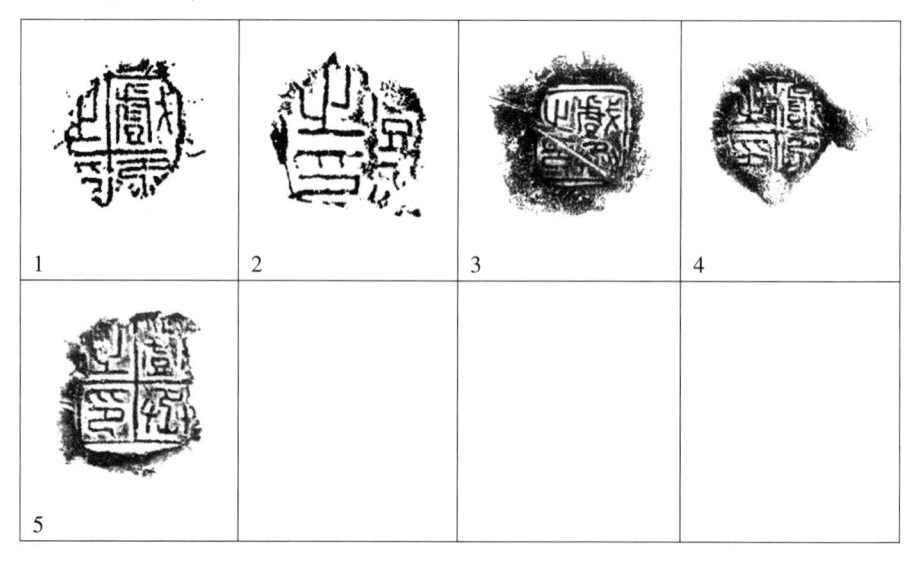

1	2	3	4
5			

（1：《陕封》（上）图二：7；《秦封》P284；《汇考》P193；《玺印》P409；《大系》P291；2：《新出》P80；《大系》P292；3、4：《大系》P291；5：《大系》P292）

第一章　内史　659

戏丞之□

1a　1b　1c　1d

2

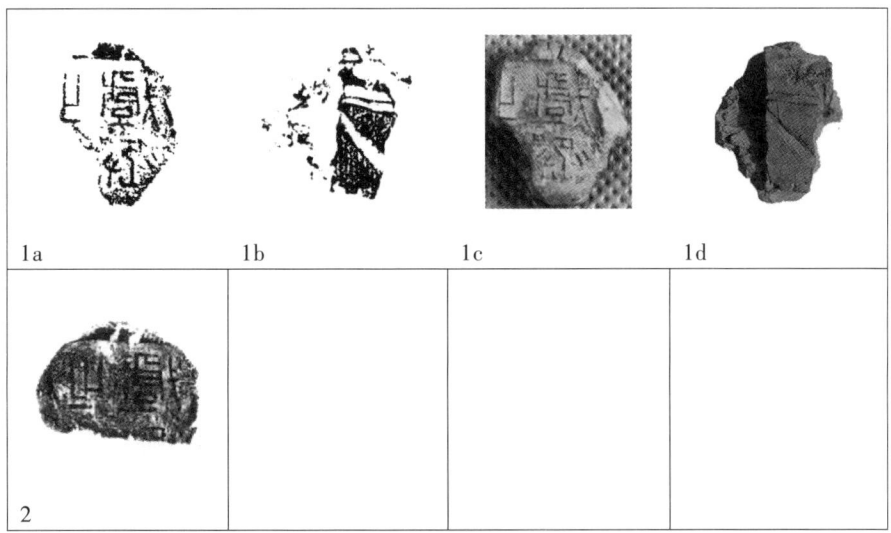

（1a：《印集》P103；《汇考》P193；《大系》P292；1b：《印集》P103；1c：《汇考》图版P49；《泥选》；1d：《汇考》图版P49；2：《精品》P57；《大系》P292）

戏□之□

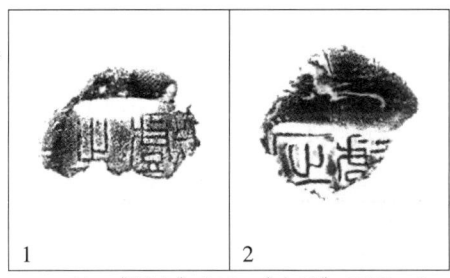

1　2

（1：《新出》P80；《大系》P292；2：《大系》P292）

戏□□□

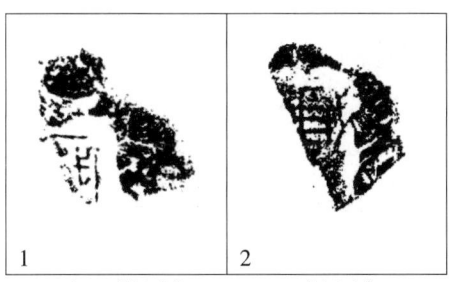

1　2

（1：《新出》P104；2：《新选》P112；《大系》P292）

660　中编　地方职官

戏□共印

1

（1:《大系》P292）

酂

酂丞

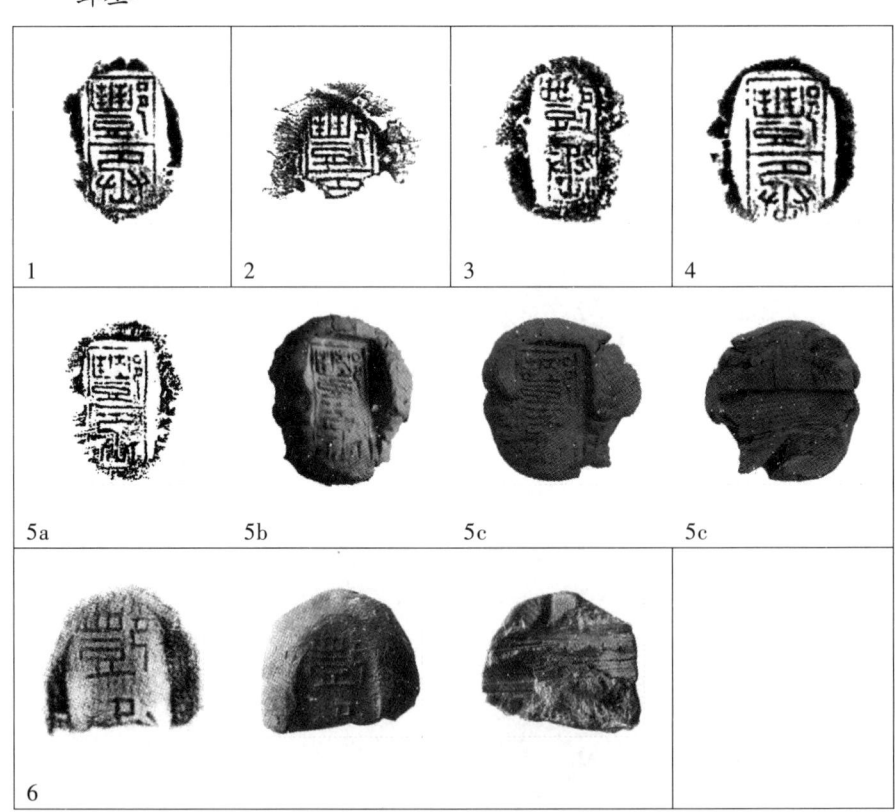

1	2	3	4
5a	5b	5c	5c
6			

第一章　内史　661

（1:《大系》P82；2:《发现》图136；《图例》P57；《秦封》P284；《大系》P83；3:《大系》P82；4:《大系》P82；5a:《印考》图191；《秦封》P284；《汇考》P187；《大系》P82；5b:《泥选》；5c:《汇考》图版P46；6:《相家》P27；7:《相家》P27；8a:《新出》P11；《青泥》P27；《大系》P82；8b:《青泥》P27）

鄧□

（1:《新选》P92；《大系》P83）

662 中编 地方职官

雍
雖印

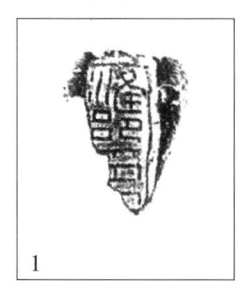

1

（1:《大系》P332）

雖丞之印

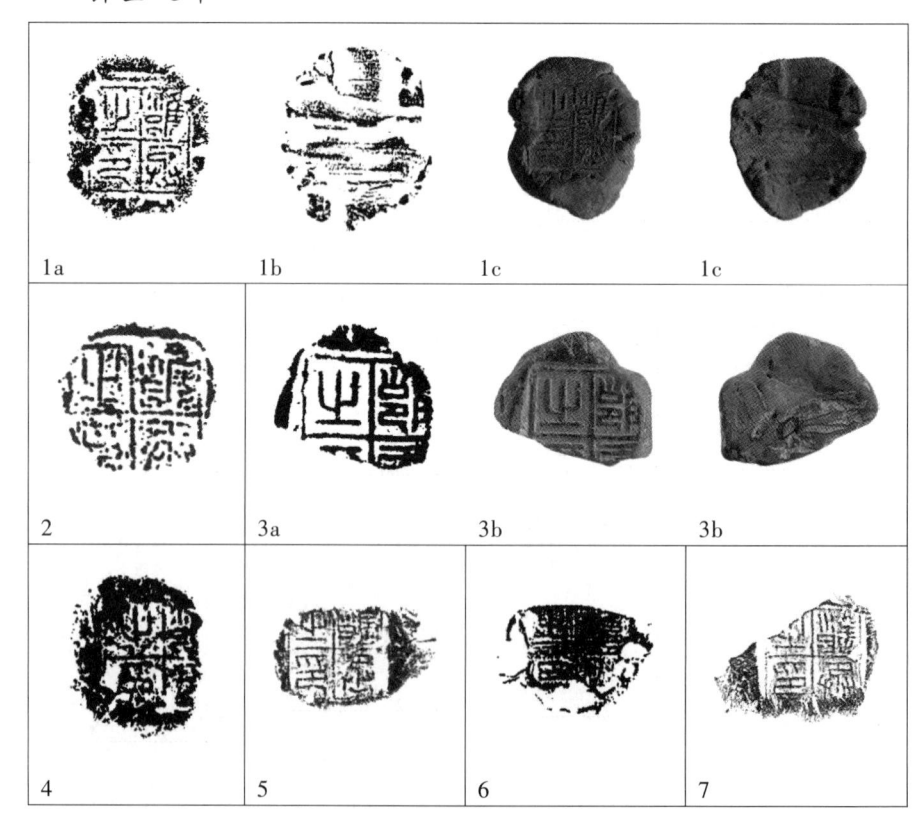

1a	1b	1c	1c
2	3a	3b	3b
4	5	6	7

第一章　内史　663

（1a：《印考》图 192；《印风》P152；《秦封》P246；《印集》P106；《汇考》P197；《玺印》P410；《大系》P331；1b：《印集》P106；1c：《汇考》图版 P51；2：《新获》P291；《大系》P408；3a：《古封》P145；《秦封》P247；《上封》P62；《汇

考》P198；3b：《上封》P62；4：《秦封》P246；《汇考》P198；5：《大系》P331；6：《发现》图134；《图例》P57；《秦封》P247；《汇考》P197；7、8：《新出》P86；《大系》P331；9：《新出》P86；10：《秦封》P246；11：《新选》P117；《大系》P332；12a：《发掘》图一七：19；《大系》P331；12b：《发掘》图版十：4；13a：《大系》P331；13b：《问陶》P173；14：《酒余》P45 上；15：《精品》P61；16：《问陶》P172；17a：《汇考》P197；《大系》P331；17b：《泥选》；18：《大系》P331）

又：《发掘》P534《出土封泥登记表》2000CH 相 1T2③：175 为 "雒丞之印"。

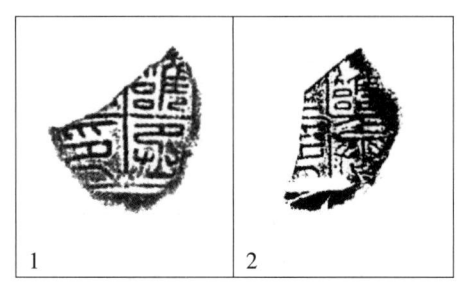

雒丞□印

(1：《大系》P331；2：《新出》P42）

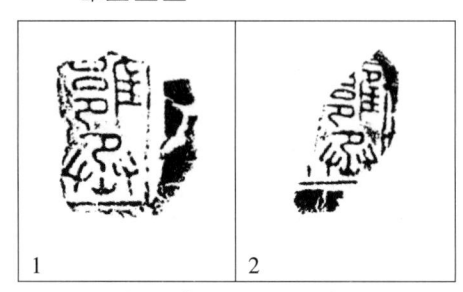

雒丞□□

(1：《新出》P85；《大系》P332；2：《新出》P105）

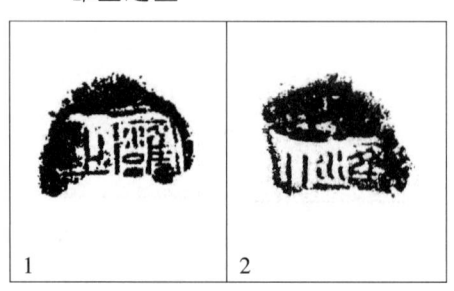

雒□之□

(1：《秦封》P246；《汇考》P198；2：《酒余》P45 上）

第一章 内史 665

雝工

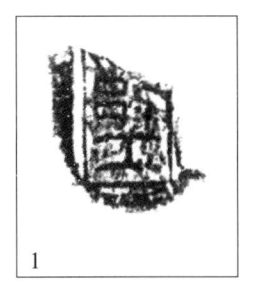

1

(1:《大系》P332)

雝工室印

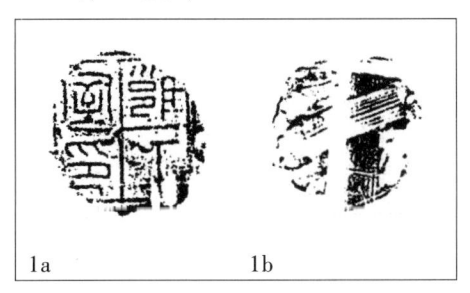

1a　　　1b

(1a:《印风》P141;《释续》图 19;《印集》P106;《于京》图 5;《汇考》P198;《玺印》P421;《大系》P332;1b:《印集》P106)

雝工室丞

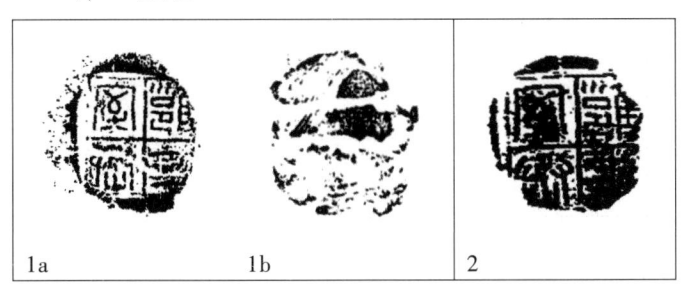

1a　　　1b　　　2

(1a:《秦封》P247;《释续》图 19;《印集》P107;《汇考》P199;《大系》P332;1b:《印集》P107;2:《玺印》P421;《大系》P332)

雖工室□

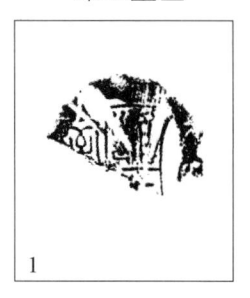

1

（1：《新出》P42；《大系》P332）

虢

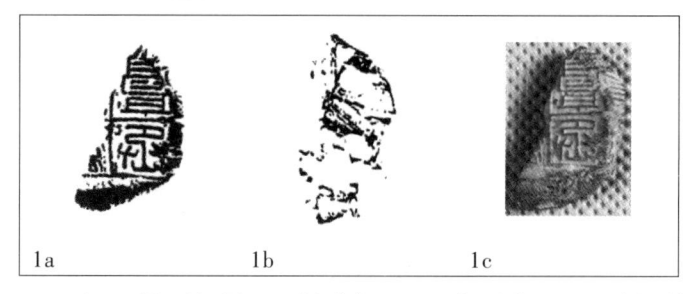

虢丞□□

1a　　1b　　1c

（1a：《新地》图31；《印集》P144；《汇考》P236；《大系》P103；1b：《印集》P144；1c：《泥选》）

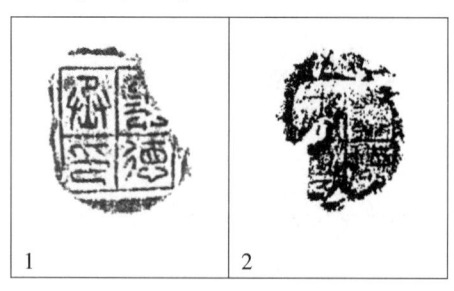

襄德

襄德丞印

1　　2

（1：《于京》图24；《玺印》P418；《大系》P117；2：《发现》图129；《图例》P56；《秦封》P282；《汇考》P191）

□德□印

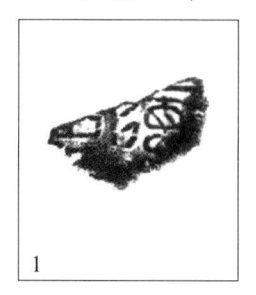

1

(1:《酒余》P32 下;《大系》P103、P117)

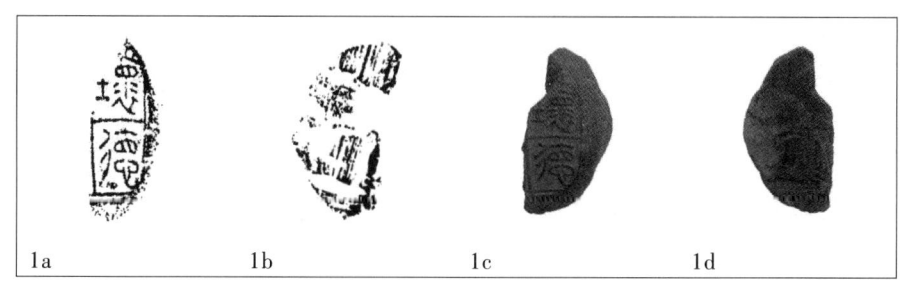

壞德□□

1a　　　1b　　　1c　　　1d

(1a:《新地》图9;《印集》P101;《汇考》P191;《大系》P118;1b:《印集》P101;1c:《汇考》图版 P48;《泥选》;1d:《汇考》图版 P48)

郑

郑玺

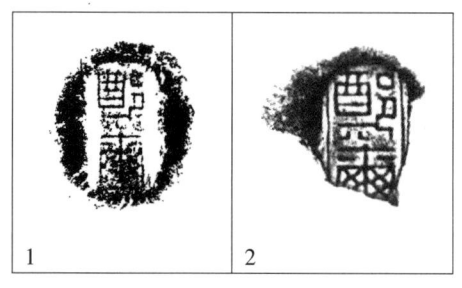

1　　2

(1:《新选》P120;《大系》P371;2:《大系》P371)

郑□

| 1 |

(1:《酒余》P49 下;《大系》P371)

郑丞之印

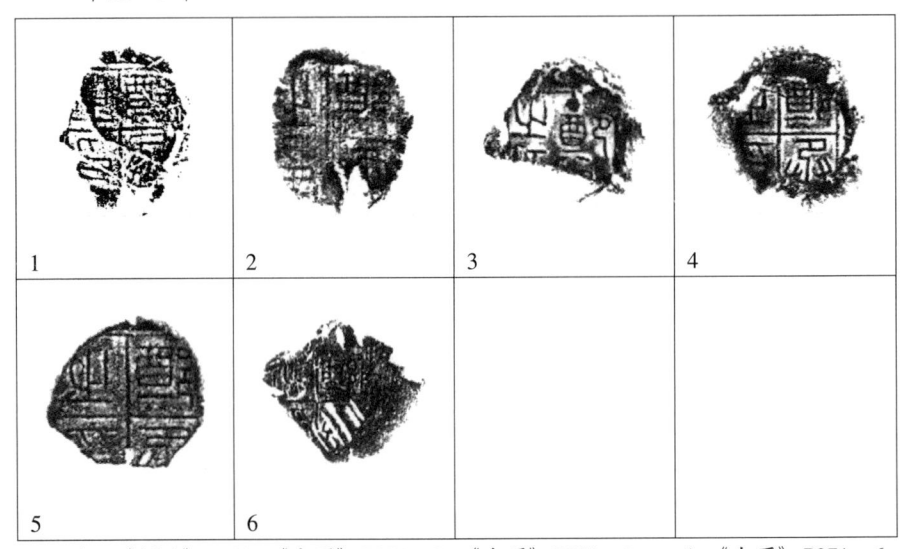

| 1 | 2 | 3 | 4 |
| 5 | 6 | | |

(1:《新选》P120;《大系》P371;2:《大系》P370;3——5:《大系》P371;6:《酒余》P49 下;《大系》P371)

郑丞□印

| 1 |

(1:《新出》P95;《大系》P371)

第一章 内史 669

郑丞□□

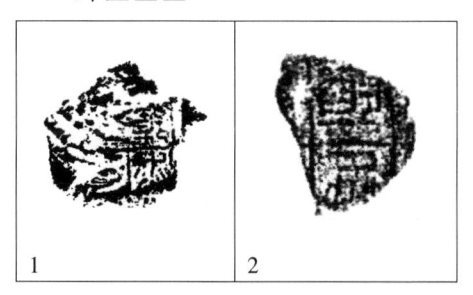

1
2

(1：《酒余》P49 上；2：《大系》P371)

郑□马□

1

(1：《大系》P371)

夏阳

夏阳之印

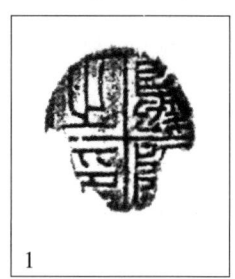

1

(1：《大系》P296)

夏阳丞印

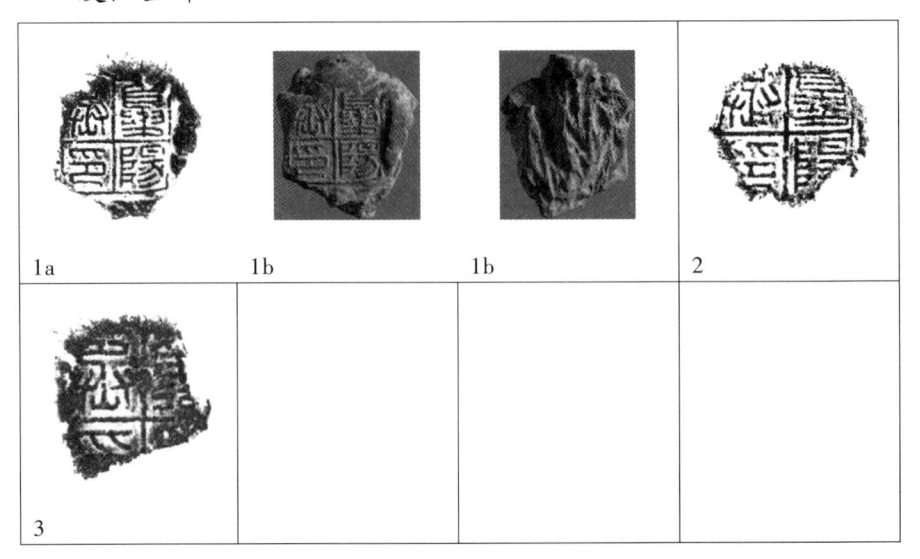

1a	1b	1b	2
3			

（1a:《精品》P54;《大系》P296;1b:《精品》P54;2:《新出》P80;《大系》P296;3:《大系》P296）

漆垣

漆垣丞印

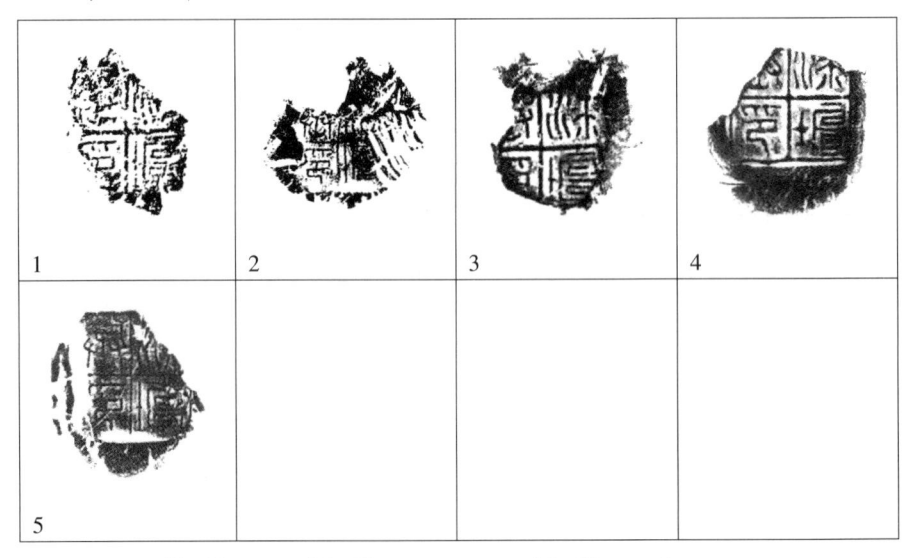

1	2	3	4
5			

（1、2:《新出》P74;《大系》P194;3—5:《大系》P194）

第一章 内史 671

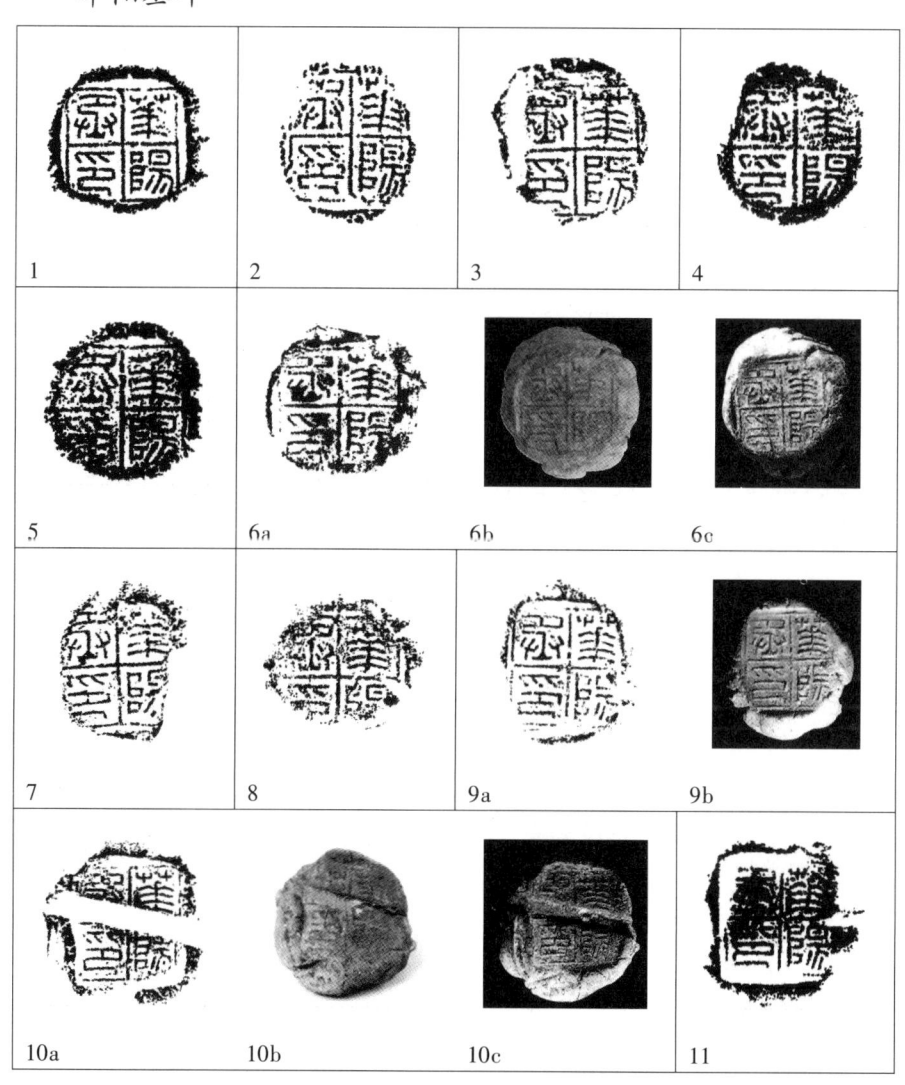

华阳

华阳丞印

1	2	3	4
5	6a	6b	6c
7	8	9a	9b
10a	10b	10c	11

672　中编　地方职官

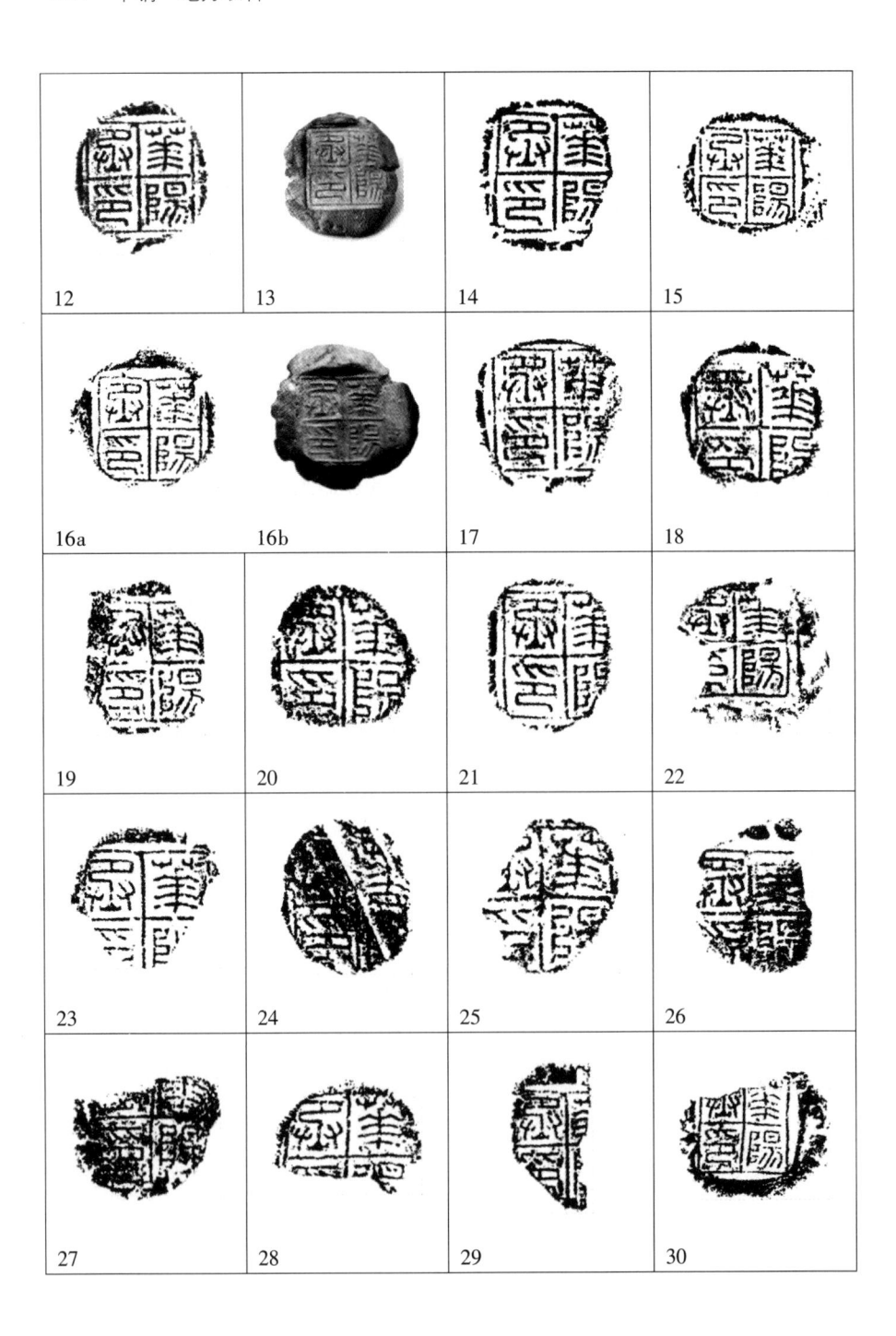

12	13	14	15
16a	16b	17	18
19	20	21	22
23	24	25	26
27	28	29	30

第一章　内史　673

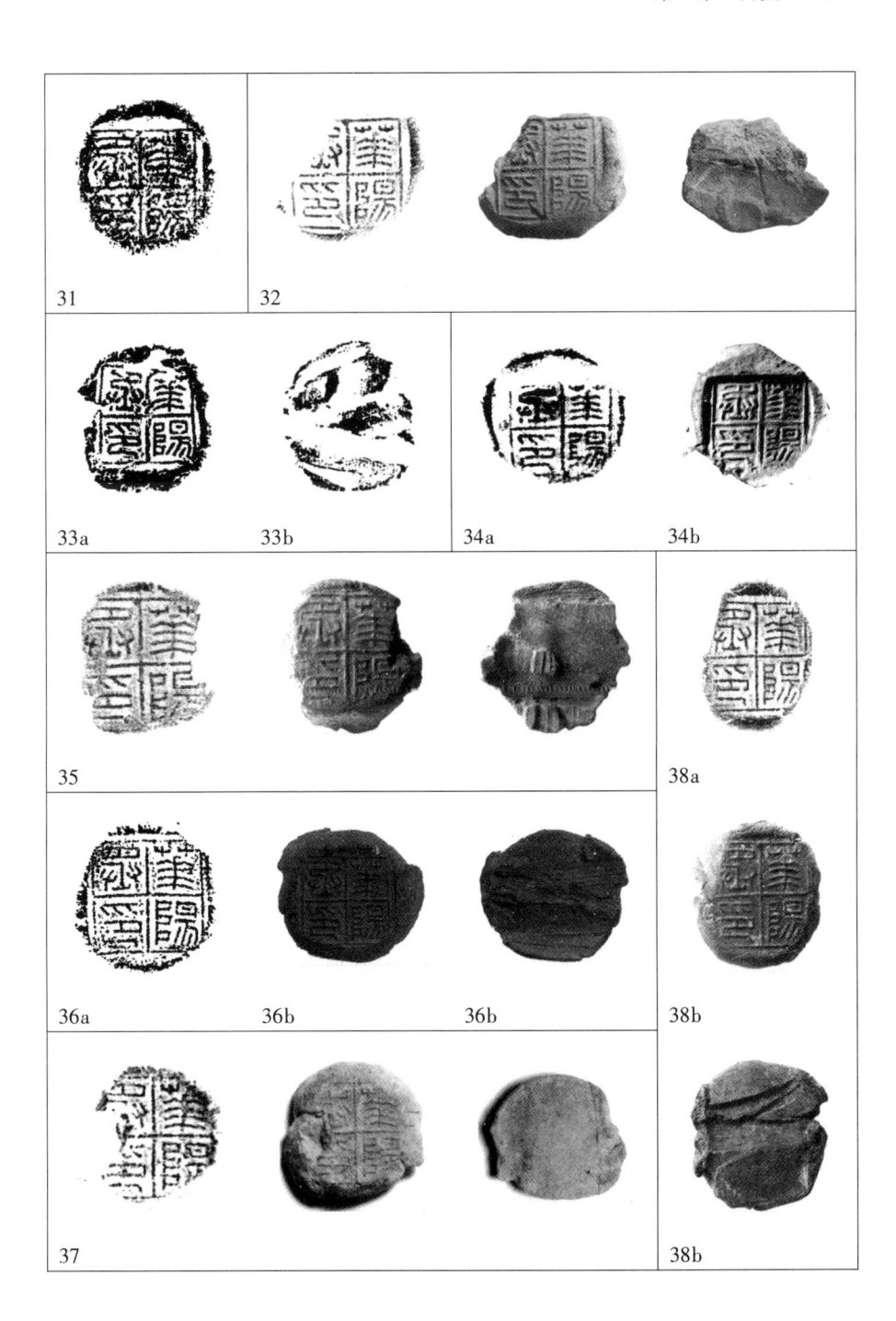

31
32
33a　33b　34a　34b
35
36a　36b　36b
37
38a
38b
38b

674　中编　地方职官

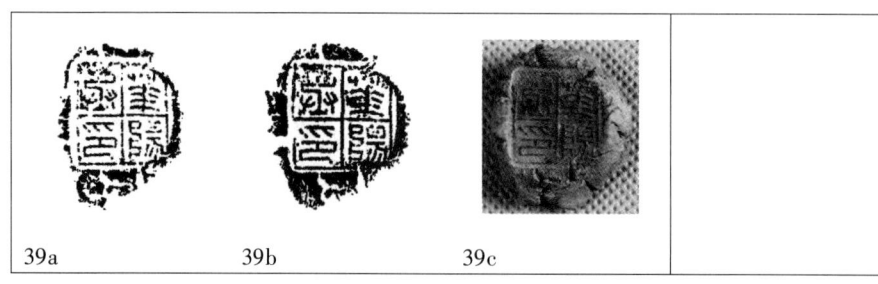

（1：《汇考》P128；2：《秦封》P202；《汇考》P129；3：《新出》P17；《大系》P116；4：《汇考》P128；5：《汇考》P128；《大系》P116；6a：《秦封》P202；《汇考》P128；6b：《秦封》彩版4；6c：《秦封》图版7；7、8：《秦封》P202；《汇考》P128；9a：《秦封》P202；《汇考》P129；9b：《秦封》图版4；10a：《秦封》P202；《汇考》P128；10b：《问陶》P166；10c：《秦封》图版8；11：《秦封》P202；《汇考》P129；12：《大系》P116；13：《问陶》P163；14：《发现》图83；《图例》P55；《秦封》P202；《书集》P128；《汇考》P128；《玺印》P416；《大系》P116；15：《书集》P128；16a：《新出》P17；《秦选》P82；《大系》P116；16b：《秦选》P82；17—29：《新出》P17；30：《新出》P65；31：《新出》P66；32：《相家》P23；33：《秦封》P202；《汇考》P129；33a：《印集》P61；《汇考》P128；《大系》P116；33b：《印集》P61；34a：《新获》P291；《大系》P116；34b：《发掘》图版十五：6；35：《相家》P23；36a：《汇考》P127；《大系》P116；36b：《汇考》图版P30；37：《观三》P30；38a：《相家》P23；《大系》P116；38b：《相家》P23；39a：《印风》P146；39b：《汇考》P128；39c：《泥选》）

又：《发掘》P534《出土封泥登记表》2000CH 相 1T2③：104 为"华阳丞印"。

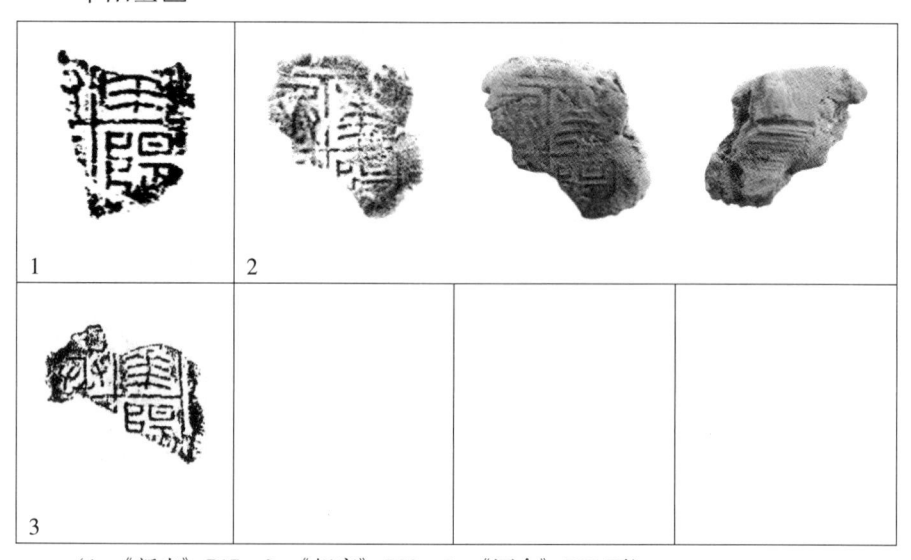

华阳丞□

（1：《新出》P17；2：《相家》P23；3：《酒余》P32 下）

华阳□□

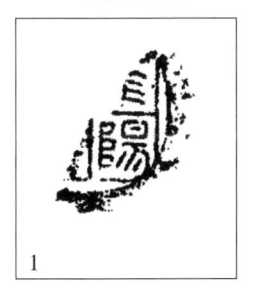

（1：《秦封》P202；《汇考》P129）

华□丞□

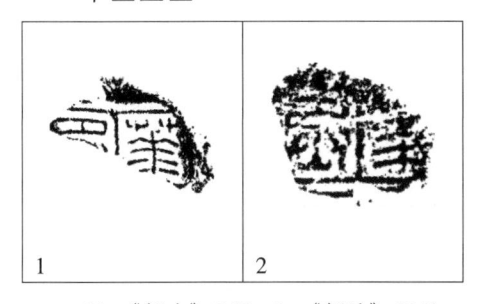

（1：《新出》P66；2：《新选》P96）

华阳尚果

（1：《大系》P116）

平陵

平陵丞印

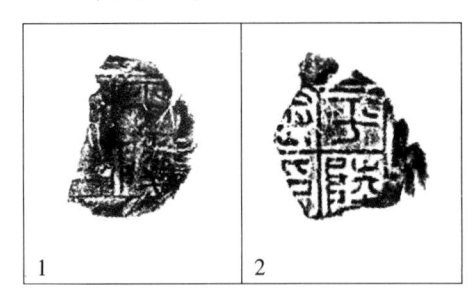

（1、2：《大系》P188）

安陵

安陵丞印

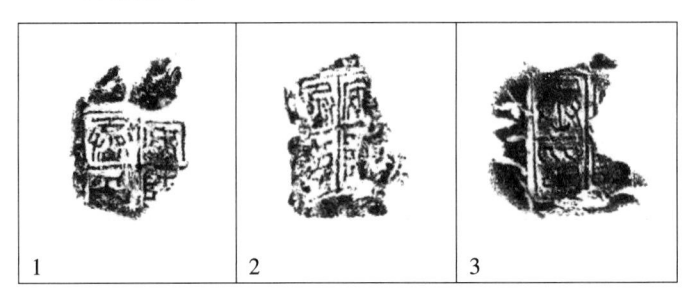

（1—3：《大系》P22）

郝

郝丞之印

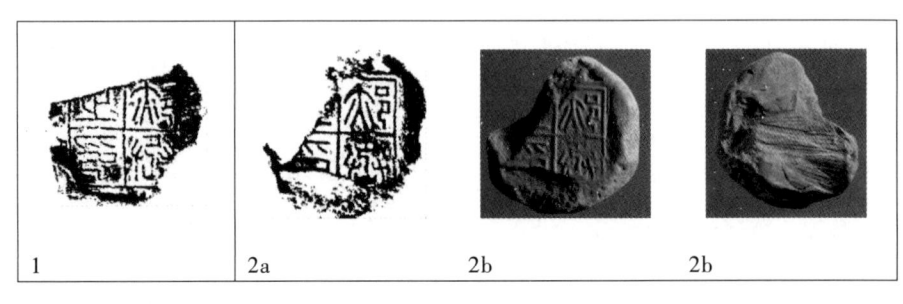

第一章 内史 677

(1、3：《新选》P95；《大系》P109；2a：《精品》P52；《新选》P95；《大系》P109；2b：《精品》P52；4：《大系》P109)

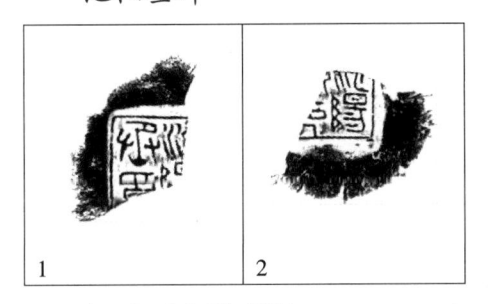

池阳

池阳丞印

(1、2：《大系》P50)

池阳北乡

(1：《大系》P49)

池□北□

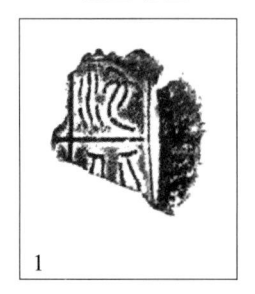

1

(1:《大系》P50)

□阳□乡

1a　　1b　　1b

(1a:《精品》P67;《新选》P89;1b:《精品》P67)

池阳乡印

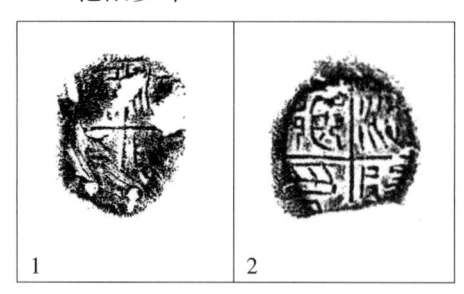

1　　2

(1:《新选》P89;《大系》P50;2:《大系》P52)

武關

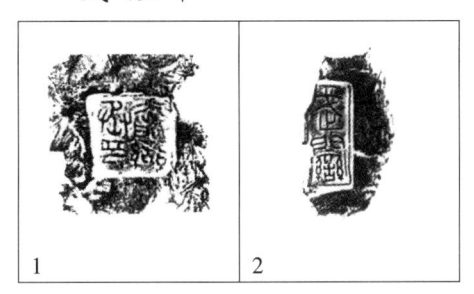

武關丞印

1
2

（1、2：《大系》P282）

第 二 章

郡　　县

第一节　关中地区诸郡

陇西郡

陇 西右漕丞

1

（1：《大系》P159）

临洮
临洮丞印

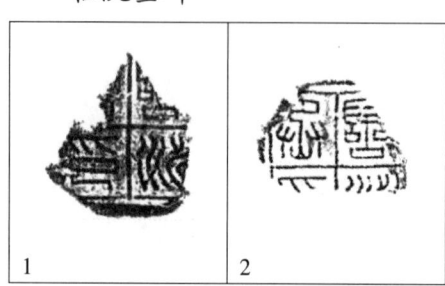

（1：《于京》图54；《玺印》P412；《大系》P158；2：《大系》P158）

西

西丞之印

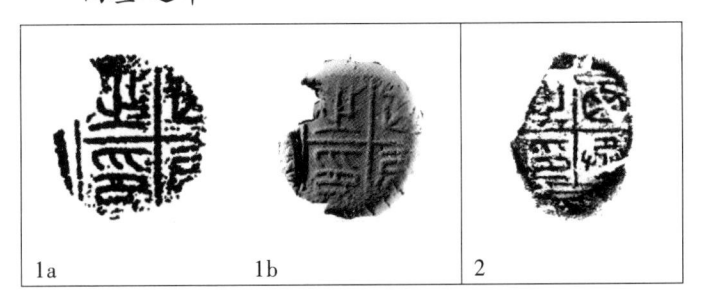

（1a：《发掘》图一八：8；《新获》P288；《玺印》P412；《大系》P285；1b：《发掘》图版十二：7；2：《大系》P285）

西共

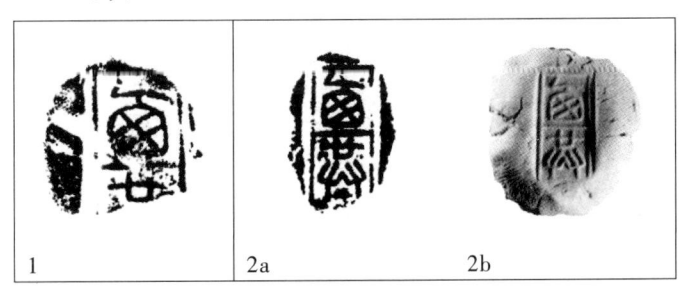

（1：《新出》P79；《大系》P287；2a：《发掘》图一六：21；《新获》P288；《玺印》P390；《大系》P286；2b：《发掘》图版八：6）

西共丞印

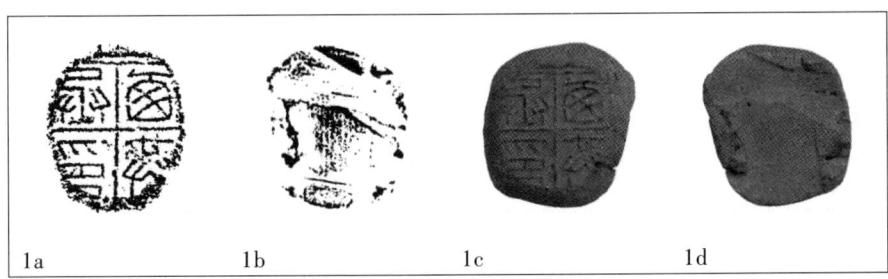

682　中编　地方职官

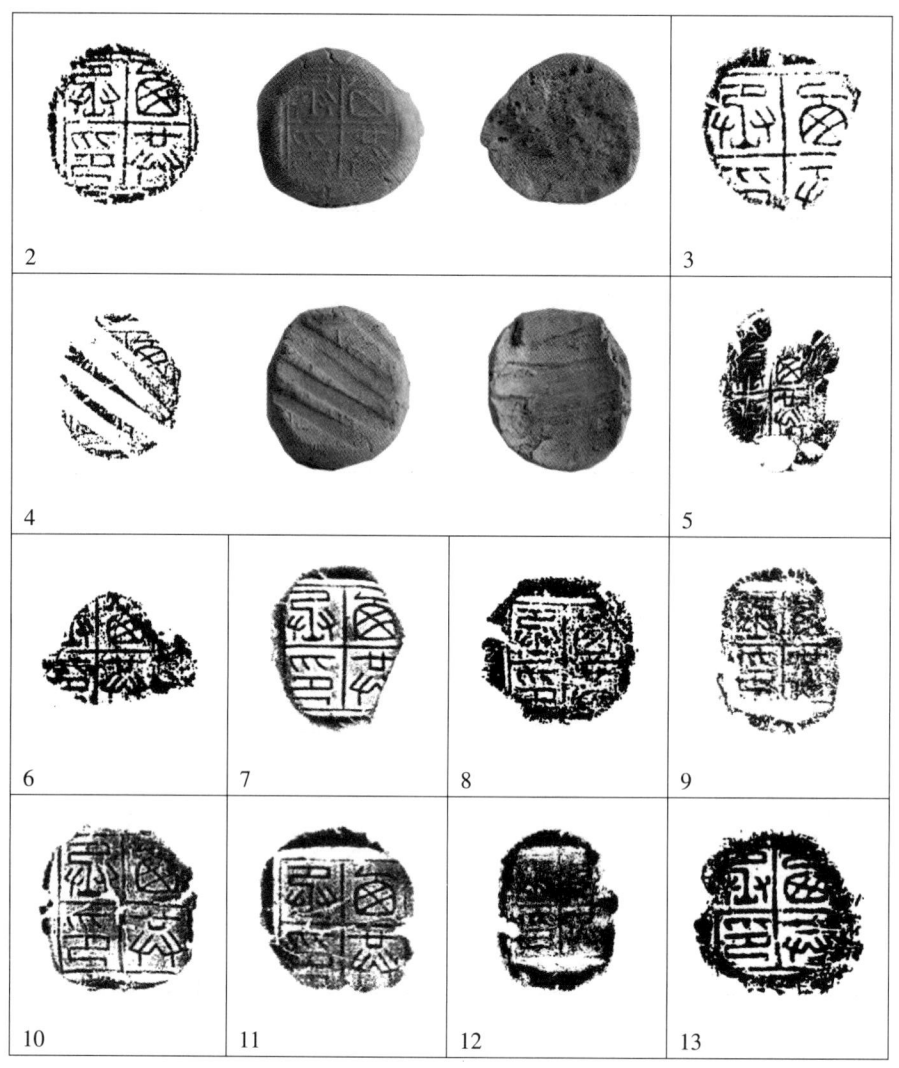

（1a：《印集》P125；《汇考》P218；《印风》P135；《大系》P287；1b：《印集》P125；1c：《汇考》图版 P58；《泥选》；1d：《汇考》图版 P58；2：《上封》P60；3：《新出》P38；《大系》P287；4：《上封》P75；5：《新出》P38；6：《发现》图 149；《图例》P57；《秦封》P244；《汇考》P219；《玺印》P403；7：《大系》P287；8：《汇考》P219；《大系》P287；9：《新出》P38；《大系》P287；10、11：《新出》P38；《大系》P287；12：《新出》P38；13：《古封》P269）

西共□□

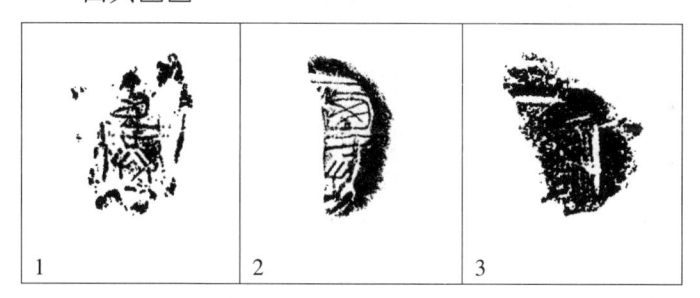

| 1 | 2 | 3 |

（1:《秦封》P244；《汇考》P219；2:《新出》P79；《大系》P287；3:《秦封》P245）

西共食室

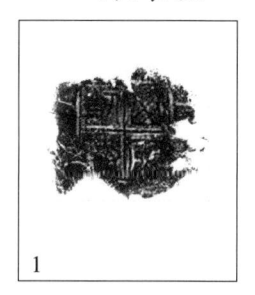

1

（1:《大系》P287）

西盐

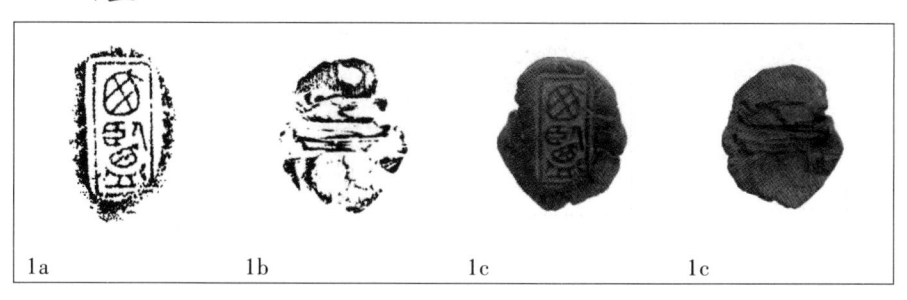

1a　　1b　　1c　　1c

684　中编　地方职官

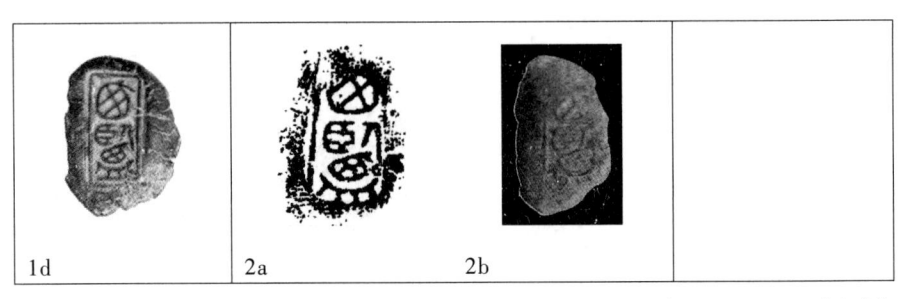

1d	2a	2b	

（1a：《书法》P36；《印集》P28；《汇考》P61；《大系》P289；1b：《印集》P28；1c：《汇考》图版 P14；1d：《秦研》封皮；2a：《发现》图 145；《图例》P57；《秦封》P245；《书集》P132；《大系》P289；2b：《秦封》彩版 3）

西盐丞□

1

（1：《于京》图 4；《玺印》P416；《大系》P289）

西采金印

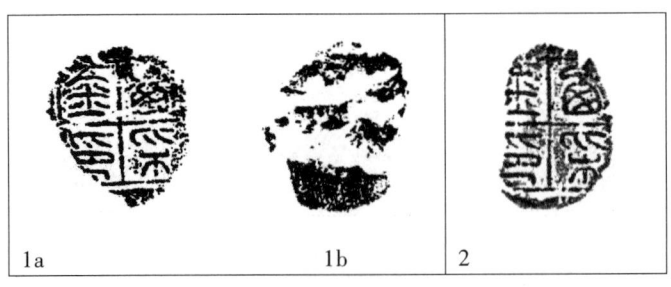

1a	1b	2

（1：《印考》图 184；《补读》图 39；《印风》P135；《秦封》P246；《印集》P30；《书集》P124；《汇考》P63；《玺印》P426；《大系》P283；1b：《印集》P30；2：《大系》P283）

西□金□

(1:《新出》P79;《大系》P284)

成纪

成纪丞印

(1:《大系》P47)

□纪□印

(1:《新出》P58;《大系》P47)

下辩

下辨丞印

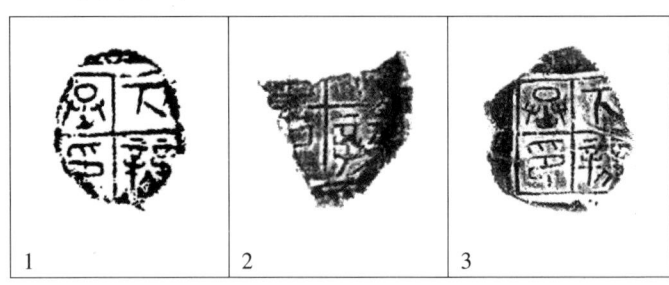

| 1 | 2 | 3 |

（1：《于京》图58；《玺印》P408；《大系》P292；2、3：《大系》P292）

冀

冀印

无图，释读见《秦选》P72。

冀闟

| 1 | 2 | 3 | 4 |

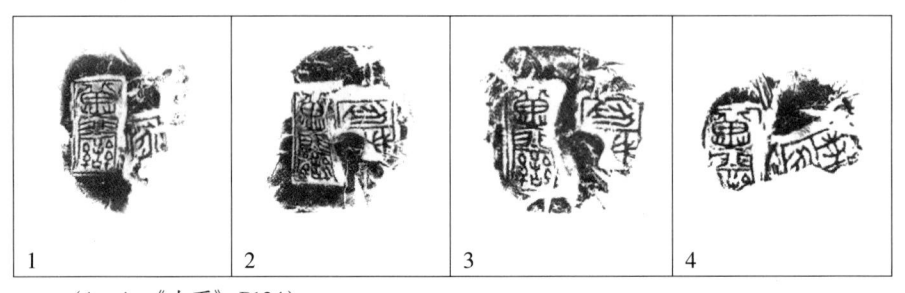

（1—4：《大系》P124）

冀□

| 1 |

（1：《大系》P124）

第二章　郡县　687

冀□之□

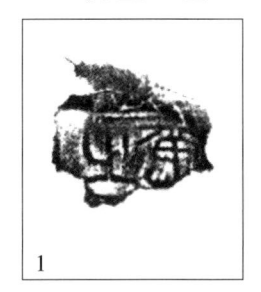

1

（1：《大系》P124）

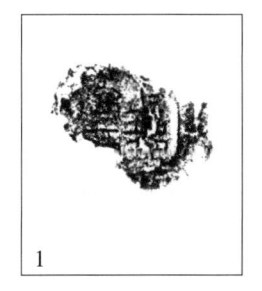

上邽

上邽丞印

1

（1：《大系》P207）

豲道

豲道

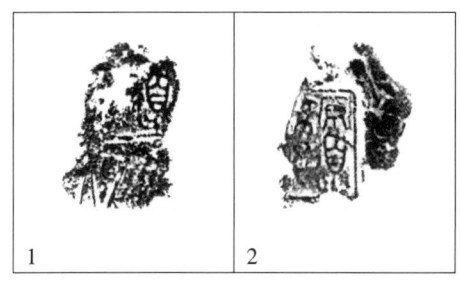

1　2

（1、2：《大系》P118）

獂道丞印

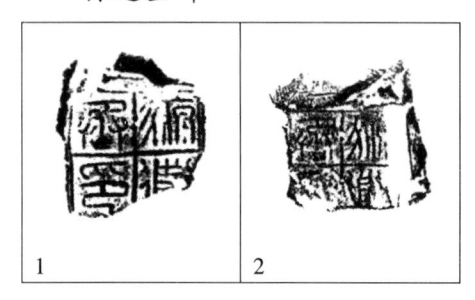

（1：《于京》图51；《玺印》P411；《大系》P118；2：《大系》P118）

獂道丞□

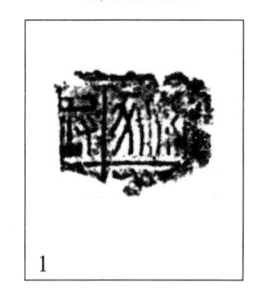

（1：《大系》P118）

绵诸

绵诸丞印

（1：《于京》图55；《大系》P169）

绵□丞印

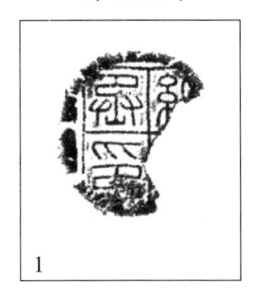

1

（1：《大系》P168）

绵者丞印

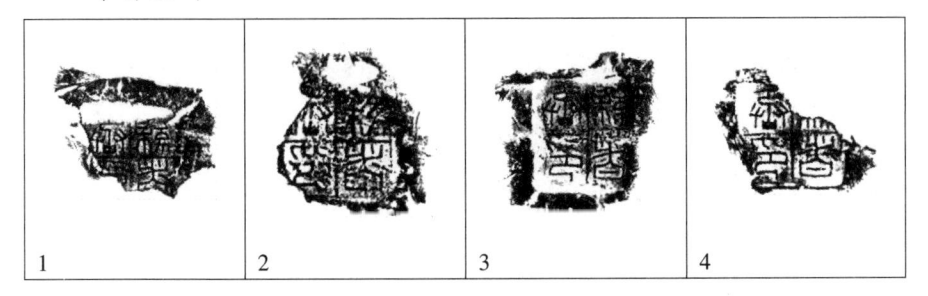

1 2 3 4

（1—4：《大系》P168）

绵者略部

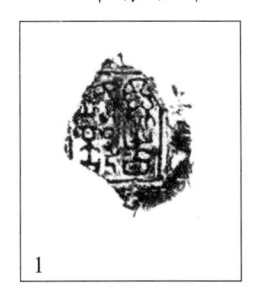

1

（1：《大系》P168；《大系》P168）

690 中编 地方职官

绵者□部

1

(1:《大系》P169)

绵者□□

1a	1b	1b	2
3			

(1a:《新出》P71；《大系》P168；1b:《青泥》P39；2:《新出》P71；3:《大系》P168)

绵□略□

1

(1:《大系》P169)

□者□部

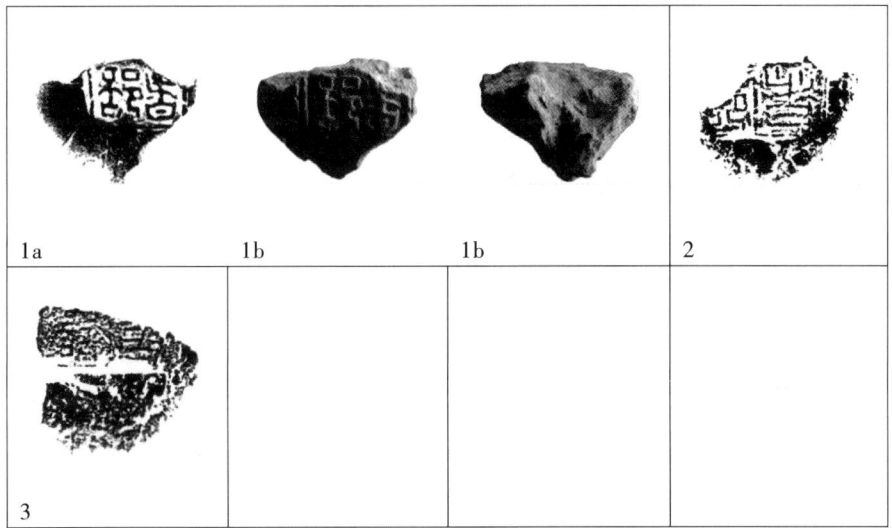

| 1a | 1b | 1b | 2 |
| 3 | | | |

（1a：《青泥》P39；《新出》P71；《大系》P423；1b：《青泥》P39；2：《新出》P71；《大系》P169、P423；3：《大系》P423）

□□□部

1

（1：《新出》P71；《大系》P168、P432）

绵□魏部

1

（1：《大系》P169）

兰干

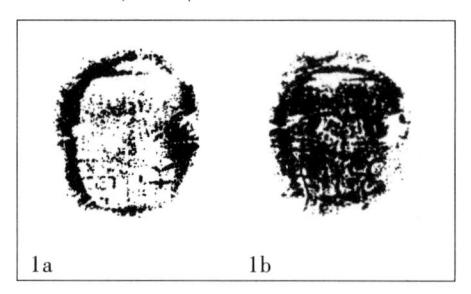

兰干丞印

| 1a | 1b |

(1a:《秦封》P287;《汇考》P212;《玺印》P419;《大系》P146;1b:发现》图146;《图例》P57;《大系》P146)

略阳

略阳丞印

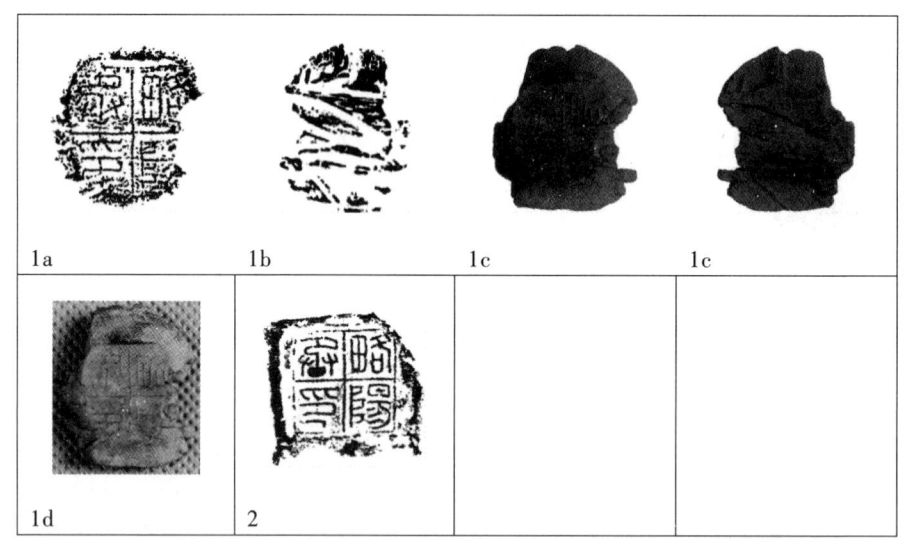

| 1a | 1b | 1c | 1c |
| 1d | 2 | | |

(1a:《释续》图45;《印风》P159;《印集》P123;《汇考》P217;《大系》P162;1b:《印集》P123;1c:《汇考》图版P57;1d:《泥选》;2:《大系》P163)

略阳丞□

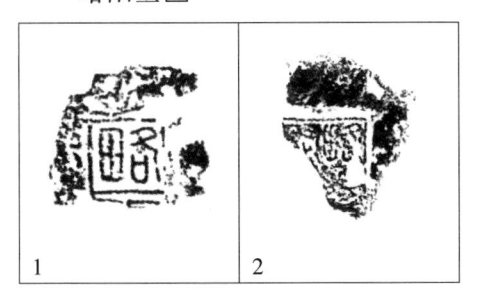

1　2

（1、2：《大系》P163）

襄武

襄武

1a　1b　1b　2　3

（1a：《新出》P41；《青泥》P34；《大系》P302；1b：《青泥》P34；2：《于京》图56；《玺印》P390；《大系》P302；3：《大系》P302）

溥道

溥道

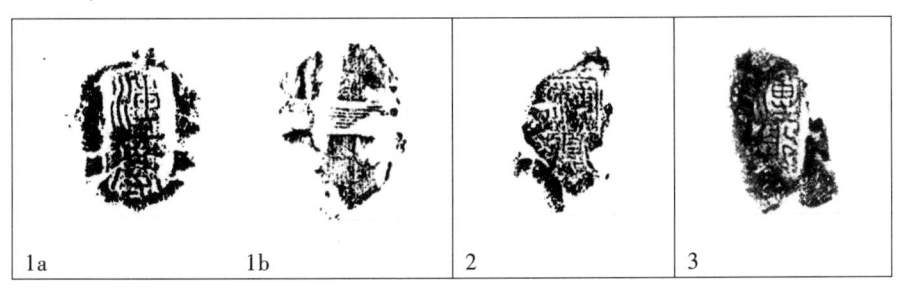

1a　1b　2　3

（1a：《印集》P130；《汇考》P223；《大系》P193；1b：《印集》P130；2：《新出》P74；3：《大系》P193）

694 中编 地方职官

溥□

1

(1:《大系》P193)

溥道丞印

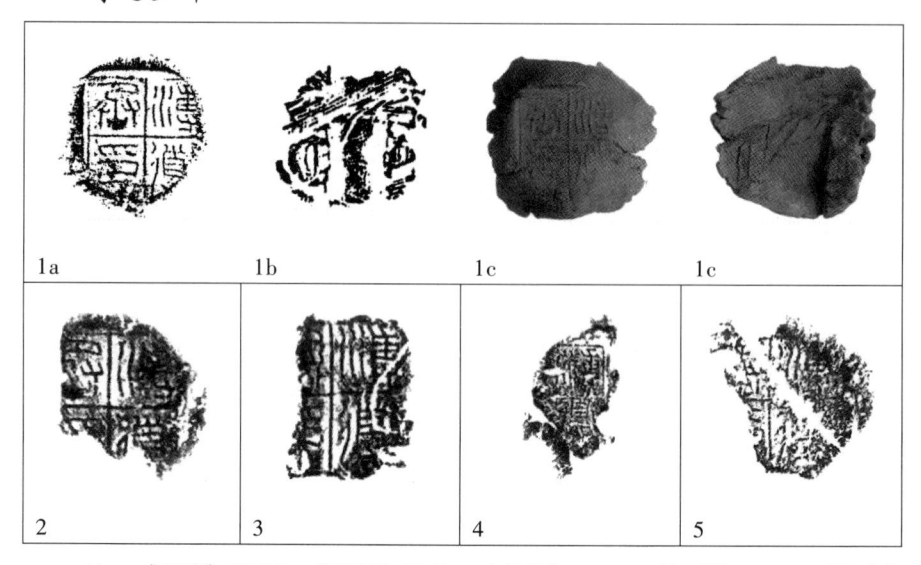

| 1a | 1b | 1c | 1c |
| 2 | 3 | 4 | 5 |

(1a:《释续》图 56;《印风》P148;《印集》P131;《汇考》P223;《玺印》P415;《大系》P193;1b:《印集》P131;1c:《汇考》图版 P59;2:《大系》P193;3、4:《大系》P194;5:《新出》P74;《大系》P193)

第二章 郡县 695

溥道□□

1

(1:《大系》P193)

溥□丞□

1　2　3　4

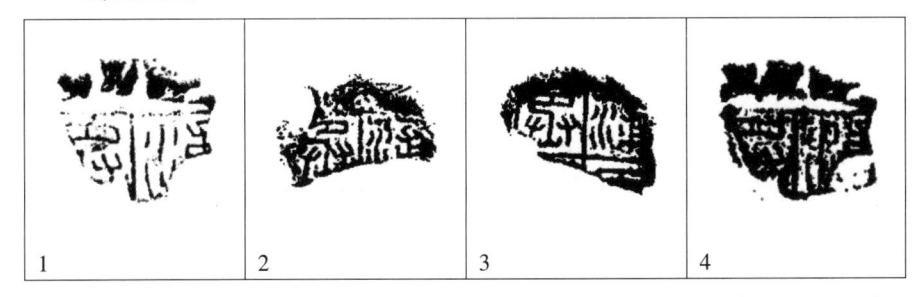

(1:《新出》P28;《大系》P194;2、3:《秦封》P313;《汇考》P203;4:《于京》图71;《玺印》417)

氐道

氐道

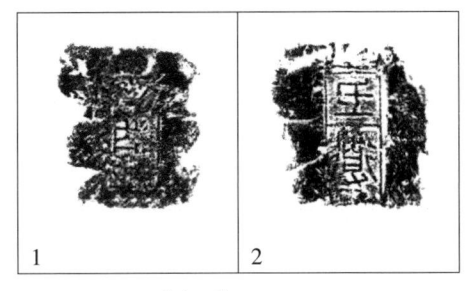

1　2

(1、2:《大系》P61)

696　中编　地方职官

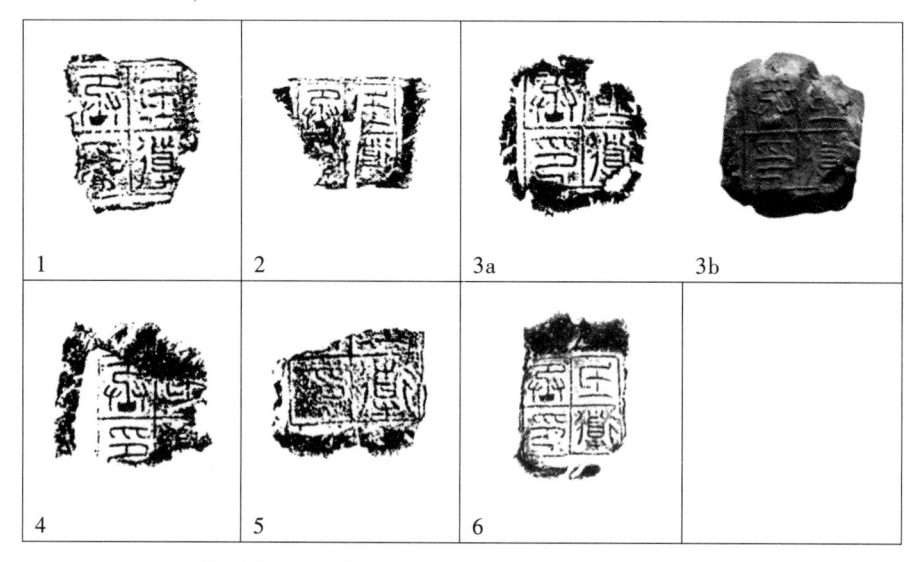

氐道丞印

| 1 | 2 | 3a | 3b |
| 4 | 5 | 6 | |

（1、2、4：《新出》P62；《大系》P61；3a：《新出》P62；《秦选》P69；《大系》P61；3c：《秦选》P69；5：《新出》P62；《大系》P62；6：《大系》P62）

北地郡

义渠

义渠

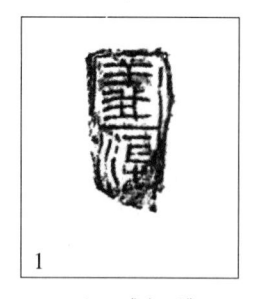

1

（1：《大系》P328）

义渠中部

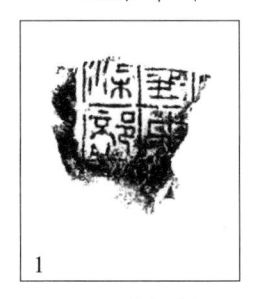

(1:《大系》P328)

乌氏

乌氏丞印

(1:《大系》P279)

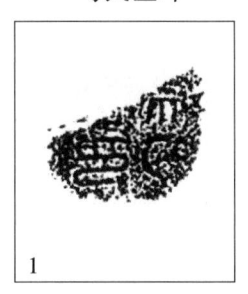

乌氏□印

(1:《于京》图60;《玺印》P415;《大系》P279)

698 中编 地方职官

乌氏丞□

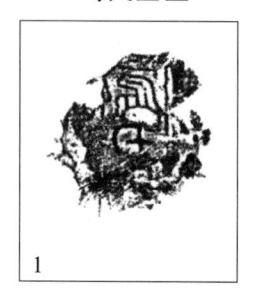

1

（1:《大系》P279）

阴密

阴密

1

（1:《大系》P328）

阴密丞印

1a　　　1b　　　1c　　　1c

第二章　郡县　　699

1d	2		

（1a：《释续》图46；《印风》P140；《印集》P137；《汇考》P229；《玺印》P420；1b：《印集》P137；1c：《汇考》图版P62；1d：《泥选》；2：《大系》P329）

阴密丞□

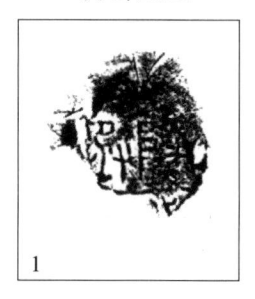

1

（1：《大系》P328）

阴密□□

1

（1：《大系》P328）

泥阳

泥□丞□

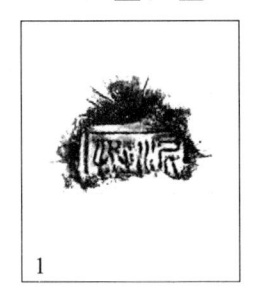

1

（1：《大系》P182）

泥□□□

1

（1：《大系》P182）

昫衍

昫衍

1

（1：《大系》P311）

第二章 郡县 701

昫□

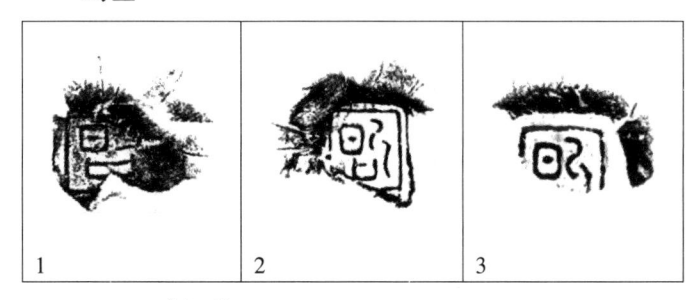

1　2　3

（1—3：《大系》P312）

昫□丞印

1

（1：《大系》P312）

昫□丞□

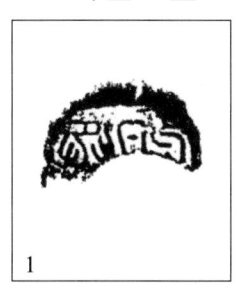

1

（1：《酒余》P44 上；《大系》P312）

702　中编　地方职官

昫□左□

1

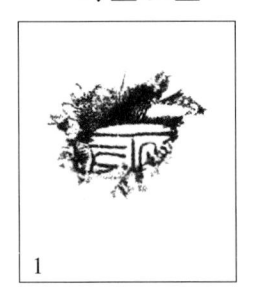

（1：《大系》P313）

昫衍道

昫衍道印

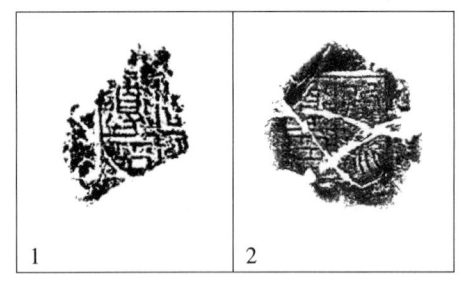

1　　2

（1：《新出》P82；《大系》P313；2：《大系》P313）

昫衍道□

1

（1：《大系》P313）

第二章　郡县　703

□衍道印

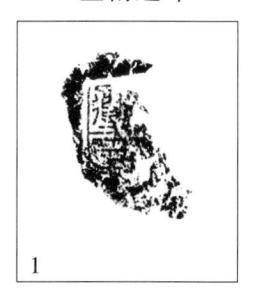

1

（1：《新出》P82；《大系》P313）

昫衍道丞

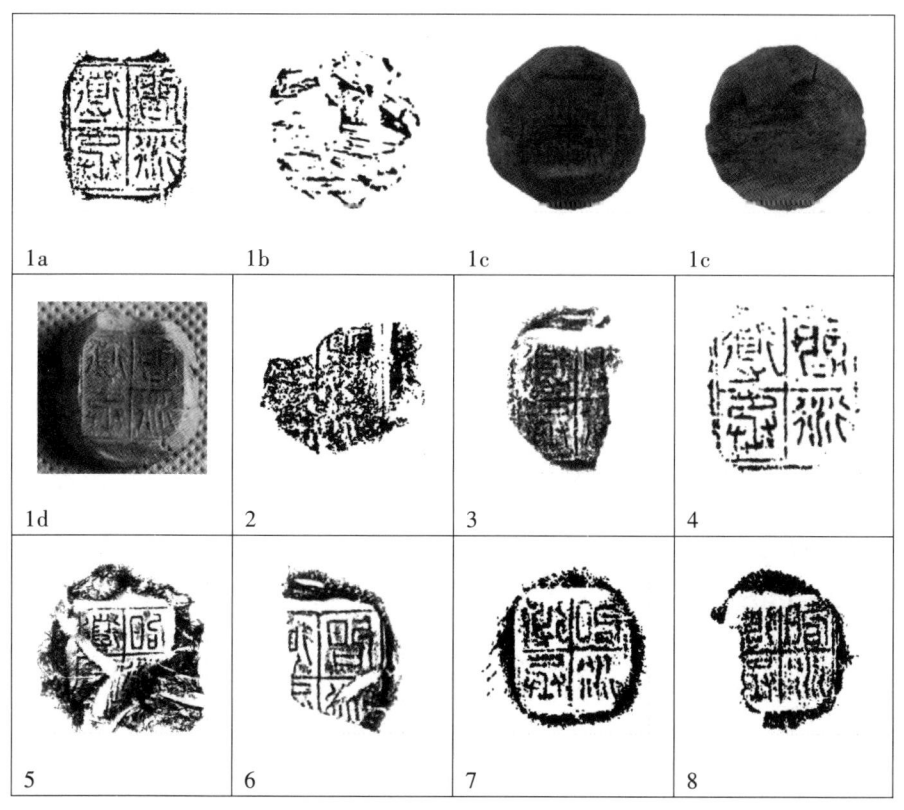

1a	1b	1c	1c
1d	2	3	4
5	6	7	8

（1a：《考释》图一：3；《印集》P136；《汇考》P228；《玺印》P420；《大系》P312；1b：《印集》P136；1c：《汇考》图版P62；1d：《泥选》；2：《新选》P114；3—6：《大系》P312；7：《印风》P149；《新地》图11；《汇考》P228；《大系》P312；8：《汇考》P228；《大系》P312）

704　中编　地方职官

昫衍□□

1

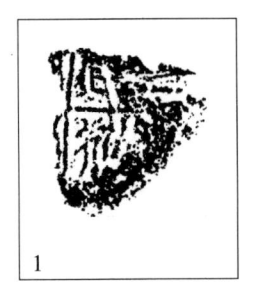

（1:《新选》P114）

泾阳

泾阳□□

1

（1:《大系》P128）

泾□君□

1

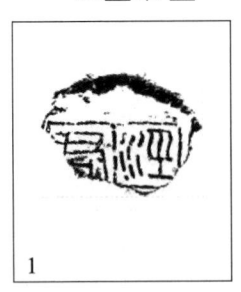

（1:《大系》P128）

泾下家马

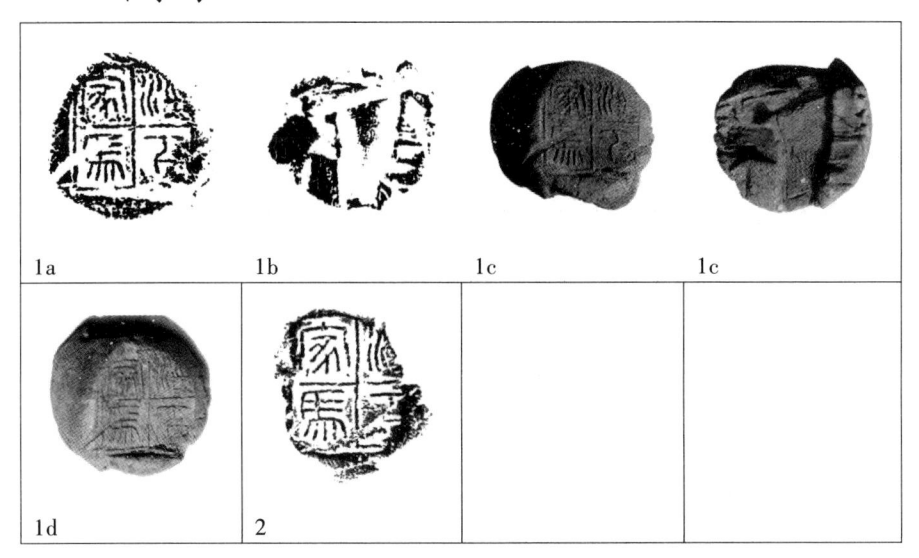

| 1a | 1b | 1c | 1c |
| 1d | 2 | | |

（1：《补读》图44；《印考》图145；《印风》P145；《秦封》P271；《印集》P21；《书集》P115；《汇考》P46；《玺印》P426；《大系》P128；1b：《印集》P21；1c：《汇考》图版P11；1d：《泥选》；2：《人系》P128）

□下家马

1

（1：《大系》P128）

706　中编　地方职官

泾下□□

1

（1：《大系》P128）

方渠除

□渠□印

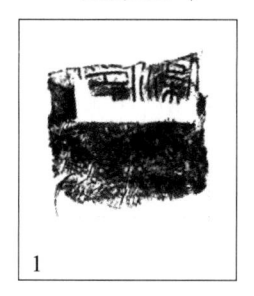

1

（1：《大系》P79）

方渠除丞

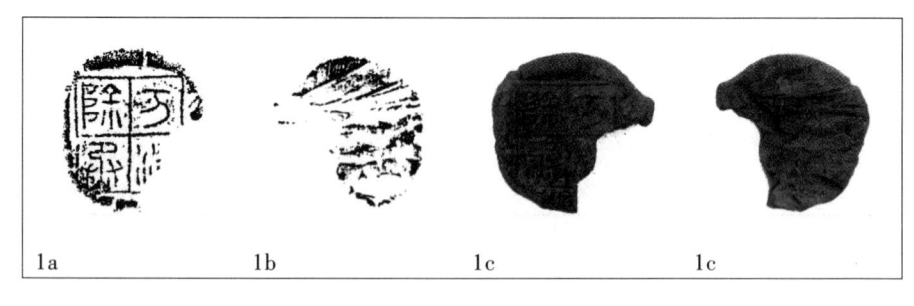

1a　　1b　　1c　　1c

第二章　郡县　707

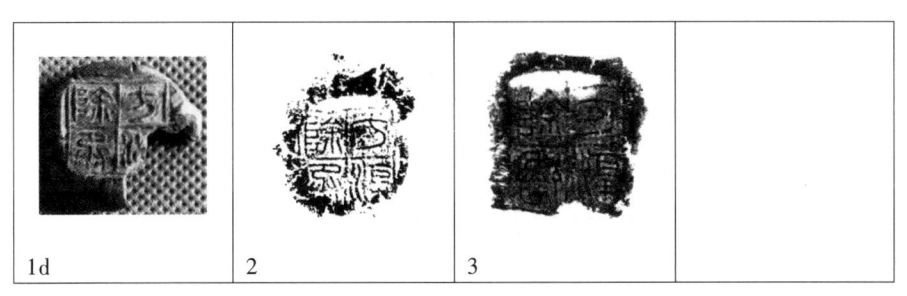

|1d|2|3| |

（1a：《释续》图 49；《印风》P151；《印集》P137；《汇考》P229；《玺印》P420；《大系》P79；1b：《印集》P137；1c：《汇考》图版 P63；1d：《泥选》；2：《新出》P63；《大系》P79；3：《大系》P79）

方渠除□

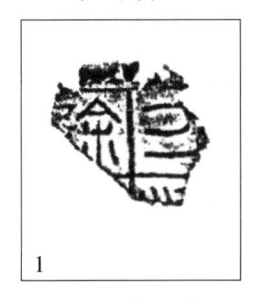

|1|

（1：《大系》P79）

方□除□

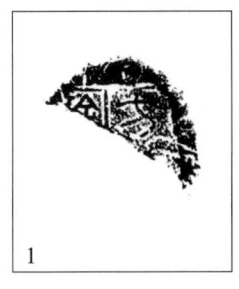

|1|

（1：《新出》P63；《大系》P79）

708 中编 地方职官

□渠□丞

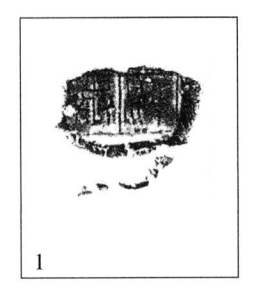

1

（1：《新出》P11；《大系》P79）

方□□□

1

（1：《大系》P80）

□□除□

1

（1：《新出》P11；《大系》P79）

郁郅

郁郅

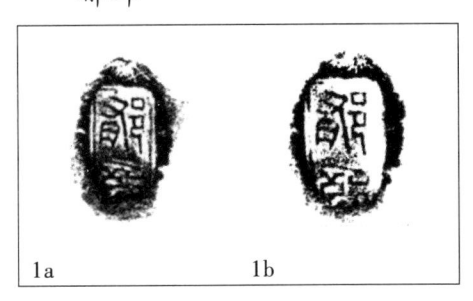

| 1a | 1b |

(1a:《西见》图 20;《大系》P342;1b:《大系》P342)

安武

安武丞印

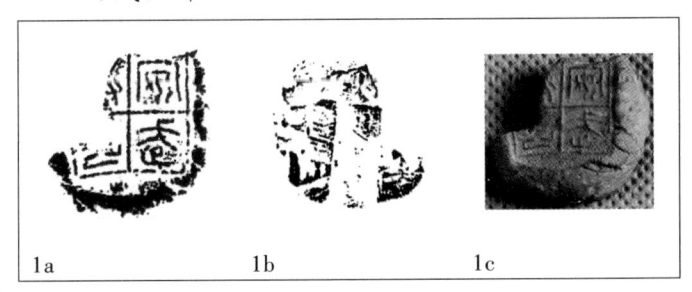

| 1a | 1b | 1c |

(1a:《印风》P150;《释续》图 47;《印集》P124;《汇考》P217;《大系》P24;1b:《印集》P124;1c:《泥选》)

归德

归德丞印

1

(1:《于京》图 61;《玺印》P418;《大系》P103)

卤

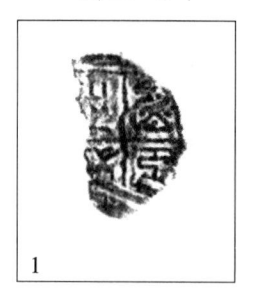

卤丞之印

1

（1：《山房》2.24）

卤丞□印

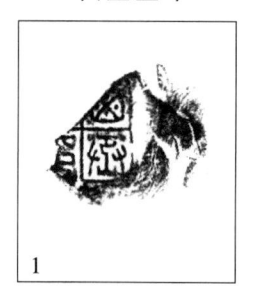

1

（1：《大系》P161）

彭阳

彭阳

1

（1：《大系》P186）

彭阳丞印

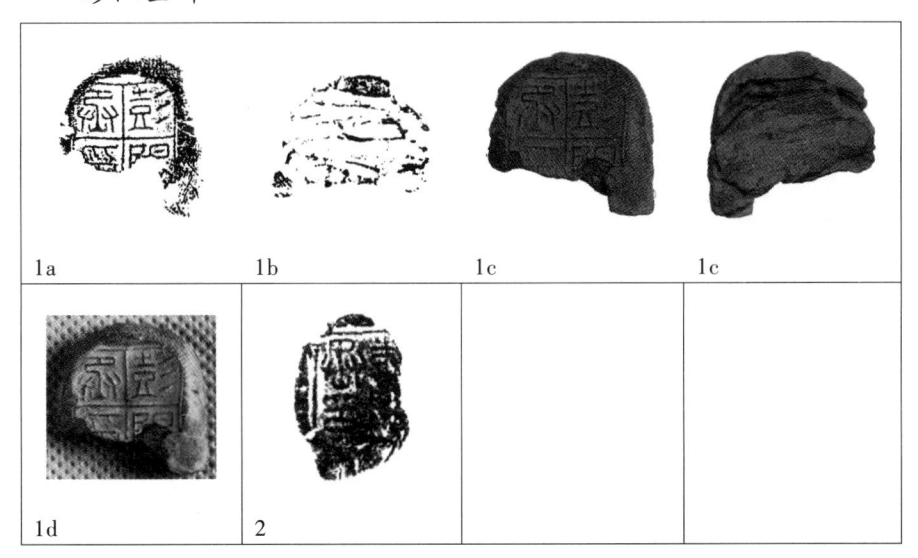

| 1a | 1b | 1c | 1c |
| 1d | 2 | | |

（1a：《释续》图 48；《印风》P158；《印集》P143；《汇考》P235；《玺印》P411；《大系》P186；1b：《印集》P143；1c：《汇考》图版 P66；1d：《泥选》；2：《大系》P186）

彭阳丞□

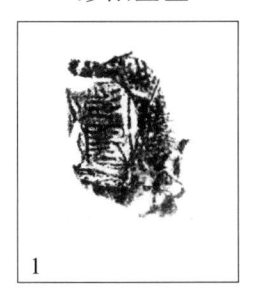

1

（1：《大系》P186）

略畔

略畔丞印

1

(1:《大系》P162)

略畔□□

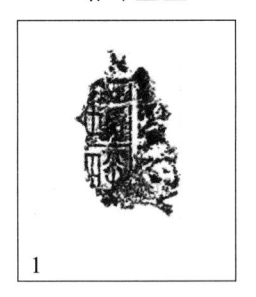

1

(1:《大系》P162)

□畔丞印

1

(1:《大系》P162)

□畔□□

1

(1:《大系》P162)

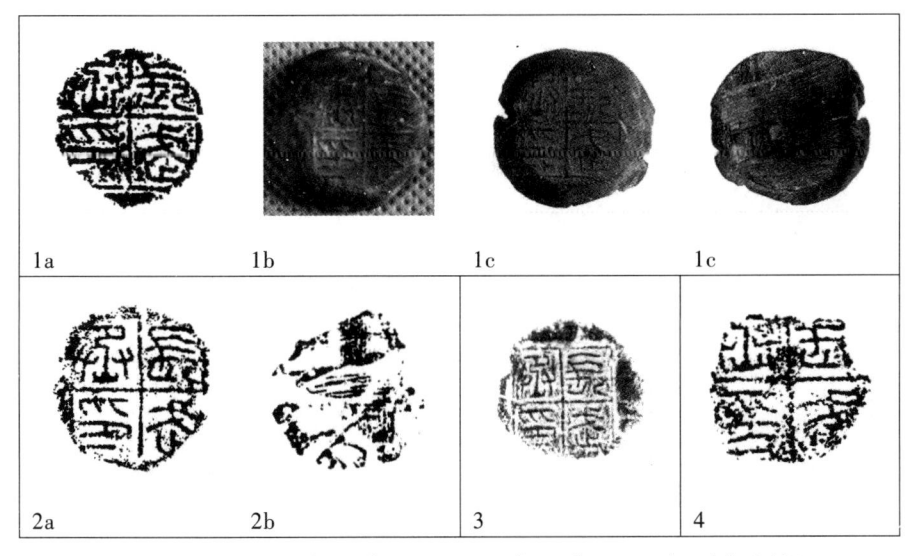

长武

长武丞印

1a　　1b　　1c　　1c

2a　　2b　　3　　4

(1a:《汇考》P199;《大系》P43;1b:《泥选》;1c:《汇考》图版 P51;2a:《印风》P156;《新地》图 34;《印集》P107;《汇考》P199;《玺印》P406;《大系》P42;2b:《印集》P107;3:《山房》2.14;4:《新出》P7;《大系》P43)

714　中编　地方职官

长□丞□

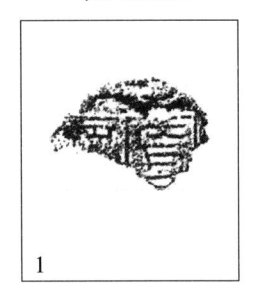

1

（1：《大系》P43）

上郡

上郡大守

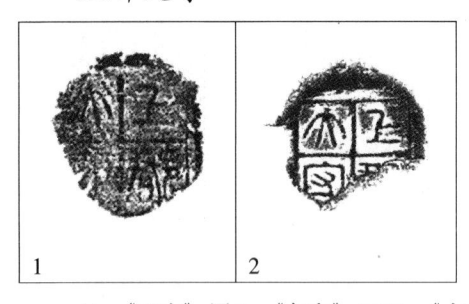

1　2

（1：《于京》图6；《玺印》P422；《大系》P209；2：《大系》P209）

上郡侯丞

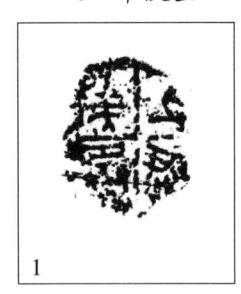

1

（1：《发现》图114；《图例》P56；《秦封》P249；《汇考》P173；《玺印》P422；《大系》P209）

高奴

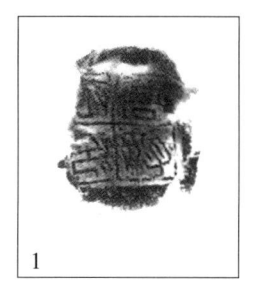

高奴丞印

(1:《大系》P92)

徒淫

徒淫丞印

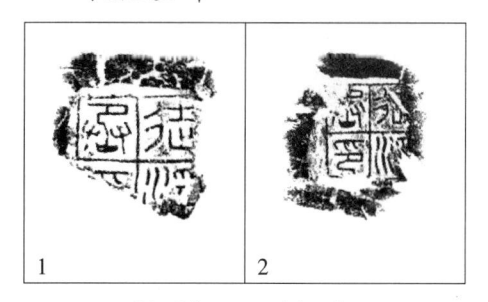

(1:《新出》P78;《大系》P272;2:《大系》P272)

徒淫□印

(1:《新出》P78;《大系》P272)

□淫□□

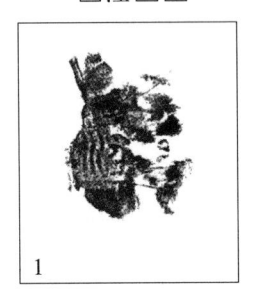

(1：《大系》P272)

阳周

阳周丞印

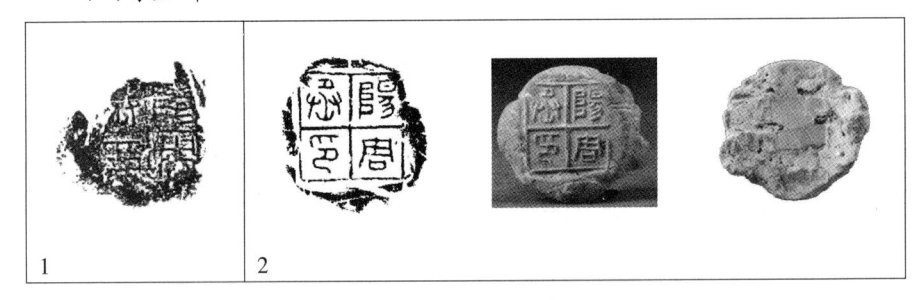

(1：《新选》P116；《大系》P322；2：《陕北》P109)

阳周□□

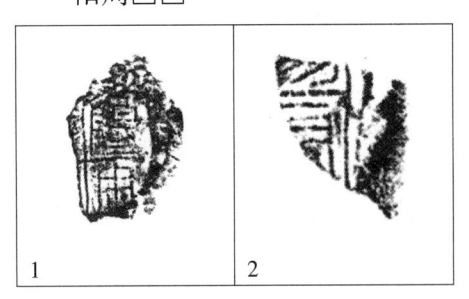

(1：《大系》P322；2：《大系》P322)

第二章 郡县 717

平都
平都

1
（1:《大系》P188）

平都丞印

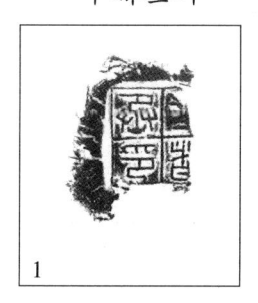

1
（1:《大系》P188）

饶
饶丞之印

1
（1:《大系》P199）

饶丞□□

1

（1:《大系》P199）

定阳

定阳丞印

1

（1:《大系》P64）

定阳□印

1

（1:《大系》P64）

定阳市丞

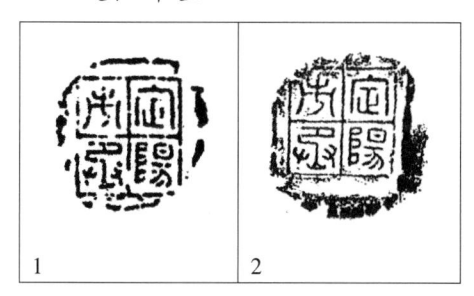

1	2

（1：《古封》P347；《秦封》P286；《汇考》P261；《大系》P64；《山全》202；2：《山全》P132）

西都

西都□□

1

（1：《大系》P285）

中阳

中阳丞印

1

（1：《大系》P385）

高望

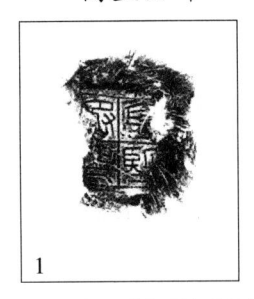

高望丞印

(1:《大系》P92)

平周

平周丞印

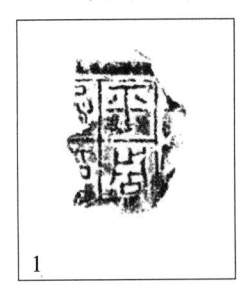

(1:《大系》P191)

雕阴

雕阴丞印

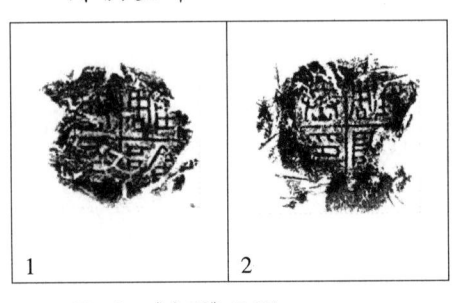

(1、2:《大系》P63)

雕阴□印

1

（1：《新出》P62；《大系》P63）

雕阴道

雕阴道印

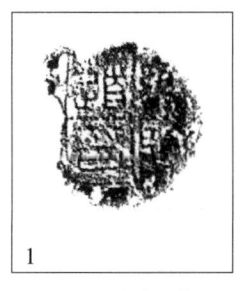

1

（1：《大系》P63）

□阴道印

1

（1：《大系》P63）

雕阴道丞

(1：《大系》P63)

洛都

洛都

(1：《大系》P163)

洛都丞印

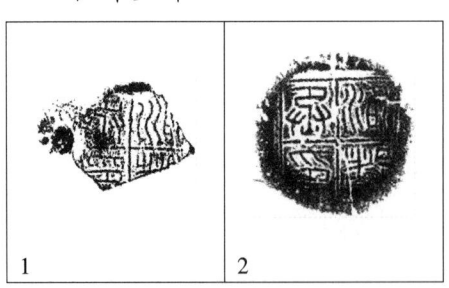

(1：《新选》P102；《大系》P164；2：《大系》P164)

第二章　郡县　723

洛都□□

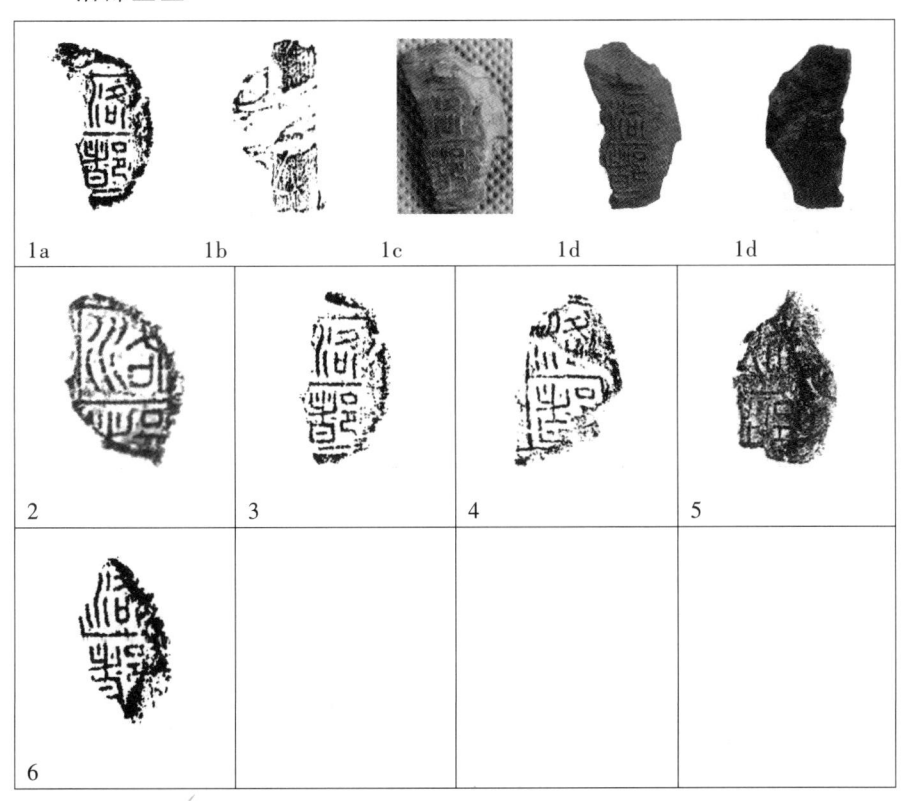

1a	1b	1c	1d	1d
2	3	4	5	
6				

（1a：《印集》P138；《汇考》P229；《大系》P163；1b：《印集》P138；1c：《泥选》；1d：《汇考》图版P63；2：《大系》P164；3：《汇考》图版P63；4、5：《新出》P70；《大系》P163；6：《秦封》P285；《汇考》P230）

洛□丞□

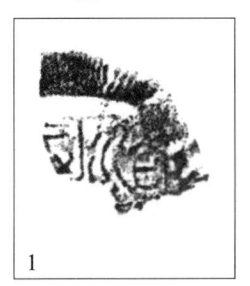

1

（1：《新出》P70；《大系》P164）

圉阳

圉□

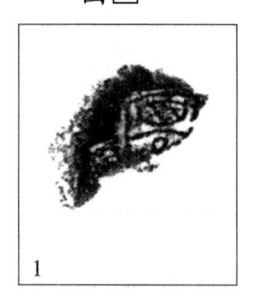

1

(1:《大系》P118)

圉阳丞印

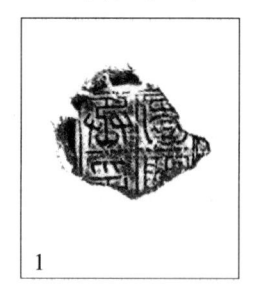

1

(1:《大系》P118)

翟道

翟道

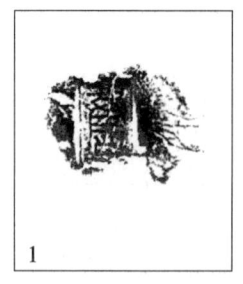

1

(1:《大系》P365)

翟道丞印

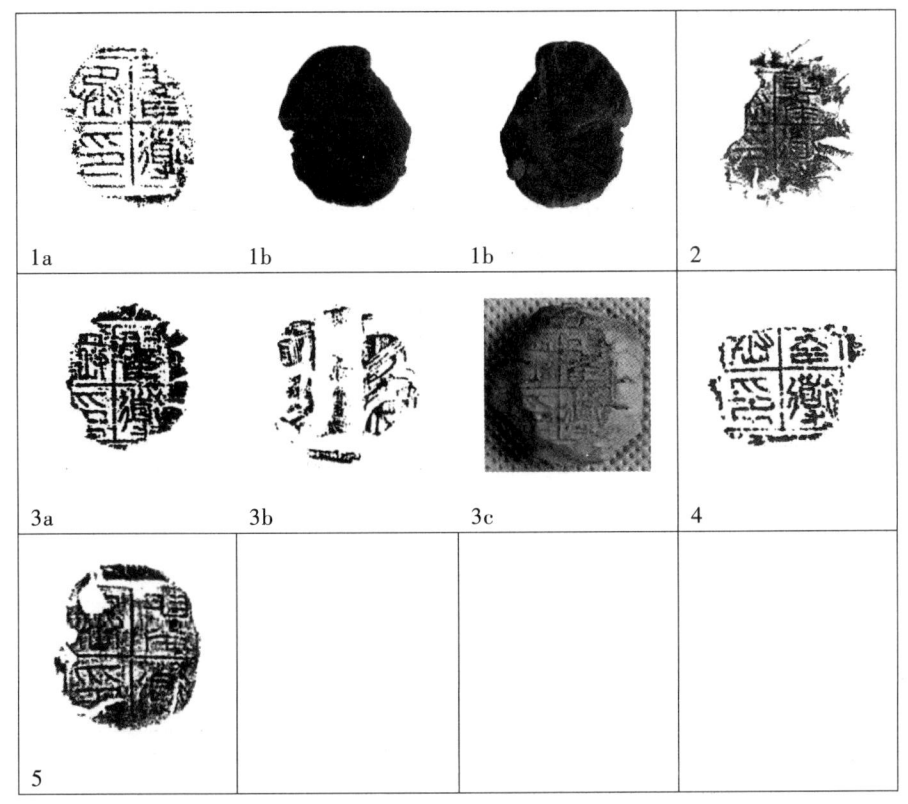

1a	1b	1b	2
3a	3b	3c	4
5			

（1a：《印风》P149；《汇考》P191；《大系》P366；1b：《汇考》图版 P48；2：《发现》图125；《图例》图 P56；《秦封》P287；《汇考》P191；《玺印》P402；《大系》P365；3a：《印集》P101；《汇考》P191；《大系》P365；3b：《印集》P101；3c：《泥选》；4：《汇考》P191；《大系》P366；5：《大系》P365）

726　中编　地方职官

蜀郡

蜀□守印

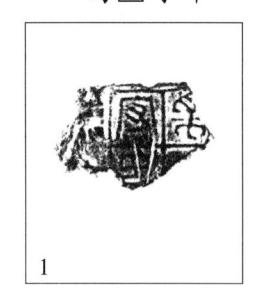

1

（1:《大系》P226）

蜀大守丞

无图，释读见《秦选》P75。

蜀大府丞

| 1a | 1b | 1b | 2 |
| 3a | 3b | 3b | 4 |

（1a：《菁华》P37；《大系》P226；1b：《菁华》P37；2：《玺印》P423；《大系》P226；3a：《相家》P24；《大系》P225；3b：《相家》P24；4：《新出》P31；《大系》P226；5：《新出》P76；《大系》P225；6a：《大系》P226；6b：《问陶》P173；7：《新出》P76；《大系》P226；8：《新出》P76；《大系》P226；9．《于京》图12；《大系》P225；10：《郡官》P20；《大系》P226）

蜀大府□

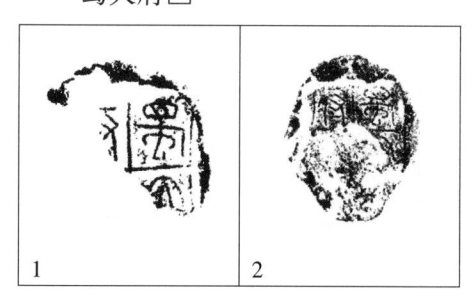

（1：《新出》P31；《大系》P226；2：《新选》P107；《大系》P226）

□大府丞

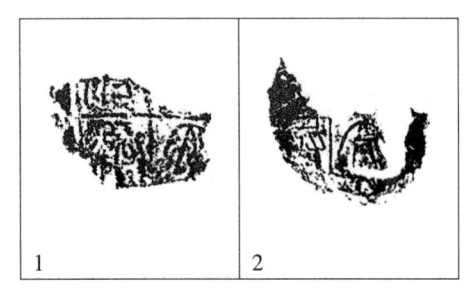

1　2

（1、2：《新出》P31）

蜀大□□

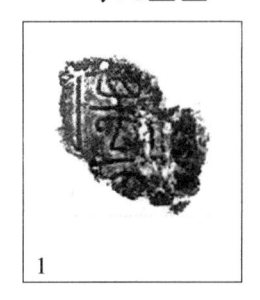

1

（1：《大系》P226）

蜀尉之印

1

（1：《大系》P226）

蜀□师丞

1

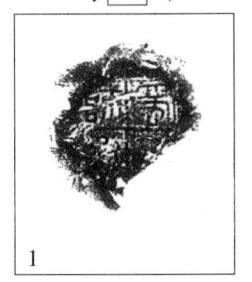

（1：《大系》P227）

蜀西□师

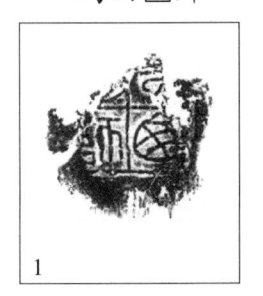

1

（1：《大系》P227）

蜀西工丞

1

（1：《于京》图13；《玺印》P423；《大系》P227）

730　中编　地方职官

蜀左织官

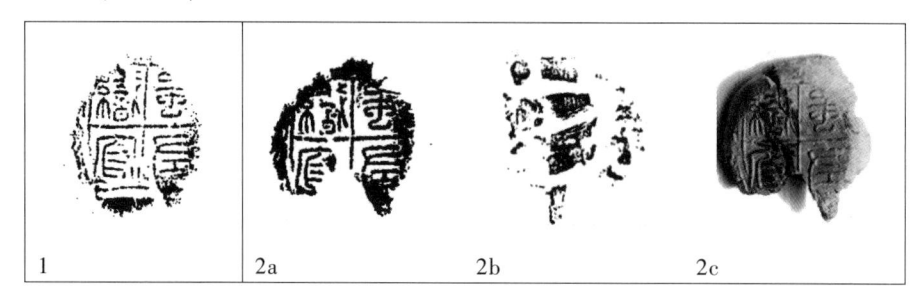

|1|2a|2b|2c|

（1：《印风》P132；《秦封》P253；《汇考》P87；《玺印》P423；《大系》P227；2a：《印集》P41；《汇考》P87；《大系》P227；2b：《印集》P41；2c：《泥选》）

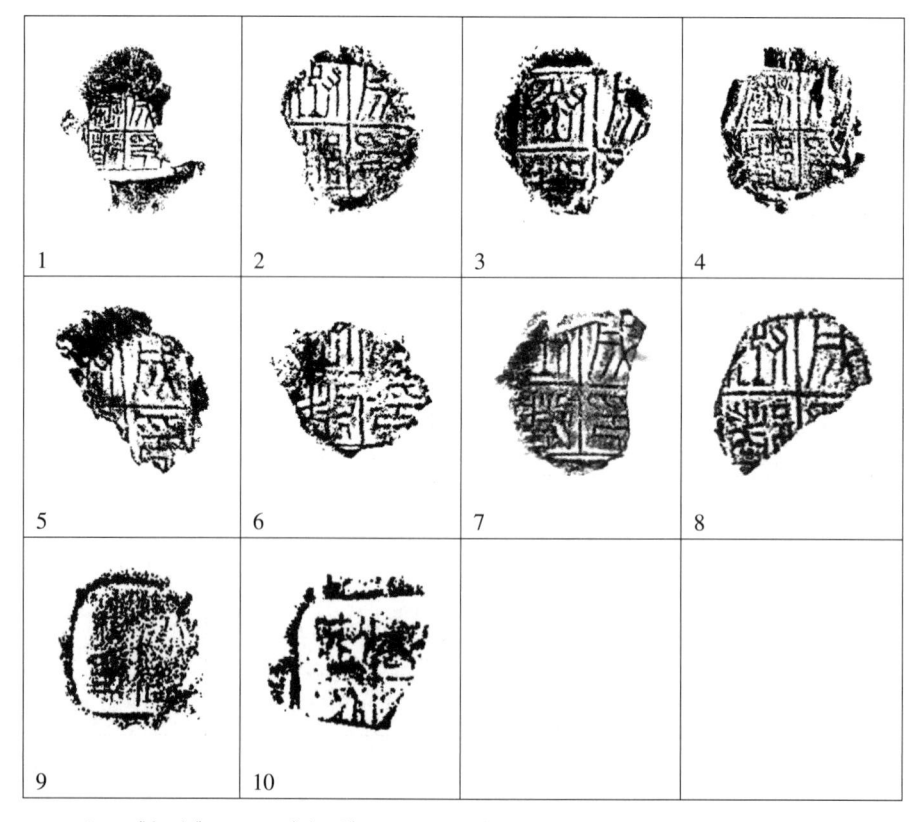

成都

成都丞印

1	2	3	4
5	6	7	8
9	10		

（1：《新出》P57；《大系》P44；2：《新出》P57；《大系》P45；3：《新出》

P57；《大系》P45；4：《新出》P57；《大系》P45；5、6：《新出》P57；7、8：《大系》P45；9：《补读》图52；《秦封》P298；《汇考》P227；《玺印》P414；10：《秦封》P298；《汇考》P227）

成都□印

1

（1：《新出》P57；《大系》P45）

□都丞□

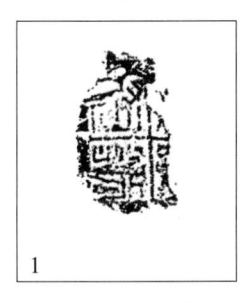

1

（1：《新出》P57；《大系》P45）

成都□马

1

（1：《大系》P45）

732　中编　地方职官

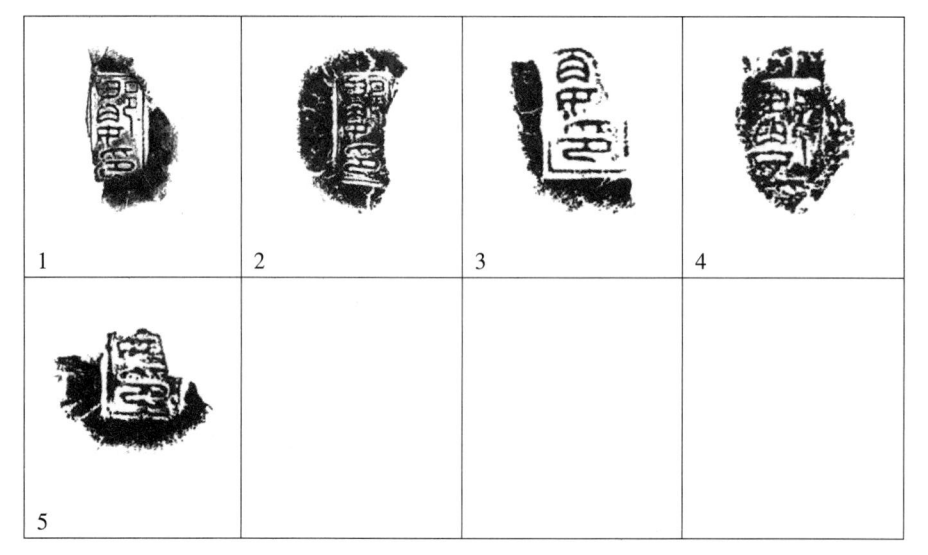

郪
郪印

1	2	3	4
5			

（1：《大系》P159；2、3：《新选》P101；《大系》P159；4、5：《新选》P101；《大系》P160）

雒
雒印

1

（1：《大系》P165）

葭明

葭明丞印

1a	1b	1b

（1a:《菁华》P153；《大系》P124；1b:《菁华》P153）

严道

严道橘丞

无图，释读见《职地》P285。

橘官

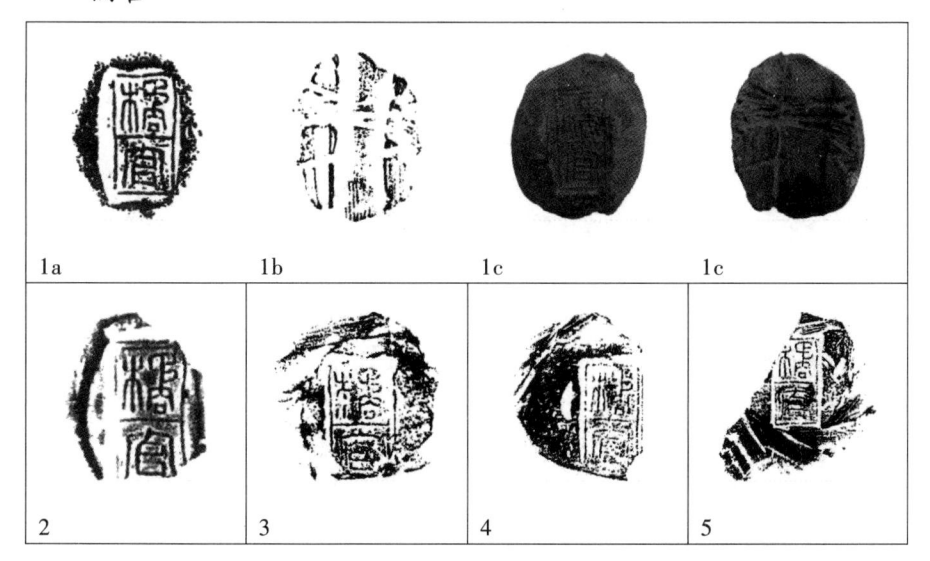

1a	1b	1c	1c
2	3	4	5

734　中编　地方职官

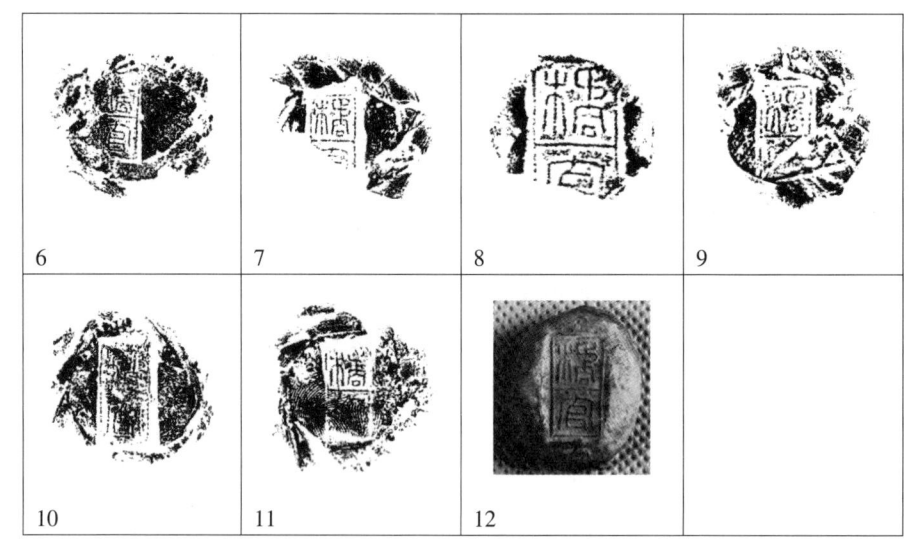

6	7	8	9
10	11	12	

（1a：《印风》P164；《新官》图44；《印集》P81；《汇考》P158；《大系》P136；1b：《印集》P81；1c：《汇考》图版P40；2：《大系》P136；3—5：《新出》P69；《大系》P136；6：《新出》P69；7—9：《新出》P69；《大系》P137；10：《新出》P69；11：《新出》P69；《大系》P137；12：《泥选》）

橘府

1	2	3	4
5	6	7	8

第二章　郡县　735

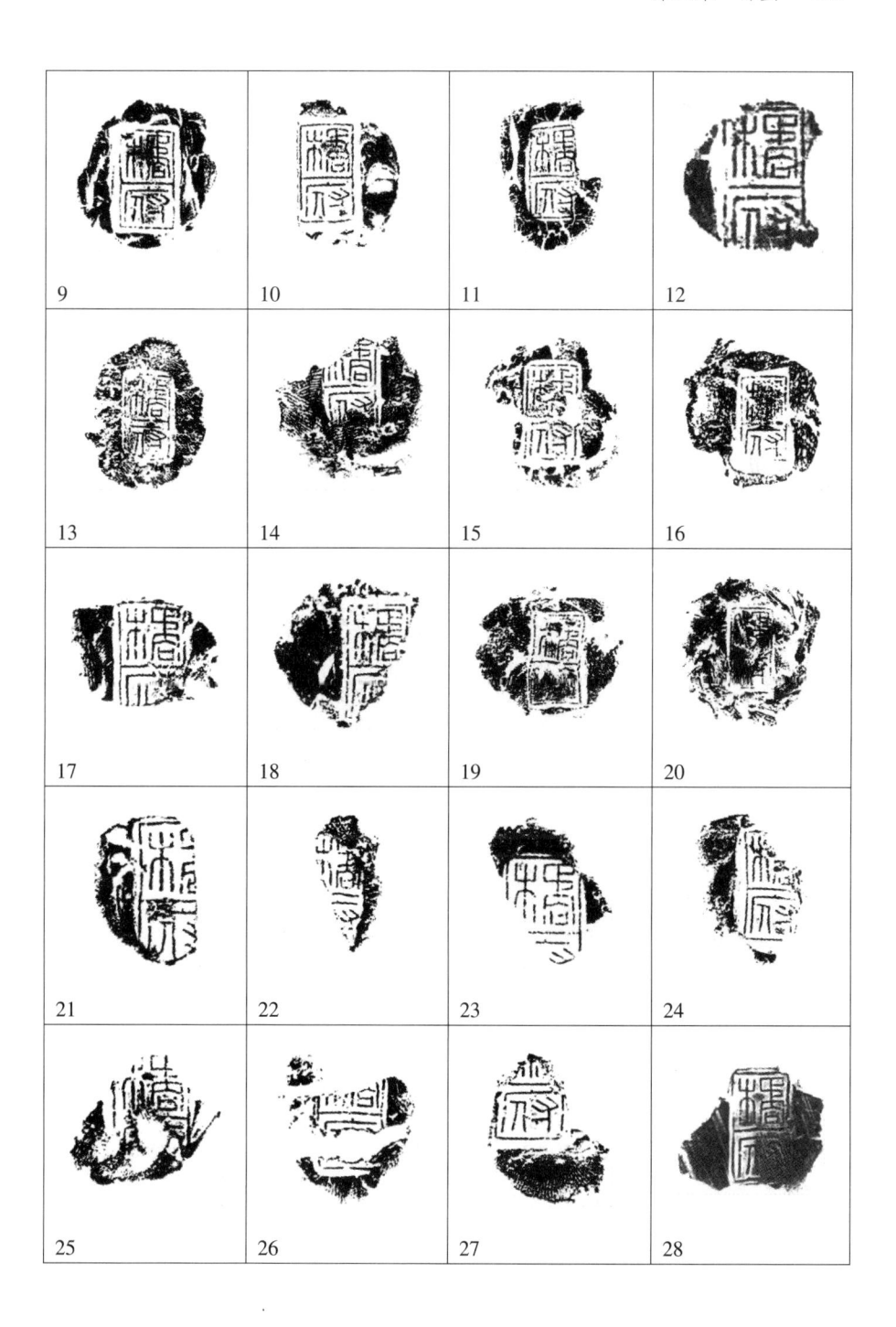

9
10
11
12
13
14
15
16
17
18
19
20
21
22
23
24
25
26
27
28

736　中编　地方职官

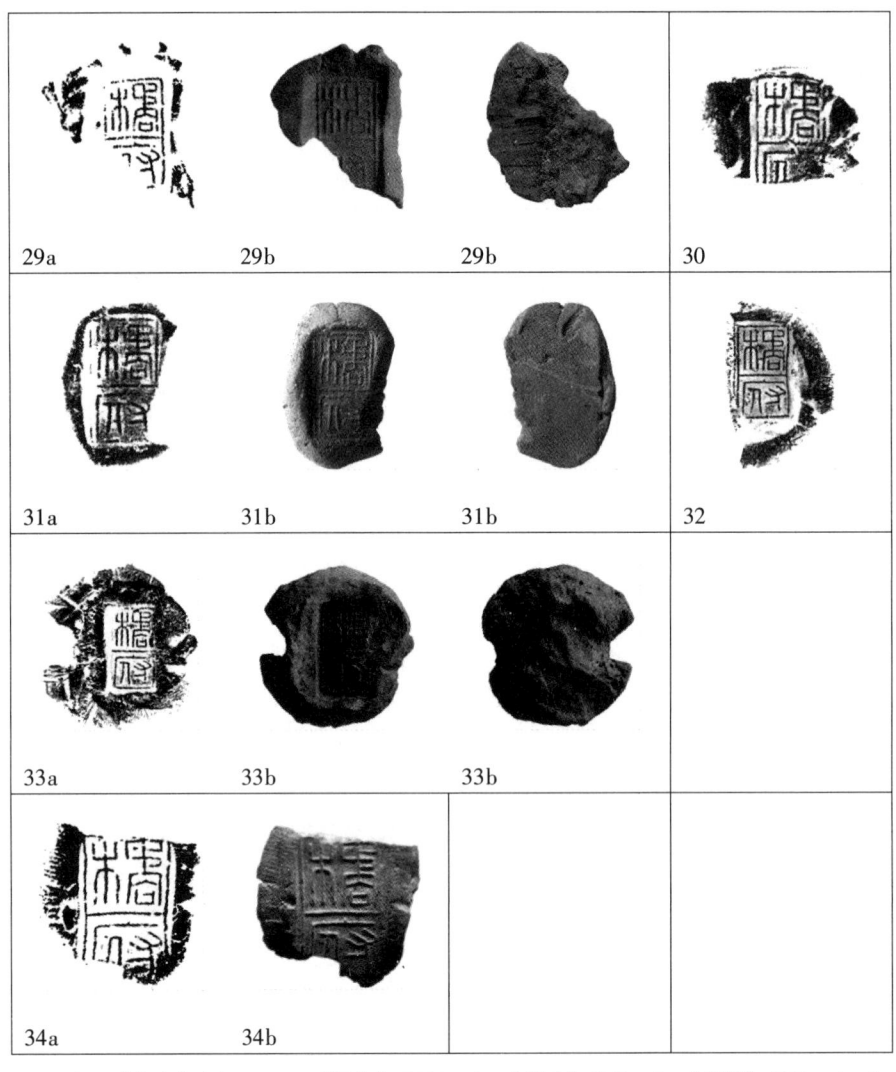

（1：《在京》图四：17；《玺印》P393；2：《新出》P68；3：《新选》P99；4—5：《新出》P68；《大系》P136；6—7：《新出》P68；8：《新出》P68；《大系》P136；9—10：《新出》P68；11：《新出》P68；《大系》P136；12：《大系》P135；13—21：《新出》P68；22—27：《新出》P69；28：《大系》P136；29a：《菁华》P154；《精品》P46；29b：《菁华》P154；30：《大系》P136；31a：《相家》P25；《大系》P135；31b：《相家》P25；32：《大系》P136；33a：《新出》P68；《青泥》P23；《大系》P135；33b：《青泥》P23；34a：《新出》P68；《秦选》P86；34b：《秦选》P86）

第二章　郡县　737

橘印

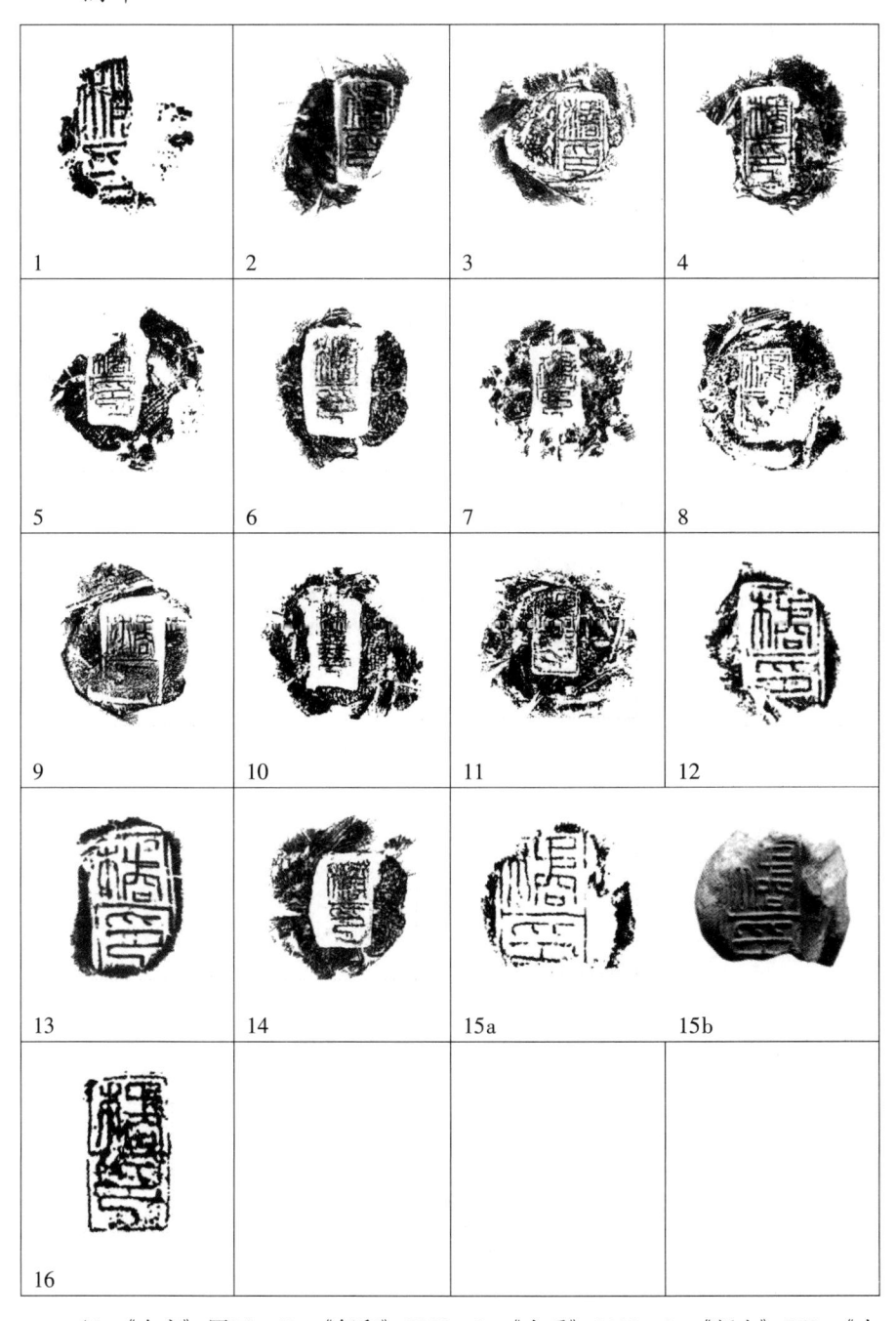

1	2	3	4
5	6	7	8
9	10	11	12
13	14	15a	15b
16			

（1：《在京》图四：18；《玺印》P393；2：《大系》P138；3：《新出》P69；《大

738　中编　地方职官

系》P137；4：《大系》P138；5：《新出》P69；6、7：《新出》P69；《大系》P137；8：《新出》P69；9：《新出》P69；《大系》P137；10、11：《新出》P69；12、13：《大系》P137；14：《大系》P138；15a：《新出》P69；《秦选》P86；《大系》P137；15b：《秦选》P86；6：《陕封》图2：5；《秦封》P237；《玺印》P393）

橘监

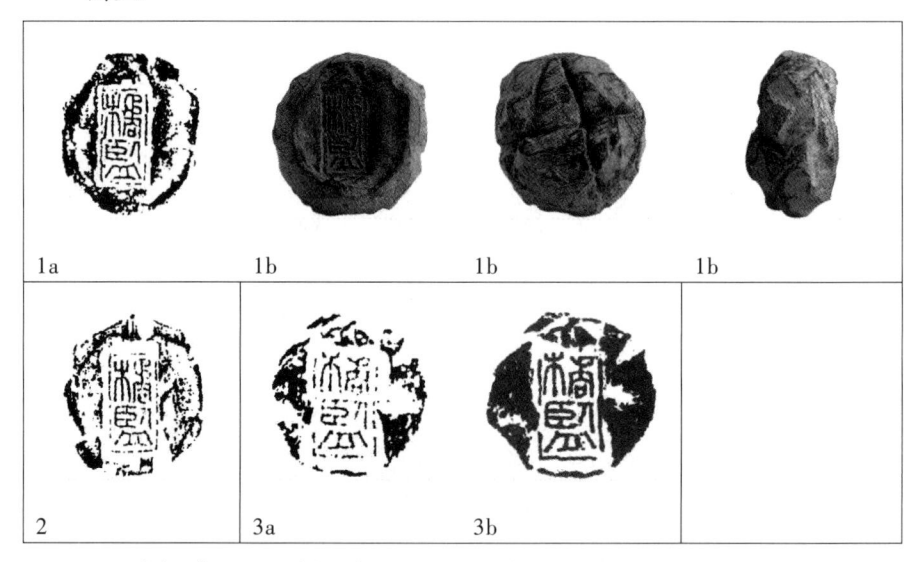

1a	1b	1b	1b
2	3a	3b	

（1a：《古封》P373；《秦封》P237；《上封》P44；《山全》P123；《大系》P137；1b：《上封》P44；2：《古封》P373；《秦封》P237；《大系》P137；3a：《古封》P373；《秦封》P237；《玺印》P394；3b：《大系》P137）

橘□

1	2	3	4

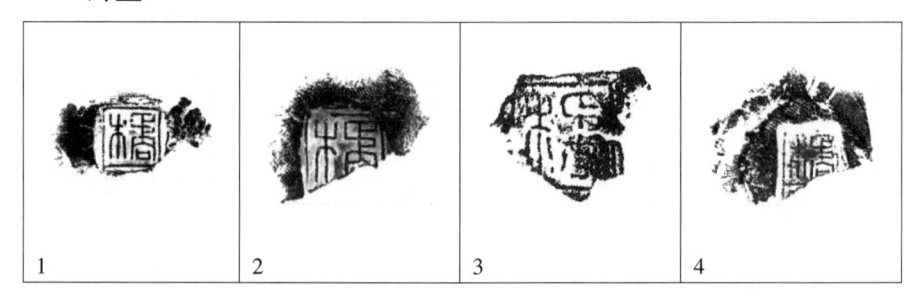

（1：《酒余》P34下；《大系》P138；2：《新选》P99；《大系》P138；3：《新选》P99；《大系》P137；4、5：《大系》P138；6、7：《大系》P139；8：《大系》P138；9：《陕北》P106）

橘丞之印

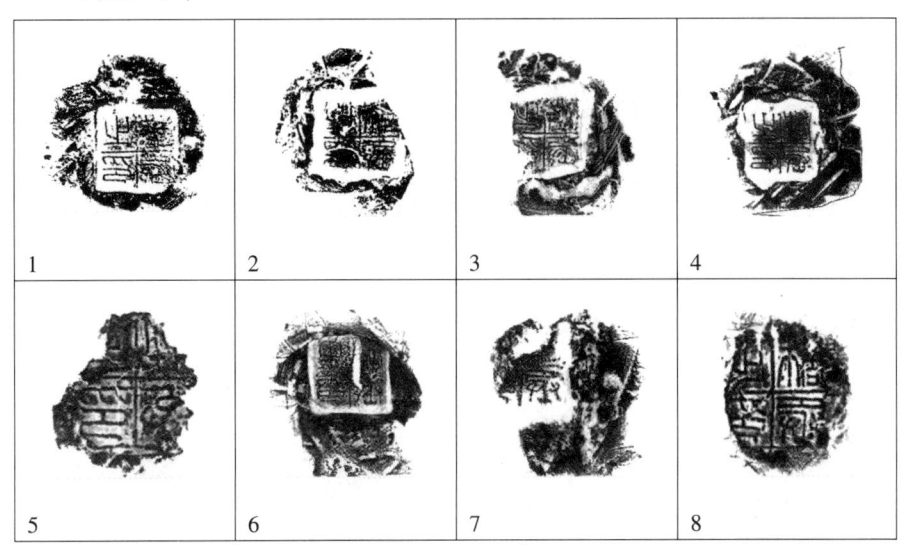

（1、2：《新出》P68；《大系》P135；3：《新选》P99；《大系》P135；4—8：《大系》P135）

740 中编 地方职官

橘邑丞印

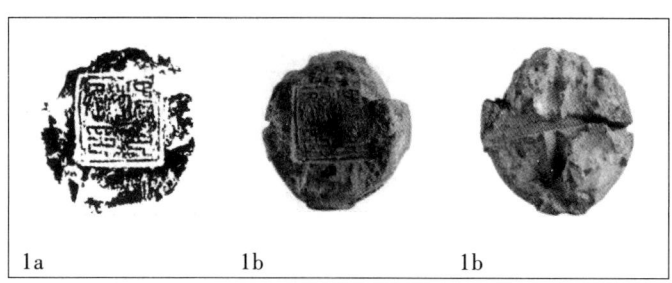

1a　　　　1b　　　　1b

（1a：《古封》P269；《秦封》P331；《上封》P25；《大系》P137；1b：《上封》P25）

巴郡

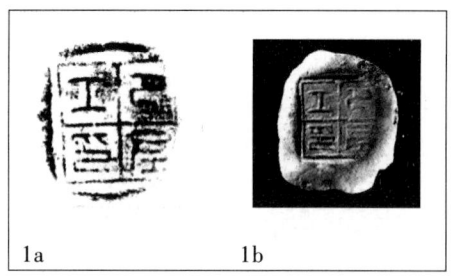

巴

巴左工印

1a　　　　1b

（1a：《新获》P288；《大系》P26；1b：《发掘》图版十七：1）

江州

江左盐丞

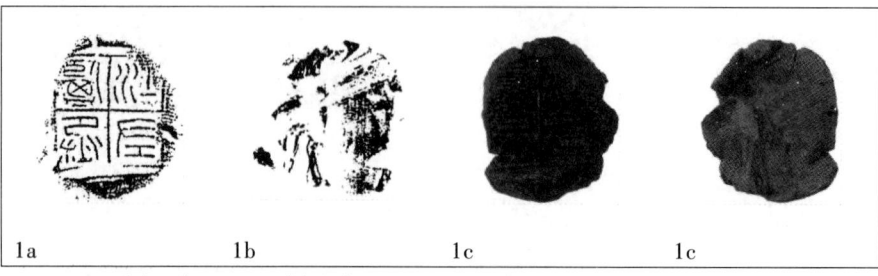

1a　　　1b　　　1c　　　1c

（1a：《印风》P135；《秦封》P270；《书法》P36；《上封》P67；《印集》P28；

《汇考》P61；《玺印》P422；《大系》P126；1b:《印集》P28；1c:《汇考》图版 P15；《书法》P36）

江右盐丞

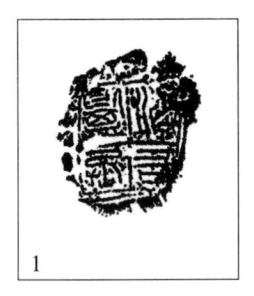

（1:《补读》图 43；《汇考》P62；《大系》P126）

江右盐□

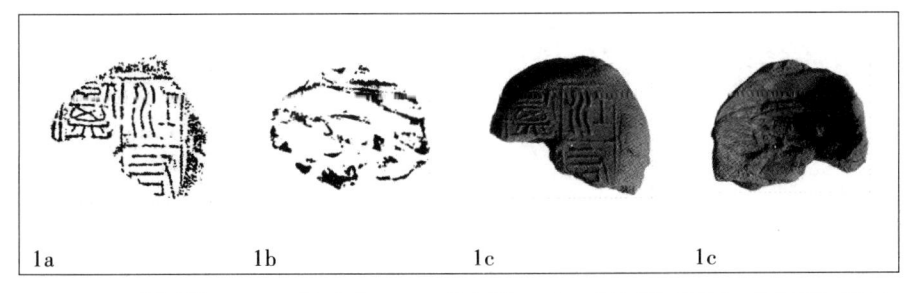

（1a:《印风》P135；《印集》P29；《汇考》P62；《玺印》P422；《大系》P126；1b:《印集》P29；1c:《汇考》图版 P15）

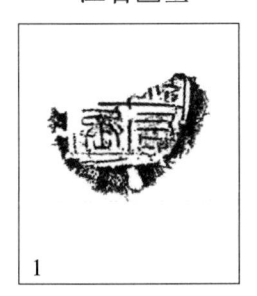

江右□丞

（1:《大系》P126）

江□盐□

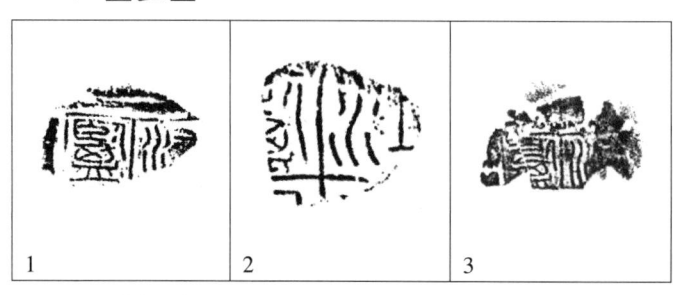

| 1 | 2 | 3 |

（1：《发现》图 142；《图例》P57；《汇考》P61；《大系》P125、126；2：《新出》P19；《大系》P126；3：《发现》图 142；《大系》P126）

枳

枳丞之印

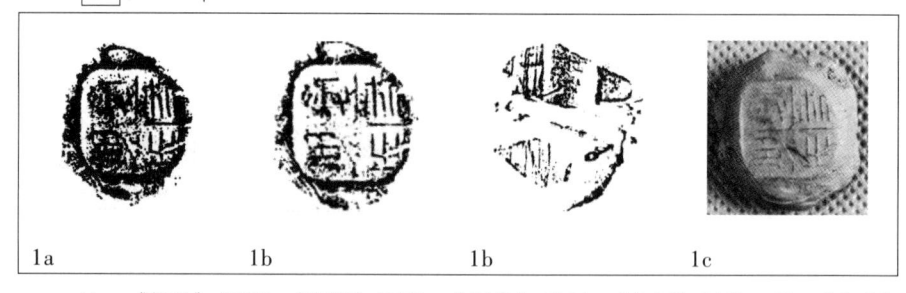

| 1a | 1b | 1b | 1c |

（1a：《新地》图 25；《印集》P163；《汇考》P254；《大系》P123；1b：《印集》P163；1c：《泥选》）

阆中

阆中

（1：《大系》P149）

阆中丞印

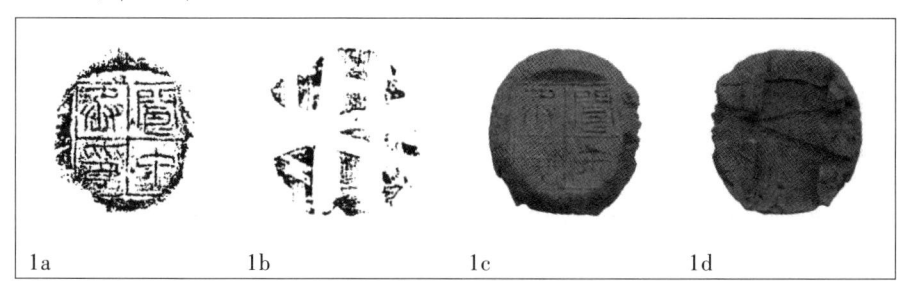

1a　　　　1b　　　　1c　　　　1d

（1a：《释续》图 43；《印风》P156；《印集》P136；《汇考》P228；《玺印》P419；《大系》P149；1b：《印集》P136；1c：《汇考》图版 P62；《泥选》；1d：《汇考》图版 P62）

汉中郡

汉大府印

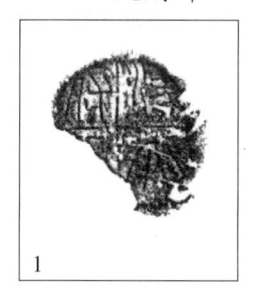

1

（1：《大系》P107）

汉大府丞

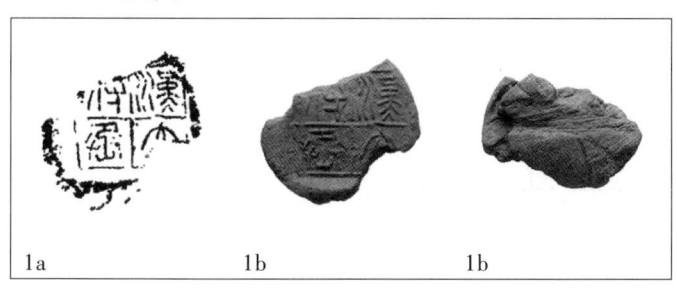

1a　　　　1b　　　　1b

（1a：《青华》P36；《大系》P107；1b：《青华》P36）

744 中编 地方职官

汉大□丞

1

（1：《大系》P107）

汉中底印

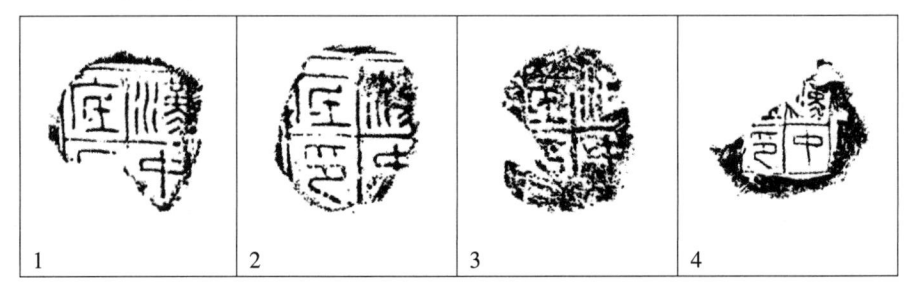

| 1 | 2 | 3 | 4 |

（1：《于京》图11；《玺印》P421；《新出》P65；《大系》P107；2、3：《新出》P16；《大系》P107；4：《新出》P65；《大系》P108）

汉中底□

1

（1：《新出》P16；《大系》P107）

汉□底印

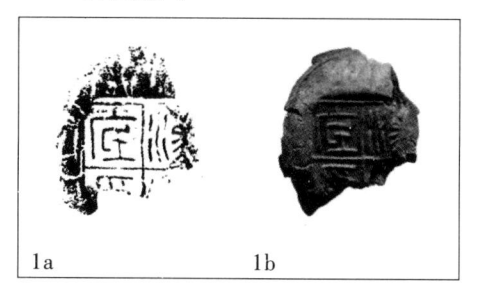

1a　　　　1b

（1a：《新出》P65；《秦选》P80；《大系》P108；1b：《秦选》P80）

汉□底□

1

（1：《新出》P16；《大系》P108）

□中□印

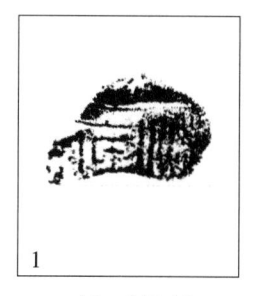

1　　　　2

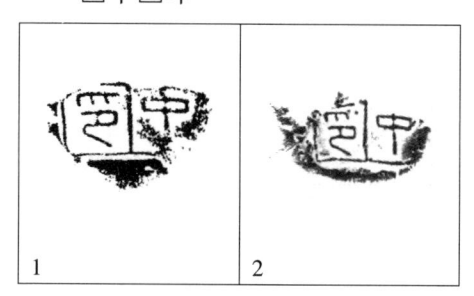

（1：《新出》P16；《大系》P108；2：《酒余》P31下；《大系》P108）

□□底印

1

(1:《新出》P16;《酒余》P32上;《大系》P108)

汉□工□

1

(1:《大系》P108)

南郑

南郑之印

1a　　　1b　　　1b　　　2

(1a:《青泥》P33;《新出》P72;1b:《青泥》P33;2:《新出》P72)

南郑丞印

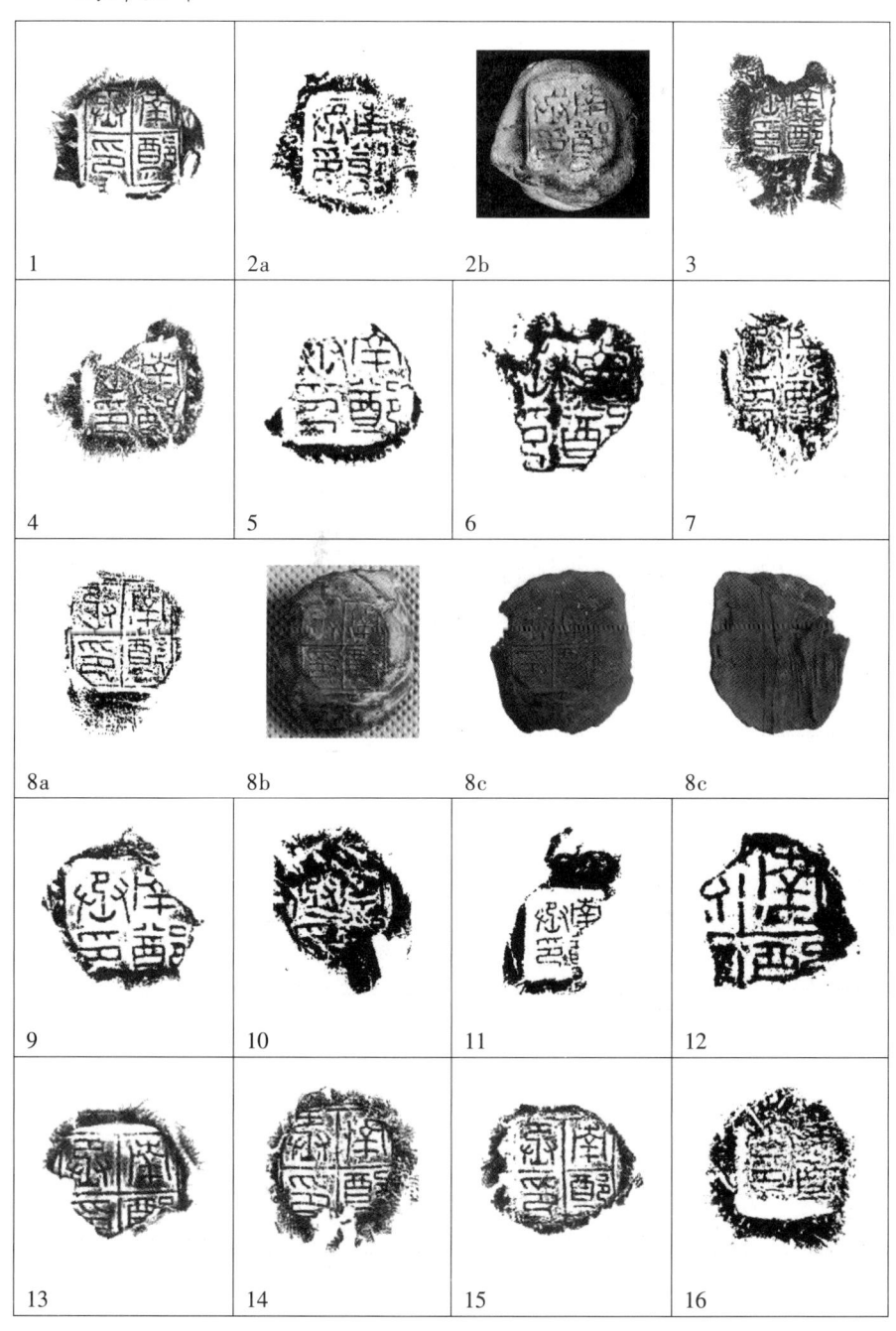

748　中编　地方职官

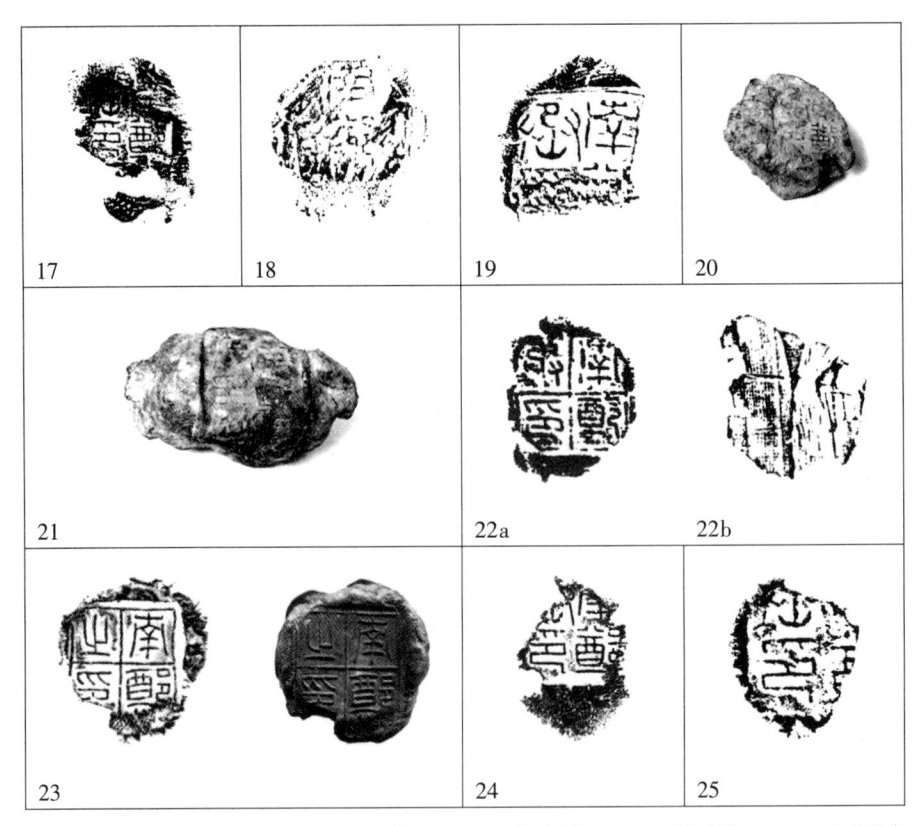

（1：《大系》P182；2a：《发现》图144；《图例》P57；《秦封》P297；《书集》P129；《汇考》P217；《玺印》P407；2b：《秦封》图版4；3、4：《新出》P71；《大系》P182；5—7：《新出》P71；8a：《印风》P131；《汇考》P217；《大系》P181；8b：《泥选》；8c：《汇考》图版P57；9：《新选》P103；《大系》P182；10—12：《酒余》P36下；13：《大系》P182；14：《新出》P72；《大系》P182；15：《大系》P182；16—19：《新出》P72；20：《问陶》P174；21：《问陶》P172；22a：《印集》P123；《汇考》P217；《大系》P181；22b：《印集》P123；23：《秦选》P87；24：《新出》P71；《大系》P181；25：《酒余》P36上）

第二章 郡县 749

南郑□印

1

（1：《新出》P72）

南郑丞□

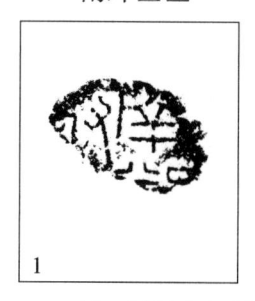

1

（1：《新出》P72）

南郑□□

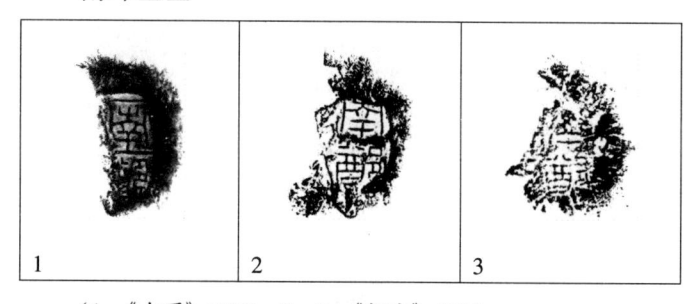

1　2　3

（1：《大系》P182；2、3：《新出》P72）

750 中编　地方职官

旱

旱玺

1

（1:《大系》P107）

旱丞之印

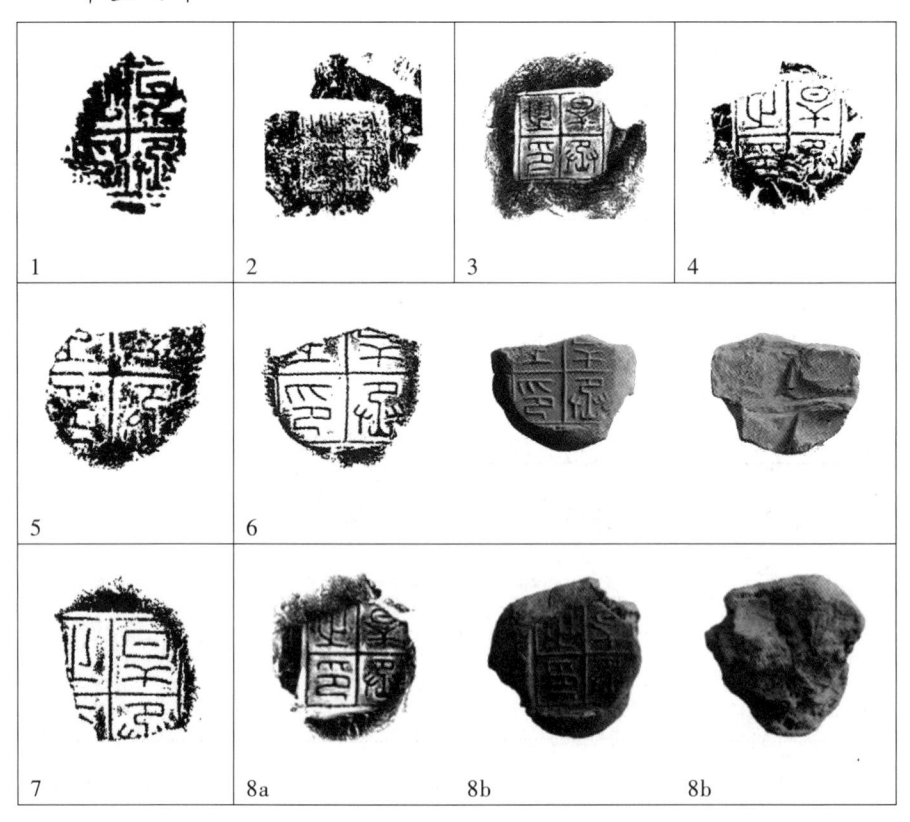

1　　2　　3　　4

5　　6　　7　　8a　　8b　　8b

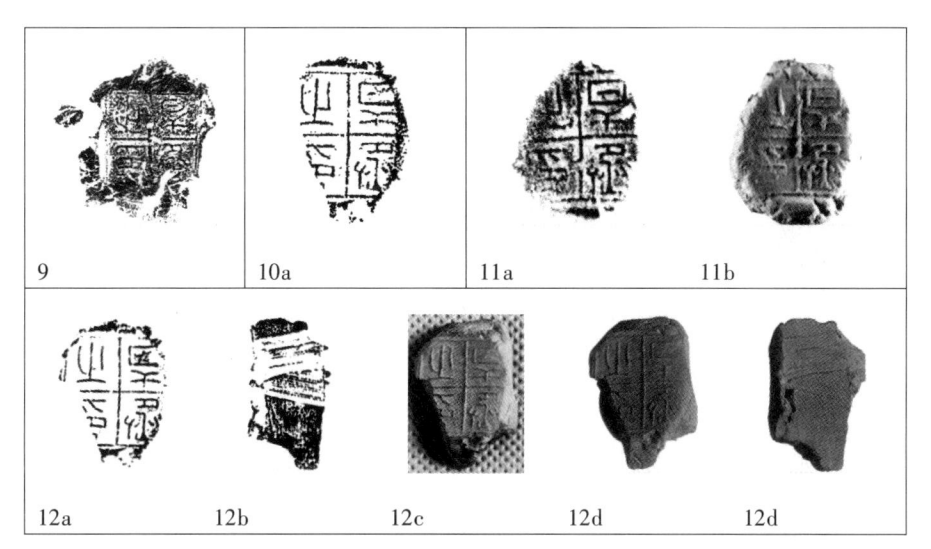

（1：《发掘》图十六：11；《玺印》P411；《大系》P106；2：《新出》P65；3：《大系》P106；4：《新出》P65；《大系》P106；5：《新出》P101；6：《精品》P49；7、9：《新选》P95；《大系》P106；8a：《青泥》P33；《新出》P65；《大系》P106；8b：《青泥》P33；10：《印风》P153；《释续》图41；《新官》图45；《汇考》图版P75；《大系》P106；11a：《发掘》图一六：11；《新获》P287；11b：《发掘》图版七：5；12a：《印集》P161；《汇考》P252；《大系》P106；12b：《印集》P161；12c：《泥选》；12d：《汇考》图版P75）

旱丞之□

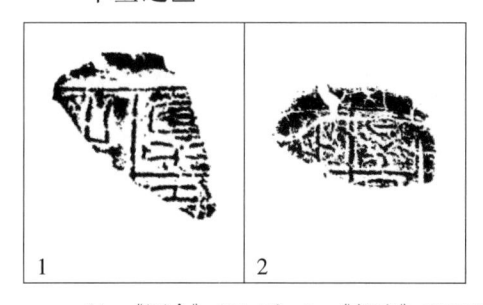

（1：《酒余》P31下；2：《新出》P101）

752　中编　地方职官

旱丞□印

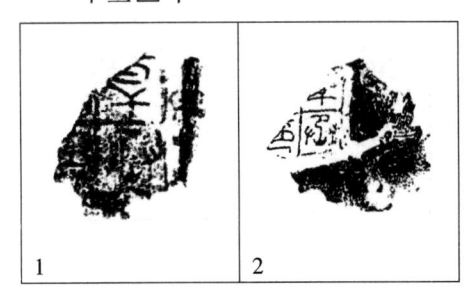

1　2

（1：《大系》P106；2：《新出》P65）

旱丞□□

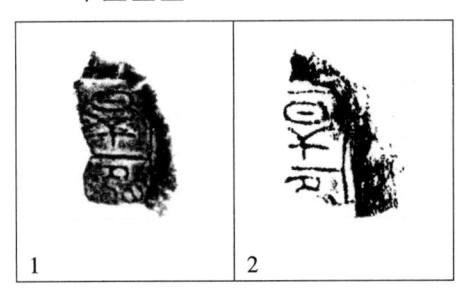

1　2

（1：《酒余》P31下；《大系》P106；2：《新出》P101）

旱□之印

1

（1：《新选》P95）

旱右丞印

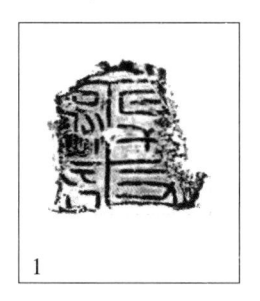

1

（1:《大系》P107）

旱田之印

1

（1:《于京》图51；《玺印》P412；《大系》P107）

旱上□□

1

（1:《玺印》P403；《于京》图50；《大系》P107）

旱□□□

无图，释读见《发掘》P539。

房陵

房陵

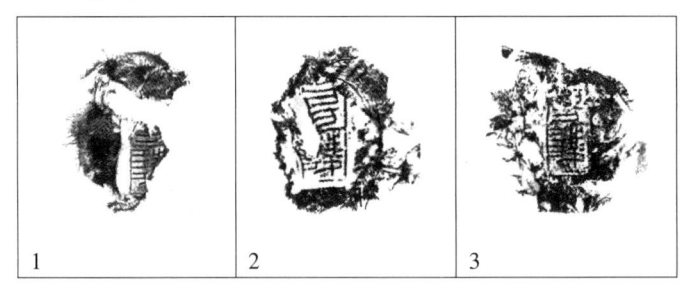

(1—3:《大系》P80)

房陵丞□

(1:《大系》P80)

房□丞印

(1:《大系》P80)

西成

西成

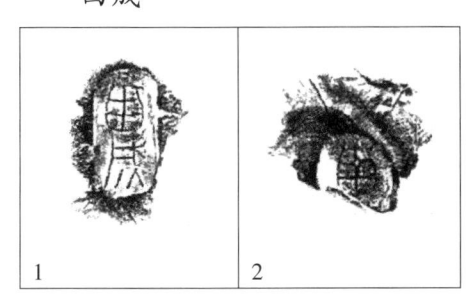

| 1 | 2 |

（1、2:《大系》P284）

西成丞印

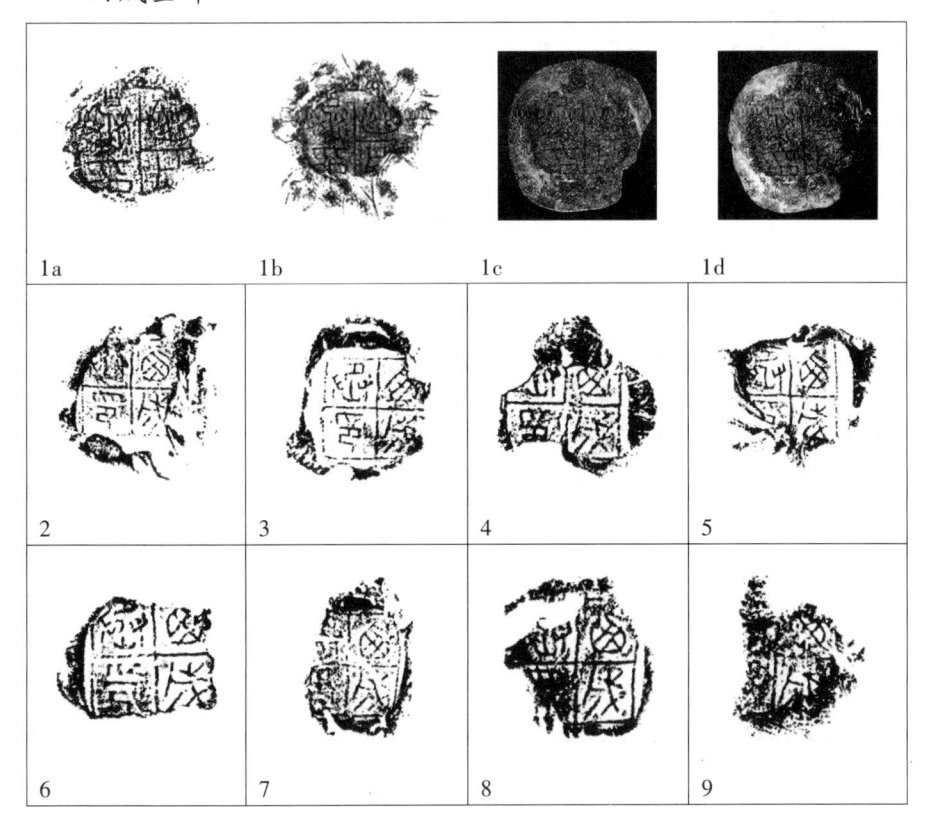

1a	1b	1c	1d
2	3	4	5
6	7	8	9

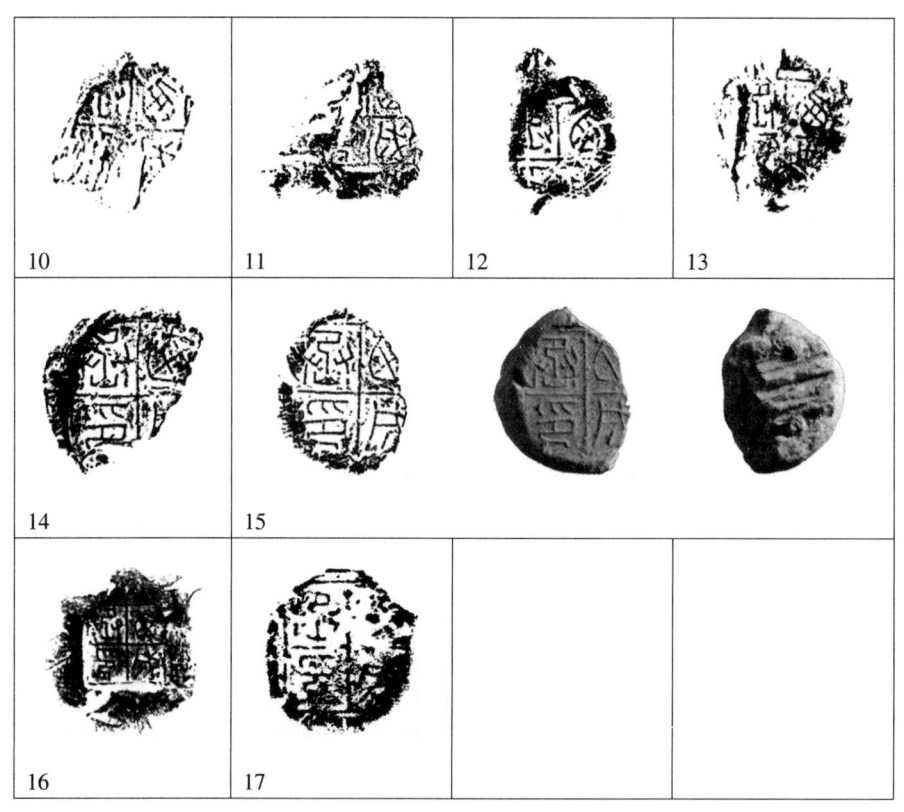

756　中编　地方职官

(1a:《图例》P57;《秦封》P298;《汇考》P228;《玺印》P403;《大系》P284;1b:《大系》P284;1c:《秦封》彩版4;1d:《秦封》图版4;2:《新出》P79;《大系》P285;3:《新出》P79;《大系》P284;4:《新出》P79;《大系》P285;5:《新出》P79;《大系》P284;6:《新出》P79;7:《新出》P79;《大系》P285;8:《新出》P79;《大系》P284;9—13:《新出》P79;14:《新出》P79;《大系》P285;15:《精品》P48;16:《大系》P284;17:《酒余》P42下)

西成□□

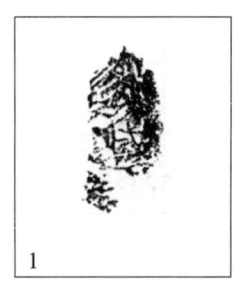

(1:《新出》P79;《大系》P285)

成固

成固

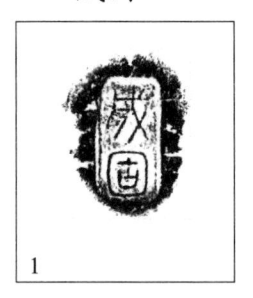

1

(1:《大系》P46)

成□

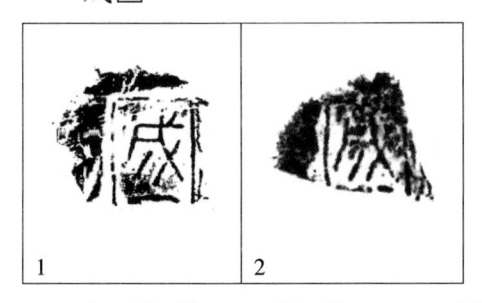

1 2

(1:《新选》P89;《大系》P46;2:《大系》P47)

成固之印

1

(1:《大系》P47)

成固丞印

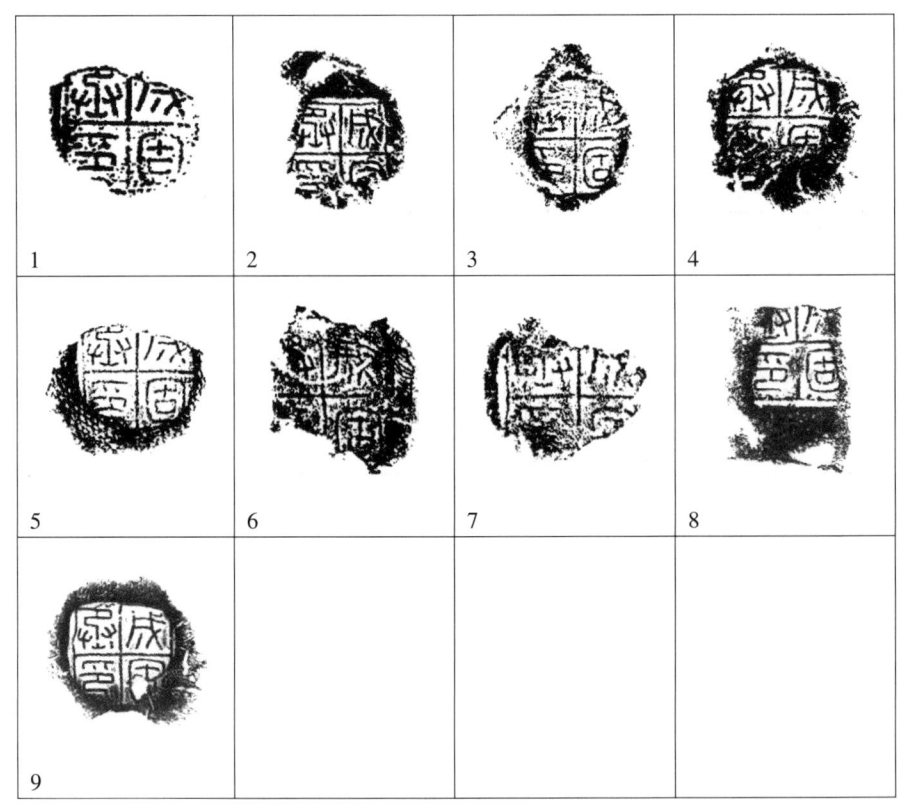

（1：《玺印》P417；2—4：《新出》P58、《大系》P46；5：《于京》图49、《新出》P58、《大系》P46；6、7：《新出》58、《大系》P46；8：《新选》P89、《大系》P46；9：《大系》P46）

成固□印

（1：《大系》P46）

□固丞印

1

（1:《新出》P58）

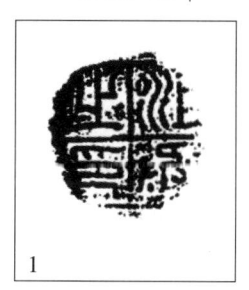

沮

沮丞之印

1

（1:《于京》图53;《玺印》P410;《大系》P139）

武陵

武陵丞印

| 1a | 1b | 1b | 2 |

760　中编　地方职官

3			

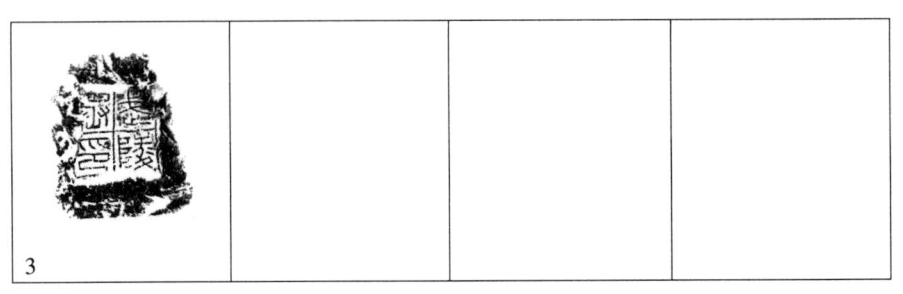

（1a：《新出》P78；《青泥》P34；《大系》P282；1b：《青泥》P34；2：《新出》P79；《大系》P283；3：《大系》P283）

武陵丞□

1

（1：《新出》P78；《大系》P283）

武陵□□

1

（1：《大系》P283）

第二章 郡县 761

武陵□印

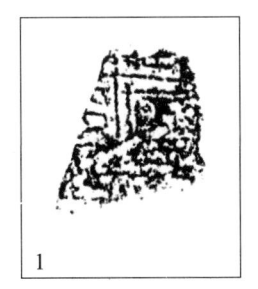

1

（1:《新出》P79;《大系》P283）

上庸

上庸□□

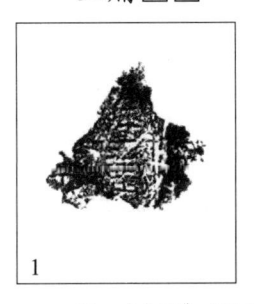

1

（1:《大系》P211）

旬阳

旬阳之丞

| 1 | 2 | 3 | 4 |

762　中编　地方职官

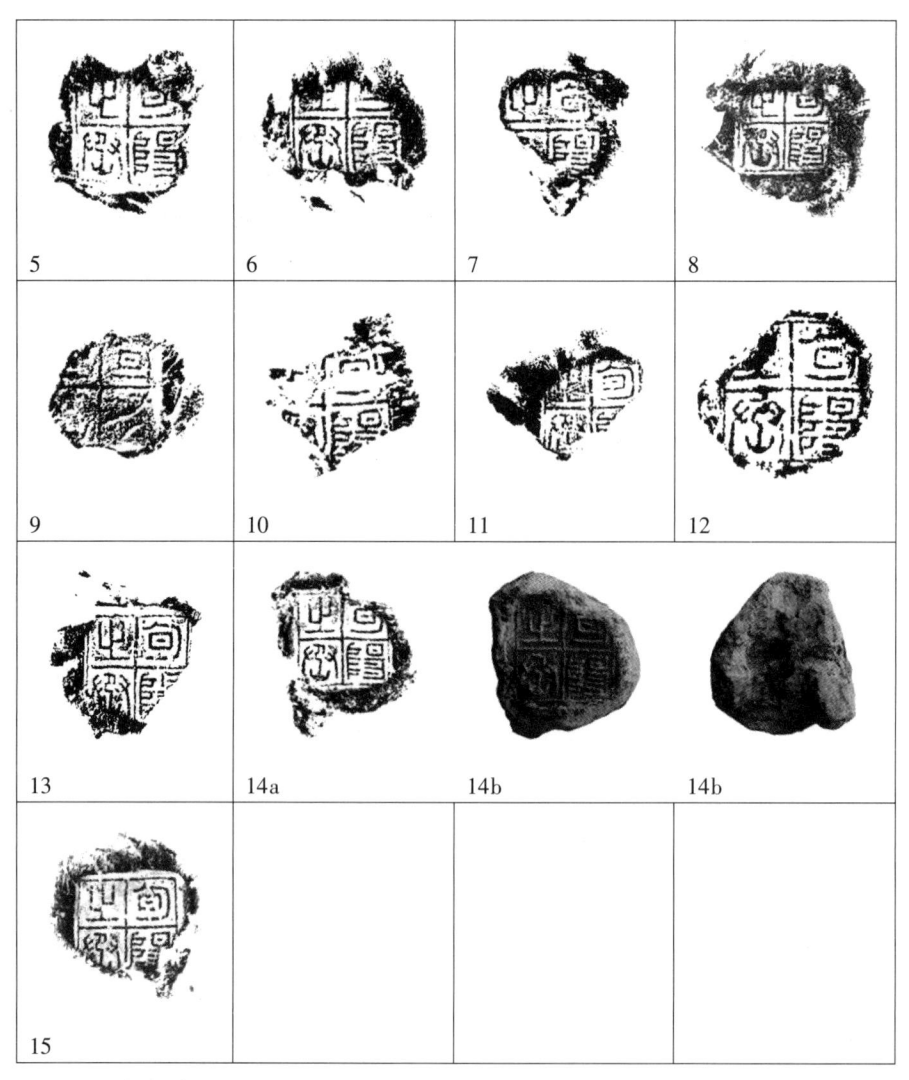

5	6	7	8
9	10	11	12
13	14a	14b	14b
15			

(1:《大系》P314;2、3:《新出》P83;4—7:《新出》P83;《大系》P314;8:《大系》P314;9、10:《新出》P83;11:《新出》P83;《大系》P314;12、13:《新选》P115;《大系》P315;14a:《新出》P83;《青泥》P32;《大系》P314;14b:《青泥》P32;15:《酒余》P44下;《大系》P315)

旬□之丞

1

（1:《新出》P83;）

旬□□□

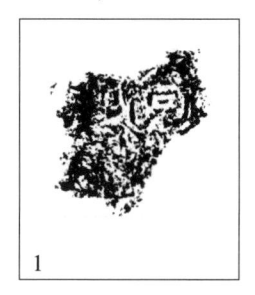

1

（1:《新出》P83）

安阳

安阳丞印

1a　　　1b　　　1b　　　2

764　中编　地方职官

3

（1a：《新出》P56；《青泥》P33；《大系》P24；1b：《青泥》P33；2：《大系》P24；3：《新出》P56；《大系》P24）

安阳□印

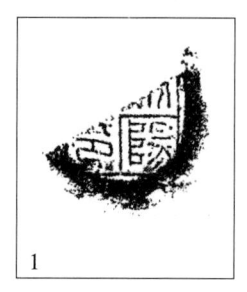

1

（1：《新出》P56；《大系》P24）

故道

故道

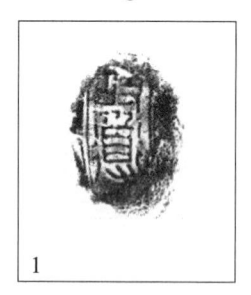

1

（1：《大系》P101）

故道丞印

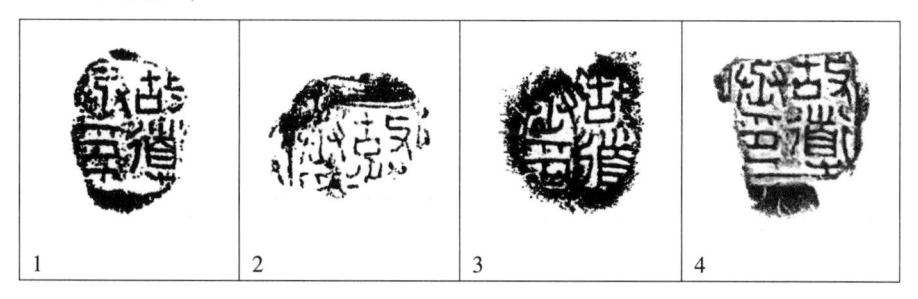

| 1 | 2 | 3 | 4 |

（1：《于京》图52；《玺印》P411；《大系》P101；2：《新出》P15；《大系》P101；3：《新出》P65；《大系》P101；4：《大系》P101）

荆山道

荆山道印

| 1a | 1b | 1b |

（1a：《菁华》P39；《大系》P310；1b：《菁华》P39）

荆山道丞

| 1a | 1b | 1c | 2 |

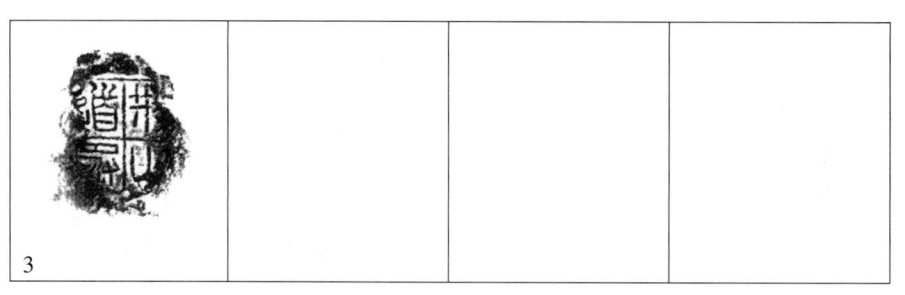

(1a:《新出》P82；《青泥》P38；《秦选》P93；《大系》P310；1b:《青泥》P38；《秦选》P93；1c:《秦选》P93；2、3:《大系》P310)

荆山道□

(1:《大系》P310)

第二节　山东北部诸郡

河东郡

安邑

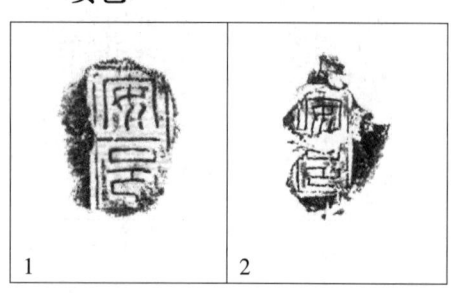

(1:《山房》2.8；2:《大系》P25)

安邑丞印

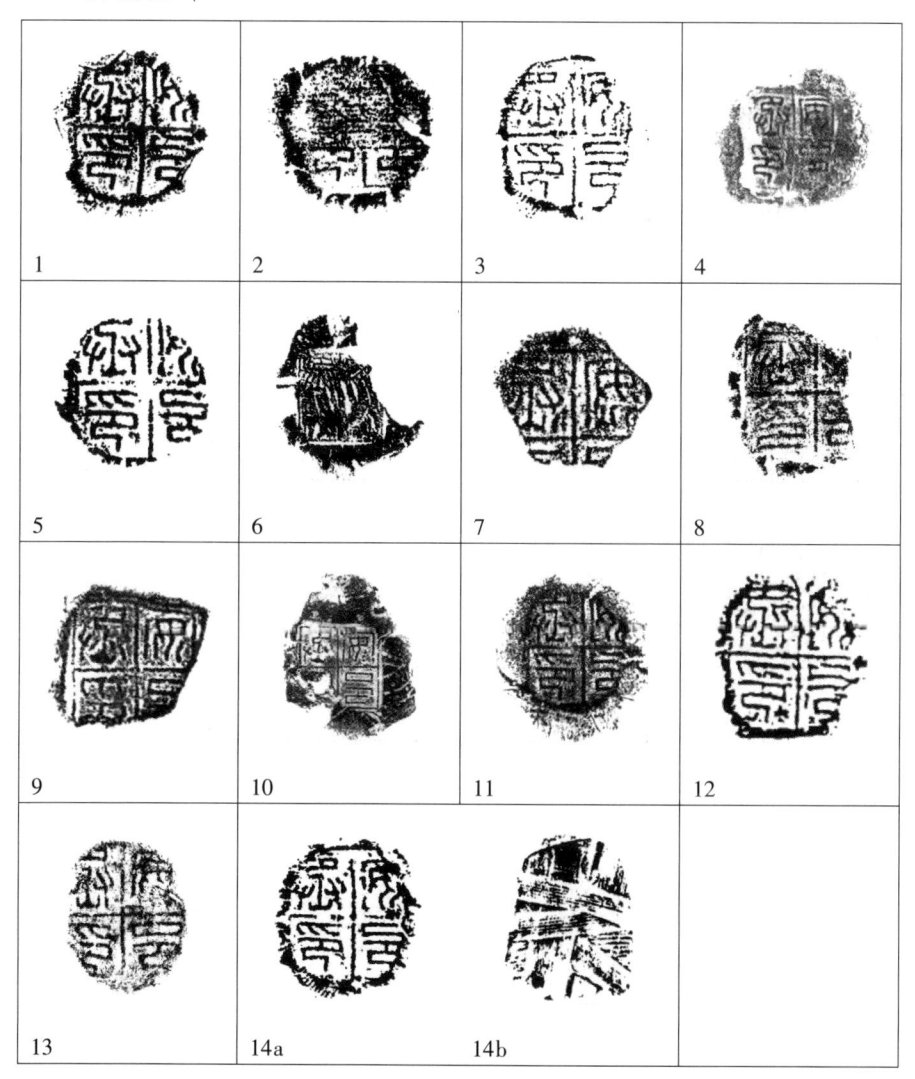

1	2	3	4
5	6	7	8
9	10	11	12
13	14a	14b	

（1:《秦封》P312;《玺印》P418;2:《秦封》P312;3:《印风》P150;4:《山房》2.10;5:《汇考》P202;6:《新出》P56;《大系》P25;7:《新选》P86;《大系》P25;8:《新选》P86;9—11:《大系》P25;12:《图例》P57;13:《山房》2.9;14a:《印集》P110;《汇考》P202;《大系》P25;14b:《印集》P110）

安邑□印

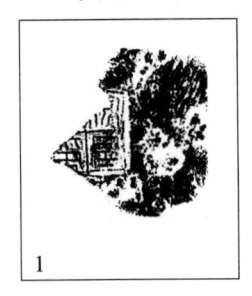

(1:《新出》P56;《大系》P25)

临汾

临汾□印

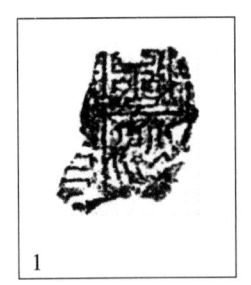

(1:《大系》P156)

蒲反

蒲反

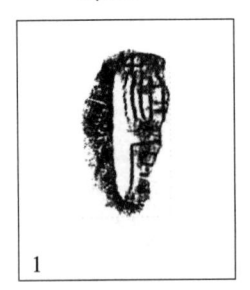

(1:《大系》P192)

蒲反丞印

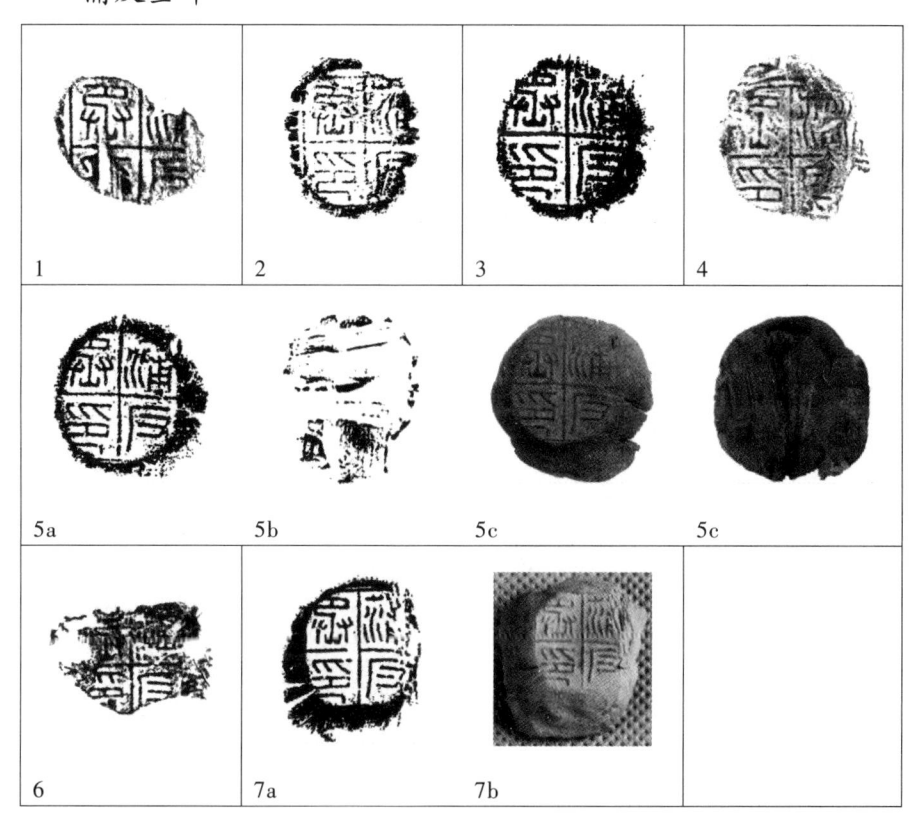

（1：《山房》2.11；2：《新出》P74；《大系》P193；3：《汇考》P202；《大系》P192；4：《山房》2.12；5a：《印考》图204；《秦封》P313；《印集》P111；《书集》P128；《玺印》P417；《大系》P192；5b：《印集》P111；5c：《汇考》图版P53；6：《大系》P192；7a：《印风》P147；《汇考》P202；《大系》P192；7b：《泥选》）

蒲反丞□

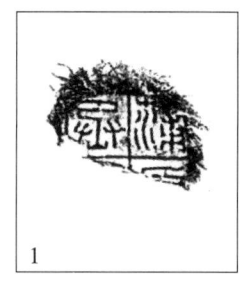

（1：《发现》图138；《图例》P57；《大系》P192）

蒲反□印

1

(1:《大系》P193)

平阳

平阳丞印

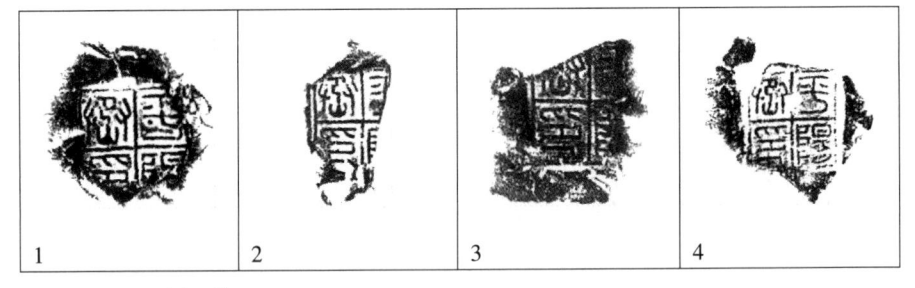

1　2　3　4

(1—4:《大系》P189)

平阳□□

1

(1:《大系》P190)

第二章 郡县 771

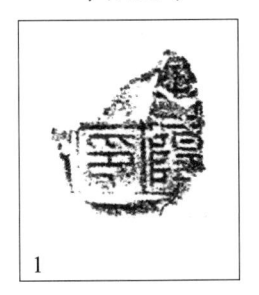

平阳□印

1

(1:《大系》P190)

杨

杨丞之印

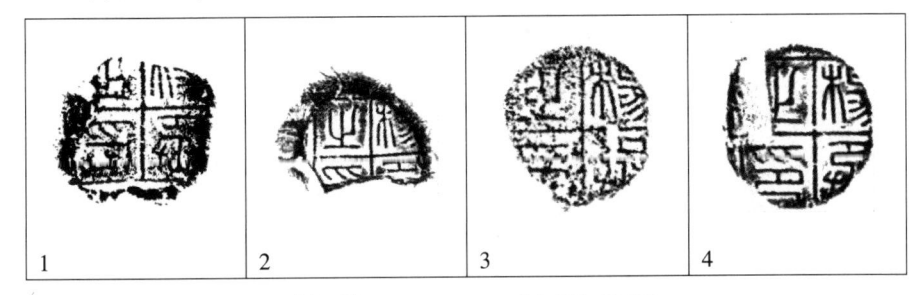

| 1 | 2 | 3 | 4 |

(1:《新选》P116;《大系》P323;2—4:《大系》P323)

杨库

1

(1:《大系》P323)

772 中编 地方职官

绛

降丞之印

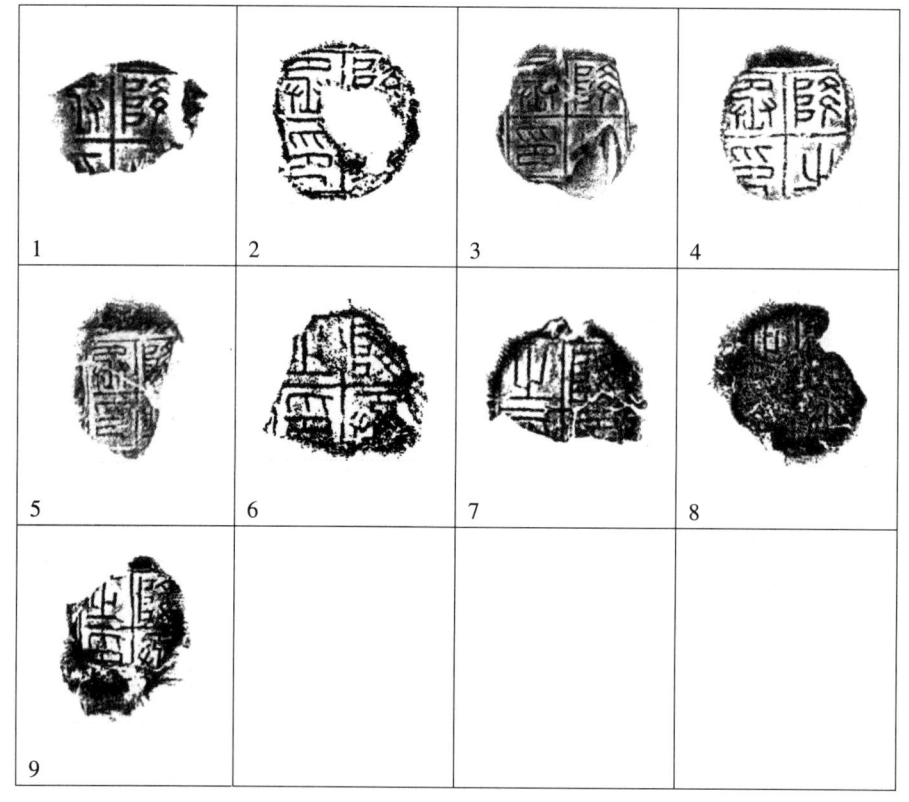

1	2	3	4
5	6	7	8
9			

（1：《于京》图37；《玺印》P410；《新出》P19；《大系》P126；2：《新出》P19；《大系》P127；3：《山房》2.27；4：《山房》2.25；5：《山房》2.26；6：《新选》P97；《大系》P127；7—9：《大系》P127）

降丞□□

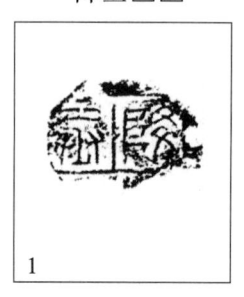

| 1 |

（1：《新出》P19；《大系》P127）

第二章 郡县

降丞之□

1

（1：《大系》P126）

降少内印

1

（1：《大系》P127）

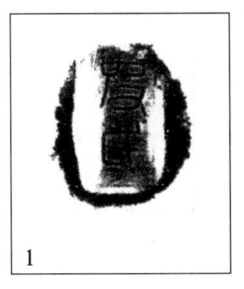

皮氏

皮氏

1

（1：《大系》P187）

774 中编 地方职官

皮氏丞印

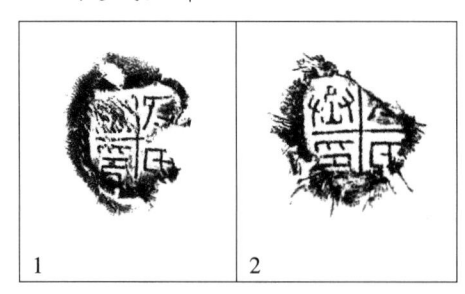

1　2

(1、2:《大系》P187)

蒲子

蒲子丞印

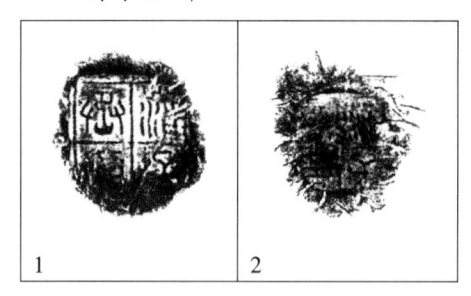

1　2

(1、2:《大系》P193)

彘

彘丞之印

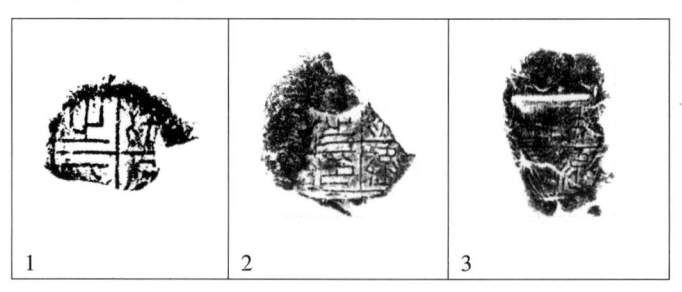

1　2　3

(1:《新出》P95;《大系》P374;2、3:《大系》P374)

第二章　郡县　775

猇丞□□

（1：《于京》图35；《玺印》P409；《大系》P374）

端氏

端氏丞印

（1：《大系》P76）

端□丞□

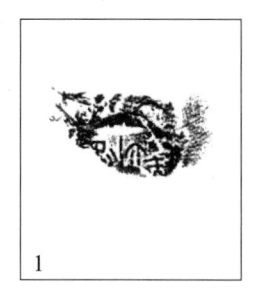

（1：《大系》P76）

濩泽

濩泽丞印

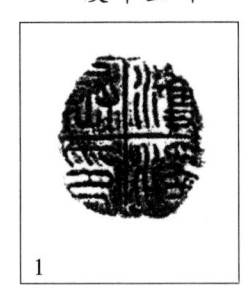

1

（1：《于京》图47；《玺印》P417；《大系》P122）

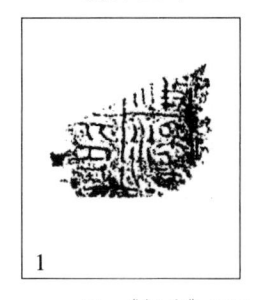

濩泽□印

1

（1：《新出》P16；《大系》P123）

□泽丞印

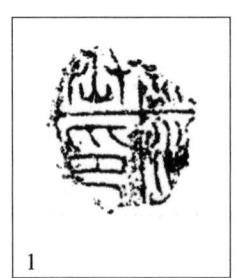

1

（1：《新出》P17；《大系》P123）

风

风丞之印

1

(1:《于京》图 36;《玺印》P410;《大系》P81)

新襄陵

新襄陵丞

1a 1b 1b 2

(1a:《玺印》P404;《青泥》P37;《大系》P308;1b:《青泥》P37;2:《于京》图 67;《大系》P308)

新襄丞印

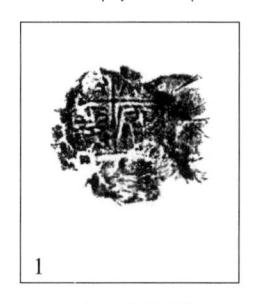

1

(1:《大系》P308;

襄陵

襄陵丞印

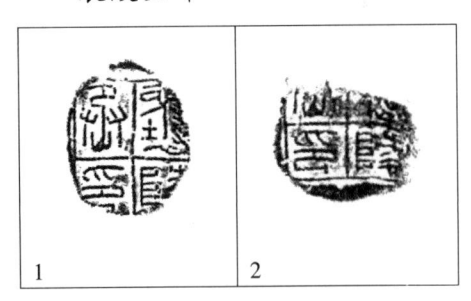

(1:《大系》P302；2:《山房》2.13)

魏

魏玺

(1:《大系》P278)

魏丞之印

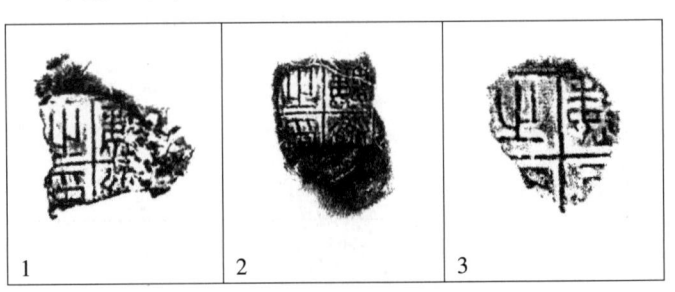

(1、2:《大系》P278；3:《山房》2.19)

河内郡

河内邸丞

（1a:《玺印》P422；《新出》P16；《青泥》P30；1b:《青泥》P30；2:《于京》图8；《大系》P112；3:《新出》P65；《大系》P112；4a:《新出》P65；《秦选》P82；《大系》P112；4b:《秦选》P82）

河□邸丞

（1:《新出》P16；《大系》P112）

780 中编 地方职官

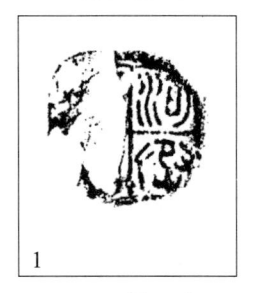

河□丞□

1

（1：《新出》P16；《大系》P112）

河内左工

1

（1：《于京》图10；《玺印》P422；《大系》P113）

河内司空

1

（1：《大系》P113）

第二章　郡县　　781

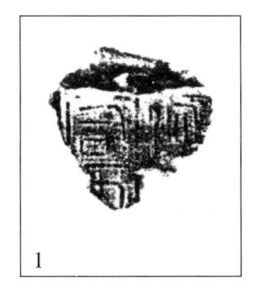

河内司□

1

（1:《大系》P113）

□内司空

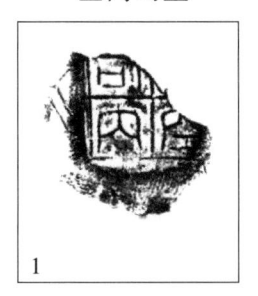

1

（1:《大系》P112）

河内司马

无图，释读见《秦选》P72。

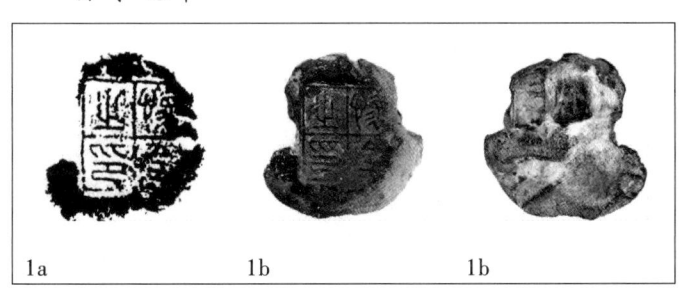

怀

怀令之印

1a　　　1b　　　1b

（1a:《古封》P128；《中封》P79；《秦封》P289；《汇考》P263；《大系》P117；

1b：《中封》P79）

怀丞之印

1a　　　b　　　1b　　　2

3

（1a：《新出》P66；《青泥》P30；《大系》P117；1b：《青泥》P30；2、3：《大系》P117）

轵

轵印

1

（1：《大系》P373）

第二章 郡县

轵丞之印

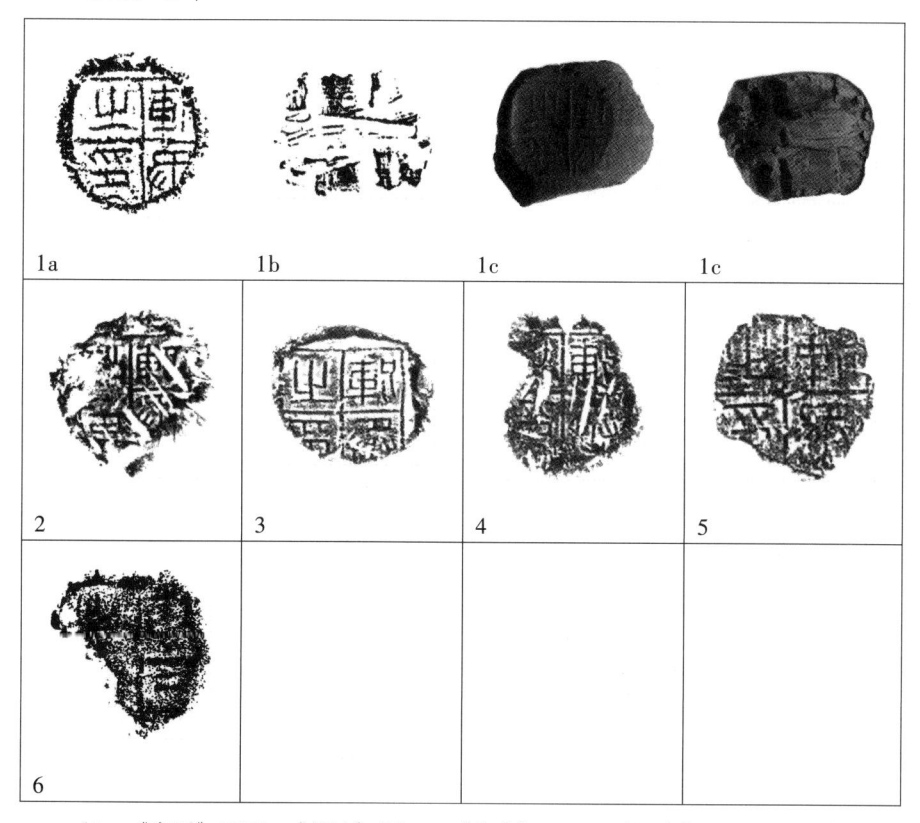

1a	1b	1c	1c
2	3	4	5
6			

（1a：《印风》P152；《新地》图 14；《印集》P162；《汇考》P253；1b：《印集》P162；1c：《汇考》图版 P76；《西博》图三；2—5：《大系》P373；6：《汇考》P253；《新选》P120；《大系》P373）

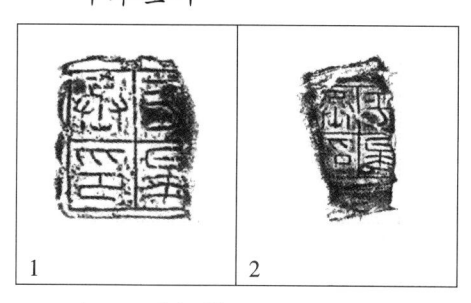

平皋

平皋丞印

1	2

（1、2：《大系》P188）

野王

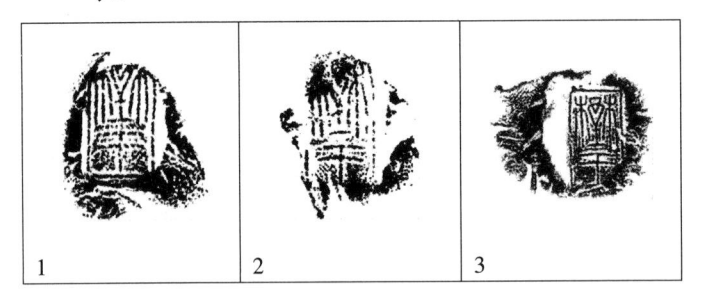

野王

（1：《新出》P84；《大系》P323；2：《新出》P84；《大系》P324；3：《大系》P324）

野王丞印

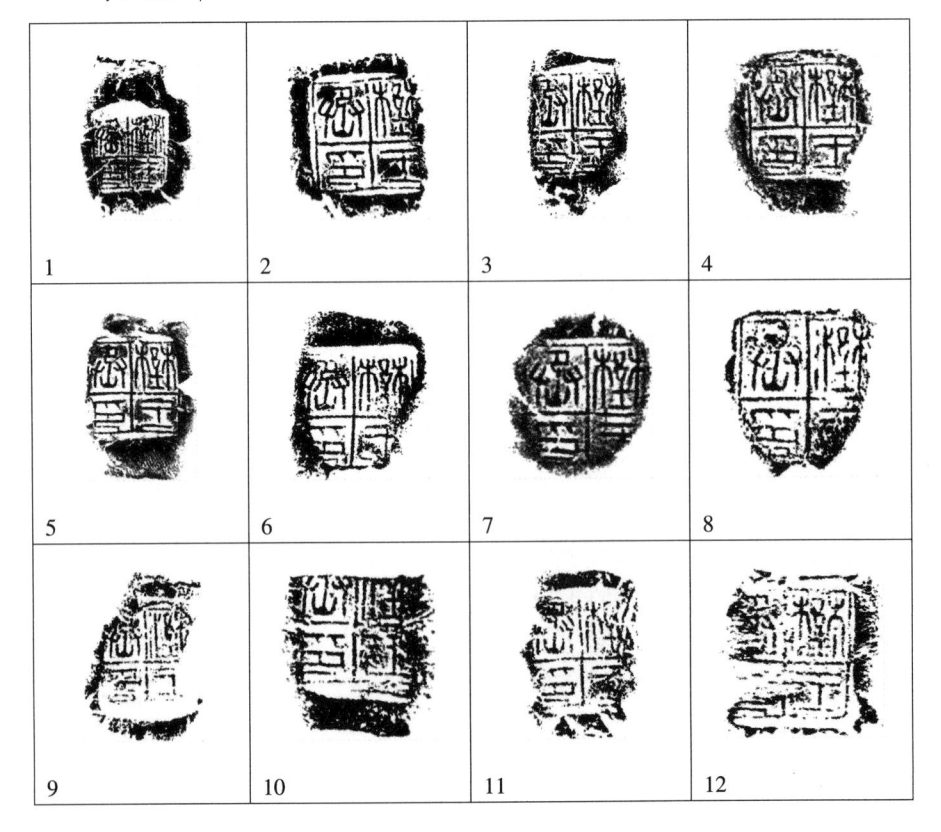

第二章 郡县 785

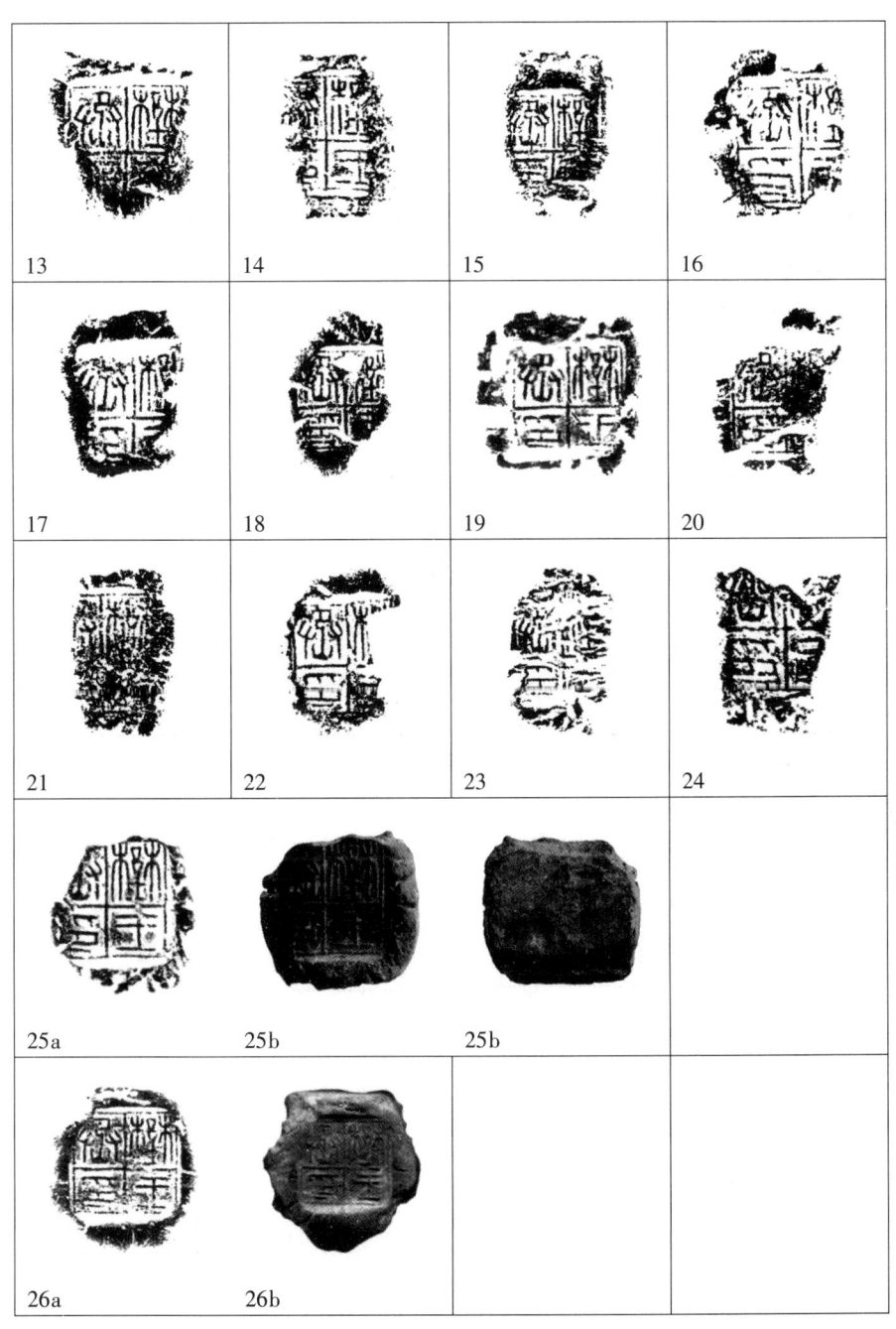

13	14	15	16
17	18	19	20
21	22	23	24
25a	25b	25b	
26a	26b		

（1—4、6：《新出》P84；《大系》P324；5：《新出》P84；《大系》P324；7：《大系》P325；8—12：《新出》P84；13—18、20—24：《新出》P85；19：《大系》

P324；25a：《新出》P84；《青泥》P31；《大系》P324；25b：《青泥》P31；26a：《新出》P84；《秦选》P91；《大系》P324；26b：《秦选》品、P61）

野王丞□

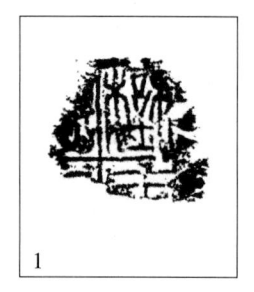

1

（1：《新出》P85）

野□丞印

1

（1：《新出》P85）

野□丞□

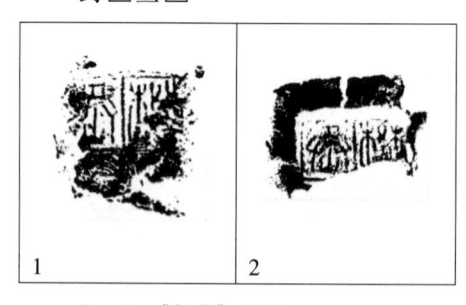

1　　2

（1、2：《新出》P85）

第二章 郡县 787

修武

修武丞印

1

（1:《大系》P311）

温

温丞之印

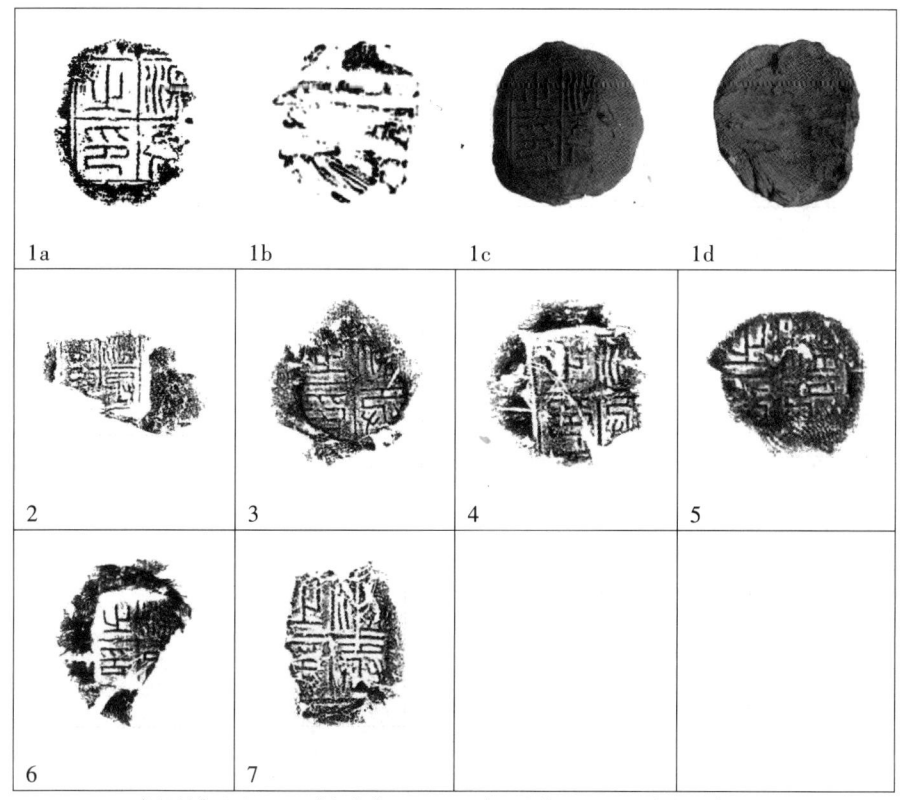

1a	1b	1c	1d
2	3	4	5
6	7		

（1a:《释续》图 23；《印集》P112；《汇考》P204；《印风》P153；《大系》

788 中编 地方职官

P278；1b：《印集》P112；1c：《汇考》图版 P53；《泥选》；1d：《汇考》图版 P53；2—4：《新出》P78；《大系》P278；5：《大系》P279；6：《大系》P278；7：《大系》P278）

温丞□印

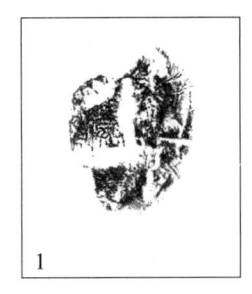

1

（1：《新出》P78；《大系》P278）

温丞□□

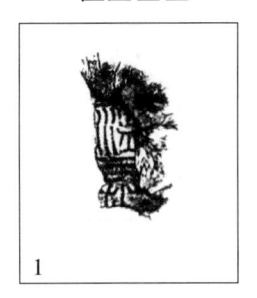

1

（1：《大系》P278）

山阳

山阳丞印

1a　　　1b　　　1b　　　2

| 3 | 4 | | |

（1a：《新出》P74；《青泥》P30；《秦选》P88；《大系》P205；1b：《青泥》P30；《秦选》P88；1c：《青泥》P30；2—4：《大系》P205）

山阳丞□

1

（1：《酒余》P38 上；《大系》P205）

山阳□□

1

（1：《新选》P105；《大系》P205）

山□□

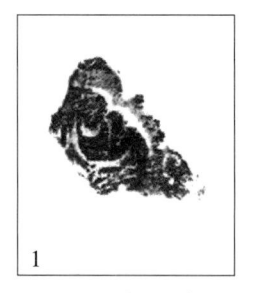

1

（1：《大系》P205）

共

共丞之印

无图，释读见《五十例》P319。

州

州丞之印

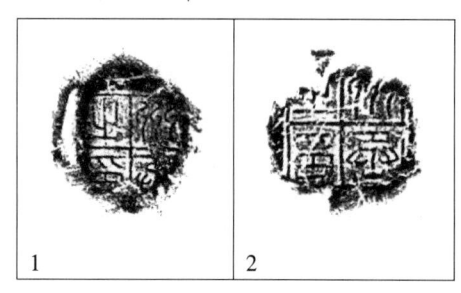

1 2

（1、2：《大系》P388）

州□之□

1

（1：《新出》P97；《大系》P388）

内黄

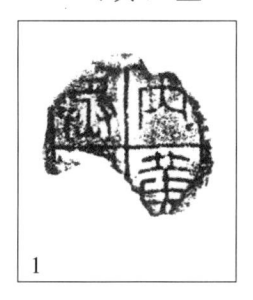

内黄丞□

1

（1:《大系》P172）

繁阳

繁阳丞印

1

（1:《大系》P79）

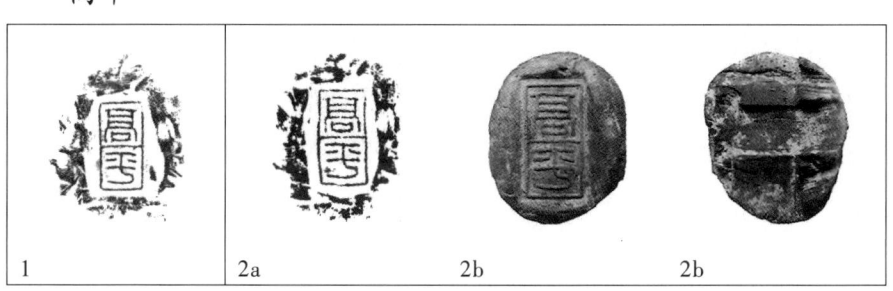

高平

高平

| 1 | 2a | 2b | 2b |

（1:《大系》P92；2a:《菁华》P140；《大系》P92；1b:《菁华》P140）

高平丞印

| 1 | 2a | 2b | 2b |

（1：《大系》P92；2a：《菁华》P141；《精品》P53；《大系》P92；2b：《菁华》P141；《精品》P53）

高平丞□

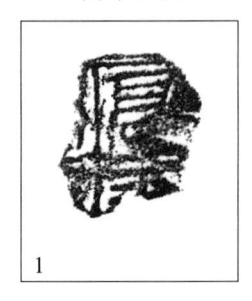

1

（1：《新出》P107；《大系》P92）

上党郡

上党府丞

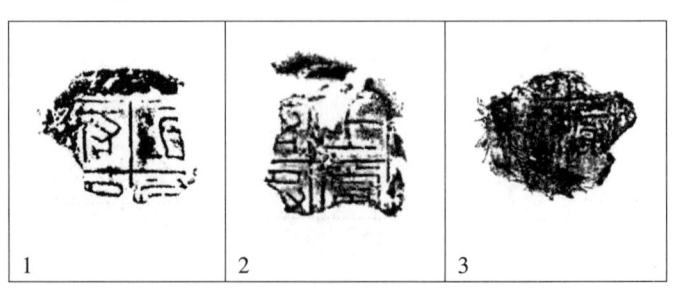

| 1 | 2 | 3 |

（1：《在京》图四：14；《玺印》P424；《新出》P29；《大系》P207；2、3：《大系》P207）

长子
长子丞印

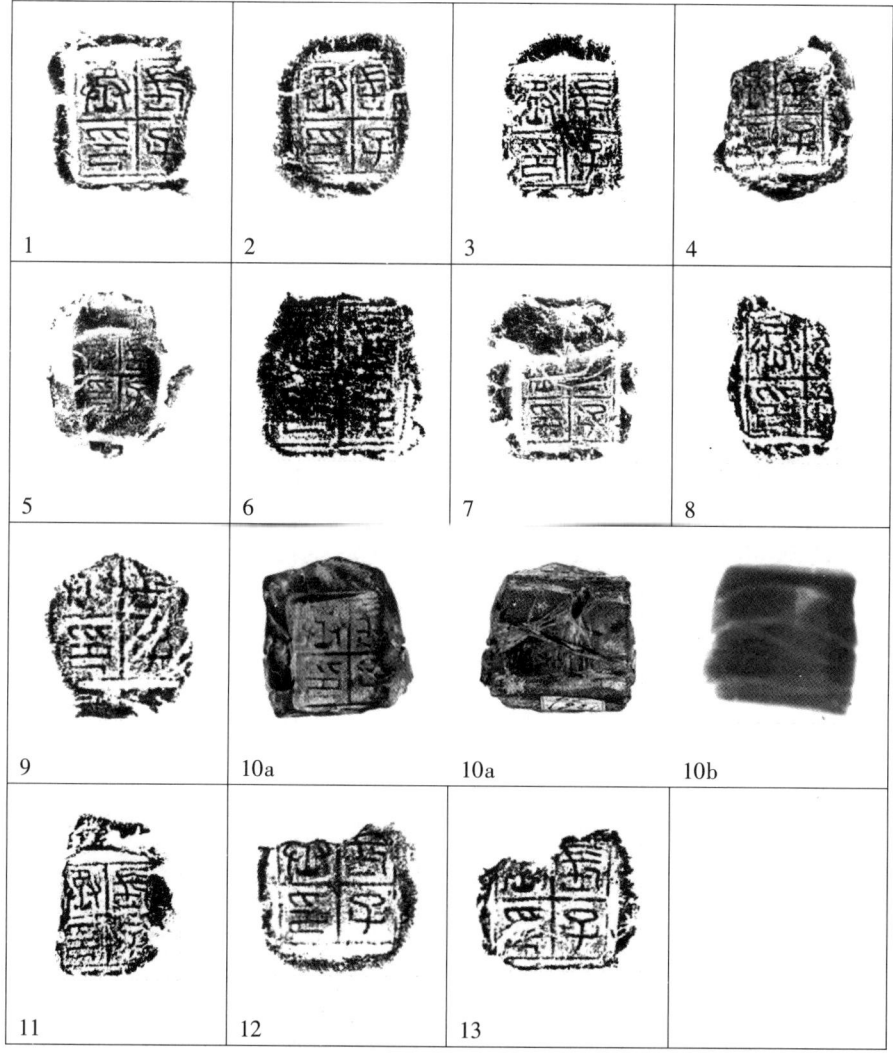

1	2	3	4
5	6	7	8
9	10a	10a	10b
11	12	13	

（1：《新出》P94、《大系》P369；2：《新出》P95；3：《新出》P95、《大系》368；4：《新出》P95、《大系》P369；5：《新出》P95、《大系》P369；6：《新出》P95；7：《新出》P95、《大系》P369；8：《新出》P95；9：《大系》P369；10a：《中封》P180；《X光》P171；10b：《X光》P171；11：《酒余》P49上；12、13：《大系》P369）

794　中编　地方职官

□子丞印

（1：《新出》P95）

余吾

余吾丞印

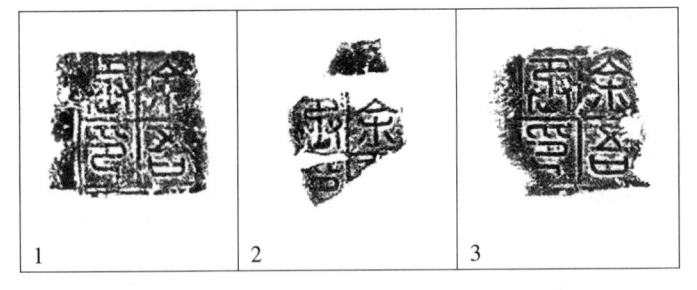

（1、2：《新出》P86；《大系》P342；3：《大系》P342）

铜鞮

铜鞮丞印

（1a：《新出》P78；《青泥》P29；《大系》P271；1b：《青泥》P29；2：《大系》P271）

第二章 郡县

铜鞮丞□

1

(1:《大系》P271)

铜□丞□

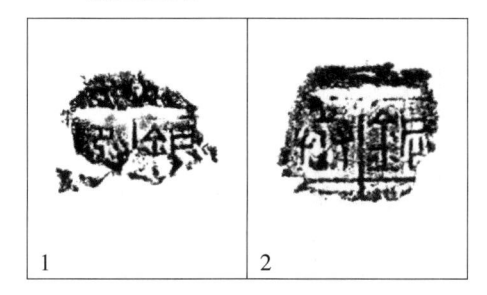

1　2

(1:《大系》P271)

铜□□□

1

(1:《大系》P271)

屯留

屯留

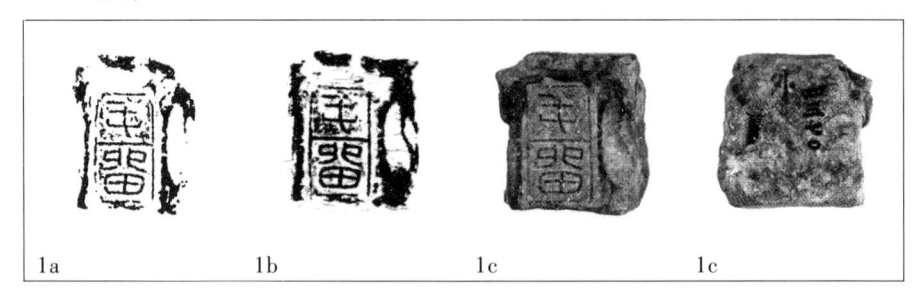

| 1a | 1b | 1c | 1c |

（1a：《古封》P281；《中封》P130；《秦封》P312；《山全》P102；《大系》P273；1b：《六舟》P46；1c：《中封》P130）

屯留丞印

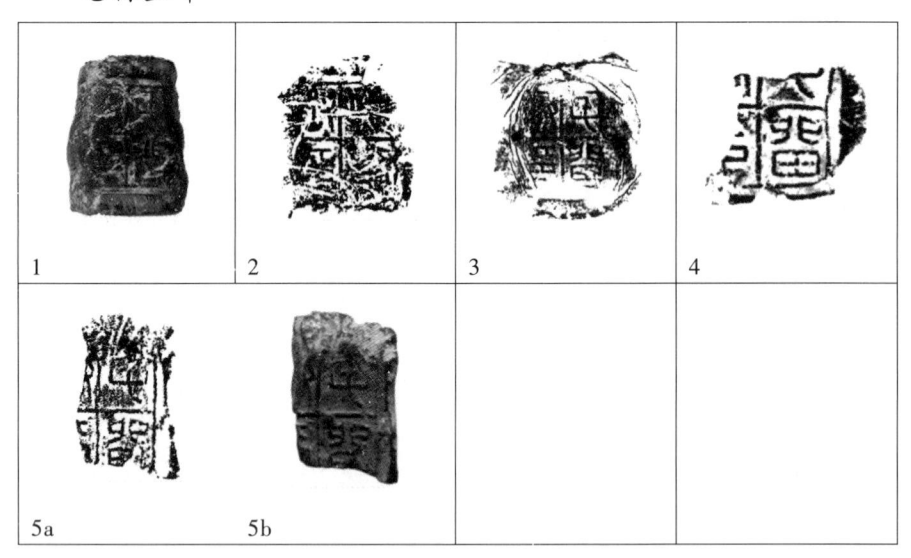

| 1 | 2 | 3 | 4 |
| 5a | 5b | | |

（1：《问陶》P174）；2、3：《新出》P78；《大系》P273；3、4：《大系》P273；5a：《新出》P78；《秦选》P92；5b：《秦选》P92）

第二章 郡县 797

屯□丞□

1

（1：《酒余》P42下；《大系》P273）

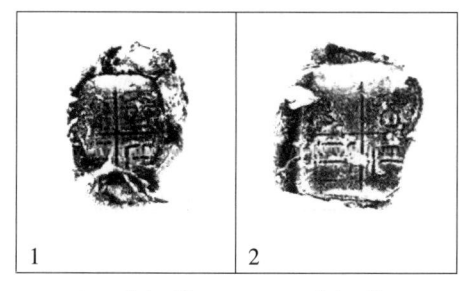

泫氏

玄氏丞印

1　2

（1：《大系》P313；2：《大系》P417）

陭氏

陭氏丞印

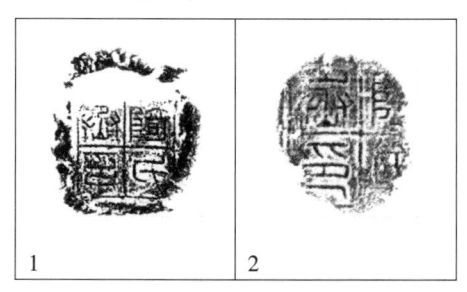

1　2

（1：《大系》P327；2：《山房》2.15）

798　中编　地方职官

太原郡

太原守印

1a　1b　1b

　　（1a:《古封》P89;《秦封》P259;《汇考》P260;《玺印》P425;《山全》P37、P157、P189;《济博》P19;《大系》P250;1b:《济博》P19）

太原大府
无图，考释见《五十例》P316。

□原丞印

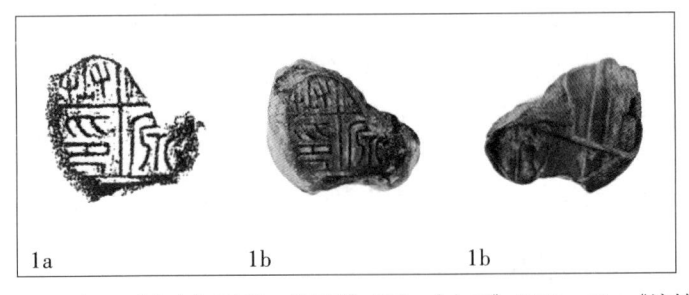

1a　1b　1b

　　（1a:《山全》P160;《济博》P19;《大系》P422;1b:《济博》P19）

中都

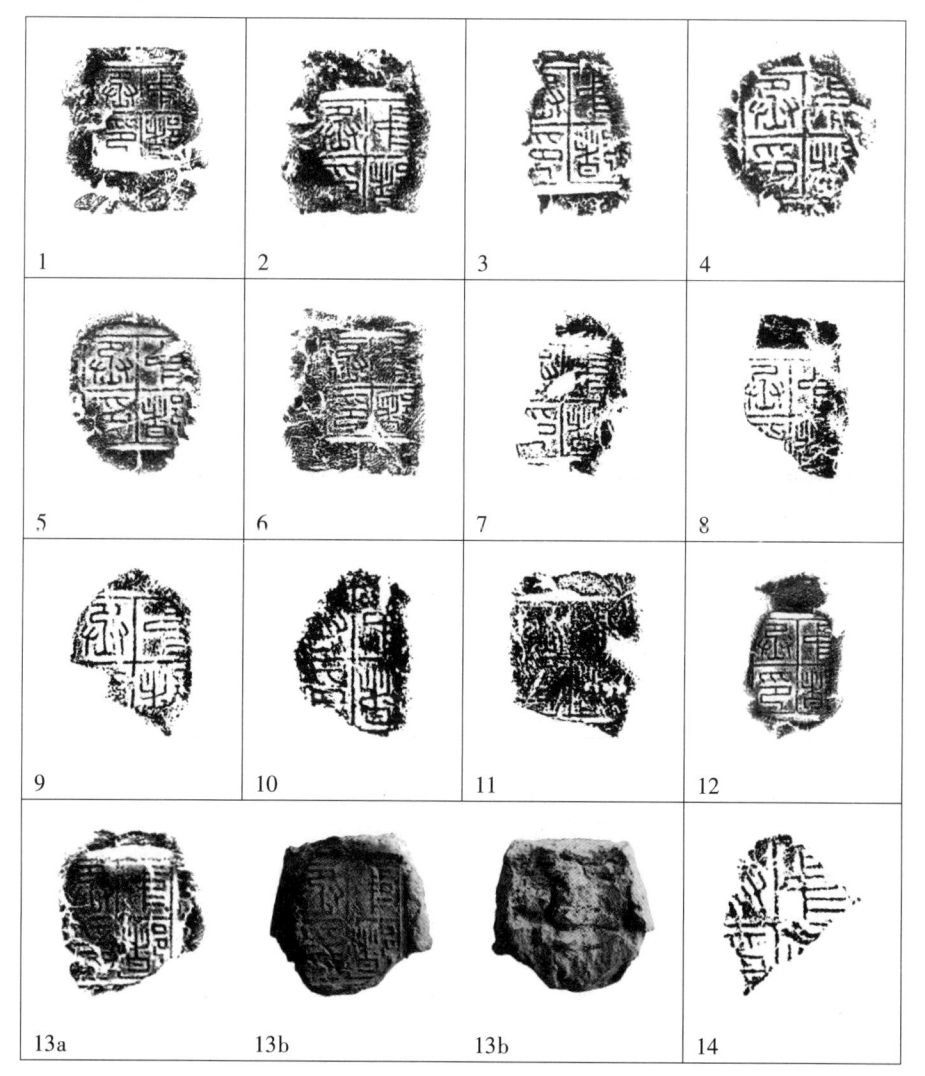

中都丞印

1	2	3	4
5	6	7	8
9	10	11	12
13a	13b	13b	14

（1—4：《新出》P95；《大系》P375；5：《大系》P376；6：《新出》P95；《大系》P376；7：《新出》P95；《大系》P375；8—11：《新出》P95；12：《大系》P376；13a：《新出》P96；《青泥》P29；《大系》P375；13b：《青泥》P29；14：《新出》P48；《大系》P387）

中都□印

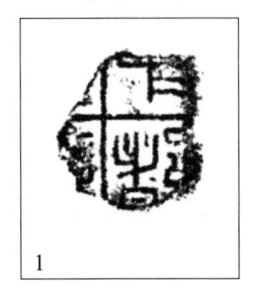

1

（1：《大系》P376）

兹氏

兹氏□□

1

（1：《大系》P389）

兹□丞□

1

（1：《大系》P389）

平匋

平匋□□

1

（1:《大系》P189）

汾阳

汾阳丞印

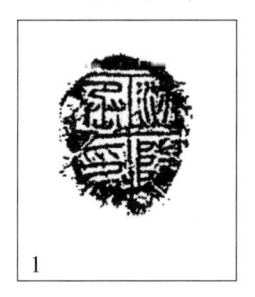

1

（1:《书集》P129）

汾□丞印

1

（1:《图例》P57）

汾□府□

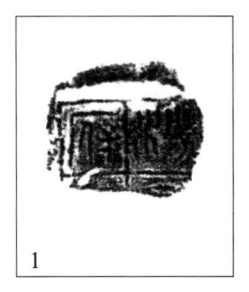

1

(1:《于京》图21；《玺印》P426；《大系》P81)

阳邑

阳邑

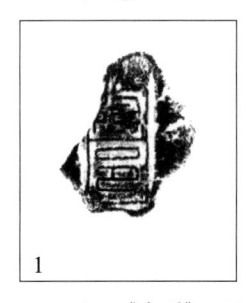

1

(1:《大系》P321)

阳邑丞印

1

(1:《大系》P321)

雁门郡

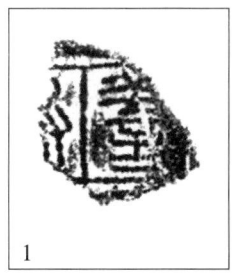

善无

善□丞□

1

（1:《于京》图70;《玺印》P413;《大系》P206）

平城

平城丞印

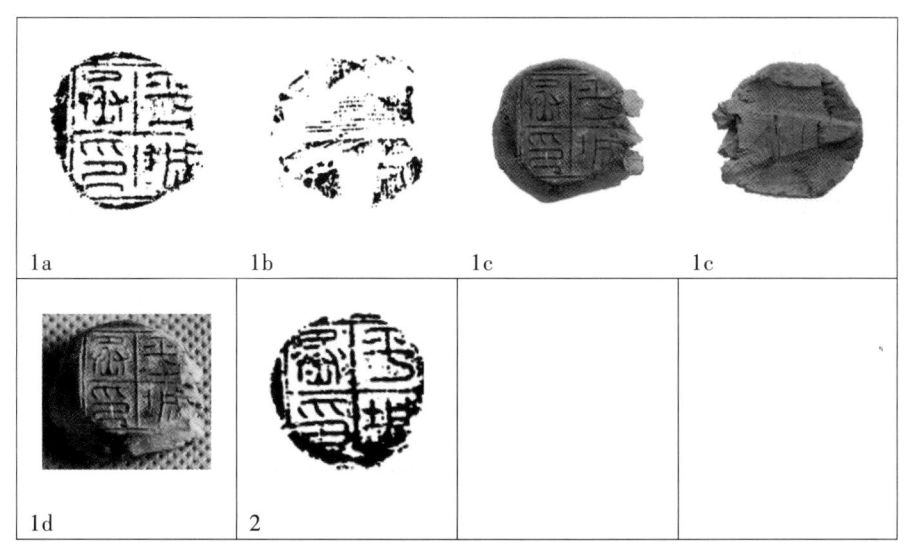

1a	1b	1c	1c
1d	2		

（1:《印风》P158;《释续》图50;《书法》P43;《印集》P139;《汇考》P232、图版P64;《玺印》P420;《大系》P188; 1b:《印集》P139; 1c:《汇考》图版P64;《书法》P43; 1d:《泥选》; 2:《汇考》P231;《大系》P188）

804　中编　地方职官

邯郸郡

邯郸之丞

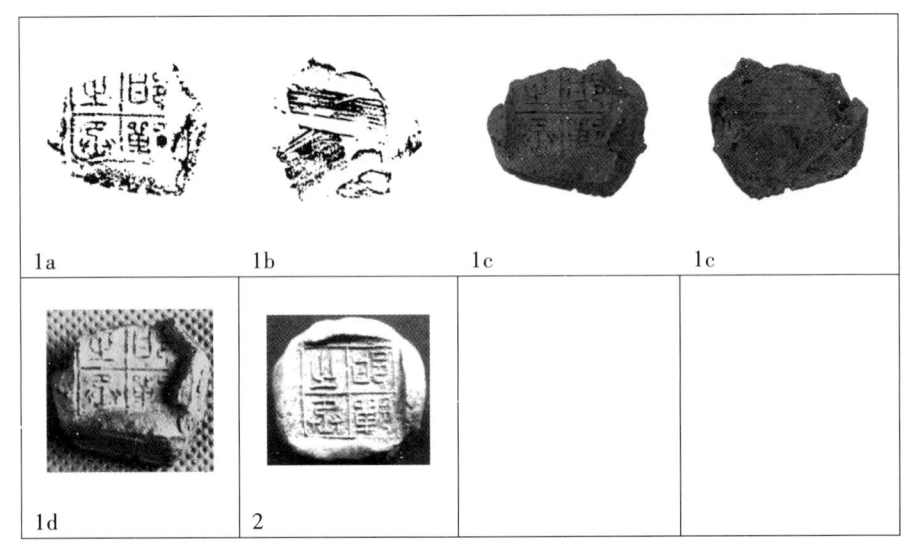

| 1a | 1b | 1c | 1c |
| 1d | 2 | | |

（1a：《印考》图196；《印风》P149；《秦封》P256；《印集》P90；《书集》P126；《汇考》P174；《玺印》P421；《大系》P105；1b：《印集》P90；1c：《汇考》图版P43；1d：《泥选》；2：《邯郸》图5）

邯□之丞

1

（1：《大系》P105）

邯□之□

1

（1：《发现》图117；《图例》P56；《秦封》P256；《汇考》P174）

邯郸造工

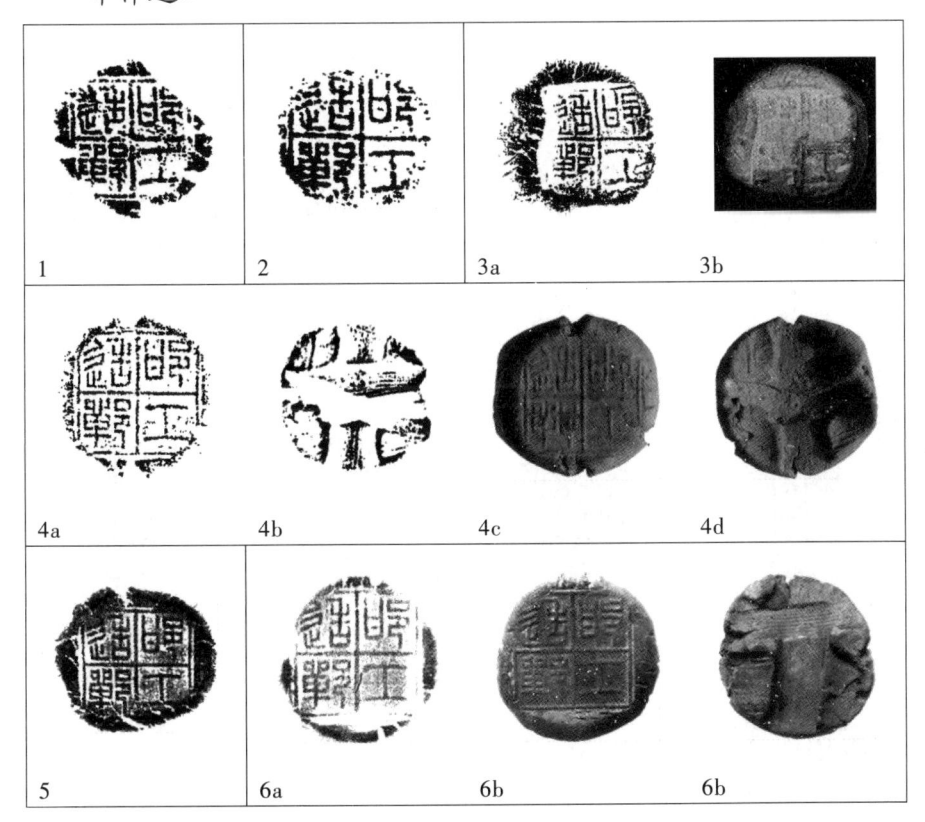

1	2	3a	3b
4a	4b	4c	4d
5	6a	6b	6b

806　中编　地方职官

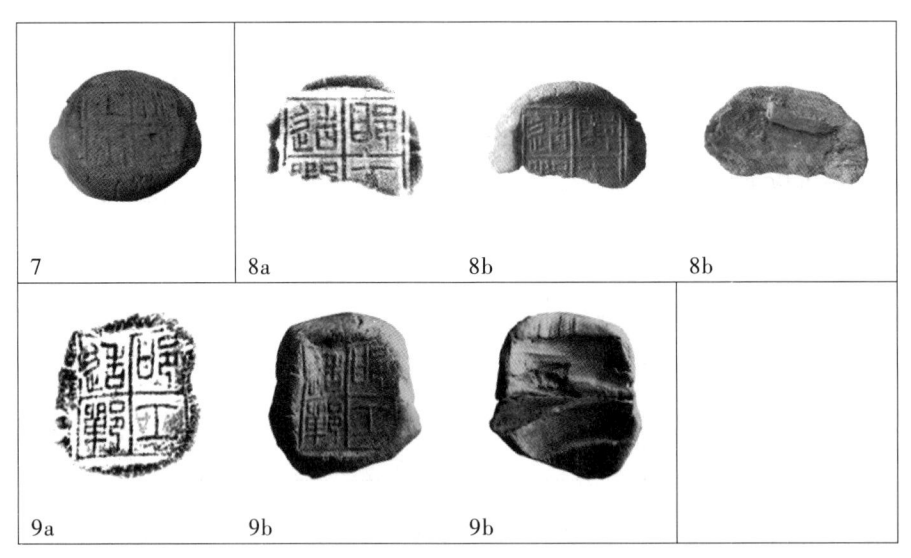

7	8a	8b	8b
9a	9b	9b	

（1、2：《汇考》P174、P175；《大系》P104；3a：《秦封》P256；《汇考》P175；3b：《秦封》彩板2；4a：《印考》图197；《印风》P141；《秦封》P256；《印集》P91；《书集》P126；《汇考》P174；《玺印》P421；《大系》P104；4b：《印集》P91；4c：《汇考》图版P43；《泥选》；4d：《汇考》图版P43；5：《大系》P104；6a：《相家》P25；《大系》P104；6b：《相家》P25；7：《问陶》P287；8a：《相家》P25；《大系》P104；8b：《相家》P25；9a：《新出》P16；《青泥》P27；《大系》P104；9b：《青泥》P27）

邯郸造□

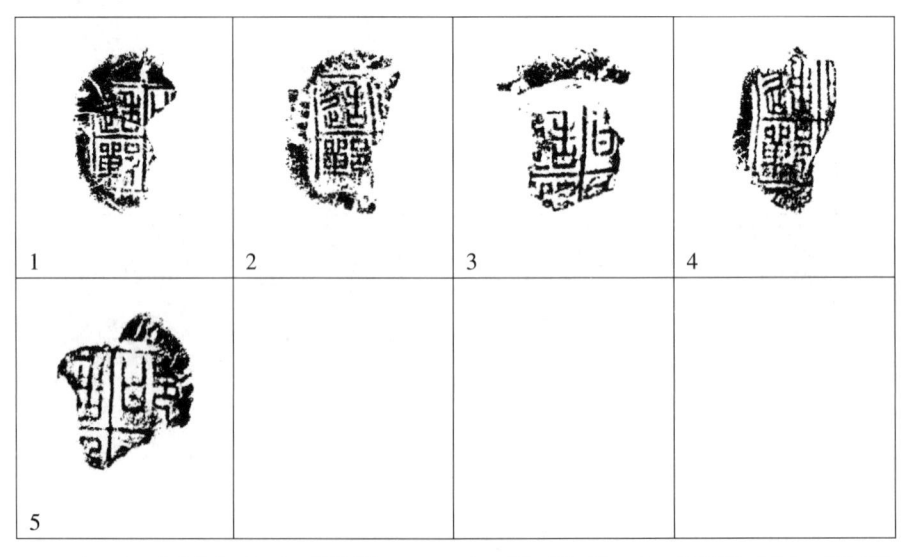

1	2	3	4
5			

（1、2：《秦封》P256；《汇考》P175；3：《发现》图118；《图例》P56；《秦封》

P256；《汇考》P175；4：《新出》P16；5：《酒余》P31 上）

邯□造工

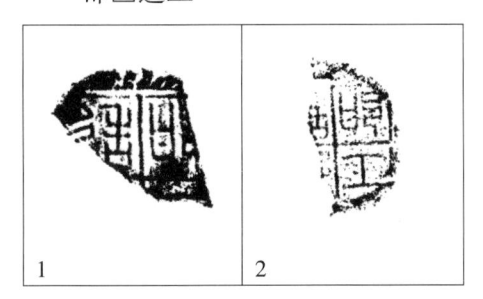

| 1 | 2 |

（1：《新选》P95；2：《汇考》P175）

邯□□工

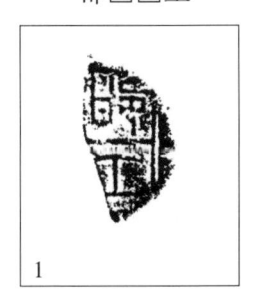

| 1 |

（1：《新出》P16）

又：《发掘》P534《出土封泥登记表》2000CH 相 1T2③：28 为"邯□工□"。无图，暂列于此。

□郸造□

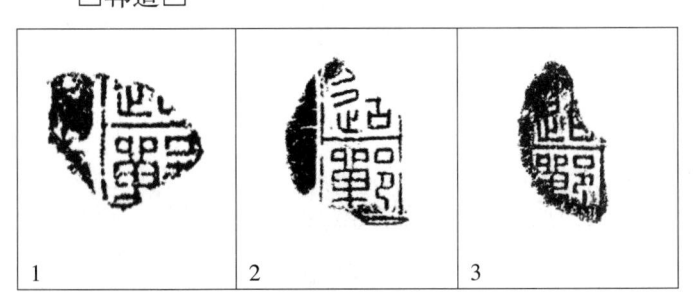

| 1 | 2 | 3 |

（1：《新出》P16；2：《新出》P16；《大系》P105；3：《酒余》P31 上）

808　中编　地方职官

□郸□工

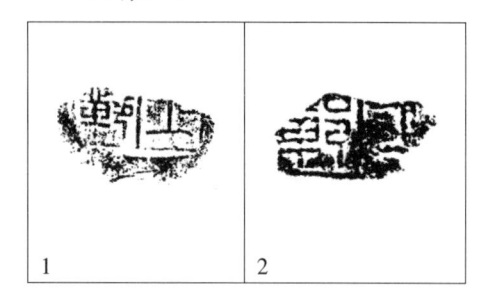

1　2

（1：《秦封》P256；《汇考》P175；2：《新出》P16）

□□造□

1

（1：《酒余》P31 下）

邯造工丞

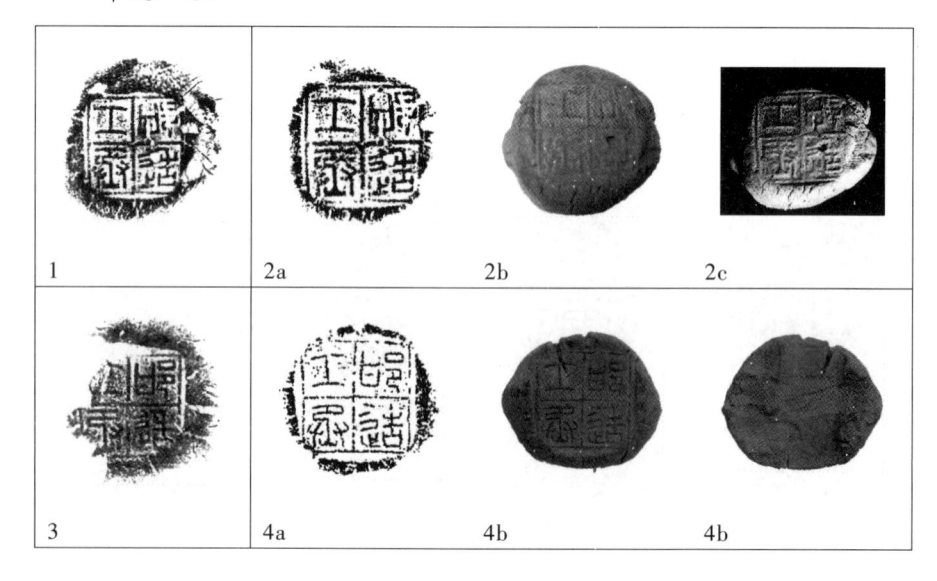

1　2a　2b　2c

3　4a　4b　4b

第二章　郡县　809

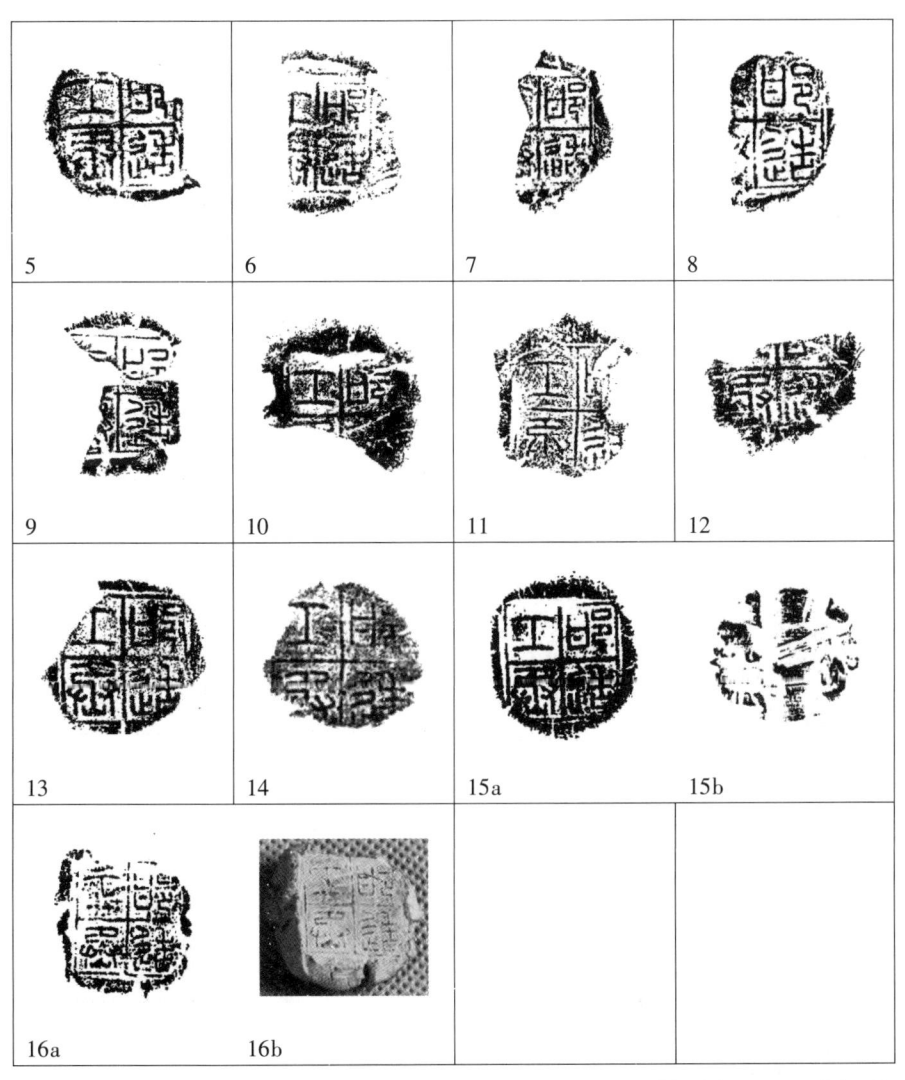

5	6	7	8
9	10	11	12
13	14	15a	15b
16a	16b		

（1：《大系》P105；2a：《秦封》P257；《汇考》P176；《玺印》P422；《大系》P105；2b：《问陶》P164；2c：《秦封》图版4；3：《秦封》P257；《汇考》P176；《大系》P105；4a：《印风》P141；《书法》P33；《汇考》P175；《大系》P105；4b：《书法》P33；《汇考》图版P44；5：《发现》P116；《图例》P56；《秦封》P257；《书集》P126；《汇考》P176；6—12：《秦封》P257；《汇考》P176；13：《新选》P95；《大系》P105；14：《大系》P106；15a：《印集》P91；《汇考》P175；《大系》P105；15b：《印集》P91；16a：《汇考》P176；《大系》P105；16b：《泥选》）

邯造工□

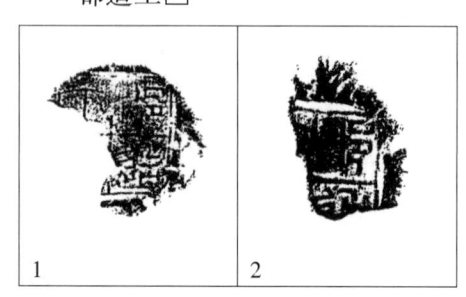

（1、2：《秦封》P257；《汇考》P176）

又：《发掘》P534《出土封泥登记表》2000CH 相 1T2③：158 为"邯造工□"。

邯造□□

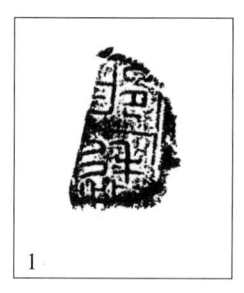

（1：《秦封》P257；《汇考》P177）

□造□丞

（1：《秦封》P258；《汇考》P177）

□造工丞

1

（1：《新选》P95）

邯郸

邯郸□□

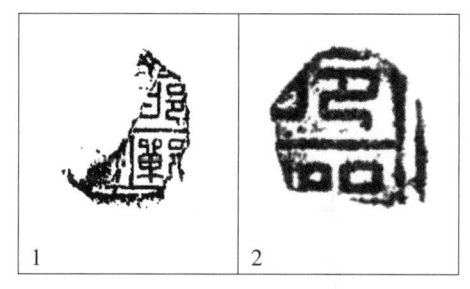

1　2

（1：《汇考》P174；《大系》P105；2：《大系》P105）

□郸□□

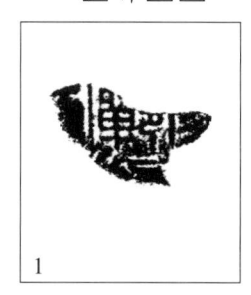

1

（1：《新出》P16）

又：《发掘》P534《出土封泥登记表》2000CH 相 1T3③：23 为"□郸□□"。

邯郸亭丞

1a　　1b

（1a:《大系》P104；1b:《问陶》P174）

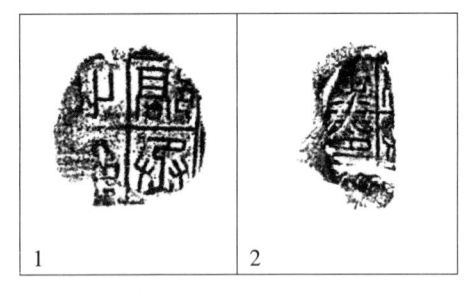

鄡

鄡丞之印

1　　2

（1:《于京》图44；《玺印》P408；《大系》P110；2:《秦封》P283；《汇考》P201；《大系》P110、P164）

清河郡

清河大守

1a　　1b　　1b

（1a：《古封》P89；《上封》P42；《大系》P197；1b：《上封》P42；2a：《古封》P88；《汇考》P261；《玺印》P425；《山全》P157、189；《济博》P17；《大系》P197；2b：《济博》P17）

清河水印

无图，考释见《五十例》P315。

钜鹿郡

钜鹿之□

（1：《于京》图18；《玺印》P411；《大系》P140）

文安

文安丞印

（1：《新选》P111；《大系》P279）

河间郡

河间大守

（1a:《古封》P88;《秦封》P251;《上封》P42;《玺印》P425;《山全》P158、P190;《济博》P17;《大系》P111; 1b:《上封》P42）

河间尉印

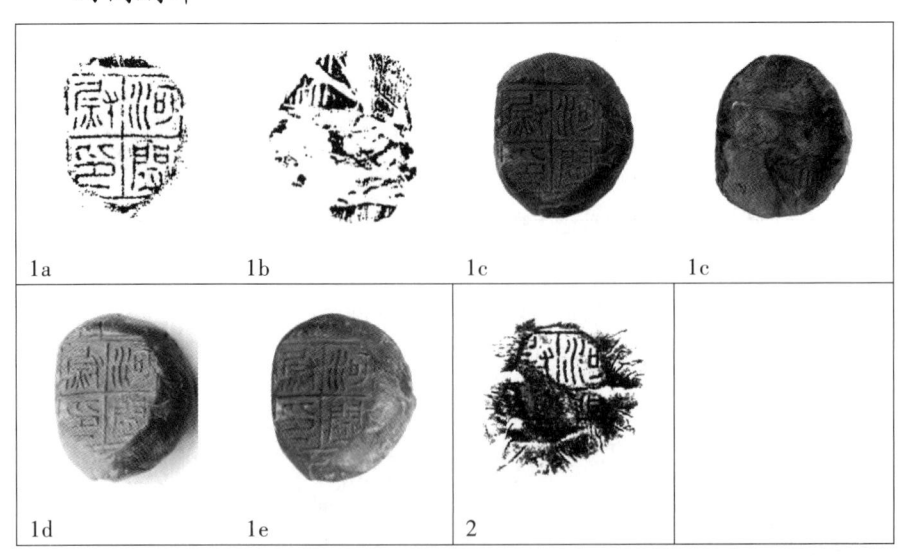

（1a:《印风》P148;《书法》P33;《新地》图4;《上封》P42;《印集》P90;《汇考》P173;《玺印》P425;《大系》P111; 1b:《印集》P90; 1c:《书法》P33;《汇考》图版P43; 1d:《泥选》; 1e:《秦研》P117; 2:《大系》P111）

乐成

乐成

1a　　　　1b　　　　1b

（1a：《古封》P282；《秦封》P295；《汇考》P267；《玺印》P390；《山全》P175、P204；；《济博》P18；《大系》P150；1b：《济博》P18）

乐成之印

1a　　　　1b　　　　1b　　　　2

（1a：《古封》P276；《秦封》P296；《汇考》P267；《玺印》P409；《山全》P37、P171、P203；《济博》P18；《大系》P151；1b：《济博》P18；2：《大系》P151）

章武

章武□印

1

（1：《大系》P368）

武遂

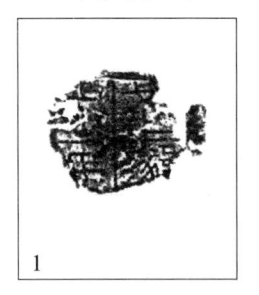

武遂丞印

1

（1：《大系》P283）

浮阳

浮阳丞印

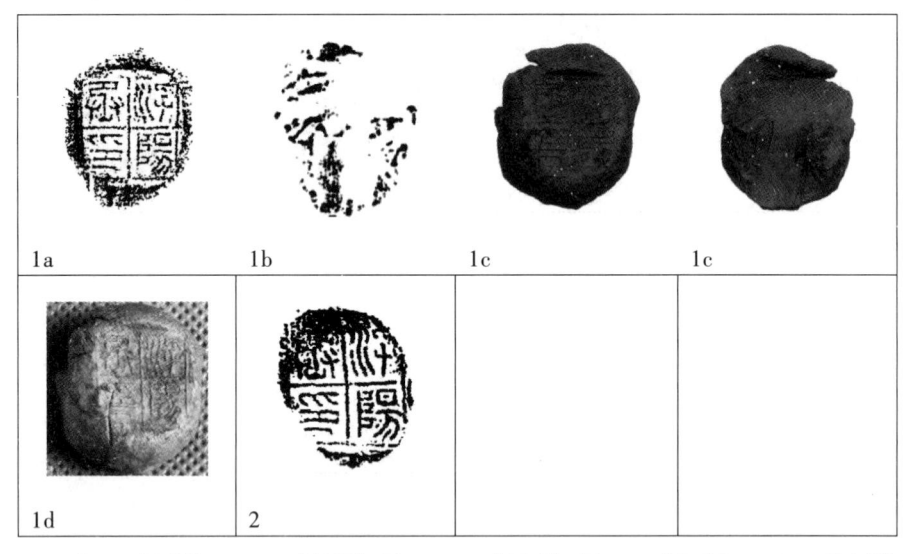

| 1a | 1b | 1c | 1c |
| 1d | 2 | | |

（1a：《印风》P146；《考释》图一：8；《新地》图33；《印集》P112；《汇考》P204；《大系》P83；1b：《印集》P112；1c：《汇考》图版P54；1d：《泥选》；2：《汇考》P204；《大系》P83）

恒山郡

恒山武库

（1：《于京》图16；《玺印》P423；《大系》P114）

恒山侯丞

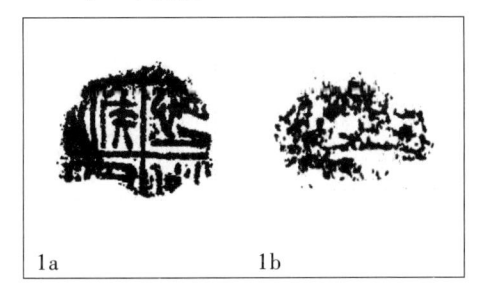

（1a：《选释》图一：2；《新官》图37；《印集》P94；《汇考》P181；《大系》P114；1b：《印集》P94）

代郡

代丞之印

（1a：《古封》P153；《秦封》P311；《上封》P63；《汇考》P267；《山全》P132；

818　中编　地方职官

《大系》P58；1b：《上封》P63）

代马

1

（1：《于京》图7；《玺印》P389；《大系》P58）

代马丞印

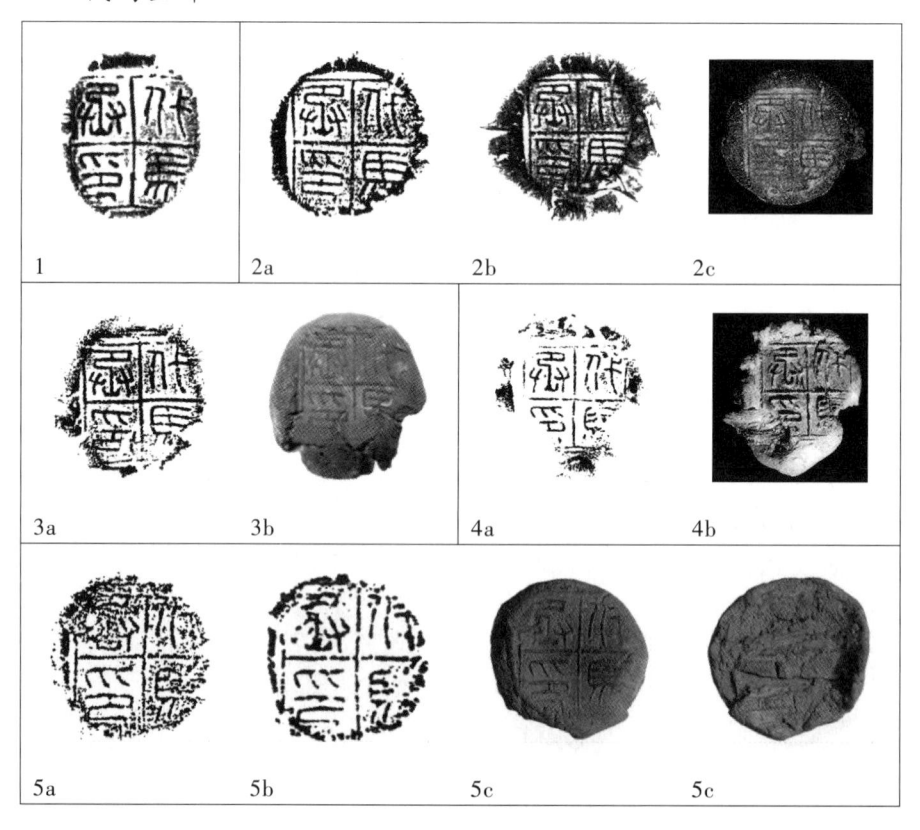

1	2a	2b	2c
3a	3b	4a	4b
5a	5b	5c	5c

第二章 郡县 819

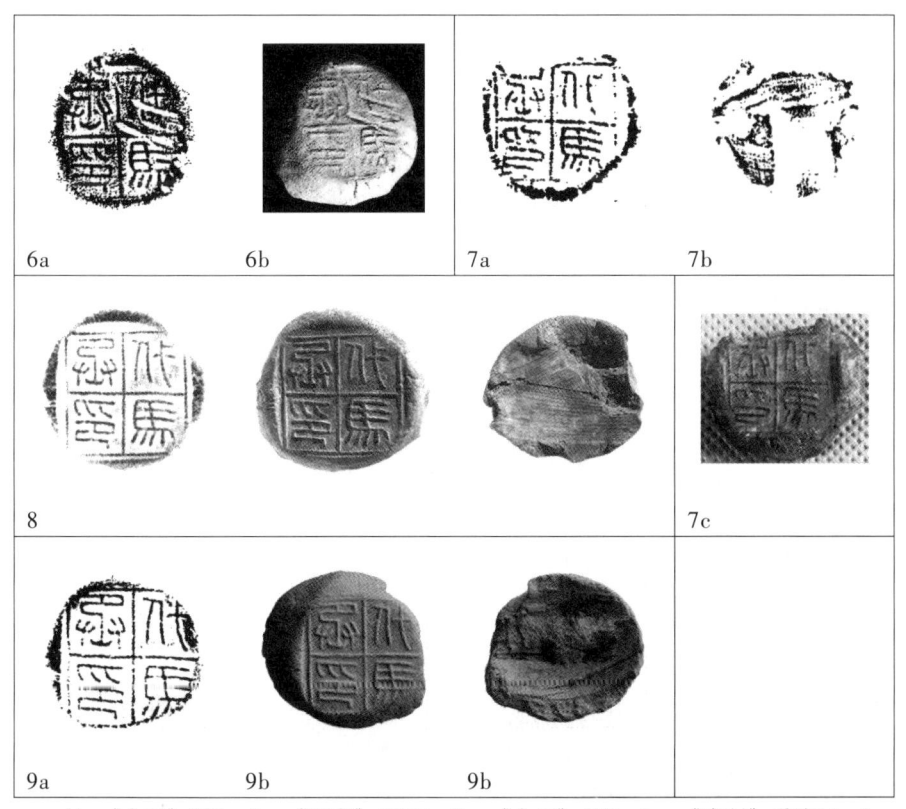

（1：《大系》P58；2a：《汇考》P177；2b：《大系》P58；2c：《秦封》彩版4；3a：《发现》图116；《图例》P56；《秦封》P259；《汇考》P177；3b：《问陶》P164；4a：《秦封》P259；《汇考》P178；4b：《秦封》图版4；5a：《汇考》P177；5b：《大系》P58；5c：《汇考》图版P44；6a：《秦封》P259；《汇考》P177；《大系》P58；6b：《秦封》图版7；7a：《印集》P92；《汇考》P177；7b：《印集》P92；7c：《泥选》；8：《相家》P25；9a：《新出》P9；《青泥》P26；《大系》P58；9b：《青泥》P26）

代□之□

（1：《大系》P58）

当城

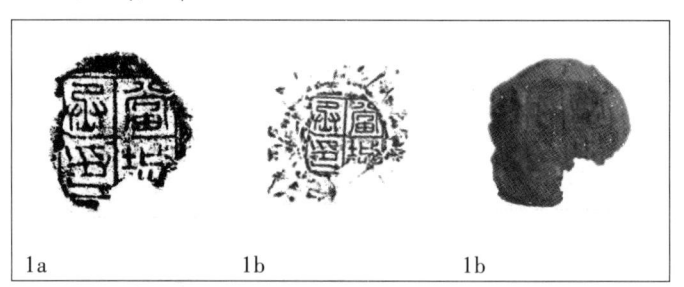

当城丞印

　　(1a:《安杖子》图二九: 6;《秦封》P311;《书集》P130;《玺印》P416、P418;《大系》P59; 1b:《辽海》P8)

延陵

延陵丞印

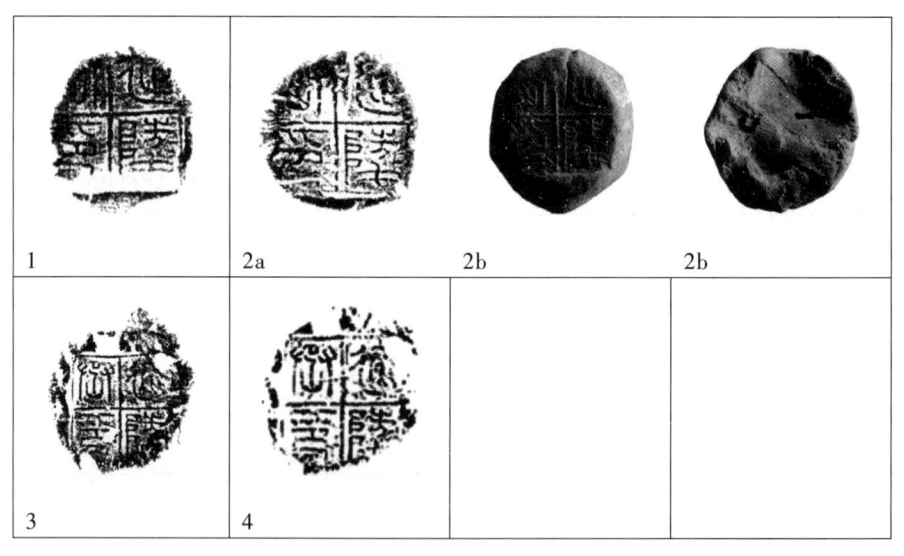

　　(1、3:《大系》P317; 2a:《新出》P41;《青泥》P35; 2b:《青泥》P35; 4:《发现》图143;《图例》P57;《秦封》P290;《汇考》P212;《玺印》P404;《大系》P125)

新平舒

新平舒丞

无图,考释见《五十例》P321。

上谷郡

上谷府丞

无图,考释见《五十例》P316。

宁城

宁城

1

(1:《于京》图64;《玺印》P390;《大系》P183)

夷舆

夷舆丞印

1a　　1b　　1c　　1c

822　中编　地方职官

（1a:《新地》图26；《考释》图一：7；《印风》P156；《书法》P43；《印集》P138；《汇考》P230；《大系》P326；1b:《印集》P138；1c:《汇考》图版P63；1d:《泥选》）

夷□

无图，考释见《发掘》P541。

广阳郡

广阳

广阳

（1:《大系》P103）

武阳

武阳丞印

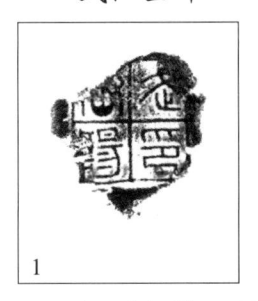

1

（1：《大系》P283）

渔阳郡

泉州

泉州丞印

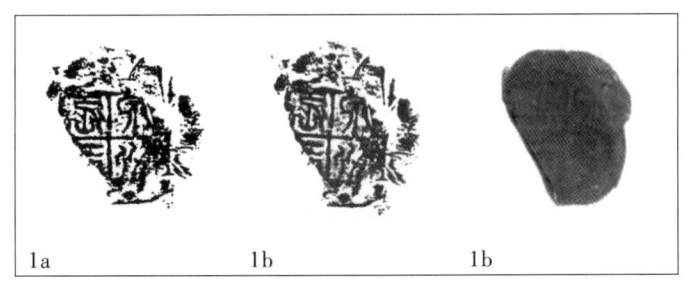

1a　　1b　　1b

（1a：《安杖子》图二九：10；《秦封》P310；《玺印》P414；《大系》P198；1b：《辽海》P10）

白檀

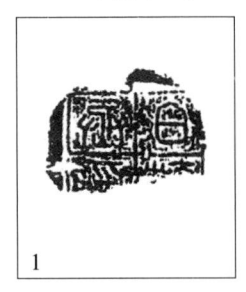

白檀丞印

1

（1:《于京》图62；《玺印》P415；《大系》P28）

右北平郡

无终

无终□□

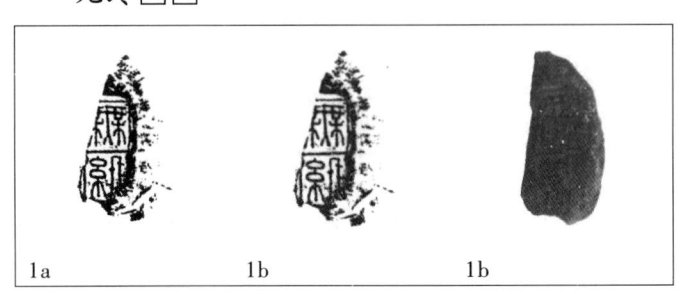

1a　　1b　　1b

（1a:《安杖子》图二九；图11；《秦封》P307；《玺印》P402；《大系》P280；1b:《辽海》P12）

无□丞□

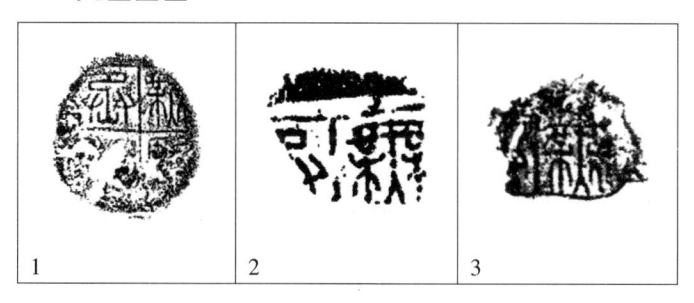

| 1 | 2 | 3 |

（1：《大系》P281；2：《印集》P167；《汇考》P256；《大系》P280；3：《大系》P281）

昌城

昌城丞印

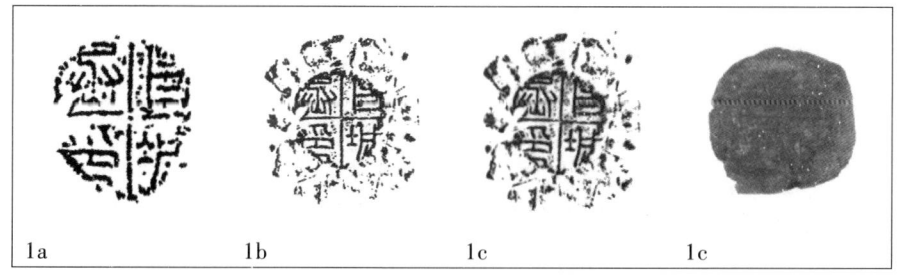

| 1a | 1b | 1c | 1c |

（1：《安杖子》图二九：7；《秦封》P310；《书集》P130；《玺印》P414；1b：《大系》P42；1c：《辽海》P10）

夕阳

夕阳丞印

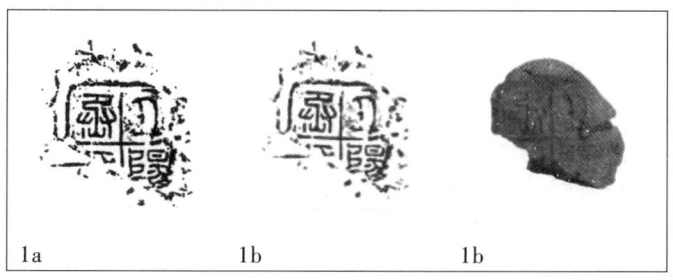

| 1a | 1b | 1b |

（1a：《安杖子》图二九：8；《秦封》P309；《书集》P130；《玺印》P414；《大系》P283；1b：《辽海》P9）

826 中编 地方职官

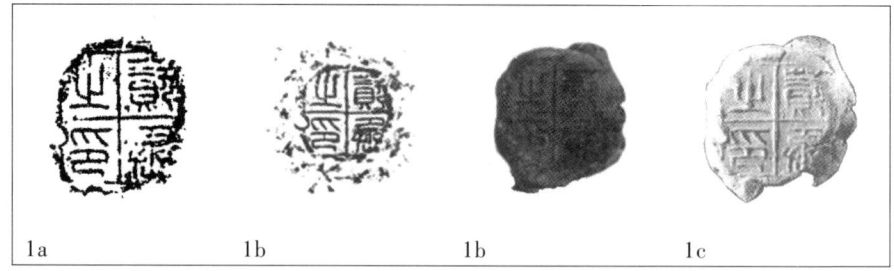

贅

贅丞之印

| 1a | 1b | 1b | 1c |

(1a:《安杖子》图二九：5；《秦封》P308；《书集》P130；《玺印》P409；《大系》P51；1b:《辽海》P9；1c:《安杖子》图版十三：2)

广成

广成之丞

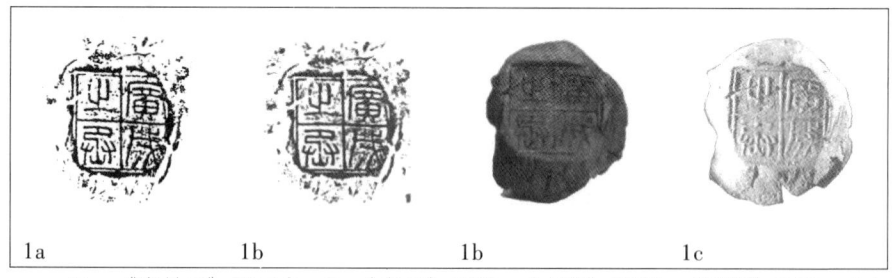

| 1a | 1b | 1b | 1c |

(1a:《安杖子》图二九：3；《秦封》P309；《书集》P130；《玺印》P407；《大系》P102；1b:《辽海》P7；1c:《安杖子》图版十三：2)

白狼

白狼之丞

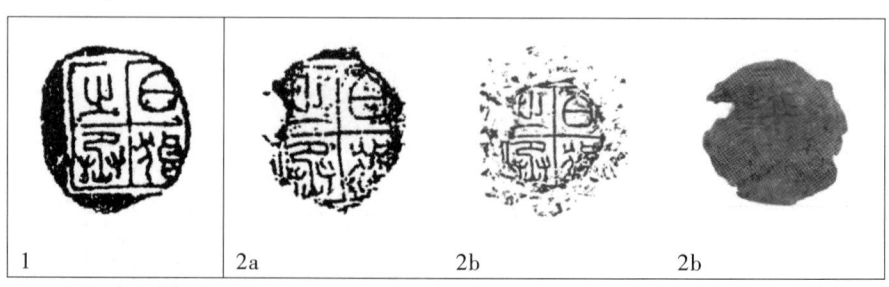

| 1 | 2a | 2b | 2b |

(1:《黑城》P160 图六：2；《秦封》P307；《书集》P131；《汇考》P267；《玺

印》P410—411；2a：《安杖子》图二九：9；《秦封》P307；《书集》P131；《玺印》P410；《大系》P26；2b：《辽海》P8）

徐无

徐无丞印

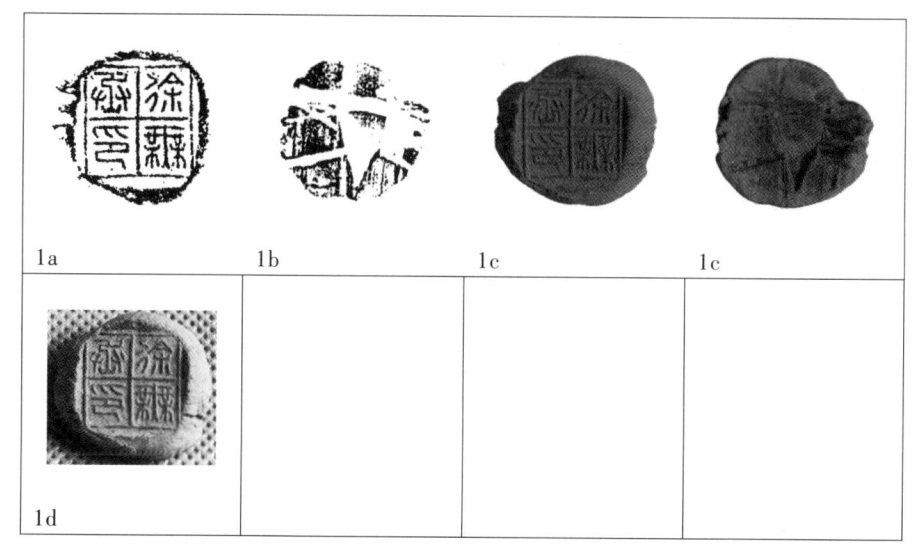

1a	1b	1c	1c
1d			

（1a：《印风》P155；《考释》图一：9；《书法》P43；《新地》图27；《印集》P139；《汇考》P231；《玺印》P406；《大系》P311；1b：《印集》P139；1c：《书法》P43；《汇考》图版P64；1d：《泥选》）

字

字丞之印

1

（1：《于京》图63；《大系》P390）

廷陵

廷陵丞印

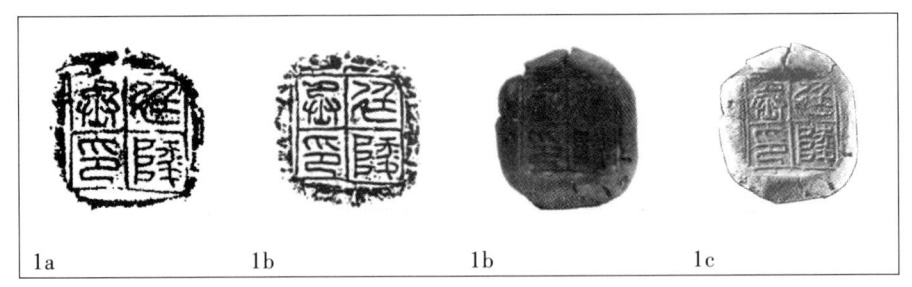

1a　　　1b　　　1b　　　1c

（1a：《安杖子》图二九：4；《秦封》P308；《书集》P130；《玺印》P404；《大系》P269；1b：《辽海》P7；1c：《安杖子》图版十三：2）

辽东郡

辽东守印

1

（1：《古封》P89；《秦封》P258；《汇考》P261；《大系》P156）

险渎

险渎丞印

无图，考释见《五十例》P321。

险□丞□

1
(1:《辽海》P13)

临秽
临秽丞印

1
(1:《大连》P157)

辽西郡

柳城
柳成丞印

1
(1:《问陶》P173)

第三节　山东南部诸郡

叁川郡

叁□大□

（1：《大系》P203）

叁川尉印

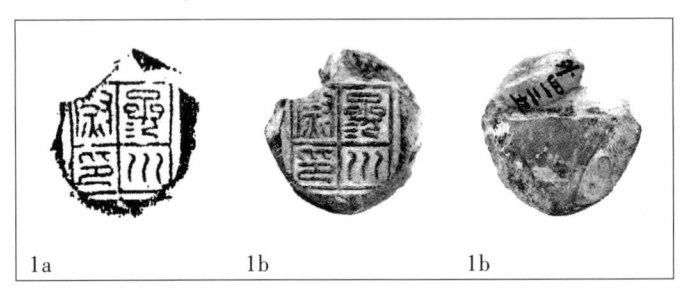

1a　　　1b　　　1b

（1a：《古封》P121；《中封》P69；《秦封》P251；《上封》P42；《汇考》P260；《大系》P203；1b：《中封》P69）

第二章　郡县　831

叁川□丞

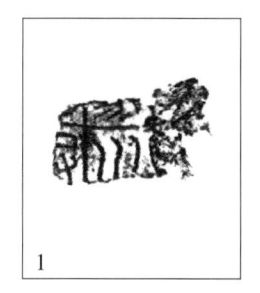

1

（1:《大系》P203）

叁川邸丞

无图，考释见《五十例》P315。

雒阳

雒阳丞印

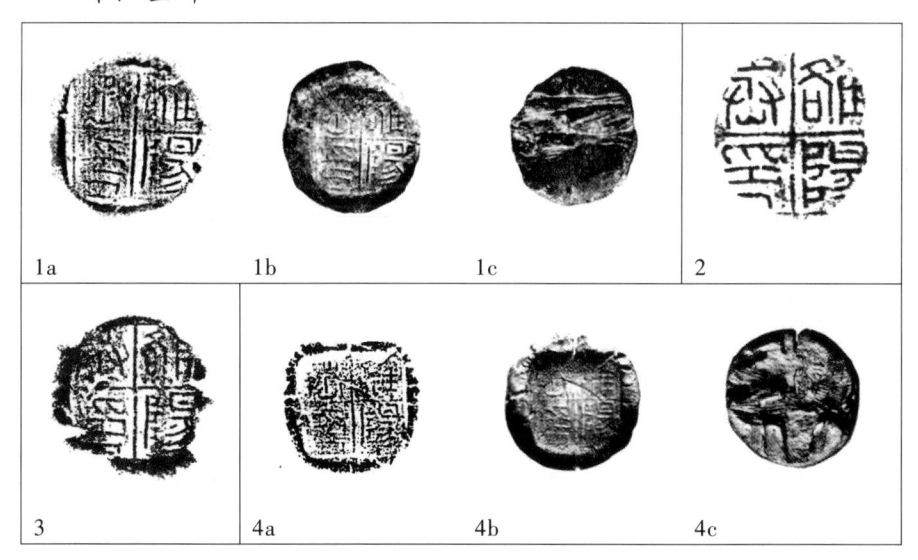

| 1a | 1b | 1c | 2 |
| 3 | 4a | 4b | 4c |

832　中编　地方职官

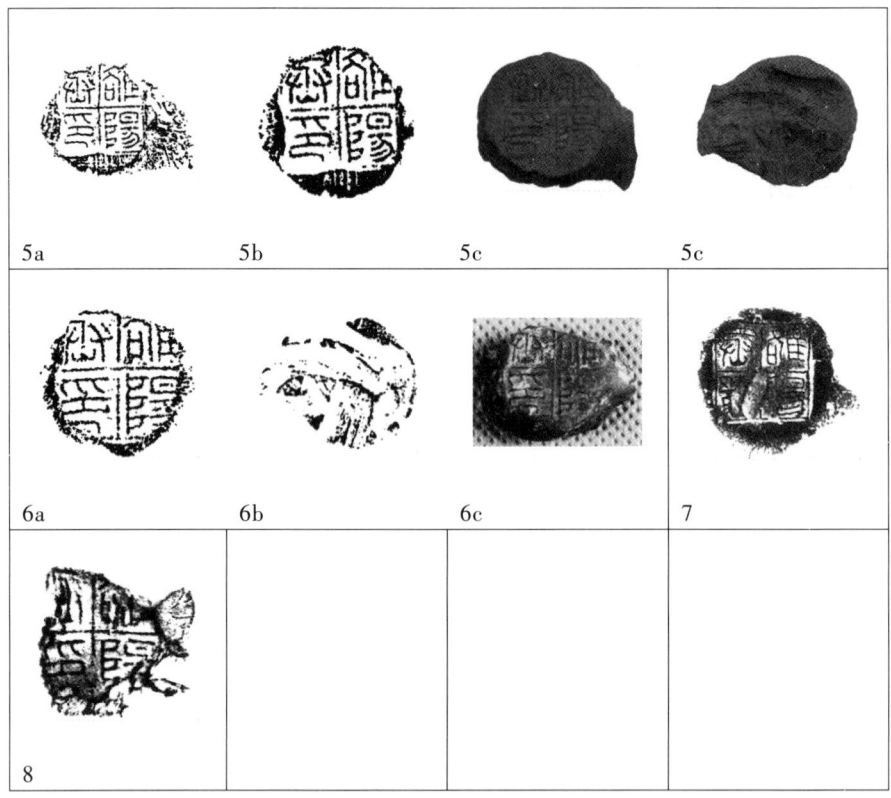

（1a：《洛阳》图 5；《西工段》P44；《玺印》P414；《大系》P164；1b：《西工段》图版 25：10；2：《于京》图 31；《玺印》P414；《大系》P164；3：《新选》P102；《大系》P164；4a：《西工段》P44；4b：《西工段》图版 25：11；5a：《释续》图 24；《印风》P157；《大系》P164；5b《汇考》P203；5c：《汇考》图版 P53；6a：《印集》P111；《汇考》P203；《大系》P164；6d：《印集》P111；6c：《泥选》；7、8：《大系》P164）

荥阳

荥阳丞印

（1a：《菁华》P38；《大系》P330；1b：《菁华》P38；2：《山房》2.16）

第二章 郡县 833

岐

岐丞之印

| 1a | 1b | 1b |

（1a：《古封》P268；《秦封》P330；《上封》P63；《汇考》P262；《大系》P195；1b：《上封》P63）

陉山

陉山

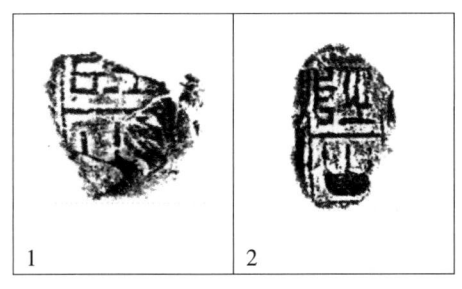

| 1 | 2 |

（1：《新出》P82；《大系》P310；2：《于京》图73；《玺印》P390；《大系》P310）

新城

新城

（1：《大系》P306）

834 中编 地方职官

□城

（1:《大系》P306）

新城丞印

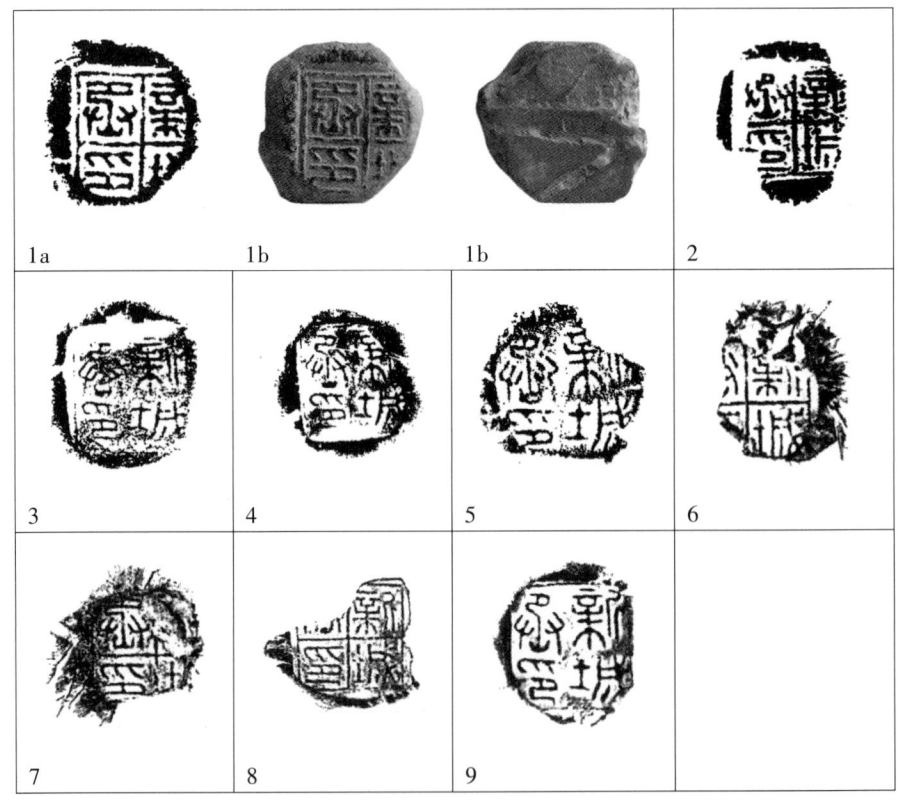

1a	1b	1b	2
3	4	5	6
7	8	9	

（1a:《古封》P145;《上封》P62;《大系》P306; 1b:《上封》P62; 2:《于京》图34;《玺印》P405;《大系》P306; 3—5:《新选》P114;《大系》P307; 6:《大系》P306; 7—9:《大系》P307）

新城丞☐

1

（1：《新出》P82；《大系》P307）

新城侯印

1

（1：《大系》P307）

卢氏
卢氏

1

（1：《玺印》P460）

836 中编 地方职官

卢氏丞印

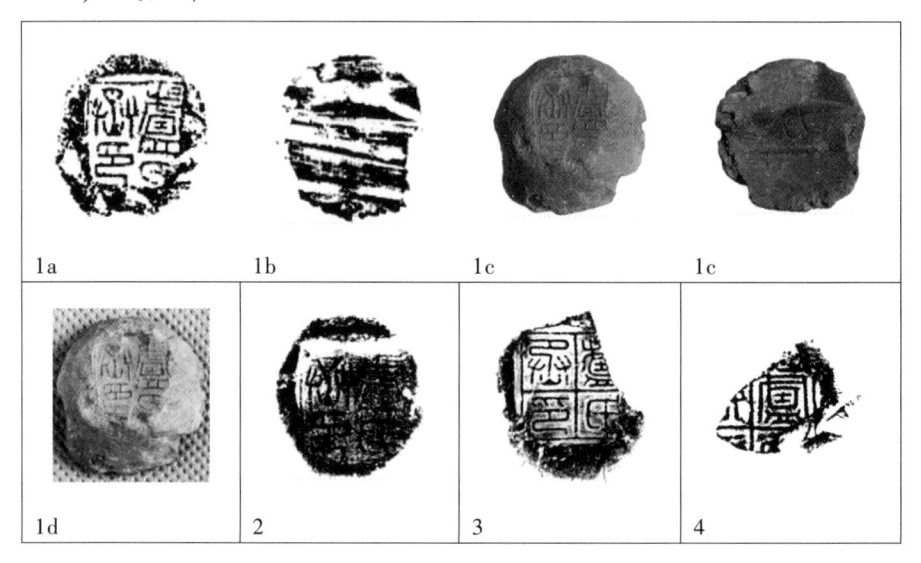

| 1a | 1b | 1c | 1c |
| 1d | 2 | 3 | 4 |

（1：《新地》图 13；《印集》P110；《汇考》P202；《大系》P160；1b：《印集》P110；1c：《汇考》图版 P52；1d：《泥选》；2—4：《大系》P160）

卢□丞□

1

（1：《大系》P161）

缑氏

缑氏

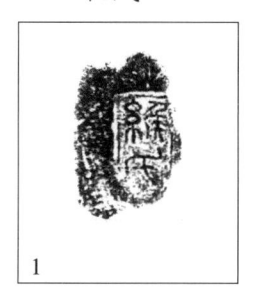

1

(1:《大系》P100)

缑氏丞印

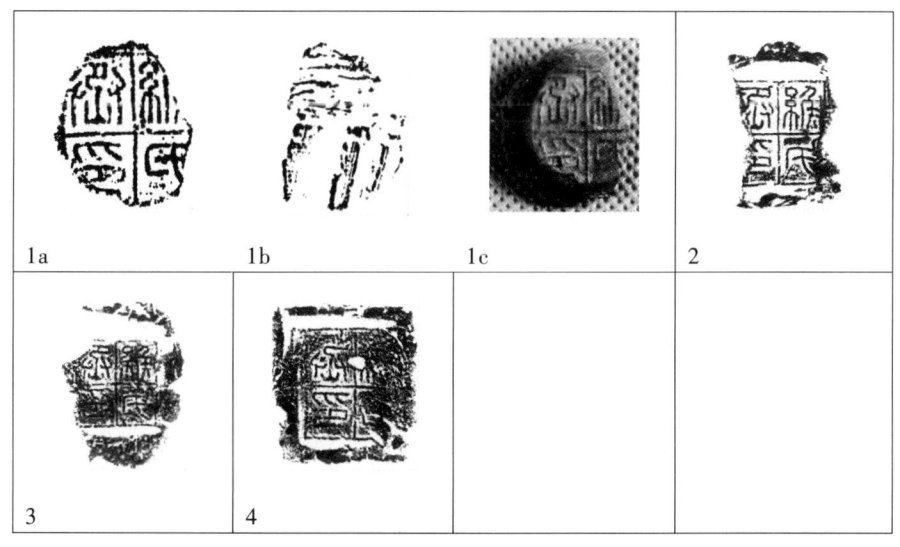

| 1a | 1b | 1c | 2 |
| 3 | 4 | | |

(1a:《释续》图 25;《印集》P113;《汇考》P205;《大系》P100;1b:《印集》P113;1c:《泥选》;2、3:《大系》P100;4:《新出》P65;《大系》P100)

838　中编　地方职官

缑氏□□

1

(1:《新选》P94)

陕

陕玺

无图，考释见《选考》P16。

陕丞之印

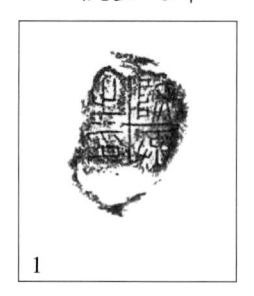

1

(1:《大系》P205)

底柱

底柱丞印

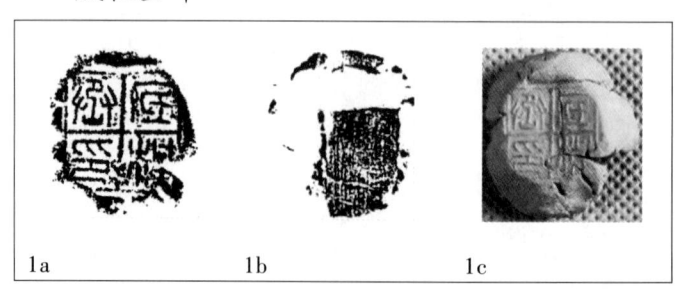

1a　　1b　　1c

(1a:《选释》图一：5；《新官》图42；《印集》P9；《汇考》P19；《大系》P62；

1b:《印集》P9；1c:《泥选》)

宜阳

宜阳

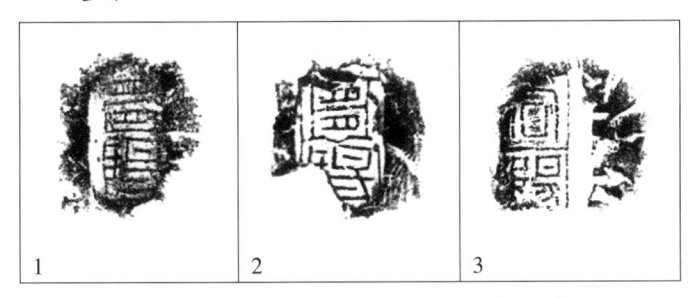

(1:《新出》P85；《大系》P326；2、3:《大系》P327)

宜阳之丞

(1:《新地》图 12；《大系》P327)

宜阳丞印

840　中编　地方职官

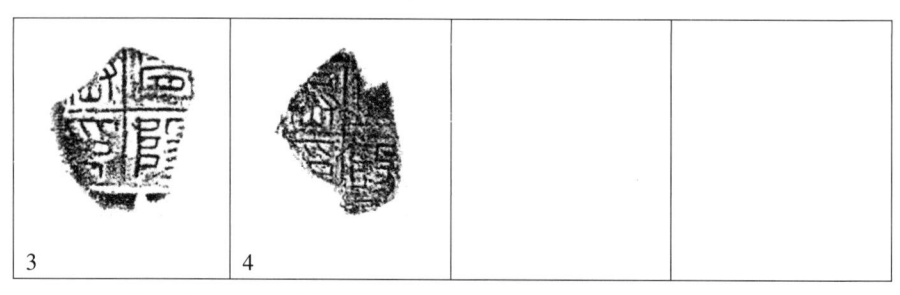

3	4		

（1a：《于京》图 32；《玺印》P415；《大系》P327；2a：《新出》P85；《青泥》P28；《大系》P327；2b：《青泥》P28；3、4：《新出》P42；《大系》P327）

宜阳丞□

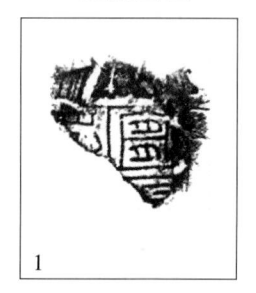

1

（1：《大系》P327）

新安

新安丞印

1	2

第二章　郡县　841

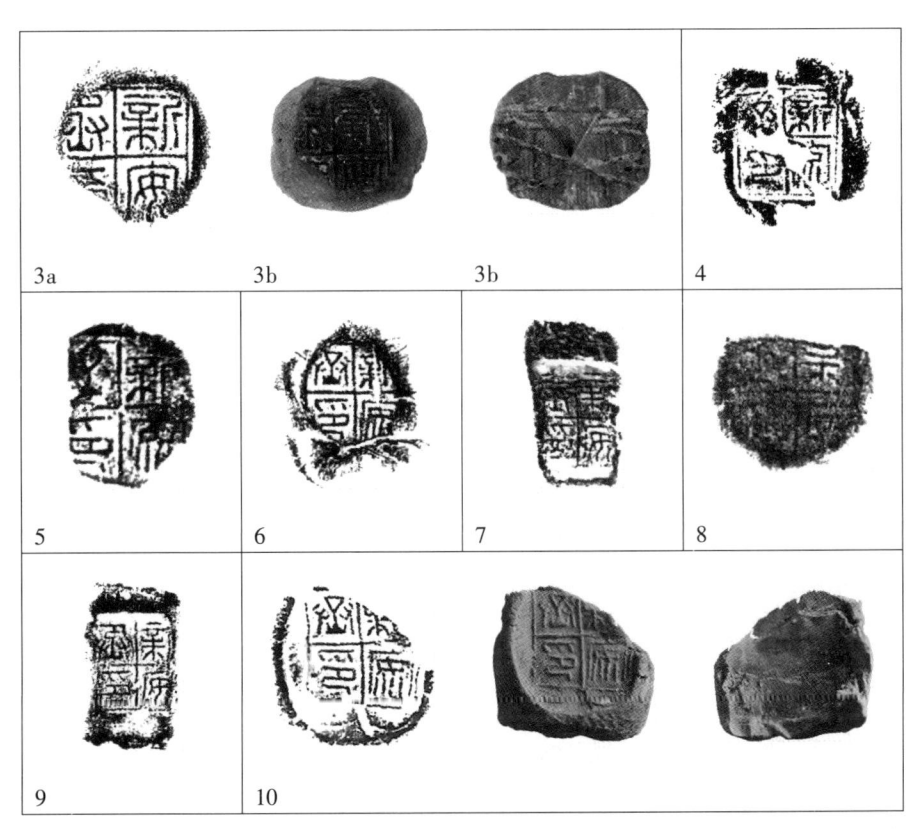

3a	3b	3b	4
5	6	7	8
9	10		

（1：《相家》P28；2：《于京》图33；《玺印》P405；《大系》P305；3a：《古封》P146；《秦封》P289；《汇考》P262；《玺印》P413；《山全》P36、P160、P192；《济博》P18；《大系》P305；3b：《济博》P18；4：《新选》P114；《大系》P305；5—9：《大系》P305；10：《精品》P58）

卷

卷丞之印

1

（1：《古封》P146；《秦封》P288；《汇考》P263；《大系》P140）

阳武

阳武丞印

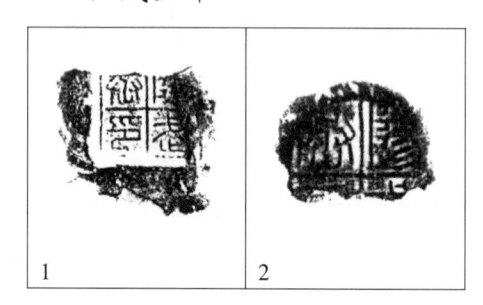

（1：《大系》P320；2：《大系》P321）

成皋

成皋丞印

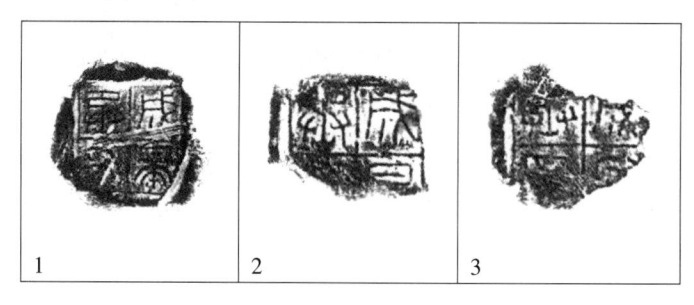

（1—3：《大系》P45）

□皋□印

（1：《新出》P57；《大系》P46）

桑林

桑林

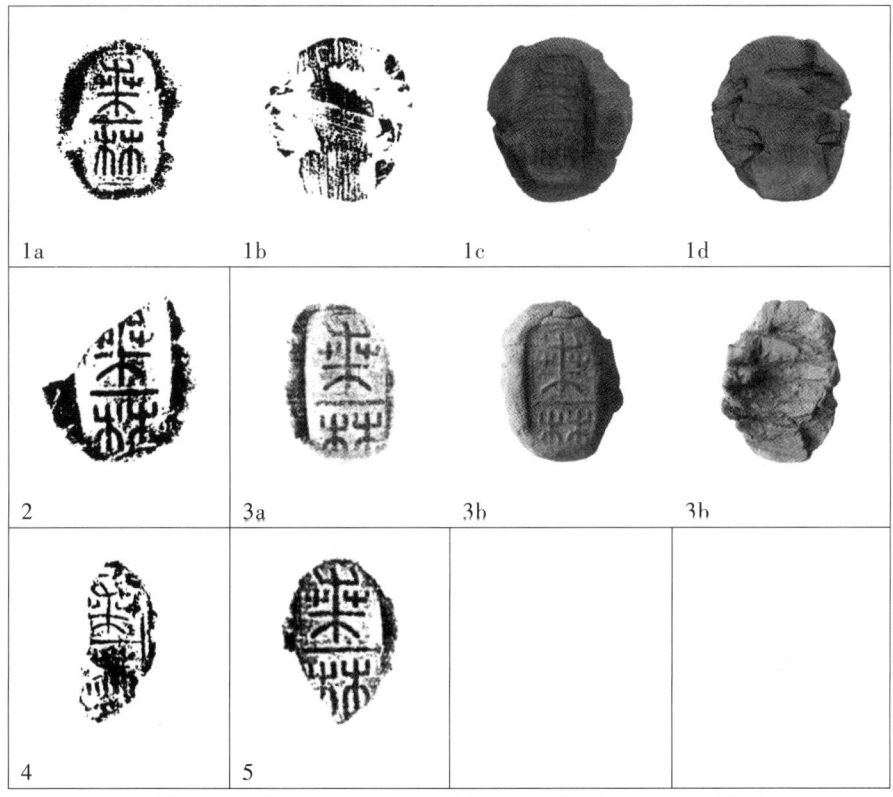

1a	1b	1c	1d
2	3a	3b	3b
4	5		

（1a：《释续》图6；《印风》P167；《印集》P74；《汇考》P150；《大系》P204；1b：《印集》P74；1c：《汇考》图版P37；《泥选》；1d：《汇考》图版P37；2、4：《新出》P28；《大系》P204；3a：《相家》P6；《大系》P204；3b：《相家》P6；5：《大系》P203）

桑林丞印

| 1a | 1b | 2a | 2b |

（1a:《发掘》图一九: 3；《新获》P287；《玺印》P405；《大系》P204；1b:《发掘》图版十三: 9；2a:《新官》图 41；《印集》P74；《汇考》P151；《大系》P204；2b:《印集》P74；3:《大系》P204）

桑林司寇

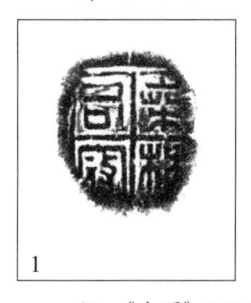

（1:《大系》P204）

桑林器府

（1:《大系》P204）

第二章 郡县　845

桑林□□

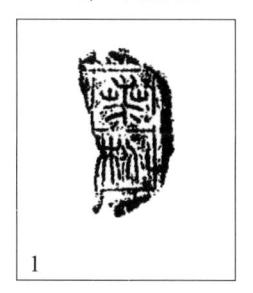

1

（1：《释续》图6；《汇考》P151；《大系》P204）

河南

河南丞印

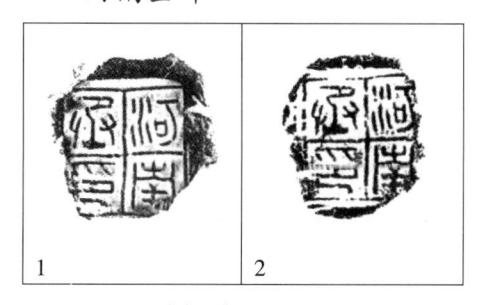

1　2

（1、2：《大系》P112）

河南丞□

1

（1：《精品》P50）

河南□印

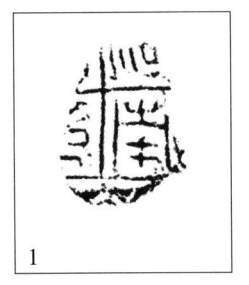

1

（1：《新出》P65；《大系》P111）

河南铁□

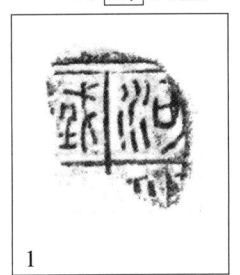

1

（1：《山房》2.5）

颖川郡

颖川大守

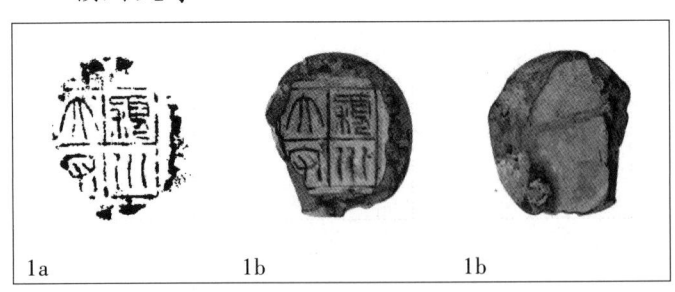

1a　　　1b　　　1b

（1a：《上封》P41；《玺印》P426；《大系》P330；1b：《上封》P41）

第二章 郡县

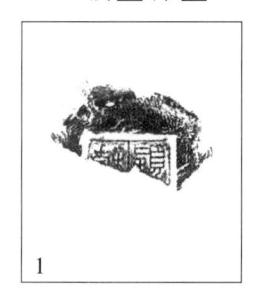

颍□斡□

1

（1：《大系》P330）

傿陵

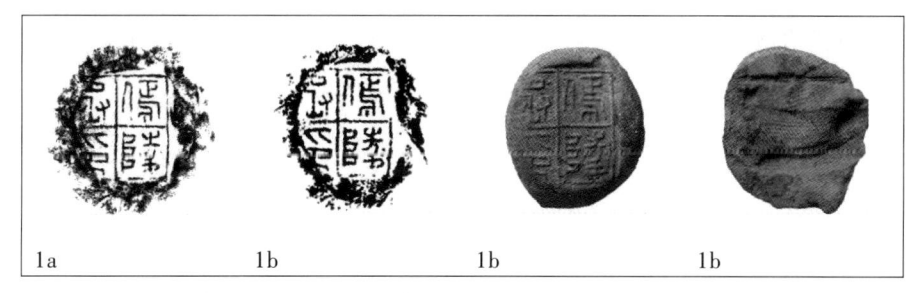

傿陵丞印

1a　　1b　　1b　　1b

（1a：《大系》P317；1b：《菁华》P139）

傿陵□□

1

（1：《新获》P289；《大系》P317）

848 中编 地方职官

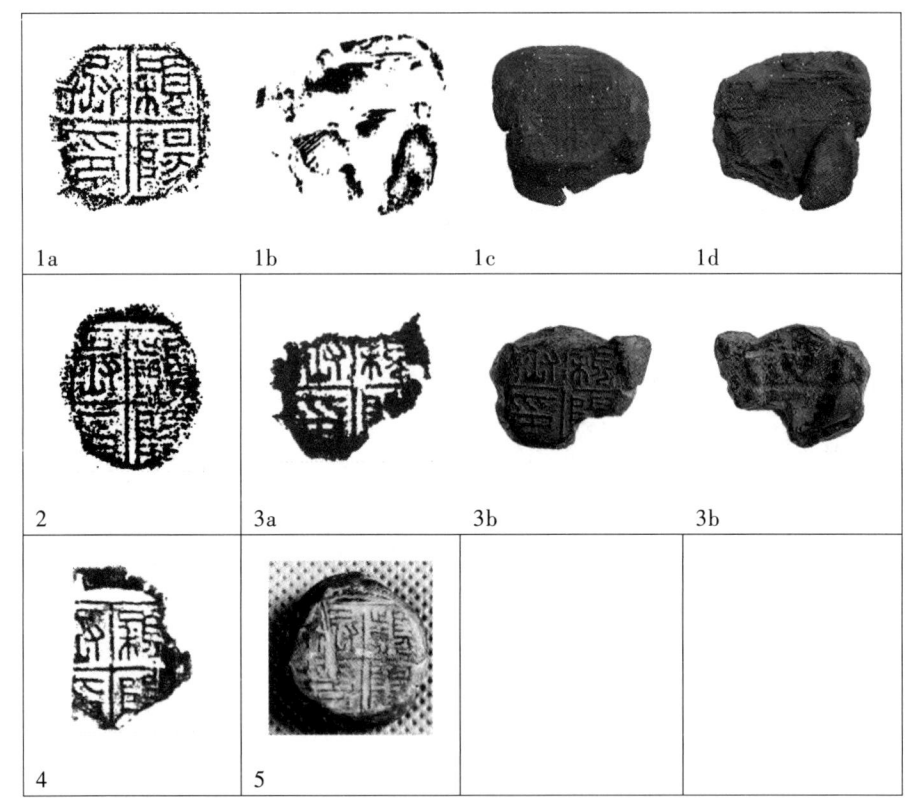

颖阳

颖阳丞印

1a	1b	1c	1d
2	3a	3b	3b
4	5		

（1a：《印风》P160；《印集》P115；《汇考》P207；《大系》P330；1b：《印集》P115；1c：《汇考》图版P54；《泥选》；1d：《汇考》图版P54；2：《汇考》P207；《大系》P331；3a：《古封》P146；《秦封》P303；《上封》P62；《汇考》P207；《大系》P330；3b：《上封》P62；4：《大系》P331；5：《泥选》）

长社

长社丞印

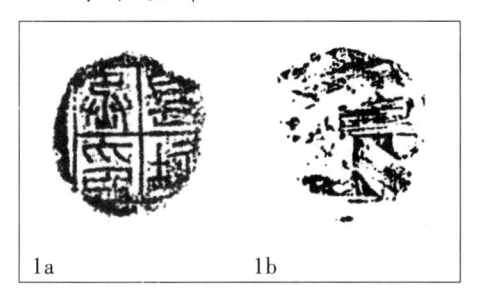

1a　　　1b

（1a:《释续》图44；《印风》P156；《印集》P114；《汇考》P206；《玺印》P420；《大系》P42；1b:《印集》P114）

襄

襄印

1

（1:《大系》P199）

襄□之□

1

（1:《大系》P199）

襄□丞□

1

（1：《大系》P199）

襄成

襄□

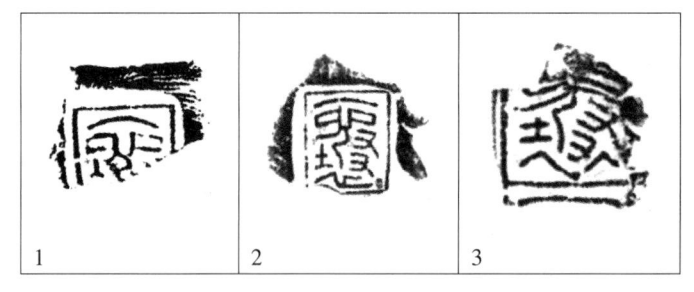

1　2　3

（1：《新出》P81；《大系》P302；2、3：《大系》P302）

襄成丞印

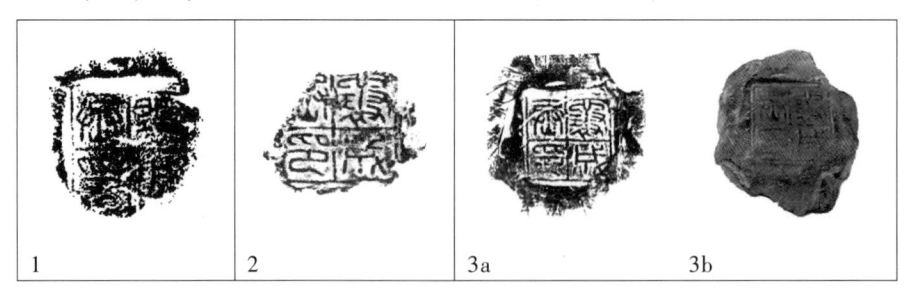

1　2　3a　3b

第二章　郡县　851

4	5		

（1：《秦封》P303；《书集》P126；《汇考》P206；《玺印》P413；2：《酒余》P43 下；《大系》P301；3a：《大系》P301；3b：《问陶》P173；4、5：《大系》P301）

襄成丞□

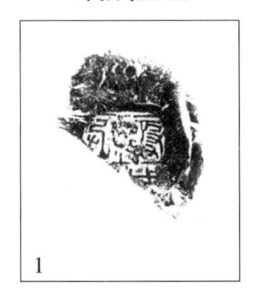

1

（1：《大系》P301）

襄□丞□

1

（1：《大系》P301）

852　中编　地方职官

襄□□□

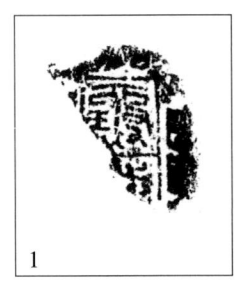

1

（1：《酒余》P44 上；《大系》P301）

襄成发弩

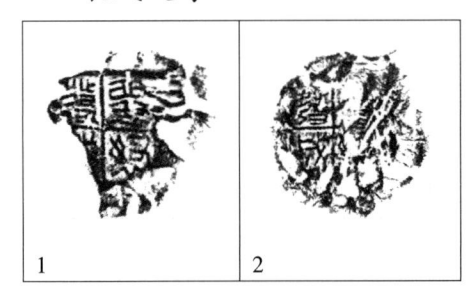

1　2

（1、2：《大系》P301）

襄成右尉

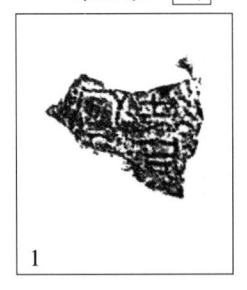

1

（1：《大系》P302）

襄城丞印

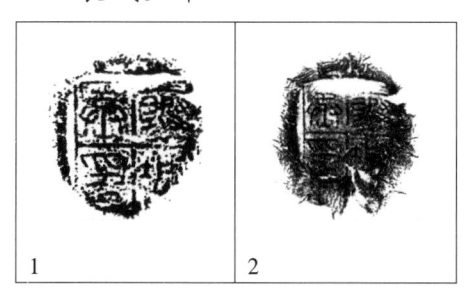

1
2

（1:《发现》图139；《图例》P57；《大系》P302；2:《大系》P302）

新襄城

新襄城丞

1

（1:《于京》图65；《玺印》P413；《大系》P308）

许

许丞之印

1

（1:《大系》P311）

854　中编　地方职官

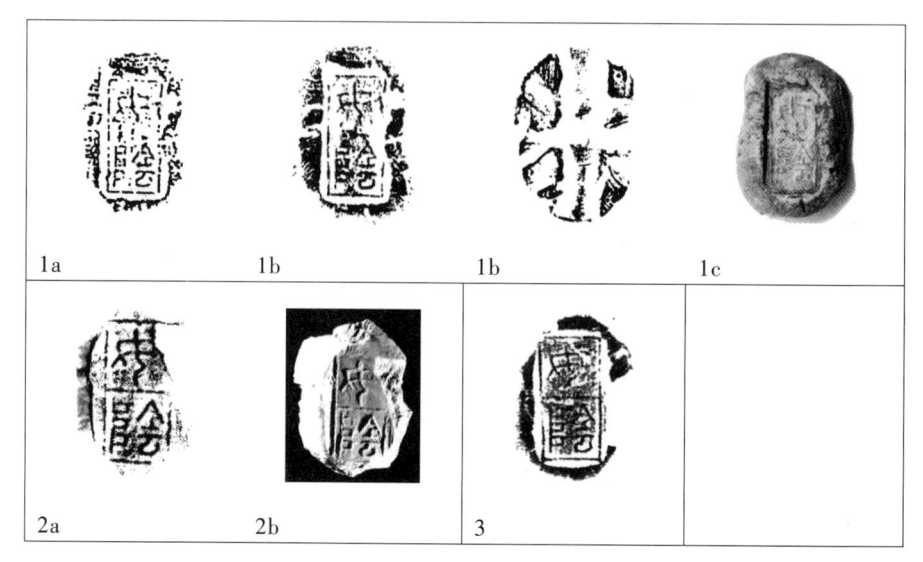

女阴

女阴

| 1a | 1b | 1b | 1c |
| 2a | 2b | 3 | |

（1a：《新地》图23；1b：《印集》P116；1c：《泥选》；2a：《新获》P288、《大系》P202；2b：《发掘》图版十八：1；3：《大系》P202）

女阴丞印

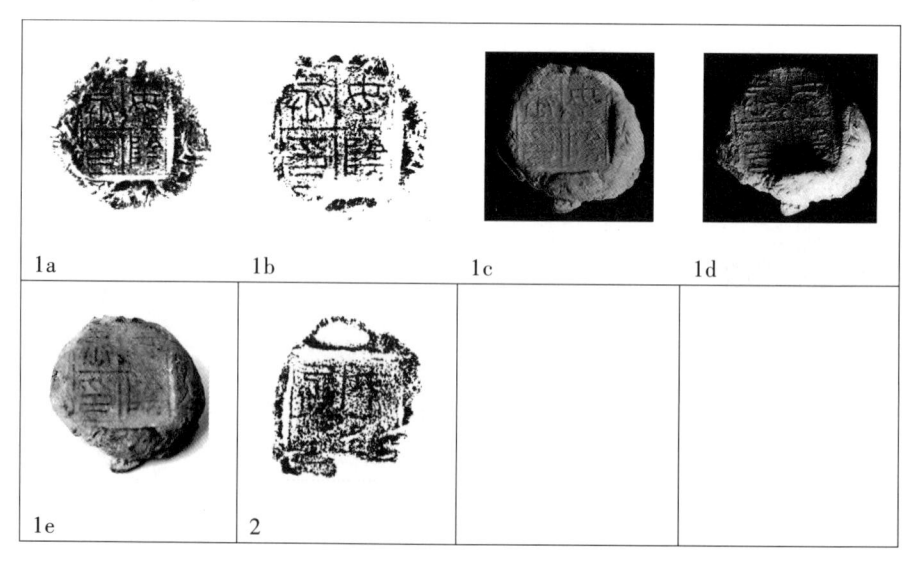

| 1a | 1b | 1c | 1d |
| 1e | 2 | | |

（1a：《大系》P202；1b：《发现》图140；《图例》P57；《秦封》P304；《汇考》

P209；《玺印》P403；《大系》P202；1c：《秦封》彩版 4；1d：《秦封》图版 4；1e：《问陶》P165；2：《秦封》P304；《汇考》P209）

慎
慎丞之印

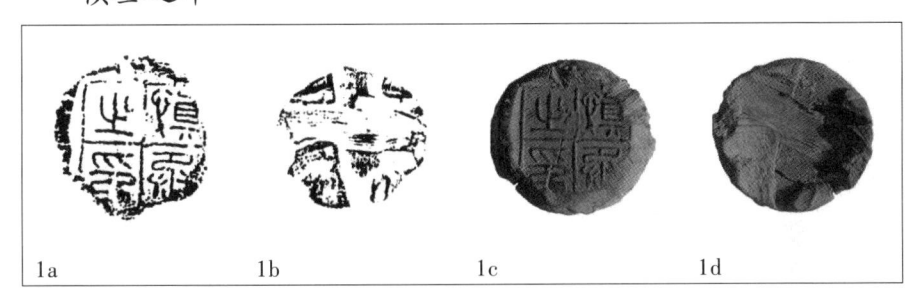

| 1a | 1b | 1c | 1d |

（1a：《印风》P154；《考释》图一：10；《书法》P42；《新地》图 24；《印集》P117；《汇考》P211；《大系》P223；1b：《印集》P117；1c：《书法》P42；《汇考》图版 P55；《泥选》；1d：《书法》P42；《汇考》图版 P55）

女阳
女阳丞印

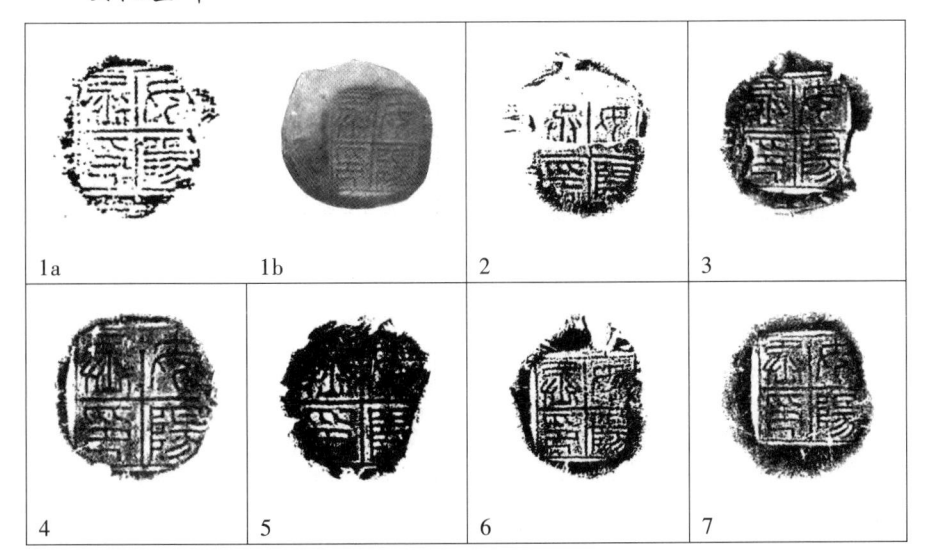

| 1a | 1b | 2 | 3 |
| 4 | 5 | 6 | 7 |

856　中编　地方职官

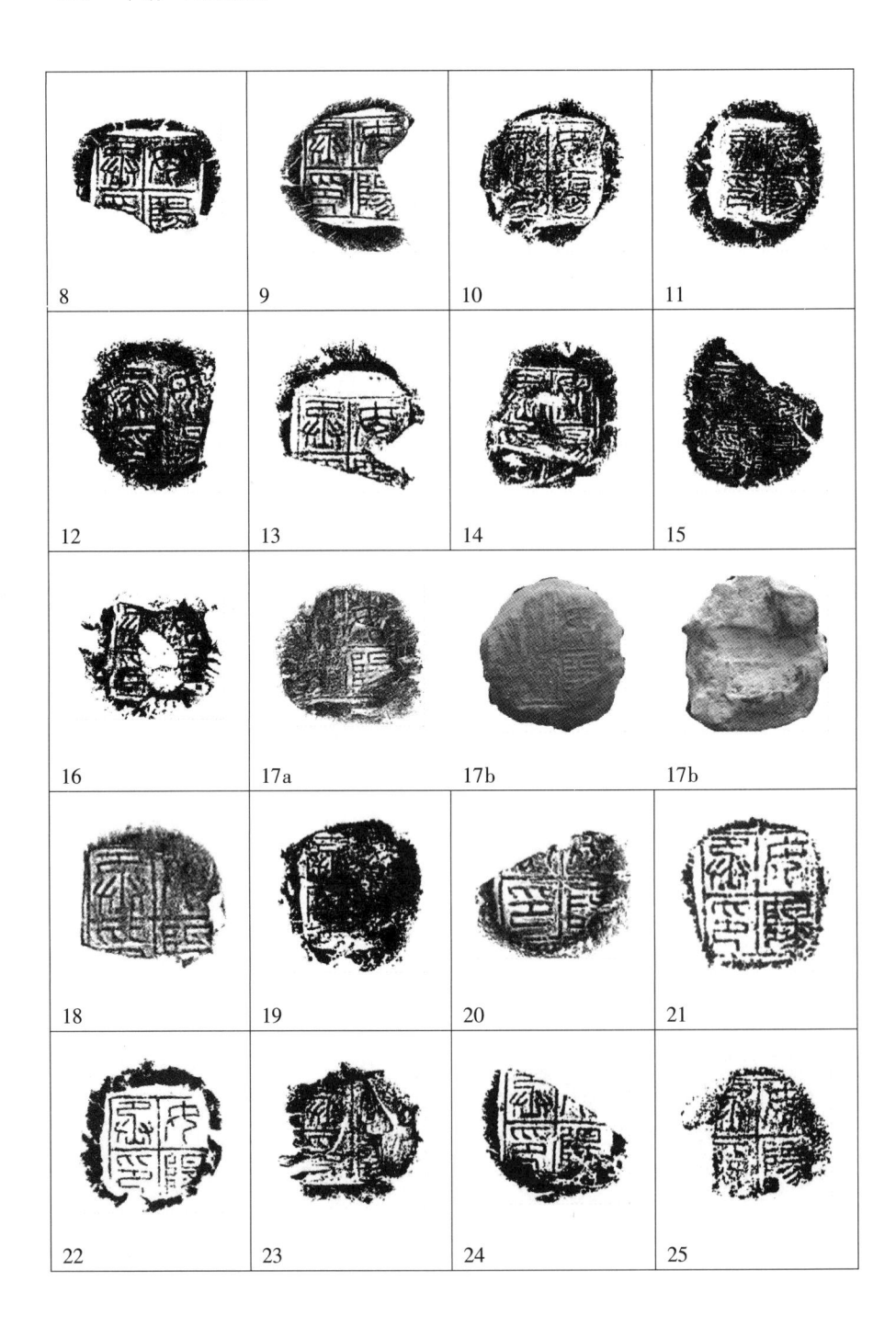

8　9　10　11

12　13　14　15

16　17a　17b　17b

18　19　20　21

22　23　24　25

第二章 郡县 857

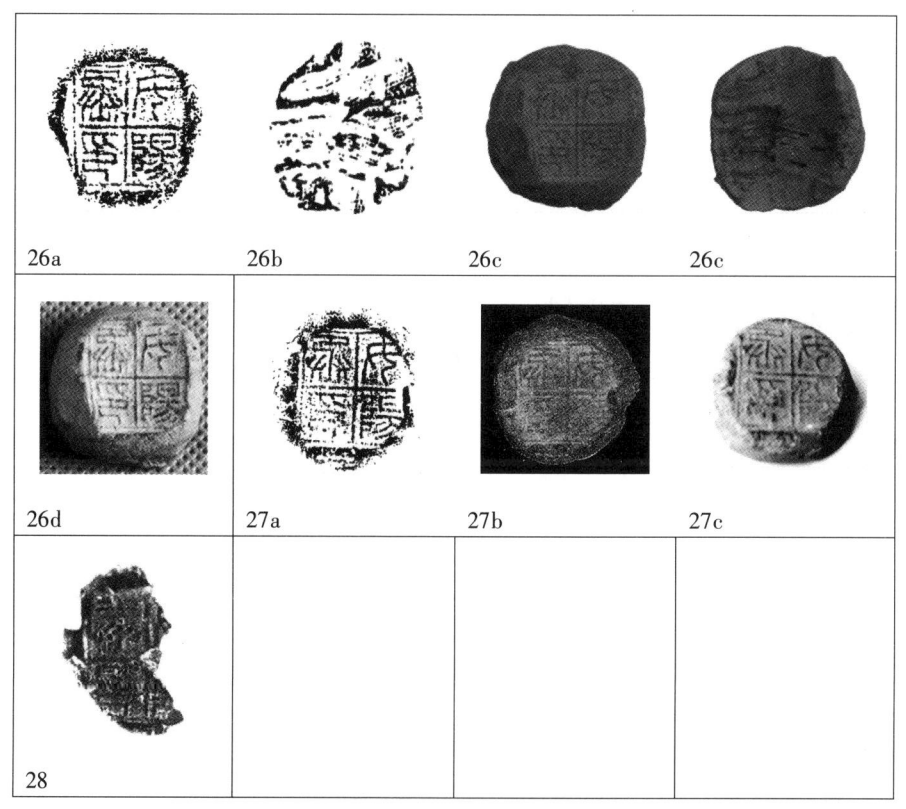

26a	26b	26c	26c
26d	27a	27b	27c
28			

（1a：《补读》图 57；《书集》P126；1b：《书集》P126；2：《秦封》P306；《汇考》P208；3、4、7、9、25：《新出》P107；《大系》P202；5、8、10—16：《新出》P107；6：《大系》P201；17a：《汝南》P45；《新出》P107；17b：《汝南》P45；18、20：《新出》P107；《汝南》P90；19：《新出》P108；21：《汇考》P207；《大系》P201；22：《大系》P202；23：《新出》P107；24：《新出》P108；26a：《续考》图219；《印集》P115；《印风》P160；26b：《印集》P115；26c：《汇考》图版 P54；26d：《泥选》；27a：《秦封》P306；《汇考》P207；《玺印》P403；27b：《秦封》彩版 4；27c：《问陶》P165；28：《汝南》P20）

砀郡

砀印

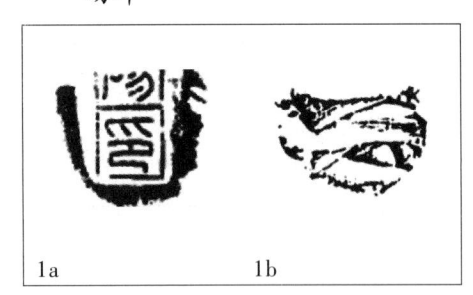

1a　1b

（1:《印集》P149；《汇考》P237；《大系》P321；1b:《印集》P149）

砀丞之印

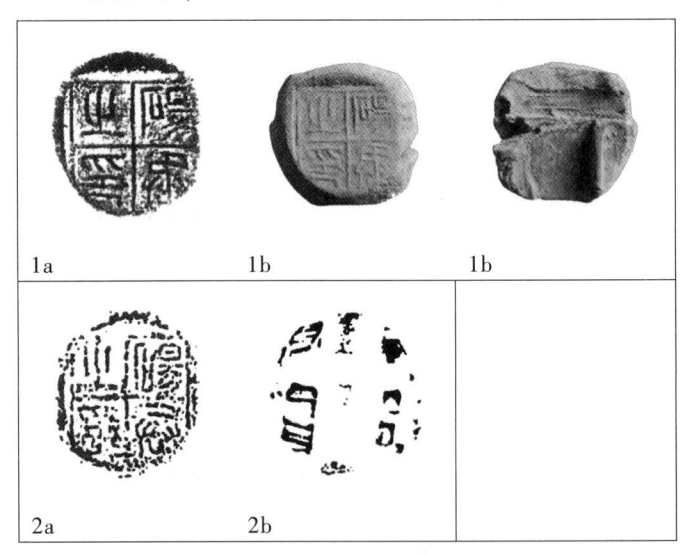

1a　1b　1b

2a　2b

（1a:《精品》P58；《大系》P60；1b:《精品》P58；2a:《新地》图19；《印集》P124；《汇考》P218；《大系》P60、P318；2b:《印集》P124）

第二章 郡县

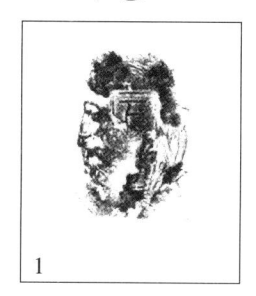

下邑

下邑

（1:《大系》P296）

下邑丞印

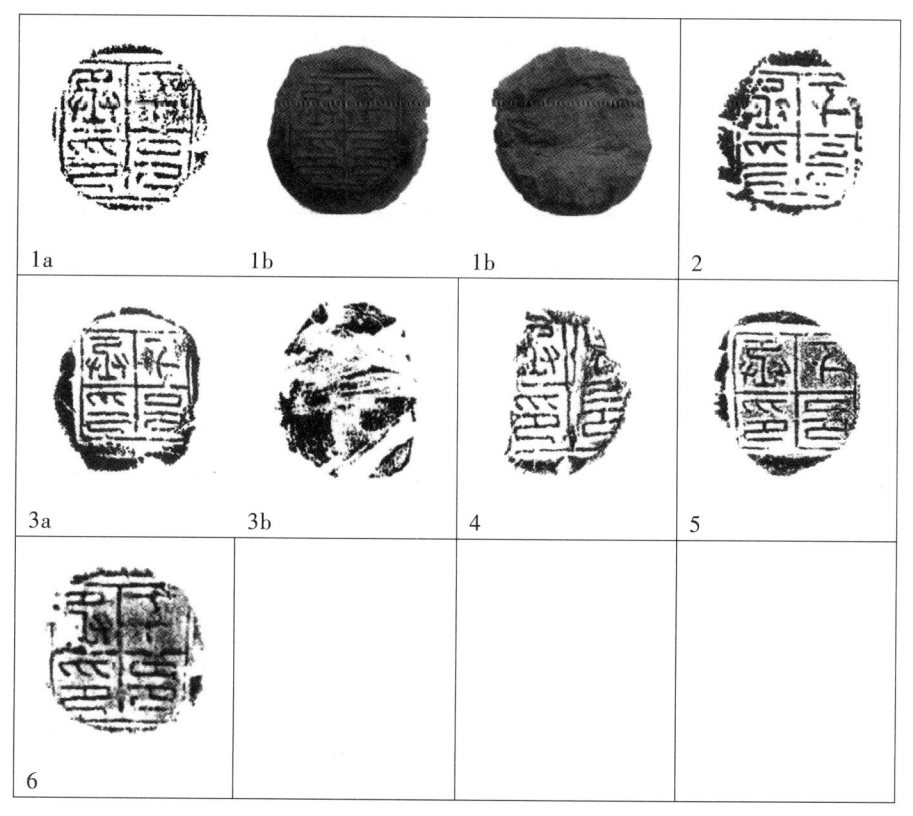

（1a:《考释》图一：6；《汇考》P235；《玺印》P419；《大系》P296；1b:《汇

考》图版 P67；2：《汇考》P235；《大系》P296；3a：《印风》P145；《新地》图20；《印集》P144；《汇考》P236；3b：《印集》P144；4：《新出》P80；《大系》P296；5、6：《大系》P296）

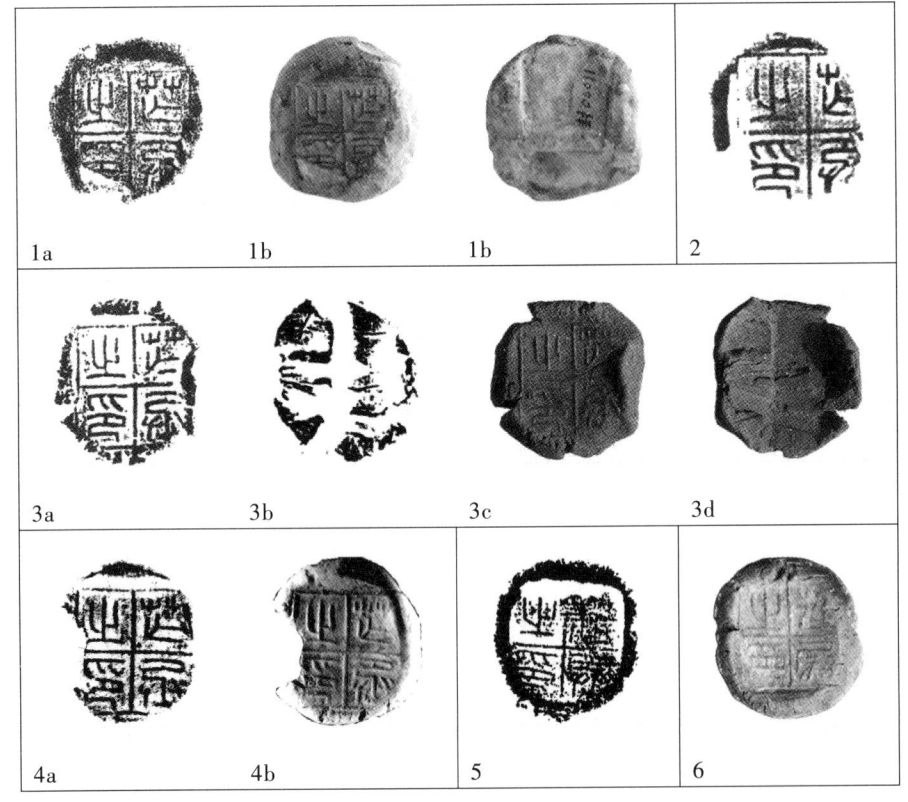

芒

芒丞之印

（1a：《古封》P147；《秦封》P302；《玺印》P410；《山全》P4；《大系》P164；1b：《汇考》图版 P3；2：《大系》P164；3a：《印风》P154；《印集》P100、P125；《汇考》P218；《大系》P164；3b：《印集》P100、P125；3c：《汇考》图版 P47；《泥选》；3d：《汇考》图版 P47；4a：《新获》P291；《大系》P164；4b：《发掘》图版十五：3；5《汇考》P218、P190；《大系》P164、P372；6：《秦研》封皮）

睢阳

睢阳

1

（1：《大系》P242）

谯

谯丞之印

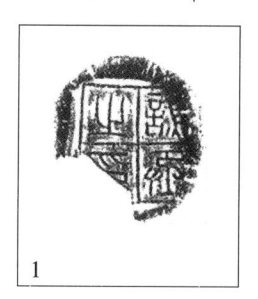

1

（1：《大系》P197）

酂

酂丞之印

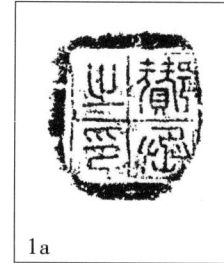

| 1a | 1b | 1b | 2 |

862　中编　地方职官

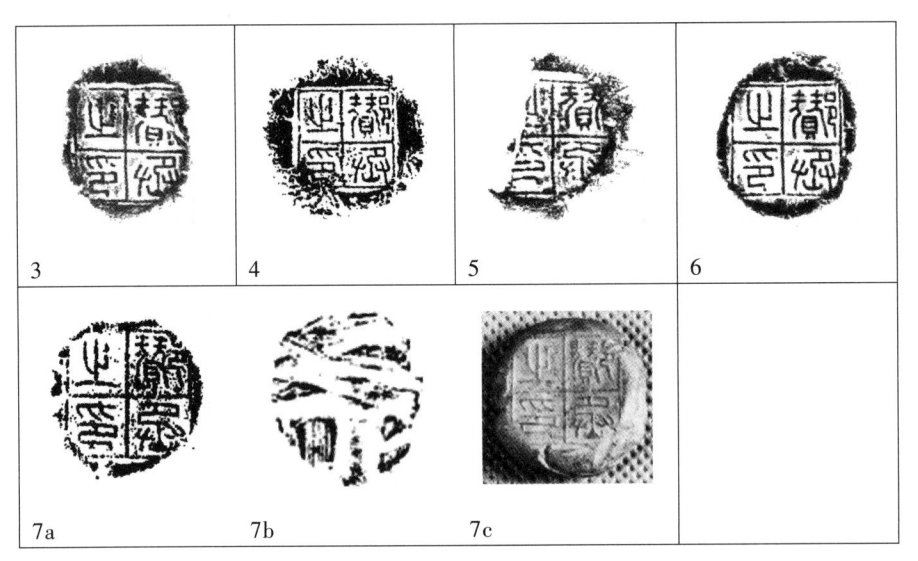

（1a：《新选》P120；《大系》P53；1b：《新选》图版 P72；2：《大系》P52；3、6：《大系》P53；4：《新选》P119；《大系》P53；5：《大系》P52；7a：《印风》P154；《新地》图21；《选释》图一：9；《印集》P109；《汇考》P201；《大系》P52；7b：《印集》P109；7c：《泥选》）

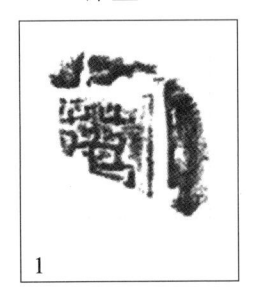

甾

菑□

（1：《大系》P390）

蓄丞之印

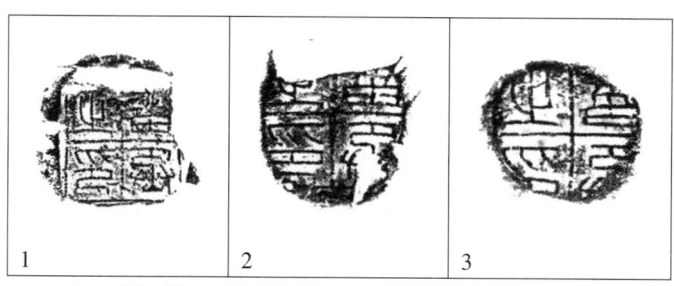

| 1 | 2 | 3 |

（1:《大系》P389）

东郡

东郡大守

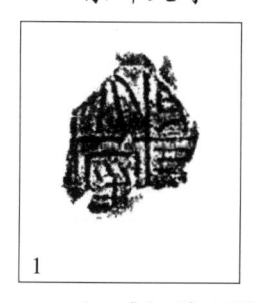

1

（1:《大系》P65）

东郡尉印

无图，考释见《五十例》P315。

东郡司马

| 1a | 1b | 1b |

（1a:《古封》P125;《秦封》P252;《上封》P45;《汇考》P259;《山全》P122;《大系》P65；1b:《上封》P45）

东阿

东阿丞印

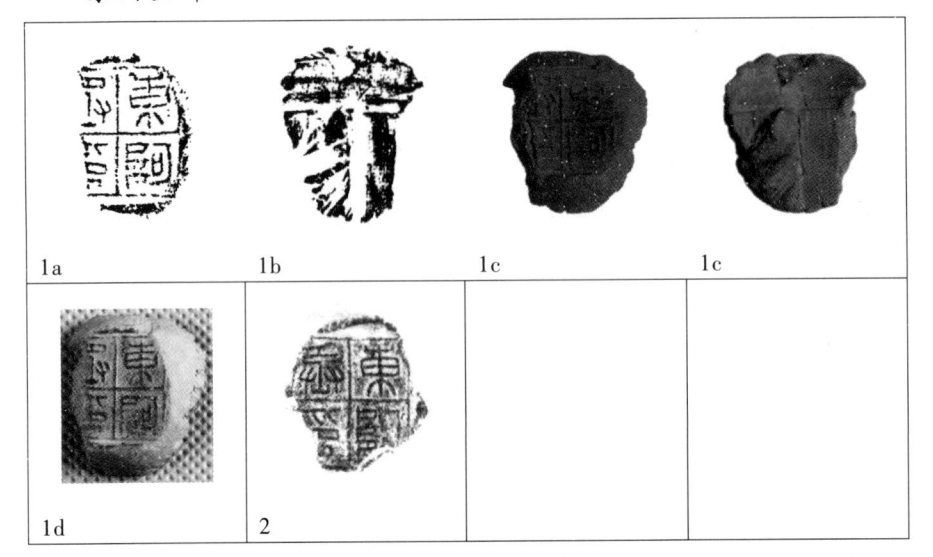

1a	1b	1c	1c
1d	2		

（1a：《印风》P147；《新地》图 17；《印集》P133；《玺印》P406；《汇考》P225；《大系》P65；1b：《印集》P133；1c：《汇考》图版 P61；1d：《泥选》；2：《山房》2.17）

观

观□之印

1

（1：《大系》P102）

第二章 郡县 865

东武阳
东武阳丞

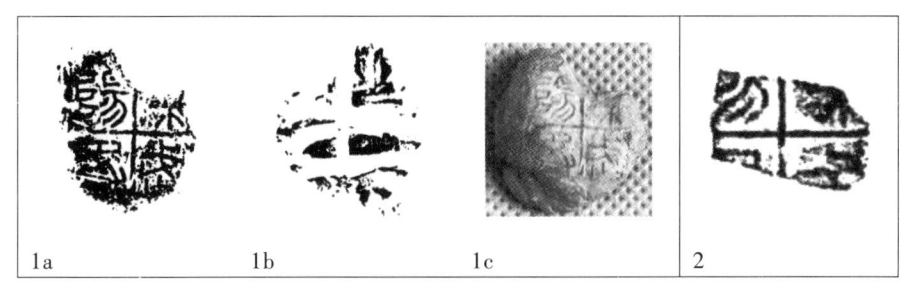

| 1a | 1b | 1c | 2 |

（1a：《印风》P149；《释续》图5；《印集》P113；《汇考》P205；《大系》P66；1b：《印集》P113；1c：《泥选》；2：《大系》P66）

济阴
济阴丞印

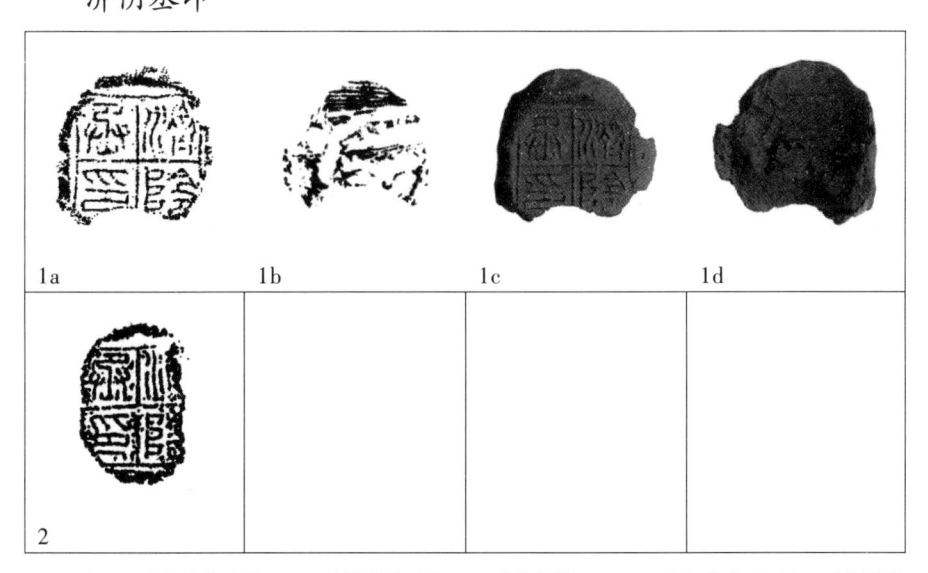

| 1a | 1b | 1c | 1d |
| 2 | | | |

（1a：《印考》图194；《补读》图53；《印风》P144；《印集》P132；《汇考》P224；《书集》P127；《玺印》P406、P418；《大系》P124；1b：《印集》P132；1c：《汇考》图版P60；《泥选》；1d：《汇考》图版P60；2：《古封》P146；《秦封》P299；《书集》P127；《汇考》P224；《大系》P124；《大系》P421）

866　中编　地方职官

聊城

聊城丞□

1

（1：《大系》P156）

定陶

定陶丞印

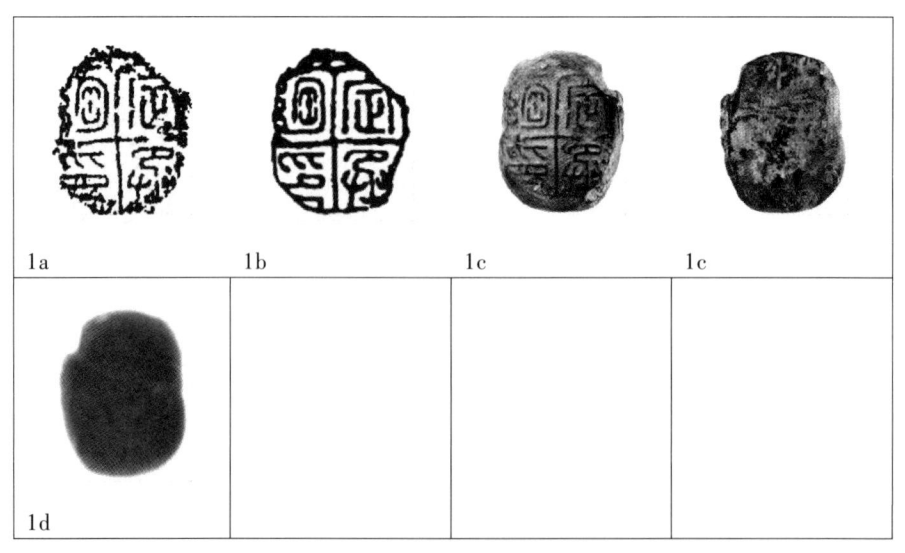

1a	1b	1c	1c
1d			

（1a：《古封》P147；《中封》P101；《秦封》P299；《汇考》P263；《玺印》P408；《大系》P64；1b：《获古》P5；1c：《中封》P101；《X光》P160；1d：《X光》P160）

阳平

阳平丞印

1

(1:《大系》P320)

南阳郡

南阳司马

1

(1:《大系》P181)

南阳邸丞

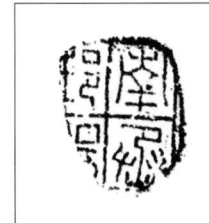

| 1 | 2 | 3 | 4 |

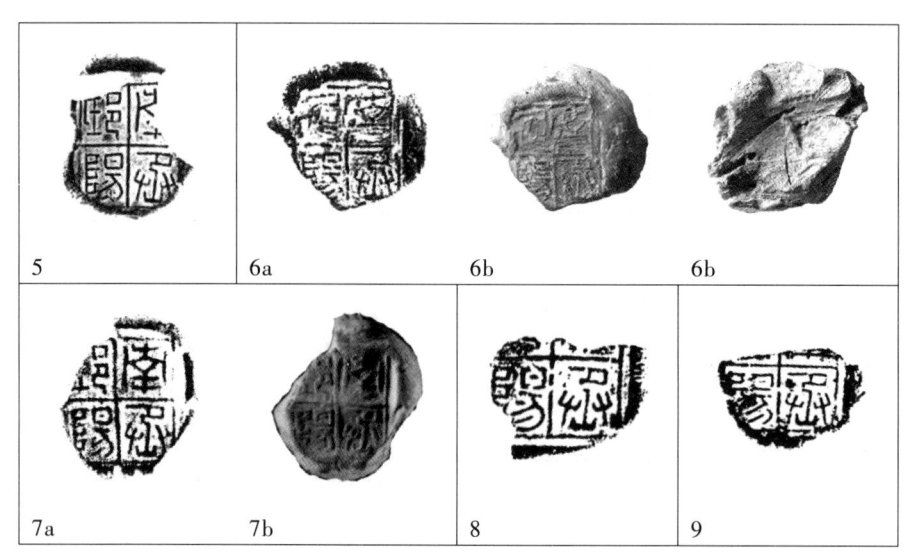

（1：《新出》P26；《大系》P180；2：《于京》图14；《新出》P26；《大系》P180；3、4：《新出》P26；《大系》P180；5：《大系》P180；6a：《相家》P32；《大系》P180；6b：《相家》P32；7a：《发掘》图一七：21；《新获》P287；《玺印》P424；《大系》P180；7b：《发掘》图版十：5；8、9：《酒余》P36 上）

□阳邸□

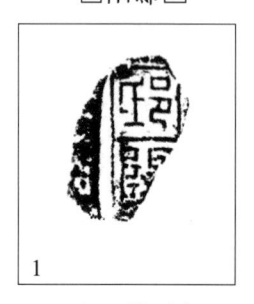

（1：《新出》P26；《大系》P180）

南阳邦尉

| 1a | 1b | 1b | 2 |

(1a:《菁华》P35;《大系》P180;1b:《菁华》P35;2:《大系》P180)

宛

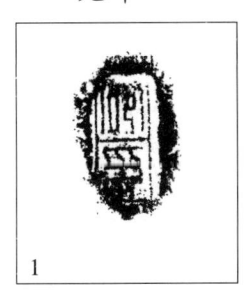

宛印

| 1 |

(1:《新选》P111;《大系》P275)

宛丞之印

| 1a | 1b | 1b | 2 |

870　中编　地方职官

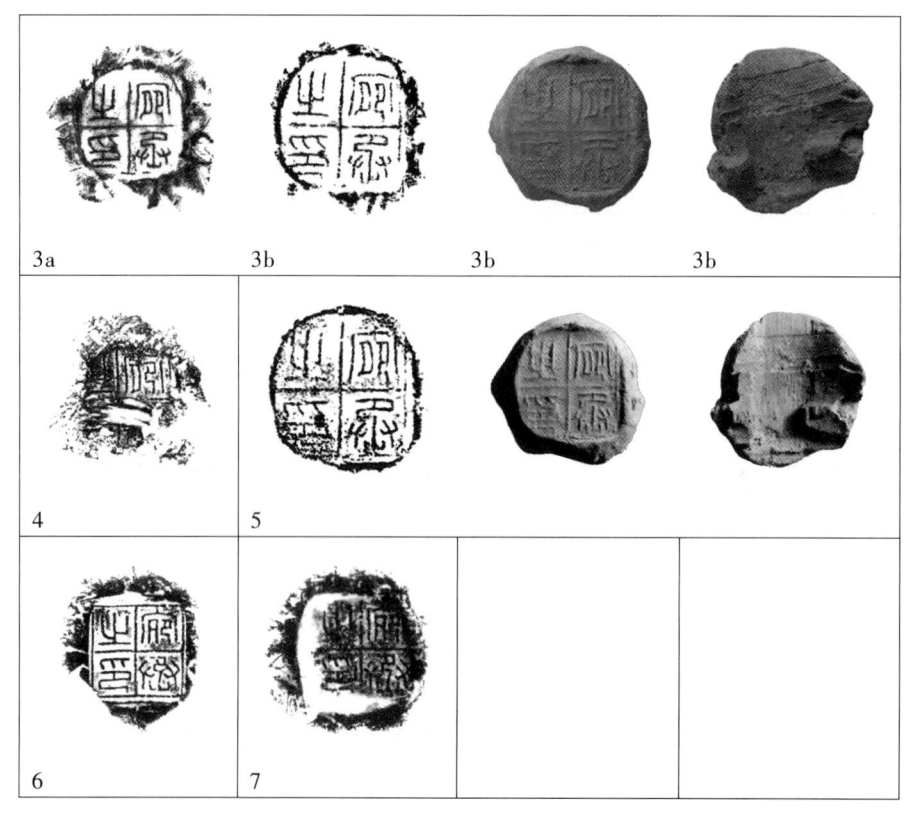

3a	3b	3b	3b
4	5		
6	7		

（1a：《新选》P111；《大系》P274；1b：《新选》图版P67；2：《于京》图66；《玺印》P411；《大系》P274；3a：《大系》P275；3b：《菁华》P140；4：《新出》P78；《大系》P274；5：《精品》P50；6：《大系》P274；7：《大系》P275）

宛丞□□

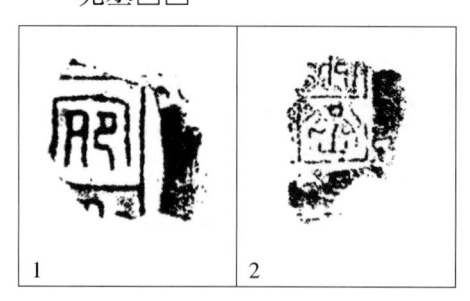

1	2

（1、2：《新出》P104；《大系》P275）

第二章　郡县　871

宛□之□

1

（1：《新出》P104；《大系》P275）

宛右尉印

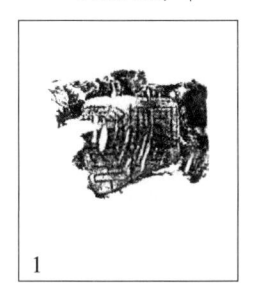

1

（1：《大系》P275）

宛右尉□

1

（1：《大系》P275）

宛□□□

1

（1：《新出》P104）

胡阳

胡阳丞印

1

（1：《大系》P115）

阳成

阳成丞印

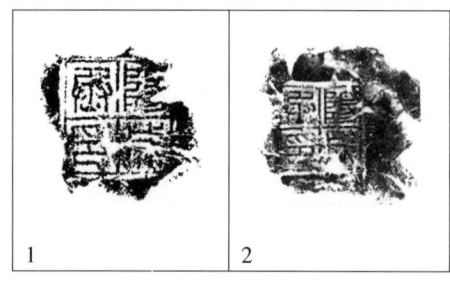

1　2

（1：《新出》P84；《大系》P318；2：《大系》P318）

鲁阳

鲁阳丞印

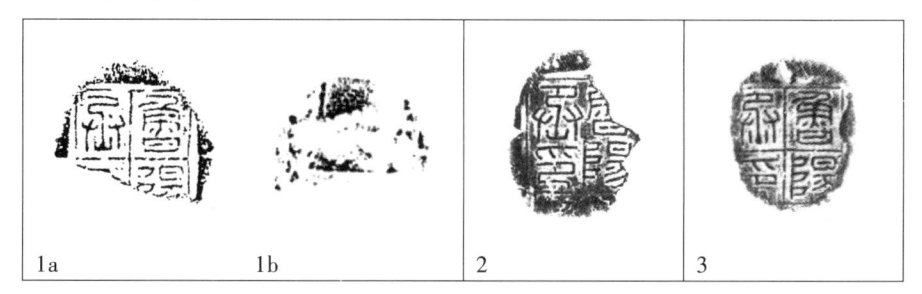

（1a：《释续》29；《印风》P160；《印集》P131；《汇考》P223；《大系》P161；1b：《印集》P131；2：《大系》P162；3：《山房》2.21）

雉

雉印

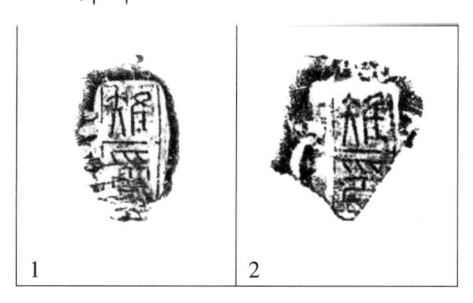

（1、2：《大系》P374）

雉丞之印

（1a：《新出》P95；《青泥》P38；1b：《青泥》P95；2：《大系》P447）

874 中编 地方职官

叶

叶丞之印

1

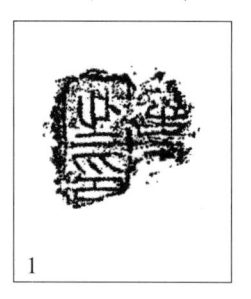

（1：《图例》P57；《秦封》P294；《汇考》P213；《玺印》P412；《大系》P325）

比阳

比阳丞印

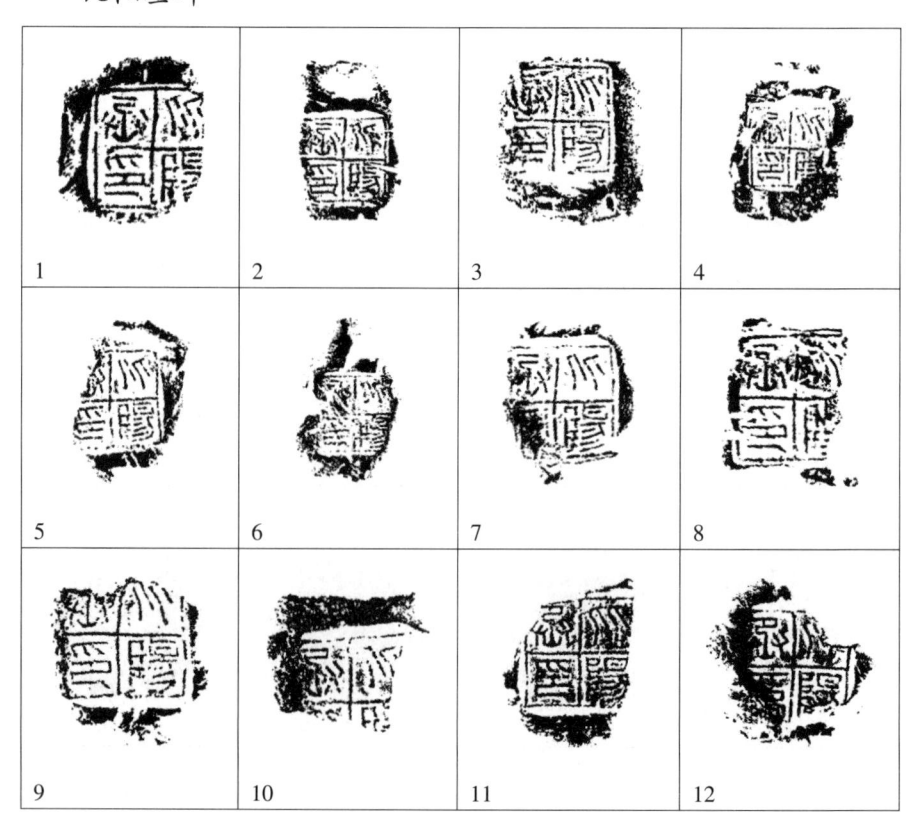

1	2	3	4
5	6	7	8
9	10	11	12

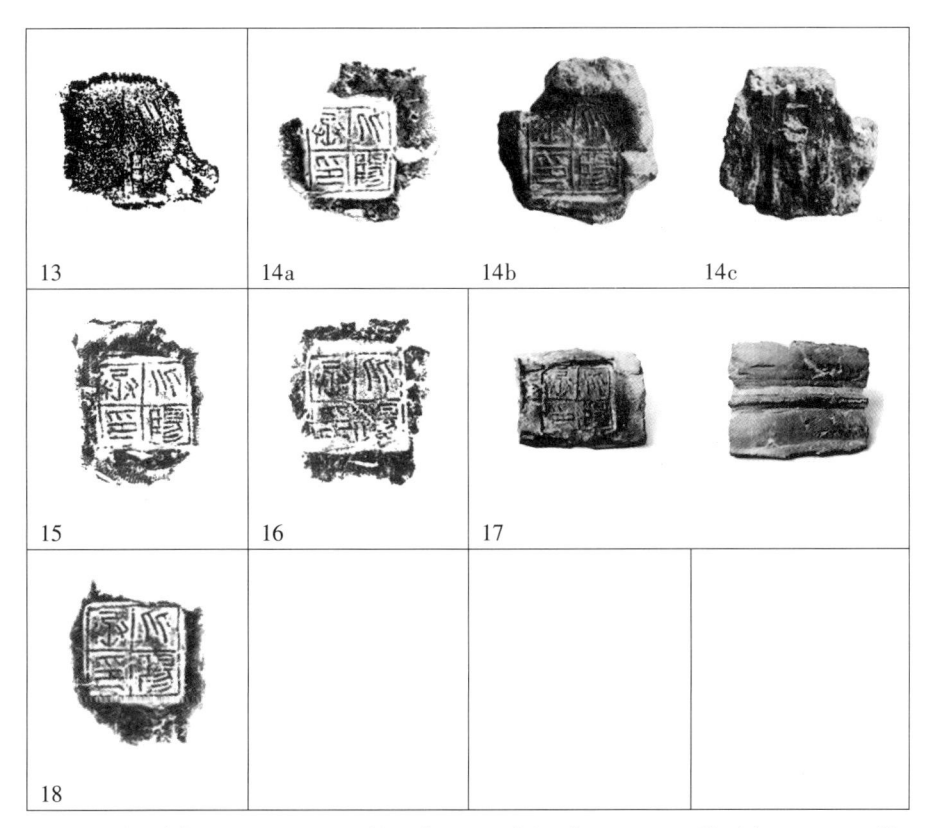

(1：《酒余》P27 上；2—5：《新出》P56；《大系》P37；6：《新出》P56；7：《新出》P57；《大系》P37；8—12：《新出》P57；13：《新出》P57；《大系》P37；14a：《新出》P56；《青泥》P31；《秦选》P67；14b：《青泥》P15；《秦选》P67；《大系》P37；14c：《青泥》P15；《大系》P37；15、16、18：《大系》P37；17：《问陶》P172）

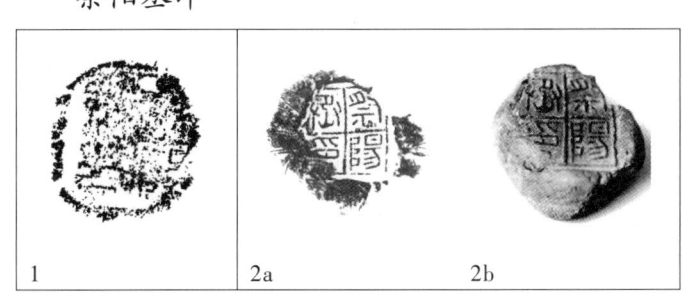

蔡阳

祭阳丞印

(1：《补读》图 2：51；《秦封》P296；《汇考》P214；《玺印》P415；《大系》

P41；2a:《大系》P124；2b:《问陶》P173）

邓

邓印

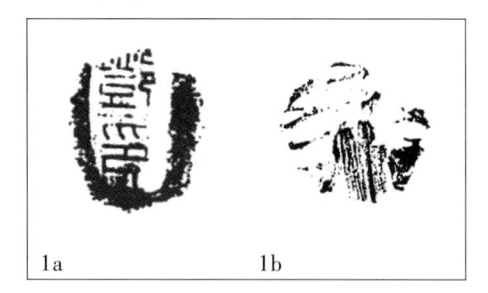

|1a|1b|

（1a:《新地》图16；《印集》P98、P181；《汇考》P237；《大系》P61；1b:《印集》P98、P181）

邓丞

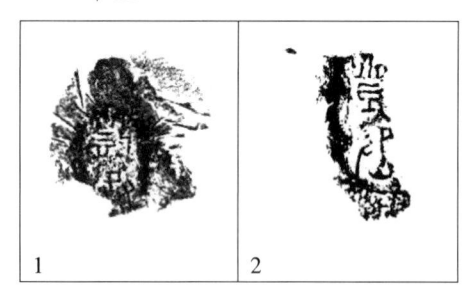

|1|2|

（1:《大系》P60；2:《酒余》P28下）

邓丞之印

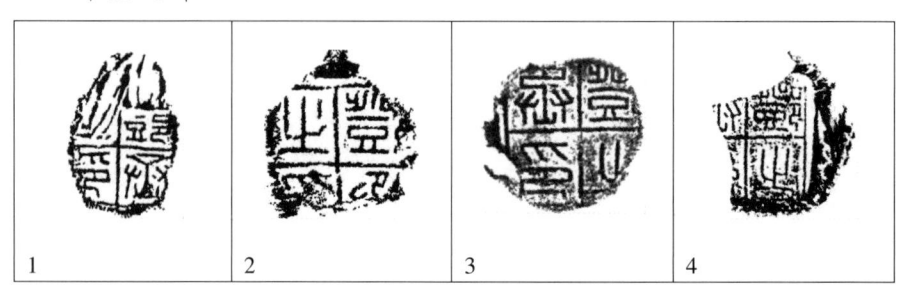

|1|2|3|4|

第二章　郡县　877

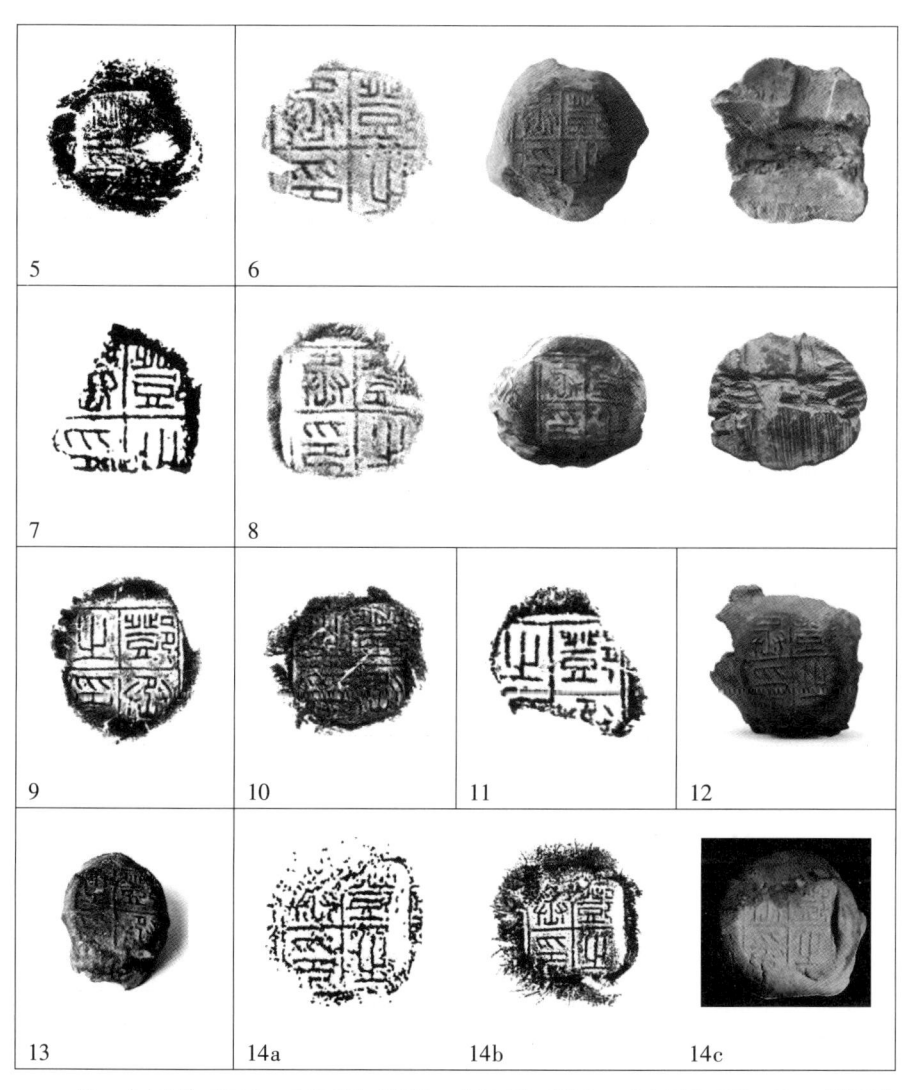

（1：《古封》P146；《秦封》P295；《汇考》P213；《大系》P60；2：《新选》P91；《大系》P61；3：《大系》P60；4：《新出》P9；《大系》P60；5：《新出》P100；6、8：《相家》P28；7：《汝南》P11；《新出》P107；9、10：《大系》P60；11：《大系》P61；12：《秦业》P53；13：《问陶》P174；14a：《补读》图50；《书集》P126；14b：《秦封》P295；《汇考》P213；《大系》P61；14c：《秦封》彩版4）

878　中编　地方职官

邓□□□

1

（1：《新选》P91；《大系》P60）

郦

郦印

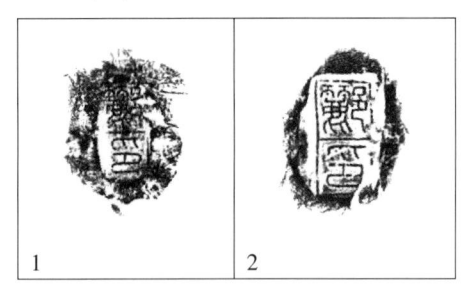

1　2

（1、2：《大系》P155）

郦□丞□

1

（1：《大系》P155）

新野

新野

1

（1：《大系》P308）

新野丞□

1

（1：《大系》P308）

析

析印

1

（1：《大系》P290）

析丞之印

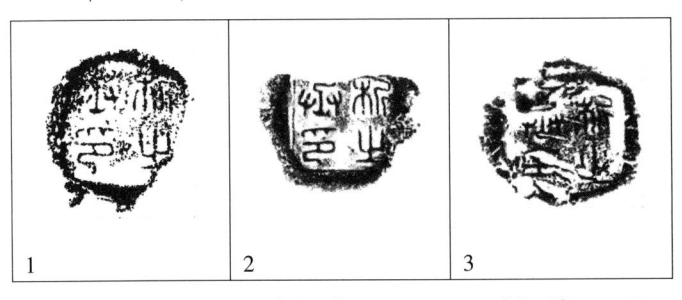

1　2　3

（1：《新选》P112；《大系》P290；2、3：《大系》P290）

平氏

平氏丞印

无图，释读见《五十例》P320。

平氏□□

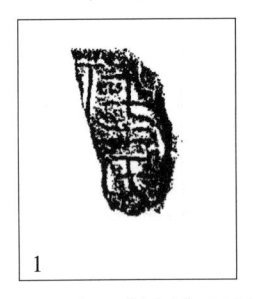

1

（1：《新选》P105；《大系》P189）

南陵

南陵丞印

1

（1：《于京》图59；《玺印》P404；《大系》P178）

新都

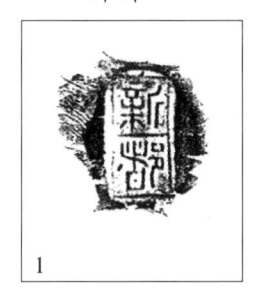

新都

1

（1：《大系》P308）

新阴

新阴□□

1a　　　1b　　　1c　　　1c

（1a：《印风》P157；《新地》图 35；《印集》P163；《汇考》P253；《玺印》P402；《大系》P308；1b：《印集》P163；1c：《汇考》图版 P76）

膫

膫丞之印

1

（1：《大系》P156）

淮阳郡

淮□府印

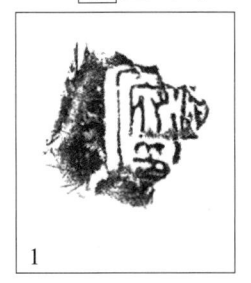

(1:《大系》P117)

淮□府□

(1:《大系》P117)

淮阳发弩

(1a:《菁华》P54;《大系》P117;1b:《菁华》P54)

第二章 郡县

淮阳弩丞

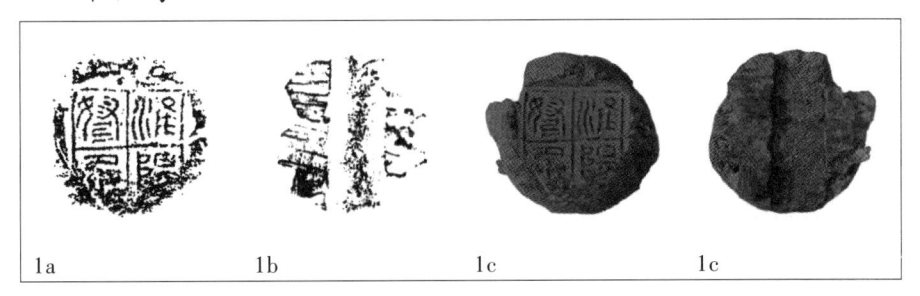

| 1a | 1b | 1c | 1c |

（1a：《印风》P148；《秦封》P269；《印集》P140；《汇考》P232；《玺印》P422；《大系》P117；1b：《印集》P140；1c：《汇考》图版 P65）

陈

陈丞之印

无图，释读见《五十例》P318。

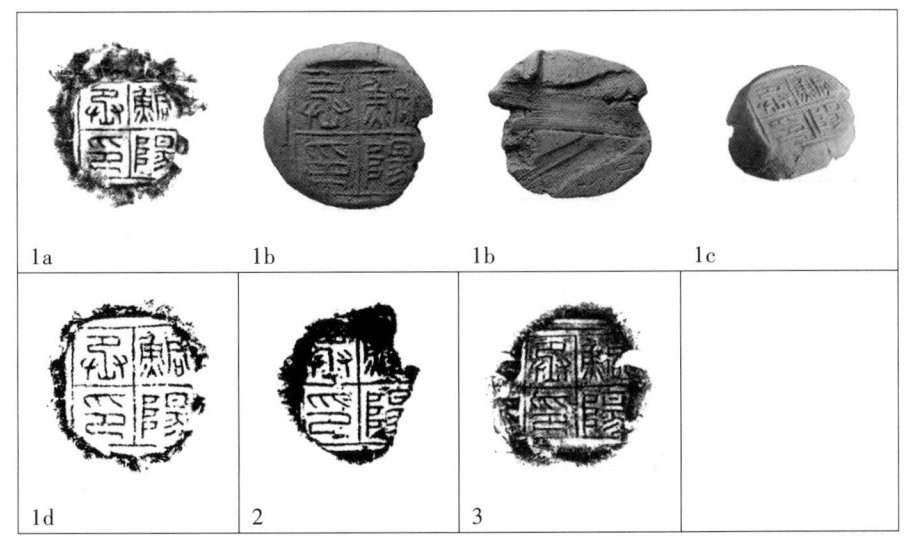

铜阳

铜阳丞印

| 1a | 1b | 1b | 1c |
| 1d | 2 | 3 | |

（1a：《精品》P57；《大系》P388；1b：《菁华》P79；《精品》P57；1c：《精品》P56；1d：《菁华》P79；2：《新出》P109；《大系》P388；3：《大系》P388）

铜□丞印

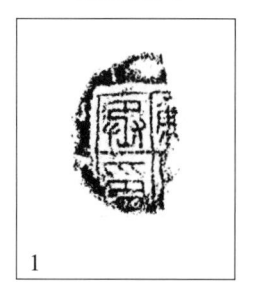

1

（1：《新出》P109；《大系》P388）

长平

长平丞印

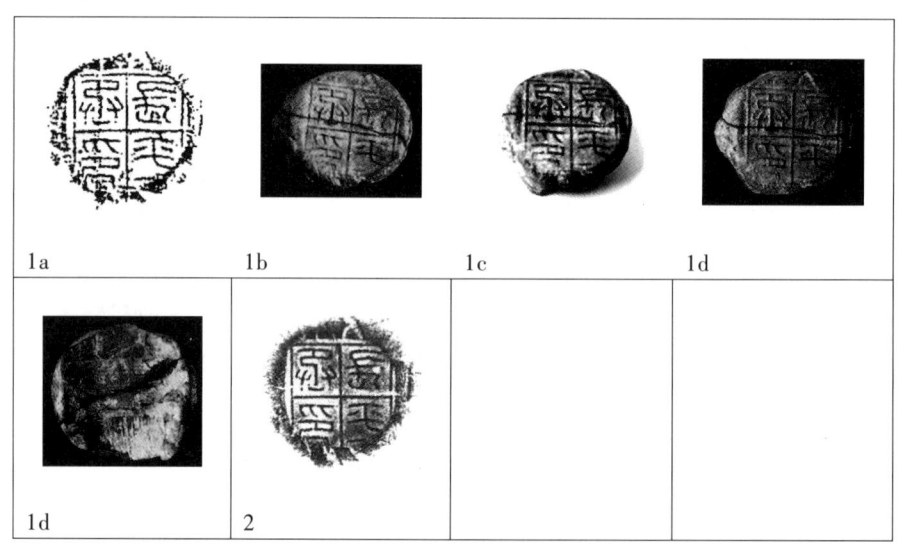

| 1a | 1b | 1c | 1d |
| 1d | 2 | | |

（1：《发现》图141；《图例》P57；《印风》P156；《秦封》P304；《书集》P129；《汇考》P231；《玺印》P418；《大系》P42；1b：《秦封》彩版4；1c：《问陶》P165；1d：《秦封》图版6；2：《大系》P42）

第二章　郡县　885

新郪
新郪丞印

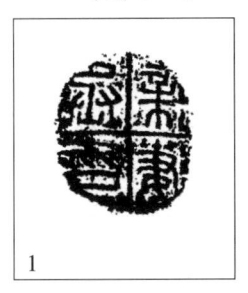

1

（1：《于京》图42；《玺印》P407；《大系》P308）

新郪□印

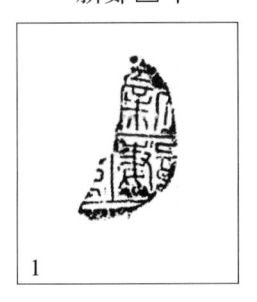

1

（1：《新出》P41；《大系》P308）

新阳成
新阳成丞

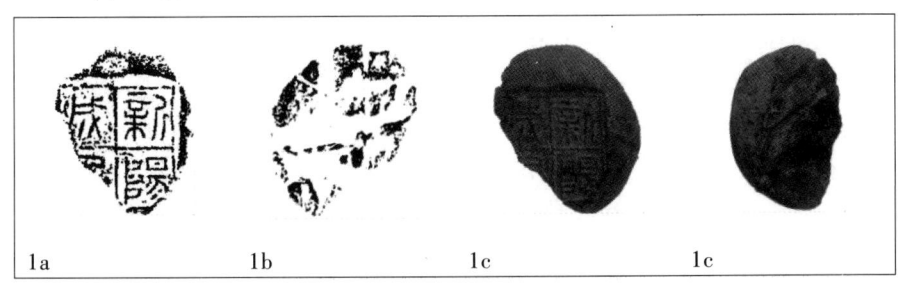

1a　　1b　　1c　　1c

886 中编 地方职官

（1a：《印风》P157；《释续》图 26；《印集》P121；《汇考》P215；《大系》P308；1b：《印集》P121；1c：《汇考》图版 P56；1d：《泥选》）

南顿

南顿

（1a：《补读》图 55；《秦封》P305；《书集》P128；《汇考》P210；《玺印》P390；《大系》P175；1b：《秦封》彩版 4；2：《大系》P175）

南顿丞印

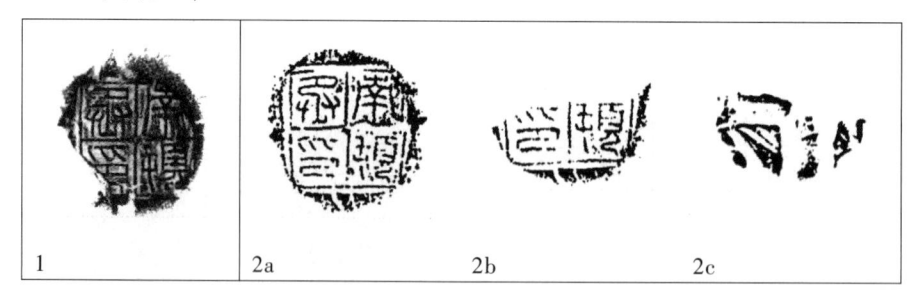

| 3 | 4 | 5 | 6 |

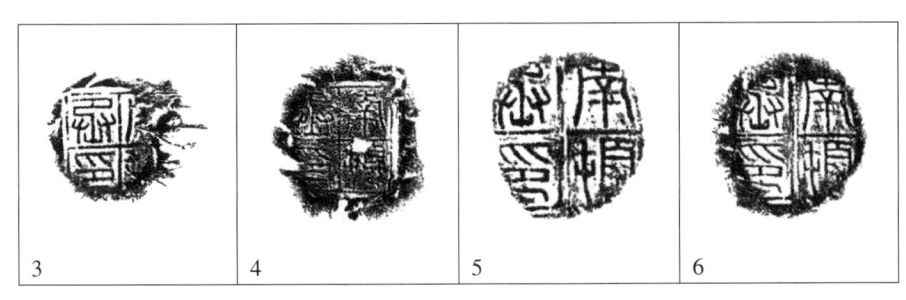

（1：《大系》P175；2a：《补读》图 56；《秦封》P305；《书集》P129；《汇考》P210；《玺印》P416；《大系》P175；2b：《印集》P117；《汇考》P210；《大系》P175；2c：《印集》P117；3：《秦封》P305；《汇考》P210；《大系》P175；4：《新出》P107；《大系》P175；5、6：《大系》P175）

南顿丞□

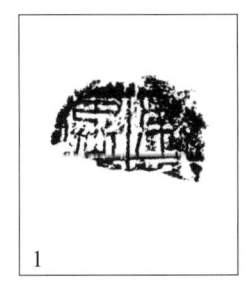

| 1 |

（1：《新出》P71；《大系》P175）

新蔡

新蔡丞印

| 1a | 1b | 1c | 1c |

888　中编　地方职官

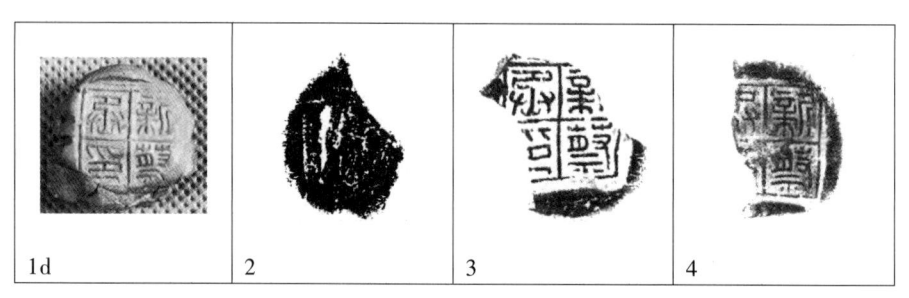

（1a：《印风》P157；《书法》P42；《新地》图22；《印集》P116；《汇考》P208；《大系》P306；1b：《印集》P116；1c：《书法》P42；《汇考》图版P55；1d：《泥选》；2：《新出》P109；3：《大系》P306；4：《山房》2.18）

阳夏

阳夏

（1：《于京》图43；《玺印》P390；《大系》P319）

阳夏丞印

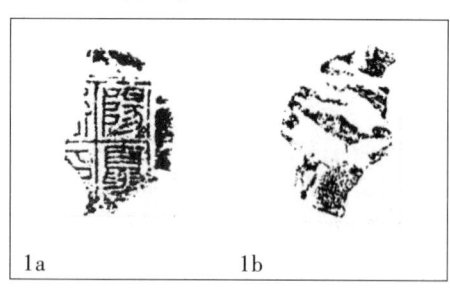

（1a：《印风》P140；《释续》图51；《印集》P141；《汇考》P233；《大系》P319；1b：《印集》P141）

第二章 郡县 889

□夏□印

1

(1:《汇考》P233;《大系》P320)

平舆

平舆丞印

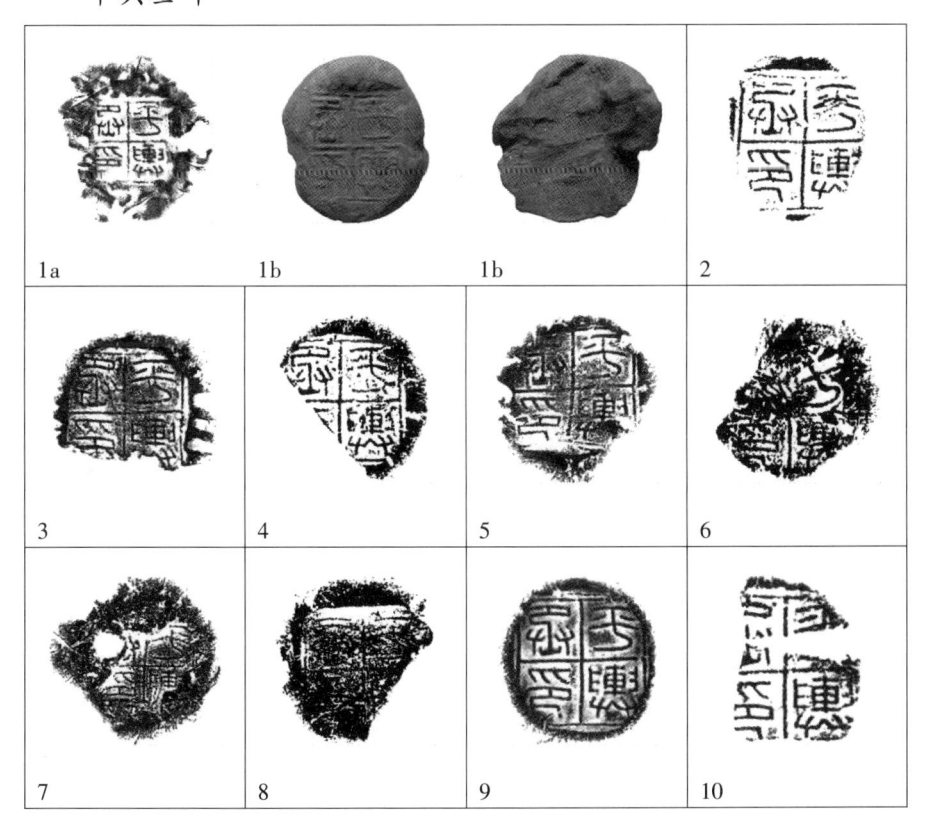

1a	1b	1b	2
3	4	5	6
7	8	9	10

890　中编　地方职官

（1a：《菁华》P65；《大系》P191；1b：《菁华》P65；2：《新出》P108；《大系》P190；3：《汝南》P89；《新出》P108；《大系》P190；4：《新出》P108；《大系》P190；5—7：《新出》P109；《大系》P190；8：《新出》P109；《大系》P191；9：《大系》P191；10：《大系》P190；11：《精品》P47；12：《新出》P109；《大系》P191；13a：《发掘》；13b：《发掘》图版十七：3）

平舆□□

（1：《新获》P289；《大系》P191）

□舆丞印

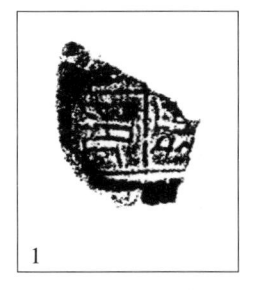

1

（1：《新出》P109）

□舆□尉

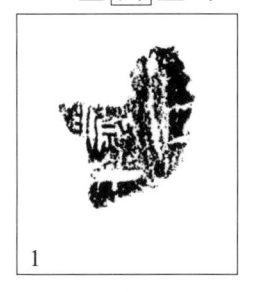

1

（1：《新出》P109；《大系》P191）

阳安

阳安

1

（1：《新选》P115；《大系》P317）

阳安丞印

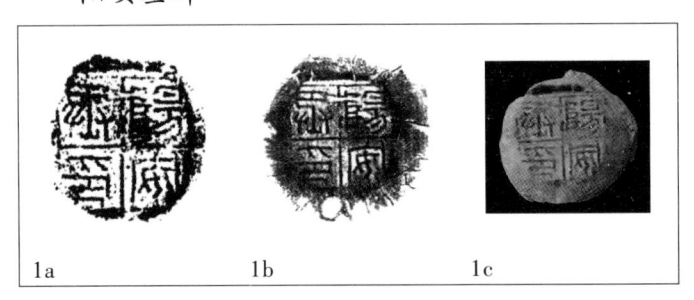

| 1a | 1b | 1c |

（1a：《秦封》P306；《汇考》P211；《玺印》P416；《大系》P317；1b：《大系》P317；1c：《秦封》彩版4）

阳安之守

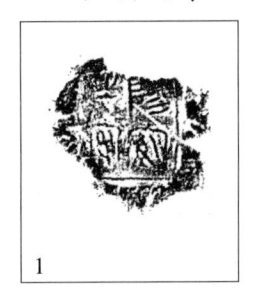

1

（1：《新选》P115；《大系》P318）

阳安□□

1

（1：《大系》P318）

苦

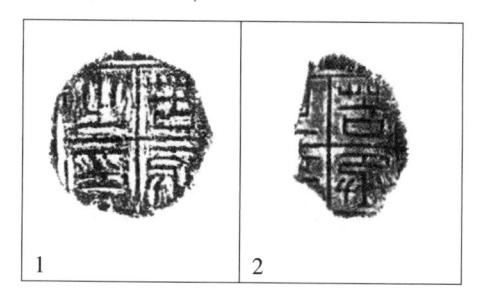

苦丞之印

|1|2|

(1、2:《大系》P144)

项

项□之□

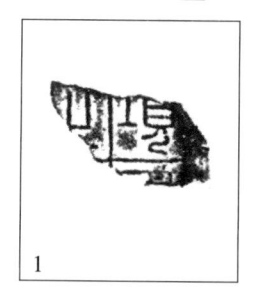

1

(1:《大系》P303)

上蔡

上蔡丞□

1

(1:《新选》P106;《大系》P207)

四川郡

四川大守

| 1a | 1b | 1b | 2 |
| 3a | 3b | 3c | 4 |

（1a：《大系》P235；1b：《书法》P41；《汇考》图版 P44；2：《大系》P234；3a：《印考》图 190；《补读》图 41；《印风》P162；《秦封》P260；《书法》P41；《印集》P92；《书集》P129；《汇考》P178；《玺印》P426；《大系》P234；3b：《印集》P92；3c：《泥选》；4：《大系》P235）

四川尉□

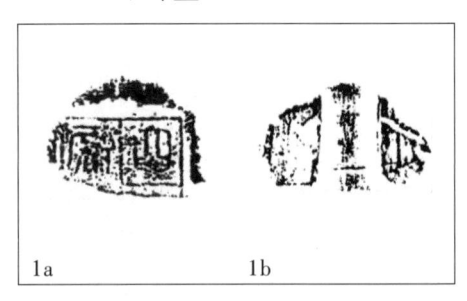

| 1a | 1b |

（1a：《释续》图 18；《印集》P93；《汇考》P179；《玺印》P426；《大系》P235；1b：《印集》P93）

第二章　郡县　895

四川丞印

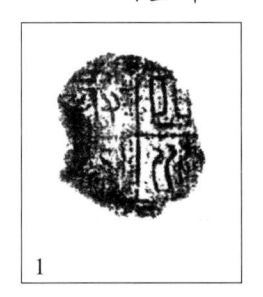

1

（1：《大系》P234）

四川水丞

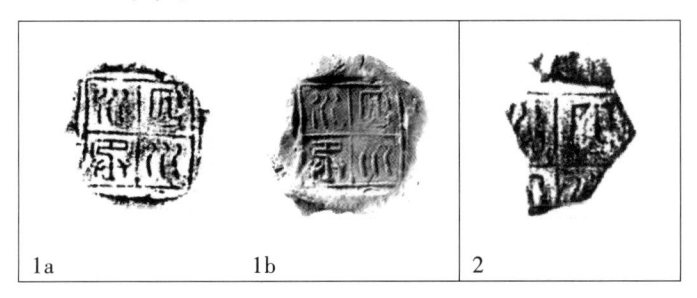

1a　　1b　　2

（1a：《新获》P288；《大系》P234；1b：《发掘》图版十七：2；2：《大系》P234）

四川水□

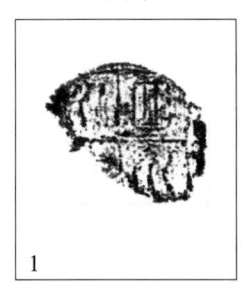

1

（1：《大系》P234）

四川马丞

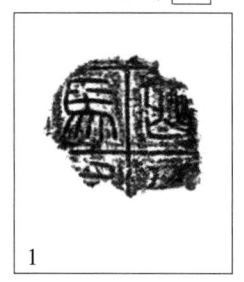

1

（1:《大系》P234）

四川□□

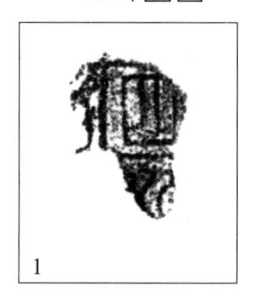

1

（1:《大系》P235）

彭城

彭城丞印

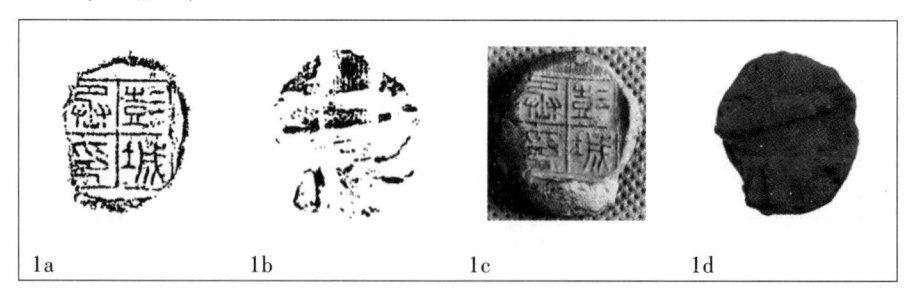

1a　　1b　　1c　　1d

第二章　郡县

2a	2b	2b	3
4a	4b	4b	5

（1a：《考释》图一：12；《释续》图53；《印风》P158；《书法》P44；《印集》P142；《汇考》P234；《玺印》P403；《大系》P186；1b：《印集》P142；1c：《书法》P44；《汇考》图版P66；《泥选》；1d：《书法》P44；《汇考》图版P66；2a：《相家》P28；《大系》P186；2b：《相家》P28；3、5：《大系》P186；4a：《新出》P28；《青泥》P36；《大系》P186；4b：《青泥》P36）

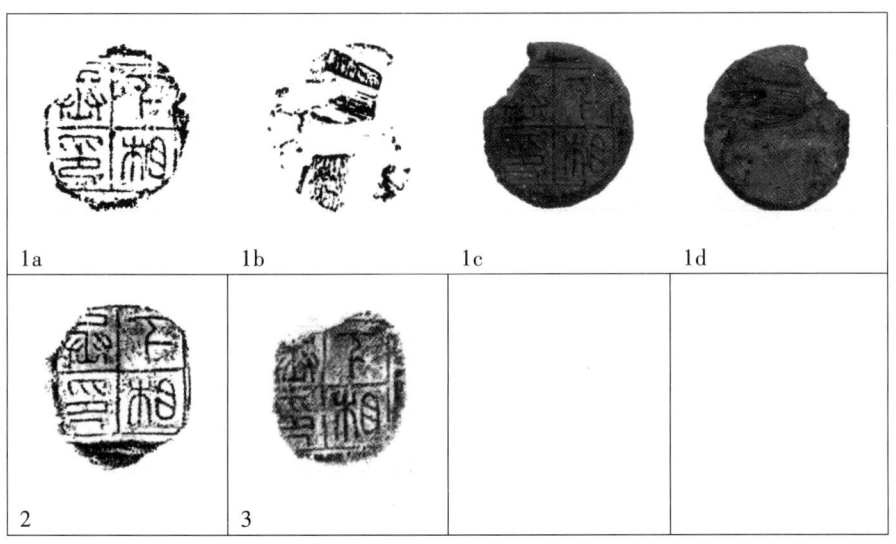

下相

下相丞印

1a	1b	1c	1d
2	3		

（1a：《印风》P145；《新地》图30；《印集》P127；《汇考》P220；《大系》

P295；1b：《印集》P127；1c：《汇考》图版 P58；《泥选》；1d：《汇考》图版 P58；2：《大系》P295；3：《山房》2.20）

□相□印

1

（1：《酒余》P42 下；《大系》P295）

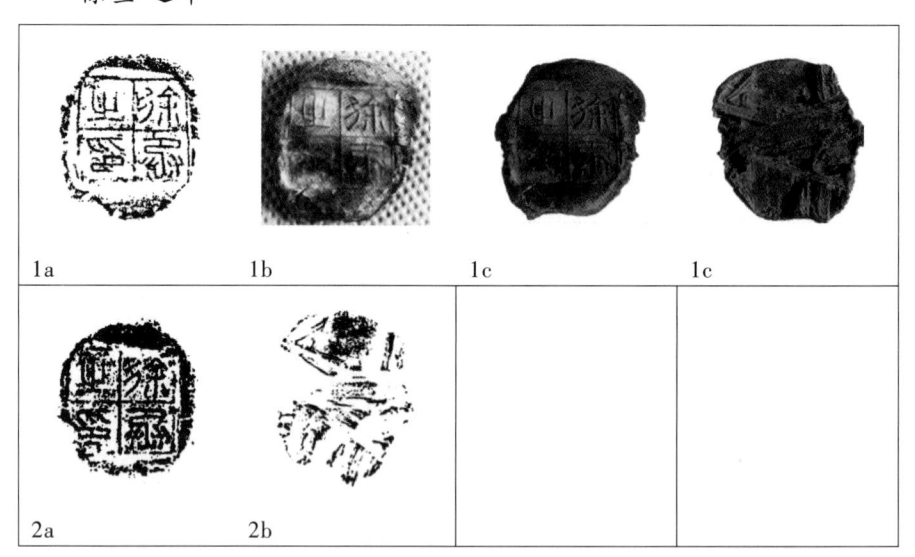

徐

徐丞之印

1a　　1b　　1c　　1c

2a　　2b

（1a：《印风》P155；《释续》图 36；《汇考》P221；《玺印》P406；《大系》P311；1b：《泥选》；1c：《汇考》图版 P59；2a：《印集》P128；《汇考》P221；《大系》P311；2b：《印集》P128）

第二章 郡县 899

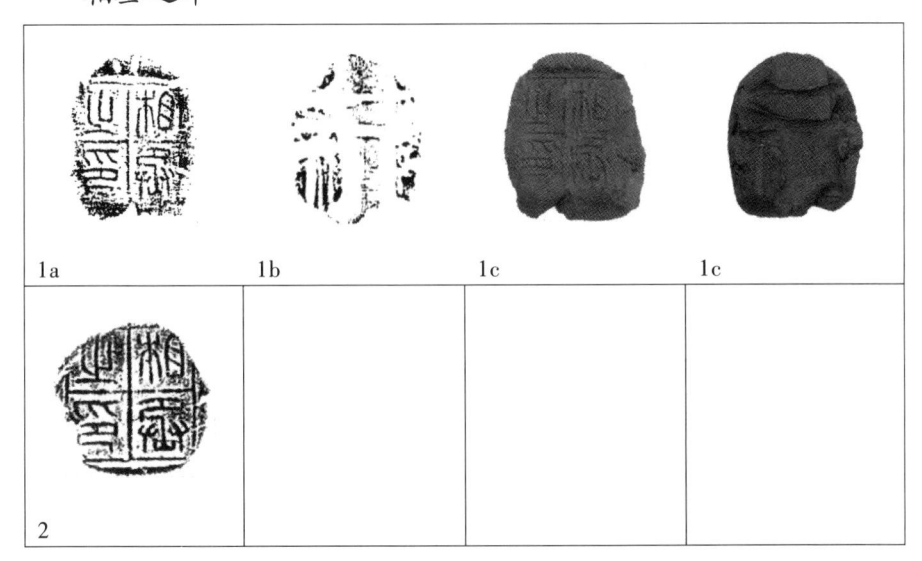

相
相丞之印

| 1a | 1b | 1c | 1c |
| 2 | | | |

（1a：《补读》图58；《续考》图222；《印风》P151；《秦封》P314；《书集》P114；《印集》P120；《汇考》P215；《玺印》P404；《大系》P302；1b：《印集》P120；1c：《汇考》图版P56；2：《大系》P302）

僮
僮丞之印

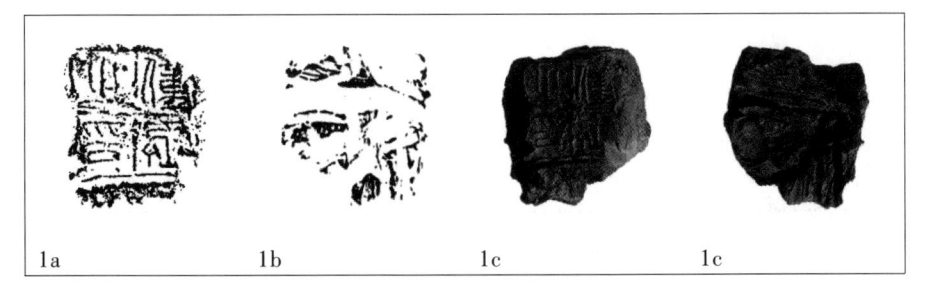

| 1a | 1b | 1c | 1c |

900　中编　地方职官

 1d			

（1a：《释续》图35；《印风》P153；《印集》P135；《汇考》P226；《大系》P271；1b：《印集》P135；1c：《汇考》图版P61；1d：《泥选》）

傅阳

傅阳丞印

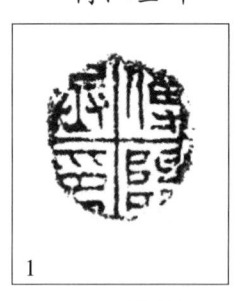

1

（1：《古封》P155；《汇考》P264；《大系》P84）

夻猷

夻猷丞印

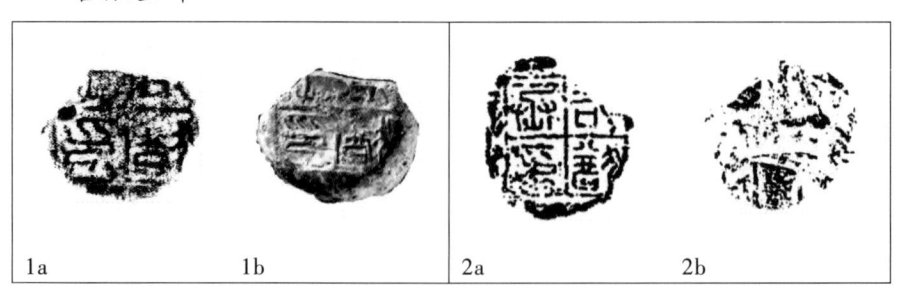

| 1a | 1b | 2a | 2b |

（1a：《新获》P288；1b：《发掘》图版十六：6；2a：《新地》图32；《印集》P160；《玺印》P420；《大系》P198；2b：《印集》P160；3：《大系》P198）

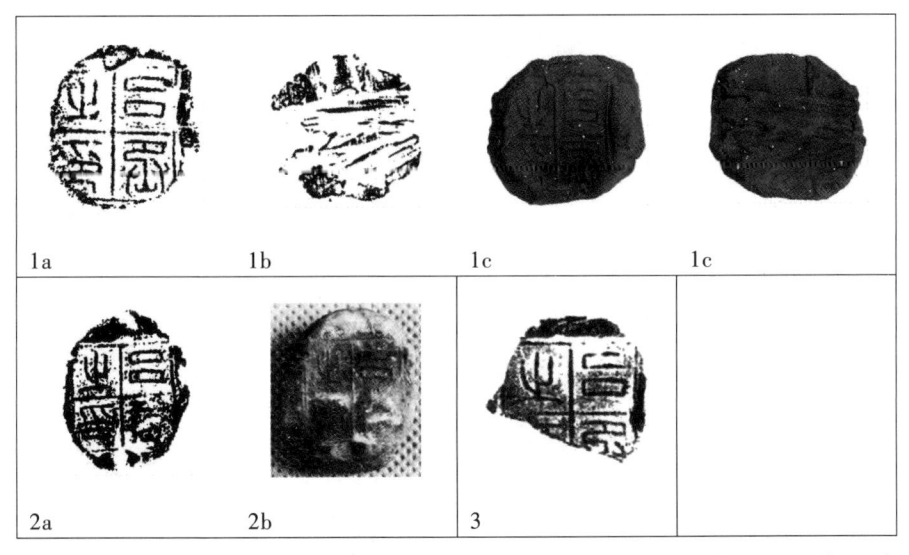

吕

吕丞之印

（1a：《印风》P154；《释续》图54；《印集》P140；《汇考》P232；《大系》P162；1b：《印集》P140；1c：《汇考》图版P64；2a：《汇考》P232；《大系》P162；2b：《泥选》；3：《大系》P162）

902　中编　地方职官

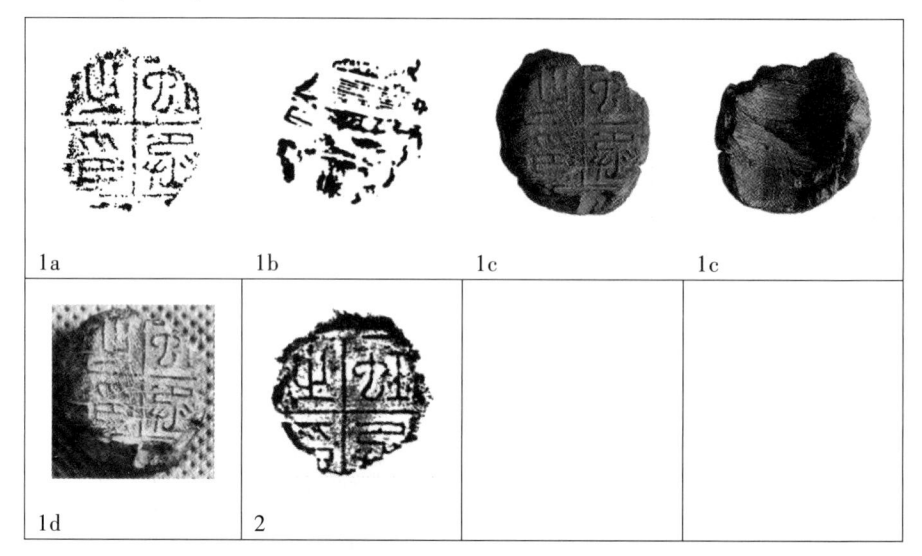

虹

虹丞之印

| 1a | 1b | 1c | 1c |
| 1d | 2 | | |

（1a：《印风》P153；《书法》P43；《印集》P129；《汇考》P222；《玺印》P406；《大系》P114；1b：《印集》P129；1c：《书法》P43；《汇考》图版 P59；1d：《泥选》；2：《大系》P114）

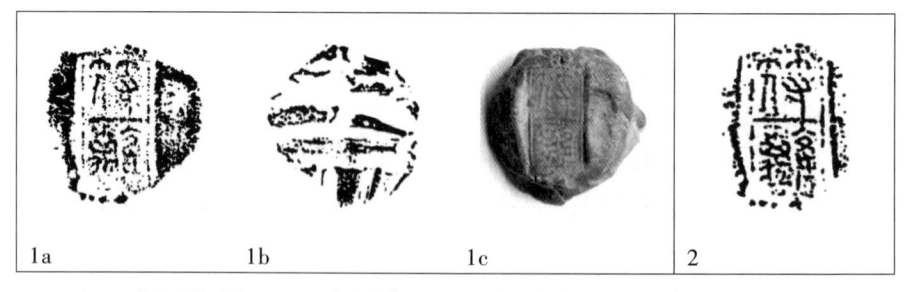

符离

符离

| 1a | 1b | 1c | 2 |

（1a：《选释》图一：8；《印集》P134；《汇考》P226；《玺印》P398；《大系》P83；1b：《印集》P134；1c：《泥选》；2：《新地》图28；《大系》P83）

第二章　郡县　903

符离丞印

1

(1:《大系》P83)

新城父

新城父丞

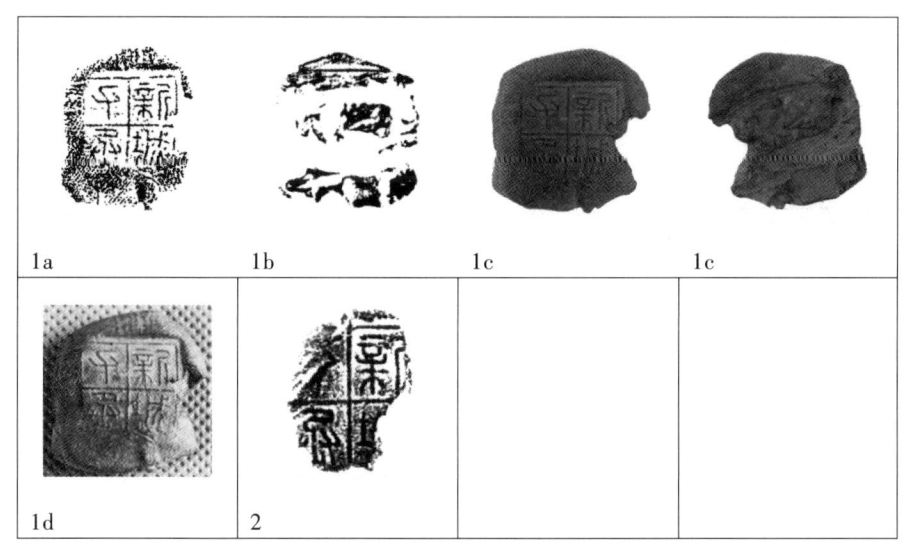

1a	1b	1c	1c
1d	2		

(1a:《印风》P157;《书法》P42;《释续》图 27;《印集》P122;《汇考》P216;《大系》P307；1b:《印集》P122；1c:《书法》P42；1d:《泥选》;《汇考》图版 P57；2:《新出》P41;《大系》P307)

904　中编　地方职官

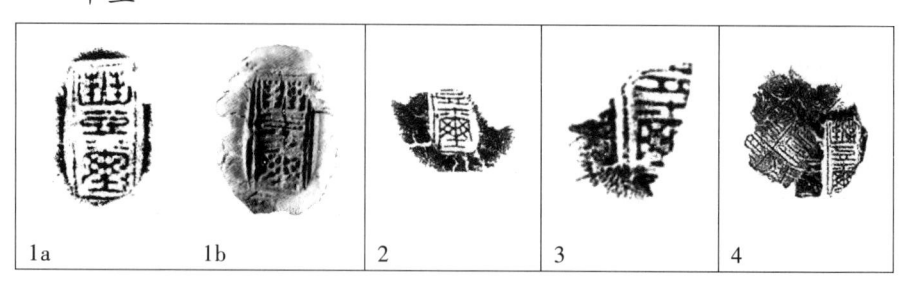

丰

丰玺

| 1a | 1b | 2 | 3 | 4 |

（1a：《发掘》图一六：19；《新获》P287；《大系》P82；1b：《发掘》图版八：4；2—4：《大系》P82）

又：《发掘》P534《出土封泥登记表》2000CH 相 1 T2③：76、130 共 2 枚均为"丰玺"。

丰□

| 1 |

（1：《新出》P11；《大系》P82、P83）

平阿

平阿丞印

| 1 |

（1：《大系》P187）

临菑郡

临淄

临菑丞印

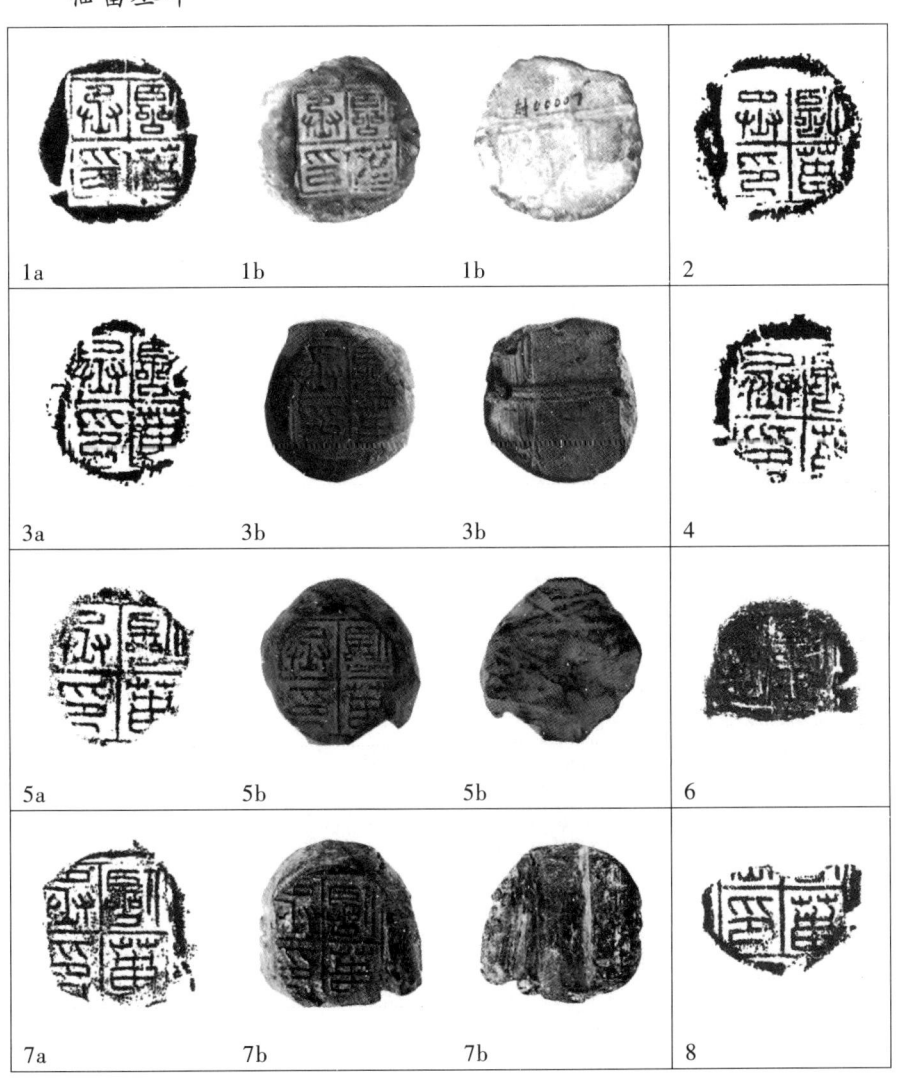

906　中编　地方职官

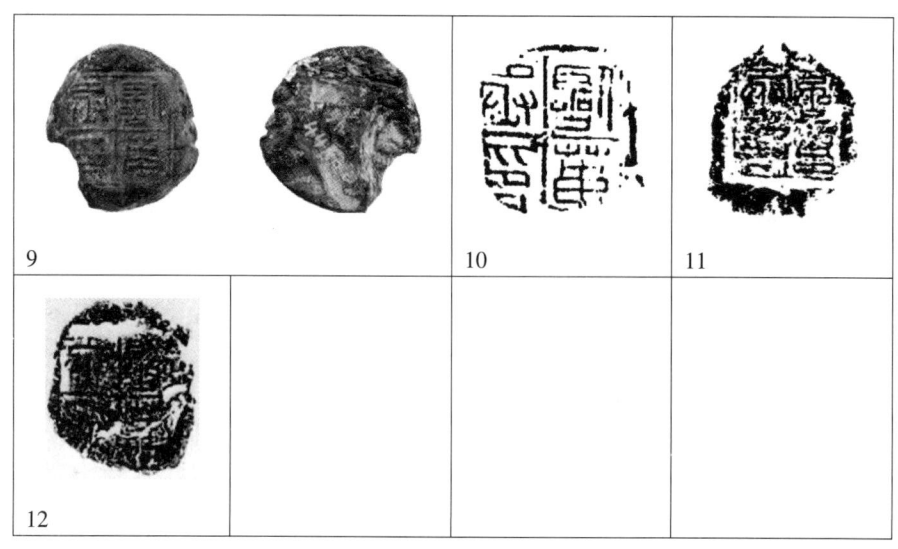

（1a：《古封》P150；《秦封》P319；《玺印》P412；《山全》P4；《大系》P158；1b：《山全》图版P2；2：《古封》P150；《秦封》P319；《汇考》P265；《山全》P227；《大系》P158；3a：《古封》P150；《秦封》P319；《上封》P66；《大系》P158；3b：《上封》P66；4：《古封》P150；《秦封》P319；《大系》P158；5a：《山全》P37、P159；《济博》P9；《大系》P158；5b：《济博》P9；6：《大系》P159；7a：《古封》P150；《山全》P37、P159、P196；《济博》P9；《大系》P158；7b：《济博》P9；8：《古封》P150；《大系》P158；9：《中封》P168；10：《秦封》P319；《玺印》P412；11：《临菑》P55；12：《临菑》P57）

临菑司马

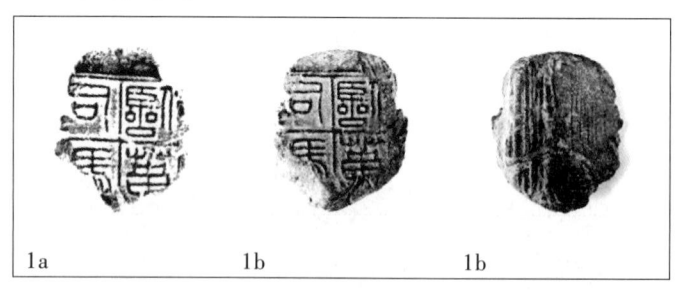

（1a：《古封》P125；《秦封》P263；《汇考》P260；《玺印》P426；《山全》P37、P157、P203；《济博》P12；《大系》P159；1b：《济博》P12）

东安平

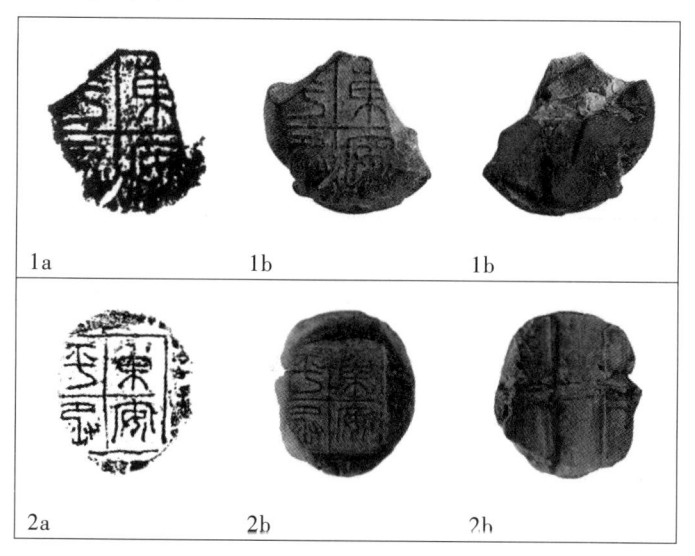

东安平丞

    （1a：《古封》P153；《秦封》P321；《上封》P65；《大系》P65；1b：《上封》P65；2a：《古封》P153；《秦封》P321；《汇考》P268；《玺印》P402；《山全》P37、P199；b《济博》P10；《大系》P64；2b：《济博》P10）

狄城

狄城之印

    （1：《古封》P276；《秦封》P321；《大系》P61）

临朐

临朐丞印

| 1a | 1b | 1b | 2 |

（1a：《古封》P151；《秦封》P323；《上封》P66；《大系》P158；1b：《上封》P66；2：《古封》P151；《秦封》P323；《汇考》P265；《玺印》P413；《大系》P158）

蓼城

蓼城丞印

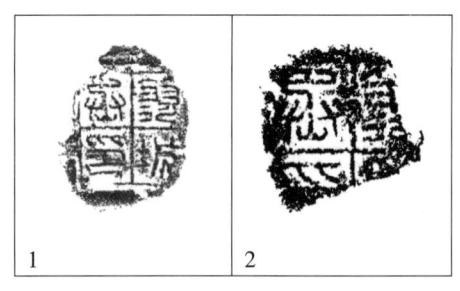

| 1 | 2 |

（1：《古封》P147；《秦封》P322；《汇考》P264；《玺印》P418；《山全》P160、P195；《大系》P406；2：《新选》P122；《大系》P406）

蓼城丞□

（1：《大系》P406）

第二章　郡县　909

蓼城□□

1

（1：《新选》P122；《大系》P406）

博昌

博昌

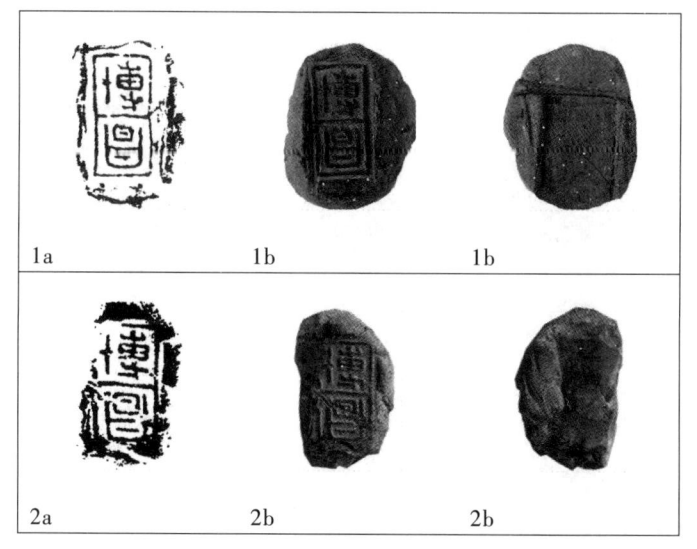

1a　　1b　　1b

2a　　2b　　2b

（1a：《古封》P281；《秦封》P320；《汇考》P264；《玺印》P390；《山全》P37、P175、P204；《济博》P13；《大系》P39；1b：《济博》P13；2a：《古封》P281；《上封》P65；《山全》P125；《大系》P39；2b：《上封》P65）

910　中编　地方职官

博昌丞印

| 1a | 1b | 1b |

（1a：《古封》P147；《秦封》P320；《汇考》P264；《玺印》P407；《山全》P37；《济博》P13；《大系》P39；1b：《济博》P13）

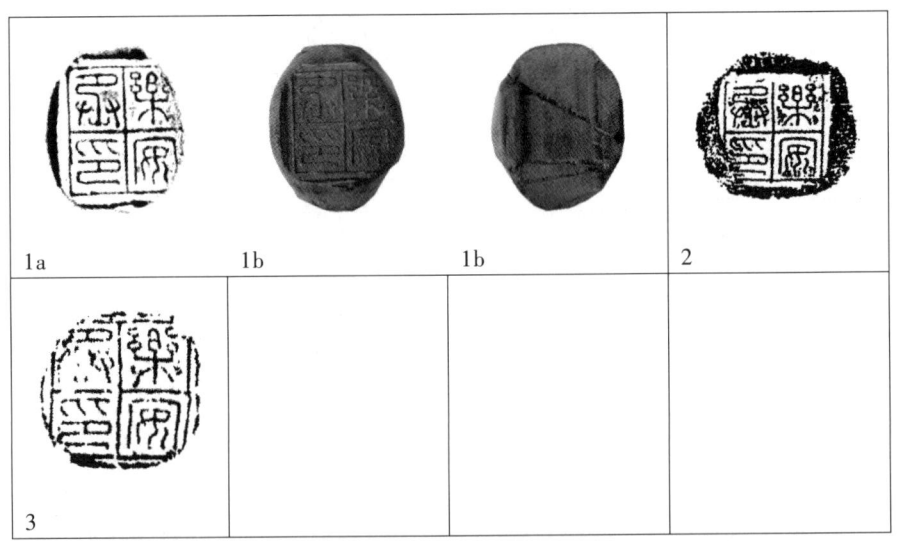

乐安

乐安丞印

| 1a | 1b | 1b | 2 |
| 3 | | | |

（1a：《古封》P147；《秦封》P322；《汇考》P264；《玺印》P418；《山全》P36、P159；《济博》P14；《大系》P150；1b：《济博》P14；2：《古封》P148；《秦封》P322；3：《古封》P148；《秦封》P322；《山全》P226；《大系》P150）

济北郡

济北大守

1

(1:《古封》P89;《秦封》P261;《汇考》P261;《山全》P122)

东平陵

东平陵丞

1a　1b　1b

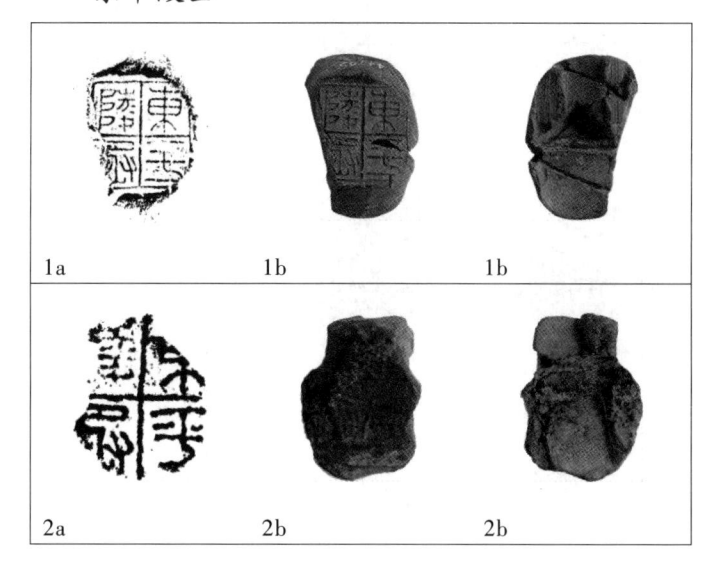

2a　2b　2b

912　中编　地方职官

3a	3b	3b

（1a：《古封》P148；《秦封》P318；《上封》P64；《大系》P65；1b：《上封》P64；2a：《秦封》P318；《玺印》P404；《汇考》P265；《济博》P11；2b：《济博》P11；3a：《古封》P148；《山全》P38、P195；《济博》P11；《大系》P65；3b：《济博》P11）

般阳

般阳丞印

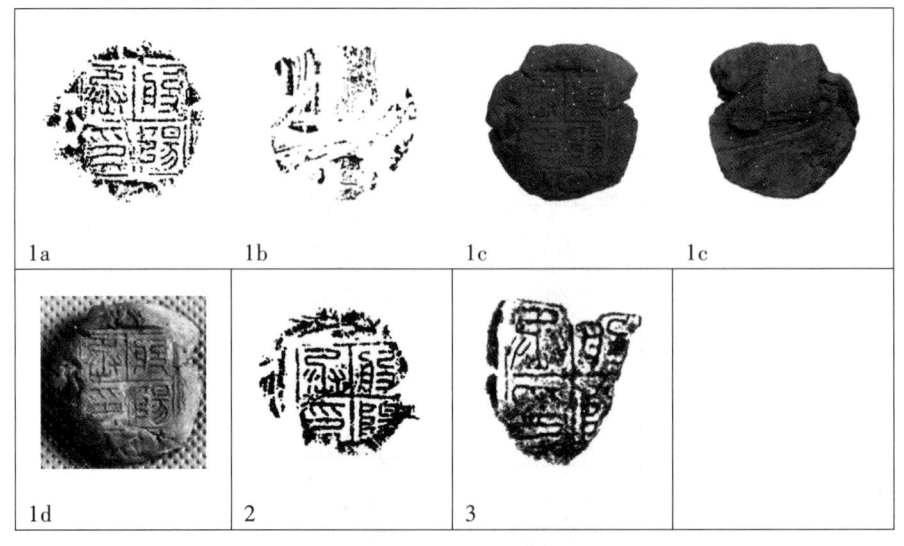

1a	1b	1c	1c
1d	2	3	

（1a：《印风》P146；《秦封》P318；《印集》P132；《汇考》P224；《大系》P28；1b：《印集》P132；1c：《汇考》图版P60；1d：《图录》；《泥选》；2：《补读》图59；《秦封》P318；《书集》P129；《汇考》P224；《玺印》P407；《大系》P28；3：《大系》P28）

第二章 郡县 913

般□丞□

1

(1:《图例》P57)

梁邹

梁邹丞印

1a　　1b　　1b　　2

(1a:《古封》P148;《秦封》P316;《上封》P64;《山全》P127;《大系》P156;1b:《上封》P64;2:《古封》P148;《秦封》P316;《汇考》P265;《山全》P127;《大系》P156)

梁邹丞□

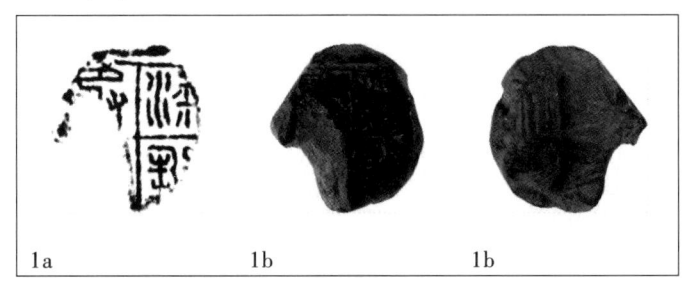

1a　　1b　　1b

(1a:《古封》P149;《秦封》P316;《玺印》P407;《山全》P36、P160;《济博》P16;《大系》P156;1b:《济博》P16)

於陵

於陵丞印

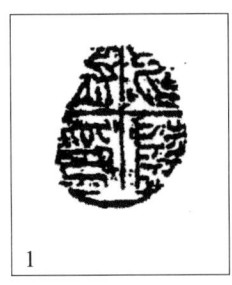

(1:《古封》P149;《秦封》P315;《汇考》P264;《大系》P342)

於□丞□

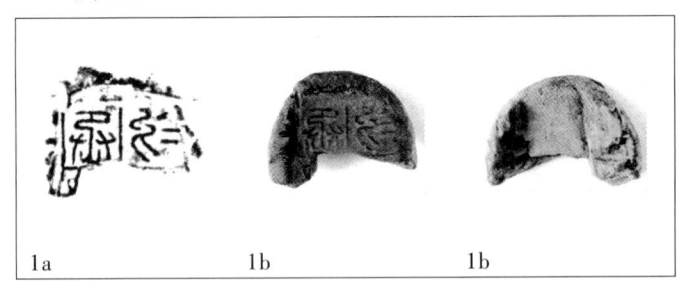

(1a:《古封》P149;《秦封》P315;《玺印》P412;《山全》P36;《济博》P16;《大系》P342;1b:《济博》P16)

博城

博城

(1a:《古封》P282;《中封》P130;《秦封》P316;《书集》P123;《山全》P103;《大系》P39;1b:《中封》P130)

第二章 郡县

博城丞印

无图，释读见《秦选》P70。

乐陵
乐陵

| 1a | 1b | 1b |

（1a：《古封》P282；《秦封》P317；《书集》P130；《汇考》P263；《山全》P38、P174、P204；《济博》P14；《大系》P151；1b：《济博》P14）

乐陵丞印

| 1a | 1b | 1b |

（1a：《古封》P155；《秦封》P317；《上封》P64；《书集》P130；《汇考》P263；《山全》P124；《大系》P151；1b：《上封》P64）

菪
菪丞之印

| 1a | 1b | 1b | 2 |

916 中编　地方职官

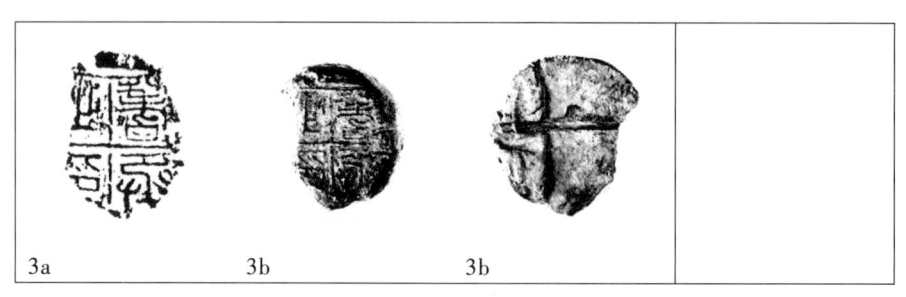

| 3a | 3b | 3b | |

（1a：《古封》P149；《秦封》P315；《上封》P65；《汇考》P265；《大系》P223；《山全》P128；1b：《上封》P65；2：《古封》P149；《秦封》P315；《大系》P223；3a：《古封》P149；《秦封》P315；《玺印》P408；《山全》P37、P166、P196；《济博》P12；《大系》P223；3b：《济博》P12）

琅邪郡

琅邪司马

| 1a | 1b | | |

（1：《古封》P125；《中封》P72；《秦封》P263；《上封》P43；《汇考》P259；《山全》P84；《大系》P148；1b：《X光》P157）

琅邪司空

| 1 |

（1：《大系》P148）

第二章 郡县 917

琅邪司丞

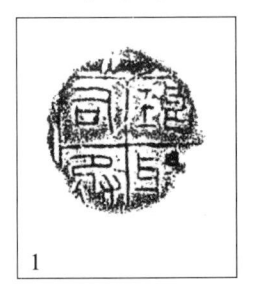

1

（1：《古封》P63；《秦封》P265；《山全》P170、P191；《大系》P148）

琅邪左盐

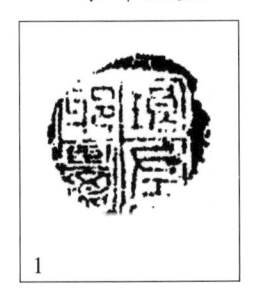

1

（1：《古封》P343；《秦封》P266；《汇考》P262；《玺印》P425；《大系》P149）

琅□右□

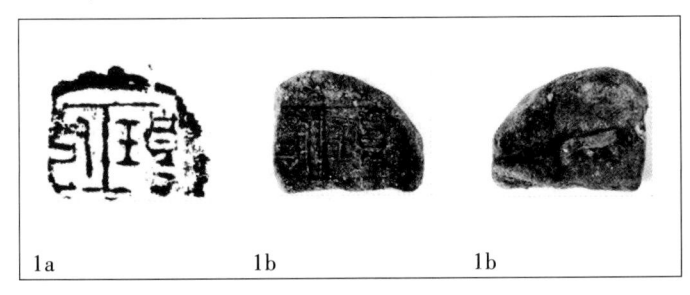

1a　　　1b　　　1b

（1：《济博》P19）

琅邪都水

1a　　　　1b　　　　1b

（1a:《古封》P343;《秦封》P266;《上封》P43;《汇考》P19;《山全》P122;《大系》P148;1b:《上封》P43）

琅邪水丞

1a　　　　1b　　　　1b

（1a:《古封》P343;《秦封》P266;《汇考》P261;《玺印》P425;《山全》P38、P169、P191;《济博》P8;《大系》P148;1b:《济博》P8）

琅邪侯印

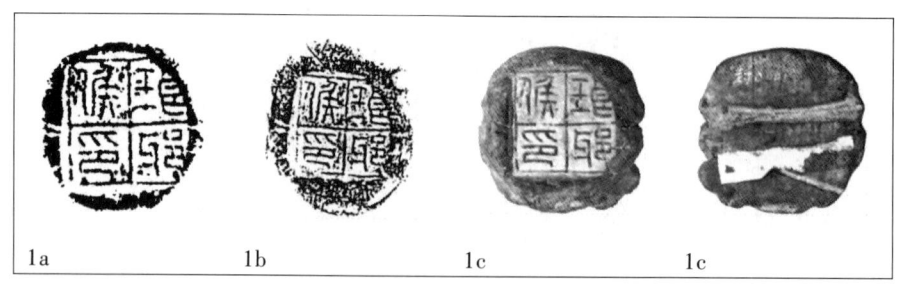

1a　　　　1b　　　　1c　　　　1c

（1a:《古封》P126;《秦封》P264;《汇考》P259;《大系》P148;《山全》P4、图版 P2;1b:《鲁志》P526;1c:《山全》图版 P2）

琅邪发弩

1

（1：《古封》P344；《秦封》P267；《汇考》P262；《玺印》P435；《大系》P148）

琅邪

琅邪县丞

1a　　　　1b　　　　1b

（1a：《古封》P152；《中封》P102；《秦封》P324；《汇考》P266；《大系》P148；1b：《中封》P102）

高阳

高阳丞印

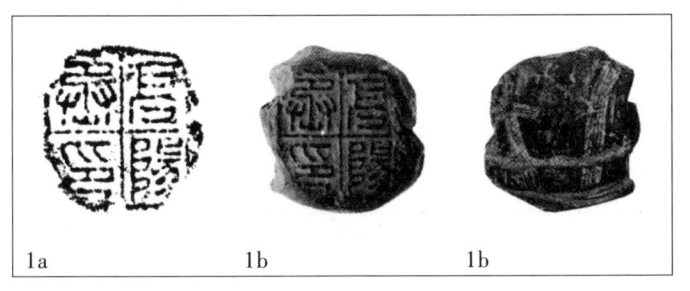

1a　　　　1b　　　　1b

（1a：《古封》P147；《秦封》P325；《汇考》P263；《玺印》P415；《山全》P160、P194；《济博》P17；《大系》P92；1b：《济博》P17）

郍

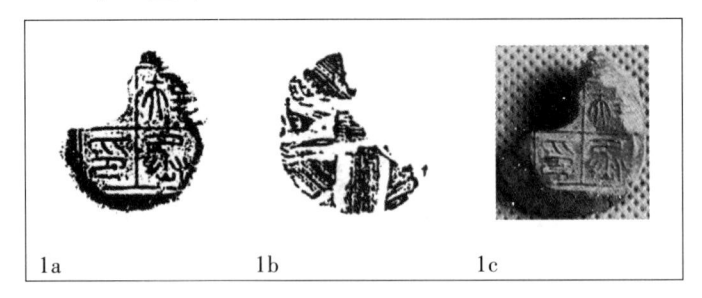

郍丞□印

(1a:《释续》图 34；《印集》P129；《汇考》P222；《玺印》P420；《大系》P83；1b《印集》P129；1c:《泥选》)

阳都

阳都丞印

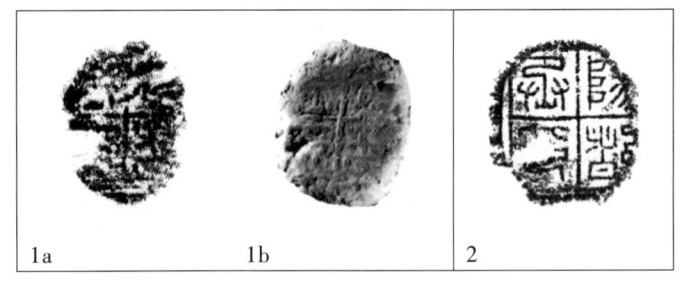

(1a:《发掘》图一六:7；《新获》P291；《玺印》P408；《大系》P318；1b:《发掘》图版七:1；2:《大系》P318)

阳都□□

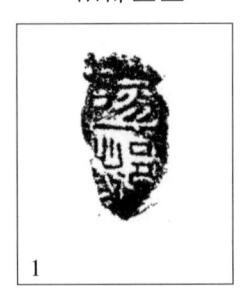

(1:《新选》P116；《大系》P319)

赣榆

赣榆□□

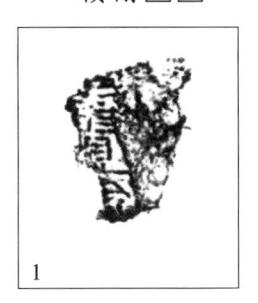

1

(1:《大系》P86)

丽

丽丞之印

1

(1:《大系》P154)

城阳

城阳侯印

1a　　1b　　1b　　2

922　中编　地方职官

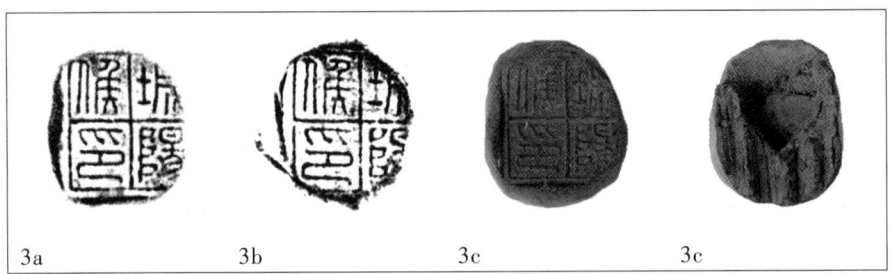

| 3a | 3b | 3c | 3c |

（1a：《古封》P126；《秦封》P300；《书集》P123；《上封》P45；《汇考》P259；《山全》P122；《大系》P48；1b：《上封》P45；2：《大系》P48；3a：《古封》P126；《山全》P158、P191；《济博》P13；《大系》P47；《山全》P38；3b：《寒金》P559；3c：《济博》P13）

莒

莒丞之印

1

（1：《大系》P139）

即墨郡

即墨大守

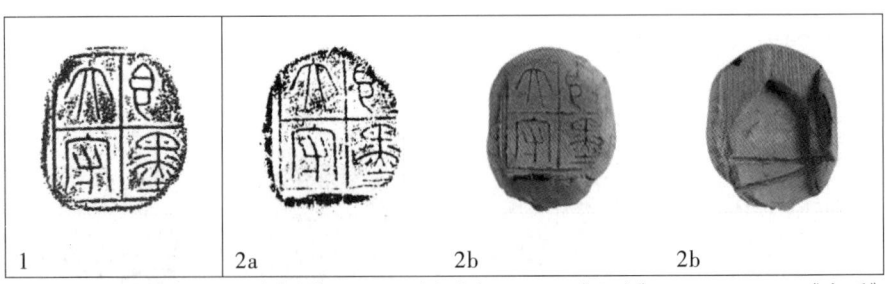

| 1 | 2a | 2b | 2b |

（1：《古封》P88；《秦封》P268；《书集》P130；《山全》P158、P190；《大系》P123；2a：《古封》P88；《秦封》P268；《上封》P40；《山全》P122；《大系》P123；2b：《上封》P40）

第二章 郡县

即墨
即墨

| 1a | 1b | 1b |

（1a：《古封》1P282；《秦封》P267；《书集》P130；《汇考》P268；《山全》P36、P175、P204；《济博》P15；《大系》P123；1b：《济博》P15）

即墨丞印

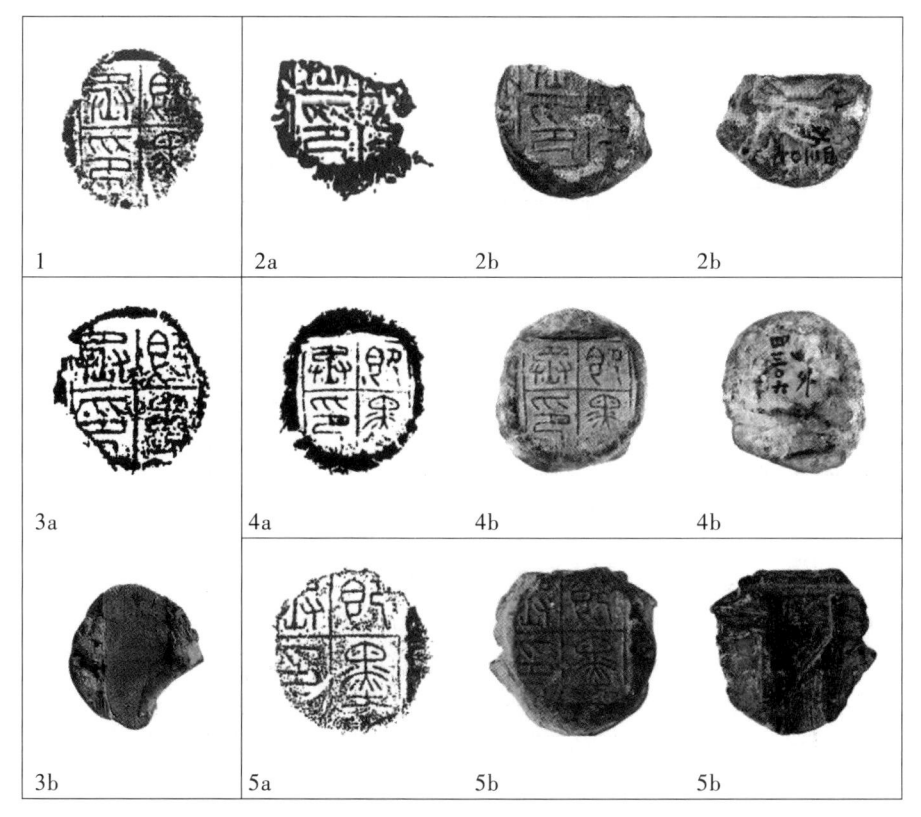

1	2a	2b	2b
3a	4a	4b	4b
3b	5a	5b	5b

（1：《秦封》P326；《大系》P123；2a：《古封》P154；《中封》P115；《秦封》P326；

《大系》P123；2b：《中封》P115；3a：《古封》P154、《秦封》P326、《上封》P41、《大系》P123；3b：《上封》P41；4a：《古封》P153、《中封》P115、《秦封》P326、《书集》P130、《汇考》P268、《大系》P123；4b：《中封》P115；5a：《古封》P154、《玺印》P417、《山全》P36、P159、P200、《济博》P7、《大系》P123；5b：《济博》P7）

即墨□□

（1a：《古封》P154；《中封》P115；《大系》P124；1b：《中封》P115）

即□丞□

（1：《中封》P180）

黄

黄丞之印

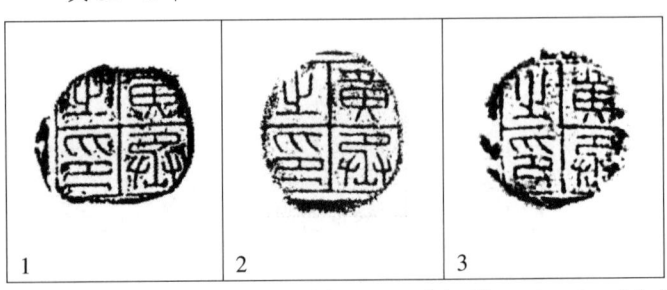

（1：《秦封》P326；《汇考》P266；《大系》P121；2：《山全》P165；3：《寒金》P560）

第二章　郡县

睡

睡丞之印

1

（1:《古封》P152;《秦封》P327;《汇考》P266;《大系》P51）

高密

高密丞印

1a　　1b　　1b

（1a:《古封》P155;《秦封》P328;《汇考》P268;《玺印》P417;《山全》P36、P165、P200;《济博》P11;《大系》P86;1b:《济博》P11）

下密

下密丞印

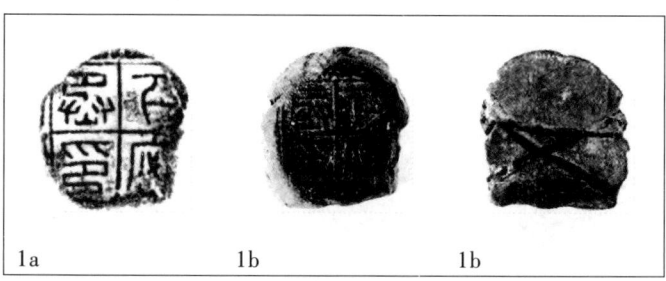

1a　　1b　　1b

（1a:《古封》P154;《秦封》P329;《汇考》P268;《玺印》P416;《山全》P36、P159;《济博》P12;《大系》P295;1b:《济博》P12）

926　中编　地方职官

平寿
平寿丞印

| 1a | 1b | 1b | 2 |

（1a:《古封》P151；《秦封》P323；《上封》P65；《汇考》P266；1b:《上封》P65；2:《古封》P151；《秦封》P323；《玺印》P414；《山全》P161、P197；《大系》P189）

都昌
都昌丞印

| 1a | 1b | 1b |

（1a:《古封》P151；《秦封》P328；《汇考》P265；《书集》P128；《玺印》P405；《山全》P36、P159、P197；《济博》P7；《大系》P68；1b:《济博》P7）

夜
夜丞之印

| 1a | 1b | 1b |

（1a:《古封》P151；《秦封》P329；《汇考》P266；《玺印》P411；《山全》P37、

P166、P197;《济博》P10;《大系》P325;1b:《济博》P10)

昌阳

昌阳丞印

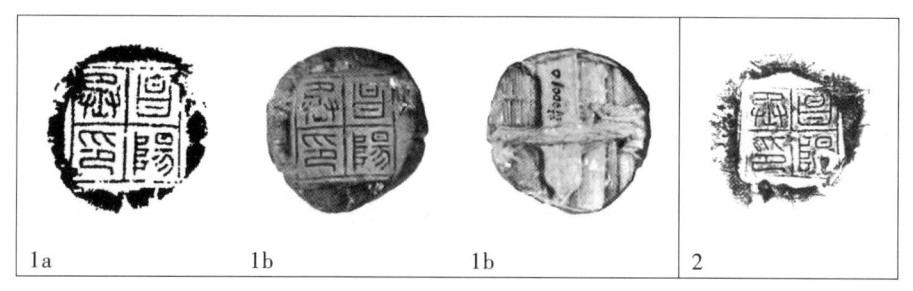

(1a:《古封》P152;《秦封》P330;《玺印》P408;《山全》P4;《大系》P42;1b:《山全》图版 P3;2:《大系》P42)

东牟

东牟丞印

(1a:《古封》P152;《秦封》P324;《汇考》P266;《山全》P36、P159、P198;《济博》P14;《大系》P65;1b:《济博》P14)

薛郡

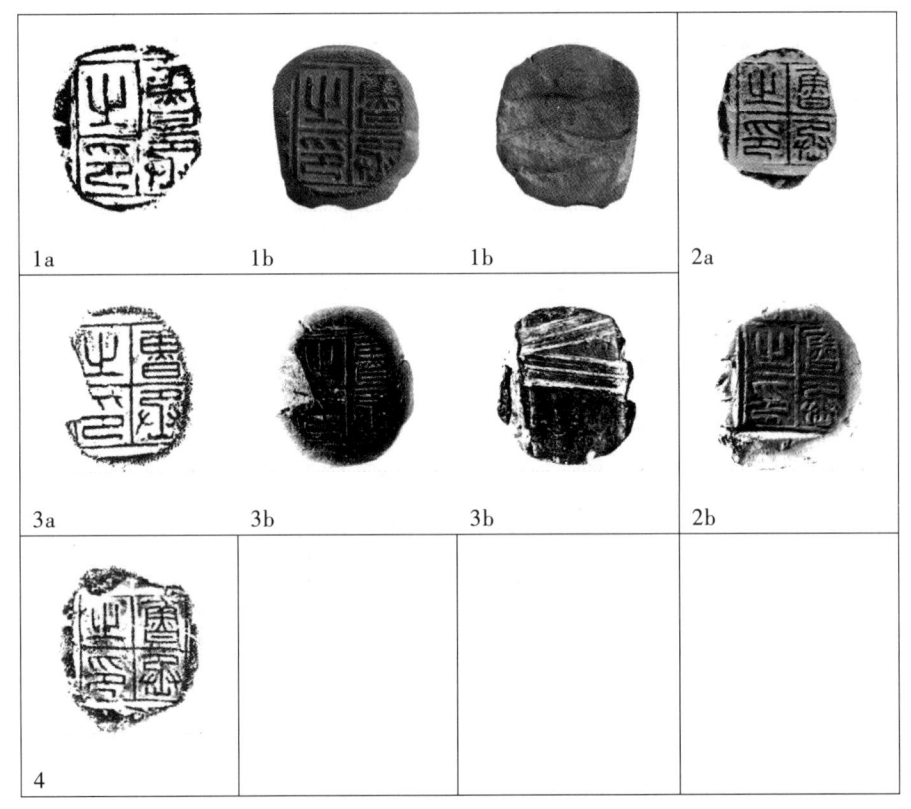

鲁
鲁丞之印

1a	1b	1b	2a
3a	3b	3b	2b
4			

（1a：《古封》P155；《上封》P63；《大系》P161；1b：《上封》P63；2a：《发掘》图一九：8；《新获》P291；《玺印》P409；《大系》P161；2b：《发掘》图版十三：5；3a：《古封》P155；《秦封》P292；《汇考》P219；《山全》P37、P165；《济博》P10；《大系》P161；3b：《济博》P10；4：《大系》P161）

鲁丞之□

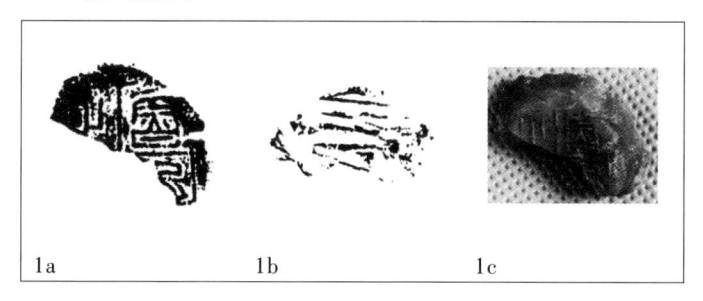

| 1a | 1b | 1c |

（1a：《印集》P126；《汇考》P219；《大系》P161；1b：《印集》P126；1c：《泥选》）

薛

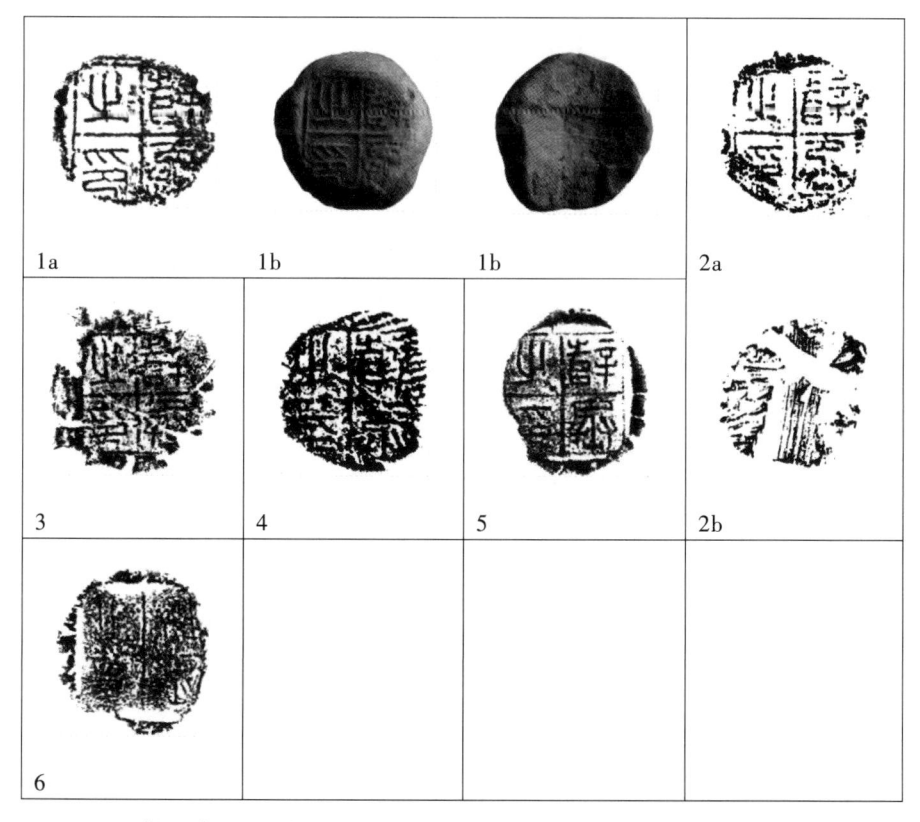

薛丞之印

1a	1b	1b	2a
3	4	5	2b
6			

（1a：《新出》P41；《青泥》P35；《大系》P314；1b：《青泥》P35；2a：《印考》

P209；《印风》P151；《秦封》P293；《印集》P128；《汇考》P221；《玺印》P412；《大系》P313；2b：《印集》P127；3：《图例》P57；《秦封》P293；《汇考》P221；《大系》P313；4：《新出》P41；《大系》P313；5：《大系》P313；6：《大系》P314）

汶阳

汶阳丞印

（1：《于京》图41；《玺印》P409；《大系》P279）

无盐

无盐丞印

（1a：《山全》P37、P160、P200；《济博》P6；1b：《济博》P6；2：《古封》P155；《秦封》P294；《大系》P280）

卞

卞丞之印

无图，考释见《五十例》P319。

第二章 郡县

承

承印

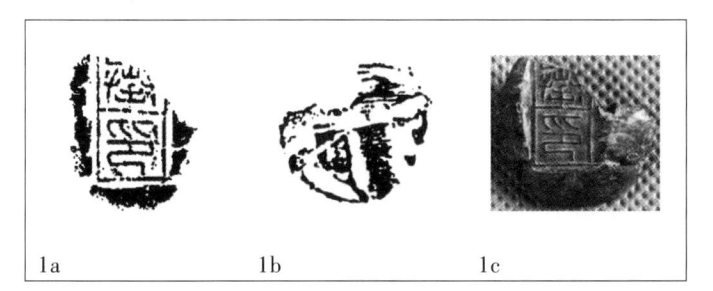

1a　1b　1c

（1a：《新官》图2；《印集》P120；《汇考》P214；《大系》P47；1b：《印集》P120；1c：《泥选》）

承丞之印

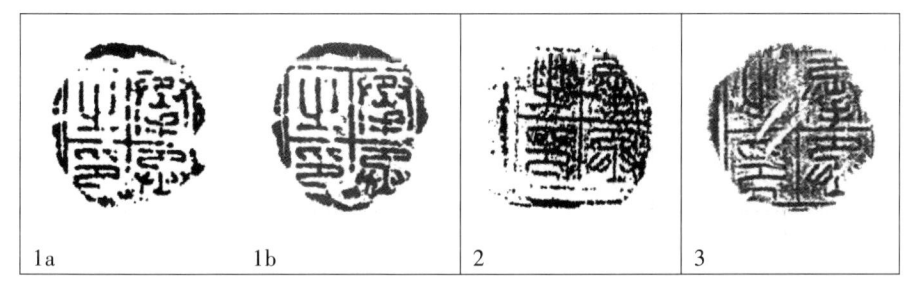

1a　1b　2　3

（1a：《古封》P152；《秦封》P291；《玺印》P417；《山全》P199；《大系》P47；1b：《大系》P47；2：《补读》图46；《秦封》P291；《大系》P47；3：《大系》P47）

蕃

蕃丞之印

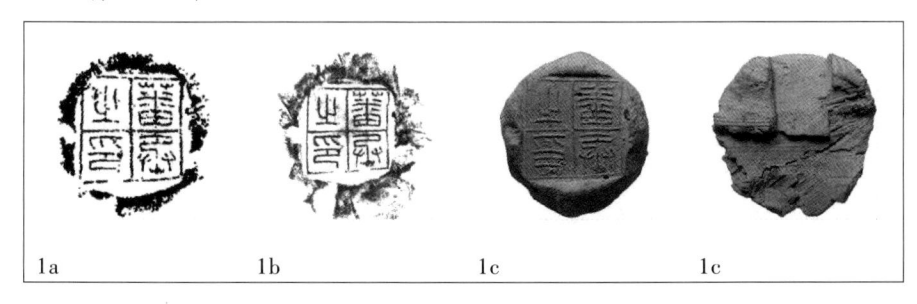

1a　1b　1c　1c

932　中编　地方职官

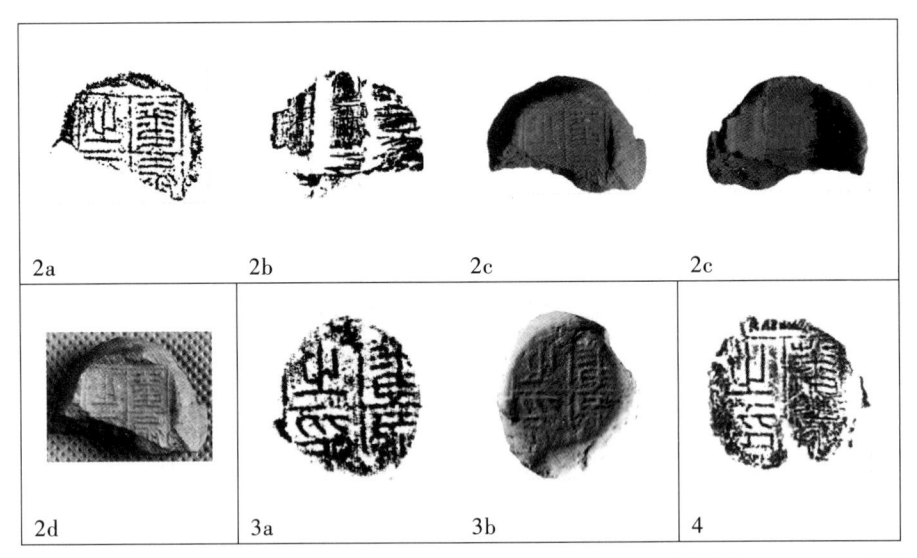

(1a:《菁华》P39;《大系》P78;1b:《大系》P78;1c:《菁华》P39;2a:《释续》图52;《印风》P151;《印集》P141;《汇考》P233;《玺印》P416、419;《大系》P78;2b:《印集》P140;2c:《汇考》图版P65;2d:《泥选》;3a:《新获》P288;《大系》P78;3b:《发掘》图版十六:7;4:《大系》P78)

又:《发掘》P534《出土封泥登记表》2000CH 相1TG1:45 为"蕃丞之印"。

蕃丞之□

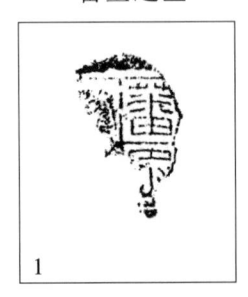

(1:《新出》P11;《大系》P78)

骀

骀印

1

（1:《山房》2.7）

骀丞之印

| 1a | 1b | 2a | 2b |

| 3 | | | |

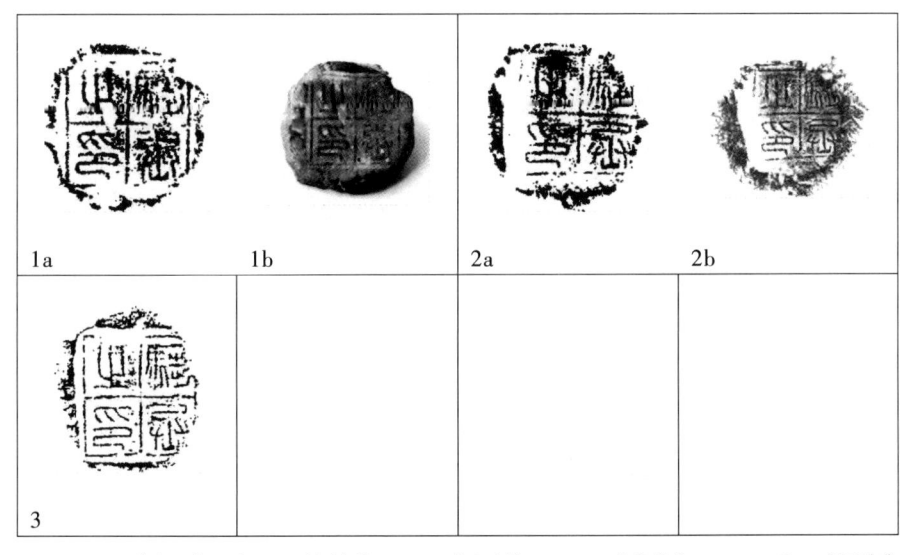

（1a:《发现》图15；《图例》P52；《秦封》P198；《书集》P115；1b:《问陶》P165；2a:《秦封》P198；2b:《大系》P390；3:《选拓》附图；《印风》P152；《秦封》P198；《书集》P115；《玺印》P435；《大系》P390）

任城

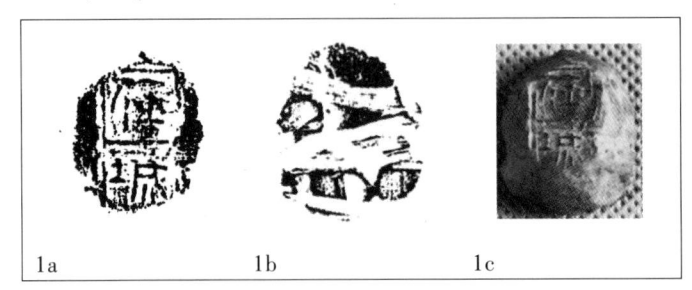

任城

1a　　　1b　　　1c

（1a：《新地》图15；《印集》P126；《汇考》P220；《大系》P199；1b：《印集》P126；1c：《泥选》）

任城丞印

1a　　　1b　　　1c　　　1c

2a　　　2b　　　2c

（1a：《印风》P158；《印集》P127；《汇考》P220；《大系》P199；1b：《印集》P127；1c：《汇考》图版P58；《西博》图七；2a：《补读》图49；《秦封》P293；《书集》P126；《汇考》P220；《玺印》P409；《大系》P199；2b：《秦封》彩版4；2c：《问陶》P164）

方舆

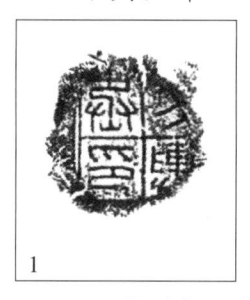

方舆丞印

1

（1：《汇考》P230；《玺印》P414；《大系》P80；2：《大系》P80）

东海郡

东晦都水

1a　　1b　　1b

（1a：《于京》图15；《玺印》P424；《新出》P10；《青泥》P27；《大系》P65；1b：《青泥》P27）

东晦司马

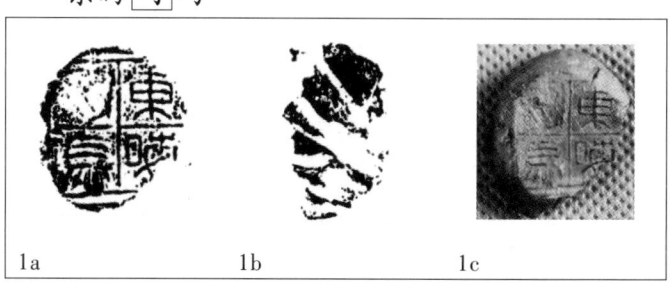

1a　　1b　　1c

（1a：《印风》P147；《释续》图39；《印集》P93；《汇考》P179；《大系》P65；

1b:《印集》P93；1c:《泥选》)

郯

郯丞之印

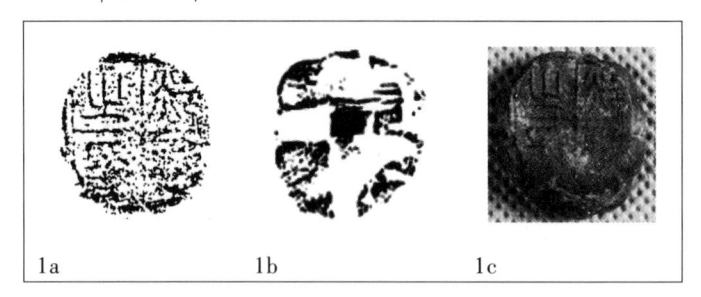

| 1a | 1b | 1c |

（1a:《印风》P151；《释续》图 38；《印集》P130；《汇考》P222；《玺印》P419；《大系》P263；1b:《印集》P130；1c:《泥选》)

下邳

下邳

无图，释读见《五十例》P320。

下邳丞印

1

（1:《于京》图 39；《玺印》P408；《大系》P295）

晦陵

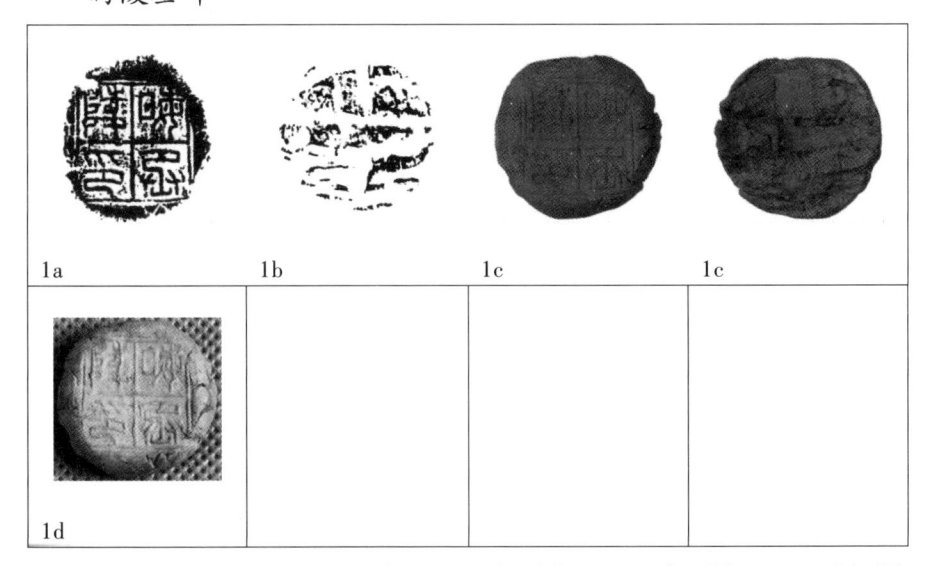

晦陵丞印

| 1a | 1b | 1c | 1c |
| 1d | | | |

（1a：《印风》P152；《释续》图 37；《印集》P143；《汇考》P235；《玺印》P420；《大系》P122；1b：《印集》P143；1c：《汇考》图版 P66；1d：《泥选》）

兰陵

兰陵丞印

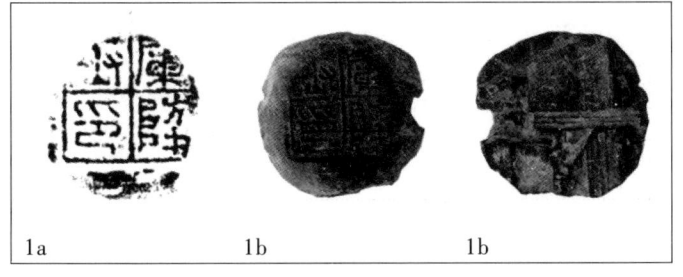

| 1a | 1b | 1b |

（1a：《古封》P152；《秦封》P290；《书集》P129；《汇考》P267；《玺印》P405；《山全》P36、159；《济博》P8；《大系》P146；1b：《济博》P8）

广陵

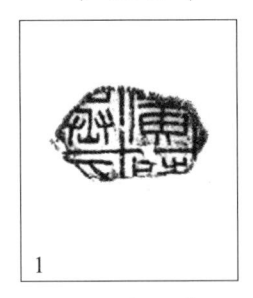

广陵丞印

1

(1:《大系》P103)

新东阳

新东阳丞

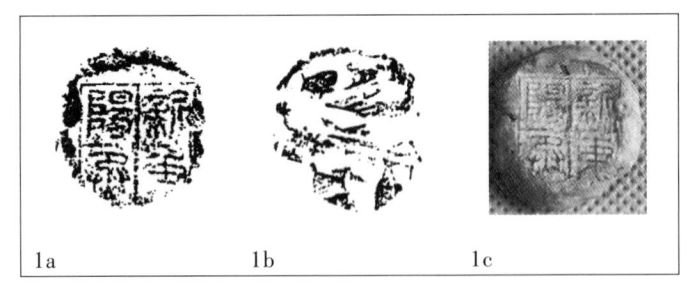

1a　　1b　　1c

(1a:《印风》P157;《释续》图28;《印集》P134;《汇考》P226;《大系》P307;1b:《印集》P134;1c:《泥选》)

游阳

游阳丞印

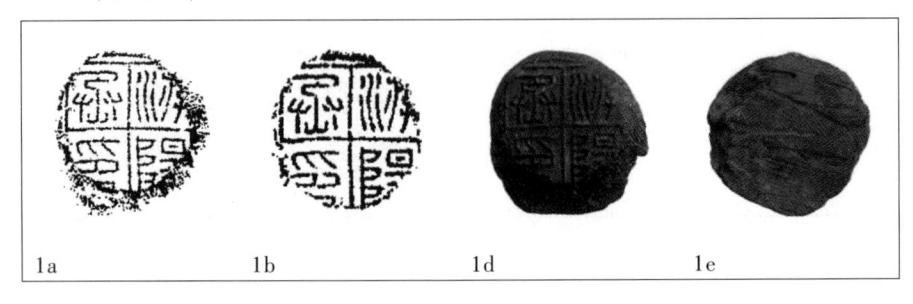

1a　　1b　　1d　　1e

第二章 郡县　939

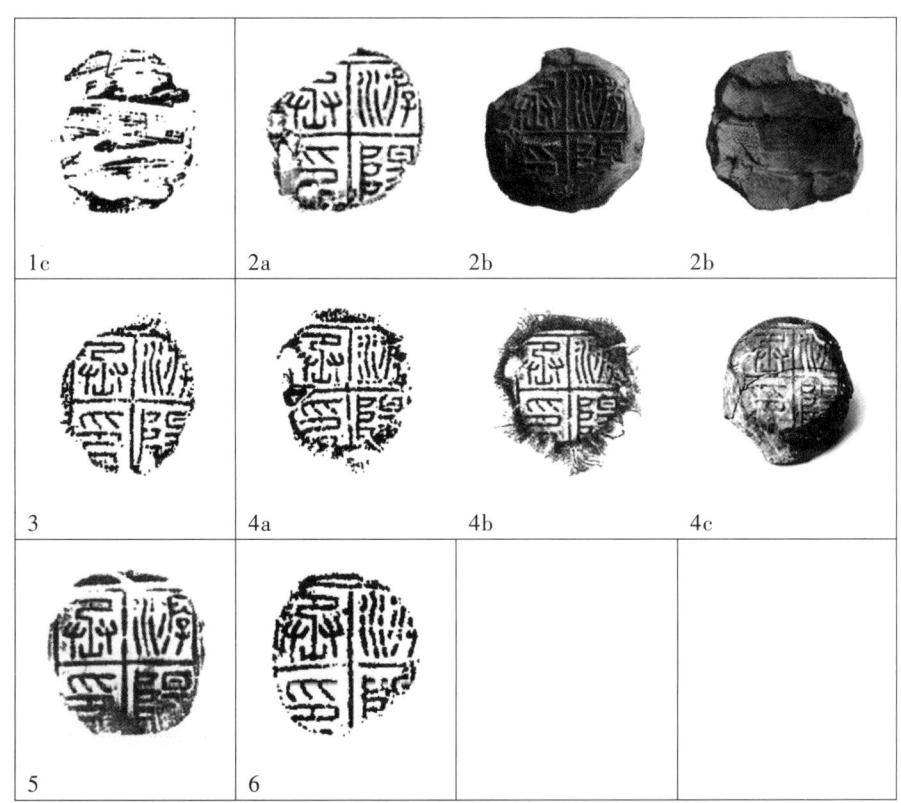

1c	2a	2b	2b
3	4a	4b	4c
5	6		

（1a：《印风》P146；《印集》P118；《汇考》P212；1b：《印集》P118；1c：《汇考》P212；《大系》P335；1d：《汇考》图版P55；《泥选》；1e：《汇考》图版P55；2a：《新出》P43；《青泥》P32；《大系》P336；2b：《青泥》P32；3：《汇考》P212；《大系》P335；4a：《补读》图2：47；《秦封》P291；《印集》P413；《大系》P336；4b：《大系》P335；4c：《问陶》P164；5：《大系》P335；6：《补读》图47；《秦封》P291；《汇考》P212；《玺印》P413；《大系》P335）

堂邑

堂邑丞印

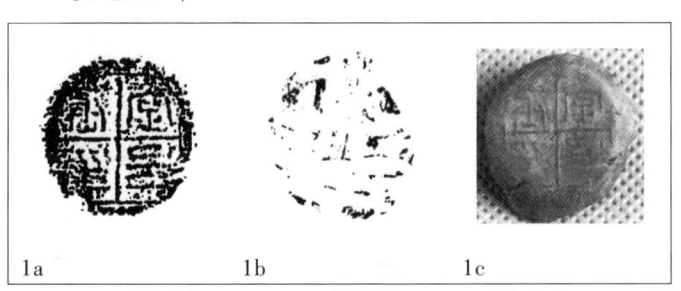

1a	1b	1c

（1a：《补读》图2：48；《秦封》P292；《印集》P118；《书集》P128；《汇考》

P211；《玺印》P404；《大系》P263；1b:《印集》P118；1c:《泥选》)

堂邑丞□

(1:《秦封》P292；《汇考》P211；《大系》P140、P263)

成阳

成阳丞印

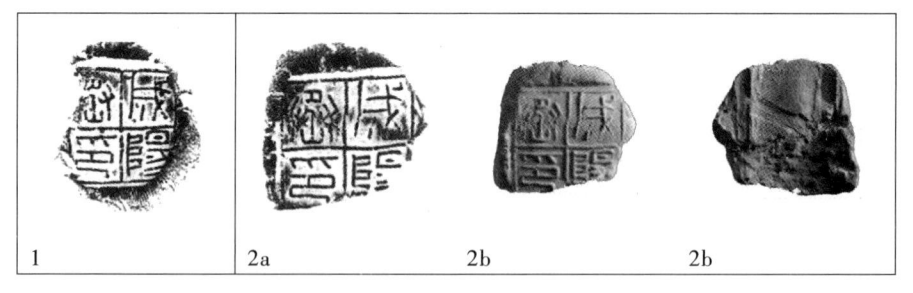

(1:《大系》P47；2a:《精品》P48；《大系》P47；2b:《精品》P48)

播旌

潘旌

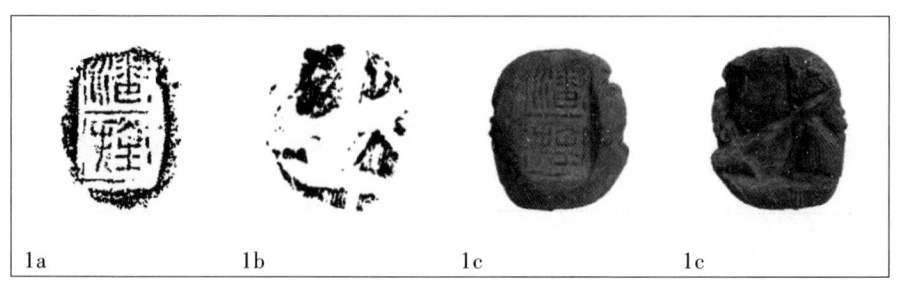

(1a:《于京》图40；《书法》P44；《印集》P152；《汇考》P242；《玺印》P360；《大系》P453；1b:《印集》P152；1c:《书法》P44；《汇考》图版P71)

第二章　郡县　941

泰山郡

泰山司空

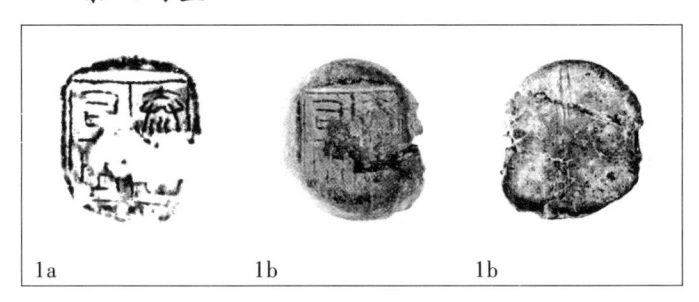

　　（1a：《古封》P60；《秦封》P218；《上封》P45；《玺印》P424；《山全》P38、P158、P190；《济博》P15；《大系》P259；1b：《济博》P15）

卢

卢丞

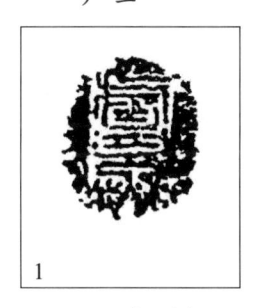

　　（1：《汇考》P225）

卢丞之印

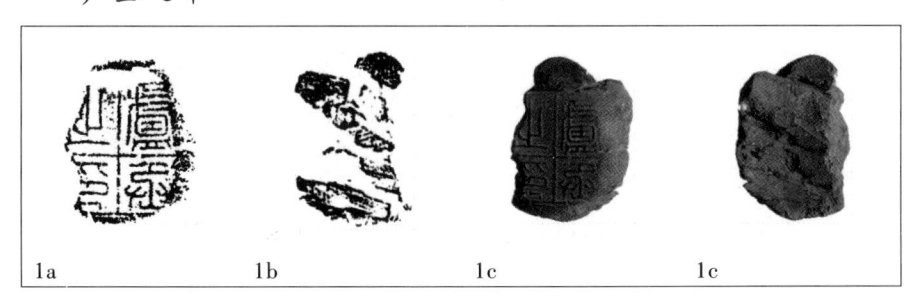

942　中编　地方职官

1d	2		

（1a：《补读》图 60；《续考》图 221；《印风》P154；《秦封》P319；《印集》P133；《书集》P126；《汇考》P225；《玺印》P410；《大系》P160；1b：《印集》P133；1c：《汇考》图版 60；1d：《泥选》；2：《大系》P160）

卢丞□印

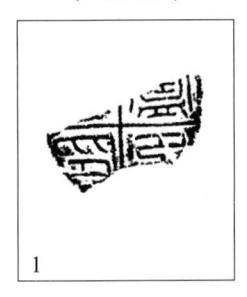

1

（1：《新出》P25；《大系》P160）

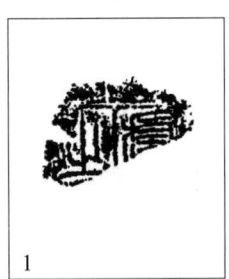

卢□之□

1

（1：《秦封》P319；《汇考》P225）

河外郡

河外大守

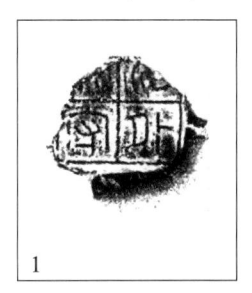

1

(1:《大系》P114)

河外府丞

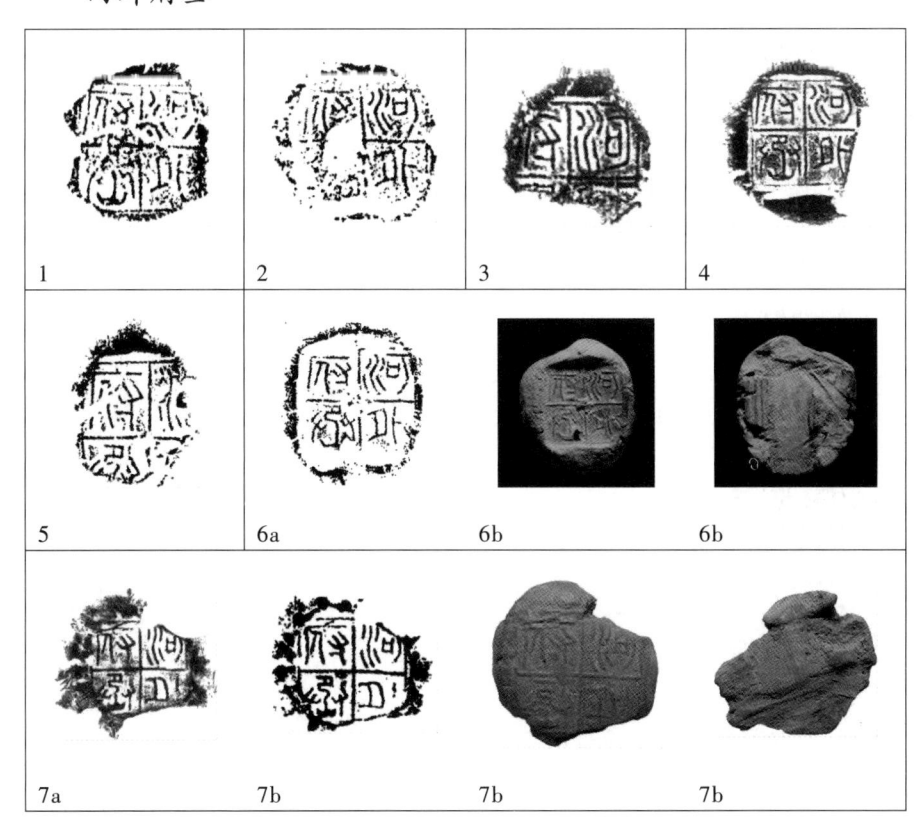

1	2	3	4
5	6a	6b	6b
7a	7b	7b	7b

944　中编　地方职官

8			

（1：《于京》图8；《玺印》P423；《新出》P16；《大系》P113；2：《新出》P16；《大系》P113；3、4：《大系》P113；5：《新出》P65；《大系》P113；6a：《新选》P96；《大系》P113；6b：《新选》图版P64；7a：《大系》P113；7b：《菁华》P35；8：《大系》P113）

河外□丞

1

（1：《新出》P16；《大系》P113）

河□府丞

1

（1：《新出》P16）

河外铁□

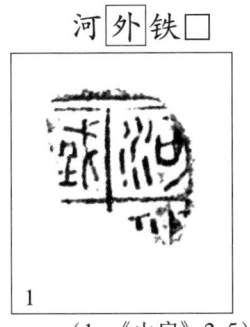

（1:《山房》2.5）

城阳郡

城□大□

（1:《大系》P48）

第四节　淮汉以南诸郡

南郡

南郡大守

（1:《大系》P178）

946 中编 地方职官

南郡府丞

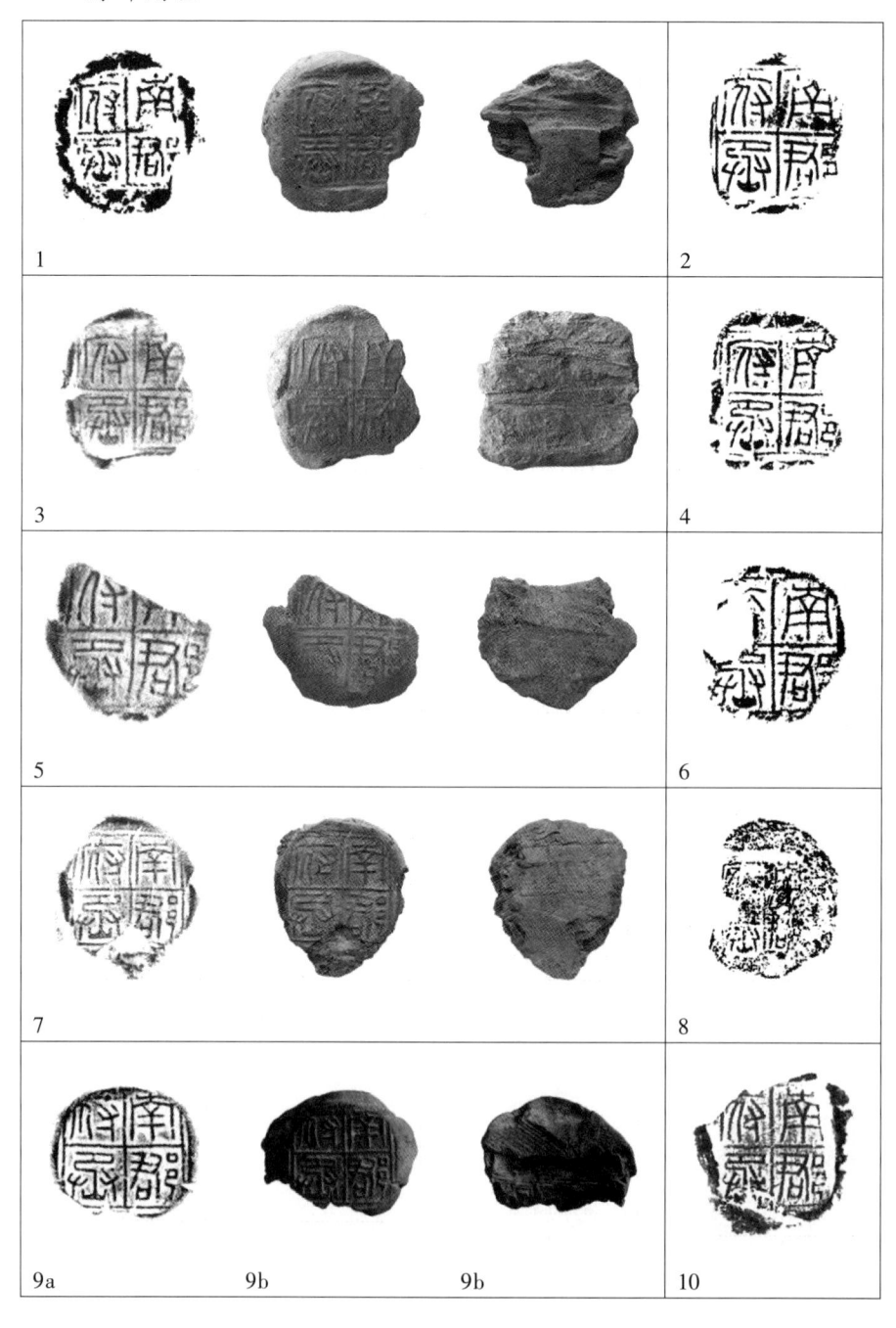

1

2

3

4

5

6

7

8

9a 9b 9b 10

第二章 郡县 947

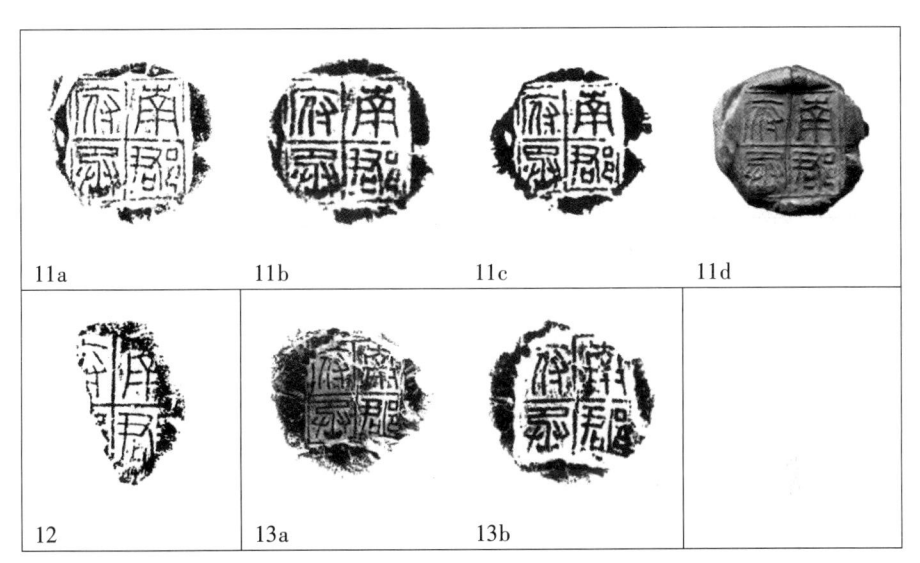

| 11a | 11b | 11c | 11d |
| 12 | 13a | 13b | |

（1：《菁华》P36；2、4、6、8：《新出》P26；3、5、7：《相家》P24；9a：《新出》P26；《青泥》P31；9b：《青泥》P31；10：《于京》图17；《新出》P71；11a：《新出》P71；《秦选》P86；《大系》P177；11b：《大系》P177；11c：《西见》图二：18；《大系》P177；11d：《秦选》P86；12．《新出》P71；13a：《大系》P177；13b：《新出》P71；《大系》P177）

南郡□丞

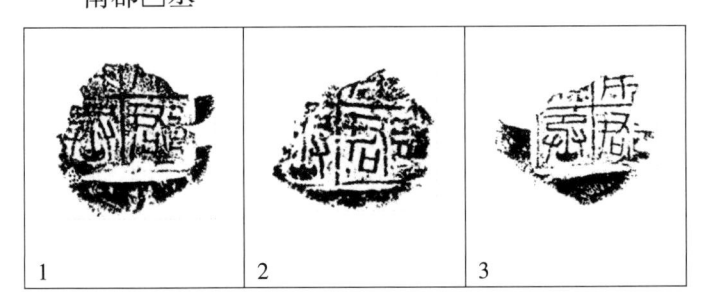

| 1 | 2 | 3 |

（1、2：《新出》P26；3：《新出》P71）

南郡□□

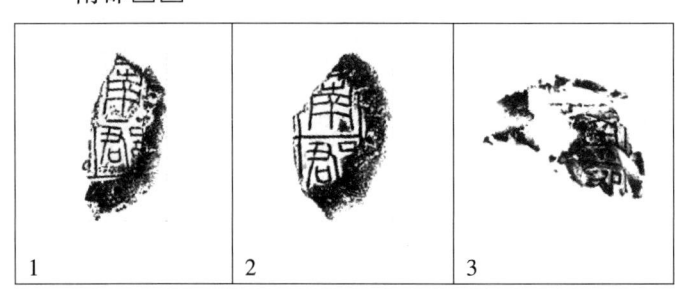

| 1 | 2 | 3 |

（1、2：《新出》P71；《大系》P178；3：《新选》P102；《大系》P178）

南郡司空

（1：《秦封》P253；《玺印》P425；《大系》P177）

南郡池印

（1：《大系》P177）

南郡池丞

无图，释读见《五十例》P317。

江陵

江陵

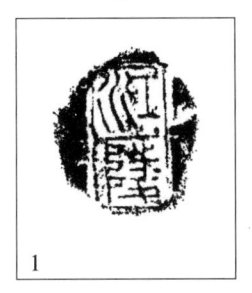

1

（1：《新选》P97；《大系》P125）

江陵丞印

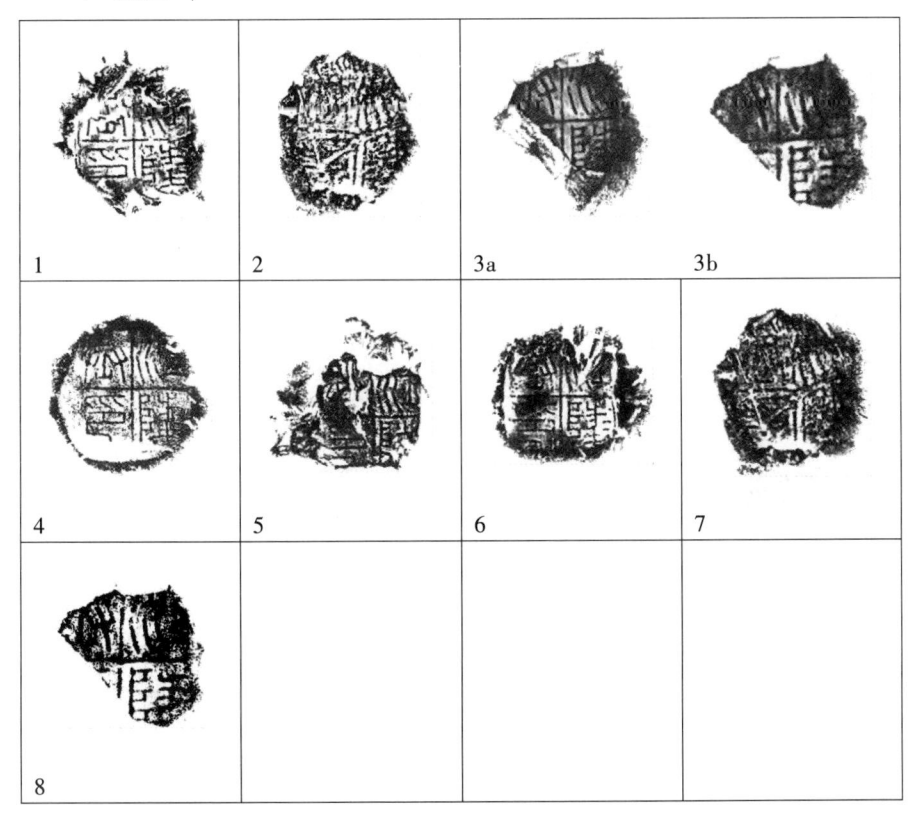

1 2 3a 3b

4 5 6 7

8

（1、2：《新出》P67；《大系》P125；3a、3b：《大系》P125；4：《新选》P97；

《大系》P125；5—7：《大系》P125；8：《酒余》P33下）

江陵□□

（1：《新选》P97；《大系》P125）

江□丞□

（1：《新出》P67；《大系》P125、P126）

江陵少內

（1：《大系》P126）

竟陵

竟陵

1

(1：《大系》P128)

竟陵丞印

1　　2　　3　　4

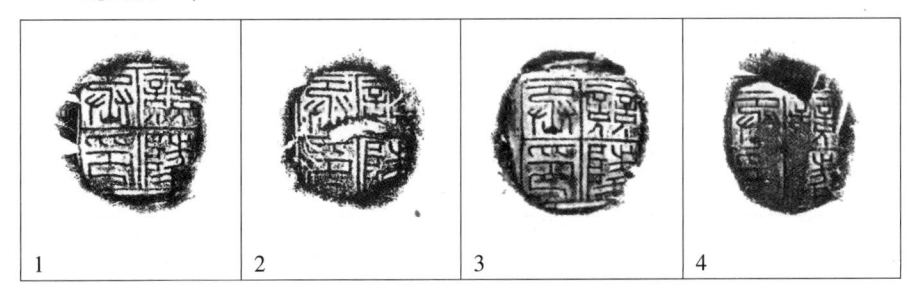

(1：《新出》P101；《大系》P129；2：《新选》P97；《大系》P129；3、4：《大系》P129)

鄢

鄢印

1a　　1b　　1b

(1a：《新选》P115；《大系》P317；1b：《新选》图版 P69)

952 中编 地方职官

鄢□

1

(1:《大系》P317)

鄢丞之印

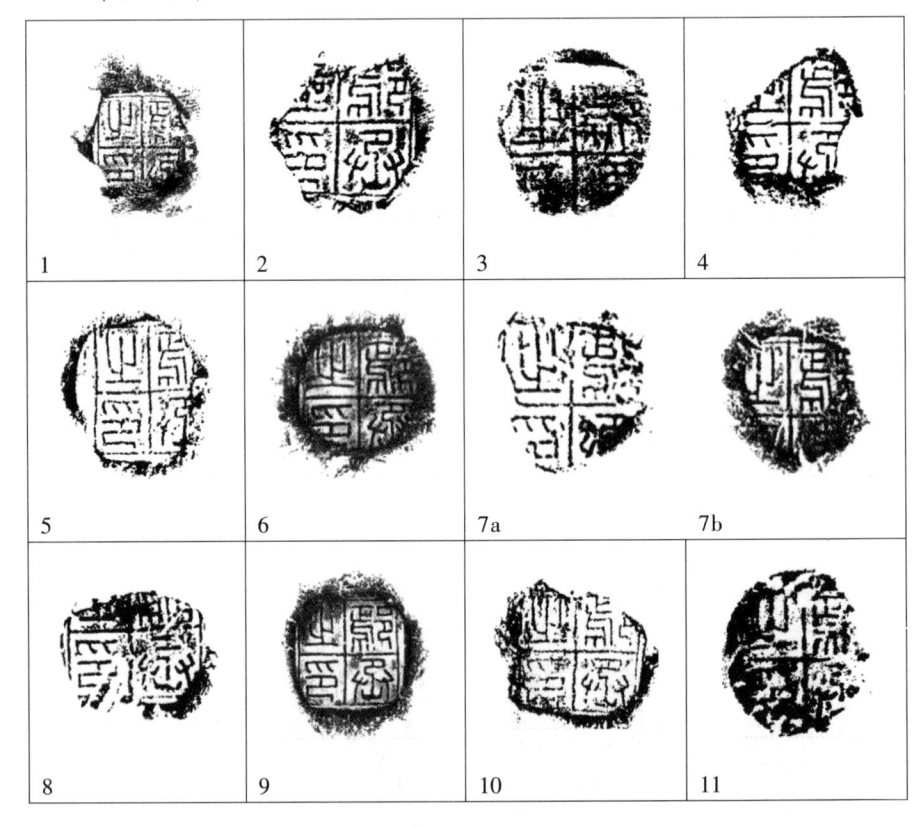

1	2	3	4
5	6	7a	7b
8	9	10	11

第二章 郡县 953

| 12a | 12b | 12b | 12c |
| 13a | 13b | 13b | |

（1:《新出》P83;《大系》P316; 2—4:《新出》P83; 5:《新出》P83;《大系》P316; 6:《大系》P316; 7a:《新出》P83; 7b:《新出》P84; 8:《新出》P84; 9:《大系》P316; 10:《新选》P115;《大系》P316; 11:《酒余》P44下;《大系》P316; 12a:《精品》P65;《大系》P316; 12b:《精品》P65; 12c:《精品》P64; 13a:《新选》P115;《大系》P316; 13b:《新选》图版P68）

鄢丞□印

1

（1:《新出》P84）

鄢丞之□

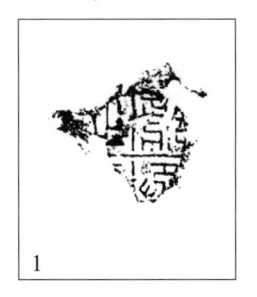

1

（1：《新出》P83）

鄢丞□□

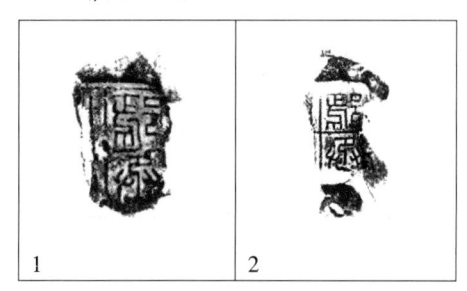

1　2

（1：《大系》P316；2：《大系》P317：）

鄢□之□

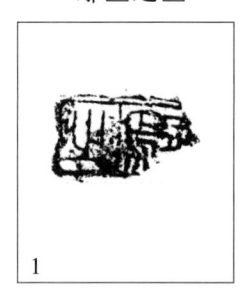

1

（1：《酒余》P44 下）

安陆

安陆

1

2

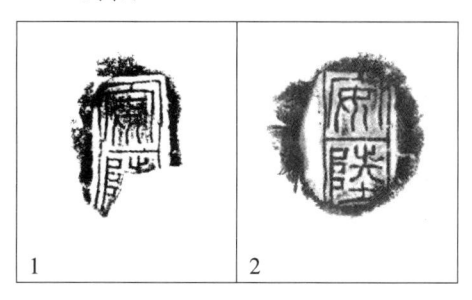

(1:《新选》P86;《大系》P22;2:《大系》P22)

安陆丞印

1

(1:《新选》P86;《大系》P22)

西陵

西陵丞印

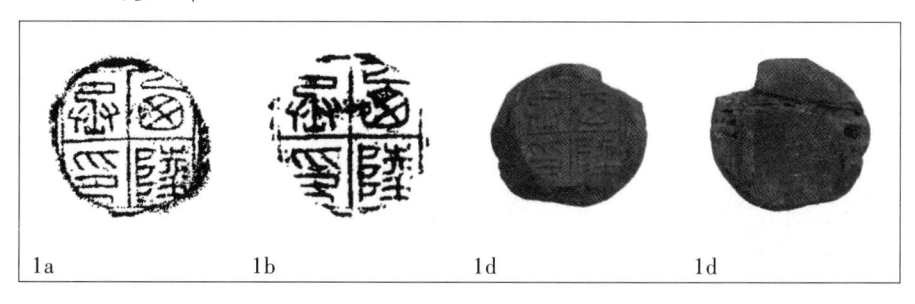

1a　1b　1d　1d

956 中编 地方职官

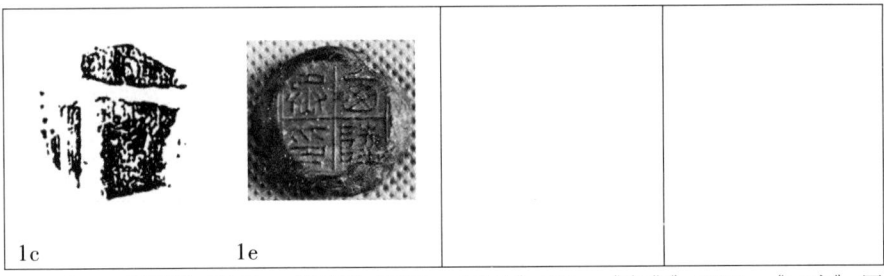

| 1c | 1e | | |

（1a：《释续》图 30；《印风》P135；《书法》P42；《印集》P119；《于京》图 45；《汇考》P214；《大系》P287；1b：《玺印》P404；《大系》P288；1c：《印集》P119；1d：《书法》P42；《汇考》图版 P56；1e：《泥选》）

枝江
芰江丞印

无图，释读见《五十例》P47。

沙羡
沙羡關印

（1：《大系》P204）

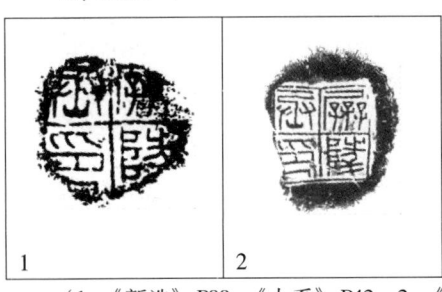

屎陵
屎陵丞印

（1：《新选》P89；《大系》P42；2：《大系》P42）

当阳

当阳丞印

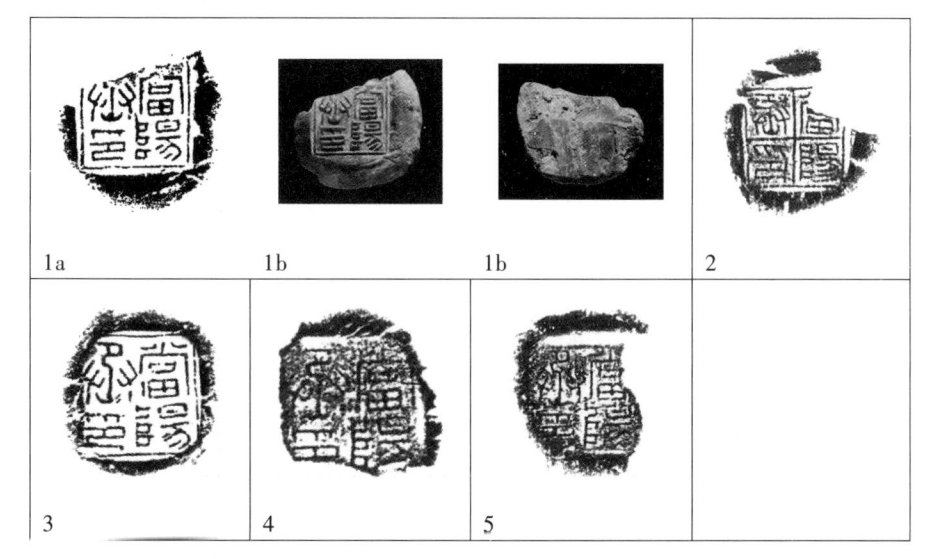

1a	1b	1b	2
3	4	5	

（1a：《新选》P91；《大系》P59；1b：《新选》图版 P62；2—5：《大系》P59）

当阳□印

1

（1：《新出》P100；《大系》P59）

958 中编 地方职官

当阳□□

1

（1:《大系》P59）

当□丞□

3

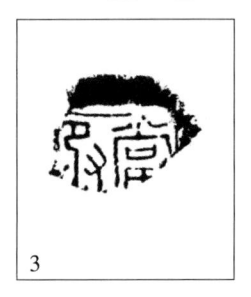

（1:《新出》P100;《大系》P59）

郢□金□

无图，释读见《发掘》P539。

九江郡

九江守印

1a　　1b　　1b

（1a:《古封》P89;《秦封》P254;《上封》P43;《汇考》P260;《大系》P129;

1b:《上封》P43）

九江侯丞

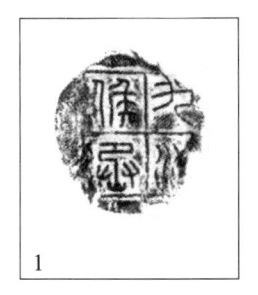

1

（1:《山房》2.1）

九江司空

无图，释读见《职地》P265。

寿春
寿春丞印

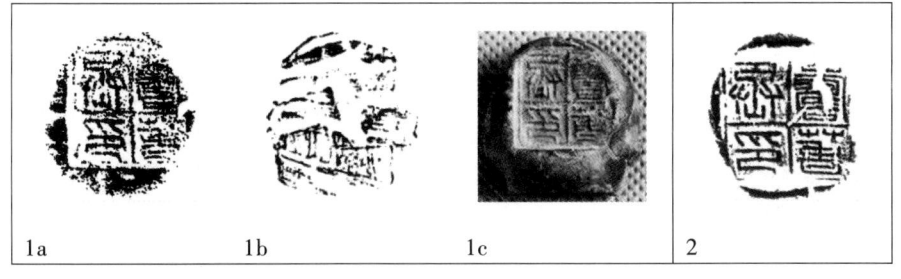

1a　　1b　　1c　　2

（1a:《新地》图18；《印集》P121；《汇考》P216；《大系》P224；1b:《印集》P121；1c:《泥选》；2:《大系》P224）

舒

舒丞之印

| 1a | 1b | 1b | 2 |

（1a：《新出》P31；《青泥》P32；《大系》P225；1b：《青泥》P32；2：《于京》图38；《玺印》P410；《大系》P225）

灊

灊丞之印

无图，释读见《五十例》P318。

灊□□□

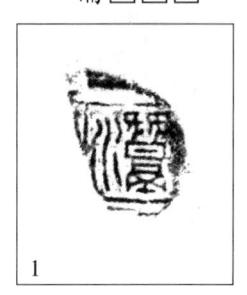

1

（1：《山房》2.33）

历阳
历阳丞印

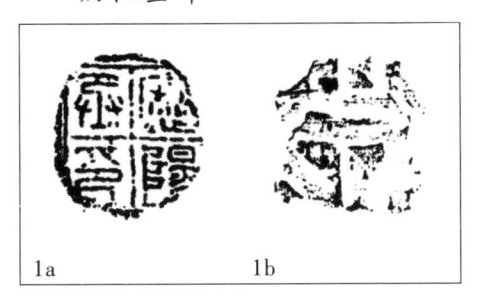

1a　　　　　1b

（1a：《印风》P160；《释续》图 32；《印集》P122；《汇考》P216；《玺印》P406；《大系》P153；1b：《印集》P122）

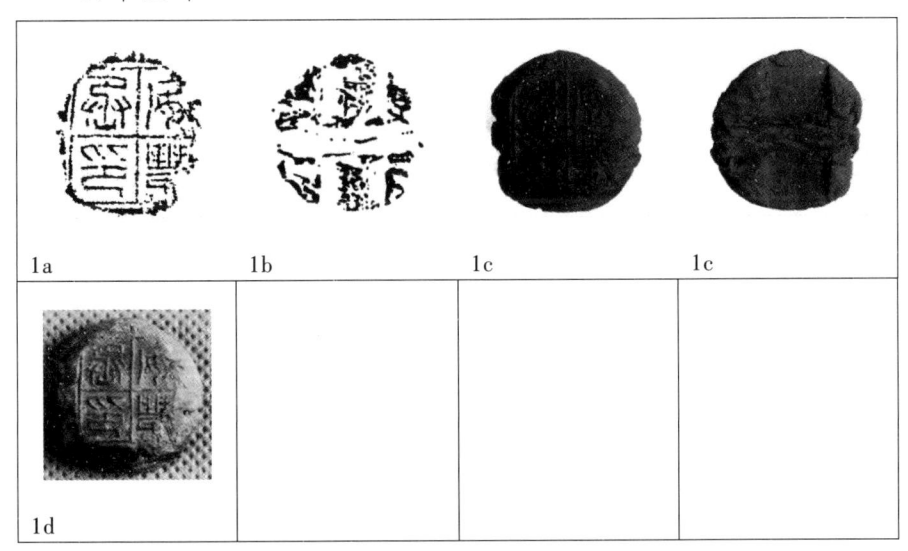

安丰
安丰丞印

1a　　　1b　　　1c　　　1c

1d

（1a：《印风》P150；《释续》图 55；《印集》P142；《汇考》P234；《玺印》P420；《大系》P22；1b：《印集》P142；1c：《汇考》图版 P65；1d：《泥选》）

弋阳

弋阳

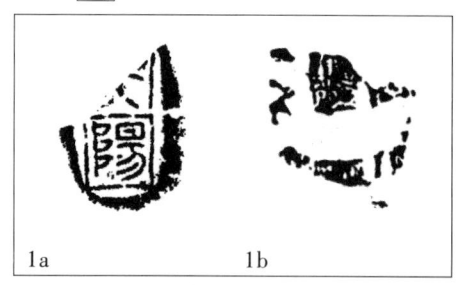

1a　　　　　1b

（1a：《新地》图 8；《印集》P165；《汇考》P255；《大系》P165；1b：《印集》P165）

蓼

蓼丞之印

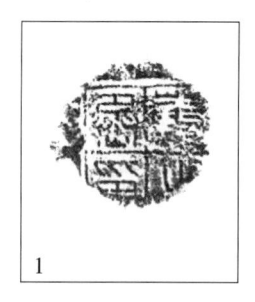

1

（1：《大系》P156）

英

英丞之印

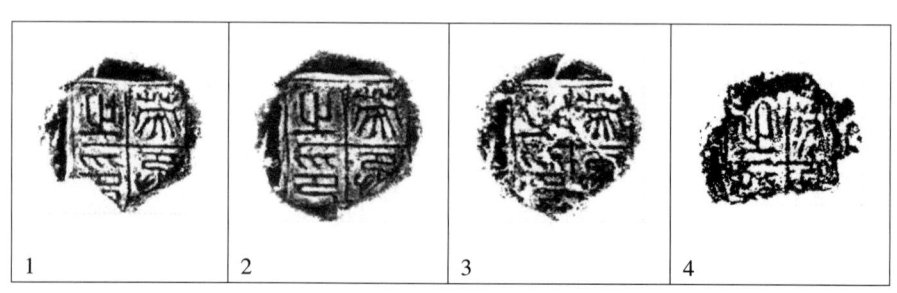

1　　2　　3　　4

第二章 郡县 963

（1、2：《汝南》P91；《新出》P109；《大系》P330；3：《新出》P109；《汝南》P91；4：《新选》P116；《大系》P330；5a：《精品》P51；《大系》P330；5b：《精品》P51）

庐江郡

新淦

新淦丞印

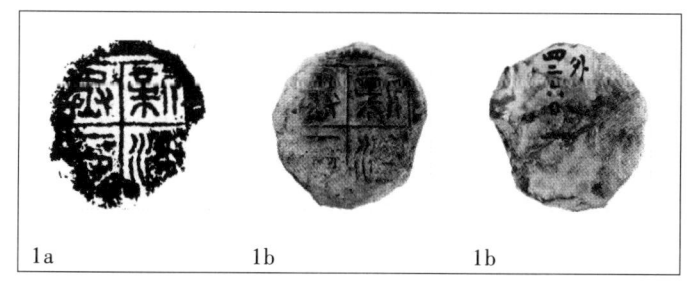

（1a：《古封》P153；《中封》P103；《秦封》P302；《汇考》P267；《大系》P308；1b：《中封》P103）

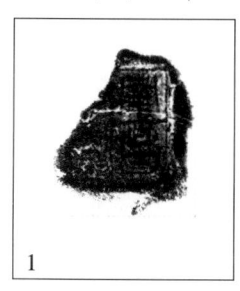

南昌

南昌丞印

（1：《大系》P174）

衡山郡

衡山发弩

1a　　　　1b　　　　1b　　　　1c

（1a:《中封》P169;《秦封》P254;《汇考》P60;《玺印》P422;《大系》P114; 1b:《中封》P169;《X光》P157; 1c:《X光》P157）

衡山马丞

无图，释读见《五十例》P317。

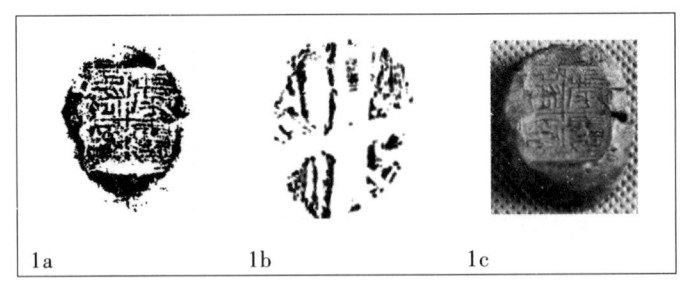

㡯娄

㡯娄丞印

1a　　　　1b　　　　1c

（1:《释续》图31;《印集》P119;《汇考》P214;《大系》P114; 1b:《印集》P119; 1c:《泥选》）

鄍

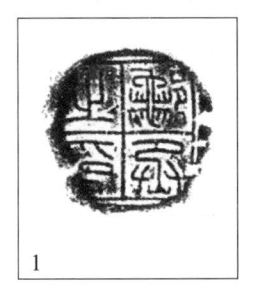

鄍丞之印

1

（1:《大系》P166）

会稽郡

吴

吴丞之印

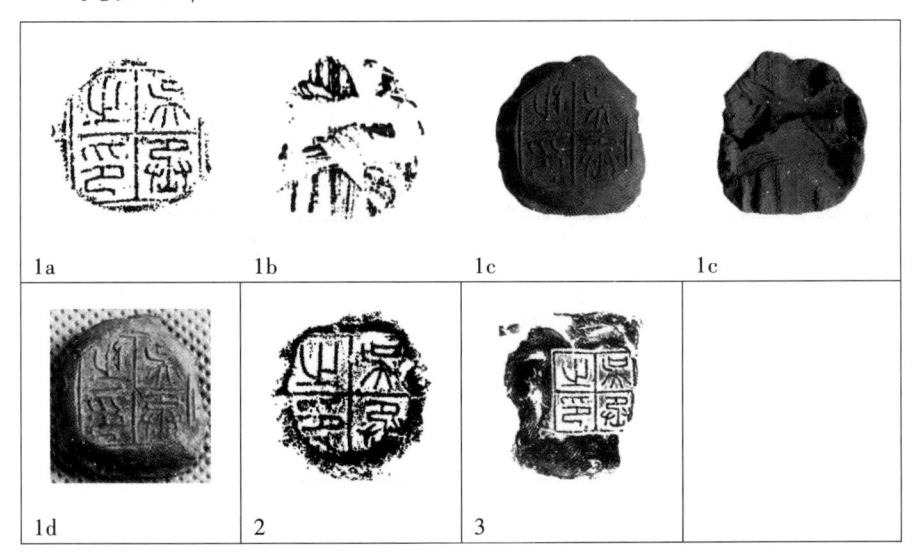

| 1a | 1b | 1c | 1c |
| 1d | 2 | 3 | |

（1a:《补读》图 54；《续考》图 220；《释续》图 40；《印风》P155；《秦封》P300；《书法》P43；《印集》P135；《书集》P128；《汇考》图版 P61；1b:《印集》P135；1c:《汇考》图版 P61；《书法》P43；1d:《泥选》；2:《新选》P112；《大系》P280；3:《大系》P280）

966　中编　地方职官

吴丞□□

1

（1：《新选》P112；《大系》P280）

吴炊之印

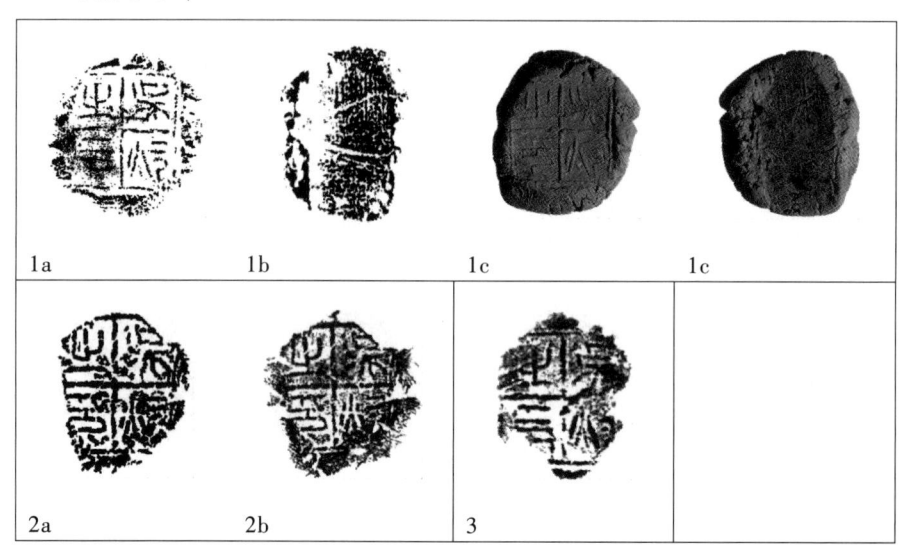

1a　　1b　　1c　　1c

2a　　2b　　3

（1a：《印风》P155；《印集》P158；《汇考》P250；《大系》P280；1b：《印集》P158；1c：《汇考》图版P74；2a：《发现》图106；《图例》P55；《秦封》P238；《汇考》P250；2b：《大系》P280；3：《大系》P280）

海盐
晦盐

1

（1：《山房》2.22）

乌程
乌呈之印

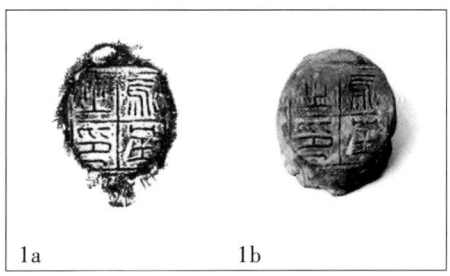

1a　　1b

（1a：《秦封》P301；《玺印》P403；《大系》P279；1b：《问陶》P165）

鄣郡

菀陵
菀陵丞印

1

（1：《山房》2.23）

968　中编　地方职官

桊陵

桊陵之印

无图，释读见《五十例》P320。

洞庭郡

□庭□马

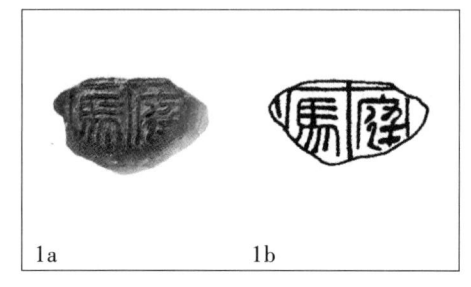

1a　　　　　1b

（1a:《简博》P1；1b:《里耶》P220;《大系》P68）

酉阳

酉阳丞印

1　　　2　　　3

（1a:《简博》P1；1b:《上封》P73；2:《里耶》P220;《大系》P336）

巫黔中郡

巫黔中守

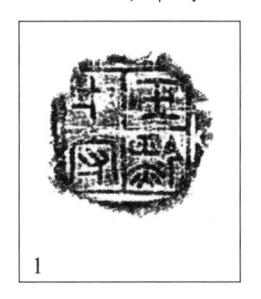

1

（1：《大系》P279）

巫黔大府

1

（1：《大系》279）

巫黔右工

1

（1：《于京》图20；《玺印》P423；《大系》P279）

巫黔□邸

1

（1：《于京》图19；《玺印》P423；《大系》P279）

第 三 章

乡·亭·部

第一节 乡

安乡

1	2a	2b	2b
3	4	5	6

972　中编　地方职官

（1：《古封》P317；《秦封》P341；《山全》P235；2a：《古封》P317；《秦封》P341；《山全》P208；《济博》P102；2b：《济博》P102；3：《古封》P317；《秦封》P341；《山全》P17；4：《古封》P318；《秦封》P342；5：《古封》P317；《秦封》P342；6：《山全》P17；7a：《古封》P317；《秦封》P342；《上封》P83；《山全》P139；7b：《上封》P83；8：《山全》P177；9：《济博》P102）

安乡之印

第三章 乡·亭·部 973

5			

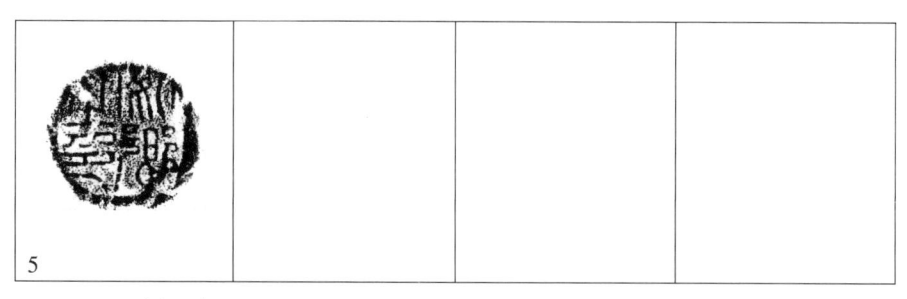

（1a：《古封》P294；《秦封》P342；《山全》P171、P207；《济博》P92；1b：《济博》P92；2：《秦封》P342；《山全》P234；3a：《古封》P294；《秦封》P342；《上封》P77；3b：《上封》P77；4：《古封》P294；《秦封》P342；《玺印》P401；《山全》P17；5：《山全》P260）

安国乡印

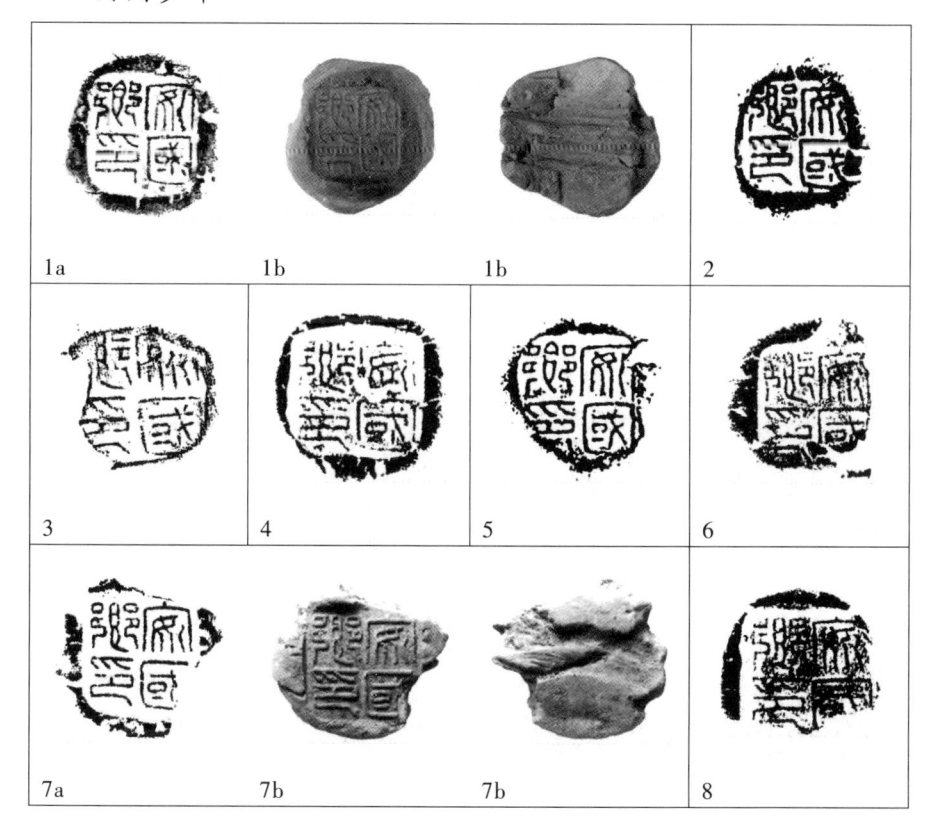

1a	1b	1b	2
3	4	5	6
7a	7b	7b	8

974　中编　地方职官

9	10a	10b	10b
11			

（1a：《古封》P293；《山全》P171、P206；《济博》P94；1b：《济博》P94；2：《古封》P293；《山全》P232；3：《山全》P260；《山全》P143；4：《古封》P293；《山全》P8；5：《古封》P293；《山全》P143；6：《古封》P293；《山全》P8；7a：《山全》P248；7b：《山全》图版P10；8：《古封》P294；《秦封》P349；《山全》P8；9：《山全》P247；10a：《古封》P293；《上封》P77；《山全》P143；10b：《上封》P77；11：《山全》P240）

安平乡印

1	2	3	4
5a	5b	5b	6

第三章　乡·亭·部　975

（1：《古封》P290；《秦封》P362；《山全》P8；2：《古封》P291；《秦封》P362；3：《古封》P291；《秦封》P362；《山全》P8；4：《古封》P291；《秦封》P362；5a：《古封》P291；《秦封》P362；《山全》P8；5b：《山全》图版 P6；6：《古封》P292；《秦封》P362；《山全》P142；7：《秦封》P362；《大系》P23；8：《古封》P292；《秦封》P362；《大系》P22；9：《秦封》P362；10：《古封》P292；《秦封》P362；《山全》P205；11：《古封》P292；《大系》P23；《山全》P8；12：《山全》P231；《大系》P23；13：《古封》P292；《大系》P23；14：《古封》P291；《山全》P142；《大系》P23；15a：《古封》P292；《上封》P76；《大系》P23；15b：《上封》P76；16：《山全》P172；17：《山全》P261）

976 中编 地方职官

安□乡□

1

(1:《山全》P45)

拔乡之印

1a　　　　1b　　　　1b

(1a:《古封》P301;《秦封》P346;《山全》P173、P207;《济博》P90;1b:《济博》P90)

白水乡印

1　　　2a　　　2b　　　2b

第三章 乡·亭·部 977

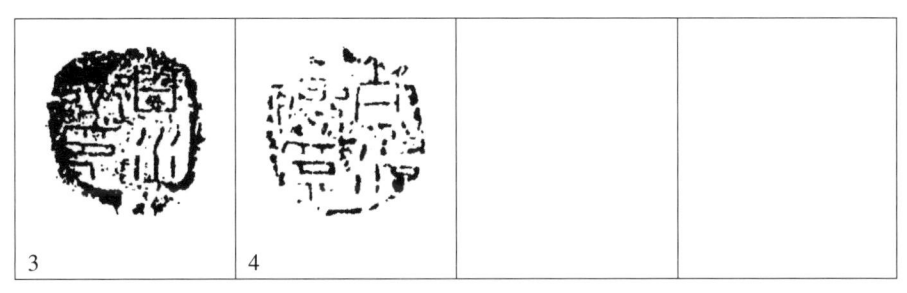

3	4		

（1：《古封》P290；《秦封》P354；《汇考》P148；《山全》P232；《大系》P26；2a：《古封》P290；《秦封》P354；《上封》P76；《山全》P143；《大系》P26；2b：《上封》P76；3：《古封》P290；《秦封》P354；《汇考》P148；《大系》P26；《山全》P232；4：《古封》P290；《秦封》P354；《山全》P206；《大系》P26）

北乡

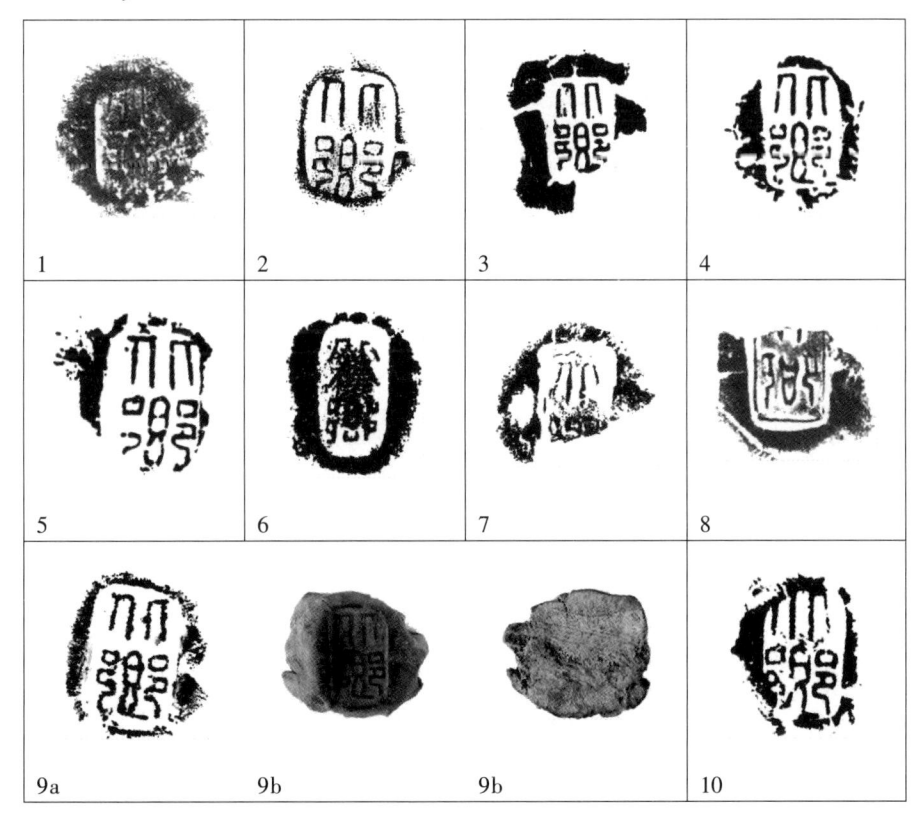

1	2	3	4
5	6	7	8
9a	9b	9b	10

978　中编　地方职官

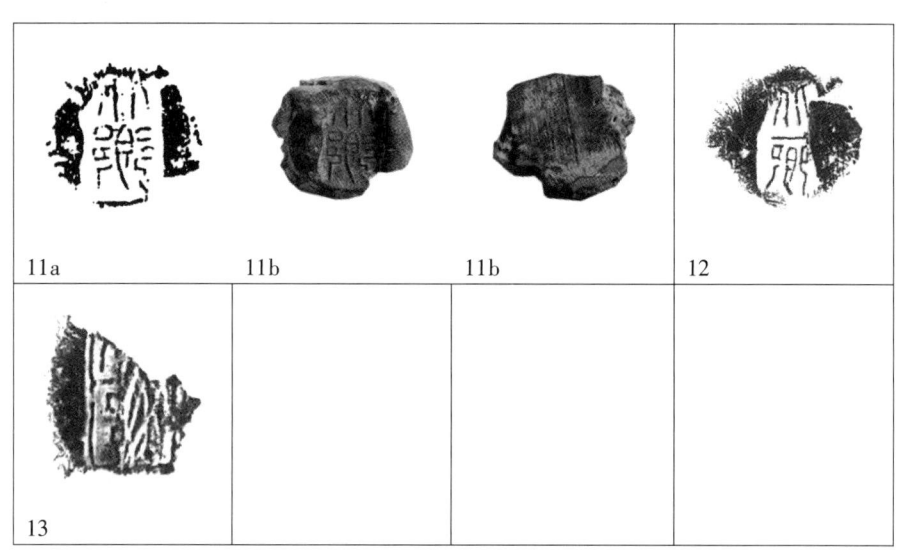

| 11a | 11b | 11b | 12 |
| 13 | | | |

（1：《大系》P35；2：《山全》P261；3：《古封》P316；《山全》P10；4：《古封》P316；5：《古封》P316；《山全》P235；6：《古封》P316；7：《酒余》P27 上；《大系》P34；8、12、13：《大系》P34；9a：《古封》P316；《山全》P176、P208；《济博》P101；9b：《济博》P101；10：《山全》P240；11a：《秦封》P339；《上封》P82；11b：《上封》P82）

长陵乡印

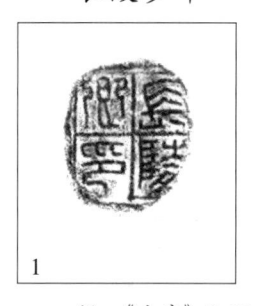

1

（1：《山房》2.30）

第三章　乡·亭·部　　979

朝阳乡印

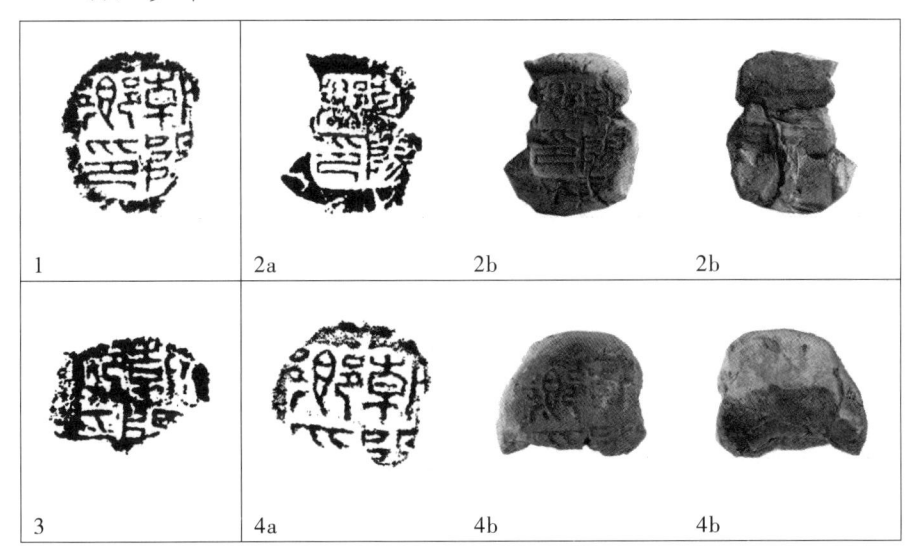

| 1 | 2a | 2b | 2b |
| 3 | 4a | 4b | 4b |

（1：《古封》P307；《秦封》P352；《山全》P172、P205；2a：《古封》P307；《秦封》P352；《上封》P81；《山全》P141；2b：《上封》P81；3：《古封》P307；4：《济博》P94）

成乡

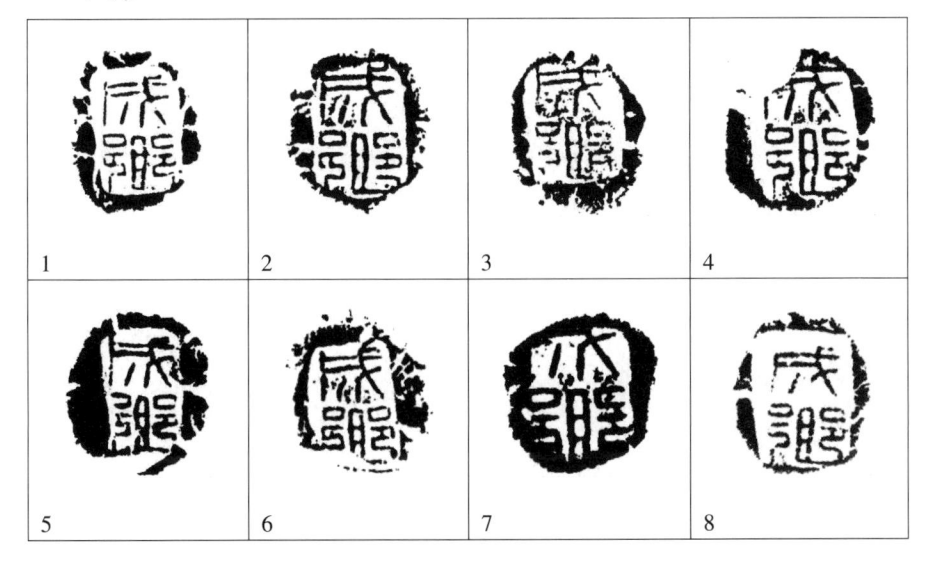

| 1 | 2 | 3 | 4 |
| 5 | 6 | 7 | 8 |

980　中编　地方职官

（1：《古封》P320；2：《古封》P320；《山全》P140；3：《古封》P320；4：《古封》P320；《山全》P13；5：《古封》P321；6：《古封》P321；《山全》P235；7：《古封》P321；8：《古封》P321；《山全》P177；9：《济博》P101；10：《山全》P208；11：《山全》P262）

池乡

第三章 乡·亭·部 981

9	10		

（1：《新出》P99；2：《大系》P49；3：《新出》P99，《大系》P48；4：《新出》P99；5：《新出》P99，《大系》P48；6：《大系》P49；7—10：《大系》P48）

池□

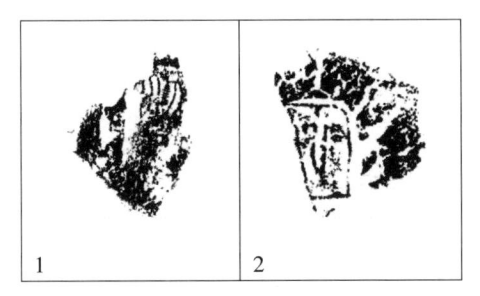

1	2

（1：《酒余》P28 上；2：《新出》P99）

定乡

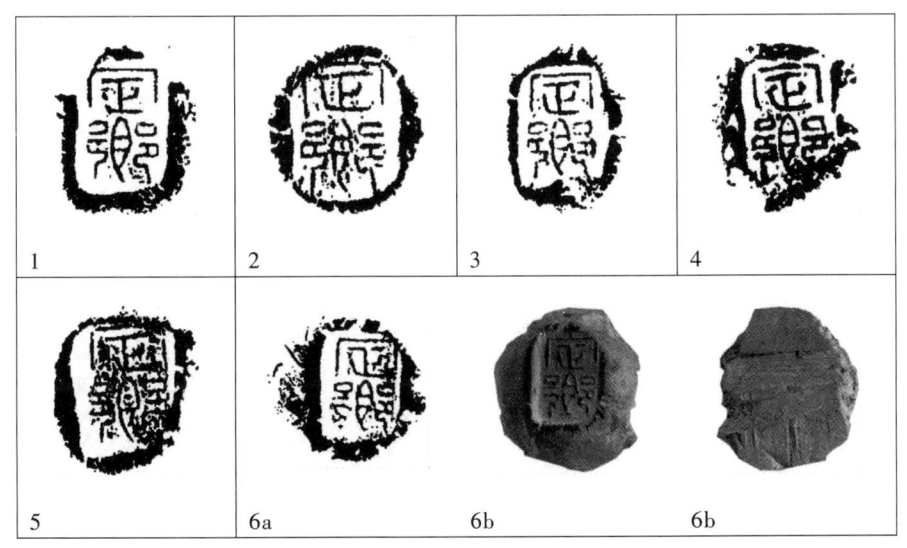

1	2	3	4
5	6a	6b	6b

982　中编　地方职官

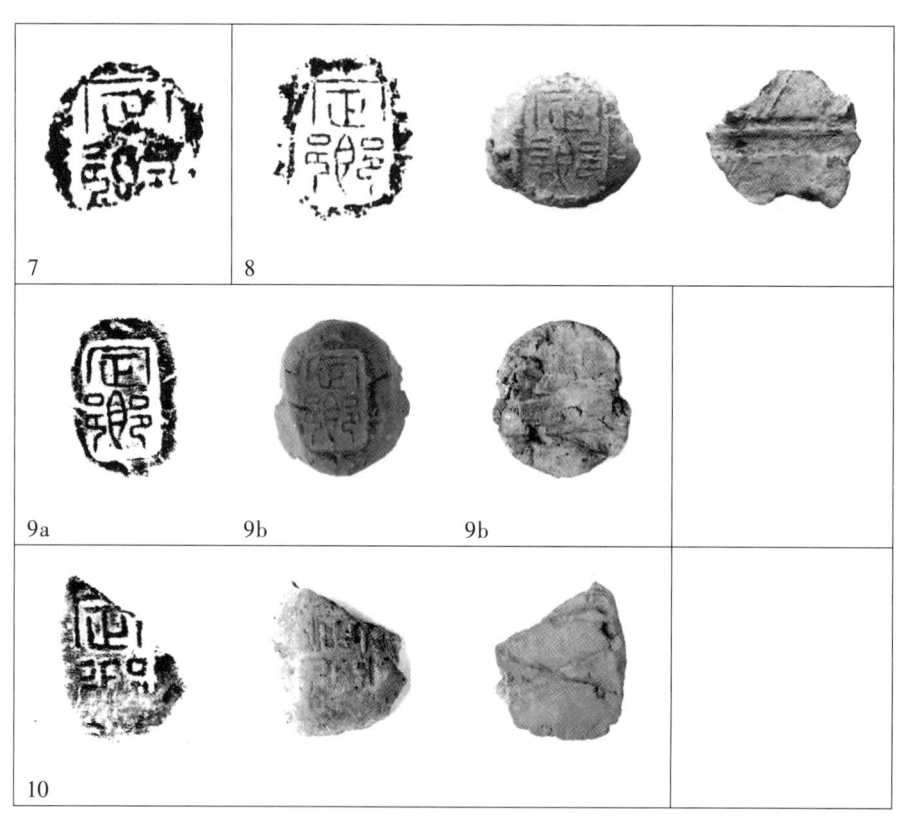

7	8		
9a	9b	9b	
10			

（1：《古封》P323；《秦封》P347；《山全》P222；2：《古封》P323；《秦封》P347；《山全》P13；3：《古封》P323；《秦封》P347；4：《古封》P324；《秦封》P347；《山全》P236；5：《古封》P324；《秦封》P347；《山全》P14；6a：《古封》P324；《秦封》P347；《上封》P84；《山全》P142；6b：《上封》P84；7：《山全》P241；8：《山全》图版P10；9a：《古封》P323；《山全》P177、P209；《济博》P103；9b：《济博》P103；10：《济博》P103）

东乡

1	2a	2b	2b

第三章 乡·亭·部 983

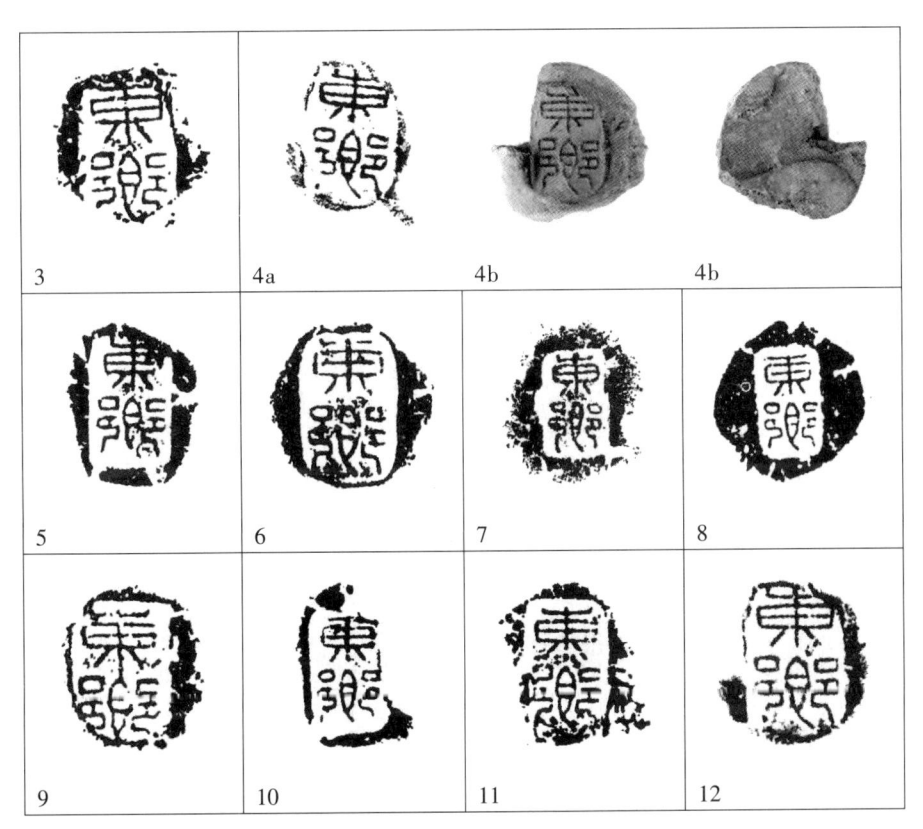

（1：《大系》P65；2a：《古封》P326；《秦封》P336；《上封》P84；《山全》P139；2b：《上封》P84；3：《古封》P326；《秦封》P336；4a：《古封》P326；《秦封》P336；《山全》P207；《济博》P106；4b：《济博》P106；5：《古封》P327；《秦封》P336；《山全》P9；6：《古封》P327；《秦封》P336；7：《古封》P327；《秦封》P336；《山全》P234；8：《古封》P326；《秦封》P336；9：《古封》P327；《秦封》P336；10、11：《古封》P327；12：《山全》P176）

东间乡印

984 中编 地方职官

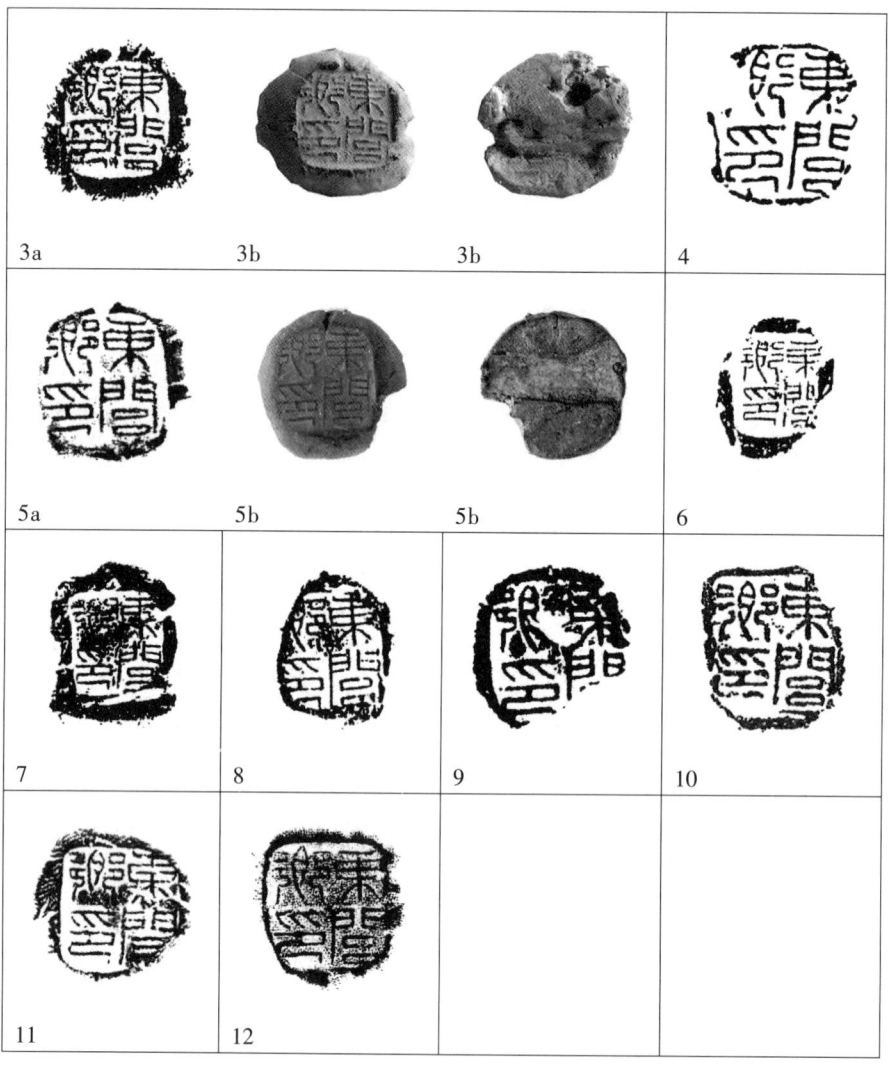

（1a：《菁华》P47；《山全》P248；1b：《山全》图版 P10；2：《古封》P299；《秦封》P357；《山全》P232；3a：《古封》P299；《秦封》P357；《上封》P79；《山全》P144；3b：《上封》P79；4、6：《古封》P300；《秦封》P357；5a：《古封》P299；《秦封》P357；《山全》P172、P206；《济博》P97；5b：《济博》P97；7：《古封》P300；《秦封》P357；《山全》P9；8：《古封》P300；《秦封》P357；9：《古封》P300；10：《山全》P1；11：《山全》P247；12：《山全》P260）

都乡

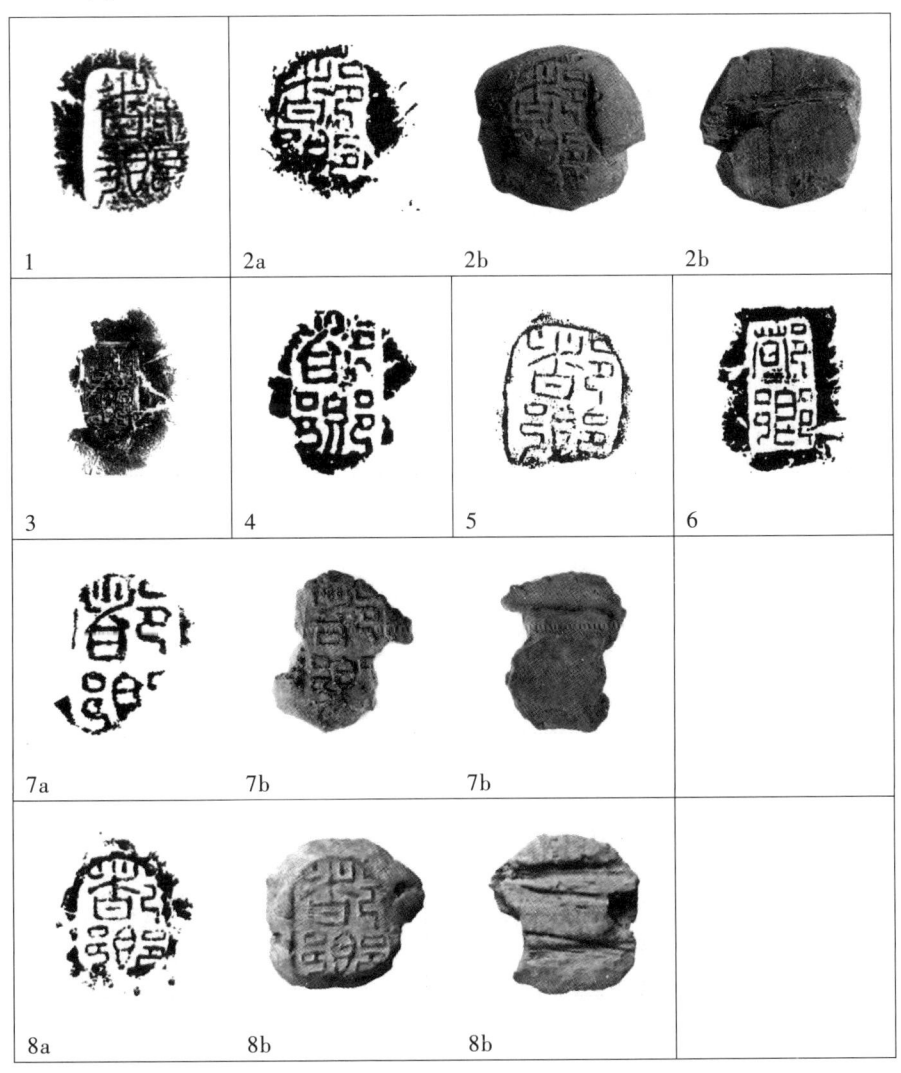

（1：《古封》P333；《秦封》P333；《大系》P72；2a：《古封》P334；《上封》P84；2b：《上封》P84；3：《大系》P72；4：《古封》P333；《山全》P9；5：《山全》P261；6：《古封》P334；《山全》P139；7a：《古封》P334；《山全》P176；《济博》P105；7b：《济博》P105；8：《山全》图版P10）

986　中编　地方职官

都乡之印

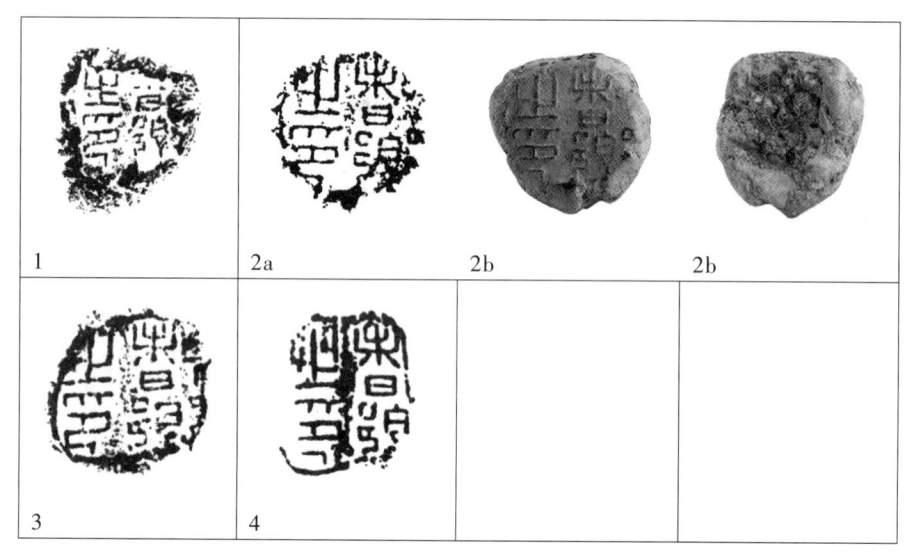

(1:《秦封》P333;《大系》P72;2a:《秦封》P333;《上封》P80;《大系》P72;《山全》P138;2b:《上封》P80;3:《秦封》P333;《大系》P72;《山全》P233;4:《秦封》P334;《大系》P72)

端乡

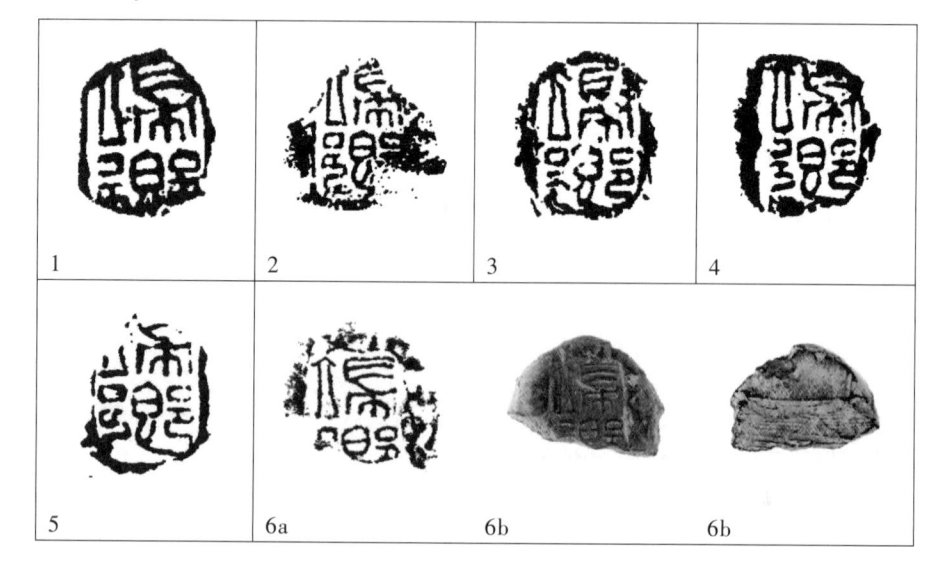

第三章 乡·亭·部 987

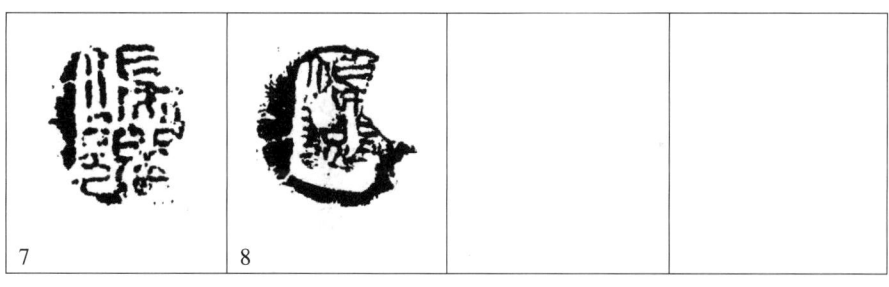

| 7 | 8 | | |

（1：《古封》P338；《山全》P13；2：《古封》P338；《秦封》P344；《山全》P236；3：《古封》P337；《秦封》P344；《山全》P145；4：《古封》P337；《山全》P13；5：《古封》P338；《山全》P145；6a：《古封》P338；《济博》P105；《山全》P177、P208；6b：《济博》P105；7：《古封》P338；8：《古封》P339；《山全》P13）

梦乡

| 1 |

（1：《大系》P81）

阜乡

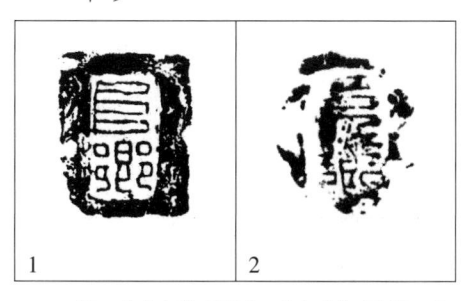

| 1 | 2 |

（1：《古封》P329；《山全》P103；2：《山全》P241）

988　中编　地方职官

高乡

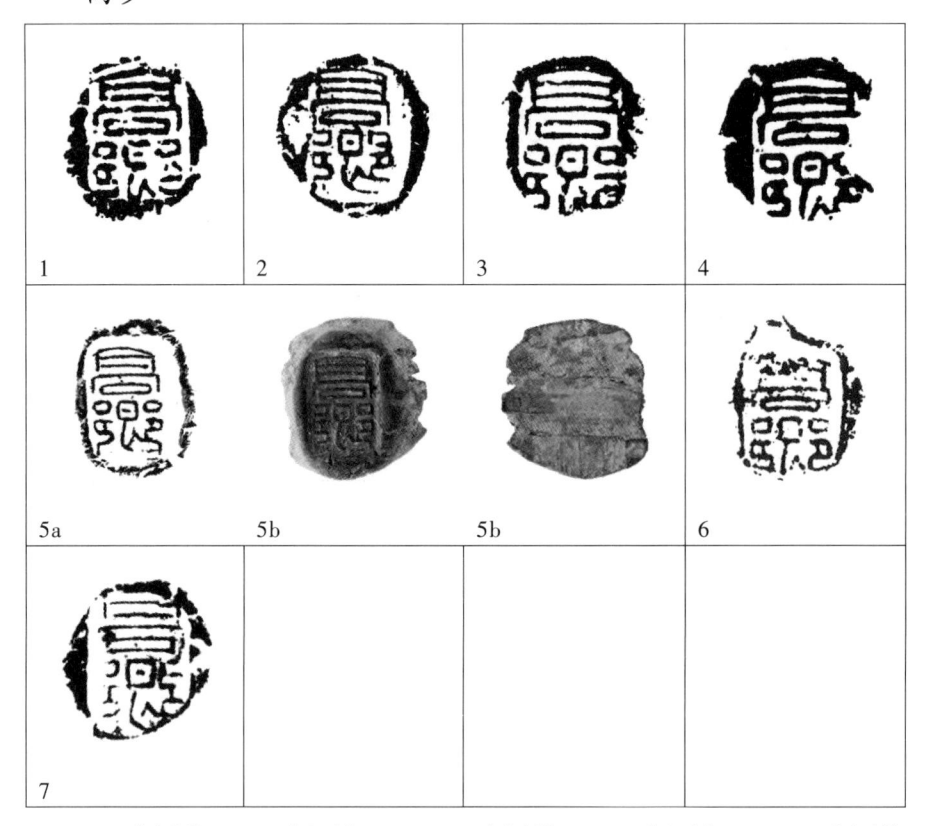

1	2	3	4
5a	5b	5b	6
7			

（1：《古封》P332；《山全》P140；2：《古封》P333；《山全》P12；3：《古封》P333；《山全》P12；4：《古封》P333；《山全》P12；5a：《古封》P333；《山全》P177、P209；《济博》P101；5b：《济博》P101；6：《山全》P45；7：《山全》P241）

句莫乡印

1a	1b	1b	2

第三章 乡·亭·部 989

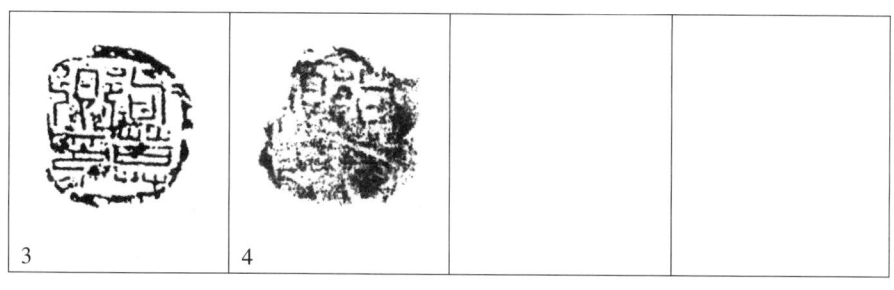

| 3 | 4 | | |

（1a：《古封》P298；《秦封》P356；《上封》P76；《山全》P144；《大系》P100；1b：《上封》P76；2：《古封》P298；《秦封》P356；《山全》P233；《大系》P100；3：《古封》P298；《秦封》P356；《山全》P206；《大系》P100；4：《大系》P100）

鼓□乡印

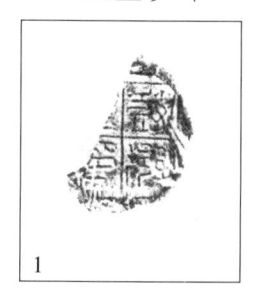

| 1 |

（1：《山房》2.31）

郘乡

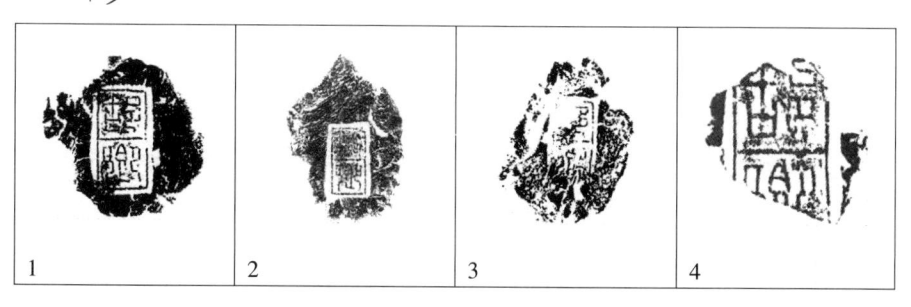

| 1 | 2 | 3 | 4 |

990　中编　地方职官

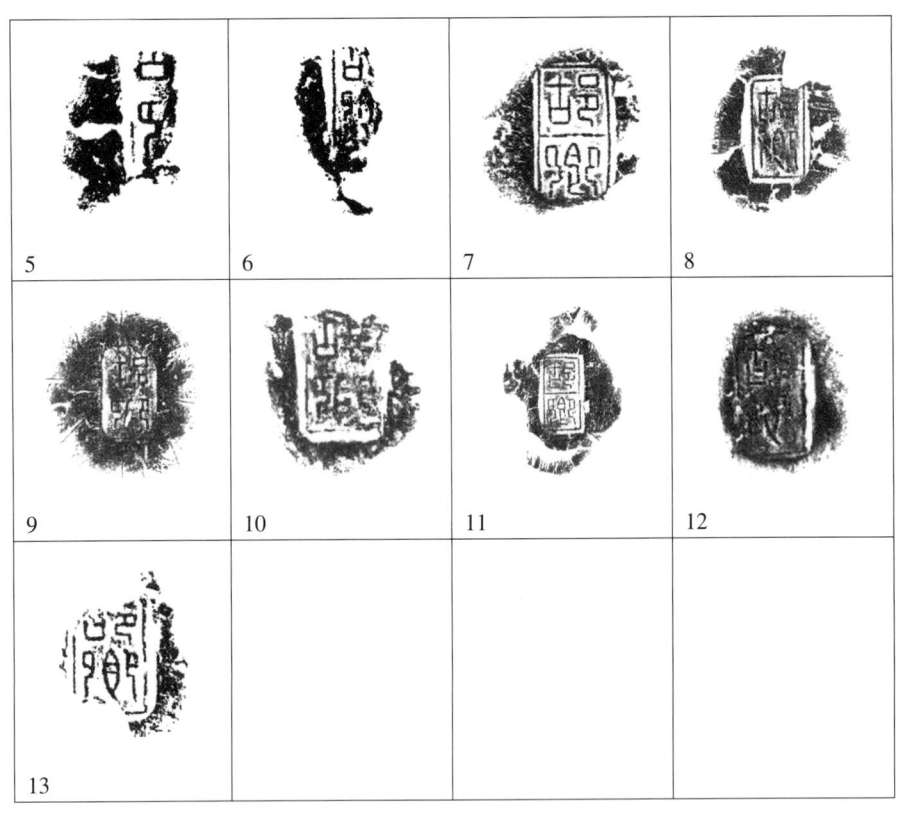

（1：《新出》P101；2：《新出》P101；《大系》P404；3：《新出》P101；4：《新选》P122；《大系》P405；5：《新出》P101；6：《酒余》P31上；7—13：《大系》P404）

广陵乡印

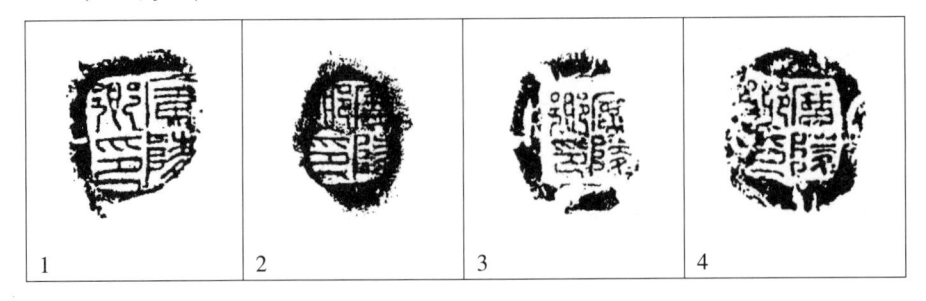

第三章 乡·亭·部　991

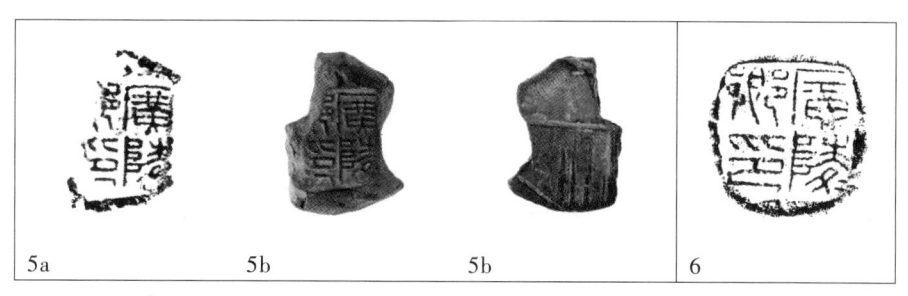

5a	5b	5b	6

（1:《古封》P310;《秦封》P350;《山全》P143; 2:《古封》P309;《山全》P19; 3:《古封》P309;《山全》P232; 4:《古封》P309;《山全》P143; 5a:《古封》P310;《秦封》P350;《山全》P172、P205;《济博》P97; 5b:《济博》P97; 6:《山全》P260）

广文乡印

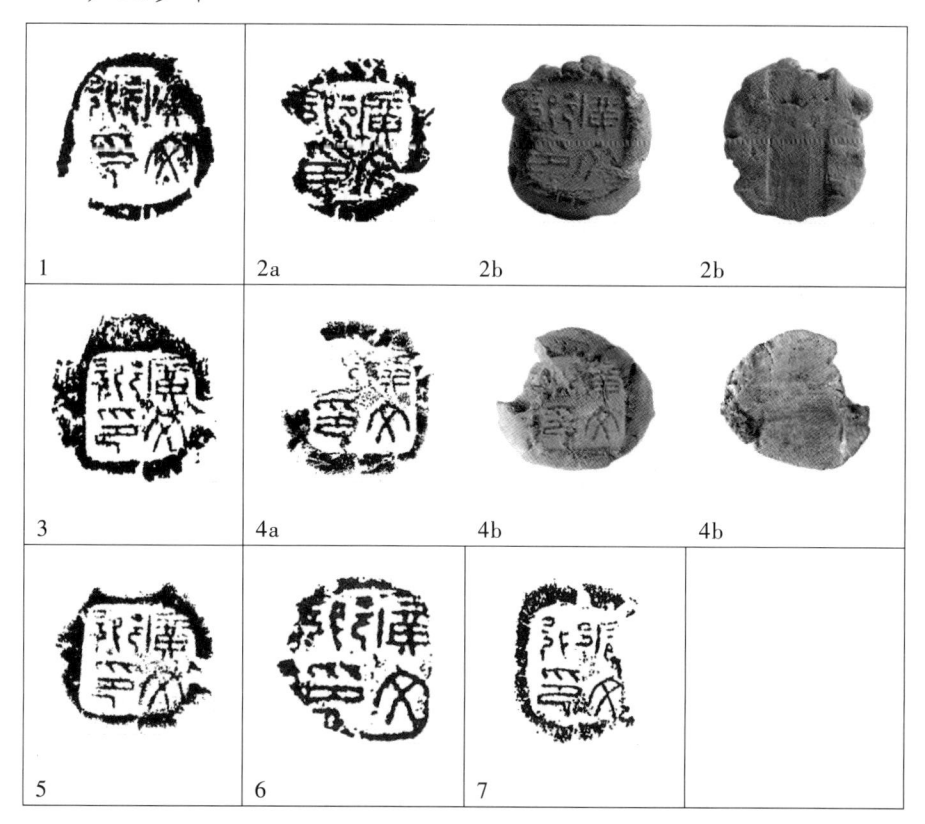

1	2a	2b	2b
3	4a	4b	4b
5	6	7	

（1:《古封》P309;《秦封》P352;《山全》P19; 2a:《古封》P309;《秦封》P352;《上封》P81;《山全》P144; 2b:《上封》P81; 3:《古封》P308;《秦封》

P352；4a：《山全》P172、P206；《济博》P95；4b：《济博》P95；5：《山全》P18；6：《山全》P45；7：《山全》P144）

广 乡

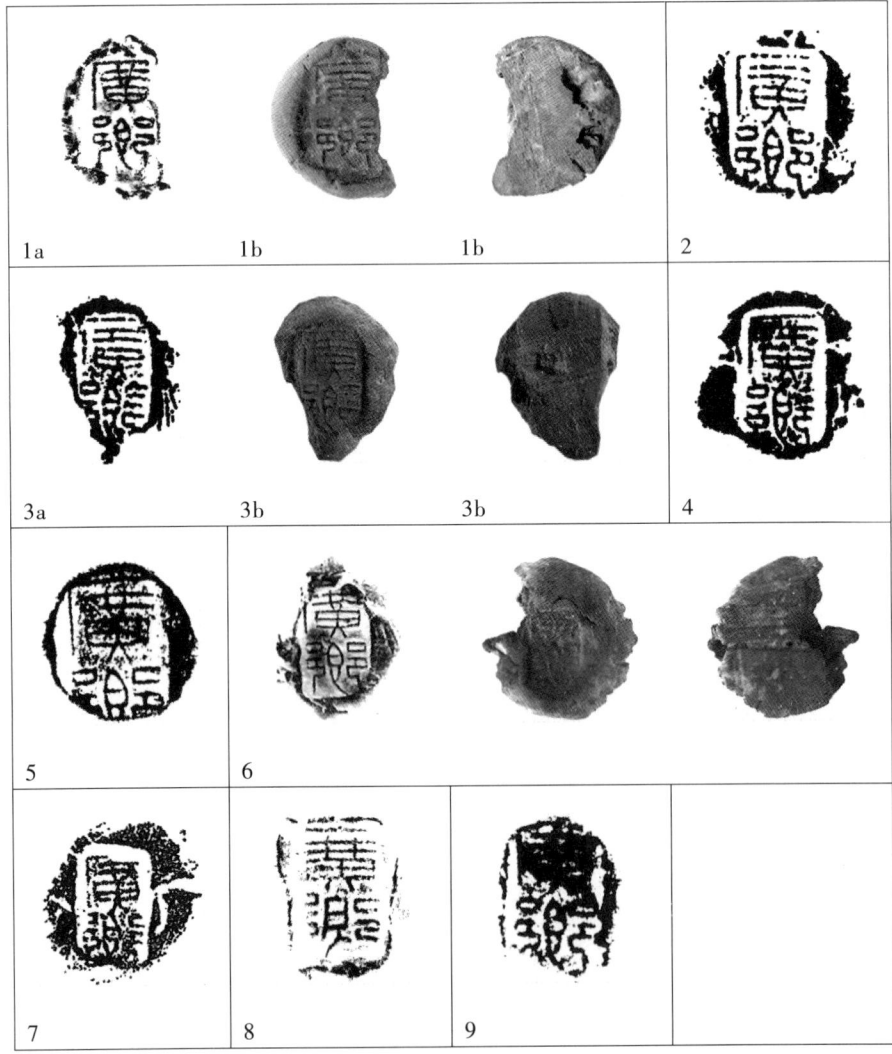

1a	1b	1b	2
3a	3b	3b	4
5	6		
7	8	9	

（1a：《古封》P339；《秦封》P344；《山全》P176、P208；《济博》P102；1b：《济博》P102；2：《古封》P339；《秦封》P344；《山全》P235；3a：《古封》P339；《秦封》P344；《上封》P85；《山全》P141；3b：《上封》P85；4：《古封》P339；《秦封》P345；《山全》P11；5：《古封》P339；《山全》P11；6：《山全》图版 P16；7：《山全》P3；8：《山全》P256；9：《山全》P45）

第三章 乡·亭·部　993

郝乡

(1、2、4:《大系》P109；3:《酒余》P32 上；5:《大系》P110；6、7:《新选》P96；《大系》P110；8:《新选》P95；《大系》P110)

郝□

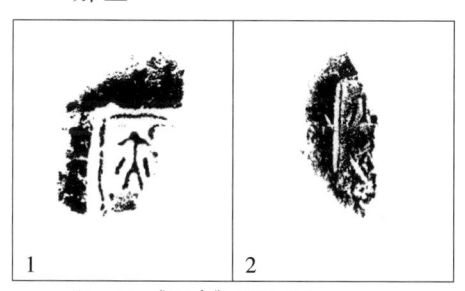

(1、2:《酒余》P32 上)

郝□□

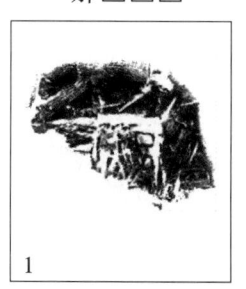

(1:《大系》P110)

994　中编　地方职官

画乡

1a	1b	1b	2
3	4a	4b	4b
5	6		

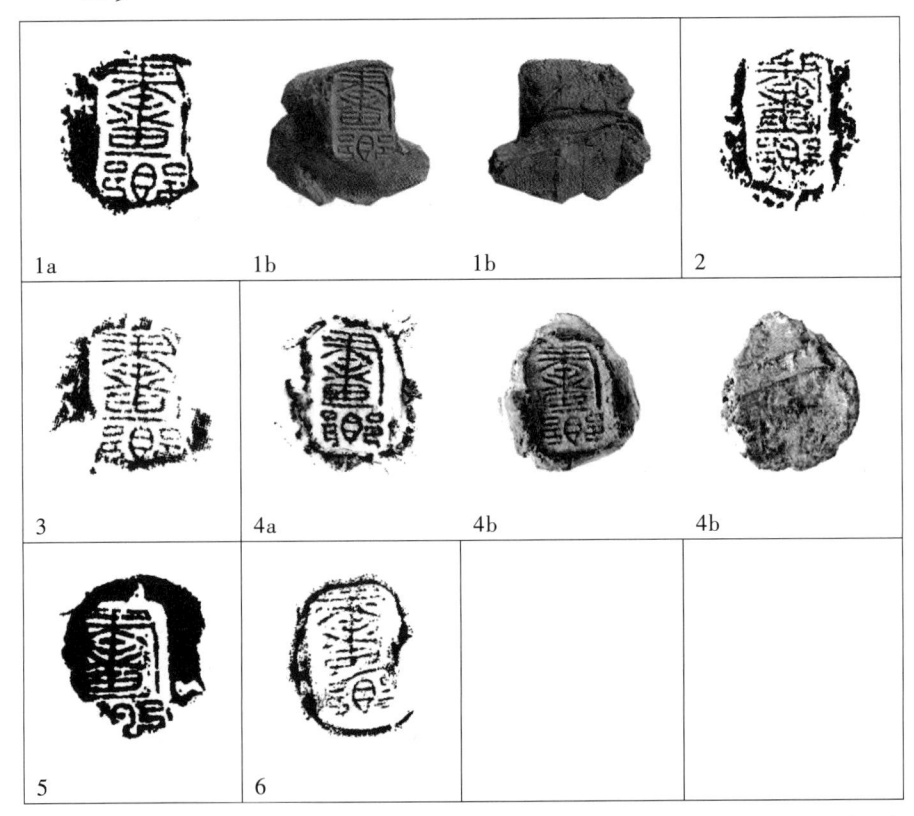

（1a:《古封》P335；《上封》P85；《山全》P145；1b:《上封》P85；2:《古封》P335；《秦封》P341；3:《古封》P335；《山全》P236；4a:《古封》P335；《山全》P178、P209；《济博》P98；4b:《济博》P98；5:《古封》P335；《山全》P11；6:《山全》P262）

建乡

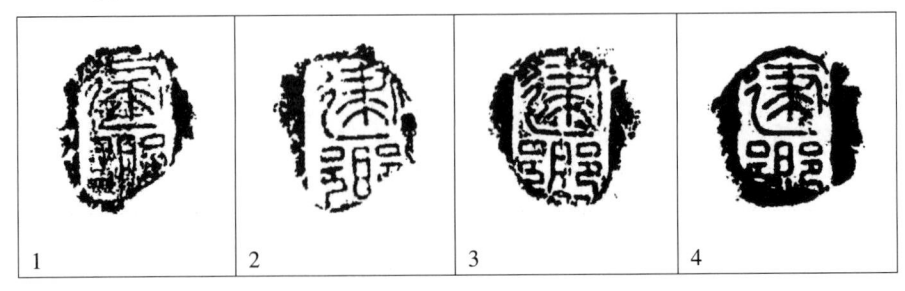

1	2	3	4

第三章 乡·亭·部 995

（1：《古封》P330；《秦封》P348；《山全》P17；2：《古封》P331；《秦封》P348；3：《古封》P330；4：《古封》P330；《山全》P17；5a：《古封》P330；《山全》P177；《济博》P98；5b：《济博》P98；6：《古封》P330；7a：《古封》P330；《上封》P83；《山全》P140；7b：《上封》P83）

建乡之印

（1：《古封》P302；《山全》P17）

996 中编　地方职官

累丘乡印

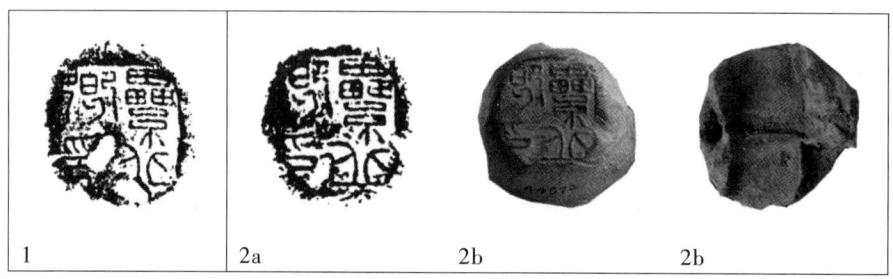

1　　2a　　2b　　2b

（1：《古封》P311；《秦封》P359；《山全》P234；《大系》P151；2a：《古封》P311；《秦封》P359；《上封》P81；《大系》P151；2b：《上封》P81）

利居乡印

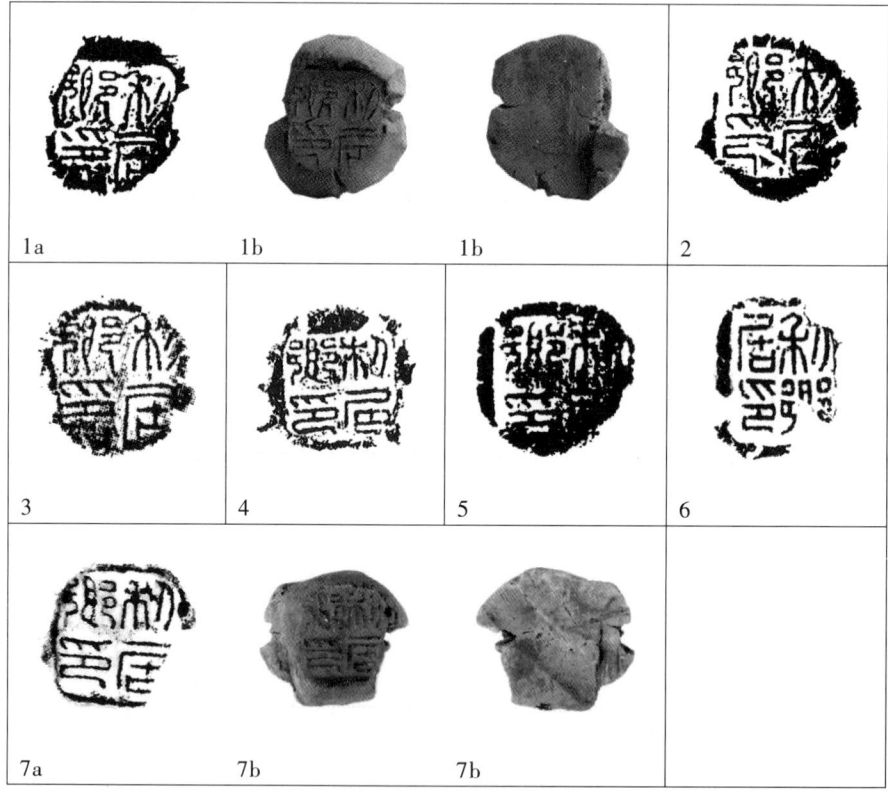

1a　　1b　　1b　　2

3　　4　　5　　6

7a　　7b　　7b

（1a：《古封》P297；《上封》P78；1b：《上封》P78；2：《古封》P298；《秦封》356；《山全》P8；3：《古封》P297；《秦封》356；《山全》P232；4：《古封》P297；《山全》P142；5：《古封》P298；6：《山全》P247；7a：《古封》P298；《山全》P171、P206；《济博》P90；7b：《济博》P90）

第三章 乡·亭·部 997

良乡

| 1a | 1b | 1b |

（1a:《古封》P322;《秦封》P340;《上封》P78;《书集》P131;《大系》P156; 1b:《上封》P78）

路乡

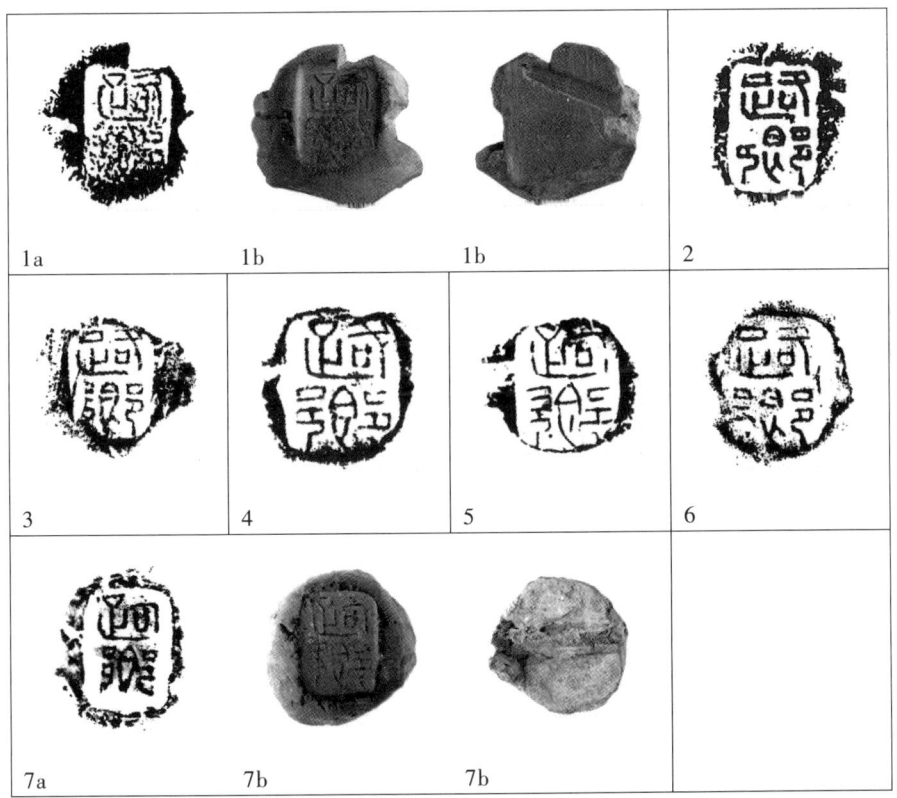

1a	1b	1b	2
3	4	5	6
7a	7b	7b	

（1a:《古封》P337;《上封》P85;《山全》P143; 1b:《上封》P85; 2:《古封》P337;《秦封》P343;《山全》P143; 3:《古封》P337;《秦封》P343;《山全》P236; 4:《古封》P337;《山全》P13; 5:《山全》P241; 6:《山全》P262; 7a:《古封》P337;《山全》P177、P209;《济博》P99; 7b:《济博》P99）

勴里乡印

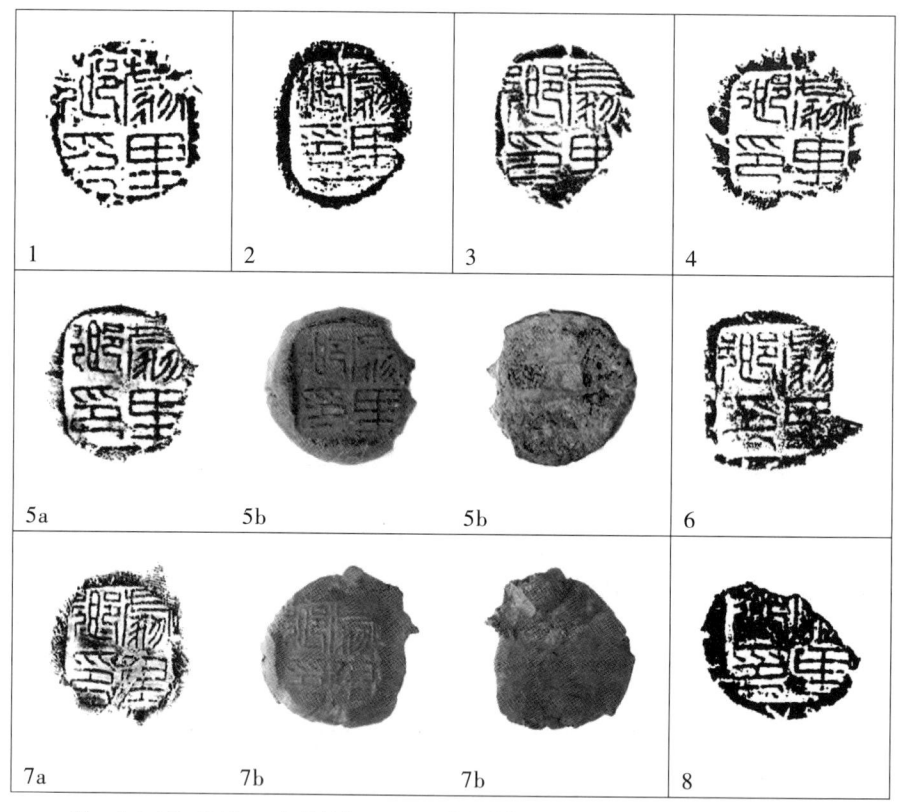

1	2	3	4
5a	5b	5b	6
7a	7b	7b	8

（1:《古封》P310；《秦封》P351；《山全》P233；2:《古封》P310；《秦封》P351；3:《山全》P247；4:《古封》P310；《山全》P144；5a:《古封》P311；《秦封》P351；《山全》P171、P206；5《济博》P92；b:《济博》P92；6:《古封》P311；《山全》P18；7a:《山全》P256；7b:《山全》图版P16；8:《古封》P311）

昧乡之印

1

（1:《山全》P207）

第三章 乡·亭·部

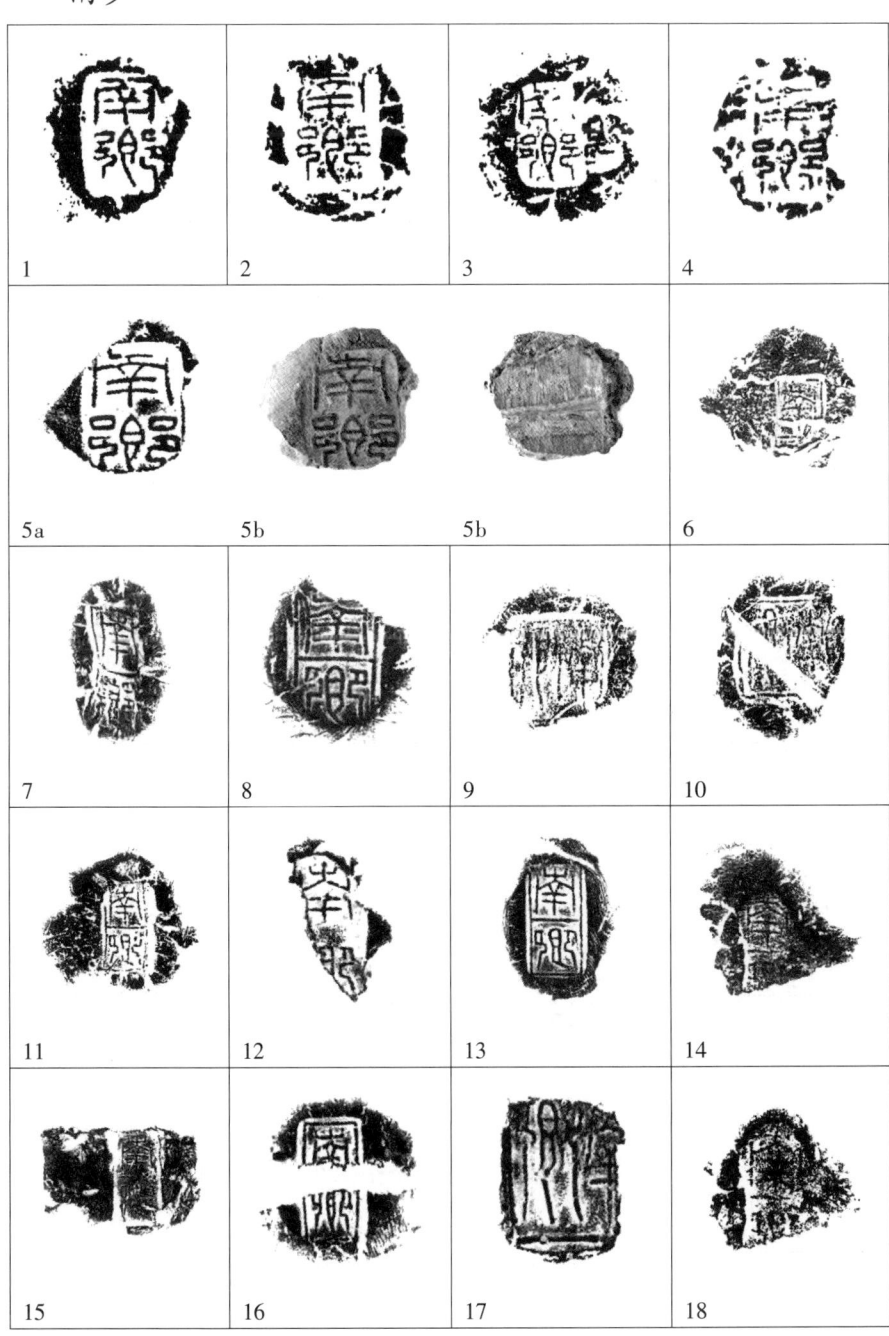

南乡

1	2	3	4
5a	5b	5b	6
7	8	9	10
11	12	13	14
15	16	17	18

1000　中编　地方职官

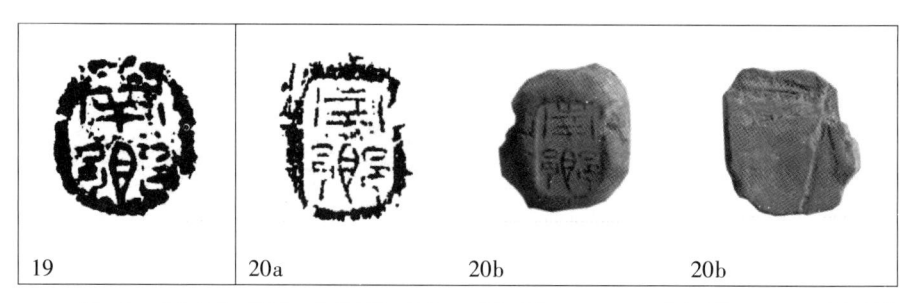

| 19 | 20a | 20b | 20b |

（1、2：《古封》P331；《秦封》P339；《山全》P10；3：《古封》P332；《秦封》P339；《山全》P234；4：《山全》P240；5a：《古封》P331；《秦封》P339；《山全》P176、P207；《济博》P106；5b：《济博》P106；6：《新出》P102；《大系》P179；7、8：《大系》P179；9—11：《新选》P103；《大系》P179；12—17：《大系》P178；18：《酒余》P36；19：《古封》P331；《山全》P10；20a：《古封》P331；《秦封》P339；《上封》P84《山全》P138；20b：《上封》P84）

南成乡印

| 1a | 1b | 1b | 2 |
| 3 | 4 | | |

（1a：《古封》P302；《秦封》P360；《上封》P79；《山全》P142；《大系》P174；1b：《上封》P79；2：《古封》P302；《秦封》P360；《山全》P205；《大系》P174；3：《古封》P302；《秦封》P360；《山全》P232；《大系》P174；4：《山全》P232；《大系》P174）

南阳乡印

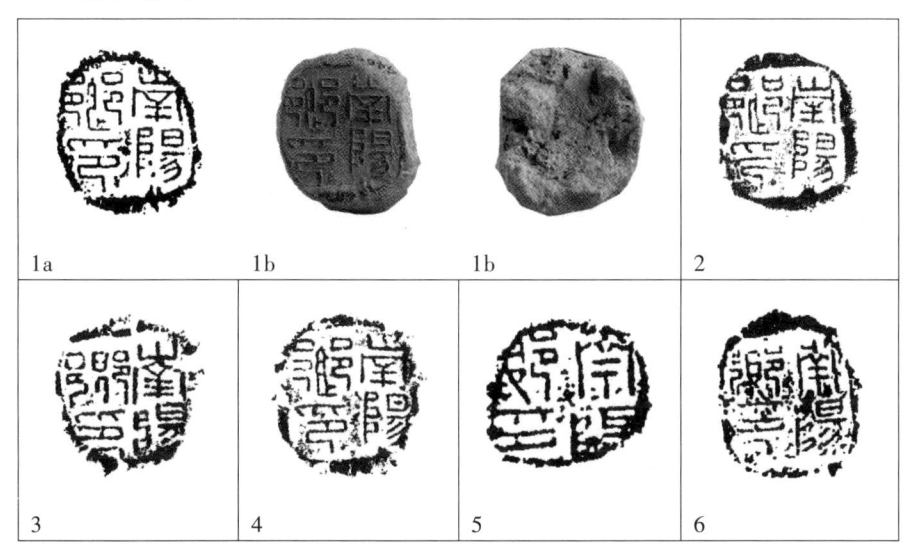

| 1a | 1b | 1b | 2 |
| 3 | 4 | 5 | 6 |

（1a：《古封》P303；《秦封》P361；《上封》P80；《山全》P141；《大系》P181；1b：《上封》P80；2、3：《古封》P303；《秦封》P361；《山全》P233；《大系》P181；4：《古封》P302；《秦封》P361；《山全》P233；《大系》P181；5：《古封》P303；《秦封》P361；《山全》P141；《大系》P181；6：《古封》P303；《秦封》P361；《山全》P207；《大系》P181）

平乡

1

（1：《古封》P312）

1002　中编　地方职官

平望乡印

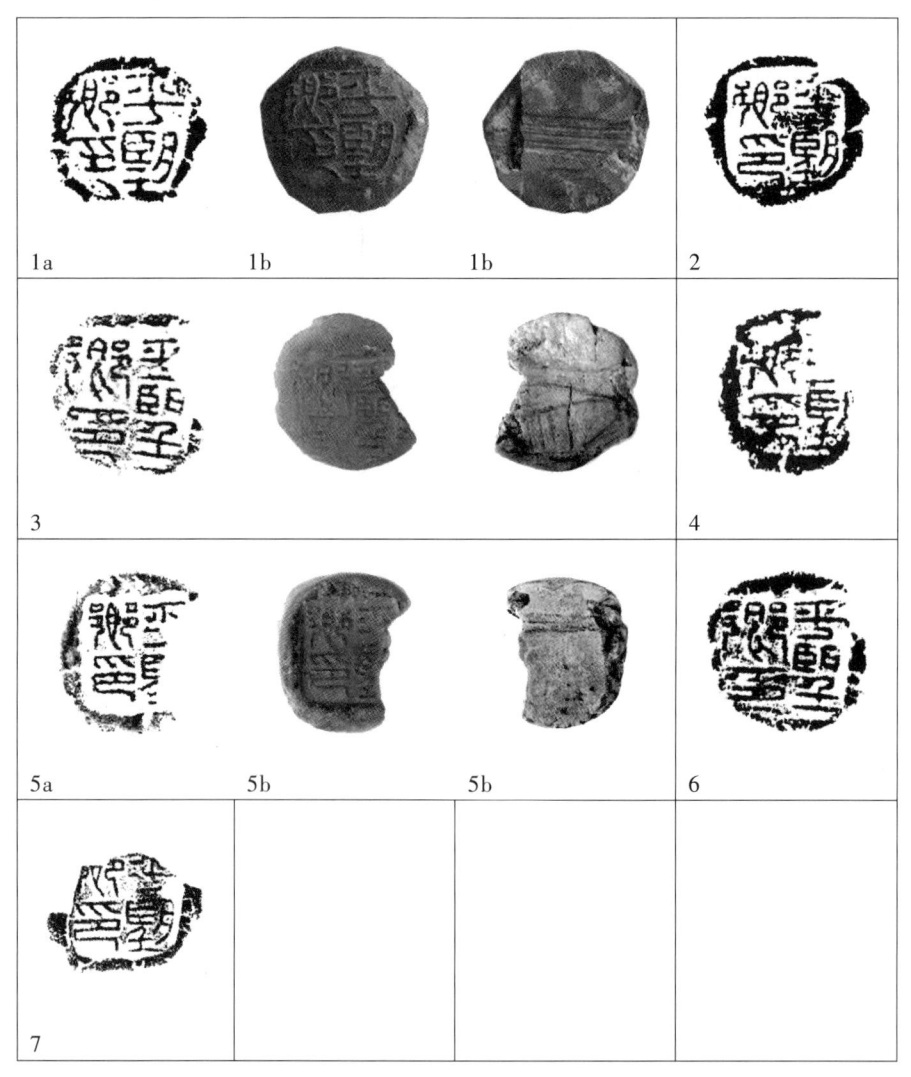

1a	1b	1b	2
3			4
5a	5b	5b	6
7			

（1a：《上封》P76；《秦封》P353；1b：《上封》P76；2：《古封》P288；《秦封》P354；《山全》P8；3：《济博》P93；4：《山全》P45；5a：《古封》P289；《秦封》P353；《山全》P172、P205；《济博》P92；5b：《济博》P92；6：《古封》P289；《山全》P173；7：《山全》P251）

第三章 乡·亭·部　1003

祁乡

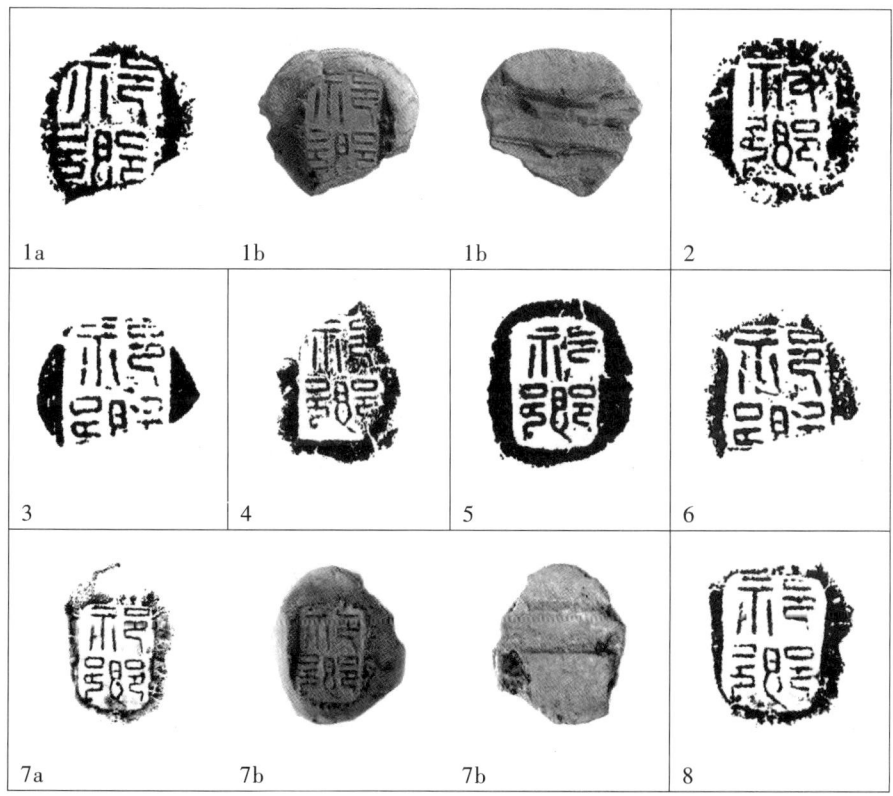

1a　1b　1b　2
3　4　5　6
7a　7b　7b　8

（1a：《古封》P319；《上封》P83；《山全》P139；1b：《上封》P83；2：《古封》P318；《秦封》P345；《山全》P139；3：《古封》P318；《秦封》P345；《山全》P236；4：《古封》P318；《秦封》P345；《山全》P18；5：《古封》P318；《秦封》P345；《山全》P18；6：《山全》P139；7a：《古封》P318；《秦封》P345；《济博》P104；7b：《济博》P104；8：《山全》P177、P209）

祁乡之印

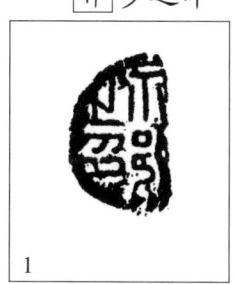

1

（1：《古封》P294）

请乡之印

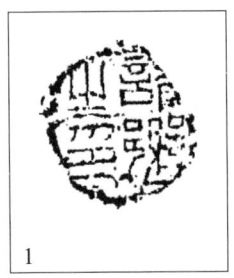

1

（1：《古封》P311；《秦封》P348；《山全》P234）

丘乡

1　2　3　4

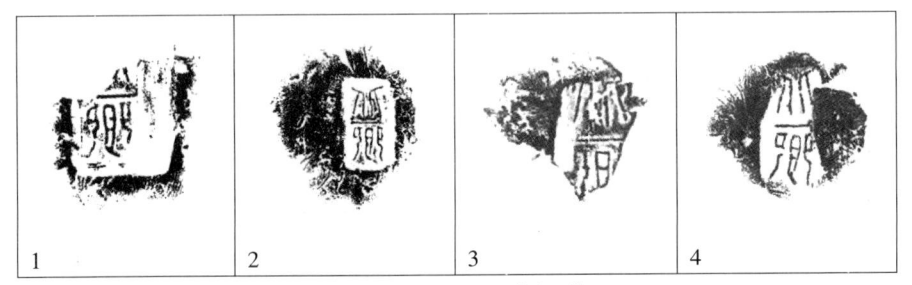

（1、2：《新选》P87；《大系》P35；3、4：《大系》P34）

上东阳乡

1a　1b　1b　2

3　4

（1a：《古封》P288；《秦封》P363；《上封》P75；《大系》P207；1b：《上封》

第三章　乡·亭·部　1005

P75；2：《古封》P288；《秦封》P363；《山全》P234；《大系》P207；3：《古封》P288；《秦封》P363；《山全》P207；《大系》P207；4：《古封》P288；《秦封》P363；《山全》P234；《大系》P207）

尚父乡印

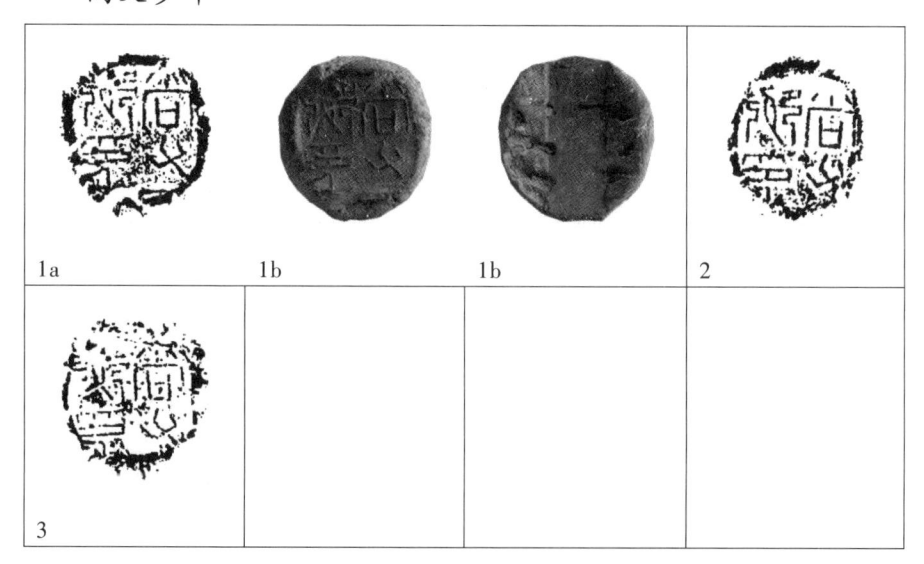

1a	1b	1b	2
3			

（1a：《古封》P301；《秦封》P358；《上封》P79；《山全》P144；《大系》P211；1b：《上封》P79；2：《古封》P301；《秦封》P358；《上封》P79；《山全》P233；《大系》P211；3：《古封》P302；《秦封》P358；《山全》P206；《大系》P211）

台乡

1a	1b	1b	2

1006　中编　地方职官

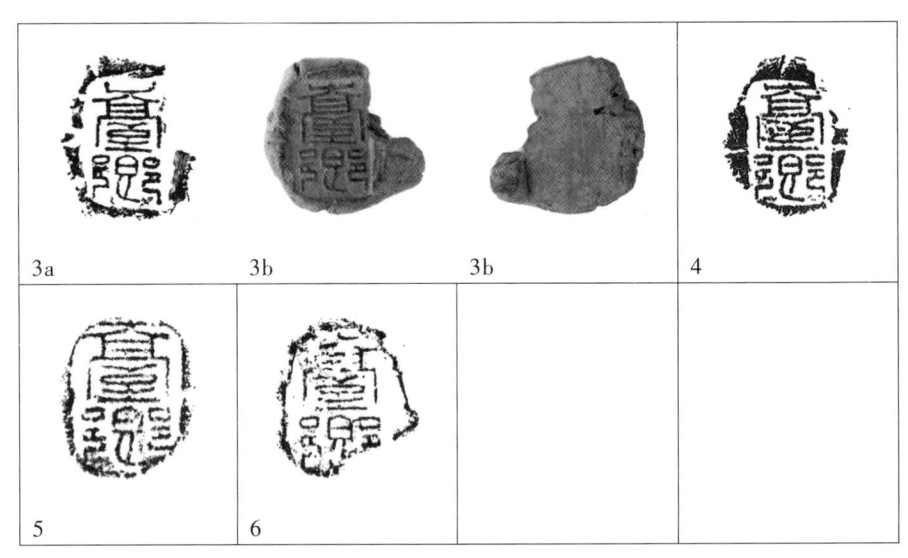

3a	3b	3b	4
5	6		

（1a：《古封》P340；《秦封》P349；《上封》P85；《山全》P140；1b：《上封》P85；2：《古封》P340；《山全》P236；3a：《古封》P340；《秦封》P349；《山全》P177、P209；《济博》P100；3b：《济博》P100；4：《山全》P3；5：《山全》P256；6：《山全》P262）

武乡

1a	1b	1b	2
3a	3b	3b	4

第三章　乡·亭·部　1007

（1a：《古封》P325；《上封》P83；《山全》P140；1b：《上封》P83；2：《古封》P324；3a：《古封》P324；《济博》P99；3b：《济博》P99；4：《古封》P324；《山全》P12；5：《古封》P325；6：《古封》P325；《山全》P12；7：《古封》P325；《山全》P12；8：《古封》P325；《山全》P236；9：《古封》P325；《山全》P12；10：《古封》P326；《山全》P12；11：《古封》P326；《山全》P140；12：《山全》P45；13：《山全》P177、209；14：《山全》P261）

西乡

1008　中编　地方职官

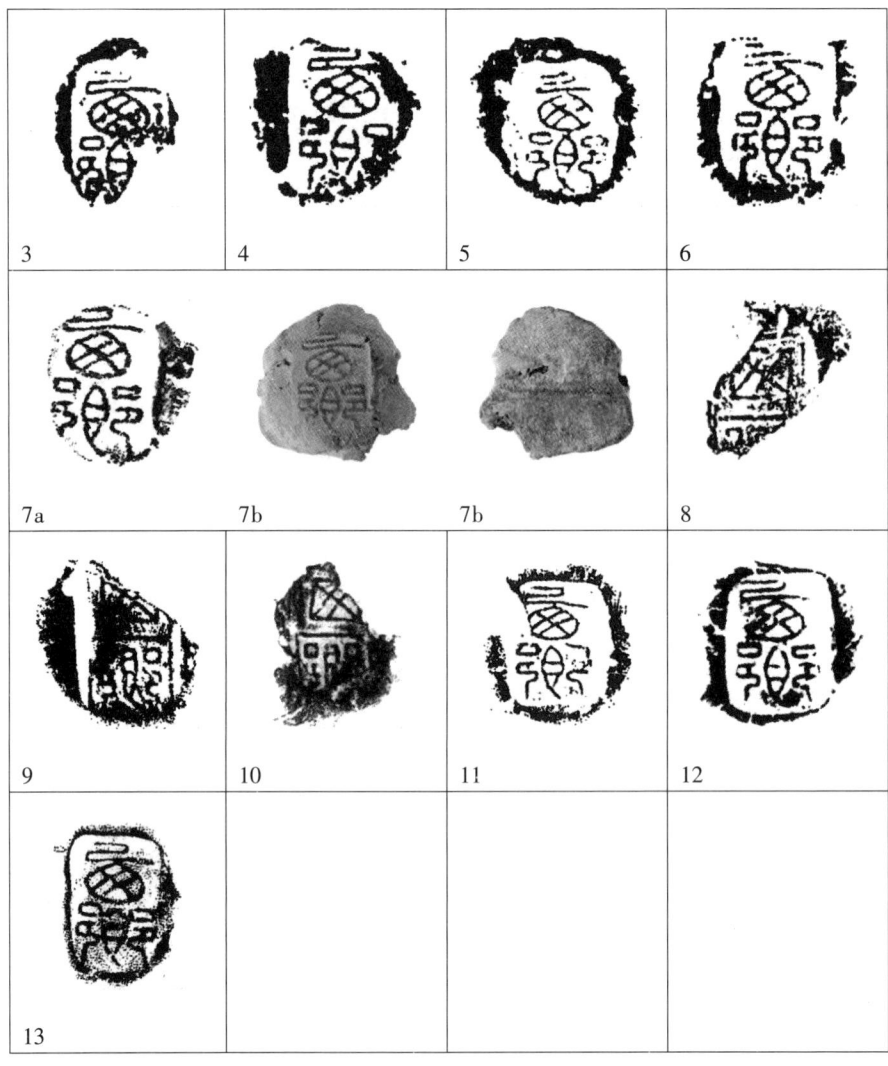

(1a:《上封》P83;《秦封》P337;《山全》P139；1b:《上封》P83；2:《古封》P319;《秦封》P337;《山全》P9；3、4:《秦封》P337;《古封》P320;《山全》P10；5:《古封》P319;《秦封》P337;《山全》P9；6:《古封》P319;《秦封》P337;《山全》P234；7a:《古封》P319;《秦封》P337;《山全》P207;《济博》P103；7b:《济博》P103；8:《新出》P79;《大系》P288；9:《新选》P112;《大系》P288；10:《大系》P288；11:《山全》P139；12:《山全》P241；13:《山全》P261)

西乡之印

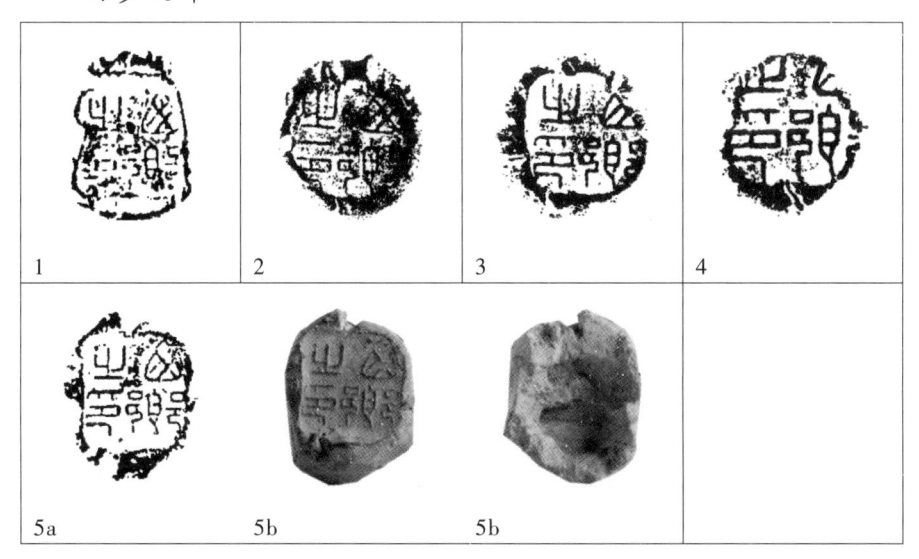

1	2	3	4
5a	5b	5b	

（1：《古封》P296；《秦封》P338；《玺印》P400；《山全》P205；《大系》P289；2、3：《古封》P296；《秦封》P338；《山全》P232；《大系》P289；4：《古封》P296；《山全》P232；《大系》P288；5a：《古封》P296；《上封》P78；《山全》P138；《大系》P288；5b：《上封》P78）

西昌乡印

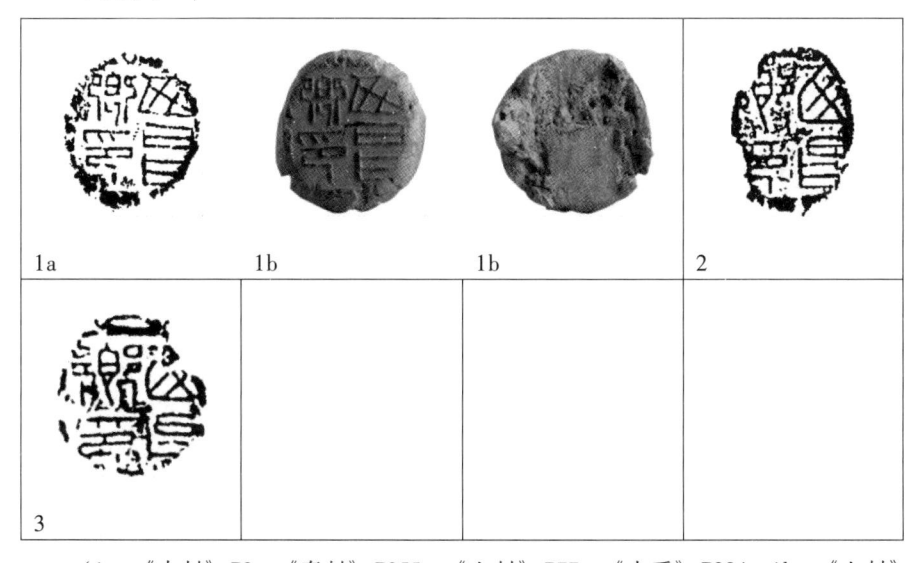

1a	1b	1b	2
3			

（1a：《古封》P2；《秦封》P355；《上封》P77；《大系》P284；1b：《上封》

P77；2：《古封》P296；《秦封》P355；《大系》P284；3：《古封》P295；《秦封》P355；《山全》P206；《大系》P284）

西平□

（1：《古封》P283）

西平乡印

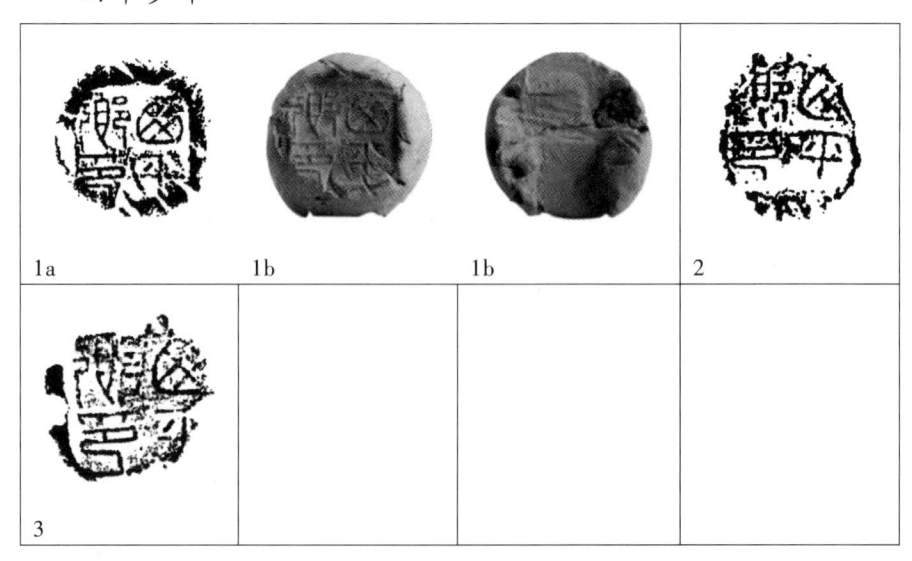

（1a：《古封》P295；《秦封》P355；《上封》P77；《山全》P141；《大系》P288；1b：《上封》P77；2、3：《古封》P295；《秦封》P355；《山全》P234；《大系》P288）

第三章 乡·亭·部 1011

新昌乡印

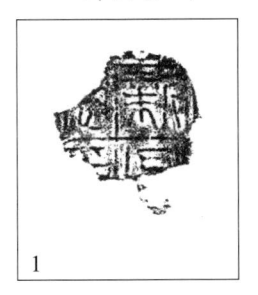

（1：《新选》P114；《大系》P306）

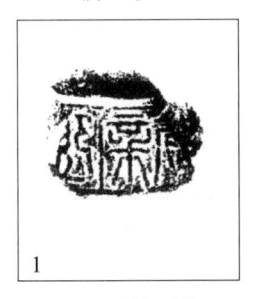

新□乡□

（1：《新选》P114；《大系》P306）

新□□□

（1：《大系》P306）

新息乡印

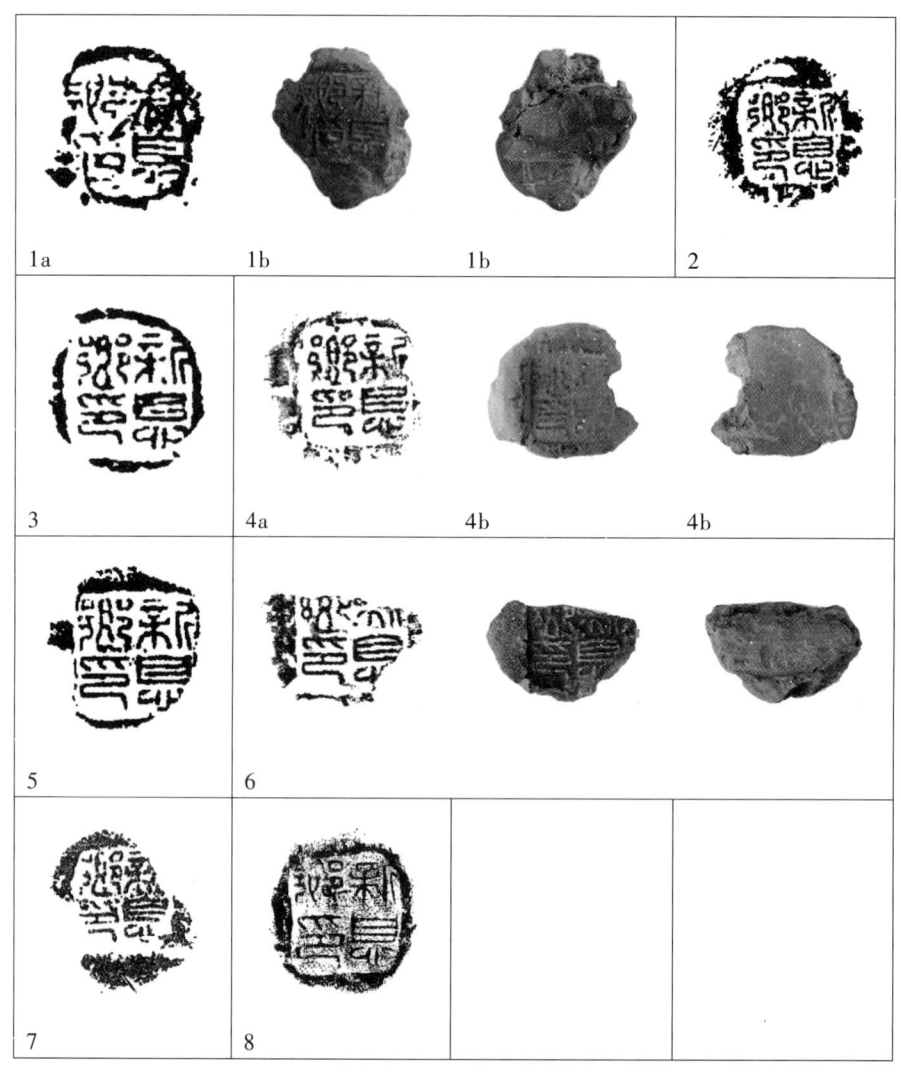

（1a:《古封》P308;《秦封》P353;《上封》P81;《山全》P141; 1b:《上封》P81; 2:《古封》P307;《秦封》P353;《山全》P231; 3:《古封》P308;《秦封》P353;《山全》P8; 4a:《古封》P308;《秦封》P353;《山全》P172、P205;《济博》P93; 4b:《济博》P93; 5:《古封》P307;《秦封》P353; 6:《济博》P93; 7:《山全》P2; 8:《山全》P260）

信安乡印

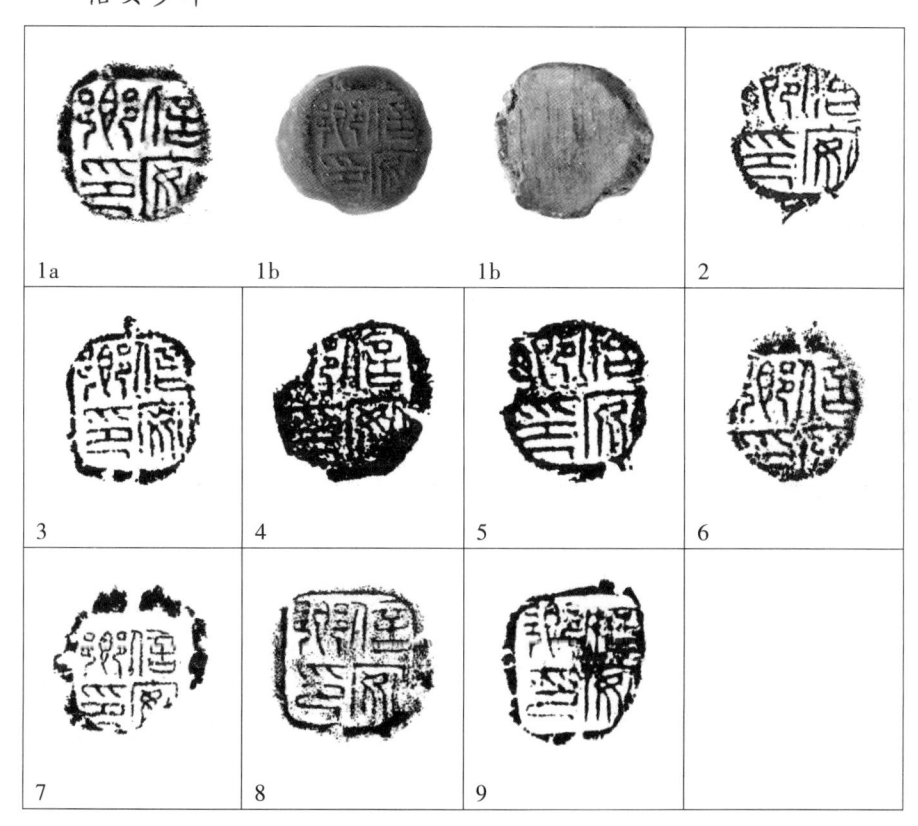

1a	1b	1b	2
3	4	5	6
7	8	9	

（1a：《古封》P304；《秦封》P351；《玺印》P401；《山全》P171、P206；《济博》P91；1b：《济博》P91；2：《山全》P144；3：《古封》P304；《秦封》P351；4：《古封》P305；《山全》P9；5：《古封》P305；6：《古封》P304；《秦封》P351；《山全》P232；7：《山全》P248；8：《山全》P260；9：《山全》P240）

休乡之印

1a	1b	1b	2

1014　中编　地方职官

（1a：《古封》P297；《秦封》P346；《上封》P78；《山全》P146；《大系》P311；1b：《上封》P78；2：《古封》P297；《秦封》P346；《山全》P207；《大系》P311；3：《古封》P297；《秦封》P346；《山全》P233；《大系》P311）

阳夏乡印

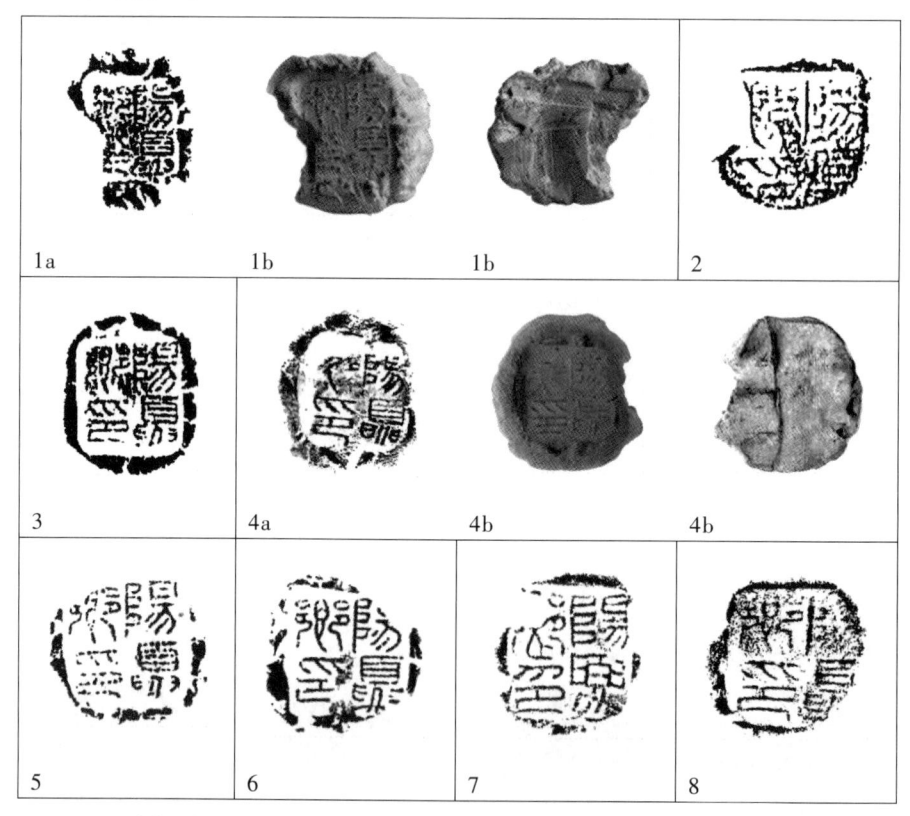

（1a：《古封》P306；《秦封》P360；《上封》P80；《汇考》P233；《山全》P143；1b：《上封》P80；2：《古封》P306；《秦封》P360；《汇考》P233；3：《古封》P306；《秦封》P360；《汇考》P233；《山全》P7；4a：《古封》P306；《秦封》P360；《汇考》P233；《山全》P172、206；《济博》P97；4b：《济博》P97；5：《山全》P68；6：

第三章 乡·亭·部　1015

《山全》P247；7：《山全》P256；8：《山全》P260）

郊乡

（1：《大系》P406）

宜春乡印

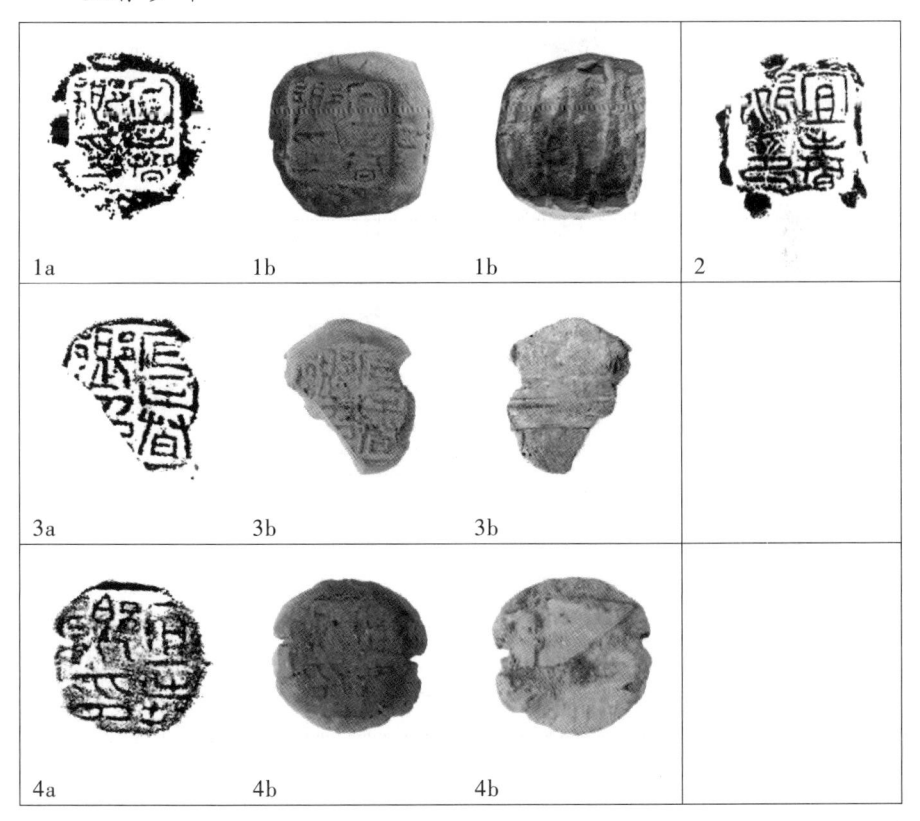

(1a：《古封》P299；《秦封》P350；《上封》P80；《山全》P142；1b：《上封》

1016　中编　地方职官

P80；2：《山全》P247；3a：《古封》P299；《山全》P173；《济博》P91；3b：《济博》P91；4a：《古封》P299；《山全》P172、P205；《济博》P91；4b：《济博》P91）

犹乡

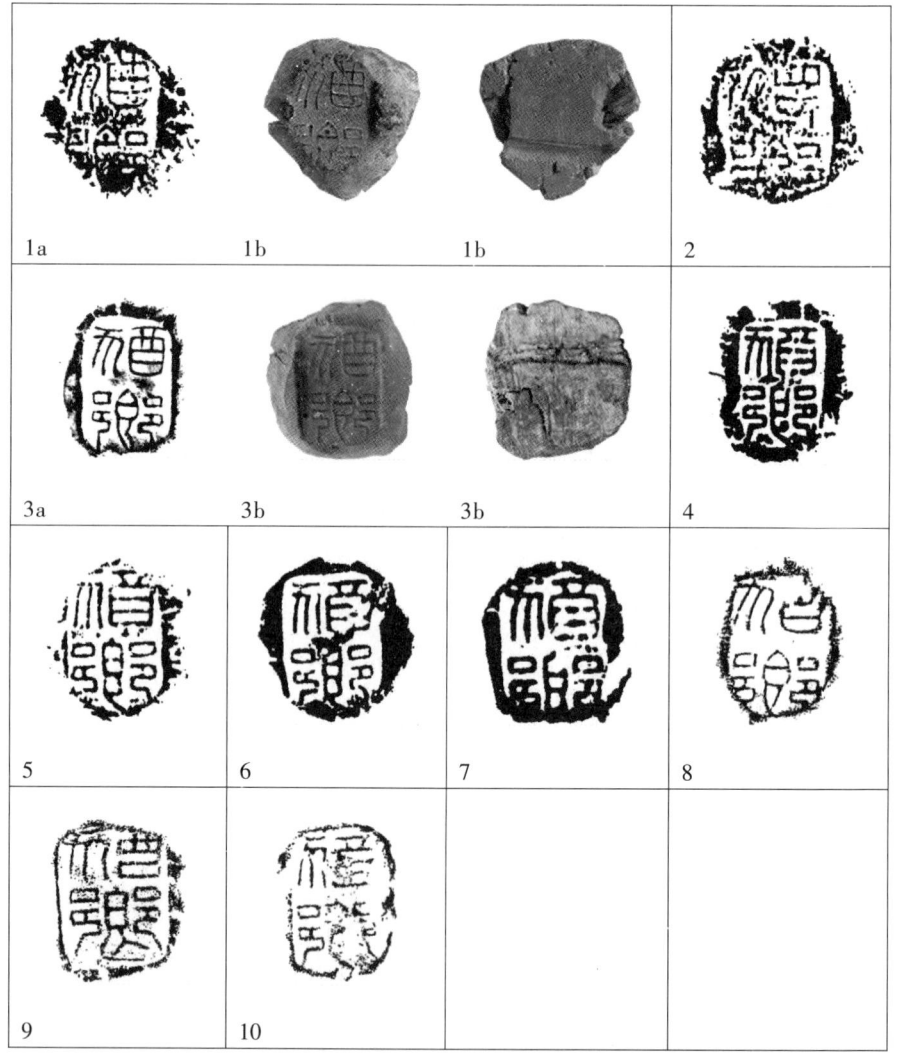

1a	1b	1b	2
3a	3b	3b	4
5	6	7	8
9	10		

（1a：《古封》P336；《秦封》P343；《上封》P85；1b：《上封》P85；2：《古封》P336；《山全》P13、P145；《秦封》P343；3a：《古封》P336；《秦封》P343；《山全》P178、P209；《济博》P99；3b：《济博》P99；4：《古封》P335；《山全》P145；5：《古封》P336；《山全》P236；6：《古封》P336；《山全》P13；7：《古封》P336；《山全》P12；8—10：《山全》P262）

第三章 乡·亭·部　1017

犹乡之印

1

（1：《山全》P146）

右乡

1a　1b　1b　2

3　4　5　6

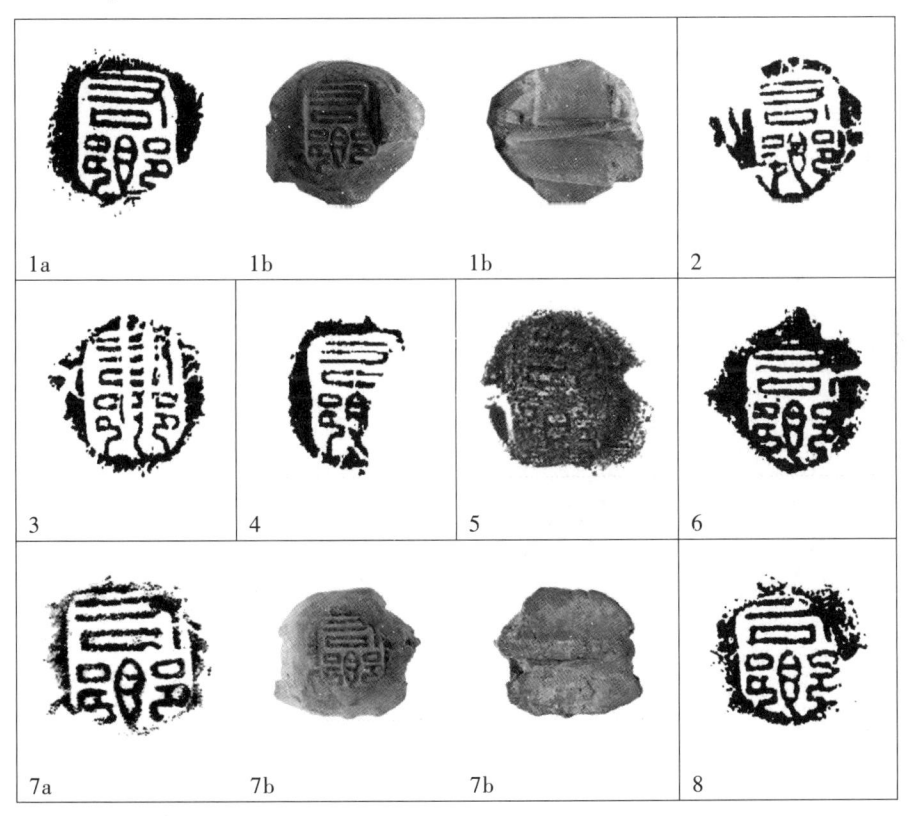

7a　7b　7b　8

1018　中编　地方职官

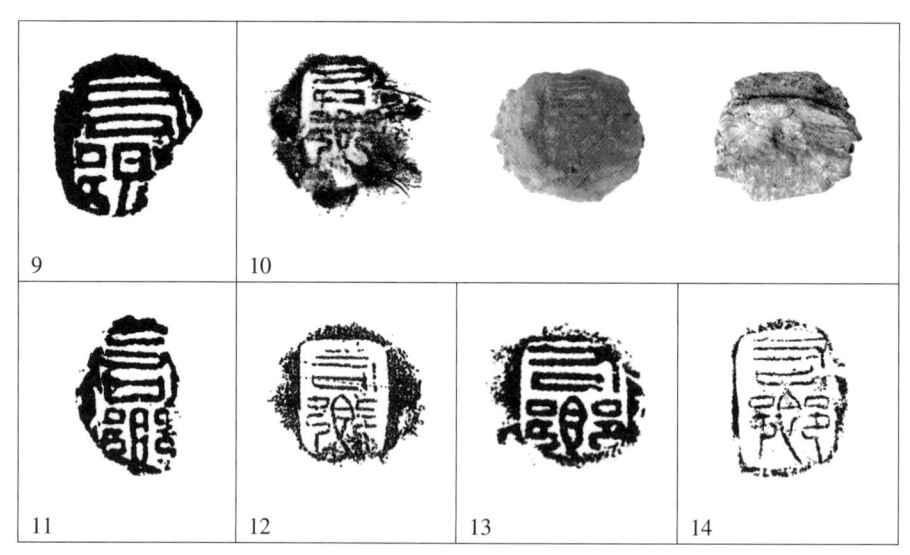

9	10		
11	12	13	14

（1a:《古封》P314；《上封》P82；《山全》P145；1b:《上封》P82；2:《古封》P315；《秦封》P335；《山全》P10；3:《古封》P315；《秦封》P335；《山全》P235；4:《秦封》P335；5:《大系》P339；6:《古封》P314；《山全》P10；7a:《古封》P314；《济博》P95；7b:《济博》P95；8:《古封》P315；《山全》P235；9:《古封》P315；《山全》P10；10:《济博》P96；11:《古封》P315；《山全》P11；12:《山全》P2；13:《山全》P176、208；14:《山全》P261）

右乡之印

1a	1b	1b

（1a:《古封》P290；《秦封》P336；《山全》P207；《济博》P95；1b:《济博》P95）

郁狼乡印

| 1a | 1b | 1b | 2 |
| 3 | 4 | 5 | |

（1a：《古封》P301；《秦封》P358；《上封》P79；《山全》P144；《大系》P342；1b：《上封》P79；2：《古封》P301；《秦封》P358；《山全》P233；《大系》P342；3：《古封》P300；《秦封》P358；《山全》P233；《大系》P342；4：《古封》P301；《秦封》P358；《山全》P233；《大系》P342；5：《山全》P206）

涓郭乡印

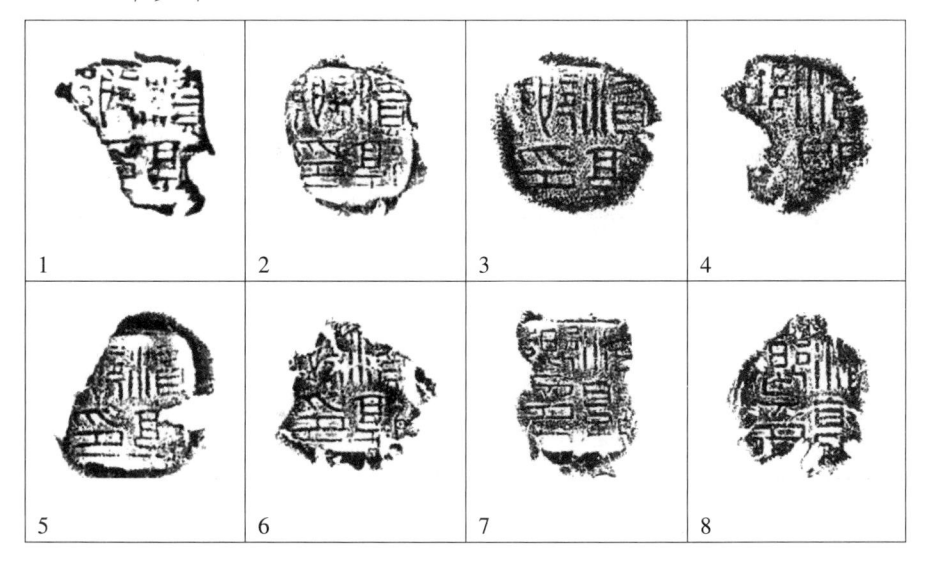

| 1 | 2 | 3 | 4 |
| 5 | 6 | 7 | 8 |

1020 中编 地方职官

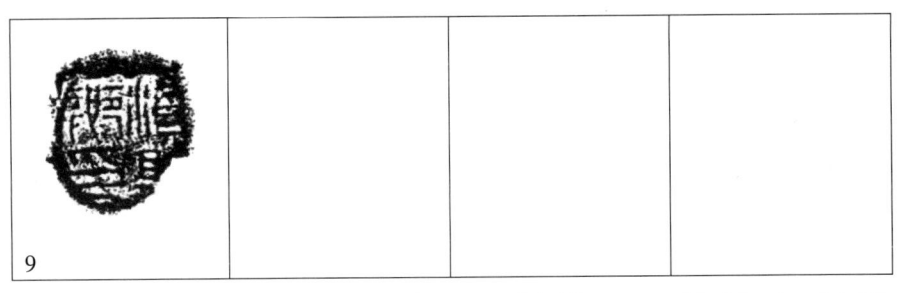

9			

（1、2：《大系》P364；3：《古封》P308；《秦封》P359；《山全》P8；《大系》P364；4：《古封》P308；《秦封》P359；《大系》P365；5—8：《大系》P365；9：《山全》P260；《大系》P365）

涓郭□□

1

（1：《大系》P365）

臧□乡印

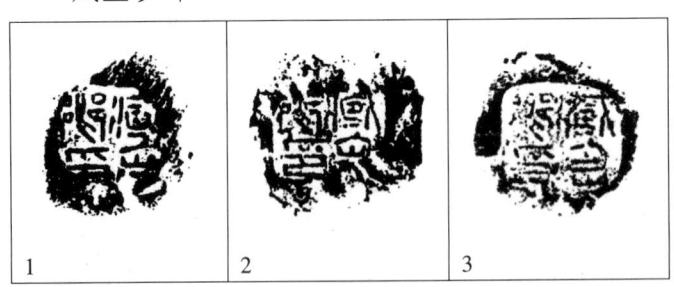

1	2	3

（1：《古封》P310；《山全》P234；2：《古封》P310；3：《山全》P172）

昭乡

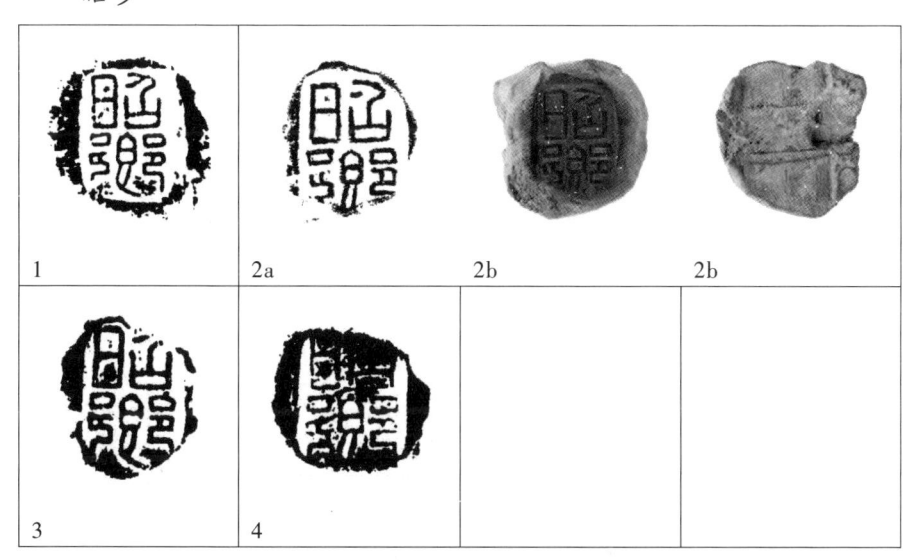

（1：《古封》P332；《山全》P145；2a：《古封》P332；《上封》P84；《山全》P178、P209；《济博》P100；2b：《济博》P100；3：《古封》P332；《山全》P236；4：《古封》P332；《山全》P14）

正乡

1022　中编　地方职官

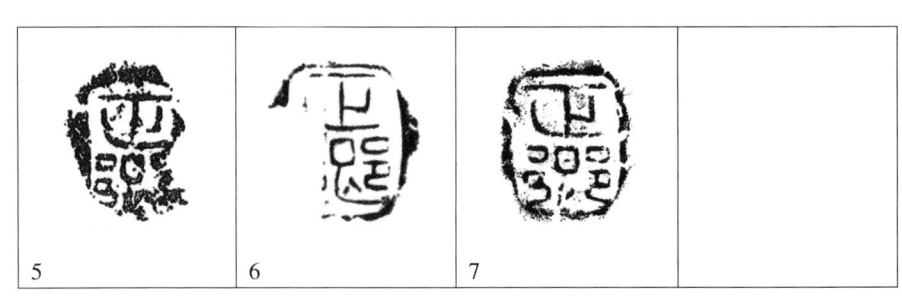

5	6	7	

（1a：《古封》P313；《上封》P82；《山全》P140；1b：《上封》P82；2：《古封》P313；《山全》P235；3：《古封》P313；《山全》P9；4a：《古封》P313；《山全》P176、P208；《济博》P98；4b：《济博》P98；5：《山全》P3；6：《山全》P241；7：《山全》P261）

轵乡

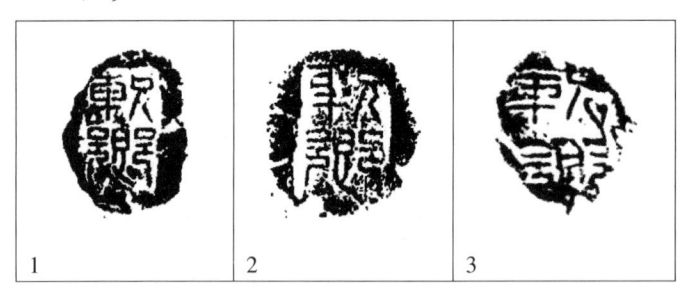

1	2	3

（1、2：《古封》P334；《秦封》P340；《山全》P18；3：《山全》P241）

轵乡之印

1

（1：《古封》P307；《山全》P17）

中乡

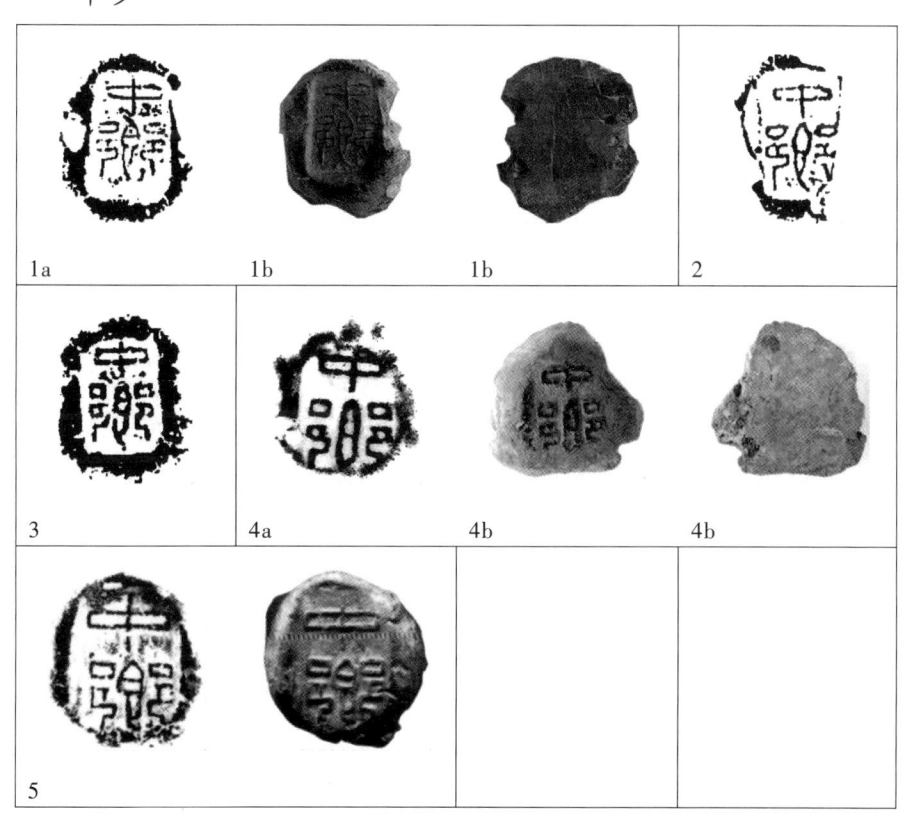

1a	1b	1b	2
3	4a	4b	4b
5			

（1a：《古封》P312；《上封》P82；《秦封》P334；《山全》P138；1b：《上封》P82；2：《古封》P312；《秦封》P334；《山全》P235；3：《古封》P312；《秦封》P334；《山全》P138；4a：《古封》P312；《山全》P176、P208；《济博》P100；4b：《济博》P100；5：《秦选》P108）

左乡

1a	1b	1b	2

1024　中编　地方职官

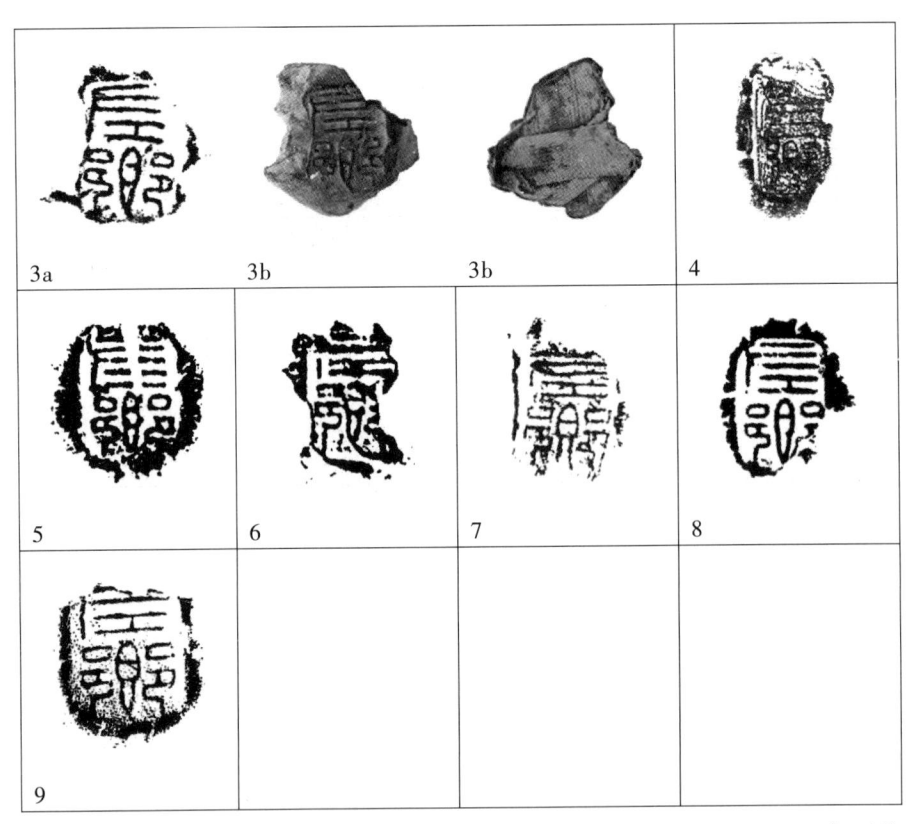

（1a：《古封》P313；《秦封》P335；《上封》P82；《山全》P144；1b：《上封》P82；2：《古封》P312；《秦封》P335；《山全》P17；3a：《古封》P314；《秦封》P335；《山全》P176；《济博》P96；3b：《济博》P96；4：《大系》P398；5：《古封》P314；《山全》P235；6：《古封》P314；《山全》P144；7：《山全》P45；8：《山全》P241；9：《山全》P261）

左乡之印

3	4	5	

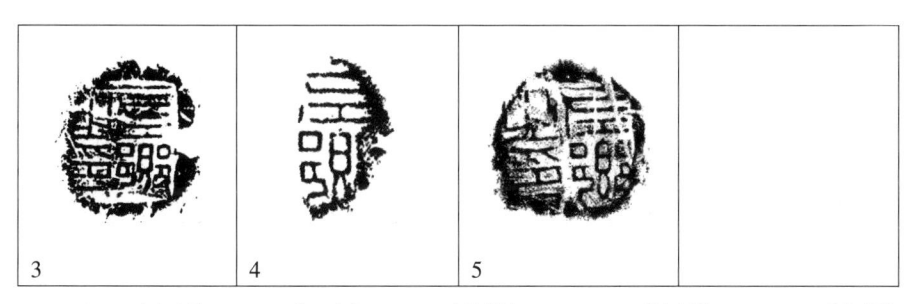

（1a：《古封》P289；《山全》P207；《济博》P96；1b：《济博》P96；2：《古封》P289；《山全》P17；3：《古封》P289；《山全》P17；4：《山全》P17；5：《山全》P260）

□乡

1	2	3	4
5	6	7	

（1：《新出》P106；《大系》P419；2：《大系》P419；3：《大系》P110；4：《酒余》P32；5、6：《大系》P416；7：《新出》P100；《大系》P48）

1026　中编　地方职官

□乡之印

1

（1：《大系》P419）

第二节　亭

亭

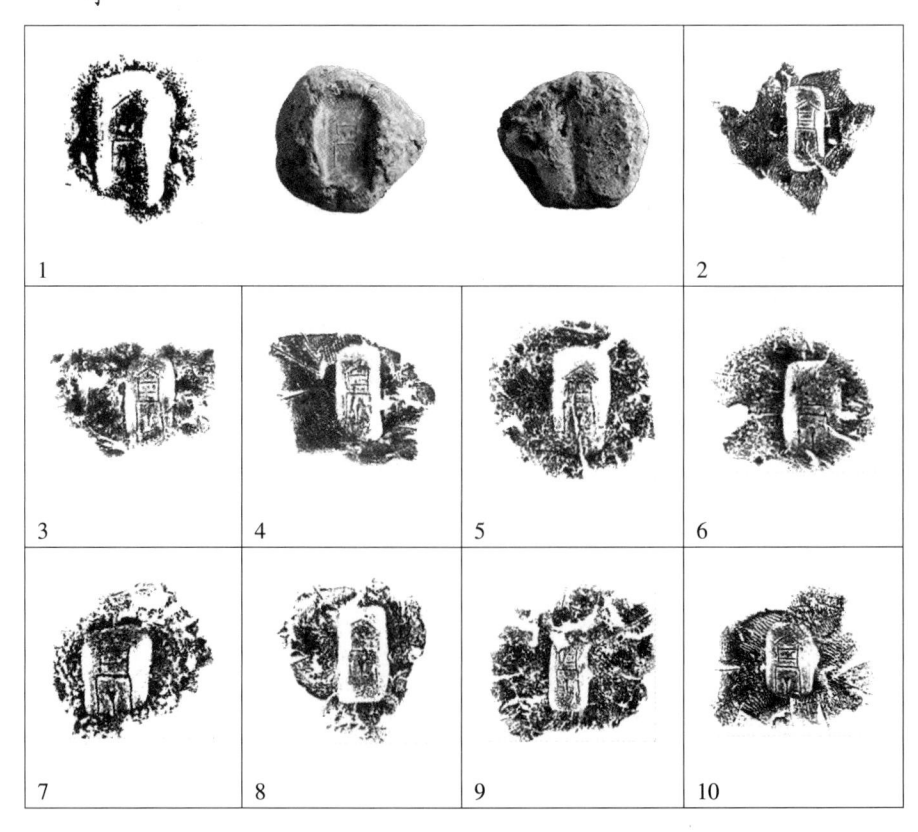

1			2
3	4	5	6
7	8	9	10

11			

（1：《精品》P67；2—6：《大系》P270；7—11：《大系》P271）

邔亭

1

（1：《玺印》P385；《秦封》P365；《大系》P186）

第三节　部

都部

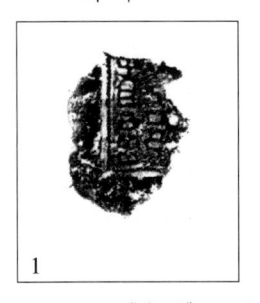

1

（1：《大系》P68）

1028　中编　地方职官

獂部

1a　1b　1b　2

（1a：《新出》P66；《青泥》P36；《大系》P118；1b：《青泥》P36；2：《大系》P118）

洛部

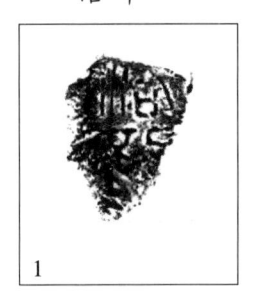

1

（1：《大系》P163）

略部

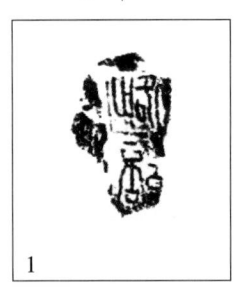

1

（1：《大系》P162）

第三章 乡·亭·部 1029

西部

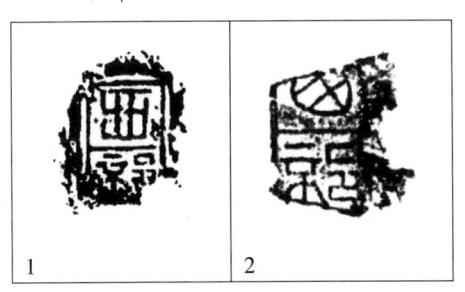

|1|2|

(1:《古封》P282;《山全》P122;2:《大系》P283)

畦部

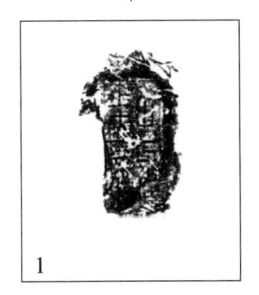

|1|

(1:《大系》P195)

邽部

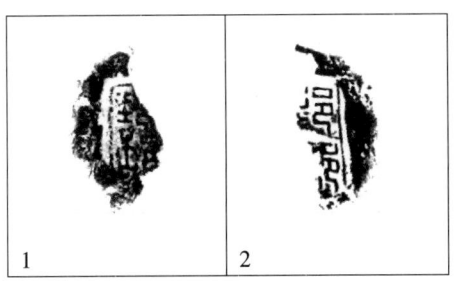

|1|2|

(1、2:《大系》P103)

武部

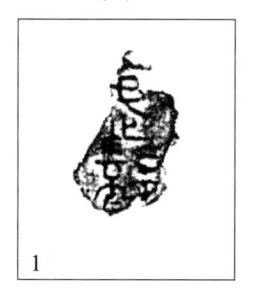

1

(1:《大系》P281)

治部

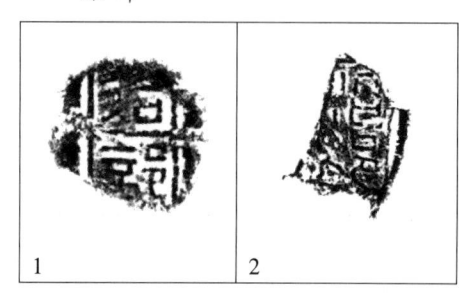

1　2

(1、2:《大系》P373)

渠部

1

(1:《大系》P198)

沈部

1

(1:《大系》P223)

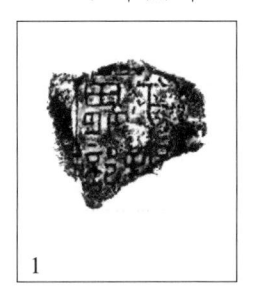

下部䣜部

1

(1:《大系》P292)

下编　未归类未释读及残封泥

第 一 章

未归类封泥

一 诸玺

玺

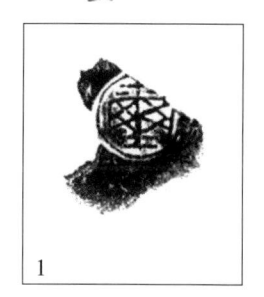

1

(1:《大系》P291)

请玺

| 1 | 2 | 3 | 4 |

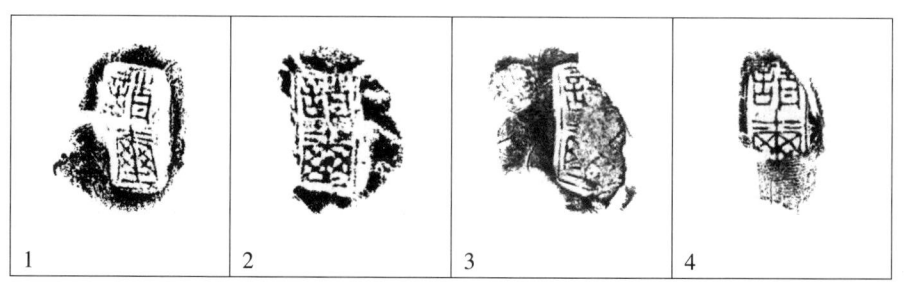

(1、2:《新出》P74;《大系》P197;3:《大系》P197;4:《西见》图二:21;

1036　下编　未归类未释读及残封泥

《大系》P198）

请□

1　2　3　4

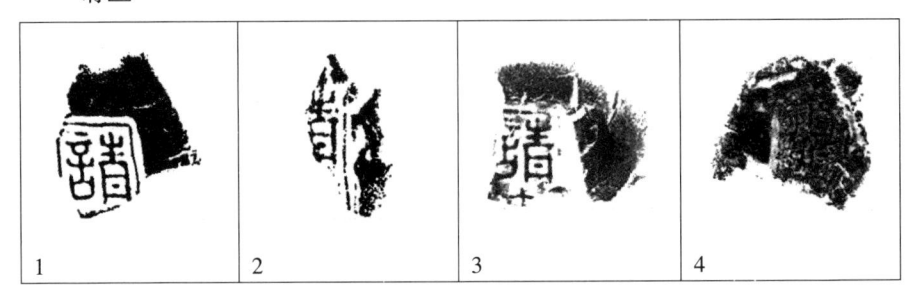

（1:《新出》P74;《大系》P197;2:《新出》P74;《大系》P198;3:《大系》P197;4:《大系》P198）

绶玺

1

（1:《大系》P458）

二　诸印

邦印

无图，释读见《秦选》P70。

第一章　未归类封泥　1037

府印

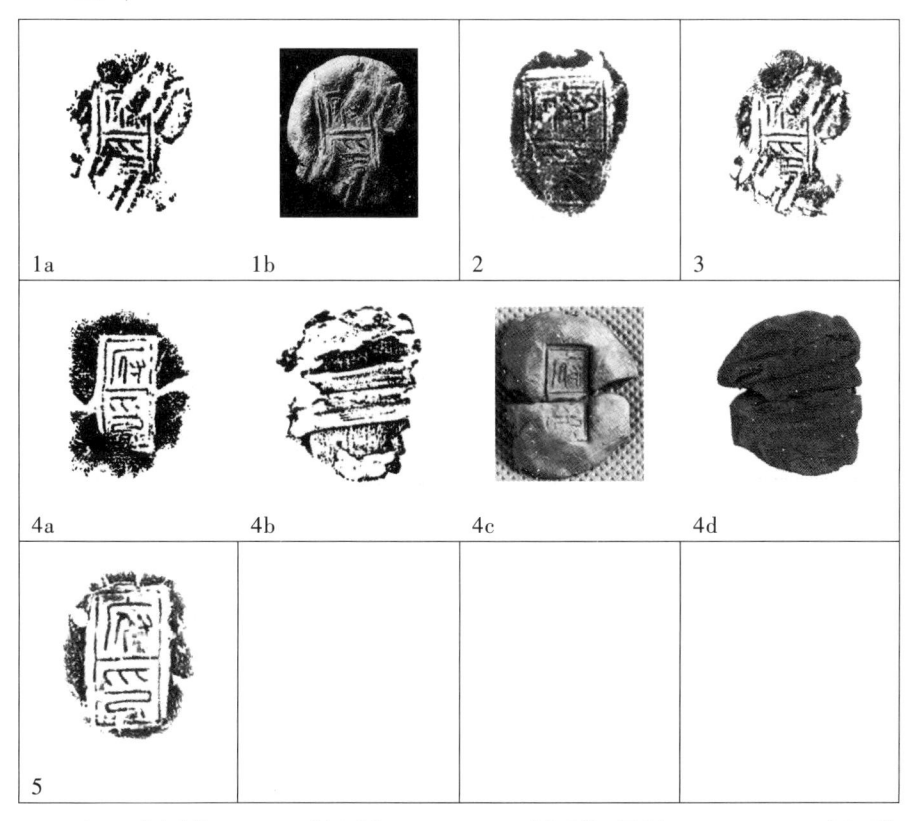

1a	1b	2	3
4a	4b	4c	4d
5			

（1a:《秦封》P240；《汇考》P157；1b:《秦封》图版 8；2、3、5:《大系》P84；4a:《印考》图 170；《印风》P165；《秦封》P240；《印集》P81；《汇考》P157；《玺印》P393；《大系》P84；4b:《印集》P81；4c:《汇考》图版 P39；《泥选》；4d:《汇考》图版 P39）

府□

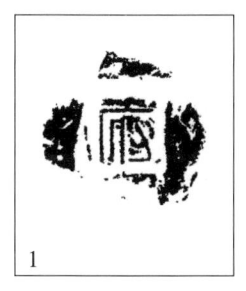

| 1 |

（1:《酒余》P44；《大系》P303）

1038　下编　未归类未释读及残封泥

公印

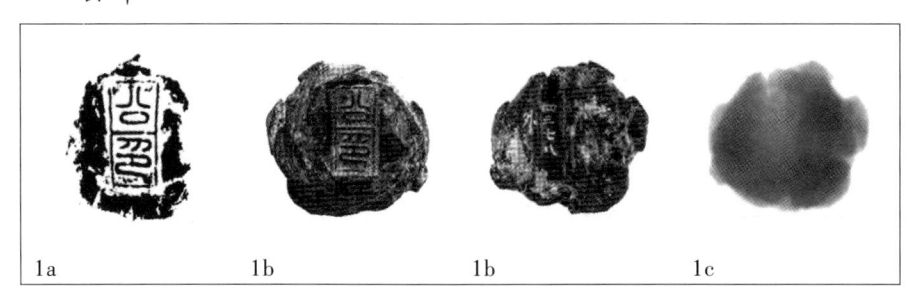

| 1a | 1b | 1b | 1c |

（1a：《古封》P374；《中封》P132；《秦封》P239；《书集》P132；《山全》P103；《大系》P96；1b：《中封》P132；《X光》P169；1c：《X光》P169）

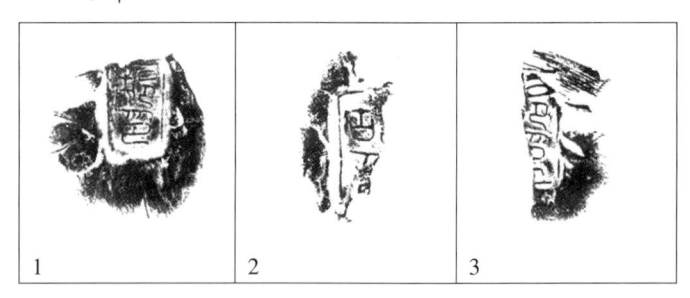

邰印

| 1 | 2 | 3 |

（1—3：《大系》P405）

茜印

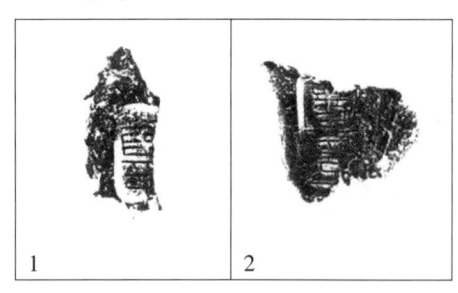

| 1 | 2 |

（1、2：《大系》P335）

第一章　未归类封泥　1039

詹印

1

（1：《大系》P144）

库印

1

（1：《大系》P144）

库□

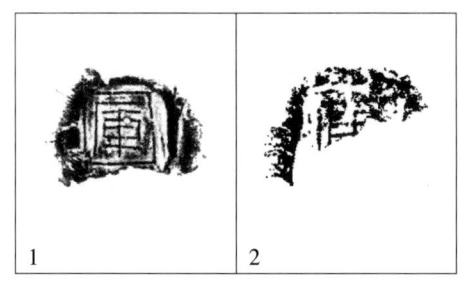

1　　2

（1：《大系》P144；2：《新选》P100）

1040　下编　未归类未释读及残封泥

牢印

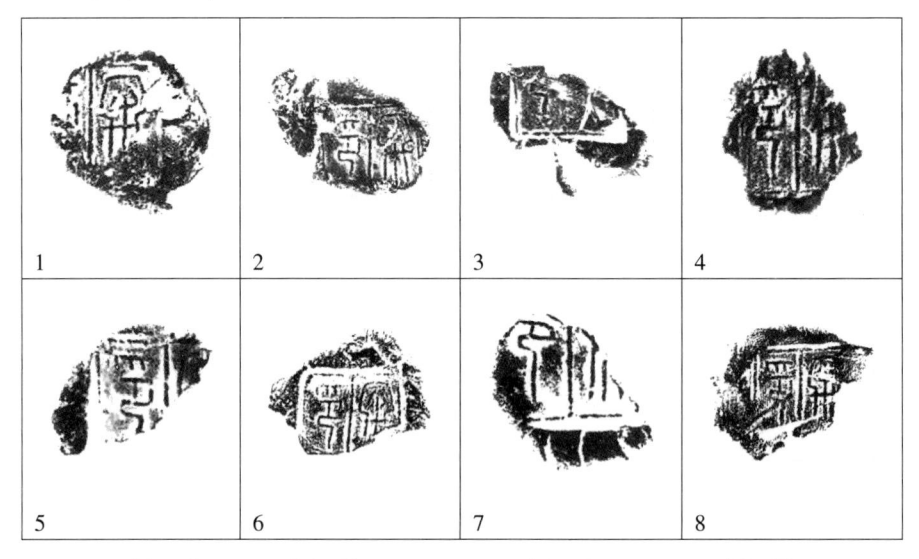

1	2	3	4
5	6	7	8

（1：《新出》P102；《大系》P149；2—4：《大系》P149；5：《大系》P150；6、7：《新选》P100；《大系》P150；8：《新选》P102；《大系》P149）

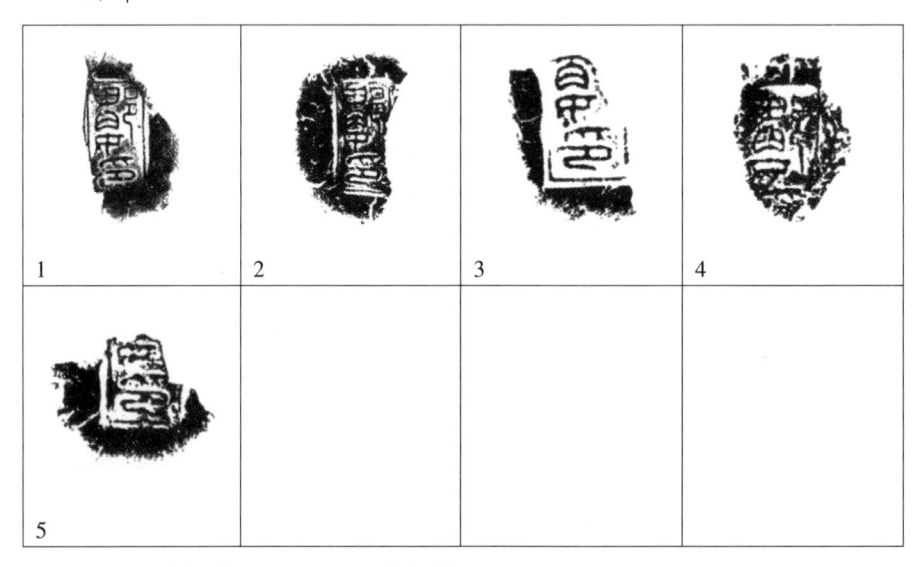

鄩印

1	2	3	4
5			

（1—3：《大系》P159；4、5：《大系》P160）

第一章　未归类封泥　1041

市印

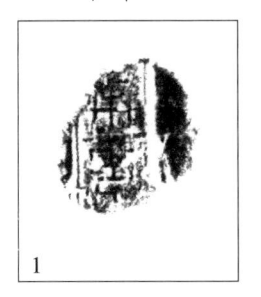

1

（1:《山房》2.34）

三　诸府

大府
大府丞印

| 1a | 1b | 1b | 2 |
| 3 | | | 4 |

1042　下编　未归类未释读及残封泥

（1a：《相家》P30；《大系》P53；1b：《相家》P30；2：《在京》图二；4；《玺印》P444；3：《相家》P30；4：《新出》P7；《大系》P53；5、6：《新出》P7；7：《新出》P58；8—9：《大系》P53；10：《酒余》P40；《大系》P53；11：《新官》图19）

大府金印

无图，释读见《秦选》P70。

大府□□

（1：《新出》P58；《大系》P53）

第一章 未归类封泥 1043

大府□丞

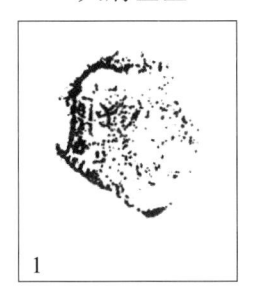

(1:《在京》图二:5;《大系》P54)

大府□府

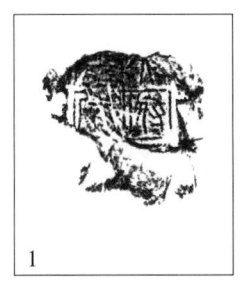

(1:《大系》P54)

榦□府印

(1:《大系》P86)

南室府丞

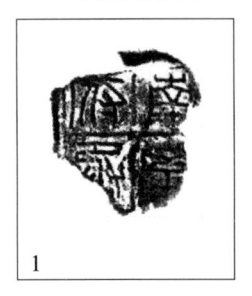

（1:《在京》图三：9;《玺印》P436;《大系》P179）

帑府

（1:《大系》P263）

器府

（1:《大系》P196）

第一章 未归类封泥 1045

泉府

1

（1：《大系》P198）

山府

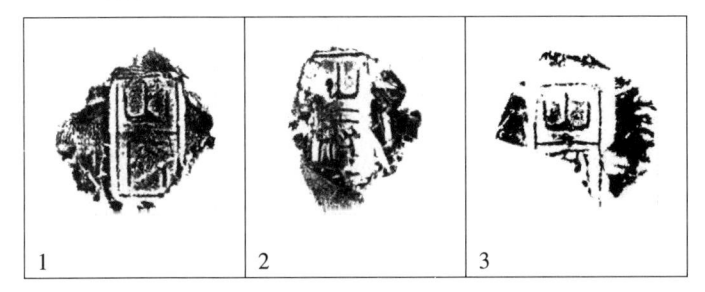

1　2　3

（1、2：《大系》P205；3：《酒余》P38 上；《大系》P205）

市府

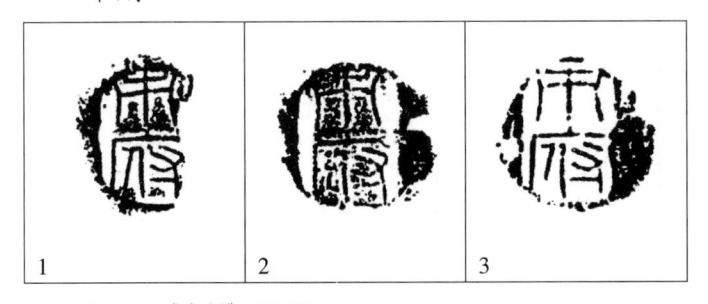

1　2　3

（1—3：《古封》P372）

1046　下编　未归类未释读及残封泥

遂官府印

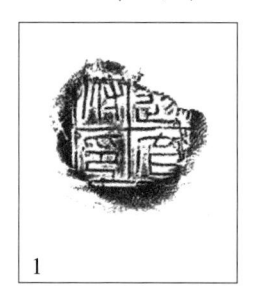

(1:《大系》P242)

廷府

(1a:《新选》P111;《大系》P269;1b:《陕北》P107;2—5:《大系》P269;6a:《精品》P32;《大系》P269;6b:《精品》P32)

第一章　未归类封泥　1047

廷□

1

（1：《新选》P111；《大系》P269）

徒府

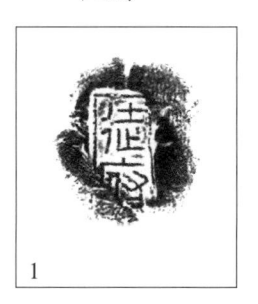

1

（1：《大系》P272）

小府

1

2

3

4

1048　下编　未归类未释读及残封泥

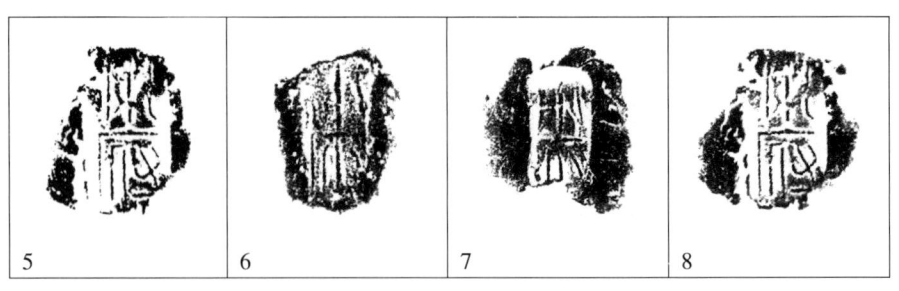

（1：《青泥》P70；2：《新出》P81；3：《菁华》P63；4：《新出》P81；《大系》P303；5：《新出》P81；《精品》P69；6、7：《新出》P81；《大系》P303；8：《大系》P303）

小□

（1：《新出》P82；《大系》P303）

冶府

（1：《再续》3.8）

四　特库

特库之印

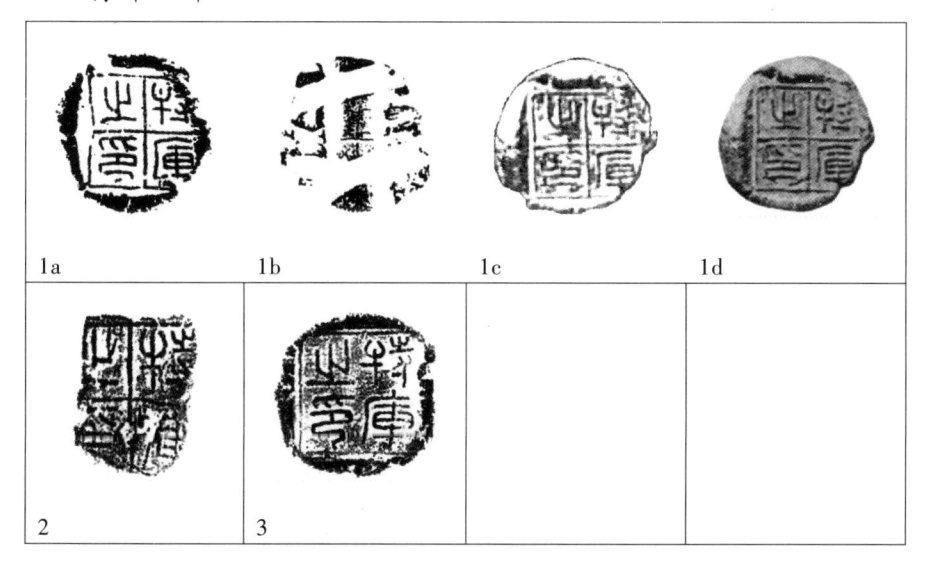

1a	1b	1c	1d
2	3		

（1a：《补读》图2：37；《秦封》P221；《印集》P82；《书集》P119；《汇考》P158；《玺印》P448；《大系》P266；1b：《印集》P82；1c：《续考》图225；1d：《图录》；《秦研》P83；2：《大系》P266；3：《新出》P37；《大系》P266）

特□之□

1

（1：《新出》P37；《大系》P266）

特库丞印

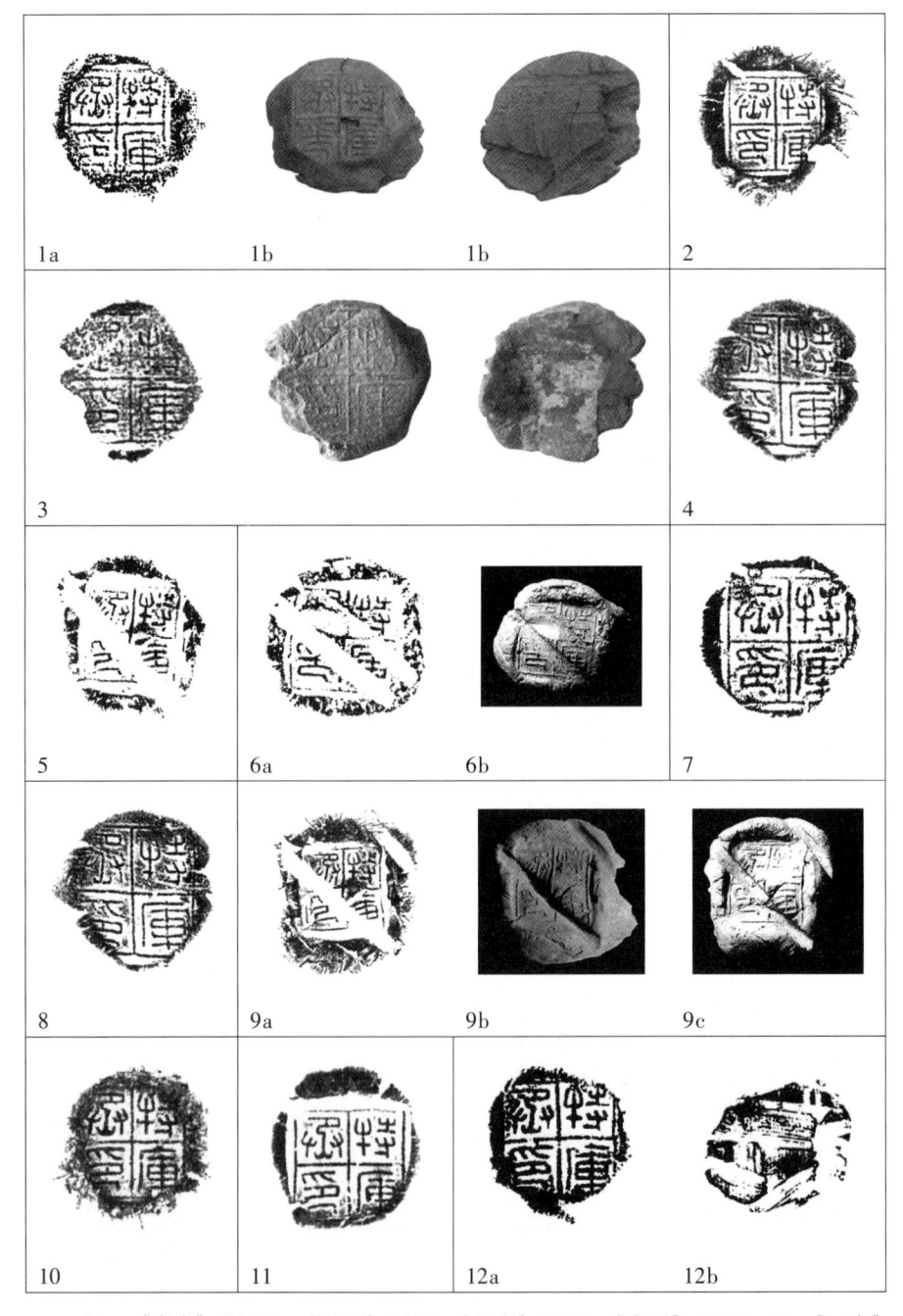

(1a:《印考》图188;《印风》P138;《汇考》P159;《大系》P265;1b:《汇考》

第一章　未归类封泥　1051

图版 P40；2：《大系》P266；3a：《相家》P17；《大系》P265；3b：《相家》P17；4：《大系》P266；5：《发现》图 109；《图例》P56；《秦封》P222；《汇考》P159；6a：《秦封》P222；6b：《秦封》图版 3；7：《秦封》P222；8：《新出》P37；9a：《大系》P266；9b：《秦封》彩板 3；9c：《秦封》图版 8；10：《大系》P266；11：《大系》P265；12a：《秦封》P222；《印集》P82；《书集》P120；《汇考》P159；《玺印》P448；《大系》P265；12b：《印集》P82）

特库丞□

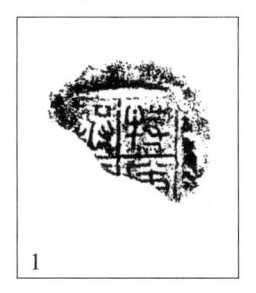

1

（1：《秦封》P222；《汇考》P159）

特库□印

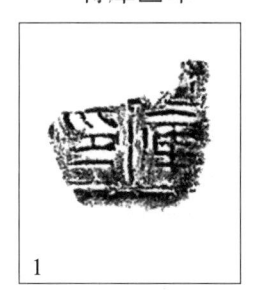

1

（1：《大系》P265）

特□丞印

1

（1：《秦封》P222；《汇考》P159）

特库□□

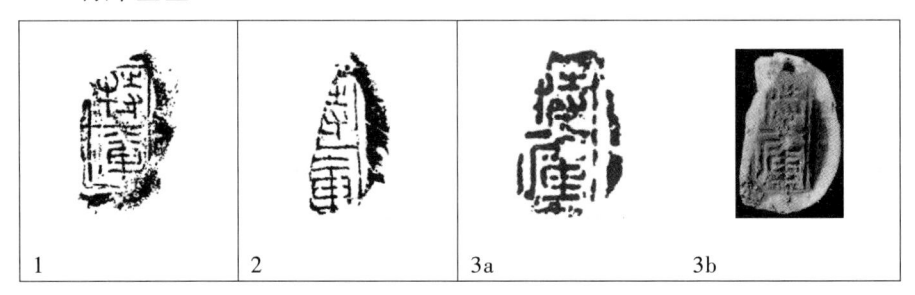

| 1 | 2 | 3a | 3b |

（1：《秦封》P222；《汇考》P159；2：《新出》P78；3a：《新获》P291；《大系》P267；3b：《发掘》图版十八：3）

特□丞□

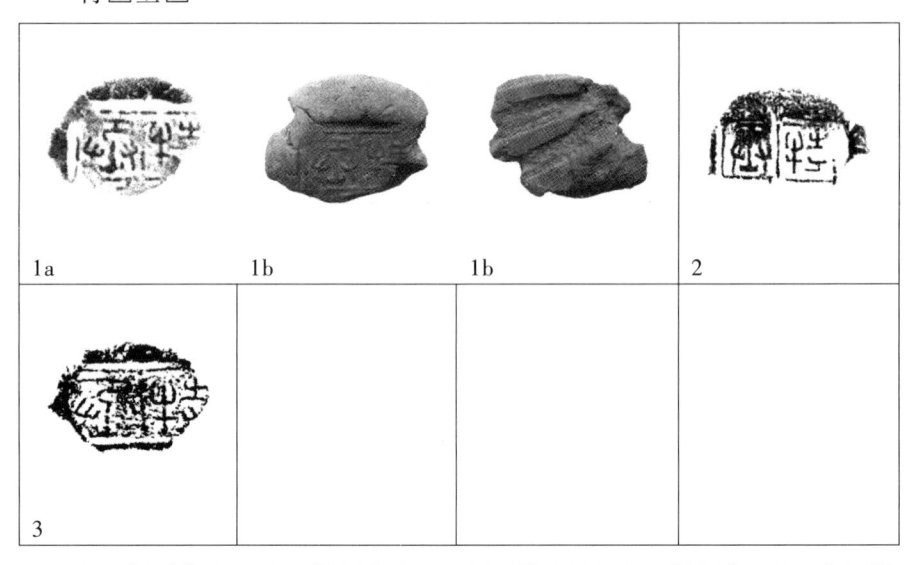

| 1a | 1b | 1b | 2 |
| 3 | | | |

（1：《相家》P17；2：《新出》P37；《大系》P266；3：《新出》P78；《大系》P265）

第一章　未归类封泥　1053

特□□

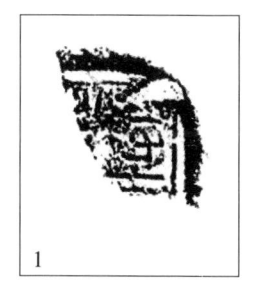

1

（1：《新出》P37；《大系》P266）

五　官臣

官臣之印

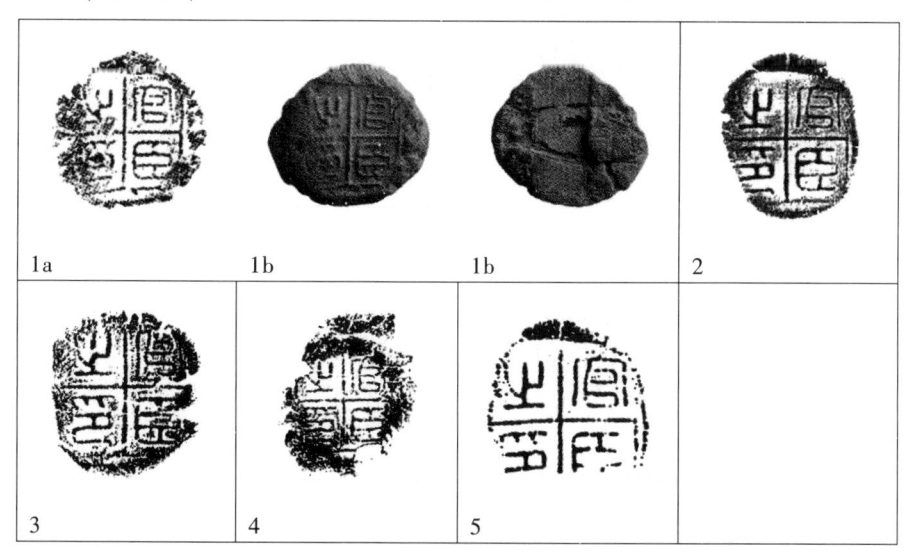

| 1a | 1b | 1b | 2 |
| 3 | 4 | 5 | |

（1a：《西见》图二：16；《新出》P15；《青泥》P25；《大系》P102；1b：《青泥》P25；2：《玺印》447；《大系》P102；3：《新出》P15；《大系》P102；4：《新出》P65；《大系》P102；5：《在京》图四：10；《大系》P102）

1054　下编　未归类未释读及残封泥

官臣丞印

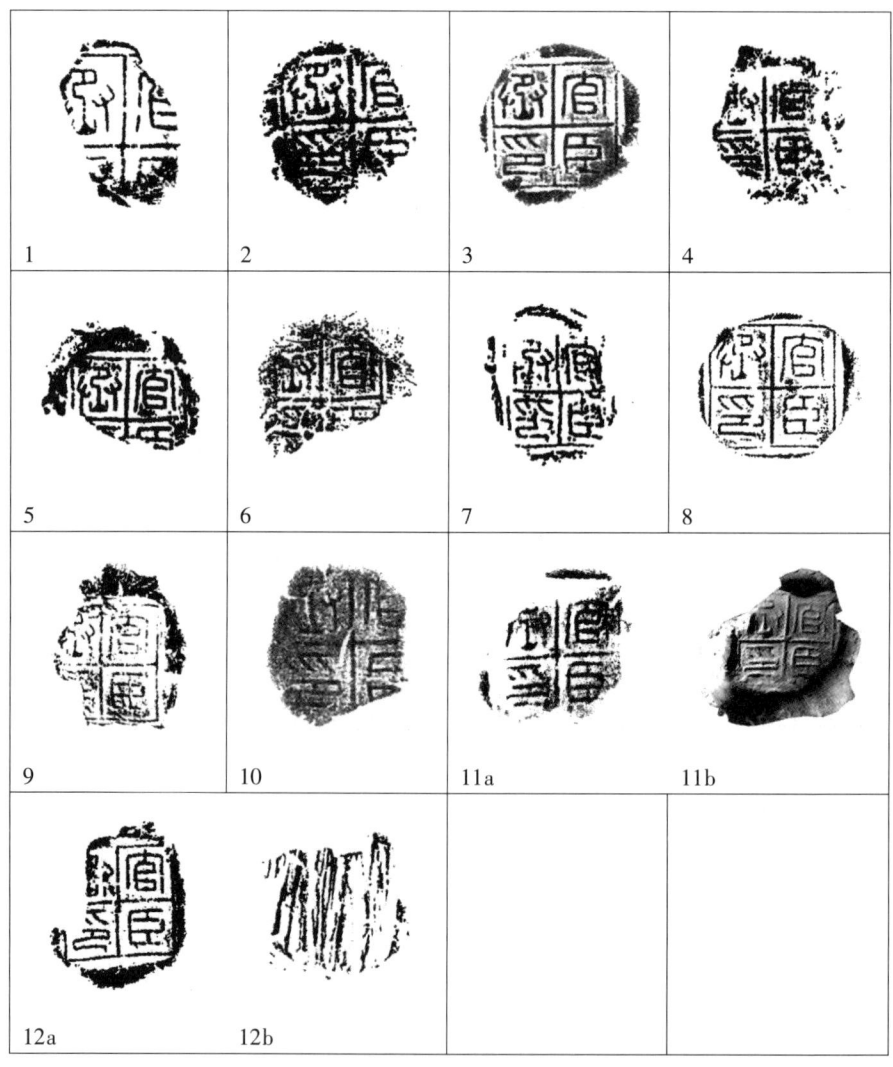

（1:《新出》P15；2:《汇考》P154，《大系》P101；3:《大系》P101；4:《图例》P56，《秦封》P224，《汇考》P154；5:《秦封》P224，《汇考》P154；6:《发现》图110，《图例》P56，《秦封》P224，《汇考》P154，《大系》P102；7:《秦封》P224，《汇考》P154；8、9:《新出》P15，《大系》P102；10:《新出》P15，《大系》P101；11a:《新获》P291，《大系》P101；11b:《发掘》图版十六：4；12a:《印考》图206，《印风》P128，《秦封》P224，《印集》P78，《汇考》P153，《玺印》P447，《大系》P101；12b:《印集》P78）

第一章 未归类封泥

官臣□印

1

（1:《相家》P30）

官□丞印

1

（1:《新出》P15）

□臣丞印

1

（1:《秦封》P224;《汇考》P154;《大系》P408）

1056　下编　未归类未释读及残封泥

□臣□印

| 1 | 2 |

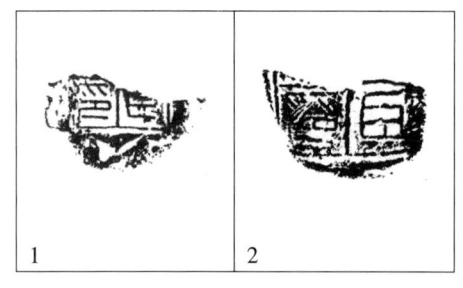

（1：《大系》P408；2：《新出》P15）

六　都共

都共

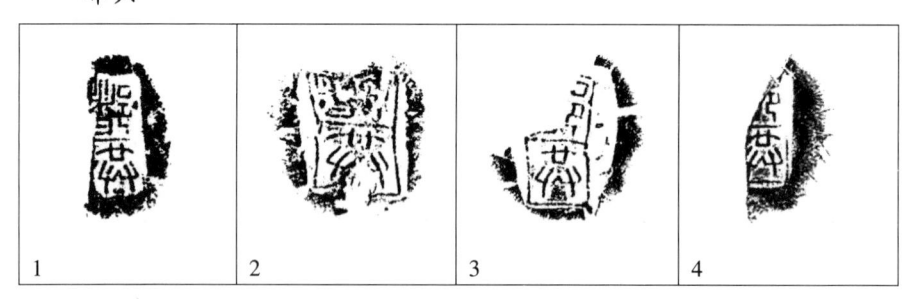

| 1 | 2 | 3 | 4 |

（1：《在京》图四：3；《玺印》P393；《大系》P70；2：《新出》P10；《大系》P70；3：《新出》P10；《大系》P70；4：《大系》P70）

都共丞印

| 1 | 2a | 2b | 2b |

第一章 未归类封泥　1057

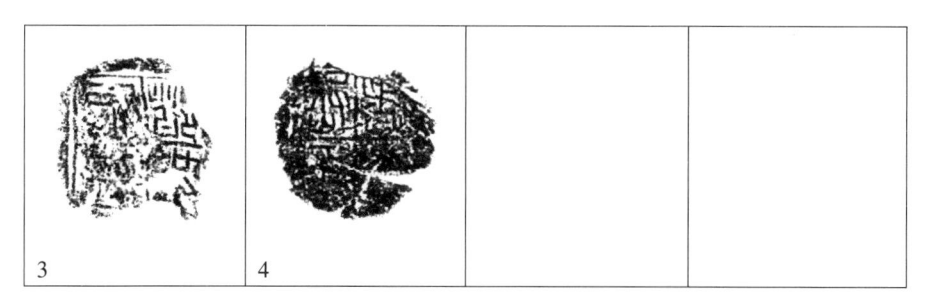

3	4		

（1：《玺印》P431；《大系》P70；2a：《相家》P22；《大系》P70；2b：《相家》P22；3：《新出》P10；《大系》P70；4：《大系》P70）

七　发弩

发弩

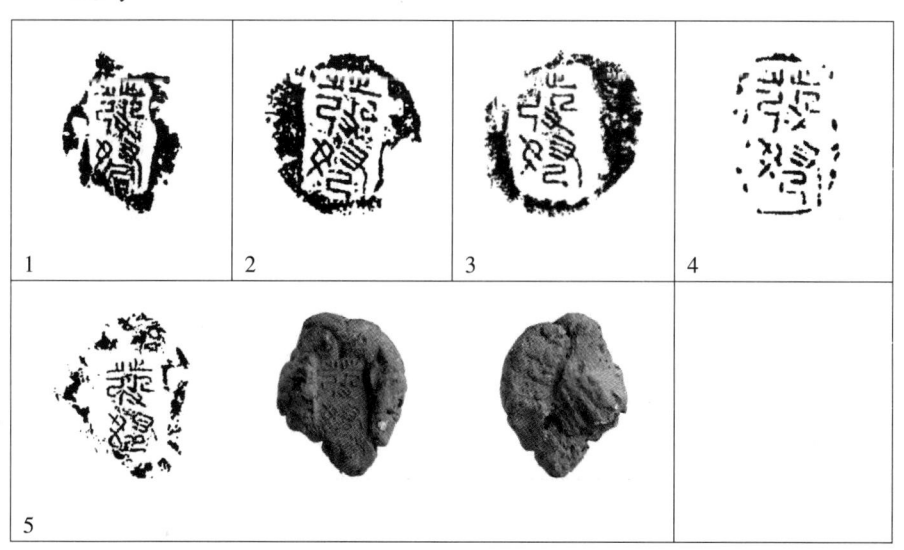

1	2	3	4
5			

（1、2：《秦封》P234；《大系》P76；3：《秦封》P235；《大系》P76；4：《秦封》P234；《玺印》P394；《大系》P76；5：《上封》P44）

1058　下编　未归类未释读及残封泥

发弩之印

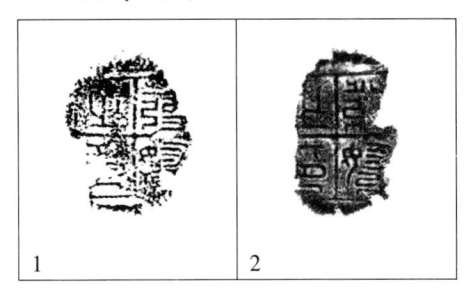

（1：《新出》P11；《大系》P76；2：《大系》P77）

□弩之印

（1：《大系》P77）

发弩□□

（1：《新出》P63；《大系》P77）

八　募人

募□

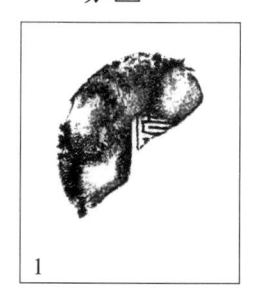

1

（1：《大系》P169）

□人

1

（1：《在京》图四：8；《大系》P169）

募人丞印

| 1 | 2 | 3a | 3b |

1060　下编　未归类未释读及残封泥

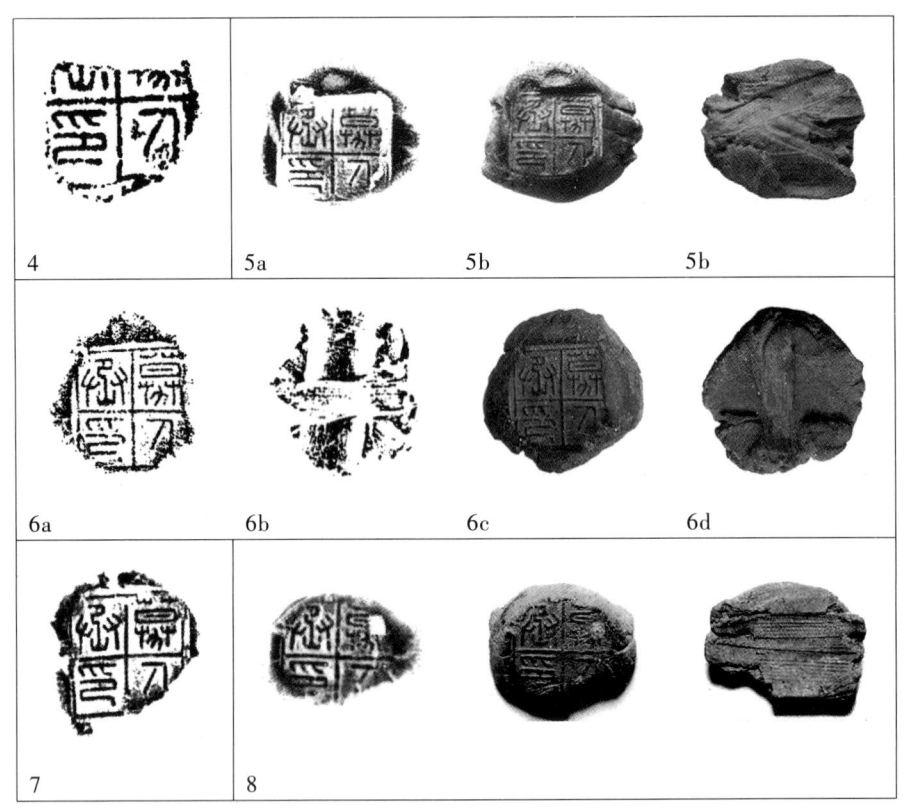

（1：《汇考》P161；《大系》P170；2：《印风》P141；《新官》图40；《汇考》P161；《大系》P170；3a：《发掘》图一八；3b：《发掘》图版十二：2；4：《汇考》P161；《大系》P170；5a：《相家》P29；《大系》P170；5b：《相家》P29；6a：《书法》P40；《印集》P84；《汇考》P161；《大系》P170；6b：《印集》P84；6c：《汇考》图版P41；《泥选》；6d：《汇考》图版P41；7：《大系》P169；8：《观一》P37）

又：《发掘》P534《出土封泥登记表》2000CH 相1TG1：79 为"募人丞印"。

募人□□

（1：《新出》P25；《大系》P170）

第一章 未归类封泥 1061

□人丞印

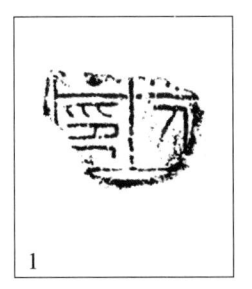

1

（1：《新出》P25；《大系》P170）

募□丞□

1

（1：《新出》P25；《大系》P170）

□人□□

1

（1：《大系》P417）

募人府印

1

（1：《在京》图四：9；《玺印》P434；《大系》P170）

九　桃枳

桃枳丞印

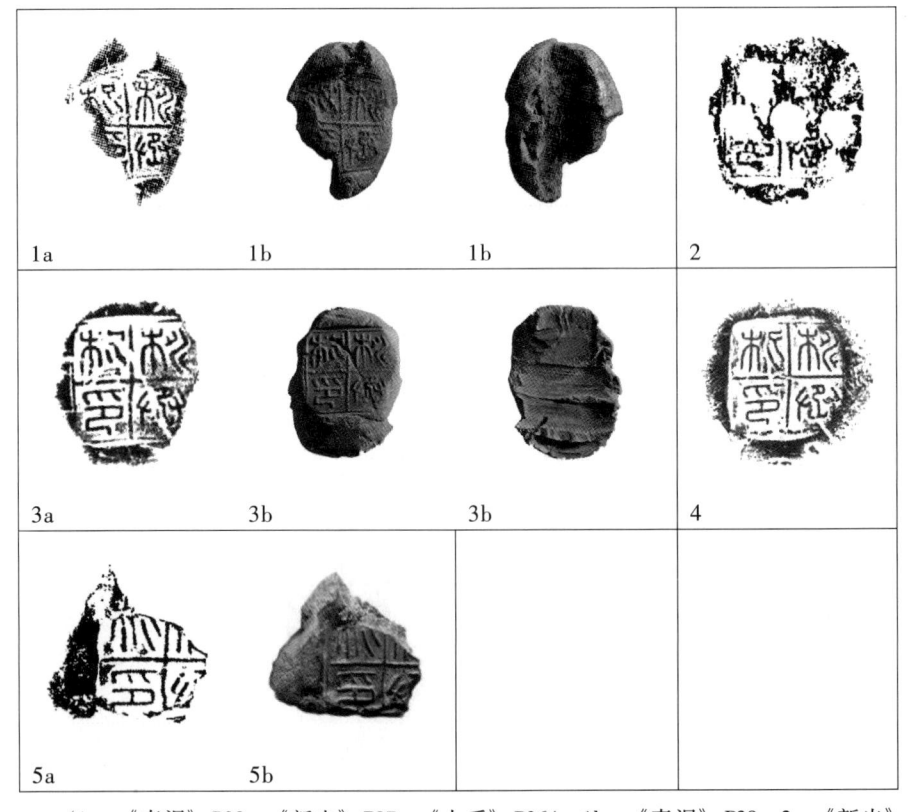

1a	1b	1b	2
3a	3b	3b	4
5a	5b		

（1a：《青泥》P38；《新出》P37；《大系》P264；1b：《青泥》P38；2：《新出》

P37；《大系》P264；3a：《精品》P41；《大系》P263；3b：《精品》P41；4：《西见》图17；《大系》P263、P264；5a：《于京》图26；《玺印》P408；《新出》P78；《秦选》P91；《大系》P264；5b：《秦选》P91）

桃枳丞□

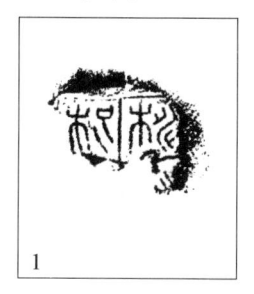

1

（1：《新出》P78；《大系》P264）

桃□之□

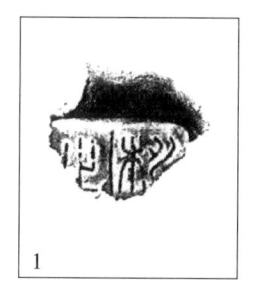

1

（1：《大系》P265）

十　容趋

容趋

1a　　　1b　　　1c　　　1c

1064　下编　未归类未释读及残封泥

（1a：《新地》图36；《考释》图一：14；《印集》P154；《汇考》P245；《大系》P199；1b：《印集》P154；1c：《汇考》图版P72；2a：《相家》P30；《大系》P199；2b：《相家》P30；4：《大系》P199；4：《新出》P28；《大系》P200）

容□

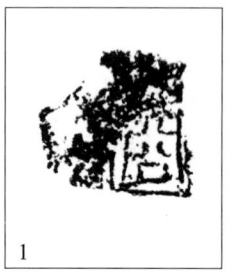

（1：《新出》P28；《大系》P200）

□趋

（1：《相家》P30；《大系》P200）

容趨丞印

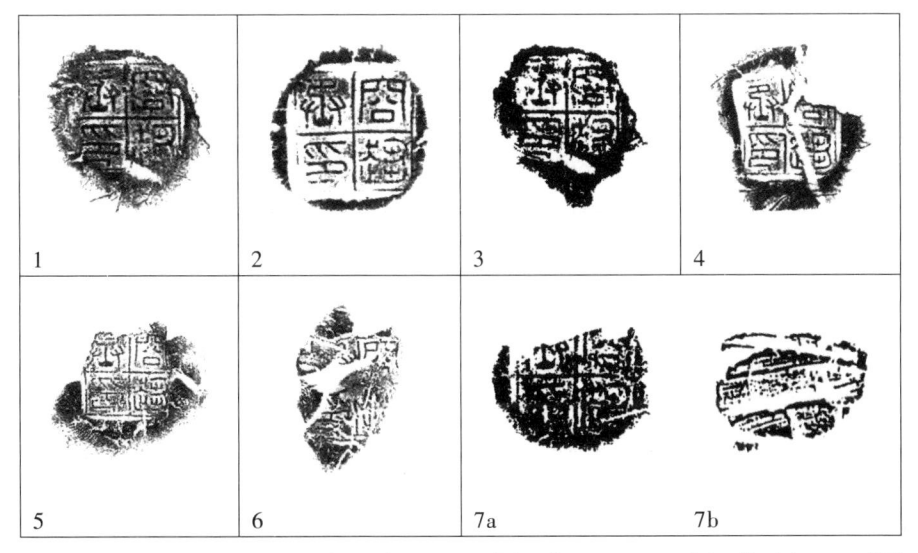

1	2	3	4
5	6	7a	7b

（1:《大系》P200；2:《新地》图 37；《大系》P200；3:《发现》图 105；《图例》P55；《秦封》P238；《汇考》P245；4:《秦封》P238；《汇考》P245；《玺印》P434；《大系》P200；5:《新出》P74；《大系》P200；6:《新出》P74；《大系》P200；7a:《印集》P154；《汇考》P245；《大系》P200；7b:《印集》P154）

容□丞印

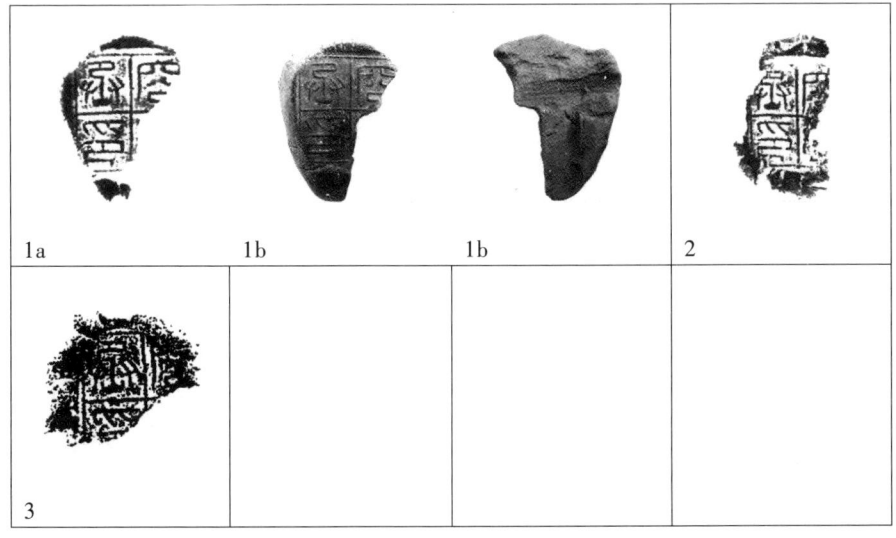

1a	1b	1b	2
3			

（1a:《相家》P30；《大系》P200；1b:《相家》P30；2:《秦封》P238；《汇考》

1066　下编　未归类未释读及残封泥

P245；《大系》P200；3：《秦封》P238；《汇考》P245）

十一　走翟

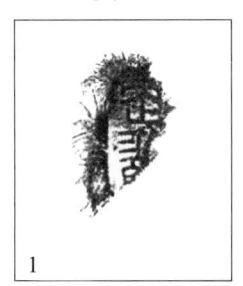

走翟

1

（1：《大系》P391）

□翟

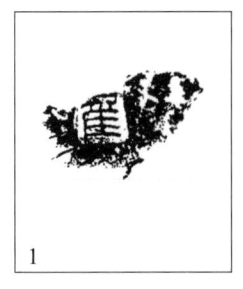

1

（1：《新选》P121；《大系》P391）

走翟丞印

1a　　　1b　　　1b　　　2

第一章 未归类封泥 1067

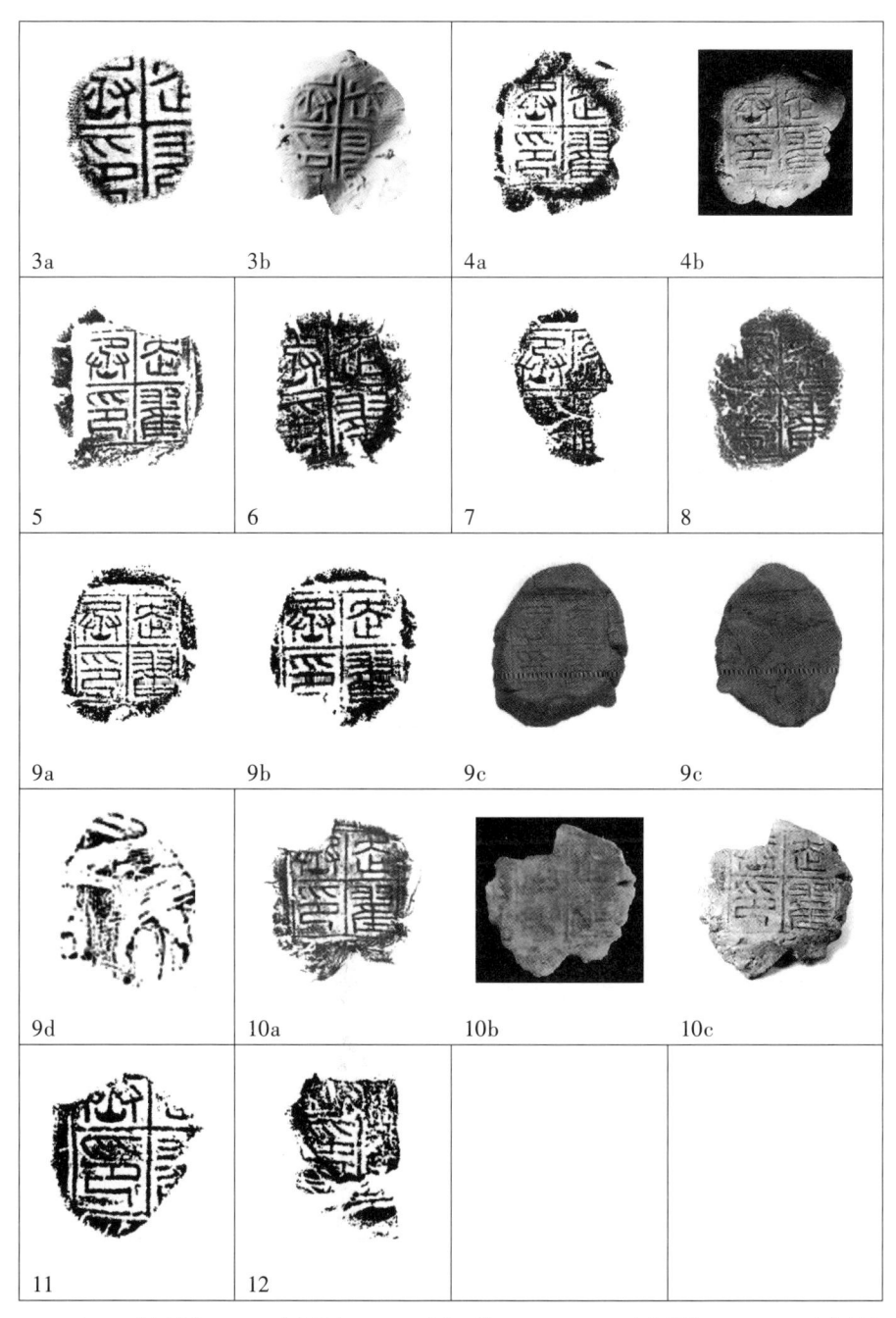

3a	3b	4a	4b
5	6	7	8
9a	9b	9c	9c
9d	10a	10b	10c
11	12		

（1a:《新出》P97；《青泥》P37；《大系》P391；1b:《青泥》P37；2:《秦封》P232；《汇考》P250；3a:《发掘》图一六：25；《新获》P291；《玺印》P434；《大

1068　下编　未归类未释读及残封泥

系》P391；3b：《发掘》图版九：1；4a：《发现》图108；《图例》P56；《秦封》P231；《汇考》P249；4b：《秦封》图版9；5：《大系》P391；6：《秦封》P231；《汇考》P249；7：《新选》P121；《大系》P391；8：《新出》P97；《大系》P391；9a：《印风》P140；《书法》P44；《印集》P157；《汇考》P249；《玺印》P433；《大系》P391；9b：《印集》P157；9c：《书集》P129；《汇考》P249；《大系》P391；9d：《汇考》图版P73；10a：《秦封》P231；《汇考》P249；《大系》P391；10b：《秦封》彩版2；10c：《问陶》P159；11、12：《新出》P97）

又：《发掘》P534《出土封泥登记表》2000CH相1T2③：144为"走翟丞印"。

走翟丞□

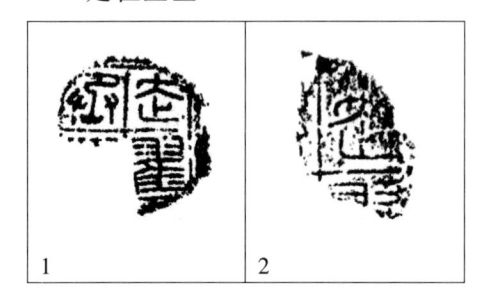

（1、4：《汇考》P249；2：《新出》P51）

走翟□□

无图，释读见《发掘》P543。

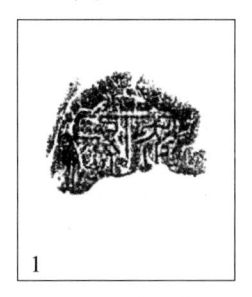

走□丞□

（1：《新出》P97）

□翟□印

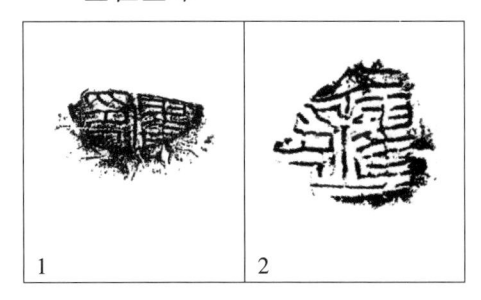

| 1 | 2 |

（1：《秦封》P232；《汇考》P250；2：《新出》P51；《大系》P391）

十二　少卒

少卒

1

（1：《大系》P222）

少卒丞印

1

（1：《大系》P222）

□卒□印

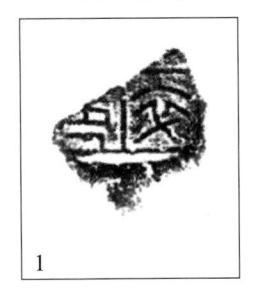

1

（1：《大系》P222）

十三　是唯公

是唯公印

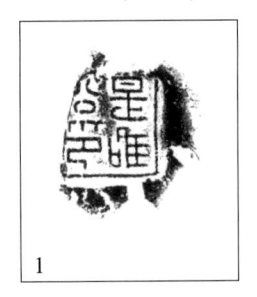

1

（1：《大系》P223）

是唯□□

1

（1：《新出》P98；《大系》P223）

第一章　未归类封泥　1071

是□公□

1

（1:《新选》P107;《大系》P223）

□唯□印

1

（1:《大系》P223）

□□公印

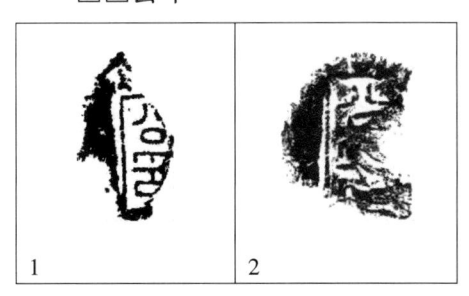

1　2

（1:《酒余》P39 下；2:《新选》P107;《大系》P224）

1072　下编　未归类未释读及残封泥

□唯□□

（1：《酒余》P39 上；《大系》P223）

十四　隍

隍采金印

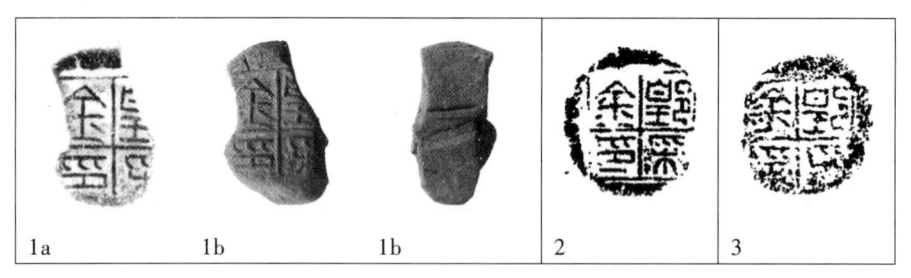

（1a：《相家》P25；《大系》P121；1b：《相家》P25；2：《在京》图 4：15；《玺印》P445；《大系》P121；3：《新出》P19；《大系》P121）

隍采金丞

第一章　未归类封泥　1073

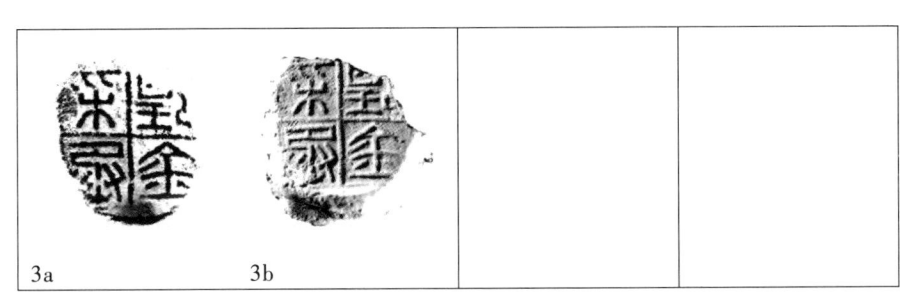

（1a:《在京》图 4：16；《新出》P19；《青泥》P26；《大系》P121；1b:《青泥》P26；2:《玺印》P445；《大系》P121；3a:《新获》P288；《大系》P121；3b:《发掘》图版十七：4）

隍□采□

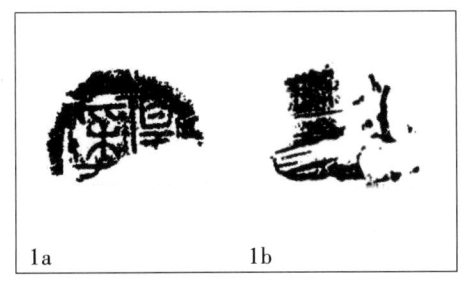

（1a:《印集》P161；《汇考》P252；《大系》P121；1b:《印集》P161）

□□金丞

（1:《新出》P19；《大系》P121）

十五　长竿

長竿金丞

(1:《山房》2.2)

長竿左金丞

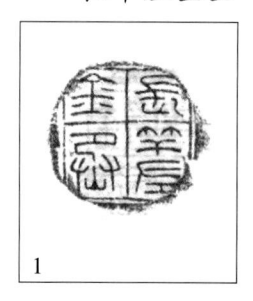

(1:《山房》2.3)

十六　阳郑

阳郑

1

（1：《大系》P322）

阳郑丞印

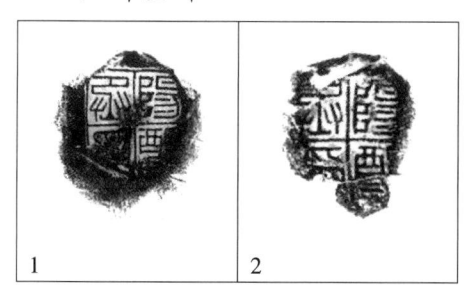

1　2

（1、2：《大系》P322）

十七　魏文

魏文之印

1a　　1b　　1b

（1a:《大系》P466；1b:《问陶》P172）

魏文建邑

无图，释读见《五十例》P313。

十八　其它

大王

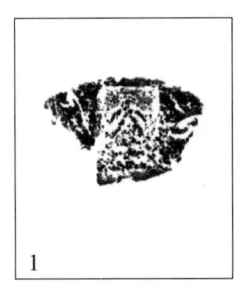

1

（1:《大系》P249）

蒲曲

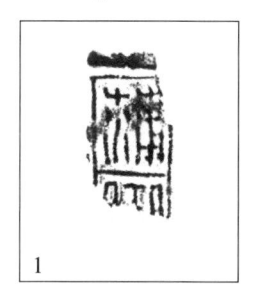

1

（1:《大系》P193）

圻王

1

（1:《大系》P405）

熏貝

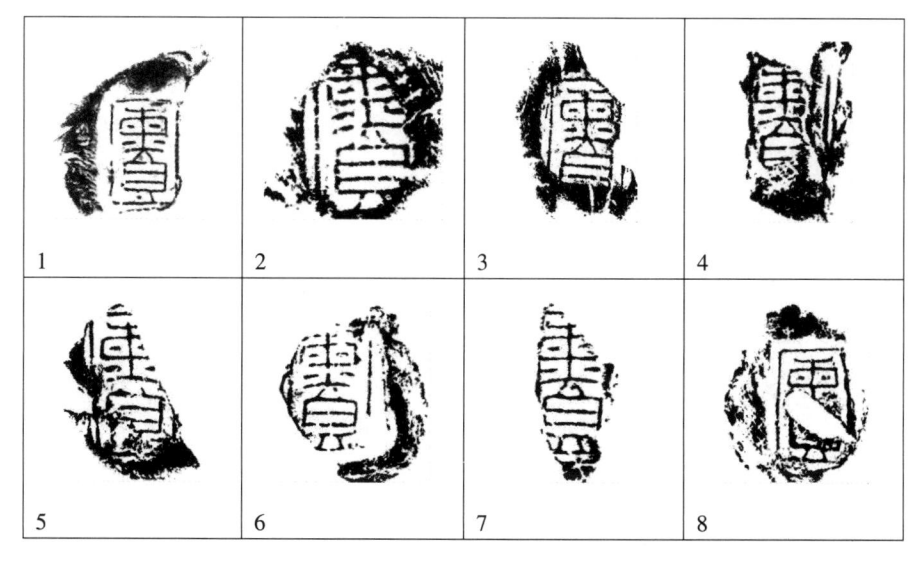

| 1 | 2 | 3 | 4 |
| 5 | 6 | 7 | 8 |

1078　下编　未归类未释读及残封泥

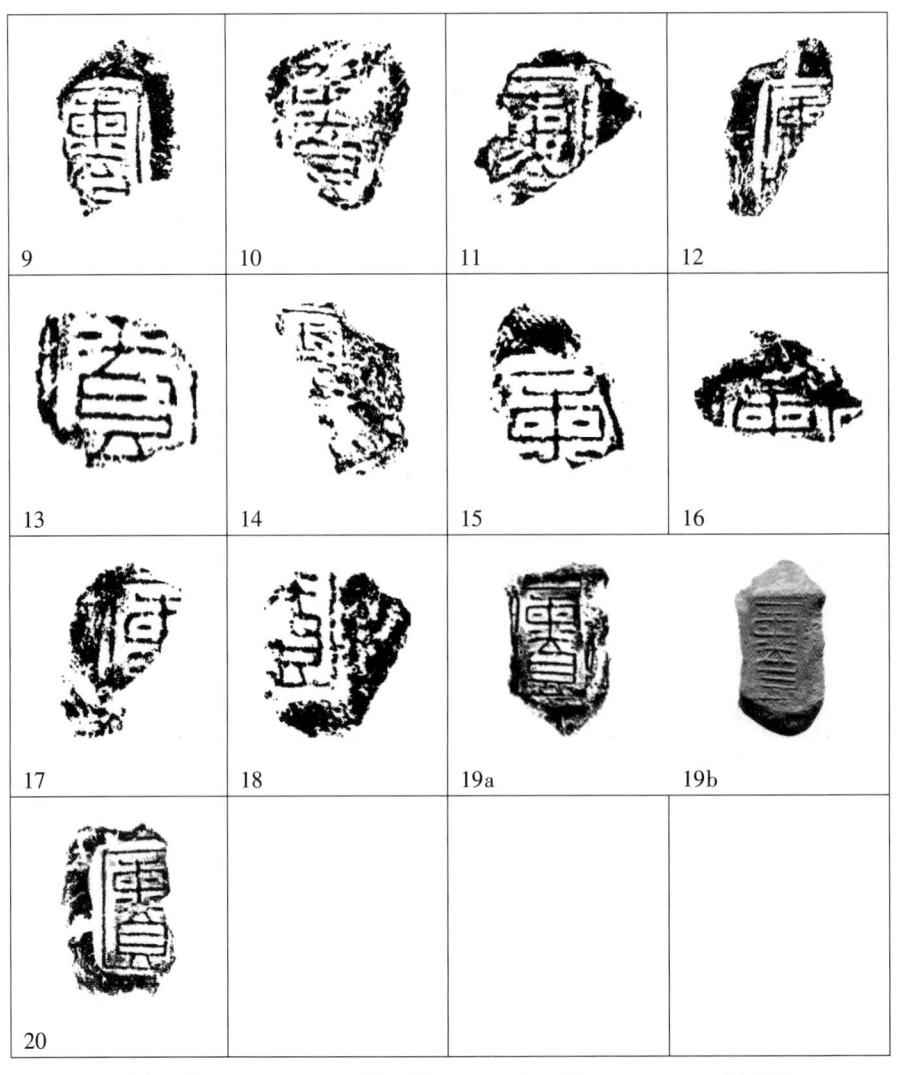

（1：《大系》P407；2—7：《新出》P82；《大系》P407；8：《新出》P82；9：《新出》P82；《大系》P407；10—13：《新出》P82；14—18：《新出》P83；19a：《新出》P82；《秦选》P94；《大系》P406；19b：《秦选》P94；20：《大系》P407）

第一章 未归类封泥　1079

高浴

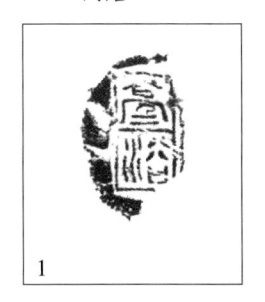

1

（1：《大系》P406）

大陆

无图，释读见《五十例》P314。

大师

无图，释读见《释读》P70。

奋印

无图，释读见《释读》P70。

意工

无图，释读见《发掘》P544。

水□

无图，考释见《发掘》P543。

□共

无图，释读见《发掘》P543。

当密丞印

1

(1:《大系》P59)

翟马丞印

1a　　1b　　1b

2a　　2b　　2b

(1a:《菁华》P37;《大系》P366;1b:《菁华》P37;2a:《精品》P59;《大系》P366;2b:《精品》P59)

隄官丞印

1

(1:《大系》P61)

第一章　未归类封泥　　**1081**

隄官□印

1

（1：《大系》P61）

都诏□□

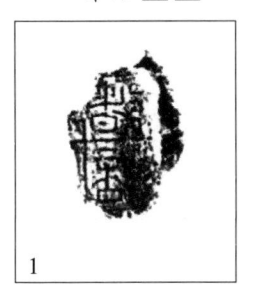

1

（1：《大系》P72）

都竹丞印

1

（1：《大系》P72）

工居帷印

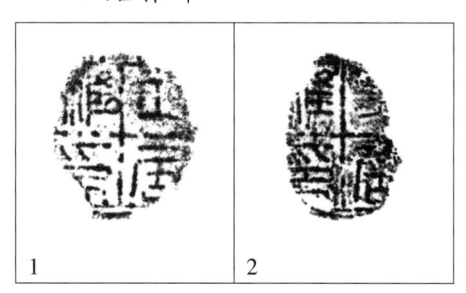

（1：《大系》P95；2：《在京》图 4：5；《大系》P95）

谷寇丞印

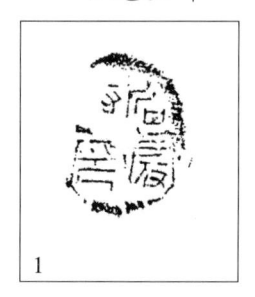

（1：《印风》P162）

卢丘丞印

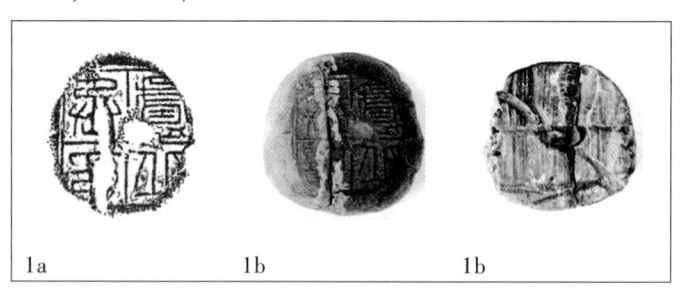

（1a：《古封》P268；《秦封》P331；《玺印》P417；《山全》P36、P160、P201；《济博》P7；《大系》P160；1b：《济博》P7）

洛丞之印

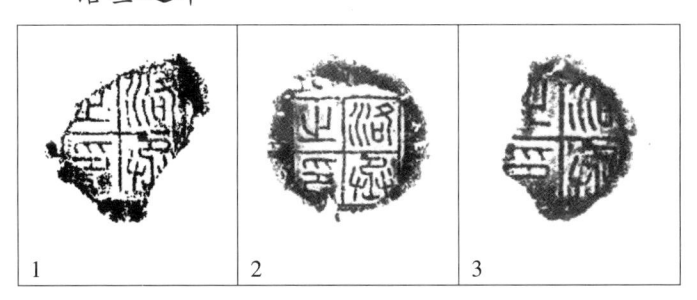

| 1 | 2 | 3 |

（1：《新选》P102；《大系》P163；2、3：《大系》P163）

女贲丞印

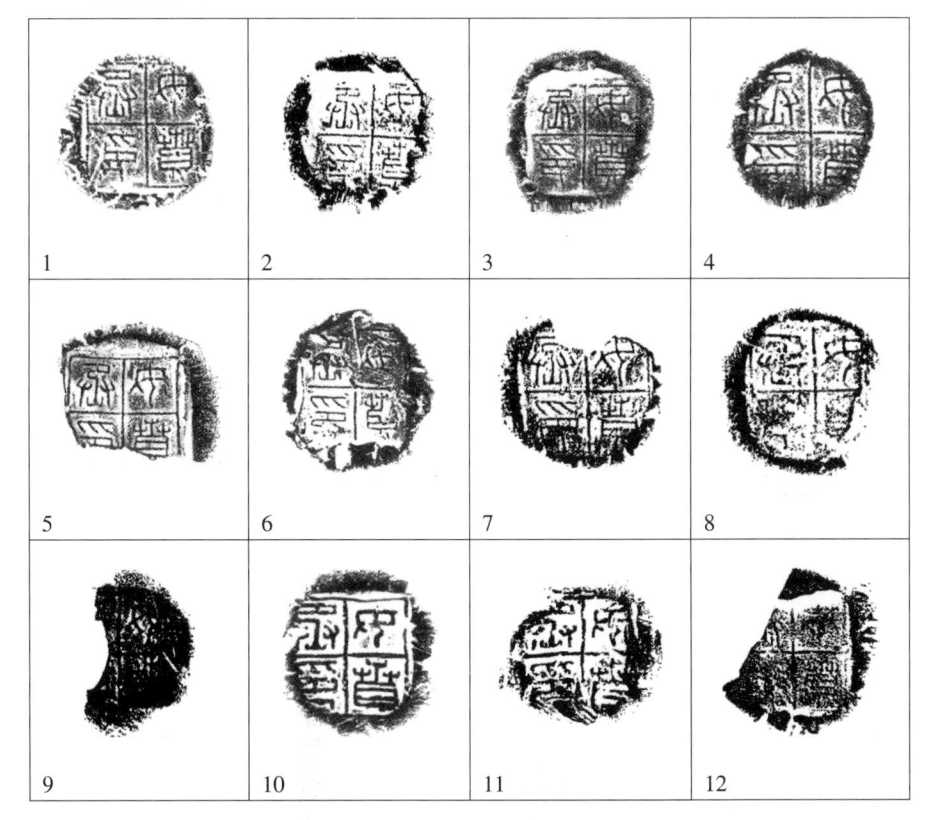

1	2	3	4
5	6	7	8
9	10	11	12

1084　下编　未归类未释读及残封泥

13a　13b　13b　13b

14　15　16

（1：《新出》P107；《大系》P201；2：《新出》P107；3：《汝南》P90；《新出》P107；《大系》P201；4：《新出》P107；《大系》P200，5、6：《新出》P107；《大系》P201；7—9、11、12：《新出》P107；10：《大系》P201；13a：《大系》P201；13b：《菁华》P98；14：《汝南》P90；《新出》P107；15、16：《大系》P201）

□贲丞印

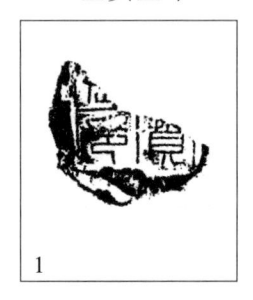

1

（1：《新出》P107）

第一章　未归类封泥　1085

□贲□印

1

（1：《新选》P105；《大系》P201）

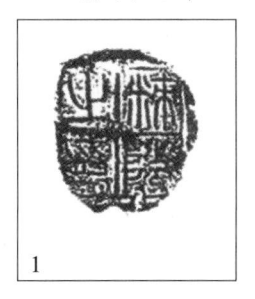

粖阴之印

1

（1：《于京》图68；《大系》P343）

粖□□

1a　　　　1b　　　　1c　　　　1c

（1a、1c：《精品》P63；1b：《精品》P62）

秋城之印

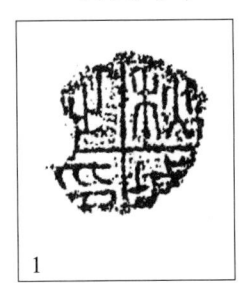

1

（1:《古封》P276;《秦封》P332;《大系》P198）

三泉之印

1

（1:《大系》P203）

寺将行印

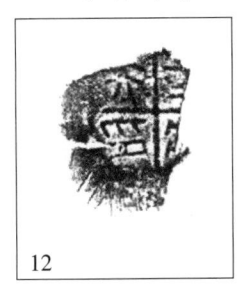

12

（1:《大系》P241）

寺御丞印

无图，释读见《秦选》P75。

土匀丞印

1

（1：《大系》P272）

徒泾□印

1

（1：《秦选》P89）

杨下著若

1

（1：《大系》P323）

1088　下编　未归类未释读及残封泥

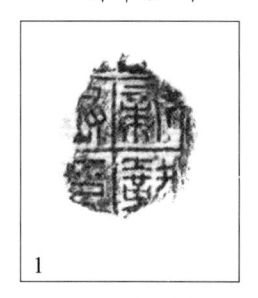

新軰丞印

1

（1:《山房》2.28）

新 右尉印

1

（1:《大系》P309）

者水丞印

1

（1:《大系》P370）

第 二 章

未释读封泥

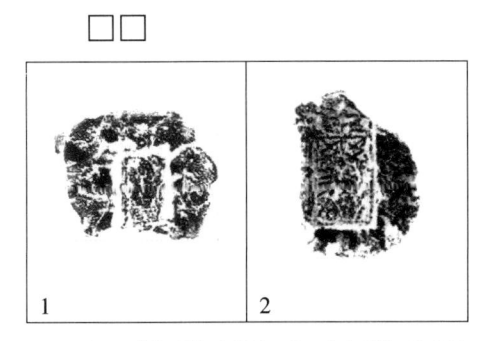

□□

| 1 | 2 |

（1：《大系》P434；2：《大系》P291）

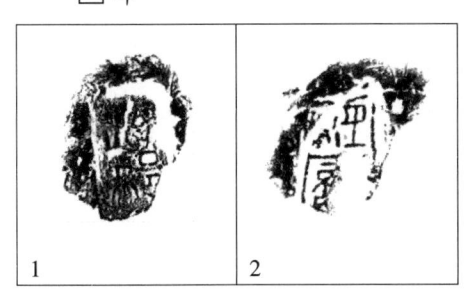

□部

| 1 | 2 |

（1、2：《大系》P408）

1090　下编　未归类未释读及残封泥

□阳

（1:《大系》P419）

东□

（1:《《大系》》P68）

阳□

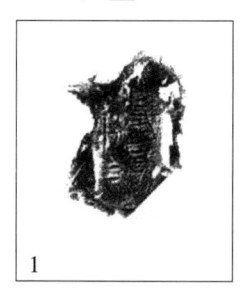

（1:《大系》P318）

第二章　未释读封泥　1091

□□□府

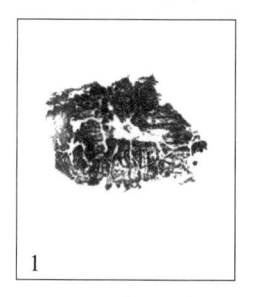

1

（1：《大系》P432）

□宫□印

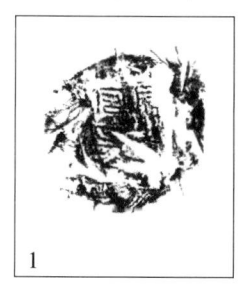

1

（1：《大系》P311）

□南□丞

1

（1：《大系》P234）

下编　未归类未释读及残封泥

□水□丞

1

（1:《大系》P418）

□阳□丞

1

（1:《大系》P409）

□阳□印

1

（1:《新出》P54）

第二章 未释读封泥

□夷□印

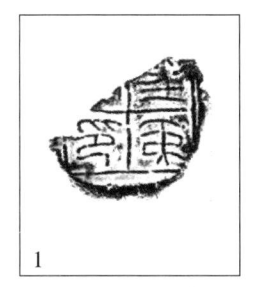

1

（1:《大系》P421）

□司空□

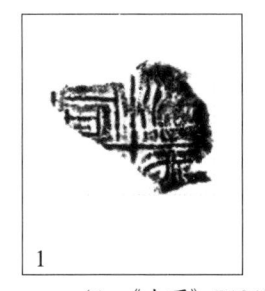

1

（1:《大系》P104）

□□丞印

1			2
3			

（1:《相家》P32；2:《新出》P109；3:《大系》P132）

□□宫印

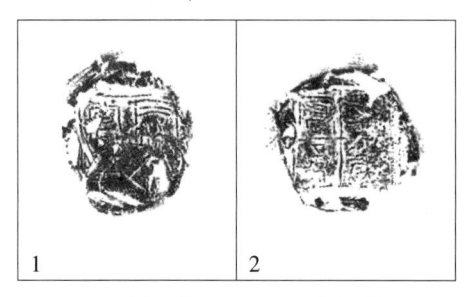

| 1 | 2 |

（1：《大系》P434；2：《大系》P104）

□□居室

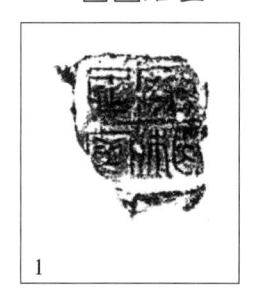

| 1 |

（1：《大系》P428）

□□郡印

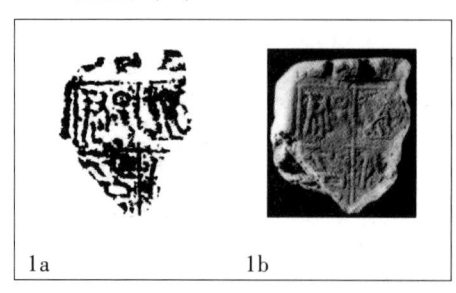

| 1a | 1b |

（1a：《发掘》图一八：11；《玺印》P426；《大系》P29；1b：《发掘》图版十三：1）

第二章　未释读封泥　**1095**

□□之印

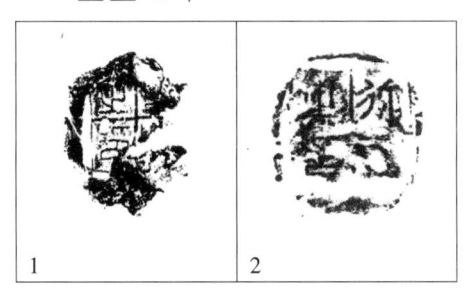

1　2

（1：《新出》P65；2：《大系》P431）

甘□丞印

1

（1：《上封》P66）

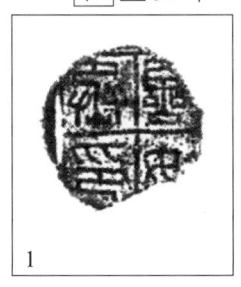

临□丞印

1

（1：《于京》图69；《玺印》P412；《大系》P159）

女□丞印

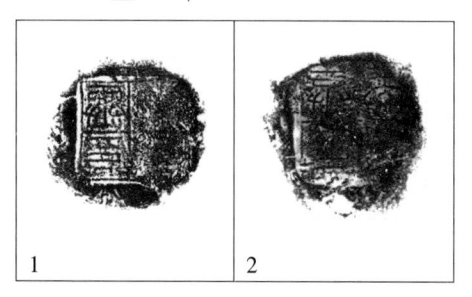

1
2

（1:《新选》P105;《大系》P203;2:《大系》P203）

寺□丞印

1

（1:《大系》P241）

西□之印

1

（1:《大系》P290）

第二章　未释读封泥　1097

新□丞印

| 1a | 1b | 1b | 2 |

（1a：《古封》P269；《上封》P66；1b：《上封》P66；2：《大系》P307）

阴□宫印

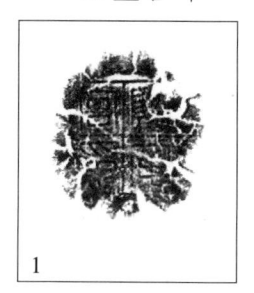

1

（1：《大系》P330）

□白水乡

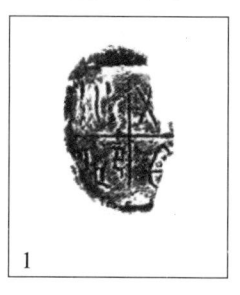

1

（1：《大系》P27）

□成丞印

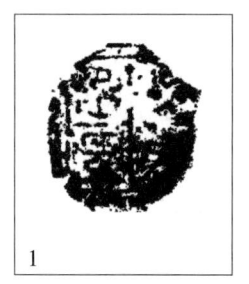

1

(1:《酒余》P43)

□丞之印

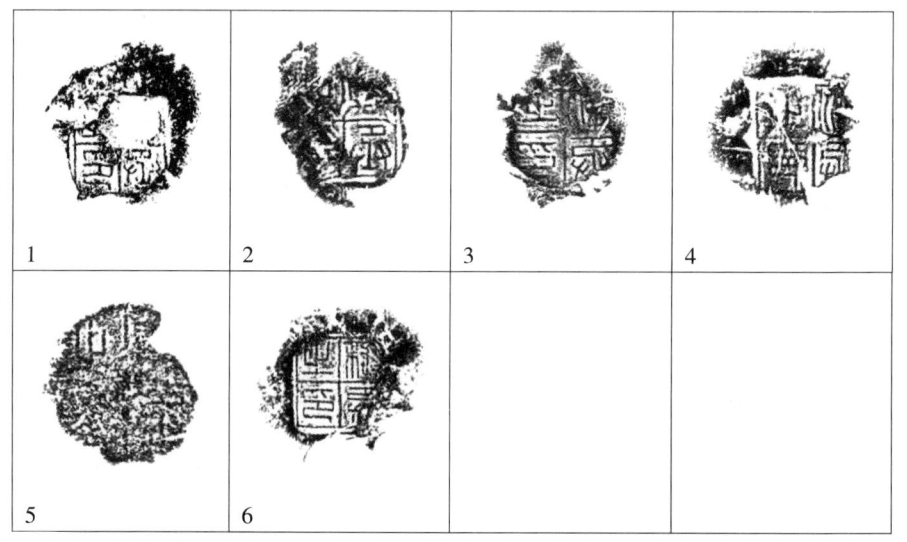

1　2　3　4

5　6

(1:《大系》P409；2、3、6:《大系》P409；4、5:《大系》P408)

□池弄印

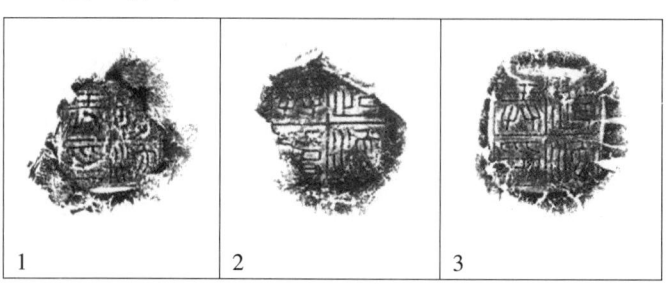

1　2　3

(1—3:《大系》P410)

□道丞印

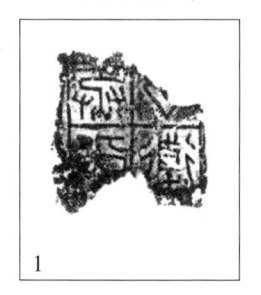

1

（1:《大系》P223）

□父乡印

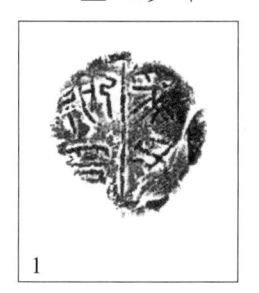

1

（1:《大系》P411）

□宫之印

1

（1:《大系》P412）

□汉丞印

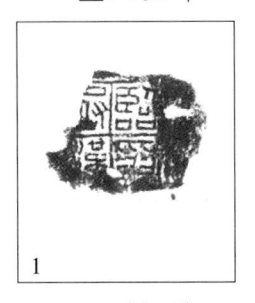

1

（1：《大系》P157）

□厩丞印

1

（1：《补读》图20；《图例》P53；《秦封》P197；《汇考》P45；《玺印》P428；《大系》P295）

□弄之印

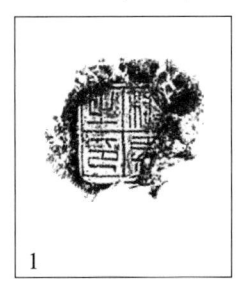

1

（1：《大系》P409）

第二章 未释读封泥 1101

☐泉丞印

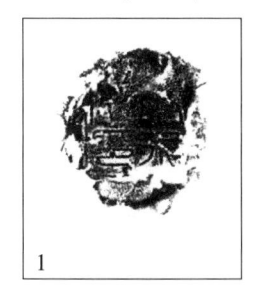

1

（1：《大系》P416）

☐武丞印

1

（1：《大系》P329）

☐阳丞印

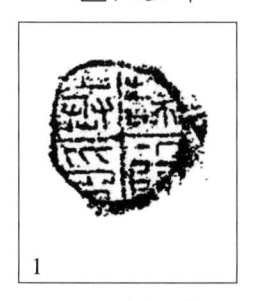

1

（1：《印风》P149）

1102　下编　未归类未释读及残封泥

□左尉印

1

（1：《济博》P20）

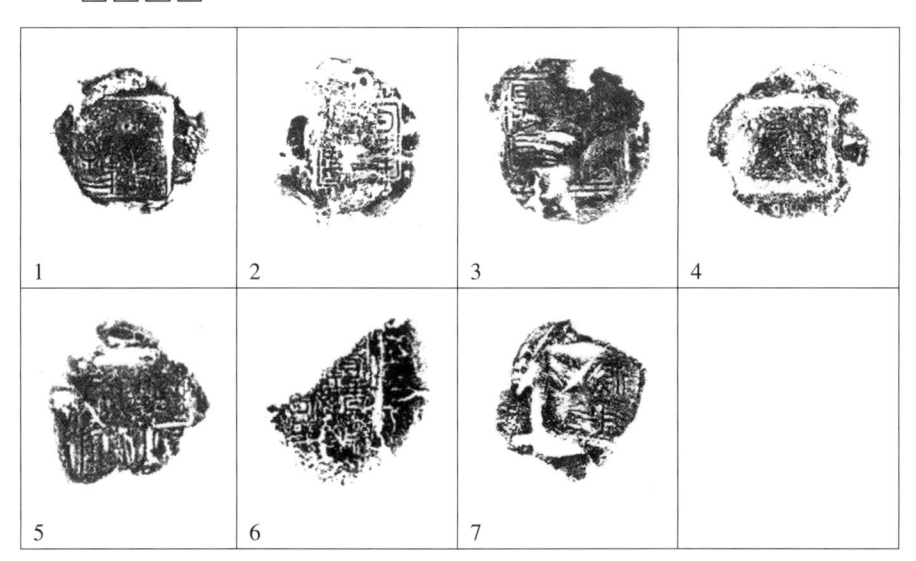

□□□□

1　2　3　4

5　6　7

（1：《大系》P311；2—4：《大系》P434；5：《大系》435；6：《新选》P94；《大系》P103；7：《大系》P429）

又，《发掘》P534《出土封泥登记表》2000CH 相 1T2③：89、168、170、171、172、173、180、T3③：38、TG1：81 共9枚为"文字漫漶"未释读。

第 三 章

残封泥

一 大泰类

大□

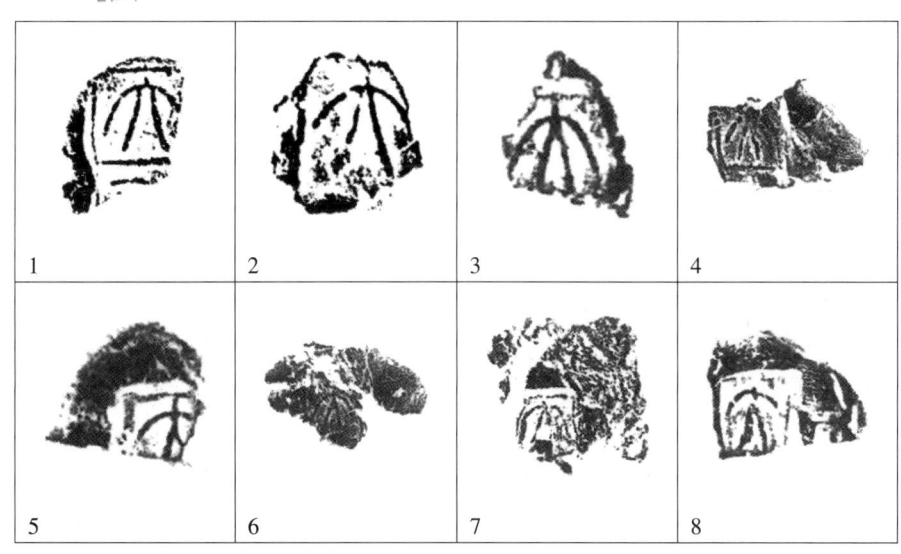

1	2	3	4
5	6	7	8

1104　下编　未归类未释读及残封泥

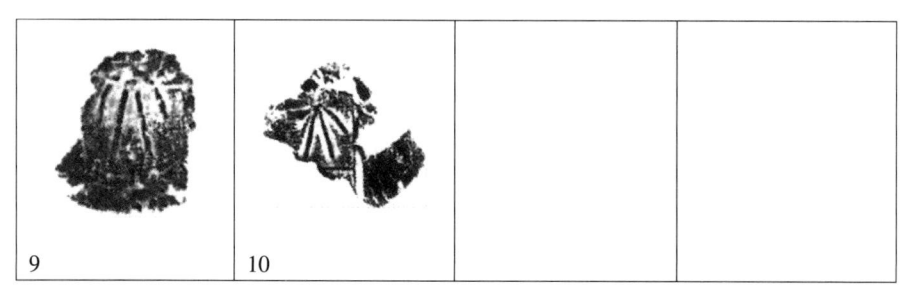

9	10		

（1：《新出》P9；《大系》P252；2：《新出》P62；《大系》P251；3—9：《大系》P251；10：《大系》P252）

大□□□

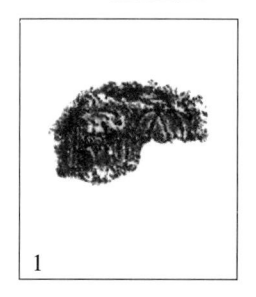

1

（（1：《大系》P253）

大□邦□

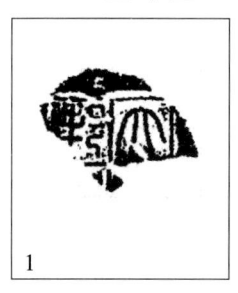

1

（1：《在京》图四：19；《玺印》P449；《大系》P252）

大□丞□

(1:《酒余》P40下;《大系》P253;2:《新出》P8;3:《新出》P59、《大系》P252;4、5:《新出》P8;6—7:《新出》P9、《大系》P56;10、11:《新出》P100;8、9、12、13:《大系》P252)

1106　下编　未归类未释读及残封泥

大□丞印

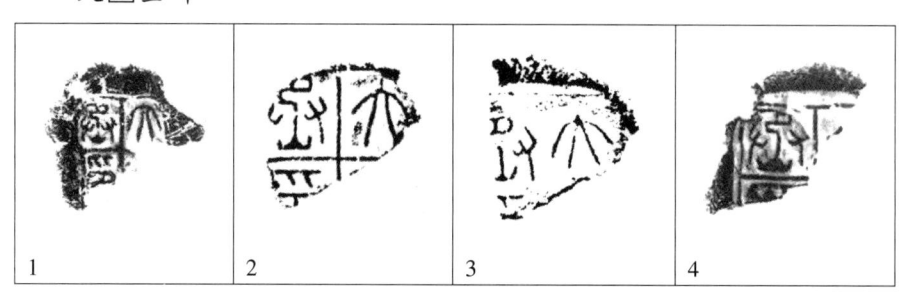

| 1 | 2 | 3 | 4 |

（1：《新出》P59；《大系》P53；2：《新出》P9；《大系》P54、P56；3：《新出》P7；4：《大系》P252）

大□府丞

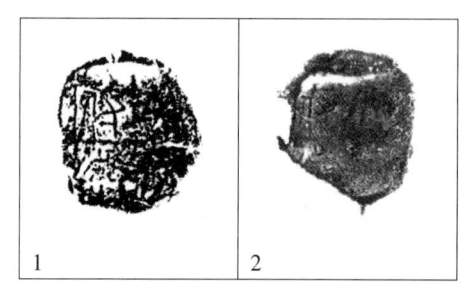

| 1 | 2 |

（（1：《新出》P9；《大系》P253）

□大□印

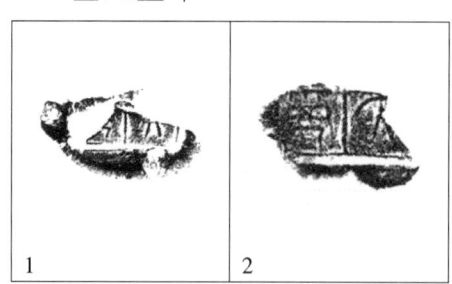

| 1 | 2 |

（1：《大系》P410；2：《大系》P226）

泰□

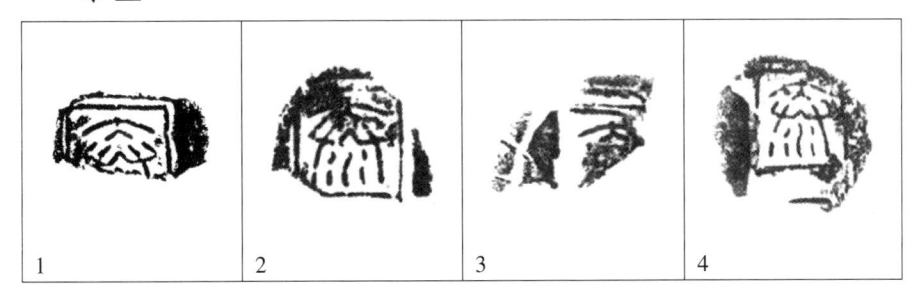

| 1 | 2 | 3 | 4 |

（1：《新出》P77；《大系》P262；2：《酒余》P41上；《大系》P255；3：《大系》P262；4：《大系》P262）

泰□□□

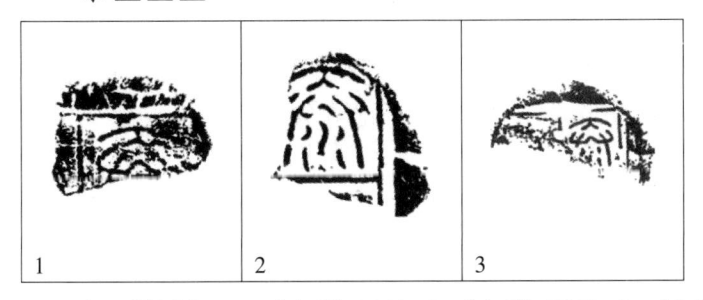

| 1 | 2 | 3 |

（1：《新出》P77；《大系》P263；2：《大系》P262；3：《大系》P263）

泰□丞□

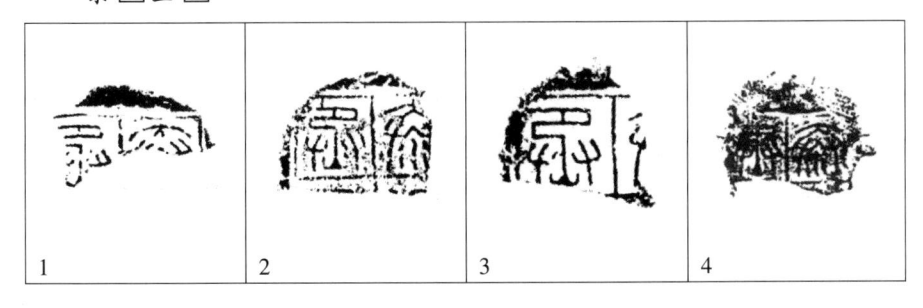

| 1 | 2 | 3 | 4 |

1108　下编　未归类未释读及残封泥

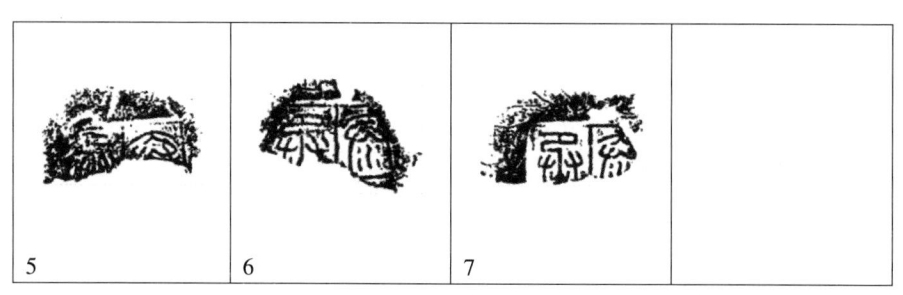

|5|6|7| |

（1、2：《新出》P36；《大系》P262；3：《新出》P37；《大系》P262；4：《大系》P263；5—7：《大系》P263）

泰□丞印

|1a|1b|1b|2|

（1a：《相家》P31；《大系》P262；1b：《相家》P31；2：《新出》P37；《大系》P262）

二　阴阳高下类

□阴□印

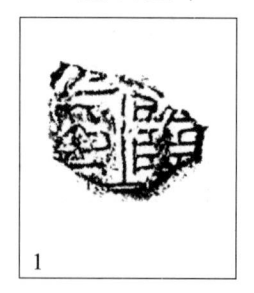

1

（1：《新出》P62；《大系》P63）

阴□丞印

1

（1:《大系》P330）

阳□

1

（1:《新选》P116;《大系》P318）

阳□□□

1　2　3　4

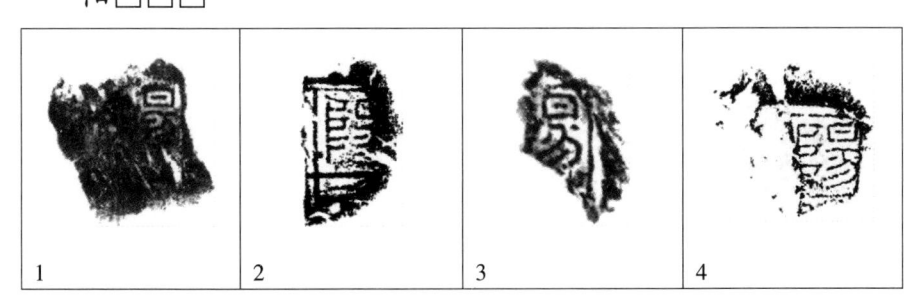

（1:《酒余》P45;《大系》P322; 2:《新选》P116; 3:《大系》P323; 4:《新出》P84）

□阳

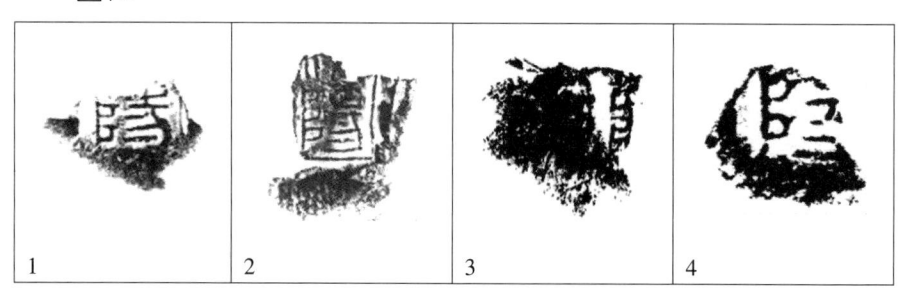

(1:《新出》P65;《大系》P111;2:《大系》P419;3:《新出》P105;《大系》P362;4:《新出》P105)

□阳□□

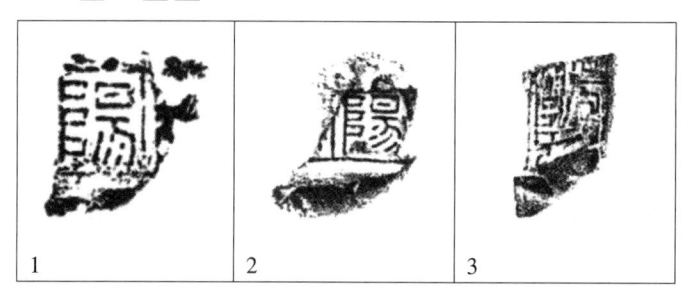

(1、2:《大系》P420;3:《新出》P109;《大系》P388)

□□阳□

(1:《大系》P430)

第三章　残封泥　1111

□阳□印

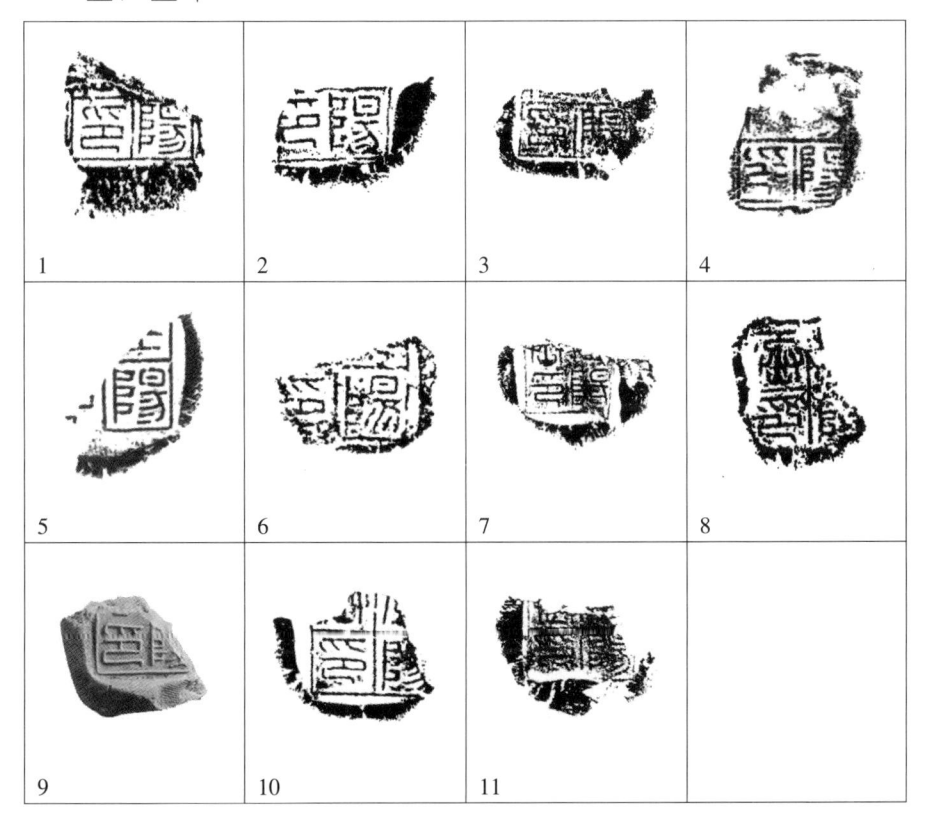

1	2	3	4
5	6	7	8
9	10	11	

（1：《新出》P57；2：《新选》P96；《大系》P111；3：《新出》P108；4：《大系》P420；5：《大系》P398；6：《新出》P17；7：《新出》P104；8：《秦封》P242；《汇考》P170；9：《精品》内封；10、11：《新出》P81）

□阳□丞

| 1 |

（1：《新出》P71；《大系》P180）

□阳□守

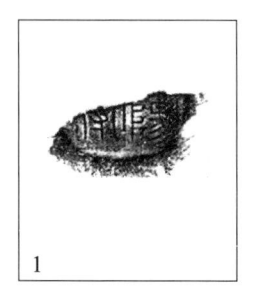

1

（1：《补读》图42；《秦封》P269；《大系》P420）

□阳□仓

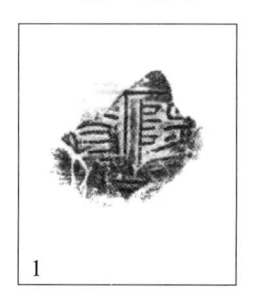

1

（1：《山房》2.32）

□阳丞印

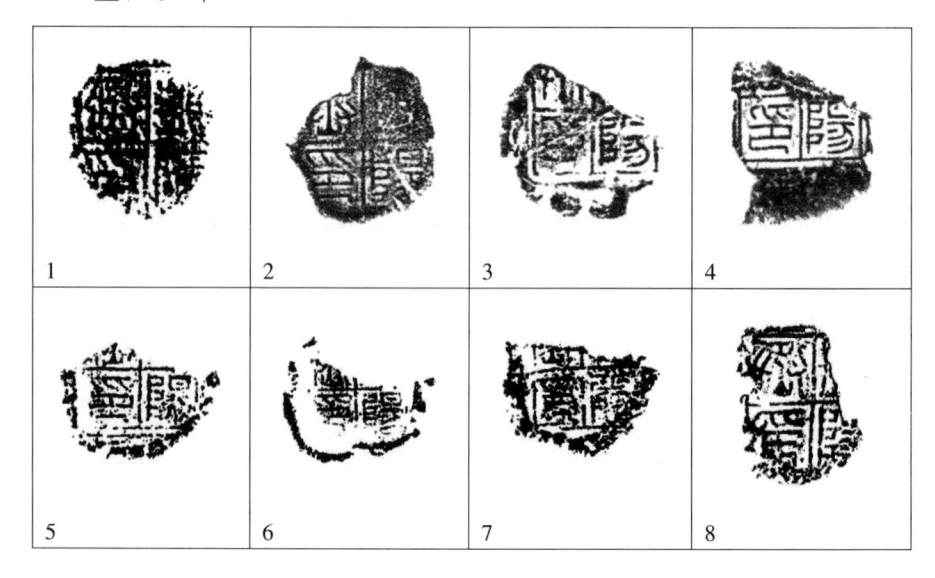

第三章　残封泥　1113

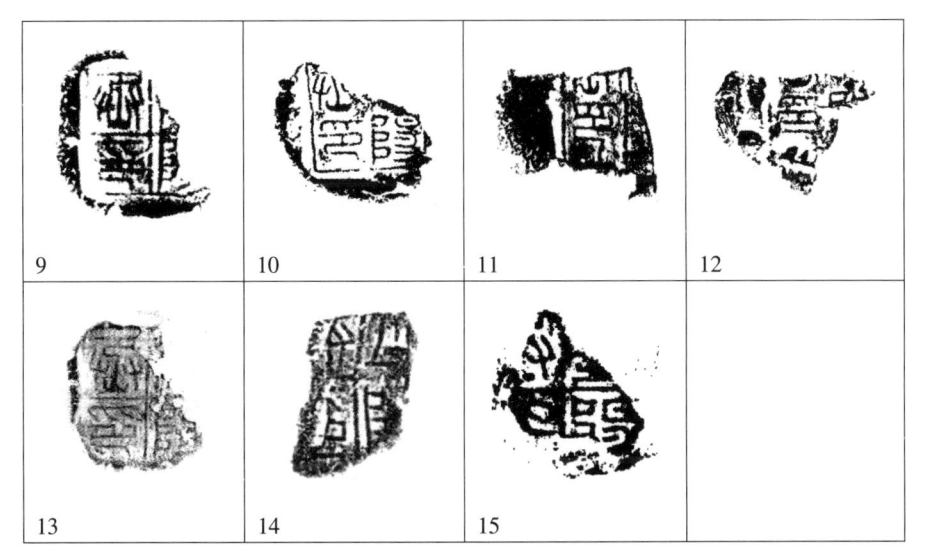

9	10	11	12
13	14	15	

（1：《发掘》图一六：1；《大系》P420；2—4：《大系》P420；5：《秦封》P242；《汇考》P171；6、7：《秦封》P243；《汇考》P171；8：《新出》P39；9：《新出》P40；10：《新选》P113；11、12：《新出》P106；13：《长安》P42；14：《新出》P42；《大系》P327；15：《酒余》P28）

又：《发掘》P534《出土封泥登记表》2000CH 相 1T2③：156 为"□阳丞印"。

高□

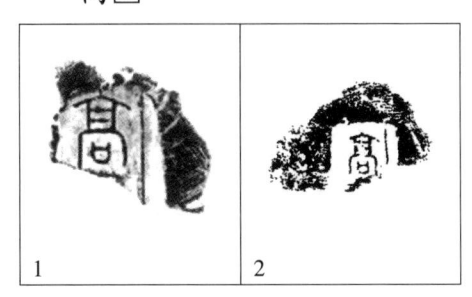

1	2

（1：《大系》P88；2：《新选》P92）

1114　下编　未归类未释读及残封泥

高□□□

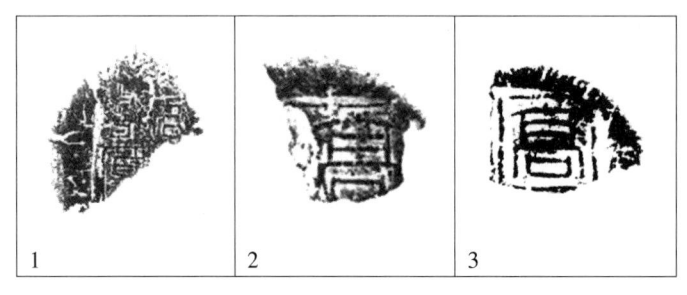

| 1 | 2 | 3 |

（1：《大系》P94；2：《大系》P91；3：《新出》P13）

高□丞□

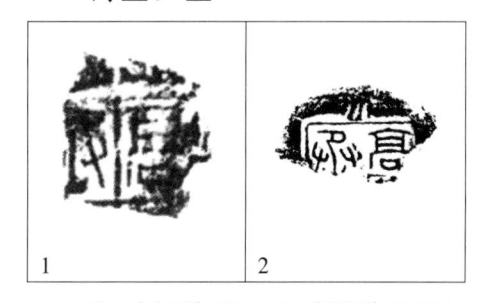

| 1 | 2 |

（1：《大系》P94；2：《新出》P100）

高□丞印

| 1 |

（1：《新出》P107）

第三章 残封泥 1115

下□□□

1

（1：《新出》P80）

下□丞□

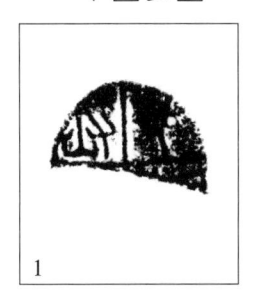

1

（1：《新出》P38）

三 左右类

左□□□

| 1 | 2 | 3 | 4 |

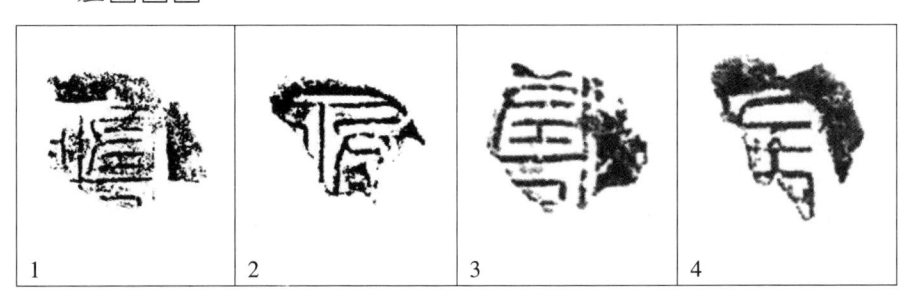

（1：《新出》P52；2：《新出》P97；《大系》P397；3：《新出》P53；《大系》P402；4：《大系》P403）

1116　下编　未归类未释读及残封泥

又：《发掘》P534《出土封泥登记表》2000CH 相 1T3③：32 为"左□□□"。

□左□□

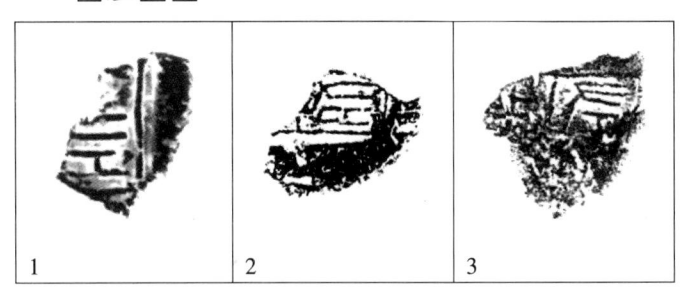

| 1 | 2 | 3 |

（1：《大系》P425；2：《新出》P102；3：《新出》P59；《大系》P248）

□□左□

| 1 |

（1：《大系》432）

又：《发掘》P534《出土封泥登记表》2000CH 相 1T3③：40 为"□□左□"。

左□丞□

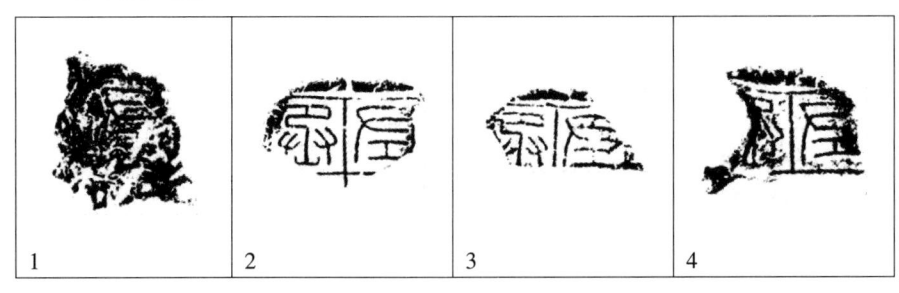

| 1 | 2 | 3 | 4 |

第三章　残封泥　1117

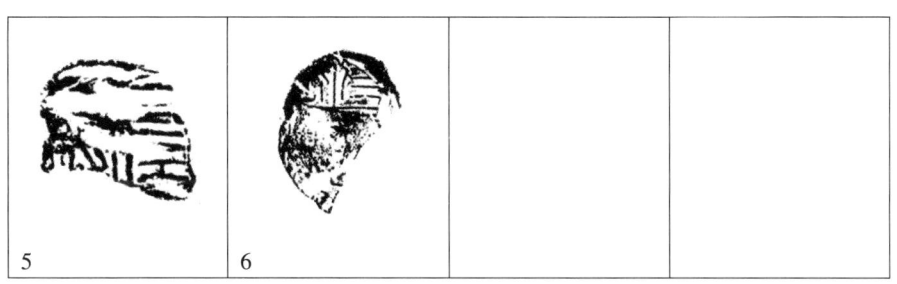

（1：《新出》P54；《大系》P403；2—5：《新出》P54；《大系》P402；6：《新出》P98；《大系》P402）

□左□印

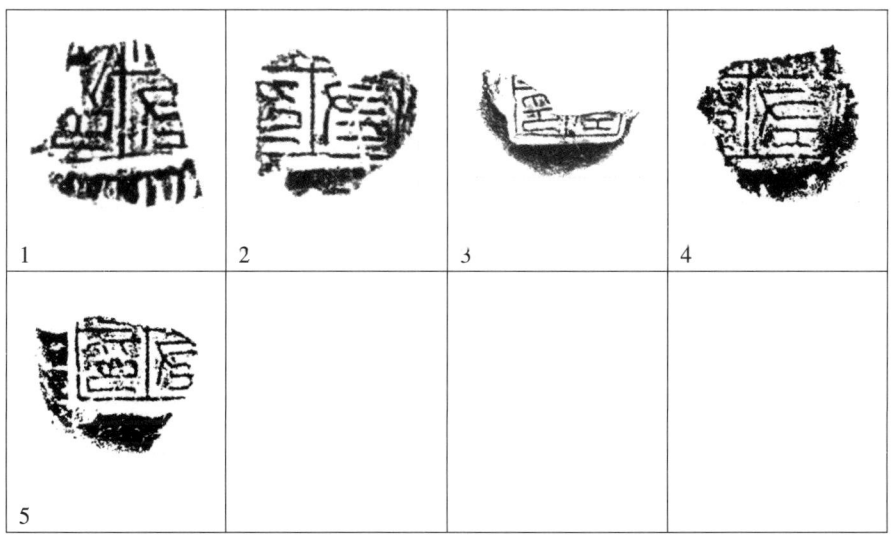

（1：《新出》P24；《大系》P424；2：《新出》P24；《大系》P425；3：《大系》P425；4、5：《新出》P102）

□□左印

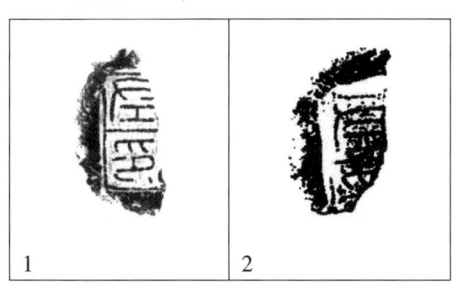

（1：《大系》P432；2：《秦封》P107；《汇考》P1）

1118　下编　未归类未释读及残封泥

右□□□

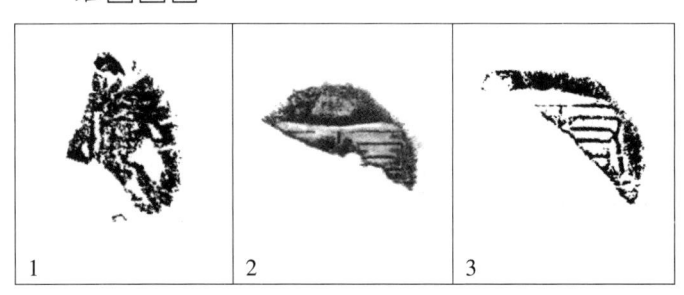

| 1 | 2 | 3 |

（1：《新选》P117；2：《大系》P341；3：《新出》P43）

□□右□

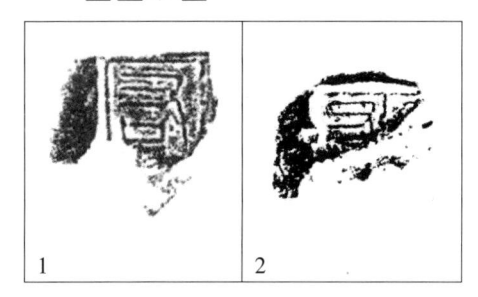

| 1 | 2 |

（1：《新出》P106；《大系》P431；2：《新出》P106）

右□丞□

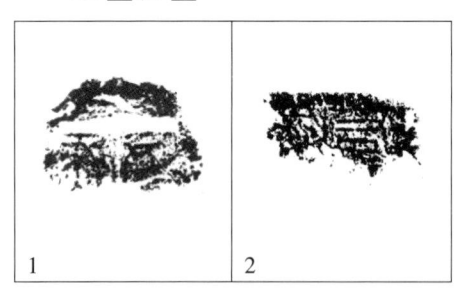

| 1 | 2 |

（1：《大系》P341；2：《新出》P86）

□右□印

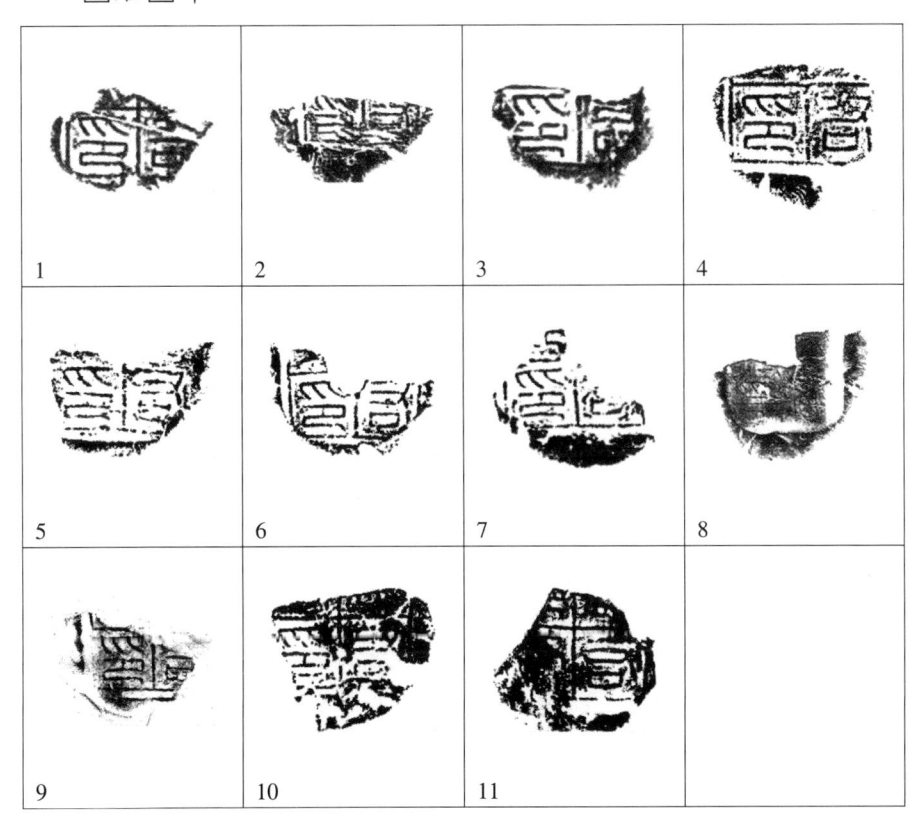

1	2	3	4
5	6	7	8
9	10	11	

（1—3：《大系》P422；4—7：《新出》P22；8：《新出》P73；《大系》P185；9：《长安》P14；10、11：《新出》P22）

□右□丞

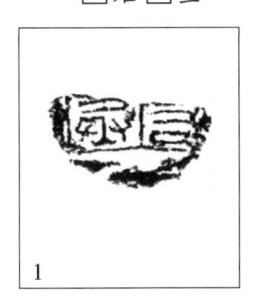

1

（1：《大系》P421）

右□丞印

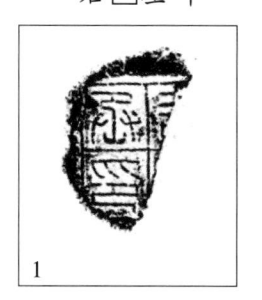

1

（1：《酒余》P45下）

四　东西南北中类

东□

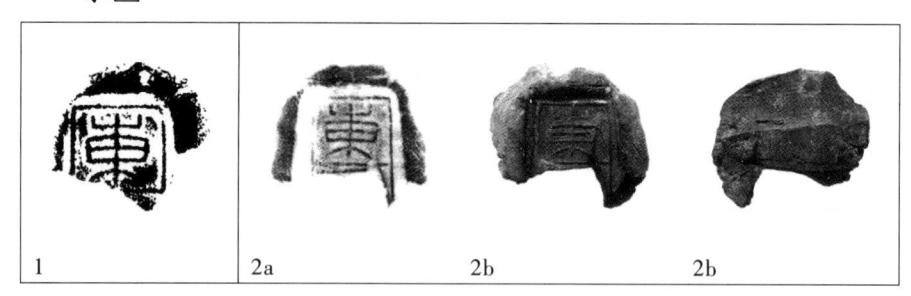

1　　2a　　2b　　2b

（1：《新选》P91；《大系》P66、P68；2a：《相家》P32；《大系》P66；2b：《相家》P32）

东□□□

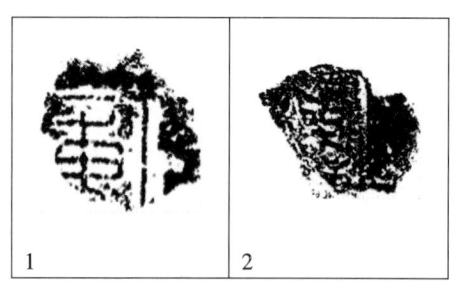

1　　2

（1：《新出》P10；《大系》P68；2：《新出》P62）
又，无图，释读见《发掘》P539。

东□丞□

1

（1：《新出》P100；《大系》P68）

西□

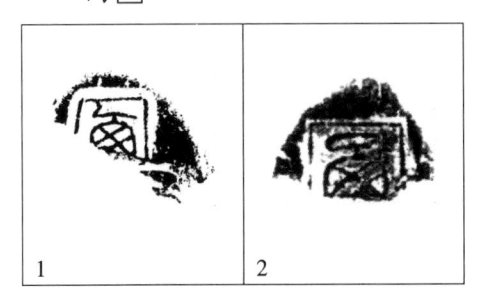

1　2

（1：《大系》P287；《新出》P79；2：《大系》P289）

西□□□

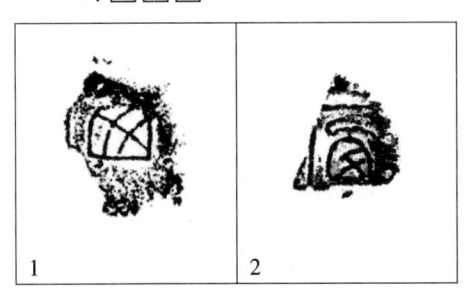

1　2

（1：《新出》P79；《大系》P286；2：《大系》P290）

西□丞□

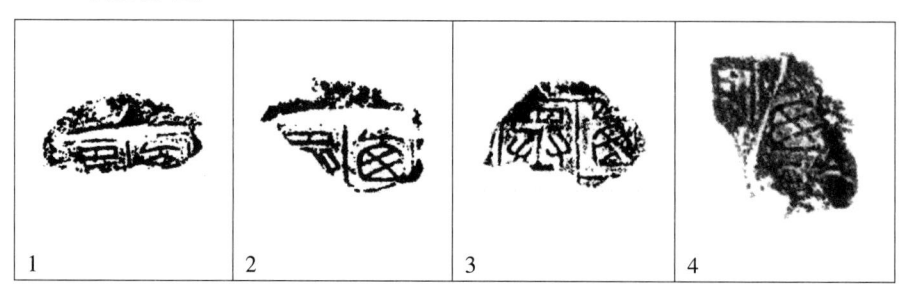

（1：《秦封》P245；《汇考》P219；2：《秦封》P244；《汇考》P219；3：《新出》P38；《大系》P290；4：《大系》P290）

西□丞印

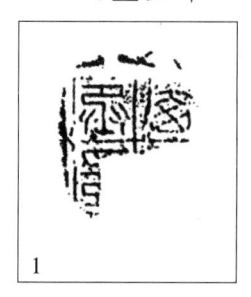

（1：《玺印》P419；《大系》P290）

南□

第三章　残封泥　1123

（1：《新出》P26；《大系》P181；2a：《新选》P102；《大系》P175；《精品》P66；2b：《精品》P66；3：《大系》179）

南□□□

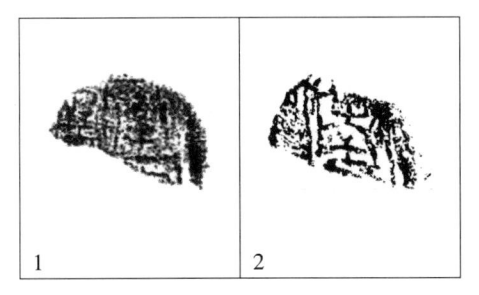

（1：《大系》P182；2：《新出》P71）

南□丞□

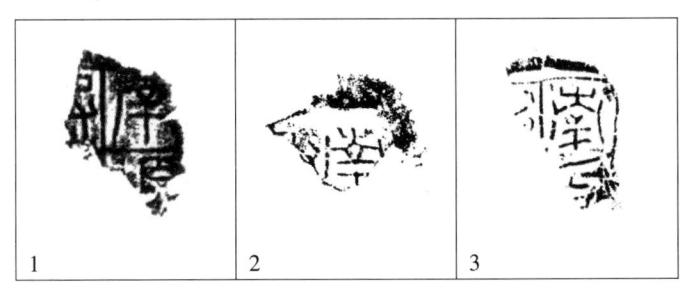

（1：《大系》P174；2：《新出》P71；3：《新出》P25；《大系》P180）

□南□印

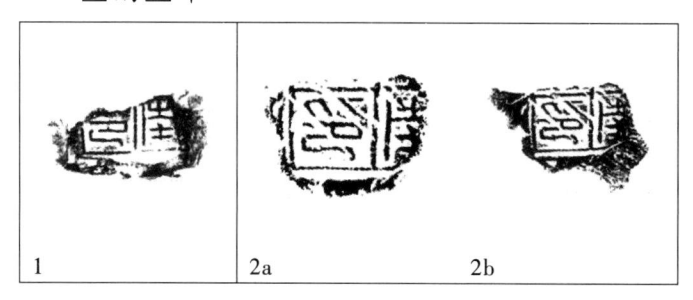

| 1 | 2a | 2b |

（1:《大系》P74；2a:《新出》P65；《大系》P112；2b:《大系》P416）

□南丞印

1

（1:《新出》P65）

北□□□

1

（1:《新出》P7；《大系》P36）

第三章 残封泥 1125

北□司□

1

（1：《汇考》P137；《玺印》P437；《大系》P36）

北□丞印

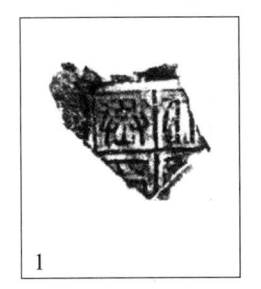

1

（1：《大系》P36）

□□北□

1

（1：《汇考》P132）

1126　下编　未归类未释读及残封泥

中□

| 1 | 2 | 3 | 4 |

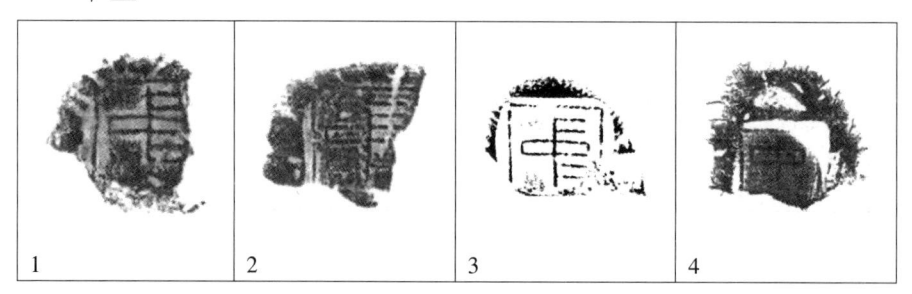

（1、2：《新出》P50；《大系》P386；3：《新出》P50；《大系》P383；4：《大系》P386）

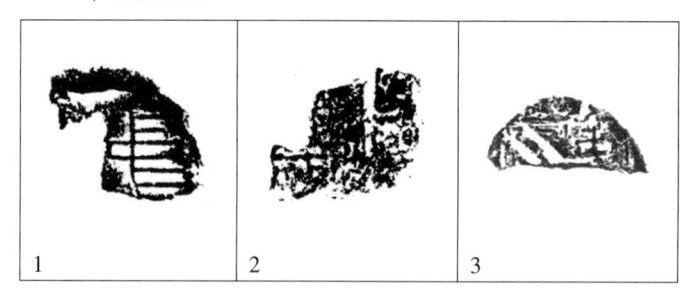

中□□

| 1 | 2 | 3 |

（1：《新出》P97；《大系》P388；2：《新出》P106；《大系》P388；3：《大系》P387）

中□之□

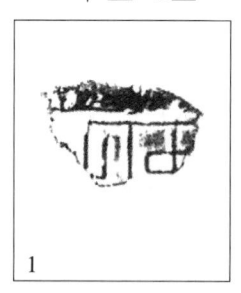

| 1 |

（1：《大系》P387）

第三章　残封泥　1127

中□丞□

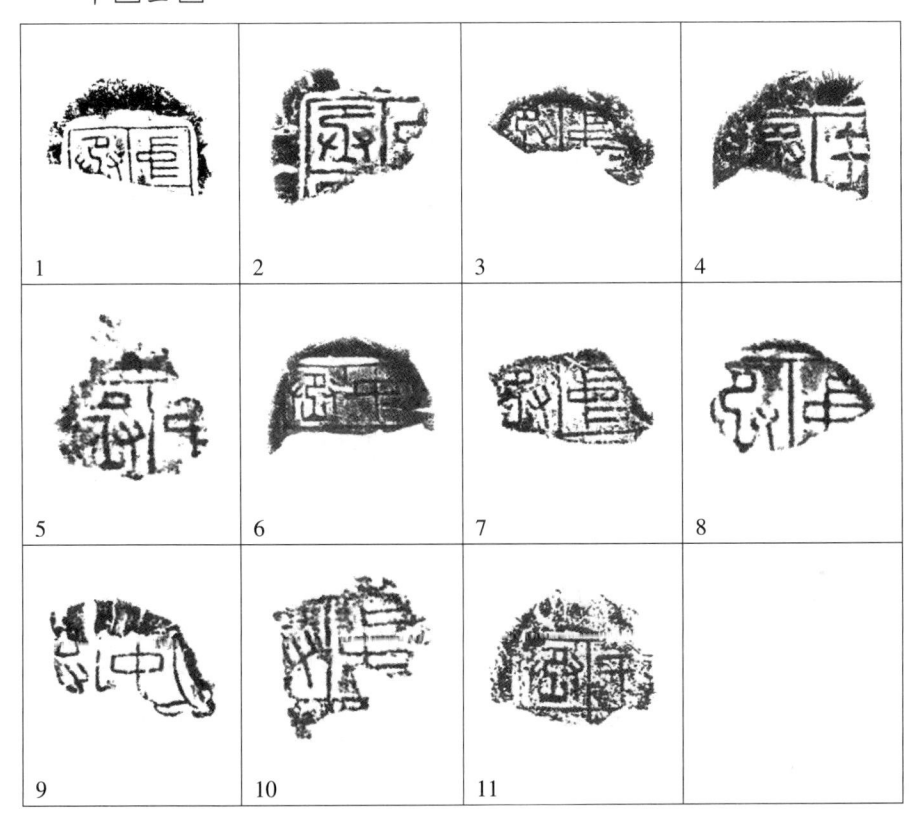

（1：《新出》P106；《大系》P386；2、3：《大系》P386；4—11：《大系》P387）

中□府□

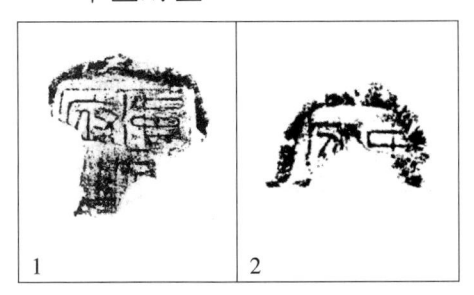

（1：《酒余》P50；2：《新出》P51）

1128　下编　未归类未释读及残封泥

中□丞印

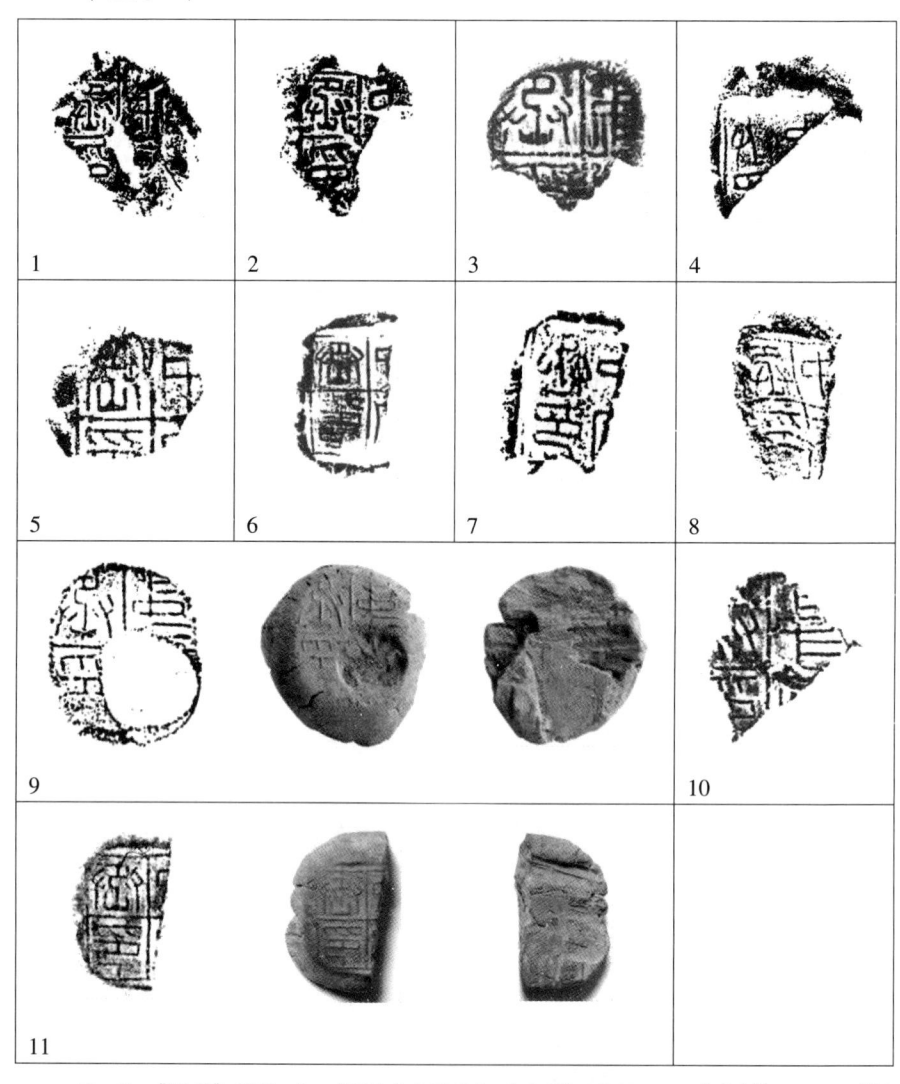

1	2	3	4
5	6	7	8
9	10		
11			

（1、2：《汇考》P38；3：《酒余》P50下；《大系》P387；4：《秦封》P177；《汇考》P118；5：《秦封》P178；《汇考》P120；6：《大系》P387；7：《秦封》P177；《汇考》P118；8：《新出》P51；9：《上封》P35；10：《大系》P387；11：《观三》P32）

□中□□

1
2
3

（1：《新出》P24；2、3：《大系》P424）

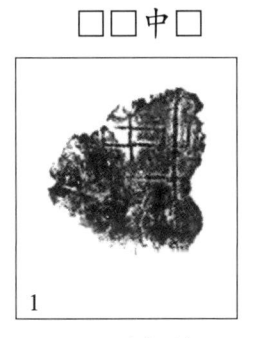

□□中□

1

（1：《大系》P432）

五　宫室园苑台禁池类

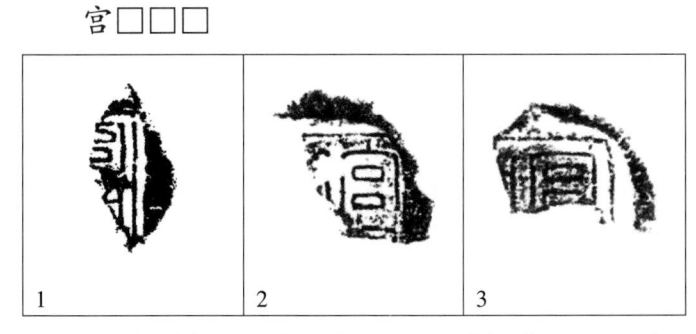

宫□□□

1
2
3

（1：《酒余》P31；《大系》P100；2：《大系》P99；3：《大系》P99）

1130　下编　未归类未释读及残封泥

宫□丞□

1

（1：《大系》P100）

宫□丞印

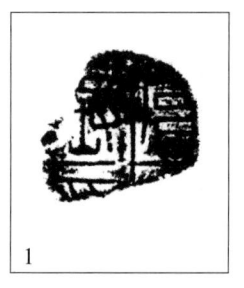

1

（1：《新出》P13）

行宫□□

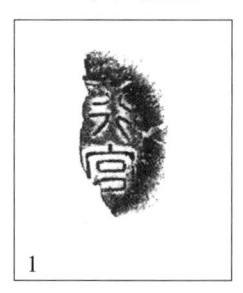

1

（1：《大系》P310）

第三章 残封泥　1131

□宫内□

1

（1：《大系》P412）

□宫□印

1

（1：《大系》P413）

□宫□丞

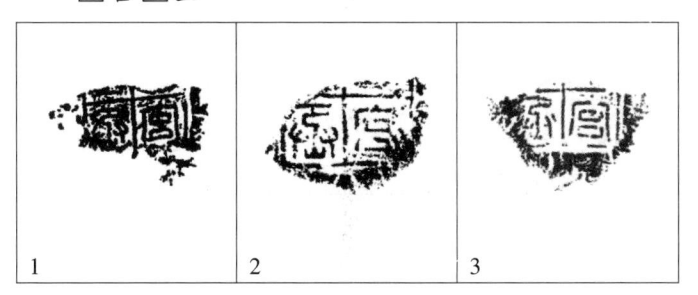

1　2　3

（1：《秦封》P205；《汇考》P133；2：《新出》P7；《大系》P34；3：《大系》P412）

下编　未归类未释读及残封泥

千□宫□

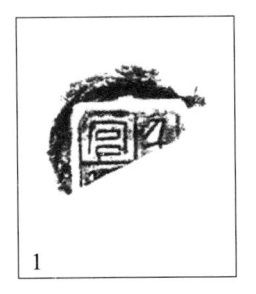

1

（1：《大系》P197）

章□宫□

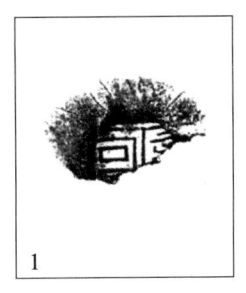

1

（1：《大系》P368）

□□□室

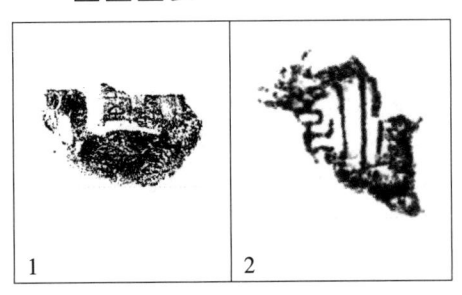

1　　2

（1：《新出》P59；2：《新出》P98；《大系》P429；P433）

第三章 残封泥 1133

□室□印

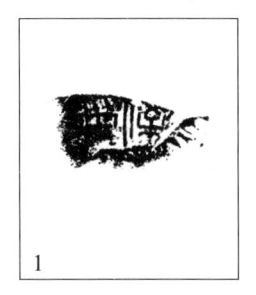

1

(1:《新出》P21)

阴室丞□

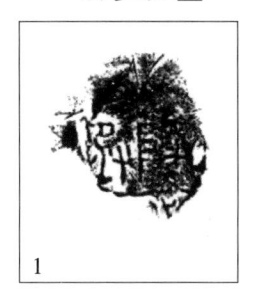

1

(1:《大系》P328)

□室之印

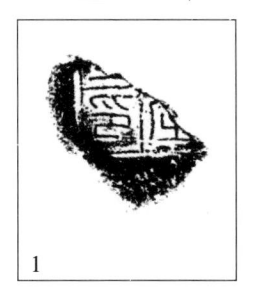

1

(1:《新出》P58)

□室丞印

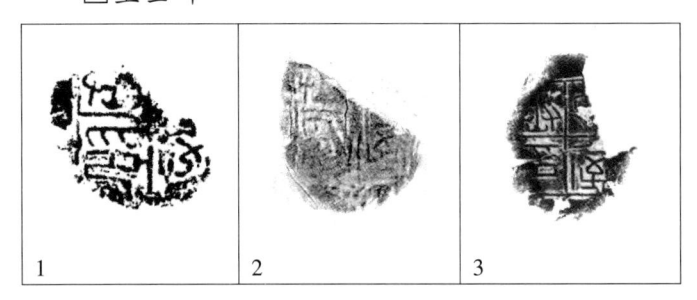

| 1 | 2 | 3 |

（1:《新出》P21；2:《长安》P27；3:《大系》P418）

□□室丞

1

（1:《酒余》P26）

□□居室

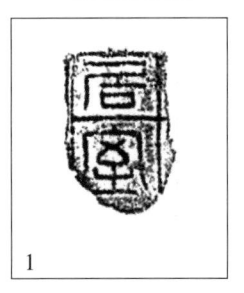

1

（1:《大系》P428）

□画之室

（1：《大系》P413）

□园

（1：《新出》P21；《大系》P140）
又：《发掘》P534《出土封泥登记表》2000CH 相 1T3③：46 为"□园"。

□园□印

（1：《大系》P423）

□园之印

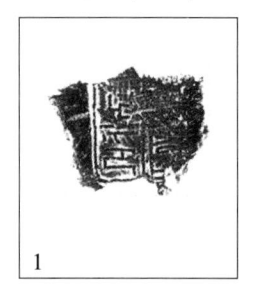

1

（1:《大系》P423）

□阿园印

1

（1:《大系》P407）

□□□园

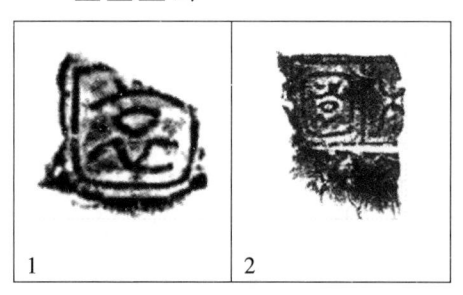

1　2

（1:《大系》P433；2:《大系》P434）

第三章　残封泥　1137

上□苑□

1

（1：《在京》图三：15；《玺印》P438；《大系》P211）

□苑

1

（1：《新出》P56；《大系》P359）

□苑□□

无图，释读见《发掘》P530。

□苑□帷

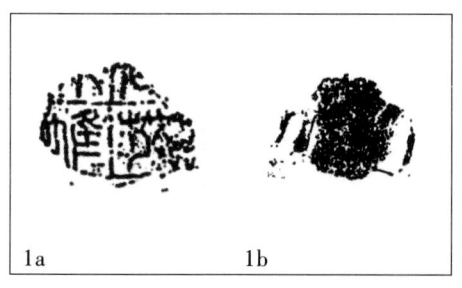

1a　　　1b

（1a：《新官》图29；《印集》P169；《汇考》P257；《大系》P68、P430；1b：《印集》P169）

□苑之印

（1:《酒余》P29 下；《大系》P79、P423）

□苑丞印

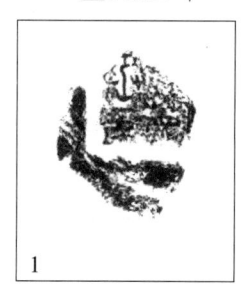

（1:《新出》P62；《大系》P423）

□阳苑印

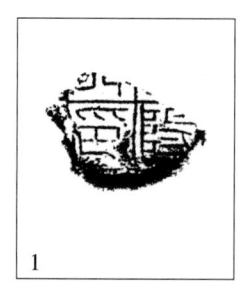

（1:《新出》P56）

□阳苑丞

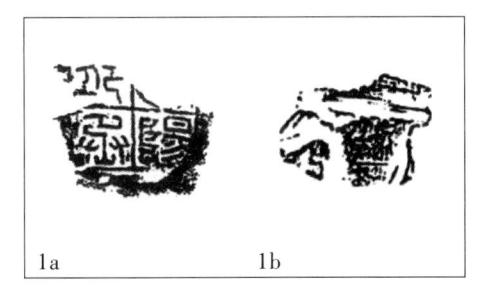

1a　1b

（1a：《印集》P164；《汇考》P254；《大系》P420；1b：《印集》P164）

□□苑□

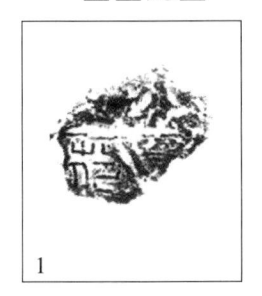

1

（1：《大系》P431）

□□苑丞

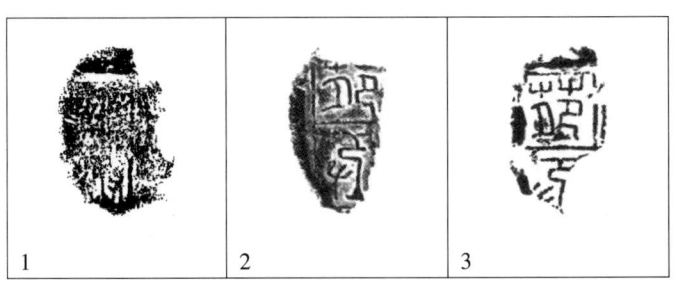

1　2　3

（1：《新选》P92；2：《新选》P92；《大系》P431；3：《大系》P431）

下编　未归类未释读及残封泥

□□苑印

| 1 | 2 | 3 | 4 |

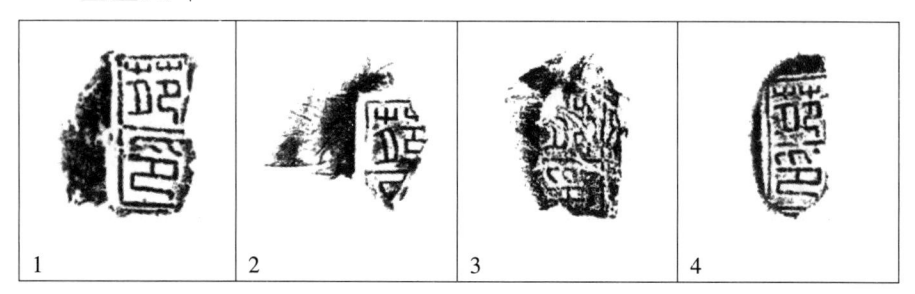

（1:《新出》P56；《大系》P37、P431；2:《大系》P74；3:《新选》P92；《大系》P75；4:《大系》P431）

□□之苑

1

（1:《新出》P56；《大系》P27、P418）

□□南苑

1

（1:《大系》P181）

第三章　残封泥　1141

□台

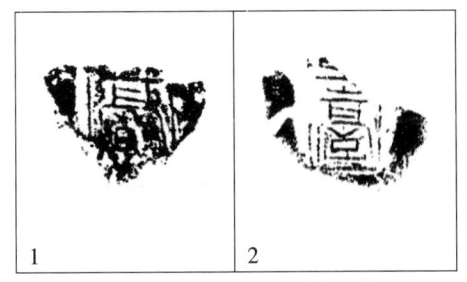

1　2

（1：《新出》P94；2：《新出》P47）

□台□□

1

（1：《大系》P418）

□台□印

1　2　3　4

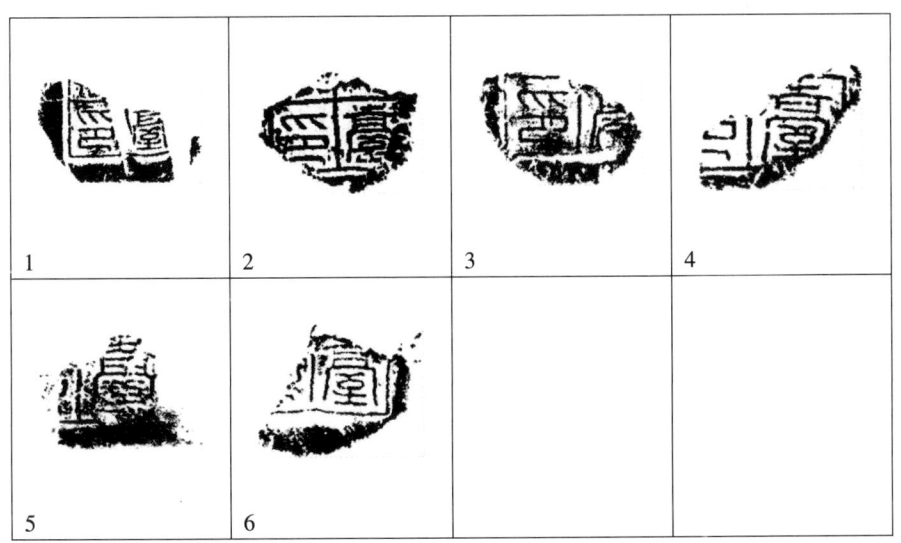

5　6

（1：《酒余》P26；2：《秦封》P212；《汇考》P141；3—5：《新出》P6；6：《新

1142　下编　未归类未释读及残封泥

出》P56）

□台之印

无图，释读见《发掘》P537。

□台丞印

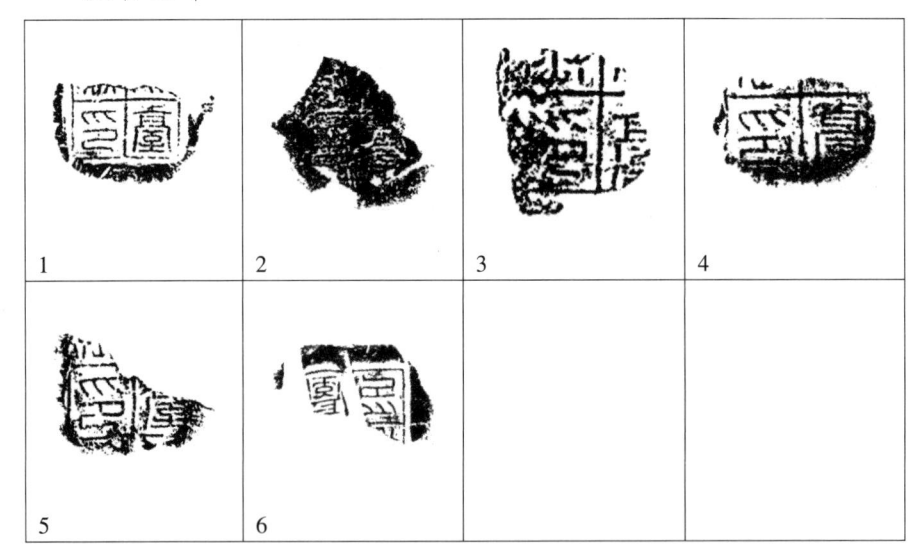

1	2	3	4
5	6		

（1—3：《新出》P5；4、5：《新出》P6；6：《酒余》P26 上）

□□禁□

1

（1：《大系》P428）

第三章 残封泥 1143

☐卢禁☐

无图，释读见《秦选》P78。

☐☐禁丞

（1：《酒余》P44下；《大系》P320、P428）

池☐☐☐

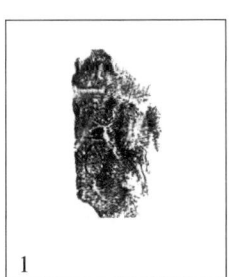

（1：《大系》P48）

☐池☐☐

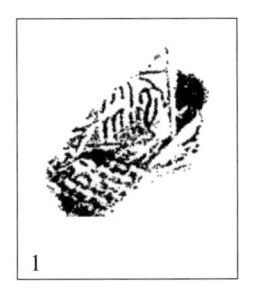

（1：《新选》P97；《大系》P122）

1144　下编　未归类未释读及残封泥

□池□印

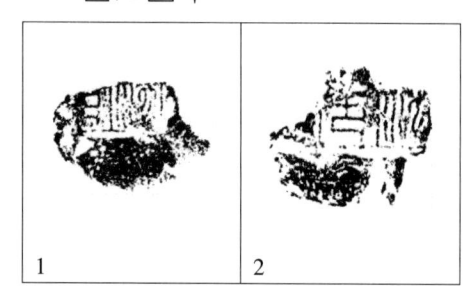

1　2

（1、2:《新出》P67）

□□池印

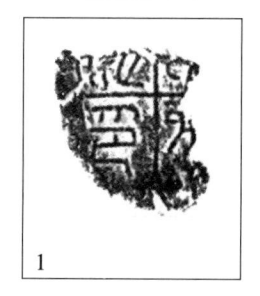

1

（1:《大系》P426）

□园池印

1

（1:《大系》P168）

第三章　残封泥　1145

□池之印

1

（1：《新出》P67；《大系》P122）

□圈

1　2　3

（1：《酒余》P35 下；2：《大系》P167；3：《新出》P25）

六　寺御般羞谒类

寺□□□

1

（1：《新出》P35）
又：《发掘》P534《出土封泥登记表》2000CH 相 1T2③：165 为"寺□□□"。

1146　下编　未归类未释读及残封泥

寺□之□

1

（1：《新出》P35；《大系》P240）

寺□丞□

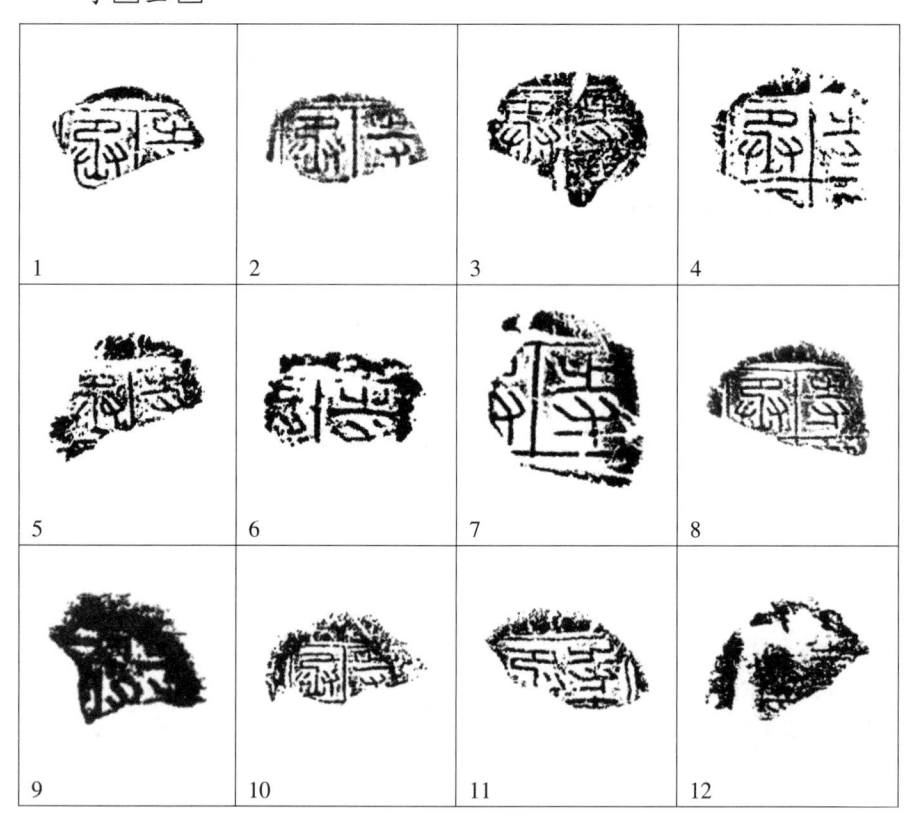

1	2	3	4
5	6	7	8
9	10	11	12

第三章　残封泥　1147

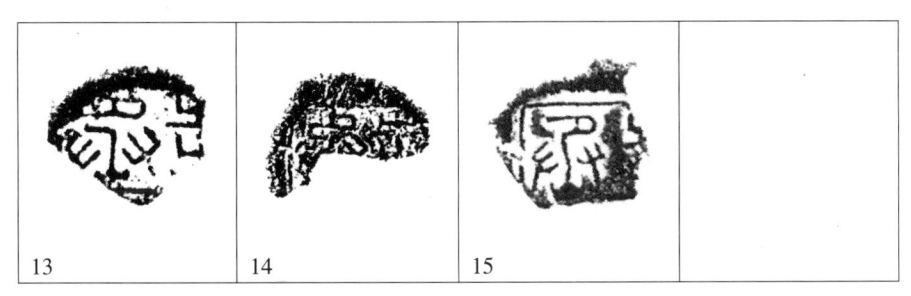

13	14	15	

（1：《新出》P34；2：《大系》P241；3：《新出》P33；4：《秦封》P168；《汇考》P107；5：《秦封》P168；《汇考》P108；6：《秦封》P169；《汇考》P108；7：《新出》P35；8：《大系》P239；9、10：《大系》P241；11：《新出》P77；12：《新出》P33；13、14：《新出》P34；15：《大系》P241）

寺□丞印

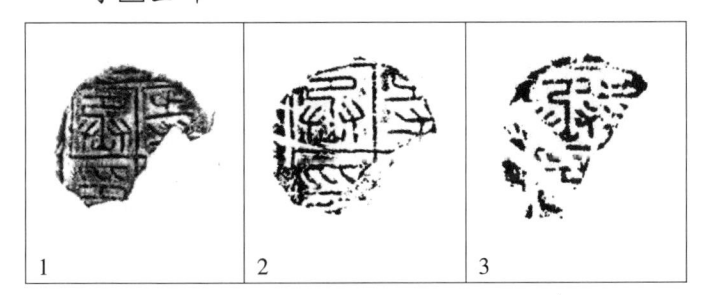

1	2	3

（1：《大系》P241；2：《新出》P34；3：《秦封》P172；《汇考》P115）

御□

1

（1：《新出》P92）

1148　下编　未归类未释读及残封泥

御□□□

| 1 | 2 | 3 | 4 |

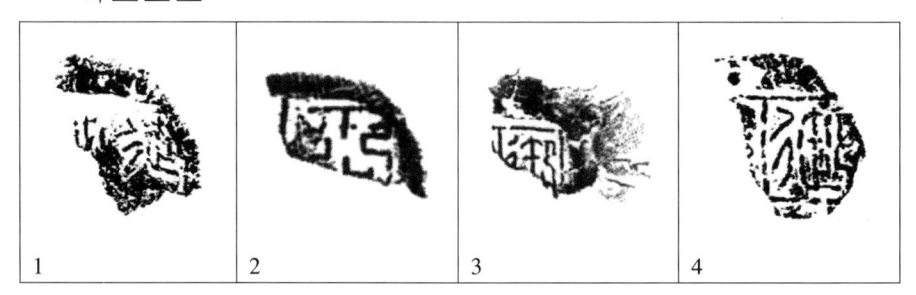

（1：《新出》P90；《大系》P358；2：《大系》P350；3：《大系》P357；4：《新出》P45）

御□丞□

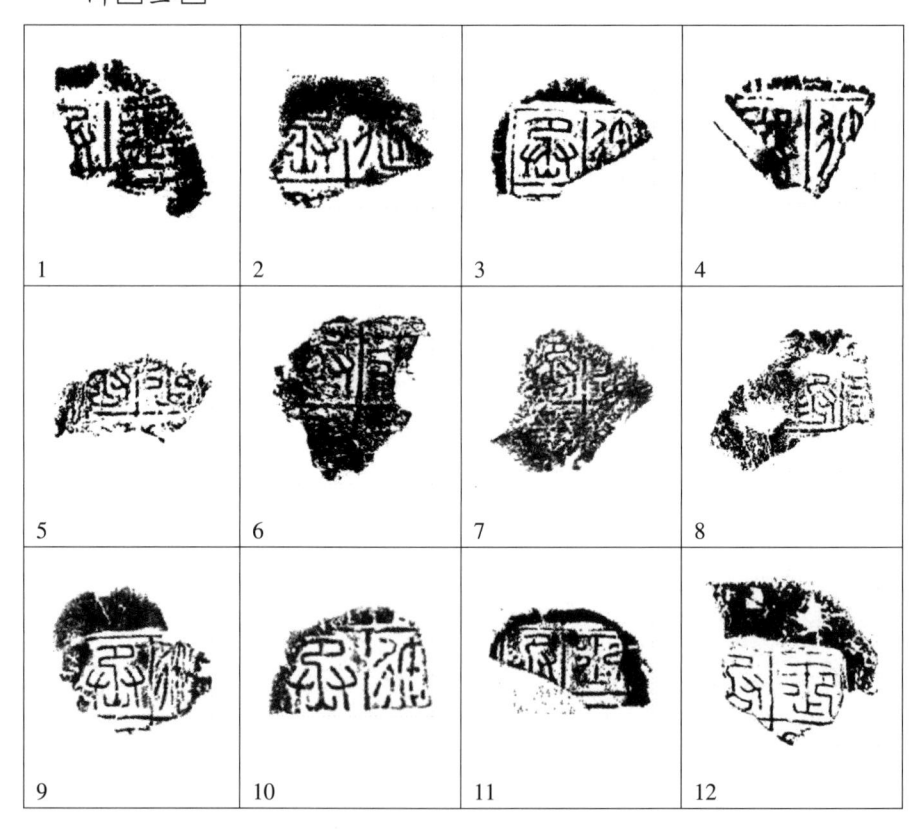

1	2	3	4
5	6	7	8
9	10	11	12

第三章 残封泥 1149

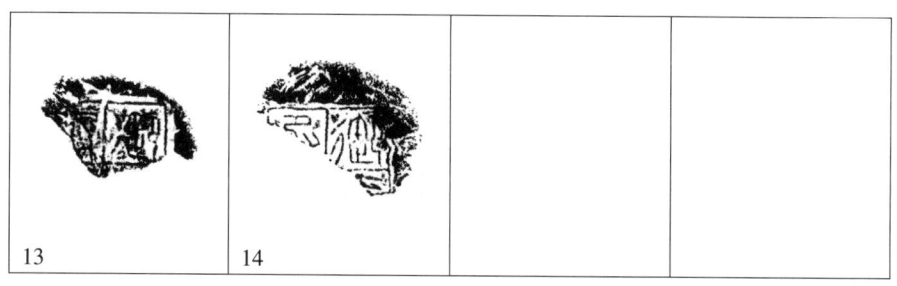

（1：《秦封》P147；《汇考》P123；2：《新选》P117；3、4：《新出》P44；《大系》P357；5、6：《新出》P87；7：《新出》P87；《大系》P357；8：《新出》P87；9、10：《新出》P45；《大系》P357；11：《酒余》P46下；12：《新出》P87；13：《大系》P358；14：《新出》P94；《大系》P355）

又：《发掘》P534《出土封泥登记表》2000CH 相1T3③：19 为"御□丞□"。

御□丞印

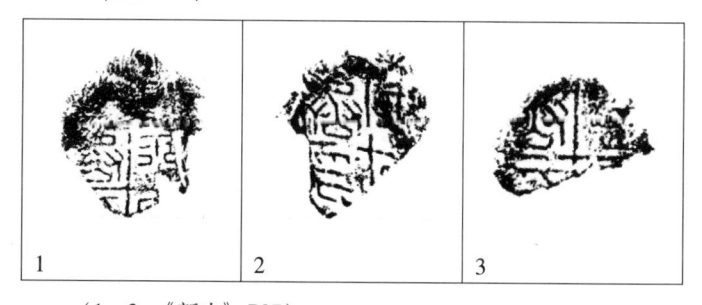

（1—3：《新出》P87）

御□之印

（1：《秦封》P146；《汇考》P122）

1150　下编　未归类未释读及残封泥

□御□□

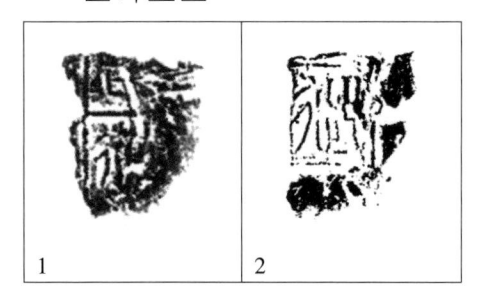

1　　2

（1：《大系》P422；2：《新出》P84）

□御□印

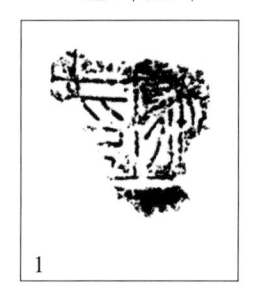

1

（1：《新出》P42）

□□食般

1

（1：《大系》P429）

□□右般

1

（1：《大系》P430）

□羞□印

1　2　3　4

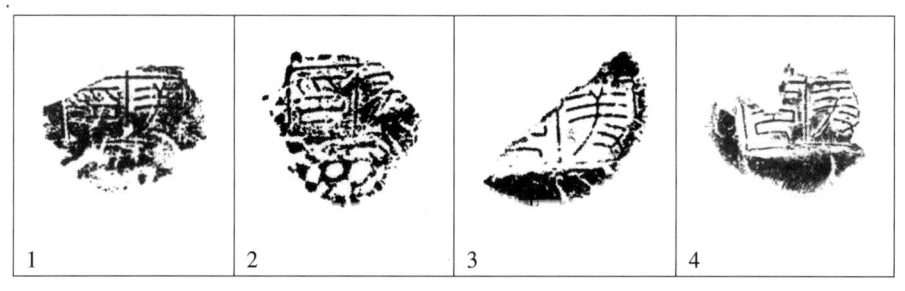

（1：《秦封》P165；《汇考》P103；《大系》P419；2：《秦封》P165；《汇考》P103；3：《秦封》P163；《汇考》P100；《新出》P51；4：《新出》P96；《大系》P385）

□羞丞印

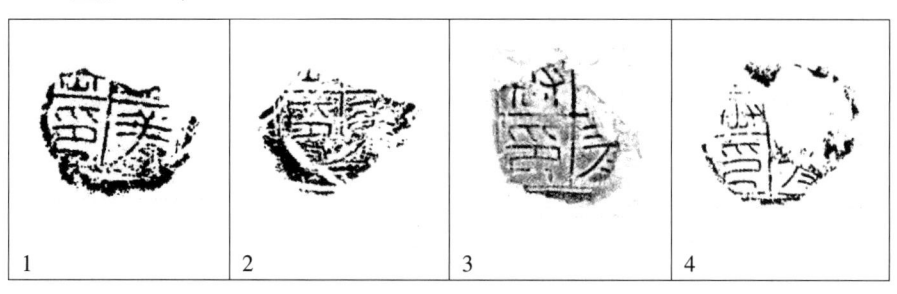

1　2　3　4

（1：《秦封》P165；《汇考》P103；2：《新出》P51；3：《长安》P36；4：《新出》P51）

从□谒□

1

（1：《大系》P52）

□谒□府

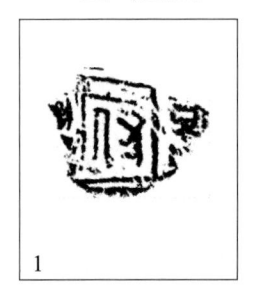

1

（1：《新出》P51；《大系》P386）

□秋□谒

1

（1：《大系》P416）

第三章 残封泥　1153

□□蘩谒

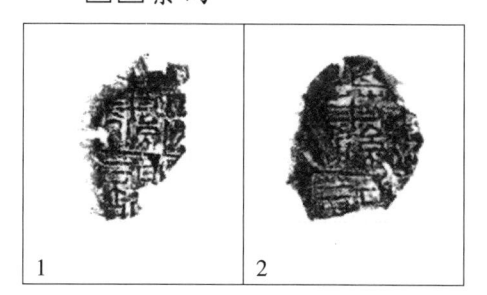

1　2

（1、2：《大系》P78）

□□□谒

1

（1：《大系》P433）

七　厩马车类

厩□□□

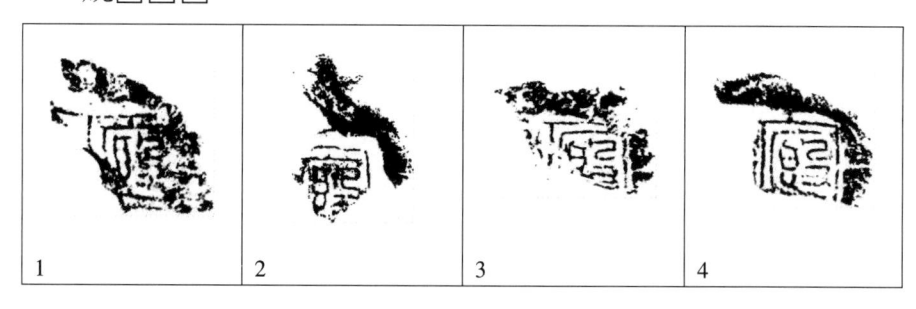

1　2　3　4

1154　下编　未归类未释读及残封泥

（1：《新出》P19；2：《新选》P99；3：《新出》P101；4：《新出》P101；《大系》P131；5：《新出》P101）

厩□司□

（1：《大系》P132）

厩□丞□

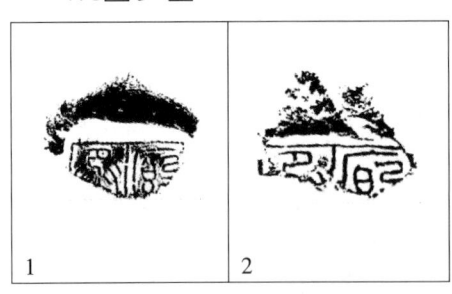

（1、2：《新出》P101）

厩□丞印

| 1a | 1b | 1b |

（1a:《精品》P36；《大系》P131；1b:《精品》P36）

□厩

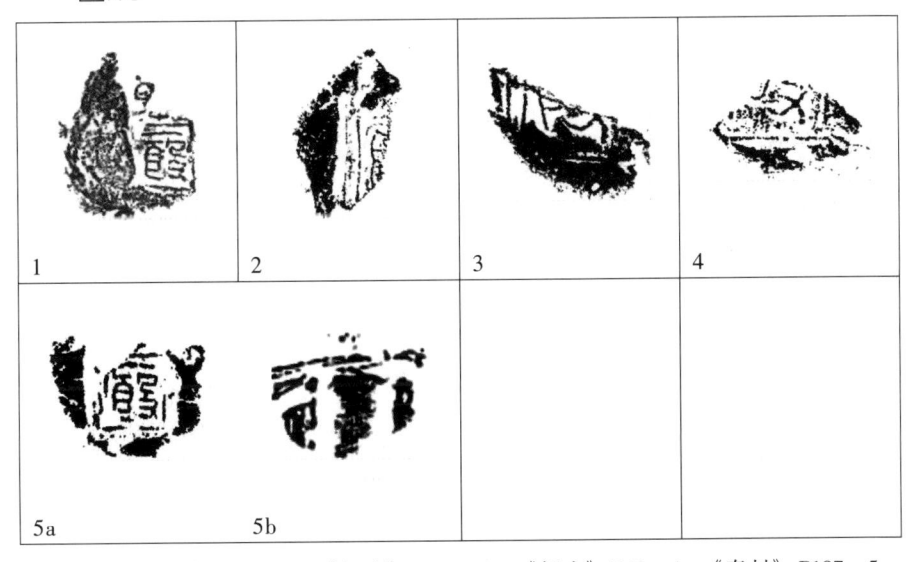

| 1 | 2 | 3 | 4 |
| 5a | 5b | | |

（1:《大系》P366；2:《新出》P106；3:《新出》P49；4:《秦封》P187；5a:《印集》P166；《汇考》P256；《大系》P414；5b:《印集》P163）

1156　下编　未归类未释读及残封泥

□厩□□

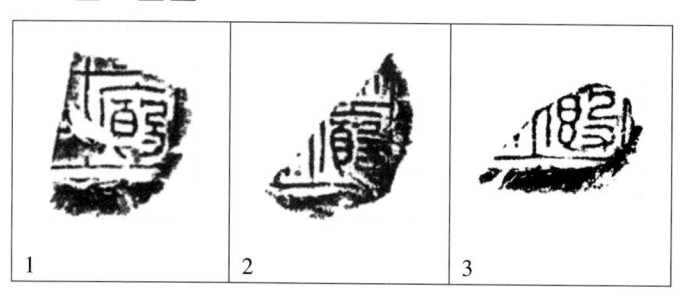

| 1 | 2 | 3 |

（1：《大系》415；2：《大系》P415；3：《新出》P106；《大系》P414）
又：《发掘》P534《出土封泥登记表》2000CH 相 1T2③：149 为"□厩□□"。

□厩□印

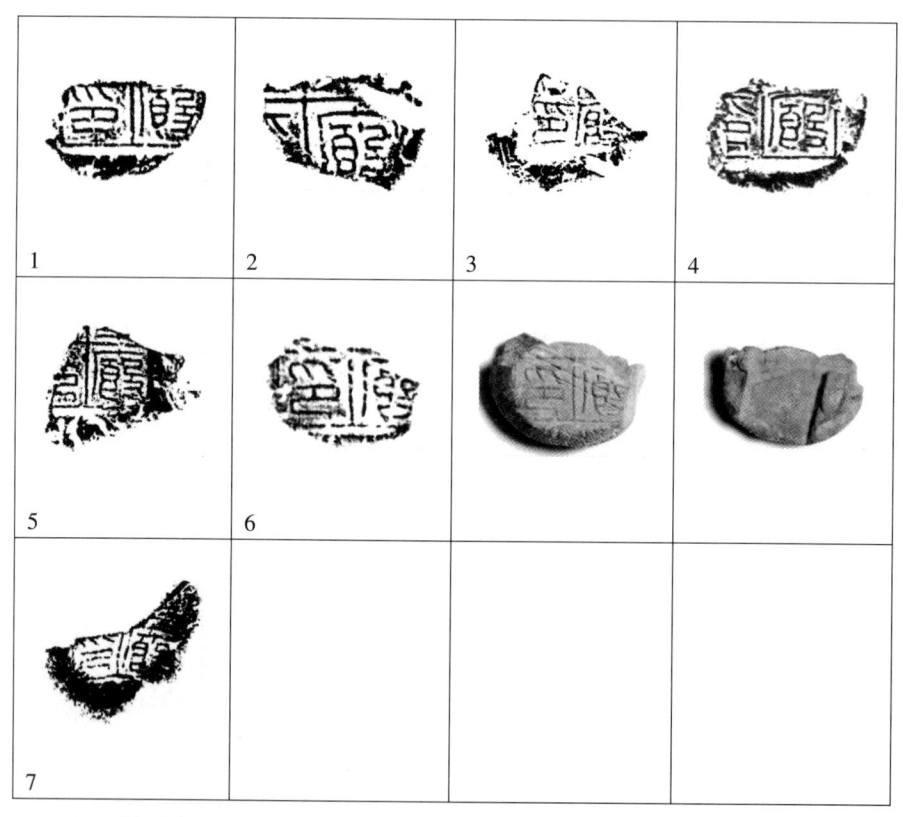

1	2	3	4
5	6		
7			

（1：《新出》P50；《大系》P415；2：《新出》P50；3：《新出》P82；4：《新选》P117；《大系》P414；5、7：《新出》P94；6：《观三》P17）

第三章 残封泥 1157

□室□厩

1

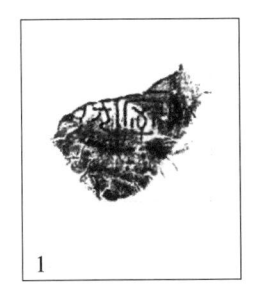

（1:《大系》P414）

□究□厩

1

（1:《大系》P414）

□厩丞印

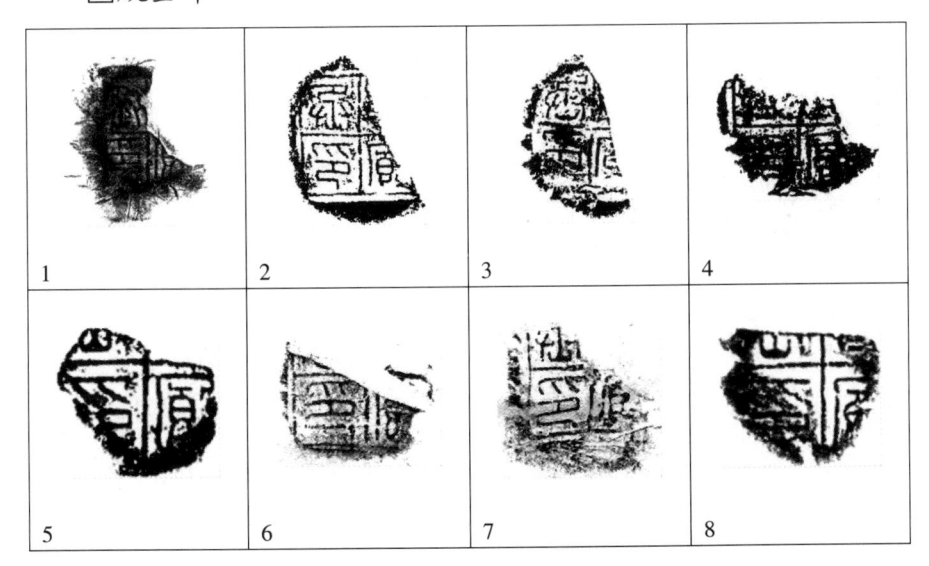

1	2	3	4
5	6	7	8

1158　下编　未归类未释读及残封泥

（1：《大系》P71；2：《新选》P114；《大系》P304；3：《新出》P82；4：《新出》P94；5：《新出》P54；《大系》P414；6：《长安》P7；7：《长安》P8；8：《大系》P71；9：《观二》P30）

□□右厩

（1：《大系》P430）

□□司马

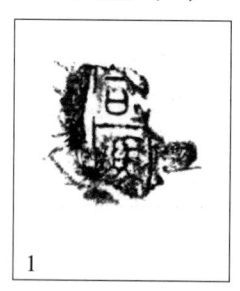

（1：《大系》P429）

第三章　残封泥　1159

□马丞印

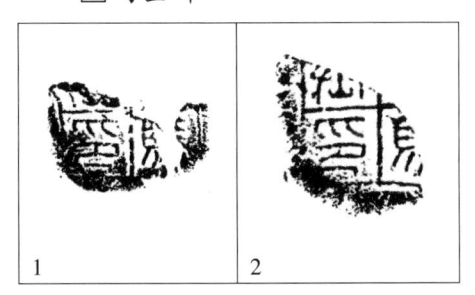

（1：《新出》P74；2：《秦封》P259；《汇考》P177）

□□马丞

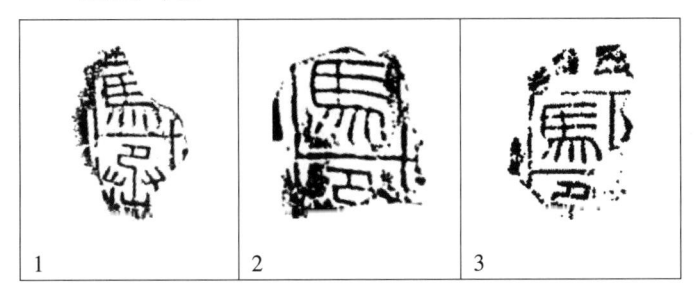

（1：《新出》P29；《大系》P208、P429；2：《新出》P38；《大系》P295；3：《秦封》P250；《汇考》P45）

□□马□

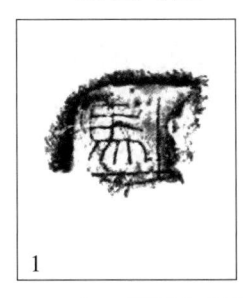

（1：《酒余》P39；《大系》P208、429）

1160　下编　未归类未释读及残封泥

□□马印

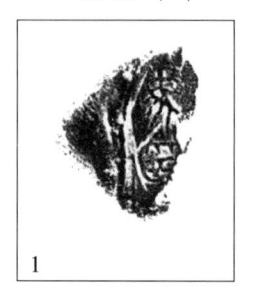

1

（1：《大系》P429）

车□

1

（1：《新选》P100；《大系》P144）

□车□丞

1　2　3　4

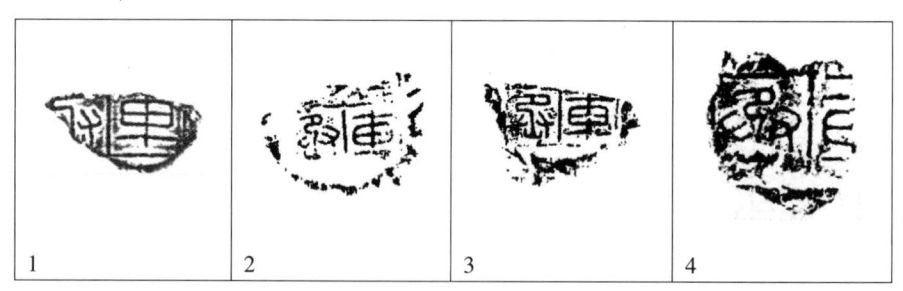

（1：《大系》P44；2：《秦封》P120；《汇考》P27；3：《秦封》P120；《汇考》P27；4：《新出》P48）

第三章 残封泥 1161

□□车官

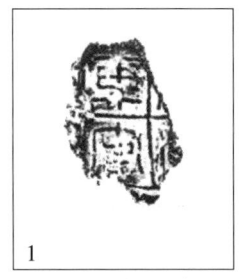

1

（1：《大系》P425）

□车丞印

无图，释读见《发掘》P539。

八 府库榦廥仓类

□府

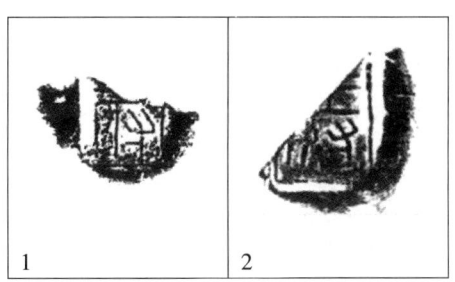

1　2

（1：《酒余》P35下；《大系》P165、P411；2：《大系》P394）

□府□□

1　2　3　4

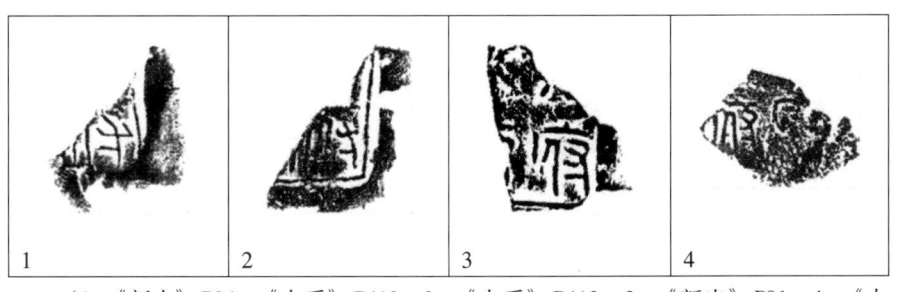

（1：《新出》P94；《大系》P412；2：《大系》P412；3：《新出》P91；4：《大

1162　下编　未归类未释读及残封泥

系》P349）

□府□府

1	2	3	4
5	6		

（1、2：《新出》P91；3：《大系》P412；4、5：《大系》P350；6：《新出》P90）

□府□印

1	2	3	4
5	6	7	8

第三章　残封泥

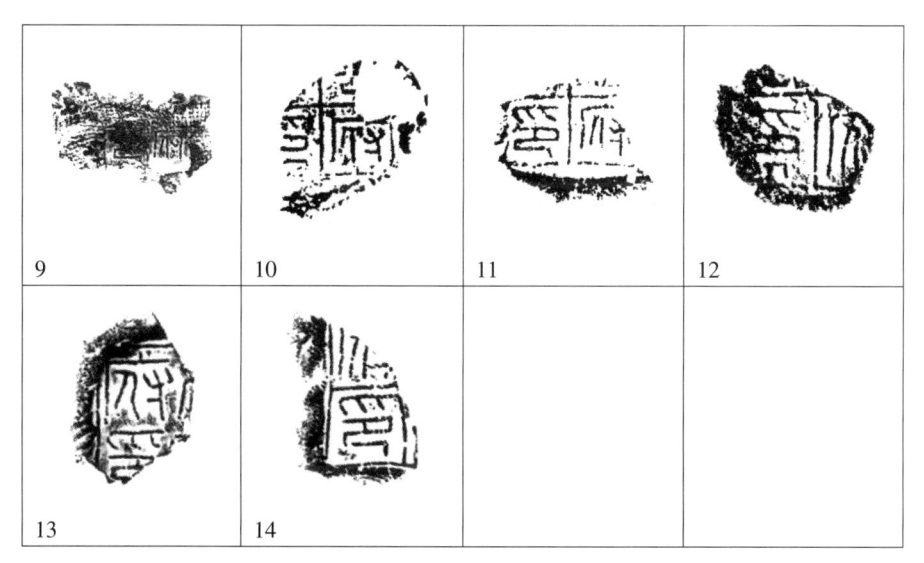

9	10	11	12
13	14		

（1：《酒余》P40；2：《新出》P58；《大系》P44；3：《酒余》P46下；《大系》P412；4—7：《大系》P412；8、9：《大系》P350；10：《秦封》P147；《汇考》P123；11：《汇考》P122；12：《新出》P32；13、14：《大系》P427）

□府□丞

1	2	3	4
5	6	7	8

（1：《酒余》P39上；《大系》P411；2：《新出》P30；3：《新出》P88；4：《大系》P411；5：《秦封》P130；《汇考》P68；6：《秦封》P131；《汇考》P70；7、8：《新出》P30）

□府之印

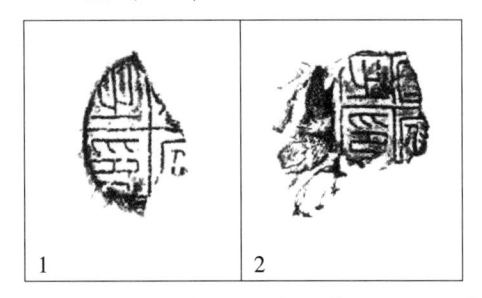

| 1 | 2 |

（1：《新出》P92；《大系》P411；2：《大系》P411）

□府丞印

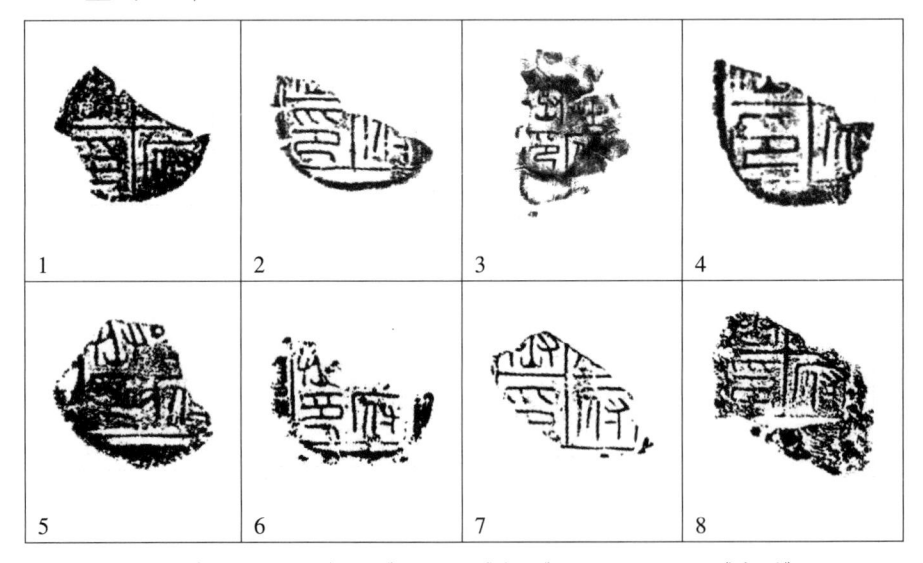

| 1 | 2 | 3 | 4 |
| 5 | 6 | 7 | 8 |

（1：《新出》P54；2：《新出》P44；《大系》P411；3、4：《大系》P411；5：《新出》P48；6：《秦封》P138；《汇考》P15；7：《新出》P44；8：《新出》P87）

□□府□

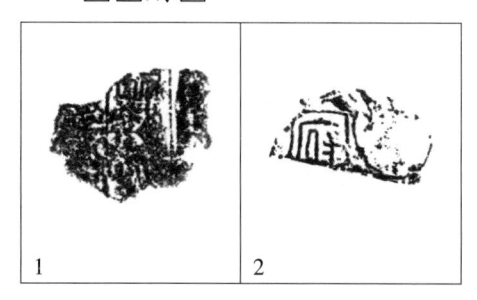

| 1 | 2 |

（1、2：《大系》P427）

□□府丞

| 1 | 2 | 3 | 4 |

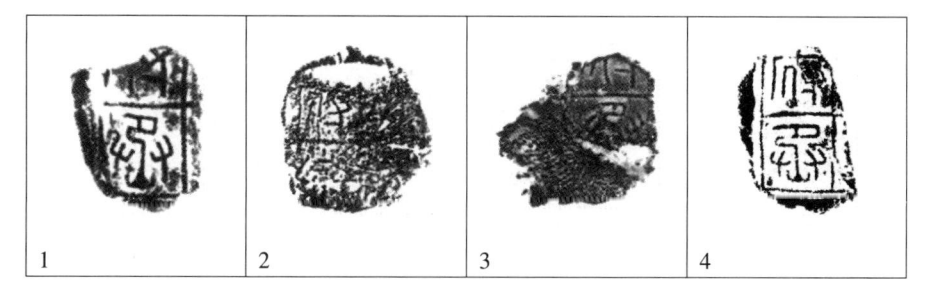

（1—3：《大系》P426；4：《新出》P48）

左库□□

| 1 |

（1：《大系》P395）

1166　下编　未归类未释读及残封泥

□库□印

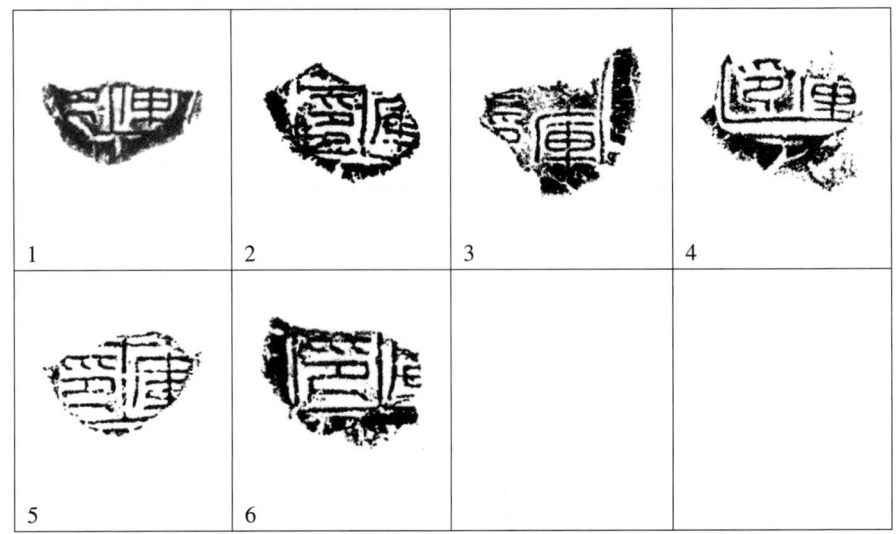

| 1 | 2 | 3 | 4 |
| 5 | 6 | | |

（1：《酒余》P42 上；《大系》P415；2：《秦封》P221；《汇考》P158；《大系》P266；3：《新出》P78；《大系》P266；4：《新出》P104；5、6：《新出》P38）

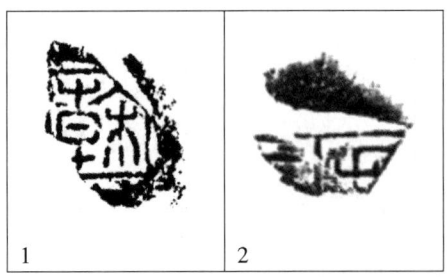

絑□□□

| 1 | 2 |

（1：《新出》P11；《大系》P86；2：《新出》P12；《大系》P86）

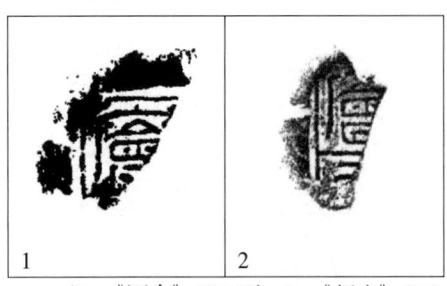

□詹□□

| 1 | 2 |

（1：《酒余》P29 下；2：《新出》P12；《大系》P428）

□仓□□

(1:《大系》P408)

□仓□印

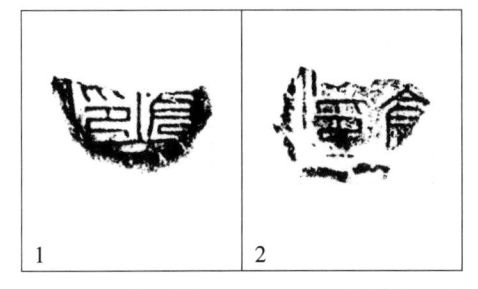

(1:《酒余》P41 上；2:《新出》P7)

□山仓印

(1:《大系》P417)

□□□仓

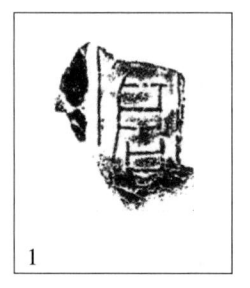

1

（1：《大系》P41）

九　共官宦司空工类

□共丞印

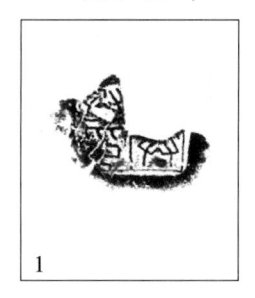

1

（1：《酒余》P28下；《大系》P70）

□□共□

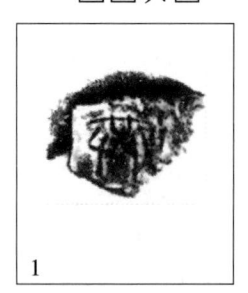

1

（1：《大系》P427）

第三章 残封泥 1169

□□共印

1

（1：《大系》P427）

□官

1　2　3　4

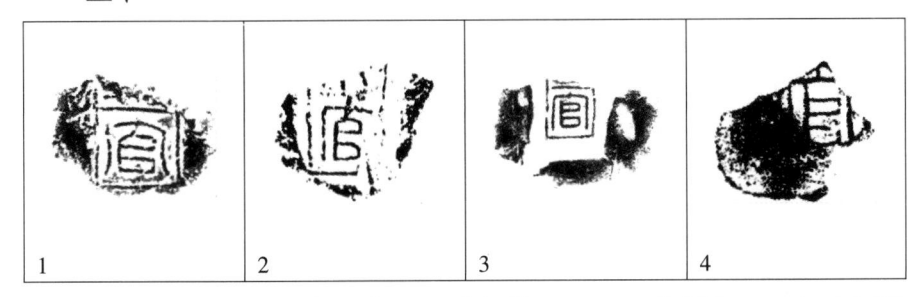

（1：《大系》P44；2：《新出》P76；《大系》P232；3：《酒余》P29下；《大系》P86、P413；4：《新出》P59）

□官□□

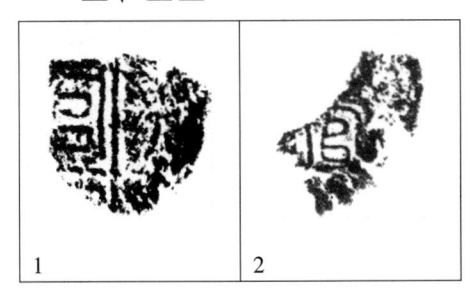

1　2

（1：《新出》P59；2：《大系》P413）

□官□印

(1:《新出》P59；2:《新选》P102；3:《新出》P32,《大系》P413；4—6:《大系》P413；7:《新选》P107；8:《长安》P20)

□官丞印

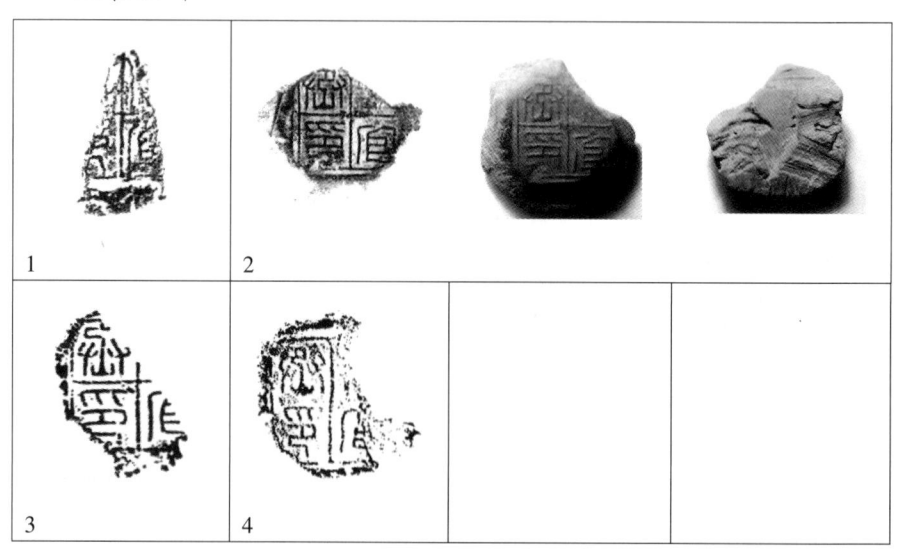

(1:《新出》P106；2:《观二》P29；3:《大系》P413；4:《新出》P77)

□□□官

1

（1：《新出》P98；《大系》P432）

□司□□

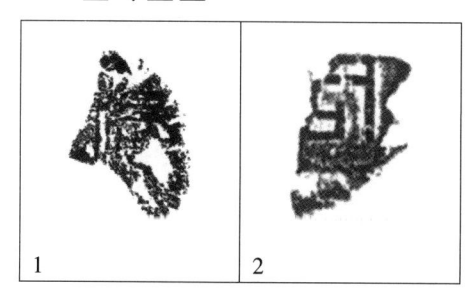

1　2

（1：《大系》P339；2：《大系》P418）

□司□印

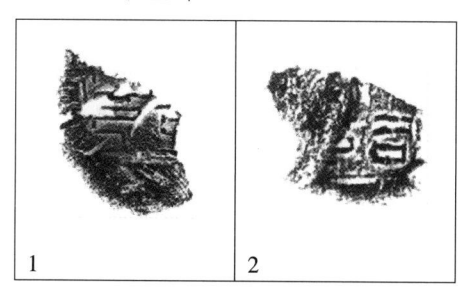

1　2

（1：《新出》P106；《大系》P418；2：《大系》P418）

1172　下编　未归类未释读及残封泥

□司□丞

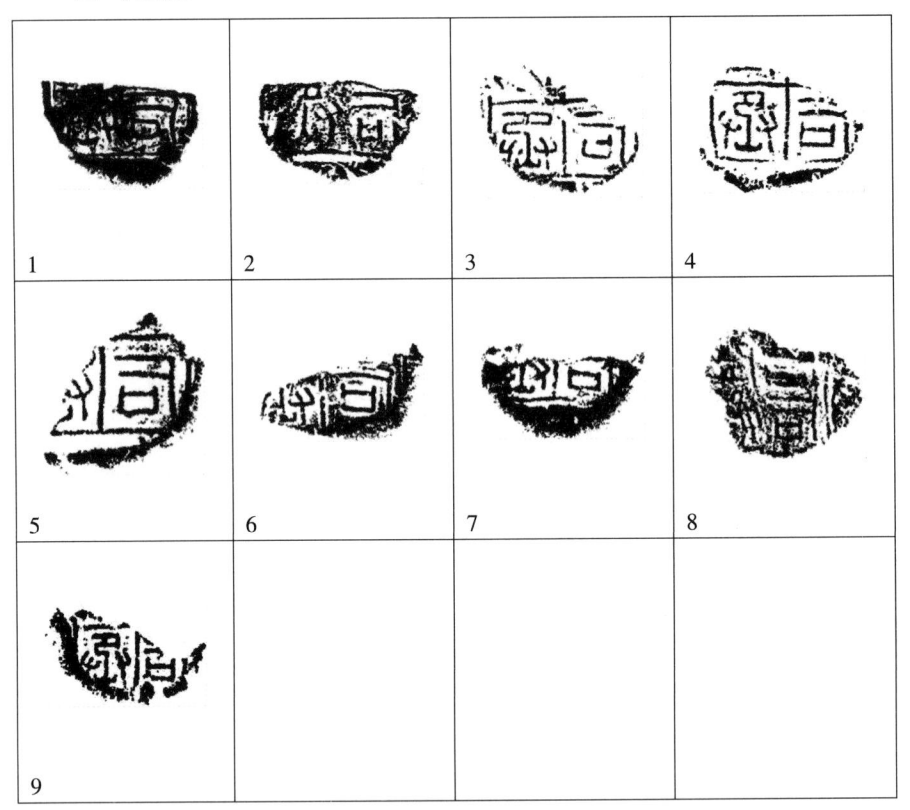

1	2	3	4
5	6	7	8
9			

（1、2、8：《新出》P14；3—7：《新出》P15；9：《秦封》P124；《汇考》P164）

□司空玺

1

（1：《大系》P56）

□司空丞

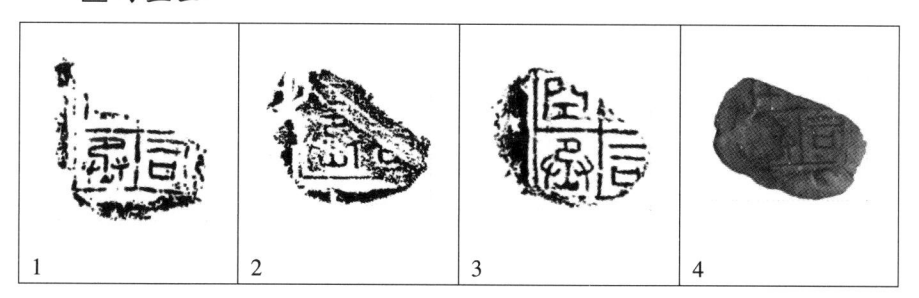

| 1 | 2 | 3 | 4 |

（1：《秦封》P125；《汇考》P165；2、3：《新出》P14；4：《字博》P33）

□右司空

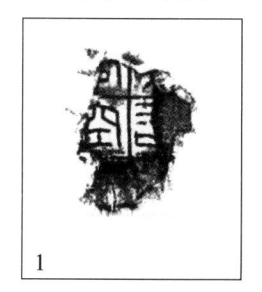

| 1 |

（1：《大系》P421）

□□司空

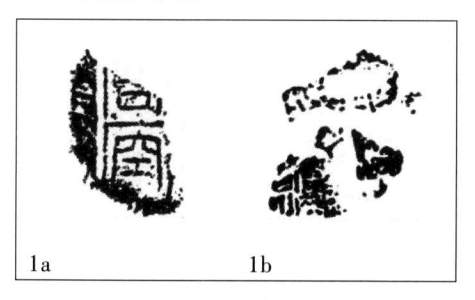

| 1a | 1b |

（1a：《印集》P167；《汇考》P256；《大系》P429；1b：《印集》P167）

1174　下编　未归类未释读及残封泥

□空□□

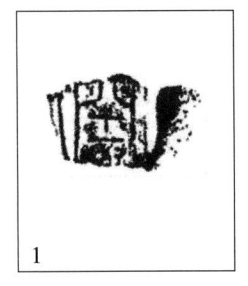

1

（1：《新选》P93；《大系》P90、P415）

□空□内

1

（1：《大系》P415）

□□空□

1　2　3　4

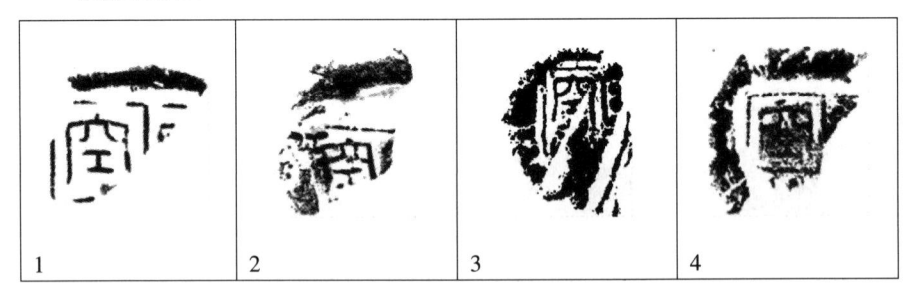

（1、2：《大系》P428；3：《酒余》P31；4：《大系》P99）

□□空印

1

（1：《新出》P15；《大系》P428）

□□空丞

1　2　3　4

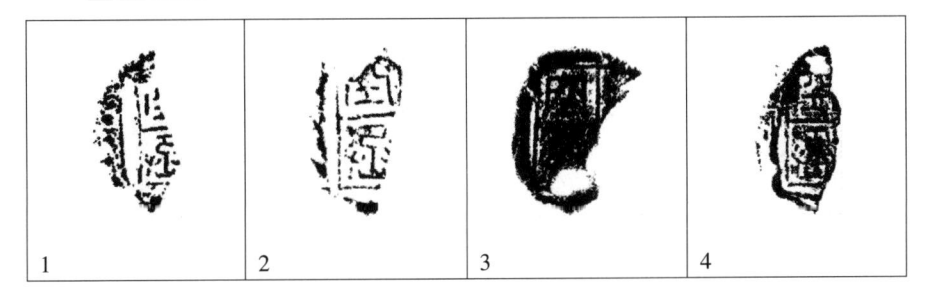

（1：《秦封》P124；《汇考》P164；2、3：《新出》P15；4：《新出》P97）

□□宦□

1

（1：《精品》内封）

□□宦丞

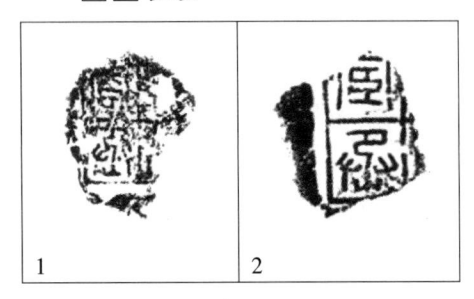

（1、2：《大系》P427）

都□

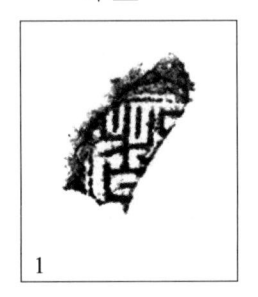

（1：《大系》P73）

都□司□

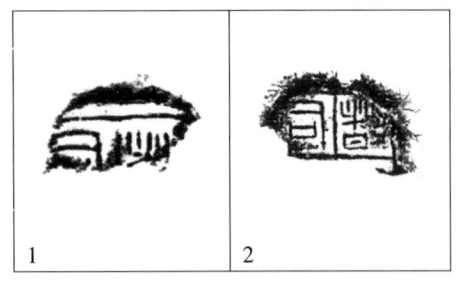

（1、2：《大系》P73）

□工□□

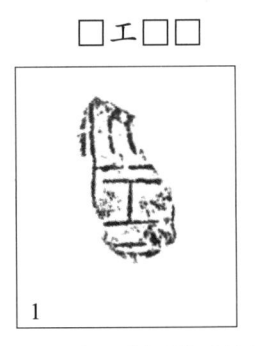

1

（1：《大系》P412）

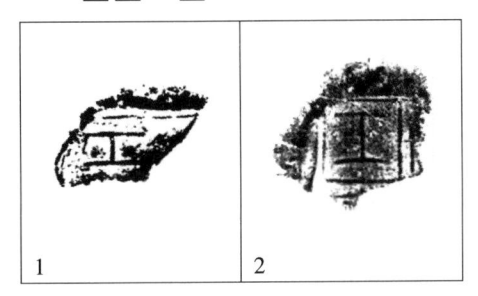

□□工□

1　2

（1：《新出》P30；2：《大系》P427）

□□工丞

1　2　3　4

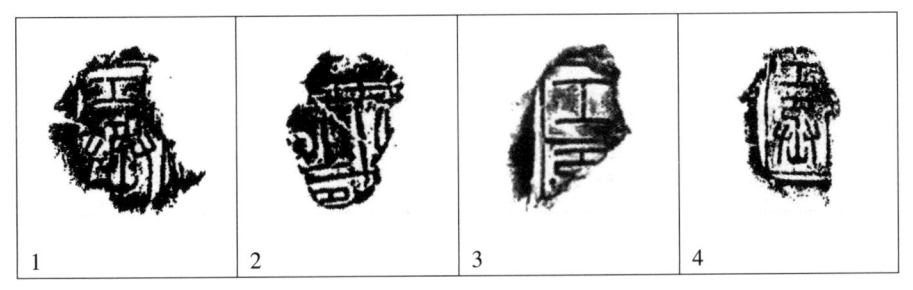

（1：《酒余》P39；2：《秦封》P205；《汇考》P133；3：《大系》P427；4：《新出》P30）

十　玺印丞类

□玺

（1：《问陶》P175）

□□□玺

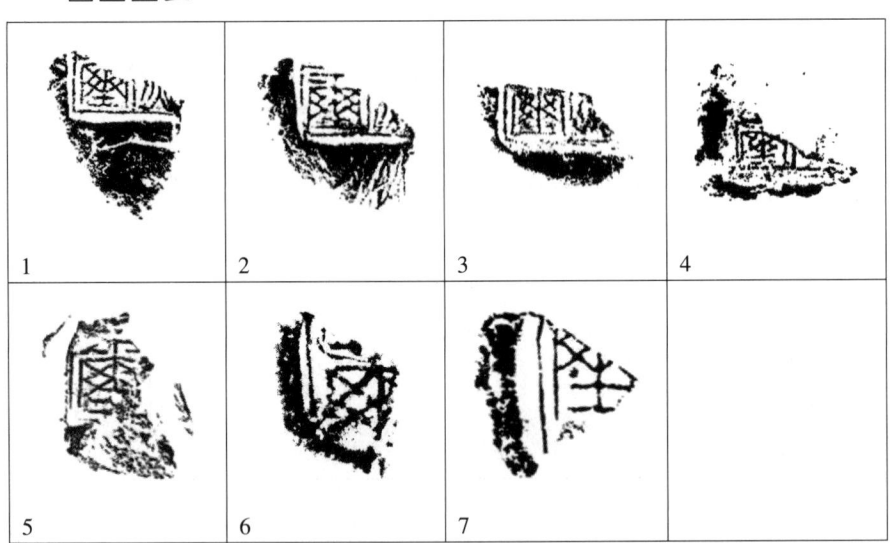

（1—3：《新出》P99；4：《酒余》P46 上；《大系》P343、P433；5：《新出》P98；《大系》P433；6：《新出》P35；7：《新出》P101）

第三章 残封泥

□□之玺

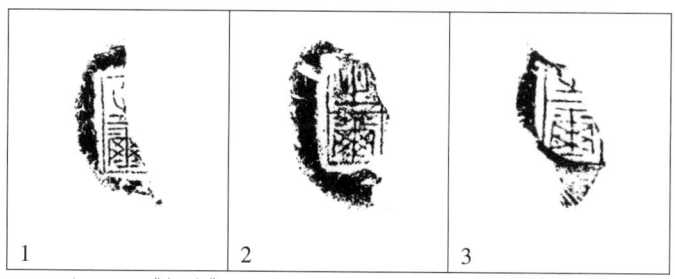

| 1 | 2 | 3 |

（1、2：《新出》P99；3：《新出》P70；《大系》P143）

□□丞玺

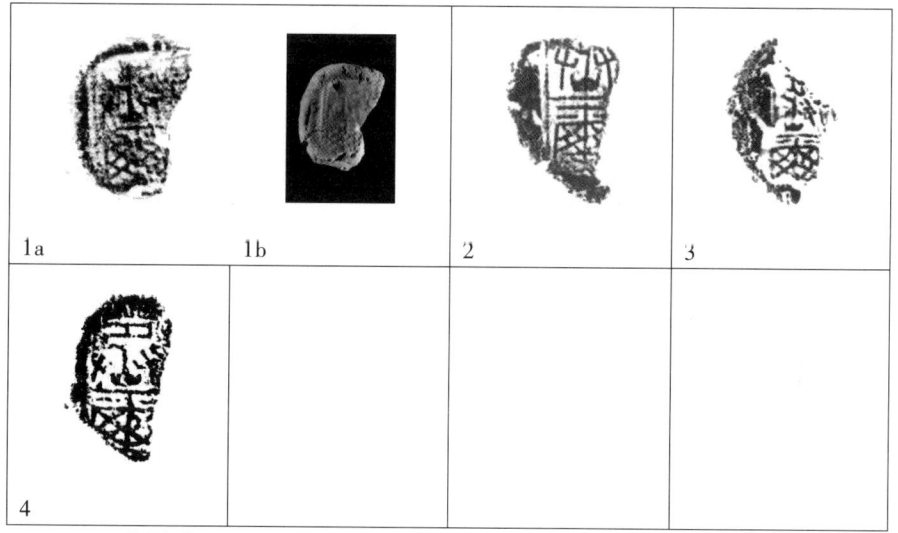

| 1a | 1b | 2 | 3 |
| 4 | | | |

（1a：《发掘》图一六：15；《大系》P425；1b：《发掘》图版七：9；2：《大系》P425；3：《新出》P77；《大系》P425；4：《新出》P34）

□□婴玺

| 1 |

（1：《大系》P430）

1180　下编　未归类未释读及残封泥

□印

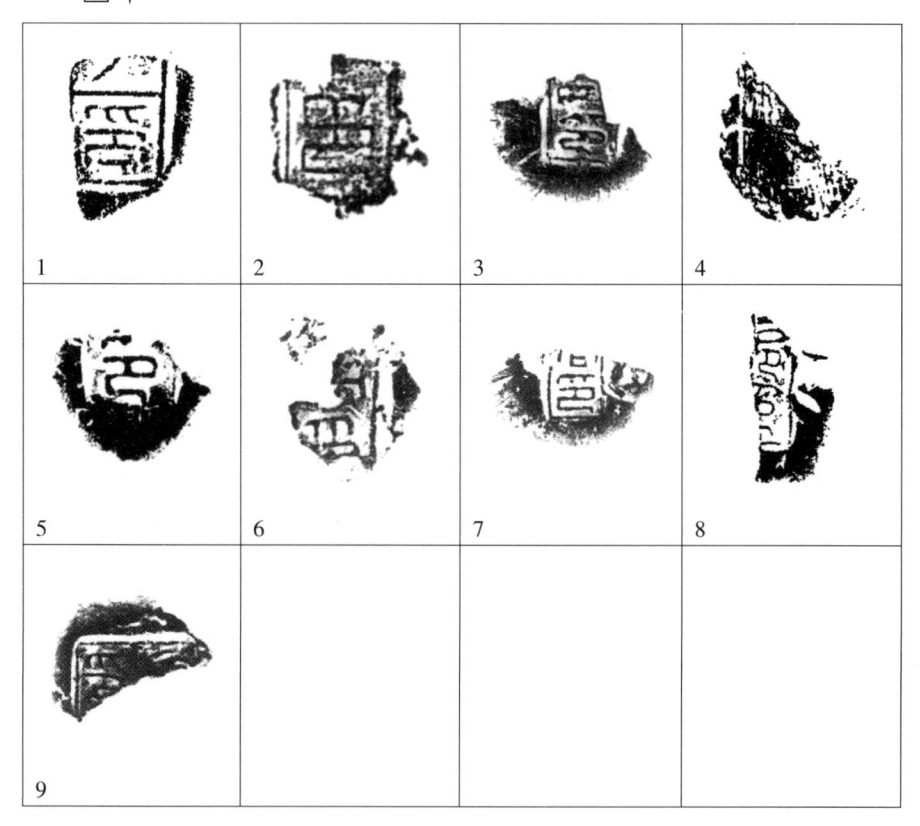

1	2	3	4
5	6	7	8
9			

（1：《新选》P105；《大系》P192；2、3：《大系》P421；4：《新选》P99；5：《新出》P51；6：《大系》P84；7：《大系》P42；8：《酒余》31；9：《大系》P430）

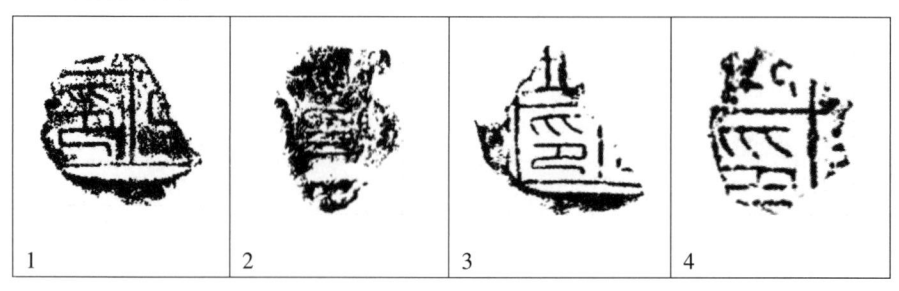

□□□印

1	2	3	4

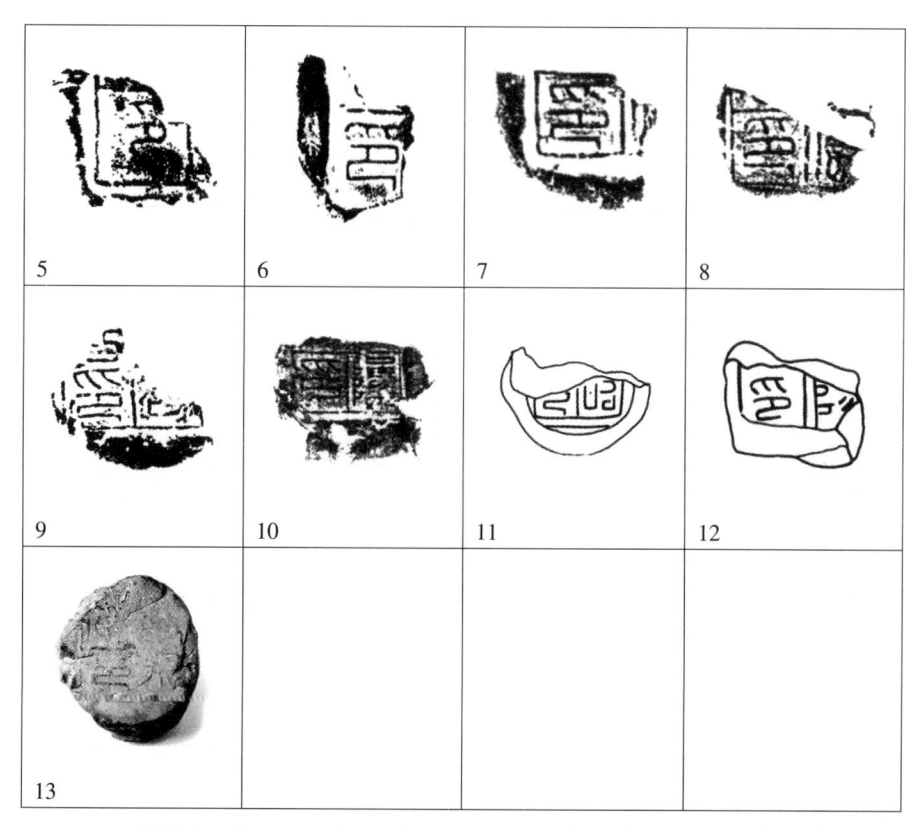

(1:《新选》P123；2:《新出》P57；3、4:《新出》P22；5:《新选》P112；《大系》P285）6:《新出》P104；7、8:《大系》P433；9:《新出》P22；10:《大系》P433；11、12:《里耶》P220；13:《问陶》P175）

□之□印

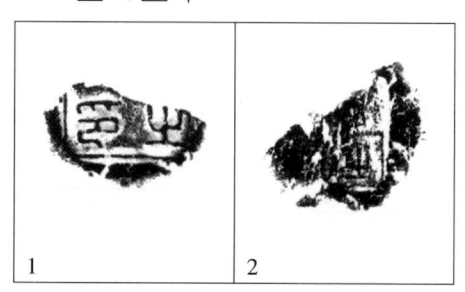

(1、2:《大系》P424)

1182　下编　未归类未释读及残封泥

□□之印

1	2		
3	4	5	6
7	8	9	10

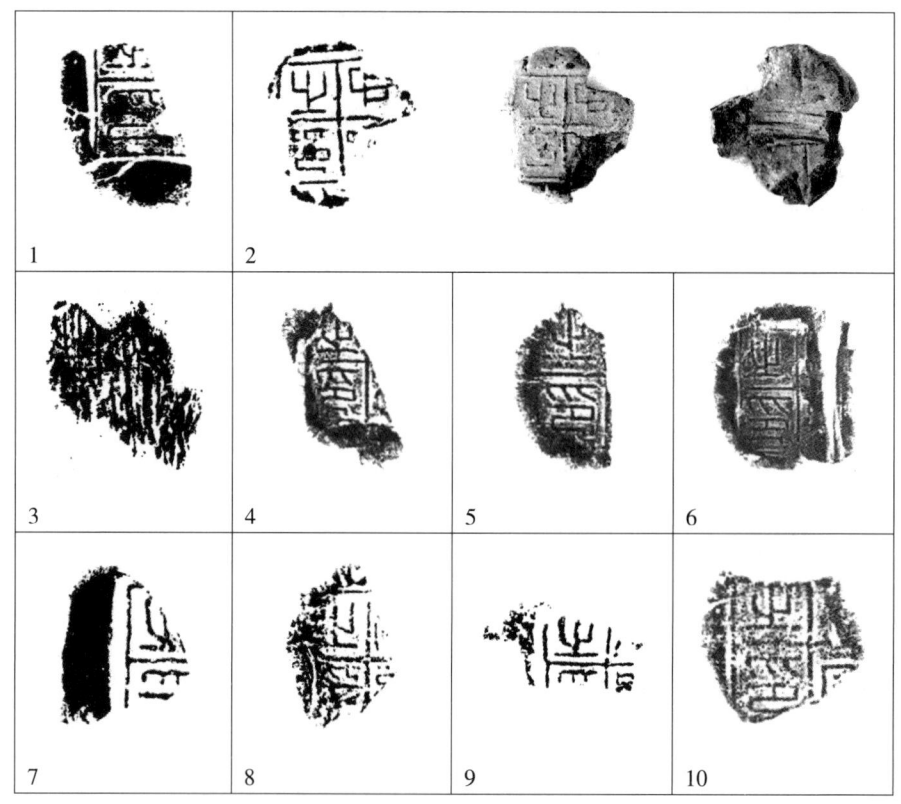

（1：《新出》P106；2：《济博》P20；3：《酒余》P48；4、5：《大系》P431；6：《大系》P432；7：《新出》P102；8：《新出》P78；9：《新出》P102；10：《大系》P382）

又：《发掘》P534《出土封泥登记表》2000CH 相 1TG1∶30、33 共 2 枚均为"□□之印"。

□丞□□

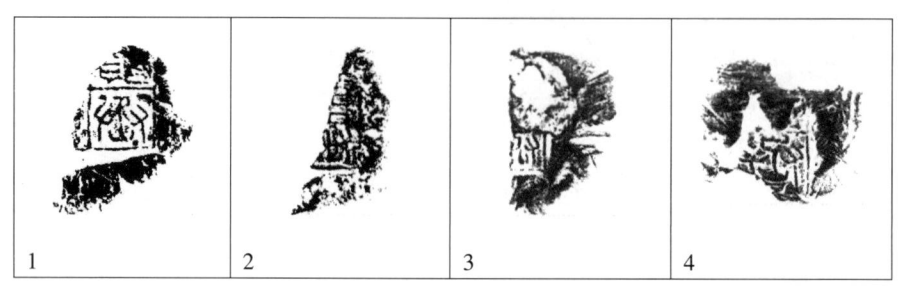

1	2	3	4

第三章　残封泥　1183

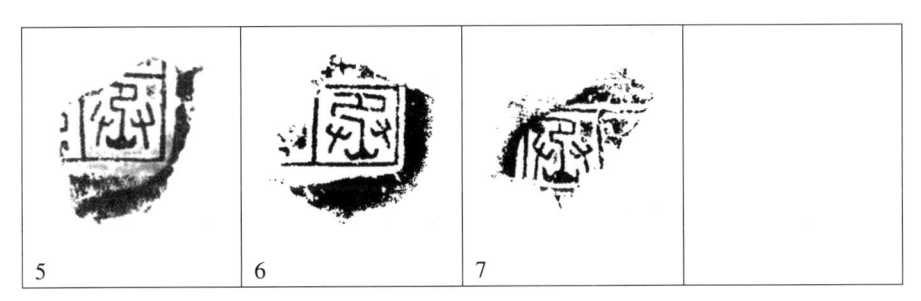

5	6	7	

（1：《新选》P122；《大系》P409；2：《新出》P101；3—5：《大系》P410；6：《新选》P120；《大系》P373、P410；7：《新出》P59）

□丞□印

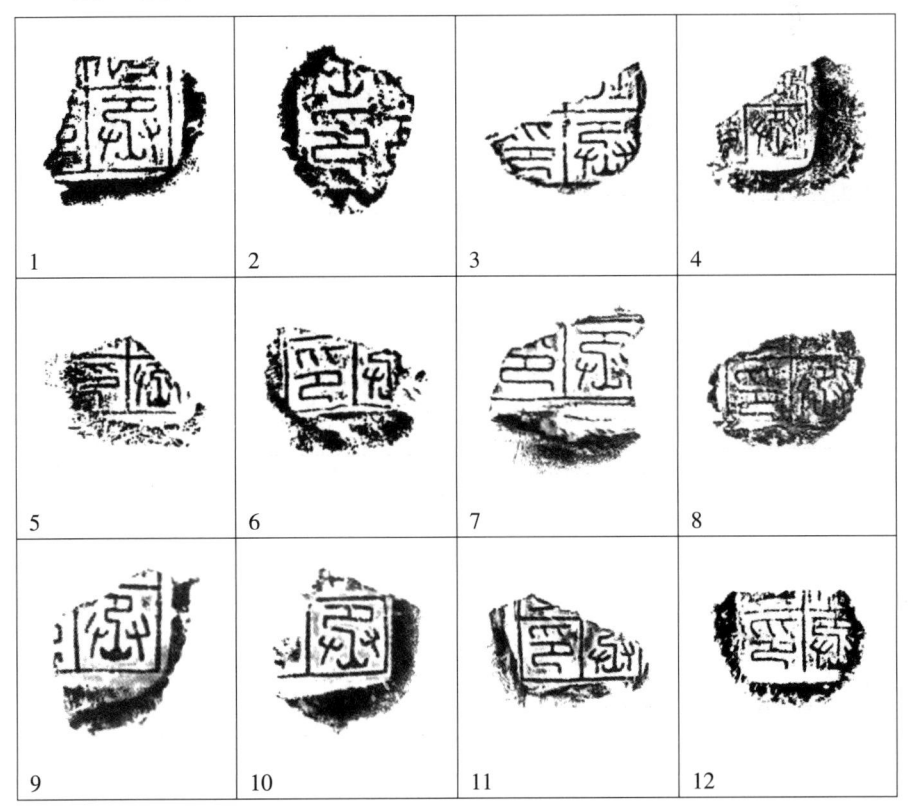

1	2	3	4
5	6	7	8
9	10	11	12

（1：《酒余》P34；2：《酒余》P36；3—6：《大系》P409；7—10：《大系》P410；11：《大系》P280、P409；12：《酒余》P49下）

又：《发掘》P534《出土封泥登记表》2000CH相1T3③：30为"□丞□印"。

1184　下编　未归类未释读及残封泥

□丞之印

1

（1：《大系》P409）

□□丞□

1　2　3　4

5　6　7　8

9

（1：《大系》P112；2：《新出》P11；《大系》P75；3：《新出》P41；4：《新出》P100；5、6：《新出》P59；7：《新出》P62；8：《新出》P109；9：《大系》P426）

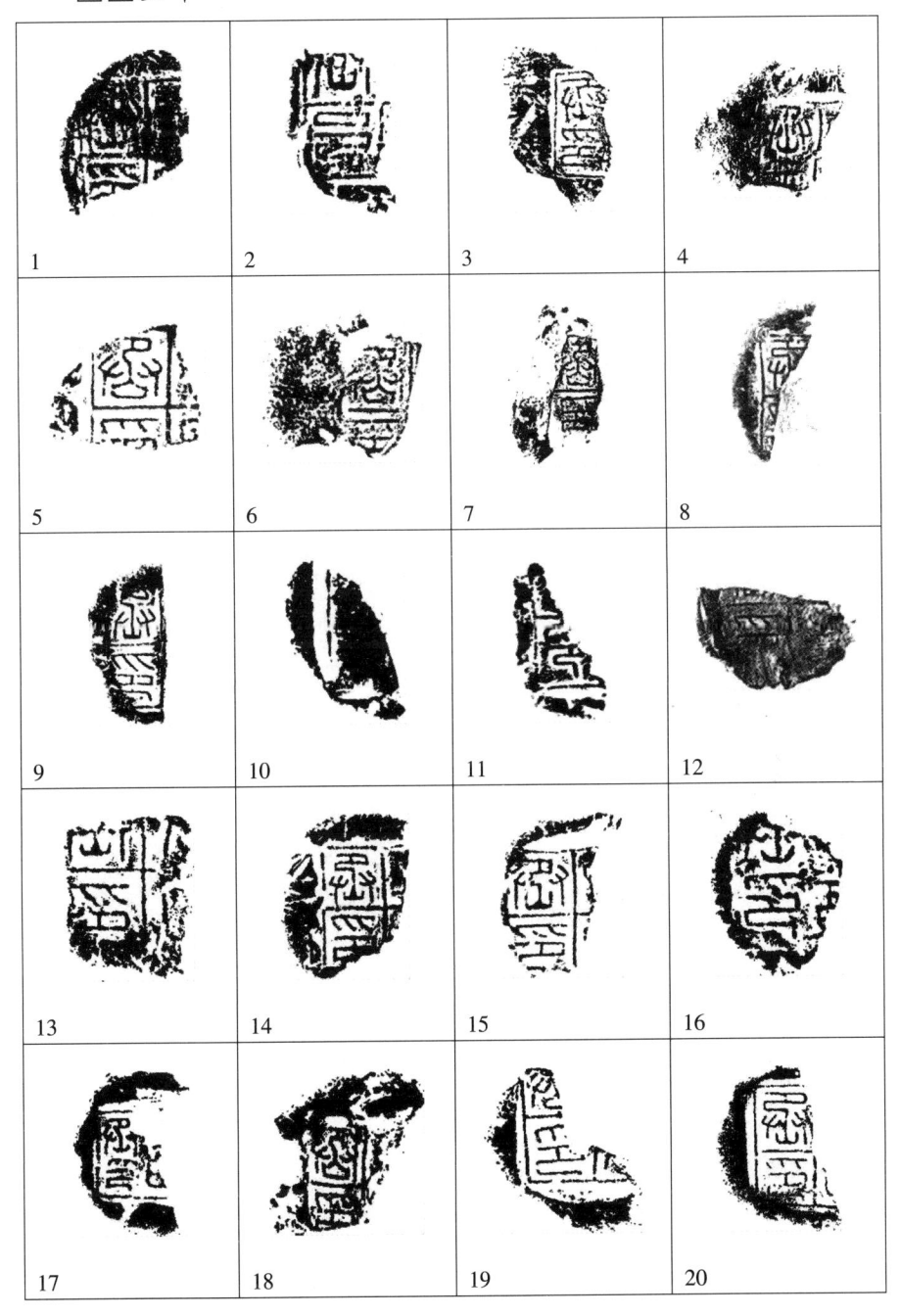

□□丞印

1	2	3	4
5	6	7	8
9	10	11	12
13	14	15	16
17	18	19	20

1186　下编　未归类未释读及残封泥

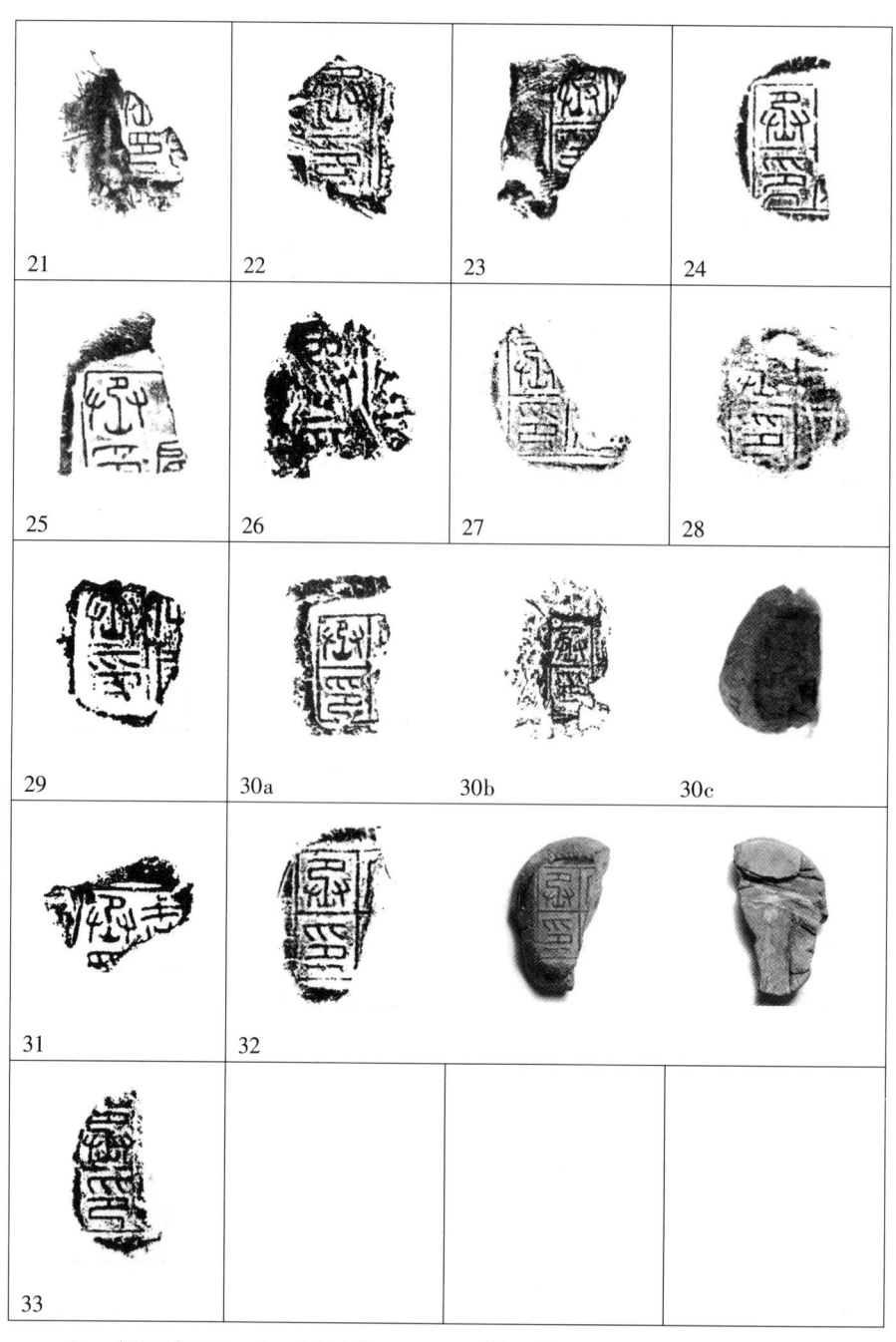

（1:《新出》P49；2:《新出》P70；3:《新出》P74；4:《新出》P104；5—7:《新出》P88；8:《汝南》P91；《新出》P109；9—11:《新出》P109；12:《新出》

P109；《汝南》P91；13：《新出》P59；《大系》P395；14：《新出》P109；《大系》P207；15：《新出》P49；16：《酒余》P36；17：《酒余》P41；18：《酒余》P46下；19：《新选》P99；20：《新选》P101；《大系》P161；21：《大系》P161；22：《新出》P40；23：《大系》P194；24、25：《大系》P426；26：《新出》P75；27：《长安》P44；28：《长安》P45；29：《秦封》P242；《汇考》P170；30a：《新出》P78；《大系》P426；30b：《辽海》P12；《大系》P425；30c：《辽海》P12；31：《新选》P112；《大系》P281；32：《观二》P15；33：《续封》4.30）

又：《发掘》P534《出土封泥登记表》2000CH 相 1T2③：18、92、167、T3③：26、TG1：16 共 5 枚均为"□□丞印"。

□□之丞

（1：《大系》P431）

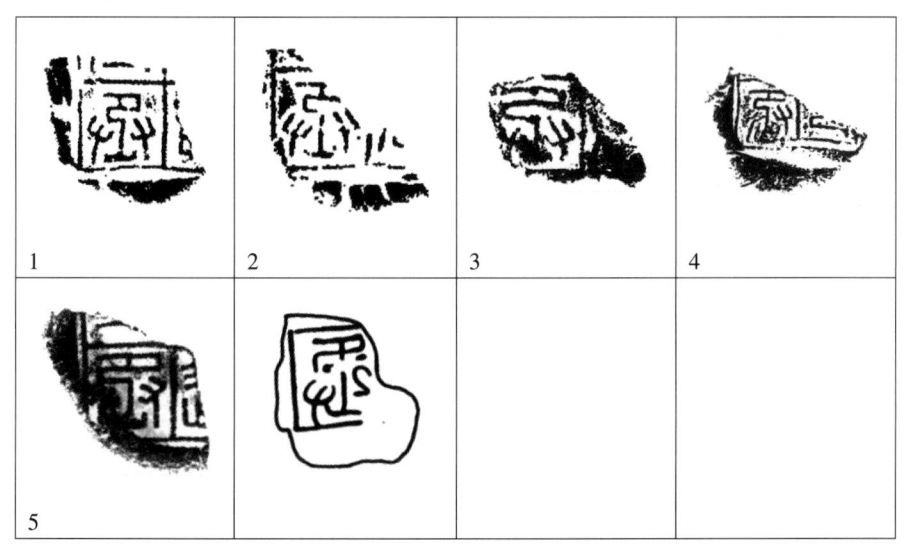

□□□丞

（1：《新出》P15；2：《新选》P102；3：《大系》P126；4、5：《大系》P432；6：《里耶》P220）

1188　下编　未归类未释读及残封泥

又:《发掘》P534《出土封泥登记表》2000CH 相 1T2③:1 为"□□□丞"。

十一　郡守尉类

□郡□□

(1:《新选》P102;《大系》P178)

□郡□空

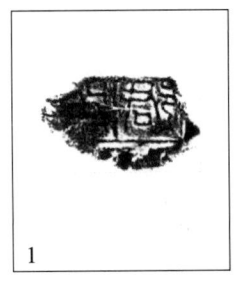

(1:《大系》P415)

□□郡□

(1:《新出》P106;《大系》P428)

第三章　残封泥　1189

□□守印

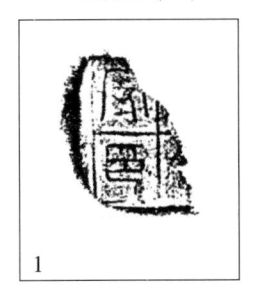

1

（1：《大系》P429）

□□□守

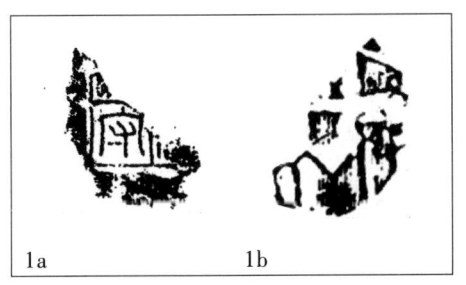

1a　　　1b

（1a：《印集》P165；《汇考》P255；《大系》P433；1b：《印集》P165）

□□大守

1

（1：《发现》图115；《图例》P56；《大系》P429）

1190　下编　未归类未释读及残封泥

□□之守

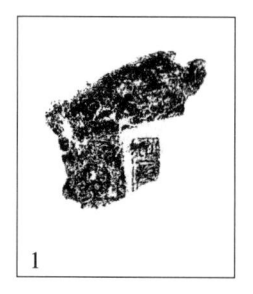

1

（1：《新选》P115；《大系》P318）

□尉□□

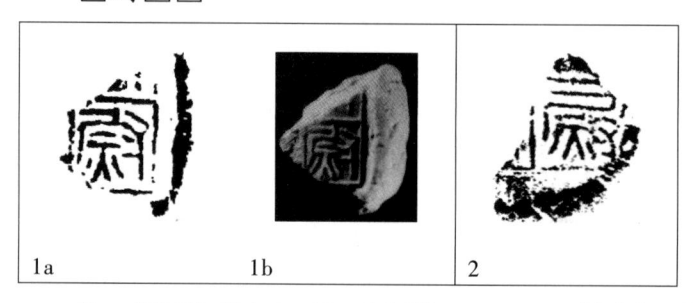

1a　　　1b　　　2

（1a：《发掘》图十八：13；《大系》P419；1b：《发掘》图版十三：3；2：《新出》P37）

□尉□印

1

（1：《新出》P50；《大系》P419）

第三章　残封泥　**1191**

□尉之印

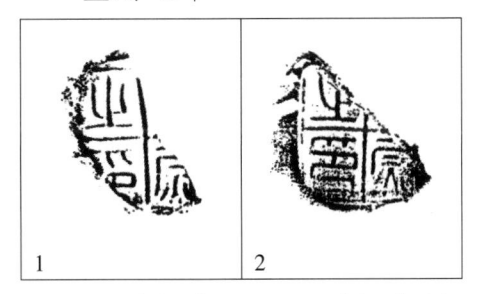

| 1 | 2 |

（1：《秦封》P116；2：《发现》图4；《补读》图4；《秦封》P121；《玺印》P450）

□□尉印

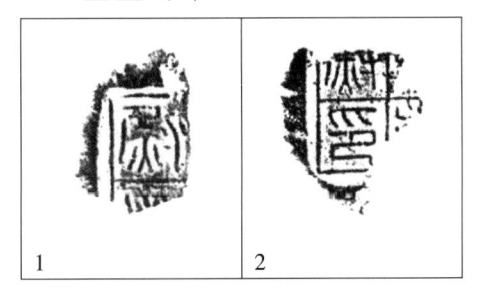

| 1 | 2 |

（1：《大系》P430；2：《大系》P195）

十二　邑道都家亭陵部类

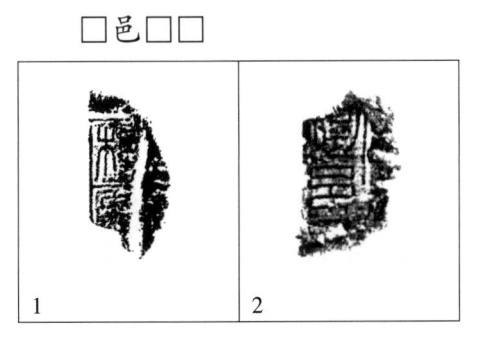

□邑□□

| 1 | 2 |

（1：《新选》P115；2：《大系》P421）

□邑丞印

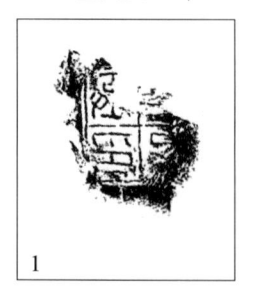

(1：《新选》P86；《大系》P25)

□道

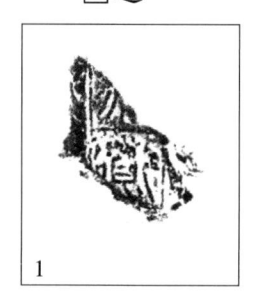

(1：《大系》P411)

□道□印

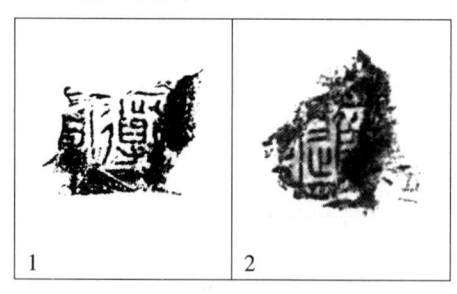

(1：《新出》P62；《大系》P62；2：《大系》P411)

□□道印

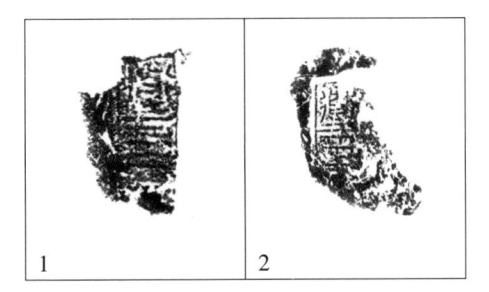

（1、2:《大系》P426）

都□丞印

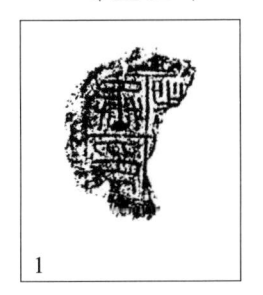

（1:《汇考》P18）

右都□□

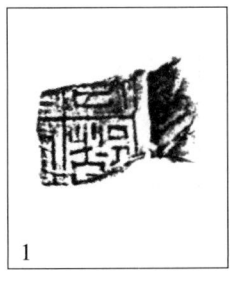

（1:《大系》P337）

1194　下编　未归类未释读及残封泥

□都□□

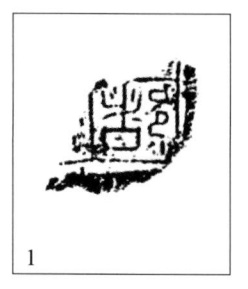

1

（1：《新出》P54；《大系》P411）

□都□印

1

（1：《新出》P95；《大系》P376）

□都丞印

1

（1：《发现》图147；《图例》P57；《秦封》P286；《汇考》P229；《玺印》P414；《大系》P163）

第三章　残封泥　1195

□□都□

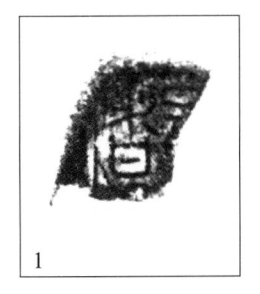

1

（1：《大系》P426）

又：《发掘》P534《出土封泥登记表》2000CH 相 1TG1∶76 为"□□都□"。

□家□□

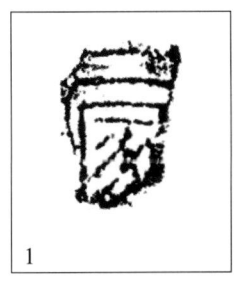

1

（1：《书集》P115；《新出》P29）

□□家□

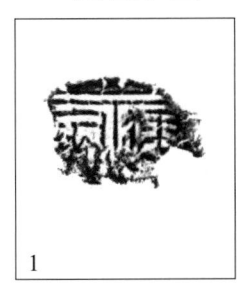

1

（1：《大系》P428）

□亭

1

（1：《新选》P114；《大系》P299）

□□亭□

1

（1：《大系》P84）

□□亭印

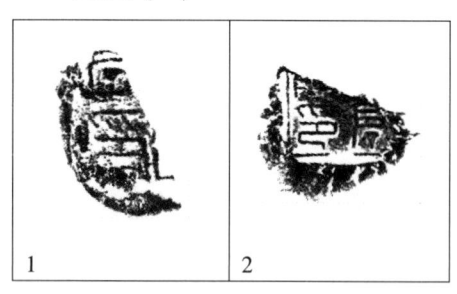

1　2

（1、2：《大系》P300）

□□亭丞

无图，释读见《发掘》P538。

□陵□□

| 1 | 2 | 3 | 4 |

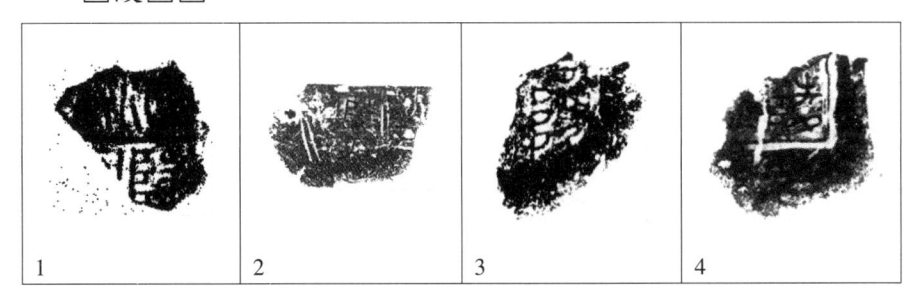

（1：《酒余》P34；2：《大系》P89；3：《大系》P91；4：《大系》P91）
又：《发掘》P534《出土封泥登记表》2000CH 相1T3③：34 为"□陵□□"。

□陵□印

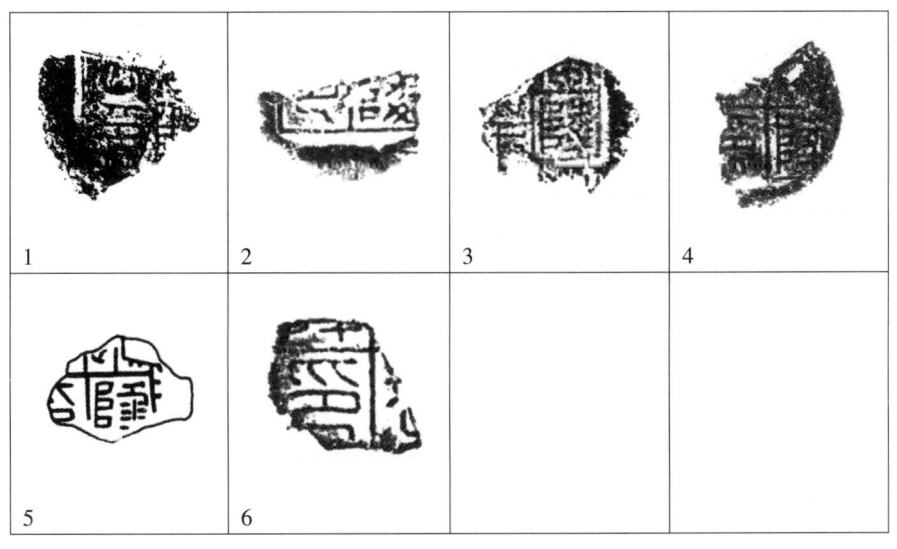

| 1 | 2 | 3 | 4 |
| 5 | 6 | | |

（1：《新出》P100；2：《新选》P117；《大系》P415；3：《大系》P415；4：《新出》P12；《大系》P415；5：《里耶》P220；6：《大系》P418）

1198　下编　未归类未释读及残封泥

□陵□尉

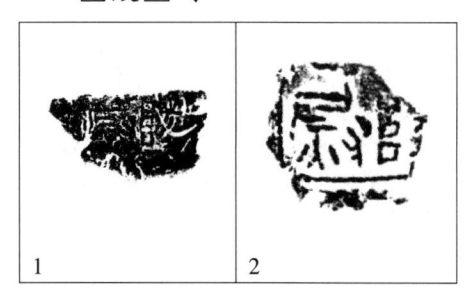

（1：《新出》P100；《大系》P91；2：《新出》P100；《大系》P90）

□陵丞印

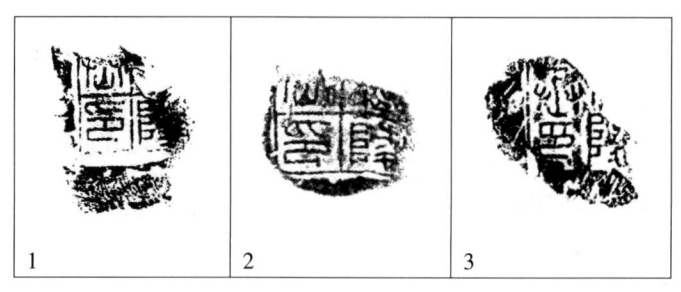

（1：《新出》P73；《大系》P188；2：《山房》2.13；3：《新出》P64）

□部

（1：《新出》P71；《大系》P168、P408）

十三 其它

故□

1

（1：《新出》P101；《大系》P405）

临□

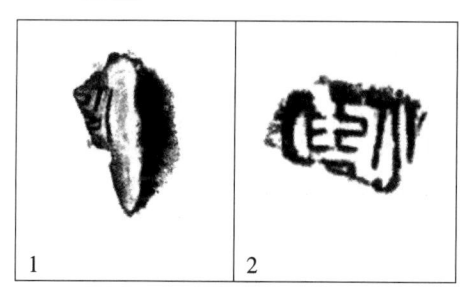

1 2

（1、2：《大系》P159）

灵□

1

（1：《大系》P159）

下编 未归类未释读及残封泥

女□

1

（1：《大系》P202）

曲□

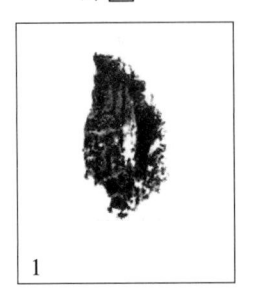

1

（1：《大系》P198）

山□

1

（1：《酒余》P38；《大系》P205）

锡□

1

（1:《大系》P291）

新□

1

（1:《大系》P306）

少□

1

（1:《新出》P31；《大系》P222）

1202　下编　未归类未释读及残封泥

□□

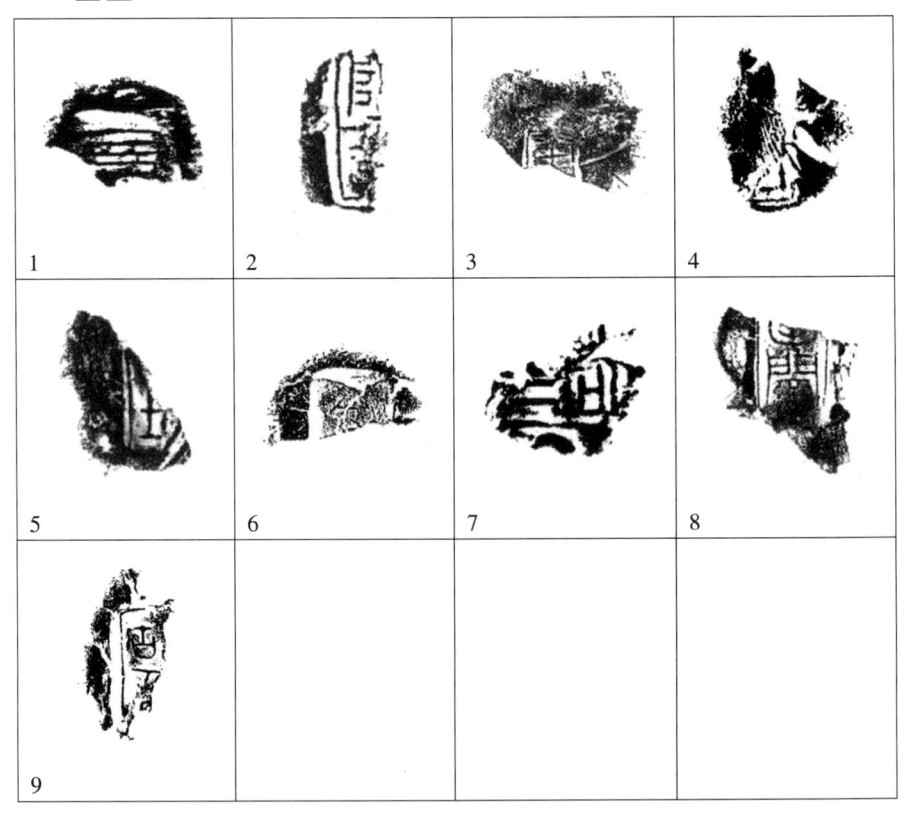

1	2	3	4
5	6	7	8
9			

（1：《新选》P94；《大系》P103；2：《新出》P106；《大系》P322；3：《大系》P434；4：《新出》P59；5：《大系》P306；6：《新选》P89；《大系》P42；7：《新出》P75；8：《大系》P408；9：《新选》P122）

□库

1

（1：《新出》P54；《大系》P415）

第三章　残封泥　1203

□弩

1

（1：《大系》P416）

□王

1

（1：《新出》P105；《大系》P324）

□隐

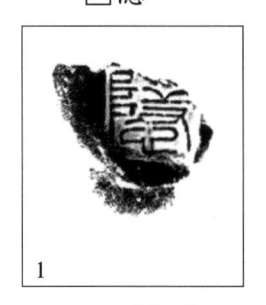

1

（1：《大系》P421）

1204　下编　未归类未释读及残封泥

□原

1

（1:《大系》P422）

□师

1

（1:《大系》P248）

□氏

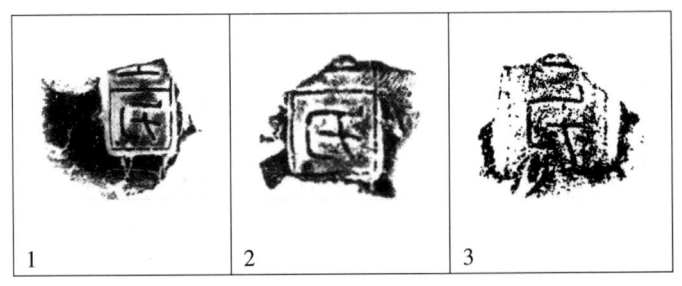

1　　2　　3

（1:《大系》P417；2:《新选》P101；《大系》P160、P417；3:《新选》P105；《大系》P186）

□乐

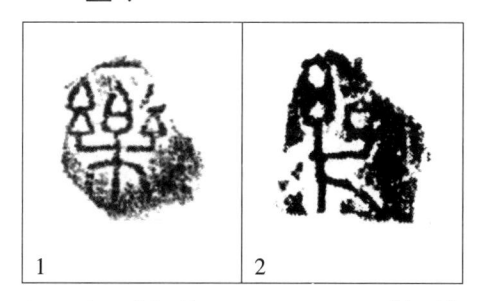

| 1 | 2 |

（1：《大系》P400、P415；2：《新出》P46）

□者

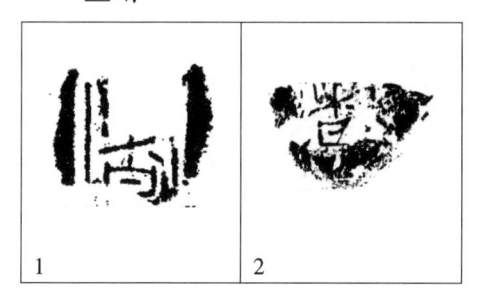

| 1 | 2 |

（1：《酒余》P37下；《大系》P423；2：《新出》P28）

安□□

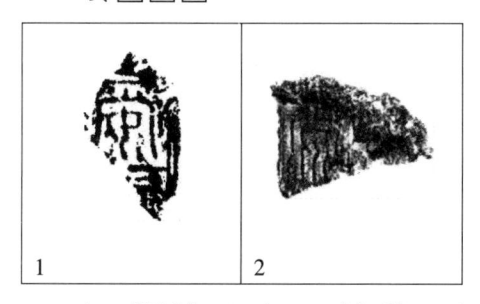

| 1 | 2 |

（1：《酒余》P26上；2：《大系》P25）

1206　下编　未归类未释读及残封泥

定□□□

（1：《新出》P62；《大系》P64）

杜□□□

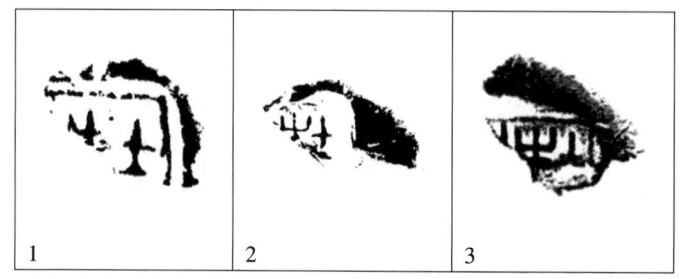

（1：《新出》P62；《大系》P75；2：《新出》P100；《大系》P75；3：《大系》P76）

阝□□□

无图，释读见《发掘》P539。

观□□□

（1：《大系》P102）

第三章　残封泥　1207

合□□□

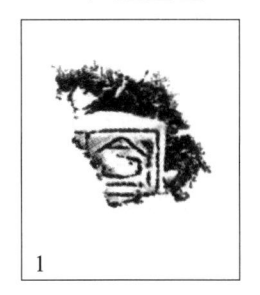

1

（1：《大系》P110）

晦□□□

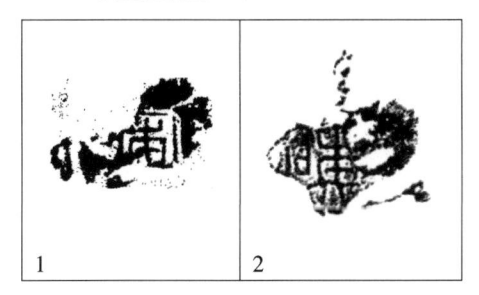

1　2

（1：《酒余》P33；2：《大系》P122）

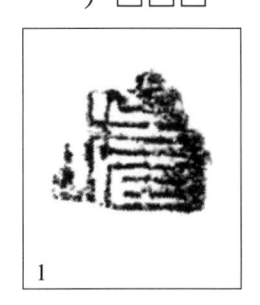

卢□□□

1

（1：《大系》P160）

鹿□□□

无图，释读见《发掘》P543。

1208　下编　未归类未释读及残封泥

平□□□

| 1 | 2 | 3 | 4 |

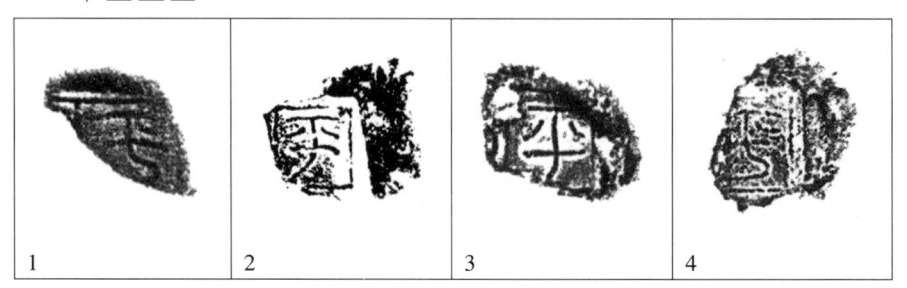

（1：《新出》P28；《大系》P191；2：《新出》P74；《大系》P192；3：《新出》P73；《大系》P190、P192；4：《大系》P192）

上□□□

1

（1：《大系》P211）

土□□□

1

（1：《大系》P272）

阳□□印

无图，释读见《发掘》P541。

第三章 残封泥 1209

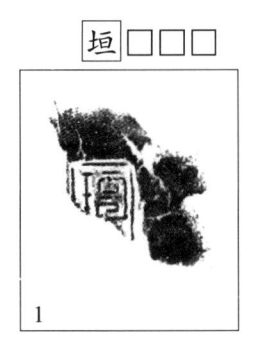

垣□□□

1

（1：《大系》P359）

□安□□

1

（1：《新选》P115；《大系》P318）

□博□□

1

（1：《大系》P408）

1210　下编　未归类未释读及残封泥

□城□□

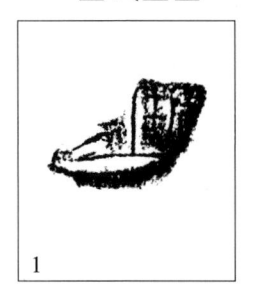

1

（1：《新出》P24；《大系》P156、P410）

□后□□

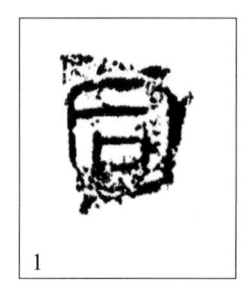

1

（1：《新出》P54；《大系》P413）

□内□□

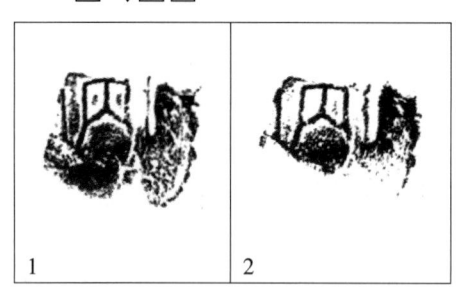

1　2

（1：《大系》P416；2：《新选》P109；《大系》P55）

第三章 残封泥 1211

□弩□□

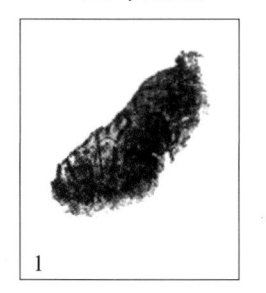

（1：《大系》P77）

□其□□

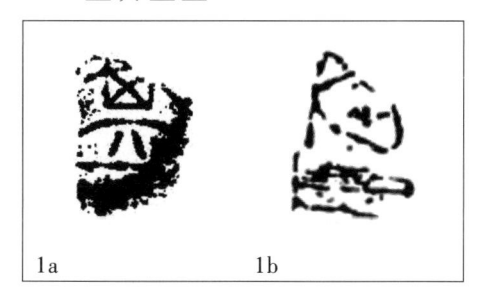

（1a：《印集》P166；《汇考》P255；《大系》P416；1b：《印集》P166）

□泉□□

（1：《大系》P50）

1212　下编　未归类未释读及残封泥

□少□□

1

（1：《大系》P417）

□尚□□

1

（1：《大系》P417）

□寿□□

1

（1：《大系》P418）

第三章 残封泥 1213

□桃□□

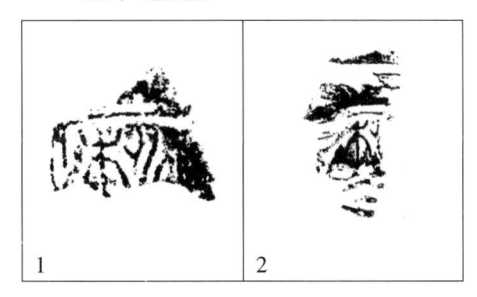

（1、2：《新出》P103）

□田□□

无图，释读见《发掘》P540。

□武□□

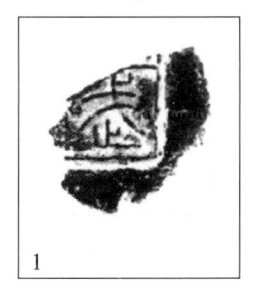

（1：《大系》P419）

□宰□□

无图，释读见《发掘》P528。

□者□□

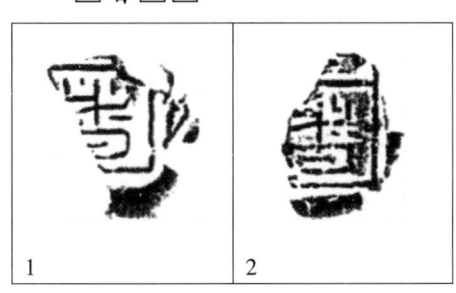

（1、2：《大系》P424）

□周□□

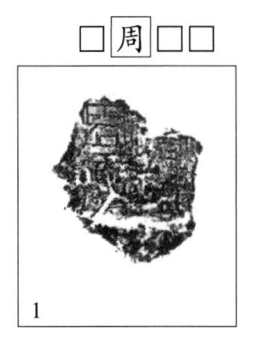

1

（1：《大系》P432）

□□马□

2 枚，均无图，释读见《发掘》P544。

□□武□

1

（1：《大系》P430）

□□相□

1

（1：《新出》P43、《大系》P183）

第三章 残封泥 1215

□□奄□

（1：《大系》P430）

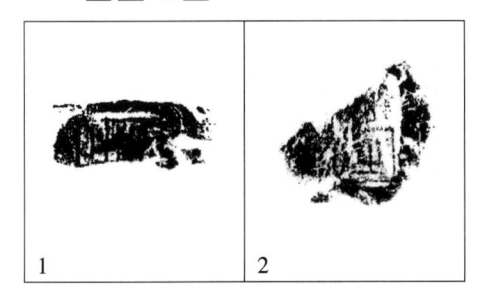

□□之□

（1：《新出》P104；2：《酒余》P46 上）

□□□侯

（1：《大系》P433）

□□□金

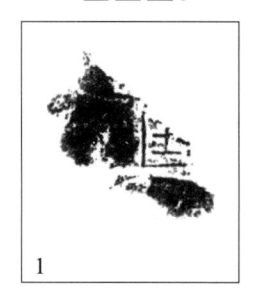

1

（1:《大系》P433）

□□□祀

无图，释读见《发掘》P543。

□□□田

1

（1:《大系》P433）

□□□衣

1

（1:《大系》P434）

□□□者

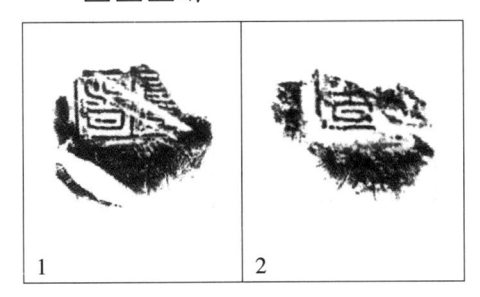

| 1 | 2 |

（1、2：《大系》P434）

白水□□

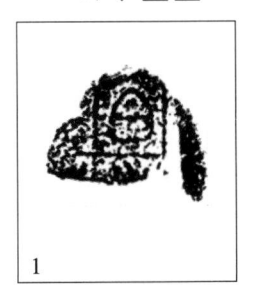

| 1 |

（1：《新出》P6）

信武□□

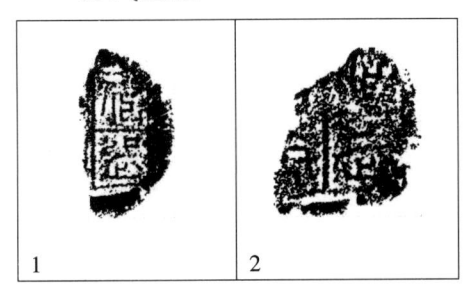

| 1 | 2 |

（1、2：《新选》P114；《大系》P309）

1218　下编　未归类未释读及残封泥

武[功]□□

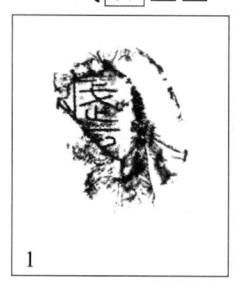

1

（1：《大系》P281）

中夫□□

无图，释读见《发掘》P528。

左褐□□

1

（1：《大系》P394）

左褐□印

无图，释读见《秦选》P78。

安□丞□

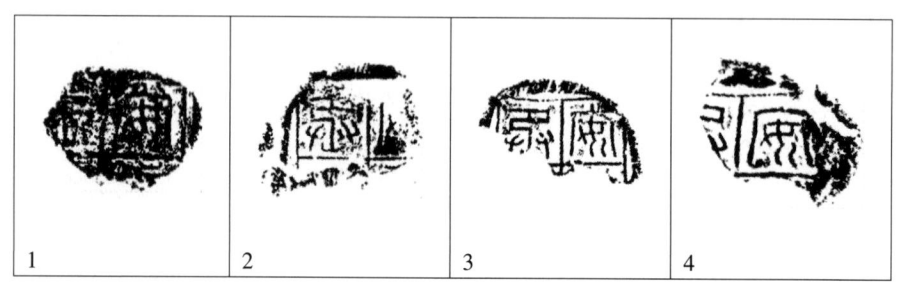

1　2　3　4

第三章　残封泥　1219

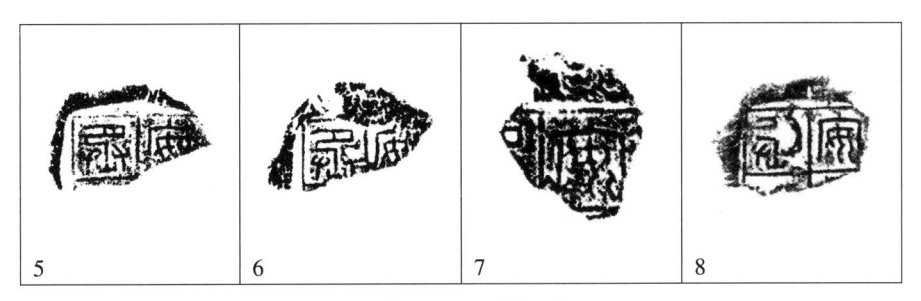

| 5 | 6 | 7 | 8 |

（1：《新出》P5；2—7：《新出》P6；8：《大系》P25）

安□之□

1

（1：《大系》P25；《新出》P56）

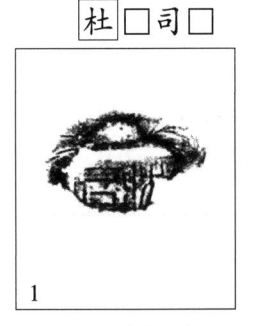

杜□司□

1

（1：《大系》P76）

下编 未归类未释读及残封泥

杜□丞□

1

（1：《新出》P11；《大系》P75）

归□之□

1

（1：《大系》P103）

淮□丞□

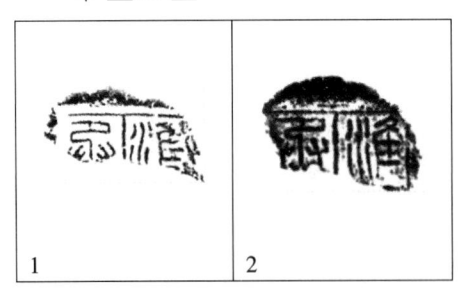

1　2

（1：《大系》P117；2：《于京》图72；《大系》P117）

晦□丞□

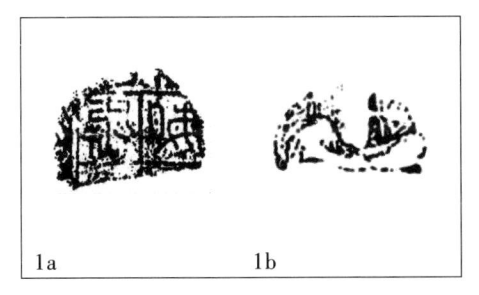

1a　　　　1b

（1a：《印集》P170；《汇考》P258；《大系》P122；1b：《印集》P170）

临□丞□

1

（1：《新出》P25；《大系》P157）

平□丞□

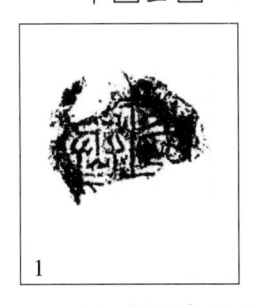

1

（1：《新出》P109）

1222　下编　未归类未释读及残封泥

平□左□

1

（1:《大系》P192）

蒲□丞□

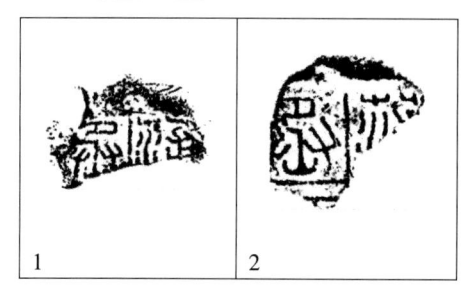

1　　2

（1:《秦封》P313；2:《秦封》P313；《新出》P28；《大系》P192）

杞□之□

1

（1:《大系》P196）

第三章 残封泥

女□丞□

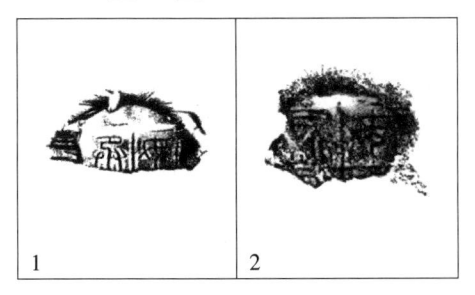

1　2

(1、2：《大系》P203)

首□信□

1

(1：《大系》P224)

文□丞□

无图，释读见《发掘》P533。

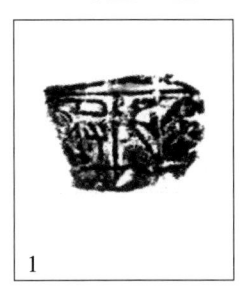

陭□丞□

1

(1：《大系》P327)

颖□丞□

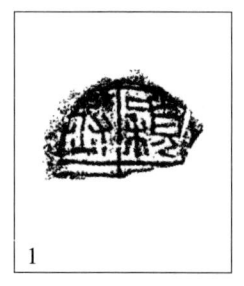

1

（1：《新选》P116；《大系》P331）

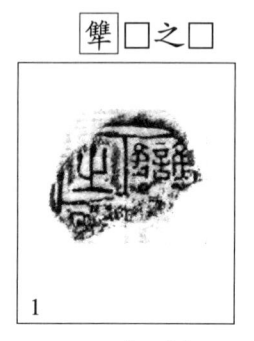

隼□之□

1

（1：《山房》2.29）

□安□印

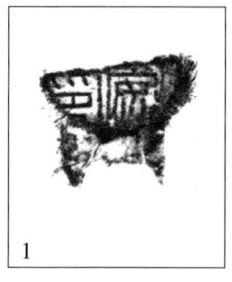

1

（1：《大系》P306）

□蔡□印

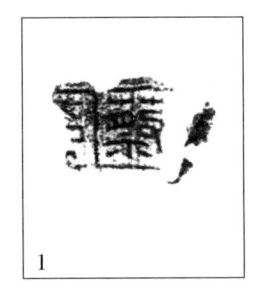

1

（1：《大系》P408）

□成□印

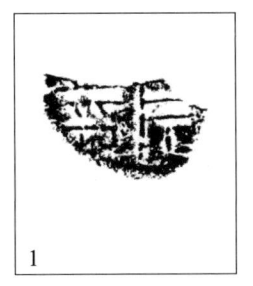

1

（1：《新出》P70；《大系》P150）

□邦□印

1

（1：《新出》P80）

□会□印

1

（1:《大系》P414）

□胡□盐

1

（1:《大系》P413）

□内□印

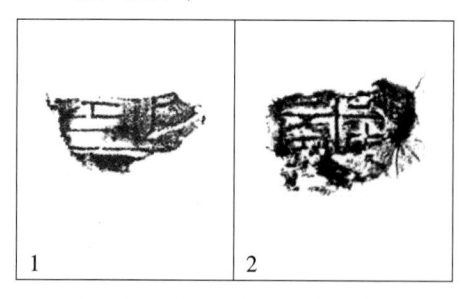

1　2

（1:《新选》P109;《大系》P259; 2:《大系》P416）

□内□丞

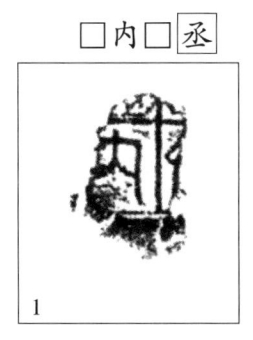

1

（1:《新出》P65;《大系》P112、P416）

□奴□印

1

（1:《大系》P115）

□山□印

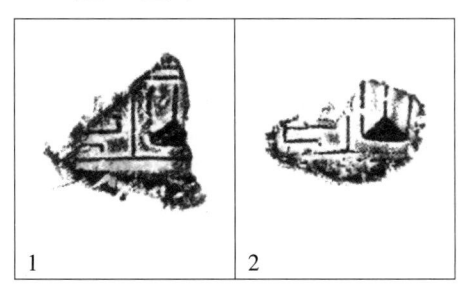

1　2

（1、2:《大系》P417）

□山□丞

无图，释读见《发掘》P529。

□寿□印

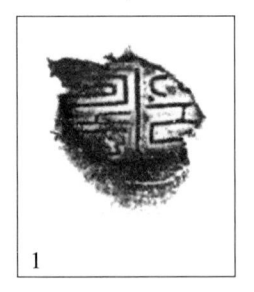

（1：《大系》P320）

□田□印

无图，释读见《发掘》P529。

□土□印

无图，释读见《发掘》P530。

□武□印

（1：《大系》P419）

□阳□马

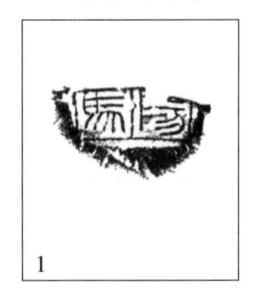

（1：《大系》P181）

第三章　残封泥　1229

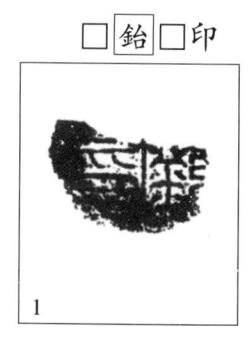

□鉑□印

1

（1：《印集》P168；《汇考》P257；《大系》P418）

□□金印

1

（1：《图例》P56；《秦封》P246；《汇考》P63；《大系》P121）

□□郎丞

1

（1：《新出》P26）

1230　下编　未归类未释读及残封泥

□□陵印

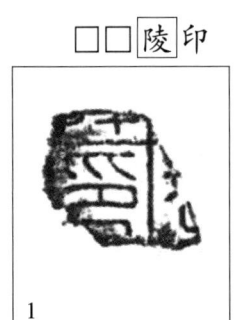

1

（1：《大系》P418）

□□马丞

无图，释读见《发掘》P544。

□□桃支

1

（1：《酒余》P51）

□□桃丞

无图，释读见《发掘》P543。

□□铁丞

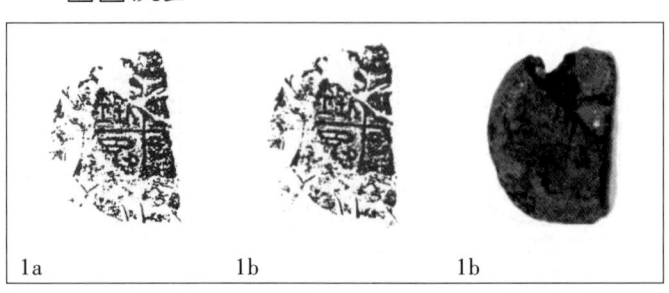

1a　　　　1b　　　　1b

（1a：《大系》P418；1b：《辽海》P11）

第三章　残封泥　1231

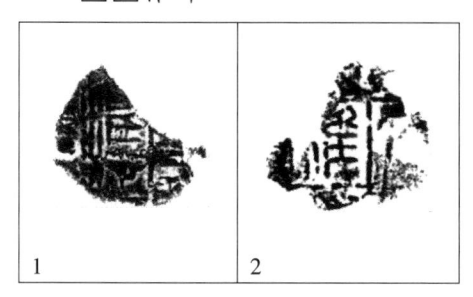

□□帷印

| 1 | 2 |

（1、2：《大系》P95）

□□左田

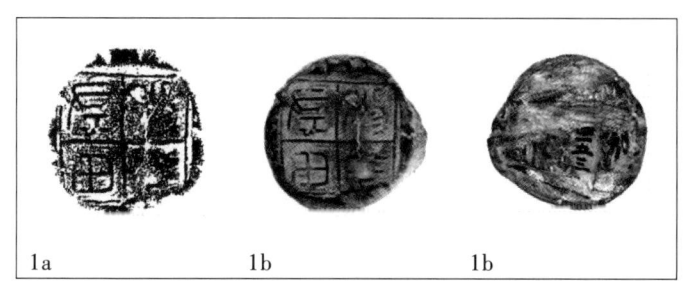

1a　　　1b　　　1b

（1a：《古封》P346；《中封》P76；《秦封》P255；《汇考》P23；《山全》P47；《大系》P323；1b：《中封》P76）

□□州印

1

（1：《大系》P432）

1232　下编　未归类未释读及残封泥

甘泉□印

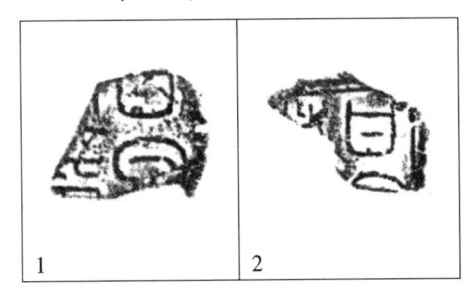

(1、2：《大系》P84)

衣常□印

(1：《大系》P326)

河□丞印

(1：《大系》P112、P114)

合□丞印

1

（1：《大系》P110）

济□丞印

1

（1：《秦封》P299；《汇考》P224；《大系》P124）

领□丞印

1

（1：《封泥》4.29）

陆□丞印

无图，释读见《于京》P123。

下编　未归类未释读及残封泥

女□丞印

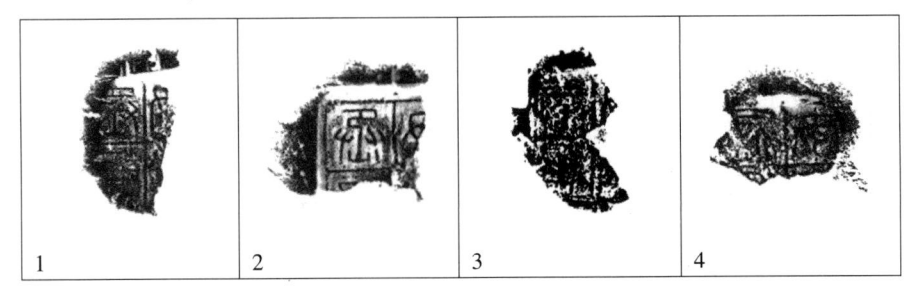

| 1 | 2 | 3 | 4 |

（1：《大系》P203；2、4：《新出》P107；《大系》P203；3：《新出》P108）

平□丞印

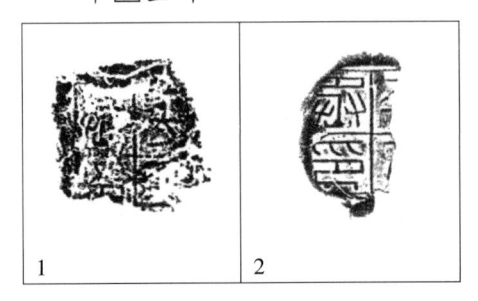

| 1 | 2 |

（1、2：《大系》P191）

千□丞印

无图，考释见《五十例》P273。

武□丞印

无图，释读见《秦选》P76。

新□平丞

| 1 |

（1：《大系》P309）

新邑丞印
无图，释读见《五十例》P521。

信武丞印
无图，释读见《五十例》P321。

汪府工室
无图，考释见《续考》P22。

□安丞印

1

（1：《大系》P407）

□成丞印

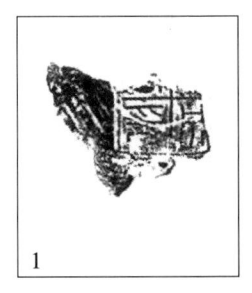

1

（1：《新出》P84；《大系》P301、P318）

□氏丞印

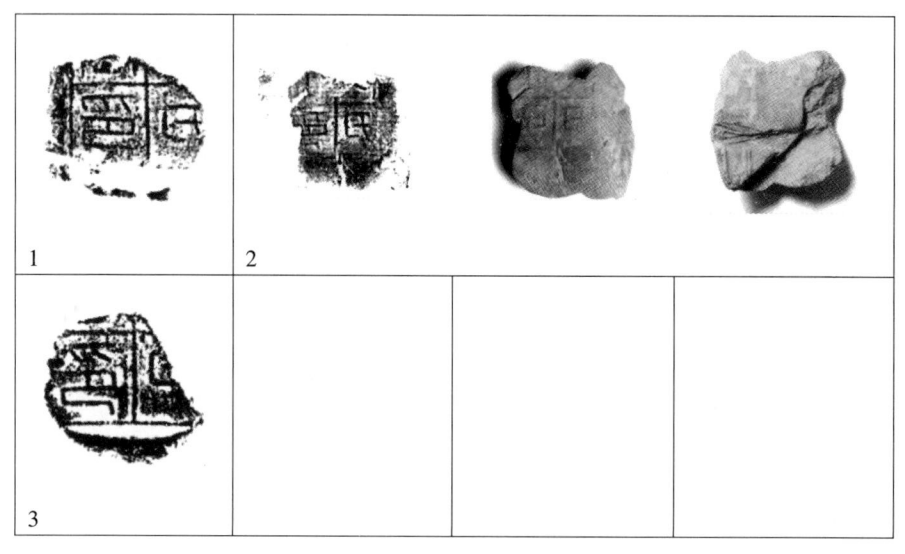

（1：《大系》P327；2：《观三》P43；3：《新出》P85；《大系》P417）

□中材廥

（1a：《印风》P162；《新官》图8；《印集》P168；《汇考》P257；《大系》P76；1b：《印集》P168；1c：《汇考》图版P77）

第三章 残封泥 1237

□□□□

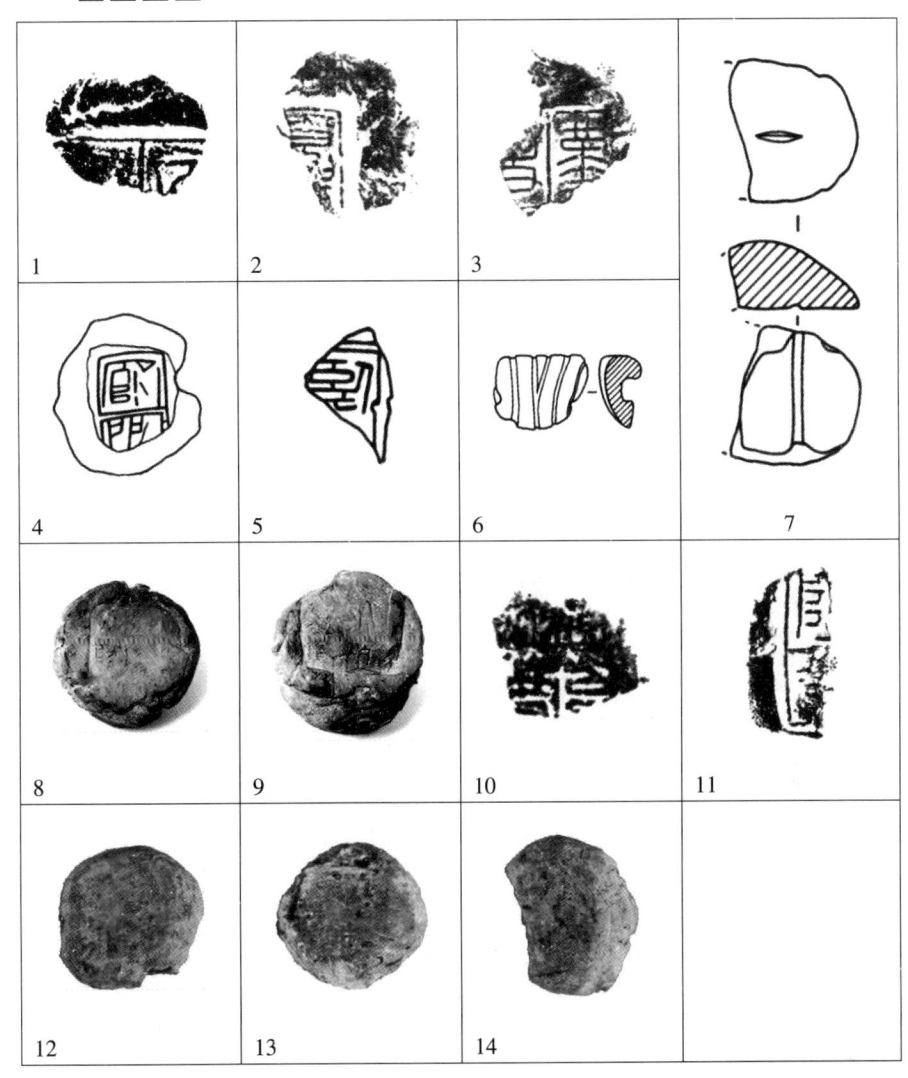

（1：《新出》P15；2、3：《大系》P434；4—7：《里耶》P220；8、9：《问陶》P175；10：《大系》P429；11：《大系》P430；12—14：《字博》P33）

第 四 章

特殊封泥

无字封泥

（1：《发掘》图一七：5；2—3：《秦封》图版20）

又：《发掘》P534《出土封泥登记表》2000CH 相 1TG1：5、77 共 2 枚均为无字封泥。

特殊封泥

（1：《秦封》图版20）

附编　私名·吉语

第一章
私　名

第一节　单字

昌

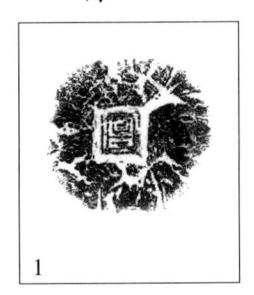

1

（1:《大系》P437）

敔

1

（1:《大系》P438）

1242　附编　私名·吉语

亳

1a　　　1b　　　1b

（1a：《古封》P398；《上封》P90；《大系》P438；1b：《上封》P90）

乘

1

（1：《大系》P439）

淳

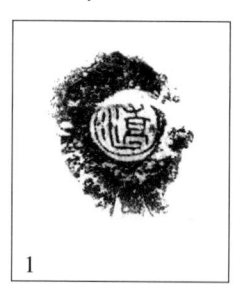

1

（1：《大系》P440）

楚

1

（1：《大系》P439）

赐

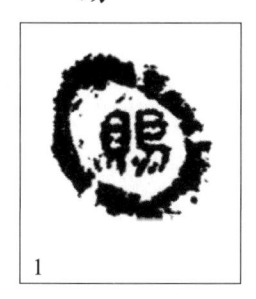

1

（1：《古封》P397；《大系》P440）

达

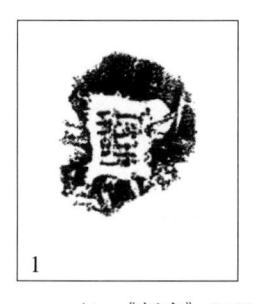

1

（1：《新出》P187；《大系》P440）

1244　附编　私名·吉语

儋

1

（1:《新出》P98;《大系》P440）

但

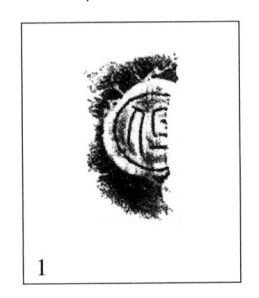

1

（1:《大系》P440）

得

1

（1:《大系》P441）

第一章　私名　1245

奠

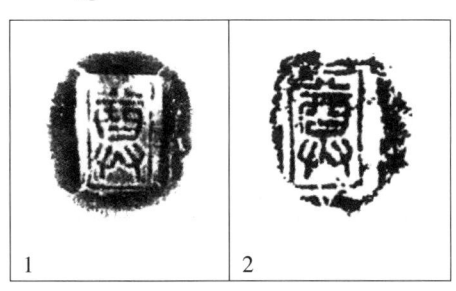

| 1 | 2 |

（1：《玺印》P358；《大系》P441；2：《大系》P441；《在京》图五：5）

定

| 1 |

（1：《大系》P441）

福

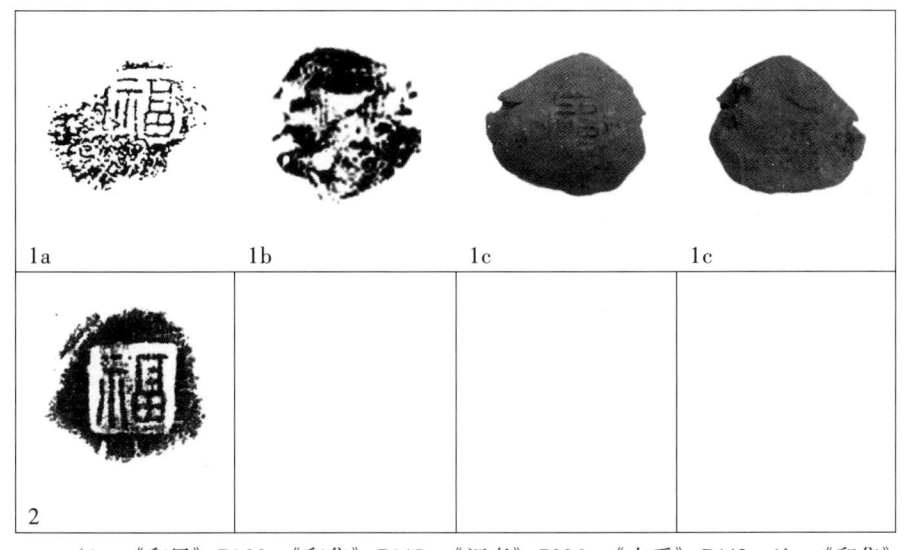

| 1a | 1b | 1c | 1c |
| 2 | | | |

（1a：《印风》P166；《印集》P145；《汇考》P236；《大系》P442；1b：《印集》

P145；1c：《汇考》图版 P67；2：《大系》P442）

龚

1

（1：《大系》P444）

沽

1

（1：《大系》P444）

玄

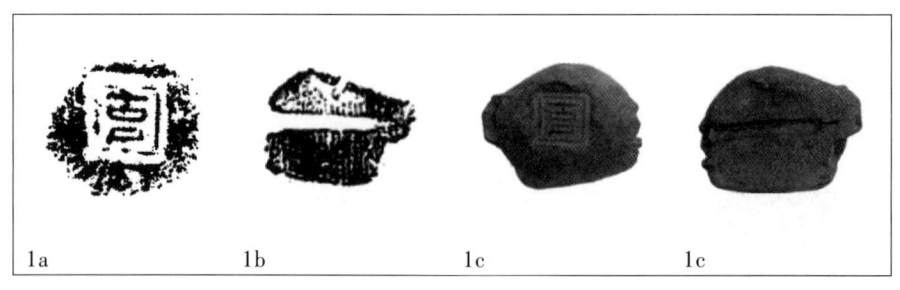

1a　　1b　　1c　　1c

（1a：《印集》P146；《汇考》P238；《大系》P468；1b：《印集》P146；1c：《汇考》图版 P69）

第一章 私名 1247

禾

1

（1:《大系》P446）

和

1

（1:《大系》P446）

劾

1

（1:《在京》图五：8；《玺印》P353；《大系》P446）

贺

1

（1：《在京》图五：6；《玺印》P358；《大系》P446）

华

1

（1：《大系》P447）

缓

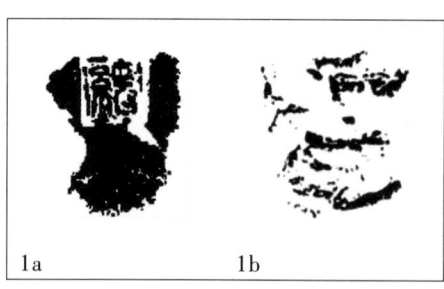

1a   1b

（1a：《印集》P151；《汇考》P241；《大系》P448；1b：《印集》P151）

蟜

1

（1:《新出》P187;《大系》P448）

嘉

1

（1:《古封》P397）

举

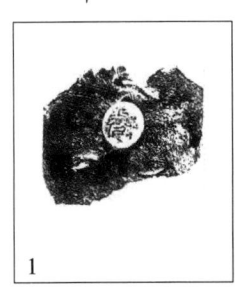

1

（1:《大系》P449）

具

（1：《大系》P449）

牢

（1、2：《大系》P149；3、4：《新选》P100；《大系》P149；5：《大系》P149；6：《新选》P101）

吝

（1：《大系》P451）

买

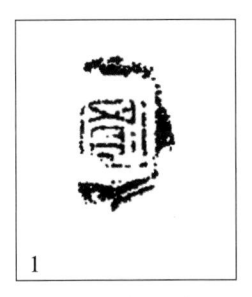

(1:《在京》图五：3;《玺印》P385;《大系》P452)

麦

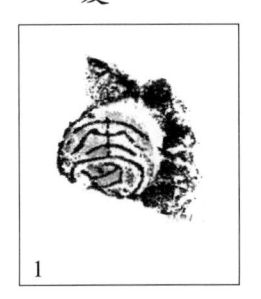

(1:《大系》P452)

貌

(1:《大系》P453)

1252 附编 私名·吉语

美

1

（1：《大系》P453）

恋

1

（1：《大系》P453）

俛

1

（1：《玺印》P355；《山全》P4）

起

1

（1：《大系》P454）

强

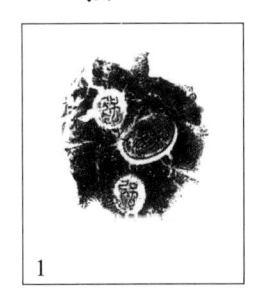

1

（1：《大系》P454）

庆

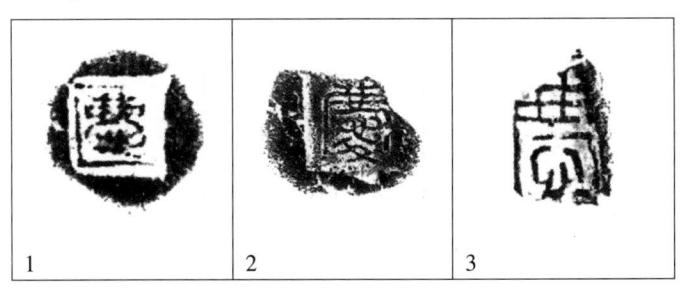

1　2　3

（1：《在京》图五：7；《玺印》P360；《大系》P454；2、3：《大系》P454）

1254　附编　私名·吉语

容

无图，释读见《发掘》P540。

荣

1

（1：《山全》P263；《大系》P456）

善

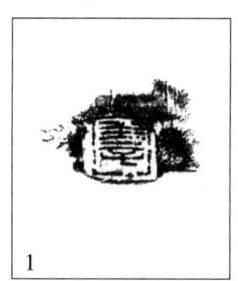

1

（1：《大系》P456）

胜

1

（1：《大系》P457）

第一章　私名　**1255**

湿

1

（1：《新出》P187）

施

1

（1：《大系》P457）

始

1a　　　1b

（1a：《大系》P457；1b：《问陶》P174）

氏

(1:《大系》P458)

爽

(1:《大系》P458)

水

(1:《大系》P458)

順

1a	1b	1c	1c
2			

（1a：《印集》P150；《汇考》P239；《大系》P458；1b：《印集》P150；1c：《汇考》图版 P69；2：《大系》P458）

遽

| 1 |

（1：《大系》P461）

孙

| 1 |

（1：《大系》P461）

1258 附编 私名·吉语

郊

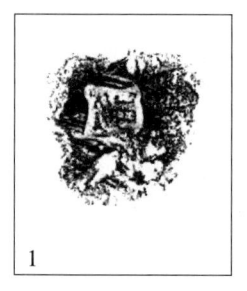

1

（1：《大系》P461）

同

1

（1：《大系》P462）

佗

1

（1：《大系》P462）

第一章 私名 1259

娲

1

（1:《大系》P462）

为

1

（1:《大系》P466）

午

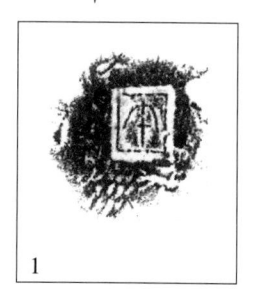

1

（1:《大系》P467）

1260　附编　私名·吉语

衍

1

（1：《玺印》P355；《大系》P469）

掩

1

（1：《大系》P469）

偃

1

（1：《大系》P469）

杨

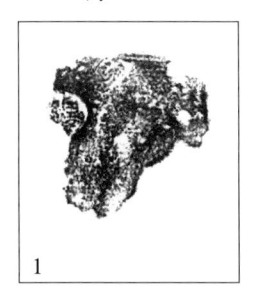

（1：《大系》P469）

义

（1：《大系》P471）

绎

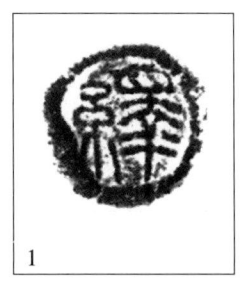

（1：《在京》图五：4；《玺印》P361；《大系》P471）

婴

(1:《大系》P471)

于

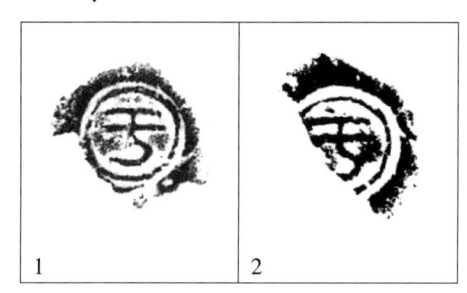

(1:《大系》P471；2:《新选》P123；《大系》P472)

元

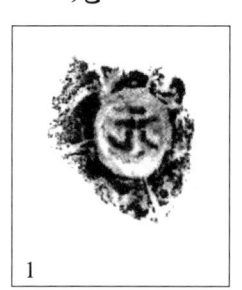

(1:《大系》P472)

第一章 私名 1263

狀

1

（1:《大系》P476）

牂

1

（1:《大系》P472）

臧

1

（1:《大系》P472）

1264　附编　私名·吉语

齰

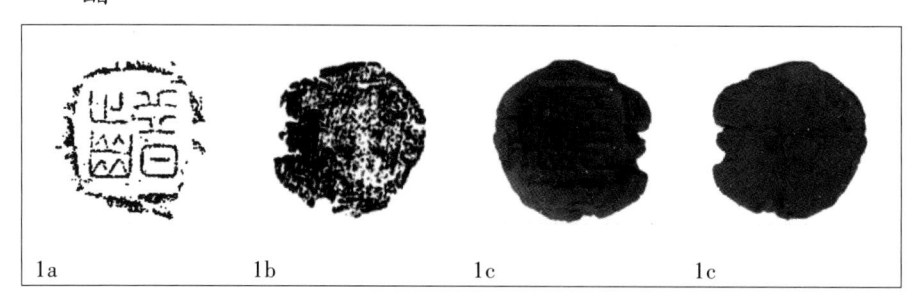

1a　　　1b　　　1c　　　1c

（1a:《书法》P44；《上封》P89；《印凤》P165；《印集》P145；《汇考》P236；《玺印》P362；《大系》P472；1b:《印集》P145；1c:《汇考》图版 P67）

志

1a　　　1b　　　1b

（1a:《上封》P89；《玺印》P355；《大系》P475；1b:《上封》P89）

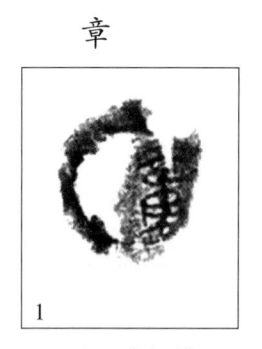

章

1

（1:《大系》P366）

第一章 私名 1265

矰

1

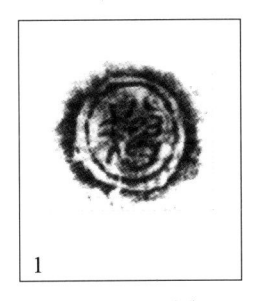

（1：《山房》2.36）

鸵

1

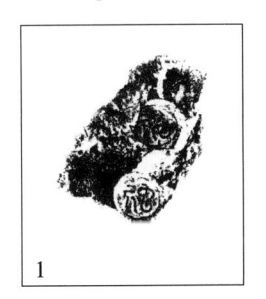

（1：《大系》P476）

偋

1

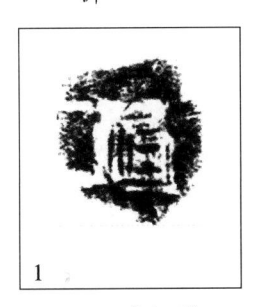

（1：《大系》P476）

1266　附编　私名·吉语

库

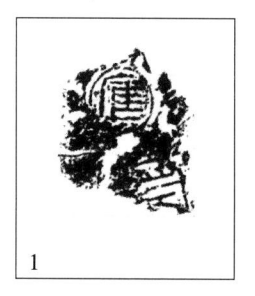

1

（1：《大系》P273）

未释

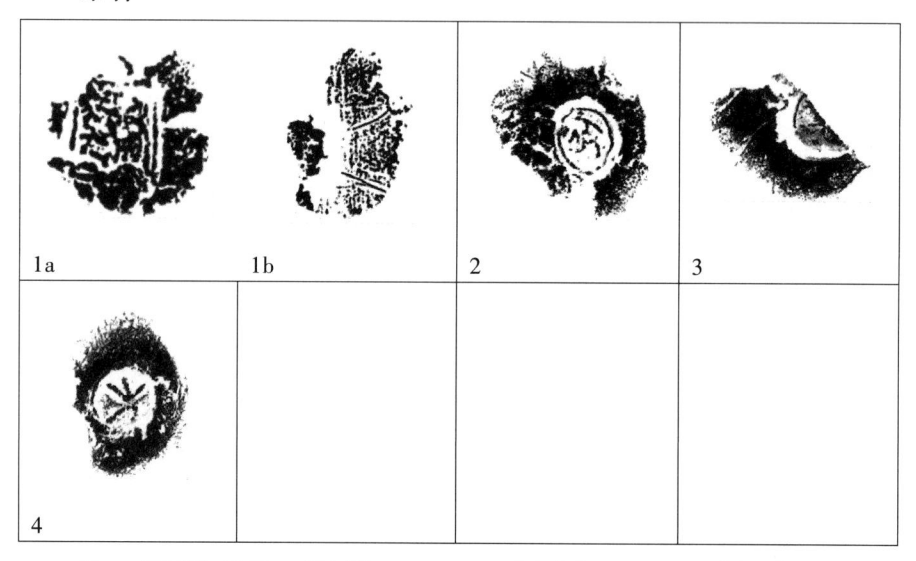

| 1a | 1b | 2 | 3 |
| 4 | | | |

（1a：《印集》P170；《汇考》P258；1b：《印集》P170；2：《大系》P476；3：《大系》P477；4：《大系》P479）

第二节　二字

□昌

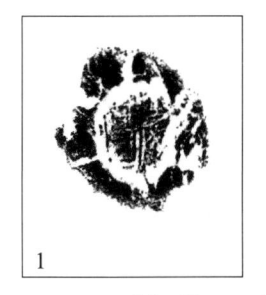

1

（1:《大系》P477）

□福

1

（1:《大系》P477）

□更

1

（1:《大系》P477）

1268　附编　私名·吉语

□闲

1

（1：《大系》P477）

□建

1

（1：《山全》图版 P16；《大系》P477）

□金

1

（1：《上封》P93）

□苦

1

(1:《新出》P98;《大系》P477)

□閒

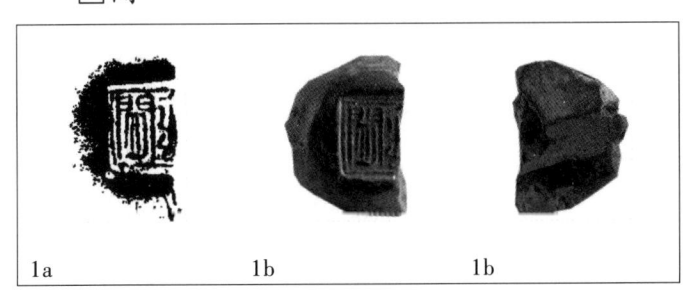

1a　　　　　1b　　　　　1b

(1a:《上封》P96;《大系》P477;1b:《上封》P96)

□能

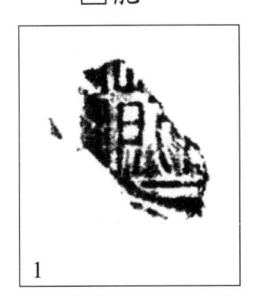

1

(1:《大系》P477)

1270　附编　私名·吉语

□青

1

（1：《大系》P477）

□戎

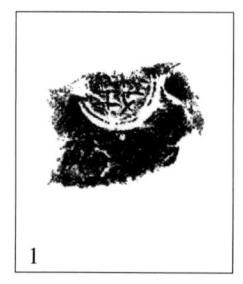

1

（1：《新出》P98；《大系》P417、P477）

□宋

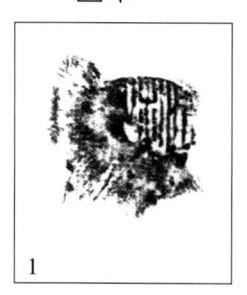

1

（1：《大系》P478）

第一章 私名 1271

□索

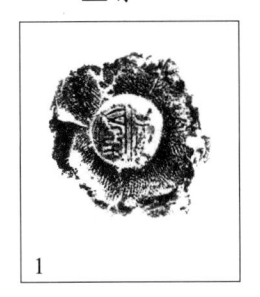

1

（1：《大系》P478）

□外

1

（1：《大系》P478）

□顽

1

（1：《大系》P478）

□喜

（1:《大系》P478）

□玺

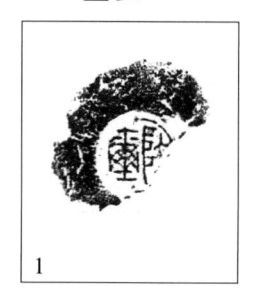

（1:《大系》P478）

□信

（1:《大系》P478）

第一章 私名 1273

□言

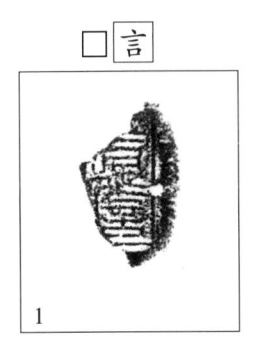

（1：《大系》P478）

□应

（1：《新出》P55；《大系》P478）

□悥

（1：《中封》P160）

□䇂

1

（1：《古封》P415）

□章

1

（1：《新出》P188）

和众

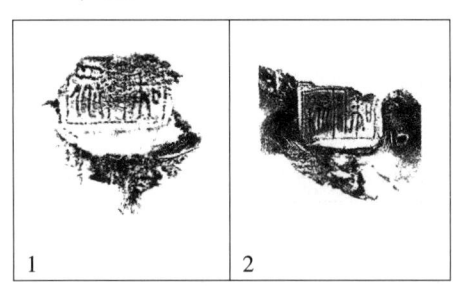

1 2

（1、2：《大系》P479）

安宏

1

（1:《大系》P436）

安□

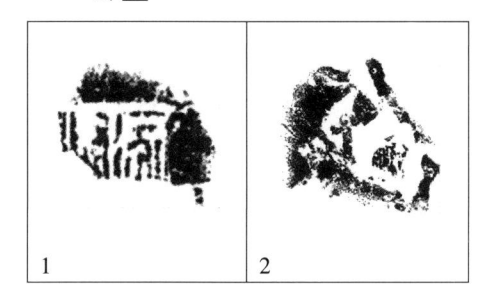

1　2

（1:《新出》P186;《大系》P436; 2:《大系》P436）

鲍贤

1

（1:《古封》P411）

1276　附编　私名·吉语

不疑

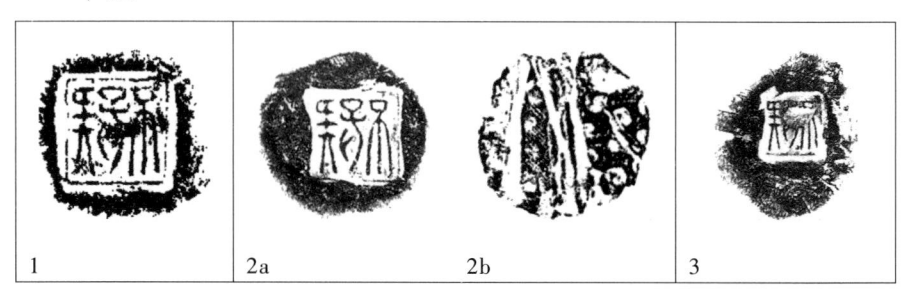

（1：《新选》P123；《大系》P436；2a：《调查》图三；《大系》P436；2b：《调查》图三；3：《大系》P436）

弁胡

（1：《古封》P401；《秦封》P367；《大系》P436）

弁疾

（1a：《古封》P401；《秦封》P367；《玺印》P351；《山全》P178；《济博》P120；1b：《济博》P120）

博金

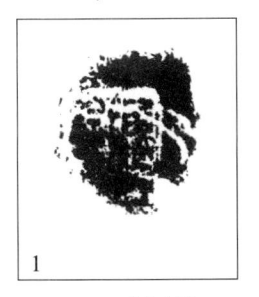

1

（1：《古封》P408；《山全》P149；《大系》P436）

蔡即

| 1a | 1b | 1b | 2 |
| 3a | 3b | 3b | |

（1a：《古封》P410；《秦封》P382；《玺印》P359；《山全》P34；《大系》P437；1b：《山全》图版P7；2：《古封》P422；3a：《古封》P411；《秦封》P382；《济博》P119；《大系》P437；3b：《济博》P119）

蔡□

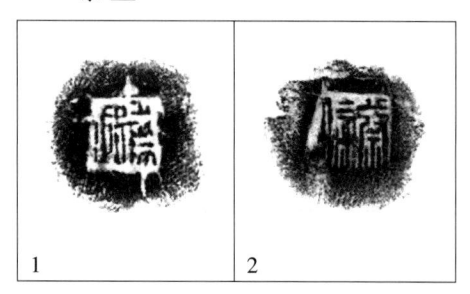

1　2

（1、2:《大系》P437）

曹鬲

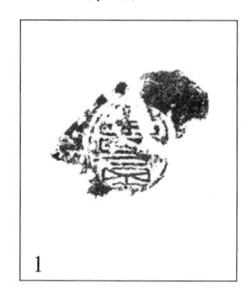

1

（1:《大系》P437）

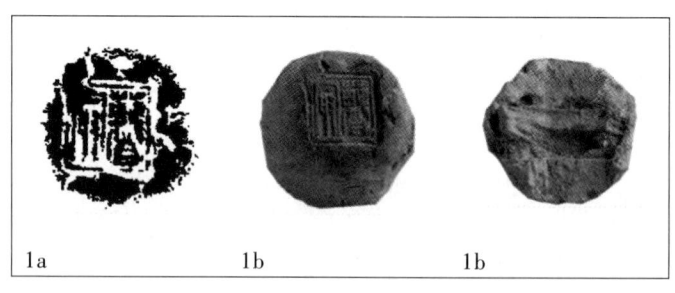

曹最

1a　1b　1b

（1a:《古封》P407；《秦封》P377；《上封》P93；《山全》P147；《大系》P437；1b:《上封》P93）

第一章　私名　1279

曹顺

1a　　1b　　1b

（1a:《古封》P408;《上封》P93;《山全》P147;《大系》P437; 1b:《上封》P93）

曹钟

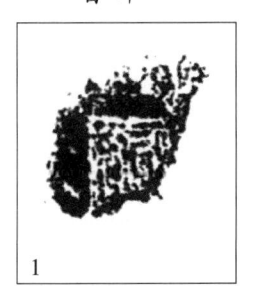

1

（1:《古封》P408;《大系》P437）

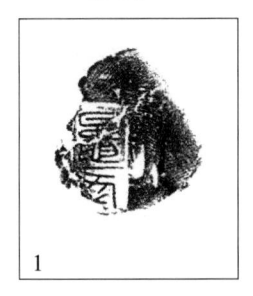

亳□

1

（1:《大系》P438）

党禄

(1:《古封》P404;《秦封》P378;《玺印》P355;《大系》P436)

陈瘳

(1.《大系》P438)

陈笃

(1:《大系》P438)

陈龙

1

（1：《大系》P438）

陈舍

1a　　　　1b　　　　1b

（1a：《古封》P406；《秦封》P379；《上封》P92；《山全》P149；《大系》P438；1b：《上封》P92）

陈延

1

（1：《大系》P439）

1282　附编　私名·吉语

陈亦

1

（1：《大系》P439）

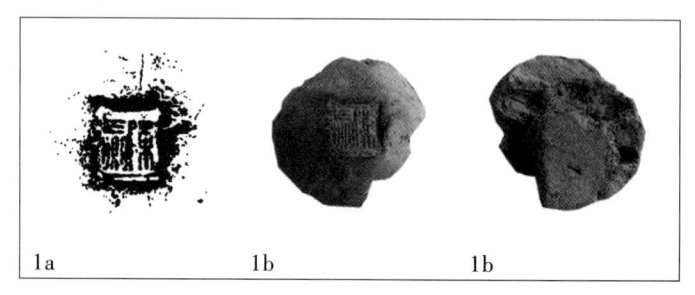

陈嬴

1a　　1b　　1b

（1a：《古封》P406；《秦封》P379；《上封》P92；《大系》P439；1b：《上封》P92）

陈□

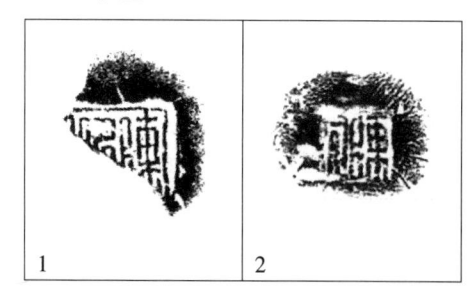

1　2

（1、2：《大系》P439）

臣陵

（1：《古封》P405；《玺印》P356；《大系》P451）

臣说

（1：《古封》P395；《玺印》P352；《大系》P438）

臣鋋

（1：《大系》P438）

1284　附编　私名·吉语

臣达

1

（1：《大系》P438）

臣周

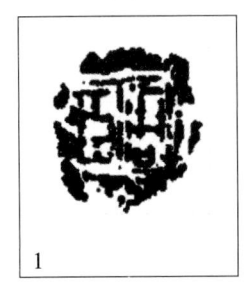

1

（1：《古封》P404；《玺印》P353；《大系》P475）

臣□

1　2

（1：《大系》P438；2：《上封》P95）

成阑

1

（1：《古封》P401；《玺印》P352；《山全》P34；《大系》P439）

成乐

1

（1：《大系》P439）

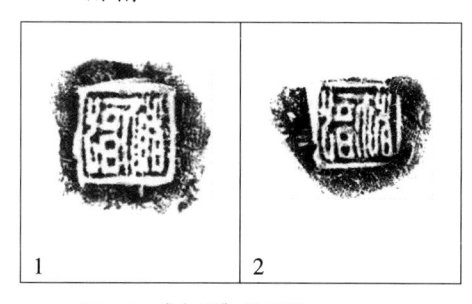

褚悟

1　2

（1、2：《大系》P439）

1286　附编　私名·吉语

处路

1

（1：《大系》P439）

刍狀

1a　　1b　　1b

（1a：《古封》P406；《中封》P158；《秦封》P378；1b：《中封》P158）

戴□

1

（1：《大系》P440）

步婴

1a　　　1b　　　1c　　　1c

（1a:《印风》P163;《书法》P44;《上封》P89;《印集》P147;《汇考》P238;《玺印》P353;《大系》P436; 1b:《印集》P147; 1c:《书法》P44;《汇考》图版P69）

儋玺

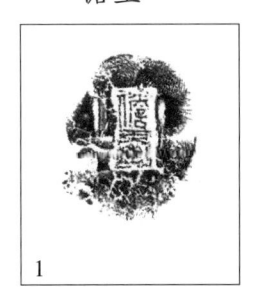

1

（1:《大系》P59）

杜仆

1

（1:《大系》P441）

1288 附编 私名·吉语

杜尚

（1:《古封》P402；《山全》P215）

杜常

（1:《古封》P402）

杜□

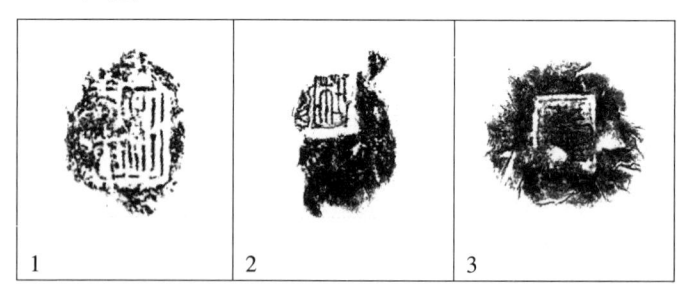

（1:《新出》P55；《大系》P441；2、3:《大系》P441）

丁輅

1a　　　1b　　　1b

（1a：《中封》P173；《玺印》P348；《大系》P441；1b：《中封》P173）

段庆

1

（1：《大系》P442）

董度

1

（1：《大系》P441）

1290　附编　私名·吉语

董应

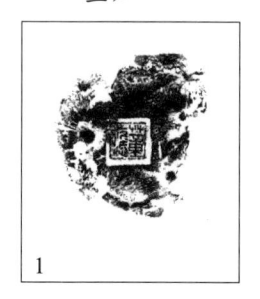

1

（1:《大系》P441）

董□

1

（1:《大系》P441）

当武

1

（1:《古封》P409）

范福

1a　　　　　1b　　　　　1b

（1a：《上封》P95；《大系》P442；1b：《上封》P95）

范整

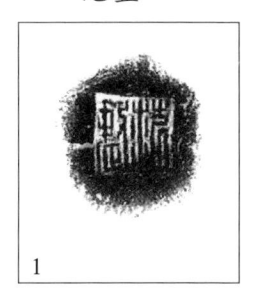

1

（1：《大系》P442）

房肩

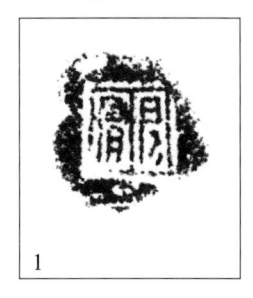

1

（1：《山全》P256；《大系》P442）

逢友

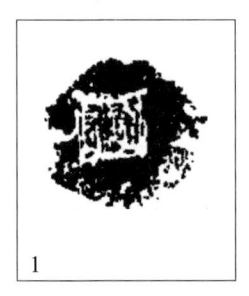

1

（1：《古封》P406；《秦封》P375；《山全》P148；《大系》P442）

凤演

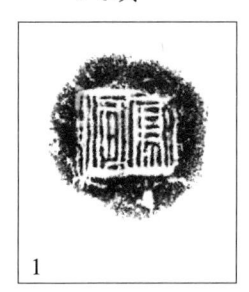

1

（1：《大系》P442）

夫□

1

（1：《大系》P442）

弟洛

1

（1:《大系》P442）

千□

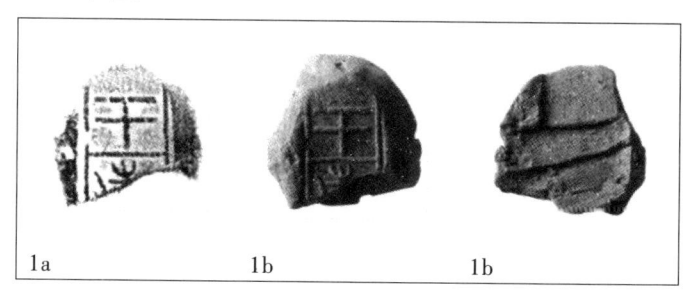

1a　　　1b　　　1b

（1a:《相家》P32；《大系》P443；1b:《相家》P32）

高贺

1

（1:《古封》P407；《秦封》P373；《玺印》P356；《山全》P215；《大系》P443）

1294　附编　私名・吉语

高偃

1　　　　　　　　　　　　　　　2

（1：《济博》P116；2：《古封》P407）

高期

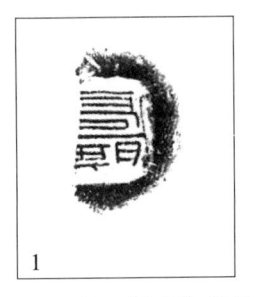

1

（1：《大系》P443）

高骀

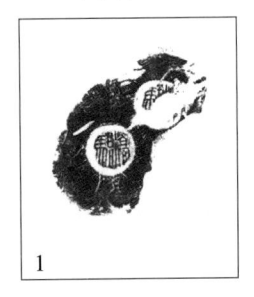

1

（1：《大系》P443）

官□

1

（1:《大系》P444）

笰羁

1

（1:《古封》P409；《秦封》P380；《玺印》P359；《山全》P34；《大系》P444）

谷志

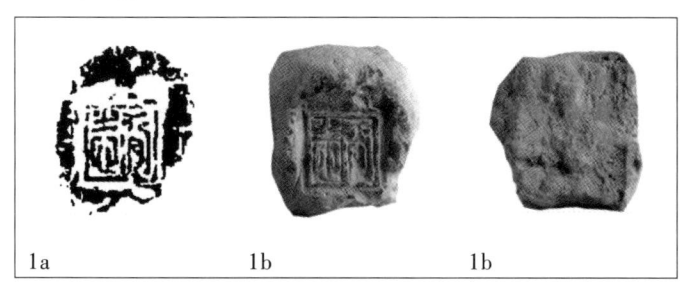

1a　　1b　　1b

（1a:《古封》P403；《秦封》P370；《上封》P91；《山全》P149；《大系》P444；1b:《上封》P91）

郭常

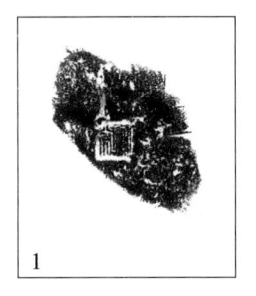

1

（1:《大系》P444）

郭华

1

（1:《大系》P444）

郭耤

1

（1:《大系》P445）

第一章　私名　1297

郭武

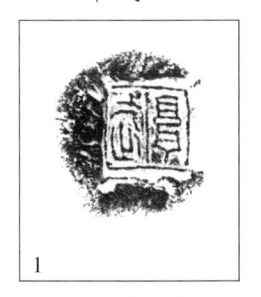

1

（1:《大系》P445）

郭延

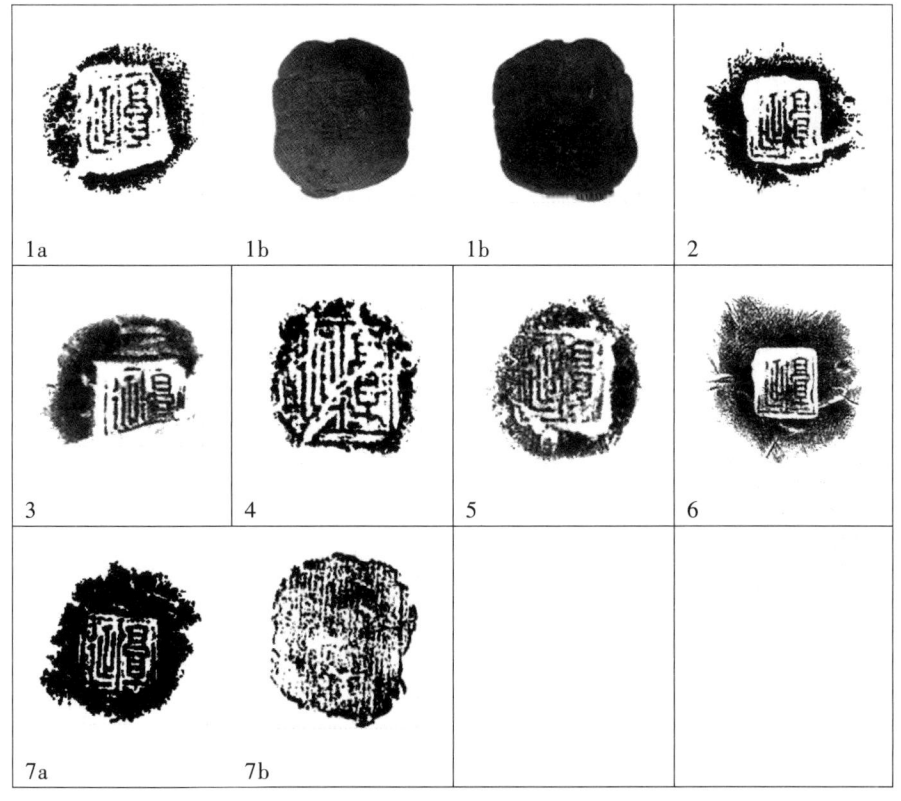

（1a:《印风》P163;《汇考》P239;《大系》P445;1b:《汇考》图版 P70;2:《秦封》P380;《汇考》P240;《玺印》P357;3:《大系》P445;4、5:《新出》P55;《大系》P445;6:《大系》P445;7a:《印集》P148;《汇考》P239;《大系》P445;7b:《印集》P445）

1298　附编　私名·吉语

龚到

（1：《古封》P414；《玺印》P362；《山全》P215）

罕印

（1：《大系》P106）

韩竞

（1：《大系》P445）

韩商

（1:《大系》P445）

韩喜

（1:《大系》P446）

韩泽

（1:《古封》P412；《玺印》P361；《山全》P214；《大系》P446）

1300　附编　私名·吉语

郝□

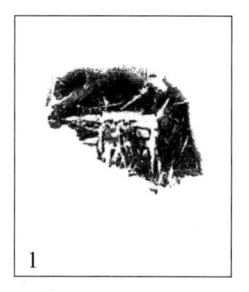

1

（1:《大系》P110）

恒毫

1

（1:《大系》P446）

黑印

1

（1:《大系》P114）

胡得

1

（1:《大系》P446）

胡定

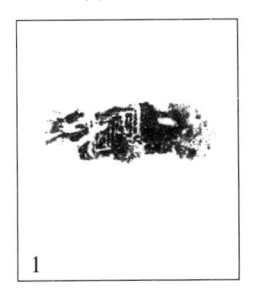

1

（1:《大系》P446）

胡良

1

（1:《大系》P446）

1302　附编　私名·吉语

胡壮

1

（1：《大系》P447）

胡□

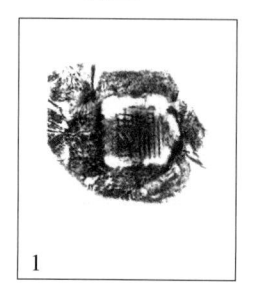

1

（1：《大系》P447）

华布

1a　　　1b　　　1b

（1a：《古封》P408；《上封》P71；《山全》P148；《大系》P447；1b：《上封》P71）

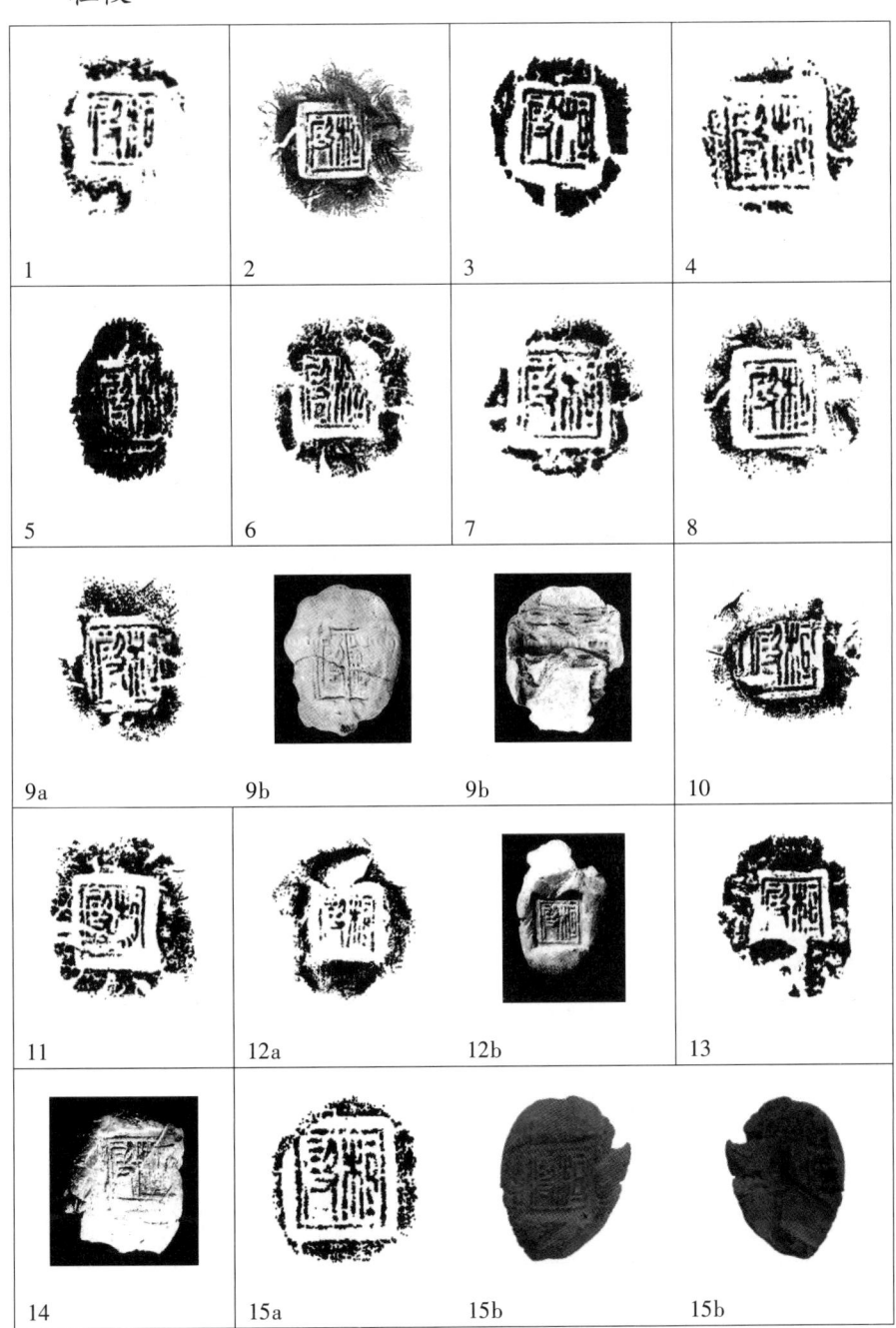

桓段

1　2　3　4
5　6　7　8
9a　9b　9b　10
11　12a　12b　13
14　15a　15b　15b

1304　附编　私名·吉语

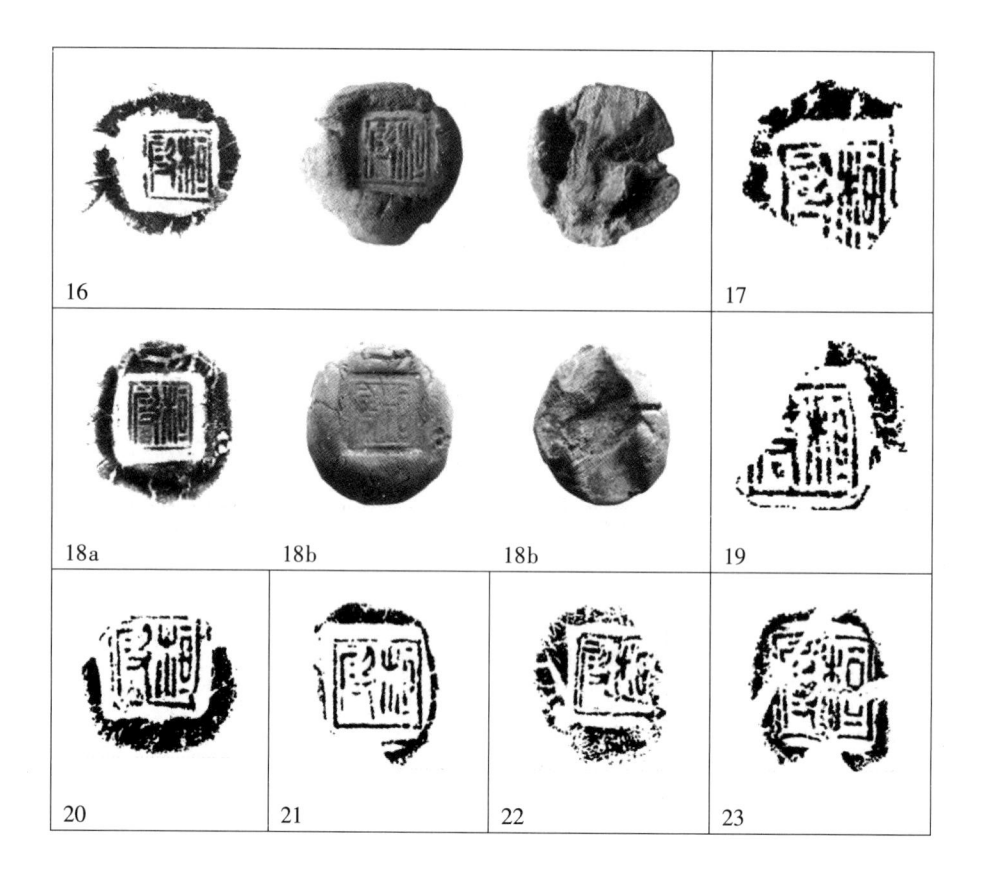

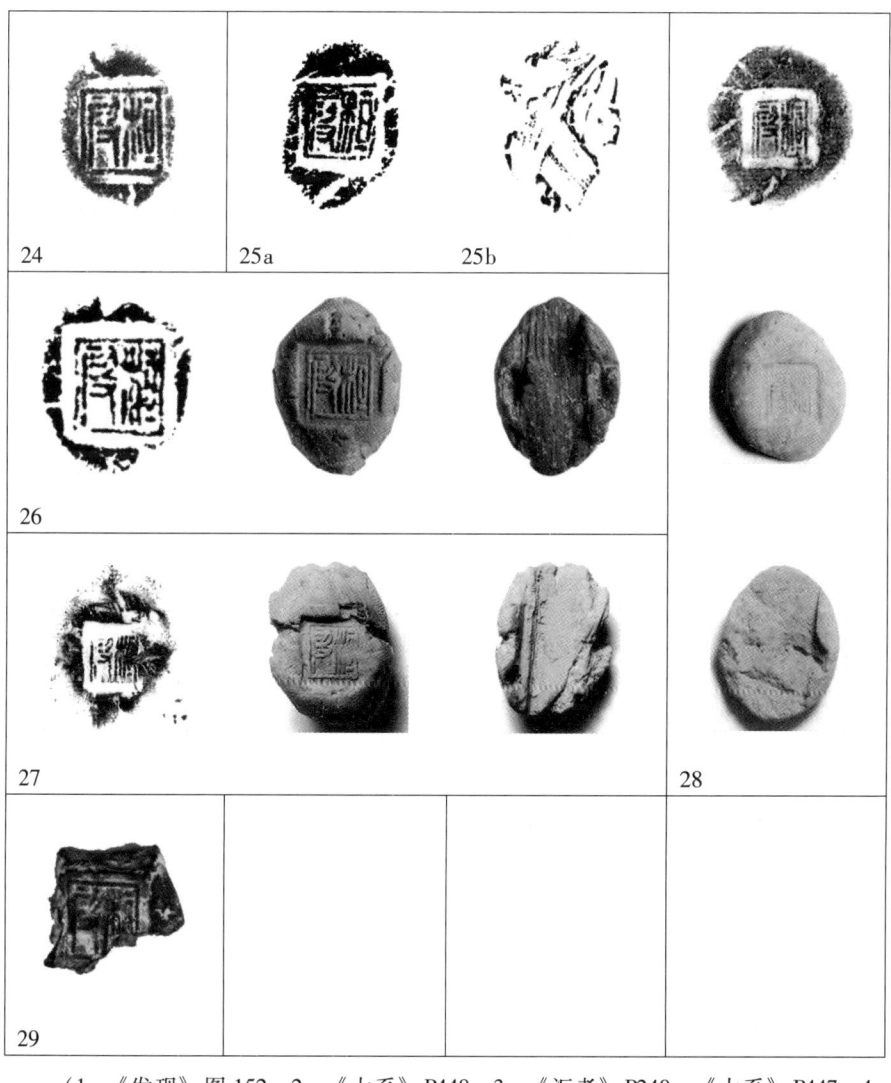

（1：《发现》图152；2：《大系》P448；3：《汇考》P240，《大系》P447；4：《秦封》P374，《汇考》P241；5：《汇考》P240；6—8：《秦封》P374，《汇考》P240；9a：《秦封》P374，《汇考》P240；9b：《秦封》图版7；10—11：《秦封》P374，《汇考》P241；12a：《秦封》P374，《汇考》P241；12b：《秦封》图版4；13：《秦封》P374，《汇考》P241；14：《秦封》图版8；15a：《印风》P163，《汇考》P240；15b：《汇考》图版70；16：《相家》P31；17、19：《新选》P123；18a：《相家》P31，《大系》P447；18b：《相家》P31；20、21：《新出》P55，《大系》P447；22：《新出》P55；23：《大系》P448；24：《大系》P448；25a：《印集》P148，《汇考》P240，《大系》P447；25b：《印集》P148；26：《上封》P90；27：《观二》P20；28：《观三》P41；29：《字博》P33）

皇唯

1a　　　1b　　　1b

（1a：《古封》P404；《上封》P92；《山全》P148；《大系》P448；1b：《上封》P92）

黄完

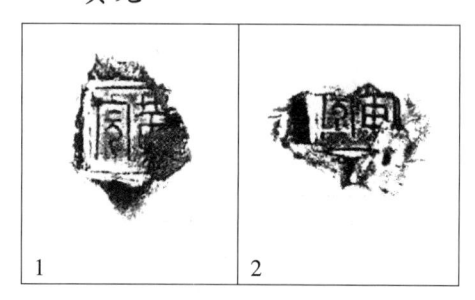

1　　　2

（1、2：《大系》P448）

纪□

1

（1：《大系》P448）

假□

1

2

(1a：《相家》P33；《大系》P436；1b：《相家》P33；2：《玺印》P361)

贾得

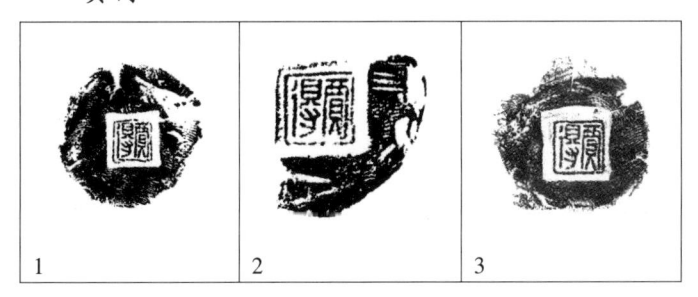

1　2　3

(1—3：《新出》P98；《大系》P448)

即则

1

(1：《古封》P403；《秦封》P371；《山全》P148)

1308　附编　私名·吉语

兼玺

（1:《大系》P291）

景桓

（1:《古封》P409）

景□

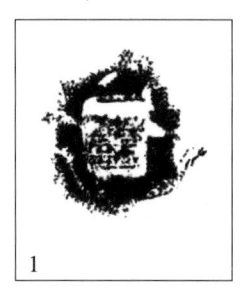

（1:《古封》P409;《玺印》P358;《大系》P449）

第一章　私名　1309

靳禄

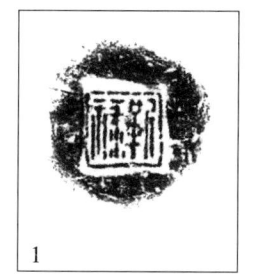

1

（1：《大系》P448）

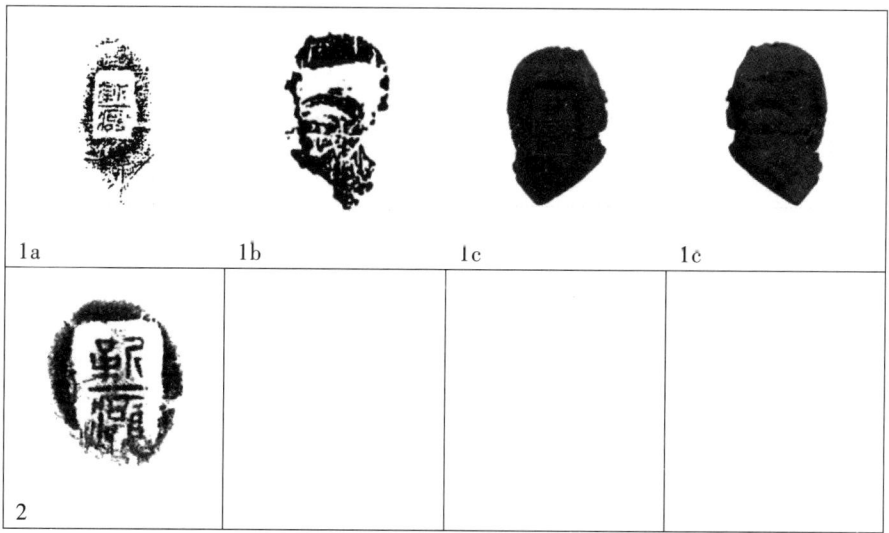

靳雕

1a	1b	1c	1c
2			

（1a：《汇考》P242；1b：《印集》P150；1c：《汇考》图版P70；2：《大系》P449）

靳□

1

（1：《大系》P449）

敬事

1

（1:《大系》P449）

樛武

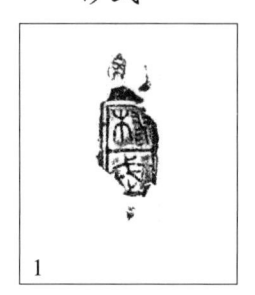

1

（1:《大系》P449）

䓿朝

1

（1:《玺印》P357;《大系》P449）

隽应

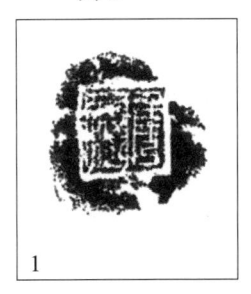

1

（1：《古封》P409；《玺印》P357；《山全》P35；《大系》P449）

康印

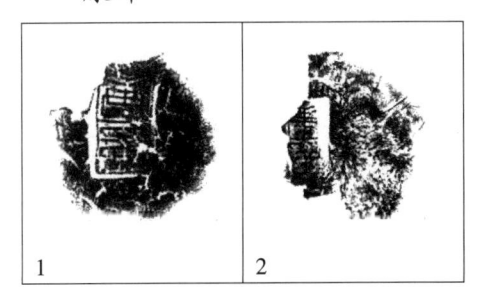

1　2

（1、2：《大系》P143）

孔解

1a　1b　1b

（1a：《古封》P400；《济博》P115；1b：《济博》P115）

孔何

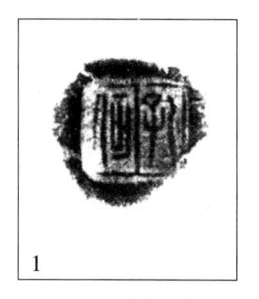

(1:《大系》P450)

孔长

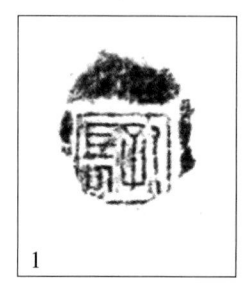

(1:《山房》2.37)

困固

(1:《大系》P450)

第一章　私名　1313

李淳

（1：《大系》P450）

李欧

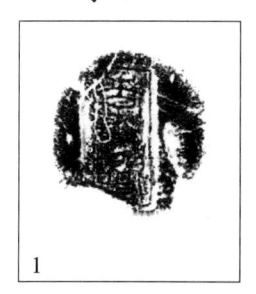

（1：《大系》P450）

李强

（1：《大系》P450）

李慎

（1、2:《大系》P450）

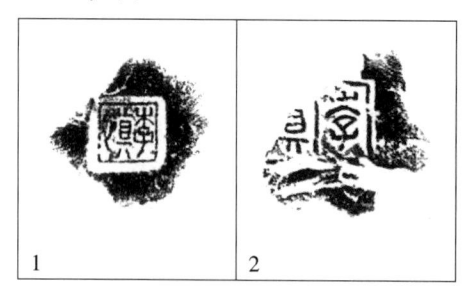

李武

（1:《大系》P450）

李贤

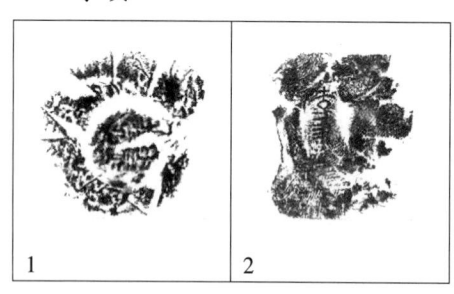

（1、2:《大系》P450）

李齮

1

（1：《大系》P450）

李逵

1

（1：《山全》P2）

李直

1

（1：《古封》P402；《山全》P64）

1316　附编　私名·吉语

李□

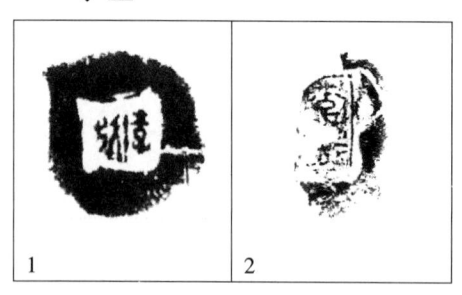

1　2

（1：《古封》P403；《大系》P451；2：《大系》P451）

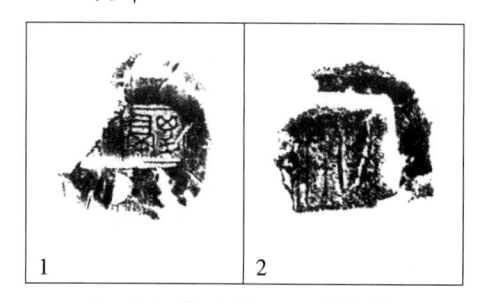

馭印

1　2

（1：《大系》P390；2：《新选》P121；《大系》P390）

梁印

1

（1：《大系》P451）

第一章 私名 1317

舜信

1

（1：《大系》P451）

卢召

1

（1：《古封》P411；《玺印》P360；《大系》P451）

卢孔

1

（1：《秦封》P383；《山全》P35）

女蜀

1

(1:《大系》P201)

吕乘

1

(1:《大系》P451)

吕雠

1　2　3　4

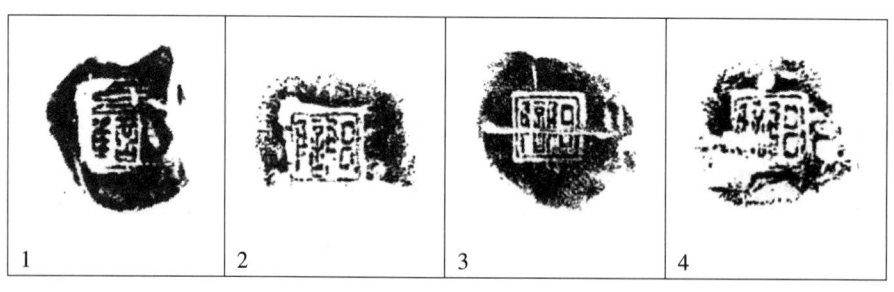

(1:《古封》P401;《大系》P451;2:《大系》P452;3、4:《新出》P187;《大系》P452)

吕贺

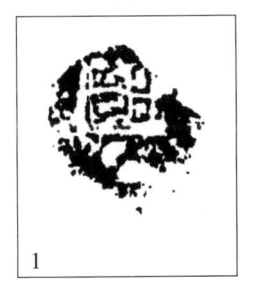

1

(1:《古封》P401;《秦封》P368;《山全》P146;《大系》P452)

吕陇

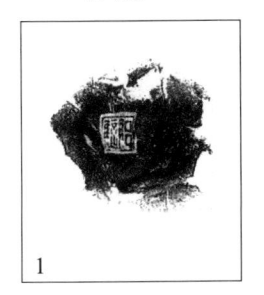

1

(1:《大系》P452)

吕系

1a　　1b　　1b

(1a:《古封》P401;《秦封》P368;《上封》P91;《山全》P146;《大系》P452;1b:《上封》P91)

缕嘉

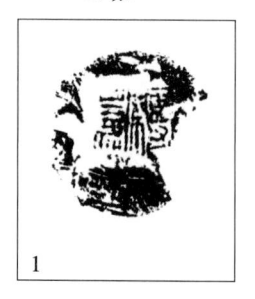

(1:《新出》P187)

骆忌

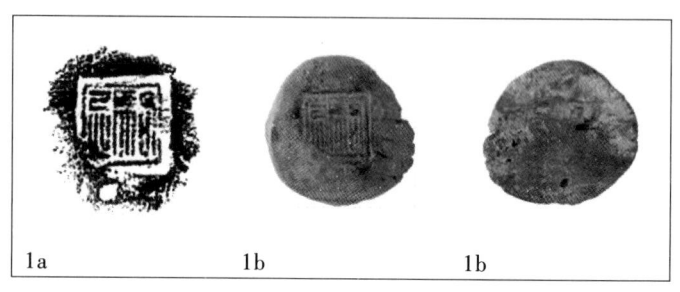

(1a:《古封》P411;《秦封》P382;《玺印》P360;《山全》P214;《济博》P117;《大系》P452;1b:《济博》P117)

骆皴

(1:《大系》P452)

马敞

1

（1：《大系》P452）

马迁

1

（1：《古封》P405；《大系》P452）

麋说

1

（1：《古封》P411；《玺印》P360；《山全》P215；《大系》P453）

孟尹

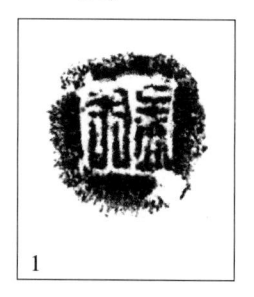

1

（1:《大系》P453）

聂华

1

（1:《大系》P453）

聂解

1

（1:《大系》P453）

聂婴

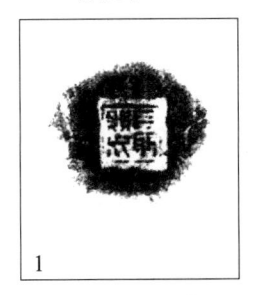

1

（1：《大系》P453）

庞应

1

（1：《新出》P55；《大系》P453）

弃疾

1

（1：《山全》P263；《大系》P454）

1324　附编　私名·吉语

觭印

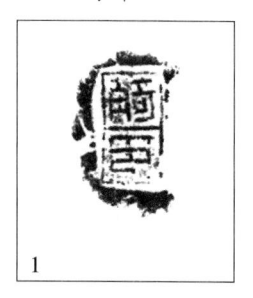

1

（1：《在京》图五：2；《玺印》P395；《大系》P123）

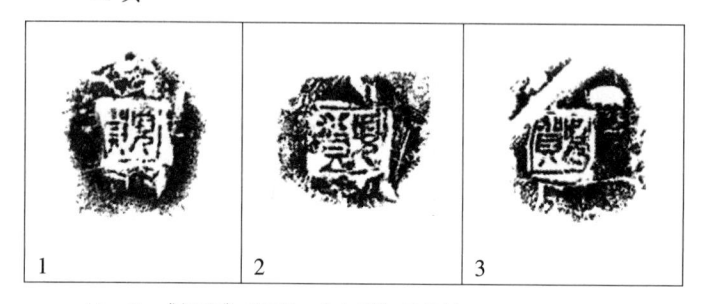

项贺

1　2　3

（1—3：《新出》P187；《大系》P454）

任夫

1

（1：《大系》P455）

第一章 私名 1325

任猗

（1：《大系》P455）

任上

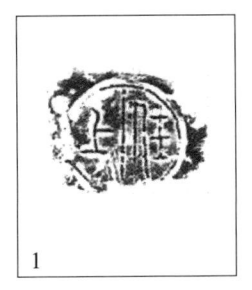

（1：《大系》P455）

任寿

（1：《大系》P455）

任酏

1

（1：《大系》P455）

任贤

1

（1：《大系》P455）

任阳

1

（1：《大系》P455）

第一章 私名 1327

任寅

| 1a | 1b | 1c | 1c |

（1a：《印风》P163；《印集》P147；《汇考》P238；《玺印》P352；1b：《印集》P147；1c：《汇考》图版P68）

任頵

| 1 |

（1：《新出》P187；《大系》P455）

任□

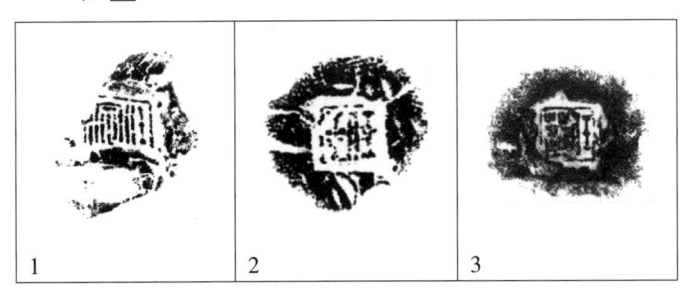

| 1 | 2 | 3 |

（1：《大系》P455；2：《新出》P187；《大系》P455；3：《大系》P456）

戎儋

1

（1：《大系》P456）

荣免

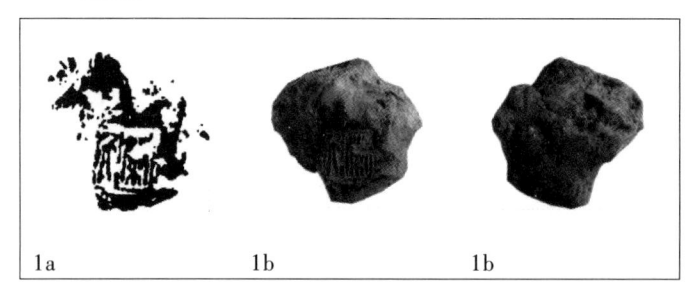

1a　　　　1b　　　　1b

（1a：《古封》P409；《秦封》P381；《上封》P93；《山全》P147；《大系》P456；1b：《上封》P93）

荣系

1a　　　　1b　　　　1b

（1a：《古封》P410；《秦封》P381；《上封》P94；《山全》P147；《大系》P456；1b：《上封》P94）

乳玺

1

（1:《大系》P203）

茹起

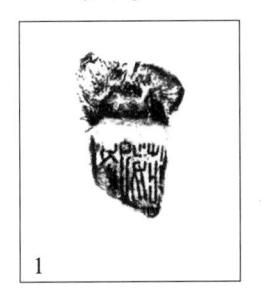

1

（1:《大系》P456）

茹□

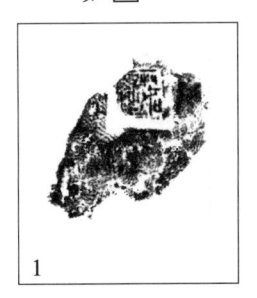

1

（1:《大系》P456）

1330　附编　私名·吉语

孺□

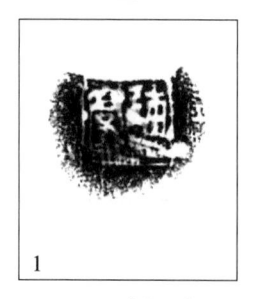

1

（1:《大系》P456）

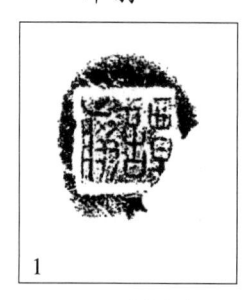

谭翩

1

（1:《古封》P413;《玺印》P362;《大系》P461）

谭□

1

（1:《大系》P461）

第一章 私名 1331

唐建

1

(1:《古封》P405)

唐卿

1

(1:《大系》P461)

匋□

1

(1:《大系》P461)

桃弘

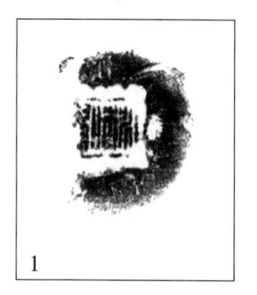

1

（1：《大系》P461）

田达

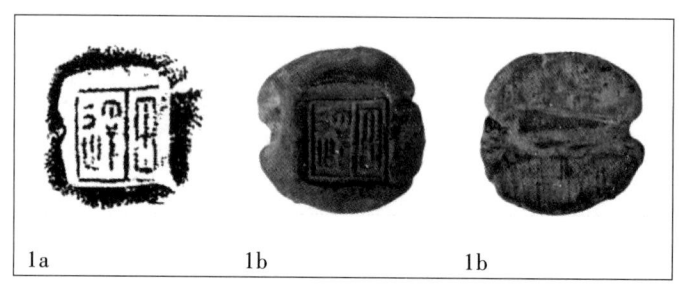

1a　　　1b　　　1b

（1a：《古封》P400；《玺印》P352；《山全》P214；《大系》P461；《济博》P119；1b：《济博》P119）

田固

1

（1：《古封》P400；《秦封》P366；《山全》P65；《大系》P461）

第一章 私名 1333

田詹

1a　　1b　　1b

（1a:《古封》P359;《中封》P77;《汇考》P72;《玺印》P395;《山全》P85;《大系》P267; 1b:《中封》P77）

田友

1

（1:《大系》P462）

田步

1

（1:《古封》P400）

田缠

1

（1:《古封》P400）

田□

1

（1:《大系》P462）

商光

1

（1:《古封》P407；《秦封》P376；《大系》P456）

私印

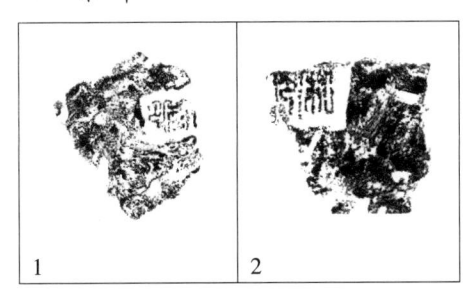

（1：《新出》P77；《大系》P234；2：《大系》P234）

史德

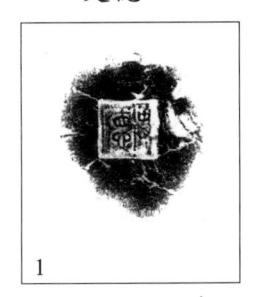

（1：《大系》P457）

宋长

（1：《大系》P459）

宋贺

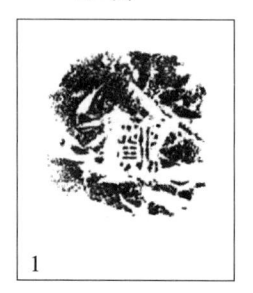

（1:《新出》P187;《大系》P459）

宋禄

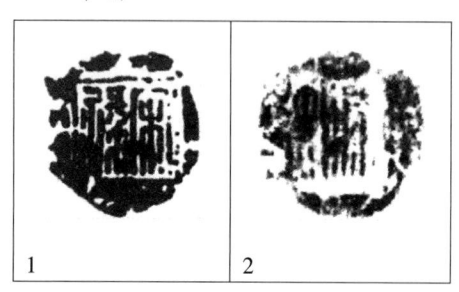

（1:《古封》P402;《秦封》P369;《玺印》P353;《山全》P214;《大系》P459;2:《大系》P459）

宋亳

（1:《新出》P187）

属王

1

（1：《大系》P230）

苏则

1

（1：《古封》P413；《秦封》P385；《山全》P223；《大系》P460）

苏段

1　　　　　　　　　　　　　　　　　　2

3a　3b　3b　　4a　4b

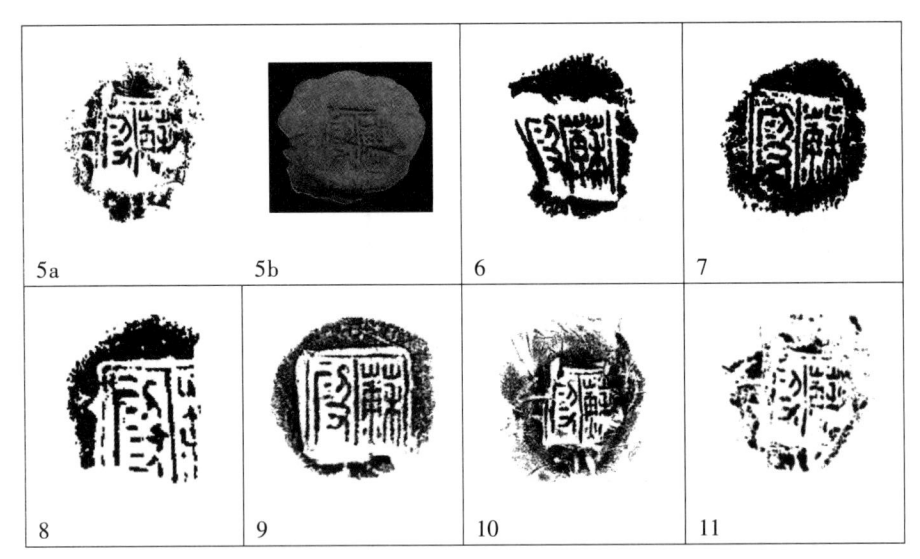

（1:《上封》P73；2:《秦封》P386；《汇考》P243；《大系》P460；3a:《相家》P31；《大系》P460；3b:《相家》P31；4a:《印集》P152；《汇考》P243；《大系》P460；4b:《印集》P152；5a:《秦封》P386；《汇考》P243；《玺印》P361；《大系》P460；5b:《秦封》彩版4；6、7:《汇考》P242；《大系》P460；8:《新选》P123；9、10:《大系》P460；11:《发现》图151；《图例》P57）

茜盎

（1:《新出》P188）

第一章 私名 1339

茜赵

1

（1:《玺印》P356、373）

孙平

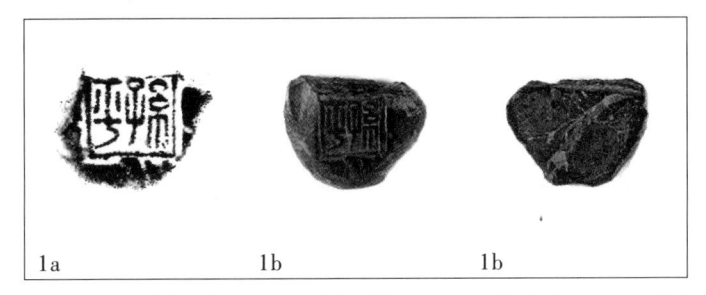

1a　　　　1b　　　　1b

（1a:《古封》P406；《秦封》P376；《玺印》P356；《山全》P214；《济博》P117；《大系》P461；1b:《济博》P117）

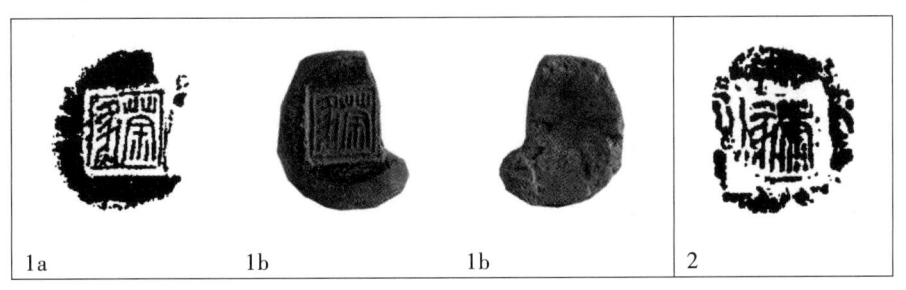

荼豸

1a　　　　1b　　　　1b　　　　2

（1a:《古封》P407；《秦封》P377；《上封》P92；《山全》P148；《大系》P462；1b:《上封》P92；2:《古封》P407；《秦封》P377；《山全》P215；《大系》P462）

1340　附编　私名·吉语

万亳

1

（1：《大系》P462）

王邦

1

（1：《大系》P462）

王齿

1

（1：《大系》P462）

王畸

1

（1：《大系》P463）

王解

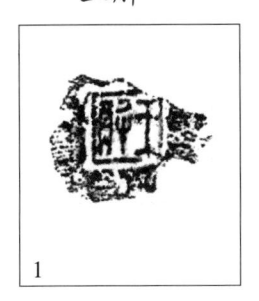

1

（1：《大系》P463）

王康

1

（1：《古封》P399；《玺印》P348；《山全》P214；《大系》P463）

1342　附编　私名·吉语

王宽

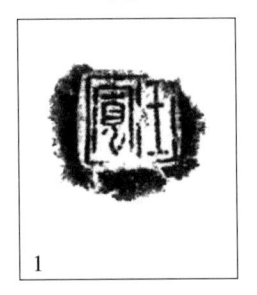

1

（1：《大系》P463）

王狼

1

（1：《大系》P464）

王猛

1

（1：《大系》P464）

王启

（1：《大系》P464；2：《山全》P263；《大系》P464）

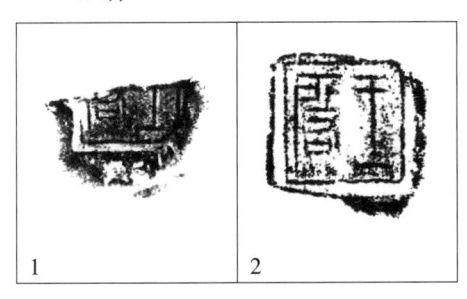

王绶

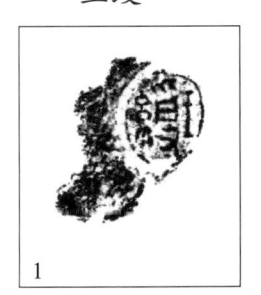

（1：《大系》P464）

王滕

（1：《大系》P464）

1344　附编　私名·吉语

王童

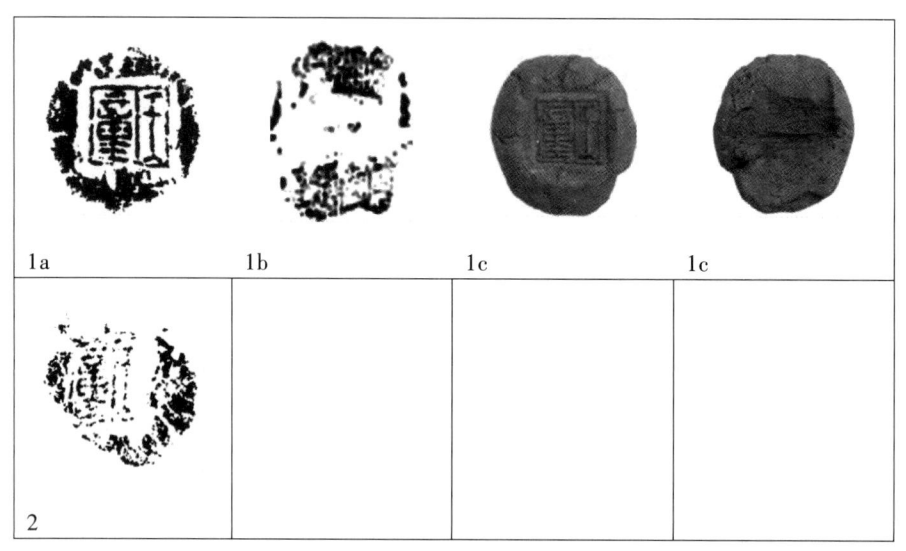

| 1a | 1b | 1c | 1c |
| 2 | | | |

（1a：《印风》P163；《印集》P146；《汇考》P237；《大系》P464；1b：《印集》P146；1c：《汇考》图版P68；2：《新出》P55；《大系》P464）

王文

1

（1：《大系》P464）

王熹

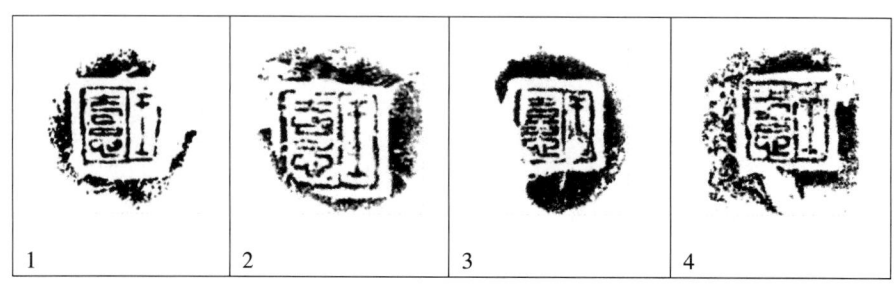

| 1 | 2 | 3 | 4 |

第一章 私名　1345

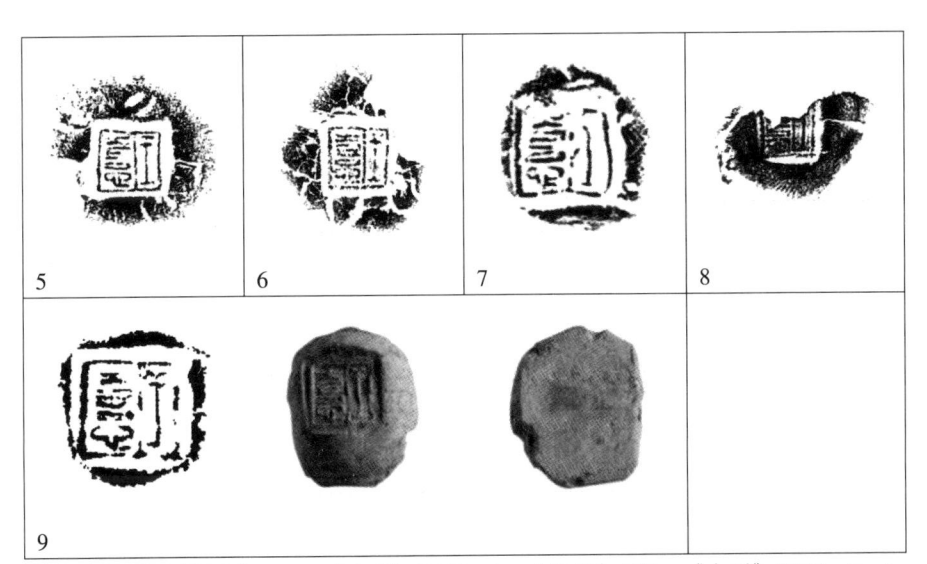

(1—3:《新出》P55;《大系》P465; 4:《新出》P55;《大系》P465; 5、6:《新出》P98;《大系》P465; 7:《新选》P123;《大系》P464; 8:《大系》P464; 9:《上封》P73)

王奋

(1a:《古封》P399;《上封》P90;《大系》P462; b:《上封》P60)

王冈

(1:《新出》P188;《大系》P463)

王和

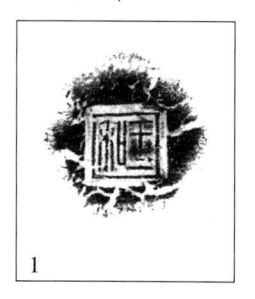

（1：《大系》P463）

王贺

（1：《古封》P399；《山全》P223；《大系》P463）

王桓

（1：《玺印》P348；《大系》P463）

第一章 私名 1347

王意

1

（1：《大系》P465）

王忠

1

（1：《大系》P465）

王章

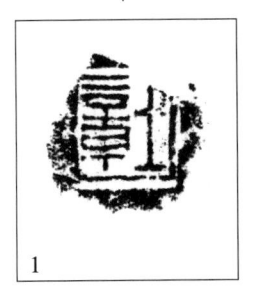

1

（1：《山全》P263；《大系》P479）

王未

1a 1b 1b

(1a:《古封》P398;《中封》P158;《山全》P109;1b:《中封》P158)

王忌

1 2 3 4

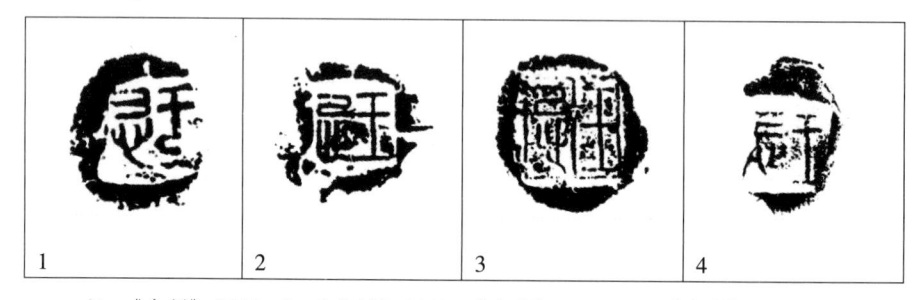

(1:《古封》P398;2:《古封》P398;《山全》P147;3:《古封》P398;《山全》P34;4:《新出》P188)

王般

1

(1:《古封》P398;《山全》P147)

王闻

1

（1：《古封》P399；《山全》P109）

王简

1

（1：《古封》P399）

王殷

1

（1：《新出》P188）

1350 附编 私名·吉语

王放

1

（1:《玺印》P348）

王□

| 1 | 2 | 3 | 4 |
| 5 | | | |

（1:《新出》P98；《大系》P465；2、3:《大系》P465；4:《大系》P466；5:《山全》P112）

未印

1

（1:《在京》图四：13；《玺印》P393；《大系》P276、466）

卫多

（1:《古封》P411;《玺印》P360;《大系》P466）

魏登

（1:《古封》P413;《玺印》P361;《山全》P215;《大系》P466）

魏䍃

（1:《古封》P413;《玺印》P361;《大系》P466）

1352　附编　私名·吉语

魏宪

1a　1b　1b

（1a：《古封》P413；《中封》P159；《山全》P65、P109；1b：《中封》P159）

吴耳

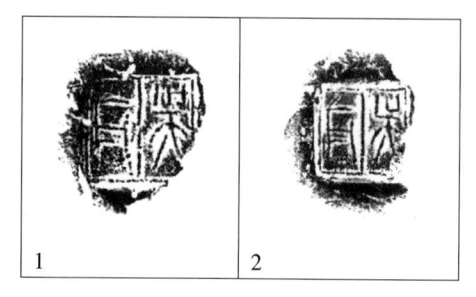

1　2

（1：《新出》P98；《大系》P280、P466；2：《大系》P466）

吴忌

1

（1：《山全》P263；《大系》P466）

吴饶

1

（1：《大系》P466）

吴最

1a　　1b　　1b

（1：《上封》P91；《大系》P466；1b：《上封》P91）

吴应

1a　　1b　　1b

（1a：《古封》P401；《秦封》P370；《上封》P91；《山全》P146；《大系》P467；1b：《上封》P91）

1354　附编　私名·吉语

吴瑞

1

（1:《大系》P467）

吴眉

1

（1:《古封》P403）

吴齐

1

（1:《古封》P403;《山全》P34）

吴□

1

（1:《大系》P467）

郘玺

1

（1:《大系》P280）

无卢

1

（1:《山房》2.35）

夏阿

1

(1:《大系》P467)

夏贺

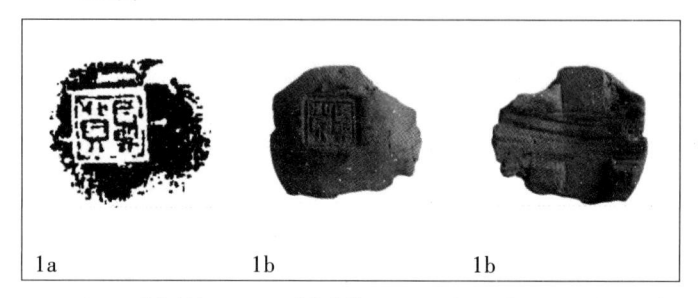

1a　　　1b　　　1b

(1a:《古封》P405;《秦封》P375;《上封》P92;《山全》P148;《大系》P467;1b:《上封》P92)

夏泽

1

(1:《新出》P188)

乡齿

1

（1:《古封》P408；《山全》P148）

新雁

1

（1:《汇考》P242；《大系》P467）

邢庆

1

（1:《大系》P467）

胥赤

1

（1:《古封》P405;《秦封》P373;《大系》P468）

徐达

1

（1:《山全》P263;《大系》P468）

徐度

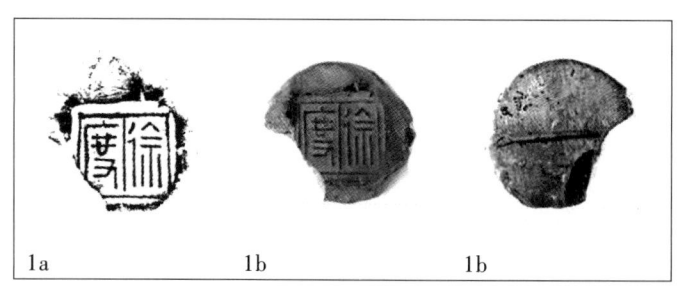

1a　　　1b　　　1b

（1a:《古封》P406;《玺印》P356;《山全》P179;《济博》P115;《大系》P468;1b:《济博》P115）

徐吉

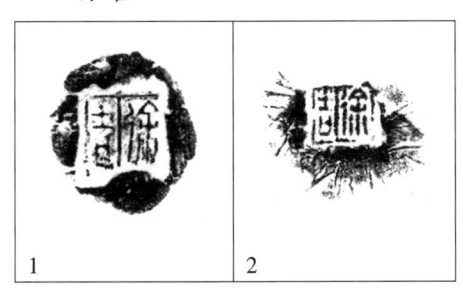

1　2

（1、2：《大系》P468）

徐同

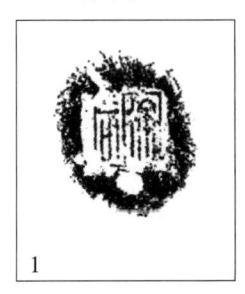

1

（1：《古封》P405；《玺印》P356；《山全》P214；《大系》P468）

徐福

1

（1：《新出》P188）

徐贺

1

（1:《新出》P188）

许嘉

1

（1:《大系》P468）

许□

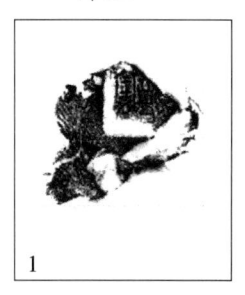

1

（1:《大系》P468）

宣眛

(1:《古封》P404;《秦封》P372;《玺印》P355;《山全》P34;《大系》P468)

薛赫

(1:《古封》P412;《秦封》P384;《大系》P469)

薛鼻

(1:《古封》P412;《秦封》P384;《玺印》P361;《大系》P468)

1362　附编　私名·吉语

薛强

1

（1：《山全》P263；《大系》P469）

薛童

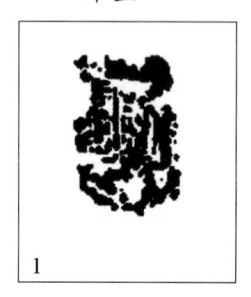

1

（1：《古封》P412；《玺印》P360；《山全》P215；《大系》P469）

薛□

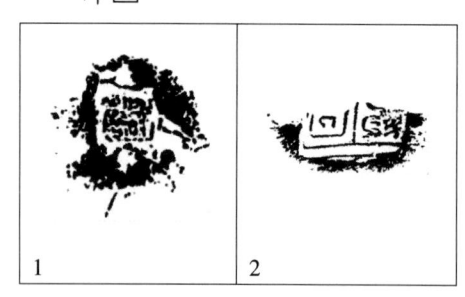

1　2

（1：《古封》P412；《山全》P149；2：《新出》P188）

杨敝

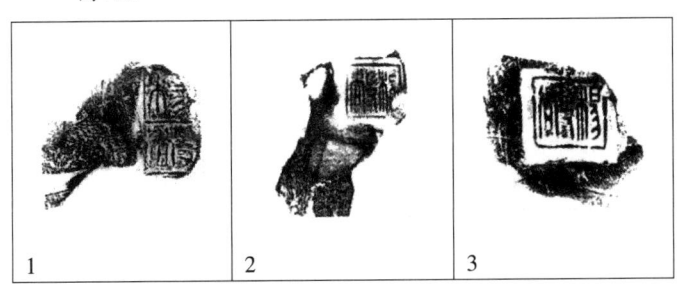

（1—3：《大系》P469）

杨姞

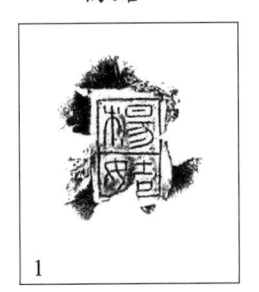

（1：《大系》P469）

杨闲

（1：《新选》P123；《大系》P469）

杨龙

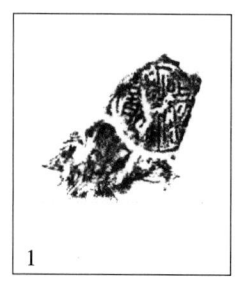

1

（1：《大系》P470）

杨路

1

（1：《大系》P470）

杨庆

1

（1：《大系》P470）

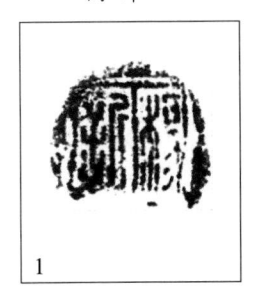

杨第

1

（1：《大系》P470）

杨亭

1

（1：《大系》P470）

杨诉

1

（1：《大系》P470）

杨修

1

(1:《大系》P470)

杨挟

1

(1:《大系》P470)

杨义

1

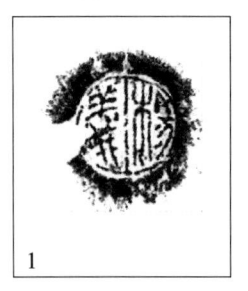

(1:《大系》P470)

杨爱

1

（1：《大系》P470）

杨□

| 1 | 2 | 3 | 4 |

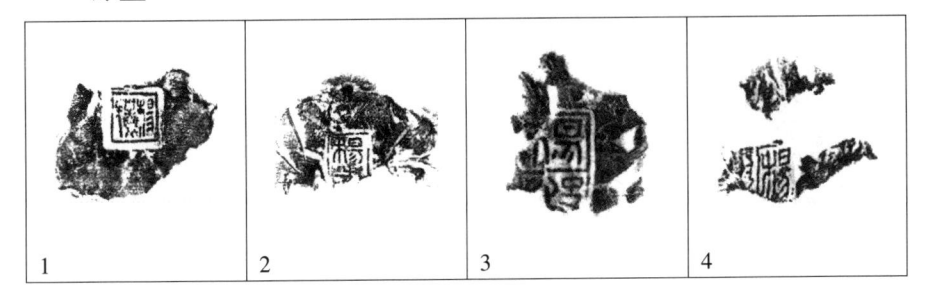

（1、2：《大系》P470；3、4：《大系》P471）

姚登

1

（1：《大系》P471）

姚认

(1:《大系》P471)

姚厌

(1:《大系》P471)

姚者

(1:《大系》P471)

姚□

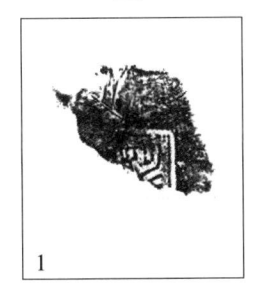

1

（1：《大系》P471）

轅雗

1

（1：《古封》P413；《山全》P34）

元亥

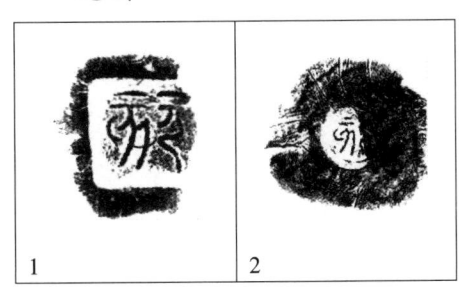

1　2

（1、2：《大系》P472）

1370　附编　私名·吉语

垣同

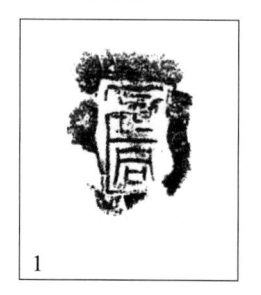

1

（1：《大系》P472）

原印

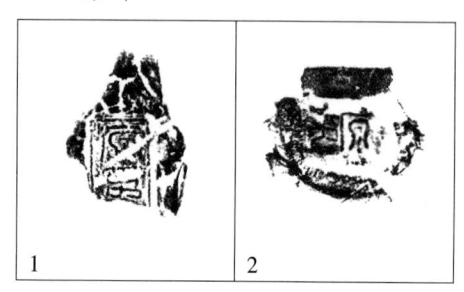

1　2

（1：《大系》P359；2：《大系》P423）

原者

1

（1：《大系》P359）

子涅

1

（1：《山全》P4）

宰毅

1

（1：《大系》P472）

张颂

1

（1：《大系》P472）

1372 附编 私名·吉语

张它

1

2

3

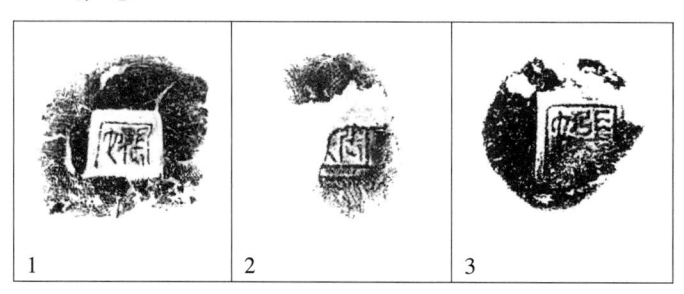

（1：《新出》P98；《大系》P472；2：《新出》P98；《大系》P473；3：《新选》P123；《大系》P473）

张意

1

（1：《新出》P188）

张□

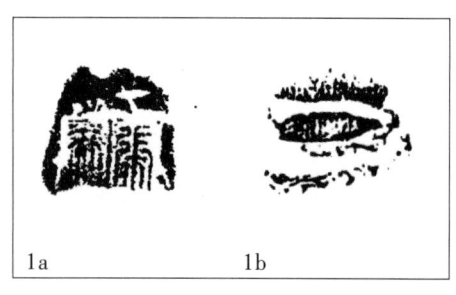

1a   1b

（1a：《印集》P149；《汇考》P241；《大系》P473；1b：《印集》P149）

第一章　私名　1373

中意

1

（1：《古封》P399；《山全》P111）

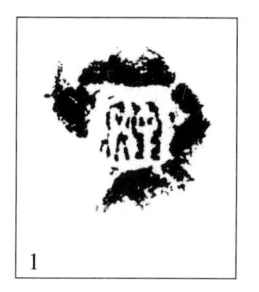

中□

1

（1：《新出》P188）

赵缠

1

（1：《大系》P473）

1374　附编　私名·吉语

赵毫

1

（1：《古封》P410；《玺印》P359；《山全》P214；《大系》P473）

赵趁

1

（1：《大系》P473）

赵得

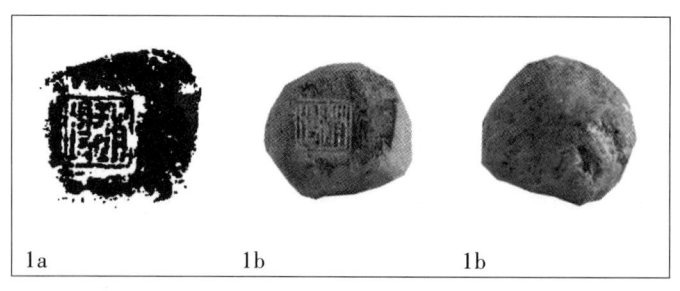

1a　　　　1b　　　　1b

（1a：《古封》P410；《上封》P94；《山全》P147；《大系》P473；1b：《上封》P94）

赵固

1

(1:《大系》P473)

赵康

1　2

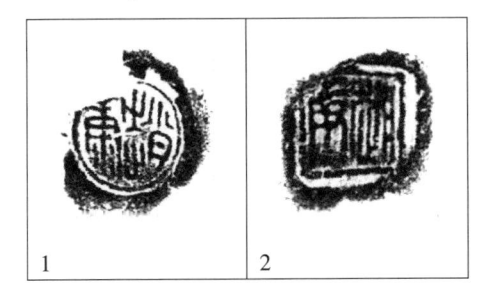

(1、2:《大系》P473)

赵良

1　2　3　4

5　6　7　8

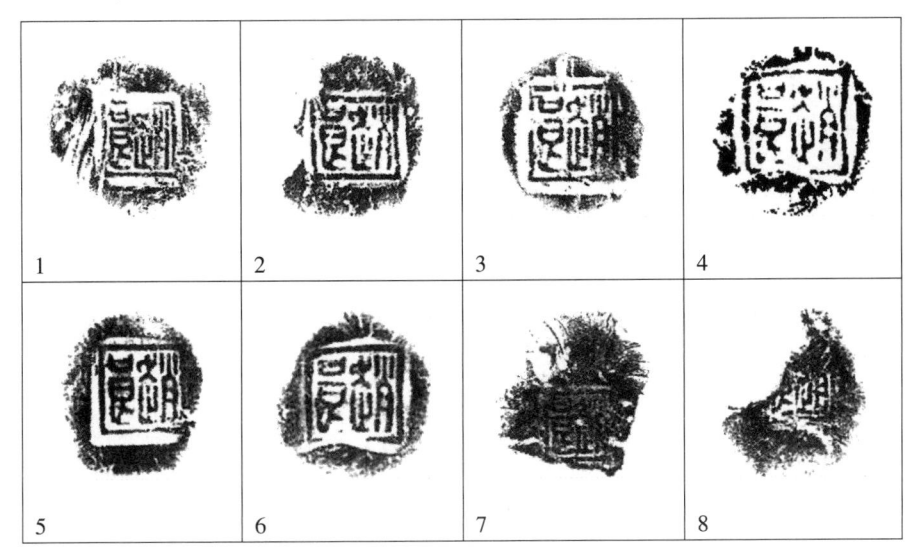

1376　附编　私名·吉语

9	10		

（1—3：《新出》P55；《大系》P474；4：《新选》P123；5：《大系》P473；6—10：《大系》P474）

赵声

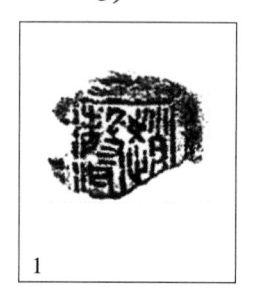

1

（1：《大系》P474）

赵土

1

（1：《大系》P474）

赵为

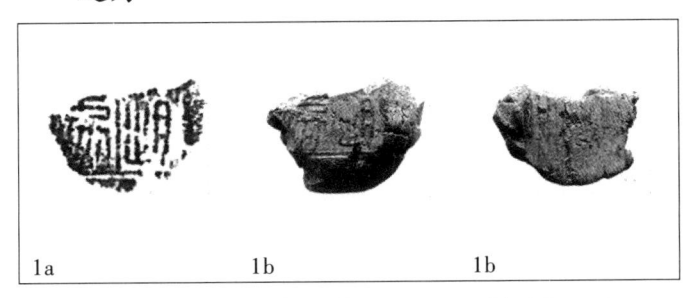

1a　　　　1b　　　　1b

（1a:《相家》P31；《大系》P475；1b:《相家》P31）

赵言

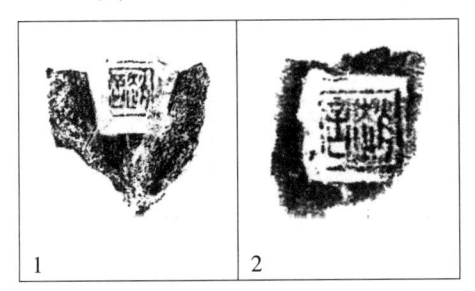

1　　　2

（1、2:《大系》P475）

赵洋

1

（1:《大系》P475）

赵茜

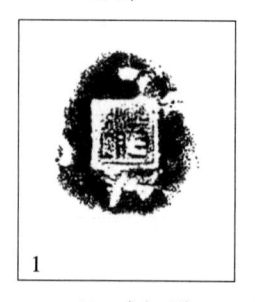

1

（1：《大系》P475）

赵转

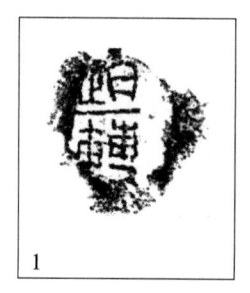

1

（1：《大系》P475）

赵□

1

（1：《新选》P123；《大系》P475）
又：《发掘》P534《出土封泥登记表》2000CH 相 1TG1∶87 为"赵□"。

第一章 私名 1379

赵免

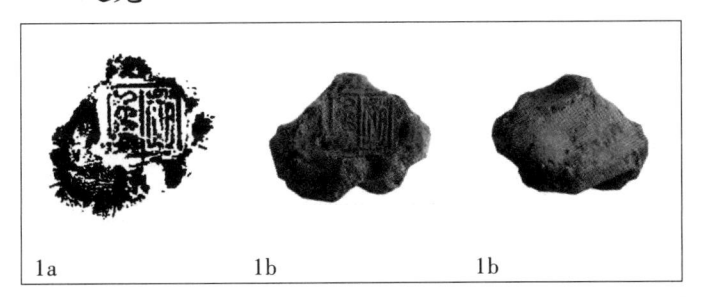

1a　　1b　　1b

（1a：《古封》P410；《上封》P94；《山全》P147；《大系》P474；1b：《上封》P94）

赵伤

1

（1：《古封》P410；《玺印》P360；《山全》P214；《大系》P474）

邹诚

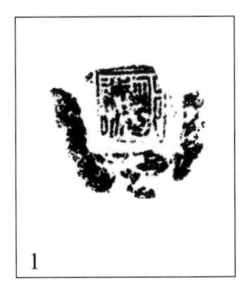

1

（1：《新出》P188）

郑宪

1

(1:《玺印》P359)

中嘉

1

(1:《大系》P378)

钟水

1a　　　1b　　　1b

（1a:《古封》P414；《秦封》P385；《上封》P95；《山全》P149；《大系》P475；1b:《上封》P95）

第一章 私名 1381

钟意

1a　1b　1b

（1a:《上封》P95;《大系》P475; 1b:《上封》P95）

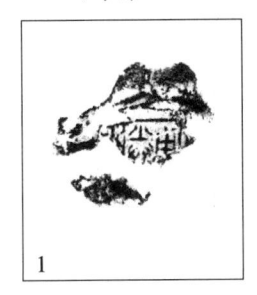

周滕

1

（1:《大系》P475）

周系

1a　1b　1b

（1a:《古封》P404;《秦封》P371;《上封》P91;《山全》P146;《大系》P476;
1b:《上封》P91）

朱婴

(1:《古封》P402;《山全》P149)

朱□

(1:《古封》P402;《秦封》P369;《玺印》P352;《大系》P476)

祝□

(1:《大系》P476)

庄瘳

1

（1：《大系》P476）

庄欣

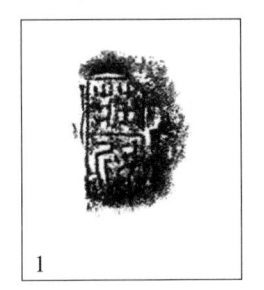

1

（1：《大系》P476）

洰耳

1

（1：《山房》2.38）

1384 附编 私名·吉语

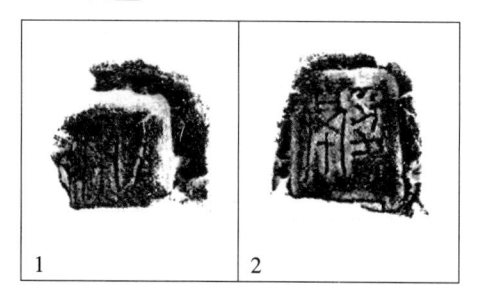

骏□

| 1 | 2 |

（1：《新选》P121；《大系》P476；2：《大系》P476）

未释

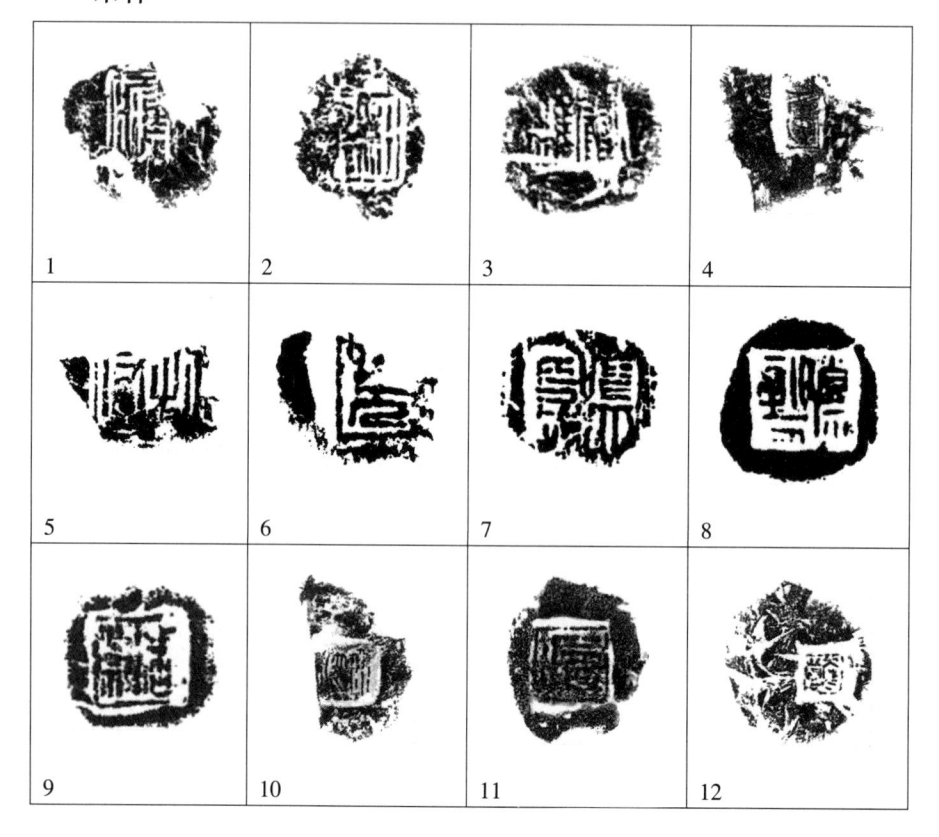

1	2	3	4
5	6	7	8
9	10	11	12

第一章 私名 1385

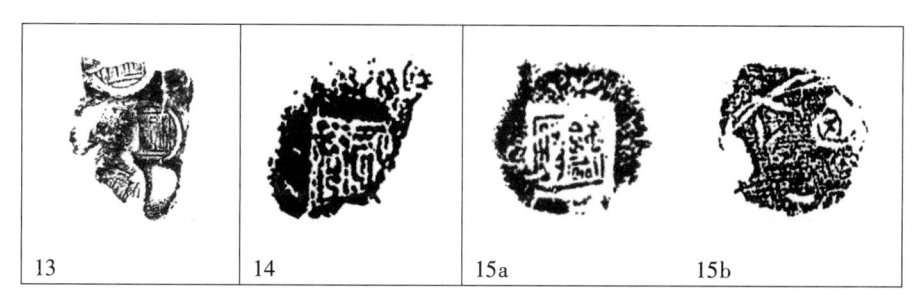

| 13 | 14 | 15a | 15b |

（1—4：《大系》P425；5、6：《新出》P188；7：《古封》P417；《山全》P147；8：《古封》P415；9：《山全》P263；《大系》P479；10、11：《大系》P478；12、13：《大系》P479；14：《山全》P147；15a：《印集》P171；《汇考》P258；15b：《印集》P171）

第三节　三字

□苦思

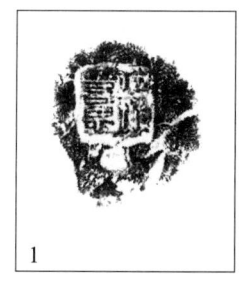

1

（1：《大系》P478）

曹戎客

1

（1：《大系》P437）

曹子□

1

（1：《大系》P437）

陈三乡

1

（1：《山全》P149）

察吴人

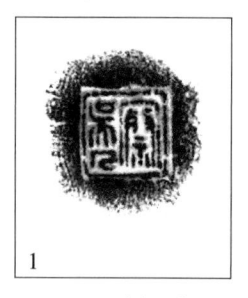

1

（1：《大系》P437）

淳于段

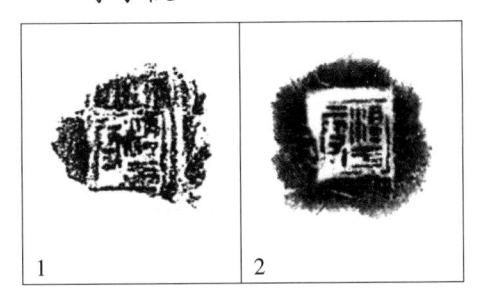

(1:《新出》P186;《大系》P440;2:《大系》P440)

淳于贾

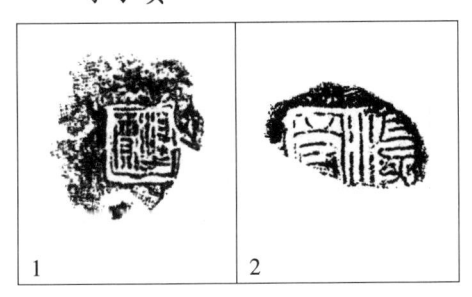

(1:《大系》P440;2:《新出》P186)

淳于宽

(1:《古封》P420;《玺印》P357;《山全》P35;《大系》P440)

淳于顺

(1:《古封》P419;《玺印》P357;《山全》P35;《大系》P440)

淳于得

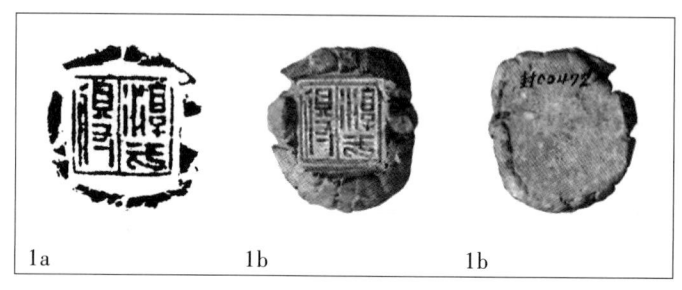

(1a:《古封》P419;《山全》P35、图版P7;1b:《山全》图版P7)

段东士

(1:《大系》P442)

高堂与

1

（1:《新出》P187;《大系》P443）

公上登

1

（1:《古封》P415;《玺印》P348;《山全》P216;《大系》P443）

公上□

1

（1:《大系》P443）

公孙忌

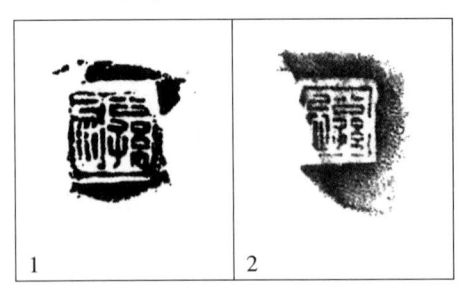

（1：《古封》P415；2：《大系》P443）

公孙贾

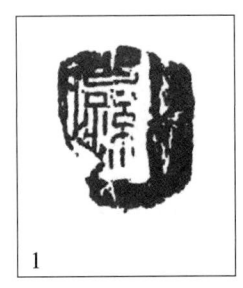

（1：《古封》P416；《玺印》P348；《山全》P35；《大系》P443）

公孙聚

（1：《大系》P443）

公孙青

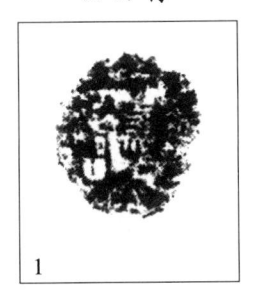

1

（1：《大系》P443）

公孙取

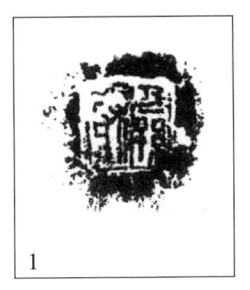

1

（1：《古封》P415；《山全》P151；《大系》P443）

公孙随

1

（1：《古封》P416；《玺印》P348；《山全》P216；《大系》P444）

1392　附编　私名·吉语

公孙射

1

（1：《上封》P96）

公孙拓

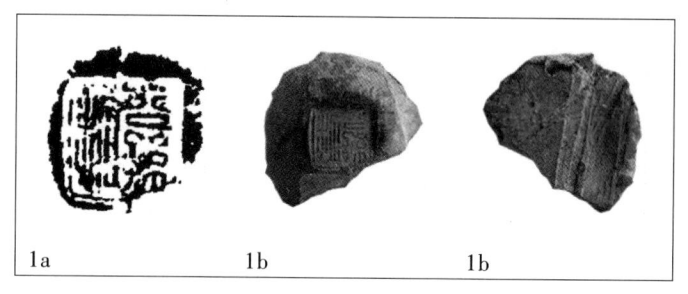

1a　　　　1b　　　　1b

（1a：《古封》P416；《上封》P97；《山全》P151；《大系》P444；1b：《上封》P97）

公孙乡

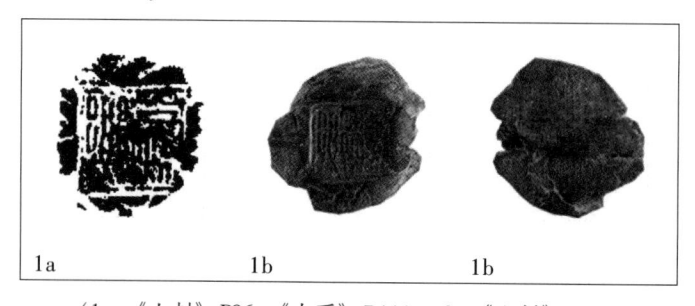

1a　　　　1b　　　　1b

（1a：《上封》P96；《大系》P444；1b：《上封》P96）

公孙□

1

（1：《古封》P416）

公孙適

1

（1：《古封》P416；《山全》P109）

公孙调

1

（1：《古封》P417；《山全》P216）

公孙□

1

(1:《古封》P416;《山全》P35)

谷梁买

1a　　1b　　1b

(1a:《古封》P422;《上封》P97;《山全》P151;《大系》P444;1b:《上封》P97)

宋益友

1a　　1b　　1b

(1a:《古封》P418;《上封》P94;《山全》P149;《大系》P460;1b:《上封》P94)

苏丞相

1

（1：《大系》P460）

郭臧□

1

（1：《大系》P445）

衡成安

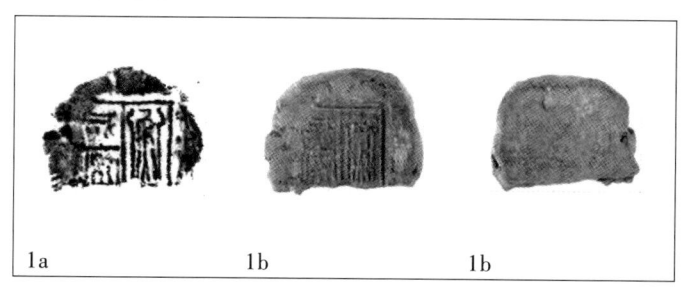

1a　　　　1b　　　　1b

（1a：《古封》P423；《玺印》P360；《济博》P114；《大系》P446；1b：《济博》P114）

桓安之

1

(1:《古封》P419;《山全》P215)

胡庆忌

1a　　　　1b　　　　1b

(1a:《古封》P418;《上封》P95;《山全》P150;《大系》P446;1b:《上封》P95)

胡多石

1

(1:《古封》P418)

救安成

1

（1：《新出》P55；《大系》P449）

闾丘達

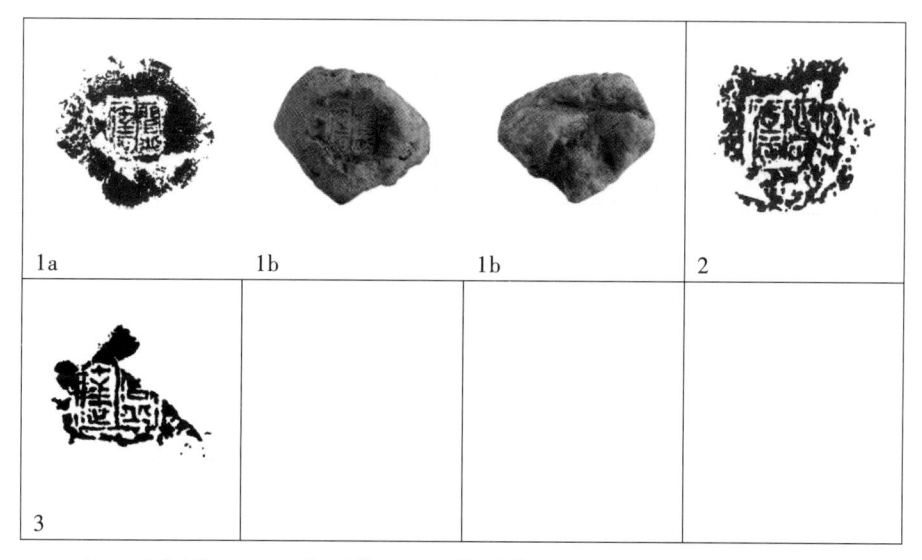

1a 1b 1b 2

3

（1a：《古封》P421；《上封》P98；《山全》P151；《大系》P451；1b：《上封》P98；2：《古封》P422；《大系》P451；3：《古封》P422）

1398　附编　私名·吉语

闾丘何

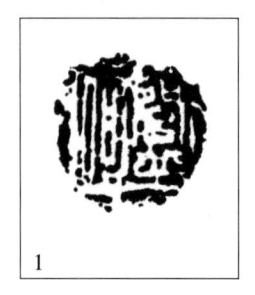

(1:《古封》P421;《玺印》P359;《山全》P179、P216)

闾便平

(1:《古封》P422;《山全》P35)

茅革戎

(1:《大系》P453)

孟□里

（1：《大系》P453）

沐生友

（1：《古封》P418；《山全》P35）

沐生觞

（1：《古封》P418）

1400 附编 私名·吉语

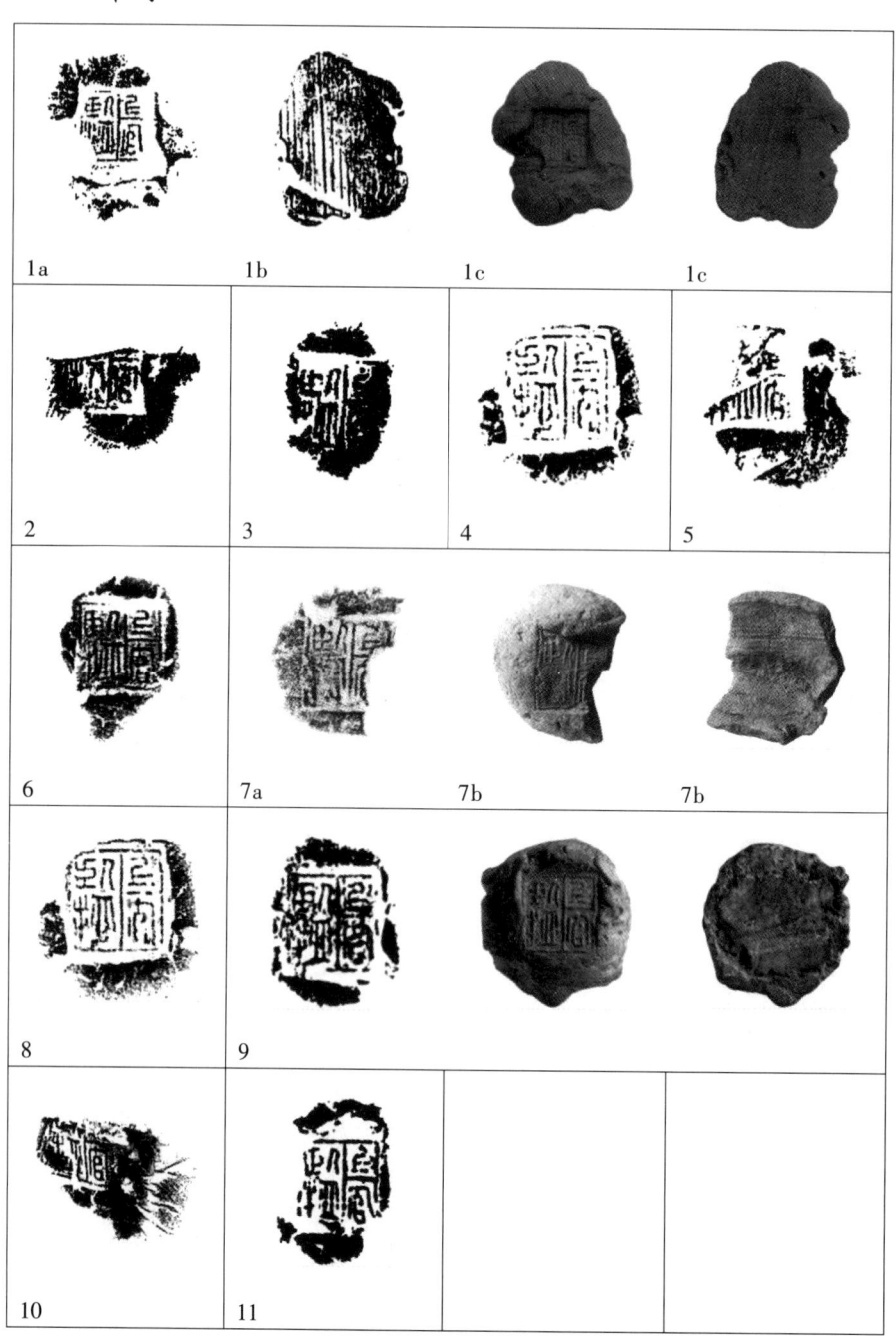

上官摯

1a　　1b　　1c　　1c

2　　3　　4　　5

6　　7a　　7b　　7b

8　　9

10　　11

（1a：《印集》P153；《汇考》P243；《大系》P456；1b：《印集》P153；1c：《汇考》

图版 P71；2：《发现》图 153；《图例》P57；《秦封》P386；《汇考》P243；《大系》P457；3：《汇考》P243；《大系》P457；4：《新出》P55；5：《新出》P55；《大系》P457；6、8、10：《大系》P457；7a：《相家》P31；《大系》P457；7b：《相家》P31；9：《上封》P90；11：《秦封》P386；《汇考》P243；《玺印》P348；《大系》P456）

桑丘别

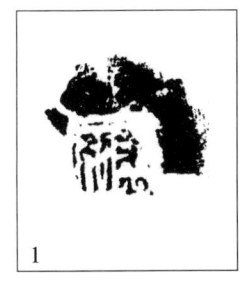

1

（1：《新出》P187）

蓬丘元

1

（1：《古封》P421；《玺印》P359；《山全》P35；《大系》P454）

曲官穀

1

（1：《大系》P454）

任昌秦

1

（1：《大系》P454）

任何人

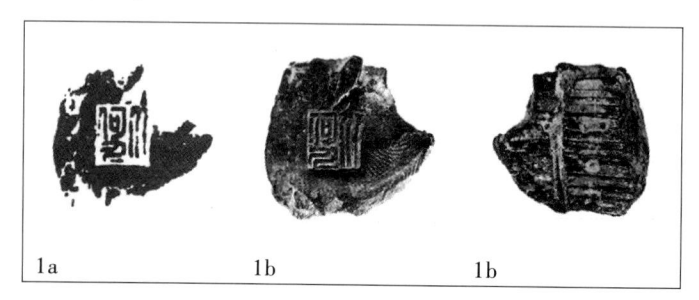

1a　　1b　　1b

（1a：《玺印》P352；《中封》P173；《大系》P455；1b：《中封》P173）

司马歇

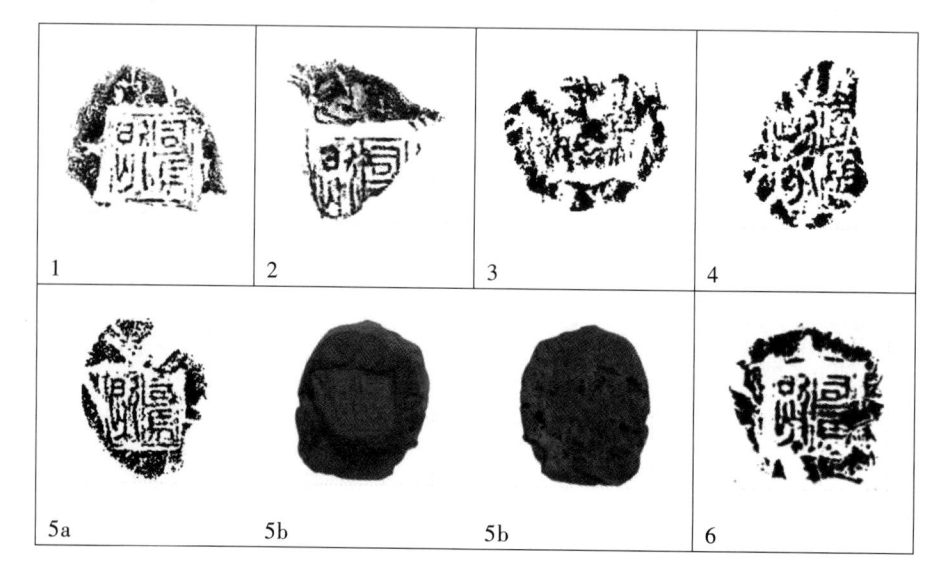

1　2　3　4

5a　5b　5b　6

第一章 私名 1403

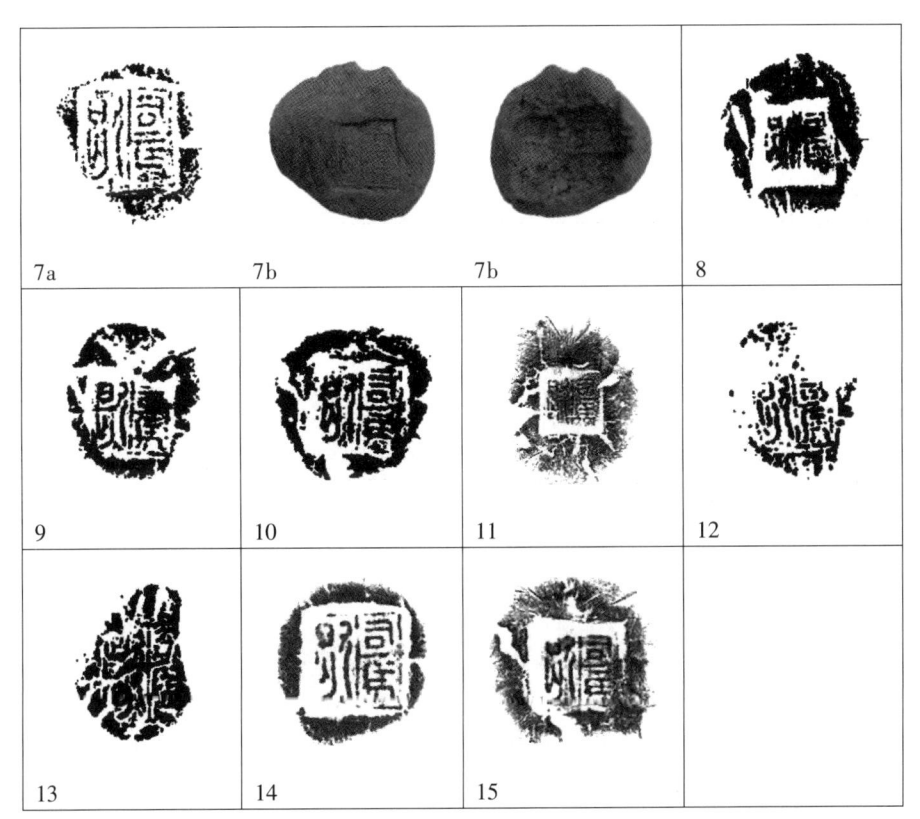

(1、2:《新出》P55;《大系》P459;3、4:《秦封》P388;5a:《印风》P163;《汇考》P244;5b:《汇考》图版P72;6:《发现》图150,《图例》P57;7a:《汇考》P244,《大系》P458;7b:《汇考》图版P71;8、9:《汇考》P244,《大系》P458;10:《汇考》P244;11:《汇考》P244,《大系》P459;12:《汇考》P244,《大系》P459;13:《汇考》P244;14:《大系》P458;15:《大系》P459)

司马武

(1:《古封》P417;《秦封》P387;《汇考》P244;《大系》P458)

司马央

|1a|1b|1b|
|2a|2b|2b|

（1a：《古封》P417；《上封》P97；《大系》P459；《山全》P151；1b：《上封》P97；2a：《古封》P417；《玺印》P352；《山全》P179、P216；《济博》P118；《大系》P459；2b：《济博》P118）

司马宽

1

（1：《新出》P187）

司马□

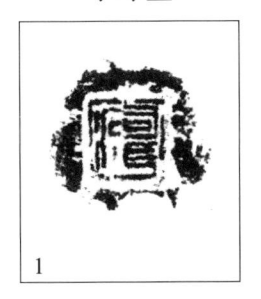

（1：《大系》P459）

万心奇

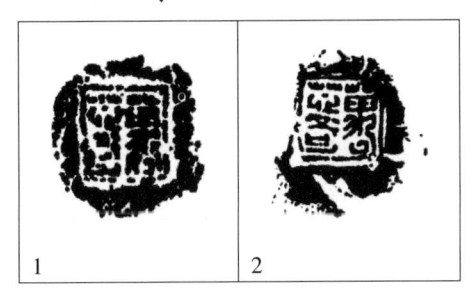

（1：《古封》P421；《玺印》P358；《山全》P215；《大系》P462；2：《古封》P421；《山全》P150）

王文行

（1：《新出》P188）

1406　附编　私名·吉语

王□□

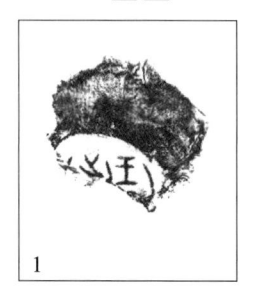

1

（1：《大系》P466）

魏君□

1a　　　1b　　　1b

（1a：《上封》P96；《大系》P466；1b：《上封》P96）

魏中□

1

（1：《新出》P188）

夏侯疾

1a　　　1b　　　1b

（1a：《古封》P419；《上封》P97；《山全》P151；《大系》P467；1b：《上封》P97）

宪丘系

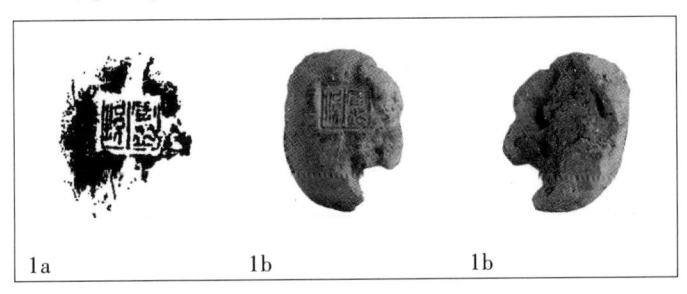

1a　　　1b　　　1b

（1a：《古封》P422；《上封》P98；《大系》P467；1b：《上封》P98）

姚司马

1

（1：《大系》P471）

1408　附编　私名・吉语

右司 工

1

（1:《大系》P338）

展仁印

1

（1:《古封》P419）

张□时

1

（1:《古封》P421）

中山达

1
（1：《新出》P188）

中山忌

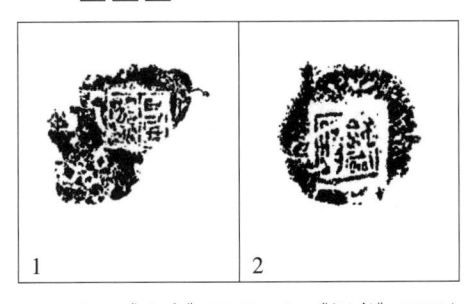

1
（1：《新出》P188）

□□□

1　2
（1：《山全》P150；2：《汇考》P258）

1410　附编　私名·吉语

第四节　四字

淳于频□

1

（1：《新出》P186；《大系》P440）

淳于□印

1

（1：《新出》P187）

公孙平安

1

（1：《新出》P187）

孔□堂里

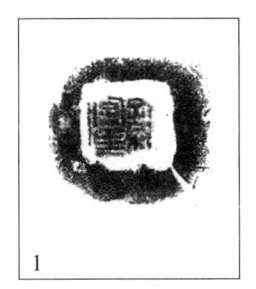

（1：《大系》P450）

司马木臣

（1a：《上封》P97；《山全》P150；《大系》P458；1b：《上封》P97）

王魁私印

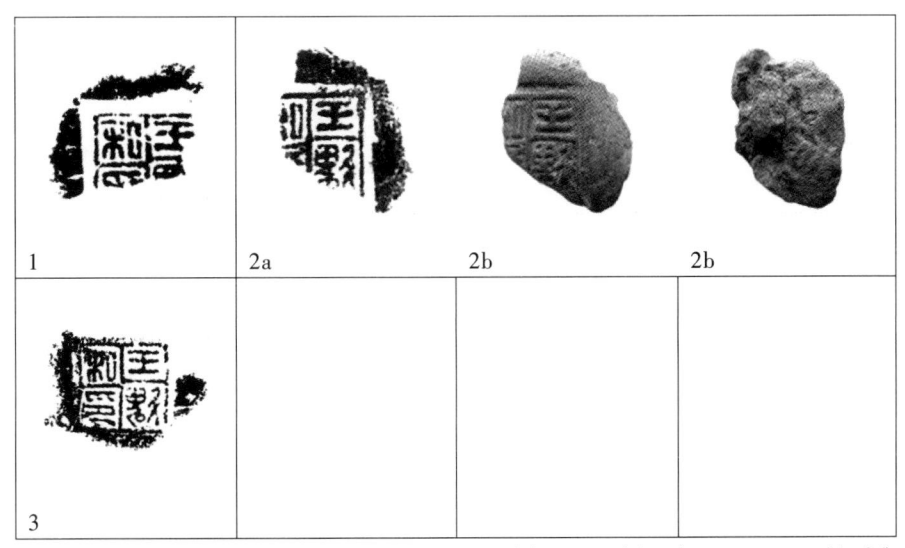

（1：《新出》P55；《大系》P463；2a：《相家》P31；《大系》P463；2b：《相家》

P31；3：《新出》P55；《大系》P463）

绩虚庆忌

1a　　　　1b　　　　1b　　　　2

（1a：《古封》P432；《上封》P98；《山全》P150；《大系》P468；1b：《上封》P98；2：《古封》P432；《山全》P216）

士信之印

1

（1：《大系》P457）

第 二 章

吉　　语

思言敬事

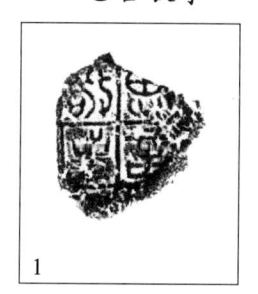

（1:《大系》P479）

王之上士

（1:《大系》P479）

相□得志

1

（1：《大系》P479）

曰敬毋治

1

（1：《大系》P479）

忠仁思士

1

（1：《大系》P479）

□□之仁

1

（1:《大系》P424）

附　　录

齐中尉印

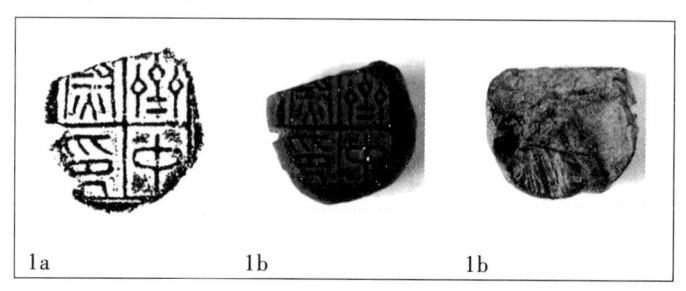

|1a|1b|1b|

（1a：《古封》P68；《秦封》P261；《玺印》P427；《山全》P154；《济博》P8；《大系》P195；1b：《济博》P8）

齐左尉印

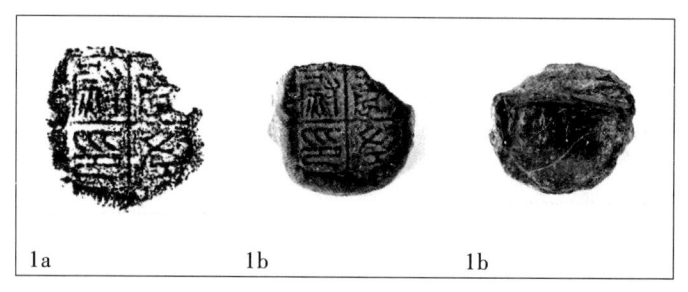

|1a|1b|1b|

（1a：《秦封》P261；《汇考》P260；《玺印》P427；《山全》P170、P190；《济博》P20；《大系》P195；1b：《济博》P20）

齐□尉印

| 1a | 1b | 1b |

（1a：《古封》P68；《山全》P170；《济博》P9；《大系》P195；1b：《济博》P9）

菑川丞相

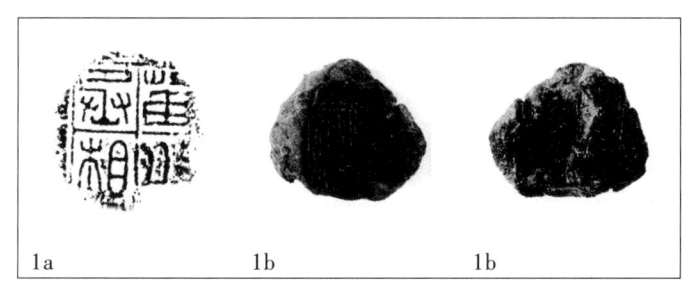

| 1a | 1b | 1b |

（1a：《玺印》P427；《山全》P181；《济博》P6；《大系》P389；1b：《济博》P6）

菑川府丞

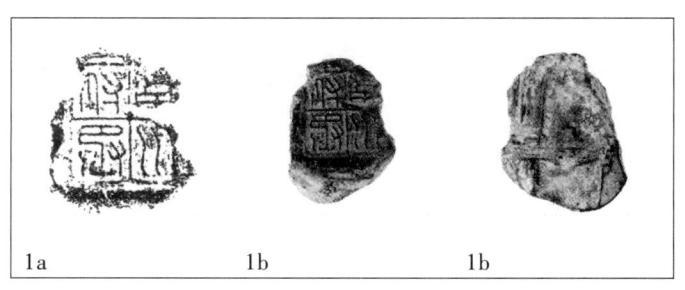

| 1a | 1b | 1b |

（1a：《古封》P58；《汇考》P261；《山全》P38、P170；《济博》P6；《大系》P390；1b：《济博》P6）

临淄亭侯

（1：《古封》P80；《大系》P159）

邻乡侯印

（1：《玺印》P440；《大系》P156）

延乡侯□

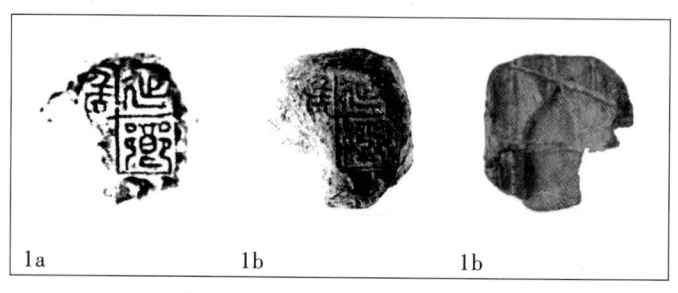

1a　　　1b　　　1b

（1a：《古封》P127；《玺印》P440；《山全》P158、203；《济博》P16；《大系》P317；1b：《济博》P16）

后 记

1996年12月26日，西北大学召开"首届新发现秦封泥学术研讨会"。会上筹建中的北京古陶文明博物馆馆长路东之先生向西北大学博物馆捐赠了20品秦封泥，并以古陶文明博物馆和西北大学历史博物馆的名义，向学界公布了西安秦封泥大量发现的消息，迅速引起各界关注。

当时我刚刚在完成西北大学考古专业的本科学习后，进入西北大学文博学院历史文献专业进行硕士研究生阶段学习，非常有幸的旁听了这一个大型而隆重的会议。参加会议的导师周天游先生敏锐的注意到这批资料的价值，让我回头要好好关注这批封泥。

恰好秦封泥发布者之一的周晓陆先生，是我攻读本科考古专业时的授课老师，一直非常关注我的成长。会后不久，周晓陆老师和我打招呼，让我年后和他一起到路东之先生筹建中的古陶文明博物馆对这批封泥进行照相、登记等工作，我当然非常激动的答应了下来。

于是在1997年春季开学后不久（记得乘车的那天正好是京九线通车的日子，不过由于铁路事故而被阻路上，一直耽搁到很晚才到达北京），我就随周晓陆先生到北京大观园后面筹建中的北京古陶文明博物馆进行了一段时间的工作，在协助周晓陆先生进行拍照的同时，开展了封泥规格等信息的登记。这个过程中，在亲手接触这批两千多年前秦封泥时，偶尔会想象一下秦始皇打开封泥阅读简牍的样子（当然打开封泥的工作应有专人完成）。随后，周晓陆、路东之先生在编写《秦封泥集》的过程中，还安排我帮着查对了一些资料，使我对秦封泥的了解日益丰富。我也在这个过程中，使用已发表的秦封泥写了几篇文章，并幸运的先后发表，大大鼓舞了对秦封泥的研究热情，于是逐步将发表的秦封泥资料收集起来，方便自己使用。

如大家都已注意到的，由于相家巷秦封泥在发现之初的流散，使其随后的发表甚为零散，既有报纸、杂志，还有图录、论文集，甚至很多还以原拓本的形式传世，收集与使用都很不方便，于是我就有了将发表秦封泥集中起来整理的想法。

不过由于在1999年7月我在硕士毕业进入中国社会科学院考古研究所工作，单位安排的考古发掘和资料整理成为了我当然的"主业"，我也就再也不能像读书时那样用较多的时间和精力来继续做秦封泥资料的收集和整理，只能偶尔有空时默默的、慢慢的进行一些现在看来无疑是三天打鱼两天晒网的"整理"。

2014年，面对着不断大量发表的秦封泥，在周晓陆先生的不断鼓励下，我终于下决心申请的国家社科基金项目《秦封泥分期与职官地理重构研究》幸运获批，之后还承担了王子今先生主持的国家社科基金重大项目《秦统一及其历史意义再研究》的子课题"秦统一的考古学研究"。这样，我就有了当然而充足的理由，将放在自己心底沉寂好久的秦封泥重新提起。于是在两个课题的支持下（如前言中指出的，到2018年又有了新课题的支持），重新系统收集秦封泥发表资料。在考古队同事王镇、刘贤鹏、张朋祥、杨超超、吕兵兵、马乐欣、杜京泰、钟凯、郭何伟、漆建强、祝军辉等等的帮助下，他们将我陆续收集的秦封泥图像进行了扫描、分类、整理、裁切，然后按我提出的要求和拟定的顺序加以排列、校对。在这个过程中不断思考而不断调整，其中辛苦一言难尽！

本来开始做这个事情时，自己并没有想到什么出版，只是把它作为完成上述课题前必须进行的基础资料准备而进行。不过在收集资料差不多结束的时候，2018年秦始皇帝陵博物院推出一个重要的秦文明出版系列的资助计划，而经史党社兄推荐，我同样为完成前述课题而整理出的学者对秦封泥研究认识的汇集《秦封泥集释》得到资助。对我来说，这当然是意外之喜。于是得陇望蜀，也就自然产生了将之前收集到的秦封泥图像再行梳理并进行出版的想法。希望能通过这个工作，让喜欢秦封泥和关注秦汉制度的学者，少经历一些自己收集和整理资料时遇到的种种"辛苦"。

2019年夏，新成立不久的中国历史研究院推出旨在大力推进历史研究的出版资助计划。经过一系列的考虑，我提出了出版秦封泥图像集《秦封泥集存》的申请。非常幸运的是，我匆匆提交了的出版申请获得批准，于是才有了现在的这本秦封泥资料集存。

由于这几年来我的主要精力，都放在了自己负责的田野发掘项目，仅有的时间多用在协助刘庆柱、李毓芳先生开展汉长安城遗址出土骨签资料的整理和出版，因此对秦封泥的整理就只能拖拖拉拉的"叼空"进行，其中的错误和不足自当难免，希望在出版后能得到大家的批评和谅解。

感谢将我带入秦封泥研究的周晓陆、路东之先生。

谨以此，献给在秦封泥的保护和出版上做出重要贡献、英年早逝的北京古陶文明博物馆馆长路东之先生。

刘 瑞
2019年12月1日

2003年春节后，我先从西安坐绿皮车在三十多小时后到达北京，在北京呆了几天乘坐绿皮车回到西安，然后从西安出发又经过二十多个小时的绿皮车赶赴广州，参加考古所与广州方面联合开展的南越国宫署遗址的考古发掘。在到广州一段时间后，SARS，也就是大家所说的"非典"疾病的消息才真实的传了出来，接下来北京免了部长也换了市长。而我们在广州的考古工作，因控制疫情解散民工而被迫暂停发掘，我也因控制流动而不能回西安被困广州。

不过，当时的广州商店照开，图书馆、博物馆依然如故。每天晚上我还都会出去到南越国宫署旁边的广州市市中心最繁华的北京路步行街上的旧书店中看看，白天还会到旁边文德路的中山图书馆和不远的广东省图书馆也借书、读书——虽然当时路上的人少了一些，但相关设施都继续开放，更极少有人带口罩——我自己也没有带过口罩，不过图书馆等地的洗手的设施我倒是一直在用。后来，"非典"慢慢被平息下去。对我来说，"非典"期间的广州，隔离的只是不能回到西安，但总体上的生活和学习都没有什么突出的变化。回想起来，当时广州的疾控还是存在着很多的漏洞。

而就在此书最后完成校对的时候，正好是2020年春节的假期。在这个时间段中，新型冠状病毒逐渐肆虐，但很快在党中央强有力的统筹指挥下，各地各级政府给与了高度的重视。不仅武汉封城，而且几千年来传统的拜年都陆续取消，通过尽快尽量减少人员流动的安排来抗击疫情，减少传染的可能。而我，在完成了从春节初二到初四上午的单位值班后，也只好"听话"自禁于家，非常难得的获得了多年来第一次持续十余天的"完整"时间，集中全部精力进行了本书的校对、修改和补充。

古人说，"塞翁失马，焉知非福"。

在我看来，2020年春季抗击这场突如其来灾疫的行动，无论是发现和确定病情的速度，还是后来国家和各地采取的一系列措施的力度和强度，都超出了2003年"非典"疫情时很多很多。当然，对国家来说，从事后的反思看，在这次疫情一开始甚至之后一些地方的疫情处理过程中，处置的方式和过程肯定会有不少不完美的地方，但从历史发展的角度看，我想不完美其实才是常态，想完美或追求完美，恰恰是让不完美走向不断完美和更近于完美的动力所在。我相信，在经过2020年春季新冠肺炎疫情之后，走出这场疫病困扰的中国，无论是大到国家的宏观管理，还是小到具体的疫病防护，都将更加成熟，我们的国家也必然更加强大。

我相信，当谁也不愿意见到但也无法避免的下一次疫情来临时，我们一定会更加从容。

2020年春季的禁足，虽让我给本书进行了一系列的修改和完善，但想来其中肯定还会因各种的原因而存不少错误。希望在阅读中发现问题的读者，能及时把它们告诉于我，避免以后我还以讹传讹。

感谢一直坚守在抗击新型冠状病毒前线的医务工作者，正是由于有了她（他）们默默无闻的"逆行"的奉献，才使得我们免去传染病侵袭，能正常的生活和学习。

感谢将给本书提出批评的读者，有了大家的鞭挞，我自己在相关问题上的认识肯定会不断完善。

刘　瑞
2020年2月15日